Die Bedeutung des nemo-tenetur-Grundsatzes in nicht von Strafverfolgungsorganen geführten Befragungen

Schriften zum Strafrecht und Strafprozeßrecht

Herausgegeben von Manfred Maiwald
und Carsten Momsen

Band 125

PL ACADEMIC RESEARCH

Felix Doege

Die Bedeutung des nemo-tenetur-Grundsatzes in nicht von Strafverfolgungsorganen geführten Befragungen

PL ACADEMIC RESEARCH

Bibliografische Information der Deutschen Nationalbibliothek
Die Deutsche Nationalbibliothek verzeichnet diese Publikation in der Deutschen Nationalbibliografie; detaillierte bibliografische Daten sind im Internet über http://dnb.d-nb.de abrufbar.

ISSN 0938-6181
ISBN 978-3-631-69352-0 (Print)
E-ISBN 978-3-631-69484-8 (E-Book)
E-ISBN 978-3-631-69485-5 (EPUB)
E-ISBN 978-3-631-69486-2 (MOBI)
DOI 10.3726/978-3-631-69484-8

PL Academic Research ist ein Imprint der Peter Lang GmbH.

Peter Lang – Frankfurt am Main · Bern · Bruxelles · New York · Oxford · Warszawa · Wien

Diese Publikation wurde begutachtet.

www.peterlang.com

Vorwort

Die Arbeit wurde im Wintersemester 2015/2016 von der Rechtswissenschaftlichen Fakultät der Christian-Albrechts-Universität zu Kiel als Dissertation angenommen.

Rechtsprechung und Literatur wurden bis zur Fertigstellung des Manuskripts im Dezember 2015, vereinzelt auch darüber hinaus, berücksichtig.

Zuvorderst danke ich meinem Doktorvater Prof. Dr. Heribert Ostendorf, der nicht nur meine Dissertation, sondern meinen Lebensweg der letzten Jahre insgesamt, fachlich wie persönlich begleitet hat. Bei der Umsetzung des Dissertationsvorhabens stand er mir stets mit Rat und Tat zur Seite, ließ mir dabei aber gleichzeitig freie Hand bei der Umsetzung eigener Vorstellungen, denen er aufgeschlossen und ermutigend begegnete.

Weiter gebührt mein Dank Prof. Dr. Andreas Hoyer – nicht nur für die zeitnahe Erstellung des Zweitgutachtens, sondern auch für seine Unterstützung während der Promotionszeit, etwa durch die Begutachtung im Rahmen meiner Stipendiumsbewerbung oder die Vermittlung eines Lehrauftrags, und nicht zuletzt für die angenehme Büro-Nachbarschaft.

Ich danke meinem Vater Michael Doege und meinen Freunden Jan-Hendrik Lange, Emre Kücükkaraca und Dr. Lorenz Frahm dafür, dass sie die mühsame Arbeit des Korrekturlesens auf sich genommen haben. Meiner Großmutter Elvira Doege danke ich für Ihre Unterstützung.

Bei Prof. Dr. Manfred Maiwald und Prof. Dr. Carsten Momsen bedanke mich ich für die Aufnahme in die Schriftenreihe.

Schließlich danke ich dem Land Schleswig-Holstein und der Christian-Albrechts-Universität zu Kiel für die Gewährung eines Promotionsstipendiums.

Kiel, im August 2016

Felix Doege

Inhaltsübersicht

Inhaltsverzeichnis

Abkürzungen

a.A.	anderer Ansicht
a.F.	alte Fassung
aaO.	Am angegebenen Ort
Abs.	Absatz
AcP	Archiv für die civilistische Praxis
AKB	Allgemeine Bedingungen für die Kfz-Versicherung
AktG	Aktiengesetz
Am. J. Comp. L	American Journal of Comparative Law
AMG	Arzneimittelgesetz
Anm.	Anmerkung
AnwBl	Anwaltsblatt – Nachrichten für die Mitglieder des Deutschen Anwaltvereins e.V.
AnwBl	Anwaltsblatt
AO	Abgabenordnung
AO-StB	Der AO-Steuerberater
ArbSchG	Arbeitsschutzgesetz
ArbZG	Arbeitszeitgesetz
Art.	Artikel
ASiG	Gesetz über Betriebsärzte, Sicherheitsingenieure und andere Fachkräfte für Arbeitssicherheit
ASOG Bln	Allgemeines Gesetz zum Schutz der öffentlichen Sicherheit und Ordnung in Berlin
AStBV (St)	Anweisungen für das Straf- und Bußgeldverfahren (Steuer)
AsylG	Asylgesetz
AsylVfG	Asylverfahrensgesetz
AuA	Arbeit und Arbeitsrecht – Die Zeitschrift für das Personal-Management
AufenthG	Aufenthaltsgesetz
AWG	Außenwirtschaftsgesetz
BA	Blutalkohol – Alcohol, Drugs and Behavior – Official Publication of the International Committee on Alcohol Drugs and Traffic Safety, hrsg. v. Bund gegen Alkohol im Straßenverkehr e.V.
BAG	Bundesarbeitsgericht
BayObLG	Bayrisches Oberstes Landesgericht
BB	Betriebsberater
BbgPolG	Gesetz über die Aufgaben, Befugnisse, Organisation und Zuständigkeit der Polizei im Land Brandenburg
BBiG	Berufsbildungsgesetz
Bd.	Band

BDG	Bundesdisziplinargesetz
BDSG	Bundesdatenschutzgesetz
BeschG	Beschussgesetz
Beschl.	Beschluss
BetrVG	Betriebsverfassungsgesetz
BFH	Bundesfinanzhof
BGBl.	Bundesgesetzblatt
BGH	Bundesgerichtshof
BGHSt	Entscheidungen des Bundesgerichtshofs in Strafsachen
BGHZ	Entscheidungen des Bundesgerichtshofs in Zivilsachen
BImSchG	Bundesimmissionsschutzgesetz
BörsG	Börsengesetz
BPolG	Bundespolizeigesetz
BRAO	Bundesrechtsanwaltsordnung
BR-Drs.	Bundesrats-Drucksachen
BremPolG	Bremisches Polizeigesetz
BSchVG	Fleischgesetz
BT-Drs.	Bundestags-Drucksachen
BtMG	Betäubungsmittelgesetz
BVerfG	Bundesverfassungsgericht
BVerfGE	Entscheidungen des Bundesverfassungsgericht
BVerfGE	Entscheidungen des Bundesverfassungsgerichts
C.L.J.	The Cambridge Law Journal
Cardozo L. Rev.	Cardozo Law Review
CCC	Constitio Criminalis Carolina
CCZ	Corporate Compliance Zeitschrift – Zeitschrift für Haftungsvermeidung im Unternehmen
ChemG	Chemikaliengesetz
CILIP	Zeitschrift Bürgerrechte und Polizei
d. h.	Das heißt
DAJV-Newsletter	Newsletter der Deutsch Amerikanische Juristenvereinigung
DAR	Deutsches Autorecht – Rechtszeitschrift des ADAC
DB	Der Betrieb
DCGK	Deutscher Corporate Governance Kodex
dens.	denselben
Der Staat	Der Staat – Zeitschrift für Staatslehre und Verfassungsgeschichte, Deutsches und Europäisches Öffentliches Recht
ders.	derselbe
DesignG	Designgesetz
DJZ	Deutsche Juristen-Zeitung
DStR	Deutsches Steuerrecht
DStZ	Deutsche Steuer-Zeitung
DuR	Demokratie und Recht
Ebd.	ebenda
EGMR	Europäischer Gerichthof für Menschenrechte

EMRK	Europäische Konvention zum Schutz der Menschenrecht und Grundfreiheiten
ErbStB	Der Erbschaft-Steuer-Berater
EStG	Einkommenssteuergesetz
EuGH	Europäischer Gerichtshof (amtlich nur Gerichtshof)
EuGRZ	Europäische Grundrechte Zeitschrift
f. / ff.	folgende
FD-StrafR	Fachdienst Strafrecht – Neuigkeiten zum Strafrecht von Knierim Huber Rechtsanwälte GbR in Zusammenarbeit mit beck-online.DIE DATENBANK
FernUSG	Fernunterrichtsschutzgesetz
FFG	Filmförderungsgesetz
FG	Festgabe
FGO	Finanzgerichtsordnung
Fn.	Fußnote
FoR	Forum Recht
FPersG	Fahrpersonalgesetz
FS	Festschrift
GA	Goltdammer's Archiv für Strafrecht
GastG	Gaststättengesetz
GebrMG	Gebrauchsmustergesetz
gem.	gemäß
GenTG	Gentechnikgesetz
Geo. L. J.	The Georgetown Law Journal
GewO	Gewerbeordnung
GFK	Abkommen über die Rechtstellung von Flüchtlingen vom 28.7.1951 (Genfer Flüchtlingskonvention)
GG	Grundgesetz
GS	Gedächtnisschrift
GÜG	Grundstoffüberwachungsgesetz
GÜKG	Güterkraftverkehrsgesetz
GWB	Gesetz gegen Wettbewerbsbeschränkungen
h.M.	herrschende Meinung
HalblSchG	Halbleiterschutzgesetz
HGB	Handelsgesetzbuch
HmbPolDVG	Hamburger Gesetz über die Datenverarbeitung der Polizei
HRRS	Online-Zeitschrift für höchstrichterliche Rechtsprechung zum Strafrecht
Hrsg.	Herausgeber, herausgegeben
Hs.	Halbsatz
HSOG	Hessisches Gesetz über die öffentliche Sicherheit und Ordnung
HwO	Handwerksordnung
i.E.	Im Ergebnis

eine Aussage abzugeben. Sobald die Möglichkeit im Raum steht, dass er sich mit dieser Aussage selbst einer Straftat bezichtigt, liegt der Konflikt mit dem nemo-tenetur-Grundsatz auf der Hand. Hierbei soll allein das Zusammentreffen des Strafverfahrens mit einem von ihm strukturell verschiedenen, gerade auf der Mitwirkung des Betroffenen aufbauenden Verfahren in den Blick genommen werden. Nicht Gegenstand der Arbeit soll hingegen die vielfach gesetzlich angeordnete Anwendbarkeit der Selbstbelastungsfreiheit in dem Strafverfahren ähnlichen, repressiven Verfahren sein[4].

Bei der Konstellation, in der es sich bei dem Fragenden um eine Privatperson handelt, sind wiederum zwei Spielarten zu unterscheiden: In der ersten handelt der Private aus eigenem Antrieb, in der zweiten kooperiert er – in unterschiedlicher Intensität – mit den Strafverfolgungsbehörden. Neben der hier bereits anklingenden Problematik, dem Umfang des Zusammenwirkens mit den Strafverfolgungsorganen angemessen Rechnung zu tragen, werfen beide Konstellationen grundsätzliche Fragestellungen hinsichtlich des Schutzbereichs von nemo tenetur auf. Während es in der Konstellation der staatlich initiierten Befragung darum geht, ob der Grundsatz neben erzwungenen auch vor irrtumsbedingten Selbstbelastungen schützt, hängt die Lösung der Fälle eigeninitiativ ermittelnder Privatpersonen entscheidend davon ab, welche Bedeutung der Selbstbelastungsfreiheit in privaten Verhältnissen zukommt.

Die hiermit in den Blick genommenen Konstellationen zeichnen sich jeweils durch ihnen eigene und für die Lösung zu beachtende Charakteristika aus, sie sind aber – eben durch die Frage nach der Reichweite des nemo-tenetur-Grundsatzes – innerlich verbunden. Es erscheint somit nicht sinnvoll – oder auch nur möglich –, die auftretenden Fragen isoliert als eigenständige Probleme zu behandeln. Es ist daher auch nicht angestrebt, sie schlicht nacheinander abzuhandeln. Entsprechend der Zusammenfügung der Einzelprobleme zu einem verknüpften System soll es auch das Ziel der Arbeit sein, nicht bei der Beantwortung von Einzelfragen stehen zu bleiben. Es soll vielmehr eine umfassende Konzeption des nemo-tenetur-Grundsatzes entworfen werden, in deren Rahmen die Beantwortung der Einzelfragen ihre Überzeugungskraft daraus gewinnt, dass sie sich auf ein in sich stimmiges Grundverständnis zurückführen lässt, und die Frage nach dem Bedeutungsgehalt des nemo-tenetur-Grundsatzes außerhalb seines klassischen Anwendungsbereichs einer umfassenden Antwort zugeführt wird.

Ein solches Ergebnis kann freilich nicht allein auf Grundlage der angesprochenen Fallgruppen erzielt werden. Hierzu ist vielmehr erforderlich, sich zunächst mit

4 Der Grundsatz gilt namentlich im Bußgeldverfahren (§ 46 OWiG), im Disziplinarverfahren (§ 20 Abs. 1 S. 3 BDG), im Ehrengerichtsverfahren (§ 116 Abs. 1 S. 2 BRAO). In diesen Kontext gehört ferner die Geltung im Recht des Untersuchungsausschuss (§ 22 Abs. 2 PUAG), auch wenn es sich nicht i.e.S. um ein repressives Verfahren handelt.

Herkunft und Hintergrund des Prinzips nemo tenetur se ipsum accusare zu beschäftigen. Die Bedeutung eines solchen grundlegenden Kapitels kann nicht überschätzt werden, da sich die mannigfaltigen Zweifelsfragen im Anwendungsbereich der Selbstbelastungsfreiheit doch vielfach darauf zurückführen lassen, dass ein grundsätzlicher Konsens über telos und Schutzbereich des Prinzips nicht besteht[5].

5 *Verrel*, Selbstbelastungsfreiheit, S. 4; s. auch *Rogall* StV 2008, 219 (220).

B. Hintergrund des nemo-tenetur-Grundsatzes

Wenn das BVerfG den nemo-tenetur-Grundsatz als „selbstverständliche Ausprägung einer rechtsstaatlichen Grundhaltung“[6] beschreibt, ist hiermit bereits ein Problempunkt angesprochen. Logische und mitunter problematische Konsequenz der Annahme einer Selbstverständlichkeit ist nämlich, dass sie für nicht begründungsbedürftig gehalten wird. Das Gericht nennt dann zwar gleich eine ganze Fülle von Verfassungsvorschriften, in denen der nemo-tenetur-Grundsatz verankert sein soll, die Funktion, die dieses Prinzip verfolgt, bleibt aber unerörtert. Parallel zu der Äußerung des Gerichts beschränken sich auch die Ausführungen im Schrifttum regelmäßig auf die Zuordnung zu einer bestimmten Verfassungsnorm, während eine darüberhinausgehende explizite Befassung mit Sinn und Zweck des Prinzips unterbleibt[7].

Soweit dies dann doch diskutiert wird, zeigen sich durchaus Unterschiede in der Begründung dieser „Selbstverständlichkeit“. Eine Ursache für die fehlende Grundsatzdiskussion liegt sicherlich darin, dass sich mangels kritischer Stimmen[8] kein Bedürfnis nach einer Begründung der Daseinsberechtigung des Prinzips ergibt[9]. Es besteht nicht nur weitgehender Konsens darüber, dass der nemo-tenetur-Grundsatz nicht lediglich durch das einfache Recht gewährleistet wird, sondern Verfassungsrang genießt[10]. Es besteht auch stillschweigende Einigkeit darüber, dass der Grundsatz nicht in Frage zu stellen ist. Die – in der deutschen Diskussion nicht vorhandene[11] – Zweifel an der Berechtigung des Grundsatzes würde die Frage nach

---

6 BVerfGE 56, 37 (43); BVerfGE 38, 105 (113).

7 Dies konstatiert auch *Schlauri*, Selbstbelastungszwang, S. 93; krit. auch *Rau*, Schweigen S. 35; *Verrel* NStZ 1997, 361 (364); *Bosch*, Aspekte, S. 30 f.

8 Am weitesten reicht hier wohl der Ansatz von *B. Fischer*, Divergierende Selbstbelastungspflichten, passim.

9 Belebend hat hier allerdings die Fragestellung gewirkt, ob der Grundsatz auch für juristische Personen gilt, die zu einer vertieften Auseinandersetzung mit der Rechtsnatur des Grundsatzes veranlasste, s. insb. *Queck*, Geltung, S. 115 ff.

10 Anders allein *Leitmeier* JR 2014, 372 (375 f.) und *K. Peters* ZStW 91 (1979), 121 (123); *H.-L. Günther* JR 1978, 89 (90 f.); *ders.* GA 1978, 193 (201 f.); geht davon aus, dem einfachen Gesetzgeber stünde ein Gestaltungsspielraum zu; nach *H. Möller* JR 2005, 314 (318 f.) ist allein das Schweigerecht des Unschuldigen verfassungsrechtlich abgesichert.

11 Vgl. demgegenüber die Debatte im anglo-amerikanischen Schrifttum, in dem die Rufe nach Abschaffung oder jedenfalls Einschränkung eine Diskussion über die ratio des Prinzips ausgelöst haben, s. etwa *Redmaye* OJLS 27 (2007), 209; *Chiesa* Boston College Third World Law Journal 30 (2010), 35; *Caplan* Vanderbilt L. Rev.; 38 (1986); 1417; *White* Vanderbilt L. Rev. 39 (1986), 1; umfassende Diskussion der

dem „Warum", nach dem telos des Prinzips, eröffnen. Eine Frage, die zu stellen unumgänglich ist, um die Bedeutung des Grundsatzes zu erfassen, was wiederum notwendiger Ausgangspunkt für die Ermittlung seiner Reichweite ist[12]. Dieser Grundmangel der Debatte um den nemo-tenetur-Grundsatz führt dann zu einer Vielzahl von Streitfällen, bei denen es sich nicht schlicht um Probleme der Einzelfallkonkretisierung handeln kann[13]. Erst nachdem man beantwortet hat, warum ein rechtsstaatliches Strafverfahren dem Beschuldigten die Selbstbelastungsfreiheit zubilligt – zubilligen muss, um als solches bezeichnet werden zu können – kann man fundiert die Frage nach seiner Einschlägigkeit in bestimmten Konstellationen beantworten. Diese zuerst in den Blick zu nehmen, muss zwangsläufig zu Unstimmigkeiten führen, die weniger auf eine unterschiedliche Beurteilung der betreffenden Konstellation als vielmehr auf Differenzen in der Grundfrage nach der ratio des Grundsatzes beruhen.

Der Frage nach dem telos des nemo-tenetur-Grundsatzes wird sich mittels dreier Ansatzpunkte genähert. Zunächst gilt es, die geschichtliche Entwicklung des Grundsatzes nachzuvollziehen (B. I.). Im Weiteren soll dann die Selbstbelastungsfreiheit in ihrer Stellung im prozessualen Gesamtgefüge in den Blick genommen und ihre Funktion für dieses untersucht werden (II.). Schließlich wird sich der Frage gewidmet, in welcher Weise der nemo-tenetur-Grundsatz durch das einfache Gesetzesrecht und die Verfassung gewährleistet wird (III.).

I. Historie

1. Vorbemerkung

Die Geschichte des nemo-tenetur-Grundsatzes erscheint nicht abschließend geklärt. Früher anerkannte Erkenntnisse[14] werden durch neuere Untersuchungen[15] in Frage gestellt. Unabhängig von der genauen geschichtlichen Herleitung wird die generelle Sinnhaftigkeit der geschichtlichen Betrachtung für die Beantwortung heutiger

im anglo-amerikanischen Rechtskreis vorgeschlagenen rationes bei *Dolinko* UCLA L. Rev. 33 (1986), 1063.

12 *Verrel*, Selbstbelastungsfreiheit, S. 4.

13 *Verrel*, Selbstbelastungsfreiheit, S. 4, vgl. auch *Magold*, der konstatiert, dass kaum ein Rechtssatz „gleichzeitig so anerkannt und doch in weiten Bereichen seiner konkreten rechtlichen Konsequenzen so umstritten [ist]".

14 Grundlegend *Wigmore* Harv. L. Rev. 5 (1981), 71; *ders.* Harv. L. Rev. 15 (1902), 610; *ders.* Evidence, § 2250, S. 794 ff; *Levy*, Origins, passim; aus dem deutschen Schrifttum s. insb. *Rogall*, Der Beschuldigte, S. 72 ff. und *Nothhelfer*, Selbstbezichtigungszwang, S. 4 f.

15 S. *Helmholz, Alschuler, Langbein* und *Gray* in the Privilege sowie *Macnair* OJLS 10 (1990), 66.

dogmatischer Fragestellungen in Zweifel gezogen[16]. Den insoweit kritischen Stimmen sei aber entgegen gehalten, dass – mag die Historie auch keine definitive Antwort auf die entscheidenden Fragen bereit halten – man bei einem geschichtlich gewachsenen Rechtssatz, wie dem Prinzip der Selbstbelastungsfreiheit, eben jene Geschichte als Erkenntnisquelle nicht schlicht außen vor lassen kann[17]. Dies gilt umso mehr, als die Historie gewichtiges Hilfsmittel bei der Ermittlung des hinter der Anerkennung des Rechtsprinzips stehenden Sinns und Zwecks ist[18]. Zudem hat die Historie auch durchaus Einfluss auf heutige dogmatische Streitigkeiten, wenn sie als Argument für eine Schutzbereichsbestimmung[19] oder die verfassungsrechtliche Verankerung herangezogen wird[20].

Die Geschichte des nemo-tenetur-Satzes ist eng verknüpft mit der des Geständnisses: Je mehr ein Verfahrensrecht sich auf dieses als Grundlage einer Verurteilung verlässt, desto weniger wird es gewillt sein, ein Recht oder auch nur die Möglichkeit des Beschuldigten anzuerkennen, dieses zu verweigern. Zudem hängt die Bedeutung des Geständnisses und damit jene des Schweigerechts mit dem Konflikt zweier rivalisierender Prozessrechtssysteme zusammen[21]. Hat ein Strafprozess die *adversatorische* bzw. *akkusatorische* Struktur eines Parteienprozesses, ergibt sich hieraus fast schon zwingend, dass die Partei nicht selbst zum Beweismittel gemacht wird. Eine Aussagepflicht vertrüge sich nicht mit diesem Verfahrenstyp[22]. Ist das Verfahren hingegen *inquisitorischer* Natur, widerspricht es seiner Zielsetzung der vollkommenen Sachverhaltsaufklärung, auf die naheliegendste Aufklärungsmöglichkeit, die Aussage des Beschuldigten, zu verzichten. Das Schweigerecht des Beschuldigten muss in diesem Verfahrenstyp daher als Fremdkörper erscheinen.

---

16 Krit. *Kölbel*, Selbstbelastungsfreiheiten, S. 259, s. auch *Weßlau* ZStW 110 (1998), 1 (14), nach der die entscheidende Frage darin liegt, ob der nemo-tenetur-Grundsatz über seinen historischen Schutzbereich hinaus zu erweitern ist.

17 Vgl. *Rieß* GA 1981, 47 (47), der *B. Fischer*, Divergierende Selbstbelastungspflichten, passim vorwirft, „der schwerwiegendste methodische Einwand lieg[e] im völligen Verzicht auf einen rechts- und dogmengeschichtlichen Rückgriff auf die Entstehung des Prinzips der Aussagefreiheit im Strafverfahren"; s. auch *Reiß*, Besteuerungsverfahren, S. 157 ff. der nachdrücklich vor der aus dem historischen Rahmen gelösten Interpretation als „neue[m] Freiheitsrecht" warnt.

18 Ähnlich *Schlauri*, Selbstbelastungszwang, S. 39.

19 Vgl. BGH NStZ 1996, 502; *Rogall* NStZ 2008, 110 (112).

20 *Paeffgen*, Vorüberlegungen, S. 72; ähnlich *H. Schneider*, Grund und Grenzen, S. 40; *Queck*, Geltung, S. 196; *Reiß*, Besteuerungsverfahren, S. 156 f.

21 Vgl. zu diesen idealtypischen Verfahrensmodellen *Damaška*, The faces of justice, S. 3 ff., 88 ff.; *Trüg*, Lösungskonvergenzen, S. 25 ff.; *Eser* in Hauptverhandlung, S. 11 (11 ff.); *Sickor*, Geständnis, S. 165 ff.

22 Krit. zu einem Zusammenhang zwischen der Prozessform des Akkusationsprozesses und dem nemo-tenetur-Grundsatz: *Rogall*, Der Beschuldigte, S. 96, 100.

2. Geschichtlicher Abriss

a. Römisches Recht

Im römischen Recht werden erste Ansätze in Richtung der Selbstbelastungsfreiheit ausgemacht[23]. In der tausendjährigen Geschichte des antiken Roms finden sich verschiedenartige Erscheinungsformen des Strafprozesses[24]. Zu keiner Zeit kannte das römische Recht allgemeine, für alle Arten von Delikten geltende Verfahrensregeln[25]. In der Frühzeit des Reiches wurden noch sämtliche Delikte gegen private Rechtsgüter als *delicta privata* dem Zivilrecht zugeschlagen. Ein Strafverfahren erfolgte nur bei gegen die Allgemeinheit gerichteten Straftaten (*crimina publica*)[26]. Auch dieses wurde jedoch nicht staatlich, von Amts wegen betrieben, sondern setzte die Anklage durch eine Privatperson voraus, wobei grundsätzlich jeder römische Bürger anklagebefugt war[27]. Die „Glanzzeit des römischen Rechts" und zudem den quellenmäßig am besten erforschten Abschnitt der Geschichte des Reichs bildet die Zeitspanne von der späten Republik bis zum hohen Prinzipat[28]. Während dieser Zeit bildete das sog. *Quästionenverfahren* vor Geschworenengerichten (*questiones perpetuae*) das ordentliche Strafverfahren[29]. Dieses war streng adversatorisch und als Popularklage aufgebaut[30]. Es oblag dabei dem Ankläger, den Beweis der Schuld des Angeklagten zu erbringen[31]. Eine Vernehmung des Beschuldigten war nicht vorgesehen[32]. Dem Angeklagten war damit die Möglichkeit des Schweigens eröffnet[33]. Er musste sich lediglich zu Beginn des Verfahrens ausdrücklich für unschuldig erklären. Schweigen auf die Frage, ob er schuldig war, wurde als Geständnis gewertet[34].

Erfolgte ein Geständnis, so bildete es die alleinige Grundlage der Verurteilung[35]. Da das Strafverfahren allein der Feststellung der Schuld diente, während sich die

---

23 *R. Müller* EuGRZ 2001, 546 (546); *Corwin* Mich. L. Rev. 19 (1939), 1 (7); s. auch *Helmholz* in the privilege, S. 17 (17, Fn. 3) gegen diesen aber *Yaron* ZRG RA 2000, 688 (689); gegen einen Ursprung im römischen Recht auch *Alschuler* Mich. L. Rev. 94 (1996), 2625 (2639).

24 *Kunkel,* Kleine Schriften, S. 11.

25 *Walder,* Vernehmung, S. 29.

26 *Deppenkember,* Beweiswürdigung, S. 70.

27 *Deppenkember,* Beweiswürdigung, S. 70.

28 *Kunkel* , Kleine Schriften, S. 12.

29 *Kunkel,* Kleine Schriften, S. 12 ff.; *Deppenkember,* Beweiswürdigung, S. 75 ff.

30 *Kunkel* in Paulys Realencyclopädie, „quaestio", Sp. 755, 760 f.; *Biener,* Beiträge, S. 11.

31 *Leitmaier,* Gottesurteile, S. 125; *B. Schmitt,* Beweiswürdigung, S. 111; *H. Meyer* Geo. L. J. 60 (1971), 1381 (1441).

32 *Julius Glaser,* Beiträge, S. 277; *Strachan-Davidson,* Roman criminal law, Bd. 2, S. 126; *Mommsen,* Römisches Strafrecht, S. 388; *Niehaus,* Geständnis, S. 57.

33 *Kallmann* GA 54 (1907), 230 (230); *Stalinsky,* Aussagefreiheit, S. 6.

34 *Kunkel,* Kleine Schriften, S. 19.

35 *Deppenkember,* Beweiswürdigung, S. 83, 84; *Lohsing,* Geständnis, S. 17; *G. Walter,* Beweiswürdigung, S. 21 u. Fn. 115.

Strafe aus dem Gesetz ergab[36], war es im Fall des geständigen Angeklagten entbehrlich[37]. Bis in die Kaiserzeit erfolgte keine Überprüfung des Geständnisses[38].

In der Kaiserzeit wurde die Durchsetzung des Strafrechts zunehmend als öffentliche Aufgabe angesehen[39]. Schon unter *Augustus* bildete sich neben dem *Quästionsverfahren* eine eigene Gerichtsbarkeit des Kaisers und des Senats heraus, die dieses nach und nach verdrängte[40]. Im Zuge dieser Entwicklung erhielt das Verfahren eine inquisitorischere Prägung.[41] Der Beschuldigte wurde zum Zweck der Beweisaufnahme vernommen und war zur wahrheitsgemäßen Aussage verpflichtet[42]. Das Geständnis wurde zum zentralen Beweismittel[43]. Die übrigen Beweismittel wurden

---

36 Soweit das Gesetz ausnahmsweise Strafrahmen vorsah, bildete die Festsetzung der Strafhöhe einen eigenen sich an das Hauptverfahren anschließenden Verfahrensabschnitt, sodass das eigentliche Strafverfahren auch hier auf die Schuldfeststellung beschränkt war; *Kunkel,* Kleine Schriften, S. 16.

37 *Deppenkember,* Beweiswürdigung, S. 83, 84; *Kunkel,* Kleine Schriften, S. 17; *G. Walter,* Beweiswürdigung, S. 21 u. Fn. 115; *Niehaus,* Verhör, S. 65, 67 spricht sogar von einem „Surrogat des Urteils"; anders *Julius Glaser,* Beiträge, S. 277, nach dem das Geständnis lediglich ein Beweismittel darstellte, wenn auch „ein solches von überwältigender Macht, das einem Zweifel keinen Raum ließ".

38 *Deppenkember,* Beweiswürdigung, S. 84; *B. Schmitt,* Beweiswürdigung, S. 114; *Moos,* Geständnis, S. 15.

39 *Julius Glaser,* Handbuch, S. 67; es kam aber niemals zu einer amtlichen Verbrechensverfolgung, einer Verwirklichung der Offizialmaxime i.e.S., *Westhoff,* Grundlagen, S. 77.

40 *Niehaus,* Verhör, S. 55; *C. Berger* in Hexentribunal, S. 31 (32).

41 *Niehaus,* Verhör, S. 55; *C. Berger* in Hexentribunal, S. 31 (32). Über das Ausmaß der inquisitorischen Prägung des römischen Strafprozesses herrscht Streit, s. *Ambos* JURA 2008, 586 (587); es dürfte jedenfalls mit *Groß,* Beweistheorie, Bd. 1, S. 8 Fn. 2 davon auszugehen sein, dass „kein völliger Inquisitionsprozess aber auch kein reiner Akkusationsprozess mehr vorlag", ähnlich *Esmein,* A history, S. 18; *Rüping,* Grundriss[3], Rn. 7; nach *Ambos* aaO. (587 f.) soll aber weiterhin ein irrationales Beweisrecht geherrscht haben, sodass mangels materieller Wahrheitserforschung nicht von einem „Inquisitionsverfahren *strictu sensu*" gesprochen werden könne; für eine Geltung des Grundsatzes der materiellen Wahrheitsfindung im römischen Recht hingegen: *B. Schmitt,* Beweiswürdigung, S. 113; *Kieninger,* Narkoanalyse, S. 35; *Deppenkember,* Beweiswürdigung, S. 89; *Moos,* Geständnis, S. 14; Gegen *Ambos* spricht, dass die Tatsache, dass sie keinen Rückhalt im römischen Recht fanden, gerade maßgeblich zum Untergang der Ordale im Mittelalter beitrug (s. *Vogler,* A world view, S. 24). Insgesamt dürften die Meinungsverschiedenheiten zu einem großen Teil auf die fragmentarische Überlieferung und begriffliche Unklarheiten zurückzuführen sein; s. *Westhoff,* Grundlagen, S.68 ff.

42 *Höra,* Wahrheitspflicht, S. 41; *Walder,* Vernehmung, S. 30; *Zilkens* die neue Ordnung 6/1999, I. (ohne Seite), der allerdings einräumt, dass dies nur vermutet werden kann.

43 *Westhoff,* Grundlagen, S. 76.

durch Beweisregeln in ihrer Bedeutung eingeschränkt[44]. Zur Durchsetzung der Aussagepflicht kam dann auch die Folter – anfangs nur gegen Sklaven, später auch gegen freie Bürger – zum Einsatz[45].

b. *Talmud*

Übersichten über die Entstehung des nemo-tenetur-Grundsatzes beginnen üblicherweise mit dem Talmud[46]. Bereits in diesem klassischen jüdischen Recht fand sich ein Rechtsinstitut, das Parallelen zum heutigen nemo-tenetur-Grundsatz aufweist[47]. Der Beschuldigte im talmudischen Anklage-Prozess[48] war allerdings nicht nur frei von Aussagezwang, ihm war es sogar verboten, auszusagen[49]. Ein Zusammenhang zum späteren Institut der Selbstbelastungsfreiheit lässt sich jedoch nicht nachweisen und erscheint eher zweifelhaft[50]. Für die Auslegung des heutigen Prinzips lässt sich dieser historische Ansatz daher kaum fruchtbar machen. Bemerkenswert erscheint allerdings, dass bereits bei diesem frühzeitigen Rechtsinstitut Sinn und Zweck umstritten war[51].

---

44 *Westhoff*, Grundlagen, S. 76.

45 *Stalinsky*, Aussagefreiheit, S. 6; *Niehaus*, Das Verhör, S. 58.

46 *Rogall*, Der Beschuldigte, S. 68; *Nothhelfer*, Selbstbezichtigungszwang, S. 3; *Wolff*, Selbstbelastung, S. 22; *Schlauri*, Selbstbelastungszwang, S. 39 f.; *Kraft*, nemo-tenetur-Prinzip, S. 33; *Ott*, Der Grundsatz, S. 7.

47 Krit. zur Vergleichbarkeit *K. Peters* ZStW 91 (1979, 121 (123); umfassend zur talmudischen Regel gegen Selbstbelastung: *Rosenberg/Rosenberg* N.Y.U. L. Rev. 63 (1988), 955.

48 *Levy*, Origins, S. 433.

49 *Rogall*, Der Beschuldigte, S. 68: „absolutes Beweisverwertungsverbot“, *Nothhelfer*, Selbstbezichtigungszwang, S. 3; *Wolff*, Selbstbelastung, S. 22; *Schlauri*, Selbstbelastungszwang, S. 39 f.; *Yaron* ZRG RA 117 (2000), 688 (690); *Cohn* J. Crim. L. Criminology & Police Sc. 51 (1960), 175 (175); *Mandelbaum* Am. J. Comp. L 5 (1956), 115 (118).

50 *Kraft*, nemo-tenetur-Prinzip, S. 36 Fn. 14; *Cohn* J. Crim. L. Criminology & Police Sc. 51 (1960), 175 (175); *Nothhelfer* S. 5; *Rogall* S. 77 Fn. 79; a.A. wohl *Mandelbaum* Am. J. Comp. L 5 (1956), 115 (119); *Yaron* ZRG RA 117 (2000), 688 (694); *Magold*, Kostentragungspflicht, S.79; vgl. aber auch *Levy*, Origins, S. 434, nach dem eine Beschreibung des Ursprungs der Selbstbelastungsfreiheit unvollständig wäre, anerkannte man nicht dessen Existenz im talmudischen Recht. Ausdrücklich gegen einen Zusammenhang: *Niehaus*, Verhör, S. 76; *Kopf*, Selbstbelastungsfreiheit, S. 1 Fn. 2.

51 S. *Cohn* J. Crim. L. Criminology & Police Sc. 51 (1960), 175 (177 f.); *Mandelbaum* Am. J. Comp. L 5 (1956), 115 (117); *Levy*, Origins, S. 435 ff.; *Rogall*, Der Beschuldigte, S. 68 f.; *Wolff*, Selbstbelastung, S. 22.

c. *Altdeutscher Rechtsgang*

Während der germanischen und fränkischen Zeit bis zum frühen Mittelalter war das „Strafverfahren“[52] an den Ideen von Fehde[53] und Sühne ausgerichtet[54]. Es wurde als Privatklageverfahren betrieben[55] und war als Parteiprozess ausgestaltet[56]. Prägend für den altdeutschen Rechtsgang ist das rein formale Beweisverfahren[57]: Es ging nicht um die Herstellung richterlicher Überzeugung vom Tathergang, sondern um die unmittelbare Feststellung von Schuld oder Unschuld durch den Reinigungseid oder ein Gottesurteil[58].

Von der heutigen Vorstellung einer staatlich betriebenen, auf möglichst umfassende Sachverhaltsaufklärung gerichteten Strafverfolgung war das Verfahren somit denkbar weit entfernt.

Aus der Verfahrensstruktur ergab sich, dass der Beschuldigte nicht vernommen wurde[59], die Frage nach Aussagepflicht oder Schweigerecht stellte sich somit nicht[60]. Allerdings war das gesamte Verfahren auf die Mitwirkung des Beschuldigten

---

52 Von einem Verfahren nach heutigem Verständnis kann anfangs kaum gesprochen werden. Es handelt sich aber sehr wohl um eine Art des Rechtsgangs (*Eb. Schmidt*, Einführung, S. 37). Dieser Begriff ist weiter als der des Gerichtsverfahrens, da der Rechtsgang sich nicht vor Gericht abzuspielen braucht (*Eb. Schmidt* aaO.). Die Grenze zum außerrechtlichen Bereich ist aber kaum sicher zu ziehen (*Plöger*, Mitwirkungspflichten, S. 214). Aus oder auch neben diesem Rechtsgang hat sich dann ein gerichtliches Prozedere entwickelt (*Walder*, Vernehmung, S. 32); Nach *Heinicke*, Der Beschuldigte, S. 18 kann man sich die Anfänge des germanischen Rechts „gar nicht einfach genug vorstellen“.

53 Unter Fehde ist – im Unterschied zur Rache – die „geregelte Feindschaft“ zu verstehen, die dem rechtlichen Bereich zuzuordnen ist, *Kölbel*, Selbstbelastungsfreiheiten, S. 215 Fn. 4; s. auch *Lohsing, Geständnis*, S. 26.

54 Vgl. umfassend: *Eb. Schmidt*, Einführung, *S.* 37 ff.; *Plöger*, Mitwirkungspflichten, S. 6 ff.; *Henkel*, StrafverfahrensR, S. 23 ff.

55 *Plöger*, Mitwirkungspflichten, S. 56; *Eb. Schmidt*, Einführung, S. 38; Klageberechtigt waren der Verletzte und seine Sippe, *Gerland*, Strafprozess, S. 15; der staatliche Einfluss steigerte sich aber in der fränkischen Zeit und im frühen Mittelalter zunehmend und führte zur Ausbildung konkurrierender Offizialverfahren, wie insb. dem sog. *Rügeverfahren*, *Henkel*, StrafverfahrensR, S. 30; *Gerland*, Strafprozess, S. 15.

56 *Helgerth*, Der Verdächtige, S. 150; *Wolff*, Selbstbelastung, S. 25; *Nickl*, Schweigen, *S.* 7.

57 *Gerland*, Strafprozess, S. 16; dort auch zu dem typischen Ablauf eines Verfahrens.

58 *Sellert/Rüpping* S. 64; *Gerland*, Strafprozess, S. 16; *Stalisnky* S. 4; jeweils auch zu den Einzelheiten; vgl. zu den Beweismitteln auch *G. Walter*, Beweiswürdigung, S. 43 ff; anschaulich zu den Ordalen auch *Leitmaier*, Gottesurteile, S. 9 ff.

59 *Zachariä*, Handbuch, Bd. 2, S. 233 f., *Nickl*, Schweigen, *S.* 7; nach *v. Soden*, Confessio, S. 63 f. änderte sich dies allerdings bereits in fränkischer Zeit mit dem Aufkommen einer staatlichen Strafverfolgung, anders *Walder*, Vernehmung, S. 32, nach dem auch im Rügeverfahren kein Verhör des Beschuldigten durchgeführt wurde.

60 *Höra*, Wahrheitspflicht, S. 44; gegen diesen aber *Nickl*, Schweigen, *S.* 7: hieraus lasse sich nicht das Fehlen einer Aussageverpflichtung folgern.

ausgerichtet. Das Verfahren diente nicht dem Zweck, dem Ankläger den Schuldbeweis abzuverlangen, sondern dem Beklagten die Möglichkeit einzuräumen, den Beweis seiner Unschuld zu führen[61]. Folglich wurde von ihm erwartet, der Klage zu widersprechen. Das Nichtbestreiten der Klage wurde als Geständnis gewertet[62]. Gleiches galt für die Verweigerung des Reinigungseides[63]. Ein Geständnis wurde nicht auf seine materielle Richtigkeit überprüft[64] und hatte damit den Charakter eines Klage-Anerkenntnisses[65].

Mit Blick auf die Folgen des Schweigens und die sonstigen Mitwirkungsverpflichtungen wird kaum davon gesprochen werden können, der altdeutsche Rechtsgang erkenne die Aussagefreiheit an[66]. Zwar trifft den Beschuldigten keine Pflicht, sich durch seine Aussage selbst zu belasten, diese Schweigemöglichkeit wird man aber als Konsequenz der adversatorischen Verfahrensstruktur und dem sich daraus ergebenden Fehlen eines Verhörs nicht etwa als ein Institut des Beschuldigtenschutzes anzusehen haben[67].

---

61 *Stalinsky,* Aussagefreiheit, S. 3 f.; *Gerland,* Strafprozess, S. 16: „Die Beweisführung ist mithin keine Last, sondern ein Recht, das in erster Linie dem Angeklagten zusteht"; ähnliche Formulierung bei *Leitmaier,* Gottesurteile, S. 125; Kölbel S. 215; s. auch *G. Walter,* Beweiswürdigung, S. 43: das Selbstverständnis des Beklagten war ein ganz anderes als im römischen Recht, nach dem er nur das behauptete Recht zu leugnen und Beweis zu verlangen brauchte. Im germanischen Recht bedeutete die Klage einen Vorwurf, von dem er sich reinigen musste; *Lohsing,* Geständnis, S. 26 f., der dies aus den Besonderheiten des germanischen Volkscharakters erklärt. Zu einer Verlagerung der Beweislast auf den Kläger kam es im frühen Mittelalter, *Deppenkember,* Beweiswürdigung, S. 127 f.; *Westhoff,* Grundlagen, S. 56.

62 *Eb. Schmidt,* Einführung, *S.* 39; *Helgerth,* Der Verdächtige, S. 150; *Stalinsky,* Aussagefreiheit, S. 3; *Wolff,* Selbstbelastung, S. 25 s. auch *Nickl,* Schweigen, *S.* 7.

63 *Höra,* Wahrheitspflicht, S. 43 Fn. 74; *Lohsing,* Geständnis, S. 28.

64 *Walder,* Vernehmung, S. 32; *v. Soden,* Confessio, S. 62 f.

65 Vgl. *Holzhauer* in HRG, Bd. 2, Geständnis, Sp. 325 (325): Geständnis kann noch nicht vom Anerkenntnis unterschieden werden; in einigen Gegenden genügte ein Geständnis nicht als Verurteilungsgrundlage, es war vielmehr noch die sog. Übersiebnung, d.h. ein Eid mit Eideshelfern des Anklägers erforderlich, *Moos* S. 19; *Lohsing,* Geständnis, S. 29.

66 *Nickl,* Schweigen, *S.* 7, vgl. auch *Julius Glaser,* Beiträge, S. 283, nach dem „in dem gesamten Verfahren ein Zwang zum Geständnis [lag]"; sowie *Lohsing,* Geständnis, S. 31 „indirekter Geständniszwang"; wohl a.A. *Höra,* Wahrheitspflicht, S. 43; nach *Kölbel,* Selbstbelastungsfreiheiten, S. 216 lägen hingegen keine Mitwirkungspflichten des Beschuldigten vor, da kein Selbstbelastungszwang nach heutigem Verständnis vorläge, sondern sich der Beteiligungsdruck aus der „Eigendynamik des Konflikts" ergäbe.

67 In diese Richtung auch *Helgerth,* Der Verdächtige, S. 150 und *Wolff,* Selbstbelastung, S. 25; ähnlich auch *Höra,* Wahrheitspflicht, S. 43 f., der aber auch das Freiheitsdenken der Epoche betont.

d. Kanonisches Recht

Die Strafgewalt der Kirche war anfangs auf die Ahndung von Verstößen von Klerikern gegen kirchliche Vorschriften beschränkt, weitete sich aber nach und nach dahingehend aus, dass das kanonische Recht auch bei von Klerikern begangenen weltlichen Delikten und bei von Laien begangenen Glaubens-Delikten Anwendung fand[68]. Der Strafprozess des kanonischen Rechts war ursprünglich akkusatorisch aufgebaut[69]. Es galten die Grundsätze der Öffentlichkeit und Mündlichkeit[70]. Die Beweislast lag grundsätzlich beim Ankläger[71]. Die Idee der Selbstbelastungsfreiheit war jedenfalls als Lehrmeinung vorhanden[72], ob sie aber auch der Prozessrechtswirklichkeit entsprach, wird unterschiedlich beurteilt[73].

Das Verhältnis zur Aussage- und Wahrheitspflicht änderte sich dann aber unter maßgeblichem Einfluss von *Thomas v. Aquin*[74] [75]. Der Beschuldigte war fortan zur wahrheitsgemäßen Aussage verpflichtet. Begründet wurde diese Pflicht aus der Untertanen-Stellung gegenüber dem Richter[76]. Eine Beschränkung dieser Pflicht bestand nur insofern, als die Tat zumindest gerüchteweise bekannt sein musste (*fama publica*)[77]. Der Angeklagte war also nicht verpflichtet, außerhalb des

---

68 S. *Henkel,* StrafverfahrensR, S. 35; bei Delikten mit weltlichen und kirchlichen Elementen, sog. *delicta mixa,* bestand eine konkurrierende Zuständigkeit neben der weltlichen Gerichtsbarkeit, *Gerland,* Strafprozess, S. 17.

69 *Wolff,* Selbstbelastung, S. 22., *Rogall,* Der Beschuldigte, S. 71; *Kraft,* nemo-tenetur-Prinzip, *S.* 36; es gilt das Prinzip der *Privat*akkusation, *G. Walter,* Beweiswürdigung, S. 27; zu den Details des kirchlichen Akkusationsprozesses s. *Buschmann* in Kleinheyer-FS, S. 67 (68 f.).

70 *B. Schmitt,* Beweiswürdigung, S. 116.

71 *Jacobi* ZRG 3 (1913), 223 (294 ff.); *Kelly,* Inquisitions, III, S. 995; *Meile,* Beweislehre, S. 7.

72 S. *Chrysostomus* zit. bei *Thomas von Aquin,* summa theologica II-II, Bd. 18, Frage 69 (S. 246).

73 Nach *Schlauri,* Selbstbelastungszwang, S. 42, handelte es sich lediglich um eine Lehrmeinung, so wohl auch *Rogall,* Der Beschuldigte, S. 70 und *Stalinsky,* Aussagefreiheit, S. 5; *Wolff,* Selbstbelastung, S. 22; *Dingeldey* JA 1984, 407 (407); *Kraft,* nemo-tenetur-Prinzip, S. 36 und *Nothhelfer,* Selbstbezichtigungszwang, S. 3 f., scheinen demgegenüber davon auszugehen, dass der Grundsatz auch angewandt wurde.
Lassen sich im kanonischen Recht auch sehr früh Ansätze der Selbstbelastungsfreiheit feststellen, so erfolgte eine Etablierung doch erst vor einem guten Jahrhundert und weniger als Resultat eigener Entwicklung als aufgrund der Beeinflussung durch die weltlichen Strafprozesssysteme, s. *Granfield* Theological Studies 27 (1966), 401 (416 ff.).

74 S. summa theologica II-II, Bd. 18, Frage 69 (S. 246 ff.).

75 *Rogall,* Der Beschuldigte, S. 70; *Wolff,* Selbstbelastung, S. 22.

76 *V. Aquin,* summa theologica II-II, Bd. 18, Frage 69 (S. 246).

77 *Wolff,* Selbstbelastung, S. 22; *Böse,* Wirtschaftsaufsicht, S. 152; *Rogall,* Der Beschuldigte, S. 70 f., zust. *Magold,* Kostentragungspflicht, S. 80; krit. *Schlauri,* Selbstbelastungszwang, S. 43.

hierdurch definierten Verfahrensgegenstandes liegende, gänzlich unbekannte Umstände preiszugeben[78]. Diese Begrenzung der Auskunftspflicht wird teilweise als nemo-tenetur-Satz des kanonischen Rechts begriffen[79].

Die akkusatorische Verfahrensform musste im 13. Jahrhundert nach und nach einer inquisitorischen Verfahrensgestaltung weichen[80]. Grund für die Reform waren die Unzulänglichkeiten des bisherigen Prozessrechts, die es zu einem ungeeigneten Instrument für die von *Papst Innozenz III.* angestrebte Kontrolle und Disziplinierung der Kleriker machten[81]. Entsprechend dieser Zielsetzung handelte es sich beim Inquisitionsprozess zunächst um ein Disziplinarverfahren[82].

Der Inquirent konnte aus eigener Initiative das Verfahren einleiten und den – zur Wahrheit verpflichteten – Beschuldigten vernehmen[83]. In diesem Verfahrenstyp avancierte die Wahrheitspflicht zum beherrschenden Grundsatz des Strafprozesses[84]. An die Stelle von Öffentlichkeit und Mündlichkeit traten Heimlichkeit und Schriftlichkeit[85]. Das Geständnis gewann dramatisch an Bedeutung: war es im Akkusationsprozess noch einfache Prozesshandlung, wurde es im Inqusitionsverfahren zum

78 *Levy* Cardozo L. Rev. 19 (1997), 821 (822).

79 *Rogall*, Der Beschuldigte, S. 70 f., *Magold*, Kostentragungspflicht, S. 80; *Ott*, Der Grundsatz, S. 11; krit. *Schlauri*, Selbstbelastungszwang, S. 43.

80 *Jerouschek* ZStW 104 (1992), 328 (333 f., 342); *Zachariä*, Handbuch, Bd. 1, S. 106 ff; die Verdrängung erfolgte nur de facto, de iure wurde das Akkusationsverfahren nie abgeschafft, *G. Walter*, Beweiswürdigung, S. 28 Fn. 50; *C. Groß*, Beweistheorie, Bd. 1, S. 14 Fn. 3; es bildete sogar weiterhin den ordentlichen Verfahrenstyp, *Trusen* in die Anfänge der Inquisition, S. 39 (49); *Hirte*, Papst Innozenz III, S. 117; *Lohsing*, Geständnis, S. 35; von einer Gleichstellung der Verfahrensformen hingegen spricht *Walder*, Vernehmung, S. 36.

81 Ein Verfahren in Form der *accusatio* setzte einen privaten Kläger voraus, der sich bei höherrangigen Geistlichen kaum gefunden hat und in dem daneben zulässigen *Infamationsverfahren* konnte sich der Beschuldigte mit einem Reinigungseid verteidigen, *Trusen* ZRG KA 74 (1988), 168 (188, 201, 203), *Jerouschek* ZStW 104 (1992), 328 (335); *Biener*, Beiträge, S.40; *Oehler* in Kaufmann-GS S. 847 (860); *A. Koch*, Denunciatio, S. 39 ff.; krit. zur fehlenden Eignung des Akkusationsverfahrens zur Disziplinierung *Hirte*, Papst Innozenz III., S. 50. Die Entstehung des Inquisitionsverfahrens war demgegenüber nicht durch die Verfolgung von Häretikern motiviert, *Trusen* aaO. (189), *ders.* in die Anfänge der Inquisition, S. 39 (59) und in Mikat-FS S. 435 (436); *Biener*, Beiträge, S. 134; *Esmein*, A history, S. 81; so aber *Schlauri*, Selbstbelastungszwang, S. 46; *Maguire* in Essays, S. 199 (201); vermittelnd *Buschmann* in Kleinheyer-FS, S. 67 (71), nachdem sich die päpstlichen Maßnahmen „auch [gegen] die aufkommende Ketzerbewegung und deren Ausbreitung richteten"; vgl. auch *Levy*, Origins, S. 20.

82 *Trusen* in Mikat-FS S. 435 (435); *Kéry* ZRG KA 87 (2001), 226 (227); *Niehaus*, Geständnis, S. 121.

83 *Rogall*, Der Beschuldigte, S. 71; *Henkel*, StrafverfahrensR, S. 36.

84 *Dingeldey* JA 1984, 407 (407); *Stalinsky*, Aussagefreiheit, S. 7.

85 *B. Schmitt*, Beweiswürdigung, S. 116.

zentralen Beweismittel[86]. Die Bedeutung des Geständnisses im kanonischen Prozess überstieg sogar noch die im weltlichen Verfahren (s.u. e.), da das kanonischen Recht den Aspekt der Besserung betonte[87]. Den Gipfelpunkt dieser Entwicklung bildete die Einführung des Offizial-Eides („*ex officio*", „*de veritate dicenda*") 1215 durch das IV. Laterankonzil[88]. Vom Beschuldigten wurde verlangt, die Wahrheit seiner Aussage zu beschwören, ohne dass er auch nur wusste, welche Fragen ihm gestellt und welche Taten ihm vorgeworfen werden würden[89] Die Verweigerung des Eides (auch aus christlich-religiösen Gründen) galt als Schuldbeweis[90]. Ein Meineid wurde nicht nur als Straftat, sondern zugleich als Todsünde angesehen[91]. Dieser Eid war im gesamten kanonischen Recht zulässig, gewann seine Bedeutung aber insbesondere in den Verfahren der kirchlichen Sondergerichte in England (s.u. f.). Die kontinentalen Gerichte bedienten sich eines anderen Mittels um die Wahrheitspflicht durchzusetzen: der Folter.

Zwar sprach sich *Innozenz III.* 1215 noch ausdrücklich gegen die Folter aus[92], bereits 1252 verfügte sein Nachfolger aber deren (anfangs beschränkte) Zulässigkeit[93]. Das Erfordernis einer zumindest gerüchteweisen Bekanntheit der Tat bestand zwar formal fort, büßte allerdings durch die Vereinigung der Rollen von Ankläger und Richter in der Person des Inquisitors nahezu jegliche Schutzfunktion ein[94]. Die

86 *Jerouschek* ZStW 104 (1992), 328 (345 f.); *A. Krey* in HRG, Bd. 2, Inquisitionsprozess, Sp. 1243 (1244); anders als zunächst im weltlichen Inquisitionsprozess (s.u. Fn. 110) bildete das Geständnis wohl aber ein echtes Beweismittel, so *C. Groß,* Beweistheorie, Bd. 1, S. 96; *S. Bruns,* Zur Geschichte, S. 16 f., wohl auch *G. Walter,* Beweiswürdigung, S. 33; *Lohsing*, Geständnis, S. 33 und *Westhoff,* Grundlagen, S. 79; vgl. auch *Henkel,* StrafverfahrensR, S. 36; a.A. *Julius Glaser,* Beiträge, S. 280 Fn. 134: „selbstständige Grundlage des Urtheils".

87 *Mittermaier,* Die Lehre, S. 38; *C. Groß,* Beweistheorie, Bd. 1, S. 96; s. auch *Inger,* Das Geständnis, S. 44 f.

88 *Kraft,* nemo-tenetur-Prinzip, *S.* 38; *Rogall,* Der Beschuldigte, S. 72; *Stalinsky,* Aussagefreiheit, S. 6; *Nothhelfer,* Selbstbezichtigungszwang, S. 4; *Levy,* Origins, S. 23.

89 *Rogall,* Der Beschuldigte, S. 72; *Wolff,* Selbstbelastung, S. 23; *Levy,* Origins, S. 23; nach *Zachariä,* Handbuch, Bd. 2, S. 235 Fn. 8 ist dieser Eid in Deutschland jedoch nie Praxis geworden; so – unter Berufung auf diesen – auch *Walder,* Vernehmung, S. 37.

90 *Silving* Yale L.J. 68 (1959), 1329 (1345); *Corwin* Mich. L. Rev. 19 (1930), 1 (6); *Ott,* Der Grundsatz, S. 16 mwN; nach *Langbein* Mich. L. Rev. 92 (1994), 1047 (1073) führte Eidesverweigerung hingegen zur Verhaftung wegen Missachtung des Gerichts und anderen harschen Sanktionen; so auch: *Maguire* in Essays S. 199 (215); *Schlauri,* Selbstbelastungszwang, S. 51, nach der sich der Verweigernde zudem der Ketzerei schuldig machte.

91 *Schlauri,* Selbstbelastungszwang, S. 51; *Maguire* in Essays S. 199 (215).

92 *Walder,* Vernehmung, S. 37; *Oehler* in Kaufmann-GS S. 847 (861).

93 *Jerouschek* ZStW 104 (1992), 328 (348); *Trusen* in Mikat-FS S. 435 (437); s. auch *A. Krey* in HRG, Bd. 2, Inquisitionsprozess, Sp. 1243 (1244).

94 *Schlauri,* Selbstbelastungszwang, S. 62.

Divergenz zwischen Theorie und Praxis stellte allgemein in Bezug auf den Beschuldigtenschutz ein Problem des kanonischen Prozessrechts dar. Dessen Notwendigkeit war in der Theorie durchaus anerkannt, die Umsetzung in die Praxis scheiterte aber regelmäßig[95].

Der maßgeblich von *Innozenz III.* geprägte kanonische Inquisitionsprozess ist nicht gleichzusetzen mit der Verfahrensart, der sich die katholische Kirche später zur Ketzerverfolgung bediente[96]. Diese sog. *inquisitio haereticae pravitatis* folgt zwar demselben Grundgedanken, war jedoch i.S.e. summarischen Verfahrens abgewandelt[97] und stellt sich als Extremform des inquisitorischen Verfahrensmodells dar[98].

e. Der Inquisitionsprozess des Spätmittelalters und der frühen Neuzeit

Die fortschreitende Anerkennung der Verbrechensbekämpfung als öffentliche Aufgabe und die mangelnde Eignung des Privatklageverfahrens, diese effektiv zu gewährleisten, führte auch im weltlichen Strafprozess zur Übernahme inquisitorischer Verfahrensstrukturen[99]. Die Rezeption aus dem kanonischen Recht[100] erfolgte bereits wenige Jahre nach dem IV. Laterankonzil und der Verfahrenstyp etablierte sich binnen weniger Jahrzehnte[101]. Seine umfassendste Kodifizierung erfuhr der Inquisitionsprozess in der „Peinlichen Hals- und Gerichtsordnung“ Karls V., der *Constitutio Criminalis Carolina* (CCC), aus dem Jahre 1532[102].

---

95 Vgl. *Schlauri*, Selbstbelastungszwang, S.61 f.

96 *Westhoff*, Grundlagen, S. 80.

97 *Trusen* in Mikat-FS, S. 435 (439); *Ignor*, Geschichte, S. 53.

98 *Vogler*, A world view, S. 25.

99 *Lepsius*, Zweifel, S. 9; *Höra*, Wahrheitspflicht, S. 45; vgl. auch *Jerouschek* ZRG KA 89 (2003), 323 (323). Der Wandel zwischen beiden Verfahrensformen vollzog sich über diverse Übergangsformen und beide Formen bestanden lange nebeneinander, *Sickor*, Geständnis, S. 107; *Ignor*, Geschichte, S. 44; *Ambos* JURA 2008, 585 (590).

100 Dass der weltliche Inquisitionsprozess dem kanonischen Recht nachgebildet ist, entspricht der heute h.M, s. grundlegend *Trusen* in Strafrecht, Strafprozess und Rezeption, S. 29; *ders.* ZRG KA 74 (1988), 168; *Jerouschek* ZStW 104 (1992), 328 (347); *Schulz*, Misstrauen, S. 51 f. mwN; *A. Koch*, Denunciatio, S. 37 mwN; a.A. hingegen insb. *Eb. Schmidt*, Inquisitionsprozess, S. 61 et passim: selbstständige Entwicklung in Deutschland ohne Rechtsvorbilder; diese Ansicht, die lange Zeit herrschend war, gilt insbesondere durch die Arbeiten von *Trusen* heute als widerlegt, s. *Jerouschek* aaO.; *Oehler* in Kaufmann-GS S. 847 (847 ff.); einen Überblick über die Entwicklung des Forschungsstandes geben *Sellert/Rüping*, Geschichte, S. 109 Fn. 166 sowie *Schulz* aaO. S.49 ff.

101 *A. Koch*, Denunciatio, S. 60, 61, s. auch *Trusen* in Sozialer Wandel, S. 235 (246): Übernahme seit dem 14. Jahrhundert; *Kleinheyer* in Conrad-GS S. 367 (367) spricht von einer Umwandlung des Strafprozesses zwischen dem 13. und 16. Jahrhundert; zu den Etappen der Rezeption im weltlichen Recht s. *Ignor*, Geschichte, S. 50 ff.

102 *Kleinheisterkamp*, Kreditwesengesetz, S. 138.

Der Inquisitionsprozess zeichnet sich durch zwei Merkmale aus: einerseits das Tätigwerden des Richters von Amts wegen (*Offizialmaxime*) und zum anderen das Prozessziel der Ermittlung der materiellen Wahrheit (*Instruktionsmaxime*)[103]. Dies bedeutete, dass der Richter das Verfahren selbst einleitete und durchführte und so die als Urteilsgrundlage dienende umfassende Tatsachengrundlage herstellte[104]. Die geänderte Verfahrenszielbestimmung brachte naturgemäß die Rationalisierung des Beweisrechts mit sich[105]. Die fehlende Eignung der formalen Beweismittel des Reinigungseides und des Gottesurteils zur Auffindung der materiellen Wahrheit liegt auf der Hand[106]. An ihre Stelle traten Augenschein, Zeugenbeweis und Einlassung des Angeklagten[107]. Die mangels staatlichem Ermittlungsapparates ohnehin bereits geringe faktische Relevanz von Zeugen- und Sachbeweis[108] wurde durch Beweisregeln noch weiter eingeschränkt: Indizienbeweise waren als Urteilsgrundlage unzulässig, der volle Schuldbeweis konnte anders als durch ein Geständnis nur durch zwei Augenzeugen geführt werden, Art. 22, 60 ff. CCC[109]. Das Geständnis des Angeklagten avancierte so zum zentralen Beweismittel[110]: „*confessio est regina probationum*"[111].

Mit dieser überragenden Bedeutung des Geständnisses für eine Verurteilung wäre ein Schweigerecht des Beschuldigten naturgemäß nicht in Einklang zu bringen gewesen. Der Beschuldigte war folglich zur wahrheitsgemäßen Aussage verpflichtet, Art. 46 CCC. Ein Schweigerecht hätte auch nicht dem damaligen Verständnis des Staat-Bürger-Verhältnisses entsprochen. Die Stellung des Beschuldigten als nahezu

---

103 *Eb. Schmidt*, Einführung, S. 86 f; s. auch *Sellert* in Scupin-FS S. 161 (163 f.), der klarstellt, dass es nicht *den* Inquisitionsprozess gibt, sich aber alle Spielarten dieses Verfahrenstyps durch die Vereinigung dieser beiden Merkmale auszeichnen.

104 *Eb. Schmidt*, Inquisitionsprozess, S. 9; *G. Walter*, Beweiswürdigung, S. 54.

105 *Sickor*, Geständnis, S. 109.

106 *G. Walter*, Beweiswürdigung, S. 54; *Trusen* in Sozialer Wandel, S. 235 (241 f.); *A. Krey* in HRG, Bd. 2, Inquisitionsprozess, Sp. 1243 (1243) hin.

107 *G. Walter*, Beweiswürdigung, S. 54; *Kleinheyer* in Conrad-GS S. 367 (367); *Trusen* in Sozialer Wandel, S. 235 (242): eventuell in besonderen Fällen auch der Urkundenbeweis.

108 *Holzhauer* in HRG, Bd. 2, Geständnis Sp. 325 (329).

109 *Langbein*, Torture, S. 4; *Moos*, Geständnis, S. 23; *Kölbel*, Selbstbelastungsfreiheiten, S. 220 Fn. 26; nach *Lohsing*, Geständnis, S. 40 war vor der CCC auch der Zeugenbeweis ausgeschlossen.

110 Während die *Carolina* (Art. 53 f. CCC) das Geständnis als echtes Beweismittel ansah, hatte es in der Anfangszeit des Inquisitionsprozesses noch eine eher formelle, dem Anerkenntnis vergleichbare Funktion, *S. Bruns*, Zur Geschichte, S. 12; *Fezer* in Stree/Wessels-FS S. 663 (666 f.), der zutreffend darauf hinweist, dass dies eine Einschränkung des Grundsatzes der materiellen Wahrheit darstellt; a.A. *Lohsing*, Geständnis, S. 31, der die volle Beweiskraft des Geständnisses gerade als Folge des Inquisitionsprinzips ansieht; umfassend hierzu s. *Kleinheyer* in Conrad-GS S. 367 (378 ff.).

111 *Helgerth*, Der Verdächtige, S. 151; *Rüping/Jerouschek*, Grundriss, S. 45; *Plöger*, Mitwirkungspflichten, S. 70; *Moos*, Geständnis, S. 23.

rechtsloses Objekt des Verfahrens, das im staatlichen Interesse der Wahrheitsfindung – die als oberstes, gar heiliges Ziel des Verfahrens galt[112] – zur Selbstbelastung und damit -schädigung verpflichtet ist, bildete vielmehr nur die Fortführung seiner Untertanenrolle gegenüber der Obrigkeit[113].

Eben jene Rolle des Geständnisses als regelmäßig unabdingbare Verurteilungsvoraussetzung führte dazu, dass die Folter Einzug in das Strafverfahren erhielt[114]. Die Folter war bis in die Neuzeit ein anerkannter, institutionalisierter Bestandteil kontinentaleuropäischer Strafverfahren[115]. Die *Carolina* muss fast als fortschrittlich gelten, weil sie die bisher willkürlich angewendeten Methoden der Geständniserzwingung rechtlichen Regelungen unterwarf[116]. Selbst diese wurden freilich beiseitegeschoben, als die Folter in den Hexenprozessen des 16. und 17. Jahrhunderts ihren Zenit erreichte[117]. Die Hexenverfolgung, die von geistlichen und weltlichen Gerichten gemeinschaftlich betrieben wurde[118], führte zur vollständigen Erosion der – ohnehin kaum vorhandenen – Rechte des Angeklagten und bildete den Tiefpunkt der strafprozessualen Entwicklung[119].

Dass der nemo-tenetur-Grundsatz unter diesen Rahmenbedingungen nicht zur Entstehung gelangt ist, kann nicht überraschen.

f. Common Law

Nach herkömmlicher Auffassung liegt die Geburtsstätte des modernen nemo-tenetur-Grundsatzes in dem im frühneuzeitlichen England herrschenden Konflikt zwischen weltlichen Common-Law-Courts und nach kanonischem Recht prozessierenden geistlichen Gerichten[120]. Auch wenn diese These auf Grundlage neuerer Erkenntnisse relativiert werden muss, so war es doch unzweifelhaft das englische Common Law, in dem der Grundstein für den nemo-tenetur-Grundsatz in seiner heutigen Form gelegt wurde.

Der Strafprozess des Common Law war anfangs ebenso wie der des Kontinents ein Parteienprozess und von einem irrationalen Beweisrecht geprägt[121]. Als sich

---

112 *Kraft*, nemo-tenetur-Prinzip, S. 49; *Kleinheisterkamp*, Kreditwesengesetz, S. 139; *Wessels* JuS 169 (170); *Mahlstedt*, Die heimliche Befragung, S. 30.

113 *Eb. Schmidt*, Strafprozessrecht, Rn. 72; *Moos*, Geständnis, S. 22; *Schreieder*, Stellung, S. 11.

114 *Vormbaum*, Strafrechtsgeschichte, S. 90; *Eb. Schmidt*, Einführung, S. 95; *Ignor*, Geschichte, S. 66 f.; *Plöger*, Mitwirkungspflichten, S. 70.

115 *Langbein*, Torture, S. 3.

116 *Oestmann* in Mehr recht als schlecht, S. 197 (202); *Hsu*, Geständnis, S. 24.

117 *Hsu*, Geständnis, S. 24; *Henkel*, StrafverfahrensR, S. 48.

118 *Ignor*, Geschichte, S. 52; *Rüping/Jerouschek*, Grundriss, S. 60.

119 *Rummel/Voltmer*, Hexen, S. 37; *V. Krey*, Torture, Vol. 2, S. 31.

120 *Wigmore*, Evidence, § 2250, S. 794 ff.; *Levy*, Origins, passim; *Maguire* in Essays, S. 199; *Rogall*, Der Beschuldigte, 72 ff.; *Nothhelfer*, Selbstbezichtigungszwang, S. 4 ff; *Kraft*, nemo-tenetur-Prinzip, S. 38 ff; *Wolff*, Selbstbelastung, S. 23 ff.

121 *Schlauri*, Selbstbelastungszwang, S. 44.

beide Prozesssysteme gleichermaßen mit dem Problem konfrontiert sahen, die durch die Aufgabe irrationaler Beweismittel entstehende Lücke zu schließen, entwickelten sich gänzlich unterschiedliche Lösungen[122]. Während sich auf dem Kontinent der Inquisitionsprozess herausbildete, entstand in England der *Jurytrial*[123]. Dieser „für seine Zeit sehr fortschrittliche Strafprozess"[124] war gekennzeichnet durch das zwingende Erfordernis einer geschriebenen Anklage (*written indictment*) sowie durch die Institutionen der über die Zulassung der Anklage entscheidenden *Grand Jury* und der das Urteil erlassenden *Petit Jury*[125]. Die Folter, die in der Gefolgschaft des Inquisitionsprozesses Kontinentaleuropa überziehen sollte, hat in England nie eine vergleichbare Verbreitung und Institutionalisierung erfahren[126].

Der *Jurytrial* wurde nur von den weltlichen Gerichten praktiziert. Seit spätestens dem 11. Jahrhundert war daneben eine eigenständige Jurisdiktion der Kirche anerkannt, deren Gerichte nach kanonischem Recht prozessierten.[127] 1236 brachte der päpstliche Legath *Otho* die im IV. Laterankonzil festgehaltenen Ergebnisse der Innozenz'schen Prozessreform nach England[128]. Dies führte zur Einführung des Inquisitionsprozesses und des ex officio-Eides[129]. Der für den Betroffenen spürbarste Unterschied zwischen dem weltlichen und dem kirchlichen Prozessrecht war, dass ein Verfahren vor einem weltlichen Common-Law-Court eine formelle Anklage durch die *Grand Jury* voraussetzte, während der kirchliche Richter das Verfahren von Amts wegen einleiten konnte, soweit nur ein Gerücht (*fama publica*) vorlag – eine Eingriffsschwelle, die kaum Schutzwirkung entfaltete, da das Vorliegen allein durch den Richter selbst entschieden wurde[130].

Die kirchlichen Gerichte sahen ihre Zuständigkeit allerdings nicht auf Straftaten des Klerus beschränkt, sondern erhoben den Anspruch, auch Verstöße von Laien gegen kirchlich-moralische Gebote abzuurteilen[131]. Sie gewannen so schnell Einfluss auf den Alltag der Menschen[132]. Dies führte zu jahrhundertelang andauernder Kompetenzstreitigkeit zwischen den weltlichen und den kirchlichen Gerichten. Nachdem noch zu Beginn des 14. Jahrhunderts die Zuständigkeit über Laien auf

---

122 *Schlauri* , Selbstbelastungszwang, S. 47.
123 *Schlauri* , Selbstbelastungszwang, S. 47 f.
124 *Rogall*, Der Beschuldigte, S. 73.
125 *Nothhelfer*, Selbstbelastungszwang, S. 5; *Rogall*, Der Beschuldigte, S. 73.
126 *Langbein*, Torture, S. 73 f.
127 *Wigmore*, Evidence, § 2250, S. 795; *Levy*, Origins, S. 43: „sometime before 1076 – the exact year is uncertain".
128 Levy, Origins, S. 46; *Rogall*, Der Beschuldigte, S. 73; *Maguire* in Essays, S. 199 (200).
129 *Rogall*, Der Beschuldigte, S. 73; *Levy*, Origins, S. 46.; *Maguire* in Essays, S. 199 (200).
130 Vgl. *Schlauri*, Selbstbelastungszwang, S. 43; *Levy* Cardozo L. Rev. 19 (1997), 821 (831); *Ott*, Der Grundsatz, S. 13.
131 *Levy*, Origins, S. 43, *Guradze* in Löwenstein-FS, S. 151 (153).
132 *Levy*, Origins, S. 44.

Ehe- und Erbschaftsangelegenheiten beschränkt wurde[133], wurde der Kirche 1401 die Verfolgung von Häretikern unter Einsatz aller ihrer prozessualen Mittel übertragen[134]. Diese Entwicklung wurde wiederholt rückgängig gemacht, eingeschränkt und erneuert[135]. Umstritten ist, ob die Antipathie der Common Lawyer gegenüber der kirchlichen Gerichtsbarkeit zunächst allein in der Frage der Zuständigkeit begründet war[136] oder ob sich die Proteste bereits hier gegen das kanonische Verfahrensrecht richteten[137].

Zu einer Opposition unmittelbar gegen das kanonische Verfahrensrecht und namentlich den ex-officio-Eid kam es jedenfalls, nachdem *Elizabeth I.* 1559 die Staatskirche ins Leben gerufen hatte[138].

Mit dieser Vereinigung von Staat und Kirche bekamen kirchliche Angelegenheiten eine politische Komponente[139]. Häresie wurde zum Staatsschutzdelikt[140], zu dessen Verfolgung sich die Krone der sog. *(Court of)*[141] *High Commission* bediente[142]. Zur gleichen Zeit erwachte mit der sog. *Star Chamber* ein weiteres königliches Sondergericht (*prerogative court*) zum Leben. Diese Institution war bereits 1487 gegründet worden, machte aber erst unter *Elizabeth I.* von ihren weitreichenden Kompetenzen Gebrauch[143]. Beide Gerichte prozessierten nach kanonischem Recht und machten exzessiven Gebrauch von der Möglichkeit, Beschuldigte ex officio vorzuladen und dem Offizial-Eid zu unterwerfen[144]. Der Beschuldigte musste zu Beginn des Verfahrens schwören, vollständig und wahrheitsgemäß auf alle Fragen, die ihm gestellt würden, zu antworten, ohne dass ihm die gegen ihn erhobenen Vorwürfe

---

133 Statute *De Articulis Cleri*, s. *Maguire* in Essays, S. 199 (208); *Wigmore* H. L. Rev. 5 (1902), 610 (611); *Rogall*, Der Beschuldigte, S. 74; *Kraft*, nemo-tenetur-Prinzip, S. 33 (40).

134 Statute *De Heretico Comburendo;* s. *Maguire* in Essays, S. 199 (208); *Rogall*, Der Beschuldigte, S. 75.

135 *Maguire* in Essays, S. 199 (211 f.); *Ott*, Der Grundsatz, S. 17; *Rogall*, Der Beschuldigte, S. 75.

136 *Wigmore*, Evidence, § 2250, S. 796 ff.; *Gray* in The privilege, S. 47 (51 ff.).

137 So *Levy*, Origins, S. 49, *ders.* Cardozo L. Rev. 19 (1997), 821 (824 ff.); *Maguire* in Essays, S. 199 (204 ff.); *Morgan* Minn. L. Rev. 34 (1949), 1 (4 ff.).

138 *Wigmore* Harv. L. Rev. 15 (1902), 610 (619).

139 *Maguire* in Essays, S. 199 (213).

140 *Levy*, Origins, S. 83; *Schlauri*, Selbstbelastungszwang, S. 54 f.

141 Ob es sich tatsächlich um ein Gericht und nicht um ein Exekutivorgan handelt, war bereits zur damaligen Zeit umstritten, es wird angenommen, dass die *High Commission* als Exekutivorgan geschaffen und zum Gericht umgewandelt wurde, *Maguire* in Essays, S. 199 (217 ff.); *Schlauri*, Selbstbelastungszwang, S. 55 Fn. 98 mwN.

142 *Schlauri*, Selbstbelastungszwang, S. 55.

143 *Wigmore*, Evidence, § 2250, S. 803.

144 *Rogall*, Der Beschuldigte, S. 75 f.; *Schlauri*, Selbstbelastungszwang, S. 55.

bekannte gegeben wurden[145]. Verweigernde und unvollständige Antworten zogen als prozessordnungswidriges Verhalten die Inhaftierung nach sich[146]. Der Meineid galt als Todsünde[147]. Es bestand zwar die theoretische Möglichkeit der Beweisaufnahme durch Zeugenvernehmungen, den Wesensgehalt des Verfahrens bildete jedoch die eidliche Befragung des Beschuldigten[148].

Ab dem 16. Jahrhundert gab es von verschiedenen Seiten zunehmenden Widerstand gegen das kanonische Verfahrensrecht[149]. Immer häufiger weigerten sich Beschuldigte, den Offizial-Eid abzulegen[150].

Den Rahmen bildete dabei der größere Konflikt zwischen der Krone, dem Parlament, dem Common Law und der geistlichen Gerichtsbarkeit sowie religiösen Dissidenten, ohne den es den Widerstand gegen den Eid in dieser Form wohl nicht gegeben hätte[151].

Die rechtliche Grundlage des Widerstands bildete dabei nicht der Selbstbelastungszwang als solcher, sondern die Tatsache, dass der Beschuldigte zur Aussage gezwungen wurde, ohne dass ihm im Wege einer formellen Anklage die erhobenen Vorwürfe mitgeteilt wurden[152]. Diese Unzulässigkeit einer Aussagepflicht ohne vorherige Eröffnung der Anklagegründe wurde mit der Formel „nemo tenetur prodere se ipsum" assoziiert[153]. Umstritten ist, ob sich die Kritik dabei auf das Common Law stützte, in dem das Anklageerfordernis gängige Praxis war[154], oder ob die Unvereinbarkeit mit dem kanonischen Recht selbst behauptet wurde, nach dem entweder eine Anklage oder jedenfalls *fama publica* vorliegen musste, um ein Verfahren einzuleiten[155].

Zur praktischen Durchsetzung wurde den Bedenken gegen das Verfahren der *prerogative courts* verholfen, indem die Common-Law-Gerichte sog. *writs of prohibition* erließen[156]. Mit diesem Instrument konnten Common-Law-Gerichte das Verfahren vor den geistigen Gerichten untersagen, wenn die Tat in ihre Zuständigkeit fiel[157].

145 *Maguire* in Essays, S. 199 (215); *Böse*, Wirtschaftsaufsicht, S. 152; *Queck*, Geltung, S. 169.
146 *Maguire* in Essays, S. 199 (215); *Schlauri*, Selbstbelastungszwang, S. 51.
147 *Maguire* in Essays, S. 199 (215); *Schlauri*, Selbstbelastungszwang, S. 51.
148 *Maguire* in Essays, S. 199 (215).
149 *Ott*, Der Grundsatz, S. 18.
150 *Ott*, Der Grundsatz, S. 18.
151 *M. Berger*, Taking the Fifth, S. 14; *Queck*, Geltung, S. 170.
152 *Ott*, Der Grundsatz, S. 18 f.; *Wigmore* Harv. L. Rev. 15 (1902), 610 (622).
153 Vgl. *Kraft*, nemo-tenetur-Prinzip, S. 41; *Maguire* in Essays, S. 199 (223 f.); *Macnair* OJLS 10 (1990), 66 (67); *Levy*, Origins, S. 3, 330.
154 So *Levy*, Origins, S. 229 ff.; *ders.* Cardozo L. Rev. 19 (1997), 821 (829 ff.); *Maguire* in Essays, S. 199 (207, 228).
155 So *Helmholz* in The privilege, S. 17 (21 ff.); *Macnair* OJLS 10 (1990), 66 (70 ff.); *Alschuler* Mich. L. Rev. 94 (1996), 2625 (2638, 2641); *Langbein* Mich. L. Rev. 92 (1994), 1047 (1072).
156 *Ott*, Der Grundsatz, S. 21; *Queck*, Geltung, S. 170.
157 *Ott*, Der Grundsatz, S. 21.

Da aber die geistigen Gerichte es gerade unterließen, den Verfahrensgegenstand i.S.e. formellen Anklage zu umschreiben und stattdessen den unter Eid stehenden Beschuldigten willkürlich ausfragten, ließ sich auch die Gefahr eines solchen Übergriffs in die Kompetenz der Common-Law-Gerichte stets annehmen[158]. Die geistigen Gerichte waren somit gezwungen, die Befragung unter Eid auf einen konkreten Anklagevorwurf zu beschränken, um ein entsprechendes Vorgehen der Common-Law-Courts zu verhindern[159].

Den Anstoß zur Abschaffung des Offizial-Eids und damit nach älterer Lehre den Beginn des Aufstiegs von nemo tenetur bildete das Verfahren gegen *John Lilburne* im Jahre 1637[160]. *Lilburne*, ein junger Puritaner und offener Kritiker des *Stuart*-Regimes, der auch als „Freeborn John" bekannt war, war vor der *Star Chamber* wegen des Druckens und Einführens ketzerischer Bücher angeklagt[161]. Dem üblichen Prozedere folgend, sollte *Lilburne* zunächst den Eid ablegen, ohne dass ihm die Vorwürfe bekannt gegeben wurden[162]. Nachdem er sich hiergegen verwehrte, wurde ihm zwar der Anklagevorwurf mitgeteilt, er verweigerte jedoch weiterhin nicht nur die Ableistung des Eides, sondern überhaupt die Beantwortung selbstbelastender Fragen[163]. *Lilburne*, der für seinen Widerstand öffentlich ausgepeitscht und an den Pranger gestellt wurde, avancierte in der Folgezeit zum Volkshelden und die politische Empörung, die sein Verfahren auslöste, trug maßgeblich zur Abschaffung der *prerogative courts* durch das Parlament im Jahre 1641 bei[164].

Die Abschaffung des Offizial-Eides wird in der älteren Lehre als Entstehungspunkt des heutigen Grundsatzes der Selbstbelastungsfreiheit angesehen[165]. Diese These wird jedoch in der neueren Literatur mit beachtlichen Gründen in Frage gestellt.

Die bisherige Entwicklung hat lediglich die Verbannung des Offizial-Eides aus dem kanonischen Recht bewirkt. Eine Beeinflussung des Verfahrens der nach

---

158 *Ott*, Der Grundsatz, S. 21; *Böse* GA 2002, 99 (110).

159 *Ott*, Der Grundsatz, S. 21.

160 *Ott*, Der Grundsatz, S. 22; *Aselmann*, Die Selbstbelastungs- und Verteidigungsfreiheit, S. 26.

161 *M. Berger*, Taking the Fifth, S. 14; *Wigmore* Harv. L. Rev. 15 (1902), 610 (624); *Levy*, Origins, S. 271 f.; *Aselmann*, Die Selbstbelastungs- und Verteidigungsfreiheit, S. 26; *Rogall*, Der Beschuldigte, S. 79.

162 *M. Berger*, Taking the Fifth, S. 17.

163 Unklar ist, ob er generell die Beantwortung von Fragen ablehnte (so *M. Berger*, Taking the Fifth, S. 17; *Rogall*, Der Beschuldigte, S. 79; *Kraft*, nemo-tenetur-Prinzip, S. 41; *v. Gerlach* in Hanack-FS, S. 125; *Kleinheisterkamp*, Kreditwesengesetz, S. 134) oder nur solcher Fragen, die seines Erachtens außerhalb des Verfahrensgegenstandes lagen (so *Wigmore* Harv. L. Rev. 15 (1902), 610 (625, 633); *Levy* PSQ 84 (1969), 1 (13)).

164 *Wigmore* Harv. L. Rev. 15 (1902), 610 (626); *Aselmann*, Die Selbstbelastungs- und Verteidigungsfreiheit, S. 26; *Ott*, Der Grundsatz, S. 22; *Rogall*, Der Beschuldigte, S. 79; *Schlauri*, Selbstbelastungszwang, S. 60.

165 *Ott*, Der Grundsatz, S. 18.

Common Law prozessierenden weltlichen Gerichte ist hiermit nicht einhergegangen und erscheint auf Grundlage der gegen den Offizial-Eid vorgebrachten Argumente auch nicht zwingend. Abgesehen davon, dass das Common Law überhaupt keine Vereidigung des Angeklagten kannte[166], wurde die Illegitimität des Offizial-Eides doch vor allem auf das Fehlen einer Anklage gestützt – eine Voraussetzung die vom Common-Law-Verfahrensrecht gerade erfüllt wird. Der nemo-tenetur-Grundsatz hatte noch einen Bedeutungswandel vor sich, bevor er den Inhalt der heutigen Selbstbelastungsfreiheit erlangte[167]. Dieser doppelte Gedankensprung vom Common Law ins kanonische Recht und vom Anklageerfordernis zur Unzulässigkeit jeglichen Selbstbelastungszwangs wird nun auch von Vertretern der älteren Lehre nicht übersehen und versucht, mit einer „Assoziation von Ideen“ zu erklären[168]. Die Entscheidung habe sich „natürlich“ auch auf die Common-Law-Courts ausgewirkt und die „einst so zentrale Unterscheidung“ zwischen dem Anklageerfordernis und dem Auskunftsverweigerungsrecht sei nach und nach „ignoriert“ worden[169]. Die Plausibilität dieser Erklärung muss bezweifelt werden[170].

Tatsächlich wird man allenfalls davon ausgehen können, dass die Abschaffung des Offizial-Eides den nemo-tenetur-Grundsatz als abstraktes Prinzip etablierte[171]. Zudem dürfte die Praxis der Sondergerichte den Blick für die Stellung des Beschuldigten geschärft haben[172]. Zur praktischen Durchsetzung bedurfte es allerdings einer Umgestaltung des Strafverfahrens, die erst in den kommenden Jahrhunderten eintreten sollte. Das englische Strafverfahren des späten 17. Jahrhunderts war strukturell weder in der Lage noch gewillt, den Grundsatz der Selbstbelastungsfreiheit umzusetzen[173].

Bis ins späte 18. Jahrhundert bildete nicht das Recht zu schweigen, sondern die Möglichkeit zu sprechen, das zentrale Instrument des Beschuldigtenschutzes im Common-Law-Prozess[174]. Der gesamte Zweck des Prozesses bestand darin, dem Beschuldigten die Möglichkeit einzuräumen, sich gegen die Vorwürfe persönlich zu

---

166 *V. Gerlach*, Der Angeklagte, S. 11; *Schlauri*, Selbstbelastungszwang, S. 66.

167 *Wigmore* Harv. L. Rev. 15 (1902), 610 (633).

168 *Wigmore* Harv. L. Rev. 15 (1902), 610 (636).

169 *Wigmore* Harv. L. Rev. 15 (1902), 610 (633): „*With all this stir and emotion, a decided effect is produced, and is immediately communicated, naturally enough, to the common law courts. Up to the last moment, Lilburn had never claimed the right to refuse absolutely to answer a criminating question; he had merely claimed a proper proceeding of presentment or accusation. But now this once vital distinction comes to be ignored. It begins to be claimed, flatly, that no man is bound to incriminate himself, on any charge (no matter how properly instituted), or in any court (not merely in the ecclesiastical or Star Chamber tribunals)*“.

170 *Langbein* Mich. L. Rev. 92 (1994), 1047 (175); *Ott*, Der Grundsatz, S. 25 f.

171 *Böse* GA 2002, 98 (111); *Schlauri*, Selbstbelastungszwang, S. 69.

172 *Salditt* GA 1992, 51 (52).

173 *Langbein* Mich. L. Rev. 92 (1993–1994), 1047.

174 *Langbein* Mich. L. Rev. 92 (1993–1994), 1047 (1047).

verteidigen[175]. Diese Möglichkeit nicht wahrzunehmen und stattdessen zu schweigen, war gleichbedeutend mit dem Verzicht auf jedwede Verteidigung[176]. Die dies begründende Verfahrensstruktur zeichnete sich maßgeblich durch das Verbot von Strafverteidigern aus[177]. Der Beschuldigte konnte sich daher nur selbst äußern oder gar nicht verteidigen, sodass die Jury bei der Urteilsfindung den unwidersprochenen Vortrag des Anklägers zugrunde legen und ihn mit großer Wahrscheinlichkeit verurteilen würde[178]. Bei diesen Rahmenbedingungen kann schwerlich die Geltung der Selbstbelastungsfreiheit behauptet werden[179]. Erst der Einzug des Strafverteidigers in das Verfahren ermöglichte eine Verteidigung bei gleichzeitigem Schweigen[180]. Nach schrittweiser Lockerung des Verteidiger-Verbots kann ab dem ausgehenden 18. Jahrhundert ein Einfluss des Instituts der formellen Verteidigung auf das Strafverfahren verzeichnet werden[181]. Unter diesem kam es zu einem Paradigmenwechsel hinsichtlich des Verfahrenszwecks[182]. Das Verfahren stellte nun nicht mehr eine dem Beschuldigten eingeräumte Möglichkeit zur Verteidigung dar, sondern wurde umgekehrt zu einem Mechanismus der Überprüfung der von der Anklage erhobenen Vorwürfe[183]. Das Auftreten des Verteidigers verlagerte den Fokus von dem in Erklärungsnot befindlichen Beschuldigten hin zu dem Ankläger, der sich durch den die Vorwürfe in Zweifel ziehenden Verteidiger nun seinerseits genötigt sah, die Anschuldigungen zu belegen[184]. Das bereits vorher formal als Parteienprozess ausgestaltete Verfahren erlangte also erst hier die adversatorische Dynamik[185]. Im selben Atemzug erstarkte dann die Unschuldsvermutung bzw. der Zweifelsgrundsatz zum Vollrecht und verlagerte die Darlegungslast somit endgültig auf den Ankläger[186]. Dieses Prinzip lässt sich auch bereits früher im Common Law nachweisen, eine faktische Durchschlagskraft konnte ihm jedoch nicht zukommen, solange das Verfahren als Erklärungsmöglichkeit des Beschuldigten verstanden wurde[187].

Erst am Ende dieser Entwicklung steht somit ein Strafverfahren, das für sich in Anspruch nehmen kann, dem Beschuldigten tatsächlich die Möglichkeit zu schweigen einzuräumen. Das Erstarken zu einem subjektiven Beschuldigtenrecht vollzog

---

175 *Langbein* Mich. L. Rev. 92 (1993–1994), 1047 (1047, 1049).

176 *Langbein* Mich. L. Rev. 92 (1993–1994), 1047 (1048); *Böse* GA 2002, 98 (110).

177 *Langbein* Mich. L. Rev. 92 (1993–1994), 1047 (1047).

178 *Langbein* Mich. L. Rev. 92 (1993–1994), 1047 (1048, 1057); *Queck*, Geltung, S. 173; *Böse* GA 2002, 98 (110); *Ott*, Der Grundsatz, S. 29.

179 *Langbein* Mich. L. Rev. 92 (1993–1994), 1047 (1055); *v. Gerlach* in Hanack-FS, S. 117 (126).

180 *Langbein* Mich. L. Rev. 92 (1993–1994), 1047 (1048).

181 *Langbein* Mich. L. Rev. 92 (1993–1994), 1047 (1048).

182 *Langbein* Mich. L. Rev. 92 (1993–1994), 1047 (1048); *Queck*, Geltung, S. 173.

183 *Langbein* Mich. L. Rev. 92 (1993–1994), 1047 (1048).

184 *Langbein* Mich. L. Rev. 92 (1993–1994), 1047 (1069); *Queck*, Geltung, S. 174.

185 *Langbein* Mich. L. Rev. 92 (1993–1994), 1047 (1069 f.).

186 *Langbein* Mich. L. Rev. 92 (1993–1994), 1047 (1070).

187 *Langbein* Mich. L. Rev. 92 (1993–1994), 1047 (1057).

sich im 19. Jahrhundert durch den Zusammenschluss zweier Rechtsinstitute, die bereits lose auf der groben Idee der Selbstbelastungsfreiheit beruhten[188].

Der Verzicht auf die Einlassung des Beschuldigten in der Hauptverhandlung ging so weit, dass ihm nicht nur ermöglicht wurde zu schweigen, sondern seine Aussage generell als Beweismittel ausgeschlossen wurde, sog. *disqualification for interest*[189]. Dies stellt den adversatorischen Prozesstyp in Reinform dar[190]. Verteidigungs- und Beweismittelfunktion des Angeklagten sind nicht nur getrennt[191], sondern der Angeklagte ist in überhaupt keiner Form Mittel zur Sachverhaltsaufklärung.

Konterkariert wurde dies allerdings lange Zeit durch ein Vorverfahren, in dem ein sog. *justice of peace*, der mit der Sammlung belastender Beweismittel beauftragt war, den Beschuldigten vernahm und ihn regelmäßig zu selbstbelastenden Angaben drängte, die ins Hauptverfahren eingeführt wurden und dort regelmäßig das zentrale Beweismittel bildete[192]. In der zweiten Hälfte des 18. Jahrhunderts konnte sich dann die sog. *confession rule* durchsetzen, nach der ein erzwungenes Geständnis in der Hauptverhandlung unverwertbar war[193]. Hintergrund dieses Verwertungsverbots war jedoch nicht etwa der Schutz des Beschuldigten, sondern die Gefahr für die Wahrheitsfindung[194]. Subjektivschützenden Charakter wurde hingegen dem sog. *witness privilege* zuerkannt, einem Rechtssatz, der es Zeugen erlaubte, die Aussage zu verweigern, wenn sie sich sonst der Gefahr der Strafverfolgung aussetzten[195]. Der Verstoß gegen das *witness privilege* zog nun allerdings seinerseits kein Verwertungsverbot nach sich[196]. Dieser offensichtliche Widerspruch führte schließlich zur Vereinigung beider Rechtsinstitute in einem einheitlichen subjektiven Schweigerecht[197]. Komplettiert wurde die Selbstbelastungsfreiheit, indem 1848 eine Belehrungspflicht der *justices of peace* eingeführt wurde und schrittweise bis 1898 das Institut der *disqualification for interest* zurückgenommen wurde[198]. Während ersteres den letzten Rest einer auf der aktiven Verteidigung des Beschuldigten aufbauenden Verfahrensstruktur beseitigte, verschaffte letzteres der Selbstbelastungsfreiheit Selbstständigkeit: Das Schweigen des Beschuldigten beruhte nunmehr allein auf dem Prinzip und es musste sich zeigen, wie ernst es der Rechtsordnung mit ihm ist[199].

---

188 *Smith* in The privilege, S. 145 (145 f.); *Queck*, Geltung, S. 174; *Böse* GA 2002, 98 (112 f.).

189 *Böse* GA 2002, 98 (112); *Smith* in The privilege, S. 145 (148 ff.).

190 *V. Gerlach* in Hanack-FS, S. 117 (127).

191 Vgl. *Langbein* Mich. L. Rev. 92 (1994), 1047 (1048).

192 *Langbein* Mich. L. Rev. 92 (1994), 1047 (1059 f.); *Böse* GA 2002, 98 (112).

193 *Ott*, der Grundsatz, S. 28; *Smith* in The privilege, S. 145 (153 ff.).

194 *Queck*, Geltung, S. 174; *Ott*, der Grundsatz, S. 28; *Böse* GA 2002, 98 (112).

195 *Queck*, Geltung, S. 174.

196 *Queck*, Geltung, S. 174.

197 *Böse* GA 2002, 98 (112 f.); *Queck*, Geltung, S. 175.

198 *Smith* in The privilege, S. 145 (170, 178 ff.) *Böse* GA 2002, 98 (113).; *Queck*, Geltung, S. 175.

199 *Smith* in The privilege, S. 145 (179 f.).

g. Deutsches Recht

Das deutsche Recht lag hinter dem englischen über zwei Jahrhunderte zurück[200]. Der nemo-tenetur-Grundsatz war bis in die Mitte des 19. Jahrhunderts nahezu unbekannt[201]. Er hielt erst im Zuge des Wandels vom klassischen Inquisitionsprozess zum reformierten Strafprozess Einzug in die deutsche Rechtsordnung und war nicht das Ergebnis eigenständiger Entwicklung, sondern fremdrechtlicher Rezeption[202].

Das Zeitalter der Aufklärung führte zwar zur Abschaffung der Folter, beseitigte aber die Institutionen des Inquisitionsprozesses nicht[203]. Der Beschuldigte war weiterhin bloßes Objekt des Verfahrens, ohne dessen Mitwirkung der Prozess unter Fortgeltung des formellen Beweisrechts nicht auskam[204]. So bestand denn auch die Wahrheitspflicht des Beschuldigten fort[205] und das Geständnis, weiterhin „regina probationum", wurde fortan versucht, wenn auch nicht durch Folter so doch durch allerhand andere perfide Verhörmethoden zu erlangen[206]. Zusätzlich wurden Ungehorsams- und Lügenstrafen eingeführt, die in körperlicher Züchtigung und strengem Arrest bestanden und nichts anderes waren als bloße „Tortursurrogate"[207]. Die Lücke, die der Verzicht auf die Folter in die Möglichkeit der Beweisführung riss, war zu groß, als dass sich – auch unter dem Eindruck der Aufklärung – der Verzicht auf eine Aussagepflicht des Beschuldigten hätte durchsetzen können[208].

Erst unter dem Einfluss der französischen Revolution und der Entwicklung des liberalen Gedankenguts wurden auch im deutschen Rechtskreis Stimmen gegen die Aussagepflicht laut[209]. Das geänderte Staatsverständnis des politischen Liberalismus,

---

200 *V. Gerlach* in Hanack-FS, S. 117 (127).

201 *Rogall*, Der Beschuldigte, S. 87.

202 *Rogall*, Der Beschuldigte, S. 87; *Kölbel*, Selbstbelastungsfreiheit, S. 245, der den Gesichtspunkt der Rezeption relativiert.

203 *Stümpfler* DAR 1973, 1 (1); *Kleinheisterkamp*, Kreditwesengesetz, S. 142; *Wolff*, Selbstbelastung, S. 25 f.

204 *D. Hoffmann*, Die Selbstbegünstigung, S. 16.

205 S. § 263 der Preußischen Criminalordnung von 1805: „Ein Jeder, der eines Verbrechens wegen zur Untersuchung gezogen worden, ist verbunden, die Fragen des Richters deutlich, bestimmt und vollständig zu beantworten" (*Mannkopf*, Preußisches Criminalrecht, S. 251).

206 *Stümpfler* DAR 1973, 1 (2); *G. Bauer*, Die Aussage, S. 40; *Rogall*, Der Beschuldigte, S. 90; *Aselmann*, Die Selbstbelastungs- und Verteidigungsfreiheit, S. 29; *Kölbel*, Selbstbelastungsfreiheiten, S. 228 ff.

207 *Köstlin*, Wendepunkt, S. 104; *Rogall*, Der Beschuldigte, S. 90 f.; *Kleinheisterkamp*, Kreditwesengesetz, S. 142; *G. Bauer*, Die Aussage, S. 41; *Reiß*, Besteuerungsverfahren, S. 148.

208 *Kleinheisterkamp*, Kreditwesengesetz, S. 142 f.; *Wessels* JuS 1966, 169 (170); *Lesch* ZStW 111 (1999), 624 (629).

209 *Nothhelfer*, Selbstbezichtigungszwang, S. 6; *Wolff*, Selbstbelastung, S. 26.

das den Bürger nicht mehr als bloßen Untertan, sondern als Inhaber von Rechten ansah, führte zu Forderungen nach der Reformation des Strafverfahrens[210].

Als zentrale Kritikpunkte des Inquisitionsprozesses wurden dabei die Schriftlichkeit und Heimlichkeit, die gesetzliche Beweistheorie, die Allmacht des Richters und die rechtslose Stellung des Beschuldigten ausgemacht[211]. Apostrophiert wurden die entsprechenden Reformforderungen mit dem Ruf nach einem „Anklageprozess", wie er schlussendlich auch in § 179 der Paulskirchenverfassung normiert wurde. Als Vorbilder galten der reine Parteienprozess des englischen Strafverfahrens und vor allem das Verfahrensmodells des infolge der französischen Revolution eingeführten *code d'instruction criminelle*, der eine Kombination aus adversatorischen und inquisitorischen Elementen praktizierte[212]. Die Frage, wie weit sich der zukünftige deutsche Strafprozess dem adversatorischen Verfahrenstyp verschreiben sollte, war Gegenstand lebhafter wissenschaftlicher Auseinandersetzung[213]. Unabhängig hiervon herrschte jedoch Einigkeit, dass mit der Formel des Anklageprozesses die politischen Forderungen nach einem Strafprozess, in dem die Rollen von Ankläger und Richter getrennt und der Beschuldigte mit eigenen Rechten ausgestattetes Prozesssubjekt ist, umfasst werden sollten[214]. Mit der intendierten Aufwertung der zuvor rechtlosen Stellung des Beschuldigten fand zugleich der nemo-tenetur-Grundsatz Eingang, ohne allerdings in der Debatte eine eigenständige Rolle zu spielen[215]. Es wurde davon ausgegangen, in der Garantie des Anklageprozesses durch die Paulskirchenverfassung sei die Aussagefreiheit des Beschuldigten enthalten[216]. Soweit das Schweigerecht explizit thematisiert wurde, stützten sich seine Befürworter dabei auf den widernatürlichen Charakter des Geständnisses, der anfangs aus dem Widerspruch gegen den natürlichen Selbsterhaltungstrieb, später auch im Anschluss an den kant'schen Autonomiegedanken aus dem Umstand abgeleitet wird, dass der Beschuldigte zum bloßen Mittel der Untersuchung herabgewürdigt werde[217].

Die Paulskirchenverfassung trat zwar nicht in Kraft, der in ihr zum Ausdruck kommende Reformationsgeist erfasste jedoch gleichermaßen die Gesetzgebung in

210 *Wolff*, Selbstbelastung, S. 26; *Schreieder*, Die Stellung, S. 13; *Kleinheisterkamp*, Kreditwesengesetz, S. 143; *Queck*, Geltung, S. 177.

211 *Rogall*, Der Beschuldigte, S. 92.

212 *Lesch* ZStW 111 (1999), 624 (630); *Eb. Schmidt*, Einführung, S. 324 ff.; *Mahlstedt*, Verdeckte Befragung, S. 32; *A. Koch* ZIS 2009, 542 (542).

213 *Queck*, Geltung, S. 177; s. *Mittermaier* Der Gerichtssaal 1 (1849), 17 (25); *Zachariä*, Gebrechen, 224 ff.; *Gneist*, Vier Fragen S. 124 ff.; *Sundelin* GA 6 (1858), 624.

214 *Reiß*, Besteuerungsverfahren, S. 147; *Bosch*, Aspekte, S. 99 f.

215 *Rogall*, Der Beschuldigte, S. 92; *Kölbel*, Selbstbelastungsfreiheiten, S. 234, 243.

216 *Reiß*, Besteuerungsverfahren, S. 147; *Bosch* JURA 1998, 236 (242 Fn. 68); *T. Schaefer*, Der Nemo-Tenetur-Grundsatz, S. 65.

217 *Magold*, Kostentragungspflicht, S. 89; *Kölbel*, Selbstbelastungsfreiheiten, S. 240, 244; *Rüping* JR 1974, 135 (136); s. etwa *Köstlin*, Wendepunkt, S. 104.

den Partikularstaaten[218]. Diese führten Strafprozessordnungen nach französischem Vorbild ein[219]. Trotz der Unterschiede im Detail fügten sich die einzelnen Verfahrensordnungen zu einem einheitlichen Bild des reformierten deutschen Strafprozesses zusammen[220]. Dieser sah eine öffentliche und mündliche Hauptverhandlung sowie die Staatsanwaltschaft als vom Gericht unabhängige Anklagebehörde vor[221]. Erhalten blieb hingegen das inquisitorische Element des Untersuchungsgrundsatzes[222]. An die Stelle des formellen Beweisrechts trat die freie richterliche Beweiswürdigung[223]. Der hiermit ermöglichte Indizienbeweis beseitigte in Verbindung mit Fortschritten in der Kriminalistik die Vormachtstellung des Geständnisses[224]. Die Ausformung des Schweigerechts blieb jedoch auf halbem Wege stehen: Zwar wurde untersagt, die Einlassung des Beschuldigten zu erzwingen, der Beschuldigte wurde jedoch weiterhin als verpflichtet angesehen, wahrheitsgemäß auszusagen, und der Richter war gehalten, ihn zur Wahrheit zu ermahnen und ihm im Weigerungsfall die nachteiligen Folgen seines Verhaltens vor Augen zu führen[225].

Die endgültige Beseitigung der Aussagepflicht brachte erst die Reichsstrafprozessordnung von 1877[226]. In den Motiven bekannte sich die RStPO zu einem Recht zu schweigen[227]. Es könne nicht gefordert werden, dass der Beschuldigte gegen seinen Willen zu seiner Überführung beitrage[228]. Das Geständnis werde lediglich als freiwillig dargebotenes Beweismittel akzeptiert[229]. Jeder auch nur mittelbare Geständniszwang sei unzulässig[230]. Diese Erkenntnis auch angemessen im Wortlaut zum Ausdruck zu bringen, konnte sich das Gesetz jedoch nicht durchdringen. Einzig der durch § 136 RStPO zu Beginn (nur) der richterlichen Vernehmung vorgeschriebenen Frage an den Beschuldigten, *ob* er etwas auf die Beschuldigung erwidern wolle, konnte der feinhörige Beschuldigte[231] den Hinweis entnehmen, dass er eben nicht verpflichtet war, sich zum Tatvorwurf zu verhalten. Die Scheu, eine

---

218 *Queck*, Geltung, S. 177; *Kölbel*, Selbstbelastungsfreiheiten, S. 234; *Mahlstedt*, Verdeckte Befragung, S. 32.

219 *A. Koch* ZIS 2009, 542 (543); *Reiß*, Besteuerungsverfahren, S. 147.

220 *A. Koch* ZIS 2009, 542 (543); *Rüping/Jerouschek*, Grundriss, S. 88.

221 *A. Koch* ZIS 2009, 542 (543); *Kopf*, Selbstbelastungsfreiheit, S. 20; *Kölbel*, Selbstbelastungsfreiheiten, S. 234.

222 *A. Koch* ZIS 2009, 542 (543).

223 *A. Koch* ZIS 2009, 542 (543); *Aselmann*, Die Selbstbelastungs- und Verteidigungsfreiheit, S. 32; *Kopf*, Selbstbelastungsfreiheit, S. 20.

224 *Kölbel*, Selbstbelastungsfreiheiten, S. 237; *Mahlstedt*, Verdeckte Befragung, S. 32.

225 *A. Koch* ZIS 2009, 542 (543); *Rogall*, Der Beschuldigte, S. 97; *Aselmann*, Die Selbstbelastungs- und Verteidigungsfreiheit, S. 31 f.; *Sellert/Rüping*, Geschichte, S. 30; *Sickor*, Geständnis, S. 138; *Kölbel*, Selbstbelastungsfreiheiten, S. 234.

226 *Helgerth*, Der Verdächtige, S. 153.

227 *Hahn*, Materialien, S. 139.

228 *Hahn*, Materialien, S. 138.

229 *Hahn*, Materialien, S. 138.

230 *Hahn*, Materialien, S. 138.

231 *G. Radbruch* in Sauer-FS, S. 121 (121).

ausdrückliche Belehrungspflicht zu normieren, lag darin begründet, dass von einer sittlichen Pflicht des Beschuldigten, die Wahrheit zu sagen, ausgegangen wurde, welche man nicht den Eindruck erwecken wollte zu verneinen[232]. Weiter wurde angenommen, der Beschuldigte würde der eigenen Sache schaden[233]. Grund hierfür war, dass wie selbstverständlich davon ausgegangen wurde, aus seinem Schweigen würden negative Schlüsse gezogen werden (dürfen)[234]. Hier zeigt sich, wie wenig die Schweigemöglichkeit als tatsächliches Recht etabliert war[235].

Ausdrücklich hervorgehoben wird auch, dass das Geständnis, so es denn freiwillig dargeboten wird, von größtem Wert sein werde[236]. Die Vernehmung hatte eine doppelte Funktion: Sie diente einerseits der Verteidigung des Beschuldigten, andererseits aber weiterhin der Wahrheitsfindung[237]. Dies entspricht dem Charakter des Verfahrens als Kombination von inquisitorischen und adversatorischen Elementen[238]. Ansätze, nach englischem Vorbild auf das Verhör insgesamt oder jedenfalls seine inquisitorische Funktion zu verzichten, konnten sich in der Reformdiskussion nicht durchsetzen[239].

Abgeschlossen wurde der Weg des nemo-tenetur-Grundsatzes zum umfassenden Beschuldigtenrecht erst durch die Einführung von Belehrungsvorschriften durch die „kleine Strafprozessnovelle" des StPÄG von 1964[240] sowie die Anerkennung von Beweisverwertungsverboten für das Schweigen des Beschuldigten[241] und bei

---

232 *Hahn,* Materialien, S. 139; Für eine rechtliche Wahrheitspflicht in Form einer lex imperfecta: *Binding* DJZ 1909, 161 (164); Für eine sittliche Wahrheitspflicht auch noch *Wessels* JuS 1966, 169 (173), *Henkel,* StrafverfahrensR, S. 177; vgl. auch *Fezer* in Stree/Wessels-FS S. 663 (667), der klarstellt, dass lediglich die Aussagepflicht, nicht aber die Wahrheitspflicht aufgegeben wurde.

233 *Hahn,* Materialien, S. 139.

234 *Hahn,* Materialien, S. 139; *H.-L. Günther* JR 1978, 89 (89); *Rieß* in Reichsjustizamt-FS, S. 373 (418).

235 S. *Rieß* in Bundesjustizamt-FS, S. 373 (418), nach dem in der Diskussion um eine Reform der RStPO 1909 noch die Ansicht vertreten wurde, es handele sich nicht um ein Recht, sondern nur um eine Möglichkeit.

236 *Hahn,* Materialien, S. 139.

237 *Böse* GA 2002, 98 (117); a.A. *Degener* GA 1992, 442 (455); zust. *Dencker* StV 1994, 667 (675); *Degeners* historische Begründung ist aber unzutreffend, s. *Lesch* ZStW 111 (1999), 624 (626); *Kölbel,* Selbstbelastungsfreiheiten, S. 247 Fn. 153.
Die Annahme einer Doppelfunktion entspricht auch der heute h.M., s. SK-*Rogall* § 136 Rn. 17 mwN.

238 *Rogall* in SK-StPO § 136 Rn. 8.

239 S. zur Diskussion *Böse* GA 2002, 98 (115).

240 Gesetz zur Änderung der Strafprozessordnung und des Gerichtsverfassungsgesetzes (StPÄG) vom 19. Dezember 1964, BGBl. I Nr. 63 S. 1067.

241 BGHSt 20, 281.

Belehrungsverstößen zunächst in der Hauptverhandlung[242] und später im Ermittlungsverfahren[243] durch den BGH.

Bevor es dazu kommen konnte, musste die Entwicklung jedoch in den Jahren 1933–1945 einen Rückschritt hinnehmen. Das Strafverfahren dieser Epoche war von einem Abbau rechtsstaatlicher Garantien geprägt[244]. Die Betonung der besonderen Bedeutung des Gemeinschaftswerts und der Verantwortung des Einzelnen gegenüber dem Kollektiv führte zur Wiederentdeckung der Wahrheitsfindung als übergeordnetem Verfahrensziel, dem alle Verfahrensbeteiligten verpflichtet sind[245]. Die hierin bereits angelegte Rückkehr zum Inquisitionsprozess vollzog sich allerdings im Geheimen[246]. Formal wurde das Schweigerecht nicht aufgehoben[247]. Auch Forderungen nach seiner Abschaffung blieben in der Minderheit[248]. Dass hier der Schein der Selbstbelastungsfreiheit gewahrt wurde, kann als Anzeichen dafür gelten, dass selbst in dieser Epoche ein Geständniszwang einen strafprozessualen Legitimitätsverlust mit sich gebracht hätte[249]. Dieses vordergründige Aufrechterhalten der rechtsstaatlichen Fassade ist ein typisches Phänomen der NS-Zeit[250].

3. Erkenntnisse aus der Historie

Als Folgerungen aus dem geschichtlichen Hintergrund der nemo-tenetur-Maxime lassen sich zwei Aspekte festhalten. Zum einen steht der Grundsatz in engem Zusammenhang mit der menschen- und bürgerrechtlichen Entwicklung. Nur dort, wo anerkannt ist, dass der Beschuldigte in einem Strafverfahren gewissen Schutzes bedarf, kann der Grundsatz Bedeutung erlangen[251]. Auf das wertvolle Beweismittel des Geständnisses zu verzichten, ist nur das Strafverfahren in einer Gesellschaft bereit, die erkannt hat, dass die lückenlose Aufklärung von Straftaten mitunter gegenüber

---

242 BGHSt 25, 325.

243 BGHSt 38, 214.

244 *Hönig*, Wirkung, S. 44; *Kölbel*, Selbstbelastungsfreiheiten, S. 255; Sellert in Scupin-FS, S. 161 (179).

245 *Kieninger*, Narkoanalyse, S. 44; *Hönig*, Wirkung, S. 44; *Aselmann*, Die Selbstbelastungs- und Verteidigungsfreiheit, S. 33; *Stalinsky*, Aussagefreiheit, S. 12; *Rüping* JR 1974, 135 (137).

246 *D. Hoffmann*, Selbstbegünstigung, S. 20; *Reiß*, Besteuerungsverfahren, S. 147 Fn. 42; *Kölbel*, Selbstbelastungsfreiheiten, S. 256; *Eb. Schmidt*, Einführung, S. 443; *Sellert* in Scupin-FS, S. 161 (179).

247 *Aselmann*, Die Selbstbelastungs- und Verteidigungsfreiheit, S. 33; *Reiß*, Besteuerungsverfahren, S. 147 Fn. 42.; *D. Hoffmann*, Selbstbegünstigung, S. 20; *Kölbel*, Selbstbelastungsfreiheiten, S. 255.

248 *Kölbel*, Selbstbelastungsfreiheiten, S. 255 f mwN.; *Hönig*, Wirkung, S. 45; s. aber insb. *Henkel* DJZ 1935, 530 (535 f.): „Boykott der Strafrechtspflege".

249 *Kölbel*, Selbstbelastungsfreiheiten, S. 257; *ders./Morlock* ZRP 2000, 217 (221).

250 *Ostendorf*, StrafprozessR, Rn. 487 im Anschluss an *Fraenkel*, Der Doppelstaat, passim.

251 Vgl. *Rogall*, Der Beschuldigten, S. 100.

dem Schutz des Einzelnen hintanzustellen ist[252]. Solange man jenes Strafverfolgungsinteresse als absoluten Wert ansieht, kann das prozessuale Schutzinstrument der Selbstbelastungsfreiheit nicht zum Tragen kommen.

Zum anderen steht die Selbstbelastungsfreiheit in engem Kontext zur Verfahrensstruktur. Sie ist ein Element des adversatorischen Verfahrensmodells und dem inquisitorischen Prozess fremd. Solange die Strafverfahren als Parteienprozesse ausgestaltet waren, wurde dem Beklagten jedenfalls faktisch die Möglichkeit eröffnet, zu schweigen. Dies ergab sich schlicht aus der Prozessstruktur, ohne dass es sich um eine bewusste Entscheidung für den Beschuldigtenschutz handelte. Ein derartiger Zusammenhang kann allenfalls mittelbar dahingehend hergestellt werden, dass die adversatorische Verfahrensstruktur als Ganzes deutlich mehr dem Bild eines mit eigenen Rechten ausgestatteten Individuums entspricht als der Inquisitionsprozess. Aus diesem Muster fällt allein der germanische Prozess. Der Grund hierfür liegt allerdings darin, dass – abweichend von den übrigen adversatorischen Modellen und der heutigen Vorstellung jeglichen Rechtsstreits konträr[253] – der Beklagte die Beweislast für seine Unschuld trug. Entsprechend konnte sich das Schweigerecht im englischen Prozess keine Geltung verschaffen, solange der Zweck des Verfahrens darin erblickt wurde, dem Angeklagten die Möglichkeit einzuräumen, sich zu verteidigen.

Ganz anders verhielt es sich in den inquisitorischen Verfahrenstypen. Die Umgestaltung des Strafverfahrens war stets durch das Bedürfnis einer effektiveren Strafverfolgung motiviert. Es wurde schnell erkannt, dass die Erlangung eines Geständnisses den effektivsten Weg zur Erreichung des Ziels der materiellen Wahrheitsfindung bildete. Die faktische Überlegenheit gegenüber den anderen Beweismitteln wurde noch dadurch verschärft, dass diese durch Beweisregeln – im Interesse der Vermeidung eines Fehlurteils[254] – stark eingeschränkt wurden, sodass das Geständnis praktisch den einzig gangbaren Weg zu einer Verurteilung darstellte[255]. Sich diesen zu verstellen, indem man dem Beschuldigten zugesteht, die „Königin der Beweismittel“ für sich zu behalten, muss vor dem Hintergrund der Zielsetzung einer effektiven Verbrechensbekämpfung unvorstellbar erschienen sein.

Zur Herausbildung des nemo-tenetur-Grundsatzes bedurfte es des Zusammenspiels beider Elemente[256]. Erst dort, wo die Entscheidung für adversatorische Verfahrenselemente Ausdruck eines liberalen Gesellschaftsbildes ist, ist der Verzicht auf die Aussagepflicht des Beschuldigten keine bloße prozessstrukturelle Zufälligkeit, sondern es konnte sich als echtes Beschuldigtenrecht entwickeln.

---

252 *Eser* in Kolloquium, S. 147 (152).

253 Vgl. *Meile*, Beweislehre, S. 25; nach dem die Beweislast des Behauptenden die „natürlichste Forderung der Vernunft“ sei; nach *Torka*, Nachtatverhalten, S. 66 handele es sich um ein „Grundprinzip [...], de[m] alle auf wirklichen und dauerhaften Rechtsfrieden abzielenden Verfahrensordnungen folgen“.

254 Vgl. *Vogler*, A world view, S. 20, *Stalinsky*, Aussagefreiheit, S. 7.

255 *G. Bauer*, Die Aussage, S. 38 f.

256 Vgl. *Rieß in* Reichsjustizamt-FS, S. 373 (433 f.).

Das heutige deutsche Strafverfahren, der sog. reformierte Strafprozess, stellt einen Mischtyp dar. Es wird auch als „Akkusationsprozess mit inquisitorischer Hauptverhandlung"[257] bezeichnet. Nicht zu verkennen ist jedoch, dass es sich weiterhin im Kern um ein inquisitorisches Verfahren handelt. Mit der Einleitung von Amts wegen (*Offizialmaxime*) und der Zielsetzung der materiellen Wahrheitsfindung (*Instruktionsmaxime*) erfüllt es weiterhin die beiden für die Einordnung als Inquisitionsprozess entscheidenden Kriterien. Die vollständige Sachverhaltsaufklärung und die effektive Strafverfolgung werden weiterhin als zentrale, ja durch das Rechtsstaatsprinzip diktierte[258] Zielsetzungen des Strafverfahrens angesehen. Geändert hat sich allerdings die Einstellung zu dieser Zielsetzung: Sie wird nicht mehr als absolut angesehen. Es wurde vielmehr erkannt, dass ein rechtsstaatliches Strafverfahren, dieses Ziel nur bei gleichzeitiger Wahrung gewisser Rechte des Beschuldigten verfolgen darf. In der Prozessstruktur hat sich dieser Sinneswandel niedergeschlagen, indem vom Inquisitionsprozess in Reinform abgerückt wurde und der inquisitorischer Verfahrenskern mit adversatorischen Elementen kombiniert wurde.

Jenseits dieser Grundprinzipien lassen sich der Entstehungsgeschichte des nemo-tenetur-Prinzips keine definitiven Antworten auf heutige Problemstellungen entnehmen. Nicht nur, dass sich die genauen Umstände seiner Entstehung nicht restlos aufklären lassen, vor allem ist zu beachten, dass sich der Schutzbereich der Selbstbelastungsfreiheit an den Bedrohungen der jeweiligen Zeit orientiert hat[259]. Soweit sie sich neuartigen Bedrohungen ausgesetzt sieht, muss erkannt werden, dass der historisch gewachsene Schutzbereich hier keine endgültige Antwort parat hält[260], sondern die entscheidende Frage vielmehr lauten muss, ob die hinter dem Grundsatz stehende ratio nach einer Erweiterung des Schutzbereichs verlangt[261].

---

257 *Roxin/Schünemann*, StrafverfahrensR, § 17 Rn. 6.

258 BVerfG NJW 1988, 329 (330).

259 *Kölbel*, Selbstbelastungsfreiheiten, S. 259; *Hauck*, Heimliche Strafverfolgung, S. 228; *Fezer* NStZ 1996, 289 (290).

260 S. aber BGH NStZ 1996, 502 (504), der einen Täuschungsschutz durch nemo tenetur unter Berufung auf die „Rechtstradition" ablehnt; ähnlich *Rogall* NStZ 2008, 110 (112).

261 Vgl. *Weßlau* ZStW 110 (1998), 1 (14); *Bosch* JURA 1998, 236 (241); *ders.*, Aspekte, S. 98; *Meurer* in Roxin-FS, S. 1281 (1288 f.); *Kirsch* in Vom unmöglichen Zustand des Strafrechts, S. 229 (243); *Kölbel*, Selbstbelastungsfreiheiten, S. 260 f.; s. dazu unten F. II. 1. b. bb.

II. Der nemo-tenetur-Grundsatz im prozessualen Gesamtgefüge

1. Verhältnis zu den Prozesszielen

Erwartet man auf die vordergründig simple Frage nach dem Ziel des Strafverfahrens eine ähnlich einfache Antwort, so wird man enttäuscht[262].

Es wird vielmehr eine Vielzahl abstrakter Zielvorstellungen genannt, die weder inhaltlich einheitlich verstanden werden, noch in einem geklärten Verhältnis zueinander stehen[263]. Weiter verkompliziert wird die Debatte dadurch, dass die Unterschiede nicht offen herausgekehrt werden[264].

Weit verbreitet ist die Annahme einer Prozessziel-Trias[265], nach der das Strafverfahren die Findung einer materiell richtigen Entscheidung bei Gewährleistung eines justizförmigen Verfahrens[266] sowie die Herstellung von Rechtssicherheit[267] bezweckt[268]. Aus der Zielsetzung der inhaltlich richtigen Entscheidung folgt dabei als notwendiges Zwischenziel die Wahrheitsfindung[269]. Während es teilweise dabei belassen wird, festzustellen, der Konflikt der einzelnen Zielbestimmung müsste i.S. praktischer Konkordanz austariert werden[270], wird von anderer Seite versucht, den Zielkonflikt in dem übergeordneten „Meta-Prozessziel"[271], der Stiftung von Rechtsfrieden, aufzulösen[272]. Dem entspricht es, wenn die Schaffung von Rechtsfrieden

---

262 *Abdallah*, Rechtsmissbrauch, S. 91.

263 *Abdullah*, Rechtsmissbrauch, S. 91; s. nur die Aufzählung bei *Weigend*, Deliktsopfer, S.175 ff.; *Rieß* JR 2006, 269 (269 ff.); *Kühne* in L/R-StPO Einl. Abschn. H. Rn. 51.

264 *Weigend*, Deliktsopfer, S. 175.

265 So die Bezeichnung von *Dölling* in Beulke-FS, S. 679 (683).

266 krit. bezüglich des Charakters der Justizförmigkeit als Prozessziel *Bosch*, Aspekte, S. 116; hiergegen *Dölling* in Beulke-FS, S. 679 (683).

267 Soweit hier von „Rechtsfrieden" gesprochen wird, führt dies zu einer unglücklichen Begriffsdoppelung, s. *Beulke*, StrafprozessR, Rn. 6; *Volk/Engländer*, Grundkurs, § 3 Rn. 2; *Roxin/Schnünemann*, StrafverfahrensR, § 1 Rn. 2 f.; krit. zu diesem Prozessziel *Weigend* in Rissing-van Saan-FS, S. 749 (751 Fn. 10).

268 Mit im Einzelnen abweichenden Formulierungen *Roxin/Schnünemann*, StrafverfahrensR, § 1 Rn. 2; *Dölling* in HK-GS Vor §§ 1 ff. Rn. 1; *Beulke*, StrafprozessR, Rn. 3 ff.; *Volk/Engländer*, Grundkurs, § 3 Rn. 1; *Kröpil* JR 2013, 553 (553).

269 *Kröpil* JR 2013, 553 (554); *Weßlau* ZIS 2014, 558 (560); *Kudlich* in MüKo-StPO Einleitung Rn. 11; der Begriff der Wahrheit ist seinerseits Ausgangspunkt einer tiefergehenden Debatte, s. *Stamp*, Wahrheit, S. 15 ff.

270 *Beulke*, StrafprozessR, Rn. 3; *Kröpil* JR 2013, 553 (554); *Roxin/Schünemann*, StrafverfahrensR, § 1 Rn. 3.

271 *Kudlich* in MüKo-StPO Einleitung Rn. 10.

272 *Ranft* in Spendel-FS S.719 (724); *Trüg*, Lösungskonvergenzen, S. 65 f.; *Rieß* JR 2006, 269 (270 f.); *Schmidhäuser* in Eb. Schmidt-FS, S. 511 (521 ff.); *Bosch*, Aspekte, S. 116 f.

als alleiniges Verfahrensziel genannt wird[273]. Unabhängig von der argumentativen Einfassung liegt die zentrale Erkenntnis in der Relativierung der Forderung nach einer inhaltlich richtigen Entscheidung zugunsten der Justizförmigkeit des Verfahrens. Diesen entscheidenden Aspekt bringt der BGH mit seinem fast schon inflationär zitierten Ausspruch auf den Punkt, es sei „kein Grundsatz der StPO, dass die Wahrheit um jeden Preis erforscht werden müsste“[274]. Bei aller Betonung der dienenden Funktion des Prozessrechts gegenüber dem materiellen Recht[275], darf man das Strafverfahren nicht auf einen Mechanismus zur Durchsetzung des materiellen Rechts beschränken[276]. Ihm kommt vielmehr ein Eigenwert zu[277]. In einem modernen Rechtsstaat zeichnet sich ein „gerechtes“ Urteil – und ein solches dürfte unstreitiges Verfahrensziel sein, die Frage liegt darin, was unter „gerecht“ zu verstehen ist[278] – durch mehr aus, als durch die Verurteilung des Schuldigen und den Freispruch des Unschuldigen. Man wird nicht so weit gehen können, das Strafverfahren komplett vom materiellen Recht zu entkoppeln und als alleinige Legitimationsgrundlage des Urteils anzusehen[279], aber Gerechtigkeit hat jedenfalls eine prozessuale Komponente[280]. Das Prozessrecht ist mit-konstituierend für die Legitimation des Urteils. Einem unter Durchbrechung rechtsstaatlicher Standards zustandegekommenden Schuldspruch kommt diese Wirkung nicht zu, mag er auch sachlich richtig sein[281].

---

273 So *Meyer-Goßner/Schmitt*, StPO, Einl Rn. 4; *Radtke/Hohmann*, Einl Rn. 4; *Böse* GA 2002, 98 (125); vgl. auch *Ostendorf*, StrafprozessR, Rn. 9, der die positive Generalprävention i.S.d. Bestätigung der Rechtsordnung als eigenes strafprozessuales Ziel nennt, das neben die Beantwortung der Schuld- und Straffrage tritt; s. zudem die Systematisierung bei *Dölling* in Beulke-FS, S. 679 (679 ff.).

274 BGHSt 14, 358 (365).

275 *Kröpil* JuS 2015, 509 (509 f.); *Bosch*, Aspekte, S. 117.

276 *Murmann* GA 2004, 56 (67); *Neumann* ZStW 101 (1989), 52 (54); s. aber *Trüg* StV 2010, 528 (531): „‚Transportriemen‘“.

277 *Murmann* GA 2004, 56 (67); *Neumann* ZStW 101 (1989), 52 (54); *Börner*, Legitimation, S. 29; *Ostendorf*, StrafprozessR, Rn. 9; *Geerds* SchlHA 1964, 57 (59 f.); *Müller-Dietz* ZStW 93 (1981), 1177 (1205 f.).

278 *Börner*, Legitimation, S. 27; *Rieß* JR 2006, 269 (277); *Murmann* GA 2004, 65 (69).

279 So der Ansatz von *Luhmann*, Legitimation, S. 21 ff., der in der Strafprozessdogmatik nahezu allgemein abgelehnt wird, s. *Kröpil* JR 2013, 553 (556); *Wiegend*, Deliktsopfer, S. 201 mwN.; *J. Esser*, Vorverständnis, S. 202 ff.

280 *Bosch*, Aspekte, S. 116; *Neumann* ZStW 101 (1989), 52 (70); *Kindhäuser*, StrafprozessR, § 1 Rn. 11 f.; *Geerds* SchlHA 1964, 57 (57); s. auch *Trüg* StV 2010, 528 (531); *ders.*, Lösungskonvergenzen, S. 65 mit der Konzeption einer allein materiellen Gerechtigkeit, die letztlich gleichbedeutend ist mit der Durchsetzung des materiellen Rechts und dann aber ihrerseits mit der Justizförmigkeit abzuwägen ist. *Volk/Engländer*, Grundkurs, § 3 Rn. 1 bezeichnen den sonst mit „Justizförmigkeit“ titulierten Aspekt als „Gerechtigkeit“.

281 *Neumann* ZStW 101 (1989), 52 (70); *Roxin/Schünemann*, StrafverfahrensR, § 1 Rn. 2.

Hier setzt nun auch der nemo-tenetur-Grundsatz an. Er lässt sich sicherlich nicht als Ausfluss der Zielvorstellung der Wahrheitsfindung begreifen[282]. Mit dem Grundsatz geht eine Beschränkung staatlicher Erkenntnismöglichkeiten und mithin gerade eine Begrenzung der Wahrheitsfindung einher[283]. Diese ist auch ganz erheblicher Natur, wird doch die simpelste und naheliegendste Erkenntnisquelle dem staatlichen Zugriff entzogen[284]. Dass dem Beschuldigten das Schweigerecht zugebilligt wird, ist Ausdruck der dargelegten Relativierung des Verfahrensziels der Wahrheitsfindung. Anders als bei historischen Vorbildern hat dieses im modernen rechtsstaatlichen Strafprozess nicht den Charakter eines absoluten Verfahrensziels, dem alle Verfahrensbeteiligten und damit auch der Beschuldigte sich unterzuordnen hätten[285].

Dem steht nicht entgegen, dass der nemo-tenetur-Grundsatz unter Umständen auch die Wahrheitsfindung fördern kann[286]. So wird bereits der mit dem Verzicht auf eine Aussagepflicht einhergehende Verlust für die Wahrheitsfindung dadurch relativiert, dass sich der faktisch Schuldige durch die Aussagepflicht selten zu einem Geständnis veranlasst sehen wird. Die regelmäßig zu erwartenden falschen Angaben würden die Wahrheitsfindung eher hindern denn fördern[287]. Zudem stünde man vor dem Problem, wie eine Auskunftspflicht durchzusetzen sei. Zwangsmittel wie im Fall des Zeugens dürften regelmäßig faktisch wirkungslos sein[288]. Sie müssten ja die zu erwartenden strafrechtlichen Sanktion übersteigen. Foltermethoden wären nicht nur unabhängig von nemo tenetur bereits aufgrund des Torturverbots unzulässig, sie begründeten ihrerseits auch eine Gefahr für die Wahrheitsfindung. Der Gewinn, den eine Auskunftspflicht für die Wahrheitsfindung mit sich brächte, wäre zunächst dahin. Die Gefahr für die Wahrheitsfindung resultiert hier aber erst aus der Art der Durchsetzung der Auskunftspflicht und ließe sich zudem wieder relativieren, indem man die erpresste Aussage lediglich als Ansatzpunkt weiterer Ermittlungen nutzt[289].

---

282 So aber BGHSt 1, 105 (106); *Lesch* GA 2000, 355 (356 f.); *Velten* ZJS 2008, 76 (83); *Augustin*, Das Recht des Beschuldigten, S. 59; *Ransiek*, Polizeivernehmung, S. 84 f.; *G. Bauer*, Die Aussage, S. 64 f.; auch der EGMR betont, dass der Grundsatz zu der Vermeidung von Fehlverurteilungen beitrage, s. EGMR, Urt. v. 21.04.2009, Marttinen v. Finnland, 19235/03, Rn. 60; EGMR, Urt. v. 03.05.2001, J.B. v. Schweiz, 31827/96, Rn. 64.

283 *Bosch*, Aspekte, S. 107 f., 112; *Kröpil* JR 2013, 553 (555); *Weigend* ZStW 113 (2001), 271 (293) a.A. *Ransiek*, Polizeivernehmung, S. 84 f.; *G. Bauer*, Die Aussage, S. 64 f.

284 *H.-L. Günther* GA 1978, 194 (199).

285 Vgl. *T. Schaefer*, Der Nemo-Tenetur-Grundsatz, S. 65.

286 *H.-L. Günther* GA 1978, 194 (202).

287 *H.-L. Günther* GA 1978, 194 (203).

288 Vgl. aber das Modell von *B. Fischer*, Divergierende Selbstbelastungspflichten, S. 116 ff.

289 *Bosch*, Aspekte, S. 108.

Entsprechendes gilt für die Möglichkeit, das Schweigen des Angeklagten als Schuldanerkenntnis oder jedenfalls Schuldindiz zu werten[290]. Entgegen landläufiger Westentaschen-Psychologie gibt es keinen Erfahrungssatz des Inhalts, dass nur der Schuldige schweigen und der Unschuldige sich erklären wird[291]. Das Zulassen der Würdigung des Schweigens müsste also zugleich mit hinreichenden Kautelen ausgestattet werden, um nicht seinerseits eine Gefahr für die Wahrheitsfindung zu begründen[292].

Schließlich sind falsche Geständnisse – auch bei Geltung des Schweigerechts – eine nicht zu unterschätzende Fehlerquelle[293]. Die aus dem nemo-tenetur-Grundsatz abzuleitende Belehrungspflicht entschärft dabei die dies begünstigende Atmosphäre, insbesondere in der polizeilichen Vernehmung[294].

Aus all dem folgt jedoch nicht, dass der nemo-tenetur-Grundsatz gerade Ausdruck des Prozessziels der Wahrheitsfindung ist. Wäre dem anders, ließe sich die Rechtsfolge eines Verwertungsverbots auch kaum rechtfertigen. Beweisverbote im Interesse der Wahrheitsfindung stellen einen Fremdkörper im deutschen Beweisrecht dar[295]. Das Eliminieren nicht aussagekräftiger Beweismittel ist Aufgabe der freien richterlichen Beweiswürdigung, die ein abgestuftes Vorgehen, etwa die Anerkennung eines geringen Beweiswerts, erlaubt. Hier äußert sich vielmehr lediglich der Umstand, dass zwischen diesen Zielvorstellungen vielfache Interdepenzen bestehen[296]. Das Bild eines Dualismus zwischen Wahrheitsfindung und Justizförmigkeit[297] hat systematisierenden Wert, ist aber gerade aufgrund dieser Funktion zu simplifizierend[298]. Häufig wird das Verlassen des justizförmigen Weges auch zur Folge haben, dass das Urteil nicht mehr sachlich richtig wird, umgekehrt ist mit der Forderung nach Justizförmigkeit sicherlich keine Forderung nach einem unrichtigen Urteil verbunden[299].

In diesem Bild bleibend, ist aber festzuhalten, dass der nemo-tenetur-Grundsatz auf der Seite der Justizförmigkeit steht. In diesem Rahmen kommt ihm ein derartiger

---

290 So die Erwägung von *H.-L. Günther* GA 1978, 193 (203).

291 *H. Schneider* JURA 1990, 572 (573); *Rogall* in SK-StPO Vor §§ 133 ff. Rn. 197; *T. Schaefer*, Der Nemo-Tenetur-Grundsatz, S. 157.

292 *Bosch*, Aspekte, S. 108 f.; vgl. auch *H. Schneider* JURA 1990, 572 (573); *Rogall*, Der Beschuldigte, S. 248; *T. Schaefer*, Der Nemo-Tenetur-Grundsatz, S. 157.

293 *Börner*, Legitimation, S. 140 f.; *Stern* StV 1990, 563 (563); *Hirschberg*, Fehlurteil, S. 16; *Eschelbach* in Rissing-van Saan-FS, S. 115 (123); *Geipel*, HB d. Beweiswürdigung, Kap. 33 Rn. 1.

294 Vgl. *Weigend* in Selbstbestimmung, S. 154; *Salditt* Beulke-FS, S. 999 (1000 ff.).

295 vgl. *Kalb*, Die funktionale Begründung, S. 28.

296 Weitergehend *Schlauri*, Selbstbelastungszwang, S. 101 f.: kein „echter Gegensatz" zwischen nemo tenetur und dem öffentlichen Interesse einer effektiven Strafverfolgung.

297 *Rüping* JR 1974, 135 (136).

298 Vgl. *Renzikowski* in Lampe-FS, S. 791 (800); *Lorenz* JZ 1997, 1000 (1002).

299 Vgl. *R. Müller* EuGRZ 2001, 546 (559).

Stellenwert zu[300], dass er in der Lage, ist auch ganz erhebliche Einschränkungen der Wahrheitsfindung, die sich im Laufe der weiteren Bearbeitung noch zeigen werden, zu rechtfertigen.

2. Nemo-tenetur-Grundsatz und Geständnis

Entsprechend der inquisitorischen Zielsetzung der Hauptverhandlung kommt dem Geständnis im heutigen deutschen Prozessrecht – jedenfalls de iure[301] – lediglich der Charakter eines Beweismittels[302] zu[303]. Der Prozessgegenstand steht nicht zur Disposition des Angeklagten[304]. Ein Geständnis kann lediglich die übrige Beweisaufnahme im Einzelfall entbehrlich machen, es enthebt das Gericht aber nicht per se von seiner Aufklärungspflicht[305].

Das Verhältnis des Prozessrechts bzw. insbesondere der Prozessrechtswirklichkeit zum Beweismittel des Geständnisses ist ambivalent. Auf der einen Seite erkennt das Prozessrecht das Schweigerecht des Beschuldigten vollständig an. Die Irrelevanz des Schweigens für die Schuldfrage[306] und die Strafzumessung[307] ist grundsätzlich anerkannt. Die faktische Wirksamkeit des Schweigerecht wird durch verwertungsverbotsbewehrte Belehrungsvorschriften sichergestellt[308]. Das Prozessrecht bekennt sich damit zur strukturellen Irrelevanz des Geständnisses[309]. Der moderne Strafprozess hat den Schuldbeweis zu führen, ohne auf das Geständnis angewiesen zu sein[310]. Dieser strukturellen Irrelevanz des Geständnisses steht seine faktisch erhebliche

300 Vgl. *Schlauri*, Selbstbelastungszwang, S. 102: „conditio sine qua non eines fairen Verfahrens".

301 Insbesondere im Zusammenhang mit Verständigungen (§ 257c StPO) hat das Geständnis jedoch häufig die faktische Wirkung eines Klageanerkenntnisses, vgl. *Weßlau* ZStW 116 (2004), 150 (166); *Eschelbach* in Rissing-van Saan-FS, S. 115 (138); zum Wandel des Geständnisses in diesem Zusammenhang s. auch *Stübinger* JZ 2008, 798 (799 f.) und *König* NJW 2012, 1915 (1916 f.).

302 Nach der gesetzlichen Systematik ist die Einlassung des Angeklagten kein Beweismittel i.e.S. (vgl. § 244 Abs. 1 StPO) gleichwohl ist sie ein Beweismittel im materiellen Sinne, *Böse* GA 2002, 98 (117).

303 *Weßlau* ZStW 116 (2004), 150 (166); *Eschelbach* in Rissing-van Saan-FS, S. 115 (121).

304 *Weßlau* ZStW 116 (2004), 150 (158).

305 *Eschelbach* in Rissing-van Saan-FS, S. 115 (126); *Weßlau* ZStW 116 (2004), 150 (166).

306 BVerfG NStZ 1995, 555: BGH NJW 1984, 1829; BGHSt 20, 281; BGH NJW 1974, 2295; OLG Brandenburg NStZ-RR 2015, 53; zur Problematik des sog. Teilschweigens s. BGH NJW 1966, 209; BGH NJW 2002, 2260; *Rogall* in SK-StPO Vor §§ 133 ff. Rn.204 ff.

307 BGH NStZ 1996, 80; BGH NStZ-RR 1996, 71; OLG Brandenburg NStZ-RR 2015, 53; zur Problematik des „Beharrliches Leugnens" als Strafzumessungsfaktor s. BGHSt 1, 103; BGH NStZ 1983, 118; OLG Hamm NStZ-RR 2009, 368.

308 BGHSt 38, 214.

309 *Fezer* in Stree/Wessels-FS, S. 663 (669).

310 *Fezer* in Stree/Wessels-FS, S. 663 (669).

Bedeutung gegenüber[311]. Zwar wird man den Spruch von der „regina probationum" vermeiden[312], um das Ziehen historischer Parallelen nicht zu provozieren, es kann jedoch kaum Zweifel bestehen, dass dem Geständnis nach wie vor eine zentrale Bedeutung zukommt[313]. Es stellt naturgemäß das einfachste und außerdem das – vermeintlich[314] – sicherste Beweismittel[315] dar und minimiert zugleich den Aufwand der Strafverfolgungsbehörden, im Ermittlungs- wie im Hauptverfahren. Mit der hohen Beweiskraft geht darüber hinaus eine das Gewissen der Beteiligten beruhigende Wirkung einher[316]. In vielen Fällen stellt es zudem die einzige Möglichkeit der Aufdeckung der Tat und ihrer Hintergründe dar[317].

Aufgrund der Anerkenntnis des Schweigerechts, ist das Geständnis als Beweismittel nur dort zu akzeptieren, wo es freiwillig dargeboten wird[318]. Die Vorzüge, die der Beweis per Geständnis sowohl für die Beweisqualität als auch die Verfahrensökonomie bietet, begründen aber einen nachvollziehbaren Drang der Strafverfolgungsorgane, eben jenen Zustand der freiwilligen Darbietung als Beweismittel[319] herbeizuführen. Dies zeigt sich in der Unbeirrtheit, mit der die Praxis die strafmildernde Wirkung eines Geständnisses – gegen sämtlichen wissenschaftlichen Protest[320] – anerkennt[321]. Dies bildet die Grundlage für die, ebenfalls die Wichtigkeit

---

311 Vgl. *Jerouschek* ZStW 102 (1990), 793 (801 f.) mwN.

312 S. aber *Weiler* GA 1996, 101 (111); *Nack* in 20. Strafverteidigertag, S. 239 (240); *Degener* GA 1992, 443 (467).

313 Vgl. *Prittwitz*, Der Mitbeschuldigte, S. 226; *O. Klein* StV 2006, 338 (338); *Rieß* JA 1980, 293; *Quentmeier* JA, 1996, 215 (216); *Bender/Nack/Treuer*, Tatsachenfeststellung, Rn. 1015; *Degener* GA 1992, 443 (467); *Eschelbach* in Rissing-van Saan-FS, S. 115 (120); s. auch Nr. 111 Abs. 4 RiStBV.

314 Falsche Geständnisse sind eine der Hauptursachen strafgerichtlicher Fehlurteile, *Geipel*, HB d. Beweiswürdigung, Kap. 33 Rn. 1; *Stern* StV 1990, 563 (563); *Hirschberg*, Fehlurteil, S. 16; *Eschelbach* in Rissing-van Saan-FS, S. 115 (123).

315 *H.-L. Günther* GA 1978, 193 (199).

316 *G. Radbruch* in Sauer-FS, S. 121 (123); *Bosch* JA 2007, 903 (903); *Hammerstein* StV 2007, 48 (49).

317 *O. Klein* StV 2006, 338 (338).

318 So bereits die Motive zur RStPO s. *Hahn*, Motive, S. 138; *Queck*, Geltung, S. 179.

319 *Hammerstein* StV 2007, 48 (51) spricht vom „Anschein der Freiwilligkeit", auf den auch vergangene Prozessordnungen nicht verzichtet hätten.

320 Vgl. *Weigend* in Selbstbestimmung, S. 149 (155 f.); *Eschelbach* in Rissing-van Saan-FS, S. 115 (131); für die schematische Strafmilderung aber *G. Schäfer/Sander/van Gemmeren*, Strafzumessung, Rn. 679.

321 BGH NStZ 2000, 366; BGH NJW 1996, 3018 (3018); vgl. auch das *Stree/Kinzig* in S/S-StGB § 46 Rn. 41b, die konstatieren, dass sich die Rechtsprechung von der ursprünglichen Feststellung, das Geständnis sei nur dann strafzumessungsrelevant, wenn es Schlüsse auf das Maß der persönlichen Schuld und die Gefährlichkeit des Täters ermöglichte (BGHSt 1, 105 (106)) mittlerweile weit entfernt habe.

des Geständnisses unterstreichende und ebenfalls gegen Proteste der Lehre erfolgte, Etablierung strafprozessualer Absprachen.

Das Ziel der Erlangung eines Geständnisses, ohne dabei mit der grundsätzlichen Anerkennung des Schweigerechts zu brechen, dürfte auch die Motivation der Strafverfolgungsorgane in den in dieser Arbeit zu behandelnden Fallkonstellationen darstellen. Das Vorgehen unterscheidet sich hier jedoch von den oben genannten Konstellationen. Es wird nicht versucht, zu veranlassen, dass der Beschuldigt *freiwillig* ein Geständnis darbietet, sondern es wird versucht, den Anwendungsbereich des Schweigerechts zu vermeiden, sodass sich der dargestellte Konflikt zwischen Anerkennen des Schweigerechts und Angewiesenheit auf das Geständnis – bei formaler Betrachtung – nicht stellt.

Das zwiespältige Verhältnis des Prozessrechts zum Geständnis setzt sich in der Frage nach der Funktion der Beschuldigtenvernehmung fort. Die Beantwortung der sich bereits nach der Reform stellende Frage (s.o. B. I. 2. g.) ist bis heute umstritten. Herrschend ist der vermittelnde Standpunkt einer Doppelfunktion[322]. Stimmen, die die Vernehmung darauf beschränken wollen, dem Beschuldigten rechtliches Gehör zu gewähren, sind selbst unter den Theoretikern in der Minderheit[323]. Für den Praktiker dürfte die Beweiserhebungs-Funktion klar im Vordergrund stehen[324]. Ein Blick in die kriminalistische Fachliteratur offenbart zahlreiche Anleitungen, um den Beschuldigten in der Vernehmung – innerhalb des gesetzlichen Rahmens – zur Selbstbelastung zu bewegen[325]. Bezüglich der Doppelfunktion der Vernehmung ist der h.M. zuzustimmen. Ein entgegenstehender Wille des Gesetzgebers ist bereits historisch nicht nachzuweisen[326], kommt aber jedenfalls im Gesetzestext nicht in dem Maß zu Ausdruck, wie es zu verlangen wäre, um ihm entsprechende Bedeutung beizumessen[327].

Die Vernehmung hat somit auch eine Beweisfunktion. Aus dieser rechtfertigt sich, dass der Beschuldigte, wenn er auf sein Schweigerecht verzichtet, sich nicht auf bloßes Verteidigungsvorbringen beschränken kann, sondern auch dem

---

322 S. etwa *Jäger* in HK-GS § 136 StPO Rn. 5 mwN. Umstritten ist, ob einer bzw. welcher Funktion der Vorrang einzuräumen ist.

323 S. *Degener* GA 1992, 443 (455); *Dencker* StV 1994, 667 (675); krit. gegenüber der h.M auch *Derksen* JR 1997, 167 (169).

324 Vgl. *Ackermann* Kriminalistik 2011, 562 (562); *Velten* ZJS 2008, 76 (78); *Eschelbach* in Rissing-van Saan-FS, S. 115 (120): bei der von *P. Wulf*, Beschuldigtenvernehmung, S. 255, durchgeführten Befragung sahen zwölf von 65 Polizeibeamten, den Zweck der Beschuldigtenvernehmung darin, ein Geständnis zu erzielen.

325 *Artkämpfer/Schilling*, Vernehmung, S. 37, S. 121 ff.; *Hermanutz/Litzcke/Kroll*, Polizeiliche Vernehmung, S. 18 ff., 149 f.; s. auch *Geipel* in HB d. Beweiswürdigung, Kap. 33 Rn. 20 ff. mwN.

326 S.o. B. I. 2. g. So aber *Degener* GA 1992, 443 (455); gegen diesen , s. *Lesch* ZStW 111 (1999), 624 (626); *Kölbel*, Selbstbelastungsfreiheiten, S. 247 Fn. 153.

327 *Verrel*, Selbstbelastungsfreiheit, S. 114.

kriminalistisch geschickten Nachfragen der Vernehmungsperson ausgesetzt ist[328]. Diese ist nicht auf die bloße Entgegennahme der Aussage beschränkt, sondern darf das Verhör zur Sachverhaltserforschung – und das heißt auch: zu einer möglichen Überführung des Beschuldigten – nutzen. Faktisch bleibt dem Beschuldigten zwar die Möglichkeit, auf Nachfragen zu schweigen, anders als das komplette Schweigen ist dieses Teilschweigen der Beweiswürdigung aber nicht entzogen, kann also zu seinem Nachteil gewürdigt werden[329]. Der Beschuldigte ist durch die Möglichkeit, die Aussage komplett zu verweigern, ausreichend gegen die Gefahr einer ungewollten Selbstüberführung geschützt[330].

Sowohl der Charakter des Geständnisses als Beweismittel als auch die Bedeutung, die ihm das Prozessrecht und insbesondere auch die Prozessrechtspraxis beimisst, zeigt sich in der (eingeschränkten) Möglichkeit zur Beseitigung eines abgelegten Geständnisses.

Will der Angeklagte sich nicht an ein im Vorverfahren abgelegtes Geständnis gebunden wissen, so ist regelmäßig die Rede davon, er würde es „widerrufen". Diese Formulierung ist aber zumindest missverständlich.

Der aus dem Bereich der Willenserklärungen und Prozesshandlungen stammende Begriff des „Widerrufs" erweckt die Vorstellung, der Angeklagte könnte das Geständnis ex nunc ungeschehen machen. Da das Geständnis aber nicht (nur) Prozesshandlung, sondern eben (auch) Beweismittel ist, existiert eine solche Möglichkeit aber nicht[331]. Der Angeklagte ist darauf beschränkt, sein Geständnis in der Hauptverhandlung nicht zu wiederholen und auszusagen, das abgelegte Geständnis sei falsch. Die Aussage aus dem Vorverfahren kann er jedoch nicht beseitigen. Ihren Transfer in die Hauptverhandlung blockiert die StPO nur insoweit, als dass sie die Verlesung von nicht-richterlichen Vernehmungsprotokollen untersagt, § 254 Abs. 1 StPO e contrario. Eine teleologische Extension dieser Vorschrift dahingehend, dass sie auch der Vernehmung des Vernehmungsbeamten entgegensteht, lehnt die Rechtsprechung ab[332]. Die Praxis misst auch dem widerrufenen Geständnis große Bedeutung bei[333].

---

328 *Beulke* StV 1990, 180 (182); *Jahn* in HB zum Strafverfahren, Kap. 2, Rn. 289.
329 BGH NJW 2002, 2260; aA *Rogall* SK-StPO Vor §§ 133 ff. Rn. 209.
330 *Beulke* StV 1990, 180 (182).
331 Vgl. *Eschelbach* in Rissing-van Saan-FS, S. 115 (127).
332 BGH NJW 1952, 1265 (1266); BGH NJW 1968, 1838 (1838); a.A. *Velten* ZJS 2008, 76 (78); s. hierzu auch § 254 des AE-Beweisaufnahme abgedruckt in GA 2014, 1 (12).
333 *Eschelbach* in Rissing-van Saan-FS, S. 115 (120); *Geipel*, HB d. Beweiswürdigung, Kap. 33 Rn. 10 f.

3. Nemo-tenetur-Grundsatz und Akkusationsmaxime

Bereits der historische Abriss legt einen Zusammenhang zwischen der Selbstbelastungsfreiheit und der Akkusationsmaxime nahe[334]. Ist das faktische Zusammentreffen beider Prozessgrundsätze auch nicht von der Hand zu weisen, so wird doch der normativ zwingende Charakter dieses Zusammenhangs bestritten[335]. Begründet wird dies damit, der Bedeutungsgehalt der Akkusationsmaxime erschöpfe sich in der Auflösung der Personalunion von Ankläger und Richter[336]. Dies greift jedoch zu kurz und erfasst das Wesen dieser Prozessmaxime nur unvollständig. Der Akkusationsprozess zeichnet sich nicht nur dadurch aus, dass die Entscheidung über die Verfahrenseinleitung von einer vom Richter verschiedenen Person getroffen wird, es soll vielmehr die Funktion der Anklage von einem eigenständigen Verfahrensbeteiligten übernommen werden. Bei einem anderen Verständnis hätte der Reformgesetzgeber bei einem Prozessmodell stehen bleiben können, in dem der Ankläger nach Einreichung der Klage nicht an der Hauptverhandlung partizipiert. Wie auch die historische Debatte zeigt, war mit dem Stichwort des Anklageprozesses jedoch stets weitergehend die Implementierung parteiprozessualer Elemente intendiert[337]. Mit der Einführung des Anklagegrundsatzes geht daher zwangsläufig ein Strukturwandel weg vom reinen Inquisitionsprozess und in die Richtung eines adversatorischen Verfahrensmodells einher. Indem die Funktion der Anklage nun von einem eigenständigen Verfahrensbeteiligten übernommen wird, muss zwingend auch dessen Gegenpol, der Beschuldigte, zu einem Prozess*subjekt* aufgewertet werden[338].

Die Struktur des Anklageprozesses macht weiter deutlich, dass der Staat aus eigenem Interesse ein Verfahren *gegen* den Angeklagten führt[339]. Es wird die Distanz zwischen dem Ankläger und dem Angeklagten deutlich. Beide treten als Gegenspieler auf[340]. Während im Inquisitionsprozess die Beteiligten durch ein gemeinsames Verfahrensziel verbunden waren, kommt in dieser Rollenverteilung zum Ausdruck, dass der Angeklagte sich dem staatlichen Prozessziel nicht unterzuordnen hat, sondern ihm die Möglichkeit gewährt werden muss, zu dem staatlichen Vorwurf in Opposition zu gehen und mithin sein eigenes Verfahrensziel zu definieren[341].

---

334 In Österreich wird der nemo-tenetur-Grundsatz aus dem verfassungsrechtlich garantierten Anklagegrundsatz abgeleitet, s. *R. Müller* EuGRZ 2001, 546 (547).

335 *Rogall*, Der Beschuldigte, S. 107; *Aselmann*, Die Selbstbelastungs- und Verteidigungsfreiheit, S. 30; *Bährle*, Aussagefreiheit, S. 72 Fn. 25; abgeschwächt *Weßlau* ZStW 110 (1998), 1 (35).

336 *Rogall*, Der Beschuldigte, S. 107.

337 S.o. B. I. 2. g.; *Reiß*, Besteuerungsverfahren, 146; *Bosch* JURA 1998, 236 (242); *V. Haas*, Strafbegriff, S. 45.

338 *Nickl*, Schweigen, S. 24.

339 Auf die staatliche Prozessinitiative stellt *Petry*, Beweisverbote, S. 38 ab.

340 *Weßlau* ZStW 110 (1998), 1 (33); *Dallmeyer* KritV 2000, 252 (264); *Dannecker* ZStW 127 (2015), 370 (390).

341 Vgl. *Dallmeyer* KritV 2000, 252 (264); *Wolff*, Selbstbelastung, S. 94.

Der Zusammenhang zwischen Anklagegrundsatz und Selbstbelastungsfreiheit zeigt sich deutlicher im reinen Parteienprozess nach angelsächsischem Vorbild, besteht aber auch im kontinentaleuropäischen Mischtyp[342].

4. Nemo-tenetur-Grundsatz und die Stellung des Beschuldigten als Prozesssubjekt

In den obigen Ausführungen klingt bereits der häufig hergestellte Zusammenhang zwischen der Anerkennung der Selbstbelastungsfreiheit und der Stellung des Beschuldigten als Prozesssubjekt an[343]. Subjektstellung und nemo-tenetur-Grundsatz stehen in einer wechselseitigen Beziehung[344]. Die Anerkennung der Selbstbelastungsfreiheit ist einerseits Ausdruck des geänderten Verständnisses des Beschuldigten nicht als Gegenstand, sondern als Beteiligtem des Verfahrens, auf der anderen Seite dient die Beachtung der Selbstbelastungsfreiheit dazu, dem Postulat der Subjektstellung in der Verfahrenswirklichkeit Geltung zu verschaffen.

Der Status des Beschuldigten als Verfahrenssubjekt wird dadurch konstituiert, dass anerkannt wird, dass der Beschuldigte eigene Interessen hat und ihm die Möglichkeit an die Hand gegeben wird, diese in das Verfahren einzubringen.

Die Grundvoraussetzung der Subjektstellung bildet also die Anerkennung eigener Interessen des Beschuldigten, die sich nicht mit dem staatlichen Verfahrensziel decken müssen, ja ihm zuwiderlaufen können[345]. Dies ist die maßgebliche Lehre des mittelalterlichen Inquisitionsprozesses, der sich dadurch auszeichnet, den Beschuldigten für das allem übergeordnete Ziel der Wahrheitsfindung einzuspannen[346]. Der Beschuldigte wurde als diesem Ziel verpflichtet angesehen, sodass ihm folglich entsprechende Mitwirkungspflichten auferlegt wurden. Der reformierte Strafprozess zeichnet sich in Abkehr hiervon dadurch aus, dass anerkannt wird, dass der Beschuldigte im Verfahren seine eigenen Interessen verfolgt und von ihm nicht verlangt wird, sich der Zielsetzung der Wahrheitsfindung unterzuordnen[347]. Er muss

---

342 *Nickl*, Schweigen, S. 23; *Leiwesmeyer*, Der schweigende Angeklagte, S. 12 ff.; zu der Begründung im anglo-amerikanischen Rechtskreis s. *Dennis* C.L.J. 54 (1995), 342 (348 ff.); *Dolinko* UCLA L. Rev. 33 (1986), 1063 (1083 f.).

343 BGH NJW 2007, 3138 (3140); *Queck*, Geltung, S. 181 f.; *Rüping* JR 1974, 135 (137); *Rieß in* Reichsjustizamt-FS, S. 373 (415); *Pieth* in Eser-FS, S. 599 (607); *Nickl*, Schweigen, S. 25 f.

344 *G. Bauer*, Die Aussage, S. 44.

345 Vgl. *Dallmeyer* KritV 2000, 252 (264); *Rzepka*, Fairness, S. 387.

346 *T.* Schaefer, Der Nemo-Tenetur-Grundsatz, S. 65; entsprechendes gilt für das Strafverfahren des NS-Regimes, *Rüping* JR 1974, 135 (136 f.).

347 *Martín/Blumenberg* in Beulke-FS, S. 855 (864); *Reiß*, Besteuerungsverfahren, S. 155; *Dannecker* ZStW 127 (2015), 370 (390); *Dallmeyer* KritV 2000, 252 (264); *Weßlau* ZStW 110 (1998), 1 (32).

nicht an der Sachverhaltsaufklärung mitwirken, ihm wird ein Recht auf Passivität[348] zugesprochen. Dieses Recht wird durch den nemo-tenetur-Grundsatz verbürgt.

Der Status des Prozesssubjekts wäre nun nur unvollständig verwirklicht, gäbe das Prozessrecht dem Beschuldigten nicht die Möglichkeit, seine grundsätzlich anerkannten eigenen Interessen auch einzubringen, mithin aktiv gestaltend auf das Verfahren einzuwirken[349]. Dem Beschuldigten muss also das Recht zukommen, am Verfahren mitzuwirken. Umgekehrt stellt sich seine Mitwirkung aber auch nur dort dann als Ausdruck seiner Verfahrenssubjektivität dar, wo ihm die Befugnis eingeräumt ist, sie auch zu unterlassen[350]. Von einem Verfahrenssubjekt kann nur dort die Rede sein, wo der Beschuldigte selbst darüber entscheidet, ob und wie er an dem Verfahren mitwirkt. Über eine solche Freiwilligkeit verfügt er aber nur dort, wo ihm die Möglichkeit des Schweigens zugestanden wird[351]. Die Wahlmöglichkeit zwischen schweigen und sich erklären ist gerade konstitutiv für die Eigenschaft als Prozesssubjekt[352]. Sie unterscheidet das selbstbestimmte Subjekt vom fremdbestimmten Objekt[353]. Um die einem Prozesssubjekt zustehende Einwirkungsmöglichkeit zu gewährleisten, muss eine Verfahrensordnung also auch zugleich deren negatives Spiegelbild, die Mitwirkungsfreiheit, anerkennen[354].

Es zeigt sich also, dass die Anerkennung der Selbstbelastungsfreiheit conditio sine qua non für die Stellung des Beschuldigten als Verfahrenssubjekt ist, während umgekehrt die Zuerkennung des Schweigerechts nur in einer Prozessordnung erfolgen wird, die bestrebt ist, dem Beschuldigten die Stellung eines Prozesssubjekts zu verleihen.

5. Nemo-tenetur-Grundsatz und Staatsverständnis

Mitunter findet sich die Kategorisierung der nemo-tenetur-Maxime als „materiell staatsrechtlicher" Grundsatz[355] . In diesem Ausspruch kommt zum Ausdruck, dass die Tatsache, ob ein Strafprozesssystem die Selbstbelastungsfreiheit anerkennt, Rückschlüsse auf die politische Verfassung und insbesondere das Staat-Bürger-Verhältnis zulässt. Mit der Anerkennung der Schweigebefugnis geht, wie dargestellt, die Aufwertung des Beschuldigten zum Prozesssubjekt einher. Dies lässt Rückschlüsse

---

348 So ausdrücklich OLG Frankfurt a.M. StV 1996, 652 (652) („Grundsatz der Passivität"); zust. *Dallmeyer* KritV 2000, 252 (264); ebenso *H. Schneider* JURA 1990, 572 (575); vgl. auch *Ransiek*, Polizeivernehmung, S. 52. Zur genauen Reichweite der Passivität s.u. C. II. u. III.

349 *K. Kühl* JuS 1986, 115 (117); *Müller-Dietz* ZStW 93 (1981), 1177 (1207).

350 Vgl. *Eser* ZStW 79 (1967), 565 (570 f.); *K. Kühl* JuS 1986, 115 (117).

351 Vgl. *Fezer* in Stree/Wessels-FS, S. 663 (669); *Nickl*, Schweigen, S. 25 f.

352 *Nickl*, Schweigen, S. 25; *T. Schaefer*, Der Nemo-Tenetur-Grundsatz, S. 143.

353 vgl. *T. Schaefer*, Der Nemo-Tenetur-Grundsatz, S. 143.

354 *Eser*, ZStW-Beiheft 1974, 136 (147).

355 Ursprünglich *Eb. Schmidt*, Strafprozess und Rechtsstaat, S. 231; dann auch *Rogall*, Der Beschuldigte, S. 108; *Müller-Boysen*, Rechtsstellung, S. 96.

auf das Staatsverständnis zu[356]. War der Inquisitionsprozess der Strafprozess des absolutistischen Staates[357], so ist der reformierte Strafprozess das Verfahren des demokratischen Rechtsstaats. Während sich im Strafprozess des absolutistischen Staates die Vorstellung einer Untertanen-Stellung des Bürgers dergestalt fortsetzte, dass er gezwungen war, sich dem staatlichen Interesse – hier der Wahrheitsermittlung – unterzuordnen, ohne, dass eigene, konträre Interessen anerkannt wurden, achtet der reformierte Strafprozess die Autonomie des Beschuldigten[358]. Aus der auf die Aufrechterhaltung der äußeren Ordnung beschränkten Aufgabenstellung des Staates lässt sich keine Befugnis entnehmen, dem *Staatsbürger* im staatlichen Interesse eine Aussagepflicht aufzuerlegen und ihn so für die staatliche Wahrheitsermittlung einzuspannen[359].

Wie dargestellt, konnte die Selbstbelastungsfreiheit nur in einem politischen Umfeld gedeihen, das geprägt war von der Anerkennung der Menschen- und Bürgerrechte.

6. Fazit

Der nemo-tenetur-Grundsatz ist strukturprägend für den gesamten Strafprozess[360]. Er steht für die Abkehr vom reinen Inquisitionsprozess und die Hinwendung zur Anklageverfahren, mit der die Aufwertung des Beschuldigten zum Prozesssubjekt einhergeht[361]. Die Anerkennung der Schweigebefugnis ist zur Absicherung notwendiger Gegenpart der positiven Aussagefreiheit und konstituierend für die Subjektstellung. In der Anerkennung der Subjektstellung des Beschuldigten kommt der Grundsatz zum Ausdruck, dass der rechtsstaatliche Strafprozess das Ziel der Wahrheitsfindung nicht „um jeden Preis" verfolgt[362]. Die Achtung des nemo-tenetur-Grundsatzes ist daher Voraussetzung für das Bemühen um praktische Konkordanz zwischen Wahrheitsfindung und Justizförmigkeit, das ein rechtsstaatliches Urteil aufweisen muss. All dies lässt sich letztlich als Ausdruck eines geänderten Verständnisses von der Funktion des Strafverfahrens und des Staat-Bürger-Verhältnisses insgesamt begreifen.

---

356 *Eser* in Kolloqium, S. 147 (147); *Müller-Dietz* ZStW 93 (1981), 1177 (1181 f.).

357 *Fezer* in Stree/Wessels-FS, S. 663 (670, Fn. 31); *Henkel*, StrafverfahrensR, S. 45.

358 Vgl. *Gerlach* in Hanack-FS, S. 117 (132).

359 Vgl. *Reiß*, Besteuerungsverfahren, S. 155; *Gerlach* in Hanack-FS, S. 117 (132).

360 *Eb. Schmidt* SJZ 1949, 449 (453); *Paeffgen* in SK-StPO Vor §§ 112 ff. Rn. 31; *Pieth* in Eser-FS, S. 599 (606); *Wolff*, Selbstbelastung, S. 94; *Dannecker* ZStW 127 (2015), 370 (391).

361 *Nickl*, Schweigen, S. 24; *Pieth* in Eser-FS, S. 607.

362 BGHSt 14, 358 (365).

III. Gesetzliche Grundlagen

Der nemo-tenetur-Grundsatz hat weder auf einfach- noch auf verfassungsrechtlicher Ebene eine ausdrückliche Normierung erfahren. Dennoch werden eine Vielzahl einfachgesetzlicher und verfassungsrechtlicher Normen, als Grundlage oder jedenfalls Ausdruck dieses ungeschriebenen Rechtssatzes gehandelt. Der Blick auf diese Regelungen erscheint daher lohnend. Rechtsmethodisch besonders gestaltet sich dieses Unterfangen insofern, als dem nemo-tenetur-Grundsatz ein weitgehend konsentierter, historisch gewachsener[363] oder auch bloß „intuitiv" anerkannter Schutzbereich[364] zugesprochen wird. Es erscheint daher legitim und geboten, in gewissem Maße von einem vorgelagerten Inhalt des Rechtssatzes auszugehen[365]. Zur Ermittlung eben jenes Inhalts erscheint auch der Blick auf das einfache Recht unverzichtbar[366], wobei sich stets vor Augen zu halten ist, dass dieses den Schutzbereich nicht abschließend definieren kann[367]. Dieses Vorgehen erscheint rechtsmethodisch nicht unproblematisch, ist aufgrund der Besonderheiten des nemo-tenetur-Satzes aber alternativlos[368]. Ein streng deduktives Vorgehen, bei dem der Schutzumfang durch Subsumtion der Verfassungsnormen gewonnen wird, scheidet schon mangels tauglichem Bezugspunktes aus: Ohne jegliches Vorverständnis lässt sich die Ableitung nicht bewerkstelligen[369]. Auch angesichts der Weite der in Rede stehenden verfassungsrechtlichen Standortbestimmungen kann eine Deduktion kaum erfolgversprechend erscheinen[370]. Ein solches Vorgehen wird zudem den Besonderheiten des Grundsatzes als zwar ungeschriebenem, aber dennoch in der Rechtsordnung existentem Rechtssatz, nicht gerecht, sondern würde zwangsläufig zu seiner

---

363 *Dannecker* ZStW 127 (2015), 370 (381); *Lorenz* JZ 1992, 1000 (1006); Die Bedeutung als historisch gewachsenen Rechtssatz betonen auch *Paeffgen*, Vorüberlegungen, S. 72; *H. Schneider*, Grund und Grenzen, S. 40; *Queck*, Geltung, S. 196; *Reiß*, Besteuerungsverfahren, S. 156 f.

364 *Haeusermann*, Der Verband, S. 337; *Rau*, Schweigen, S. 43.

365 *Wolff*, Selbstbelastung, S. 29; *ders.*, Verfassungsrecht, S.251; *Reiß*, Besteuerungsverfahren, S. 140 f.; krit. zu diesem Vorgehen: *Kölbel*, Selbstbelastungsfreiheiten, S. 262 ff.; ähnlich *Neumann* in Wolff-FS S. 373 (383).

366 *Reiß*, Besteuerungsverfahren, S. 140; *Böse*, Wirtschaftsaufsicht, S. 115; s. auch das Vorgehen in BVerfGE 56,37.

367 *Bosch*, Aspekte, S. 30; *Böse*, Wirtschaftsaufsicht, S. 115; krit. *Rogall* StV 2008, 219 (220).

368 *Reiß*, Besteuerungsverfahren, S. 140 f.; *Wolff*, Selbstbelastung, S. 29; *ders.*, Verfassungsrecht, S.251; *Reiß*, Besteuerungsverfahren, S. 140 f.; *Böse*, Wirtschaftsaufsicht, S. 115; vgl. auch *Kleinheisterkamp*, Kreditwesengesetz, S. 201; *Bosch*, Aspekte, S. 30.

369 *Böse*, Wirtschaftsaufsicht, S. 115; *Dannecker* ZStW 127 (2015), 370 (380); dies erkennt auch *Kölbel*, Selbstbelastungsfreiheiten, S. 269 f.; s. auch *Verrel* NStZ 1997, 361 (364).

370 *Nothhelfer*, Selbstbezichtigungszwang, S. 18; *Verrel*, Selbstbelastungsfreiheit, S. 6.

Auflösung in anderen verfassungsrechtlichen Prinzipien führen[371]. Die naheliegende Gefahr von Zirkelschlüssen[372] kann nur gebannt werden, indem sich stets der inhaltlichen Stringenz des gewonnenen Rechtssatzinhalts vergewissert wird.

1. Einfachgesetzliche Vorschriften

In der StPO findet sich keine ausdrückliche Normierung der Selbstbelastungsfreiheit. Die Väter der RStPO gingen von seiner Geltung aus, ohne eine ausdrückliche Positivierung für erforderlich zu halten[373] – Ein Standpunkt, der, hält man sich vor Augen, dass das deutsche Strafprozessrecht bis dahin jahrhundertelang auf der Selbstbelastung des Beschuldigten beruht hatte, nicht unbedingt nachvollziehbar ist. Auf Grundlage eines modernen Grundrechts- und Freiheitsverständnisses erscheint das Nicht-Bestehen einer Pflicht nicht normierungsbedürftig. Aufgrund des recht frischen strafprozessualen Paradigmenwechsels wäre eine klarstellende Positivierung jedoch zu erwarten gewesen. Statt einer ausdrücklichen Normierung finden sich lediglich einzelne Vorschriften, denen entnommen werden kann, dass das Prozessrecht der StPO die Selbstbelastungsfreiheit anerkennt.

a. § 136 Abs. 1 S. 2 StPO

§ 136 Abs.1 S. 2 bestimmt, dass „der Beschuldigte darauf hinzuweisen [ist], dass es ihm nach dem Gesetz freisteht, sich zu den Beschuldigungen zu äußern oder nicht zu der Sache auszusagen". Da die Belehrungspflicht bezüglich eines Rechts dessen Existenz voraussetzt, wird § 136 Abs. 1 S. 2 überwiegend als einfachgesetzlicher Anknüpfungspunkt für die Selbstbelastungsfreiheit angesehen[374]. Die Belehrungspflicht begründet die Selbstbelastungsfreiheit nicht, sondern setzt sie voraus[375].

Entsprechende Belehrungsvorschriften finden sich in § 243 Abs. 5 S. 1 StPO sowie §§ 115 Abs. 3 und 114b Abs. 2 Nr. 2 StPO. Letztere stellen den wohl deutlichsten Hinweis in der StPO auf die Selbstbelastungsfreiheit dar. Anders als in § 136 wird hier ausdrücklich von einem „Recht" gesprochen, „sich zur Beschuldigung zu äußern oder nicht zur Sache auszusagen".

---

371 Ganz in diesem Sinne dann auch *Neumann* in Wolff-FS S. 373 (383); ähnlich wie hier *Dannecker* ZStW 127 (2015), 370 (381).

372 S. die Vorwürfe bei *Kölbel*, Selbstbelastungsfreiheit, S. 263 f.

373 S.o. B. I. 2. g.

374 *Groth*, unbewusste Äußerungen, S. 66; *Kopf/Szalai* NJ 2010, 363 (364); *T. Schaefer*, Der Nemo-Tenetur-Grundsatz, S. 151; *Schlüchter/J. Radbruch* NStZ 1995, 354 (355).

375 *Groth* unbewusste Äußerungen, S. 66; *Bährle*, Aussagefreiheit, S. 69; *H.-J. Bruns* in Schmidt-Leichner-FS, S. 1 (8); *K. Kühl* JuS 1986, 115 (117); *H. Schneider* JURA 1990, 572 (575); a.A.: *H.-L. Günther* JR, 1978, 89 (89), *Petry*, Beweisverbote, S. 39; *D. Hoffmann*, Selbstbegünstigung, S. 55; *Quentmeier* JA 1996, 215 (216).

Die Belehrungspflichten stellen eine erforderliche Absicherung des Schweigerechts des Beschuldigten dar[376]. Der Verzicht auf die Aussagepflicht des Beschuldigten würde nur unvollständig vollzogen, würde sich die Rechtsordnung gleichzeitig offenhalten, daraus Profit zu schlagen, dass der Beschuldigte sein Recht nicht kennt.

b. § 136a StPO

Teilweise wird davon ausgegangen, das in § 136a normierte Verbot bestimmter Vernehmungsmethoden stelle die Grundlage der Selbstbelastungsfreiheit dar[377].

Das Verhältnis des nemo-tenetur-Grundsatzes zu dieser Vorschrift wird noch Gegenstand eingehender Betrachtung sein[378]. Als einfachrechtliche Grundlage der Selbstbelastungsfreiheit muss § 136a StPO allerdings bereits aufgrund der simplen Erkenntnis ausscheiden, dass die Vorschrift lediglich ein Beweismethodenverbot enthält und über das Bestehen oder Nichtbestehen einer Aussagepflicht keinerlei Aussage trifft[379]. § 136a StPO positiviert lediglich das Folterverbot. Dieses darf nun seinerseits nicht mit dem nemo-tenetur-Grundsatz vermengt oder gar gleichgesetzt werden. Es ist vielmehr von ihm unabhängig, auch wenn sich die Schutzbereiche teilweise überschneiden[380]. Die Verwerflichkeit der Folter liegt in der Methode per se, während die Tatsache, dass sie zu selbstbelastenden Aussagen eingesetzt wird, in den Hintergrund tritt[381]. Dies zeigt sich deutlich darin, dass § 136a auch für den zur wahrheitsgemäßen Aussage verpflichteten Zeugen[382] gilt, § 69 Abs. 3 StPO[383]. Eine Koexistenz von Torturverbot und Aussagepflicht erscheint daher denkbar[384]. Umgekehrt ist die durch den nemo-tenetur-Satz gewährleistete Aussagefreiheit mehr als der bloße Schutz vor bestimmten Vernehmungsmethoden[385].

---

376 *Kleinheisterkamp*, Kreditwesengesetz, S. 156.

377 *Mahlstedt*, Verdeckte Befragung, S. 200 ff.; ebenso wohl *Mehle* in Wahrheitsfindung und ihre Schranken, S. 172 (172).

378 F. II. 1. b. cc. (i).

379 *Rogall*, Der Beschuldigte, S. 106; *Bährle*, Aussagefreiheit, S. 71; *Kleinheisterkamp*, Kreditwesengesetz, S. 158.

380 *Rogall*, Der Beschuldigte, S. 106; *T. Schaefer*, Der Nemo-Tenetur-Grundsatz, S. 154, 172 f.; s.u. C. V.

381 a.A. *Rau*, Schweigen, S. 50, der in der Instrumentalisierung zur Informationsgewinnung einen zusätzlichen Unwert erblickt.

382 Und über § 72 StPO auch für den Sachverständigen.

383 *Rogall* in SK-StPO Vor §§ 133 ff. Rn. 137; *Peres*, Beweisverbote, S. 120; nach *Reiß*, Besteuerungsverfahren, S. 144 zeige dies lediglich, dass sich der Schutzzweck des § 136a StPO nicht in dem Schutz der Aussagefreiheit erschöpft.

384 So auch *Peres*, Beweisverbote, S. 120; s. auch *Degener* GA 1992, 443 (463), der meint, einer Vorschrift wie § 136a StPO bedürfe es nur in einem System, das die Aussagefreiheit nicht anerkennt.

385 Vgl. *Rogall*, Der Beschuldigte, S. 106.

Diese Selbstständigkeit von Torturverbot und Selbstbelastungsfreiheit zeigt sich auch bereits in der historischen Entwicklung beider Institute, die zwar parallel, aber unabhängig verlief[386].

Wie dargestellt, wurden die ersten Schritte in Richtung der Etablierung der Selbstbelastungsfreiheit im Kampf gegen den kanonischen Inquisitionsprozess in England getan, der anders als sein kontinentaleuropäischer Counterpart gerade auf die Folter verzichtete und stattdessen mit dem Offizial-Eid operierte[387]. Umgekehrt spielte bei dem Widerstand gegen die Folter der Gedanke der Selbstbelastungsfreiheit allenfalls eine untergeordnete Rolle[388]. Im Fokus standen hier die Unmenschlichkeit der Methode als solcher und vor allem auch die Wahrheitsfindung[389]. Nach Abschaffung der Folter blieb dann auch die Aussage- und Wahrheitspflicht weiterhin erhalten[390].

Von anderer Seite wird gerade umgekehrt die Funktion des nemo-tenetur-Prinzips darin gesehen, das Folterverbot abzusichern[391]. Dies muss allerdings aufgrund der mangelnden Eignung des nemo-tenetur-Grundsatzes zur Erfüllung dieser Aufgabe bezweifelt werden. Es erscheint nicht überzeugend, dass ein gesetzestreuer Vernehmungsbeamter eher zum Verstoß gegen das Folterverbot verleitet würde, wenn eine Aussagepflicht besteht, oder umgekehrt es für den zum Foltern Entschlossenen einen Unterschied macht, ob er eine bestehende Aussagepflicht (menschen-)rechtswidrig durchsetzt oder zusätzlich das Herbeiführen der Aussage per se rechtswidrig ist[392]. Auch für den auskunftspflichtigen Zeugen genießt das Folterverbot schließlich allgemeine Anerkennung und Beachtung.

c. § 55 StPO

§ 55 StPO normiert die Selbstbelastungsfreiheit des Beschuldigten zwar nicht, ist aber ebenfalls Ausdruck des nemo-tenetur-Grundsatzes.

Nach § 55 Abs. 1 Alt. 1[393] StPO kann „jeder Zeuge [...] die Auskunft auf solche Fragen verweigern, deren Beantwortung ihm selbst [...] die Gefahr zuziehen würde,

---

386 *Reiter*, Nemo tenetur, S. 75; *Rogall*, Der Beschuldigte, S. 105; *Kopf*, Selbstbelastungsfreiheit, S. 17; *Kleinheisterkamp*, Kreditwesengesetz, S. 157; a.A. *Eser* in ZStW-Beiheft 1974, 136 (151 f.); *V. Krey* in Neujustierung des Strafrechts, S. 25 (28).

387 *Rogall*, der Beschuldigte, S. 106; dies verkennen *Renzikowski* JR 2008, 164 (166) und *Schroeder/Verrel*, StrafprozessR, Rn. 360.

388 *Kölbel*, Selbstbelastungsfreiheiten, S. 30; *Ott*, Der Grundsatz, S. 61; *Rogall*, Der Beschuldigte, S. 89 f.; *v. Gerlach* in Hanack-FS, S. 117 (129).

389 *Ott*, Der Grundsatz, S. 61; *Renzikowski* in Amelung-FS, S. 669 (683); *v. Gerlach* in Hanack-FS, S. 117 (127); *Rogall*, Der Beschuldigte, S. 89.

390 *Reiter*, Nemo tenetur, S. 75; *Möller* JR 2005, 314 (315); s.o. B. I. 2. g.

391 *R. Müller* EuGRZ 2001, 546 (554).

392 So aber *Schlauri*, Selbstbelastungszwang, S. 98.

393 Anders als Alt. 1 ist § 55 Abs. 1 Alt. 2 StPO kein Ausdruck des nemo-tenetur-Grundsatzes. Die Vorschrift dient vielmehr der Ergänzung des § 52 StPO und dient wie diese Vorschrift dem Schutz der persönlichen Nähebeziehung und nicht der

wegen einer Straftat oder einer Ordnungswidrigkeit verfolgt zu werden". Die Vorschrift regelt somit die Situation des Zeugen, nicht des Beschuldigten. Die Anerkennung eines Auskunftsverweigerungsrechts des Zeugen wird jedoch bereits vom historischen Gesetzgeber als „notwendiges Korrelat" zu der Selbstbelastungsfreiheit des Angeklagten bezeichnet[394].

§ 55 Abs. 1 Alt. 1 normiert ein *Auskunfts-*, kein *Aussage*verweigerungsrecht. Der Zeuge ist grundsätzlich nur berechtigt, die Beantwortung einzelner Fragen zu verweigern, und bleibt im Übrigen zur wahrheitsgemäßen Aussage verpflichtet[395]. Lediglich im Einzelfall kann sich dies zu einem Recht der Verweigerung der gesamten Aussage verdichten[396]. Dies ist dort der Fall, wo, wie insbesondere bei eigener Tatbeteiligung des Zeugen, die gesamte mögliche Aussage des Zeugen mit einem potentiell strafbaren Verhalten in einem derart engen Zusammenhang steht, dass nichts verbleibt, was der Zeuge ohne die Gefahr der Verfolgung wegen einer Straftat oder Ordnungswidrigkeit aussagen könnte[397].

Erforderlich ist weiter, dass der Zeuge Gefahr läuft, sich hinsichtlich einer bereits begangenen Straftat selbst zu belasten. Die Konstellation, dass der Zeuge durch die Erfüllung der Auskunftspflicht einen (ausländischen)[398] Straftatbestand erfüllt, wird von § 55 Abs. 1 StPO nicht erfasst[399]. Eine vorausgehende Straftat in diesem Sinne ist allerdings gegeben, wenn der Zeuge durch nunmehr wahrheitsgemäße Angaben eine Falschaussage (§§ 153 ff. StGB) in einem anderen Verfahren oder Verfahrensabschnitt offenbaren würde[400].

Selbstbelastungsfreiheit, *Verrel*, Selbstbelastungsfreiheit, S. 274; *Weigend* in 62. DJT, C24; *Huber* in BeckOK-StPO § 55 Rn. 1; bereits in der Gesetzbegründung kommt zum Ausdruck, dass die beiden Alternativen des § 55 Abs. 1 unterschiedliche Schutzzwecke verfolgen, s. *Hahn*, Materialien I, S. 107; krit. *Geerds* in Stock-FS, S. 171 (187, 189, 194), der de lege ferenda für eine Aufspaltung plädiert; ein Teil der Lehre hält hingegen auch §§ 52 und 55 Abs. 1 Alt. 2 StPO für einen Ausdruck des nemo-tenetur-Grundsatzes, *Rogall* in SK-StPO § 55 Rn. 3.

394 *Hahn*, Materialien I, S. 107.

395 *Bosch* JURA 2012, 33 (37); de lege ferenda krit. hierzu *ders.*, Aspekte, S. 252.

396 BGH NJW 1989, 2703; BVerfG wistra 2010, 299 (300).

397 BVerfG wistra 2010, 299 (300); *Bosbach* in MAH-Strafverteidigung, § 55 Rn. 19.

398 Diese Konstellation kann innerhalb des deutschen Rechts nicht auftreten, weil strafprozessuale Auskunfts- und materiellrechtliche Geheimhaltungspflichten aufeinander abgestimmt sind, *Odenthal* NStZ 1985, 117 (118). In BGH NJW 2006, 785 (786) stand eine Strafbarkeit gem. § 353b Abs. 2 Nr. 2 StGB im Raum, ob eine solche tatsächlich gegeben wäre, hat der BGH jedoch offen gelassen; s. hierzu auch *Maier* in MüKO-StPO § 55 Rn. 67 ff.

399 BVerfG NStZ 1985, 277; BGH NJW 2006, 785 (786); LG Stuttgart NStZ 1992, 454; *Rogall* in SK-StPO § 55 Rn. 29; *Bosbach* in MAH-Strafverteidigung, § 55 Rn. 21; *Maier* in MüKo-StPO § 55 Rn. 22; a.A. LG Freiburg NJW 1986, 3036; *Odenthal* NStZ 1993, 52 (52); hiervon zu trennen ist die Frage, ob der Zeuge jenseits von § 55 StPO von der Aussagepflicht zu befreien ist, s. *Rogall* aaO. Rn. 29.

400 BVerfG NJW 1985, 277; BVerfG NJW 2002, 1411.

Das Auskunftsverweigerungsrecht des § 55 StPO knüpft an die Gefahr einer Strafverfolgung an. Eine solche liegt vor, sobald die Strafverfolgungsorgane aus der wahrheitsgemäßen Beantwortung der Frage Tatsachen entnehmen könnten, die sie zur Einleitung eines Ermittlungsverfahrens veranlassen könnten[401]. Erforderlich, aber auch ausreichend ist ein Anfangsverdacht i.S.d. § 152 Abs. 2 StPO[402]. Da hiermit eine niedrige Schwelle gesetzt ist, kann eine Gefahr bereits weit im Vorfeld einer direkten Belastung anzunehmen sein[403]. Nicht erforderlich ist, dass der Zeuge unmittelbar eine Straftat offenbart, es genügt vielmehr eine mittelbare Begründung des Verdachts dergestalt, dass die Tatsache, über die der Zeuge Auskunft geben müsste ein „Teilstück in einem mosaikartig zusammengesetzten Beweisgebäude" bildet, sog. *Mosaiktheorie*[404].

An einem Anfangsverdacht fehlt es, wenn eine Verurteilung von vornherein aufgrund materiell- oder prozessrechtlicher Gründe ausgeschlossen ist[405]. Das Auskunftsverweigerungsrecht steht dem Zeugen daher insbesondere dann nicht zu, wenn die Tat aufgrund eines Verfahrenshindernisses nicht verfolgt werden kann[406]. Dies wird damit begründet, dass sich die seelische Zwangslage, deren Vermeidung die Zubilligung des Auskunftsverweigerungsrechts dient, nicht stellt.[407] Den Ermittlungsbehörden ist so das Instrument der nachträglichen Aussageerzwingung beim rechtskräftig abgeurteilten Straftäter, insbesondere zur Aufklärung im Rahmen krimineller Strukturen, eröffnet[408]. § 55 StPO greift jedoch trotz rechtskräftiger Aburteilung, wenn die Aussage die Gefahr einer Wiederaufnahme begründet (vgl. § 362 Nr. 4 StPO)[409].

Das Verweigerungsrecht muss ausdrücklich ausgeübt werden, ein bloßes Verschweigen selbstbelastender Umstände ist unzulässig[410]. Die Gründe für das Eingreifen des Auskunftsverweigerungsrechts müssen – soweit das Gericht dem Zeugen nicht ohne weiteres glaubt[411] – glaubhaft gemacht werden, § 56 Abs. 1 S. 1 StPO. Als Mittel der Glaubhaftmachung ist die eidesstattliche Versicherung ausdrücklich zugelassen. Das Erfordernis der Glaubhaftmachung darf aber nicht dazu führen, das Auskunftsverweigerungsrecht zu unterlaufen. Will man sie in entsprechenden

---

401 *Bosbach* in MAH-Strafverteidigung, § 55 Rn. 20.

402 *Ignor/Bertheau* in LR-StPO § 55 Rn. 10; *Sommer* StraFo 1998, 8 (11).

403 BVerfG NJW 2002, 1411 (1412).

404 BGH StV 1987, 328 (328); BGH NJW 1999, 1413 (1413); BVerfG wistra 2010, 299 (300); *Bosbach* in MAH-Strafverteidigung, § 55 Rn. 19.

405 *Beulke* in L/R-StPO § 152 Rn. 29; *Meyer-Goßner/Schmitt* § 55 Rn. 8; *Maier* in MüKo-StPO § 55 Rn. 34 ff.

406 *Ignor/Bertheau* in LR-StPO § 55 Rn. 14; *Rogall* in SK-StPO § 55 Rn. 40 mwN.

407 BVerfG 1985, 277.

408 S. hierzu *O. Klein* StV 2006, 338 (339 f.); krit. *Sommer* StraFo 1998, 8 (12).

409 BGH NStZ-RR 2005, 316 (316).

410 BGH NJW 1955, 230; *Maier* in MüKo-StPO § 55 Rn. 70; de lege ferenda krit. hierzu *Geerds* in Stock-FS, S. 171 (186 ff., 192 ff.).

411 BGH NJW 1972, 1334 (1334).

Fällen nicht für generell unzulässig halten[412], darf nur die Glaubhaftmachung der Annahme der Verfolgungsgefahr selbst verlangt werden, nicht aber Angaben hinsichtlich des Sachverhalts, aus dem sie sich ergibt[413]. Es muss dann die Erklärung der Zeugen genügen, er gehe nach bestem Wissen und Gewissen davon aus, dass die Beantwortung der Frage ihn in die Gefahr einer straf- oder bußgeldrechlichen Verfolgung bringt[414].

Gem. § 55 Abs. 2 StPO ist der Zeuge über sein Aussageverweigerungsrecht zu belehren. Diese Belehrungspflicht greift jedoch erst dann, wenn eine Selbstbelastung erkennbar droht[415].

Während umstritten ist, ob ein Verstoß gegen die Belehrungspflicht zur Unverwertbarkeit der Zeugenaussage in demselben Verfahren führt[416], entspricht es allgemeiner Auffassung, dass die Angaben in einem Verfahren gegen den Zeugen nicht verwertet werden dürfen[417]. Ebenso wenig darf die Tatsache, dass er sein Auskunftsverweigerungsrecht ausgeübt hat, in einem späteren Verfahren verwertet oder auch nur zum Anlass eines Ermittlungsverfahrens genommen werden[418].

Die Betrachtung des § 55 StPO ist für die hiesige Untersuchung insofern wertvoll, als die Vorschrift bereits die erste Ausweitung des nemo-tenetur-Grundsatzes über seinen unmittelbaren Anwendungsbereich hinaus enthält: Betroffen ist der Zeuge, nicht der Beschuldigte. Sie liefert bereits wichtige, für die weitere Bearbeitung festzuhaltende Gesichtspunkte: Zunächst ist der Schutz des nemo-tenetur-Grundsatzes nicht untrennbar mit der Rolle als Beschuldigter verbunden ist, sondern greift bereits dort, wo der Betroffene in einer anderen Rolle auskunftspflichtig ist und so seine Einlassungsfreiheit in einem späteren Strafverfahren unterlaufen zu werden droht. Des Weiteren reicht der Schutz des nemo-tenetur-Grundsatzes nicht weiter als die Gefahr einer strafrechtlichen Verurteilung. Steht einer solchen Verurteilung ein Strafverfolgungshindernis entgegen, greift er nicht. Die Selbstbelastung hinsichtlich einer unverfolgbaren Tat unterfällt nicht dem Schutzbereich von nemo tenetur. Schließlich besteht der Schutz von nemo tenetur nur, wenn es um die Offenbarung einer der Aussage zeitlich vorausgehenden Straftat geht.

412 BGH StV 1987, 328 (329).

413 *Maier* in MüKo-StPO § 56 Rn. 8.

414 LG Hamburg, *Beschl.* v. 28.12.1987 – (33) Qs 1088/87, juris, Rn. 8; *Maier* in MüKo-StPO § 56 Rn. 8.

415 *Ignor/Bertheau* in L/R-StPO § 55 Rn 33; *Senge* in KK-StPO § 55 Rn. 17.

416 Ablehnend BGH GS NJW 1958, 557; s. den Überblick bei *Ignor/Bertheau* in L/R-StPO § 55 Rn 37.

417 OLG Celle NStZ 2002, 386; *Meyer-Goßner/Schmitt* § 55 Rn. 17; *Rogall* in SK-StPO § 55 Rn. 79 jeweils mwN.

418 *Ignor/Bertheau* in L/R-StPO § 55 Rn. 28.

d. Art. 6 EMRK

aa. Nemo tenetur und fair trial

Eine ausdrückliche Gewährleistung der Selbstbelastungsfreiheit enthält die EMRK nicht. In ständiger Rechtsprechung ordnet der EGMR die Selbstbelastungsfreiheit jedoch dem Kernbereich der Garantie des fairen Verfahrens des Art. G Abs. 1 S. 1 EMRK zu[419].

Die Europäische Konvention zum Schutz der Menschenrechte und Grundfreiheiten (EMRK) steht im Rang eines Bundesgesetzes, vgl. Art. 59 Abs. 2 GG. Für die Bedeutung, die der EMRK im Bereich des Strafverfahrensrechts zukommt, ist die Rechtsprechung des EGMR von besonderer Bedeutung[420]. Seine Entscheidungen entfalten zwar lediglich inter partes-Wirkung, über den Einzelfall hinaus kommt ihnen jedoch eine normative Leitfunktion zu[421].

Nahezu allgemein wird jedoch davon ausgegangen, dass der Grundsatz des fairen Verfahrens sich auch unabhängig von Art. 6 EMRK aus dem Grundgesetz ergibt. Mit dem konventionsrechtlichen fair-trial-Grundsatz stimmt dieses verfassungsrechtliche Fairnessprinzip dabei in Inhalt und Reichweite keineswegs überein[422]. Das verfassungsrechtliche Fairnessprinzip hat den Charakter eines Auffanggrundrechts[423]. Es soll nach dem BVerfG zum Einsatz kommen, wenn speziellere grundrechtliche Verfahrensgarantien nicht greifen[424] und verletzt sein, „wenn eine Gesamtschau auf das Verfahrensrecht – auch in seiner Auslegung und Anwendung durch die Gerichte – ergibt, dass rechtsstaatlich zwingende Folgerungen nicht gezogen worden sind oder rechtsstaatlich Unverzichtbares preisgegeben wurde“[425]. Dieses Recht auf ein faires Verfahren wurzelt dabei „im Rechtsstaatsprinzip in Verbindung mit den Freiheitsrechten des Grundgesetzes, insbesondere in dem durch ein Strafverfahren bedrohten Recht auf Freiheit der Person (Art. 2 Abs. 2 Satz 2 GG) und in Art. 1 Abs. 1 GG, der es verbietet, den Menschen zum bloßen Objekt eines staatlichen Verfahrens herabzuwürdigen“[426].

Dementsprechend ist mit der Berufung auf die Verfahrensfairness selten eine ausdrückliche Inbezugnahme der völkerrechtlichen Normierung oder gar der Rechtsprechung des EGMR verbunden[427]. Die Dogmatik des Gerichtshofs wir allenfalls zögerlich übernommen. Das faire Verfahren in seiner Form in der deutschen Strafprozessdogmatik stellt vielmehr eine Generalklausel dar, auf die sich teilweise

---

419 S. etwa EGMR, *Urt.* v. 03.05.2001, J.B. v. Schweiz, 31827/96, Rn. 64.

420 *Eisele* JR 2004, 12 (14).

421 BVerwG NVwZ 2000, 810 (811).

422 *C. Schneider*, Beweisverbote, S. 28.

423 *H. Schneider* JURA 1997, 131 (137); *Rogall* in SK-StPO Vor §§ 133 ff. Rn. 101.

424 BVerfG NJW 2004, 141 (145).

425 BVerfG, *Beschl.* v. vom 18. März 2009 – 2 BvR 2025/07, juris, Rn. 15; JZ 2009, 1175 (1177).

426 BVerfG, *Beschl.* v. vom 18. März 2009 – 2 BvR 2025/07, juris, Rn. 14.

427 *Rzepka*, Fairness, S. 115, S. 123; krit. *Hauk* NStZ 2010, 17 (19 f.).

fern jedes dogmatischen Anknüpfungspunkts überall dort berufen wird, wo sich das als richtig empfundene Ergebnis mit den einfachrechtlichen Vorschriften und herkömmlichen Rechtsinstituten nicht begründen lässt[428]. Eine dogmatische Erschließung des Prinzips erfolgt schleppend und allenfalls durch die Bildung von Fallgruppen[429]. Bei dem grundsätzlich zu bejahenden Bedürfnis nach einer entsprechenden Auffangregelung, darf die Gefahr nicht übersehen werden, gesetzliche Wertungen unter Berufung auf übergeordnete, aber konturlose Prinzipien zu überspielen und der um sich greifenden Abwägungspraxis Tür und Tor zu öffnen[430].

In objektivrechtlicher Hinsicht kann kein Unterschied dazu erkannt werden, sich anstatt auf die Verfahrensfairness unmittelbar auf das Rechtsstaatsprinzip zu berufen[431]. Zum Teil spricht das BVerfG auch vom „fairen, rechtsstaatlichen Verfahren“[432]. Der Sinn der Konstruktion eines *Rechts* auf ein faires Verfahren dürfte vor allem darin liegen, Verstöße gegen das Rechtsstaatsprinzip mit der Verfassungsbeschwerde justiziabel zu machen[433].

bb. Der nemo-tenetur-Grundsatz in der Rechtsprechung des EGMR

Der Gerichtshof hat sich in einer Vielzahl von Entscheidungen mit dem Grundsatz der Selbstbelastungsfreiheit beschäftigt[434].

Sowohl bezüglich des Tatbestands als auch der Rechtsfolge weicht die menschenrechtliche Ausgestaltung des Rechtssatzes von der nationalen Version ab[435].

Es entspricht überkommener und nahezu unbestrittener nationaler Auffassung, dass der nemo-tenetur-Grundsatz über einen absoluten Schutzbereich verfügt, dessen Berührung zugleich die Verletzung des Grundsatzes bedeutet[436].

In der Rechtsprechung des EGMR konnte sich diese Auffassung bislang nicht durchsetzen[437]. Die Position des Gerichthofs zur Frage der Relativierung zugunsten

428 *Weichbrodt*, Beweis, S. 303 f.; vgl. auch *H. Schneider* JURA 1997, 131 (137): „allgemeine Gerechtigkeitsvorstellungen transformierende[s] [...] zuweilen überstrapaziertes Rechtsinstitut [...]“; *Paeffgen* in SK-StPO Art. 6 EMRK Rn. 71.

429 *Roxin/Schünemann*, StrafvefahrensR, § 11 Rn. 6.

430 *Meyer-Goßner/Schmitt*, StPO, Einl Rn. 19; *Rogall* in SK-StPO Vor §§ 133 ff. Rn. 102 ff.; *Sternberg-Lieben* JZ 1995, 844 (848); *Paeffgen* in SK-StPO Art. 6 EMRK Rn. 71; *Jäger* in Wolter-FS, S. 947 (962).

431 *Weichbrodt*, Beweis, S. 303; *Haeusermann*, Der Verband, S. 217.vgl. auch *Kühne* in L/R-StPO Einl. Abschn. I Rn. 107.

432 BVerfG NJW 1981, 1719 (1722); BVerfG NJW 1983, 1572 (1573).

433 *Haeusermann*, Der Verband, S. 213, 215 f.

434 Instruktive Übersicht bei *S. Roth* ZStR 2011, 296 (296 ff.).

435 *Gaede* HRRS 2006, 241 (248); *Rogall* in SK-StPO Vor §§ 133 ff. Rn. 131.

436 S.u. C. I.

437 So auch die Einschätzung von *Grabenwarther/Pabel* in EMRK/GG Konkordanzkommentar, Kap. 14 Rn. 165; *Mayer* in Karpenstein/Mayer, EMRK, Art. 6 Rn. 130; *Paeffgen* in SK-StPO, Art. 6 EMRK Rn. 83; anders *Müller*, EuGRZ 2002, 546 (551,

öffentlicher Interessen ist vielmehr unklar. In *Murray*[438] wurde die Möglichkeit einer solchen Beschränkung ausdrücklich betont. Nachdem weder das Interesse an der Verfolgung schwerer Wirtschaftsdelikte (*Saunders*[439]) noch der Terrorismusbekämpfung (*Heaney/McGuiness*[440]; *Quinn*[441]) gelten gelassen wurde, erschien diese Einschränkung jedoch eher theoretischer Natur[442]. In *Jalloh*[443] wird ein solches Interesse dann ausdrücklich zum maßgeblichen Kriterium erklärt. In *O'Holloran/Francis*[444] wird es zumindest genannt. In *Marttinen*[445] scheint der Gerichtshof dann wieder auf seine ursprüngliche Linie einzuschwenken, ohne dass der zweimalige Richtungswechsel erwähnt würde[446].

Auch die Tatbestandsvoraussetzungen des nemo-tenetur-Satzes, wie ihn der EGMR versteht, weichen vom nationalen Verständnis ab.

Dies gilt zunächst für das Element des Zwanges. Dies wird in der Rechtsprechung nicht qualitativ, sondern zumindest auch quantitativ verstanden. In *Jalloh* wird Art und Ausmaß des Zwangs ausdrücklich als ein Kriterium benannt. Bereits zuvor merkte der Gerichtshof Zweifel an, ein nur geringes Bußgeld begründe hinreichenden Zwang[447]. Eine solche Lösung, die letztlich eine summenmäßige Festlegung[448] erforderte, erscheint wenig gelungen[449]. Problematisch erscheint auch die in *Jalloh* hergestellt Verbindung mit dem Folterverbot des Art. 3 EMRK. So wurde der Brechmitteleinsatz zunächst aus dem Schutzbereich des nemo-tenetur-Grundsatzes ausgeschlossen, später aber eine Verletzung des Grundsatzes aufgrund des großen, sogar die Grenze des Art. 3 EMRK erreichenden Ausmaßes des Zwanges dennoch bejaht. Die Ausführungen zum nemo-tenetur-Satz in der *Jalloh*-Entscheidung, die sich in vielerlei Hinsicht nicht mit der übrigen Rechtsprechung in Einklang bringen lassen, erscheinen insgesamt wenig geglückt und einer nemo-tenetur-Dogmatik des Gerichtshof eher abträglich[450]. Nachdem die Unzulässigkeit der Maßnahme mit der

---

554); nach *C. Schneider*, Beweisverbote, S. 87 habe der EGMR die Selbstbelastungsfreiheit „zumindest faktisch zu einem absoluten Recht ausgestaltet [...]".

438 EGMR, *Urt.* v. 08.02.1996, Murray v. UK, 18731/91.

439 EGMR, *Urt.* v. 17.12.1996, Saunders v. UK, 19187/91.

440 EGMR, *Urt.* v. 21.12.2000, Heaney/McGuiness v. Irland, 34720/97.

441 EGMR, *Urt.* v. 21.12.2000, Quinn v. Irland, 36887/97.

442 *C. Schneider*, Beweisverbote, S. 87.

443 EGMR, *Urt.* v. 11.06.2006, Jalloh v. Deutschland, 54810/00 = NJW 2006, 3117.

444 EGMR, *Urt.* v. 29.06.2007, O'Halloran/Francis v. UK, 15809/02 u. 25624/02.

445 EGMR, *Urt.* v. 21.04.2009, Marttinen v. Finnland, 19235/03.

446 *S. Roth* ZStR 2011, 296 (318).

447 EGMR, *Beschl.* v. 10.09.2002, Allen v. UK, 76574/01.

448 Vgl. dann auch EGMR, Urt. v. Lückhof/Spanner v. Österreich, 58452/00 u. 61920/00, Rn. 54, wo die Höhe des Bußgelds mit der in EGMR, Urt. v. 29.06.2007, O'Halloran/Francis v. UK, 15809/02 u. 25624/02 verglichen wird.

449 *Redmaye* OJLS 27 (2007), 209 (216).

450 Vgl. *Gleß* in Beulke-FS, S. 723 (730); *Gaede* HRRS 2006, 241 (248).

Verletzung von Art. 3 EMRK bereits begründet war, ist die Frage nach dem Sinn dieser Argumentation berechtigt[451].

Auch die Anforderungen an das erzwungene Verhalten sind unklar. Während im nationalen Recht hier entlang der Begriffspaare aktiv/passiv und verbal/nonverbal diskutiert wird[452], stellt der Gerichtshof darauf ab, ob das Beweismittel in seiner Existenz unabhängig vom Willen des Beschuldigten vorhanden ist[453]. Gegen dieses Kriterium als solches wird man nichts einwenden können. Seine Handhabung durch den Gerichtshof erfolgt dann aber leider derart uneinheitlich, dass Unklarheit um den Inhalt des Kriteriums herrscht[454]. So soll die Atemluft des Beschuldigten unabhängig von seinem Willen existieren (*Tirado Ortiz/Lozana Martin*[455]), während das auf das Kokainpäckchen in seinem Magen nicht zuträfe (*Jalloh*). Die in *Saunders* anerkannt Möglichkeit, dass hiernach auch Unterlagen aus dem Schutzbereich ausscheiden können, wurde in allen sich mit Vorlagepflichten auseinandersetzenden Entscheidungen verneint[456].

In Einzelfällen wurden zusätzliche Kriterien herangezogen, wie dass es sich um unmittelbare Beweismittel im Unterscheid zu bloßen forensischen Untersuchungen handelt (*Jalloh)* oder der Beschuldigte nur zur Angabe einer einfachen Tatsache gezwungen wurde (*O'Halloran/Francis).*

Erhebliche Unterschiede zur nationalen Rechtslage zeigen sich hinsichtlich der Möglichkeit das Schweigens als Schuldindiz zu würdigen. Während dies nach deutschem Verständnis der Selbstbelastungsfreiheit unstreitig unzulässig ist, lässt es der Gerichtshof zu, wenn eine Situation vorliegt, in der von dem Beschuldigten eindeutig eine Erklärung zu erwarten wäre und die Verurteilung nicht allein auf das Schweigen gestützt wird (*Murray; Telfner*[457]).

Die nationale Vorstellung der Selbstbelastungsfreiheit als Rechtssatz mit klar umrissenem Bereich eines absoluten Schutzes findet in der Rechtsprechung des EGMR kein Pendant. Der Gerichtshof begreift den Grundsatz als Teil der durch Art. 6 EMRK gewährleisteten fair-trial-Maxime. Bislang entnimmt der Gerichtshof Art. 6 EMRK keine abstrakten Vorgaben zu Fragen der Beweisverwertbarkeit, sondern prüft die Verletzung der Verfahrensfairness an einer einzelfallbezogenen,

---

451 *S. Roth* ZStR 2011, 296 (313)*; Gaede* HRRS 2006, 241 (248).

452 S.u. C. II., III.).

453 EGMR, *Urt.* v. 17.12.1996, Saunders v. UK, 19187/91, Rn. 69; EGMR, *Urt.* v. 11.06.2006, Jalloh v. Deutschland, 54810/00, Rn. 102 = NJW 2006, 3117.

454 *S. Roth* ZStR 2011, 296 (313); *Paeffgen* in SK-StPO Art. 6 EMRK Rn. 84a: „Schlingerkurs".

455 EGMR, *Urt.* v. 15.06.1999, Tirado Ortiz/Lozano Martin v. Spanien, 43486/98.

456 EGMR, *Urt.* v. 25.02.1993, Funke v. Frankreich, 10828/84, Rn. 44; EGMR, Urt. v. 03.05.2001, J.B. v. Schweiz, 31827/96, Rn. 65 ff.; EGMR, *Urt.* v. 21.04.2009, Marttinen v. Finnland, 19235/03, Rn. 69 ff.

457 EGMR, *Urt.* v. 20.03.2001, Telfner v. Österreich, 33501/96 = ÖJZ 2001, 613.

alle Verfahrensstadien umfassenden Gesamtbetrachtung[458]. Diese selbst auferlegte Zurückhaltung in Fragen der Beweisverwertungsdogmatik resultiert aus dem Umstand, dass der Gerichtshof sich nicht als „vierte Instanz" gegenüber den nationalen Gerichten begreift, die er für vorrangig zuständig für diese Fragen erachtet[459]. Beweisverwertungsverbote nach nationalem Verständnis, also i.S.e. Rechtssatzes, dessen Rechtsfolge die Unverwertbarkeit bildet, gibt es in der Judikatur des EGMR daher eigentlich nicht. Es gibt lediglich „de facto"-Verwertungsverbote[460], wenn ein Fehler bei der Beweiserhebung die Verfahrensfairness derart empfindlich stört, dass sie nur wiederhergestellt werden kann, indem auf die Verwertung verzichtet wird. Da die Betrachtung aber stets einzelfallbezogen ist, lassen sich hier kaum abstrakte Grundsätze aufstellen. Einen vom Einzelfall gelösten Automatismus hat der Gerichtshof bislang nur für eine Verletzung des Folterverbots aus Art. 3 EMRK formuliert[461].

Dieser Dogmatik entsprechend, prüft der Gerichtshof auch nemo tenetur im Rahmen einer einzelfallbezogenen Gesamtbetrachtung[462]. Sowohl auf Tatbestands- als auch auf Rechtsfolgenseite[463] ist der Schutz des europäischen nemo-tenetur-Grundsatzes daher durch eine Vielzahl unbestimmter Kriterien geprägt. Diese beziehen sich regelmäßig allein auf den Einzelfall und lassen sich kaum sinnvoll abstrahieren[464]. Auch erfolgt ihre Anwendung wenig systematisch und teilweise widersprüchlich[465]

Insgesamt erscheint die Rechtsprechung daher dogmatisch wenig ertragreich. Hier soll in keiner Weise die Bedeutung des EGMR für die Rechtsentwicklung in Abrede gestellt werden. Für das hiesige Unterfangen, der dogmatischen Fundierung und Konturierung des nemo-tenetur-Satzes wird sich seine Rechtsprechung allerdings nur sehr bedingt fruchtbar machen lassen.

---

458 Krit. *Rzepka*, Fairness, S. 103; *Jäger* in Wolter-FS, S. 947 (952); s. hierzu auch unten F. II. 2. bb.

459 S. grundlegend EGMR, *Urt.* v. 12.07.1988, Schenk v. Schweiz, 10862/84 = NJW 1989, 654 (655 f.) und seitdem ständige Rechtsprechung.

460 *v. Arnim* in Blumenwitz-GS, S. 265 (270).

461 EGMR, *Urt.* v. 28.06.2007, Harutyunyan v. Armenien, 36549/03, Rn. 63; dieser Automatismus gilt allerdings nur für die unmittelbar unter Verstoß gegen Art. 3 EMRK erlangten Beweismittel, dem Verwertungsverbot kommt – in deutscher Terminologie – keine Fernwirkung zu, s. EGMR, *Urt.* v. 01.07.2010, Gäfgen v. Deutschland, 22978/05, Rn. 172 ff. = NJW 2010, 3145.

462 *V. Arnim* in Blumenwitz-GS, S. 265 (272); *R. Esser* in L/R-StPO Art. 6 EMRK Rn. 881.

463 Bereits diese Unterscheidung existiert als Folge der Gesamtbetrachtung streng genommen nicht.

464 *R. Esser*, Auf dem Weg zu einem europäischen Strafverfahrensrecht, S. 521; *Renzikowski* in Amelung-FS, S. 669 (673).

465 *Paeffgen* in SK-StPO Art. 6 EMRK Rn. 84, 84a; *Renzikowski* in Amelung-FS, S. 669 (673); *K. Schumann* StV 2006, 661 (664).

Aus der Völkerrechtsfreundlichkeit des Grundgesetzes folgt eine Pflicht zur Beachtung der Urteile des EGMR, jedoch keine Bindung an die einzelnen Begründungsschritte[466]. Es besteht daher auch kein Bedürfnis, das Verständnis des Gerichtshofs von nemo tenetur zu übernehmen, solange im Ergebnis ein Verstoß gegen den Grundsatz der Verfahrensfairness vermieden wird.

e. Art. 14 Abs. 3 lit. g. IPBPR

Der Internationale Pakt über bürgerliche und politische Rechte (IPBPR) steht als völkerrechtlicher Vertrag ebenfalls im Rang eines Bundesgesetzes. Anders als der im Übrigen ähnliche Art. 6 EMRK enthält Art. 14 in Abs. 3 lit. g die Festlegung, dass der Beschuldigte „nicht gezwungen werden [darf], gegen sich selbst als Zeuge auszusagen oder sich schuldig zu bekennen". Die „Zeugen"-Formulierung ist dem 5th Amendment der US-amerikanischen Bundesverfassung[467] entliehen[468].

In Ländern, die – wie Deutschland – die Aussage des Beschuldigten als Zeuge ohnehin nicht kennen, ist die Vorschrift entsprechend auszulegen[469]. Ob die Vorschrift überhaupt als umfassende Gewährleistung der Selbstbelastungsfreiheit verstanden werden kann, ist umstritten[470]. Dass die Vorschrift aber jedenfalls bereits erweitert ausgelegt werden müsste, um überhaupt den im nationalen Recht anerkannten Schutzbereich von nemo tenetur abzubilden, macht sie als tatsächlichen Maßstab für die Einzelfallentscheidung ohnehin unbrauchbar[471].

2. Verfassungsrechtliche Verankerung

Das Grundgesetz normiert den nemo-tenetur-Grundsatz nicht ausdrücklich. Auf Landesebene findet sich allein in Art. 52 Abs. 5 der brandenburgischen Landesverfassung eine entsprechende Regelung.

Der Verfassungsrang der Selbstbelastungsfreiheit steht dennoch wohl außer Frage[472]. Die Rechtsprechung bekennt sich nicht zu der Herleitung aus einem Verfassungsgrundsatz, sondern nennt regelmäßig eine Fülle an Grundgesetznormen[473].

---

466 *T. Walter* in Europäisierung des Rechts S. 291 (305 f.).

467 „No person [...] shall be compelled in any criminal case to be a witness against himself [...]."

468 *Salger*, Schweigerecht, S. 7; *Rogall*, Der Beschuldigte, S. 117; *Bosch*, Aspekte, S. 25.

469 *Salger* Schweigerecht, S. 7; *Magold*, Kostentragungspflicht, S. 85.

470 So Salger Schweigerecht, S. 7; *Müller-Boysen*, Rechtsstellung, S. 101, *Bährle*, Aussagefreiheit, S. 73; *Mäder*, Offenbarungspflichten, S. 65; a.A. *Queck*, Geltung, S. 105; *Bosch* JURA 1998, 236 (241); krit. auch *Reiß*, Besteuerungsverfahren, S. 143.

471 Vgl. *Bartholomäi*, Anzeigepflichten, S. 67.

472 Anders jetzt aber *Leitmeier* JR 2014, 372 (375 f.).

473 S. stellvertretend nur BVerfGE 56, 37, wo mit dem Rechtsstaatsprinzip, der Menschenwürde, dem allgemeinen Persönlichkeitsrecht und der allgemeinen Handlungsfreiheit operiert wird, sowie BGHSt 38, 214 (220): „Die Anerkennung dieses Schweigerechtes entspricht der Achtung vor der Menschenwürde. Sie schützt

Die Ergiebigkeit der Diskussion um die verfassungsrechtliche Verortung wird nicht zu Unrecht in Zweifel gezogen[474]. Die angeführten Verfassungsprinzipien sind ihrer Natur entsprechend selbst derart unbestimmt, dass sich aus der Zuordnung kaum Erkenntnisse für die Schutzbereichsbestimmung gewinnen lassen[475]. Die Einsicht, dass bei einer Verletzung des nemo-tenetur-Satzes zugleich das Rechtsstaatsprinzip, die Menschenwürde oder das allgemeine Persönlichkeitsrecht verletzt ist, erscheint kaum geeignet, Kriterien für das Vorliegen einer solchen Verletzung zu gewinnen[476].

Für die hier zu betreibende Suche nach der ratio des Prinzips kann die verfassungsrechtliche Verortung aber insofern eine wertvolle Hilfestellung leisten, als in der Diskussion regelmäßige unterschiedliche Verständnisse von Sinn und Funktion des Prinzips offenbart werden[477]. Die verfassungsrechtliche Verortung ist selbst durch eine gewisse Vorstellung von der ratio des Grundsatzes determiniert. Deutlich ertragreicher als die schlichte Zuordnung zu einer Verfassungsnorm ist dann auch der Blick auf die hinter jener Zuordnung stehende Auffassung von der Rechtsnatur des Grundsatzes[478]. Hier existieren drei Ansatzpunkte: Während einige in dem Grundsatz ein Persönlichkeitsrecht erblicken, wird er von anderen als Informationsbeherrschungsrecht und von einer dritten Fraktion als Justizgrundrecht verstanden.

a. Persönlichkeitsrecht

Die Einordnung als Persönlichkeitsrecht zeugt von einem Verständnis des nemo-tenetur-Grundsatzes als Ausdruck der Rücksichtnahme auf Persönlichkeitsinteressen des Beschuldigten.

Anhänger eines solchen Verständnisses des nemo-tenetur-Grundsatzes sehen ihn verfassungsrechtlich vor allem in der Menschenwürde-Garantie des Art. 1 GG[479]

---

das Persönlichkeitsrecht des Beschuldigten und ist notwendiger Bestandteil eines fairen Verfahrens".

474 *Eidam*, Selbstbelastungsfreiheit, S. 367; *Verrel* NStZ 1997, 361 (364); *Rödiger*, Strafverfolgung, S. 266; krit. auch *Rogall* StV 1996, 63 (64): „enorme Überschätzung der Bedeutung, die der Herleitung der Selbstbelastungsfreiheit tatsächlich zukommt"; s. aber auch *v. Freier* ZStW 122 (2010), 117 (119).

475 Anschaulich zu den geringen Auswirkungen auf die Frage nach dem Schutzbereich *Prasch*, List, S. 66 Fn. 271.

476 vgl. *T. Schaefer*, Der Nemo-Tenetur-Grundsatz, S. 116, nach dem das nemo-tenetur-Prinzip zwar das Rechtsstaatsgebot zu präzisieren vermag, nicht aber umgekehrt.

477 Ähnlich auch *Bosch*, Aspekte, S. 28; *Böse*, Wirtschaftsaufsicht, S. 114 f.; *Aselmann*, Die Selbstbelastungs- und Verteidigungsfreiheit, S. 40.

478 Vgl. *v. Freier* ZStW 122 (2010), 117 (119).

479 *Eser* ZStW-Beiheft 1974, 136 (145); *Torka*, Nachtatverhalten, S. 49 ff.; *Benda* in HB Verfassungsrecht, S. 116; *Grünwald* JZ 1981, 423 (428); *Weigend* in Selbstbestimmung, S. 149 (153); s. auch BVerwG NJW 1968, 857 (857). Dazu, dass die Menschenwürde nicht untrennbar mit der persönlichkeitsrechtlichen Ableitung verbunden

oder dem Allgemeinen Persönlichkeitsrecht[480] verbrieft[481]. Letzteres hat gegenüber einem rein Menschenwürde-basierten Ansatz den pragmatischen Vorteil, dass der nemo-tenetur-Grundsatz nicht – oder jedenfalls nicht per se – der abwägungsresistenten Menschenwürde-Garantie zugeordnet wird. Der sphärenartige Schutzbereich des allgemeinen Persönlichkeitsrechts mit dem abwägungsfesten Menschenwürdekern und der einer Relativierung zugänglichen Peripherie, ermöglicht vielmehr eine flexible Handhabung des nemo-tenetur-Grundsatzes[482]. Entsprechend dieser Struktur des Grundrechts wird dann die Einlassungsfreiheit im Strafverfahren dem abwägungsresistenten Kernbereich dieses Rechts zugeordnet, während die Geltung in anderen Verfahrensordnungen der Schranken-Trias des Art. 2 Abs. 1 GG unterworfen wird[483]. Bei der Zuordnung der strafprozessualen Selbstbelastungsfreiheit zum absoluten Kernbereich werden dann die dieselben Umstände betont, die auch

---

ist, sondern sich auch für eine – hier präferierte – prozessuale Sichtweise den Grundsatzes fruchtbar machen lässt, s.u. B. III. 2. c.

480 *Rogall*, Der Beschuldigte, S. 139 ff.; *Schlüter*, Strafbarkeit, S. 102; *Weßlau*, Vorfeldermittlungen, S. 211; *Roschmann*, Schweigerecht, S. 17; *Bährle*, Aussagefreiheit, S. 88; *H.-J. Bruns* in Schmidt-Leichner-FS, S. 1 (8); *Lammer*, Verdeckte Ermittlungen, S. 156; *Mäder*, Offenbarungspflichten, S. 79 ff; *G. Haas* GA 1997, 368 (379); *Wolter* in 50 Jahre BGH, S. 963 (973); *Duttge* JZ 1996, 556 (560); *C. Schneider*, Beweisverbote, S. 29 ff.; *T. Schaefer*, Der Nemo-Tenetur-Grundsatz, S. 79 ff.; S. 113; *Kleinheisterkamp*, Kreditwesengesetz, S. 252, *Makrutzki*, Verdeckte Ermittlungen, S. 93; *B. Kruse*, Compliance und Rechtsstaat, S. 32 ff.

481 Zu Recht nahezu allgemein abgelehnt wird eine Herleitung aus Art. 4 GG (*Besson*, Steuergeheimnis, S. 77; *Nothhelfer*, Selbstbelastungszwang, S. 54 ff.; *Rogall*, Der Beschuldigte, S. 127; in diese Richtung aber *Lorenz* JZ 1992, 1000 (1006). Von dem Beschuldigten ein Geständnis zu verlangen, stellt keinen Eingriff in die Gewissensfreiheit dar, da das bloße Einräumen des Tatvorwurfs keine Gewissensentscheidung enthält (*Roschmann*, Schweigerecht, S. 16.) Das Geständnis als solches ist hinsichtlich der Gewissensfreiheit neutral. Anders verhielte es sich nur, würde von dem Beschuldigten verlangt, inhaltlich Stellung zu der Tat zu beziehen, also Reue o.ä. zu äußern (*Roschmann* aaO.). Da dies mit einer einfachen Aussagepflicht gerade nicht verbunden wäre, lässt sich die Selbstbelastungsfreiheit nicht auf Art. 4 stützen.
Vereinzelt geblieben ist auch die Ansicht, die Selbstbelastungsfreiheit werde durch die Freiheit der Person gem. Art. 2 Abs. 2 GG gewährleistet (*Wessels* JuS 1966, 169 (171)). Sie lässt sich auf Grundlage des heute unbestrittenen Verständnisses als körperliche Fortbewegungsfreiheit nicht halten (*Rogall*, Der Beschuldigte, S. 126; *Roschmann*, Schweigerecht, S. 17; *Leiwesmeyer*, Der schweigende Angeklagte, S. 23; *H.-J. Bruns* in Schmidt-Leichner-FS, S. 1 (8)).

482 s. *Makrutzki*, Verdeckte Ermittlungen, S. 93; *Lagodny* StV 1996, 167 (171); *Kleinheisterkamp*, Kreditwesengesetz, S. 205 f.; zu derartigen Modellen des Schutzbereichs von nemo-tenetur unten F. II. 1. b. bb. (ii).

483 *Lucke*, Schutzrecht, S. 286 ff.; *C. Schneider*, Beweisverbote, S.29 f., 33, 373.

die Zuordnung zur Menschenwürdegarantie veranlassen[484]. Die Ansätze unterscheiden sich daher weniger im Ergebnis, als vielmehr in der Methodik[485].

Die zentrale These der persönlichkeitsrechtlichen Ableitung des nemo-tenetur-Satzes lautet, dass es eine unzumutbare Überforderung des Beschuldigten darstelle, selbst zu seiner Verurteilung beizutragen[486].

Es wird darauf abgestellt, eine Aussagepflicht zwänge den Beschuldigten dazu, seinem natürlichen Selbsterhaltungstrieb zuwider zu handeln[487]. Der Selbsterhaltungstrieb wird dabei als schon naturrechtliche Idee angesehen[488]. Eine Selbsterhaltungspflicht dränge den Beschuldigten in das Dilemma, zwischen dem Übel der Selbstbelastung und dem der Zwangsmitteldulding wählen zu müssen[489]. Diese Konfliktlage überfordere ihn ethisch[490]. Eine Selbstbelastungspflicht sei daher unzumutbar[491].

Die entscheidende Schwäche dieses Ansatzes liegt darin, dass er zwar das faktische Selbstschutzinteresse zu erklären vermag, nicht aber dessen normative Schutzwürdigkeit[492]. Allein das unzweifelhafte Vorhandensein eines entsprechenden Interesses begründet noch nicht, dass es auch rechtliche Anerkennung verdient[493]. Dass dem Beschuldigten im Interesse der Wahrheitsforschung bestimmte Pflichten auferlegt werden können, die seinem Selbsterhaltungstrieb zuwiderlaufen, ergibt sich aus der Notwendigkeit des Verfahrens als solchem. Dass eine Selbstbelastungspflicht eine Belastung des Beschuldigten darstellt, liegt auf der Hand. Den Beweis aber, dass sie den Bereich des Unzumutbaren und Menschenunwürdigen erreicht, bleibt diese Ansicht schuldig. So erscheint der Grundsatz als bloßes „Sensibilitätsgebot“[494].

Eine „Sensibilität“, die zudem allein den Bedürfnissen des faktisch Schuldigen entgegengebracht wird. Denn nur dieser wird bei einem derartigen Verständnis von

484 Vgl. *Rogall*, Der Beschuldigte, S. 148, der vorrangig mit dem Unzumutbarkeitsgedanken argumentiert; *C. Schneider*, Beweisverbote, S. 31 ff. sieht den naturrechtlichen Selbsterhaltungstrieb durch das allgemeine Persönlichkeitsrecht verbrieft.

485 S. auch *Mahlstedt*, Befragung, S. 63: „gradueller Natur“.

486 *Rogall*, der Beschuldigte, S. 146 f.; *C. Schneider*, Beweisverbote, S. 31; *Peres*, Beweisverbote, S. 120.

487 *Kirsch* in Vom unmöglichen Zustand des Strafrechts, S. 229 (234); *Lammer*, Verdeckte Ermittlungen, S. 156; *C. Schneider*, Beweisverbote, S. 31.

488 *Lammer*, Verdeckte Ermittlungen, S. 156.

489 *Grünwald* JZ 1981, 423(428); *J. Kühl* in 10. Strafverteidigertag, S. 145 (148 f.); *Puppe* GA 1978, 289 (299).

490 *Puppe* GA 1978, 289 (298); *C. Schneider*, Beweisverbote, S. 31.

491 *Lammer*, Verdeckte Ermittlungen, S. 156.

492 *Pawlik* GA 1998, 378 (378); *T. Schaefer*, Der Nemo-tenetur-Grundsatz, S. 110.

493 *Schneider*, Grund und Grenzen, S. 48.

494 *Keller*, Provokation, S. 134; *v. Freier* ZStW 122 (2010), 117 (128): „Gefühlsschutz“; ebenso *Anders* wistra 2014, 329 (332); s. auch *Bentham*, Rationale, S. 230: „old woman's reason“.

der ratio des Grundsatzes erfasst[495]. Zwar wird man dem zu erwidern haben, dass eine Differenzierung nach der (faktischen) Schuld nicht möglich, die Erfassung aller Beschuldigten also notwendig ist[496], zumal sich bei der Gestaltung des Verfahrens der Schuldfeststellung eine Differenzierung nach der Schuld verbietet[497]. Der Schutz des faktisch Unschuldigen ist dann aber bloßer Reflex[498]. Ein so verstandener nemo-tenetur-Grundsatz büßt erheblich an Überzeugungskraft ein[499]. Das dargelegte Begründungsdefizit fällt umso mehr ins Gewicht.

Schließlich vermag der Ansatz den anerkannten Geltungsbereich des nemo-tenetur-Grundsatzes nicht zu erklären. Läge die Funktion des Prinzips allein darin, dem Betroffenen die Unzumutbarkeit einer Mitwirkung an der Beeinträchtigung eigener Rechtsgüter zu ersparen, müsste es konsequenterweise auch dort greifen, wo schwere wirtschaftliche Folgen drohen[500], während umgekehrt seine Geltung im Ordnungswidrigkeitenrecht[501] zu hinterfragen wäre[502]. Für den Strafprozess wäre an eine gestaffelte Geltung zu denken, da die Unzumutbarkeit mit der Höhe der drohenden Sanktion zunimmt[503].

---

495 *Bosch,* Aspekte, S. 35; *Lesch* in FA Strafrecht, S. 1182 Rn. 13; *Hauessermann*, Der Verband, S. 338; *v. Freier* ZStW 122 (2010), 117 (129); nach *Ott*, Der Grundsatz, S. 77 f., soll sich auch der faktisch Unschuldige in dieser Zwangslage befinden.

496 *Ransiek*, Polizeivernehmung, S. 51; *T. Schaefer*, Der Nemo-tenetur-Grundsatz, S. 111.

497 *Rau*, Schweigen, S. 180; der hierin einen Grundmangel der anglo-amerikanischen Debatte um die ratio der Selbstbelastungsfreiheit ausmacht.

498 *Ransiek*, Polizeivernehmung, S. 51; *Bosch*, Aspekte, S. 35.

499 Vgl. *Hauesermann*, Der Verband, S. 338; *Dallmeyer* KritV 2000, 252 (263). Im anglo-amerikanischen Schrifttum liefert der Aspekt, dass allein der Schuldige von der herrschenden Schutzzwecksbestimmung vom „cruel trilemma" umfasst ist, den Kritikern Argumente, s. *Dennis* C.L.J. 54 (1995), 342 (343, 359); *Bentham*, Rationale, S. 207 ff.; *Redmayne* OJLS 27 (2007), 209, (221 f.).

500 *H. Möller* JR 2004, 314 (317); *v. Freier* ZStW 122 (2010), 117 (129); dies wird bei der Frage der Anforderungen an das Zwangselement wieder relevant, s. E. II.

501 Dass der nemo-tenetur-Grundsatz über § 46 Abs. 1 OWiG im Ordnungswidrigkeitenrecht gilt, entspricht der Praxis, s etwa OLG Düsseldorf NStZ 2001, 260; Die Geltung im Bereich der Ordnungswidrigkeiten ergibt sich auch als gesetzliche Wertung aus der Gleichstellung von Straf- und Bußgeldverfahren in § 55 StPO und diesem nachempfundenen Auskunftsverweigerungsrechten.

502 So *H.-L. Günther* GA 1978, 193 (205); *R. Stürner* NJW 1981, 1757 (1759); *H. Möller* JR 2004, 314 (317); umfassend: *Dietrich*, Bindung, S. 261 ff.; BVerfG NJW 1981, 1087 (1087) hat die Geltung im Ordnungswidrigkeitenverfahren betont; im Gemeinschuldner-Beschluss (BVerfGE 56, 37) findet es sich hingegen nicht mehr, worauf *Verrel* NStZ 1997, 361 (365) hinweist.

503 *Bosch*, Aspekte, S. 33; *Queck*, Geltung, S. 148; hiergegen *H.-L. Günther* GA 1978, 193 (202), da bei einem geringeren Tatvorwurf das Interesse an der Tataufklärung proportional abnehme.

Mit dem natürlichen Selbsterhaltungstrieb mag die tatsächliche Motivation, aus der der Beschuldigte sein Schweigerecht ausübt, bezeichnet sein, die normative Grundlage des nemo-tenetur-Grundsatzes bildet er nicht[504].

b. *Informationsbeherrschungsrecht*

Eine beachtliche Meinung im Schrifttum spricht sich für eine Verankerung der Selbstbelastungsfreiheit im Recht auf informationelle Selbstbestimmung aus[505]. Dieses Recht wurde vom BVerfG in seinem berühmten *„Volkszählungs-Urteil"*[506] entwickelt und wird von der h.M. als Unterfall des allgemeinen Persönlichkeitsrechts angesehen[507]. Nicht immer wird dabei die mit dieser Zuordnung einhergehende Charakterisierung des nemo-tenetur-Grundsatzes als Informationsbeherrschungsrecht und das hierin liegend grundlegend gewandelte Verständnis des Grundsatzes offenbart[508]. Der anerkannte Gehalt der Selbstbelastungsfreiheit lässt sich mit der Struktur des Rechts auf informationelle Selbstbestimmung nämlich nicht erklären. Will man nun nicht mit der Dogmatik des Grundrechts brechen, um anerkannte Ergebnisse zu erzielen und damit zugleich die eigene verfassungsrechtliche Ableitung ad absurdum führen, lässt sich die These von nemo tenetur als Informationsbeherrschungsrecht nur bei einer inhaltlichen Neuausrichtung aufrechterhalten[509]. Die Vertreter der Ansicht bekennen sich regelmäßig weder zu dem einen noch zu dem anderen[510].

Der Schutz des nemo-tenetur-Grundsatzes knüpft – nach herkömmlichem Verständnis – nicht an die Information als solche, sondern an die Art der Erhebung

---

504 *T. Schaefer*, Der Nemo-Tenetur-Grundsatz, S. 113.

505 *Di Fabio* in Maunz-Dürig § 2 Rn. 187; *Mahlstedt*, Befragung, S. 88; *Besson*, Steuergeheimnis, S. 81; *Keller*, Provokation, S. 132; *Renzikowski* JZ 1992, 710 (714); *Wohler* in SK-StPO § 163a Rn. 44; auch *Nothhelfer*, Selbstbezichtigungszwang, S. 82 f., nach dem das Recht auf informationelle Selbstbestimmung allerdings keine Fallgruppe des allgemeinen Persönlichkeitsrechts, sondern nur eine „Umschreibung [dessen] sachlichen Gehalts" darstellen soll; differenzierend *Bosch*, Aspekte, S. 49 ff.; ähnlich *T. Schaefer*, Der Nemo-Tenetur-Grundsatz, S. 113.

506 BVerfG NJW 1984, 419.

507 s. *Di Fabio* in Maunz/Dürig, GG, Art. 2 Rn. 173 ff. mwN. auch zur Gegenansicht, die von einem selbstständigen Grundrecht ausgeht.

508 Eine ausdrückliche Bezeichnung als Informationsbeherrschungs- bzw. -verfügungsrecht findet sich bei *Renzikowski* JZ 1997, 710 (714), *Müssig* GA 2004, 87 (96); *Amelung*, Informationsbeherrschungsrechte, S. 35; ausdrücklich anders dann aber *ders.* JR 2008, 327 (327 f.); dass *Amelung* als der Begründer der Lehre von den Informationsbeherrschungsrechten den nemo-tenetur-Grundsatz nicht mehr als ein solches einordnet, kann als Bestätigung der hier vertretenen Auffassung gesehen werden.

509 *Bosch*, Aspekte, S. 50 f.

510 S. aber *Mahlstedt*, Befragung, S. 102 f. und deutlicher bei „Thesen" (3), (4), (5); *Keller*, Provokation, S. 132 f.

an[511]. Die Information, dass der Beschuldigte eine Straftat verübt hat, wird als solche nicht als schutzwürdig angesehen[512]. Sie auf anderem Wege – durch Zeugen oder Sachbeweise – zu erheben, begegnet keinen Bedenken[513]. Als unzulässig wird es nur angesehen, diese Information zu erheben, indem man den Beschuldigten zwingt, sie durch seine Aussage zu offenbaren. Es handelt sich also nicht um ein Informationsbeherrschungsrecht[514]. Die Unzulässigkeit ist dabei absolut. Sie gilt unabhängig von Einzelfallumständen und widerstreitenden Interessen.

Beim Recht auf informationelle Selbstbestimmung erfolgt die Zuordnung zu dem Schutzbereich gerade umgekehrt allein nach der Art des Datums ohne Beachtung der Art der Erhebung[515]. Das Grundrecht gewährleistet die Befugnis des Einzelnen, grundsätzlich selbst über die Preisgabe und Verwendung seiner persönlichen Daten zu bestimmen[516]. Allgemeiner Grundrechtsdogmatik entsprechend, ist mit der Zuordnung zum Schutzbereich die Frage der Schutzwürdigkeit noch nicht entschieden. Diese hängt vielmehr von einer Interessenabwägung ab[517].

Einen Ansatz dafür, dass die grundsätzlich zulässige Erhebung eines Datums dadurch verfassungswidrig wird, dass die Erhebung gerade durch Auskunftsverlangen an den Beschuldigten erfolgt, bietet die herkömmliche Dogmatik des Rechts auf informationelle Selbstbestimmung nicht[518]. Im Gegenteil: Die offene wird gegenüber der verdeckten als weniger eingriffsintensive und damit leichter zu rechtfertigende Art der Datenerhebung angesehen[519]. Während zudem der Schutz des nemo-tenetur-Grundsatzes aufgrund des Umstands greift, dass die Auskunftspflicht gerade dem Zweck der Strafverfolgung dient, ist beim Recht auf informationelle Selbstbestimmung eine derartige Zweckbindung gerade Voraussetzung, um zur Zulässigkeit zu gelangen[520].

Dass in nemo-tenetur-Konstellationen auch der Schutzbereich des Rechts auf informationelle Selbstbestimmungen betroffen sein kann, soll hier gar nicht bestritten

---

511 *Haeuserman*, Der Verband, S. 339 f; *Rogall* in SK-StPO Vor §§ 133 ff. Rn. 138; *Wohlers* in Küper-FS, S. 691 (703); *Alvarez Ligabue*, Der Grundsatz, S. 35; *Verrel*, Selbstbelastungsfreiheit, S. 261; *Lorenz* JZ 1992, 1000 (1006); *Eisenhardt*, nemo-tenetur-Prinzip, S. 199; dies erkennt auch *T. Schaefer*, Der Nemo-Tenetur-Grundsatz, S. 106, 133; a.A. *Mahlstedt*, Befragung, „Thesen" (4): „maßgeblich ist [...] nicht die Zugriffsform, sondern der Zugriffsgegenstand".

512 *Verrel*, Selbstbelastungsfreiheit, S. 261; *Lesch* GA 2000, 355 (361); *Queck*, Geltung, S. 163.

513 *Haeusermann*, Der Verband, S. 340; *Queck*, Geltung, S. 163.

514 *Ranft*, StrafprozessR, Rn. 344; *Lorenz* JZ 1992, 1000 (1006).

515 *Queck*, Geltung, S. 162.

516 BVerfG NJW 1984, 419 (422).

517 BVerfG NJW 1984, 419 (422).

518 *Queck*, Geltung, S. 163 f.; *T. Schaefer*, Der Nemo-Tenetur-Grundsatz, S. 132 f.; *Böse*, Wirtschaftsaufsicht, S. 132.

519 *Böse* Wirtschaftsaufsicht, S. 133; *Queck*, Geltung, S. 164.

520 *Böse*, Wirtschaftsaufsicht, S. 132; *Queck*, Geltung, S. 165;s. BVerfG NJW 1984, 419 (422); s. hierzu noch ausführlich unten E. I. 2., 3.

werden[521]. Nach der Bejahung des Schutzbereichs stellt sich aber die Frage nach der verfassungsrechtlichen Rechtfertigung, die durch Abwägung mit den Strafverfolgungsbelangen zu beantworten ist. Dass hier letztere überwiegen (können), kann niemand bestreiten, der nicht einen Großteil der strafprozessualen Ermittlungsmaßnahmen für verfassungswidrig erklären will[522]. Ein absoluter Schutzbereich lässt sich über die Dogmatik des Rechts auf informationelle Selbstbestimmung daher nicht gewinnen[523]. Einen absoluten Schutz von für die Tataufklärung relevanten Informationen kann es im Strafverfahren auch schlicht nicht geben[524]. Hierfür ist die strafrechtliche Sachverhaltsaufklärung ein zu wichtiges Allgemeingut. Das Strafverfahren ist per se auf Informationsgewinnung gerichtet und dabei mit einer – vom Gefahrenabwehrrecht abgesehen – beispiellosen Eingriffstiefe ausgestattet. Soweit es um Informationsbeherrschung geht, kann regelmäßig nur das „Wie", nicht aber das „Ob" der Informationserhebung in Rede stehen. Dass tatsächlich ein Geheimhaltungsinteresse das verfassungsrechtlich hoch angesiedelte Ziel der strafrechtlichen Wahrheitsfindung derart weit übertrumpft, dass eine Informationserhebung absolut unzulässig ist, findet sich neben dem Bereich der Berufsgeheimnisträger nur in den seltenen, unter dem Stichwort des Kernbereichs privater Lebensgestaltung diskutierten Ausnahmefällen[525]. In allen anderen Konstellationen beschränkt sich der Informationsschutz auf das Bedürfnis nach Kautelen. Das Recht auf informationelle Selbstbestimmung ist somit nicht geeignet, die Wahrheitsfindung im Strafverfahren in unumstößliche Schranken zu verweisen, sondern erschöpft sich regelmäßig in der Aktualisierung des Gesetzesvorbehalts[526]. Den nemo-tenetur-Grundsatz aus der Warte des Informationsschutzes zu begreifen oder gar neu zu interpretieren, würde ihn letztlich in den Schutzbereich des Rechts auf informationelle Selbstbestimmung einebnen und das bislang gesicherte Schutzniveau bedrohen. Das Anknüpfen an das Zwangsmoment ist gerade der spezifischen Rolle des nemo-tenetur-Grundsatzes in

---

521 Krit. zur Bedeutung des Rechts auf informationelle Selbstbestimmung im Strafverfahren aber *Lesch* GA 2000, 355 (365); *ders.* JA 2000, 725 (728); *V. Krey/Haubrich* JR 1992, 309 (315).
In diesem Sinne lassen sich auch die Ausführungen bei BVerfG NJW 1997, 2307 (2308); BVerfG NJW 1984, 419 (422) verstehen. Hierin den Nachweis zu erblicken, dass das BVerfG den nemo-tenetur-Grundsatz als Ausdruck des Rechts auf informationelle Selbstbestimmung begreift, erscheint hingegen nicht zwingend, so aber *Di Fabio* in Maunz/Dürig, GG, Art. 2 Rn. 187; wie hier *Verrel*, Selbstbelastungsfreiheit, S. 263.

522 *Verrel*, Selbstbelastungsfreiheit, S. 261.

523 vgl. *Schlauri*, Selbstbelastungszwang, S. 80; s. dann auch *Mahlstedt*, Verdeckte Befragung, S. 112 ff.

524 *Verrel*, Selbstbelastungsfreiheit, S. 261; *Böse*, Wirtschaftsaufsicht, S. 132.

525 Eine Zuordnung von selbstbelastenden Informationen zu diesem Kernbereich scheidet nach der „Tagebuch"-Rechtsprechung aus, vgl. BVerfG NJW 1990, 563 (564 f.).

526 *Rogall* in Theorie und Systematik, S. 113 (141).

der Verfahrensstruktur geschuldet. Dies wird verkannt, wenn man den Grundsatz auf ein Informationsbeherrschungsrecht reduziert.

Es kann daher kaum überraschen, dass Vertreter des Informationsbeherrschungs-Ansatzes sich bisher scheuen, die sich aus ihrer Lozierung der Selbstbelastungsfreiheit ergebenen Konsequenzen zu ziehen. Die verfassungsrechtliche Fundierung des nemo-tenetur-Grundsatzes kann nicht im Recht auf informationelle Selbstbestimmung gesehen werden kann. Allenfalls kann der Informationsschutz durch das Recht auf informationelle Selbstbestimmung im Einzelfall ergänzend neben die Selbstbelastungsfreiheit treten[527].

c. *Justizgrundrecht*

Der nemo-tenetur-Grundsatz wird teilweise als Justiz- oder Verfahrensgrundrecht verstanden[528]. Bei der Frage der verfassungsrechtlichen Verortung äußert sich dieses Grundverständnis in der Zuordnung zu einem anderen Justizgrundrecht oder zum Rechtsstaatsprinzip selbst[529].

Genannt werden die Unschuldsvermutung[530], der Anspruch auf rechtliches Gehör[531] und das fair-trial-Prinzip[532]. Darüber hinaus ist auch hier die Menschenwürde aus Art. 1 Abs. 1 zu nennen – allerdings mit anderer Konnotation als oben[533]. Während dort auf den Achtungsanspruch des Menschen als kreatürliches Individuum abgestellt wurde, geht es hier um die aus der Menschenwürdegarantie abzuleitenden Anforderungen an die Verfahrensstellung des Beschuldigten. Die Verbindung wird über die sog. *Objektformel* hergestellt[534]. Hiernach ist die Menschenwürde verletzt,

527 Vgl. *Bosch*, Aspekte, S. 52 ff.; *Mahlstedt*, Befragung, S. 88 f.; *Renzikowski* JZ 1997, 710 (715).

528 *Rau*, Schweigen, S. 38; *Böse*, Wirtschaftsaufsicht, S. 149 f.; *Grabenwarther/Pabel* in EMRK/GG Konkordanzkommentar, Kap. 14 Rn. 166; ähnlich *H. Schneider*, Grund und Grenzen, S. 49: „justizgrundrechtsähnliches Rechtsinstitut"; a.A. *Rogall* in SK-StPO Vor § 133 ff. Rn. 135: „nur in einem weiteren Sinne".

529 *Reiß*, Besteuerungsverfahren, S. 144 ff.; *H. Schneider*, Grund und Grenzen, S. 38 ff.; *Geppert* BA 1991, 31 (36); *H. Möller* JR 2004, 314 (318), allerdings allein bezüglich der Selbstbelastungsfreiheit des Unschuldigen, die des Schuldigen sei gar nicht verfassungsrechtlich fundiert.

530 *Arndt* NJW 1966, 869 (870); *Guradze* in Löwenstein-FS, S. 151 (163); *ders.*, EMRK, Art. 6 Rn. 23; *Leiwesmeyer*, Der schweigende Angeklagte, S. 28 ff; *G. Bauer*, Die Aussage, S. 51; *Schulz*, Misstrauen, S. 501 ff.

531 *Böse*, Wirtschaftsaufsicht, S. 166 ff., ders. GA 2002, 98 (118 ff.); wohl auch G. Bauer, Die Aussage, S. 51; Für Ableitung aus Art. 104 Abs. 3 GG *Niese* ZStW 63 (1951), 199 (219).

532 *Queck*, Geltung, S. 197 ff.; *Kasiske* JuS 2014, 15 (17); *Jahn* StV 1998, 653 (654); *Ransiek*, Polizeivernehmung, S. 7 f.; *H.-L. Günther* GA 1978, 193 (199).

533 Vgl. *Queck*, Geltung, S.122 f., 187 f.

534 *Rüping* JR 1974, 135 (136, 137); krit. zur Tauglichkeit der Formel *Schramm*, Abwassereinleiter, S. 49 *Jahn* StV 1998, 653 (654 Fn. 13); *Rogall*, Der Beschuldigte, S. 141.

wenn der Betroffene zum bloßen *Objekt* staatlichen Handelns gemacht wird[535]. Die Menschenwürde-Garantie verlange daher, den Beschuldigten eines Strafverfahrens mit Mitwirkungs- und Verteidigungsrechten auszustatten, ihm m.a.W. die Stellung eines Verfahrens*subjekts* zu verleihen[536]. Der Zusammenhang zwischen dem nemo-tenetur-Grundsatz und der Subjektstellung des Beschuldigten wurde bereits aufgezeigt[537]. Hieraus ergibt sich zugleich der Zusammenhang zwischen nemo tenetur und der Menschenwürde. Steht sowohl der Zusammenhang zwischen der Subjektstellung und der Menschenwürde, als auch der zwischen der Subjektstellung und nemo tenetur, fest, lässt sich dieser nicht mehr leugnen[538].

Eine solche Herleitung des nemo-tenetur-Satzes aus der Menschenwürde und insbesondere der Objekt-Formel sieht sich regelmäßig dem Einwand ausgesetzt, sie vermöge die Differenzierung zwischen aktiven Mitwirkungs- und passiven Duldungspflichten nicht zu erklären[539]. Diese Differenzierung gehört zu dem traditionell anerkannten Schutzbereich der Selbstbelastungsfreiheit[540] und wird nur vereinzelt in Zweifel gezogen[541]. Aufgrund der vielfachen Zwangsmaßnahmen, die zu dulden der Beschuldigte verpflichtet ist, ließe sich nicht bestreiten, dass er im gewissen Maße auch Objekt des Verfahrens ist[542]. Eine so (miss-)verstande Objektformel würde

---

535 BVerfG NJW 1969, 1707 (1707); NJW 1977, 1525 (1526); die Objektformel findet sich erstmals bei *Wintrich* in Laforet-FS S. 227 (235 f.), wurde durch *Dürig* AöR 81 (1956), 117 (127), *ders.* in Maunz/Dürig, GG[Voraufl.], Art. 1 Rn. 28; maßgeblich geprägt und geht auf die Zweckformel des kategorischen Imperativs, s. *Kant*, Metaphysik, S. 51 f.

536 Vgl. BVerfG NJW 1975, 103 (104); BVerfG NJW 1983, 1726 (1727); BVerfG NJW 1969, 1423 (1424); BVerfG NJW 1959, 427 (428); BGHZ 48, 327 (333).

537 B. II. 4.

538 So aber *Queck*, Geltung, S. 187 f., die zwar einen „Menschenwürdebezug" anerkennt, sich aber dagegen wehrt, in der Menschenwürde die verfassungsrechtliche Grundlage von nemo tenetur zu erblicken.

539 *Queck*, Geltung, S. 151; *Verrel* NStZ 1997, 415 (417); *Drope*, Verbandsstrafe, S. 186; *Mahlstedt*, Verdeckte Befragung, S. 76.

540 So *v. Arnim* in Blumenwitz-GS, S. 265 (286); *Sautter* AcP 161 (1962), 215 (249: „Ebenso alte[] wie unbewiesene[] Auffassung"; s. BVerfGE 56, 37 (42); *Hausermann*, Der Verband, S. 337; *Renzikowski* in Amelung-FS, S. 669 (670); *Kühne* in L/R-StPO Einl. J. Rn. 90. Diese Differenzierung ist auch international anerkannt, s. EGMR, *Urt.* v. 17.12.1996, Saunders v. UK, 19187/91, Rn. 69; EGMR ÖJZ 2012, 911 (916) (P.G. und J.H. v. UK); US-Supreme Court, Schmerber v. California 384 U.S. 757 (1966) (764); s.u. C. II.

541 *Verrel*, Selbstbelastungsfreiheit, S. 173 ff., 283 ff.; *Torka*, Nachtatverhalten, S. 58; *Groth*, unbewusste Äußerungen, S. 75 Fn. 107; *Lorenz* JZ 1992, 1000 (1006); *Radtke* in Meyer-Goßner-FS, S. 321 (330 f.).

542 *T. Schaefer*, Der Nemo-Tenetur-Grundsatz, S. 77; *B. Fischer*, Divergierende Selbstbelastungspflichten, S. 97; *Bosch*, Aspekte, S. 39; Hausermann, Der Verband, S. 337 meint sogar, der Beschuldigte könnte durch Eingriffe, die er lediglich zu dulden hat, noch viel mehr zum bloßen Objekt werden als durch eine Aussagepflicht.

jeglichen Zwangsmitteleinsatz als menschenwürdewidrig erscheinen lassen und könnte in der Tat kaum zu sinnvollen Ergebnissen beitragen. Die Formel kann stets nur die grobe Richtung vorgeben und bedarf zusätzlicher Wertungskategorien[543].

Hier besteht jedoch ein qualitativer Unterschied zwischen Aussagezwang und Duldungspflicht, der es rechtfertigt, nur ersteren als unvereinbar mit dem Postulat der Subjektstellung und der Menschenwürde anzusehen[544]. Der Wille des Beschuldigten würde nicht nur überwältigt, er würde für gegen ihn laufende Zwecke „eingespannt"[545]. In eben jener Instrumentalisierung liegt ein deutlich schärferer Angriff auf die Autonomie des Beschuldigten, die die Menschenwürdegarantie zu schützen bestimmt ist, als dies bei einer bloßen Duldungspflicht der Fall ist[546]. Selbst im Fall der erzwungenen Durchsetzung muss der Beschuldigte lediglich vor der staatlichen Überlegenheit kapitulieren, er wird nicht gezwungen der eigenen Verteidigungsposition aktiv zuwider zu handeln. Erst dieses Moment der Instrumentalisierung begründet daher die Negierung der Subjektsqualität des Beschuldigten und damit den Verstoß gegen die Menschenwürde[547]. Die eine Differenzierung rechtfertigende unterschiedliche Qualität von Duldungs- und Mitwirkungspflichten zeigt sich also auch und gerade bei Zugrundelegung der Objekt-Formel. Hierin den telos des nemo-tenetur-Grundsatzes zu erblicken, macht daher keine von diesem traditionellen Verständnis abweichende Schutzbereichsbestimmung erforderlich. Dieser Einwand verfängt daher nicht.

Gleiches gilt für den Einwand, die Begründung über die Objektformel müsse zwangsläufig zur Menschenwürdewidrigkeit der Wahrheits- und Aussagepflicht des Zeugen gelangen, durch die dieser ja zum Objekt der Wahrheitsfindung gemacht würde[548]. Auch hier fehlt es an dem Gesichtspunkt der Instrumentalisierung. Anders als ein aussagepflichtiger Beschuldigter wird der Zeuge nicht gezwungen, den eigenen Interessen zuwider zu handeln.

Dass nicht jede Einbindung des Bürgers in ein Verfahren, zu dessen Förderung ihm bestimmte Pflichten auferlegt werden, ihn zu einem bloßen Objekt des Verfahrens macht, liegt auf der Hand. Wie noch zu zeigen sein wird, ändert nicht einmal

---

543 BVerfG NJW 1971, 275 (279); *Rogall*, Der Beschuldigte, S. 141; *T. Schaefer*, Der Nemo-Tenetur-Grundsatz, S. 73.

544 *Rogall* in SK-StPO Vor §§ 133 ff. Rn. 132; *v. Freier* ZStW 122 (2010), 117 (130).

545 *Keller*, Provokationen, S. 136; vgl. *Wolff*, Selbstbelastung, S. 94 f.

546 *Rüping* JR 1974, 135 (139); *Rau*, Schweigen, S. 52; zur „Autonomie als Kerngehalt der Menschenwürde" vgl. – in anderem Kontext – auch *Klass* in Blumenwitz-FS, S. 25 (33 ff.).

547 Vgl. BVerfG NJW 2005, 352 (353); BVerfG, Beschl. v. 13.05.2009 – 2 BvL 19/08, juris, Rn. 74; *Rau*, Schweigen, S. 39; *Weßlau* ZStW 110 (1998), 1 (26); *Rogall* in SK-StPO Vor §§ 133 ff. Rn. 132; *Keller*, Provokation, S. 132:; *Rau*, Schweigen, S. 51.

548 S. *H.-L. Günther* GA 1978, 193 (197); *Drope*, Verbandsstrafe, S. 186; *Schramm*, Abwassereinleiter, S. 49; Zur Objektformel beim Zeugen s. BVerfG NJW 1975, 103 (104).

der Umstand, dass der Adressat in Erfüllung derartiger Pflichten eigene Straftaten offenbaren muss, hieran per se etwas[549].

Dem rechtlichen Gehör aus Art. 103 Abs. 2 GG ist der nemo-tenetur-Grundsatz eng verbunden, ohne dass sich die Verfassungsnorm als dessen Grundlage ansehen ließe. Die Sichtweise als „Kehrseite“ der durch Art. 103 gewährleisteten Möglichkeit der Einlassung[550] wird dem Bedeutungsgehalt des Schweigerechts im Strafprozess nicht gerecht. Beim Schweigen handelt es sich nicht schlicht um das Unterlassen der geschützten Mitwirkung i.S.e. negativen Freiheit nach der allgemeinen Grundrechtsdogmatik[551]. Schweigen bedeutet keinen Verzicht auf Verteidigung, sondern stellt vielmehr eine eigene Verteidigungsform dar[552]. Dass dem Schweigen somit selbst die Qualität einer Verteidigungshandlung zukommt, verbietet es, die Selbstbelastungsfreiheit nur als negative Seite der Gewährleistung des Art. 103 Abs. 2 anzusehen. Es handelte sich vielmehr um zwei selbstständige Aspekte der Aussagefreiheit des Beschuldigten, von denen nicht der eine den anderen umfasst[553]. Hier zeigt sich jedoch, dass beide Garantien zusammenhängen, indem sie sich gegenseitig ergänzen[554].

Auch zur Unschuldsvermutung besteht eine enge Verbindung, ohne dass diese als Grundlage des nemo-tenetur-Grundsatzes anzusehen wäre. Dass die Selbstbelastungsfreiheit eine irgendwie geartete Nähebeziehung zur Unschuldsvermutung aufweist, wird überwiegend anerkannt[555]. Abzulehnen ist die Gegenposition, dass beide Maximen unabhängig voneinander seien und die Selbstbelastungsfreiheit auch in einem Prozesssystem einen Platz habe, das eine Schuldvermutung kenne[556]. Ein Prozessrecht, das nur einen der beiden Grundsätze anerkennt, kommt nicht nur

549 S.u. E.

550 *Böse* GA 2002, 98 (120).

551 *Kleinheisterkamp*, Kreditwesengesetz, S. 216; so aber *Böse* GA 2002, 98 (120).

552 Vgl. BGHSt 25, 325 (330); *Dencker* StV 667 (675); *Bosch*, Aspekte, S. 123; *Queck*, Geltung, S. 193.

553 *Queck*, Geltung, S. 193; *Eser* ZStW-Beiheft 1974, 136 (147).

554 *Wolff*, Selbstbelastung, S. 32; *Bährle*, Aussagefreiheit, S. 78; *Queck*, Geltung, S. 193; ähnlich *Rogall*, Der Beschuldigte, S. 125.

555 *Safferling* ZIS 2009, 784 (787); *Nothhelfer*, Selbstbezichtigungszwang, S. 39 f.; *Schlüter*, Strafbarkeit, S. 87; *Böse* GA 2002, 98 (124 f.); *Torka*, Nachtatverhalten, S. 67 f.; *Bosch*, Aspekte, S. 93 ff.; *Wolff*, Verfahrenstrennung, S. 36; *Drope*, Verbandsstrafe, S. 183; *H.-L. Günther* GA, 1978, 193 (199); *Schuhr* in MüKo-StPO Vor §§ 133 ff. Rn. 74 ff.; *Schlauri*, Selbstbelastungszwang, S. 99; *Ambos*, Beweisverwertungsverbote, S. 51 s. auch EGMR, *Urt.* v. 17.12.1996, Saunders v. UK, 19187/91, Rn. 68.

556 So *Rogall*, Der Beschuldigte, S. 111; *ders.* in SK-StPO vor §§ 133 Rn. 131; *Salger*, Schweigerecht, S. 7; *Eisenhardt*, nemo tenetur-Prinzip, S. 156; differenzierend *Kölbel*, Selbstbelastungsfreiheiten, S. 303 Fn. 397, nachdem das Schweigerecht in der „Brutto-Fassung“ vorstellbar, auf der „Netto-Ebene“ aber wirkungslos wäre; nach *Peres*, Beweisverbote, S. 121 schützt der nemo-tenetur-Grundsatz vor Zwang zum Verzicht auf die ihm aufgrund der Unschuldsvermutung weiterhin zustehenden Freiheitsrechte.

praktisch nicht vor, es ist auch als theoretisches Konstrukt nicht denkbar[557]. Der Zusammenhang wird klar, wenn man die Unschuldsvermutung als Beweislastregel betrachtet[558]. Zwar werden aus dem inquisitorischen Charakter des deutschen Strafprozesses gewisse Bedenken gegen die Berechtigung dieser Rechtsfigur abgeleitet[559], diese treffen jedoch lediglich die formelle Beweislast oder Beweisbeibringungslast, die es in der Tat nur in einem Parteienprozess geben kann[560]. Eine materielle Beweislast oder Zweifelslast gibt es hingegen auch im vom Amtsermittlungsgrundsatz geprägten Strafverfahren[561]. Der Charakter als Beweislastregel kommt im Grundsatz *„In dubio pro reo"* zum Ausdruck[562], der als ein Kernbestandteil der Unschuldsvermutung anzusehen ist[563].

Bereits historisch hat sich gezeigt, dass die Entstehungsbedingung für das Schweigerecht in einem gewandelten Systemverständnis lag, nach dem die Anklage die Schuld des Angeklagten zu beweisen hatte[564]. Dies zeigt bereits, dass sich das Schweigerecht ohne Unschuldsvermutung nicht praktizieren lässt[565]. Verlangt das Prozessrecht von dem Beschuldigten den Beweis seiner Unschuld anzutreten, so ist er zur Einlassung gezwungen. Sein Schweigen hätte die Verurteilung zur Folge. Umgekehrt würde die Unschuldsvermutung jedenfalls dann konterkariert, wenn dem Schweigen ein Beweiswert zukäme. Wäre dies der Fall, so würde die Beweislastverteilung zwar formell aufrechterhalten, allerdings materiell dadurch unterlaufen, dass die die Nicht-Entlastung des Angeklagten als Beweis für seine Schuld herangezogen würde[566]. Der Beschuldigte müsste sich also wiederum zur

557 Die von *Rogall*, Der Beschuldigte, S. 112 angeführten Stellungnahmen aus dem nationalsozialistischen Schrifttum können kaum als Gegenbeweis gelten.

558 Vgl. *Leiwesmeyer*, Der schweigende Angeklagte, S. 34, *Schubarth*, Unschuldsvermutung, S. 8 f; *Dannecker* ZStW 127 (2015), 370 (390 f.); s. auch *Salger*, Schweigerecht, S. 7; hiergegen *Rogall*, Der Beschuldigte, S. 110 zust. *Roschmann*, Schweigerecht, S. 15.

559 *Eb. Schmidt*, Lehrkommentar, Teil I, Rn. 301 ff.

560 *T. Walther* JZ 2006, 43 (43).

561 *T. Walther* JZ 2006, 43 (44).

562 *Volk* in DAV-FS, S. 885 (Fn. 1); *Dannecker* ZStW 127 (2015), 370 (390); *Schlauri*, Selbstbelastungszwang, S. 99.

563 *Roxin/Schünemann*, StrafverfahrensR, § 11 Rn. 1; *Ostendorf*, StrafprozessR, Rn. 39; *Kühne*, StrafprozessR, Rn. 955;; a.A. *T. Fischer* in KK-StPO Einl. Rn. 167 „Berührungspunkte aber nicht Deckungsgleich"; ähnlich *Eisenberg*, Beweisrecht, Rn. 117; vgl. auch *Kotsoglou* ZIS 2014, 31, nach dem der Zweifelssatz neben der Unschuldsvermutung bedeutungslos ist.

564 S.o. B. I. 2. f. Die historische Gemeinsamkeit erkennt auch *Rogall*, Der Beschuldigte, S. 112, hält diese jedoch nicht für dogmatisch notwendig; zust. *Magold*, Kostentragungspflicht, S. 87.

565 *Nothhelfer*, Selbstbezichtigungszwang, S. 40; vgl. auch *Eser* ZStW-Beiheft 1974, 136 (136).

566 *Dannecker* ZStW 127 (2015), 370 (391); *Kölbel*, Selbstbelastungsfreiheiten, S. 303 Fn. 397; krit. *Salger*, Schweigerecht, S. 7 f.

Sache einlassen, um sich zu entlasten. Das von der Unschuldsvermutung verfolgte Ziel, die Beweislast dem Staat aufzubürden, würde verfehlt.

Wie diese Überlegungen gezeigt haben, bedingen sich Unschuldsvermutung und nemo-tenetur-Grundsatz in einer Weise gegenseitig, die es ausgeschlossen erscheinen lässt, dass ein (hypothetisches) Strafprozessrecht den einen, aber nicht den anderen Grundsatz anerkennt[567]. Auch hier spricht jedoch die Gleichrangigkeit beider Prinzipien dagegen, das eine als bloße Folge des anderen anzusehen[568].

Der nemo-tenetur-Grundsatz folgt somit weder aus der Unschuldsvermutung noch aus dem Anspruch auf rechtliches Gehör, sondern tritt vielmehr ergänzend neben beide. Sowohl Art. 103 Abs. 2 GG als auch die Unschuldsvermutung sind Ausdruck des Rechtsstaatsprinzips und einer verfahrensrechtlich konnotierten Menschenwürde[569]. Der nemo-tenetur-Satz komplettiert diese Trias der aus diesen Verfassungsgrundsätzen abzuleitenden Anforderungen an das Strafverfahren. Während die Menschenwürde primär als subjektives Recht zu begreifen ist, kommt in der gleichzeitigen Verortung im Rechtsstaatsprinzip die objektivrechtliche Dimension zum Ausdruck[570]. Eben jene Verknüpfung des subjektiven Beschuldigtenschutzes und der objektiven Verfahrensstruktur ist letztlich auch gemeint, wenn man den nemo-tenetur-Satz als Ausdruck des Grundsatzes eines fairen Verfahrens begreift[571]. Wie dargelegt, ist die Verfahrensfairness ein Blankettbegriff, dessen Funktion vor allem in der Subjektivierung des Rechtsstaatsprinzips liegt[572]. So sehr der Zuordnung des nemo-tenetur-Grundsatzes zu den Grundsätzen eines fairen Verfahrens auch beizupflichten ist, so wenig ist hiermit tatsächlich gewonnen. Da der nemo-tenetur-Grundsatz jedenfalls über eine gewisse Kontur verfügt, kann er vielmehr umgekehrt zur Konkretisierung der Fairness-Maxime beitragen[573]. Als spezielles Verfahrensrecht genießt er zudem Vorrang vor dem Auffanggrundrecht des fairen Verfahrens[574].

---

567 A.A. *Eisenhardt*, nemo tenetur-Prinzip, S. 156.

568 *Wolff*, Selbstbelastung, S. 36; *Nothhelfer*, Selbstbezichtigungszwang, S. 40; ähnlich *Schlauri*, Selbstbelastungszwang, S. 100.

569 BVerfG NJW 1959, 427 (428); *Böse* GA 2002, 98 (127); *Rüping*, Rechtliches Gehör, S. 122 f.; *Dürig* AöR 81 (1956), 117 (128); *Wolter*, Reform, S. 26; *Paeffgen* in SK-StPO, Art. 6 EMRK Rn. 81: „genetisch die gleichen ‚Stammeltern'".

570 *Rau*, Schweigen, S. 53; vgl. *Dannecker* ZStW 127 (2015), 370 (378), nach dem zwischen Menschenwürde und Rechtsstaatsprinzip keine Dichotomie bestehe, sondern beide dieselben Gebote, wenn auch aus unterschiedlicher Perspektive, zeitigten.

571 *Queck*, Geltung, S. 197 ff.; *Kasiske* JuS 2014, 15 (17); *Jahn* StV 1998, 653 (654); *Ransiek*, Polizeivernehmung, S. 7 f.; *H.-L. Günther* GA 1978, 193 (199).

572 B. III. 1. d. aa.

573 vgl. *T. Schaefer*, Der Nemo-Tenetur-Grundsatz, S. 116.

574 *Zuck* JR 2010, 17 (19); *Rothfuß* StraFo 1998, 289 (290); *Gaede* JR 2009, 493 (495); *Rieß* in L/R-StPO[25] Einl. H Rn. 105.

Der nemo-tenetur-Grundsatz ist ein Justizgrundrecht. Seine Funktion liegt darin, dem Beschuldigten zu erlauben, ein eigenständiges Verfahrensziel zu definieren und zu verfolgen[575]. Diese Möglichkeit würde entscheidend eingeschränkt, würde er durch eine zwangsmittelbewehrte Aussagepflicht zur Aussage gezwungen oder dürfte sein Schweigen als Schuldindiz verwertet werden. Hierdurch würde der Beschuldigte für die staatliche Zielsetzung der Wahrheitsfindung in Anspruch genommen und somit seiner verfahrensrechtlichen Autonomie beraubt[576]. Ihm wird die den modernen Strafprozess kennzeichnende Möglichkeit genommen, sich passiv zu verhalten und allein die Beweislast der Anklage bzw. den Zweifelssatz zu seinen Gunsten wirken zu lassen[577]. Die Distanz zwischen den Verfahrensbeteiligten und mit ihr die Verfahrenssubjektivität des Beschuldigten würde aufgehoben, würde ihm – wie im Inquisitionsprozess – die Verfahrenszielbestimmung des ihn anklagenden Staates oktroyiert. Der Grundsatz gewährleistet somit die Rollenverteilung im Strafprozess und prägt die Prozessstruktur insgesamt[578]. Diese objektivrechtliche Komponente des nemo-tenetur-Grundsatzes wird durch die persönlichkeitsrechtliche Ableitung vernachlässigt[579].

Die Einordnung als Justizgrundrecht bringt zutreffend die Begrenzung des nemo-tenetur-Grundsatzes auf das Strafverfahren zum Ausdruck[580]. Schutzgegenstand ist der Schutz vor *strafrechtlicher* Selbstbelastung[581]. Soweit eine Geltung in anderen Verfahrensordnungen proklamiert wird, ist dies insofern missverständlich, als der Grundsatz auch dort nur insofern gilt, wie die Selbstbelastung bezüglich eines strafrechtlichen Vorwurfs im Raum steht. Die Geltung in anderen Verfahrensordnungen ist lediglich notwendige Absicherung des strafprozessualen Grundsatzes[582].

Hierin liegt auch ein weiterer Punkt, in dem der persönlichkeitsrechtlichen Ableitung zu widersprechen ist. Sie erweckt den Eindruck der grundsätzlichen Schutzbedürftigkeit von Selbsterhaltungsinteressen, ohne dass sich der besondere Schutz im Angesicht eines strafrechtlichen Vorwurfs immer rational begründen ließe, da

---

575 *Böse* wistra GA 2002, 98 (127).

576 *Rüping* JR 1974, 135 (139).

577 vgl. *Weßlau* ZStW 110 (1998), 1 (32); *Dallmeyer* KritV 2000, 252 (264).

578 Vgl. *Pieth* in Eser-FS, S. 599 (606); *Wolff*, Selbstbelastung, S. 94; *Dannecker* ZStW 127 (2015), 370 (391).

579 *Bosch*, Aspekte, S. 72; *Rau*, Schweigen, S. 54 f. *Dallmeyer* KritV 2000, 252 (264) vgl. auch *Ott*, der Grundsatz, S. 103 f.; *Kleinheisterkamp*, Kreditwesengesetz, S. 254 f., die deshalb eine gleichzeitige Verankerung im allgemeinen Persönlichkeitsrecht und dem Rechtsstaatsprinzip befürwortet.

580 *Rau*, Schweigen, S. 38 ff.; *Dannecker* ZStW 127 (2015), 370 (397).

581 Wie eingangs erwähnt, ist die Geltung des nemo-tenetur-Grundsatzes in dem Strafprozess verwandten Verfahren nicht Gegenstand dieser Arbeit. Sie sind keine „anderen Verfahren“ in dem hier gemeinten Sinne.

582 Vgl. *Rau*, Schweigen, S. 39; *Queck*, Geltung, S. 212; *Dannecker* ZStW 127 (2015), 370 (397); ausführlich hierzu unten E. I. 3.

sich in anderen Verfahren durchaus vergleichbare Konfliktlagen stellen können[583]. Es wird damit der Blick darauf verstellt, dass der Zweck der Selbstbelastungsfreiheit nicht in der Rücksichtnahme auf Persönlichkeitsinteressen des Beschuldigten, sondern vielmehr in dem Erhalt seiner Verteidigungsposition im Strafprozess liegt.

Dass die Einordnung als Justizgrundrecht die Beschränkung auf das Strafverfahren gerade zum Ausdruck bringt, wird hingegen verkannt, wenn dieser verfassungsrechtlichen Ableitung des nemo-tenetur-Grundsatzes vorgeworfen wird, sie vernachlässige das „Strafrechtsspezifische" des Prinzips[584]. Diese Kritik geht zu Unrecht davon aus, die Verortung in Prinzipien, die auch in anderen Verfahren Geltung beanspruchen, müsste auch eine Ausweitung des Anwendungsbereichs des nemo-tenetur-Satzes zur Folge haben[585]. Es ist nichts Ungewöhnliches, dass Justizgrundrechte in unterschiedlichen Verfahrenstypen einen unterschiedlichen Geltungsumfang erlangen und eine unterschiedliche Ausprägung erfahren. Der nemo-tenetur-Grundsatz ist nach seiner dargestellten Funktion untrennbar mit dem Erfordernis einer gegen ihn gerichteten Verfahrenszielbestimmung verbunden. Er kann daher von vornherein nur in repressiven Verfahren zur Anwendung kommen[586]. Dieser Befund findet eine ergänzende Stütze in der historischen Entwicklung des Grundsatzes gerade im Strafverfahren[587].

Allein, dass diese durch seine Funktion vorgegebene Beschränkung nicht zugleich in seiner verfassungsrechtlichen Wurzel zum Ausdruck kommt, kann keinen Anlass geben, ihre Berechtigung in Zweifel zu ziehen. Dass spezielle verfahrensrechtliche Institute auf übergeordnete verfassungsrechtliche Prinzipien zurückgeführt werden, die ihrer Natur gemäß weit und unbestimmt sind, ist ein allgegenwärtiger Vorgang, ohne dass dabei je die Tatsache, dass die verfassungsrechtliche Grundlage weit und unbestimmt ist, umgekehrt je zum Anlass genommen würde, den konkretisierten Anwendungsbereich des Instituts in Frage zu stellen. Mit der gleichen Begründung müsste sonst eine Ausweitung des Schuldprinzips – in dem die Kritiker die „straffrechtsspezifische" Grundlage erblicken[588] – gefordert werden, beruht dieses doch immerhin auf der Menschenwürde[589]. Man wird das Verhältnis des nemo-tenetur-Grundsatzes zum Schuldprinzip eher als gleichrangiges Nebeneinander zu beschreiben haben, als in dem Schuldprinzip tatsächlich die Grundlage von nemo tenetur erblicken zu können[590]. Dem Schuldprinzip lassen sich – über die Geltung

583 Vgl. *Queck*, Geltung, S. 212 Fn. 686; *Dannecker* ZStW 127 (2015), 370 (396).
584 So aber *v. Freier* ZStW 122 (2010), 117 (133); *Anders* wistra 2014, 329 (333).
585 Vgl. *v. Freier* ZStW 122 (2010), 117 (134).
586 *Dannecker* ZStW 127 (2015), 370 (398).
587 *Rau*, Schweigen, S. 39.
588 *v. Freier* ZStW 122 (2010), 117 (13g ff.); *Anders* wistra 2014, 329 (332); so vorher bereits *Wolff*, Selbstbelastung, S. 49 ff.
589 S. BVerfG NJW 1980, 1943 (1943).
590 *Torka*, Nachtatverhalten, S. 87; *Queck*, Geltung, S. 128; *Dannecker* ZStW 127 (2015), 370 (390 Fn. 80).

der Unschuldsvermutung und des Zweifelssatzes hinaus – keine konkreten Anforderungen an das Verfahren zur Schuldfeststellung entnehmen[591].

IV. Fazit: Der Schutzzweck der prozessualen Autonomie

Aus dem bisher Gesagten ergibt sich der Schutzzweck des nemo-tenetur-Grundsatzes: Er dient der Gewährleistung der verfahrensrechtlichen Autonomie des Beschuldigten[592]. Die Einlassungsfreiheit drückt die fehlende Unterwerfung unter die staatliche Prozesszielbestimmung aus[593]. Der Beschuldigte darf nicht zu seiner eigenen Überführung instrumentalisiert werden[594]. In Abkehr von historischen Vorbildern soll der Beschuldigte, der trotz dieser prozessualen Stellung freies Individuum bleibt, seine Reaktion auf das auf staatlichen Antrieb gegen ihn betriebene Verfahren selbstbestimmt gestalten können. Die mit einer Aussagepflicht einhergehende fremdbestimmte Auferlegung eines bestimmten Verteidigungsverhaltens wird vermieden[595]. Die ihm gesellschaftlich zugebilligten Handlungssphären werden so in den Strafprozess transportiert[596]. Nur wenn dem Beschuldigten die Entscheidung für oder gegen die aktive Mitwirkung überlassen bleibt, kann trotz unvermeidbarer Einbindung in die Prozessstruktur weiterhin von einem Prozesssubjekt gesprochen werden.

591 *Queck*, Geltung, S. 128; *Haeusermann*, Der Verband, S. 342; s. auch *Wolff*, Selbstbelastung, S. 60 f.

592 *Rüping* JR 1974, 135 (139); *Kasiske* StV 2014, 423 (425), *Kopf/Szalai* NJ 2010, 363 (364), *Engländer* ZIS 2007, 163 (165) und *T. Schaefer*, Der Nemo-Tenetur-Grundsatz, S.113 f., 139 sprechen von „kommunikativer Autonomie". Dieser Begriff bringt jedoch die Verbindung zur prozessualen Rolle des Beschuldigten nicht hinreichend zum Ausdruck. Es geht weniger um eine schlichte Gestaltung des Kommunikationsverhaltens, als gerade um die des prozessualen Verteidigungsverhaltens. S. dann auch *Dannecker* ZStW 127 (2015), 370 (391) „prozessuale kommunikative Autonomie"; ähnlich auch *Wolff*, Selbstbelastung, S. 94: „Selbstständigkeit des Beschuldigten im Strafverfahren"; *Queck*, Geltung, S. 181 ff.: „Verteidigungsfreiheit"; *Böse* GA 2002, 125 ff.: „Wahrung von Einflussmöglichkeiten in einem ergebnisoffenen Verfahren"; weitergehend *Bosch*, Aspekte, S. 121: „Sicherung der personalen Freiheit der Willensentschließung"; zurückhaltend *Ott*, Der Grundsatz, S. 99.

593 Vgl. *Rzepka*, Fairness, S. 387; *v. Gerlach* in Hanack-FS, S. 117 (132).

594 BVerfG NJW 2005, 352 (353); BVerfG, Beschl. v. 13.05.2009 – 2 BvL 19/08, juris, Rn. 74; *Rau*, Schweigen, S. 39; *Weßlau* ZStW 110 (1998), 1 (26); *Rogall* in SK-StPO Vor §§ 133 ff. Rn. 132; *Keller*, Provokation, S. 132: „Funktionalisierung"; ebenso *Rau*, Schweigen, S. 51; s. auch *Mahlstedt*, Verdeckte Befragung, S. 101 allerdings mit dem Zusatz „als Wissensträger", worin das unzutreffende Verständnis als Informationsbeherrschungsrecht zum Ausdruck kommt.

595 *Queck*, Geltung, S. 183 f.; *Rzepka*, Fairness, S. 387 f.

596 Vgl. *Müssig* GA 1999, 119 (125 f.); *ders.* GA 2004, 87 (97); *v. Gerlach* in Hanack-FS, S. 117 (132).

Als Institut des Beschuldigtenschutzes steht der nemo-tenetur-Grundsatz im Konflikt von Wahrheitsfindung und Justizförmigkeit zunächst auf der Seite letzterer. Da der Schutzzweck aber in der Gewährleistung der verfahrensrechtlichen Autonomie und nicht lediglich in der Vermeidung der unzumutbaren Selbstbelastung zu erblicken ist, zeigt sich, dass nicht lediglich der faktisch Schuldige in den Schutzbereich des Grundsatzes fällt[597]. Die Anwendung auf alle Beschuldigte ist daher nicht lediglich Resultat der faktischen Unmöglichkeit einer Differenzierung, sondern gebietet sich gerade aus der ratio des Grundsatzes heraus. Denn die Anerkennung einer autonomen Stellung des Beschuldigten ohne Ansehung einer möglichen Schuld oder Unschuld ist gerade prägend für den modernen rechtsstaatlichen Strafprozess. Hierin kommt zugleich der überindividuelle Aspekt der Selbstbelastungsfreiheit zum Ausdruck: die Anerkennung des folgelosen Schweigens ist erforderlich, um den Strafprozess in seiner Gesamtstruktur aufrecht zu erhalten.

Diese Ableitung stärkt zudem die Akzeptanz und Durchschlagskraft der Selbstbelastungsfreiheit. Das Zurückstellen der Wahrheitsfindung zugunsten eines die Autonomie des Beschuldigten und den Charakter des reformierten Strafprozesses gewährleistenden Rechtsinstituts darf auf deutlich mehr Anerkennung hoffen als ein solches zugunsten eines reinen „Schuldigenschutz"-Instruments[598], wie es ein Schweigerecht darstellte, dessen Zweck allein darin gesehen wird, dem Beschuldigten den Konflikt mit dem Selbsterhaltungstrieb zu ersparen[599].

---

597 Für einen Schutz allein des faktisch Schuldigen aber *Samson* wistra 1988, 130 (131); *Reiche*, Täuschungsverbot, S. 31 f.; *Puppe* GA 1987, 289 (299); s. auch *Möller* JR 2005, 314 (318), der lediglich das Schweigerecht des Unschuldigen für verfassungsrechtlich verbürgt hält.

598 Vgl. *Dallmeyer* KritV 2000, 252 (263); *Eidam*, Selbstbelastungsfreiheit, S. 118; vgl. auch *Haeusermann*, S. 338.

599 Vgl. *Dennis* C.J.L. 54 (1995), 342 (343 f., 359) zur anglo-amerikanischen Debatte.

C. Vorläufige Schutzbereichsbestimmung auf Grundlage der gefundenen Ergebnisse

Im Folgenden wird auf Grundlage der gefundenen Ergebnisse zum telos des nemo-tenetur-Grundsatzes eine vorläufige Schutzbereichsbestimmung vorgenommen. Dabei sollen, nachdem das Erfordernis eines absoluten Schutzbereichs begründet wurde (I.), mit der Berechtigung der Differenzierung zwischen aktiver und passiver Mitwirkung (II.) und der Erstreckung auf nonverbale Mitwirkungsakte (III.) zwei immer wiederkehrende Streitfragen geklärt werden, bevor, überleitend über das Verbot der Würdigung das Schweigens (IV.), die für die weitere Arbeit entscheidende Frage nach der Ausgestaltung des Zwangselements herausgearbeitet wird (V).

I. Absolutheit des Schutzes

Es ist weithin konsentiert, dass der Schutz des nemo-tenetur-Grundsatzes absoluter Natur ist, mithin jeder Eingriff in den Schutzbereich zugleich eine Verletzung darstellt, ohne dass eine Abwägung mit widerstreitenden Interessen erfolgt[600]. Der nemo-tenetur-Satz ist somit – entgegen der geläufigen Bezeichnung – Regel und nicht Prinzip[601]. Dieses Ergebnis ist unabhängig von dem Streit um die verfassungsrechtliche Lozierung. Er ergibt sich nicht allein aus der Betroffenheit der Menschenwürde, sondern ist auch allein auf Grundlage der Verankerung im Rechtsstaatsprinzip zu begründen. Die intra-prinzipielle Abwägung mit den Belangen einer effektiven Strafverfolgung ist aufgrund des Stellenwertes und der Strukturrelevanz des nemo-tenetur-Grundsatzes i.S.e. absoluten Vorrangs zu lösen[602]. Für eine Abwägung im Einzelfall ist damit kein Raum mehr. Alle gegenläufigen Interessen wurden bei der vorgelagerten Diskussion um die Bestimmung des Schutzbereichs beachtet[603]. Dies im nemo-tenetur-Satz verkörperte Wertentscheidung ist für die Rechtsstaatlichkeit eines Strafverfahrens derart elementar, dass mit seiner Verletzung zugleich das Rechtstaatsprinzip als solches verletzt ist[604]. Dieses Phänomen ist von anderen rechtsstaatlichen Prinzipien bekannt, die die staatliche Strafgewalt begrenzen: auch das Rückwirkungsverbot, das Schuldprinzip und der ne-bis-in-idem Grundsatz werden durch das Grundgesetz absolut

600 *Reiß*, Besteuerungsverfahren, S. 157; *Hausermann*, Der Verband, S. 355; *Rogall* ZRP 1975, 278 (279); *Rieß* in L/R-StPO[25] Einl. I Rn. 88; *Lammer*, Verdeckte Ermittlungen, S. 156; *Nothhelfer*, Selbstbezichtigungszwang, S. 90; *Hassemer* in Maihofer-FS, S. 183 (203); *Wolter*, Reform, S. 26.

601 *Paeffgen* in SK-StPO Vor §§ 112 ff. Rn. 31; grundlegend *Alexy*, Theorie, S. 71 ff.

602 *Dannecker* ZStW 127 (2015), 370 (385 f.).

603 *T. Schaefer*, Der Nemo-Tenetur-Grundsatz, S. 119, *Dannecker* ZStW 127 (2015), 370 (386).

604 Vgl. *Reiß*, Besteuerungsverfahren, S. 157, der die Absolutheit des Schutzes aus Art. 79 Abs. 3 i.V.m. Art. 20, Art. 1 GG ableitet.

gewährt[605]. Für den nemo-tenetur-Grundsatz als ungeschriebenes Justizgrundrecht kann nichts anderes gelten[606]. Das Bedürfnis nach Absolutheit ergibt sich für derartige Institute aus der Natur der Sache[607]. Jene Garantien, die man als rechtsstaatlich notwendige Antagonismen zum staatlichen Strafanspruch begreift, einer Abwägung mit den Bedürfnissen einer effektiven Strafrechtspflege zugänglich zu machen, hieße sie gerade dort aufzugeben, wo sie in besonderem Maße greifen müssten.

Soweit die Annahme eines absoluten Schutzbereichs neuerdings – gestützt auch durch die Rechtsprechung des EGMR[608] – in Frage gestellt wird[609], ist dem daher entschieden entgegenzutreten.

Der mit Misstrauen zu beobachtenden Tendenz, ehemals feste Strukturen durch einzelfallorientierte Abwägungsentscheidungen abzulösen, darf nicht ein weiterer eherner Grundsatz geopfert werden. Der Strafprozess bedarf „Unverfügbarem“[610]. Diese Einsicht ist dem Umstand geschuldet, dass sich ein rechtsstaatliches Strafverfahren keiner Wahrheitssuche „um jeden Preis“ verschreiben kann[611].

Die genannte Ansicht vermag das dargelegte Bedürfnis nach einem absoluten Schutzbereich auch nicht zu widerlegen.

Soweit die Relativierung damit begründet wird, dass passive Duldungspflichten und verdeckte Ermittlungsmaßnahmen trotz Berührung des Schutzbereiches zulässig seien[612], ist dies zirkelschlüssig: Die unterstellte Einschlägigkeit des Grundsatzes in derartigen Konstellationen gilt es gerade zu beweisen.

Zutreffend ist hiermit aber angesprochen, dass, solange man am Postulat der Absolutheit festhält, der nemo-tenetur-Satz nur einen engen, begrenzten Schutzbereich haben kann. Nur für einen eng umgrenzten Schutzbereich lässt sich das Postulat des absoluten Schutzes sinnvoll aufrechterhalten. Die Summe an Rechtspositionen, die der effektiven Durchsetzung des staatlichen Strafanspruchs stets, unabhängig von Einzelfallumständen, vorgeordnet sind, kann nicht ausufernd groß sein[613]. Sie ist vielmehr auf Werte zu beschränken, die für die Rechtsstaatlichkeit des Strafverfahrens essentiell sind. Mit der Ausweitung des Schutzumfangs geht zwangsläufig die Gefahr der Reduzierung des Schutzniveaus einher[614]. Ließe sich etwa der Beweis

---

605 *Dannecker* ZStW 127 (2015), 370 (385 f.); *Rau*, Schweigen, S. 44.

606 *Dannecker* ZStW 127 (2015), 370 (386).

607 Vgl. *Hassemer* in Maihofer-FS, S. 183 (203); *Wolter* in SK-StPO[3] Vor § 151 Rn. 25; *Rau*, Schweigen, S. 44.

608 Zur EGMR-Rechtsprechung s.o. B. III. 1. d. bb.

609 *Mahlstedt*, Befragung, S. 112 ff.; s. auch bereits *Meurer* in Roxin-FS, S. 1281 (1295); *Lagodny* StV 1996, 167 (171).

610 *Hassemer* in Maihofer-FS, S. 183; krit. *Müssig* GA 2004, 87 (103).

611 BGHSt 14, 358 (365).

612 So *Mahlstedt*, Befragung, S. 116 ff.

613 *Bosch*, Aspekte, S. 29.

614 *Lammer*, Verdeckte Ermittlungen, S. 157; *Lorenz* JZ 1992, 1000 (1006 Fn. 80); *Bosch*, Aspekte, S. 30; vgl. dann auch *Mahlstedt*, Verdeckte Befragung, S. 112 ff.; krit. zu diesem *Wolter* ZIS 2012, 238 (239 Fn. 14).

der fehlenden Schutzbereichsbetroffenheit von für die Durchführung des Verfahrens elementaren Duldungspflichten nicht führen, geriete das Postulat des absoluten Schutzbereichs in der Tat ins Wanken. Wie gezeigt werden wird, ist dies jedoch nicht der Fall (s.u. II.). Hiermit ist zugleich das Bedürfnis nach einer scharfen Konturierung des Schutzbereiches begründet[615]. Es bedarf einer trennscharfen Definition der Tatbestandsmerkmale, um sicherzustellen, dass der Schutzbereich nicht weiter reicht als die die Absolutheit des Schutzes rechtfertigenden Gründe.

Die Annahme eines absoluten Schutzes ist somit der Einsicht geschuldet, dass die Selbstbelastungsfreiheit aufgrund ihrer Gewichtigkeit für die Verfahrensstruktur als solche niemals zuwiderlaufenden Strafverfolgungsinteressen geopfert werden darf. Man kann dieses Ergebnis als „geschichtliches Naturrecht" begreifen[616], überzeugender dürfte jedoch die Formulierung einer strengen Präferenzregel i.S.d Prinzipientheorie sein[617].

II. Die Berechtigung der Differenzierung zwischen aktiver Mitwirkung und passiver Duldung

Es gehört zum althergebrachten, intuitiv anerkannten Schutzbereich des nemo-tenetur-Grundsatzes, dass dieser lediglich der Verpflichtung zur aktiven Verfahrensförderung entgegenstünde, durch passive Duldungspflichten aber nicht berührt würde[618]. Diese Differenzierung sieht sich allerdings vermehrt Kritik ausgesetzt[619].

Ohne die Auferlegung gewisser Duldungspflichten wäre die Durchführung des Strafverfahrens undenkbar. Ihre Berechtigung ergibt sich aus der Notwendigkeit des Verfahrens an sich. Ein Nemo-tenetur-Verständnis, nach dem auch solche Duldungspflichten unzulässig sein sollen, wird sich daher nicht finden lassen[620]. Auch die hier vertretene Konzeption der verfahrensrechtlichen Autonomie soll nicht i.S.e. völligen Freiheit von Pflichten verstanden werden. Auch aus dem Postulat

615 *R. Müller* EuGRZ 2001, 546 (555); *Lorenz* JZ 1992, 1000 (1006).

616 *Hassemer* in Maihofer-FS, S. 183 (192).

617 *Lorenz* JZ 1992, 1000 (1005 f.) aufbauend auf *Alexy*, Theorie, S. 96 ff.

618 BVerfGE 56, 37 (42); *Hausermann*, Der Verband, S. 337; *Renzikowski* in Amelung-FS, S. 669 (670); *Kühne* in L/R-StPO Einl. Abschn. J. Rn. 90; s. auch *Sautter* AcP 161 (1962), 215 (249): „Ebenso alte[] wie unbewiesene[] Auffassung"; diese Differenzierung ist kein Phänomen des deutschen Prozessrechts, sie findet sich auch in der Rechtsprechung des EGMR (EGMR, *Urt.* v. 17.12.1996, Saunders v. UK, 19187/91, Rn. 69; EGMR ÖJZ 2012, 911 (916) (P.G. und J.H. v. UK)) und sogar in der des US-Supreme Courts, s. Schmerber v. California 384 U.S. 757 (1966) (764), wobei hier die Grenzziehung aktiv/passiv aber mitunter anders verläuft.

619 *Verrel*, Selbstbelastungsfreiheit, S. 283 ff.; *Lesch*, StrafprozessR, Kap. 4 Rn. 66; *Radtke* in Meyer-Goßner-FS, S. 321 (330 f.); *Lorenz* JZ 1992, 1000 (1006).; *Torka*, Nachtatverhalten, S. 58; *Groth*, unbewusste Äußerungen, S. 75 Fn. 107.

620 Wie dargestellt, wird diese Differenzierung jedoch zum Ansatz genommen, eine Relativierung des Schutzes zu proklamieren, s.o. C. I.

der Prozesssubjektivität lässt sich die Freiheit von derart elementaren Duldungspflichten nicht ableiten. Selbst das selbstverantwortlich-freie Prozesssubjekt, das der Beschuldigte darstellt, muss das Verfahren als solches über sich ergehen lassen[621]. Verfahrensrechtliche Autonomie meint die fehlende Instrumentalisierung im Sinne des staatlichen Verfahrensziels. Auf Grundlage dieser Schutzzweckbestimmung zeigt sich gerade die Berechtigung der Differenzierung zwischen aktiver Mitwirkungs- und passiver Duldungsplicht.

Diese Differenzierung stützt sich klassischerweise auf die These, dass Mitwirkungspflichten eingriffsintensiver seien als Duldungspflichten[622]. Soweit diese Begründung angegriffen wird[623], wird verkannt, dass die spezifische Eingriffsqualität von Selbstbelastungspflichten in der Instrumentalisierung zur Kompromittierung der eigenen Verteidigungsposition liegt[624]. Hiermit geht eine Negierung der Autonomie des Beschuldigten und damit seiner Subjektstellung einher, die einer Mitwirkungspflicht eine prinzipiell andere Eingriffsqualität verleiht, die sich auf Grundlage eines schlicht quantitativen Vergleichs mit den Duldungspflichten nicht erfassen lässt[625]. Anders als bei einer Duldungspflicht wird der Wille des Beschuldigten nicht gebrochen, sondern gebeugt. Er wird zur Aufgabe seiner Verteidigungsposition und zur Förderung des gegen ihn gerichteten Verfahrensziels gezwungen[626]. In diesem Instrumentalisierungsmoment liegt gerade die Beeinträchtigung der verfahrensrechtlichen Autonomie, die zu schützen der nemo-tenetur-Grundsatz bestimmt ist. In dem Zwang zur *aktiven* Mitwirkung liegt also gerade das schutzbereichsrelevante Moment der Autonomienegierung. Die Behauptung, der Beschuldigte würde durch eine Duldungspflicht in gleichem Maße zum Objekt des Verfahrens[627], ist unzutreffend. Der schlichten Duldungspflicht fehlt eben jenes Moment der Instrumentalisierung gegen sich selbst. Willensbrechende Zwangsmittel negieren die Autonomie des Beschuldigten nicht in der Weise wie es eine Willensbeugung tut. Unterordnen, unterwerfen muss sich der Beschuldigte lediglich körperlich, nicht aber intellektuell[628]. Nur dort, wo der Intellekt des Beschuldigten in die staatliche Verfahrenszielbestimmung eingespannt wird, wird seine Subjektstellung negiert.

---

621 *V. Stetten* JA 1996, 55 (59).

622 BVerfGE 56, 37 (42).

623 *Radtke* in Meyer-Goßner-FS, S. 321 (330 f.); *Verrel* NStZ 1997, 415 (417); *Mahlstedt*, Befragung, S. 72.

624 Vgl. *Rogall* in SK-StPO Vor § 133 Rn. 1432; *Rüping* JR 1974, 135 (139); *Keller*, Provokation, S. 136; *Rogall* in SK-StPO Vor §§ 133 ff. Rn. 132.

625 *Rüping* JR 1974, 135 (139); *Weßlau* ZStW 110 (1998), 1 (28); *v. Freier* ZStW 122 (2010), 117 (130); *Rogall* in SK-StPO Vor §§ 133 ff. Rn. 132; ähnlich auch *Kasiske* JuS 2014, 15 (16).

626 *Keller*, Provokation, S. 136.

627 *Verrel* NStZ 1997, 415 (417); s. bereits oben B. III. 2. c.

628 Vgl. *Verrel*, Selbstbelastungsfreiheit, S. 284; *Wolff*, Selbstbelastung, S. 94 f.; *Rogall* NStZ 1998, 66 (67 f.); krit. zu dieser Abgrenzung *Neumann* in Wolff-FS, S. 373 (384 ff.); *Dallmeyer* KritV 2000, 252 (260).

Auch den bloßen körperlichen Duldungspflichten haftet ein gewisses Moment der Unterordnung an, ihnen fehlt aber gerade das entscheidende Moment der Instrumentalisierung.

Die Anknüpfung des spezifischen Schutzes durch nemo tenetur an das Erfordernis einer aktiven Mitwirkung erscheint daher zutreffend.

III. Nonverbale Mitwirkungsakte

Eng verwandt mit der Problematik um Abgrenzung zwischen aktiver und passiver Mitwirkung ist die der Differenzierung zwischen verbalen und nonverbalen Mitwirkungsakten. Nachdem sie sich für eine Einbeziehung jeglicher aktiver Selbstbelastung ausgesprochen hat, stellt die h.M. nonverbale Mitwirkungsakte der Aussage vollkommen gleich[629]. Der nemo-tenetur-Grundsatz schütze auch vor jeglicher aktiver Mitwirkung nonverbaler Natur. Der Beschuldigte sei insbesondere nicht verpflichtet, potentielle Beweismittel herauszugeben, von der Editionspflicht des § 95 StPO sei er umfassend suspendiert[630]. Diese Gleichstellung verbaler und nonverbaler Mitwirkung erscheint folgerichtig, wenn man den Schutzzweck des nemo-tenetur-Grundsatzes in dem Unzumutbarkeitsgedanken oder in dem Charakter als Informationsbeherrschungsrecht erblickt. Auf Grundlage der der hier vorgenommen Schutzzweckbestimmung i.S.d. Gewährleistung prozessualer Autonomie erscheint sie jedenfalls nicht ohne weiteres zwingend. Diese Schutzzweckbestimmung könnte vielmehr eine Beschränkung auf verbale Mitwirkungsakte nahe legen[631]. Der Einwand, der Beschuldigte werde gegen sich selbst instrumentalisiert und ihm so die Möglichkeit genommen, sein eigenes Prozessziel zu verfolgen, greift zunächst nur dort, wo er zur Aussage gezwungen wird und nicht im gleichen Maße bei einer Verpflichtung zur Herausgabe von Sachbeweismitteln, insbesondere Unterlagen. Die die Autonomie des Beschuldigten beeinträchtigende Instrumentalisierung liegt bei einer Aussagepflicht darin, dass der Beschuldigte gehalten ist, ein Beweismittel gegen sich selbst zu *produzieren*[632]. Er liefert also ein bis dato nicht vorhandenes Beweismittel gegen sich selbst und entbindet so die Anklage ein Stück weit von der ihr obliegenden Führung des Schuldbeweises. Hierdurch wird ihm die seine Prozesssubjektivität konstituierende Möglichkeit genommen, sein eigenes Prozessziel zu verfolgen und er stattdessen für die Zwecke der Anklage

629 *Rogall* in SK-StPO Vor §§ 133 ff. Rn. 146; *Wolff*, Selbstbelastung, S. 94; a.A. *Lesch*, StrafprozessR, Kap. 4 Rn. 99; *Queck*, Geltung, S. 205 ff.; *Lorenz* JZ 1992, 1000 (1006).

630 *Wolter* in SK-StPO § 95 Rn. 12; *Menges* in L/R-StPO § 95 Rn. 2; *Tschacksch*, Editionspflicht, S. 85 ff. jeweils mwN.

631 So *Queck*, Geltung, S. 205 ff.; *Böse*, Wirtschaftsaufsicht, S. 438 ff; *Lorenz* JZ 1992; *Dannecker* ZStW 127 (2015), 370 (392).

632 Vgl. *Nothhelfer*, Selbstbezichtigungszwang, S. 92; *C. Schröder/Hansen* ZBB 2003, 113 (121).

eingespannt[633]. Eben jener Instrumentalisierungsakt löst den besonderen Schutz des nemo-tenetur-Grundsatzes aus[634]. Die Information als solche begründet diesen Schutz nicht[635]. Es kann kein aus sich heraus absolut schutzwürdiges Interesse an der Geheimhaltung der Verletzung von Rechtsgütern anderer geben[636]. Der nemo-tenetur-Grundsatz ist kein Informationsbeherrschungsrecht[637]. Bei unabhängig vom Willen des Beschuldigten vorhandenen[638] Sachbeweismitteln greifen die schutzgutsbezogenen Erwägungen nicht. Das Moment der Belastung rührt hier nicht aus seinem Mitwirkungsakt, sondern aus der Würdigung des Sachbeweismittels durch die Strafverfolgungsorgane her[639]. Dass diese das Beweismittel erheben, kann der Beschuldigte letztlich nicht verhindern[640]. Die Verweigerung der Herausgabe führt lediglich zur Beschlagnahme, eine prozessuale Möglichkeit, die Sachbeweismittel aus dem Prozess herauszuhalten, wird dem Beschuldigten gerade nicht zugestanden. Die von der h.M. angenommene pauschale Befreiung von der Editionspflicht des § 95 Abs. 1 StPO erscheint daher jedenfalls in dieser Allgemeinheit nicht zwingend[641].

Es bedarf vielmehr des Nachweises, dass im Zwang zur nonverbalen Mitwirkung in gleicherweise ein Akt der Autonomienegierung liegt, wie es bei der Aussage der Fall ist[642]. Wenn, wie dargelegt, nicht das Sachbeweismittel, sondern der Mitwirkungsakt den Anknüpfungspunkt für den Schutz durch den nemo-tenetur-Grundsatz bildet, kann es auch nicht entscheidend sein, ob der herauszugebende Gegenstand belastend wirkt, sondern es kommt vielmehr darauf an, ob dem Akt der Herausgabe selbst ein Moment der Selbstbelastung inne wohnt[643].

Aus dem bisher Gesagten ergibt sich bereits, dass jedenfalls dort gegen den nemo-tenetur-Grundsatz verstoßen wird, wo der Beschuldigte gehalten ist,

---

633 *Reiß*, Besteuerungsverfahren, S. 177 f.; der im Übrigen aber zu Unrecht vom Charakter des nemo-tenetur-Grundsatzes als Informationsverfügungsrecht ausgeht.

634 BVerfG NJW 2005, 352 (353); BVerfG, Beschl. v. 13.05.2009 – 2 BvL 19/08, juris, Rn. 74; *Rau*, Schweigen, S. 39; *Weßlau* ZStW 110 (1998), 1 (26); *Rogall* in SK-StPO Vor §§ 133 ff. Rn. 132; *Keller*, Provokation, S. 132.

635 *Queck*, Geltung, S. 647; *Rogall* in SK-StPO § 133 Rn. 138.

636 *Verrel*, Selbstbelastungsfreiheit, S. 261.

637 S.o. B. III. 2. b.; *Ranft*, StrafprozessR, Rn. 344; a.A. *Renzikowski* JZ 1997, 710 (714); *Müssig* GA 2004, 87 (96); *Amelung*, Informationsbeherrschungsrechte, S. 35; ausdrücklich anders dann aber *ders.* JR 2008, 327 (327 f.).

638 Dieses Kriterium sieht der EGMR als maßgeblich an, s. EGMR, *Urt.* v. 17.12.1996, Saunders v. UK, 19187/91, Rn. 69; EGMR NJW 2006, 3117 (3123, Rn. 102) (Jalloh v. Deutschland); krit. zur inkonsequenten Anwendung durch den Gerichtshof *S. Roth* ZStR 2011, 296 (313); hierzu bereits oben B. III. 1. d. bb.

639 *C. Schröder/Hansen* ZBB 2003, 113 (121).

640 Vgl. *Reiß*, Besteuerungsverfahren, S. 179: „der Schutz vor Selbstbelastung [...] findet dort seine Grenze, wo die Strafverfolgungsorgane unabhängig von seinem Verhalten den Beweis seiner Schuld führen können".

641 *Queck*, Geltung, S. 206; *Radtke* in Meyer-Goßner-FS, S. 321 (332).

642 Ähnlich *Kasiske* JuS 2014, 15 (18).

643 *Queck*, Geltung, S. 206.

Sachbeweismittel nicht nur herauszugeben, sondern sie zu produzieren[644]. Hier wird der Beschuldigte in gleicher Weise wie bei einer Auskunftspflicht gegen sich selbst instrumentalisiert.

Aber auch darüber hinaus gibt es Fälle, in denen eine Herausgabepflicht einer Aussagepflicht gleich käme, sodass eine Dispensierung geboten ist, um ein Unterlaufen der Aussagefreiheit zu vermeiden. Zur Umschreibung solcher Fälle wird das Kriterium des „eigenständigen Erklärungswerts" der Herausgabehandlung vorgeschlagen[645]. Jedem Herausgabeakt wohnt der Erklärungsgehalt inne, dass der Gegenstand existiert und im Besitz des Beschuldigten ist oder er zumindest um dessen Aufenthaltsort weiß[646]. Dieser Erklärungsgehalt genügt in der Mehrzahl der Fälle, um einen selbstbelastenden Charakter des Herausgabeakts anzunehmen. Offensichtlich ist dies dort, wo der Besitz des Gegenstandes selbst strafbar ist, der Herausgabeakt also bereits einem vollem Geständnis gleichkommt[647]. Darüber hinaus ist dies aber auch überall dort so, wo der Existenz oder dem Gewahrsam Indiziencharakter zukommt, also insbesondere bei Tatobjekten und Tatmitteln[648].

An die Möglichkeit der Belastung durch den Erklärungsgehalt dürfen keine zu hohen Anforderungen gestellt werden. Der eröffnete Bereich der Zulässigkeit eines Editionsverlangens an den Beschuldigten ist daher gering. Er ist auf Fälle beschränkt, in denen dem Herausgabeakt kein potentiell inkriminierender Erklärungsgehalt zukommt. Weder die Tatsache, dass der Gegenstand existiert, noch dass der Beschuldigte ihn in Gewahrsam hat oder zumindest weiß, wo er ist, darf also Rückschlüsse zulassen, die den Beschuldigten belasten können. Derartige Konstellationen werden faktisch kaum vorkommen. Ein Anwendungsbereich könnte sich jedoch dort ergeben, wo der Beschuldigte zum Besitz von Gegenständen gesetzlich verpflichtet ist (s.u. E. III. 1 a. bb. (ii) α)).

Unproblematisch zulässig sind Mitwirkungspflichten ohne Erklärungsgehalt, wie etwa die Mitwirkung im Rahmen ärztlicher Untersuchungen, die über bloße Passivität hinausgeht[649]. Dass der Beschuldigte verpflichtet ist, sich für die Untersuchung zu entkleiden, die erforderliche Körperhaltung einzunehmen und für die Blutprobenentnahme den Ärmel hochzukrempeln, ist weitgehend anerkannt, ohne

---

644 A.A. *Verrel*, Selbstbelastungsfreiheit, S. 253 ff.

645 *Queck*, Geltung, S. 207; *Bosch*, Aspekte, S. 303; *Hefendehl* wistra 2003, 1 (8); ähnlich *Böse*, Wirtschaftsaufsicht, S. 439; *T. Schaefer*, Der Nemo-Tenetur-Grundsatz, S. 179 ff. will allein auf dieses Kriterium abstellen, unabhängig davon, ob es sich um verbales oder nonverbales Verhalten handelt.

646 *Queck*, Geltung, S. 207; *Reiß*, Besteuerungsverfahren, S. 178, der auf Grundlage seiner Konzeption des nemo-tenetur-Grundsatzes als Informationsbeherrschungsrecht allerdings den Aspekt in der Vordergrund stellt, dass auf das Wissen des Beschuldigten zugegriffen werde.

647 *Queck*, Geltung, S. 207.

648 In diese Richtung auch *Queck*, Geltung, S. 207.

649 *T. Schaefer*, Der Nemo-Tenetur-Grundsatz, S. 182; *Geppert* in Spendel-FS, S. 655 (666); *Böse*, Wirtschaftsaufsicht, S. 441.

dass die Ausnahme vom aus dem nemo-tenetur-Prinzip abgeleiteten Verbot aktiven Mitwirkungszwangs anders als mit der Trivialität erklärt würde[650]. Mangels Sinnhaftigkeit, eine derartige Pflicht zu vollstrecken, fehlt dieser Frage aber weitgehend die praktische Relevanz[651]. Der Verweigerung einer derartigen Mitwirkung dürfte auch kein Beweiswert zukommen. Nicht verpflichtet ist der Beschuldigte auch zur aktiven Teilnahme an Tests und Versuchen[652]. Hier würde ein Beweismittel erst produziert. Das bloße Hervorrufen von Körperreaktionen ist unter dem Blickwinkel von nemo tenetur irrelevant[653]. Die Produktion des Beweismittels ist hier keine Leistung des Beschuldigten, sondern der Strafverfolgungsorgane[654]. Hier fehlt gerade das Moment der Autonomienegierung, das darin liegt, dass der Beschuldigte gezwungen wird, willentlich den eigenen Interessen zuwider zu handeln. Es bedarf der Unterwerfung des Intellekts des Beschuldigen, nicht bloß seines Körpers[655]. Die Unzulässigkeit des Brechmitteleinsatzes ergibt sich nicht aus dem nemo-tenetur-Grundsatz[656].

Entgegen der h.M. ergibt sich aus dem nemo-tenetur-Grundsatz also kein umfassendes Verbot des Zwangs zur nonverbalen Mitwirkung. Mit dem Grundsatz wäre vielmehr eine Editionspflicht in Fällen vereinbar, in denen dem Herausgabeakt kein eigenständiger, potentiell inkriminierender Erklärungswert zukommt.

Ist eine umfassende Befreiung des Beschuldigten von der Editionspflicht vor dem Hintergrund des nemo-tenetur-Grundsatzes auch nicht geboten, so ist sie doch zwingendes Ergebnis der lex lata. § 95 StPO enthält zwar keine ausdrückliche Einschränkung, sodass eine Auslegung, die den Beschuldigten erfasst, mit dem Wortlaut zunächst jedenfalls nicht unvereinbar erscheint[657]. Von der Editionspflicht dispensiert[658] sind nach § 95 Abs. 2 S. 2 StPO Personen, die zur Zeugnisverweigerung berechtigt sind. Schon dem Wortlaut nach knüpft diese Vorschrift allerdings nur an die Zeugnisverweigerungsrecht der §§ 52, 53, nicht an das Schweigerecht

650 *Krause* in L/R-StPO § 81a Rn. 22; *Senge* in KK-StPO §81a Rn. 4; *Meyer-Goßner/Schmitt*, StPO, § 81a Rn. 10.

651 S. aber LG Düsseldorf NJW 1973, 1931: Schadensersatzpflicht des Beschuldigten für den aus seiner rechtswidrigen Weigerung, selbst zur Wache zu gehen, entstandenen Schaden.

652 So auch die allgemeine Meinung, s. *Krause* in L/R-StPO § 81a Rn. 23 ff.; *Senge* in KK-StPO § 81a Rn. 4; *Meyer-Goßner/Schmitt*, StPO, § 81a Rn. 11.

653 *Rogall* NStZ 1998, 66 (67 f.); *Weßlau* StV 1997, 341 (343); s. auch BVerfG StV 2000, 1; a.A. OLG Frankfurt a.M. StV 1996, 652 (652); *Dallmeyer* StV 1997, 606 (608).

654 *Rogall* StV 2008, 219 (221).

655 *Rogall* NStZ 1998, 66 (67 f.); vgl. *Verrel*, Selbstbelastungsfreiheit, S. 284, der dieses Kriterium allerdings weitergehend an Stelle des aktiv/passiv-Kriteriums treten lassen will.

656 Zu weiteren möglichen Ansatzpunkten s. *Dallmeyer* StV 1997, 606 (608 ff.); *Rogall* NStZ 2012, 66 (67).

657 Vgl. *Tschacksch*, Editionspflicht, S. 85; *Radtke* in Meyer-Goßner-FS, S. 321 (330).

658 Umstritten ist, ob die Pflicht nicht besteht oder lediglich nicht vollstreckbar ist, s. *Jahn* in Roxin-FS II, Bd. 2, S. 1357 (1360 ff.).

des Angeklagten an. Eine Analogie[659] erscheint angesichts der unterschiedlichen Schutzzwecke der Rechtsinstitute nicht geboten[660]. Allerdings wird man der Bezugnahme allein auf die Zeugnisverweigerungsrechte gerade im Umkehrschluss zu entnehmen haben, dass ein Anknüpfen an die Zeugenpflicht intendiert und der Beschuldigte somit von vornherein nicht Adressat der Maßnahme ist[661]. Eine derartige Lesart entspricht dem Willen des historischen Gesetzgebers[662]. Da das Verbot jeglicher aktiver Mitwirkung dem historisch gewachsenen Verständnis von nemo tenetur entspricht, kann kaum davon ausgegangen werden, dass der Gesetzgeber hiervon abweichen wollte. Eine derartige Regelungstechnik entspricht auch dem sonstigen Umgang mit dem nemo-tenetur-Grundsatz, der zwar anerkannt, aber nicht ausdrücklich positiviert wurde[663].

Bei der Ausnahme des Beschuldigten vom Anwendungsbereich des § 95 handelt es sich somit nicht um eine mit Blick auf die Selbstbelastungsfreiheit gebotene Reduktion, die sich i.S.d. hiesigen Schutzbereichsbestimmung modifizieren ließe. Der Ausschluss ergibt sich vielmehr aus der Auslegung des Gesetzes. Auch in Konstellationen, in denen sich ein Herausgabezwang mit dem nemo-tenetur-Grundsatz in Einklang bringen ließe, ist er somit de lege lata ausgeschlossen[664]. Eine teleologische Reduktion ist mit Blick auf den Vorbehalt des Gesetzes unzulässig. Da die Editionspflicht auch nach der hier vertretenen Sichtweise im der Fälle mit dem nemo-tenetur-Grundsatz unvereinbar ist und die Zulässigkeit von schwer zu bestimmenden Einzelfallumständen abhängen kann, streitet auch lege ferenda das Interesse an einer systematischen Abgrenzung für die Unzulässigkeit einer Herausgabepflicht. In Frage käme eine Änderung der Rechtslage von vornherein nur, wenn es gelänge, die Fälle einer zulässigen Editionspflicht hinreichend bestimmt zu umreißen (s.u. E. III. 1. a. bb.). Auch dann verbliebe allerdings die Problematik, dass die Durchsetzung einer entsprechenden Pflicht zwar mit dem nemo-tenetur-Grundsatz vereinbar wäre, sich jedoch praktisch kaum umsetzen ließe. Die Anordnung von Zwangsmitteln gegen den Beschuldigten stellte nicht nur ein Novum dar,

---

659 Für den verdächtigen Zeugen i.S.d. § 55 wird teilweise eine Analogie befürwortet, *Meyer-Goßner* § 95 Rn. 10; Nack in KK-StPO § 95 Rn. 6; nach a.A. soll hier, wie beim Beschuldigten, bereits die Editionspflicht entfallen, *Rogall* in SK-StPO Vor §§ 133 Rn. 46.

660 Während die Verweigerungsrechte der §§ 52, 53 den Betroffenen vor einer Pflichtenkollision bzw. einem Gewissenskonflikt bewahren sollen, stellt wie dargestellt bei der Selbstbelastungsfreiheit der Aspekt des Interessenkonflikts gerade nicht den maßgeblichen Gesichtspunkt dar.

661 *Eb. Schmidt*, Lehrkommentar, § 95 Rn. 1; Böse, Wirtschaftsaufsicht, S. 440; *Rogall*, Der Beschuldigte, S. 58.

662 S. *Hahn*, Materialien, S. 622.

663 S.o. B. III. 1.

664 So auch *Böse*, Wirtschaftsaufsicht, S. 440; *Radtke* in Meyer-Goßner-FS, S. 321 (332), der allerdings nicht die Pflicht, sondern erst deren Vollstreckbarkeit verneint, a.A. *Queck*, Geltung, S. 206; *Lesch*, StrafprozessR, Kap. 4 Rn. 99.

sie wäre auch regelmäßig nicht erfolgsversprechend. Die Zwangsmittel müssten die zu erwartende strafrechtliche Sanktion ja übersteigen, um den Beschuldigten zur Pflichterfüllung anzuhalten. Auch eine nachteilige Beweiswürdigung für den Fall der Pflichtverweigerung lässt sich mangels entsprechendem Erfahrungssatz nicht pauschal ermöglichen. Ein Gewinn für die Sachverhaltsaufklärung ließe sich somit kaum verzeichnen. Diese Kosten-Nutzen-Abwägung spricht somit deutlich für eine Beibehaltung der lex lata.

IV. Verbot der Würdigung des Schweigens

Mit der Anerkennung der Selbstbelastungsfreiheit geht das Verbot einher, das Schweigen des Beschuldigten in die Beweiswürdigung einzubeziehen[665]. Insbesondere ist es dem Gericht untersagt, das Schweigen als Indiz für die Täterschaft des Beschuldigten anzusehen, aber auch sonst darf es in keiner Weise gewürdigt werden. Das Schweigen ist ein prozessuales Nullum[666].

Begründet wird dieses Ergebnis regelmäßig damit, die Möglichkeit der nachteiligen Würdigung würde einen mittelbaren Aussagezwang begründen[667]. Dieser Begründungsansatz ist allerdings nur bedingt zutreffend. Unzweifelhaft ist die Gefahr der Würdigung des Schweigens geeignet, den Beschuldigten zu veranlassen, zur Sache auszusagen[668]. Es lässt sich also ohne weiteres von einem mittelbaren *Aussagezwang* sprechen, ohne dass zugleich das Vorliegen eines *Selbstbelastungs*zwanges begründet wäre.zwanges bezwan Man könnte es insoweit bei dem Hinweis belassen, der nemo-tenetur-Grundsatz verbürge ein *Recht* zu schweigen, dass nicht entwertet werden dürfe, indem an seine Ausübung negative Folgen geknüpft würden[669]. Allein das Abstellen auf den Rechtscharakter birgt jedoch einen begriffsjuristischen Zirkelschluss. Dass der nemo-tenetur-Satz ein Recht zu schweigen in dem Sinne garantiert, dass die Rechtsausübung nicht sanktioniert werden dürfe, gilt es hier gerade zu beweisen. Entscheidend ist, ob die ratio des Grundsatzes eine derartige Wirkungsweise fordert.

Der Erklärungsansatz der Unzumutbarkeit vermag das Verbot der Würdigung des Schweigens nicht zu erklären[670].

Das Argument des mittelbaren Zwanges verfängt nicht, wenn man den nemo-tenetur-Grundsatz vom Gedanken der Unzumutbarkeit her begreift. Vertreter dieser

---

665 BVerfG NStZ 1995, 555: BGH NJW 1984, 1829; BGHSt 20, 281; BGH NJW 1974, 2295; OLG Brandenburg NStZ-RR 2015, 53; zur Problematik des sog. Teilschweigens s. BGH NJW 1966, 209; BGH NJW 2002, 2260; *Rogall* in SK-StPO Vor §§ 133 ff. Rn.204 ff.

666 *Roschmann*, Schweigerecht, S. 120; *K. Kühl* JuS 1986, 115 (118).

667 BVerfG NStZ 1995, 555 (555); BGHSt 20, 281 (283); *Stürner* NJW 1981, 1757 (1758); *Rogall* in SK-StPO Vor §§ 133 ff. Rn.198; *Rzepka*, Fairness, S. 389.

668 *Rogall* in SK-StPO Vor §§ 133 ff. Rn. 198.

669 Vgl. *H. Schneider* JURA 1990, 572 (577).

670 *Weßlau* ZStW 110 (1998), 1 (26); *v. Freier* ZStW 122 (2010), 117 (129).

ratio können als Zwang i.S.d. nemo-tenetur-Grundsatzes nur solche Einwirkungen auf den Betroffenen ansehen, die ihn veranlassen, seinem Selbsterhaltungstrieb zuwider zu handeln. Dies ist im Fall der nachteiligen Würdigung des Schweigens nicht der Fall. Das Ergebnis der Selbstbelastung tritt hier vielmehr unabhängig von seinem Verhalten ein. Ist dies der Fall, so wird der Beschuldigte aber gerade nicht zu der ihn ethisch überfordernden aktiven Selbstbelastung gezwungen. Er kann sich vielmehr im Einklang mit seinem Selbsterhaltungstrieb passiv verhalten[671]. Dem Konflikt, vor dem der so verstandene nemo-tenetur-Satz ihn bewahren soll, entgeht er[672]. Anders als bei der Erstreckung des Schutzbereichs auf den faktisch Unschuldigen, der von der Unzumutbarkeitsratio ebenfalls nicht erfasst wird[673], bestehen hier auch keine triftigen Gründe, dennoch von einer Schutzbereichsbetroffenheit auszugehen[674].

Hier zeigt sich erneut, dass der Erklärungsansatz der Unzumutbarkeit nicht in der Lage ist, anerkannte Ergebnisse im Bereich des nemo-tenetur-Grundsatzes zu begründen.

Dies gilt erst Recht für das Verständnis als Informationsbeherrschungsrecht. Da der Beschuldigte hier keinerlei Informationen preisgibt, ließe sich eine Würdigung des Schweigens mit dieser Sichtweise ohne weiteres vereinbaren.

Auf Grundlage der hier vertretenen Konzeption von der prozessualen Autonomie lässt sich das Verbot der Würdigung des Schweigens hingegen ohne weiteres erklären. Es erfährt sogar eine Aufwertung. Es ist nicht mehr nur Annex zu dem Grundsatz der Selbstbelastungsfreiheit, sondern wird unmittelbar mit-konstituierend für diesen. Die durch den Grundsatz geschützte fehlende Unterwerfung unter

---

671 Vgl. *Böse* wistra 1999, 451 (452), der meint, die Geständnisfiktion des § 138 Abs. 3 ZPO „erlöse" den Betroffenen von der Pflicht zur Selbstbelastung.

672 *Weßlau* ZStW 110 (1998), 1 (26); *Böse* wistra 1999, 451 (452); *v. Freier* ZStW 122 (2010), 117 (129).

673 S.o. B. III. 2. a.

674 Vgl. *Böse* wistra 1999, 451 (453 f.), der das Verbot der Würdigung des Schweigens nicht als Teil des absoluten Gewährleistungsbereichs von nemo tenetur ansieht, sondern vielmehr als Ergebnis einer Abwägung der Aussagefreiheit mit den widerstreitenden Interessen der freien Beweiswürdigung und der Wahrheitsfindung, wobei den Ausschlag zugunsten des Schweigerecht der geringe aber potentiell überschätzte Beweiswert des Schweigens und die Gefahr eines Verstoßes gegen die Unschuldsvermutung gäben.
Diese Sichtweise findet eine überraschende Parallele in der internationalen Anerkennung des Schweigerechts. Während die Selbstbelastungsfreiheit als solche zum internationalen Standard der Beschuldigtenrechte gehört, gilt dies für das Verbot der Würdigung des Schweigens nicht in gleicher Weise. Interessanterweise kennt ausgerechnet die englische Rechtsordnung, also die Geburtsstätte der Selbstbelastungsfreiheit, die Möglichkeit, das Schweigen zu Lasten des Beschuldigten zu verwerten. Der EGMR hat diese Praxis unter gewissen Voraussetzungen gebilligt. Während er also die Selbstbelastungsfreiheit als das „Kernstück eines fairen Verfahrens" ansicht, soll die Verwertung des Schweigens ohne Verstoß gegen Art. 6 EMRK möglich sein, EGMR, *Urt.* v. 08.02.1996, Murray v. UK, 18731/91, Rn. 47.

das staatliche Verfahrensziel bringt der Beschuldigte eben gerade durch Passivität zum Ausdruck. Wäre das Schweigen der Beweiswürdigung nicht entzogen, käme ihm ein gewisser Erklärungsgehalt zu[675]. Die für die Subjektstellung konstitutive Wahlfreiheit zwischen schweigen und erklären besteht nicht[676]. Der Beschuldigte hat gerade nicht mehr die Möglichkeit, sich der Mitwirkung zu verweigern. In der Möglichkeit der Würdigung des Schweigens liegt somit unmittelbar die gegen den nemo-tenetur-Grundsatz verstoßende Negierung der prozessualen Autonomie des Beschuldigten. Der Hilfskonstruktion über eine unterstellte Zwangswirkung bedarf es hiernach nicht. Die mögliche Würdigung des Schweigens führt nicht zu einer Einschränkung der Wahlfreiheit des Beschuldigten zwischen schweigen und sich erklären, sondern dazu, dass bereits keine derartige Wahlfreiheit besteht[677].

V. Anforderung an das Zwangselement

Aus der dargelegten ratio ergibt sich bereits die Anforderung an das Zwangselement des nemo-tenetur-Grundsatzes: Es muss sich um einen Akt der Autonomienegierung handeln. Der Beschuldigte muss in seiner Entscheidung über sein Aussageverhalten fremdbestimmt festgelegt sein.

Mit der Schutzbereichsbestimmung ist so bereits ein wichtiger Schritt zur Konturierung des Schutzbereiches getan. Zur Gewährleistung der Autonomie schütz der Grundsatz vor Maßnahmen, die den Beschuldigten in seiner Subjektstellung negierenden Weise im Sinne der staatlichen Verfahrenszielbestimmung instrumentalisieren. Dem Beschuldigten wird somit ein Mindestmaß an Entscheidungsfreiheit vermittelt[678]. Der Schutzbereich erschöpft sich aber eben auch in der Abwehr solcher instrumentalisierenden Maßnahmen, eine darüberhinausgehende positive Gewährleistung allgemeiner Willens- oder Entschließungsfreiheit kann ihm nicht entnommen werden[679]. Es geht um die Vermittlung eben jenes Mindestmaßes an Autonomie, das das selbstbestimmte Subjekt vom fremdbestimmten Objekt unterscheidet[680]. Eine Freiheit von sämtlichen die Willensfreiheit beeinträchtigenden Faktoren ist im Strafverfahren bereits nicht denkbar und auch nicht geboten[681]. Hierdurch ist nicht ausgeschlossen, dass andere Rechtsinstitute über das Mindestmaß des nemo-tenetur-Grundsatzes hinausgehende und diesen ergänzenden Schutz

675 *T. Schaefer*, Der Nemo-Tenetur-Grundsatz, S. 162.

676 *T. Schaefer*, Der Nemo-Tenetur-Grundsatz, S. 162; vgl. *Kopf/Szalai* NJ 2010, 363 (364).

677 Vgl. *T. Schaefer*, Der Nemo-Tenetur-Grundsatz, S. 162.

678 Vgl. *T. Schaefer*, Der Nemo-Tenetur-Grundsatz, S. 140 ff.

679 Vgl. *Rogall* in SK-StPO Vor § 133 Rn. 139; *T. Schaefer*, Der Nemo-Tenetur-Grundsatz, S.143; a.A. *Rzepka*, Fairness, S. 388; *Ransiek*, Polizeivernehmung, S. 49 ff.

680 Vgl. *T. Schaefer*, Der Nemo-Tenetur-Grundsatz, S. 143.

681 Vgl. *Weigend* in Selbstbestimmung, S. 149 (153); *Verrel*, Selbstbelastungsfreiheit, S. 148; *T. Schaefer*, Der Nemo-tenetur-Grundsatz, S. 140 f; *Ransiek*, Polizeivernehmung, S. 56; *Rogall*, Der Beschuldigte, S. 145: „Strafprozess ist Stress“.

vor andersgeartete Beeinträchtigungen der Willensfreiheit des Beschuldigten entnehmen lassen. Der nemo-tenetur-Grundsatz schützt jedoch nur vor Maßnahmen, die den Beschuldigten der staatlichen Prozesszielbestimmung unterwerfen und in deren Sinne gegen sich selbst instrumentalisieren.

Unzweifelhaft Zwang i.S.d. nemo-tenetur-Grundsatzes liegt im Fall einer erzwingbaren Rechtspflicht vor[682]. Bei allem Streit dürfte die Unzulässigkeit einer erzwingbaren Aussagepflicht des Beschuldigten im Strafverfahren den unzweifelhaft konsentierten Mindestgehalt des Grundsatzes darstellen. Nachdem dieser Status durch die lex lata gesichert ist, müssen die Bestrebungen im Strafverfahrensrecht dahin gehen zu klären, inwieweit dem Grundsatz über diesen Minimalgehalt hinausgehende Anforderungen entnommen werden können. Hier wird es bereits schwer, allgemein anerkannte Aussagen über die Anforderungen an das „tenetur"-Element des nemo-tenetur-Grundsatzes zu finden. Die h.M. arbeitet mit der Formel „jede mittelbare oder unmittelbare Ausübung von Druck zur Erzielung einer Aussage"[683]. Zur Konkretisierung dieser wenig handhabbaren Kriterien lässt sich auf folgende Erwägungen zurückgreifen.

Durch den Verzicht auf eine Auskunftspflicht tut eine Rechtsordnung dem nemo-tenetur-Grundsatz noch nicht genüge. Darüber hinaus ist auf alle solche Maßnahmen zu verzichten, die sich nur bei Existenz einer Aussagepflicht legitimieren ließen. Mit dem Verbot einer Aussagepflicht geht daher das Verbot von Maßnahmen einher, die die Existenz einer solchen Pflicht vorgeben[684]. Derartige Maßnahmen konterkarieren die Entscheidung gegen eine Aussagepflicht. Dies erfasst Maßnahmen, die auf die Erzwingung einer Aussage und somit auf Durchsetzung einer nicht existierenden Pflicht gerichtet sind oder die nachteilige Folgen an die Ausübung des Schweigerechts knüpfen und diese somit als Pflichtverletzung behandeln. Da sich das Anknüpfen negativer Folgen stets auch als Zwangsausübung begreifen lässt, handelt es sich hierbei nicht um zwei streng zu trennende Fallgruppen.

Hieraus folgt zunächst die Unzulässigkeit jeglicher Form der körperlichen Erzwingung einer Aussage[685]. Wie dargelegt, ergibt sich dies bereits unabhängig vom nemo-tenetur-Satz aus dem Torturverbot[686]. Lassen sich derartige Maßnahmen noch nicht einmal zur Durchsetzung einer hypothetischen Auskunftspflicht legitimieren, sind sie erst Recht dort unzulässig, wo bereits keine Pflicht besteht, die durchgesetzt werden könnte. Ebenso sind hiernach die Anordnung und Androhung von Zwangsmaßnahmen unzulässig, die gegenüber einem Zeugen möglich wären[687].

Problematisch sind in diesem Zusammenhang Maßnahmen, die einen anderen Zweck verfolgen, sich aber faktisch auf die Aussagebereitschaft des Beschuldigten

682 BVerfG NJW 2005, 352 (353); *Kopf/Szalai* NJ 2010, 363 (364); *T. Schaefer*, Der Nemo-Tenetur-Grundsatz, S. 150; *Lucke*, Schutzrechte, S. 282 ff.

683 *Rogall* in SK-StPO Vor §§ 133 ff. Rn. 139; *Engländer* ZIS 2008, 163 (163).

684 *T. Schaefer*, Der Nemo-Tenetur-Grundsatz, S. 153 ff.

685 *T. Schaefer*, Der Nemo-Tenetur-Grundsatz, S. 154.

686 B. III. 1. b, ebenso *T. Schaefer*, Der Nemo-Tenetur-Grundsatz, S. 154 Fn. 727.

687 *T. Schaefer*, Der Nemo-Tenetur-Grundsatz, S. 154.

auswirken. Hiermit ist insbesondere die Untersuchungshaft angesprochen. Mangels finaler Ausrichtung auf die Herbeiführung einer Aussage haben derartige Institute auch in einer auf eine Aussagepflicht verzichtenden Strafprozessordnung einen Platz. In Konflikt mit der Selbstbelastungsfreiheit geraten sie erst dort, wo sie bewusst zweckentfremdet zur Erlangung einer Aussage eingesetzt werden. Die rechtmäßige Untersuchungshaft stellt daher niemals eine Verletzung des nemo-tenetur-Grundsatzes dar, obwohl die faktische Förderung der Geständnisbereitschaft durch dieses Instrument allgemein bekannt ist[688]. Auch die einfache Rechtswidrigkeit begründet noch keine Verletzung der Selbstbelastungsfreiheit, es bedarf vielmehr des zweckentfremdeten Einsatzes als Mittel zur Geständniserzwingung[689].

In die zweite Kategorie gehört vor allem die Würdigung des Schweigens als Schuldindiz[690] und als negativem Strafzumessungsfaktor[691]. Ungleich problematischer als die offene Sanktionierung der Ausübung des Schweigerechts sind Belohnungen eines kooperativen Verhaltens, wie sie beim Geständnis als positivem Strafzumessungsfaktor[692], der Verständigung (§ 257c StPO) und der Kronzeugenregelung (§ 46b StGB) vorkommen[693]. Derartige Vorgehensweisen bewegen sich stets auf einem schmalen Grat, da sie Gefahr laufen, als Kehrseite der Sanktion der Rechtsausübung begriffen zu werden[694].

Über die Frage der Definition des Zwangselements hinaus geht die als ein Schwerpunkt dieser Arbeit aufzuwerfende Fragestellung, ob das Element des Zwanges überhaupt konstitutiver Bestandteil des nemo-tenetur-Grundsatzes ist oder der Grundsatz nicht ebenso die Unzulässigkeit anderer auf Selbstbelastung gerichteter Vorgehensweisen fordert (s.u. F. II.).

Tatsächlich mit erzwingbaren Auskunftspflichten und damit dem Kernbestand des Grundsatzes hat man es hingegen im außerstrafprozessualen Bereich zu tun. Die Wechselwirkung derartiger Pflichten mit dem nemo-tenetur-Grundsatz bildet einen weiteren Schwerpunkt dieser Arbeit (s.u. E.). Der konsentierte Mindestgehalt

---

688 vgl. *Paeffgen* NStZ 1997, 115 (119): „[Es ist] eine Binsenweisheit, dass U-Haft Geständnisse bewirken kann [...]"; s. auch *Eidam* HRRS 2008, 241 (243).

689 BGH StV 1996, 73 (76); BGH NJW 1990, 1188 (1188); BGH NJW 1995, 2933; a.A. *Fezer* StV 1996, 77(78); *Ambos*, Beweisverwertung, S. 26; krit. zu den im Zusammenhang mit der Finalität entstehenden Beweisschwierigkeiten *Eidam* StV 2005, 201 (202 f.).

690 S.o. C. IV.

691 BGH NStZ 1996, 80; BGH NStZ-RR 1996, 71; OLG Brandenburg NStZ-RR 2015, 53; zur Problematik des „Beharrliches Leugnens" als Strafzumessungsfaktor s. BGHSt 1, 103; BGH NStZ 1983, 118; OLG Hamm NStZ-RR 2009, 368.

692 BGH NStZ 2000, 366; BGH NJW 1996, 3018 (3018); s.o. B. II. 2.

693 *T.* Schaefer, Der Nemo-Tenetur-Grundsatz, S. 165 ff.; vgl. *Leitmeier* JR 2014, 372 (372), der gar meint: „§ 257c StPO hat den Grundsatz des ‚nemo tenetur se ipsum accusare vel prodere' derart ausgehöhlt, dass er sich nicht mehr als Verfassungsprinzip interpretieren lässt".

694 *Weigend* ZStW 113 (2001), 271 (294).

der Unzulässigkeit vollstreckbarer Rechtspflichten wird dann auch schnell wieder verlassen. Problematisch wird es bereits, wenn man auf die Vollstreckbarkeit verzichtet. Die nicht vollziehbare Rechtspflicht soll nach h.M. keinen unzulässigen Aussagezwang begründen (s.u. E. III. 1. b.)

Umgekehrt begründet bereits die Vollstreckbarkeit der Pflicht den Verstoß gegen den nemo-tenetur-Grundsatz. Darauf, dass die Zwangsmittel auch tatsächlich eingesetzt wurden, kann es – entgegen einer teilweise vertretenen Ansicht[695] – nicht ankommen[696]. Dass dem Betroffenen, der sich bereits durch die Möglichkeit der Vollstreckung zur Pflichterfüllung anhalten lässt, der nemo-tenetur-Schutz verwehrt bleiben soll, lässt sich nicht sinnvoll begründen[697].

Sicherlich erfüllt ist das Zwangserfordernis, wenn die Auskunftspflicht ihrerseits strafbewehrt ist[698]. Der Konflikt, eine Straftat aufzudecken oder eine neue zu begehen, beschreibt die Ur-Konstellation der Selbstbelastungsfreiheit.

Irrelevant ist hingegen, ob die Auskunftspflicht materieller oder prozessualer Natur ist. Soweit dies vertreten wird[699], vermag keines der dort herangezogenen Beispiele die These zu stützen. Der Haftgrund der Verdunkelungsgefahr und die Strafbarkeit aus §§ 164, 154, 153 oder 187 StGB lassen sich vielmehr damit erklären, dass der Grundsatz nicht die Verwirklichung zusätzlichen Unrechts gestattet[700]. Die Erfüllung von Rettungspflichten aus § 323c oder § 13 StGB wird sich in aller Regel ohne strafrechtliche Selbstbelastung verwirklichen lassen. Die Frage, ob § 275 Abs. 3 BGB als Vehikel dienen kann, den Grundsatz in zivilrechtliche Rechtsbeziehungen zu transportieren, gilt es in diesem Kontext gerade zu diskutieren (s.u. F. III. 2. e. aa. (i)). Schließlich entspricht die – nicht belegte – Behauptung, die Selbstbelastungsfreiheit gestatte dem Entführer nicht, der Polizei das Versteck des Opfers zu verheimlichen, und niemand würde hier an ein Verwertungsverbot denken[701], bereits nicht der lex lata: Die Landes-Polizeigesetze sehen ganz überwiegend ein Auskunftsverweigerungsrecht entsprechend § 55 StPO[702] oder ein kombiniertes Modell

---

695 *Rüster* wistra 1988, 49 (54).

696 *Hüttinger*, Schutz, S. 102; *K. Schäfer* in Dünnebier-FS, S. 11 (42); *Schuhr* in MüKo-StPO Vor §§ 133 ff. Rn. 81.

697 *Hüttinger*, Schutz, S. 102; S.u. F. III. 2. e. bb.

698 *Lucke*, Schutzrechte, S. 282; EGMR, *Urt.* v. 25.02.1993, Funke v. Frankreich, 10828/84, Rn. 41 ff.; *Hellmann* in Beulke-FS, S. 405 (416 f.) meint der Grundsatz greife nicht ein, die Zwangslage sei jedoch vergleichbar.

699 *Greco/Caracas* NStZ 2015, 7 (9).

700 *Rogall* NStZ 2006, 41 (42); *H. Schneider*, Grund und Grenzen, S. 30 f.

701 *Greco/Caracas* NStZ 2015, 7 (9, 12).

702 § 3 Abs. 3 HmbPolDVG; § 18 Abs. 6 ASOG Bln; § 14 Abs. 2 S. 2 SOG LSA; § 11 Abs. 3 SPolG. Fehlen Auskunftsverweigerungsrechte in den Polizeigesetzen (§ 13 BremPolG, § 9 PolG NRW, § 13 PAG TH, § 11 BbgPolG, Art. 12 PAG BY) ist umstritten, ob auf Vorschriften der allgemeinen Verwaltungsgesetze zurückgegriffen werden darf, *Schenke*, POR, Rn. 183.

aus Verweigerungsrecht und Verwertungsverbot[703] vor. Dass der Gesetzgeber hier über den durch nemo tenetur gebotenen Schutz hinausgegangen ist, erscheint sehr zweifelhaft[704]. Es kann sich daher kaum empfehlen, sein nemo-tenetur-Verständnis auf diese These zu stützen.

Diese Arbeit nähert sich dem „tenetur"-Element des nemo-tenetur-Grundsatzes aus zwei Richtungen. Zum einen wird in Konstellationen außerstrafprozessualen Aussagezwanges untersucht, welche Anforderungen an das Zwangsmoment zu stellen sind, um den Schutz des nemo-tenetur-Grundsatzes auszulösen, zum anderen wird für den inner-strafprozessualen Bereich gefragt, inwieweit der Anwendungsbereich des Grundsatzes tatsächlich auf Konstellationen von Aussage*zwang* beschränkt ist und nicht vielmehr ein erweitertes Verständnis geboten ist, das auch auf sonstige Weise staatlich verursachte Selbstbelastungen erfasst.

703 § 180 Abs. 2 S. 4, 5 LVwG SH; § 28 Abs. 4 S. 4, 5 SOG M-V; § 12 Abs. 2 S. 2–4 HSOG; § 12 Abs. 5 S. 2, 3 Nds. SOG; § 9a Abs. 3 POG RhPfl; § 20 Abs. 1 S. 5–8 PolG BaWü; ebenso § 20 Abs. 3 BPolG; anders § 18 Abs. 6 SächsPolG, der die Verweigerungsrechte relativiert ohne zugleich ein Verwertungsverbot vorzusehen.

704 Vgl. *Greco/Caracas* NStZ 2015, 7 (9), nach denen die in der Rechtsordnung vorhandenen Auskunftsverweigerungsrechte „weniger zwingende Folge des nemo-tenetur-Grundsatzes, sondern vielmehr Ausdruck gesetzgeberischer Billigkeit verkörpern".

D. Der nemo-tenetur-Grundsatz in der Beweisverbotsdogmatik

Als Grundlage der weiteren Bearbeitung, in der die Frage der Beweisverwertbarkeit eine zentrale Rolle einnehmen wird, soll im Folgenden die grundlegende Beweisverbotsdogmatik und die Rolle, die der nemo-tenetur-Grundsatz in ihr einnimmt, beleuchtet werden.

I. Grundlagen der Beweisverbotsdogmatik

Die Problematik der Beweis(verwertungs)verbote ist immer noch eines der kontroversesten Themen der Strafprozessrechtsdogmatik[705]. Allerdings handelt es sich mittlerweile weniger um einen Grundlagenstreit, als eine Diskussion von Einzelfragen. Die von der Rechtsprechung praktizierte Technik, das Eingreifen eines Verwertungsverbots von einer Einzelfallabwägung abhängig zu machen, hat sich von jeglicher Kritik unbeirrt gezeigt[706]. Diese „Abwägungslehre" dürfte mittlerweile – ob aus Überzeugung oder Resignation – auch von der herrschenden Lehre geteilt werden[707], wobei sich die literarischen Vertreter dabei um eine stärkerer Konturierung und Objektivierung des Abwägungsvorgangs bemühen[708]. Stellungnahmen zugunsten der ursprünglich als grundsätzlichen Gegenentwurf zur Abwägungslehre konzipierten Schutzzwecklehren[709] sind seltener geworden[710]. Bereichert wurde die Diskussion durch die Lehre von den Informationsbeherrschungsrechten[711], bei der es sich allerdings der Sache nach auch um eine Schutzzwecklehre handelt[712], und die Beweisbefugnislehre[713], die sich allerdings vorrangig um eine strukturelle

705 Zu den hier nicht zu vertiefenden Grundlagen der Thematik s. etwa *Ostendorf*, StrafprozessR, Rn. 371 ff.; *Beulke* in SSW-StPO Einl. Rn. 247 ff.

706 Ständige Rechtsprechung, s. nur BGH NJW 2015, 2594 (2596) mwN.; vom BVerfG gebilligt, s. NJW 2009, 3225 (3225) mwN.

707 *Rogall* ZStW 91 (1979), 1 (29 ff.); *Roxin* JR 2008, 16 (18); *T. Fischer* in KK-StPO Einl. Rn. 387; *Güntge* in Alsberg, Der Beweisantrag, Rn. 917; S. auch den Beschluss der Abteilung Strafrecht des DJT, 67. DJT, Sitzungsberichte, L176.

708 S. insb. *Rogall* in Theorie und Systematik, S. 113 (156).

709 Es gibt nicht *die* Schutzzwecklehre, vgl. nur den Überblick bei *Jäger*, Beweisverwertung, S. 82 ff.

710 *Grünwald* JZ 1966, 489 (492 ff.) *Beulke* ZStW 103 (1991), 657 (668); *Ostendorf*, StrafprozessR, Rn. 380; *Eisenberg*, Beweisrecht, Rn. 370; *Jäger*, Beweisverwertung, S. 131 ff.; *S. Schröder*, Beweisverwertungsverbote, S. 53; *Fezer*, Grundfragen, S. 25 f.

711 *Amelung*, Informationsbeherrschungsrechte, passim.

712 So auch *Jäger* GA 2008, 473 (477 Fn. 21).

713 *Jahn* in 67. DJT, C66 ff.

Einfassung des Abwägungsvorgangs bemüht und daher auch keine elementaren Neuerungen mit sich bringt.

Unter der Bezeichnung der Schutzzwecklehren wird eine Vielzahl unterschiedlicher Ansichten zusammengefasst, die der Ansatzpunkt eint, das Eingreifen eines Beweisverwertungsverbots von dem Schutzzweck der verletzten Beweiserhebungsvorschrift abhängig zu machen[714]. Nach diesem gemeinsamen Ausgangspunkt besteht dann aber Uneinigkeit darüber, wie genau der Schutzzweck gestaltet sein muss, damit sich ihm die Aussage entnehmen lässt, der Normverstoß müsse zur Unverwertbarkeit führen[715].

Da die Schutzzwecklehren begriffslogisch die Verletzung einer Beweiserhebungsvorschrift voraussetzen, ist ihr Anwendungsbereich zwangsläufig auf unselbstständige Beweisverwertungsverbote beschränkt[716]. Für selbstständige Verwertungsverbote greifen dann auch ihre Vertreter regelmäßig zur Abwägung[717].

Die Problematik der Schutzzwecklehren liegt sicherlich nicht in ihrer Prämisse. Im Gegenteil: Die These, der Gesetzgeber habe überall dort, wo er Beweiserhebungsverbote vorgesehen hat, die Abwägung zwischen Wahrheitsfindung und Justizförmigkeit bereits vorgenommen, sodass eine weitere Abwägung durch den Rechtsanwender unzulässig sei[718], ist geradezu bestechend. Problematisch ist vielmehr die Umsetzung auf den Einzelfall. Zu häufig lässt sich der Beweiserhebungsvorschrift eben keine klare Aussage über die Verwertbarkeit des rechtswidrig erhobenen Beweismittels entnehmen. In die Norm hineininterpretierte Schutzzwecke stellen dann häufig lediglich die eigene, vorweggenommene Ansicht des Rechtsanwenders über die Verwertbarkeit dar und sehen sich somit selbst dem Dezisionismus-Einwand ausgesetzt, den die Vertreter der Schutzzwecklehren allzu gern gegen die Abwägungslehre erheben[719]. Eine umfängliche Lösung aller Fragen der Beweisverwertbarkeit einzig anhand von Schutzzwecküberlegungen dürfte daher nicht zu leisten sein. Dies darf aber nicht über den richtigen Ausgangspunkt dieser Lehren hinwegtäuschen. Überall dort, wo sich der verletzten Norm tatsächlich eine

---

714 Es gibt nicht *die* Schutzzwecklehre, vgl. nur den Überblick bei *Jäger*, Beweisverwertung, S. 82 ff.

715 S. *Grünwald* JZ 1966, 489 (492 f.): endgültiger Verbrauch des Schutzzwecks durch die Verletzung oder Vollendung/Vertiefung der Verletzung durch die Verwertung; *Fezer*, Grundfragen, S. 25 f.: Ausdruck der staatlichen Selbstbeschränkung bei der Wahrheitsfindung; *S. Schröder*, Beweisverwertungsverbote, S. 53: Individualschutz.

716 Unselbstständige Verwertungsverbote knüpfen an einen Normverstoß bei der Beweiserhebung an, während selbstständige Verwertungsverbot von einem solchen unabhängig sind. Diese in der Beweisverbotsdogmatik allgemein anerkannte Differenzierung geht zurück auf *Dencker*, Verwertungsverbote, S. 10, S. 101 und *Rogall* ZStW 91 (1979), 1 (3).

717 *Beulke* ZStW 103 (1991), 657 (678 f.); *Ostendorf*, StrafprozessR, Rn. 380.

718 *Beulke* ZStW 103 (1991), 657 (668); *Ostendorf*, StrafprozessR, Rn. 380; *Eisenberg*, Beweisrecht, Rn. 370.

719 Zu dieser Gleichartigkeit der Vorwürfe vgl. *Müssig* GA 1999, 119 (120).

Aussage über die Verwertbarkeit entnehmen lässt, muss dieser Aspekt gegenüber anderen Überlegungen Vorrang genießen. Bei Verwertungsfragen sollte daher zunächst immer der Normzweck darauf überprüft werden, ob sich ihm eine hinreichend klare Antwort auf die Verwertungsfrage entnehmen lässt.

Die grundsätzliche Relevanz von Schutzzweckerwägungen ist auch in der Rechtsprechung anerkannt. Entgegen dem hier vertretenen Standpunkt wird ihnen allerdings kein ausdrücklicher Vorrang gegenüber sonstigen Abwägungsparametern eingeräumt. Beispiele, in denen der Normzweck ausschlaggebend war, finden sich in der Rechtsprechung vorrangig dann, wenn ein Verwertungsverbot abgelehnt wurde[720]. In der Tat dürfte in dem Großteil der Fälle, in denen sich den gesetzlichen Vorschriften eine Antwort auf die Verwertbarkeitsfrage entnehmen lässt, diese negativ ausfallen. Überall dort, wo die Norm den Zweck verfolgt, außerprozessuale Interessen zu schützen, muss ein Verwertungsverbot ausscheiden[721].

In dieselbe Richtung geht die Rechtskreistheorie des BGH, bei der es sich der Sache nach um eine personelle Schutzzwecklehre handelt. Aufgegeben hat der BGH dieses wiederholt totgesagte[722] Kriterium lediglich insoweit, als es nicht der alleinige Maßstab zur Bestimmung eines Beweisverwertungsverbots sein kann. Es besteht jedoch im Rahmen der Abwägungs-Lehre in der Funktion eines Ausschlusskriteriums fort. Ist der Rechtskreis betroffen, ist ein Beweisverwertungsverbot möglich, ohne dass sein Eingreifen feststeht. Ist der Rechtskreis nicht betroffen, scheidet ein Verwertungsverbot aus. Die Betroffenheit des Rechtskreises des Beschuldigten ist somit notwendige nicht aber hinreichende Bedingung für das Eingreifen eines Beweisverwertungsverbots.

Andersherum stellt der BGH positiv zur Begründung eines Verwertungsverbot auf Schutzzweckerwägungen ab[723], wenn er die Formel bemüht, ein Verwertungsverbot läge dort nahe, wo „die verletzte Verfahrensvorschrift bestimmt ist, die Grundlagen der verfahrensrechtlichen Stellung des Beschuldigten zu sichern“[724].

II. Nemo-tenetur-Grundsatz und Beweisverbotsdogmatik

Relevanz im Bereich der Beweisverbotsdogmatik gewann der nemo-tenetur-Grundsatz vor allem in der Konstellation der Missachtung der Belehrungsvorschrift des § 136 Abs. 1 S. 2 StPO. Nach lange entgegengesetzter Rechtsprechung und heftiger literarischer Kritik hat sich der BGH 1991 dazu durchgerungen, ein Beweisverwertungsverbot für die unterlassene Beschuldigtenbelehrung anzuerkennen[725]. Diese Entscheidung verdient Beifall. Die mit dem Verzicht auf Aussagezwang verbundene

720 Vgl. BGH NJW 2013, 1827 (1828); BGH NJW 1971, 1097 (1098).
721 BGH NJW 2013, 1827 (1828); BGH NJW 1971, 1097 (1098).
722 S. *Jahn* in 67. DJT C41 mwN.
723 Vgl. *Jäger* in HK-GS Vor §§ 133 ff. Rn. 13 f.
724 BGHSt 38, 214 (220).
725 BGHSt 38, 214.

Wertentscheidung würde nur unvollständig vollzogen, würde der Beschuldigte hierüber im Unklaren gelassen und aus seiner Unkenntnis Profit geschlagen.

Der Nemo-tenetur-Grundsatz nimmt in der Beweisverbotsdogmatik eine gewisse Sonderstellung ein[726]. Während ein Beweisverwertungsverbot nach der dargelegten herrschenden Meinung das Ergebnis einer Abwägung zwischen den Belangen des Beschuldigten und der Strafrechtspflege sein soll, was dazu führt, dass es stets auf die Umstände des Einzelfalles ankommt, wird für die Selbstbelastungsfreiheit ein absoluter Schutz dergestalt konstruiert, dass er einer Abwägung entweder von vornherein entzogen ist oder jedenfalls die widerstreitenden Strafverfolgungsinteressen generell überwiegt[727]. In der Sache steht auch der BGH auf diesem Standpunkt, auch wenn er es bedauerlicherweise unterlassen hat, sich zu einer klaren Abwägungsfeindlichkeit des nemo-tenetur-Grundsatzes zu bekennen, sondern sich auf die Feststellung beschränkt, der Abwägungsvorgang gehe regelmäßig zugunsten eines Verwertungsverbots aus, wenn die verletzen Verfahrensvorschriften der Sicherung der verfahrensrechtlichen Stellung des Angeklagten dienen[728].

Zu einem eindeutigen Ergebnis der Unverwertbarkeit bei Betroffenheit der Selbstbelastungsfreiheit gelangen die Lehren, die den Schutzzweck der verletzten Beweiserhebungsnorm als (allein) maßgebliches Kriterium ansehen[729].

Die verbreitete Bereitschaft, Verwertungsverbote als Rechtsfolge eines Verstoßes gegen nemo tenetur anzuerkennen, dürfte ihre tiefere Ursachen in folgendem Umstand haben, der hier bereits thesenartig formuliert, im Laufe der Arbeit aber noch verstärkt herausgearbeitet werden soll: Das Erfordernis eines absoluten Verwertungsverbots folgt aus der Natur des nemo-tenetur-Grundsatzes. Der Grundsatz schützt davor, entgegen der eigenen Verfahrenszielbestimmung instrumentalisiert zu werden. Jene Instrumentalisierung liegt nicht bereits in dem Zwang zur Produktion selbstbelastender Beweismittel, sondern ist erst dort vollendet, wo diese Beweismittel auch zum Nachteil des Beschuldigten eingesetzt werden[730]. Der Verwertungsakt ist somit gerade Teil der Verletzung des nemo-tenetur-Grundsatzes[731]. Das Verwertungsverbot ist in diesem Fall nicht als wie auch immer geartete Reaktion auf eine Rechtsverletzung anzusehen, sondern verhindert diese[732].

---

726 Vgl. *Dannecker* ZStW 127 (2015), 370 (398).

727 *Roxin* HRRS 2009, 186 (187); *Deiters* ZJS 2009, 198 (202); *Rogall* in SK-StPO § 136 Rn. 75 f.

728 BGHSt 38, 214 (220).

729 *Velten* ZJS 2008, 76 (82); *Grünwald*, Beweisrecht, S. 146.

730 *Keller*, Provokation, S. 132.

731 *Rogall* in Kohlmann-FS, S. 465 (497); *R. Müller* EuGRZ 2001, 546 (555); ähnlich auch *Dannecker* ZStW 127 (2015), 370 (398).

732 Vgl. *Kölbel*, Selbstbelastungsfreiheiten, S. 71 f.; *Rogall* in SK-StPO Vor §§ 133 ff. Rn. 132; ähnlich auch *Peres*, Beweisverbote, S. 122: Verwertung wäre eine erneute Verletzung; vgl. auch den bereits in diese Richtung gehenden Ansatz von *Grünwald* JZ 1966, 489 (492 f.).

III. Die Fernwirkung

Mit dem Begriff der Fernwirkung wird die Fragestellung gekennzeichnet, ob neben dem unverwertbaren Beweismittel selbst auch solche mittelbaren Erkenntnisse unverwertbar sind, zu denen das primäre Beweismittel erst den Weg gewiesen hat[733].

Die Rechtsprechung steht der Annahme einer Fernwirkung von Beweisverwertungsverboten grundsätzlich ablehnend gegenüber. Nur in Ausnahmekonstellationen wurde eine solche anerkannt[734]. Sie beruft sich dabei stets auf das Argument, ein einziger Verfahrensfehler dürfe nicht das gesamt Verfahren „lahm legen"[735]. Dieser allein kriminalpolitische Aspekt wird dabei dogmenartig wiederholt, ohne dass jemals eine dogmatische Begründung oder eine Auseinandersetzung mit den zahlreichen Gegenstimmen erfolgt wäre[736].

Neben der generellen Befürwortung einer Fernwirkung[737], finden sich differenzierende Ansichten, die deren Eingreifen vom Normzweck[738] oder einer Interessenabwägung[739] abhängig machen. Sowohl auf Grundlage der Abwägungs-[740] als auch der Schutzzwecklösung[741] ist die Bereitschaft zu verzeichnen, bei Verletzungen des nemo-tenetur-Grundsatzes von einer Fernwirkung auszugehen. Unter den Verfechtern einer Fernwirkung ist wiederum umstritten, ob von einer solchen eine Ausnahme zu machen ist, wenn die mittelbaren Beweismittel auch unabhängig von dem unmittelbaren, bemakelten Beweismittel in die Hände der Ermittlungsbehörden gelangt wären, sog. *hypothetischer Ersatzeingriff*[742]. Es wird zu zeigen sein, dass sich diese Fragen unter unmittelbarem Rekurs auf die Natur des Grundsatzes beantworten lassen[743].

---

733 *Meyer-Goßner/Schmitt*, StPO, Einl Rn. 57.

734 BGH NJW 1980, 1700: Verstoß gegen § 7 Abs. 3 S. 2 a.F. G 10.

735 BGH NJW 1978, 1390 (1391); BGH NStZ 1984, 275 (276); BGH JR 1988, 426 (427); NJW 2006, 1361 (1363).

736 *Fezer* JZ 1987, 937 (938 f.); *Jahn* in 67. DJT C.92 f.

737 *Ransiek* in Beulke-FS, S. 949 (958).

738 *Jäger*, Beweisverwertung, S. 226 ff.; *Beulke* in SSW-StPO Einl. Rn. 267; *Ranft*, StrafprozessR, Rn. 1619; so auch der Beschluss der Abteilung Strafrecht des DJT, 67. DJT, Sitzungsberichte, L177.

739 LG Frankfurt a.M. StV 2003, 325 (327); *Rogall* ZStW 91 (1979), 1 (39 f.); *Senge* in KK-StPO Vor § 48 Rn. 47; *T. Fischer* in KK-StPO Einl. Rn. 397.

740 *Rogall* ZStW 91 (1979), 1 (40); *Eisenberg*, Beweisrecht, Rn. 408.

741 *Beulke* ZStW 103 (1991), 657 (669).

742 Befürwortend *Ransiek* in Beulke-FS, S. 949 (960); *Beulke* in SSW-StPO Einl. Rn. 272; *Jäger*, Beweisverwertung, S. 226 ff.; ablehnend *Jahn* in 67. DJT, C77 f.; hiervon zu unterscheiden ist die Fragestellung, ob derartige Erwägungen bereits im Rahmen der Prüfung der Verwertbarkeit des unmittelbaren Beweismittels ein Rolle spielen dürfen, s. *Beulke* aaO. Rn. 271 f.

743 S.u. E. III. 2. a. cc.

IV. Die sog. Widerspruchslösung

In einem Atemzug mit der Anerkennung des Beweisverwertungsverbots für die unterbliebene Belehrung schuf[744] der BGH ein Instrument, das geeignet ist, die Folgen dieser Entscheidung erheblich zu relativieren[745]: die sog. *Widerspruchslösung*. Hiernach ist der verteidigte Beschuldigte verpflichtet, der Verwertung bis zu dem in § 257 Abs. 2 StPO genannten Zeitpunkt zu widersprechen[746]. Für den unverteidigten Beschuldigten gilt dies nur, wenn er hierauf ausdrücklich hingewiesen wurde[747]. Unterlässt der Beschuldigte den Widerruf, ist seine Aussage trotz Verstoßes gegen die Belehrungspflicht verwertbar[748]. Von dem Verstoß gegen die Belehrung über die Aussagefreiheit wurde die Widerspruchslösung zunächst auf andere Belehrungsvorschriften[749] und später auch auf andere Beweisverbots-Konstellationen übertragen[750]. Weiter verschärft wurde das Widerspruchserfordernis, indem es um eine Pflicht zur Begründung erweitert wurde, die zumindest die Angriffsrichtung erkennen lassen muss[751]. Dieser Begründung soll konkretisierend-begrenzende Funktion zukommen[752]. Das BVerfG hat die Widerspruchslösung gebilligt[753].

Bereits die dogmatische Grundlage der Widerspruchslösung ist unklar. Versuche, sie mit dem Gedanken des Verzichts oder der Verwirkung zu rechtfertigen, können nicht gelingen[754]. Überwiegend wird der Widerspruch als Tatbestandsmerkmal

744 Es handelt sich nicht um eine komplette Neuschöpfung, das Widerspruchserfordernis taucht bereits vorher in der Rechtsprechung auf, allerdings in anderem Kontext, s. die Übersicht bei *Meyer-Goßner/Appl* StraFo 1998, 258 (258); umfassend *Dudel*, Widerspruchserfordernis, S. 29 ff.; *Ufer*, Verwertungswiderspruch, S. 86; hält die Widerspruchslösung aufgrund der Abweichungen von den Vorgängern dennoch für ein „prozessuales Novum". Eine Verselbstständigung der Widerspruchslösung gegenüber ihren Wurzeln und die Einbindung in eine neue Logik beschreibt auch *Weßlau* StV 2010, 41 (44).

745 Vgl. *Meurer* in Roxin-FS, S. 1281 (1285); s. auch *Jahn* StraFo 2011, 117 (123), der den Entstehungsgrund der Widerspruchslösung in der „beratungstaktischen Notwendigkeit" vermutet, ein „Gegengewicht" zur Anerkennung eines Beweisverwertungsverbots" zu schaffen.

746 BGHSt 38, 214 (225 f.).

747 BGHSt 38, 214 (226).

748 Ebd.

749 BGH NStZ 1996, 291 (292) (Verteidigerkonsultationsrecht), BGH NJW 2007, 3587 (Art. 36 WÜK).

750 BGH, *Urt.* v. 18.06.1996 – 1 StR 281/96 , juris, (Verdeckter Ermittler); BGH NStZ-RR 2001, 257 (260) (Telekommunikationsüberwachung); BGH NJW 2005, 1060 (1061) (Durchsuchung); OLG Hamburg NJW 2008, 2597 (2600) (Richtervorbehalt in § 81a Abs. 2 StPO).

751 BGH NJW 2007, 3587 (3588).

752 BGH NJW 2007, 3587 (3589).

753 BVerfG NStZ 2012, 496 (499 Rn. 124).

754 BayObLG NJW 1997, 404 (406); *Tolksdorf* in Graßhof-FG, S. 255 (261 f.); *Ufer*, Verwertungswiderspruch, S. 80.

für die Entstehung eines Beweisverwertungsverbots[755], teilweise auch als Fall der Rügepräklusion verstanden[756]. Auf letzterem aufbauend, wird auch eine dogmatische Neudeutung des Widerspruchs als Unterfall des Zwischenrechtsbehelfs nach § 238 Abs. 2 StPO vorgeschlagen[757]. Die BGH-Rechtsprechung ist hier uneindeutig und lässt sich für die eine wie für die andere Sichtweise in Anspruch nehmen[758]. Den Versuch einer eigenen dogmatischen Begründung hat die Rechtsprechung nie unternommen. Sie praktiziert eine Kombination aus dem Tatbestands-Ansatz und einem Festhalten an dem Zeitpunkt des § 257 Abs. 2 StPO, wie es sich nicht nur vom Boden der Tatbestandskonstruktion aus nicht sinnvoll begründen[759], sondern in den daraus gezogenen Konsequenzen auch nicht aus der Einordnung als Fall der Rügepräklusion rechtfertigen lässt, auch wenn auf dieser Grundlage das Erfordernis eines Widerspruchs gerade in der Hauptverhandlung grundsätzlich Sinn ergibt[760].

Ein zuvor im Ermittlungsverfahren ergangener Widerspruch soll nicht ausreichen[761]. Ebenso wenig könne der Widerspruch in der Berufungsverhandlung[762] oder der neuen Hauptverhandlung nach Zurückweisung durch das Revisionsgericht wirksam erhoben werden[763]. Die Unbeachtlichkeit des Widerspruchs im Ermittlungsverfahren beseitigt praktisch die Wirkung von Beweisverwertungsverboten im Ermittlungsverfahren[764] und produziert eine Friktion zwischen den Konsequenzen der Widerspruchslösung und der Pflicht zur qualifizierten Belehrung[765]. Für die Unwirksamkeit in der Berufungsverhandlung und der neuen Hauptverhandlung nach Zurückweisung kann es unabhängig von der dogmatischen Einordnung des Widerspruchs überhaupt keine Erklärung ergeben. Sie widerspricht dem Wesen

755 *Schlothauer* in Lüderssen-FS, S. 761 (767); *Kuhn* JA 2012, 891 (891); *Maul/Eschelbach* StraFo 1996, 66 (67); *Widmaier* NStZ 1992, 519 (521); *Meyer-Goßner/Appl* StraFo 1998, 258 (260); *Ignor* in Rieß-FS, S. 185 (193 Fn. 37).

756 BayObLG NJW 1997, 404 (406); *Rogall* in Geppert-FS, S; *Hartwig* JR 1998, 359 (361 f.).

757 *Mosbacher* NStZ 2011, 606 (610 f.); *ders.* in Rissing-van-Saan-FS, S. 357.

758 S. *Kasiske* NJW-Spezial 2011, 376 (378); *Mosbacher* in Widmaier-FS, S. 339 (343 f.) *Ufer*, Verwertungswiderspruch, S. 79 hält hingegen eine andere Einordnung als die als Tatbestandsmerkmal für nicht mehr möglich. Die vorsitzende Richterin am BGH *Rissing-van-Saan* bestreitet, dass die Rechtsprechung den Widerspruch als Tatbestandsmerkmal ansähe (in 67.DJT, Sitzungsberichte, L152).

759 *Rogall* in Geppert-FS, S. 519 (534); *Maiberg*, Widerspruchsabhängigkeit, S. 238.

760 *Maiberg*, Widerspruchsabhängigkeit, S. 238, 243; *Mosbacher* NStZ 2011, 606 (610).

761 BGH NStZ 1997, 502; a.A. *Meyer-Goßner/Appl* StraFo 1998, 258 (263); *Basdorf* StV 1997, 488 (491); *Schlothauer* StV 2006, 397 (397).

762 OLG Stuttgart NStZ 1997, 405; OLG Karlsruhe, *Beschl.* v. 12.4.2010 – 10 U 1217/08, BeckRS 2010, 14212.

763 BGH JZ 2006, 473; BayObLG NJW 1997, 404.

764 S. *Ostendorf*, StrafverfahrensR, Rn. 236; *Schlothauer* in Lüderssen-FS, S. 761 (768).

765 S. *Deiters* ZJS 2009, 198 (201); *Kasiske* ZIS 2009, 319 (323); *ders.* NJW-Spezial 2011, 376 (377); *Rogall* in Geppert-FS, S. 519 (522, 533 ff.); zur qualifizierten Belehrung s.u. D. V.

der Verhandlung in der Berufungsinstanz und der neuen Hauptverhandlung nach Zurückweisung als komplette Neuverhandlung[766].

Solange der Widerspruchslösung ein dogmatischer Unterbau fehlt, ist sie nicht fähig, ein Eigenleben unabhängig von Einzelfallentscheidungen zu entfalten. Die uneinheitliche und wenig systematische Ausformung, die das Widerspruchserfordernis durch den BGH und insbesondere auch durch die Oberlandesgerichte erfahren hat, kann daher nicht überraschen.

Weiter leidet die Widerspruchslösung an einem Begründungsdefizit. Lässt man die als Motivation der Rechtsprechung vermutete[767] Relativierung von Verfahrensfehlern, um eine materiell als richtig empfundene Entscheidung nicht aufgrund formeller Mängel aufheben zu müssen, als offensichtlich ungeeignete Begründungsgrundlage außer Betracht, fehlt es an einer tragfähigen Grundlage.

Die Rechtsprechung begründet die Widerspruchslösung mit der Überlegung, der Verteidiger könne am besten darüber entscheiden, ob das Berufen auf ein Beweisverwertungsverbot sinnvoll sei[768]. Dieser Begründung liegt unausgesprochen die Annahme zugrunde, dass Verwertungsverbote überhaupt auch zu Ungunsten des Angeklagten greifen können. Bereits diese Prämisse erscheint jedoch angreifbar, wenn man mit einer verbreiteten Ansicht davon ausgeht, Verwertungsverbote seien als Belastungsverbote zu verstehen[769]. Unabhängig hiervon verlangt der Gedanke der Dispositionshoheit lediglich, dem Verteidiger die Möglichkeit einzuräumen, ausnahmsweise die Verwertbarkeit unverwertbarer Aussagen herbeiführen zu können. Dies rechtfertigt allerdings nicht, stets – nämlich bis zum ausdrücklichen Widerspruch – davon auszugehen, der Verteidiger strebe die Verwertbarkeit an. Das Modell eines Widerspruchs bietet sich überall dort an, wo ein Abweichen von dem als normal unterstellten Zustand derart unwahrscheinlich ist, dass dem Betroffenen zugemutet werden kann, selbst aktiv zu werden, um den von ihm gewollten Zustand herbeizuführen[770]. Die Konstellation, dass der Beschuldigte ein Interesse an der Verwertung seiner vorherigen Aussage hat, dürfte praktisch den Ausnahmefall bilden[771]. Der unterstellte Normalzustand im oben genannten Sinn kann daher nur

766 *Kudlich* NJW-Spezial 2011, 376 (376 f.); *Hartwig* JR 1998, 359 (362 f.); *Hamm* StV 2010, 418 (421); *Fezer* JZ 2006, 474 (476); *Basdorf* StV 1997, 488 (492).

767 *Meyer-Mews* StraFo 2009, 141 (143); *Nagel* StraFo 2013, 221 (222).

768 BGHSt 38, 214 (226).

769 S. *Roxin/G. Schäfer/Widmaier* StV 2006, 655 (656); *Weßlau* StV 2010, 41 (45); *Jahn/Geck* JZ 2012, 561 (566); einschränkend *Rogall* in SK-StPO § 136 Rn. 79; so auch der Beschluss der Abteilung Strafrecht des DJT, 67. DJT, Sitzungsberichte, L179; a.A. *Dallmeyer*, Beweisführung, S. 171; *Kleinknecht* NJW 1966, 1537 (1543); *Meyer-Goßner*, StPO, Einl Rn. 55a; *Jähnke* in Wahrheitsfindung und ihre Schranken, S. 69 (69 f.); *Radtke* in Radtke/Hohmann, StPO, Einl Rn. 85.

770 Vgl. die in anderen Rechtsgebieten und Zusammenhängen geführte Diskussion um sog. „opt in"- und – regelmäßig unzulässige – „opt out"-Verfahren, etwa bei § 7 Abs. 2 Nrn. 2, 3 UWG oder § 4a Abs. 1 BDSG, s. hierzu BGH NJW 2008, 3055.

771 *Tolksdorf* in Graßhof-FG, S. 255 (266).

sein, dass der Verteidiger die Unverwertbarkeit der Aussage anstrebt. Die Widerspruchslösung legt also in unzulässiger Weise den faktischen Ausnahmefall als normativen Regelfall zugrunde[772]. Ein an der tatsächlichen, regelmäßigen Interessenlage ausgerichtetes Modell, hätte vielmehr so auszusehen, dass bei Passivität des Verteidigers von der Unverwertbarkeit auszugehen ist, dieser aber die Möglichkeit hat, die Verwertbarkeit herbeizuführen, indem er der Unverwertbarkeit widerspricht bzw. – positiv gewendet – der Verwertung zustimmt[773].

Als weitere Begründung für die Widerspruchslösung wird das Erfordernis endgültiger Klarheit über die Verwertbarkeit eines Beweismittels innerhalb der Tatsacheninstanz angeführt[774]. Soweit hiermit das Bestreben gemeint ist, dem Verteidiger die Möglichkeit abzuschneiden, sich Verfahrensfehler gleichsam für die Revision „aufzusparen"[775], reiht sich die Widerspruchslösung ein in eine Liste gesetzgeberischer und rechtsprechender Tätigkeit zur Bekämpfung „dysfunktionalen Verteidigungsverhaltens"[776]. Es erscheint bereits zweifelhaft, ob ein solches Verteidigervorgehen überhaupt praktiziert wird und wenig legitim, einzelnen vermuteten Missbrauchsfällen zu begegnen, indem die gesamte Verteidigerschaft unter Generalverdacht gestellt wird[777]. Weit häufiger als den gewieften, auf Schaffung eines Revisionsgrundes bedachten Verteidiger dürfte der Rügeverlust den überforderten Verteidiger treffen, der die Möglichkeit eines Verwertungsverbots selbst nicht erkannt hat[778].

Jedenfalls aber lässt sich auch hier die Zustimmungslösung als ebenso geeignetes Mittel anführen[779]. Kommt das Gericht nach eigener Prüfung zum Ergebnis der Unverwertbarkeit, fragt es den Beschuldigten bzw. dessen Verteidiger, ob er

---

772 *Tolksdorf* in Graßhof-FG, S. 255 (266), die Überlegung von *Mosbacher* in Rissing-van-Saan-FS, S. 357 (359), dass ein Beweisverwertungsverbot die Ausnahme von der Regel darstelle, verfängt demgegenüber nicht. Entscheidend ist, dass die Konstellation, dass der Beschuldigte ein Interesse an der Verwertbarkeit hat, die Ausnahme darstellen wird.

773 Für eine solche Zustimmungslösung *Kasiske* NJW-Spezial 2011, 376 (377), *Jahn* in 67. DJT, C112, C128; *ders.* StraFo 2011, 123 s. den entsprechenden Vorschlag des Strafrechtsausschusses der Bundesrechtsanwaltskammer bei *Schlothauer/Jahn* RuP 2012, 222 sowie den Beschluss der Abteilung Strafrecht des DJT, 67. DJT, Sitzungsberichte, L 178; a.A. *Hamm*, Revision, Rn. 1059 der die Widerspruchslösung gegenüber einer Zustimmungslösung für vorzugswürdig hält; gegen ein Zustimmungsmodell auch *Rogall* JZ 2009, 818 (830).

774 *Mosbacher* in Rissing van Saan-FS, S. 357 (359).

775 *Mosbacher* in Rissing van Saan-FS, S. 357 (367); *ders.* NStZ 2011, 606 (608).

776 *Gaede* wistra 2010, 210 (210 ff.); *Ventzke* in Fezer-FS, S. 477 (487); vgl. insb. die Rechtsprechung zur sog. „Rügeverkümmerung" BGH GS NJW 2007, 2419; BVerfG NJW 2009, 1469.

777 *Velten* ZJS 2008, 76 (80); *Tolksdorf* in Graßhof-FG, S. 255 (264).

778 *Roxin* in Hanack-FS, S. 1 (22).

779 *Gaede* HRRS 2007, 402 (405).

der Verwertung zustimmen will[780]. Tut er dies, so – Disponibilität vorausgesetzt – entfällt das Verwertungsverbot. Es liegt tatbestandlich nicht mehr vor. Als Revisionsgrund ist es damit ausgeschlossen. Eine grundlose Rücknahme der Einwilligung wird man nicht zulassen können. Der einzige Mehraufwand gegenüber der Widerspruchslösung liegt darin, dass das Gericht selbst die Verwertbarkeit zu prüfen hat. Dies entspricht aber lediglich seiner Aufgabe zur Gewährleistung eines rechtmäßigen Verfahrens[781]. Ebenso entspricht es der gesetzlichen Pflichtenverteilung, der Revision stattzugeben, wenn in der Tatsacheninstanz ein Verwertungsverbot übersehen wurde, denn in einem solchen Fall liegt zweifellos und zu allererst eine Pflichtverletzung durch das Gericht vor, während beim Verteidiger bereits zweifelhaft ist, ob überhaupt eine entsprechende Pflicht besteht, die verletzt sein könnte.

Soweit der BGH diesen Begründungsansatz überhaupt der von ihm praktizierten Widerspruchslösung zugrunde legt, verfolgt er ihn wenigstens nicht konsequent: Die eröffnete Möglichkeit eines Widerspruchs mit Rücknahmemöglichkeit konterkariert im Gegenteil die Zielsetzung einer frühzeitigen Klarheit über die Verwertbarkeit geradezu[782]. Einer Widerspruchslösung, die den Verteidiger dazu anhält, jeder Beweisverwertung prophylaktisch, aufgrund des Begründungserfordernisses unter jedem denkbaren Gesichtspunkt[783] und auch nicht etwa nur für von der Rechtsprechung anerkannte Verwertungsverbote, zu widersprechen[784], um die Revisibilität eines möglichen Verfahrensverstoßes zu erhalten, entfaltete im Gegenteil sogar ein ganz erhebliches Potential zur Verzögerung der Prozessführung[785].

Die durch die Widerspruchslösung begründete primär oder gar Allein-Verantwortlichkeit des Verteidigers beruht auf einer unzutreffenden, der Grundstruktur des deutschen Strafprozesses zuwiderlaufenden Rollenverteilung[786]. In einem von der Instruktionsmaxime geprägten Verfahren obliegt die Einhaltung des Prozessrechts zunächst dem Gericht[787]. Das Erfordernis der Einrede-ähnlichen Geltendmachung von Verfahrensfehlern, wie sie nur unter Geltung der Dispositionsmaxime

780 *Kasiske* NJW-Spezial 2011, 376 (377); *Roxin* in Hanack-FS, S. 1 (23).

781 *Kasiske* NJW-Spezial 2011, 376 (377).

782 *Fezer* JZ 2006, 474 (476).

783 S. BGH NJW 2007, 3587 (3588).

784 S. BGH NJW 2007, 3587.

785 vgl. *Gaede* wistra 2010, 210 (215).

786 *Ignor* in Rieß-FS, S. 183 (193) erkennt hierin gerade einen Vorteil der Widerspruchslösung. Auch wenn man de lege ferenda einen solchen Systemwechsel befürwortet, kann sein Vollzug jedoch jedenfalls nicht der Rechtsprechung obliegen. *Velten* ZJS 2008, 76 (81 f.) weist daraufhin, dass die Rechtsprechung nur einseitig dem Beschuldigten nachteilige Elemente aus dem Parteiprozess importiert.

787 *Bosch*, Aspekte, S. 343; *Fezer* JR 1992, 385 (386 f.); *Tolksdorf* in Graßhof-FG, 255 (266); *Kasiske* NJW-Spezial 2011, 376 (377).

vorkommen kann[788], verträgt sich hiermit nicht[789]. Die Zerstörung dieser Verfahrensstruktur ist in der Widerspruchslösung jedenfalls angelegt, da in ihr die Gefahr ruht, dass sich die übrigen Verfahrensbeteiligten aus der Verantwortung stehlen[790]. Bereits vollzogen scheint sie in der Rechtsprechung einiger OLG[791], die davon ausgehen, der Widerspruch sei zwingende Voraussetzung für die Annahme eines Verwertungsverbots durch das Gericht. Dem Gericht sei es untersagt, ein Verwertungsverbot anzunehmen, ohne dass der Verteidiger der Verwertung widerspricht. Durch ein solches Vorgehen verletze es seine Pflichten aus § 244 Abs. 2 und § 261 StPO. Hier wird also nicht nur der Verteidiger in die (Mit-)Verantwortung für die Beachtung von Beweisverwertungsverboten genommen, es wird weitergehend das Gericht aus diesem Bereich komplett ausgeschlossen. Dasselbe gilt für die Staatsanwaltschaft. Hätte man von der „Wächterin des Gesetzes“[792] sogar eine Pflicht zum Widerspruch zu erwarten[793], soll der Staatsanwaltschaft nicht einmal das Recht zustehen, der Verwertung eines Beweismittels zu widersprechen[794]. Abweichend von der sonst geltenden Objektivitätsverpflichtung wird sie in Folge der Widerspruchslösung in die Rolle einer Prozesspartei gedrängt und entgegen der Grundvorstellung der StPO zum reinen, einseitigen Ankläger[795].

---

788 vgl. *Beulke* StV 2010, 442 (444 f.), der darauf hinweist, dass selbst die vom Dispositionsgrundsatz geprägt ZPO Hinweispflichten kennt (§ 139 Abs. 1 S. 2, Abs. 2 S. 1 ZPO).

789 *Lesch* JA 1995, 157 (162); *Bohlander* NStZ 1992, 504 (506); *Maul/Eschelbach* StraFo 1996, 66 (70); *Rogall* in SK-StPO § 136 Rn. 78; *Cramer/Bürgle*, Beweisverwertungsverbote, S. 78.

790 Vgl. *Feigen* in Theorie und Systematik, S. 161 (164): „[...]die Widerspruchslösung[...] [läuft] Gefahr sich Verteidigungsfehler geradezu zu Nutze zu machen“; ähnlich *Roxin* in Hanack-FS, S. 1 (22); weitergehend noch *Velten* ZJS 2008, 76 (80 f.), nach der der Mögliche Machtmissbrauch des Verteidigers verhindert werde, indem den Ermittlungsbehörden ihrerseits ein Mittel zum Machtmissbrauch an die Hand gegeben werde.

791 OLG Frankfurt a.M. NStZ-RR 2011, 46 (48); BayObLG NJW 2007, 404 (405); OLG Celle, *Urt.* v. 29.8.1996 – 2 Ss 144/96, juris.

792 Zu dem Begriff s. *Schünemann* ZIS 2009, 484 (486 Fn. 19); vgl. aber auch die Relativierung in Nr. 147 Abs. 1 S. 2 RiStBV .

793 So *Dahs* StraFo 1998, 253 (258); vgl. auch *Schünemann* ZIS 2009, 484 (486).

794 *Maul/Eschelbach* StraFo 1996, 66 (70); *Dudel*, Widerspruchserfordernis, S. 81; *Ufer*, Verwertungswiderspruch, S. 82 f.; *Kaufmann* NStZ 1998, 474 (475); die Möglichkeit eines Widerspruchs durch die Staatsanwaltschaft bestünde allerdings auf Grundlage der Ansicht von *Mosbacher* NStZ 2011, 606 (611).

795 *Dudel*, Widerspruchserfordernis, S. 82 ff; krit. Zur Auswirkung der Widerspruchslösung auf die Rolle der Staatsanwaltschaft auch *Kaufmann* NStZ 1998, 474 (475). Eine konsequente Fortentwicklung der Staatsanwaltschaft zu einer Prozesspartei, so diese denn tatsächlich gewollt ist, würde im Übrigen voraussetzen, ihr ebenfalls Rügeobliegenheiten aufzuerlegen. Auf diese Ungleichbehandlung im Bereich der Präklusionen weist *C. Richter* AnwBl 1995, 407 (408) hin.

Schließlich dürfte die Widerspruchslösung die aus dem Grundsatz der Gewaltenteilung abzuleitenden Grenzen richterlicher Rechtsfortbildung überschreiten[796]. Dem wird regelmäßig entgegengehalten, der BGH habe mit der Widerspruchslösung keine Einschränkung der Beschuldigtenrechte vorgenommen, sondern würde diese durch die Schaffung der Beweisverwertungsverbote gerade erweitern, weshalb ihm auch freistehen müsste, deren Voraussetzungen zu definieren[797]. Bei den Beweisverwertungsverboten handelt es sich jedoch nicht um freie Rechtsschöpfung, sondern um verfassungsrechtliche oder einfachgesetzlich vorgegebene Ergebnisse[798]. Insbesondere das Verwertungsverbot nach unterbliebener Beschuldigtenbelehrung ist zwingende Folge der Anerkennung des nemo-tenetur-Grundsatzes. Dass der BGH dies jahrzehntelang verkannt hat, rechtfertigt nicht, den überfälligen Sinneswandel so darzustellen, als handele es sich um eine Wohltat des Gerichts zugunsten der Beschuldigtenrechte[799]. Der Prämisse der Rechtsprechung, Beweisverwertungsverbote als Ergebnis einer Abwägung zwischen Strafverfolgungsinteressen und solchen des Beschuldigtenschutzes zu gewinnen, kann eine Berechtigung insofern nicht abgesprochen werden, als sich das Institut der Beweisverwertungsverbote nun einmal in besonderem Maße in diesem Spannungsfeld bewegt. Auch wenn man die von der Rechtsprechung praktizierte Abwägungsdogmatik akzeptiert, folgt hieraus jedoch nicht, dass es dem Gericht freistehe, den Abwägungsvorgang willkürlich um weitere Kriterien zu erweitern. Bei der Einführung einzelner Kriterien kann es sich vielmehr immer nur um Unterfälle der genannten Hauptkriterien handeln. Das Ausbleiben eines Widerspruchs führt nun aber weder zu einer Erhöhung der Strafverfolgungsinteressen, noch mindert es das Gewicht des Beschuldigtenschutzes. Es existiert daher keine dogmatisch schlüssige Begründung dafür, dem Unterbleiben des Widerspruchs im Rahmen der Abwägung Relevanz beizumessen[800].

Auch wenn man den Widerspruch nicht als Tatbestandsmerkmal, sondern als Fall der Rügepräklusion begreift, gerät man in Friktion zum Vorbehalt des Gesetzes. Nach der Systematik der StPO sind Präklusionsregeln Fremdkörper im Strafprozess[801].

---

796 *Kasiske* NJW-Spezial 2011, 376 (376); *Roxin/Schünemann* § 24 Rn. 34; *Jahn* in 67. DJT, C112; *Dallmeyer*, Beweisführung, S. 70; *Velten* ZJS 2008, 76 (83) *Jäger* in HK-GS § 136 StPO Rn. 31; *Eschelbach* in BeckOK-StPO § 257 Rn. 22; in diese Richtung auch *Dahs* StraFo 1998, 253 (258); a.A. *Kudlich* HRRS 2011, 114 (115), *ders.* in 67. DJT, C94; *Rogall* JZ 2008, 818 (830).

797 *Meyer-Goßner* StraFo 1998, 258 (261); *Kudlich* HRRS 2011, 114 (115), *ders.* in 67. DJT, C94; *Maul/Eschelbach* StraFo 1996, 66 (67); *Basdorf* StV 1997, 488 (491); *Kuhn* JA 2010, 891 (891).

798 *Kasiske* NJW-Spezial 2011, 376 (376); *Jahn* in 67. DJT, C 111; *Velten* ZJS 2008, 76 (83); s. auch *Tolksdorf* in Graßhof-FG, der darauf hinweist, dass es sich bei richterlicher Rechtsfortbildung nie um freie Rechtsschöpfung handeln könne.

799 *Jahn* in 67. DJT, C112.

800 *Tolksdorf* in Graßhof-FG, S. 255 (264); *Ufer*, Verwertungswiderspruch, S. 84.

801 *Fezer* StV 1997, 57 (58); *Kudlich* HRRS 2011, 114 (115).

Insbesondere fehlt eine § 295 ZPO vergleichbare allgemeine Präklusionsvorschrift[802]. Die wenigen strafprozessualen Präklusionsregeln[803] sind daher als Ausnahmevorschriften zu begreifen[804]. Die Schaffung weiterer entsprechender Regelungen ist damit dem Gesetzgeber vorbehalten.

Der Widerspruchslösung fehlt das zu ihrer Rechtfertigung und zu ihrer einheitlichen Fortentwicklung erforderliche dogmatische Fundament. Weiter mangelt es ihr an einer legitimen Begründung. Insbesondere wird die Dispositionshoheit der Verteidigung durch eine Zustimmungslösung ebenso gewahrt. Die einzige stringent verfolgte Zielsetzung, das Beweisverwertungsverbot auf Gedeih und Verderb dem Geschick des Strafverteidigers auszuliefern, ist mit der Grundstruktur des Strafprozessrechts unvereinbar und daher jedenfalls im Rahmen richterlicher Rechtsfortbildung unzulässig.

Auch wenn die Widerspruchslösung somit verfehlt erscheint, ist sie geltendes (Richter-)Recht und Verfahrenswirklichkeit. Eine Abkehr der Rechtsprechung erscheint ausgeschlossen und ein Tätigwerden des Gesetzgebers steht nicht zu erwarten. Die Praxis wird sich daher mit der Widerspruchslösung zu arrangieren haben und auch die Wissenschaft darf, will sie praktikable Ergebnisse liefern, ihre Existenz nicht ignorieren – freilich ohne dabei angesichts der Macht der Rechtsprechung zu kapitulieren.

V. Die Fortwirkung und die Pflicht zur qualifizierten Belehrung

Eine Besonderheit der Beweisverbotsdogmatik, die regelmäßig in Fällen mit nemo-tenetur-Berührung auftritt, ist die sog. *Fortwirkung von Beweisverwertungsverboten.* Mit diesem Schlagwort wird die Fragestellung umschrieben, ob ein Beweisverwertungsverbot nicht nur der Verwertung des rechtswidrig erhobenen Beweises, sondern auch der ordnungsgemäßen Wiederholung der Beweiserhebung entgegensteht[805].

Es ist grundsätzlich möglich, eine fehlerhafte Beweiserhebung fehlerfrei zu wiederholen, um so zu einem verwertbaren Beweisergebnis zu gelangen[806]. Die Strafverfolgungsorgane sind aufgrund ihrer Aufklärungspflicht hierzu sogar gehalten[807].

Im Fall der unterbliebenen Belehrung ist daher daran zu denken, den Beschuldigten schlicht erneut zu vernehmen und diesmal ordnungsgemäß zu belehren. Hier stellt

802 *Jahn* in 67. DJT, C111; *Meyer-Mews* StraFo 2009, 141 (142); *Eisenberg*, Beweisrecht, Rn. 429; nach *Rogall* in Geppert-FS, S. 519 (535 Fn. 113) ließe sich das der Widerspruchslösung nicht entgegen halten.

803 §§ 6a S. 3, 16 S. 3, 25, 222b Abs. 1 S. 1 StPO.

804 *Eisenberg* aaO. Fn. 181; *Widmaier* NStZ 1992, 519 (520).

805 *Meyer-Goßner*, StPO, Einl Rn. 57a.

806 *Weßlau* in Das Folterverbot, S. 69 (70); *Rogall* in Geppert-FS, S. 519 (530).

807 *Weßlau* in Das Folterverbot, S. 69 (71); *Rogall* in Geppert-FS, S. 519 (530).

sich nun die Frage, ob dem Verwertungsverbot eine Fortwirkung dergestalt zukommt, dass auch die in der zweiten Vernehmung gemachten Angaben unverwertbar sind.

Zu Recht wird davon ausgegangen, dass der Beschuldigte, der unter dem Eindruck steht, seine erste, ohne Belehrung abgegebene Aussage könne gegen ihn verwendet werden, in seiner Aussagefreiheit mindestens ebenso eingeschränkt ist wie der Beschuldigte, der irrig annimmt, zur Aussage verpflichtet zu sein[808]. An die Stelle des Irrtums, zur Aussage verpflichtet zu sein, dessen Verhinderung die ursprüngliche Belehrung bezweckt[809], tritt nunmehr die Fehlvorstellung, die bisher gemachten Angaben seien verwertbar, die Ausübung des Schweigerechts daher sinnlos. Dass durch Nachholung der einfachen Belehrung, der Irrtum über die Aussagepflicht ausgeräumt wird, genügt daher nicht. Eine unter diesen Bedingungen abgegebene Aussage muss grundsätzlich ebenfalls unverwertbar sein. Diese Fortwirkung kann aber beseitigt werden, indem der Beschuldigte darüber aufgeklärt wird, dass die unbelehrt abgegebene Aussage einem Verwertungsverbot unterliegt, sog. *qualifizierte Belehrung*[810]. Eine solche Pflicht zur qualifizierten Belehrung ist mittlerweile in der Rechtsprechung anerkannt[811].

Der Zweck der qualifizierten Belehrung liegt also darin, zu ermöglichen, eine verwertbare Aussage durch Wiederholung der Vernehmung zu gewinnen. Sie trägt dem Umstand Rechnung, dass die Wiederholung allein unzureichend ist, da der ursprüngliche Verfahrensfehler fortwirkt[812]. Es geht hier zwar nicht um Heilung i.t.S., da sich an der Unverwertbarkeit der primären Aussage nichts ändert, wohl aber um eine Form der Neutralisierung des Verfahrensfehlers[813].

Diese Zielsetzung zeigt zugleich die Grenzen der Pflicht zur qualifizierten Belehrung auf. Hinsichtlich der Aussagefreiheit erschöpft sich der Sinn der qualifizierten Belehrung in der Wiederherstellung des status quo ante. Es soll die noch fortbestehende Wirkung des Belehrungsfehlers beseitigt werden. Eine weitergehende Informationsfunktion kommt der qualifizierten Belehrung nicht zu. Es handelt sich nicht um eine allgemeine Rechtsbelehrung[814]. Die Ausweitung auf andere als Belehrungsfehler erscheint daher verfehlt[815]. Nach Spontanäußerungen und informatorischen

---

808 *Roxin* JR 2008, 16 (18); *Rogall* in SK-StPO § 136 Rn. 60.

809 *Deiters* ZJS 2009, 198 (198); zum telos der Belehrungspflicht ausführlich F. II. 1. b. aa. (i).

810 Der Begriff geht zurück auf *Schünemann* MDR 1969, 101 (102); vorher schon *Grünwald* JZ 1968, 752 (754).

811 BGH NStZ 2009, 281 (282); anders noch BGH NJW 1968, 1388 (1389 f.).

812 *Rogall* JZ 2008, 818 (826).

813 *Rogall* in Geppert-FS, S. 519 (530); *Schuhr* in MüKo-StPO § 136 Rn. 69; von Heilung sprechen *Geppert* in Meyer-GS, S. 93 (94) und *Meyer-Goßner/Schmitt*, StPO, § 136 Rn. 9.

814 *Rogall* in Geppert-FS, S. 519 (521).

815 *Rogall* in Geppert-FS, S. 519 (521); s. aber LG Heilbronn, *Urt.* v. 16.12.2004 – 5 Ns 41 Js 26937/02, juris, Rn. 90 ff.: Qualifizierte Belehrung nach rechtswidriger Durchsuchung.

Befragungen kann eine entsprechende Pflicht nur bestehen, wenn zu Unrecht nicht in die Beschuldigtenvernehmung übergegangen wurde und mithin ein Belehrungsverstoß vorliegt[816]. Diese unverzichtbare Verknüpfung mit einem vorherigen Belehrungsfehler kommt auch zum Ausdruck, wenn man die Pflicht zur qualifizierten Belehrung aus dem Gedanken der Ingerenz ableitet[817].

Umstritten ist, ob ein Verstoß gegen diese Pflicht ebenso wie gegen die primäre Belehrungspflicht ein absolutes Beweisverwertungsverbot nach sich zieht[818] oder ob der Verfahrensverstoß gegen die Belange einer effektiven Strafverfolgung abzuwägen ist[819]. Der letztgenannte, vom BGH vertreten Standpunkt erscheint inkonsequent. Nachdem man anerkannt hat, dass der Verstoß gegen die primäre Belehrungspflicht ein Beweisverwertungsverbot nach sich zieht und dieser Verstoß fortwirkt, lässt sich ein anderes Ergebnis als die erneute Unverwertbarkeit nicht begründen. Die den zentralen Faktor der Abwägung des BGH bildende Frage, ob sich der Beschuldigte an seine früheren Angaben gebunden glaubt, erscheint dann hier auch falsch aufgehoben. Sie bildet die Grundvoraussetzung dafür, dass überhaupt eine Pflicht zur qualifizierten Belehrung besteht und muss daher bereits auf Tatbestands- und nicht erst auf Rechtsfolgenseite erörtert werden[820]. Besteht eine solche Fehlvorstellung nicht, fehlt es an der Fortwirkung des Verfahrensverstoßes, sodass es keinen Grund für eine qualifizierte Belehrung gibt. Ein Verwertungsverbot kommt dann von vornherein nicht in Betracht. Es erscheint allerdings denkbar, wie bei der primären Belehrungspflicht – und entgegen dem BGH[821] – das Vorliegen einer entsprechenden Fehlvorstellung als Regelfall zu vermuten[822]. In tatsächlicher Hinsicht erscheint eine solche Fehlvorstellung mindestens ebenso wahrscheinlich wie der Irrtum über das Bestehen einer Aussagepflicht. Normativ streitet für eine solche Vermutung, dass es sich um die Fortsetzung des Irrtums über die Aussagefreiheit handelt, sodass es nahe liegt, beide Wissensdefizite gleich zu behandeln[823].

---

816 BGH NStZ 2009, 702 (703); *Ranft*, StrafprozessR, Rn. 343; *Rogall* in Geppert-FS, S. 519 (520 Fn. 5); a.A. AG Tiergarten StV 1983, 277; *Eisenberg*, Beweisrecht, Rn. 509a.

817 So *Schünemann* MDR 1969, 101 (103); krit. *Rogall* in Geppert-FS, S. 519 (526).

818 So die ganz herrschende Literaturmeinung, s. *Roxin* JR 2008, 16 (18 f.); *ders.* HRRS 2009, 186; *Neuhaus* StV 2010, 45; *Deiters* ZJS 2009, 198 (202); *Kasiske* ZIS 2009, 319 (322); *Jäger* JA 2013, 155 (157); *Rogall* in SK-StPO § 136 Rn. 87; *Jäger* in HK-GS § 136 StPO Rn. 44; *Beulke* in SSW-StPO Einl. Rn. 274 und einige Instanzgerichte, s. LG Frankfurt a.M. StV 2003, 325 (326); LG Dortmund NStZ 1997, 356 (357) (allerdings jeweils zu § 136a StPO).

819 BGH NStZ 2009, 281 (282), OLG Hamm NStZ-RR 2009, 283 (285); *Diemer* in KK-StPO § 136 Rn. 27a; *Meyer-Goßner/Schmitt*, StPO, § 136 Rn. 9.

820 OLG Hamm NStZ-RR 2009, 283 (285), *Rogall* in Geppert-FS, S. 519 (522 f.).

821 BGH NStZ 2009, 281 (282); s. *Kasiske* ZIS 2009, 319 (322), der in dieser „Beweislastregel" den eigentlichen Hintergrund der Abwägungslösung des BGH erblickt.

822 *Kasiske* ZIS 2009, 319 (322 f.); a.A. *Rogall* in Geppert-FS, S. 519 (540).

823 Vgl. *Kasiske* ZIS 2009, 319 (322); *Deiters* ZJS 2009, 198 (202).

Hieraus resultiert auch keine merkliche Belastung für die Ermittlungsbehörden. Die Praxis dürfte im Gegenteil mit einer pauschalen Pflicht zur qualifizierten Belehrung besser umgehen können, als mit einer komplizierten Einzelfallprüfung.

Torpediert wird das Erfordernis einer qualifizierten Belehrung allerdings durch die Widerspruchslösung[824]. Während einerseits das Verwertungsverbot, über das qualifiziert belehrt werden soll, auf Grundlage der Tatbestandslösung noch gar nicht entstanden ist, wird andererseits eine Belehrung, die den Hinweise auf das Erfordernis eines Widerspruchs enthält, den Beschuldigten regelmäßig eher verwirren, als ihn in die Lage zu versetzen, die ihm zustehende Rechte auszuüben[825]. Es bleibt abzuwarten, ob es gelingen kann, die sich aus dem Zusammenspiel der beiden Institute ergebenden Friktionen sinnvoll aufzulösen. Der naheliegendste und zu favorisierenden Weg bestünde darin, die Widerspruchslösung schlicht aufzugeben[826].

824 S.o. D. IV.; *Deiters* ZJS 2009, 198 (201); *Kasiske* ZIS 2009, 319 (323); *ders.* NJW-Spezial 2011, 376 (377); *Rogall* in Geppert-FS, S. 519 (522, 533 ff.).

825 *Deiters* ZJS 2009, 198 (201); *Rogall* in Geppert-FS, S. 519 (533 f.).

826 *Kasiske* ZIS 2009, 319 (323).

E. Außerstrafprozessuale Auskunftspflichten

Dass keine Pflicht des Beschuldigten besteht, im Strafverfahren auszusagen, ist gesicherter Kernbestand des nemo-tenetur-Grundsatzes, lange anerkannt und bereits durch die lex lata hinreichend garantiert. Die Rechtsordnung kennt allerdings vielfach Auskunftspflichten, die außerhalb des Strafprozessrechts zu anderen Zwecken als der strafprozessualen Sachverhaltsaufklärung normiert sind. Bezichtigt sich der Auskunftspflichtige in Erfüllung dieser Pflicht selbst einer Straftat, ruft dies die Frage der Vereinbarkeit derartiger Pflichten mit dem nemo-tenetur-Grundsatz auf den Plan. Diesen Konflikt aufzulösen, ist Gegenstand des folgenden Abschnitts.

I. Der „Gemeinschuldner-Beschluss" des BVerfG

Mit der hier zu behandelnden Fragestellung beschäftigte sich BVerfGE 56, 37 anhand der Auskunftspflicht des Gemeinschuldners nach § 100 der Konkursordnung (KO), dem Vorgänger der heutigen Insolvenzordnung. Dieser Beschluss bildet die Blaupause zur Auflösung des Konflikts außerstrafprozessualer Auskunftspflichten mit dem nemo-tenetur-Satz.

1. Zentrale Aussagen

§ 100 KO sah vor, dass der Gemeinschuldner verpflichtet ist, „dem Verwalter, dem Gläubigerausschuss und auf Anordnung des Gerichts der Gläubigerversammlung über alle das Verfahren betreffenden Verhältnisse Auskunft zu geben". § 101 KO hielt Zwangsmittel zur Durchsetzung dieser Pflicht bereit. In dem der Entscheidung zugrundeliegenden Verfahren hatte der spätere Beschwerdeführer eine entsprechende Auskunft mit der Begründung verweigert, dass gegen ihn ein Ermittlungsverfahren wegen eines Konkursvergehens anhängig sei und er sich durch die Beantwortung möglicherweise selbst strafrechtlich belasten müsste. Ein solches Verweigerungsrecht wurde von der damaligen h.M. auch bei drohender strafrechtlicher Selbstbelastung nicht anerkannt[827]. Das Konkursgericht ordnete daraufhin Beugehaft an, wogegen der Schuldner nach Erschöpfung des Rechtswegs Verfassungsbeschwerde erhob. Diese wurde vom BVerfG als unbegründet zurückgewiesen. Als Prüfungsmaßstab dienten dem Gericht die allgemeine Handlungsfreiheit, das Persönlichkeitsrecht und die Menschenwürde[828]. Anhand verschiedener Beispiele legte das Gericht zunächst dar, dass die Rechtsordnung kein „ausnahmsloses Gebot" des Inhalts kenne, dass „niemand zu Auskünften oder sonstigen Handlungen gezwungen werden darf, durch die er eine von ihm begangene Straftat offenbart". Einen

827 *Bömelburg*, Selbstbelastungszwang, S. 49 ff. mwN. zum Meinungsstreit.
828 Der vom Beschwerdeführer ebenfalls gerügte Art. 4 GG bleibt unerörtert. Zum Verhältnis der Selbstbelastungsfreiheit zur Gewissensfreiheit, s.o. Fn. 481.

umfassenden Schutz genössen vielmehr nur Zeugen, Prozessparteien und insbesondere der Beschuldigte im Strafverfahren oder entsprechenden Verfahren. Für Personen in anderen Verfahrensrollen gelte dies nicht. Die Rechtsordnung kenne hier vielmehr umfassende Auskunftspflichten, fachrechtliche Aussageverweigerungsrechte und Auskunftspflichten mit strafprozessualem Verwertungsverbot. Ein maßgebliches Kriterium erblickte das Gericht hierbei insbesondere darin, ob der Betroffene in einer durch freien Willensentschluss begründeten besonderen Pflichtenstellung steht[829]. Ein solcher Fall liege auch im Fall des Gemeinschuldners vor. Er sei im Konkurs ein zentraler Informationsträger, von dessen Mitwirkung die ordnungsgemäße Abwicklung des Verfahrens abhänge. Durch die Verweigerung der Mitwirkung würde er den Schuldner schädigen, gegenüber dem er in einem besonderen Pflichtenverhältnis steht. Entsprechend der Struktur des Art. 2 Abs. 1 GG, der keinen lückenlosen Schutz gewähre, seien diese Aspekte mit dem Interesse des Grundrechtsträgers abzuwägen. Zu einer solchen Abwägung sei der Gesetzgeber befugt, solange es um die Erfüllung eines berechtigten Informationsbedürfnisses gehe und nicht darum, dass der Auskunftgebende selbst die Voraussetzungen einer strafrechtlichen Verurteilung schaffen soll. Erst ein Zwang zu letzterem wäre „unzumutbar und mit der Würde des Menschen unvereinbar“. Um eben jene Konsequenz für die Auskunftspflicht des Gemeinschuldners zu vermeiden, sei die konkursrechtliche Auskunftspflicht um ein strafrechtliches Verwertungsverbot zu ergänzen. Die mögliche Zweckentfremdung der konkursrechtlich erzwungenen Selbstbezichtigung mache das strafprozessuale Schweigerecht illusorisch und stelle daher eine unverhältnismäßige Beeinträchtigung des Persönlichkeitsrechts dar. Die Befugnis des BVerfG zur entsprechenden verfassungskonformen Rechtsfortbildung ergäbe sich aus dem Charakter der Konkursordnung als vorkonsitutionellem Recht. Das Verwertungsverbot im Detail auszugestalten, obliege jedoch dem Gesetzgeber.

2. Die nemo-tenetur-Dogmatik des Gemeinschuldner-Beschlusses

Die verfassungsrechtlichen Überlegungen des BVerfG zur Selbstbelastungsfreiheit erscheinen auslegungsbedürftig. Bezüglich der grundrechtlichen Anknüpfung der Selbstbelastungsfreiheit operiert das BVerfG mit der allgemeinen Handlungsfreiheit, dem Persönlichkeitsrecht und der Menschenwürde. Die konkursrechtliche Auskunftspflicht als solche misst es dann an Art. 2 Abs. 1 GG und wägt entsprechend der Relativität der vermittelten Schutzposition mit den entgegenstehenden Interessen ab[830]. Eine Betroffenheit der Menschenwürde sei erst dann gegeben, wenn der Betroffene gezwungen würde, durch die eigenen Aussagen die Voraussetzungen einer strafrechtlichen Verurteilung zu schaffen[831]. Zur Begründung rekurriert das BVerfG

829 Krit. hierzu *Gallandi* wistra 1987, 127 (128).
830 BVerfGE 56, 37 (49).
831 BVerfGE 56, 37 (49).

auf den Gedanken der Unzumutbarkeit[832]. Das Erfordernis des Verwertungsverbots wird dann auf die anderenfalls vorliegende unverhältnismäßige Beeinträchtigung des Persönlichkeitsrechts gestützt[833].

In der Literatur werden die Ausführungen des BVerfG allgemein dahingehend interpretiert, dass das BVerfG den nemo-tenetur-Satz als im allgemeinen Persönlichkeitsrecht aus Art. 2 Abs. 1 GG i.V.m. Art. 1 Abs. 1 GG verankert sieht[834]. Während seine Geltung in anderen Verfahrensordnungen dem abwägungsfähigen durch Art. 2 Abs. 1 gewährleisteten Bereich zuzuordnen sei, betreffe die Geltung im Strafprozess den abwägungsresistenten Menschenwürdekern[835].

In anderen Entscheidungen hat das BVerfG stets auch andere Verfassungsgrundsätze, namentlich die Menschenwürde und das Rechtsstaatsprinzip, zur Begründung der Selbstbelastungsfreiheit bemüht und sich hier nie eindeutig festgelegt[836]. Die zentralen Aussagen des Gemeinschuldner-Beschlusses beanspruchen unabhängig von der Verortung im allgemeinen Persönlichkeitsrecht Geltung[837].

Die entscheidende Erkenntnis liegt darin, dass das Interesse, selbstbelastende Angaben zu vermeiden, teilweise absolut und teilweise nur relativ, in Abwägung mit widerstreitenden Interessen, geschützt ist. Entscheidend für die Zuordnung ist, ob die Angaben strafprozessual genutzt werden können. Nach hier vertretener Ansicht ist nur der absolute Schutz im Fall strafprozessualer Verwertungsmöglichkeit Ausdruck des nemo-tenetur-Grundsatzes. Der Grundsatz schützt den Betroffenen davor, im Interesse des gegen ihn gerichteten strafprozessualen Aufklärungsinteresses instrumentalisiert zu werden. Durch die Instrumentalisierung wird das Schutzgut der prozessualen Autonomie betroffen. Besteht die Auskunftspflicht nun nicht im strafprozessualen Interesse bzw. zu strafprozessualen Zwecken, fehlt es am Moment der Instrumentalisierung und damit an der Schutzgutsbetroffenheit.

Die Fortgeltung der Aussagepflicht bei Anerkennung eines Beweisverwertungsverbots ist nicht das Ergebnis einer Abwägung zwischen einem abgeschwächt geltenden nemo-tenetur-Grundsatz und den Interessen Dritter i.S.e. Rechtfertigung des Eingriffs. Mit der Ausschaltung der Gefahr einer strafrechtlichen Verfolgung wird vielmehr die Schutzbereichsbetroffenheit des Grundsatzes aufgehoben[838]. Es mag

---

832 BVerfGE 56, 37 (49).

833 BVerfGE 56, 37 (50).

834 S. etwa *Benz*, Selbstbelastungen, S. 17 f.; *Queck*, Geltung, S. 213.

835 Vgl. *Queck*, Geltung, S. 131 f.; *Rogall* in SK-StPO Vor §§ 133 ff. Rn. 132.

836 S. etwa BVerfG NStZ 1995, 555 (555); BVerfG NJW 1975, 103 (103); BVerfG NJW 1981, 1087 (1087); BVerfG NJW 2002, 1411 (1412).

837 So auch *Queck*, Geltung, S. 213.

838 Vgl. *Kölbel*, Selbstbelastungsfreiheiten, S. 72, der von einer „Neutralisier[ung]" des Eingriffs spricht; ähnlich *Rogall* in SK-StPO Vor §§ 133 ff. Rn. 132; a.A. *Kleinheisterkamp*, Kreditwesengesetz, S. 267 ff.; S.375 ff., die von einem gerechtfertigten Eingriff ausgeht.

eine Abwägung mit anderen Rechtsgütern erfolgen, ein Konflikt mit der Selbstbelastungsfreiheit stellt sich nicht (mehr)[839].

Das BVerfG hält dann auch den nach Ausschluss der strafrechtlichen Verfolgung verbleibenden „Rest" für verfassungsrechtlich schutzwürdig. Es ordnet ihn dem durch Art. 2 Abs. 1 GG geschützten allgemeinen Persönlichkeitsrecht zu. In der Tat lässt sich der Zwang, eigenes Versagen oder Fehlverhalten zu offenbaren, nicht als grundrechtsneutral einstufen[840]. Ein entsprechendes Geheimhaltungsinteresse erscheint vielmehr prima facie schutzwürdig und unterfällt Art. 2 Abs. 1 GG. Die endgültige Schutzwürdigkeit solcher Geheimhaltungsinteressen wird sich jedoch nur in Abwägung mit dem widerstreitenden Offenbarungsinteresse bestimmten lassen. Besonders hoch anzusetzen erscheint die Schutzwürdigkeit des Geheimhaltungsinteresses, wenn ein Verstoß gegen Strafvorschriften und damit ein sozialschädliches Verhalten offenbart werden muss. Den besonderen, absoluten Schutz des nemo-tenetur-Grundsatzes genießt dieses Interesse aber nur, wenn der Beschuldigte durch die Offenbarung zugleich seiner eigenen Verurteilung zuarbeitet[841]. Hieran fehlt es, wenn die Gefahr einer strafrechtlichen Verurteilung ausgeschlossen ist. Aus diesem Grund kommt dem Zeugen im Strafprozess kein Auskunftsverweigerungsrecht nach § 55 StPO zu, wenn die Tat, die er offenbaren müsste, verjährt oder aus sonstigen Gründen nicht verfolgbar ist[842]. Die reine Ehrrürigkeit der Offenbarung wird kaum dadurch gemindert, dass die Tat nicht mehr strafrechtlich geahndet werden kann[843]. Ansätze, die die Einlassungsfreiheit mit der Ehrwidrigkeit der Offenlegung eigener Verfehlungen zu begründen versuchen[844], stoßen daher hier bereits an ihre Grenzen. Durch den Ausschluss der strafrechtlichen Verfolgung fehlt es gerade an dem den Schutz des nemo-tenetur-Grundsatzes auslösenden Instrumentalisierungsmoment. Ebenso verhält es sich bei Vorliegen eines strafprozessualen Verwertungsverbots.

---

839 Vgl. *Wolff*, Selbstbelastung, S. 107, der zwischen dem Schutz im Strafverfahren und in anderen Verfahrensordnungen einen qualitativen und nicht bloß quantitativen Unterschied erkennt.

840 *Rogall* in SK-StPO Vor §§ 133 ff. Rn. 132.

841 Vgl. *Wolff*, Selbstbelastung, S. 106 f., nach dem die „‚Peinlichkeit' sich selbst als Straftäter darstellen zu müssen" kein Fall der von ihm sog. Ausstrahlungswirkung sei, sondern nur von einem zu weiten nemo-tenetur-Verständnis erfasst würde.

842 BGH, *Urt.* v. 14.1.1958 – 5 StR 503/57; *Huber* in BeckOK-StPO § 55 Rn. 5.

843 *Kleinheisterkamp*, Kreditwesengesetz, S. 204 meint sogar die Aussage sei im gleiche Maße unzumutbar.

844 In diese Richtung *M. Meyer* SchAZtg 2000, 49 (49): „Demütigung", der sich dann aber dennoch gegen eine Geltung zugunsten des rechtskräftig Abgeurteilten ausspricht, aaO. (51); dazu, dass dem Grundsatz kein „Sensibilitätsgebot" zu entnehmen ist bereits B. III. 2. a.; *Lagodny* StV 1996, 167 (171 Fn. 54) schlägt den nemo-tenetur-Grundsatz zwar dem Persönlichkeitsrecht in Form des Ehrschutzes zu, argumentiert aber damit, die strafrechtliche Verurteilung stelle einen Eingriffe in den Ehrschutz dar, woraus sich als „Kehrseite" das Schweigerecht ergebe, da dem einzelnen nicht auferlegt werden dürfe, die tatsächlichen Voraussetzungen für diesen Eingriff zu schaffen. Hiergegen *Queck*, Geltung, S. 165 ff.

Auch hier ist ausgeschlossen, dass der Auskunftspflichtige selbst zu seiner strafprozessualen Verurteilung beiträgt. Die spezifische Konstellation des nemo-tenetur-Grundsatzes stellt sich somit nicht. Der Betroffene genießt daher auch nicht den absoluten Schutz dieses Prinzips. Das verbleibende persönlichkeitsrechtlich fundierte Interesse, eigene Verfehlungen nicht offenbaren zu müssen, ist allein durch Art. 2 Abs. 1 GG geschützt und kann und muss daher einem überwiegenden Offenbarungsinteresse weichen.

3. Die (angebliche) Geltung des nemo-tenetur-Grundsatzes außerhalb des Strafverfahrens

Die Zulässigkeit eines außerstrafprozessualen Aussagezwangs begründet das BVerfG durch die widerstreitenden Interessen, die von der strafprozessualen Situation abweichen[845]. Dem Schweigerecht des Beschuldigten steht hier nicht das staatliche Interesse einer Aufklärung des gegen den Beschuldigten gerichteten Vorwurfs entgegen, sondern das wirtschaftliche Interesse eines privaten Dritten[846]. Anders als bei strafprozessualem Aussagezwang hält das BVerfG hier das Schweigerecht einerseits für überhaupt abwägungsfähig und lässt es zum anderen in der Abwägung unterliegen. Das Abwägungsergebnis wird dabei maßgeblich auf zwei Aspekte gestützt: Zum einen die Tatsache, dass die Aussagepflicht aus einer freiwillig eingegangenen Sonderbeziehung resultiert und zum anderen, dass der Betroffene anderenfalls aufgrund besonders schädlichem, nämlich strafbarem, Verhalten besser gestellt würde als der gewöhnliche Gemeinschuldner[847]. Des Weiteren wird das Informationsinteresse des Dritten hoch angesetzt, weil er sich die Information regelmäßig nicht anders beschaffen kann[848].

Der entscheidende Gesichtspunkt ist allerdings in der Ergänzung der konkursrechtlichen Regelung um ein strafprozessuales Verwertungsverbot zu erblicken. Die hiermit ermöglichte Abschottung gegenüber dem Strafverfahren erlaubt es dem BVerfG überhaupt erst, den Schutzbereich von Art. 1 Abs. 1 GG zu verlassen und das Schweigerecht einer Abwägung preiszugeben. Mit dem Bereich des Strafverfahrens verlässt man den klassischen Anwendungsbereich des nemo-tenetur-Grundsatzes. Dieser ist, wie seine Natur als Justizgrundrecht zum Ausdruck bringt, an das Vorliegen eines strafrechtlichen Vorwurfs gekoppelt[849]. Soweit gerade auch im Anschluss an den Gemeinschuldner-Beschluss von der Geltung des Grundsatzes in anderen Verfahrensordnungen die Rede ist[850], ist dies jedenfalls missverständlich.

845 BVerfGE 56, 37 (49).
846 BVerfGE 56, 37 (49).
847 BVerfGE 56, 37 (46, 50).
848 BVerfGE 56, 37 (48).
849 *Rau*, Schweigen, S. 38; *Queck*, Geltung, S. 211.
850 *Rogall* in SK-StPO Vor §§ 133 ff. Rn. 135, Fn. 852; *Momsen* ZIS 2011, 508 (513); *Knauer/Buhlmann* AnwBl 2010, 387 (389); *Zapfe*, Compliance, S. 152; *Wastl/Litzka/Pusch* NStZ 2009, 68 (Fn. 37a).

Auch dort ist der Grundsatz unbestritten stets von der Gefahr einer *strafrechtlichen* Selbstbelastung abhängig. Es geht nicht um einen zivilprozessualen oder verwaltungsrechtlichen nemo-tenetur-Grundsatz, in dem Sinne, das verfahrensinterne Ziel des Prozessgegners durch eigenes Verhalten unterstützen zu müssen[851]. Es geht stets um den Schutz davor, sich selbst einer Straftat bezichtigen zu müssen. Es handelt sich somit nicht um eine eigenständige Geltung des nemo-tenetur-Grundsatzes in der jeweiligen Verfahrensordnung, sondern um flankierende Schutzbestimmungen der strafprozessualen Selbstbelastungsfreiheit[852]. Teilweise wird insofern auch von der „Ausstrahlungswirkung" des nemo-tenetur-Satzes gesprochen[853]. Das besondere, den Schutz des nemo-tenetur-Grundsatz auslösende Moment liegt in der Unterwerfung und Instrumentalisierung des Beschuldigten im Sinne der gegen ihn gerichteten staatlichen Zielvorstellung der strafprozessualen Verdachtsaufklärung. Ein solches ist bei der Offenbarung in einem Zivil- und Verwaltungsverfahren nicht unmittelbar gegeben. Die Aussage dient einem anderen Zweck als der Durchsetzung des Strafanspruchs[854]. Der Betroffene wird nicht zur Aussage gezwungen, um diese strafprozessual gegen ihn zu verwenden, es fehlt somit an der das Instrumentalisierungsmoment zum Ausdruck bringenden finalen Verknüpfung von Aussagezwang und strafprozessualer Verwertung.

Bei isolierter Betrachtung des jeweiligen Verfahrens erscheint der nemo-tenetur-Grundsatz somit nicht einschlägig und es nicht erforderlich den Betroffenen entsprechend zu schützen[855]. Die Betroffenheit der Selbstbelastungsfreiheit wird erst mittelbar dadurch hergestellt, dass mit der Einführung der in Erfüllung der Auskunftspflicht gemachten Angaben in das Strafverfahren zu rechnen ist. Mit einer solchen Einführung wäre das strafprozessuale Schweigerecht hinfällig[856]. Der Grundsatz würde so umgangen. Das im Strafverfahren weiterhin garantierte Schweigerecht wäre inhaltsleer. Die mit dem nemo-tenetur-Grundsatz verbriefte

---

851 Vgl. den zivilprozessualen Grundsatz *nemo tenetur armare adversarium contra se*, nach dem keine Partei gehalten ist, dem Gegner für seinen Prozesssieg das Material zu verschaffen, über das er nicht schon von sich aus verfügt, BGH NJW 1958, 1491 (1492); NJW 1990, 3151 (1352), der allerdings vielfach durchbrochen wird und daher kaum als Gegenstück des strafprozessualen nemo tenetur gelten kann; vgl. *Schlosser* JZ 1991, 599; s. auch *Taupitz*, Pflicht, S. 30 f.; *Winkler v. Mohrenfels*, Informationsleistungspflichten, S. 51 f.

852 Vgl. *Rau*, Schweigen, S. 39: „notwendiger Annex".

853 *Wolff*, Selbstbelastung, S. 99 ff.; *Queck*, Geltung, S. 212; *Anders* wistra 2014, 329 (330); *K. Schäfer* in Dünnebier-FS, S. 11 (13) und *Eidam*, Selbstbelastungsfreiheit, S. 163 ff. sprechen von „Fernwirkung", was aber – wie *Wolff* aaO. S. 99 zutreffend feststellt – zu einer potentiell irreführenden Begriffsdoppelung mit der beweisverbotsdogmatischen Problematik führt.

854 *Wolff*, Selbstbelastung, 99.

855 Vgl. *Böse*, Wirtschaftsaufsicht, S. 457: Selbstbelastungszwang im Verwaltungsverfahren ist „für sich genommen nicht verfassungswidrig".

856 BVerfGE 56, 37 (51); *Wolff*, Selbstbelastung, S. 101.

Möglichkeit, sich passiv zu verhalten und allein die Unschuldsvermutung für sich sprechen zu lassen, bestünde für die Beschuldigten nur noch theoretisch.

Allein die Tatsache, dass Beweismittel, insbesondere auch außerstrafprozessuale Erklärungen des Beschuldigten selbst, eingeführt werden, die die Erfolgsmöglichkeiten einer passiven Verteidigung mindern, kann selbstverständlich noch keinen Verstoß gegen den nemo-tenetur-Grundsatz begründen, mag das Schweigerecht dem Beschuldigten in der konkreten Situation auch ähnlich wertlos erscheinen[857]. Hier kommt allerdings hinzu, dass diese Angaben durch das im Strafprozess unzulässige Instrument des Zwanges gewonnen wurden. Weder der Aussagezwang in der anderen Verfahrensordnung noch die Einführung von vom Beschuldigten außerhalb des Verfahrens gemachten selbstbelastenden Angaben tangieren für sich betrachtet die Selbstbelastungsfreiheit. Die Unvereinbarkeit mit dem nemo-tenetur-Grundsatz rührt aber gerade aus dem Informationstransfer zwischen den Verfahren her. Durch die Umwidmung der Informationen kommt nachträglich dann doch die Situation zustande, die der nemo-tenetur-Satz verbietet: Der Beschuldigte wird zu selbstbelastenden Angaben gezwungen und diese zu seiner Überführung verwertet. Berührt die außerstrafprozessuale Auskunftspflicht das Schutzgut der Selbstbelastungsfreiheit auch zunächst nicht, so begründet die nachträgliche Zweckentfremdung der gewonnenen Angaben doch deren Umgehung. Würde man den Transfer schrankenlos zulassen, würde durch das Nebeneinander der Verfahren die strafprozessuale Position des Beschuldigten entwertet. Um ein solches Unterlaufen der strafprozessualen Selbstbelastungsfreiheit durch außerstrafrechtliche Auskunftspflichten zu vermeiden, erscheint es erforderlich, sie mit flankierenden Schutzmechanismen auszustatten.

Ist der unmittelbare Anwendungsbereich des nemo-tenetur-Grundsatzes aufgrund seines nur dort betroffenen Schutzguts auch auf den Strafprozess beschränkt, erlangt er doch auch in anderen Verfahrensarten insoweit Geltung, als dass sicherzustellen ist, dass er nicht umgangen wird. Im Ergebnis ist dies weithin anerkannt. Soweit teilweise darauf beharrt wird, der Grundsatz sei bereits in seinem unmittelbaren Anwendungsbereich nicht auf das Strafverfahren beschränkt[858], handelt es sich hier primär um einen Streit um Begrifflichkeiten ohne sachliche Auswirkung.

Nicht ersichtlich ist allerdings, warum eine solche Konzentration des nemo-tenetur-Grundsatzes auf den Strafprozess seiner verfassungsrechtlichen Fundierung nicht gerecht werden sollte[859]. Warum mit der verfassungsrechtlichen Aufwertung zwangsläufig eine Ausweitung des Anwendungsbereichs einhergehen muss, erschließt sich nicht. Nichts spricht dagegen, dass ein rein strafprozessualer Grundsatz

857 Vgl. aber *Geppert* DAR 1981, 301 (306 f.).

858 *Rogall* in SK-StPO Vor §§ 133 ff. Rn. 135, Fn. 852; *Momsen* ZIS 2011, 508 (513); *Knauer/Buhlmann* AnwBl 2010, 387 (389); *Zapfe*, Compliance, S. 152; *Wastl/Litzka/Pusch* NStZ 2009, 68 (Fn. 37a); *Kleinheisterkamp*, Kreditwesengesetz, S. 266.

859 *Zapfe*, Compliance, S. 152; *Wastl/Litzka/Pusch* NStZ 2009, 68 (Fn. 37a) halten deswegen sogar eine Beschränkung auf staatliche Verfahren für verfehlt.

Verfassungsrang genießt. Niemand würde behaupten, man müsste „ne bis in idem" außerhalb des Strafverfahrens anwenden, da er ja schließlich in Art. 103 Abs. 3 GG verfassungsrechtlich verbrieft sei[860].

4. Der „Gemeinschuldner-Mechanismus"

Das BVerfG zeigt im Gemeinschuldner-Beschluss Wege auf, wie die Rechtsordnung mit außerstrafrechtlichen Selbstbelastungspflichten umgehen kann und bereits umgeht[861]. Ein Weg liegt in der Zubilligung eines Auskunftsverweigerungsrechts, ein anderer in der Annahme eines strafprozessualen Beweisverwertungsverbots. Die beiden Lösungswege schließen sich gegenseitig aus: Besteht ein Auskunftsverweigerungsrecht, wurde die Selbstbelastung nicht erzwungen. Es besteht daher kein Bedürfnis für ein Verwertungsverbot. Besteht umgekehrt ein Verwertungsverbot läuft der Betroffene nicht Gefahr, an seiner eigenen strafrechtlichen Verurteilung mitzuwirken. Ein Grund für ein Auskunftsverweigerungsrecht besteht daher nicht. Dies lässt sich treffend als „Gemeinschuldner-Mechanismus" bezeichnen[862]. Dieser Mechanismus entspricht der Erkenntnis, dass der nemo-tenetur-Verstoß erst durch das Zusammenspiel von Zwang zur Selbstbelastung und Verwertung der erzwungenen Angaben für die Zwecke der Strafverfolgung zustande kommt[863]. Um mit dem nemo-tenetur-Grundsatz vereinbar zu sein, muss bei außerstrafprozessualen Auskunftspflichten also stets das Moment des Zwangs zur Selbstbelastung oder die Gefahr der strafrechtlichen Verurteilung auf Grundlage der gemachten Angaben ausgeschlossen sein[864]. Zur Vermeidung der Verletzung der Selbstbelastungsfreiheit stehen damit zwei Wege offen: der Verzicht auf den – an sich zulässigen – außerstrafprozessualen Selbstbelastungszwang und der Ausschluss der Möglichkeit, die erzwungenen Informationen zur Grundlage einer strafrechtlichen Verurteilung zu machen[865]. Während ersteres sich am ehesten durch ein fachrechtliches Auskunftsverweigerungsrecht erreichen lässt, ist für letzteres ein Verwertungsverbot die naheliegendste Möglichkeit. Daneben sind allerdings weitere Schutzmechanismen denkbar, die jeweils am Element des außerstrafprozessualen Aussagezwangs oder der strafrechtlichen Nutzbarmachung der gewonnenen Angaben ansetzen.

---

860 *Greco/Caracas* NStZ 2015, 7 (8).

861 BVerfGE 56, 37 (44 ff.).

862 *Rogall* NStZ 2006, 41 (43); *Nickolai* in HB d. Wirtschafts- u. SteuerstrafR, Kap. 25 Rn. 102, Fn. 130.

863 Vgl. *Böse*, Wirtschaftsaufsicht, S. 457; *Reeb*, Internal Investigations, S. 98.

864 Diese zentrale Aussage des Gemeinschuldner-Beschlusses verkennen *Greco/Caracas* NStZ 2015, 7 (12), wenn sie meinen, der Entscheidung keine Korrelation zwischen gesetzlicher Auskunftspflicht und Verwertungsverbot entnehmen zu können und den Beschluss für den „Ausdruck einer abwägenden bzw. verhältnismäßigkeitsorientierten Billigkeitsrechtsprechung" halten.

865 *Böse*, Wirtschaftsaufsicht, S. 455, 459; *Wolff*, Selbstbelastung, S. 135 ff.; *Reeb* aaO. S. 98 f.

Die Entscheidung für eines der genannten Mittel obliegt grundsätzlich dem Gesetzgeber[866]. Neben einem Auskunftsverweigerungsrecht (III. 1. a.) und einem Verwertungsverbot (III. 2. a.) kommen als weitere Lösungswege der einem Verweigerungsrecht verwandte Zwangsmittelverzicht (III. 1. b.) und das über ein Verwertungsverbot hinausgehende Offenbarungsverbot (III. 2. b.) in Betracht. Daneben ist an eine Verfahrensaussetzung (III. 1. c.) als pragmatische und einen Strafbarkeitsausschluss (III. 3.) als umfassende Lösungsmöglichkeit zu denken. In atypischen Situationen könnte auch ein Beschlagnahmeverbot (III. 2. c.) zum Schutz beitragen.

II. Unzulässiger Aussagezwang

Der nemo-tenetur-Verstoß kommt durch das Zusammenwirken von außerstrafprozessualem Zwang und strafprozessualer Verwertung zustande. Die Forderung nach einer Lösung nach den Gemeinschuldner-Grundsätzen erscheint nur dort berechtigt, wo die außerprozessuale Zwangssituation derart zu qualifizieren ist, dass im Fall der strafprozessualen Verwertung die Verletzung des nemo-tenetur-Grundsatzes vollendet würde. M.a.W. muss ein hinreichender außerstrafprozessualer Selbstbelastungszwang vorliegen. Es erscheint daher erforderlich, die qualitativen Kriterien zu ermitteln, die eine Drucksituation erfüllen muss, um als nemo-tenetur-widrige Zwangslage eingestuft zu werden. Dies soll anhand zweier Beispiele geschehen.

1. Auskunftsanspruch der Haftpflichtversicherung

Eine der ersten Fallkonstellationen, für die die Übertragbarkeit der Gemeinschuldner-Grundsätze diskutiert wurde, war der gesetzlich normierte Auskunftsanspruch des KFZ-Haftplichtversicherers. Diese Konstellation weicht in zwei Aspekten von den bisher bekannten nemo-tenetur-Fällen ab. Zum einen besteht die Auskunfts-„pflicht" nicht gegenüber dem Staat, sondern gegenüber einer Privatperson, zum anderen ist diese „Pflicht" nicht mit Zwangsmitteln durchsetzbar. Bei Zuwiderhandeln sieht der Betroffene sich allerdings – möglicherweise gravierenden – wirtschaftlichen Konsequenzen ausgesetzt. Bezüglich des Schutzbereiches des nemo-tenetur-Grundsatzes bringt diese Fallgestaltung daher grundlegende Fragestellungen mit sich.

Die rechtlichen Rahmenbedingungen bestimmen sich neben dem VVG nach der Kraftfahrzeug-Pflichtversicherungsverordnung (KfzPflVV) und den Allgemeinen Bedingungen für die Kraftfahrtversicherung (AKB).

Der Versicherer kann vom Versicherungsnehmer jede Auskunft verlangen, die er zur Feststellung des Versicherungsfalls und des Umfangs seiner Leistungspflicht benötigt, § 31 VVG, E.1.1.3 AKB. Diese Erklärungslast des Versicherungsnehmers ist allerdings nicht selbstständig einklagbar und somit nicht als echte Rechtspflicht, sondern als Obliegenheit ausgestaltet. Kommt der Versicherungsnehmer

866 *Schlothauer* in Fezer-FS, S. 267 (269); *Wolff*, Selbstbelastung, S. 138; *Reeb* aaO. S. 99.

ihr vorsätzlich nicht nach, verliert er allerdings seinen Versicherungsschutz, vgl. § 28 Abs. 2 VVG, E.2 AKB. Ist der Versicherer bereits vom Geschädigten in Anspruch genommen worden, wird er Regress nehmen. Die Leistungsfreiheit ist jedoch summenmäßig beschränkt: sie beträgt regelmäßig maximal 2 500 €, bei besonders schweren Obliegenheitsverletzungen bis zu 5 000 €, § 6 KfzPflVV.

Die Aufklärungsobliegenheit ist umfassend. Die Möglichkeit einer strafrechtlichen Selbstbezichtigung liegt angesichts der Vielzahl von Straßenverkehrsdelikten auf der Hand[867]. Eine Beschränkung der Auskunftsobliegenheit wird aber kaum je überhaupt erwogen[868]. Geschützt wird der Versicherungsnehmer durch eine vertraglich vereinbarte Verschwiegenheitspflicht des Versicherers[869]. Der hierdurch vermittelte Schutz ist allerdings beschränkt: Angesichts des abschließenden Charakters der Aufzählung in § 53 StPO wird ein Zeugnisverweigerungsrecht zu Recht überwiegend abgelehnt[870]. Selbst wenn man die für eine Analogie erforderliche planwidrige Regelungslücke noch bejahen wollte, fehlt es an der vergleichbaren Interessenlage: Die in der Vorschrift genannten Berufsgruppen zeichnen sich neben einem Vertrauensverhältnis durch ein überragendes Allgemeininteresse an ihrer ungehinderten Ausführung aus, das bei Versicherern fehlt[871]. Auch die vom BVerfG statuierte Möglichkeit, in Einzelfällen ein Zeugnisverweigerungsrecht unmittelbar aus der Verfassung abzuleiten, lässt sich, mangels Betroffenheit der Intimsphäre, für den Haftpflichtversicherer nicht fruchtbar machen[872]. Ohne Zeugnisverweigerungsrecht besteht auch kein Beschlagnahmeverbot gem. § 97 Abs. 1 StPO für die Unterlagen des Versicherungsgebers. Den Strafverfolgungsbehörden stünde damit die Möglichkeit offen, die Schadensakten des Versicherers zu beschlagnahmen und die Angaben, die der Versicherungsnehmer diesem gegenüber gemacht hat, in den Prozess einzuführen. Von dieser Möglichkeit scheint, nachdem ursprünglich von Zurückhaltung bei den Staatsanwaltschaften berichtet wurde[873], auch zunehmend

---

867 Vgl. *Benz*, Selbstbelastungen, S. 130.

868 In diese Richtung allein *Geppert* DAR 1981, 301 (307); ablehnend *D. Meyer* MDR 1973, 812 (813).

869 *Benz*, Selbstbelastungen, S. 130.

870 BVerfG NStZ 1995, 599 (600); BVerfG, *Beschl.* v. 10.12.1981 – 2 BvR 46/81, BeckRS 2008, 38041; OLG Celle NJW 1985, 640 (640); *D. Meyer* MDR 1973, 812; *ders.* MDR 1975, 896; *Benz*, Selbstbelastungen, S. 135 f.; v. Stetten JA 1996, 55 (59); *Ellbogen* Kriminalistik 2007, 397 (398); a.A. *H.-J. Bruns* in Maurach-FS, S. 469 (484); soweit es sich um eine private Kranken-, Unfall- oder Lebensversicherung handelt, würde sich der Mitarbeiter durch eine eigeninitiative Übermittlung an Strafverfolgungsbehörden jedoch gem. § 203 Abs. 1 Nr. 6 StGB strafbar machen, ein Verwertungsverbot sei hieraus jedoch nicht abzuleiten, *Metz* VersR 2010, 1265 (1269, 1270); gegen die Strafbarkeit: *Ellbogen* Kriminalistik 2007, 397 (398).

871 *D. Meyer* MDR 1973, 812 (813 f.); *Benz*, Selbstbelastungen, S. 135 f.

872 BVerfG NStZ 1995, 599 (560); BVerfG, *Beschl.* v. 10.12.1981 – 2 BvR 46/81, BeckRS 2008, 38041; zur Möglichkeit eines einzelfallbezogenen Zeugnisverweigerungsrechts unmittelbar aus dem Grundgesetz s. BVerfG NJW 1972, 2214 (2214).

873 OLG Hamm VersR 1976, 579 (580).

Gebrauch gemacht zu werden[874]. Der Beschuldigte sieht sich dann mit der Situation konfrontiert, dass Angaben zu seinen Lasten verwendet werden, zu denen er sich jedenfalls verpflichtet gefühlt hat.

Nachdem zunächst ein Senat des OLG Celle[875] in Übertragung der Gemeinschuldner-Grundsätze ein Beweisverwertungsverbot für die Schadensakte annahm, formte sich danach schnell eine h.M. in Rechtsprechung und Schrifttum, die mangels Verletzung des nemo-tenetur-Satzes von der Verwertbarkeit ausgeht. Ein nemo-tenetur-Verstoß wird mit der Begründung verneint, der Grundsatz gelte nur gegenüber Staatsorganen[876]. Den Versicherungsnehmer treffe zudem keine Auskunfts*pflicht*, sondern lediglich eine Obliegenheit[877]. Im Fall der Zuwiderhandlung sei der Betroffene nicht dem Einsatz von Zwangsmitteln ausgesetzt, sondern ihm drohten lediglich wirtschaftliche Konsequenzen[878]. Diese erreichten zudem kein existenzvernichtendes Ausmaß[879]. Anders als beim Gemeinschuldner seien zudem keine Drittinteressen betroffen.[880] Der Interessenkonflikt bestehe allein in der Person des Schuldners, der sich zwischen der Geltendmachung seiner zivilrechtlichen Ansprüche und dem Unterlassen einer strafrechtlichen Selbstbezichtigung entscheiden müsste[881]. Ihn von diesem Konflikt freizustellen, entspräche nicht dem Schutzzweck der Selbstbelastungsfreiheit[882].

Befürworter der Einschlägigkeit der Selbstbelastungsfreiheit führen an, dass es sich beim Haftpflichtversicherungswesen nicht um reine Privatrechtsverhältnisse

---

874 *Herrmann* ZMGR 2011, 268 (271).

875 JR 1982, 475; zust.: *Dencker* NStZ 1982, 459 (459); *v. Stetten* JA 1996, 55 (59 f.); *Paeffgen*, Vorüberlegungen, S. 73 Fn. 299.

876 KG NStZ 1995, 146 (147); die gegen das KG-Urteil gerichtete Verfassungsbeschwerde wurde nicht zur Entscheidung angenommen, BVerfG NStZ 1995, 599; OLG Celle NJW 1985, 640 (641); *Geppert* DAR 1981, 301 (305); *ders.* JURA 1995, 439 (441).

877 KG NStZ 1995, 146 (146).

878 BVerfG NStZ 1995, 599 (600); KG NStZ 1995, 146 (146); OLG Celle NJW 1985, 640 (640); *Reiß* NJW 1982, 2540 (2541).

879 KG NStZ 1995, 146 (146); OLG Celle NJW 1985, 640 (640); *Rengier* JR 1982, 44 (478); *Geppert* DAR 1981, 301 (307); a.A. OLG Celle JR 1982, 475 (476).

880 KG NStZ 1995, 146 (147); *Geppert* JURA 1995, 439 (442); krit. *v. Stetten* 1996, 55 (58), die einwendet, das Drittinteresse sei i.S.d. Gemeinschuldner-Rechtsprechung nur für die Begründung der Auskunftspflicht entscheidend, nicht für die Frage der Beweisverwertbarkeit. Dies trifft vordergründig zu, zumal es ein Drittinteresse an der Verwertbarkeit von vornherein nicht geben kann, gemeint dürfte aber sein, dass es – anders als in der Konstellation des Gemeinschuldners – an einer im Drittinteresse ausgebildeten Auskunfts*pflicht* fehlt. S. aber auch BVerfG NStZ 1995, 599 (600): Interesse des Versicherungsnehmers und der Versicherungsgemeinschaft.

881 KG NStZ 1995, 146 (147); *Benz*, Selbstbelastungen, S. 142; *Ellbogen* Kriminalistik 2007, 397 (398).

882 OLG Celle NJW 1985, 640 (641); KG NStZ 1992, 146 (147); BVerfG NStZ 1995, 599 (600); *Stürner* NJW 1981, 1757 (1759); *Rengier* JR 1982, 477 (479); *Benz*, Selbstbelastungen, S. 142.

handelt[883]. Vielmehr bestünde ein öffentliches Interesse an dem Bestehen des Haftpflichtversicherungssystems[884]. Die Rahmenbedingungen seien rechtlich weitgehend determiniert[885]. Es werde jedenfalls mittelbar staatlicher Zwang ausgeübt[886].

Lässt sich in Fällen des KFZ-Haftpflichtversicherers die Frage, ob nemo tenetur auch vor wirtschaftlichem Zwang schützt, noch mit der Erwägung offen lassen, die wirtschaftlichen Folgen erreichten jedenfalls kein existenzgefährdendes Ausmaß, was Voraussetzung sei, um eine derartige Gleichstellung überhaupt zu erwägen, ändert sich dies schlagartig, wenn anstelle des KFZ-Haftpflichtversicherers eine Berufshaftpflichtversicherung auftritt. Der Verlust des Versicherungsschutzes ist in Arzthaftungsfällen regelmäßig existenzgefährdend[887]. In derartigen Konstellationen stellt sich daher mit aller Dringlichkeit die Frage, ob nemo tenetur neben rechtlichem Zwang auch vor wirtschaftlichem Druck schützt.

Die Frage nach der Einschlägigkeit des Nemo-tenetur-Grundsatzes in Versicherungsfällen erfordert daher die Beantwortung zweier grundlegender Fragen bezüglich seines Schutzbereiches: 1. Gilt der Grundsatz auch in Privatrechtsverhältnissen und 2. schützt er nur vor mit rechtlichem Zwang durchsetzbaren Aussagepflichten oder genügt auch ein wirtschaftlicher Aussagedruck, jedenfalls dann, wenn dieser ein existenzgefährdendes Maß erreicht?[888]

2. § 25 Abs. 1 AsylG

Als weiteres Feld für eine mögliche Übertragung der Dogmatik des Gemeinschuldner-Beschlusses wurde die Anhörung des Antragstellers im Rahmen des Asylverfahrens erkannt.

Der Antragsteller ist im Rahmen der Anhörung gehalten, Tatsachen vorzutragen, die seine Furcht vor Verfolgung oder die Gefahr eines ihm drohenden ernsthaften Schadens begründen, § 25 Abs. 1 S. 1 AsylG. Hier besteht zunächst die Gefahr, im Ausland begangene Straftaten zu offenbaren[889]. Darüber hinaus gehören zu den erforderlichen Tatsachenangaben insbesondere auch Angaben über den Reiseweg, § 25 Abs. 1 S. 2 AsylG. In diesem Rahmen läuft der Antragsteller Gefahr, sich einer Straftat nach § 95 Abs. 1 Nrn. 1- 3 AufenthG zu bezichtigen, wenn er sich ohne oder mit gefälschten Ausweispapieren Zutritt zur Bundesrepublik verschafft hat[890].

---

883 *Dencker* NStZ 1982, 459 (460); *Ulsenheimer* in Meyer-Goßner-FS, S. 347 (360); *v. Stetten* JA 1996, 55 (57).

884 *Ulsenheimer* in Meyer-Goßner-FS, S. 347 (360).

885 *v. Stetten* JA 1996, 55 (57).

886 *v. Stetten* JA 1996, 55 (57).

887 *Ulsenheimer* in Meyer-Goßner-FS, S. 347 (361 f.).

888 S.u. E. II. 3. a.

889 S. OLG Düsseldorf StV 1992, 503.

890 *Böse* wistra 1999, 451 (454); *v. Stetten* JA 1996, 55 (57) jeweils zur Vorgängervorschrift des § 92 AuslG.

Die Frage, ob überhaupt ein unzulässiger Aussagezwang i.S.d. nemo-tenetur-Grundsatzes vorliegt, kann dahinstehen, wenn der Antragsteller durch die Angaben gegenüber den Behörden zugleich seine Straflosigkeit herbeiführt. Derartige Mechanismen schließen einen Verstoß gegen diesen Grundsatz aus (s.u. III. 2. d.). Eine solche Konstellation kann im Fall des § 95 Abs. 5 AufenthG i.V.m. Art. 31 Nr. 1 Genfer Flüchtlingskonvention (GFK)[891] vorliegen. Dieser persönliche Strafaufhebungsgrund schließt eine Strafbarkeit wegen unerlaubter Einreise oder Aufenthalts aus, wenn der Flüchtling direkt aus dem Verfolgerstaat einreist und sich unverzüglich bei der Behörde meldet und die ihn rechtfertigende Gründe darlegt[892]. Erfüllt der der Flüchtling mit seinen selbstinkriminierenden Angaben gegenüber der Behörde zugleich diese Voraussetzungen, entfällt die Strafbarkeit und damit auch ein möglicher Verstoß gegen den nemo-tenetur-Grundsatz[893]. Hiermit ist jedoch nicht in allen Konstellationen Abhilfe geschaffen. In den übrigen Fällen stellt sich weiterhin die Frage, ob eine den Schutzbereich des nemo-tenetur-Grundsatzes berührende Zwangswirkung vorliegt, die durch ein Auskunftsverweigerungsrecht oder ein Beweisverwertungsverbot zu kompensieren ist.

Ein Auskunftsverweigerungsrecht für potentiell selbstinkriminierende Angaben wird nur vereinzelt angenommen[894]. Angesichts der Gesetzgebungsgeschichte dürfte eine entsprechende Auslegung der Vorschrift auch nicht möglich sein[895]. Verschiedentlich wird jedoch für ein Beweisverwertungsverbot eingetreten.

Der BGH[896] befasste sich mit der Frage im Rahmen eines Vorlagebeschlusses nach § 121 Abs. 2 GVG. Er lehnt die Annahme eines Verwertungsverbots in Übertragung der Gemeinschuldner-Grundsätze ab. Zur Begründung führt er aus, die Mitwirkungspflicht sei nicht mit Sanktionen belegt, es handele sich daher um eine bloße Obliegenheit. Zudem seien keine Drittinteressen im Spiel, sondern der Interessenkonflikt läge allein in der Person des Antragstellers. Derartige Konflikte seien abseits gesetzlicher Regelungen nicht geeignet, Beweisverwertungsverbote zu begründen. Der Betroffenen müsse entscheiden, „was ihm wichtiger ist“. Die Verweigerung der Angaben führe ohnehin nicht zwingend zur Ablehnung des Asylantrags. Ob ein Abweichen hiervon geboten sei, wenn die dem Betroffenen drohenden Nachteile existenzvernichtende Ausmaße erreichen, sei zweifelhaft, aber nicht entscheidungserheblich.

Anlass für die Vorlage durch das OLG Köln war eine Entscheidung des OLG Hamburgs, das aufgrund der existenziellen Bedeutung der Asylgewährung ein

891 Abkommen über die Rechtstellung der Flüchtlinge vom 28. 7. 1951.

892 *Senge* in Erbs/Kohlhaas § 95 AufenthG Rn. 66, 68; krit. zum Charakter als Strafaufhebungsgrund *El-Ghazi/Fischer-Lescano* StV 2015, 386 (388).

893 Ausführlich unten E. III. 2. d.

894 *T. Wolff* in HK-AuslR § 25 AsylVfG Rn. 15; *Marx*, AsylVfG, § 25 Rn. 24.

895 *Benz*, Selbstbelastungen, S. 152 f.

896 NStZ 1990, 186 (187).

(relatives) Verwertungsverbot analog § 393 AO angenommen hatte[897]. Dieser Ansicht wird entgegengehalten, dass die Ablehnung eines Asylantrags aufgrund des Verschweigens von Straftaten kaum vorstellbar sei, es daher an den erforderlichen existenziellen Nachteilen fehle[898]. Zudem wird die methodische Zulässigkeit der Analogie bezweifelt. Es fehle an der planwidrigen Regelungslücke[899] oder der vergleichbaren Interessenlage[900]

Befürworter eines Beweisverwertungsverbots werfen dem BGH vor, die Funktion des Asylverfahrens zu verkennen: Der Antragsteller begehre nicht etwa eine staatliche Leistung, sondern es gehe entsprechend dem Charakter von Art. 16 Abs. 2 GG als negatorischem Grundrecht um die Abwehr eines staatlichen Eingriffs[901]. Dementsprechend ließe sich nicht behaupten, der Antragsteller habe sich zwischen Selbstbelastung und Anspruchsverwirklichung zu entscheiden, sondern die Erklärung diene der Abwehr des am Ende des erfolglosen Verfahrens stehenden staatlichen Zwangs[902]. Dem wird zu Recht entgegengehalten, dass auch am Ende des Strafverfahrens eine Verurteilung stehen kann, ohne dass hierin ein Aussagezwang zu erblicken wäre[903]. Ein Verwertungsverbot befürwortend wird weiter geltend gemacht, die Möglichkeit einer Abschiebung wiege schwerer als die rechtlichen Beugemittel[904] und der Gemeinschuldner sei vom BVerfG auch nicht darauf verwiesen worden, die Zwangsmaßnahmen zu ertragen[905].

Zu Bedenken ist, dass die BGH-Entscheidung vor Einführung des Art. 16a GG ergangen ist[906]. Der Ablehnungsgrund der Einreise über einen sicheren Drittstaat (§ 26a AsylG) steigert die Relevanz der Angaben zum Reiseweg[907]. Bei Verletzung der Mitwirkungspflicht aus § 25 Abs. 1 AsylG droht zudem die Abweisung des Asylantrags als offensichtlich unbegründet, § 30 Abs. 3 Nr. 5 AsylG. Die Frage nach

---

897 OLG Hamburg JR 1986, 167 (170); für ein Verwertungsverbot auch: *Jäger*, Beweisverwertung, S. 212.; *Roxin/Schünemann*, StrafverfahrensR, § 25 Rn. 14; *Böse* wistra 1999, 451 (454), der als Grundlage aber nicht den starren nemo-tenetur-Grundsatz, sondern ein einer Abwägung zugängliches „Asylgeheimnis" ansieht.

898 BGH NStZ 1990, 186 (187); *K. Meyer* JR 1986, 170 (171); vgl. auch *Schmidt-Sommerfeld* in MüKo-StGB § 84 AsylVfG Rn. 124: „keinen zwingend direkten Einfluss auf die Nichtanerkennung"; a.A. *v. Stetten* JA 1996, 55 (67): Sichtweise „völlig unrealistisch".

899 OLG Hamm NStZ 1989, 187 (188); OLG Düsseldorf StV 1992, 503.

900 *Schmidt-Sommerfeld* in MüKo-StGB § 84 AsylVfG Rn. 122; *Benz*, Selbstbelastungen, S. 157; OLG Düsseldorf StV 1992, 503 (504).

901 *Ventzke* StV 1990, 279 (280); *Kadelbach* StV 1992, 506 (507).

902 *Ventzke* StV 1990, 279 (280); *Kadelbach* StV 1992, 506 (508).

903 *Benz*, Selbstbelastungen, S. 153 Fn. 558; gegen das Abstellen auf den am Ende des Verfahrens stehenden Zwang auch *Schmidt-Sommerfeld* in MüKo-StGB § 84 AsylVfG Rn. 123.

904 *Kadelbach* StV 1992, 506 (508).

905 *Ventzke* StV 1990, 279 (281).

906 *Meyer-Mews* JuS 2004, 208 (210).

907 *Aurnhammer*, Ausländerstrafrecht, S. 72.

der Einschlägigkeit des nemo-tenetur-Grundsatzes stellt sich daher mit gesteigerter Dringlichkeit. Die Versagung eines Asylantrags dürfte dabei mehr darstellen als lediglich einen wirtschaftlichen Nachteil[908].

3. Stellungnahme

In beiden Konstellationen verneint die h.M. die Einschlägigkeit des nemo-tenetur-Grundsatzes mit der Erwägung, dass es sich mangels Zwangsmittelbewehrtheit nicht um eine Selbstbelastungspflicht, sondern um eine bloße Obliegenheit handele[909]. In einer solchen Konstellation sei der Betroffene nicht zur Selbstbelastung gezwungen, sondern könne sie vermeiden, indem er auf die Durchsetzung eines anderen Vorteils verzichte. Ihm beides zu ermöglichen, sei nicht die Funktion des nemo-tenetur-Satzes[910]. In der Konstellation des Haftpflichtversicherers kommt ergänzend hinzu, dass gegenüber diesem, einer Privatperson, der nemo-tenetur-Grundsatz ohnehin nicht greifen könne[911]. Beide Argumente gilt es im Folgenden auf ihre Stichhaltigkeit zu prüfen.

a. Anforderungen an das Zwangselement

Die Anforderungen an das Zwangsmoment sind durch Rückbesinnung auf den Schutzzweck der Selbstbelastungsfreiheit, die Gewährleistung prozessualer Autonomie, zu ermitteln.

Das entscheidende, den Schutz des nemo-tenetur-Grundsatzes auslösende Moment liegt in der Unterwerfung des Beschuldigten unter die staatliche Verfahrenszielbestimmung. Ihm wird versagt, ein selbst definiertes Verfahrensziel zu verfolgen und er wird stattdessen für das gegen ihn gerichtete staatliche Ziel der Sachverhaltsaufklärung instrumentalisiert[912]. Eine Instrumentalisierung im vorgenannten Sinne, kann es nur im Strafverfahren selbst geben. Die außerstrafprozessualen Erklärungspflichten dienen nie dem Zweck der Sachverhaltsaufklärung im Strafverfahren. Man bewegt sich hier nicht im unmittelbaren Anwendungsbereich des Grundsatzes, sondern im Bereich des Umgehungsschutzes[913]. Die im Aspekt der Instrumentalisierung zum Ausdruck kommende finale Verknüpfung zwischen dem Element des Aussagezwangs und der strafprozessualen Verwertung wird im

---

908 *v. Stetten* JA 1996, 55 (57 f.); so aber OLG Hamm NStZ 1989, 187 (188); *K. Meyer* JR 1986, 170 (171).

909 BVerfG NStZ 1995, 599 (600); BGH NStZ 1990, 186 (187); KG NStZ 1995, 146 (147).

910 BVerfG NStZ 1995, 599 (600);OLG Celle NJW 1985, 640 (641); KG NStZ 1992, 146 (147); *Stürner* NJW 1981, 1757 (1759); *Rengier* JR 1982, 477 (479); *Benz*, Selbstbelastungen, S. 142.

911 KG NStZ 1995, 146 (147); OLG Celle NJW 1985, 640 (641); *Geppert* DAR 1981, 301 (305).

912 S.o. B. IV.

913 S.o. E. I. 3.

Bereich des Umgehungsschutzes durch die nachträgliche Umwidmung der erlangten Informationen ersetzt. Die an das Zwangselement zu stellenden Anforderungen sind daher durch die Überlegung zu gewinnen, ob bei Hinzutreten des Moments der strafprozessualen Verwertung der nemo-tenetur-Grundsatz verletzt wäre. Aus dem Zusammenwirken des außerstrafprozessualen Aussagezwangs und der strafprozessualen Nutzbarmachung muss also eine Situation entstehen, die der durch den nemo-tenetur-Grundsatz im Strafverfahren untersagten Instrumentalisierung des Beschuldigten entspricht.

Nach dieser Schutzweckbestimmung ist erforderlich, dass dem Betroffenen die Möglichkeit genommen wird, zwischen Handlungsalternativen zu wählen. Nur, wo ihm dies verwehrt wird, liegt eine den Nemo-tenetur-Verstoß begründende Negierung der Subjektstellung vor. Ein solcher Akt der Autonomie-Negierung kann nur dort erblickt werden, wo dem Betroffenen die Entscheidungshoheit durch obrigkeitlichen Zwang genommen wird[914]. Auch im Strafprozess selbst erschöpft sich der Selbstbelastungsschutz in der Abwesenheit einer Mitwirkungspflicht, mithin in *rechtlicher* Entscheidungsfreiheit[915]. Freiheit i.S. vollkommen fehlender Beeinträchtigung durch äußere Faktoren lässt sich hier von vornherein nicht erreichen[916]. In der Wirklichkeit des Strafverfahrens sieht sich der Beschuldigte vielmehr vielfachen Einflussnahmen auf seine Entscheidungsfindung und ganz erheblichem Druck ausgesetzt[917]. Schon mit der Konfrontation mit dem Tatverdacht verengt sich sein Entscheidungsspielraum auf Verhaltensweisen, von denen keine risikolos oder angenehm ist[918]. Dies zeigt sich deutlich an der Situation des strafmildernden Geständnisses[919]. Die strafmildernde Wirkung auch des reinen prozesstaktischen Geständnisses ist – entgegen literarischen Protests – gängige Praxis[920]. Der Beschuldigte kann somit davon ausgehen, dass eine geständige Einlassung und damit ein Verzicht auf sein Schweigerecht im Rahmen der Strafzumessung honoriert werden. Der Beschuldigte sieht sich also dem Konflikt ausgesetzt, ob er auf sein Schweigerecht und damit faktisch auf die Chance für einen Freispruch verzichtet, um in den Genuss der milderen Strafe zu gelangen, oder er am Schweigerecht festhält und sich somit die Freispruchschance bewahrt, aber auch das Risiko einer ungemilderten Verurteilung eingeht. Diese Konfliktlage stellt eine erhebliche faktische Beeinträchtigung der Entscheidungsfreiheit dar. Dennoch nimmt die Rechtsordnung sie dem Beschuldigten nicht ab. Sie muss dies auch nicht. Die Gewährleistung einer

914 BVerfG NJW 2005, 352 (353).

915 *T. Schaefer*, Der Nemo-Tenetur-Grundsatz, S. 147; s. bereits oben C. V.

916 *Weigend* in Selbstbestimmung, S. 149 (153); *Verrel*, Selbstbelastungsfreiheit, S. 148; *T. Schaefer*, Der Nemo-tenetur-Grundsatz, S. 140 f.

917 *T. Schaefer*, Der nemo-tenetur-Grundsatz, S. 141; *Ransiek*, Polizeivernehmung, S. 55.

918 *Weigend* in Selbstbestimmung, S. 149 (153); *Ransiek*, Polizeivernehmung, S. 56; *Rogall*, Der Beschuldigte, S. 145: „Strafprozess ist Stress".

919 *T. Schaefer* NJW-Spezial 2010, 120 (120 f.).

920 S.o. B. II. 2.

Entscheidung frei von faktischen Zwängen ist vom nemo-tenetur-Grundsatz nicht gefordert. In einer analogen Entscheidungslage befindet sich der potentielle Kronzeuge (§ 46b StGB), der um Strafnachlass zu erlangen, auch eigene Straftaten offenbaren muss[921]. Auch hier besteht kein Verstoß gegen den nemo-tenetur-Grundsatz[922]. Wie beim Geständnis begründet der Anreiz zur Selbstbelastung keinen unzulässigen Zwang[923]. Ähnlich liegt es bei der Untersuchungshaft[924]. Der geständige Beschuldigte kann regelmäßig den Haftgrund insbesondere der Verdunkelungsgefahr beseitigen. Die faktische Förderung der Geständnisbereitschaft durch die Untersuchungshaft ist bekannt[925]. Ein nemo-tenetur-Verstoß ist hierin jedoch erst dort zu erblicken, wo das Instrument der U-Haft zweckentfremdet und final zur Herbeiführung eines Geständnisses eingesetzt wird[926]. Solange ein Haftgrund besteht, geht mit der U-Haft lediglich ein faktischer Geständnisdruck einher, dem Stand zu halten, die Rechtsordnung dem einzelnen zumutet.

Vermittelt der nemo-tenetur-Grundsatz somit bereits in seinem unmittelbaren Anwendungsbereich keinen Schutz vor rein faktischen Aussagezwängen, so kann auch der Umgehungsschutz nicht weiter gefasst sein[927]. Voraussetzung muss vielmehr sein, dass sich der Betroffene in dem außerstrafprozessualen Verfahren einem Zwang ausgesetzt sieht, der im Strafverfahren selbst unzulässig wäre. Dieses Erfordernis ist zweifelsohne erfüllt, wenn den (späteren) Beschuldigten im außerstrafprozessualen Verfahren eine vollstreckbare Auskunftspflicht trifft. Die Unzulässigkeit einer solchen im Strafprozess ist gerade der wesentliche Inhalt von nemo tenetur. Der Nachweis des Umgehungsmoments gelingt hingegen nicht, wenn sich der Betroffene im außerstrafrechtlichen Bereich bloßen Mitwirkungsobliegenheiten ausgesetzt sieht.

Ein den Verstoß gegen den nemo-tenetur-Grundsatz begründender Akt der Autonomie-Negierung kann nur dort erblickt werden, wo dem Betroffenen die Entscheidungshoheit durch obrigkeitlichen Zwang genommen wird[928]. Solange er selbst das Für und Wider einzelner Verhaltensalternativen abwägen kann, ist er autonomes Verfahrenssubjekt. Dies gilt auch dann, wenn sich ihm aufgrund der faktischen Gegebenheiten eine Handlungsalternative nahezu aufdrängt. Die Entscheidung ist rechtlich frei, mag sie auch tatsächlich weitgehend determiniert sein. Solange ihm die Möglichkeit offen steht, das Unzweckmäßige oder Unsinnige zu tun, ist auch die Entscheidung für das Offensichtliche und Naheliegende Ausdruck

921 *T. Schaefer* NJW-Spezial 2010, 120 (120 f.).
922 *Frahm*, Kronzeugenregelung, S. 279 ff.; *Peglau* wistra 2009, 409 (413); a.A. *Albrecht*, Anhörung, S. 11.
923 *Frahm*, Kronzeugenregelung, S. 283.
924 *T. Schaefer* NJW-Spezial 2010, 120 (120 f.).
925 vgl. *Paeffgen* NStZ 1997, 115 (119): „[Es ist] eine Binsenweisheit, dass U-Haft Geständnisse bewirken kann […]"; s. auch *Eidam* HRRS 2008, 241 (243).
926 s.o. C. V.
927 *Queck*, Geltung, S. 286; *Wolff*, Selbstbelastung, S. 130.
928 BVerfG NJW 2005, 352 (353).

seiner Autonomie als freies Rechtssubjekt. Der Betroffene, der sich zwischen zwei eigenen Zielen entscheiden muss, handelt selbstbestimmt. Fremdbestimmtheit und damit der Schutz des nemo-tenetur-Satzes beginnt erst dort, wo er für ein fremdes Interesse in Anspruch genommen wird. Diese Inanspruchnahme für ein fremdes Interesse fehlt in den Konstellationen der Obliegenheiten[929].

Das Bedürfnis des flankierenden Schutzes des nemo-tenetur-Satzes außerhalb des Strafverfahrens besteht nur dort, wo aufgrund der Inkongruenz der Pflichtenprogramme in den Verfahrensordnungen das strafprozessuale Schweigerecht droht, unterlaufen zu werden. Ist es dem Betroffenen möglich, die Anforderungen der anderen Verfahrensordnung zu erfüllen, ohne dass ihm eine Selbstbelastung abverlangt wird, stellt sich dieser Konflikt nicht. Die durch den Grundsatz vermittelte Entscheidungsfreiheit muss sich auch hier in rechtlicher Freiheit erschöpfen. Diesen Anforderungen ist genüge getan, sobald die Rechtsordnung dem Einzelnen neben der Selbstbelastung eine weitere rechtmäßige Verhaltensalternative eröffnet. Faktische Zwänge, insbesondere ökonomischer Natur, die den Betroffenen vor einen Konflikt stellen, sind somit nicht geeignet, einen nemo-tenetur-relevanten Zwang zu begründen. Dies gilt insbesondere dort, wo die Selbstbelastung zur Durchsetzung eines Anspruchs erforderlich wäre. Hier bleibt dem Betroffenen stets die Wahl, auf die Anspruchsdurchsetzung zu verzichten. Er muss sich schlicht entscheiden[930]. Ihm diese Entscheidung abzunehmen und ihm die reuelose Geltendmachung des Anspruchs zu ermöglichen, ist von der Zwecksetzung der Selbstbelastungsfreiheit nicht gefordert[931]. Gerade die Tatsache, *dass* er sich entscheiden kann, belegt vielmehr, dass das Schutzgut der prozessualen Autonomie nicht berührt ist.

Ein Konflikt mit der Selbstbelastungsfreiheit besteht somit so lange nicht, wie dem Betroffenen eine Handlungsalternative eröffnet wird[932]. Eine derartig formalisierte Betrachtungsweise erscheint schon allein geboten, um eine sinnvolle Grenzziehung zu ermöglichen[933]. Die dargelegten faktischen Beeinflussungen der Entschließungsfreiheit im Strafverfahren machen eine rechtliche Dimensionierung erforderlich[934]. Allein subjektive Zwangsempfindungen können nicht den Maßstab bilden. Es bedarf eines exakten, normativ belastbaren Grenzverlaufs zwischen

929 BGH NStZ 1990, 186 (187); OLG Düsseldorf StV 1992, 503 (504); *Schmidt-Sommerfeld* in MüKo-StGB § 84 AsylVfG Rn. 124.

930 BGH NStZ 1990, 186 (187); *Rogall* in SK-StPO Vor §§ 133 ff. Rn. 139; *K. Meyer* JR 1986, 170 (171).

931 BVerfG NStZ 1995, 599 (600); OLG Celle NJW 1985, 640 (641); *Fritz/Nolden* CCZ 2010, 170 (174); *Zimmermann* in Kapitalmarkstrafrecht, 12. Teil Rn. 26.

932 *T. Schaefer*, Der Nemo-Tenetur-Grundsatz, S. 143.

933 *T. Schaefer*, Der Nemo-Tenetur-Grundsatz, S. 141; *Bosch*, Aspekte, S. 124; *Verrel*, Selbstbelastungsfreiheit, S. 148.

934 *T. Schaefer*, Der Nemo-Tenetur-Grundsatz, S. 141.

beachtlichen und unbeachtlichen Einflüssen[935]. Hierbei kann es nicht allein auf graduelle Unterschiede der Zwangswirkung ankommen[936].

Keine Handlungsalternative im vorgenannten Sinne ist die Möglichkeit der Zuwiderhandlung gegen eine bestehende Rechtspflicht[937]. Die Möglichkeit eines Rechtsbruches vermag nicht, die Subjektivität des Einzelnen in einer Rechtsordnung zu begründen[938]. Hierin liegt gerade der Unterschied zur Obliegenheit, bei der die Zuwiderhandlung eine legale Handlungsalternative darstellt[939].

Zu erwägen wäre allenfalls, diese formale Sichtweise zugunsten einer materiellen aufzugeben, wenn die auf den Betroffenen wirkenden faktischen Zwänge ein derartiges Ausmaß annehmen, dass bei natürlicher Betrachtung von Wahlfreiheit keine Rede mehr sein kann. Hiermit ist die Streitfrage angesprochen, ob von der grundsätzlichen Unbeachtlichkeit faktisch-ökonomischer Zwangslagen dort eine Ausnahme zu machen ist, wo diese ein existenzgefährdendes Ausmaß annehmen[940]. Ein gesetzlicher Anknüpfungspunk für eine derartige Sichtweise existiert mit § 65 Abs. 3 SGB I[941]. Die Vorschrift erlaubt dem Leistungsempfänger Selbstbelastungsfreiheit und gleichzeitige Anspruchsverwirklichung. Ratio legis dieser atypischen Erscheinungsform kann nur in der besonderen Funktion der Sozialleistungen als Sicherung des Existenzminimums gesehen werden[942].

Mit einem derartigen Ansatz, würden die in der Beachtung faktischer Zwänge angelegten Abgrenzungsschwierigkeiten nicht nur nicht gelöst, sondern lediglich verlagert, er erscheint auch sachlich nicht geboten. Der dargelegte Unterschied zwischen rechtlichem und faktischem Zwang ist allerdings qualitativer und nicht bloß quantitativer Natur. Dem faktischen Zwang fehlt das Moment der Autonomienegierung. Zweifelsohne beeinträchtigen faktische Zwänge den Betroffenen in seiner Entscheidungsfindung und diese Beeinträchtigung nimmt naturgemäß mit dem Ausmaß des Zwangs zu. Derartiger Zwang beseitigt jedoch nie die Entscheidungsfreiheit des Betroffenen. Es kommt somit nicht zu einem Umschlagen der Zwangsqualität, das eine Gleichstellung mit rechtlichem Aussagezwang

935 *Verrel*, Selbstbelastungsfreiheit, S. 148; *T. Schaefer*, Der Nemo-Tenetur-Grundsatz, S. 141.

936 *T. Schaefer*, Der Nemo-Tenetur-Grundsatz, S. 141.

937 *T. Schaefer*, Der Nemo-Tenetur-Grundsatz, S. 144.

938 *T. Schaefer*, Der Nemo-Tenetur-Grundsatz, S. 144.

939 Dies verkennt *Ventzke* StV 1990, 279 (281), wenn er meint, das BVerfG habe den Gemeinschuldner auch nicht auf die Möglichkeit verwiesen, den Zwangsmitteleinsatz zu ertragen.

940 Vgl. BGH NStZ 1990, 186 (187); KG NStZ 1995, 146 (146); OLG Celle NJW 1985, 640 (640); OLG Celle JR 1982, 475 (476); *Rengier* JR 1982, 44 (478); *Geppert* DAR 1981, 301 (307); *Ulsenheimer* in Meyer-Goßner-FS, S. 346 (362).

941 Vgl. *Kadelbach* StV 1992, 506 (508); *T. Schaefer*, Der Nemo-Tenetur-Grundsatz, S. 190 Fn. 878; *K. Meyer* JR 1986, 170 (171).

942 *Kadelbach* StV 1992, 506 (508); OLG Celle NJW 1985, 640 (641).

rechtfertigen würde. Faktischer Zwang berührt das Schutzgut der prozessualen Autonomie und somit den nemo-tenetur-Grundsatz nicht.

In eine ähnliche Richtung wie die Ausnahme für existenzvernichtende faktische Zwänge geht der Ansatz, auf die verfassungsrechtliche Fundierung des Asylrechts abzustellen. Nach dieser vermittelnden Ansicht stellen auch nicht vollstreckbare Obliegenheiten Zwang i.S.d. nemo-tenetur-Grundsatzes dar, wenn der Anspruch, auf dessen Durchsetzung der Betroffene verzichten muss, verfassungsrechtlicher Natur ist[943]. Dies gelte insbesondere im Asylverfahren[944]. Diese Ansicht verpasst es jedoch nachzuweisen, warum die verfassungsrechtliche Fundierung etwas daran ändern soll, dass die Entscheidungsfreiheit des Betroffenen nicht aufgehoben ist. Für die Auswirkungen auf seine Möglichkeit zur Entscheidungsfindung ist der rechtliche Stellenwert des Anspruchs, den er durchzusetzen sucht, vielmehr völlig gleichgültig.

Selbst wenn man dieser Ansicht folgen wollte, dürfte sie im Ergebnis kaum je zu einem Verwertungsverbot für die Angaben des Asylbeantragenden führen, da in aller Regel der Strafaufhebungsgrund des § 95 Abs. 5 AufenthG i.V.m. Art. 31 Nr. 1 GFK greift, sodass wiederum kein nemo-tenetur-Verstoß zustande kommt[945].

Dass derartige Konstellationen keine Verletzung der Selbstbelastungsfreiheit darstellen, heißt jedoch nicht, dass eine strafprozessuale Verwertung zwingend schrankenlos erfolgen muss. Dem einfachen Gesetzgeber steht es vielmehr frei, aus Erwägungen der Billigkeit entsprechende Regelungen zu treffen[946]. Ein entsprechendes Beispiel bildet § 65 Abs. 3 SGB I. Angesichts der Tatsache, dass das Geheimhaltungsinteresse des Asylbewerbers Schutz durch das Recht auf informationelle Selbstbestimmung genießt, böte sich de lege ferenda auch eine Lösung über ein relatives Verwertungsverbot an[947]. Mit einer gesetzlichen Regelung wäre zugleich die anderenfalls nicht zu bewältigende Problematik der Quantifizierung faktischer Zwänge zu bannen. Bereits de lege lata wird die Situation des Asylbewerbers durch die Möglichkeit der Strafbefreiung gem. § 95 Abs. 5 AufenthG i.V.m. Art. 31 Nr. 1 GFK entschärft[948].

---

943 *Wolff*, Selbstbelastung, S. 133.

944 *Wolff*, Selbstbelastung, S. 213.

945 Zum Zusammenspiel derartiger Strafbefreiungsregelungen mit den Verwertungsverboten s.u. E. III. 2. d.

946 *K. Meyer* JR 1986, 170 (171).

947 *Böse* wistra 1999, 451 (454); *Bosch*, Aspekte, S. 56 ff.; auch OLG Hamburg JR 1986, 167 (169 f.) nahm aufgrund in Folge Analogie zu § 393 Abs. 2 AO ein relatives Verwertungsverbot an; dazu, dass die Relativität des § 393 Abs. 2 AO gerade eine Folge des Fehlverständnisses bezüglich seines Schutzzwecks ist s.u. E. III. 2. b.; BGH NStZ 1990, 186 (187) hat die Frage einer Geheimhaltungspflicht der Behörde getrennt von der eines nemo-tenetur-Verstoßes erörtert.

948 Nach zutreffender Ansicht entpönalisiert § 95 Abs. 5 AufenthG i.V.m. Art. 31 Nr. 1 GFK nicht nur hinsichtlich der unerlaubten Einreise bzw. des unerlaubten Aufenthalts gem. § 95 Abs. 1 Nrn. 1–3, sondern auch hinsichtlich solcher Begleitdelikte, die der Flüchtling, zur Ermöglichung sein Flucht begeht, wie insbesondere

Zusammenfassend kann der nemo-tenetur-Grundsatz zusammenfassend nur vor rechtlichem Zwang schützen. Rein faktisch-ökonomischer Druck ist nicht in der Lage, das für die Verletzung entscheidende Moment der Negierung der Subjektstellung zu entfalten. Diesem Moment kommt nach hier vertretener Konzeption zentrale Bedeutung für den Gewährleistungsgehalt des nemo-tenetur-Satzes zu. Wollte man den Grundsatz hingegen auf reine Zumutbarkeitserwägungen stützen[949], ließe sich die Beschränkung auf rechtlichen Zwang kaum sinnvoll begründen. Unter Zumutbarkeitsgesichtspunkten spricht vielmehr vieles für eine Gleichstellung der Rechtspflicht mit der Obliegenheit und der ökonomischen Folge mit der rechtlichen Sanktion. Die Konfliktlage, in der sich der Betroffene befindet, wird nicht dadurch abgeschwächt, dass er in der Befolgung der Pflicht rechtlich frei und lediglich faktisch gebunden ist. Ausgehend von Zumutbarkeitserwägungen erscheint es unzulässig, den Betroffenen auf die Möglichkeit zu verweisen, der Obliegenheit zuwider zu handeln. Da die wirtschaftlichen Folgen die rechtlichen Sanktionen um ein vielfaches übersteigen können, müsste auf Grundlage reiner Zumutbarkeitserwägungen vielmehr für die Einbeziehung faktisch-wirtschaftlicher Konsequenzen gestritten werden. Dass diese Konsequenz von den Vertretern der Zumutbarkeits-ratio nicht gezogen wird[950], zeigt wiederum die Unzulänglichkeit dieses Ansatzes. Wie dargestellt, sind derartige Erwägungen nicht in der Lage, den Bedeutungsgehalt des nemo-tenetur-Grundsatzes umfassend zu erfassen. Dessen spezifischer Schutzgehalt liegt in der Abwendung der Negierung der Autonomie des Beschuldigten. Dieses Moment fehlt bei lediglich faktisch-wirtschaftlichen Folgen. Der Betroffene, der eine Entscheidung anhand derartiger Erwägungen trifft, handelt als selbstbestimmtes Subjekt. Der staatlichen Zielbestimmung unterworfen und in ihrem Sinne instrumentalisiert und damit zum fremdbestimmten Objekt wird er erst, wenn ihm die Rechtsordnung die Möglichkeit nimmt, anders zu handeln.

Es handelt sich hierbei nicht um eine Frage der Quantität des Zwangs, sondern der Qualität. Auch wirtschaftliche Folgen existenzvernichtenden Ausmaßes rechtfertigen daher keine Gleichstellung.

Urkundenfälschung durch Herstellung falscher Papiere (*El-Ghazi/Fischer-Lescano* StV 2015, 386 (390); a.A. OLG Bamberg NStZ 2015, 404 (405; vermittelnd BVerfG NVwZ 2015, 361). Dies muss auch dann gelten, wenn die schutzsuchende Person, die Delikte in der irrigen Annahme begeht, nicht anders einreisen zu können. Der Charakter der Vorschrift als Strafaufhebungsgrund steht dem nicht entgegen. Auch in anderem Zusammenhang wird vertreten, dass bei solchen Strafaufhebungsgründen, die an die spezifische Motivationslage des Handelnden anknüpfen, die irrige Annahme der tatsächlichen Voraussetzungen zur Straflosigkeit führen müssen. Streit herrscht allerdings über die dogmatische Konstruktion (s. *Exner* ZJS 2009, 516 (523 mwN).

949 S.o. B. III. 2. a.

950 S. etwa *Rogall* in SK-StPO Vor §§ 133 ff. Rn. 140.

b. *Pflicht zur Selbstbelastung gegenüber einer Privatperson*

Zu fragen ist, ob gegenüber einer Privatperson bestehender Aussagezwang ausreicht, um einen Verstoß gegen das nemo-tenetur-Prinzip zu begründen.

Dem wird regelmäßig entgegengehalten, der Grundsatz sei staatsgerichtet[951]. Dies ist insofern zutreffend, als das Schutzgut des Grundsatzes unmittelbar nur durch staatliche Maßnahmen betroffen sein kann. Der Grundsatz schützt den Beschuldigten vor der Instrumentalisierung im Sinne der gegen ihn gerichteten Verfahrenszielbestimmung der strafprozessualen Sachverhaltsaufklärung.

Wie dargelegt, kommt es in außerstrafprozessualen Konstellationen zu einer solchen Instrumentalisierung allerdings von vornherein nicht, da die außerstrafprozessualen Erklärungspflichten nicht dem Zweck der Sachverhaltsaufklärung im Strafverfahren dienen. Die in diesen Pflichten angelegte Verletzung des nemo-tenetur-Grundsatzes wird erst durch die nachträgliche Umwidmung der erlangten Informationen und ihre Verwendung im Strafverfahren vollendet.

Da dieser die Verletzung vollendende Verwendungsakt begriffsnotwendig staatlicher Natur ist, erscheint es daher zunächst durchaus denkbar, am staatsgerichteten Charakter des Grundsatzes festzuhalten und zugleich genügen zu lassen, dass das Zwangselement allein durch privat ausgeübten Zwang zustande kommt. Allerdings kann ein allein von einer Privatperson ausgeübter Zwang die an das Zwangselement zu stellenden Anforderungen von vornherein nicht erfüllen. Nach dem oben Gesagten, muss der Aussagezwang dem Adressaten die Handlungsalternative nehmen. Der Adressat darf bei formal-rechtlicher Betrachtung nicht anders handeln können. Eine derartige Wirkung kann nur rechtlicher, obrigkeitlicher Zwang entfalten. Von einer Privatperson ausgeübter Zwang kann per se nur faktischer Natur sein.

Die Staatsgerichtetheit des nemo-tenetur-Grundsatzes kommt somit nicht nur darin zum Ausdruck, dass sich das Verbot der Verwertung erzwungener Angaben nur an den Staat richten kann, vielmehr verlangt auch das Element des Aussagezwangs nach einem rechtlichen, obrigkeitlichen Zwang.

In den Versicherungsfällen scheitert eine Verletzung des nemo-tenetur-Grundsatzes schon daran, dass die lediglich als Obliegenheit ausgestaltete Auskunftsverpflichtung die Anforderungen des Zwangselements nicht erfüllt. Die Frage der Anwendbarkeit in Privatrechtsverhältnissen ist hier nicht entscheidungserheblich.

Die Konstellation zeigt allerdings bereits, dass die Relevanz des nemo-tenetur-Grundsatzes nicht überall dort schlechthin ausgeschlossen ist, wo Privatpersonen beteiligt sind. Unterstellt man, die Auskunftsobliegenheit wäre als echte Rechtspflicht ausgestaltet, so wäre sie auf dem Zivilrechtsweg einklagbar und im Wege der Zwangsvollstreckung durchsetzbar. In dem Moment, in dem sich der private Inhaber des Auskunftsanspruchs eines staatlichen Verfahrens bedienen kann, um die Auskunftspflicht durchzusetzen, handelt es sich nicht mehr um rein privaten

---

951 OLG Celle NJW 1985, 640 (641), KG NStZ 1995, 146 (147); *Geppert* DAR 1981, 301 (305).

Aussagezwang[952]. Es kommt vielmehr ein obrigkeitliches Moment hinzu. Allein, dass der Staat selbst nicht Inhaber des Auskunftsanspruchs ist, kann nicht maßgeblich sein. Erzwingt der Staat mit hoheitlichen Mitteln eine Auskunft gegenüber einer Privatperson, ist nemo tenetur tangiert[953]. Auch die Auskunftspflicht des Gemeinschuldners besteht nicht im genuin staatlichen Interesse, sondern in dem der Insolvenzgläubiger[954]. In einer solchen Konstellation erscheint die Selbstbelastung staatlich erzwungen. Stellt der Staat ein Verfahren zur Verfügung, in dem der Bürger einen Auskunftsanspruch gegen einen anderen Bürger mit staatlichem Zwang durchsetzen kann, besteht prima facie kein für die Einschlägigkeit der Selbstbelastungsfreiheit relevanter Unterschied zu einer unmittelbar dem Staat gegenüber bestehenden Auskunftspflicht. In derartigen Konstellationen die Einschlägigkeit des nemo-tenetur-Grundsatzes anzunehmen, erscheint somit jedenfalls nicht ausgeschlossen. Hierauf wird zurückzukommen sein (F. III. e.).

c. *Fazit*

Die von der h.M. vorgenommene Differenzierung zwischen Auskunftspflichten und – mit Blick auf den nemo-tenetur-Grundsatz unbedenklichen – bloßen Obliegenheiten verdient grundsätzlich Zustimmung.

Nur bedingt kann hingegen der Argumentation gefolgt werden, der nemo-tenetur-Grundsatz gelte nicht gegenüber Privatpersonen. In dieser Allgemeinheit verdient diese Aussage noch Zustimmung. Aus ihr lässt sich jedoch kein Argument gegen die Einschlägigkeit des Grundsatzes herleiten, wenn gegenüber Privatpersonen rechtliche Auskunftspflichten bestehen. In privaten Konstellationen fehlt es regelmäßig an dem Moment des Aussagezwangs, sodass der nemo-tenetur-Satz schon unter diesem Gesichtspunkt nicht einschlägig ist. Liegt es jedoch ausnahmsweise anders, erscheint die Einschlägigkeit des Grundsatzes möglich. Hierauf wird noch einzugehen sein (F. III. e.).

III. Ausschlussmechanismen

Steht fest, dass ein unzulässiger Aussagezwang i.S.d. nemo-tenetur-Grundsatzes vorliegt, stehen der Rechtsordnung verschiedene Institute zur Verfügung, die Verletzung des Grundsatzes dennoch zu vermeiden. Entsprechend dem Gemeinschuldner-Mechanismus können diese entweder am Moment des Aussagezwangs oder der strafprozessualen Verwertung ansetzen.

---

952 Vgl. *Kölbel*, Selbstbelastungsfreiheiten, S. 70.

953 *Samson* wistra 1988, 130 (132); *Wewerka*, Internal Investigations, S, 221; *Kölbel*, Selbstbelastungen, S. 83; a.A. *Reiß*, Besteuerungsverfahren, S. 245 f.; *Geppert* BA 1991, 31 (36).

954 *Rödiger*, Strafverfolgung, S. 277.

1. Verzicht auf Aussagezwang

Das Moment des Aussagezwangs wird am einfachsten ausgeschaltet, indem das jeweilige Fachrecht, dem Pflichtigen die Möglichkeit einräumt, selbstinkriminierende Auskünfte zu verweigern (a.). Dahinter zurück bleibt die Möglichkeit, nicht auf die Auskunftspflicht als solche zu verzichten, sie aber hinsichtlich ihrer Vollstreckbarkeit zu suspendieren (b.). Schließlich erscheint es denkbar, den Konflikt schlicht zeitlich zu entzerren, indem das Nicht-Strafverfahren ausgesetzt wird, bis das Strafverfahren abgeschlossen ist (c.).

a. Auskunftsverweigerungsrechte

Auskunfts-, Aufzeichnungs-, Dokumentations- und Vorlagepflichten finden sich in nahezu jedem Bereich gewerblicher Tätigkeit[955]. Sie dienen dazu, die Überwachungsbehörde mit den entscheidungsrelevanten Informationen zu versorgen und sie so in die Lage zu versetzen, ihre Aufgaben zu erfüllen[956].

Die Pflichten sind regelmäßig bußgeldbewehrt oder können im Wege des Verwaltungszwangs durchgesetzt werden. Das Zwangselement des nemo-tenetur-Grundsatzes ist daher unzweifelhaft erfüllt. Im Fall einer strafprozessualen Verwertung wäre der Grundsatz verletzt. Der Gesetzgeber gewährt daher dem Betroffenen regelmäßig die Möglichkeit der Auskunftsverweigerung. Entsprechende Vorschriften sind § 55 StPO nachempfunden. Sie lauten weitgehend wortgleich:

„Der zur Auskunft Verpflichtete kann die Auskunft auf solche Fragen verweigern, deren Beantwortung ihn selbst oder einen der in § 383 I Nrn. 1–3 der ZPO bezeichneten Angehörigen der Gefahr strafrechtlicher Verfolgung oder eines Verfahrens nach dem Gesetz über Ordnungswidrigkeiten aussetzen würde“[957]. Teilweise wird auch direkt auf § 55 StPO verwiesen[958].

Es gelten dieselben Grundsätze wie bei § 55 StPO[959]. Der Betroffene muss das Auskunftsverweigerungsrecht ausdrücklich geltend machen[960]. Die bloße Nichtäußerung und erst recht die falsche bzw. unvollständige Erklärung werden nicht

---

955 *Bärlein/Pananis/Rehmsmeier* NJW 2002, 1825 (1826).

956 *Bärlein/Pananis/Rehmsmeier* NJW 2002, 1825 (1826).

957 § 52 Abs. 5 BImSchG; § 17 Abs. 3 HwO; § 22 Abs. 3 GastG; § 29 Abs. 3 GewO; § 44 Abs. 2 S. 2 LFGB; § 17 VI ArbZG; § 13 Abs. 1 S. 2 ASiG; § 64 Abs. 5 AMG; § 101 Abs. 2 BBiG; § 17 Abs. 1 S. 1 BeschG; § 21 Abs. 5 ChemG; § 4 Abs. 4 FPersG; § 20 Abs. 2 FernUSG; § 70 Abs. 6 FFG; § 11 Abs. 2 S. 1 ProdSG; § 18 Abs. 2 S. 1 GÜG; § 26 Abs. 5 MPG; § 5 Abs. 1 S. 3 SchwarzArbG; § 31 Abs. 2 WeinG; § 11 Abs. 4 FleischG; § 24 Abs. 2 BtMG; § 39 Abs. 1 S. 2 WaffG; § 23 Abs. 6 AWG; § 4 Abs. 9 WpHG, § 16 Abs. 4 TierschG; § 25 Abs. 4 GenTG; §§ 44 Abs. 6, 44c Abs. 5 S. 2 KWG; 3 Abs. 4 S. 9 BörsG.

958 § 101 Abs. 3 WHG; § 59 Abs. 5 GWB.

959 S. B. III. 1. c.

960 *Scholl*, Prüfungsbefugnisse, S. 121.

gedeckt[961]. Für die Darlegung der Selbstbelastungsgefahr muss analog § 56 StPO die Glaubhaftmachung ausreichen[962]. Das Auskunftsverweigerungsrecht ist grundsätzlich auf einzelne Fragen beschränkt, kann aber im Einzelfall zu einem umfassenden Aussageverweigerungsrecht erstarken[963]. Bei der Beurteilung der Selbstbelastungsgefahr findet die sog. *Mosaiktheorie* Anwendung. Das Bestehen eines Strafverfolgungshindernisses steht der Annahme einer Gefahr strafrechtlicher Verfolgung grundsätzlich entgegen. Bei rechtskräftiger Aburteilung kann jedoch die Möglichkeit eines Wiederaufnahmeverfahrens die Verfolgungsgefahr begründen.

Zu beachten ist allerdings, dass der Adressat der Mitwirkungspflicht gerade sich selbst[964] belasten muss. Im Bereich des Wirtschaftsverwaltungsrechts rührt eine erhebliche Minderung der Relevanz des nemo-tenetur-Grundsatzes daher, dass der Adressat der Mitwirkungspflicht regelmäßig nicht identisch mit der Person ist, die durch die Erfüllung der Pflicht belastet wird.

Hier erlangt der Umstand Bedeutung, dass Adressat der Auskunftspflicht häufig eine juristische Person[965] sein wird. Überwiegend wird dann davon ausgegangen, auch die juristische Person sei Träger des Auskunftsverweigerungsrechts[966]. Mangels Verbandsstrafrechts kann es dann nur um die Gefahr eines Ordnungswidrigkeitenverfahrens gehen. Jedenfalls qua einfachgesetzlicher Anordnung genießen hier juristische Personen Selbstbelastungsschutz[967]. Ob man hierin noch einen Ausfluss von nemo tenetur erblickt oder aber einen einfachgesetzlichen Überschuss über dessen Gewährleistungsbereich, hängt davon ab, ob man juristische Personen als taugliche Träger der Selbstbelastungsfreiheit ansieht[968]. Jedenfalls das BVerfG[969], der EuGH[970] und – wie § 81a Abs. 1 S. 3 GWB zeigt[971] – auch der Gesetzgeber verneinen dies. Die umfassend diskutierte Frage, ob juristische Personen Träger der Selbstbelastungsfreiheit sind, kann und soll hier nicht aufgearbeitet werden[972]. Lediglich angemerkt sei, dass die Geltung für juristische Personen auf Grundlage eines – hier

---

961 *Schlothauer* in Fezer-FS, S. 267 (272); *Benz*, Selbstbelastungen, S. 71; *Scholl*, Prüfungsbefugnisse, S. 121.

962 *Benz*, Selbstbelastungen, S. 72.

963 *Scholl*, Prüfungsbefugnisse, S. 123.

964 Dazu, dass der zugleich gewährleistet Angehörigenschutz kein Ausdruck von nemo tenetur ist, s. bereits Fn. 393.

965 Der Begriff der „juristischen Person" soll hier in einem weiteren Sinn gebraucht werden, der auch rechtsfähige Personengesellschaften einschließt.

966 *Wolff*, Selbstbelastung, S. 193; *v. Freier* ZStW 122 (2010), 117 (121); *Queck*, Geltung, S. 278 ff.

967 *v. Freier* ZStW 122 (2010), 117 (131); *Wolff*, Selbstbelastung, S. 194.

968 *Wolff*, Selbstbelastung, S. 194; *v. Freier* ZStW 122 (2010); *Queck*, Geltung, S. 280.

969 BVerfG NJW 1997, 1841.

970 EuGH Slg. 1989, 3283; EuGH Slg. 2001 II 729.

971 BT-Drs. 17/9852 S. 35; s. hierzu *Rogall* in Beulke-FS, S. 973 (980 ff.).

972 S. etwa *Queck*, Geltung, passim, *v. Freier* ZStW 122 (2010), 117; *Rogall* in Beulke-FS, S. 973 (980 ff.) jeweils mwN.

für zutreffend gehaltenen – prozessualen Verständnisses des nemo-tenetur-Satzes eher zu bejahen ist als bei persönlichkeitsrechtlicher Deutung[973].

aa. Belehrungspflicht

Zentrales Problem der einfachgesetzlichen Auskunftsverweigerungsrechte ist die häufig fehlende flankierende Belehrungspflicht. Hierbei handelt es sich sicherlich nicht um ein gesetzgeberisches Versehen[974]. Ein möglicher Erklärungsansatz liegt darin, dass der Gesetzgeber sich an ein Fachpublikum richtet, bei dem er davon ausgeht, dass das Auskunftsverweigerungsrecht bekannt ist[975]. Überraschend ist allerdings die offenbare Willkür, mit der einzelne Gesetze um eine entsprechende Belehrungspflicht ergänzt werden und andere nicht. Eine Systematik lässt sich hier nicht erkennen[976].

Aus strafprozessualer Sicht fragt sich, ob selbstbelastenden Angaben verwertbar sind, die ein Auskunftsverweigerungsberechtigter gemacht hat, nachdem er über dieses Recht nicht belehrt wurde. Die Frage stellt sich in zwei unterschiedlichen Nuancen, abhängig davon, ob die Behörde gegen eine normierte Belehrungspflicht verstoßen hat oder das Unterbleiben der Belehrung darauf beruht, dass das Gesetz eine entsprechende Pflicht von vornherein nicht vorsieht.

Die Literatur misst hierbei dem Umstand der gesetzlichen Normierung entscheidende Bedeutung bei. Nur dort, wo eine Belehrung ausdrücklich vorgesehen ist[977], soll ihr Unterbleiben die strafprozessuale Unverwertbarkeit nach sich ziehen[978]. Ist eine Belehrung gesetzlich nicht vorgesehen, bestehe hingegen von vornherein kein Anlass für ein Verwertungsverbot[979].

Es ist zunächst zu fragen, ob sich trotz fehlender ausdrücklicher Normierung eine Belehrungspflicht begründen lässt. Dies ist aus der Perspektive des Verwaltungsrechts zu verneinen. Die Annahme einer ungeschriebenen Belehrungspflicht wird weitgehend abgelehnt[980]. Die allgemeine Beratungs- und Auskunftspflicht des § 25 VwVfG wird sich hierfür nicht fruchtbar machen lassen[981].

Strafprozessual entscheidend ist, ob das Einräumen des Auskunftsverweigerungsrechts ausreichend ist, um den Verstoß gegen den nemo-tenetur-Grundsatz zu vermeiden[982] oder ob das erforderliche Schutzniveau erst bei einer flankierenden

---

973 *Kirsch* in Unternehmensstrafrecht, S. 361 (370); *Gleß* in Beulke-FS, S. 723 (727).
974 *Rogall* in SK-StPO Vor § 133 ff. Rn. 47.
975 *Rogall* in SK-StPO Vor § 133 ff. Rn. 47.
976 *Schlothauer* in Fezer-FS, S. 267 (272).
977 § 18 Abs. 2 S. 2 GÜG; § 4 Abs. 9 S. 2 WpHG; § 22 Abs. 1 S. 3 ArbSchG; § 11 Abs. 2 S. 2 ProdSG; § 3 Abs. 4 S. 10 BörsG.
978 *Rogall* in SK-StPO Vor § 133 ff. Rn. 147; vgl. auch *Schlothauer* in Fezer-FS 267 (282).
979 *Rogall* in SK-StPO Vor § 133 ff. Rn. 147.
980 *Ambs* in Erbs/Kohlhaas, NebenstrafR, § 22 GastG, Rn. 5; *K. Weber*, BtMG, § 24 Rn. 6; a.A. *Szesny*, Finanzmarktaufsicht, S. 75 (§ 44c KWG).
981 *Benz*, Selbstbelastungen, S. 87.
982 So *Schlothauer* in Fezer-FS, S. 267 (27).

Belehrungsvorschrift erreicht wird. Sollte die Frage im letzteren Sinne zu beantworten sein, ist hiermit nichts über die verwaltungsrechtliche Rechtmäßigkeit ausgesagt, sondern lediglich die Forderung nach einem strafprozessualen Verwertungsverbot begründet. Man kann es für legitim halten, den Betroffenen im Interesse der Sachverhaltsaufklärung über ein bestehendes Auskunftsverweigerungsrecht im Unklaren zu lassen[983]. Steht jedoch fest, dass das Auskunftsverweigerungsrecht ohne entsprechende Belehrungspflicht nicht genügt, um den Verstoß gegen den nemo-tenetur-Grundsatz abzuwenden, muss ein strafprozessuales Verwertungsverbot greifen[984].

Die Anerkennung eines Beweisverwertungsverbots für die unterbliebene Belehrung im Strafprozess ist der Einsicht geschuldet, dass das Aussageverweigerungsrecht ohne entsprechende Belehrung wertlos ist[985]. Der Verzicht auf Aussagezwang würde nur unvollständig vollzogen, wenn man den Beschuldigten in der irrigen Annahme eines solchen Zwangs belasse und durch diese Fehlvorstellung begünstigte Angaben verwerte. Die Rechtsausübung würde auf eine Alternative beschränkt und so das Recht selbst verkürzt[986].

Ziel der Auskunftsverweigerungsrechte ist es, zu vermeiden, dass der nemo-tenetur-Grundsatz durch das Nebeneinander der Verfahren unterlaufen wird. Um diese Zielsetzung zu erreichen, erscheint es verfehlt, hinter dem im Strafprozess geltenden Schutzniveau zurückzubleiben. Nachdem dort anerkannt ist, dass das Schweigerecht notwendig der Flankierung durch Belehrungsvorschriften bedarf, muss dies auch im parallelen Verwaltungsverfahren gelten. Die Überlegung, dass die irrige Annahme eines Aussagezwangs einem solchen gleichsteht, muss auch hier greifen[987]. Ohne Belehrungspflicht besteht somit ein Aussagezwang i.S.d. nemo-tenetur-Grundsatzes. Würden die selbstbelastenden Angaben im Strafverfahren verwirklicht, würde die Verletzung des Grundsatzes vollendet. Ein Verwertungsverbot ist erforderlich.

Wie bei § 136 Abs. 1 S. 2 StPO entfällt das Verwertungsverbot jedoch, wenn der Betroffene von seinem Auskunftsverweigerungsrecht Kenntnis hat[988]. Von der Ausweitung der ohnehin problematischen Widerspruchslösung sollte hingegen Abstand genommen werden[989].

Soweit die einschlägigen Gesetze zwar ein Auskunftsverweigerungsrecht aber keine entsprechende Belehrungspflicht vorsehen, können sie den vom Gesetzgeber

983 *Schlothauer* in Fezer-FS, 267 (284) a.A. *v. Glahn* StraFo 2000, 186 (187).

984 Für ein solches *Lesch* JR 2005, 302 (303); *Schlothauer* in Fezer-FS, S. 267 (286); a.A. *Rohnfelder/Freytag* in Erbs/Kohlhaas, NebenstrafR, § 44 LFGB Rn. 13.

985 BGHSt 25, 325 (331); BGHSt 38, 214 (221).

986 BGHSt 25, 325 (331); BGHSt 38, 214 (221).

987 *Benz*, Selbstbelastungen, S. 90.

988 *Benz*, Selbstbelastungen, S. 91; *Ambs* in Erbs/Kohlhaas, NebenstrafR, § 22 ArbSchG Rn. 7.

989 *Schlothauer* in Fezer-FS S. 267 (287); *Rogall* in SK-StPO Vor §§ 133 ff. Rn. 147 Fn. 949; a.A. *Benz*, Selbstbelastung, S. 91; zur Kritik an der Widerspruchslösung s. bereits D. IV.

angestrebten Zweck, das Nebeneinander der Verfahren zu ermöglichen, nicht erreichen. Das Moment des Aussagezwangs wird gerade nicht ausgeschaltet. Es besteht legislatorischer Nachbesserungsbedarf.

Da nach hier vertretenem Standpunkt eine entsprechende Belehrung unabhängig von ihrer Normierung Voraussetzung für die strafprozessuale Verwertung ist, erübrigt sich die Frage des Verstoßes gegen gesetzlich vorgesehene Belehrungspflichten. Die einfachgesetzliche Normierung einer Belehrungspflicht ist für die Frage der Beweisverwertbarkeit unerheblich[990]. Der Unterschied zur obigen Konstellation liegt nunmehr allein darin, dass die Auskunftserlangung auch verwaltungsrechtlich rechtswidrig ist.

bb. Keine Erstreckung auf sonstige Mitwirkungspflichten

Neben Auskunftspflichten finden sich jedoch vielfältige Aufzeichnungs-, Dokumentations- und Vorlagepflichten, ohne dass diese mit entsprechenden Verweigerungsrechten versehen wären. Nur ganz vereinzelt findet sich das Recht, mit der Auskunft auch die Vorlage von Unterlagen zu verweigern[991]. Derartige Pflichten werden weitgehend für zulässig erachtet[992]. Insbesondere das BVerfG schließt außerstrafrechtliche Mitwirkung nonverbaler Natur aus dem Schutzbereich des nemo-tenetur-Grundsatzes aus: Sie beträfen nicht den „Kernbereich" der Selbstbelastungsfreiheit und könnten daher im Interesse überwiegender Gemeinwohlbelange gerechtfertigt sein[993]. Das BVerfG ließ so die Pflicht zur Vorlage von Büchern und Geschäftspapieren nach § 31a Abs. 2 Nr. 1 BSchVG[994] ebenso unbeanstandet wie die Herausgabepflicht nach § 4 FPersG[995], die Fahrtenbuchauflage nach § 31a StVZO[996] und die Aufzeichnungspflicht nach § 49 Abs. 3 S. 3 PBefG[997].

---

990 Vgl. *Benz*, Selbstbelastungen, S. 89; a.A. *Rogall* in SK-StPO Vor §§ 133 ff. Rn. 147; vgl. auch *Schlothauer* in Fezer-FS, S. 267 (278 ff.).

991 § 22 Abs. 1 S. 2 ArbSchG; § 16 Abs. 2 S. 4 Hs. 2 IfSG; 342b HGB. Einen Sonderfall bildet § 12 Abs. 1 S. 4 GÜKG. Hier entfallen (nicht nur Verweigerungsrecht) sämtliche in S. 3 aufgezählten Mitwirkungspflichten (Neben der Auskunftspflicht: „vorhandene Hilfsmittel zur Verfügung zu stellen, Zutritt zum Fahrzeug zu gestatten sowie Hilfsdienste zu leisten"). Über den von nemo tenetur gebotenen Schutz geht das hinaus.

992 *Bosch* wistra 2007, 294 (296); *Queck*, Geltung, S. 287; *C. Schröder/Hansen* ZBB 2003, 113 (121); *Hartung* NJW 1988, 1070 (1072); *Mäder*, Offenbarungspflichten, S. 166; krit. *Volk* JZ 1982, 85 (91).

993 BVerfG wistra 2010, 341 (344).

994 BVerfGE 55, 144.

995 BVerfG VkBl 1985, 303; a.A. *Himmelreich* NJW 1975, 1199 ((1200).

996 BVerfG NJW 1982, 568; ebenso BVerwG NJW 1964, 1384; BVerwG NJW 1981, 1852.

997 BVerfG NJW 1990, 1349 (1352).

In der Rechtsprechung des EGMR[998] und der des EuGH[999] finden sich entsprechende Ansätze. Auch im internationalen Vergleich stößt man auf vergleichbare Ausnahmen vom Schutzbereich des nemo-tenetur-Grundsatzes[1000]. Insgesamt scheint es sich um ein weitgehend konsentiertes Ergebnis zu handeln, ohne dass dieses je ausreichend begründet worden wäre.

Eine pauschale Ausnahme von Pflichten zur nonverbalen Mitwirkung im außerstrafprozessualen Bereich lässt sich nicht begründen. Wie dargestellt, geht es in diesem Bereich um den Umgehungsschutz des nemo-tenetur-Grundsatzes. Der Schutzbereich wird daher den gleichen Umfang haben müssen wie im unmittelbaren Anwendungsbereich[1001]. Mitwirkungspflichten, die im Strafprozess unzulässig sind, können im außerstrafprozessualen Bereich nicht zulässig sein. Wie ebenfalls bereits dargelegt, umfasst der Schutzbereich des nemo-tenetur-Grundsatzes grundsätzlich auch nonverbales Verhalten[1002]. Ein anderer Zuschnitt des Schutzbereiches im außerstrafprozessualen Bereich lässt sich daher nicht annehmen. Man wird sich an dieser Stelle auch nicht darauf zurückziehen können, der nemo-tenetur-Grundsatz sei eben normgeprägt, sein Schutzbereich daher von der einfachgesetzlichen Ausgestaltung abhängig[1003].

Teilweise werden Vorlagepflichten als bloße Mitwirkungspflichten qualifiziert, vor denen der nemo-tenetur-Satz nicht schütze[1004]. Die Bestimmung der geschützten Verhaltensweisen bewegt sich hier entlang der Begriffspaare aktiv/passiv und verbal/nonverbal[1005]. Nachdem im ersten Schritt rein tatsächlich zwischen aktiven und passiven Verhaltensweisen unterschieden wird, entscheidet sich in einem zweiten Schritt die Frage der Zuordnung nonverbaler Verhaltensweisen zum Schutzbereich danach, ob ihnen ein eigenständiger, potentiell selbstinkriminierender Erklärungsgehalt zukommt. Bei rein tatsächlicher Betrachtung liegt sicherlich ein aktives Verhalten vor. Auch wenn das Gesetz statt der Herausgabe nur die Duldung der Einsichtnahme anordnet, ist der Betroffene verpflichtet, die Unterlagen herauszusuchen und vorzulegen[1006]. Es kommt somit darauf an, ob dem Verhalten ein eigenständiger Erklärungsgehalt zukommt. In eine ähnliche Richtung geht es, wenn vorgeschlagen wird, trotz nicht bestreitbaren aktiven Verhaltens darauf abzustellen,

---

998 Der Gerichthof unterwarf in *Funke* und *J.B.* Herausgabepflichten dem Schutzbereich des nemo-tenetur-Grundsatzes, in *Saunders* hingegen nannte er Dokumente als Beispiel für Gegenstände, die unabhängig vom Willen des Beschuldigten existierten und dem Schutzbereich daher nicht unterfielen; s.o. B. III. 1. d. bb.

999 Vgl. EuGH BeckEuRS 1989, 153372 Rn. 34 f.

1000 S. die *„required records doctrine"* des US Supreme Court, Shapiro v. United States 335 U.S. 1 (1948), s. hierzu auch *Reiß*, Besteuerungsverfahren, S. 210 f.

1001 *Queck*, Geltung, S. 286; *Wolff*, Selbstbelastung, S. 130.

1002 C. III.

1003 So aber *Leppich*, Unfalldatenspeicher, S. 319.

1004 VG Berlin NJW 1988, 1105 (1107); *Hartung* NJW 1988, 1070 (1072).

1005 S.o. C. II. u. III.

1006 *Queck*, Geltung, S. 285 f.; *Scholl*, Prüfungsbefugnisse, S. 136 f.

der Schwerpunkt liege in der Duldung der Einsichtnahme[1007]. Mit der Vorlage von Unterlagen erklärt sich der Pflichtige jedoch zugleich zu deren Vorhandensein und Aufenthaltsort[1008]. Nach dem maßgeblichen Kriterium des eigenständigen Erklärungsgehalts kommt ein genereller Ausschluss vom Schutzbereich nicht in Betracht. Es liegt kein Fall einer bloßen Hilfstätigkeit ohne eigenständigen Erklärungsgehalt vor[1009]. Es besteht ein qualitativer Unterschied etwa zu der Verpflichtung, Türen zu öffnen, die den Betroffenen auch im Rahmen seiner „Duldungs"-Pflicht träfe.

Generelle Irrelevanz in Bezug auf nemo tenetur lässt sich daher nicht annehmen. Die Gegenansicht kann sich auch nicht auf den Gemeinschuldner-Beschluss des BVerfG berufen[1010]. Das BVerfG erklärt ausdrücklich nur passive Duldungspflichten für unbedenklich[1011]. Es nennt mit der Entnahme von Blutproben, der Abstammungsuntersuchung und der Wartepflicht am Unfallort auch nur solche Beispiele, deren Vereinbarkeit mit dem nemo-tenetur-Grundsatz ganz weitgehend anerkannt ist[1012]. Es differenziert somit zwischen Äußerungspflichten und Pflichten zur passiven Duldung. Zu den gewissermaßen dazwischenliegenden Pflichten zur aktiven nonverbalen Mitwirkung trifft es hingegen keine Aussage. Die genannten Beispiele, auf die das BVerfG seine Äußerungen bezieht, haben eine andere Qualität als die Editionspflicht. Ebenso fehl geht der Hinweis, das Gericht lasse es durchaus zu, dem Pflichtigen das Risiko nachteiliger Tatsachenwürdigung aufzubürden[1013]. Die zitierte Urteilspassage betrifft Auskunftsverweigerungsrechte in anderen Verfahrensordnungen und dürfte primär meinen, dass der Schutz der Selbstbelastungsfreiheit hier nicht so weit gehen müsse, den Betroffenen ein nachteilloses Schweigen zu ermöglichen[1014]. Für die hier betrachtete Konstellation lässt sie sich allenfalls insoweit fruchtbar machen, als sich auch nach der Ansicht des BVerfG der Schutz nicht auf die Information als solche bezieht, den Strafverfolgungsorganen also der Zugriff auf die Unterlagen nicht verwehrt ist[1015]. Dass nemo tenetur keinen bloßen Informationsschutz verbrieft, ist bereits geklärt[1016]. Der entscheidende Aspekt liegt hier aber in der Relevanz der Qualität des Mitwirkungsaktes für die Einschlägigkeit des Grundsatzes, m.a.W. in der Frage, ob der nemo-tenetur-Grundsatz dadurch einschlägig wird, dass der Beschuldigte zur Herausgabe und nicht bloß zur Duldung

---

1007 *Geppert* in Spendel-FS, S. 655 (675); *ders.* BA 1992, 289 (296); *Mäder*, Offenbarungspflichten, S. 166; *C. Schröder/Hansen* ZBB 2003, 113 (121).

1008 *Szesny* BB 2010, 1995 (1997); *T. Schaefer*, Der Nemo-Tenetur-Grundsatz, S. 198.

1009 So aber *Geppert* BA 1992, 289 (296), der ausdrücklich den Vergleich zum Hochkrempeln des Ärmels bei der Blutprobe zieht.

1010 So aber VG Berlin NJW 1988, 1105 (1107); *Hartung* NJW 1988, 1070 (1072).

1011 BVerfGE 56, 37 (42).

1012 BVerfGE 56, 37 (42).

1013 VG Berlin NJW 1988, 1105 (1107); *Hartung* NJW 1988, 1070 (1072); krit. *Bärlein/Pananis/Rehmsmeier* NJW 2002, 1825 (1828).

1014 BVerfGE 56, 37 (44).

1015 *C. Schröder/Hansen* ZBB 2003, 113 (121).

1016 S.o. B. III. 2. b.

der Einsichtnahme gezwungen wird. Hierauf hält die Passage keine Antwort bereit. Es kann somit dem Gemeinschuldner-Beschluss nicht entnommen werden, dass das BVerfG Herausgabepflichten als vom nemo-tenetur-Grundsatz nicht erfasst ansieht[1017].

Die Zulässigkeit entsprechender Mitwirkungspflichten kann auch nicht damit begründet werden, die Selbstbelastungsfreiheit gelte nicht absolut und müsse im präventiven Bereich gegenüber Überwachungsinteressen zurücktreten[1018]. Der nemo-tenetur-Grundsatz gilt absolut[1019]. Eine Interessenabwägung und damit ein Fortbestehen einer Selbstbelastungspflicht ist nur dort zulässig, wo zugleich das Moment der strafprozessualen Nutzbarmachung ausgeschlossen ist. Das Argument, derartige Mitwirkungspflichten seien für die Aufgabenerfüllung der Behörde unabdingbar[1020], lassen sich einem Mitwirkungsverweigerungsrecht entgegenhalten, nicht aber einem strafprozessualen Verwertungsverbot. Anderenfalls provozierte man auch – insbesondere im Bereich behördlicher Doppelzuständigkeiten – schwer handhabbare Abgrenzungsfragen zwischen präventivem und repressivem Vorgehen[1021].

Die Erwägung, dass im Fall eines solchen Verwertungsverbots die Dokumentationspflichten ihrer Funktion, den Pflichtigen zu normgetreuen Verhalten anzuhalten und somit letztlich ihres Zwecks verlustig gingen[1022], ist sicher zutreffend und vermag dazu zu verleiten, vor einem entsprechenden Ergebnis zurückzuschrecken. Auch sie ist jedoch nicht geeignet, eine Einschränkung des abwägungsresistenten nemo-tenetur-Grundsatzes zu begründen.

Nachdem sich somit weder eine pauschale Ausnahme vom Schutzbereich noch eine Abwägungslösung begründen lässt, folgt aus der Berührung des Schutzbereichs des nemo-tenetur-Satzes auch weiterhin zugleich dessen Verletzung. Es kommt somit entscheidend darauf an, ob die entsprechenden Mitwirkungspflichten den Schutzbereich des nemo-tenetur-Satzes berühren. Hierfür ist zwischen den einzelnen Mitwirkungspflichten zu differenzieren. Hierzu sind im Folgenden zunächst Dokumentations- und Vorlagepflichten zu betrachten. Danach sind Mitteilungs- und Anzeigepflichten zu behandeln. Mit diesen Begriffen werden hier Pflichten bezeichnet, die den Adressaten zwingen, bestimmte Umstände der Behörde eigeninitiativ zu offenbaren. Der Begriff der Mitteilungspflicht soll dabei die regelmäßig wiederkehrende Pflicht beschreiben, bestimmte abstrakt umschriebene Sachverhalte

---

1017 A.A. *Szesny*, Finanzmarktaufsicht, S. 89.

1018 So BVerwG NVwZ 1984, 376 (377).VG Berlin NJW 1988, 1105 (1107).

1019 S.o. C. I.

1020 *Bärlein/Pananis/Rehmsmeier* NJW 2002, 1825 (1828).

1021 Vgl. *Bärlein/Pananis/Rehmsmeier* NJW 2002, 1825 (1829), mit dem Vorschlag entgegen sonstiger Dogmatik allein das objektive Vorliegen eines Anfangsverdachts genügen zu lassen; *C. Schröder/Hansen* ZBB 2003, 113 (121), bei denen die Frage eines parallelen Ermittlungsverfahrens über die Verwertbarkeit entscheidet.

1022 *T. Schaefer*, Der Nemo-Tenetur-Grundsatz, S. 202.

der Behörde zur Kenntnis zu bringen, während Anzeigepflichten durch Einzelfallereignisse ausgelöst werden[1023].

(i) Dokumentationspflichten

Vielfältig ist der Pflichtige angehalten, bestimmte Umstände regelmäßig zu dokumentieren. Diese Pflichten existieren in Form klassischer Buchführung[1024] oder auch in der regelmäßigen Vornahme technischer Messungen[1025]. Insbesondere im Umweltrecht ist der Anlagenbetreiber zu einer umfangreichen Eigenüberwachung verpflichtet. Qua Auflage wird er angehalten, seine Anlage regelmäßigen, im Detail festgelegten Kontrollen zu unterziehen, die Ergebnisse festzuhalten und der Verwaltungsbehörde in bestimmten Abständen vorzulegen[1026].

Überwachungsmaßnahmen berühren den Schutzbereich des nemo-tenetur-Grundsatzes dann nicht, wenn die Mitwirkungshandlung zeitlich vor der Straftatbegehung liegt oder zeitgleich mit dieser stattfindet[1027]. Derartige Maßnahmen erschweren lediglich die Straftatbegehung, sie verlangen dem Betroffenen keinen postdeliktischen Selbstbelastungsakt ab[1028]. Einer von derartigen Pflichten ausgehenden Möglichkeit der Selbstbelastung kann der Pflichtige entgehen, indem er keine Straftaten begeht[1029]. Dieses Ergebnis ist evident, wenn die Dokumentation automatisiert erfolgt[1030]. Hier liegt das einzige Verhalten, zu dem der Betroffene verpflichtet ist, in dem Einrichten entsprechender technischer Vorkehrungen und damit eindeutig vor der Deliktsbegehung. Doch auch wenn der Pflichtige zu regelmäßen manuellen Dokumentationshandlungen verpflichtet ist, gilt nichts anderes[1031]. Auch hier besteht die Pflicht im Moment der Tatbegehung bereits[1032]. Auch hier hat es der Pflichtige in der Hand, eine Selbstbelastung schlicht durch normgetreues Verhalten

1023 Die gesetzliche Terminologie ist insofern nicht einheitlich. Für andere Systematisierungen s. etwa *Wolff*, Selbstbelastung, S. 167 ff., *W. Hahn*, Offenbarungspflichten, S. 97 ff.

1024 Insb. §§ 238 ff. HGB, aber auch etwa §§ 63b AMG; 17 BtMG; 11a TierSchG.

1025 S. § 29 BImSchG.

1026 *Schall* in Samson-FS, S. 483 (484); *Michalke* NJW 1990, 417 (418).

1027 *Benz*, Selbstbelastungen, S. 123; *Kölbel*, Selbstbelastungsfreiheiten, S. 75; *Rogall* in SK-StPO Vor §§ 133 ff. Rn. 150; *Wolff*, Selbstbelastung, S. 218; *Leppich*, Unfalldatenspeicher, S. 318.

1028 *Kölbel*, Selbstbelastungsfreiheiten, S. 75 Fn. 239; von anderer Seite wird dem Dokumentationsakt die nemo-tenetur-Relevanz schon aus dem Grund abgesprochen, dass er nicht gegenüber einer anderen Person erfolgt, *Szesny*, Finanzmarktaufsicht, S. 130 Fn. 579; *Wolff*, Selbstbelastung, S. 214.

1029 *H. Schneider* NStZ 1993, 16 (22); *Benz*, Selbstbelastungen, S. 123; *Leppich*, Unfalldatenspeicher, S. 318; *Geppert* in Spendel-FS, S. 655 (675).

1030 Vgl. § 29 BImSchG.

1031 A.A. *Mäder*, Offenbarungspflichten, S. 201; gegen diesen auch *Queck*, Geltung, S. 291 Fn. 324.

1032 *Wolff*, Selbstbelastung, S. 218.

zu vermeiden. Wollte man derartige Pflichtenprogramme als mit dem nemo-tenetur-Grundsatz unvereinbar ansehen, müsste dasselbe auch für Bewährungsauflagen gelten[1033]. Es kommt entscheidend also auf den Zeitpunkt der Pflichtbegründung an. Liegt der Mitwirkungsakt zur Erfüllung einer prädeliktisch begründeten Pflicht im Einzelfall nach der Tatbegehung, begründet dies nicht die Einschlägigkeit des nemo-tenetur-Satzes[1034]. Anderenfalls schüfe man auch wenig sinnvolle Abgrenzungsfragen im Bereich teilweise technisierter Überwachungsmechanismen[1035]. Dass die Willkürlichkeiten des technischen Fortschritts und inwieweit die Behörde anordnet, von diesem Gebrauch zu machen, über die Reichweite des Schutzbereiches entscheiden sollen, erscheint zudem kaum überzeugend[1036].

Dokumentationspflichten sind somit im Hinblick auf nemo tenetur unbedenklich[1037]. Werden sie beschlagnahmt, sind Handelsbücher[1038] daher ebenso verwertbar wie Ergebnisse der umweltrechtlichen Eigenüberwachung[1039]. Dies entspricht der Auffassung des BVerfG, das zu § 49 Abs. 4 S. 4 PBefG ausführt, „Die Auferlegung einer Aufzeichnungspflicht, die ein rechtstreues Verhalten sichern soll, ist, auch wenn die Aufzeichnungen im Falle der Ahndung von Verstößen als Beweismittel dienen sollen, jedenfalls dann verfassungsrechtlich unbedenklich, wenn diese Funktion der Aufzeichnungen für den Betroffenen von vornherein erkennbar ist“[1040].

(ii) Vorlagepflichten

Die Auskunftspflichten sind regelmäßig flankiert von der Befugnis der Aufsichtsbehörde, die Vorlage von Unterlagen zu verlangen[1041]. Teilweise ist auch nur ein

1033 *Kölbel*, Selbstbelastungsfreiheiten, S. 74 Fn. 236; so dann auch *Hofener* NStZ 1997, 172 (174) für die Auflage, regelmäßig Urinproben abzugeben; offen gelassen von BVerfG NStZ 1993, 482 (482).

1034 *Benz*, Selbstbelastungen, S. 127; a.A. *Rogall* in SK-StPO Vor §§ 133 ff. Rn. 150; *Böse*, Wirtschaftsaufsicht, S. 454; *Geppert* in Spendel-FS, S. 655 (674).

1035 Vgl. *Mäder*, Offenbarungspflichten, S. 201; *Pfohl* in Müller-Gugenberg/Bieneck, WirtschaftsstrafR, § 54 Rn. 330.

1036 *Queck*, Geltung, S. 291 Fn. 324.

1037 *Queck*, Geltung, S. 295; *Benz*, Selbstbelastungen, S. 126 f.; a.A. *Reiß*, Besteuerungsverfahren, S. 236 f.

1038 *Franzheim* NJW 1990, 2049; *Queck*, Geltung, S. 291; a.A. *Reiß*, Besteuerungsverfahren, S. 238; zur weitergehenden Frage der Verwertbarkeit, wenn sie nicht beschlagnahmt, sondern ihre Herausgabe verlangt wird s.u. E. III. 2. a. bb. (i) α) δδ).

1039 *Franzheim* NJW 1990, 2049; *Alt* in MüKo § 324 Rn. 126; *Pfohl* in Müller-Gugenberg/Bieneck, WirtschaftsstrafR, § 54 Rn. 331; *Queck*, Geltung, S. 292; a.A. *Schall* in Samson-FS, S. 483 (489 ff.); *Michalke* NJW 1990, 417 (419); *Mäder*, Offenbarungspflichten, S. 205 f.; *Schramm*, Abwassereinleiter, S. 106, s. 115 f.

1040 BVerfG NJW 1990, 1349 (1352).

1041 § 52 Abs. 2 BImSchG; § 17 Abs. 1 S. 1 HWO; § 29 Abs. 2 GewO; § 17 Abs. 4 S. 2 ArbZG; § 59 Abs. 1 Nr. 1 GWB.

Recht auf Einsichtnahme vorgesehen[1042]. Da es den Aufsichtsbehörden aber an der Befugnis fehlt, nach Unterlagen zu suchen, kommen auch derartige Pflichten nicht ohne aktive Mitwirkung des Betroffenen aus[1043]. Während die Auskunftspflichten regelmäßig mit einem Auskunftsverweigerungsrecht versehen sind, findet sich ein Vorlageverweigerungsrecht nur in seltenen Ausnahmefällen[1044]. Die Selbstständigkeit beider Pflichten ist regelmäßig in der gesetzlichen Systematik verankert, sodass eine Ausweitung des Auskunftsverweigerungsrechts auf die Herausgabepflicht nicht in Betracht kommt[1045]. Dies macht es erforderlich, zwischen der Erfüllung der Auskunfts- und der Vorlagepflicht zu differenzieren. Da auch die Auskunft schriftlich erfolgen kann und häufig wird, reicht allein dieses Merkmal nicht, um Auskunft und Unterlagenvorlage voneinander abzugrenzen. Bereits weiter führt hier das Kriterium, ob die Unterlagen vor dem Auskunftsverlangen vorhanden sind[1046]. Auch dann verbleiben aber Zweifelsfälle: So fragt sich, was etwa gelten soll, wenn die Behörde, die Aufbereitung oder Zusammenstellung von Unterlagen verlangt[1047]. Man wird hier auf das Kriterium des eigenständigen Aussagegehalts abzustellen haben, das auch sonst über die Zuordnung nonverbaler Mitwirkungshandlungen zum Schutzbereich des nemo-tenetur-Grundsatzes entscheidet[1048]. Lediglich mechanische Hilfstätigkeiten oder Ausführungen von derart konkreten Vorgaben, dass der Betroffene als Werkzeug der Behörde erscheint, sind zulässig. Wird eine eigene Wertung des Pflichtigen verlangt, hat die Handlung einen eigenen Aussagegehalt und unterfällt damit dem nemo-tenetur-Grundsatz. Der Pflichtige muss sie verweigern können. Es erscheint durchaus möglich, eine solche Handlung als Erfüllung der Auskunfts- und nicht der Vorlagepflicht zu begreifen. Der Pflichtige kann sich daher auf sein Auskunftsverweigerungsrecht berufen.

Vorlagepflichten treten kombiniert mit Dokumentationspflichten oder auch selbstständig auf.

1042 S. etwa § 22 Abs. 2 S. 1 GastG.

1043 *Queck*, Geltung, S. 285 f.; *Scholl*, Prüfungsbefugnisse, S. 136 f.

1044 § 22 Abs. 1 S. 2 ArbSchG; § 16 Abs. 2 S. 4 Hs. 2 IfSG; 342b HGB.

1045 S. *Wolff*, Selbstbelastung, 225; *Szesny* BB 2010, 1995 (1998) (§ 4 WpHG); VG Berlin NJW 1988, 1105 (1107) (§ 44 KWG); *Hartung* NJW 1988, 1070 (1072) (§ 44 KWG); *Kleinheisterkamp*, Kreditwesengesetz, S. 371 (§ 44c KWG); *C. Schröder/Hansen* ZBB 2003, 113 (119) (§ 44c KWG); *Nobbe/Vögele* NuR 1988, 313 (315) (§ 21 a.F. WHG); *Queck*, Geltung, S. 286 (§ 52 BImSchG); a.A. *C. Schröder*, KapitalmarktstrafR, Rn. 741 (§ 4 WpHG); *Zietsch/Wiegand* WM 2013, 1785 (1787) (§ 4 WpHG); *Ambs* in Erbs/Kohlhaas, NebenstrafR, § 22 GastG Rn. 3.

1046 LG Ulm NJW 2007, 2056; *Nobbe/Vögele* NuR 1988, 313 (316); krit. *C. Schröder/Hansen* ZBB 2003, 113 (121); *Schork* NJW 2007, 2057 (2058).

1047 Vgl. *Nobbe/Vögele* NuR 1988, 313 (316).

1048 S.o. C.III.

α) Kombination aus Dokumentations- und Vorlagepflichten

Die Dokumentationspflicht verstößt mangels postdeliktischem Selbstbelastungsakt nicht gegen den nemo-tenetur-Grundsatz[1049]. Soweit entsprechende Unterlagen beschlagnahmt werden, bestehen daher keine Bedenken gegen die strafprozessuale Verwertbarkeit[1050]. Die Dokumentationspflichten sind jedoch regelmäßig mit der Verpflichtung gekoppelt, die Unterlagen auf Verlangen der Behörde vorzulegen. Da diese Vorlagepflicht nicht vor der Deliktsbegehung feststeht, sondern erst durch das behördliche Verlangen ausgelöst wird, hat sie, anders als die Dokumentationspflicht, postdeliktischen Charakter. Es fragt sich daher, ob der erforderliche Selbstbelastungsakt allein in der Erfüllung der anschließenden Herausgabepflicht zu sehen sein kann[1051]. Eine derartige Sichtweise müsste darin münden, dass es für die Verwertbarkeit im Strafprozess entscheidend darauf ankommt, ob die Verwaltungsbehörde die Unterlagen durch Herausgabeverlangen oder Beschlagnahme erlangt hat[1052]. Teilweise wird in dem Herausgabezwang jedoch nur ein unselbstständiger Annex zur Dokumentationspflicht gesehen, der als solcher keinen tauglichen Anknüpfungspunkt für einen nemo-tenetur-Verstoß darstelle[1053]. Dieser Hilfserwägung bedarf es nach hier vertretener Ansicht nicht. Wie dargestellt, fallen nonverbale Mitwirkungsakte nur dann in den Schutzbereich des nemo-tenetur-Grundsatzes, wenn dem Akt als solchem das Moment der Selbstbelastung anhaftet, was bei Herausgabe von Gegenständen nur dann der Fall ist, wenn der Herausgabe selbst ein eigenständiger Erklärungsgehalt zukommt[1054]. Hieran fehlt es nun gerade bei Unterlagen, zu deren Führung der Betroffene gesetzlich verpflichtet ist[1055]. Der dem Herausgabeakt stets zukommende Erklärungsgehalt, dass der Gegenstand existiert und im Gewahrsam des Betroffenen ist, kann hier keinerlei inkriminierende Wirkung haben, da er sich darin erschöpft, dass das gesetzliche Pflichtenprogramm eingehalten wurde. In derartigen Fällen fehlt der selbstbelastende Erklärungsgehalt des Herausgabeakts. Dass die aufgezeichneten Informationen als solche belastend

---

1049 S.o. E. III. 1. a. bb. (ii) α).

1050 *Franzheim* NJW 1990, 2049; *Queck*, Geltung, S. 291; a.A. *Reiß*, Besteuerungsverfahren, S. 236 f.

1051 So *H. Schneider* NStZ 1993, 16 (23); *T. Schaefer*, Der Nemo-Tenetur-Grundsatz, S. 199 f.; *Szesny*, Finanzmarktaufsicht, S. 130; vgl. auch *Benz*, Selbstbelastungen, S. 125; *Kölbel*, Selbstbelastungsfreiheiten, S. 75 Fn. 239.

1052 So *Rogall* in SK-StPO Vor §§ 133 ff. Rn. 150; entgegen *Benz*, Selbstbelastungen, S. 125 Fn. 463 hat dies nicht zur Folge, dass der Betroffene es in der Hand hat, die Unverwertbarkeit herbeizuführen. Einer freiwilligen, weil ohne entsprechendes Verlangen der Behörde erfolgenden, Herausgabe fehlt das erforderlich Zwangselement. Entscheidend ist vielmehr, für welches Vorgehen die Behörde sich entscheidet.

1053 *Benz*, Selbstbelastungen, S. 126; *Kölbel*, Selbstbelastungsfreiheiten, S. 75 Fn. 239; ähnlich auch *Mäder*, Offenbarungspflichten, S. 166.

1054 S.o. C. III.

1055 Vgl. *Hefendehl* wistra 2003, 1 (8 f.); *Queck*, Geltung, S. 290.

sind, ist kein Schutzgegenstand des nemo-tenetur-Grundsatzes. Er ist kein Informationsbeherrschungsrecht[1056]. Das insofern bestehende Geheimhaltungsinteresse des Betroffenen ist abwägungsfähig und gegenüber dem Strafverfolgungsinteresse nachrangig. Die Interessensituation ist insofern keine andere als bei der Duldungspflicht gegenüber der Beschlagnahme. Das spezifische, den besonderen Schutz des nemo-tenetur-Grundsatzes auslösende Moment der Instrumentalisierung fehlt. Die Herausgabe unterscheidet sich in dieser Situation qualitativ nicht von der Duldung der Beschlagnahme[1057]. Etwaige Widerstandsbemühungen des Beschuldigten bestünden in aktiven Verschleierungshandlungen, die von vornherein nicht von nemo tenetur gedeckt sind[1058]. Die Pflicht zur Vorlage von Unterlagen, zu deren Führung der Betroffene gesetzlich verpflichtet ist, stellt somit keinen Verstoß gegen den nemo-tenetur-Grundsatz dar. Dies gilt unabhängig davon, ob Dokumentations- und Vorlagepflicht bereits als Einheit konzipiert sind oder sich aus unterschiedlichen Rechtsgrundlagen ergeben[1059]. Hier wie dort greift die Erwägung, dass dem Herausgabeakt der eigenständige potentiell selbstinkriminierende Erklärungsgehalt fehlt.

Auch ohne nemo-tenetur-Verstoß besteht ein einfachgesetzlicher Wertungswiderspruch zur fehlenden strafprozessualen Editionspflicht des Beschuldigten gem. § 95 StPO[1060]. Diesen wird man jedoch hinzunehmen haben. Eine Analogie zu der strafprozessualen Vorschrift scheitert jedoch am Fehlen einer planwidrigen Regelungslücke[1061]. Die umgekehrte Möglichkeit einer strafprozessualen Editionspflicht wurde bereits verworfen[1062].

β) Eigenständige Herausgabepflichten

Die dargestellten Erwägungen greifen jedoch nicht in gleicher Weise bei freiwillig angefertigten Unterlagen. Da es hier an einer der Deliktsbegehung vorausgehenden Pflicht zur Erstellung der Unterlagen fehlt, liegt in der Vorlagepflicht ein postdeliktischer Selbstbelastungsakt. Im Gegensatz zu dem Fall der gesetzlichen Dokumentationspflicht hat die Vorlage derartiger Unterlagen auch einen eigenständigen inkriminierenden Erklärungsgehalt. Der Pflichtige offenbart sein Wissen von Existenz und Aufenthaltsort eines Beweismittels. Anders als bei Unterlagen, zu dessen Führung er verpflichtet ist, kann dieser Erklärungsgehalt im Einzelfall

---

1056 S.o. B. III. 2. b.

1057 Vgl. *C. Schröder/Hansen* ZBB 2003, 113 (121).

1058 Vgl. BGH NJW 2002, 1134 (1135); *Rogall* NStZ 2006, 41 (42).

1059 A.A. *Böse*, Wirtschaftsaufsicht, 443 ff.

1060 Es ist umstritten, ob den Beschuldigten keine Editionspflicht trifft oder diese lediglich nicht vollstreckbar ist, s. *Jahn* in Roxin-FS II, Bd. 2, S. 1357 (1360 ff.).

1061 *Kleinheisterkamp*, Kreditwesengesetz, S. 374 f.; *Szesny*, Finanzmarktaufsicht, S. 107; a.A. *Böse*, Wirtschaftsaufsicht, S. 514; für ein Verwertungsverbot aufgrund der Umgehung der Vorschrift des § 95 StPO: *C. Schröder/Hansen* ZBB 2003, 113 (121).

1062 S.o. C. III.

inkriminierende Wirkung haben. Es wird so eine Selbstbelastung erzwungen. Der Herausgabeakt ist nicht neutral, sodass die Herausgabe nicht qualitativ mit der Duldung der Beschlagnahme gleichzusetzen ist. Ein entsprechender Zwang berührt daher das Schutzgut der prozessualen Autonomie. Bestimmungen, die den Pflichtigen zwingen auch Unterlagen herauszugeben, zu deren Führung er nicht bereits gesetzlich verpflichtet ist, verstoßen daher gegen den nemo-tenetur-Grundsatz.

Dieser Differenzierung wird man entgegenhalten wollen, dass der Erklärungsgehalt, der Pflichtige wisse um Aufenthaltsort und Existenz bestimmter Unterlagen, diesen regelmäßig nicht selbst belasten wird – so etwa bei allen Unterlagen, die regelmäßig im Betrieb eines Unternehmens anfallen[1063]. Derartiger Kritik sei erwidert, dass der Schutz des nemo-tenetur-Grundsatzes ein gewisses Maß an Abstrahierung der Selbstbelastungsgefahr bedarf, um nicht leer zu laufen. Dass es nicht darauf ankommen kann, ob sich das Selbstbelastungsrisiko im Einzelfall verwirklicht, versteht sich von selbst. Wie dargelegt, kommt eine Zulässigkeit nonverbalen Mitwirkungspflichten gerade nicht generell in Betracht, sondern nur in Konstellationen, in denen den Mitwirkungsakten

ein eigenständiger inkriminierender Erklärungsgehalt fehlt. Will man dieser Ausnahme-Fallgruppe nun den Status als solchen erhalten und nicht den im Grundsatz gebotenen Schutz im Bereich nonverbaler Mitwirkung aushöhlen, bedarf es der Festlegung der Fallgruppe anhand hinreichend konkreter, dem Einzelfall vorgelagerter Kriterien. Als solches bietet sich das Kriterium der gesetzlichen Verpflichtung an. Anderen denkbaren Kriterien, wie „regelmäßig anfallend", hat es seine große Trennschärfe voraus. Aufgrund der weiten Verbreitung entsprechender Pflichten dürfte diese Abstrahierung auch kaum dazu führen, dass relevante Konstellationen ausgelassen werden.

Vorlagepflichten, die sich auf Unterlagen beziehen, zu dessen Führung der Adressat nicht verpflichtet ist, sind daher verfassungswidrig. Die Auslegung oder Extension der Auskunftsverweigerungsrechte dahingehend, dass sie auch die Verweigerung der Herausgabe umfassen, wird regelmäßig nicht möglich sein[1064]. Man wird vielmehr aus der Existenz eines bloßen Auskunftsverweigerungsrechts e contrario die gesetzgeberisch intendierte Schrankenlosigkeit der Vorlageverpflichtung zu folgern haben. Rechtsfortbildende Korrekturen sind damit unzulässig. Auch die Annahme eines strafprozessualen Verwertungsverbots erscheint nicht gangbar,

---

1063 So *Queck*, Geltung, S. 287, 290.

1064 S. *Wolff*, Selbstbelastung, 225; *Szesny* BB 2010, 1995 (1998) (§ 4 WpHG); VG Berlin NJW 1988, 1105 (1107) (§ 44 KWG); *Hartung* NJW 1988, 1070 (1072) (§ 44 KWG);*Kleinheisterkamp*, Kreditwesengesetz, S. 371 (§ 44c KWG); *C. Schröder/Hansen* ZBB 2003, 113 (119) (§ 44c KWG); *Nobbe/Vögele* NuR 1988, 313 (315) (§ 21 a.F. WHG); a.A. *C. Schröder*, KapitalmarktstrafR, Rn. 741 (§ 4 WpHG); *Zietsch/Wiegand* WM 2013, 1785 (1787) (§ 4 WpHG); *Ambs* in Erbs/Kohlhaas, NebenstrafR, § 22 GastG Rn. 3.

da der Gesetzgeber ausweislich des Auskunftsverweigerungsrechts, den Konflikt durchaus erkannt und bewusst unzureichend geregelt hat[1065].

De lege ferenda sind entsprechende Konstellationen durch Herausgabeverweigerungsrechte zu lösen. Beweisverwertungsverbote erscheinen hier wenig sinnvoll[1066]. Ein solches wäre auf den dem Herausgabeakt zukommenden Erklärungsgehalt beschränkt[1067]. Der Inhalt der Unterlagen ist kein Schutzgegenstand des nemo-tenetur-Satzes[1068]. Die Frage, inwieweit eine Verwertung des Inhalts der Unterlagen möglich ist, ohne den nemo-tenetur-relevanten Erklärungsgehalt mitzuverwerten, beschwört kaum praktikable Abgrenzungserfordernisse herauf. Das Verwertungsverbot ist hier aufgrund der retrospektiven Beurteilung anfälliger für die Begründung von Schutzlücken als das pauschalisierende und daher umfassend schützende Verweigerungsrecht. Selbst wenn man hier für einen anderen Zuschnitt des Schutzbereiches von nemo tenetur eintritt, werden sich ähnliche Fragen aufgrund der regelmäßig hypothetisch zulässigen Beschlagnahme stellen[1069].

Zulässig ist hingegen die Verpflichtung des Betroffenen zur Vornahme von Einzelmessungen etwa nach §§ 26, 28 BImSchG[1070]. Diese fällt nicht in den Schutzbereich des nemo-tenetur-Satzes, da der Mitwirkungsakt keinen eigenständigen Erklärungsgehalt hat. Die Messwerte sind selbst, sind von vornherein nicht durch nemo tenetur geschützt.

(iii) Mitteilungsplichten

Plichten zur regelmäßigen Meldung oder Bericht[1071] sind aus denselben Gründen zulässig wie kombinierte Dokumentations- und Vorlagepflichten. Hier werden gewissermaßen Dokumentations- und Vorlagepflicht in einem Akt zusammengefasst. In der Sache kann daher nichts anderes gelten. Hier wie dort handelt es sich um ein ständig bestehendes Pflichtenprogramm und nicht um einmalig aktuell werdende Pflichten[1072]. Es fehlt somit an dem für den nemo-tenetur-Grundsatz erforderlichen postdeliktischen Selbstbelastungszwang. Es bedarf somit keines Verwertungsverbots zum Schutz der Selbstbelastungsfreiheit[1073].

1065 Vgl. *Szesny*, Finanzmarktaufsicht, S. 126, S. 141 ff. Zu den Grenzen der Rechtsfortbildung s.u. E. III. 1. b. bb. (iii) α) ββ).

1066 *Verrel* NStZ 1997, 361 (363 Fn. 46); hingegen für ein Offenbarungsverbot im KWG: *Kleinheisterkamp*, Kreditwesengesetz, S. 387.

1067 *Queck*, Geltung, S. 287.

1068 S.o. C. III.

1069 Vgl. *Menges* in L/R-StPO § 95 Rn. 37.

1070 *Queck*, Geltung, S. 290.

1071 §§ 9 WpHG; 31 BImSchG; 18 BtmG; 16c TierSchG i.V.m. § 1 Abs. 2 VersTierMeldV; 37 WaffG.

1072 Vgl. *Wolff*, Selbstbelastungen, S. 171.

1073 für § 9 WpHG a.A. *K. Müller* wistra 2001, 167 (169 f.); *Szesny*, Finanzmarktaufsicht, S. 190; i.E. wie hier *P. Peters*, Insiderstrafrecht, S. 106, der allerdings auf eine Interessenabwägung abstellt und die Möglichkeit eines Verwertungsverbots

(iv) Anzeigepflichten

Im Unterschied zu den Auskunfts- und Vorlagepflichten handelt es sich bei Anzeigepflichten[1074] um sog. selbstständige Offenbarungspflichten[1075]. Sie sind von einem entsprechenden Verlangen der Behörde unabhängig und werden dadurch ausgelöst, dass der Pflichtige selbst Kenntnis von einem bestimmten Sachverhalt erlangt. Dieser Sachverhalt besteht typischerweise in einer akuten Gefahrensituation[1076] oder in der Aufnahme einer Tätigkeit[1077], zunehmend aber auch in dem Verdacht einer Straftatbegehung[1078]. Unabhängig vom Anknüpfungspunkt kann der Pflichtige hier zur Offenbarung von Fehlverhalten angehalten sein, das auch strafrechtlich relevant sein kann. Anders als regelmäßig wiederkehrende Meldepflichten werden sie somit durch ein bestimmtes Ereignis ausgelöst. Es handelt sich daher nicht um ein vorher feststehendes Pflichtenprogramm, sondern um Einzelpflichten. Die Anzeigepflicht wird einmalig aktuell, während die Mitteilungspflicht ständig besteht[1079]. Der Selbstbelastungszwang ist daher postdeliktischer Natur. Eine Vollstreckbarkeit muss hier naturgemäß ausscheiden. Die Pflichten sind jedoch bußgeld-, teilweise sogar strafbewehrt. Derartige Pflichten tangieren somit den Schutzbereich des nemo-tenetur-Grundsatzes[1080]. Da ein Verweigerungsrecht mit der Funktion der Anzeigepflicht nicht kompatibel ist[1081], kann eine Verletzung der Selbstbelastungsfreiheit nur durch Annahme eines strafprozessualen Verwertungsverbots verhindert werden[1082]. Steht die Anzeigepflicht im Zusammenhang mit einer Dokumentationspflicht, ist zu beachten, dass zwar die Anzeige, nicht aber die zugrundeliegende Dokumentation unverwertbar ist[1083]. Zudem wird der Anwendungsbereich solcher Verwertungsverbote

---

nicht beachtet; vermittelnd *Wolff*, Selbstbelastung, S. 232, der in derartigen Konstellationen für ein Verwertungsverbot bezüglich solcher Tatsachen plädiert, die in keinem Zusammenhang mit dem überwachten Sachverhalt stehen, hiergegen *Böse*, Wirtschaftsaufsicht, S. 449.

1074 §§ 29 Abs. 1 AMG; § 63b Abs. 2 AMG; 26 Abs. 1 SprengG; 44 Abs. 4, 5; 44a LFGB; 7 IfSG; 10 WpHG; § 21 Abs. 5, 5a GenTG; Art. 19 Abs. 3 Lebensmittel-Basis-VO (VO (EG) 178/2002).

1075 *Nobbe/Vögele* NuR 1988, 312 (314); *W. Hahn*, Offenbarungspflichten, S. 97.

1076 *W. Hahn*, Offenbarungspflichten, S. 126; s. bspw. §§ 26 Abs. 1 SprengG; 7 IfSG.

1077 Bspw. § 4 Abs. 3 BtMG.

1078 § 10 WpHG.

1079 *Wolff*, Selbstbelastung, S. 171; vgl. auch *Queck*, Geltung, S. 293.

1080 *Queck*, Geltung, S. 293; zu § 10 WpHG s. *Böse* ZStW 119 (2007), 848 (873 f.); *Vogel* in Assmann/U. H. Schneider, WpHG, § 10 Rn. 17.

1081 *W. Hahn*, Offenbarungspflichten, S. 98.

1082 *Wolff*, Selbstbelastungszwang, S. 232; *W. Hahn*, Offenbarungspflichten, S. 168; *Nobbe/Vögele* NuR 1988, 313 (316 f.); *Queck*, Geltung, S. 293; *Szesny*, Finanzmarktaufsicht, S. 206; *Grube* ZLR 2012, 446 (460).

1083 *Queck*, Geltung, S. 294.

dadurch geschmälert, dass sich die Anzeigepflicht häufig an juristische Personen richtet, die nicht Träger der Selbstbelastungsfreiheit sein sollen[1084].

Ausdrücklich normiert sind entsprechende Verwertungsverbote in § 44 Abs. 6 LFGB und § 21 Abs. 6 GenTG. Ausweislich der Gesetzesbegründung bezweckt der Gesetzgeber hier den Schutz vor Selbstbezichtigungszwang[1085].

cc. Fazit

Auskunftsverweigerungsrechte schließen das Moment des Zwanges und damit den Verstoß gegen den nemo-tenetur-Grundsatz aus. Um diese angestrebte Wirkung auch tatsächlich zu erreichen, muss der Auskunftspflichtige über dieses Recht belehrt werden. Unterbleibt dies, sind die erlangten Auskünfte strafprozessual unverwertbar. Dies gilt unabhängig davon, ob einfachgesetzlich eine Belehrungspflicht vorgesehen ist.

Bezüglich sonstiger Mitwirkungspflichten ist zu differenzieren. Erforderlich ist ein postdeliktischer Zwang zur Vornahme einer Handlung mit potentiell selbstinkriminierendem Erklärungsgehalt. Hiernach ist ein nemo-tenetur-Verstoß im Fall von Anzeigepflichten zu besorgen. Hier ist mit einem Verwertungsverbot zu reagieren. Der Grundsatz wird hingegen von Dokumentations- und Meldepflichten nicht tangiert. Vorlagepflichten sind zulässig, soweit sie sich auf Unterlagen beziehen, zu deren Führung der Betroffene gesetzlich verpflichtet ist. Ist dies nicht der Fall, verstoßen derartige Pflichten gegen den nemo-tenetur-Grundsatz.

b. Zwangsmittelverzicht

aa. Grundlegendes

Ein weniger weitreichender Ansatz zur Ausschaltung des Moments des Aussagezwangs liegt darin, nicht auf die Aussagepflicht als solche, wohl aber auf ihre Vollstreckbarkeit zu verzichten[1086]. Dem Betroffenen wird also kein Verweigerungs*recht* zugestanden, aber faktisch die Möglichkeit der Verweigerung eröffnet[1087]. Der Gesetzgeber hat diesen Weg in § 393 Abs. 1 AO beschritten (s.u. bb.). Insbesondere im Zusammenhang mit dieser Vorschrift wird ganz überwiegend davon ausgegangen, der Verzicht auf die Erzwingbarkeit schließe den Verstoß gegen den nemo-tenetur-Grundsatz aus[1088]. Nur vereinzelt wird das Ausreichen einer solchen Regelung mit

---

1084 Zu § 10 WpHG: *Vogel* in Assmann/U. H. Schneider, WpHG, § 10 Rn. 17; *v. Hein* in KMRK § 10 WpHG Rn. 18; s.o. E. III. 1.

1085 BT-Drs. 16/6814 S. 14 zu § 21 Abs. 6 TenG.

1086 *Wolff*, Selbstbelastung, S. 136 f.

1087 *Kölbel*, Selbstbelastungsfreiheiten, S. 76 Fn. 246; *Rüster* wistra 1988, 49 (50): „faktisches Aussageverweigerungsrecht".

1088 *Rogall* in Kohlmann-FS, S. 465 (471); *Böse*, Wirtschaftsaufsicht, S. 455; *Samson* wistra 1988, 130 (138); *Jesse* DB 2013, 1803 (1808); *Nothhelfer*, Selbstbezichtigungszwang, S. 106.; *Hüttinger*, Schutz, S. 103.

der Erwägung in Frage gestellt, hierin liege bereits eine staatlich veranlasste Reduzierung der Entscheidungsfreiheit auf nur eine Handlungsalternative und dem Betroffenen würde lediglich der Weg in die Rechtswidrigkeit eröffnet[1089]. Eine vermittelnde Ansicht fordert einschränkend, dass eine dem Betroffenen nachteilige Beweiswürdigung der Pflichtverweigerung ebenfalls ausgeschlossen sein muss[1090]. An der Erzwingung der Selbstbelastung fehle es nur, wenn sich der Betroffene der Selbstbelastungspflicht konsequenzlos widersetzen könnte[1091]. Das BVerfG hat mit § 393 Abs. 1 AO eine derartige Regelung im Gemeinschuldner-Beschluss erwähnt und geht offenbar davon aus, dass sie den nemo-tenetur-Verstoß ausschließt[1092]. Die gegen diese Auffassung geltend gemachten Einwände greifen im Ergebnis nicht durch. Die Ansicht, die allein auf das Bestehen der Pflicht abstellt, erscheint zu formalistisch. Die Pflicht, die sich nicht vollstrecken lässt, verliert letztlich ihren Charakter als solche[1093]. Die den Erfolg der nemo-tenetur-Verletzung darstellende Aufhebung des Entscheidungsspielraums kommt ohne jeglichen tatsächlichen Zwang nicht zustande. Eine solche Wirkung geht von der reinen Rechtspflicht nicht aus. Dies gilt jedenfalls dann, wenn über die fehlende Vollstreckbarkeit belehrt wird. Der Adressat einer mit einer solchen Belehrung versehenen Aufforderung zur Pflichterfüllung wird sich in seiner derartigen Situation in seiner Entscheidungsfindung kaum beschränkt fühlen. Auch die vermittelnde Auffassung ist abzulehnen. Das Gebot, dem Betroffenen die Möglichkeit der konsequenzlosen Mitwirkungsverweigerung einzuräumen, lässt sich aus dem nemo-tenetur-Grundsatz nur für das Strafverfahren ableiten. Seine Wirkung in anderen Verfahren ist auf das Verbot von Zwang beschränkt[1094]. Wie dargelegt, sind Konstellationen, in denen sich der Betroffene zwischen Selbstbelastung und Rechtsdurchsetzung entscheiden muss, vor dem Hintergrund von nemo tenetur unbedenklich[1095]. Wollte man etwas anderes annehmen, begründete man regelmäßig einen Bruch mit den Strukturen der anderen Verfahrensordnung, der sich nicht rechtfertigen ließe[1096]. Der Zwangsmittelverzicht schließt einen nemo-tenetur-Verstoß somit aus. Eine derartige Lösung ist aber nicht ebenso bedenkenfrei wie der Verzicht auf die Auskunftspflicht als solche. Die Frage erscheint daher berechtigt, ob ein solcher Sonderweg tatsächlich notwendig ist (s.u. bb. (ii)).

1089 *T. Schaefer*, Der Nemo-Tenetur-Grundsatz, S. 215 i.V.m. S. 144.
1090 *Wolff*, Selbstbelastung, S. 136 f.
1091 *Wolff*, Selbstbelastung, S. 136 f.
1092 BVerfGE 56, 37 (47).
1093 *Rüster* wistra 1988, 49 (50); *Kohlmann* in Tipke-FS, S. 487 (503).
1094 Vgl. *Zimmermann* in Kapitalmarktstrafrecht, 12. Teil Rn. 27.
1095 S.o. E. II. 3. a. und unten E. III. 1. c. bb.
1096 S. ausführlich E. II. 1. c. bb.

bb. § 393 Abs. 1 S. 2 AO

(i) Der nemo-tenetur-Grundsatz im Steuerrecht

Gewissermaßen der Prototyp des Nebeneinanders des Strafverfahrens mit einer auf Mitwirkung des Betroffenen aufbauenden Verfahrensordnung findet sich im Besteuerungsverfahren. Während dieses ohne weitreichende Mitwirkungspflichten des Steuerpflichtigen kaum auskäme und diese mit Blick auf die hochrangigen Rechtsgüter der staatlichen Steuereinnahmen und der Steuergerechtigkeit auch nicht in Frage zu stellen sind, gilt es zugleich in dem häufig parallel laufenden (Steuer-)Strafverfahren, den Grundsatz der Selbstbelastungsfreiheit zu wahren. Das strafrechtliche Verbot des Selbstbelastungszwangs steht im diametralen Gegensatz zu der umfassenden, sich auch auf deliktische Erwerbstatbestände erstreckenden, zwangsmittelbewehrten steuerlichen Erklärungspflicht, vgl. §§ 149 f., 40, 328 ff. AO[1097]. Im Rahmen der Erfüllung dieser Pflicht läuft der Steuerpflichtige vielfach Gefahr, sich wegen einer Straftat selbst zu belasten. Auf der Hand liegt diese Gefahr, wenn der Steuerpflichtige, der in der Steuererklärung falsche oder keine Angaben gemacht hat, gezwungen werden könnte, die fortbestehende Erklärungspflicht nunmehr wahrheitsgemäß zu erfüllen. Die Gefahr besteht des Weiteren bezüglich Nicht-Steuerdelikten, aus denen gem. § 40 AO besteuerungspflichtiges Vermögen stammt und schließlich daher, dass eine ordnungsgemäße Steuererklärung regelmäßig Anhaltspunkte für Steuerhinterziehungen in vergangenen Besteuerungszeiträumen offenbaren müsste[1098], etwa aufgrund sprunghaften Anstiegs der zu erklärenden Einkünfte[1099]. Der Konflikt beider Verfahrensordnungen ist vorprogrammiert, da derselbe Sachverhalt regelmäßig Anlass zu steuerlichen und steuerstrafrechtlichen Ermittlungen geben wird. Zu dieser Komponente der zeitlichen Überschneidung tritt intensivierend noch die Doppelfunktion der Steuerfahndung als Steuer- und Strafverfolgungsbehörde (§ 208 Abs. 1 Nrn. 1, 2 AO) hinzu[1100].

Das Gesetz bemüht sich um die Meisterung dieser Gemengelage, indem zunächst § 393 Abs. 1 S. 1 AO die Eigenständigkeit der beiden Verfahren postuliert. Besteuerungs- und Strafverfahren richten sich nach den für sie jeweils maßgeblichen Verfahrensordnungen. Aus dieser Unabhängigkeit folgt der Grundsatz der Gleichrangigkeit beider Verfahrensordnungen, woraus sich wiederum das Gebot ableitet, jeder Verfahrensordnung zu der optimalen Verwirklichung ihres jeweiligen Zweckes zu verhelfen[1101].

Die Selbstständigkeit der Verfahren gilt insbesondere für die Mitwirkungsrechte und -pflichten der Betroffenen. Um sich aus der faktischen Verschränkung dennoch ergebende Übergriffe in die andere Verfahrensordnung gering zu halten, sieht § 393 AO weitergehende Regelungen vor. Diese sind motiviert durch das Bestreben, den

1097 *Eidam* wistra 2006, 11 (11).

1098 Vgl. *Stahl* in Korn-FS, S. 757 (767); *Kopf/Szalai* NJ 2010, 363 (363).

1099 *Aselmann* NStZ 2003, 71 (71).

1100 *Rüping/Kopp* NStZ 1997, 530 (531); *Kopf/Szalai* NJ 2010, 363 (366).

1101 *Teske* wistra 1988, 207 (207 f.).

Steuerstraftäter steuerrechtlich nicht gegenüber dem ehrlichen Steuerzahler zu bevorteilen und ihn strafprozessual nicht schlechter zu stellen als jeden anderen Beschuldigten[1102]. Die Abgabenordnung greift zu unterschiedlichen Schutzinstrumenten i.S.d. Gemeinschuldner-Mechanismus abhängig davon, ob sich die drohende Selbstbelastung auf eine Steuerstraftat oder ein Allgemeindelikt bezieht. Während § 393 Abs. 1 AO bei Steuerstraftaten einen Zwangsmittelverzicht anordnet, enthält Abs. 2 ein Verwertungsverbot für Allgemeindelikte (s.u. E. III. 2. a. bb. (iii)).

(ii) Das Zwangsmittelverbot des § 393 Abs. 1 S. 2 AO

§ 393 Abs. 1 S. 2 AO sieht vor, dass gegen den Steuerpflichtigen keine Zwangsmittel eingesetzt werden dürfen, wenn dieser hierdurch gezwungen würde, sich wegen einer Steuerstraftat selbst zu belasten[1103].

Der Begriff der Steuerstraftat richtet sich nach § 369 Abs. 1 AO und umfasst auch die sog. Vorspiegelungstaten (§ 385 Abs. 2 AO). Auf die Form der Beteiligung kommt es nicht an[1104]. Das Bestehen eines Strafverfolgungshindernisses schließt die Selbstbelastungsgefahr aus[1105].

Die Gefahr der Selbstbelastung wird unwiderleglich vermutet, wenn bereits ein Steuerstrafverfahren eingeleitet wurde, § 393 Abs. 1 S. 3 AO. Ist dies nicht der Fall, genügt die Glaubhaftmachung der Verfolgungsgefahr durch den Steuerpflichtigen[1106]. Wie im Rahmen des § 55 StPO sind an die Möglichkeit einer Selbstbelastung keine zu hohen Anforderungen zu stellen. Vor Einleitung eines Ermittlungsverfahrens wird die Bedeutung des Zwangsmittelverbots allerdings dadurch erheblich eingeschränkt, dass die Rechtsprechung von einem Vorrang der bis zu dessen Bekanntgabe noch möglichen Selbstanzeige gem. § 371 AO ausgeht (s.u. E. III. 2 d. bb. (ii) α)). Ist bereits ein Ermittlungsverfahren eingeleitet, bestimmt dieses die Reichweite des Zwangsmittelverbots. Die Reichweite des Ermittlungsverfahrens bestimmt sich seinerseits nach dem prozessualen Tatbegriff, sodass dieser auch für die Reichweite des Zwangsmittelverbots maßgeblich ist[1107]. Dispensiert sind daher nur die Mitwirkungspflichten, die die Steuersachverhalte, d. h. die Steuerarten und die Veranlagungszeiträume betreffen, die vom Ermittlungsverfahren umfasst sind[1108]. Das Zwangsmittelverbot greift nur in der Konstellation, dass hinsichtlich derselben

---

1102 *Joecks* in Kohlmann-FS, S. 451 (452).
1103 Entsprechendes gilt bei einer Steuerordnungswidrigkeit.
1104 *Rolletschke*, SteuerstrafR, Rn. 803.
1105 *Hilgers-Klautzsch* in Kohlmann, Steuerstrafrecht, § 393 AO Rn. 90.
1106 A.A. *Jesse* DB 2013,1803 (1810 f.).
1107 *Hilgers-Klautzsch* in Kohlmann, Steuerstrafrecht, § 393 AO Rn. 96; *Franzen/Gast/Joecks*, Steuerstrafrecht, § 393 Rn. 33; *Hellmann* H/H/Sp, AO, § 393 Rn. 89; a.A. *Jesse* DB 2013, 1803 (1811), der den materiellrechtlichen Tatbegriff für maßgeblich hält, aber sogleich auf die identischen Ergebnisse hinweist, sowie die in Fn. 824, 826 genannten.
1108 *Hellmann* in H/H/Sp § 393 Rn. 89; *Dumke* in Schwarz, AO, § 393 Rn. 23.

Steuer und desselben Besteuerungszeitraums, für den bereits ein Ermittlungsverfahren eingeleitet worden ist, weitere Erklärungspflichten bestehen[1109].

Das Zwangsmittelverbot berechtigt daher nicht dazu, die Steuererklärung für einen Besteuerungszeitraum zu unterlassen, der demjenigen, auf den sich das Ermittlungsverfahren bezieht, zeitlich nachfolgt[1110]. Es schützt somit nicht vor der Möglichkeit einer mittelbaren Selbstbelastung, die dadurch entsteht, dass die verpflichtenden Angaben Rückschlüsse auf den strafbefangenen Zeitraum zulassen. Für derartige Angaben soll dann allerdings ein Beweisverwertungsverbot eingreifen[1111].

Nicht zu überzeugen vermögen hingegen Versuche, auch innerhalb desselben Besteuerungssachverhalts die Zwangsmittelbewehrung unter bestimmten Bedingungen aufrecht zu erhalten. Dies gilt namentlich für das auch vom BFH angewandte Kriterium des „sachlichen Zusammenhangs", der fehlen soll, wenn sich im Einzelfall mit an Sicherheit grenzender Wahrscheinlichkeit keine Rückschlüsse auf den Tatvorwurf ergeben könnten[1112]. Den Nachweis eines derartigen Zusammenhangs im Einzelfall nimmt die Vermutung des § 393 Abs. 1 S. 3 AO dem Rechtsanwender gerade ab[1113].

Das Zwangsmittelverbot führt dazu, dass die Mitwirkungspflicht mangels Vollstreckbarkeit materiell betrachtet nicht mehr existiert[1114]. Es besteht kein Selbstbelastungs*zwang*. I.S.d. Gemeinschuldner-Mechanismus ist somit das erste der für einen nemo-tenetur-Verstoß konstitutiven Elemente ausgeschaltet, wobei durch den Verzicht lediglich auf die Vollstreckbarkeit und nicht auf die Pflicht als solche ein Sonderweg beschritten wird[1115]. Indem die Erklärungspflicht aber als unvollkommene Verpflichtung fortbesteht, kann die Mitwirkungsverweigerung als Pflichtverletzung angesehen werden, was den Weg zur Schätzung der Besteuerungsgrundlage nach § 162 AO eröffnet[1116]. Hierin wird die Rechtfertigung des Sonderweges erblickt, lediglich die Vollstreckbarkeit und nicht die Pflicht als solche aufzuheben. Tatsächlich knüpft § 162 Abs. 1 S. 1 AO die Schätzungsmöglichkeit lediglich an die objektiv fehlende Möglichkeit der Ermittlung der Besteuerungsgrundlage an. Diese Konstruktion wäre daher auch auf Grundlage eines echten Auskunftsverweigerungsrechts möglich[1117]. Mit Blick darauf, dass eine derartige Lösung den Verstoß gegen den nemo-tenetur-Grundsatz mit deutlich geringerem Begründungsaufwand ausschließt, erscheint sie vorzugswürdig.

1109 BGH JR 2005, 300 (301); *Adler* PStR 2002, 202.
1110 BGH NJW 2002, 1134.
1111 BGH NJW 2002, 1134; s. hierzu ausführlich unten E. III. 1. b. (iii).
1112 BFH, *Beschl.* v. 11.9.1996 – VII B 176/94, juris, Rn. 29 ff.
1113 *Rolletschke*, SteuerstrafR, Rn. 814; *Hilgers-Klautzsch* in Kohlmann, Steuerstrafrecht, § 393 AO Rn. 96.
1114 *Joecks* in Kohlmann-FS, S. 451 (452); *Kohlmann* in Tipke-FS, S. 487 (503); *Rüster* wistra 1988, 49 (50).
1115 S. E. III. 1. b. aa.
1116 *Joecks* in Kohlmann-FS, S. 451 (452); *Rengier* BB 1985, 720 (721).
1117 *Hellmann* in H/H/Sp, AO, § 393 Rn. 41.

Gegen den faktischen Druck, zur Vermeidung einer überhöhten Schätzung die wahre Besteuerungsgrundlage und mit ihr vergangene Straftaten aufzudecken[1118], ist der Steuerpflichtige grundsätzlich nicht geschützt[1119]. Dies begründet keinen Zwang i.S.d. nemo-tenetur-Grundsatzes, sondern ist vielmehr mit den Konstellationen der Obliegenheiten vergleichbar, in denen der Betroffene zwischen Selbstbelastungsschutz und Rechtsverwirklichung wählen muss[1120]. Es besteht kein Anlass, dem Betroffenen Schutz vor strafrechtlicher Selbstbelastung bei gleichzeitiger Verwirklichung seiner steuerrechtlichen Interessen zu ermöglichen[1121]. Das aus dem nemo-tenetur-Grundsatz abzuleitende Schutzniveau erschöpft sich vielmehr darin, zu vermeiden, dass sich durch seine gleichzeitige Einbindung in das Besteuerungsverfahren die strafprozessuale Position des Beschuldigten verschlechtert. Umgekehrt lässt sich eine Besserstellung gegenüber sonstigen Steuerpflichtigen nicht begründen. Etwas anderes gilt erst dort, wo die Schätzung bewusst überhöht und so zum unzulässigen Druckmittel zweckentfremdet wird[1122]. Hier ist ein aus dem nemo-tenetur-Grundsatz abzuleitendes Verwertungsverbot anzuerkennen[1123]. Entgegen dem Wortlaut des § 393 Abs. 1 S. 2 AO, der lediglich auf die in § 328 AO genannten Zwangsmittel verweist, und auch der Rechtsprechung ist hingegen von der Unzulässigkeit der Aufforderung zur Abgabe einer eidesstaatlichen Versicherung gem. § 284 AO auszugehen[1124]. Der Steuerpflichtige ist hier unter der Strafandrohung des § 156 StGB und der Möglichkeit der Erzwingungshaft (§ 284 Abs. 4 AO) gezwungen, potentiell selbstinkriminierende Angaben zu machen[1125]. Dies stellt eindeutig unzulässigen Zwang i.S.d. nemo-tenetur-Satzes dar. § 393 Abs. 1 S. 2 AO muss daher analoge Anwendung finden[1126].

Werden entgegen § 393 Abs. 1 S. 2 AO Zwangsmittel eingesetzt, sind die erzwungenen Angaben strafprozessual unverwertbar[1127]. Hierbei soll die Versendung formularmäßiger Erinnerungen noch keinen Zwang darstellen und daher kein Verwertungsverbot nach sich ziehen[1128].

1118 Zur Erschütterung der Schätzung sind ebenso substantiierte Angaben erforderlich wie im Rahmen einer Steuererklärung, *Tormöhlen* in Korn-FS, S.779 (784).

1119 *Beckemper* ZIS 2012, 221 (223); *Böse*, Wirtschaftsaufsicht, S. 485; *Tormöhlen* in Korn-FS, S. 779 (783); krit. *Rengier* BB 1985, 720 (721); *Kopf/Szalai* NJ 363 (366).

1120 *Rüster* wistra 1988, 49 (50).

1121 *Rüster* wistra 1988, 49 (50).

1122 *Beckemper* ZIS 2012, 221 (223); *Tormöhlen* in Korn-FS, S. 779 (783); *Röckl*, Das Steuerstrafrecht, S. 93; *Kohlmann* in Tipke-FS, S. 487 (504 ff.).

1123 *Beckemper* ZIS 2012, 221 (223); *Stetter*, Mittelbare Selbstbelastung, S. 29.

1124 *Hilgers-Klautzsch* in Kohlmann, Steuerstrafrecht, § 393 AO Rn. 71; *Kasiske* HRRS 2013, 225 (227).

1125 *Hilgers-Klautzsch* in Kohlmann, Steuerstrafrecht, § 393 AO Rn. 71.

1126 *Kasiske* HRRS 2013, 225 (227).

1127 *M. Jäger* in Klein, AO, § 393 Rn. 35.

1128 BGH NStZ 2005, 517 (518).

Der Steuerpflichtige ist über die Unzulässigkeit von Zwangsmitteln zu belehren, § 393 Abs. 1 S. 4 AO. Ohne die Belehrungspflicht würde das Zwangsmittelverbot die ihm zugedachte Aufgabe regelmäßig nicht erfüllen können, da sich der häufig rechtsunkundige Steuerschuldner angesichts des übermächtigen Auftretens der Staatsmacht in der Regel gezwungen sieht, dem Auskunftsverlangen Folge zu leisten[1129]. Die Belehrungspflicht stellt somit eine notwendige Ergänzung zum Zwangsmittelverbot dar, ohne die dieses den Grundsatz der Selbstbelastungsfreiheit nicht hinreichend schützen würde[1130]. Die irrtümliche Annahme, zur Mitwirkung verpflichtet zu sein, liegt im Steuerverfahren noch näher als im eigentlichen Strafverfahren. Zudem weicht die Situation auch insoweit vom Strafverfahren ab, als nicht die Pflicht also solche, sondern lediglich deren Vollstreckbarkeit aufgehoben ist. Die zur Begründung des ausreichenden Schutzes durch diese Konstruktion herangezogene Begründung, die nicht vollstreckbare Pflicht verliere ihren Charakter als solche[1131], kann nur dort verfangen, wo zugleich mit der Aufforderung zur Pflichterfüllung auf die mangelnde Vollstreckbarkeit hingewiesen wird. Anderenfalls dürfte von dem mit staatlicher Autorität vorgetragenen Verlangen regelmäßig eine ebensolche Zwangswirkung ausgehen, wie es bei der vollstreckbaren Pflicht der Fall ist. Konsequent wird dann ein strafprozessuales[1132] Verwertungsverbot bei unterlassener Belehrung anerkannt[1133].

(iii) § 370 AO

Der durch Zwangsmittelverbot des § 393 Abs. 1 S. 2 AO vermittelte Schutz wäre unvollständig, wäre die Nichterklärung zugleich durch § 370 AO sogar mit Kriminalstrafe bedroht. Wie dargelegt, begründet die Strafandrohung einen unzulässigen Aussagezwang i.S.d. nemo-tenetur-Grundsatzes[1134]. Dem Gemeinschuldner-Mechanismus entsprechend, ist der Konflikt durch ein strafprozessuales Verwertungsverbot oder einen – dogmatisch wie auch immer zu begründenden – Verzicht auf die Strafbarkeit zu lösen.

α) Lösung der Rechtsprechung

Die Rechtsprechung vertritt einen kombinierten Ansatz, wobei er danach zu differenzieren, ob dieselben Zeiträume und Steuerarten betroffen sind.

1129 *Eidam* wistra 2006, 11 (11).

1130 *Eidam* wistra 2006, 11 (11) spricht hingegen im Anschluss an *Reiß*, Besteuerungsverfahren, S. 282 missverständlich von „einer ‚notwendigen Ergänzung' zum Grundsatz der Selbstbelastungsfreiheit [...]". Das Erfordernis der Belehrungspflicht tritt nicht ergänzend neben den Grundsatz, sondern folgt unmittelbar aus diesem.

1131 *Rüster* wistra 1988, 49 (50); *Kohlmann* in Tipke-FS, S. 487 (503).

1132 Kein steuerrechtliches, s. BFH NJW 2002, 2198.

1133 BGH wistra 2005, 381 (383); *Lesch* JR 2005, 302 (304); a.A. *Rüster* wistra 1988, 49 (54).

1134 S.o. C. V.

αα) Identische Steuersachverhalte

Die Rechtsprechung nimmt eine Suspendierung der strafbewehrten Pflicht zur Abgabe einer Steuererklärung für einen bestimmten Veranlagungszeitraum an, wenn bezüglich dieses Zeitraums dem beschuldigten Steuerpflichtigen die Einleitung eines Ermittlungsverfahrens bekannt gegeben wurde. Den Beschuldigten, der durch Verstreichenlassen der Erklärungsfrist (§ 142 Abs. 2 AO) bereits das Versuchsstadium betreten hat, vor die Wahl zu stellen, durch die Erfüllung der gem. § 149 Abs. 1 S. 4 AO fortbestehenden Erklärungspflicht selbst den Hinterziehungsumfang aufzudecken oder sich nunmehr wegen vollendeter Steuerhinterziehung durch Unterlassen strafbar zu machen, sei mit dem nemo-tenetur-Grundsatz unvereinbar[1135]. Methodisch stützt sich die Rechtsprechung dabei auf eine teleologische Extension des § 393 Abs. 1 S. 2 AO und die Grundsätze der Unzumutbarkeit normgemäßen Verhaltens[1136]. Regelmäßig ließe sich dasselbe Ergebnis bereits durch die Anwendung der Grundsätze über die mitbestrafte Nachtat erzielen[1137]. Des Rückgriffs auf nemo tenetur bedarf es dann erst dort, wo bezüglich der Vortat ein Strafverfolgungshindernis vorliegt[1138].

Die Rechtsprechung nimmt eine Suspendierung der Strafbewehrung auch dann an, wenn lediglich teilidentische Steuersachverhalte betroffen sind[1139]. Jedenfalls für die praktisch wichtige Konstellation der Umsatzsteuervoranmeldung im Verhältnis zur Umsatzsteuerjahreserklärung ist diese Rechtsprechung jedoch mittlerweile überholt. Nach neuerer Rechtsprechung[1140] liegt eine einheitliche Tat i.S.d. § 264 StPO vor, sodass die Umsatzsteuerjahreserklärung von der Verfahrenseinleitung miterfasst ist und es sich nicht mehr nur um *teil*identische Steuersachverhalte handelt[1141].

Die Suspendierung der Strafbewehrung steht lediglich der Strafbarkeit wegen Nichtabgabe einer Steuererklärung entgegen. Die Abgabe einer unrichtigen Steuererklärung ist weiterhin strafbar[1142]. Der nemo-tenetur-Grundsatz vermittelt stets nur ein Recht auf Mitwirkungsverweigerung und nicht zur aktiven Verwirklichung weiteren Unrechts[1143]. Ein strafprozessuales „Recht zur Lüge", so man ein solches überhaupt anerkennen will[1144], folgt jedenfalls nicht aus dem Grundsatz

1135 BGH NJW 2002, 1733 (1734); BGH wistra 2001, 341 (344 f.); OLG Hamburg wistra 1996, 239 (240 f.).
1136 BGH wistra 2001, 341 (345); OLG Hamburg wistra 1996, 239 (241).
1137 *Böse* wistra 2003, 47 (47).
1138 *Böse* wistra 2003, 47 (47 Fn. 4).
1139 BGH wistra 2001, 341 (344 f.).
1140 BGH NJW 2005, 836.
1141 *Rolletschke* StV 2005, 355 (357); *Hilgers-Klautzsch* in Kohlmann, Steuerstrafrecht, § 393 AO Rn. 115.
1142 *Tormöhlen* in Stein-FS, S. 779 (786); *Böse* wistra 2003, 47 (51); a.A. LG Frankfurt a.M. wistra 2004, 78 (79).
1143 *Rogall* NStZ 2006, 41 (42); *H. Schneider*, Grund und Grenzen, S. 30 f.
1144 S. hierzu *Roxin/Schünemann* § 19 Rn. 14.

der Selbstbelastungsfreiheit und bedarf deshalb auch keiner Ausdehnung über den Bereich des Strafprozesses hinaus[1145]. Auch fehlt beim Begehungsdelikt der dogmatische Anknüpfungspunkt: Die Unzumutbarkeit normgemäßen Verhaltens hindert nur die Unterlassensstrafbarkeit[1146].

ββ) Verschiedene Steuersachverhalte

Sind unterschiedliche Steuersachverhalte betroffen, soll die Suspendierung der Strafbewehrung nach der Rechtsprechung ausscheiden. Die Suspendierung der Strafbewehrung greife nur, wenn hinsichtlich derselben Steuerart und desselben Besteuerungszeitraums, für den bereits ein Ermittlungsverfahren eingeleitet wurde, weitere Erklärungspflichten gelten[1147]. Andernfalls liege neues Unrecht vor, dessen Begehung der nemo-tenetur-Satz nicht decke[1148]. Auch sei eine derartige Besserstellung des Täters mit dem Gleichheitssatz unvereinbar[1149]. Für die nach dem strafbefangenen Zeitraum liegenden Besteuerungszeiträume ist der Beschuldigte also auch dann bei Strafandrohung verpflichtet, sich zu erklären, wenn die gemachten Angaben Rückschlusse auf die vom Ermittlungsverfahren betroffenen Zeiträume zulassen. Um den Konflikt mit dem nemo-tenetur-Grundsatz zu lösen, soll dann allerdings ein Verwertungsverbot für die in Erfüllung der Erklärungspflicht gemachten Angaben eingreifen[1150]. Dem Verwertungsverbot soll Fernwirkung zukommen[1151].

χχ) Berichtigungspflicht gem. § 153 Abs. 1 Nr. 1 AO

Eine Sonderkonstellation, in der sich die Problematik ebenfalls stellt, ist das Berichtigungsgebot nach § 153 Abs. 1 Nr. 1 AO. Hiernach ist der Steuerpflichtige verpflichtet, unrichtige oder unvollständige Angaben nachträglich zu korrigieren. Die Vorschrift hat mit Blick darauf, dass die unrichtige Steuererklärung die Erklärungsplicht nicht zum Erlöschen bringt, weitgehend deklaratorischen Charakter[1152]. In Konflikt mit der Selbstbelastungspflicht gerät diese Pflicht dort, wo bereits die ursprünglichen

1145 *Böse* wistra 2003, 47 (51); In diese Richtung aber LG Frankfurt a.M. wistra 2004, 78 (79).
1146 *Rolletschke* StV 2005, 355 (357 f.).
1147 BGH JR 2005, 300 (301); zust. *Rogall* NStZ 2006, 41 (42); hiergegen *Salditt* NStZ 2001, 544.
1148 BGH NJW 2002, 1134 (1135); *Rogall* NStZ 2006, 41 (42).
1149 BGH NJW 2002, 1134 (1135); *Rogall* NStZ 2006, 41 (42).
1150 BGH JR 2005, 300 (301).
1151 BGH JR 2005, 300 (301) untersagt auch die mittelbare Verwertung, lässt aber ausdrücklich offen, „wie weit das Verwendungsverbot im Einzelfall reicht"; diese Ausführungen werden allgemein i.S.e Fernwirkung verstanden; *Rogall* NStZ 2006, 41 (43); *Rolletschke* StV 2005, 355 (358); unklar *Hilgers-Klautzsch* in Kohlmann, Steuerstrafrecht, § 393 AO Rn. 178. krit. zur praktischen Umsetzbarkeit *Salditt* StuW 2005, 367 (369).
1152 *M. Wulf* PStR 2009, 190.

Angaben bedingt vorsätzlich erfolgten und somit den Tatbestand des § 370 Abs. 1 Nr. 1 AO erfüllen. Nach der Rechtsprechung des BGH soll nun das Unterlassen einer Berichtigung nach § 153 Abs. 1 S. 1 AO eine Steuerhinterziehung durch Unterlassen (§ 370 Abs. 1 Nr. 2 AO) darstellen[1153]. Hinsichtlich des nemo-tenetur-Grundsatzes stellt sich somit die Frage nach der strafrechtlichen Suspendierung der Berichtigungspflicht. Diese soll nach dem BGH erst einsetzen, wenn dem Beschuldigten die Einleitung eines Ermittlungsverfahrens bekannt gegeben wurde[1154]. Zuvor könne sich der Betroffene durch eine strafbefreiende Selbstanzeige aus der Konfliktlage befreien[1155]. Zum Entscheidungszeitpunkt war eine solche regelmäßig in der Richtigstellung nach § 153 AO zu erblicken, sodass die Strafbefreiung ohne weiteres Zutun des Steuerpflichtigen allein durch die Erfüllung der Berichtigungspflicht eintrat[1156]. Aufgrund der zwischenzeitlich erfolgten Verschärfung des § 371 AO gilt dies nicht mehr. Während nach der alten Rechtslage bereits die Pflichterfüllung die Straflosigkeit nach sich zog, knüpft das neue Recht ergänzende Anforderungen an das Verhalten des Pflichtigen. Eine derartige Regelung ist mit Blick auf den nemo-tenetur-Grundsatz ungleich problematischer[1157].

Dass die Selbstanzeige aus anderen Gründen als der Einleitung eines Ermittlungsverfahrens, insbesondere wegen der Unfähigkeit zur Nachentrichtung (§ 371 Abs. 3 AO), gesperrt sein könnte, soll nicht zur Suspendierung der Strafbewehrung führen[1158]. Der BGH begründet so eine strafbewehrte Pflicht zur Aufdeckung vergangener Straftaten, ohne dass mit der Pflichterfüllung die nachträgliche Entpönalisierung eintritt[1159]. Um den hiernach bestehenden Verstoß gegen den nemo-tenetur-Grundsatz dann doch noch zu vermeiden, soll jedoch ein strafprozessuales Verwertungsverbot greifen[1160]. Die Reichweite dieses Verbots lässt der BGH ausdrücklich offen, indem er von einem „Beweismittelverwertungs- oder Verwendungsverbot“ spricht[1161]. Der BGH entwirft so ein verschlungenes Modell, das unterschiedliche Mechanismen zur Vermeidung des nemo-tenetur-Verstoßes kombiniert. Die Problematik, aufgrund derer er sich hierzu herausgefordert fühlt, ist allerdings hausgemacht. Der Konflikt mit der Selbstbelastungsfreiheit besteht nur aufgrund einer unzutreffenden materiell-strafrechtlichen Einordnung. Bereits nach dem Wortlaut des § 153 AO erscheint fraglich, ob die mit Eventualvorsatz

1153 So der 1. Senat in BGH wistra 2009, 312 (313 f.) anders wohl noch der 5. Senat in BGH wistra 2008, 22 (25 f.); s. hierzu *Alvermann/Talaska* HRRS 2010, 166 (168).
1154 BGH wistra 2009, 312 (314).
1155 BGH wistra 2009, 312 (314).
1156 BGH wistra 2009, 312 (314).
1157 S.u. E. III. 2. d.
1158 BGH wistra 2009, 312 (314).
1159 *Biegen/Noel* SAM 2012, 182 (185).
1160 BGH wistra 2009, 312 (314).
1161 BGH wistra 2009, 312 (314).

abgegebene falsche Erklärung überhaupt erfasst ist[1162]. Dass ein nachträgliches Kenntniserlangen i.S.d. Vorschrift dort ausgeschlossen ist, wo bereits die Erklärung jedenfalls mit direktem Vorsatz abgegeben wurde, erkennt auch der BGH an[1163]. Dass für den Fall des dolus eventualis etwas anderes gelten soll, ist jedenfalls begründungsbedürftig und entgegen dem BGH kein Ergebnis des „klaren Wortlauts“[1164]. Dafür, dass der Begriff der „Kenntnis“ auch den Eventualvorsatz umfasst, streitet vielmehr § 16 StGB, der gem. § 369 Abs. 2 AO auch für das Steuerstrafrecht maßgeblich ist[1165]. Die Ansicht des BGH hätte auch die widersinnige Konsequenz, dass im Fall unvorsätzlicher Falschangaben die Berichtigungspflicht erst griffe, wenn der Steuerpflichtige sicheres Wissen von der Unrichtigkeit oder Unvollständigkeit seiner Angaben erlangt hat, während Sinn und Zweck der Vorschrift gerade eine weite Handhabung des Kenntnis-Begriffs nahelegen[1166]. Zudem besteht kein Strafbarkeitsbedürfnis[1167]. Dem Verhalten fehlt jeglicher eigenständiger Unrechtsgehalt. Nach einmal vollendeter Steuerhinterziehung verwirklicht die Nicht-Richtigstellung der falschen Angaben kein eigenständiges Handlungsunrecht[1168]. Auch fehlt es an einem eigenständigen Erfolgsunrecht: Die Steuerverkürzung wird bereits durch die ursprüngliche Falsch-Erklärung herbeigeführt[1169]. Des Weiteren wird geltend gemacht, § 370 AO würde so der Sache nach zu einem Dauerdelikt[1170]. Dies ist mit Blick auf das vom BGH zusätzlich postulierte Erfordernis der Erlangung sicheren Wissens und der hiermit verbundenen Zäsur zwar unzutreffend[1171], der Vorwurf hat seinen berechtigten Kern jedoch in der Aushebelung der Verjährungsvorschriften[1172]: Während die durch die ursprüngliche Falscherklärung begangene Steuerhinterziehung gem. § 78 Abs. 3 Nrn. 3, 4 StGB nach 5 bzw. 10 Jahren verjährt, besteht daneben das Unterlassen der Berichtigungspflicht als weiterer Anknüpfungspunkt für die Strafbarkeit. Solange diese Pflicht besteht, begeht der Steuerpflichtige stetig

---

1162 *M. Wulf* PStR 2009, 190; *Alvermann/Talaska* HRRS 2010, 166 (167 f.); *Ransiek* in Kohlmann, Steuerstrafrecht, § 370 AO Rn. 337.

1163 BGH wistra 2009, 312 (313); a.A. OLG Hamburg wistra 1993, 274.

1164 *M. Wulf* PStR 2009, 190; *Alvermann/Talaska* HRRS 2010, 166 (167 f.).

1165 *Ransiek* in Kohlmann, Steuerstrafrecht, § 370 AO Rn. 337; *M. Wulf* PStR 2009, 190; *Schmitz/M. Wulf* in MüKo-StGB § 370 AO Rn. 283a.

1166 *Alvermann/Talaska* HRRS 2010, 166 (168); *M. Wulf* PStR 2009, 190; *Schmitz/M. Wulf* in MüKo-StGB § 370 AO Rn. 283a.

1167 *M. Wulf* PStR 2009, 190.

1168 *Schmitz/M. Wulf* in MüKo-StGB § 370 AO Rn. 315a.

1169 *T. Schaefer*, Der Nemo-Tenetur-Grundsatz, S. 40 f.; ähnlich auch *Alvermann/Talaska* HRRS 2010, 166 (169).

1170 *Franzen/Gast/Joecks*, Steuerstrafrecht, § 370 Rn. 183.

1171 BGH wistra 2009, 312 (314); *Weidemann* wistra 2010, 5 (7); zutreffend daher *M. Wulf* PStR 2009, 190: „Kaskade von täglich erneut begangenen Steuerhinterziehungen“, „‚revolvierende‘ Tatbestandsverwirklichung“; Schmitz/M. Wulf in MüKo-StGB § 370 AO Rn. 315a: „sich auf ewig wiederholende[s] Unterlassungsdelikt[]“.

1172 *Ransiek* in Kohlmann, Steuerstrafrecht, § 370 AO, Rn. 337; *Schmitz/M. Wulf* in MüKo-StGB § 370 AO Rn. 283a.

neue Steuerhinterziehungen[1173]. Eine Verjährung käme somit erst nach Erlöschen der Pflicht in Betracht. Diese könnte nur durch die Festsetzungsverjährung (§ 169 AO) eintreten, die allerdings ihrerseits gem. § 171 Abs. 7 AO an die Strafverfolgungsverjährung gekoppelt ist[1174]. Die Ansicht des BGH schafft somit ein de facto unverjährbares Delikt[1175]. Des Weiteren führt sie zu einer nicht zu erklärenden Privilegierung des mit direktem Vorsatz handelnden Täters[1176].

Entgegen teilweise vorgetragener Kritik begründet die Rechtsprechung hingegen keine (zusätzlichen) Probleme in der Anwendung des Zweifelssatzes[1177]. Dessen „doppelte Anwendung"[1178] gilt es auch dann zu beachten, wenn man die Berichtigungspflicht bereits bei eventualvorsätzlicher Falscherklärung entfallen lässt. Die Lösung dürfte hier in der Anwendung der Grundsätze der Postpendenz liegen[1179].

Insgesamt erscheint die Auffassung der Rechtsprechung jedoch verfehlt. § 153 AO erfasst nur Fälle unvorsätzlicher Falscherklärung. Die Nicht-Richtigstellung von mit Eventualvorsatz gemachten unrichtigen oder unvollständigen Angaben ist bereits keine tatbestandliche Steuerhinterziehung durch Unterlassen gem. § 370 Abs. 1 Nr. 2 AO. Zur Begründung der Straflosigkeit bedarf es somit des Rückgriffs auf den nemo-tenetur-Satz nicht[1180].

Soweit man entgegen der hier vertretenen Ansicht den Tatbestand bejahen will, wird man mit Blick auf den fehlenden eigenen Unrechtsgehalt jedenfalls eine mitbestrafte Nachtat anzunehmen haben[1181]. Zu abweichenden Ergebnissen gelangt man so allerdings, wenn die Haupttat, insbesondere wegen Verjährung, nicht verfolgt

---

1173 *M. Wulf* PStR 2009, 190.

1174 *M. Wulf* PStR 2009, 190.

1175 *M. Wulf* PStR 2009, 190.

1176 *M. Wulf* PStR 2009, 190; *Seer* in Tipke/H. Kruse, AO/FGO, § 153 AO Rn. 11.

1177 *Weidemann* wistra 2010, 5 (7 f.); *Seer* in Tipke/H. Kruse, AO/FGO, § 153 AO Rn. 11.

1178 *Seer* in Tipke/H. Kruse, AO/FGO, § 153 AO Rn. 11; derartige Konstellationen sind der Rechtsordnung auch nicht fremd, sodass sich entgegen *Ransiek* in Kohlmann, Steuerstrafrecht, § 370 AO Rn. 337 hieraus auch keine Bedenken gegen die Rechtsprechung ableiten lassen.

1179 S. hierzu allgemein *v. Heintschel-Heineg* in BeckOK-StGB § 1 Rn. 54 ff. mwN.

1180 Auch nach der hier vertretenen Lösung stellt sich ein Konflikt mit der Selbstbelastungsfreiheit, wenn die ursprünglichen falschen Angaben leichtfertig gemacht wurden. Dann nämlich zwingt die Berichtigungspflicht den Steuerpflichtigen, sich wegen einer Ordnungswidrigkeit gem. § 378 AO selbst zu belasten. Der Konflikt wird durch die Selbstanzeigemöglichkeit in § 378 Abs. 3 AO gelöst. Ist diese gesperrt, soll dem im Rahmen des § 47 OWiG Rechnung getragen werden, BGH wistra 2009, 312 (314); *Schmitz/M. Wulf* in MüKo-StGB § 370 AO Rn. 286; s. hierzu unten E. III. 2 d. aa.; *Biesgen/Noel* SAM 2012, 182 (186 f.) erwägen hingegen eine Suspendierung der Berichtigungspflicht.

1181 Ob dies der Fall ist oder „etwa wegen des im direkten Hinterziehungsvorsatz zum Ausdruck kommenden höheren Schuldgehalts" Tatmehrheit anzunehmen ist, hat BGH wistra 2009, 312 (314) ausdrücklich offen gelassen; dezidiert gegen die Annahme zweier Taten im materiellen Sinne: *Höll/Hinghaus* PStR 2010, 45.

werden kann und die Nachtat wieder auflebt[1182]. Es würde sich dann die Frage nach einer Lösung unter Rückgriff auf den nemo-tenetur-Grundsatz stellen.

β) Würdigung

Die Lösung des BGH über die Suspendierung der Strafbewehrtheit für (teil-) identische Veranlagungszeiträume stößt in der Literatur weitgehend auf Zustimmung[1183]. Umstritten ist jedoch die Lösung für die nicht strafbefangenen Zeiträume. Alternativ zu der prozessualen Lösung über ein Verwertungsverbot[1184] wird in der Literatur eine materiell-rechtliche Lösung über die Grundsätze der Unzumutbarkeit normgemäßen Verhaltens diskutiert[1185]. Hierauf aufbauend wird auch die Anwendung der Rechtsfigur der omissio libera in causa vorgeschlagen[1186].

Der Berechtigung eines Verwertungsverbots könnte entgegenstehen, dass der Gesetzgeber ein solches in § 393 Abs. 2 S. 1 AO ausdrücklich nur für Nicht-Steuerstraftaten vorgesehen hat und diese Regelung als abschließend anzusehen sein könnte[1187]. Auch handelt es sich bei der Abgabenordnung um ein nachkonstitutionelles Gesetz, was nach dem Gemeinschuldner-Beschluss der Zulässigkeit einer verfassungskonformen Rechtsfortbildung zum Schutz der Selbstbelastungsfreiheit entgegenstehen soll[1188].

Die vom BVerfG angenommene Beschränkung der verfassungskonformen Rechtsfortbildung auf nachkonstitutionelle Gesetze ist nicht zwingend[1189].

Diese Einschränkung ist offenbar dem Versuch geschuldet, dem Gewaltenteilungsprinzip gerecht zu werden. Auch bei nachkonstitutionellen Gesetzen erscheint die Annahme eines Verwertungsverbots ohne Verstoß gegen den Gewaltenteilungsgrundsatz jedoch möglich, solange sich das Fehlen einer entsprechenden Regelung

---

1182 *Biesgen/Noel* SAM 2012, 182 (183).

1183 *Aselmann* NStZ 2003, 71 (74); *Tormöhlen* in Korn-FS, S.779 (786 ff.); *Rogall* NStZ 2006, 41 (42 f.); auch hier für ein Verwertungsverbot: *Hellmann* JZ 2002, 617 (619); *Kuhlen*, Grundfragen, S. 164.

1184 *Tormöhlen* in Korn-FS, S.779 (794 ff.); *Rogall* NStZ 2006, 41 (43); *Joecks* in Kohlmann-FS, S. 451 (462).

1185 *Aselmann* NStZ 2003, 71 (75).

1186 *Böse* wistra 2003, 47 (49 ff.); hiergegen *Tormöhlen* in Korn-FS, S.779 (793); *Rogall* NStZ 2006, 41 (43); *Franzen/Gast/Joecks*, Steuerstrafrecht, § 393 AO Rn. 37c.

1187 *Böse* wistra 2003, 47 (48); *Aselmann* NStZ 2003, 71 (74); a.A. *Rogall* NStZ 2006, 41 (43).

1188 *Böse* wistra 2003, 47 (48).

1189 *Benz*, Selbstbelastungen, S. 34 ff.; *Wolff*, Selbstbelastung, S. 144 f.; *Mäder* Betriebliche Offenbarungspflichten, S. 142; a.A. *T. Schaefer* NJW-Spezial 2010, 120 (121); *Samson* wistra 1988, 130 (132); *Dingeldey* NStZ 1984, 529 (530); *Böse*, Wirtschaftsaufsicht, S. 458; *Nothhelfer*, Selbstbezichtigungszwang, S. 105; *Rödiger*, Strafverfolgung, S. 276. Entgegen der Wortwahl des BVerfGE 56, 37 (51) handelt es sich nicht mehr um „Auslegung“, sondern um Rechtsfortbildung, vgl. *Larenz/Canaris*, Methodenlehre, S. 187.

als planwidrige Regelungslücke darstellt[1190]. Der Begriff der planwidrigen Regelungslücke markiert die Grenze zwischen zulässiger Rechtsfortbildung praeter legem und unzulässiger Rechtsfindung contra legem[1191]. Nur letztere verstößt gegen den Grundsatz der Gewaltenteilung, da es sich nicht um bloße Fortbildung des Rechts, sondern um seine Korrektur und mithin einen Übergriff in den Kompetenzbereich der Legislative handelt[1192]. Dies ist den einfachen Gerichten auch dann untersagt, wenn sie eine derartige Korrektur für unausweichlich halten, um die Verfassungsmäßigkeit der Gesamtregelung zu wahren. Für derartige Konstellationen schreibt das Grundgesetz vielmehr das konkrete Normkontrollverfahren gem. Art. 100 GG vor. Die hierdurch dem BVerfG vorbehaltene Verwerfungskompetenz würde unterlaufen, wenn auch die Fachgerichte zur Korrektur gegen den gesetzgeberischen Willen befugt wären[1193]. Hinzunehmen wäre ein solches Vorgehen der Fachgerichte allerdings im Fall vorkonstitutioneller Gesetze[1194]. Dass bei derartigen Gesetzen kein Konflikt mit dem Gewaltenteilungsprinzip und daher auch kein Verwerfungsmonopol des BVerfG besteht, ist anerkannt[1195]. Entsprechend erscheint die Einschränkung auf vorkonstitutionelle Gesetze auch nur dort sinnvoll, wo sich die Annahme eines Verwertungsverbots als Rechtsfindung contra legem darstellte.

Bei nachkonstitutionellen Gesetzen kommt es hingegen entscheidend darauf an, ob das Fehlen eines Verwertungsverbots sich als planwidrige Regelungslücke darstellt. Ist dies der Fall, ergeben sich aus dem Gewaltenteilungsprinzip keine Bedenken. Es entspricht allgemeiner Methodenlehre und ist auch vom BVerfG wiederholt anerkannt worden, dass die Rechtsfortbildung unterhalb der contra-legem-Grenze auch bei nachkonstitutionellen Gesetzen zulässig ist[1196]. Auch sonst wird nicht vertreten, hier seien Analogien und teleologische Extensionen sowie Reduktionen unzulässig. Das Kriterium der planwidrigen Regelungslücke als Grundvoraussetzung jeder Rechtsfortbildung trägt dabei gerade dem Gewaltenteilungsprinzip

1190 Verbreitet wird nur die planwidrige Unvollständigkeit als „Lücke" bezeichnet, sodass die hier verwendete und auch gebräuchliche Begrifflichkeit pleonastisch wäre, s. *Larenz/Canaris*, Methodenlehre, S. 192; Teilweise wird der Begriff der „Planwidrigkeit" auch allein der subjektiven Auslegungstheorie zugeschlagen, s. *Puppe*, Kleine Schule, S. 175.

1191 *Canaris*, Lücke, S .18.

1192 Vgl. *Voßkuhle/Osterloh/Di Fabio* Sondervotum in BVerfG NJW 2009, 1469 (1476); *V. Krey* JZ 1978, 361 (363 ff.).

1193 *Hillgruber* JZ 1996, 118 (119).

1194 BVerfG NJW 1973, 1221 (1226); *Kleinheisterkamp*, Kreditwesengesetz, S. 341; *Hillgruber* JZ 1996, 118 (119).

1195 BVerfG NJW 1953, 497; *Morgenthaler* in BeckOK-GG Art. 100 Rn. 12.

1196 BVerfG NJW 1958, 1227; BVerfG NJW 1979, 305 (306); BVerfG NJW 1981, 1829 (1831); BVerfG 1985, 2395 (2402); BVerfG NJW 1990, 1593 (1594); BVerfG NJW 2011, 836 (838 f.); *Ipsen*, Richterrecht, S. 237; *Lüdemann* JuS 2004, 27 (29); *Voßkuhle* AöR 125 (2000), 177 (185); *V. Krey* JZ 1978, 361 (366).

Rechnung[1197]. Für eine Beschränkung auf vorkonstitutionelle Gesetze besteht daher kein Anlass.

Die Feststellung der Planwidrigkeit einer Regelungslücke, m.a.W. die Frage, welcher „Plan“ bei der Bestimmung der Widrigkeit der fehlenden Regelung zugrunde zu legen ist, hängt ab von dem grundsätzlichen methodischen Streit zwischen der subjektiven Theorie, die das Ziel der Auslegung in der Ermittlung des psychologischen Willens des historischen Gesetzgebers begreift, und der objektiven Theorie, die durch Auslegung den objektiv gültigen Sinn des Gesetzes zu ermitteln sucht[1198].

Auch ohne diesen Streit hier abschließend entscheiden zu wollen, wird man sich auf den Standpunkt zurückziehen können, dass es jedenfalls dort, wo die Regelungsabsicht des Gesetzgebers eindeutig feststeht und sich in der gesetzlichen Systematik hinreichend niedergeschlagen hat, an der Planwidrigkeit der Regelungslücke fehlt. Der Wille des historischen Gesetzgebers ist hierbei nicht alleiniges Leitmotiv der Rechtsfortbildung, ihm kommt aber die Funktion eines Ausschlusskriteriums zu[1199]. Auch Vertreter der objektiven Theorie erkennen an, dass bei der Feststellung der Planwidrigkeit einer Regelungslücke der historischen Auslegung Bedeutung zukommt[1200]. Ebenso wird auch von Seiten der objektiven Theorie dem Begriff der planwidrigen Regelungslücke der des rechtspolitischen Fehlers gegenüber gestellt, der von der Rechtsprechung hinzunehmen ist[1201]. Dies gilt nicht nur dort, wo das Gericht die gesetzgeberische Entscheidung für politisch verfehlt hält, sondern muss auch dort gelten, wo es sie für verfassungswidrig erachtet. Auch die Fehleinschätzung der verfassungsrechtlichen Anforderungen stellt einen solchen Fehler des Gesetzgebers dar, den zu begehen, ihm im Rahmen der ihm nach dem Gewaltenteilungsgrundsatz zukommenden Rechtssetzungsprärogative zustehen muss[1202]. Es kann nicht sein, dass der Verstoß gegen höherrangiges Recht als per se planwidrig angesehen wird[1203]. Dem steht das verfassungsrechtliche Lösungsmodell des Art. 100 GG und letztlich der Grundsatz der Gewaltenteilung entgegen, die ausgehebelt würden, begründete die Verfassungswidrigkeit eines Normkomplexes stets zugleich

---

1197 BVerfG NJW 1975, 305 (306); BVerfG NJW 1984, 475 (475, 476); BVerfG 1985, 2395 (2402); BVerfG NJW 1998, 519 (519 f.); *Di Fabio*, Rechtsfortbildung, S. 1 Fn. 5, S. 2; krit. zur Figur der Regelungslücke *Hillgruber* in Maunz/Düring, GG, Art. 97, Rn. 69 f.; *Röhl/Röhl*, Rechtslehre, S. 618 halten sie als Voraussetzung für die Rechtsfortbildung für verzichtbar.

1198 vgl. instruktiv hierzu *Rüthers/C. Fischer/Birk*, Rechtstheorie, Rn. 796 ff. und umfassend *Hassold* ZZP 94 (1981), 192 jeweils mwN.

1199 *Michael* DER STAAT 54 (2015), 345 (355); weitergehend *Looschelders/W. Roth*, Methodik, S. 226.

1200 *Canaris*, Lücke, S. 33; *Larenz/Canaris*, Methodenlehre, S. 196.

1201 *Canaris*, Lücken, S. 33 f.; *Larenz*, Methodenlehre, S. 374; s. auch *H.-W. Jung*, Rechtserkenntnis, S. 187.

1202 Vgl. *Neuner*, Rechtsfindung, S. 132 Fn. 233; *Paeffgen*, Vorüberlegungen, S. 122 f.; *ders.* in SK-StPO § 112 StPO Rn. 43a.

1203 So aber *Michael* DER STAAT 54 (2015), 345 (354 f.).

die für die rechtsfortbildende Berichtigung erforderliche Regelungslücke. Der hier vertretene Standpunkt entspricht auch der gegenwärtigen Position des BVerfG[1204].

Für nachkonstitutionelle Gesetze ist daher stets zu prüfen, ob das Fehlen eines Verwertungsverbots eine planwidrige Regelungslücke darstellt. Lässt sich dem Gesetz unter Zuhilfenahme der Materialien der Wille des Gesetzgebers[1205] entnehmen, die gewonnenen Informationen einer strafprozessualen Verwertung zuzuführen, ist die Annahme eines Verwertungsverbots im Wege der Rechtsfortbildung in der Tat unzulässig. Fehlt es hingegen an entsprechenden Hinweisen, erscheint die Rechtsfortbildung zulässig. Etwas anderes ließe sich nur annehmen, wenn man aus dem Schweigen des Gesetzes stets ableiten wollte, die Regelung eines Verwertungsverbots sei bewusst unterlassen worden. Man wird aus folgenden Gründen jedoch nicht von einem generellen Verwertungswillen des schweigenden Gesetzgebers ausgehen können. Bei dem Recht der Beweisverwertungsverbote handelt es sich mit wenigen Ausnahmen um eine ungeschriebene, bewusst der richterlichen Rechtsfortbildung überlassene Materie[1206]. Zudem ist es eine Materie des Strafprozessrechts[1207]. Eine Regelung ist daher auch unter systematischen Gesichtspunkten nicht ohne weiteres im Regelungskontext des jeweiligen Fachrechts zu erwarten[1208]. Bei Verwendungsregeln, die gerade an das Moment des Transfers anknüpfen und daher zwischen beiden Rechtsgebieten stehen, erscheint vielmehr sowohl eine Regelung in der Quellnorm als auch in der Zielnorm möglich[1209]. Bei Betrachtung allein einer Norm lässt sich daher keine abschließende Aussage treffen. Dass dem Schweigen des Fachgesetzes nicht ohne weiteres strafprozessuale Implikationen zugewiesen werden dürfen, ist dort besonderes evident, wo die fachrechtliche Materie landesrechtlicher Natur ist, dem Gesetzgeber also bereits die Kompetenz zur Anordnung eines strafprozessualen Verwertungsverbots nicht anstandslos zusteht[1210].

Für das Verwertungsverbot im Fall der strafbewehrten Steuererklärungspflicht kommt es somit darauf an, ob eine planwidrige Regelungslücke vorliegt. Die kann mit Blick auf das in § 393 Abs. 2 AO vorgesehene Verwertungsverbot für Nicht-Steuerstraftaten bezweifelt werden. Aus diesem wird im Umkehrschluss abgeleitet, dass eine entsprechende Regelung für Steuerdelikte gerade nicht gewollt ist. Nach

---

1204 BVerfG NJW 2011, 836 (838 f.); zum Wandel der Rechtsprechung s. *Rüthers/C. Fischer/Birk*, Rechtstheorie, Rn. 799 f.

1205 Die Materialien können stets nur Hilfsmittel sein, ein im Gesetz nicht zum Ausdruck kommender gesetzgeberischer Wille ist unbeachtlich, BVerfG NJW 1960, 1563 (1564).

1206 *Queck*, Geltung, S. 284; *Wolff*, Selbstbelastung, S. 145.

1207 *Queck*, Geltung, S. 284; *Wolff*, Selbstbelastung, S. 145.

1208 Vgl. die Verwunderung über die Normierung eines Verwertungsverbot im BGB bei § 630c Abs. 2 S. 3 BGB: *Spickhoff* ZRP 2012, 65 (67); *Katzenmeier* NJW 2013, 817 (819); *Thurn* MedR 2013, 153 (159); zu dieser Vorschrift s.u. E. III. 2. a. bb. (iv).

1209 *Löffelmann*, Normative Grenzen, S. 208.

1210 Vgl. *J.-M. Günther* ZfW 1996, 290 (294); zum Streit bei Verwendungsregeln s. *Singelnstein* ZStW 120 (2008), 854 (863) mwN.

dem Modell des Gesetzgebers soll vielmehr bei Steuerstraftaten am Moment des Aussagezwanges und bei Allgemeindelikten am Element der Verwertung angesetzt werden[1211]. Die Lösung über die Suspendierung der Strafbewehrung kann somit in jedem Fall für sich in Anspruch nehmen, sich besser in das von der AO vorgezeichnete System zu fügen als das Verwertungsverbot[1212]. Hieraus aber tatsächlich die Unzulässigkeit der Annahme eines Verwertungsverbots zu folgern, dürfte zu weit gehen. Man wird vielmehr in § 393 AO den Willen des Gesetzgebers zu erkennen haben, Konformität des Steuerrechts mit der Selbstbelastungsfreiheit zu erzielen. Die zahlreichen vom Gesetzgeber nicht erkannten Konfliktsituationen lassen sich daher nicht als bewusst ungeregelte Sachverhalte einordnen, sondern sind als planwidrige Regelungslücken anzusehen[1213]. Abgesehen vom Fall des § 393 Abs. 2 S. 2 AO wird sich eine gesetzgeberische Entscheidung für eine prozessuale Verwertbarkeit nicht feststellen lassen. Die rechtsfortbildende Ergänzung um ein Verwertungsverbot ist somit grundsätzlich zulässig. Aufgrund seiner Konformität mit dem gesetzlichen System wäre eine an der Selbstbelastungspflicht bzw. deren Strafbewehrung ansetzende Lösung jedoch vorzugswürdig. Es kommt daher darauf an, ob die vom BGH angenommen Unzulässigkeit einer Suspendierung der Strafbewehrung für nicht strafbefangene Zeiträume zutrifft. Die Rechtsprechung stützt sich hierbei darauf, dass der nemo-tenetur-Grundsatz nicht die Begehung neuen Unrechts rechtfertigen könne[1214]. Dem wurde insofern zugestimmt, als der Grundsatz nicht die Abgabe einer unrichtigen Steuererklärung decken könne[1215]. Hier liegt die Unzulässigkeit aufgrund des aktiven Verhaltens auf der Hand. Der nemo-tenetur-Grundsatz ist Ausdruck der fehlenden Einspannung in die staatliche Verfahrenszielbestimmung und kann als solcher stets nur die passive Mitwirkungsverweigerung und nicht die aktive Zuwiderhandlung rechtfertigen. Daraus, dass der Beschuldigte an seiner Überführung nicht mitzuwirken braucht, folgt nicht, dass er berechtigt wäre, sie

1211 *Böse* wistra 2003, 47 (49).

1212 *Aselmann* NStZ 2003, 71 (73).

1213 *Eidam*, Selbstbelastungsfreiheit, S. 227.

1214 BGH NJW 2002, 1134 (1135); *T. Schaefer*, Der Nemo-Tenetur-Grundsatz, S. 49 wirft der Rechtsprechung hier zu Recht Inkonsequenz vor: Das Kriterium des neuen Unrechts hätte auch schon in der BGH wistra 2001, 341 zugrundeliegenden Konstellation um die Umsatzsteuervoranmeldung im Verhältnis zur Umsatzsteuerjahreserklärung zur Unzulässigkeit der Suspendierung der Strafbewehrung führen müssen, soll doch gerade nach BGH-Rechtsprechung der unrichtigen Voranmeldung ein eigenständiger Unrechtsgehalt zukommen (s. BGH wistra 2009, 312 (313 f.)); *Böse* wistra 2003, 47 (48) meint den Grund hierfür darin zu erkennen, dass dort dieselbe Steuerschuld betroffen war. Allein aus der inkonsequenten Handhabung folgt jedoch noch nicht die fehlende Berechtigung des Kriteriums als solchem. Diese Konstellation ist vielmehr geeignet, gerade umgekehrt Zweifel an der Annahme eines eigenständigen Unrechtsgehalts der unrichtigen Voranmeldung wach werden zu lassen. BGH wistra 2001, 341 ist mittlerweile durch die neue Rechtsprechung zum prozessualen Tatbegriff (BGH NJW 2005, 836) überholt.

1215 S.o. E. III. 1. b. bb. (iii) α) αα).

aktiv zu sabotieren. Verschleierungshandlungen sind von der Selbstbelastungsfreiheit daher nicht gedeckt.

Dem einschränkenden Kriterium des fehlenden neuen Unrechts kann nicht entgegen gehalten werden, dass das materielle Strafrecht verschiedentlich selbstbegünstigendes Verhalten straflos stelle[1216]. Derartige Vorschriften sind nicht Ausdruck des strafprozessualen nemo-tenetur-Satzes, sondern des mit ihm verwandten aber nicht identischen materiell-strafrechtlichen Selbstbegünstigungsprinzips[1217]. Hierbei handelt es sich um eine einfachgesetzliche Wertentscheidung. Eine verfassungsrechtliche Pflicht zur Einführung derartiger Vorschriften besteht nicht[1218]. Für den vorliegenden Zusammenhang lässt sich dieses Prinzip daher nicht fruchtbar machen. Der Aussage, der nemo-tenetur-Grundsatz rechtfertige nicht die Verwirklichung neuen Unrechts, ist zuzustimmen. Fraglich ist allein, ob diese Einsicht zu den Schlussfolgerungen des BGH zwingt. Von dem Fall der Falscherklärung unterscheidet sich die unterlassene Erklärung schon dadurch, dass der Betroffene nicht aktiv handelt. Er verschleiert also nicht aktiv, sondern deckt nur weiterhin nicht auf. Hier scheint daher nicht von vornherein ausgeschlossen, das Verhalten als Ausübung der durch nemo tenetur gewährten Rechtsposition anzusehen. Die Einordnung als neues Unrecht ergibt sich hier daraus, dass nicht dieselbe Erklärungspflicht verletzt wird und somit letztlich aus den gesetzlichen – nicht ohne eine gewisse Willkür – festgelegten Besteuerungszeiträumen[1219]. Dieses Ergebnis ist jedoch unvermeidbar. Der Unrechtsgehalt eines Unterlassens ergibt sich stets aus der Verletzung einer Pflicht und bedarf daher der gesetzlichen Normierung entsprechender Pflichten. Der nemo-tenetur-Grundsatz rechtfertigt somit nicht das Unterlassen der Abgabe einer Steuererklärung für nicht strafbefangene Zeiträume.

Auch der ergänzenden Begründung mit dem Gleichheitssatz ist zuzustimmen. Diese ist insbesondere vor dem Hintergrund zu sehen, dass die Auswirkungen des nemo-tenetur-Grundsatzes auf andere Verfahrensordnungen sich stets darin zu erschöpfen haben, eine aus dem Nebeneinander der Verfahrensordnungen resultierende Beeinträchtigung der strafprozessualen Positionen zu vermeiden. Besserstellungen der außerstrafprozessualen Positionen des Betroffenen sind umgekehrt nicht intendiert. Eine Freistellung von den Strukturen des Nicht-Strafverfahrens ist daher nur insofern zulässig, als sie zum Schutz der strafprozessualen Position unvermeidbar ist.

Aus den obigen Ausführungen ergibt sich zugleich die Berechtigung der differenzierten Lösung der Rechtsprechung. Aufgrund der größeren Übereinstimmung mit der gesetzlichen Konzeption ist die materiell-strafrechtliche Lösung vorzugswürdig und daher anzunehmen, soweit sie zulässig ist. Erst dort, wo sich eine Ausnahme

---

1216 So aber *Sahan*, Steuererklärungspflicht, S. 145.

1217 Vgl. *H. Schneider*, Grund und Grenzen, S. 30 f., 359; *Ostendorf* NStZ 2007, 313 (316).

1218 BVerfGE 16, 191 (194); *Rogall* NStZ 2006, 41 (42).

1219 Krit. *Salditt* NStZ 2001, 544.

von der Strafbewehrtheit nicht begründen lässt, ist auf ein Verwertungsverbot zurückzugreifen.

Zusammenfassend ist der Konflikt der Selbstbelastungsfreiheit mit der Strafbewehrung der Steuererklärungspflicht in § 370 AO daher dahingehend zu lösen, dass eine Suspendierung der materiellen Strafbewehrung anzunehmen ist, soweit dieselbe Steuerart und derselbe Besteuerungszeitraum betroffen sind. Ist dies nicht der Fall, ist das Unterlassen einer entsprechenden Erklärung strafbar. In Erfüllung der Erklärungspflicht gemachte Angaben sind jedoch im Strafverfahren unverwertbar. Diesem Verwertungsverbot kommt Fernwirkung zu.

c. *Verfahrensaussetzung*

aa. Grundlegendes

Ein pragmatischer Lösungsweg zur Auflösung die Gemengelage unterschiedlicher Interessen könnte in der schlichten zeitlichen Entzerrung liegen[1220]. Es erscheint denkbar, das Nicht-Strafverfahren auszusetzen und so die Sachverhaltsaufklärung allein dem Strafverfahren zu überlassen, nach dessen Abschluss die Auskunftspflicht im Nicht-Strafverfahren nicht mehr die Gefahr einer strafrechtlichen Verurteilung begründet[1221]. Tauglich wäre dieser Lösungsweg allerdings nur, wenn er die Gefahr einer strafrechtlichen Verurteilung aufgrund der erzwungenen selbstbelastenden Angaben tatsächlich ausschließt. Soweit ein derartiger Lösungsweg vorgeschlagen wird, wird offenbar davon ausgegangen, der Betroffene könnte im anschließenden Nicht-Strafverfahren zur Selbstbelastung gezwungen werden, da der Sachverhalt rechtskräftig abgeurteilt wurde und daher nicht mehr strafrechtlich verfolgt werden könne. Wäre diese Annahme zutreffend, schied eine nemo-tenetur-Verletzung in der Tat mangels Möglichkeit der strafprozessualen Nutzbarmachung der selbstbelastenden Angaben aus. Hier wird jedoch die Vorschrift des § 362 Nr. 4 StPO übersehen[1222]. Dass die Gefahr, einen Wiederaufnahmegrund zu schaffen, den nemotenetur-Grundsatz eingreifen lässt, ist im Rahmen des § 55 StPO anerkannt[1223]. In einem anderen Verfahren gemachte selbstbelastende Angaben dürften auch ein glaubwürdiges Geständnis i.S.d. § 362 Nr. 4 StPO darstellen[1224]. Eine Lösung des Konflikts geht mit der Verfahrensaussetzung also nur einher, wenn der Betroffene

---

1220 vgl. *Kölbel/Morlok* ZRP 2000, 217 (220).

1221 *Böse*, Wirtschaftsaufsicht, S. 455 f.; *Rengier* BB 1985, 720 (723); vgl. *Kölbel/Morlok* ZRP 2000, 217 (220); § 396 AO sieht gerade umgekehrt die Möglichkeit vor, das Strafverfahren bis zum Abschluss des Besteuerungsverfahrens auszusetzen. In der Praxis wird hiervon kaum Gebrauch gemacht, *A. Müller* AO-StB 2008, 285 (286). Der BFH lehnt eine Pflicht zur Aussetzung des Besteuerungsverfahrens ab, BFH, *Beschl.* v. 9.12.2004 – III B 83/04 , juris.

1222 *T. Schaefer*, Der Nemo-tenetur-Grundsatz, S. 37; *Kohlmann* in Tipke-FS, S. 487 (505 f.).

1223 BGH NStZ-RR 2005, 316 (316).

1224 Vgl. BGH NStZ-RR 2005, 316 (316).

strafrechtlich verurteilt wird und die Feststellungen des Strafgerichts später in dem anderen Verfahren genutzt werden. Im Falle eines Freispruches würde der Konflikt hingegen wieder aufleben, wenn nicht der Freispruch in irgendeiner Form Wirkung für das außerstrafrechtliche Verfahren entfaltet[1225].

bb. § 138 ZPO, § 149 ZPO

Am häufigsten diskutiert wird eine derartige Lösung für eine Verfahrensaussetzung im Zivilprozess. Die behauptete Verletzung des nemo-tenetur-Grundsatzes durch die Erklärungspflicht gem. § 138 ZPO, solle vermieden werden, indem das Gericht das Verfahren auf Antrag des Betroffenen gem. § 149 ZPO auszusetzen habe[1226]. Seltener findet sich demgegenüber die Forderung nach einem strafprozessualen Verwertungsverbot[1227]. Nach § 149 ZPO kann das Gericht das Zivilverfahren aussetzen, wenn sich während des Verfahrens der Verdacht einer Straftat ergibt. Darüber hinaus greift die Vorschrift auch dort, wo eine behauptete Straftat die Grundlage des zivilrechtlichen Anspruchs bildet[1228]. Durch diese Möglichkeit wird der hier zu besprechende Konflikt in praxi häufig vermieden, ohne dass dies gerade durch den Schutz vor Selbstbelastungen motiviert wäre. In Frage gestellt werden muss aber die behauptete Verpflichtung des Zivilgerichts, entsprechend zu verfahren. Das nach der Vorschrift grundsätzlich bestehende Ermessen des Gerichts soll aufgrund der

1225 LAG Hamm, *Beschl.* v. 10.5.2013 – 7 Ta 155/13, BeckRS 2013, 69504; vgl. LG Dortmund StV 1992, 36: in dem zugrundeliegenden Sachverhalt nahm die Klägerin die zivilrechtliche Klage nach dem Freispruch zurück.

1226 LG Dortmund StV 1992, 36; *Neuhaus* StV 1994, 36 (36 ff.); *Kirsch* in Vom unmöglichen Zustand des Strafrechts, S. 229 (237); Dezidiert hiergegen *Böse* wistra 1999, 451 (452 ff.), der meint, dass kein nemo-tenetur-Verstoß vorläge und, selbst wenn man dies noch annehmen wollte, ein Verwertungsverbot der vorzugswürdige Weg wäre; a.A. auch LG Grevenbroich StV 1996, 109 (109).

1227 *P. Roth*, Wahrheitspflicht, S. 106 f.; *Dauster* StraFo 2000, 154 (156 f.); *Neuhaus* StV 1994, 36; a.A. *Wimme* in I. Roxin-FS, S. 537 (547); *Stürner* NJW 1981, 1757 (1760); *Nothhelfer*, Selbstbezichtigungszwang, S. 95 mit der allerdings kaum überzeugenden Begründung, der Betroffene könnte sonst durch Anstrengung eines Zivilprozesses ein Verwertungsverbot herbeiführen und sich so eine Privilegierung gegenüber anderen Straftätern verschaffen. Zum einen erscheint eine Konstellation, in der der Betroffene selbst Kläger und nicht Beklagter ist, bereits schwer vorstellbar. Zum anderen ist nicht ersichtlich, worin die Privilegierung bestehen soll oder warum der Betroffene überhaupt ein Interesse an einem derartigen Vorgehen haben sollte: Der mögliche Aussagezwang, auf den das Verwertungsverbot die Reaktion darstellt, wird ja gerade erst durch das Zivilverfahren generiert. Ohne dieses existieren keine potentiell selbstbelastenden Angaben, an deren Nichtverwertung der Betroffene interessiert sein könnte. Es besteht somit keinerlei Unterschied zu dem „sonstigen Straftäter".

1228 LAG Hamm, *Beschl.* v. 10.5.2013 – 7 Ta 155/13, BeckRS 2013, 69504.

Auswirkung der Selbstbelastungsfreiheit auf Null reduziert sein[1229]. Unabhängig von Bedenken gegen die Anwendbarkeit des § 149 ZPO[1230], fehlt es bereits an einem nemo-tenetur-Verstoß, den es qua Verfahrensaussetzung abzuwenden gelten könnte.

Die Möglichkeiten, sich im Rahmen zivilprozessualer Erklärungen strafrechtlich selbst zu belasten, sind mannigfaltig[1231]. Hierzu angehalten kann sich der Betroffene durch die Vorschrift des § 138 ZPO sehen. Hiernach haben die Parteien ihre Erklärungen vollständig und wahrheitsgemäß abzugeben. Nach ihrer amtlichen Überschrift regelt die Vorschrift die „Erklärungspflicht über Tatsachen" und die „Wahrheitspflicht". Eine tatsächliche Pflicht zur Erklärung enthält die Norm hingegen nicht. Die „Erklärungspflicht" ist nicht erzwingbar. Ihre Missachtung führt lediglich zu einer deutlichen Erhöhung des Prozessrisikos[1232]. Gem. § 138 Abs. 3 ZPO werden nicht bestrittene Tatsachen als zugestanden fingiert. Verteidigt sich der Beklagte im Ganzen nicht gegen die Klage, ergeht ein Versäumnisurteil, § 331 ZPO. Schlussendlich verhält es sich also so, dass die sich aufgrund der Selbstbelastungsgefahr nicht erklärende Partei regelmäßig Gefahr läuft, den Prozess zu verlieren. Die „Pflicht" aus § 138 ZPO allein zwingt den Betroffenen somit nicht zu Selbstbelastung. Ihm steht vielmehr die Möglichkeit des Schweigens offen. Zutreffend wird daher auch von einer Mitwirkungslast gesprochen[1233] Ein Aussagezwang i.S.d. nemo-tenetur-Grundsatzes kann hierin nach den oben aufgestellten Grundsätzen nicht erblickt werden[1234].

Das Zivilprozessrecht eröffnet der Partei somit die Möglichkeit, zu schweigen. Anders als im Strafprozess hat ihr Schweigen lediglich nicht die Wirkung eines Bestreitens, sondern eines Anerkenntnisses[1235]. Sie kann sich also nicht *durch* Schweigen verteidigen, sondern Schweigen bedeutet gleichsam den Verteidigungsverzicht. Dies ist insofern unbedenklich, als der nemo-tenetur-Grundsatz nur den Schutz vor *strafrechtlicher* Selbstbelastung zum Inhalt hat. Der Grundsatz verbietet, das Schweigen im Strafprozess als Anerkenntnis des strafrechtlichen Vorwurfs zu werten. Seine Auswirkung auf andere Verfahrensarten beschränkt sich darauf, dass in diesen keine selbstbelastenden Auskünfte erzwungen und in das Strafverfahren eingebracht werden dürfen. Ein Gebot, Schweigen aufgrund drohender Selbstinkriminierung auch in anderen Verfahrensarten den Charakter eines Bestreitens und nicht eines Anerkennens zuzuweisen, lässt sich dem Grundsatz nicht entnehmen. Seine spezifische für die Struktur des Strafprozesses prägende aber umgekehrt auch durch diese

---

1229 *Neuhaus* StV 1994, 36 (37); *Kirsch* in Vom unmöglichen Zustand des Strafrechts, S. 229 (237).

1230 *Böse* wistra 1999, 451 (455 f.).

1231 *Dauster* StraFo 2000, 154 (155).

1232 *Benz*, Selbstbelastungen, S. 164 f.; *Wimmer* in I. Roxin-FS, S. 537 (546).

1233 Böse wistra 1999, 451 (453); *Stadler* in Musielak/Voit, ZPO, § 138 Rn. 9; a.A. *Leipold* in Stein/Jonas, ZPO, § 138 Rn. 1; krit. *Benz*, Selbstbelastungen, S. 165: „praktisch bedeutungsloser Streit um Begrifflichkeiten".

1234 S.o. E. II. 3.

1235 Vgl. *Neuhaus* StV 1994, 36 (36).

geprägte Natur erhält der nemo-tenetur-Grundsatz gerade durch das Zusammenspiel mit der Unschuldsvermutung, die nach hiesigem Verständnis zumindest auch i.S.e. staatlichen Beweislast zu verstehen ist[1236]. In anderen Verfahrensarten gelten andere Beweislastverteilungen und dem nemo-tenetur-Grundsatz ist kein Gebot zu entnehmen, diese im Fall möglicher strafrechtlicher Selbstbelastung zu modifizieren. Der Zivilprozess folgt aufgrund seiner vom Strafverfahren abweichenden Zielsetzung auch einer anderen Verfahrensstruktur, die auf der Mitwirkung beider Parteien aufbaut. Diese und damit die Eignung zur Zielerreichung würde zerstört, versuchte man, einseitig auf den Schutz des Angeklagten bedachte strafprozessuale Strukturelemente zu implementieren[1237]. Als vorrangig an der Bewältigung privater Interessenkonflikte orientiertes Parteiverfahren ist das Zivilverfahren auf ein ausgeglichenes Kräfteverhältnis zwischen den Parteien angewiesen[1238]. Dieses würde durch die Möglichkeit konsequenzlosen Schweigens einseitig zum Nachteil des Prozessgegners verschoben[1239]. Der Betroffene würde anlässlich seiner möglichen strafrechtlichen Selbstbezichtigung besser gestellt. Ihm würde die Rechtsdurchsetzung im Zivilprozess ermöglicht, ohne sich zugleich den Regeln der Verfahrensordnung unterwerfen zu müssen. Aus dem Abwehrrecht nemo tenetur würde so ein Leistungsanspruch[1240]. Eine derartige Lösung begründete zudem die Gefahr, dahingehend missbraucht zu werden, dass sich eine aus sonstigen Gründen nicht zum Beweis fähige Partei der Beweislast durch Berufung auf die Selbstbelastungsfreiheit entledigt[1241]. Eine solche Freistellung von den Strukturen des Verfahrens fordert der Umgehungsschutz des nemo-tenetur-Satzes somit nicht. Mit dem nemo-tenetur-Grundsatz in Konflikt gerät eine andere Verfahrensordnung vielmehr erst dort, wo sie eine strafrechtliche Selbstbelastung des Betroffenen erzwingt.

Die Erklärungslast des § 138 ZPO ist somit mit dem nemo-tenetur-Satz vereinbar, ohne dass das Bedürfnis nach Schutzmechanismen bestünde.

Soweit dennoch propagiert wird, die Wahrheits- und Erklärungspflicht gehe nicht soweit, dass die Partei sich dem Risiko einer strafrechtlichen Verfolgung aussetzen müsse[1242], unterscheidet sich dies nicht von dem soeben Gesagten. Im Fall seines Schweigens wird dem Betroffenen nämlich weiterhin zugemutet, die nachteiligen

1236 S.o. B. III. 2. c.

1237 Vgl. auch AG Grevenbroich StV 1996, 109 (109): „den im Strafverfahren einseitig verankerten Schutz des Angekl[agten] kann der Bekl[agte] des Zivilprozesses nicht genießen".

1238 Vgl. *Musielak/Voit*, ZPO, Rn. 38; *Kleinheisterkamp*, Kreditwesengesetz, S. 168; *v. Selle* in BeckOK § 138 Rn. 1.

1239 Vgl. *Benz*, Selbstbelastungen, S. 167; *Nothhelfer*, Selbstbezichtigungszwang, S. 94.

1240 *Benz*, Selbstbelastungen, S. 172.

1241 *Nothhelfer*, Selbstbezichtigungszwang, S. 94; *Stürner*, Aufklärungspflicht, S. 183.

1242 *Reichhold* in Thomas/Putzo, ZPO, § 138 Rn. 7; *Leipold* in Stein/Jonas, ZPO, § 138 Rn. 13; vgl. auch BVerfGE 56, 37 (44), wo dies beiläufig als allgemein anerkannt behandelt wird; a.A. *C. Wagner* in MüKo-ZPO § 138 Rn. 15; *Prütting* in Prütting, ZPO, § 138 Rn. 5.

prozessualen Folgen zu tragen[1243]. Ein wirkliches Schweige*recht* wird ihm also nicht zugebilligt[1244]. Nachdem vorher bereits keine Erklärungs*pflicht* bestand, stellt diese angebliche Einschränkung also tatsächlich keine Veränderung der Situation dar[1245].

Diese Lösung bedeutet auch keinen Nachteil für den Prozessgegner[1246]. Durch Geständnisfiktion oder Versäumnisurteil steht dieser genauso – wenn nicht im Einzelfall sogar besser – wie er im Fall einer wahrheitsgemäßen Erklärung stünde. Eine Benachteiligung ergäbe sich für ihn nur, wenn man den Erklärungspflichtigen auch von den zivilprozessualen Konsequenzen seines Schweigens freisprechen wollte.

Zu einer solchen Forderung gelänge man, wollte man einen mit Blick auf den nemo-tenetur-Grundsatz relevanten Zwang darin erblicken, dass die Vermeidung der Selbstbelastung für den Betroffenen den Verzicht auf die Rechtsdurchsetzung bedeutet. Wie bereits dargelegt, liegt hierin kein Selbstbelastungszwang i.S.d. nemo-tenetur-Grundsatzes[1247]. Die behauptete Zwangswirkung rührt aus dem in der Person des Betroffenen liegenden Konflikt zweier miteinander unvereinbarer angestrebter Ziele her: Nicht-Selbstbelastung und Rechtsverwirklichung im Zivilprozess. Der Betroffene muss sich entscheiden. Gerade dass er sich entscheiden *kann*, zeigt aber bereits das Fehlen einer Verletzung des nemo-tenetur-Grundsatzes. Das für das Vorliegen einer nemo-tenetur-relevanten Zwangswirkung konstituierende Moment der Autonomienegierung verlangt gerade das Fehlen von Entscheidungsmöglichkeiten.

Der schlichte quantitative Vergleich eines Beugemittels mit den wirtschaftlichen Folgen eines verlorenen Zivilprozesses[1248] geht fehl, da er den qualitativen Unterschied zwischen sich aus faktisch gegebenem Aussagedruck und staatlich oktroyiertem Aussagezwang nicht erfasst. Die Achtung des Bürgers als autonome Rechtspersönlichkeit verlangt nicht, ihn vor schwierigen Entscheidungen zu bewahren, sie verlangt, ihm Entscheidungsmöglichkeiten zu belassen[1249]. Negiert wird die Subjektivität des einzelnen dort, wo er aufgrund von Rechtspflichten auf eine bestimmte Verhaltensweise festgelegt ist.

Die Erklärungslast des § 138 ZPO steht somit nicht im Konflikt mit dem nemo-tenetur-Grundsatz. Eine Ermessensreduzierung im Rahmen des § 149 ZPO ist folglich nicht zu begründen. Eine Pflicht zur Aussetzung des Zivilprozesses besteht daher nicht.

1243 OLG München NJOZ 2008, 617 (618); *Zimmermann* in Kapitalmarktstrafrecht, 12. Teil, Rn. 27; *Greger* in Zöller, ZPO, § 138 Rn. 3; *Gerken* in Wieczorek/Schütze, ZPO, § 138 Rn. 2; *Wöstmann* in HK-ZPO, § 138 Rn. 2.

1244 OLG München NJOZ 2008, 617 (618); Eine analoge Anwendung des für Zeugen geltenden § 348 ZPO wird abgelehnt (*von Selle* in BeckOK-ZPO § 138 Rn. 31.1.).

1245 Vgl. *Benz*, Selbstbelastungen, S. 166 f.

1246 a.A. *Dauster* StraFo 2000, 154 (156).

1247 S.o. E. II. 3. a.

1248 *Neuhaus* StV 1994, 36 (37).

1249 *T. Schaefer*, Der Nemo-Tenetur-Grundsatz, S. 146; *Lammer*, Verdeckte Ermittlungen, S. 161.

Anders als die Erklärungslast hat die in § 138 verankerte Wahrheitspflicht tatsächlichen Pflichtcharakter[1250]. Diese setzt jedoch erst bei Wahrnehmung der Erklärungslast ein: Die Partei muss sich nicht erklären, tut sie dies aber, müssen ihre Angaben der Wahrheit entsprechen. Verstöße gegen diese Pflicht lösen Schadensersatzansprüche aus und begründen eine Strafbarkeit wegen Prozessbetrugs[1251]. Mit dem nemo-tenetur-Grundsatz ist dies ohne weiteres vereinbar. Ihm wird durch die Möglichkeit, auf die Erklärung zu verzichten, ausreichend Rechnung getragen. Ein Recht zur Lüge kann aus ihm nie abgeleitet werden[1252].

2. Ausschluss der strafprozessualen Nutzung

Will der Gesetzgeber auf den außerstrafprozessualen Auskunftszwang nicht verzichten, so muss im Gegenzug ausgeschlossen werden, dass die so erzwungenen Angaben zur Grundlage einer strafrechtlichen Verurteilung gemacht werden. Anderenfalls ist der nemo-tenetur-Grundsatz verletzt. Der Ausschluss der strafprozessualen Nutzbarmachung der Angaben erfolgt insbesondere durch ein strafprozessuales Verwertungs- bzw. Verwendungsverbot (a.). Noch hierüberhinaus geht das Instrument eines Offenbarungsverbots (b.). Jedenfalls in atypischen Situationen kann eine vergleichbare Wirkung auch durch ein Beschlagnahmeverbot erreicht werden (c.). Umfassend aufgehoben wird der Konflikt schließlich, wenn die Strafbarkeit des Auskunftspflichtigen ausgeschlossen wird (d.).

a. Verwertungs- und Verwendungsverbote

aa. Grundlegendes

Neben den im nachfolgenden ausführlich zu besprechenden Vorschriften kennt die Rechtsordnung weitere ausdrücklich normierte Beweisverwertungsverbote zum Schutz der Selbstbelastungsfreiheit. So finden sich im Immaterialgüterrecht die Vorschriften der § 101 Abs. 8 UrhG, § 140b Abs. 8 PatG, § 24b Abs. 8 GebrMG, § 19 Abs. 8 MarkenG, § 46 Abs. 8 DesignG, § 37b Abs. 8 SortSchG und § 9 Abs. 2 HalblSchG. Die Vorschriften gehen auf das Produktpirateriebekämpfungsgesetz[1253] zurück und lauten wortgleich: „*Die Erkenntnisse dürfen in einem Strafverfahren oder in einem Verfahren nach dem Gesetz über Ordnungswidrigkeiten wegen einer vor der Erteilung der Auskunft begangenen Tat gegen den Verpflichteten oder gegen einen in § 52 Abs. 1 der Strafprozessordnung bezeichneten Angehörigen nur mit Zustimmung des Verpflichteten verwertet werden.*“

Hier sind bereits zwei Umstände zu bemerken. Einerseits ist allein von „Verwertung“ die Rede, was zur Frage der Reichweite des Verwertungsverbots führt (s.u.

1250 *Stadler* in Musielak/Voit, ZPO, § 138 Rn. 1.
1251 *Stadler* in Musielak/Voit, ZPO, § 138 Rn. 8; *C. Wagner* in MüKo-ZPO § 138 Rn. 16.
1252 S.o. E. III. 1. b. bb. (iii) α) αα) u. β).
1253 Gesetz zur Stärkung des geistigen Eigentums und zur Bekämpfung der Produktpiraterie (PrPG) vom 7. März 1990 (BGBl. I S. 422).

cc.), und zum anderen ist, abweichend von der in der Rechtsprechung praktizierten Widerspruchslösung[1254], die Möglichkeit der Zustimmung vorgesehen.

Wie die Vorschriften zeigen, neigt der Gesetzgeber ganz offenbar dort eher zu einem Verwertungsverbot, wo das Informationsinteresse privater Natur ist, während er öffentlich-rechtliche Auskunftspflichten eher mit einem Verweigerungsrecht versieht[1255]. Dies dürfte sich zum einen mit der höheren Bewertung privater Interessen erklären lassen[1256]. Zudem dürfte aber auch eine Rolle spielen, dass Verwaltungsverfahren oft fließend in Ordnungswidrigkeitenverfahren übergehen und sich ein Beweisverwertungsverbot daher faktisch oft kaum umsetzen lässt[1257]. Dies gilt insbesondere im Fall behördlicher Doppelzuständigkeit[1258]. Vor allem aber kommt hier die Staatsgerichtetheit des nemo-tenetur-Grundsatzes zum Ausdruck. Nachdem der Grundsatz im Verhältnis zwischen Privatpersonen nicht gilt, lässt sich eine Beschränkung eines privaten Auskunftsinteresses und die Inpflichtnahme der Privatperson zum Schutz des Grundsatzes kaum rechtfertigen. Er kann vielmehr nur staatliche Auskunftsinteressen beschränken und hat daher erst dort zu greifen, wo solche ins Spiel kommen: im Strafprozess.

Aus diesem Muster fällt neben § 393 Abs. 2 AO (s.u. bb. (iii)) die Vorschrift des § 44 Abs. 6 LFGB: Hier wird die Auskunftspflicht im öffentlichen Interesse aufrechterhalten und stattdessen ein Verwertungsverbot normiert. § 44 LFGB ist auch insofern bemerkenswert, als dass er eine Kombination aus Auskunftsverweigerungsrecht und Beweisverwertungsverbot vorsieht[1259]. Eine solche Kombination findet sich auch in einigen Landespolizeigesetzen[1260]. Da beide Mechanismen dem nemo-tenetur-Grundsatz gerecht werden, bestehen gegen ein solches Vorgehen keine Bedenken[1261]. Der Wortlaut „zur strafrechtlichen Verfolgung [...] verwendet" spricht für ein umfassendes Verwertungsverbot, dem Fern- und Frühwirkung zukommt[1262]. Die Annahme eines Verfolgungshindernisses[1263] geht jedoch über den Wortlaut hinaus und ist auch vom Schutzzweck der Norm, dem nemo-tenetur-Satz, nicht gefordert.

1254 S.o. D. IV.

1255 Krit. und de lege ferenda für Verwertungsverbote im Bereich des Wirtschaftsüberwachungsrechts: *Scholl*, Befugnisse, S. 132; *Thiel* GewA 2001, 403 (405); de lege ferenda für eine Einzelfallabwägung: *Benz*, Selbstbelastungen, S. 95.

1256 Krit. zu der im Gemeinschuldner-Beschluss angelegten Unterscheidung zwischen öffentlichen und privaten Interessen: *Scholl*, Befugnisse, S. 127.

1257 *Maschmann* in Corporate Compliance, S. 149 (171).

1258 S. hierzu *Böse*, Wirtschaftsaufsicht, S. 497 ff.

1259 Entsprechendes gilt für § 31 WeinG, dessen Abs. 7 auf § 44 Abs. 6 LFGB verweist.

1260 S.o. C. V.

1261 A.A. *Rathke* in Zipfel/Rathke, Lebensmittelrecht, § 44 LFGB Rn. 41.

1262 S. hierzu E. III. 2. a. bb. (i) β) ββ) u. γγ) sowie E. III. 2. a. cc.

1263 *Rohnfelder/Freytag* in Erb/Kohlhaas, NebenstrafR, § 44 LFGB.

bb. Hauptbeispiele

(i) § 97 Abs. 1 S. 3 InsO

1999 wurde das Insolvenzrecht durch die Einführung der Insolvenzordnung (InsO), die an Stelle der Konkursordnung und der Vergleichsordnung bzw. der Gesamtvollstreckungsordnung in den neuen Bundesländern trat, reformiert. Im Zuge dieser Reform wurde auch das im Gemeinschuldner-Beschluss entwickelte Verwertungsverbot positiviert. Die Strafverfolgungspraxis hatte sich in der Zwischenzeit auf eine restriktive Lesart des Gemeinschuldner-Beschlusses verständigt. Dem Verwertungsverbot wurde weder Fernwirkung zugesprochen, noch sah sich die Praxis darin gehindert, den Anfangsverdacht und damit die Einleitung des Ermittlungsverfahrens auf die unverwertbaren Angaben des Gemeinschuldners zu stützen[1264]. Der zum Erlass richterlicher Anordnungen erforderliche Tatverdacht wurde allerdings regelmäßig auf von den Angaben unabhängige Umstände gestützt[1265]. Dass das Verwertungsverbot möglicherweise auch Geschäftsunterlagen und Angaben des Sequesters oder Konkursverwalters umfassen könnte, wurde nicht problematisiert[1266].

Die Praxis ist offenbar nach wie vor von Unsicherheiten im Umgang mit der Vorschrift geprägt[1267]. Das Schrifttum tritt überwiegend für eine restriktive Handhabung ein[1268]. Es gilt also Umfang und Reichweite des Verwertungsverbots zu klären.

α) Tatbestand

Unverwertbar sind Auskünfte, zu denen der Schuldner nach § 97 Abs. 1 S. 1, 2 InsO verpflichtet ist. Die Reichweite des Verwertungsverbots bestimmt sich nach der Reichweite der Auskunftspflicht. Das Verwertungsverbot erfasst nur Angaben, die in Erfüllung der Auskunftspflicht erfolgt sind. Dies ergibt sich bereits aus dem Wortlaut der Vorschrift. Es entspricht im Übrigen auch ihrem Schutzzweck, den Verstoß gegen den nemo-tenetur-Grundsatz zu vermeiden. Hierzu bedarf es eines Verwertungsverbots nur dort, wo Aussagezwang ausgeübt wird. Dass tatsächlich Zwangsmittel eingesetzt oder auch nur angedroht werden, ist allerdings nicht erforderlich[1269].

Die Auskunftspflicht umfasst alle „das Verfahren betreffenden Verhältnisse", § 97 Abs. 1 S. 1 InsO. Dies schließt alle rechtlichen und wirtschaftlichen Verhältnisse ein,

---

1264 *H. Richter* wistra 2000, 1 (2); *Weyand* ZInsO 2001, 108 (109).
1265 *H. Richter* wistra 2000, 1 (2).
1266 *H. Richter* wistra 2000, 1 (2).
1267 *Diversy* ZInsO 2005, 180 (181); *Hefendehl* wistra 2003, 1 (1); *Uhlenbruck* NZI 2002, 401 (404); sehr krit. zum Umgang der Strafverfolgungsbehörden mit der Vorschrift *Kemperdick* ZInsO 2013, 1116 (1117) und *Böttger* in MAH-Wirtschafts- und Steuerstrafsachen, § 18, Rn. 375.
1268 Zusammenfassend *Püschel* in DAV-FS, S. 759 (760).
1269 *Diversy* ZInsO 2005, 180 (184); *Bittmann/Rudolph* wistra 2001, 81 (84); s. C. V. und F.III.2.e.bb(i).

die für das Insolvenzverfahren in irgendeiner Form Bedeutung erlangen können[1270]. Die Auskunftspflicht ist nicht beschränkt auf die Fragen zu den geltend gemachten Forderungen, sondern umfasst alle Einzelheiten, die im Rahmen der Liquidation oder Fortführung eines Unternehmens von Belang sind[1271].

Von vornherein keine Erfüllung der Auskunftspflicht liegt bei einer Verweigerung der Auskunft und bei unwahren Angaben vor. Schweigt der Schuldner im Insolvenzverfahren, ist dies strafprozessual zu seinen Lasten verwertbar[1272]. Das Gesetz löst den Konflikt mit dem nemo-tenetur-Grundsatz gerade durch Zubilligung eines Verwertungsverbots und nicht eines Auskunftsverweigerungsrechts. Die Verweigerung der Auskunft stellt daher auch keine Ausübung der Selbstbelastungsfreiheit dar, die strafprozessualen Schutzes bedürfte. Ebenfalls verwertbar sind unwahre Angaben[1273]. Als zusätzliches Unrecht sind diese nicht durch den nemo-tenetur-Satz gedeckt[1274].

αα) In Erfüllung der Auskunftspflicht

Besteht weitgehende Einigkeit, dass nicht erforderlich ist, dass Zwangsmittel eingesetzt oder auch nur angedroht werden, so ist doch umstritten, ob sich das Merkmal „in Erfüllung der Auskunftspflicht" darin erschöpft, dass die Auskunft objektiv von der Auskunftspflicht umfasst ist[1275] oder darüberhinausgehend erforderlich ist, dass der Insolvenzschuldner seine Angaben gerade im Bewusstsein seiner Auskunftspflicht macht[1276]. Letzterem ist zuzustimmen. Anderenfalls fehlt es an dem den nemo-tenetur-Verstoß konstituierenden Zwangselement. Freiwillige, ohne ein entsprechendes Erfüllungsbewusstsein erfolgende Angaben sind verwertbar. Dies setzt zunächst voraus, dass die Angaben im Insolvenzverfahren gemacht werden[1277]. Außerhalb von diesem getätigte Äußerungen des Schuldners erfolgen freiwillig und sind verwertbar, mögen sie sich auch auf einen Inhalt beziehen, zu dem er im Verfahren auskunftspflichtig wäre[1278]. Weiter wird man ein entsprechendes Erfüllungsbewusstsein nur dort annehmen können, wo den Angaben ein entsprechendes Auskunftsverlangen vorausging[1279]. Offenbart der Schuldner ohne besondere

1270 *Stephan* in MüKo-InsO § 97 Rn. 14a.

1271 *Busch* in HB d. BaustrafR, § 51, Rn. 13.

1272 *H. Richter* wistra 2000, 1 (2); *Bittmann/Rudolph* wistra 2001, 81 (83); *Stephan* in MüKo-InsO § 97 Rn. 16; nach *Weyand* ZInsO 2001, 108 (109) liegt hierin ein deutliches Indiz für strafrechtlich relevante Unregelmäßigkeiten.

1273 *Bittmann/Rudolph* wistra 2001, 81 (84); *Stephan* in MüKo-InsO § 97 Rn. 16; a.A. BayObLG StV 1998, 367 zu § 393 AO.

1274 *Rogall* in Kohlmann-FS, S. 465 (491).

1275 *Lüke* in RWS-Kommentar-InsO, § 97, Rn. 4a; *Bittmann/Rudolph* wistra 2001, 81 (84); *Bömelburg*, Selbstbelastungszwang, S. 112.

1276 *Wittkowski/Kruth* in Nerlich/Römermann, InsO, § 97 Rn. 8.

1277 *Bömelburg*, Selbstbelastungszwang, S. 112.

1278 *Bömelburg*, Selbstbelastungszwang, S. 112.

1279 *Gatzweiler* in DAV-FS, S. 480 (482); *Diversy* ZInsO 2005, 180 (184).

Aufforderung und ohne Hinweis auf die Auskunftspflicht selbstinkriminierende Tatsachen, greift das Verwertungsverbot nicht ein[1280]. Erst das Auskunftsverlangen aktualisiert die Auskunftspflicht und unterwirft den latent Auskunftspflichtigen der den Schutz des nemo-tenetur-Grundsatzes auslösenden Zwangssituation. Dass auch ohne Auskunftsverlangen ein entsprechendes Erfüllungsbewusstsein besteht, erscheint nicht vorstellbar[1281]. Fallkonstellationen, in denen der Schuldner, der seine Auskunftspflicht aus anderen Quellen kennt, dem Auskunftsverlangen zuvorkommt und sich in vorauseilendem Gehorsam selbst belastet, dürften allein theoretischer Natur sein.

ββ) Auskunftsberechtigte

Die Auskunftspflicht besteht gegenüber dem Insolvenzgericht, dem Insolvenzverwalter, dem Gläubigerausschuss und auf Anordnung des Gerichts der Gläubigerversammlung, § 97 Abs. 1 S. 1; im Eröffnungsverfahren nur gegenüber dem Insolvenzgericht, § 20 Abs. 1 S. 1 InsO. Diese Aufzählung der Auskunftsberechtigten ist abschließend. Angaben gegenüber nicht genannten Personen oder Institutionen werden nicht erfasst, erfolgen daher nicht in Erfüllung der Auskunftspflicht und sind verwertbar. Dies gilt etwa für Angaben, die der Schuldner gegenüber Gläubigern oder der Presse gemacht hat[1282]. Dies soll aber auch für den im Eröffnungsverfahren vom Gericht bestellten Insolvenzgutachter gelten[1283]. Dies kann jedoch jedenfalls dann nicht zutreffen, wenn das Insolvenzgericht dem Schuldner eine Pflicht zur Auskunft gegenüber dem Gutachter auferlegt hat[1284].

χχ) Auskünfte im Insolvenzantrag

§ 97 InsO gilt entsprechend im Insolvenzeröffnungsverfahren, § 20 S. 2 InsO. Auch in diesem erfolgte Angaben unterfallen daher dem Verwertungsverbot.

Nicht erfasst scheinen hingegen Angaben zu sein, die der Schuldner in seinem Insolvenzantrag nennt, um ihn zu begründen. Dies ist allerdings dem Umstand geschuldet, dass ursprünglich davon ausgegangen wurde, die Angabe tatsächlicher Umstände sei nicht erforderlich[1285]. Eine entsprechende Pflicht zur Glaubhaftmachung wurde nur in der besonderen Konstellation des § 15 Abs. 2 InsO vorgesehen. Mangels Praktikabilität hat sich auch in den übrigen Fällen schnell eine entgegengesetzte Praxis entwickelt, die auch höchstrichterlich bestätigt wurde[1286]. Der Insolvenzantrag bedarf daher tatsächlicher Angaben zur substantiierten Darlegung eines

---

1280 *Uhlenbruck* NZI 2002, 401 (404, 405); *Stephan* in MüKo-InsO § 97 Rn. 17.

1281 Vgl. aber *Uhlenbruck* NZI 2002, 401 (404).

1282 *H. Richter* in Müller-Gugenberg/Bieneck, WirtschaftsstrafR, § 76, Rn. 32.

1283 OLG Celle StV 2013, 556; OLG Jena StV 2013, 556; OLG Jena NJW 2010, 3673; a.A. *Kemperdick* ZInsO 2013, 116 (118).

1284 *Pelz* in HB d. Wirtschafts- und SteuerstrafR, Kap. 9 Rn. 434.

1285 *Püschel* in DAV FS, S. 759 (765).

1286 BGH NJW 2003, 1187.

Eröffnungsgrundes. Fehlen diese, kann das Gericht sie mit den Mitteln des § 20 i.V.m. §§ 97, 98, 101 InsO erzwingen[1287]. Die so eröffnete Möglichkeit der Anwendung von Zwangsmitteln macht den Konflikt mit dem nemo-tenetur-Grundsatz offensichtlich. Doch auch dort, wo lediglich das Zurückweisen des Insolvenzantrags als unzulässig drohte, bestünde ein für den nemo-tenetur-Grundsatz relevanter Zwang und keine Konstellation einer bloßen Obliegenheit[1288]. Das Zwangsmoment ergibt sich hier daraus, dass die Strafbarkeit der Insolvenzverschleppung eine strafbewehrte Pflicht zur Stellung eines zulässigen Insolvenzantrags begründet, vgl. § 15a Abs. 4 InsO[1289]. Die strafprozessuale Verwertung von im Insolvenzantrag gemachten Angaben verstieße somit gegen den nemo-tenetur-Grundsatz. Es besteht also eine nachträgliche planwidrige Regelungslücke, die durch eine analoge Anwendung des § 97 Abs. 1 S. 3 InsO zu schließen ist[1290]. Dem Rückgriff auf ein verfassungsunmittelbares Verwertungsverbot bedarf es nicht[1291]. Die analoge Anwendung einfachgesetzlicher Vorschriften ist vorrangig. Soweit ein verfassungsunmittelbares Verwertungsverbot mit der Maßgabe propagiert wird, anders als § 97 Abs. 1 S. 3 InsO entfalte dieses keine Fernwirkung[1292], erscheint dies wenig überzeugend. Selbst wenn man die Fernwirkung für eine Entscheidung des einfachen Gesetzgebers hält, bleibt jene Ansicht doch die Begründung schuldig, warum diese Wertentscheidung nicht auch hier zum Tragen kommen soll. Im Übrigen steht und fällt die Ansicht mit der Prämisse, eine Fernwirkung sei nicht bereits verfassungsrechtlich geboten. Ob ein einfaches Verwertungsverbot dem nemo-tenetur-Grundsatz gerecht würde, erscheint jedoch zweifehlhaft (s.u. cc.).

δδ) Vorlage von Unterlagen

Das Verwertungsverbot beschränkt sich ausdrücklich auf die Auskunftspflicht des § 97 Abs. 1 S. 1, 2 InsO und bezieht sich hingegen nicht auf die allgemeine Mitwirkungspflicht des § 97 Abs. 2 InsO[1293]. In Erfüllung dieser Pflicht vorgenommene Handlungen unterfallen ihm nicht[1294]. Auch das BVerfG hat im Gemeinschuldner-

---

1287 BGH NJW 2003, 1187 (1187).

1288 *Diversy* ZInsO 2005, 180 (184) nimmt einen „faktischen Zwang“ an.

1289 Dass Tatbestandsmerkmal „nicht richtig“ erfasst jedenfalls den unzulässigen Antrag, *Dannecker/Knierim/Hagemeier*, Insolvenzstrafrecht, Rn. 535.

1290 *Püschel* in DAV-FS, S. 759 (766); i.E. ebenso LG Stuttgart wistra 2000, 439; für die Verwertbarkeit hingegen wohl *Bader* NZI 2009, 416 (420), der eine Einschränkung allenfalls in den Fällen des § 15 Abs. 2 S. 1 InsO erwägt (aaO. Fn. 83).

1291 Für ein solches: *Böttger* in MAH-Wirtschafts- und Steuerstrafsachen, § 18, Rn. 371; *Bittmann/Rudolph* wistra 2001, 81 (84); *Bittmann* in Bittmann, Insolvenzstrafrecht, § 1, Rn. 18; *Diversy* ZInsO 2005, 180 (184).

1292 *Bittmann* in Bittmann, Insolvenzstrafrecht, § 1, Rn. 18; *Diversy* ZInsO 2005, 180 (184).

1293 *Diversy* ZInsO 2005, 180 (181).

1294 *Bader* NZI 2009, 416 (420); *Bittmann/Rudolph* wistra 2001, 81 (83), die allerdings ein verfassungsunmittelbares Verwertungsverbot fordern.

Beschluss lediglich die Auskunftspflicht nicht aber die Mitwirkungspflicht beanstandet[1295].

Für die Erfüllung der Auskunftspflicht ist keine Form vorgesehen. Die schriftliche Erteilung der Auskunft ist daher möglich und in der Praxis üblich[1296]. Bei zu diesem Zweck erstellten Schriftstücken handelt es sich unproblematisch um Auskünfte i.S.d. § 97 Abs. 1 S. 1 InsO, die gem. S. 3 strafprozessual unverwertbar sind[1297]. Problematisch wird es jedoch, wenn der Insolvenzschuldner auf das Auskunftsverlangen reagiert, indem er bereits vorhandene Unterlagen vorlegt. Wäre hierin keine Erfüllung der Auskunftspflicht des § 97 Abs. 1 S. 3 InsO, sondern lediglich der allgemeinen Mitwirkungspflicht gem. Abs. 2 zu sehen, griffe das Beweisverwertungsverbot nicht. Diese schlicht formale Abgrenzung zwischen Mitwirkungs- und Auskunftspflicht vermag jedoch nicht zu überzeugen[1298]. Entsprechend der ratio legis des Verwertungsverbots hat sich die Lösung vielmehr am Schutzbereich des nemo-tenetur-Grundsatzes zu orientieren. Hier ist an die obigen Ausführungen zu den Herausgabepflichten anzuknüpfen[1299]. Den Schutzbereich des nemo-tenetur-Grundsatzes unberührt lassen Pflichten zur Herausgabe von Unterlagen, zu deren Führung eine gesetzliche Verpflichtung besteht. Die Dokumentationspflicht stellt aufgrund ihres prädeliktischen Charakters keine Verletzung des Grundsatzes dar. Dem Herausgabeakt fehlt dann der eigenständige potentiell inkriminierende Erklärungsgehalt, sodass auch die Herausgabepflicht mit nemo tenetur vereinbar ist. Anders verhält es sich bei freiwillig erstellten Unterlagen.

Für vom Insolvenzschuldner vorgelegte Unterlagen ergibt sich daher folgendes: Nicht vom Verwertungsverbot erfasst sind Unterlagen, zu deren Führung eine gesetzliche Verpflichtung besteht, wie Handelsbücher und Bilanzen (§§ 238 ff. HGB)[1300]. Hier fehlt es an einem eigenständigen potentiell inkriminierenden Erklärungsgehalt des Herausgabeakts[1301].

Die Vorlage von freiwillig angelegten Unterlagen, wie sie vor allem dort vorkommen, wo die handelsrechtlichen Buchführungspflichten aufgrund der Betriebsgröße nicht greifen, unterfällt hingegen dem Schutz des nemo-tenetur-Grundsatzes

---

1295 *Diversy* ZInsO 2005, 180 (181).

1296 *Püschel* in DAV-FS, S. 759 (767); s.o. E.III.1.a.bb(ii).

1297 *Ogiermann/J. Weber* wistra 2011, 206 (212).

1298 So auch *Stephan* in MüKo-InsO § 97 Rn. 18a.

1299 S.o. E. III. 1. a. bb. (ii).

1300 So i.E. auch die h.M., LG Stuttgart wistra 2000, 439 (439); *Nickolai* in HB d. Steuer- und WirtschaftsstrafR, Kap. 25 Rn. 100; *Busch* in HB d. BaustrafR, § 51, Rn. 19; *Pelz*, Krise, Rn. 703; *Bader* NZi 2009, 416 (420); *Wittkowski/Kruth* in Nerlich/Römermann, InsO, § 97 Rn. 8; a.A. *Bieneck* in Müller-Gugenberger/Bieneck, § 75, Rn. 72.

1301 S.o. E. III. 1. a. bb. (ii); ähnlich *Hefendehl* wistra 2003, 1 (9). Zurückzuweisen ist allerdings *Hefendehls* Vorschlag eine Vorlagepflicht e contrario aus dem strafrechtlichen Verbot des Beiseiteschaffens (§ 283 Abs. 1 Nr. 6 StGB) zu folgern; hiergegen auch *Bieneck* in Müller-Gugenberg/Bieneck, WirtschaftsstrafR^5, § 75, Rn. 80 mit berechtigtem Hinweis auf Art. 103 Abs. 2 GG.

und die Unterlagen sind grundsätzlich unverwertbar[1302]. Hiergegen wird geltend gemacht, der Schuldner könne so durch eine umfangreiche Bezugnahme auf seine Geschäftsunterlagen diese der Verwertbarkeit entziehen und so ein „Asyl für Geschäftsunterlagen" schaffen[1303]. Diese Befürchtung ist jedoch unbegründet. Eine solche Macht, die Unverwertbarkeit der Unterlagen herbeizuführen, kommt dem Schuldner gerade nicht zu. Der Bezugspunkt der Unverwertbarkeit ist entsprechend dem Schutzbereich des nemo-tenetur-Grundsatzes nicht die in den Unterlagen enthaltene Information, sondern der dem Herausgabeakt zukommenden Erklärungsgehalt. Da es sich hier um Unterlagen handelt, die zu führen den Schuldner keine Pflicht getroffen hat, kommt dem Herausgabeakt der Erklärungsgehalt zu, dass die Unterlagen überhaupt existieren. Diesen Erklärungsgehalt nicht zu verwerten bedeutet zwar regelmäßig, die Unterlagen nicht zu verwerten, dies führt aber nicht dazu, dass die Unterlagen als solche am Schutz des nemo-tenetur-Grundsatzes partizipieren. Die Verwertung bleibt vielmehr dort zulässig, wo sie unter Ausschaltung des Mitwirkungsaktes des Schuldners möglich ist, d. h. dort, wo die Strafverfolgungsorgane unabhängig von der Herausgabe durch den Schuldner Kenntnis von der Existenz der Unterlagen haben. Es ist somit an ihnen, einen unabhängigen Beweiserhebungsverlauf herzustellen[1304]. Eine solche unabhängige Kenntnisquelle kann gerade auch der Insolvenzverwalter darstellen (s.u. β) αα)).

Zusammenfassend besteht grundsätzlich die Möglichkeit, auch die Vorlage von Unterlagen als Erfüllung der Auskunftspflicht anzusehen und damit dem Anwendungsbereich des Verwertungsverbots zuzuschlagen. Wann dies der Fall ist, ist anhand des Schutzbereiches des nemo-tenetur-Grundsatzes zu entscheiden. Die Vorlage von Unterlagen, zu deren Führung eine gesetzliche Verpflichtung besteht, unterfällt dem Schutzbereich des Grundsatzes nicht. Anders liegt es bei freiwillig angelegten Unterlagen. Auch hier ist der Bezugspunkt der Unverwertbarkeit jedoch nicht der Inhalt der Unterlagen, sondern der Erklärungsgehalt des Herausgabeaktes.

β) Rechtsfolge

αα) Verwertungsverbot

§ 97 Abs. 1 S. 3 InsO ordnet an, dass pflichtgemäß gemachte Angaben des Insolvenzschuldners in einem Straf- oder Ordnungswidrigkeitenverfahren gegen diesen oder einen Angehörigen nur mit dessen Zustimmung verwendet werden dürfen. Hiermit ist zunächst ein Verwertungsverbot für die gemachten Angaben angeordnet. Dies

1302 *Hefendehl* wistra 2003, 1 (8 f.); *Stephan* in MüKo-InsO § 97 Rn. 18a; gegen diese Differenzierung: *Bittmann* in Bittmann, Insolvenzstrafrecht, § 1, Rn. 21; für eine Unverwertbarkeit sämtlicher Unterlagen auch: Püschel in DAV-FS, S. 759 (768 ff.); für die Verwertbarkeit von im Unternehmen freiwillig angelegten Unterlagen: *Ogiermann/J. Weber* wistra 2011, 206 (212); *Dannecker/Knierim/Hagemeier,* Insolvenzstrafrecht, Rn. 181.

1303 *H. Richter* wistra 2000, 1 (4).

1304 *Hefendehl* wistra 2003, 1 (9).

gilt unstreitig auch dann, wenn man angesichts des Wortlauts davon ausgeht, die Vorschrift normiere ein *Verwendungs*verbot. Ungeachtet ihrer ungeklärten Dogmatik[1305] enthalten Verwendungsverbote jedenfalls stets ein Verwertungsverbot[1306]. Trotz unterschiedlicher dogmatischer Wurzeln ergeben sich aus beiden Rechtsinstituten für das Strafverfahren vergleichbare Folgen[1307]. Allein aus der Perspektive der strafprozessualen Auswirkungen ist ein Verwendungs- gegenüber einem Verwertungsverbot kein Aliud, sondern ein Mehr[1308].

Die Angaben des Schuldners dürfen der Urteilsfindung nicht zugrunde gelegt werden. Das gilt unabhängig von der Form ihrer Einführung. Erfasst ist vor allem die Dokumentation der Angaben in den Insolvenzakten, aber auch die Aussage des Insolvenzverwalters[1309] oder einer Privatperson, die mit Aktenkenntnis ausgestattet ist[1310] oder an der Gläubigerversammlung teilgenommen hat[1311]. Auch ein Vorhalt ist unzulässig[1312]. Regelmäßig wird bereits die Einführung der Angaben unzulässig sein. Soweit geltend gemacht wird, die Vorschrift enthalte nur ein Beweisverwertungs- nicht aber auch ein Beweiserhebungsverbot[1313] trifft dies nur bedingt zu. Die Erhebung eines unverwertbaren Beweismittels ist unverhältnismäßig, da ungeeignet und somit unzulässig, sog. *Vorauswirkung* von Beweisverwertungsverboten[1314].

Ist hiernach eine Aussage des Insolvenzverwalters, in der er die ihm gegenüber gemachten Angaben des Insolvenzschuldners schlicht wiederholt, unverwertbar, fragt sich, welche Auswirkungen dies auf die Verwertbarkeit des Berichts des Insolvenzverwalters hat. In diesem werden regelmäßig eigene Erkenntnisse und Aussagen des Schuldners vermengt[1315]. Es gilt daher zu klären, inwieweit die Unverwertbarkeit der Auskünfte des Insolvenzschuldners auf die des Verwalterberichts durchschlägt. Diese Problematik wird verschiedentlich als *„mittelbare Fernwirkung“*

1305 Vgl. *Jahn* in 67. DJT, C32.
1306 *Rogall* in Kohlmann-FS, S. 465 (479); *Hohnel* NZI 2005, 152 (153).
1307 *Singelnstein* ZStW 120 (2008), 854 (865).
1308 *Stephen* in MüKo-InsO § 97 Rn. 16.; *Uhlenbruck* NZI 2002, 401 (403); anders *Püschel* in DAV-FS, S. 759 (763); vgl. auch *Singelnstein* ZStW 120 (2008), 854 (856): Verwertungs- als spezielle Verwendungsverbote.
1309 *Weyand/Diversy*, Insolvenzdelikte, S. 158.
1310 *Busch* in HB d. BaustrafR, § 51, Rn. 18; *Hohnel* NZI 2005, 152 (154); *Weyand* ZInsO 2001, 108 (109).
1311 *Ogiermann/J. Weber* wistra 2011, 206 (212); *App* in FK-InsO § 97 Rn. 14; *Uhlenbruck* KTS 1997, 371 (387) spricht hingegen lediglich von „Dritten [...], die als Richter, Rechtspfleger oder Protokollführer die Aussage des Schuldners gehört haben“.
1312 Zur Unzulässigkeit des Vorhalts eines unverwertbaren Beweismittels vgl. OLG Karlsruhe NStZ 2004, 643; *Diemer* in KK-StPO § 249 Rn. 49; *Beulke* in L/R-StPO § 152 Rn. 27.
1313 *Bittmann/Rudolph* wistra 2001, 81 (84).
1314 *Gössel* NStZ 1998, 126 (127); *ders.* L/R-StPO Einl. Abschn. L Rn. 125; teilweise wird auch von „Vorwirkung“ gesprochen, s. *Trüg/Habetha* NStZ 2008, 481 (482); umfassend zur Terminologie *Hengstenberg*, Frühwirkung, S. 14.
1315 *Hohnel* NZI 2005, 152 (153).

bezeichnet[1316]. Es wird vertreten, Erkenntnisse, die der Insolvenzverwalter aufgrund der Angaben des Schuldners gewonnen hat, werden von der dem Verwertungsverbot zukommenden Fernwirkung mitumfasst[1317]. Nach anderer Ansicht sollen Erkenntnisse, die der Insolvenzverwalter aus dem Zusammenspiel unterschiedlicher Quellen gewonnen hat, insoweit verwertbar sein, wie sie sich ausschließlich aus von der Auskunft unabhängigen Quellen erschließen[1318]. Weist die Auskunft dem Verwalter den Weg zu einer Erkenntnisquelle, sei zwar die wegweisende Auskunft, nicht aber die neu erschlossene Quelle unverwertbar[1319]. Im Fall eines beiseitegeschafften Vermögensgegenstandes wäre also der Gegenstand als solcher und die Angaben des Verwalters über den Aufenthaltsort u.ä. verwertbar, nicht aber die Tatsache, dass der Verwalter den Gegenstand gerade aufgrund der Angaben des Schuldners aufgefunden hat, dieser also Kenntnis vom Aufenthaltsort hatte[1320]. Ein weitergehendes Verständnis verböte sich, da das Verwertungsverbot sonst zur Gewährung von Straffreiheit wegen tätiger Reue würde[1321]. Indem der Insolvenzschuldner dem Verwalter verheimlichte oder beiseitegeschaffte Gegenstände offenbarte, schlösse er gleichzeitig aus, diesbezüglich strafrechtlich verfolgt zu werden[1322]. Förderlich, aber praktisch nicht durchführbar, sei eine entsprechende Darstellung im Bericht des Insolvenzverwalters[1323]. Entsprechend seien Unterlagen verwertbar, von deren Existenz der Verwalter erst aufgrund der Angaben des Schuldners erfahren hat[1324]. Anders liege es hingegen, wenn die Unterlagen ohne die Erläuterung des Insolvenzschuldners nicht lesbar wären[1325].

Diesem Ansatz ist zuzustimmen. Er entspricht den oben dargelegten Grundsätzen der Herausgabe von Unterlagen[1326]. Nur der Herausgabeakt ist der Anknüpfungspunkt für den nemo-tenetur-Schutz. Die in den Unterlagen enthaltenen Informationen sind kein Schutzgut des Grundsatzes. Objektive vom Willen des Beschuldigten unabhängige Beweismittel berühren das Schutzgut der prozessualen Autonomie nicht und genießen daher nicht den Schutz des nemo-tenetur-Grundsatzes. Für die Unverwertbarkeit der Informationen, die der Verwalter aus Unterlagen gewinnt, besteht daher kein Anlass. Dies kann zum Ergebnis haben, dass der Bericht des gründ-

---

1316 *H. Richter* in Müller-Gugenberger/Bieneck, WirtschaftsstrafR, § 76, Rn. 31; *Bittmann* in Bittmann, Insolvenzstrafrecht, § 1, Rn. 19; *Püschel* in DAV-FS, S. 759 (766).
1317 *Püschel* in DAV-FS, S. 759 (766).
1318 *Bittmann* in Bittmann, Insolvenzstrafrecht, § 1, Rn. 19; *ders./Rudolph* wistra 2001, 81 (82); *H. Richter* in Müller-Gugenberg/Bieneck, WirtschaftsstrafR, § 76, Rn. 32; in diese Richtung auch LG Stuttgart wistra 2000, 439 (440).
1319 *Bittmann/Rudolph* wistra 2001, 81 (82).
1320 *Bittmann/Rudolph* wistra 2001, 81 (83).
1321 *Bittmann/Rudolph* wistra 2001, 81 (83).
1322 *Bittmann/Rudolph* wistra 2001, 81 (83).
1323 *Bittmann/Rudolph* wistra 2001, 81 (85).
1324 *Stephan* MüKo-InsO § 97 Rn. 18a; *Hefendehl* wistra 2003, 1 (9).
1325 *Hefendehl* wistra 2003, 1 (9); *Stephan* in MüKo-InsO § 97 Rn. 18a.
1326 E. III. 1. a. bb. (ii); E. III. 2. a. bb. (i) α) δδ).

lichen Insolvenzverwalters, der die Angaben des Schuldners anhand von Unterlagen überprüft, für die Strafverfolgungsbehörden ergiebigere Anhaltspunkte bietet als derjenige des Verwalters, der nur die Angaben des Schuldners entgegen nimmt[1327].

Die Lösung der generellen Unverwertbarkeit geht hingegen über das Ziel hinaus. Das Verbot, die Schuldnerangaben zum Ermittlungsansatz zu nehmen, beschränkt sich auf das Strafverfahren und ist nur an die Strafverfolgungsorgane adressiert[1328]. Im Insolvenzverfahren sind die Angaben hingegen verwertbar und sollen vom Insolvenzverwalter gerade zum Anlass weiterer Ermittlungen genommen werden[1329]. Strafprozessual unverwertbar sind lediglich die Angaben. Die Unverwertbarkeit der weiteren Erkenntnisse des Insolvenzverwalters lässt sich hieraus nur dann ableiten, wenn hierdurch mittelbar auch die Angaben zum Gegenstand der Beweisverwertung gemacht würden. Lässt sich eine entsprechende Trennung hingegen durchführen, ist die Unverwertbarkeit der Erkenntnisse nicht zu begründen. Dass diese Trennung im Einzelfall schwer praktikabel sein kann, rechtfertigt nicht, sie per se für unzulässig zu erachten. Im Interesse eines ausreichenden Flankenschutzes des Verwertungsverbots ist allerdings zu fordern, dass die Unabhängigkeit von den Schuldnerauskünften zweifelsfrei feststeht[1330].

§ 97 Abs. 1 S. 3 InsO sieht die Möglichkeit vor, dass der beschuldigte Insolvenzschuldner der sonst unzulässigen Beweisverwendung zustimmt. Entgegen der von der Rechtsprechung entwickelten Widerspruchslösung wird hier also das Gegenmodell einer Zustimmungslösung praktiziert. Eine einmal erteilte Zustimmung ist unwiderruflich[1331].

Nach verbreiteter Auffassung soll das Verwendungsverbot nicht greifen, soweit die Angaben zu Gunsten des Beschuldigten verwertet werden[1332]. Dies entspricht dem Verständnis von Verwertungsverboten als Belastungsverboten[1333]. Fraglich ist jedoch, ob sich das mit dem Zustimmungserfordernis verträgt[1334]. Die Regelung ist Ausdruck der Achtung der Verteidigungshoheit des Beschuldigten. Hierneben Fälle anzunehmen, in denen gegen den Willen des Beschuldigten eine Verwertung zu

---

1327 *Uhlenbruck* NZI 2002, 401 (404).

1328 *Bittmann/Rudolph* wistra 2001, 81 (84).

1329 *Bittmann/Rudolph* wistra 2001, 81 (84).

1330 *Gatzweiler* in DAV-FS, S. 480 (484); *Bittmann/Rudolph* wistra 2001, 81 (83).

1331 *Bittmann* in Bittmann, Insolvenzstrafrecht, § 1, Rn. 22.

1332 *Bittmann/Rudolph* wistra 2001, 81 (84); *Bader* NZI 2009, 416 (419); *Dannecker/Knierim/Hagemeier*, Insolvenzstrafrecht, Rn. 184; *Nickolai* in HB d. Wirtschafts- und SteuerstrafR, Kap. 25 Rn. 96 will im Regelfall von einer vermuteten Zustimmung ausgehen.

1333 S. *Roxin/G. Schäfer/Widmaier* StV 2006, 655 (656); *Weßlau* StV 2010, 41 (45); *Jahn/Geck* JZ 2012, 561 (566); einschränkend *Rogall* in SK-StPO § 136 Rn. 79; a.A. *Dallmeyer*, Beweisführung, S. 171; *Kleinknecht* NJW 1966, 1537 (1543); *Meyer-Goßner*, StPO, Einl Rn. 55a; *Jähnke* in Wahrheitsfindung und ihre Schranken, S. 69 (69 f.); *Radtke* in Radtke/Hohmann, StPO, Einl Rn. 85.

1334 *H. Richter* wistra 2000, 1 (4).

seinen Gunsten erfolgen kann, lässt sich mit diesem Gedanken schwer in Einklang zu bringen. Derartige Konstellationen dürften jedoch kaum praktisch werden.

ββ) Fernwirkung

Weitgehend anerkannt ist, dass dem Verbot eine Fernwirkung zukommt[1335]. Das ergibt sich bereits aus der grammatikalischen und historischen Gesetzesauslegung. Betrachtet man den Wortlaut der Vorschrift, so fällt zunächst auf, dass statt von „Verwertung“ von „Verwendung“ die Rede ist. Der Begriff des „Verwendens“, der sich mittlerweile in mehreren strafprozessualen Vorschriften findet, ist dem Datenschutzrecht entlehnt[1336]. Entsprechend der Begriffsbestimmung des § 3 Abs. 4, 5 BDSG enthält ein „Verwendungsverbot“ daher ein umfassendes Verbot jeglicher Nutzung oder Verarbeitung der Informationen[1337]. Über ein einfaches Verbot der Nutzung als Beweismittel hinausgehend, untersagt ein Verwendungsverbot auch die Nutzung als sog. Spurenansatz[1338]. Als umfassenderes Institut enthält ein Verwendungs- stets auch ein Verwertungsverbot[1339]. Durch die Normierung eines Verwendungs- statt eines Verwertungsverbots entscheidet der Gesetzgeber die Streitfrage um die Fernwirkung somit verbindlich. Umgekehrt ist eine Nutzung als Spurenansatz nach dem Willen des Gesetzgebers dort zulässig, wo das Gesetzt ausdrücklich nur die „Verwendung zu Beweiszwecken“ untersagt[1340]. Die sich hier andeutende gesetzliche Terminologie befindet sich allerdings noch in der Anfangsphase. Dies wird deutlich, wenn man in § 108 Abs. 2 StPO und § 160a Abs. 2 S. 3 StPO die Formulierung „Verwertung zu Beweiszwecken“ findet. Auch soweit der unterschiedliche Charakter von Verwendungs- und Verwertungsverboten betont wird, wird eingeräumt, dass dieser in der gesetzlichen Terminologie nicht hinreichend Niederschlag gefunden hat und daher stets durch Auslegung zu ermitteln sei, welches Institut der Gesetzgeber meine[1341].

Auch die Gesetzgebungsgeschichte ergibt eindeutig, dass der Gesetzgeber den ihm vom BVerfG im Gemeinschuldner-Beschluss noch ausdrücklich eröffneten Spielraum[1342] im Sinne einer Fernwirkung auszufüllen gedachte. Der Regierungs-

---

1335 *Dencker* in Meyer-Goßner-FS, S. 237 (253); *Danckert* ZRP 2000, 476 (478); *Hohnel* NZI 2005, 152 (153); *Benz*, Selbstbelastungen, S. 45; *Gatzweiler* in DAV-FS, S. 480 (482); *Hefendehl* wistra 2003, 1 (7); a.A. *Bader* NZI 2009, 416 (418 f.).

1336 S. hierzu *Dencker* in Meyer-Goßner-FS, S. 237.

1337 *Dencker* in Meyer-Goßner-FS, S. 237 (243).

1338 *Dencker* in Meyer-Goßner-FS, S. 237 (243).

1339 *Rogall* in Kohlmann-FS, S. 465 (479).

1340 *Dencker* in Meyer-Goßner-FS, S. 237 (S. 243 Fn. 33); *Rogall* in Kohlmann-FS, S. 465 (484); *Singelnstein* ZStW 120 (2008), 854 (884); *Roxin/Schünemann*, StrafverfahrensR, § 24 Rn. 63; krit. zu dieser Begrifflichkeit: *Rogall* JZ 2008, 818 (828); a.A. *Jahn* in 67. DJT, C96, nach dem es gerade in derartigen Fällen untersagt sein soll, die Information zur Schöpfung eines Anfangsverdachts heranzuziehen. Diese Auslegung läuft der gesetzgeberischen Intention jedoch diametral entgegen, vgl. BT-Drs. 16/5846 S. 64, 66.

1341 *Singelnstein* ZStW 120 (2008), 854 (869 f.).

1342 BVerfGE 56, 37 (50).

entwurf sah zunächst das Verbot vor, entsprechende Erklärungen zu „verwerten“, § 109 RegE[1343]. Auf Vorschlag des Rechtsausschusses wurde aus „verwerten“ „verwenden“[1344]. Dies wurde damit begründet, dass so klargestellt sei, dass die Angaben auch nicht als Ansatz für weitere Ermittlungen dienen dürfen[1345]. Dies entspreche dem Anliegen des Bundesdatenschutzbeauftragten[1346].

Das Verwendungsverbot des § 97 Abs. 1 S. 3 InsO entfaltet somit Fernwirkung. Die Urteilsfindung darf daher auch nicht auf Umstände gestützt werden, die mittelbar auf den unverwertbaren Angaben beruhen. Der Schuldnachweis ist vielmehr auf eine von diesen unabhängige Beweiskette zu stützen[1347]. Diese Unabhängigkeit muss die Staatsanwaltschaft belegen[1348]. Im Zweifel ist von einem Beruhen auf der Auskunft und somit von der Unverwertbarkeit auszugehen[1349].

Umstritten ist, ob von dieser Fernwirkung eine Ausnahme zu machen ist, wenn die mittelbaren unverwertbaren Erkenntnisse auch auf anderem Wege in die Hände der Strafverfolgungsorgane gelangt wären, sog. *hypothetischer Ersatzeingriff*[1350] (hierzu unten cc.).

χχ) Frühwirkung

Ungleich umstrittener als die Frage der Fernwirkung ist, inwieweit die Vorschrift eine Wirkung dergestalt entfaltet, dass dem Verwertungsverbot unterliegende Umstände auch nicht zur Begründung eines Anfangsverdachts herangezogen werden dürfen[1351], sog. *Frühwirkung*[1352].

1343 BT-Drs. 12/2443.

1344 BT-Drs. 12/7302 S. 166.

1345 Ebd.

1346 Ebd.

1347 *Stephan* in MüKo-InsO § 97 Rn. 17; *Dannecker/Knierim/Hagemeier*, Insolvenzstrafrecht, Rn. 266.

1348 *Ogiermann/J. Weber* wistra 2011, 206 (212); *Nickolai* in HB d. Wirtschafts- und SteuerstrafR, Kap. 25 Rn. 98.

1349 *Stephan* in MüKo-InsO § 97 Rn. 17; *Dannecker/Knierim/Hagemeier*, Insolvenzstrafrecht, Rn. 266.

1350 Befürwortend: *Lüke* in RWS-Kommentar-InsO § 97 Rn. 4a; ablehnend: *Stephan* in MüKo-InsO § 97 Rn. 1; *Rode* StraFo 2003, 42 (45); *Hefendehl* wistra 2003, 1 (7 f.); *Bömelburg*, Selbstbelastungszwang, S. 133 s. auch LG Stuttgart wistra 2000, 439 (439).

1351 Befürwortend: *Lüke* in RWS-Kommentar InsO, § 97 Rn. 4a; *Böttger* in MAH-Wirtschafts- und Steuerstrafsachen, § 18, Rn. 369; *Kemperdick* ZInsO 2013, 116 (117); *Weyand* ZInsO 2001, 108, (109); *Ogiermann/J. Weber* wistra 2011, 206 (212); *Püschel* in DAV-FS, S. 759 (764); *Kayser* in Kraft, InsO, § 97 Rn. 14; ablehnend: *Bader* NZI 2009, 416 (419); *Stephan* in MüKo-InsO § 97 Rn. 17; *Pelz*, Krise, Rn. 703; *Diversy* ZInsO 2005, 180 (182); *Hefendehl* wistra 2003, 1 (5); *Bittmann/Rudolph* wistra 2001, 81 (84); *Bömelburg*, Selbstbelastungszwang, S. 63.

1352 Umfassend zum Begriff der Frühwirkung Hengstenberg, Frühwirkung, passim; BVerfG NStZ 2011, 103 spricht im Anschluss an *Beulke* L/R-StPO § 152 Rn. 26 von „Vorauswirkung“; zur uneinheitlichen Terminologie *Hengstenberg* aaO. S. 11 ff.

Dem Verwendungsverbot des § 97 Abs. 1 S. 3 InsO eine solche Wirkung zuzusprechen, hätte eine nicht unerhebliche Beschränkung der Verfolgung von Insolvenzdelikten zur Folge[1353]. Ermittlungsverfahren werden hier regelmäßig nicht aufgrund einer Anzeige, sondern von Amts wegen eingeleitet[1354]. Gemäß der Anordnung über die Mitteilung in Zivilsachen (MiZi), einer auf Grundlage von § 12 Abs. 5 EGGVG erlassenen Verwaltungsvorschrift[1355], teilen die Insolvenzgerichte den Staatsanwaltschaften mit, wenn ein Insolvenzverfahren eröffnet oder der Antrag mangels Masse abgelehnt worden ist[1356]. Diese Mitteilung selbst begründet noch keinen Anfangsverdacht[1357]. Auf ihrer Grundlage fordert die Staatsanwaltschaft im Rahmen sog. Vorermittlungen dann aber regelmäßig die Insolvenzakte an[1358]. In dieser befinden sich der Insolvenzantrag nebst weiterer Auskünfte des Schuldners, Geschäftsunterlagen und Berichte sowie Gutachten des Insolvenzverwalters, die sich zum Teil auch auf die Angaben des Schuldners stützen[1359]. Wie die Praxis mit dieser Problematik umgeht, ist unklar[1360]. Sowohl unter den Befürwortern als auch unter den Gegnern einer Frühwirkung finden sich Staatsanwälte[1361]. Es wird davon berichtet, dass unverwertbare Bestanteile der Insolvenzakte von vornherein nicht zur Ermittlungsakte genommen werden[1362]. Zu Recht wird aber auch darauf hingewiesen, dass ein zu erwartender Rückgang der Anzahl eingeleiteter Ermittlungsverfahren nach Einführung der Vorschrift ausgeblieben ist[1363].

1353 *Püschel* in DAV-FS, S. 759 (761); *Bieneck* in Müller-Gugenberger/Bieneck, § 75, Rn. 83 ff.; a.A. *Weyand* ZInsO 2001, 108 (109).

1354 *Püschel* in DAV-FS, S. 759 (761); *Diversy* ZInsO 2005, 180 (180); *Pelz*, Krise, Rn. 683; nach *Ogiermann/J. Weber* wistra 2011, 206 (212) soll hingegen die Strafanzeige eines geschädigten Gläubigers der Regelfall sein.

1355 *Püschel* in DAV-FS, S. 759 (761 Fn. 16); *Hefendehl* wistra 2003, 1 (4).

1356 *Püschel* in DAV-FS, S. 759 (761); *Diversy* ZInsO 2005, 180 (180).

1357 *Weyand/Diversy*, Insolvenzdelikte, Rn. 140; bei juristischen Personen soll hingegen die Ablehnung eines Antrags mangels Masse auf Grundlage der kriminalistischen Erfahrung den Anfangsverdacht einer Insolvenzverschleppung begründen; *H. Richter* wistra 2000, 1 (5); *Weyand* ZInsO 2001, 108 (109); a.A. *Diversy* ZInsO 2005, 180 (182).

1358 *Hefendehl* wistra 2003, 1 (4); *Püschel* in DAV-FS, S. 759 (761); *Diversy* ZInsO 2005, 180 (180); umfassend zum Phänomen der Vorermittlungen *Lange*, Vorermittlungen, passim.

1359 *Püschel* S. 759 (761); *Hohnel* NZI 2005, 152 (153).

1360 *Diversy* ZInsO 2005, 180 (181) berichtet von einer höchst unterschiedlichen Handhabe.

1361 Befürwortend *H. Richter* wistra 2000, 1 (3); *Weyand* ZInsO 2001, 108 (109); ablehnend *Diversy* ZInsO 2005, 180 (182).

1362 *Ogiermann/J. Weber* wistra 2011, 206 (2012).

1363 *Busch* in HB d. BaustrafR, § 51, Rn. 16.

Die Frühwirkung von Beweisverwertungsverboten wird regelmäßig als der Fernwirkung verwandte Problematik behandelt[1364]. Mit dem Begriff wird die Fragestellung umschrieben, ob einem Beweisverwertungsverbot unterliegende Beweismittel bei der strafprozessualen Verdachtsbeurteilung beachtet werden dürfen. Man wird hier zu differenzieren haben, ob es um die Verdachtsbeurteilung im Rahmen der Zulässigkeit einer Zwangsmaßnahme handelt oder um die erstmalige Prüfung eines Anfangsverdachts i.S.d. § 152 Abs. 2 StPO. In der ersten Konstellation sind die Frage nach Fern- und Frühwirkung stets identisch zu beantworten. Ein einem Verwertungsverbot mit Fernwirkung unterliegendes Beweismittel darf im Rahmen der für eine Zwangsmaßnahme erforderlichen Verdachtsprüfung nicht beachtet werden. Nach Anerkennung einer Fernwirkung, lässt sich eine Frühwirkung nicht mehr ablehnen[1365]. Mit der Annahme einer Fernwirkung behauptet man zunächst rückblickend, dass die Unverwertbarkeit des Beweismittels auch auf solche Beweismittel durchschlagen muss, die erst aufgrund des primären Beweismittels erlangt werden konnten. Hiermit sagt man aber zugleich, dass das Vorgehen der Ermittlungsbehörden, ihre weiteren Ermittlungen auf das bemakelte Beweismittel zu stützen, unzulässig war. Mit der Bejahung einer Fernwirkung anerkennt man also implizit die Existenz einer an die Ermittlungsbehörden gerichteten Norm des Inhalts, unverwertbare Beweismittel nicht zur Grundlage weiterer Ermittlungen zu machen[1366]. Anders lässt sich das ex-post Verdikt der Rechtswidrigkeit der weiteren Beweiserhebung nicht begründen[1367]. Gegen eben jene Verbotsnorm würde nun aber verstoßen, ließe man zu, dass die Anordnung einer Ermittlungsmaßnahme auf das unverwertbare Beweismittel gestützt würde. Jedenfalls soweit es um die Zulässigkeit von Zwangsmaßnahmen geht, sind Fern- und Frühwirkung zwei Seiten derselben Medaille[1368]. Es geht in beiden Fällen um die Frage, ob es zulässig ist, das unverwertbare Beweismittel als Ansatzpunkt für Ermittlungen zu nutzen – einmal rückblickend betrachtet aus der Perspektive der Hauptverhandlung, einmal nach vorn schauend aus der des Ermittlungsverfahrens. Ein entsprechender Gleichlauf ist auch weitgehend anerkannt[1369]. Auch bei § 97 Abs. 1 S. 3 InsO wird überwiegend davon ausgegangen, die Angaben des Schuldners dürften im Rahmen der Verdachtsprüfung bei Zwangsmaßnahmen nicht verwertet werden[1370].

1364 S. den Überblick bei *Kelnhofer*, Hypothetische Ermittlungsverläufe, S. 261 ff.

1365 *Hengstenberg*, Frühwirkung, S. 23.

1366 *Doege/Frahm* in Ostendorf-FS, S. 227 (234).

1367 *Hengstenberg*, Frühwirkung, S. 22 f.

1368 Vgl. *Beulke* in L/R-StPO § 152 Rn. 27.

1369 BVerfG NStZ 2011, 103 (103, 104); *Beulke* in L/R-StPO § 152 Rn. 27; *Kelnhofer*, Hypothetische Ermittlungsverläufe, S. 261 mwN.

1370 LG Stuttgart wistra 2000, 439 (439); *Stephan* in MüKo § 97 Rn. 17; *Hefendehl* wistra 2003, 1 (6); *Uhlenbruck* GmbHR 2002, 941 (944); *Lüke* in RWS-Kommentar-InsO § 97 Rn. 4a.

Sowohl im Zusammenhang mit dieser Vorschrift als auch in der allgemeinen Beweisverbotsdogmatik findet sich jedoch die Behauptung, etwas anderes gelte für das erstmalige Schöpfen eines Anfangsverdachts i.S.d. § 152 Abs. 2 StPO[1371].

Von der Fernwirkung unterscheidet sich diese Konstellation der Frühwirkung dadurch, dass unterschiedliche Fallgestaltungen zugrunde liegen[1372]. Die Frage der Fernwirkung kann sich typischerweise nur stellen, wenn bereits ein Verfahren eingeleitet und erste Beweismittel erhoben wurden. Die Problematik der Frühwirkung, die ja gerade voraussetzt, dass ein Ermittlungsverfahren noch nicht eingeleitet wurde, kann hingegen nur in Fällen von Beweismitteltransfers entstehen. Bei innerstrafprozessualen Vorgängen begegnet man dieser Fragestellung bei den sog. Zufallserkenntnissen. Für verdeckte Ermittlungsmaßnahmen macht § 477 Abs. 2 S. 2 StPO deren „Verwendbarkeit zu Beweiszwecken" davon abhängig, dass der Zufallsfund sich ebenfalls auf eine Katalogtat bezieht. Entsprechendes bestimmt § 161 Abs. 2 StPO für auf gefahrenabwehrrechtlicher Rechtsgrundlage gewonnene Informationen. Durch den Zusatz „zu Beweiszwecken" soll nach der Vorstellung des Gesetzgebers zum Ausdruck gebracht werden, dass bei Nicht-Katalogtaten lediglich die Beweisverwertung in der Hauptverhandlung, nicht aber die Nutzung als Spurenansatz ausgeschlossen ist[1373]. Dies entspricht der Rechtsprechung vor Einführung der Regelung[1374]. Eine Frühwirkung kommt diesen Verwendungsverboten also nicht zu. Ohne die Einschränkung auf Beweiszwecke untersage hingegen § 100d Abs. 5 Nr. 1 StPO die Verwendung „zur Aufklärung der Straftat" für Nicht-Katalogtaten. Hierdurch ist auch die Verwendung als Spurenansatz ausgeschlossen[1375]. Die ursprüngliche einzige Regelung bezüglich der Verwendbarkeit von Zufallsfunden in § 108 Abs. 2 StPO untersagt die „Verwertung zu Beweiszwecken". Aus der Beschrän-

---

1371 *Diversy* ZInsO 2005, 180 (182); *Bader* NZI 2009, 416 (418); *Stephan* MüKo-InsO § 97 Rn. 17; *Hefendehl* wistra 2003, 1 (5); *Bittmann/Rudolph* wistra 2001, 81 (84); *Bömelburg*, Selbstbelastungszwang, S. 63; *Reinecke,* Fernwirkung, S. 228; *Fezer*, StrafprozessR II, Fall 16 Rn. 117; *Dencker*, Verwertungsverbote, S. 76; so auch der Beschluss der Abteilung Strafrecht des DJT, 67. DJT, Sitzungsberichte, L177 f.; vgl. auch *Roxin/Schünemann*, StrafverfahrensR, § 24 Rn. 60. Nach einer vermittelnden Auffassung sollen jedenfalls verfassungsrechtliche, selbstständige Verwertungsverbote der Annahme eines Anfangsverdachts entgegenstehen (*Knauth* NJW 1978, 741 (743); *Weßlau*, Vorfeldermittlungen, S. 282.) Für § 97 Abs. 1 S. 3 InsO als selbstständiges Verwertungsverbot (*Hefendehl* wistra 2003, 1 (4)) wäre hiernach eine den Anfangsverdacht ausschließende Frühwirkung zu befürworten.

1372 Vgl. *Reinecke*, Fernwirkung, S. 224.

1373 BT-Drs. 16/5846 S. 64, 66.

1374 BVerfG NJW 2005, 2766.

1375 So die allgemeine Meinung, s. etwa *Hegmann* in BeckOK-StPO § 100d Rn. 11; *Roxin/Schünemann*, StrafverfahrensR, § 24 Rn. 63. BVerfG NJW 2004, 999 (1019) nahm eine entsprechende Auslegung schon für die Vorgängervorschrift, die noch eine Beschränkung auf „Beweiszwecke" enthielt, an. Der gesetzgeberische Wille, die Nutzung als Spurenansatz zu verbieten, kommt in BT-Drs. 15/4533 S. 18 nur sehr missverständlich zum Ausdruck; krit. daher *Wolter* in SK-StPO § 100d Rn. 36.

kung auf Beweiszwecke wird hier die Zulässigkeit der Verwendung als Spurenansatz gefolgert[1376]. Zusammenfassend muss konstatiert werden, dass sich dem Gesetz eine einheitliche Antwort auf die Frage, ob derartige am Moment des Beweistransfers ansetzende Verwendungsverbote bereits die Verfahrenseinleitung ausschließen sollen, nicht entnehmen lässt.

Zur Begründung der These, § 97 Abs. 1 S. 3 InsO stehe der Schöpfung des Anfangsverdachts nicht entgegen, wird sich auf Wortlaut und Historie der Vorschrift berufen.

Auf Wortlaut-Ebene wird gegen eine Frühwirkung geltend gemacht, untersagt sei lediglich die Verwendung „*in* einem Strafverfahren". Die Prüfung des Anfangsverdachts liege nun aber vor dessen Einleitung, die Beachtung des kontaminierten Beweismittels in diesem Stadium stelle daher keine solche Verwendung i.S.d. Vorschrift dar[1377]. Diese Argumentation erscheint jedoch gekünstelt und daher nicht überzeugend[1378].

Des Weiteren wird auf die normierte Zustimmungsmöglichkeit verwiesen. Diese erscheine nur sinnvoll, wenn bereits ein auf die unverwertbaren Angaben gestützter Anfangsverdacht bestehe[1379]. Auch dies überzeugt jedoch nicht. Zwar ist zutreffend, dass die Zustimmungsmöglichkeit logisch voraussetzt, dass bereits ein Ermittlungsverfahren eingeleitet wurde. Dass diese Einleitung aber gerade auf die unverwertbaren Angaben gestützt wurde, folgt hieraus nicht. Auch bei Annahme einer Frühwirkung verbliebe der Zustimmungslösung vielmehr dort ein Anwendungsbereich, wo der Anfangsverdacht auf von den Schuldnerauskünften unabhängige Erkenntnisquellen gestützt wird.

Von anderer Seite wird die Zulässigkeit, einen Anfangsverdacht aus den unverwertbaren Schuldnerangaben zu schöpfen, damit begründet, § 97 Abs. 1 S. 3 InsO normiere lediglich ein Beweisverwertungs-, nicht aber ein Beweiserhebungsverbot[1380]. Diese Argumentation geht jedoch an der Sache vorbei. Das Schöpfen eines Anfangsverdachts ist jedenfalls kein Akt bloßer Beweiserhebung, sondern setzt eine irgendwie geartete Verwertung und Würdigung voraus. Ob es auch ein Akt echter Beweisverwertung ist, ist gerade die entscheidende Frage. Im Übrigen folgt aus § 97 Abs. 1 S. 3 InsO ein Beweiserhebungsverbot im Wege der sog. Vorauswirkung von Beweisverwertungsverboten: Die Erhebung eines unverwertbaren Beweismittels ist ungeeignet und damit unverhältnismäßig[1381]. Ein Verbot, die Insolvenzakte

1376 *Wohlers* in SK-StPO § 108 Rn. 396.

1377 *Diversy* ZInsO 2005, 180 (182); *Bader* NZI 2009, 416 (418); *Stephan* MüKo-InsO § 97 Rn. 17; *Hefendehl* wistra 2003, 1 (5), der allerdings einräumt, dass dies kein „zweifelsfreies Argument" darstellt; s. auch *Reinecke*, Fernwirkung, S. 227.

1378 So auch *Püschel* in DAV-FS, S. 759 (764); *Bieneck* in Müller-Gugenberger/Bieneck, § 75, Rn. 79.

1379 *Hefendehl* wistra 2003, 1 (5); *Bömelburg*, Selbstbelastungszwang, S. 64.

1380 *Bittmann/Rudolph* wistra 2001, 81 (84); *Bömelburg*, Selbstbelastungszwang, S. 63.

1381 *Weyand* ZInsO 2001, 108 (109); *Gössel* in L/R-StPO Einl. Abschn. L Rn. 125; *ders.* NStZ 1998, 126 (127); *Hengstenberg*, Frühwirkung, S. 14; *Trüg/Habetha* NStZ 2008, 481 (482) („Vorwirkung").

anzufordern, lässt sich hieraus allerdings nicht ableiten, da diese nur teilweise unverwertbare Angaben enthält.

Da der Begriff des Verwendens nach seiner datenschutzrechtlichen Definition jegliche Datennutzung umfasst, spricht der Wortlaut vielmehr eher dafür, auch eine Frühwirkung anzunehmen[1382]. Hintergrund der Verwendungsverbote ist weniger die strafprozessuale Beweisverbotsdogmatik, sondern das Recht der informationellen Selbstbestimmung und der dieses prägende Grundsatz der Zweckbindung[1383]. Hiernach stellt jede nicht mehr vom Erhebungszweck gedeckte Nutzung eines Datums einen neuen Eingriff in das Recht auf informationelle Selbstbestimmung dar, der der Rechtsgrundlage und der Rechtfertigung bedarf[1384]. Von dieser Zwecksetzung ausgehend wird man jede Nutzung als „Verwendung" anzusehen haben, die nicht mehr vom ursprünglichen Erhebungszweck gedeckt ist. Bereits die Heranziehung zur Begründung eines Anfangsverdachts stellt eine Umwidmung des zu insolvenzrechtlichen Zwecken erhobenen Datums dar und erscheint daher von dem Verwendungsverbot umfasst. Vom Gesetzgeber ausdrücklich als solche konzipierte Verwendungsverbote enthalten nach verbreiteter Auffassung auch das Verbot, das Beweismittel im Rahmen der Prüfung eines Anfangsverdachts zu beachten[1385]. Tatsächlich ist die gesetzliche Terminologie bis heute nicht derart entwickelt, dass sich allein aus dem Sprachgebrauch des Gesetzes sichere Rückschlüsse auf die Reichweite eines Verwertungs- bzw. Verwendungsverbots ziehen ließen. Für die 1999 eingeführte Vorschrift muss dies noch im erhöhten Maße gelten. Dass der Wortlaut von „verwenden" statt von „verwerten" spricht, kann daher lediglich ein Indiz für eine Frühwirkung sein.

Auch die Historie wird versucht gegen eine Frühwirkung fruchtbar zu machen. Wie dargelegt, wurde aus dem „Verwertungs"- ein „Verwendungsverbot", um klarzustellen, dass die Angaben auch nicht als Ansatz für weitere Ermittlungen dienen dürfen[1386]. Die Auslegung dieser Äußerung ist nun umstritten. Während teilweise hierin gerade das entscheidende Argument für eine Frühwirkung erblickt wird[1387], wird von anderer Seite vorgetragen, durch die Formulierung „*weitere* Ermittlungen" sei die erstmalige Annahme eines Anfangsverdachts nicht ausgeschlossen, e contrario sei vielmehr davon auszugehen, der Gesetzgeber habe deren Zulässigkeit gewollt[1388].

1382 Nach *Hengstenberg*, Frühwirkung, S. 45 lasse sich den Begriffen „Verwertung" und „Verwendung" kein Unterschied bezüglich der Frühwirkung entnehmen.

1383 *Löffelmann*, Normative Grenzen, S. 49; *Jahn* in 67. DJT, C96; *Singelnstein* ZStW 120 (2008), 854 (855).

1384 *Löffelmann*, Normative Grenzen, S. 49 f.

1385 *Rogall* JZ 2008, 818 (827); *Meyer-Goßner*, StPO Einl Rn. 57d; a.A. *Jahn* in 67. DJT, C96.

1386 BT-Drs. 12/7302 S. 166.

1387 *Jahn* in 67. DJT, C96 Fn. 443.

1388 *Diversy* ZInsO 2005, 180 (182).

Des Weiteren wird geltend gemacht, die Vorschrift diene der Umsetzung des Gemeinschuldner-Beschlusses, wobei stets eine Umsetzung des Mehrheitsvotums intendiert war[1389]. Die entscheidungstragende Mehrheit hat sich mit der Frage einer möglichen Frühwirkung nicht beschäftigt und die nähere Ausgestaltung des Verwertungsverbots ausdrücklich dem Gesetzgeber überlassen[1390]. Das im Sondervotum geforderte Offenbarungsverbot wurde hingegen abgelehnt.

Aus der Ablehnung des Offenbarungsverbots lässt sich allerdings kein Argument gegen die Frühwirkung gewinnen[1391]. Die beiden Rechtsinstitute sind nicht identisch. Ein Offenbarungsverbot, also eine Regelung, die dem Insolvenzgericht untersagt, potentiell selbstbelastende Angaben an die Staatsanwaltschaft weiterzuleiten, geht über die Annahme eines Verwertungsverbots mit Frühwirkung noch hinaus, indem es gewissermaßen einen Schritt früher ansetzt. Es wird nicht erst der Staatsanwaltschaft untersagt, aus den Angaben einen Anfangsverdacht zu schöpfen, sondern bereits dem Insolvenzgericht, überhaupt die entsprechenden Aktenteile an die Staatsanwaltschaft weiterzuleiten. Eine solche Regelung führte daher zu der – zu Recht kritisierten[1392] – Konsequenz, dass die Entscheidung über die strafprozessuale Verwertbarkeit den Insolvenzgerichten obläge. Nicht nur, dass diesen häufig die erforderliche Sachkunde fehlen wird, die strafprozessuale Verwertbarkeit bewerten zu könne, ihnen fehlt auch die Kompetenz, die Verwertbarkeit verbindlich zu entscheiden[1393]. Diese Einwände treffen ein mit Frühwirkung ausgestattetes Verwertungsverbot gerade nicht. Aus der gesetzgeberischen Entscheidung gegen ein Offenbarungsverbot, lässt sich also nicht zugleich ableiten, dass dem Verwertungsverbot keine Frühwirkung zukommen soll.

Interessanterweise begründet RiBVerfG *Heußner* das Erfordernis eines Offenbarungsverbots damit, die Weiterleitung stelle einen unverhältnismäßigen Grundrechtseingriff dar, da sie bereits nicht erforderlich sei, da die Auskünfte ohnehin nicht verwertet werden dürfen[1394]. Er geht also augenscheinlich davon aus, dass die Verwendung zur Begründung eines Anfangsverdachts bereits nach dem Mehrheitsvotum ausgeschlossen sei.

Können sie sich schon nicht überzeugend auf Wortlaut und Historie berufen, so scheitern die Gegner der Fernwirkung endgültig daran, dass die von ihnen jedenfalls

---

1389 *Stephan* in MüKo-InsO § 97 Rn. 17; *Hefendehl* wistra 2003, 1 (4) u.H.a. die in BR-Drs. 1/92 S. 142 fehlende Erwähnung des Sondervotums; *Bömelburg*, Selbstbelastungszwang, S. 63.

1390 BVerfGE 56, 37 (51).

1391 So aber *Stephan* in MüKo-InsO § 97 Rn. 17; *Hefendehl* wistra 2003, 1 (6); *Bömelburg*, Selbstbelastungszwang, S. 63 ff.

1392 *Hefendehl* wistra 2003, 1 (5); *Dannecker/Knierim/Hagemeier*, Insolvenzstrafrecht, Rn. 263; *Benz*, Selbstbelastungen, S. 41; de lege ferenda aber für eine entsprechende Lösung: *Hohnel* NZI 2005, 152 (154).

1393 *Dannecker/Knierim/Hagemeier*, Insolvenzstrafrecht, Rn. 263; *Stephan* in MüKo-InsO § 97 Rn. 17.

1394 BVerfGE 56, 37 (53 f.).

implizit vorgenommene Differenzierung zwischen Fern- und Frühwirkung nicht möglich ist. Mit der Entscheidung für eine Fernwirkung ist vielmehr auch eine solche im Sinne der Frühwirkung getroffen[1395]. Es lässt sich nicht begründen, dass für das erstmalige Schöpfen eines Anfangsverdachts etwas anderes gelten soll als für die Verdachtsprüfung im Rahmen der Zwangsmaßnahmenanordnung.

Soweit eine Ausnahme für den Anfangsverdacht unter Berufung auf das Legalitätsprinzip behauptet wird[1396], ist dem nicht zu folgen[1397]. Die Frage, ob ein Anfangsverdacht aufgrund normativer Erwägungen abzulehnen ist, ist der Frage des Eingreifens des Verfolgungszwangs gerade vorgelagert[1398].

Teilweise wird geltend gemacht, die Einleitung eines Ermittlungsverfahrens erfordere keine Begründung und keinen Nachweis seiner Berechtigung und stelle daher keine Beweissituation dar[1399]. Dem Fehlen entsprechender Regelungen in § 152 Abs. 2 StPO sei zu entnehmen, dass die Ermittlungsorgane insoweit keinen Begrenzungen unterlägen[1400]. Diese Argumentation verfängt nicht. Dass die Annahme eines Anfangsverdachts begründungslos erfolgen kann, bedeutet nicht, dass sie grundlos erfolgen kann[1401]. Formelle Dokumentationspflichten decken sich nicht zwingend mit materiellen Entscheidungskriterien[1402]. Dass die Annahme zureichender tatsächlicher Anhaltspunkte an inhaltliche Kriterien gebunden ist, ist auch unbestritten. Da hierzu die vorläufige Bewertung der Beweislage gehört, lässt sich die Behauptung, es bestehe keine Beweissituation, nur schwer aufrechterhalten[1403]. Hiermit ist keineswegs gemeint, dass die Unverwertbarkeit den negativen Ausfall der Prognose nach sich ziehen muss[1404]. Dass sich auf in der Hauptverhandlung unverwertbare Beweismittel keine Verurteilungswahrscheinlichkeit stützen lässt[1405], versteht sich bereits aus der Natur der Sache. Auf diese Art mag sich das Fehlen eines hinreichenden Tatverdachts i.S.v. §§ 170 Abs. 1, 203 StPO begründen lassen, einem Anfangsverdacht wird ein lediglich so verstandenes Gebot, Verwertungsverbote auch bei der Verdachtsprüfung zu beachten, faktisch nie entgegenstehen[1406]. Es bedürfte dazu der Prognose, dass das Ermittlungsverfahren keine verwertbaren Beweismittel zu Tage fördern würde. Es geht hier aber nicht um die tatsächliche

1395 Vgl. *Hengstenberg*, Frühwirkung, S. 23 f.

1396 *Reinecke*, Fernwirkung, S. 228.

1397 So i.E. auch *Kelnhofer*, Hypothetische Ermittlungsverläufe, S. 263; *Störmer*, Dogmatische Grundlagen, S. 252.

1398 *Hengstenberg*, Frühwirkung, S. 128 f.

1399 *Fezer*, StrafprozessR II, Fall 16 Rn. 117.

1400 *Dencker*, Verwertungsverbote, S. 76.

1401 *Lohberger* in Hanack-FS, S. 253 (275).

1402 *Hengstenberg*, Frühwirkung, S. 120; *Jahn* in 67. DJT, C97.

1403 *Jahn* in 67. DJT, C97.

1404 So aber *Radtke* in Radtke/Hohmann, StPO, § 152 Rn. 20.

1405 AG Saalfeld StV 2005, 320 (321); *Kühne* StV 2005, 321 (322); *Schlothauer* in Lüderssen-FS, S. 761 (762 f.).

1406 *Radtke* in Radtke/Hohmann, StPO, § 152 Rn. 20.

Frage, ob auf Grundlage des jetzigen Kenntnisstandes die spätere Unverwertbarkeit der Möglichkeit einer Verurteilung entgegensteht, sondern, ob der bestreffende Umstand aufgrund normativer Erwägungen bereits kein Teil des jetzigen Kenntnisstandes sein darf.

Dass zu den bei der Verdachtsprüfung zu beachtenden inhaltlichen Kriterien auch Beweisverwendungsverbote gehören können, zeigt § 100d Abs. 5 Nr. 1 StPO. Mit dieser Vorschrift existiert ein geschriebenes Verwendungsverbot, das der Schöpfung eines Anfangsverdachts entgegensteht und so der These, Beweisverwertungsverbote seien in diesem Rahmen nie zu beachten, den Boden entzieht.

Teilweise wird die Differenzierung zwischen der Verdachtsschöpfung in § 152 Abs. 2 StPO und einzelnen Ermittlungsmaßnahmen damit gerechtfertigt, nur letztere stellen Grundrechtseingriffe dar[1407]. Nicht nur ist die Annahme fehlenden Eingriffscharakters unzutreffend[1408], mit dieser Argumentation spräche man letztlich dem Anfangsverdacht jegliche Schutzfunktion ab, sodass er verzichtbar würde.

Überzeugende Gründe, die Frage des Anfangsverdachts stets vom Anwendungsbereich der Beweisverwertungsverbote auszunehmen, lassen sich somit nicht finden. Auch bezüglich des Anfangsverdachts stellt die Frühwirkung somit die Kehrseite der Fernwirkung dar. Für § 97 Abs. 1 S. 3 InsO lässt sich eine entsprechende Wirkung durch Wortlaut und Historie eindeutig nachweisen. Eine solche Sichtweise entspricht auch allein dem telos der Vorschrift. § 97 Abs. 1 S. 3 InsO ist berufen, im Interesse des nemo-tenetur-Grundsatzes das Insolvenz- von dem Strafverfahren „abzuschotten“[1409] und so das Nebeneinander beider Verfahren zu ermöglichen, ohne dass sich hieraus eine Entwertung der strafprozessualen Beschuldigtenrechte ergibt. Ein solcher Schutz wird nur durch lückenlose Grenzziehung zwischen den Verfahren erreicht. Bereits mit der Möglichkeit, die erzwungenen Angaben zur Einleitung eines Ermittlungsverfahrens zu nutzen, wird die Zielsetzung, die Rechtsposition des Beschuldigten durch das Nebeneinander der Verfahren nicht zu beeinträchtigen, verfehlt[1410]. Das Verwertungsverbot dient zudem nicht allein dem nemo-tenetur-Schutz, sondern daneben auch der Effektivität des Insolvenzverfahrens. Durch die Zusicherung der strafprozessualen Unverwertbarkeit kann eher mit einer Erfüllung der Wahrheitspflicht gerechnet werden, als dies der Fall wäre, wenn der Insolvenzschuldner eine strafrechtliche Verfolgung aufgrund seiner Angaben zu befürchten hätte. Da sich dieser bereits durch die Gefahr eines Ermittlungsverfahrens abschrecken lassen wird, streitet auch diese Zwecksetzung für die Unzulässigkeit eines Anfangsverdachts aufgrund der erzwungenen Angaben. Somit muss § 97 Abs. 1 S. 3 InsO nach seinem Sinn und Zweck Frühwirkung entfalten.

Hierdurch droht auch keine „Lahmlegung des Verfahrens“. Dieses Dogma, das schon in der allgemeinen Fernwirkungsdebatte eine allenfalls begrenzte

1407 *Radtke* in Radtke/Hohmann, StPO, § 152 Rn. 20.
1408 *Hengstenberg*, Frühwirkung, S. 102.
1409 *Wolff*, Verfahrenstrennung, S. 136; *Eidam* wistra 04, 412 (413).
1410 Vgl. *Reeb*, Internal Investigations, S. 102.

Berechtigung hat[1411], sieht sich hier dem zusätzlichen Einwand ausgesetzt, dass keine Erkenntnisquelle verschlossen, sondern lediglich die aus dem Nebeneinander der Verfahren zusätzlich entstehende nicht eröffnet werden. Auch geht es hier nicht um einen Verfahrensfehler, bei dem die Frage nach der Reichweite der Fehlerfolgen berechtigt sein mag, sondern um ein ausdrücklich normiertes, unselbstständiges Beweisverwertungsverbot, bei dem allein der Schutzzweck die Frage nach der Reichweite beantworten kann.

Sicherlich zutreffend ist hingegen, wenn aus der fehlenden Begründungspflicht abgeleitet wird, einem Verwertungsverbot in diesem Bereich käme wenig faktische Durchschlagskraft zu[1412]. Dies gilt umso mehr, als dass gegen die rechtswidrige Einleitung eines Ermittlungsverfahrens kein Rechtsbehelf besteht[1413]. Des Weiteren erreicht das in dem Institut der Beweisverwertungsverbote ohnehin angelegte Moment der psychologischen Überforderung[1414] hier ein besonderes Ausmaß[1415]. Derartige Praktikabilitätsschwierigkeiten lassen Forderungen berechtigt erscheinen, das Verwendungsverbot durch strukturelle Maßnahmen, wie insbesondere die Verpflichtung, bestimmte Aktenteile vor Übersendung an die Staatsanwaltschaft zu entfernen, abzusichern[1416]. Ein derartiges Vorgehen läuft allerdings schnell Gefahr, zu einem Offenbarungsverbot auszuarten. Ein solches ist nicht nur vom Gesetzgeber de lege lata gerade nicht gewollt, sondern kann auch de lege ferenda nicht gewollt sein, da die Insolvenzgerichte weder über den fachlichen Sachverstand noch die sachliche Kompetenz verfügen, Fragen der strafprozessualen Verwertbarkeit zu entscheiden[1417]. Auf keine derartigen Bedenken stoßen allerdings Plichten für Hinweise und Kenntlichmachungen[1418]. An das Entfernen einzelner Blätter aus der Akte wäre allenfalls bei evidenten Sachverhalten zu denken[1419].

χ) Fazit

§ 97 Abs. 1 S. 3 InsO normiert das Verbot, Angaben die der Insolvenzschuldner in Erfüllung seiner Auskunftspflicht gemacht hat, im Strafverfahren zu verwenden. Die Reichweite der Auskunftspflicht bestimmt die Reichweite des Verwendungsverbots. Dieses Verbot greift unabhängig von der Form, in der die Angaben in das Strafverfahren eingeführt werden. Die Vorschrift steht der Verwertung von Unterlagen nicht entgegen, zu deren Führung eine gesetzliche Verpflichtung besteht. Freiwillig

1411 S.o. D. III.
1412 *Dencker*, Verwertungsverbote, S. 76.
1413 Vgl. *Ostendorf*, StrafprpzessR, Rn. 260 mwN. auch zur Gegenansicht.
1414 S. *Jahn* in 67. DJT C98 mwN., *Eb. Schmidt* NJW 1968, 1209 (1217 f.): „psychologisches Akrobatenstück".
1415 Vgl. *Hengstenberg*, Frühwirkung, S. 105.
1416 *Uhlenbruck* NZI 2002, 401 (405).
1417 S.o. Fn. 1143 f.
1418 *Uhlenbruck* NZI 2002, 401 (405).
1419 *Uhlenbruck* NZI 2002, 401 (405).

geführte Unterlagen sind hingegen unverwertbar, falls kein von der Auskunft des Schuldners unabhängiger Beweiserhebungsverlauf besteht. Werden im Bericht des Insolvenzverwalters Angaben des Schuldners und Informationen aus sonstigen Quellen vermengt, kommt es darauf an, inwieweit die Ergebnisse des Verwalters sich aus von der Auskunft unabhängigen Quellen erschließen. Unzulässig ist die Verwertung nur, soweit sie eine mittelbare Verwertung der erzwungenen Angaben darstellte. Ist eine solche Differenzierung nicht zweifelsfrei möglich, ist von der Unverwertbarkeit auszugehen.

Das Verbot ist nicht erst in der Hauptverhandlung, sondern bereits im Ermittlungsverfahren und insbesondere auch bei der Schöpfung eines Anfangsverdachts zu beachten.

(ii) § 802c ZPO

Parallel zum Insolvenzrecht stellt sich die Problematik auch im Zwangsvollstreckungsrecht. § 802c ZPO verpflichtet den Schuldner zur Auskunftserteilung über sein Vermögen. Aus den Angaben können sich ohne weiteres Anhaltspunkte für strafbare Handlungen, wie insbesondere Bankrott (§ 283 Nr. 1 StGB) oder Gläubigerbegünstigung (§ 283c StGB), aber auch Betrug (§ 263 StGB) ergeben[1420]. Der Schuldner hat die Richtigkeit und Vollständigkeit gem. § 802c Abs. 3 ZPO an Eides statt zu versichern. Die Auskunftspflicht ist gem. § 802g ZPO durch Erzwingungshaft vollstreckbar. Mechanismen zum Schutz vor einer strafrechtlichen Selbstbelastung finden sich nicht. Im Gegenteil: § 802k Abs. 2 S. 3 ZPO sieht ausdrücklich ein Einsichtsrecht der Strafverfolgungsbehörden vor. Bei der Vorgängervorschrift des § 807 a.F. ZPO wurde in Übertragung der Grundsätze des Gemeinschuldner-Beschlusses ein strafprozessuales Verwertungsverbot angenommen[1421]. Der BGH[1422] hat sich dieser Sichtweise ausdrücklich angeschlossen, wobei es in der konkreten Entscheidung jedoch nicht um die Annahme eines Verwertungsverbots, sondern um die Aufrechterhaltung des Auskunftszwangs ging. Das BVerfG[1423] hat sie im Rahmen eines Nichtannahmebeschlusses jedenfalls gebilligt. Nach der Gesetzesnovelle wird für eine Übertragung dieser Grundsätze auf § 802c ZPO eingetreten[1424]. Problematisch ist allerdings, dass sich das BVerfG im Fall von § 100 KO nur zur dazu befugt sah, das Gesetz durch die Ergänzung um ein Verwertungsverbot zu korrigieren, weil es

1420 *U. Weiß* NJW 2014, 503 (505); *Stam* StV 2015, 130 (130). Die eidesstattliche Versicherung nach § 802c ZPO ist ein in der Praxis gängiges Mittel zum Nachweis der Zahlungsunfähigkeit als Bezugspunkt der Täuschung beim Betrug. Dies ist auch solange unproblematisch, wie die eidesstattliche Versicherung vor der Tatbegehung abgegeben wurde und mithin keinen postdeliktischen Selbstbelastungsakt darstellt.

1421 LG Hamburg, *Beschl.* v. 12.2.1996 – 325 T 43/95, juris.

1422 NStZ 1991, 338 (339).

1423 *Beschl.* v. 31.3.2008 – 2 BvR 467/08, juris.

1424 *Fleck* in BeckOK-ZPO § 802c Rn. 30.

sich bei der Konkursordnung um vorkonstitutionelles Recht handelte[1425]. Hätte man mit der Beschränkung des BVerfG Ernst gemacht, wäre bereits die Zulässigkeit der Ergänzung von § 807 a.F. ZPO um ein Verwertungsverbot in Zweifel zu ziehen gewesen. Dass es sich bei der mehrfach reformierten Vorschrift um vorkonstitutionelles Recht handelt, lässt sich nur schwer annehmen[1426]. Die Problematik der Zulässigkeit der verfassungskonformen Rechtsfortbildung stellt sich aber noch in erhöhtem Maß bei § 802c ZPO. Denn auch, wenn diese Beschränkung auf vorkonstitutionelle Gesetze nicht zwingend ist, muss eine solche Rechtsfortbildung unzweifelhaft dort ausscheiden, wo der klare Wille des (nachkonstitutionellen) Gesetzgebers entgegensteht[1427]. Ein solcher Wille lässt sich für § 802c ZPO eindeutig feststellen[1428]. Der Gesetzgeber hat nicht nur anders als im Insolvenzrecht die Möglichkeit verstreichen lassen, das richterrechtlich anerkannte Verwertungsverbot zu positiveren, er hat vielmehr umgekehrt mit dem Einsichtsrecht der Strafverfolgungsbehörden in § 802k Abs. 2 S. 3 StPO die strafprozessuale Nutzbarmachung ausdrücklich vorgesehen. In der Begründung des Gesetzesentwurfs[1429], die sich der Rechtsausschuss ausdrücklich zu Eigen gemacht hat[1430], heißt es hierzu, dass „bei den Staatsanwaltschaften [...] die Kenntnis vom Inhalt der Vermögensauskunft zur Verfolgung von Straftaten erforderlich sein" könne. Steht somit ein ausdrücklicher gesetzgeberischer Wille zur Verwertbarkeit fest, erscheint eine Ergänzung des § 802c ZPO um ein Verwertungsverbot im Wege der verfassungskonformen Rechtsfortbildung nicht möglich[1431]. Dem kann auch nicht entgegengehalten werden, der Wille des Gesetzgebers sei verfassungswidrig und daher unbeachtlich[1432]. Diese Sichtweise missachtet den Grundsatz der Gewaltenteilung und das Verwerfungsmonopol des BVerfG. Verfassungswidrig ist vielmehr die Vorschrift selbst[1433].

1425 BVerfGE 56, 37 (51).

1426 So aber *Dingeldey* NStZ 1984, 529 (531); *Rogall* in Beulke-FS, S. 973 (979); a.A. *Benz*, Selbstbelastungen, S. 102.

1427 S.o. E. III. 1. b. bb. (iii) β).

1428 So auch *Stam* StV 2015, 130 (130, 131 f.); *U. Weiß* NJW 2014, 503 (507); *Rogall* in Beulke-FS, S. 973 (980).

1429 BT-Drs. 16/10069 S. 30.

1430 BT-Drs. 16/13432 S. 40.

1431 *U. Weiß* NJW 2014, 503 (507).

1432 *Stam* StV 2015, 130 (131).

1433 *U. Weiß* NJW 2014, 503 (507); *Rogall* in Beulke-FS, S. 973 (980); a.A. *Rathmann* in HK-ZPO, § 802c Rn. 1, der allerdings verkennt, dass der als Beleg angeführte Nichtannahme-Beschluss des BVerfG (2 BvR 467/08) von der Geltung eines strafprozessualen Verwertungsverbots ausgeht, was aus den genannten Gründen nach der Gesetzesnovelle nicht mehr möglich ist.

(iii) § 393 Abs. 2 AO

§ 393 AO kombiniert unterschiedliche Instrumente des Gemeinschuldner-Mechanismus. Während Abs. 1 für Steuerstraftaten die Auskunftspflicht suspendiert[1434], enthält Abs. 2 ein Verwertungsverbot für Nicht- Steuerstraftaten, für die sich die Selbstbelastungsgefahr vor allem aus der Steuerpflichtigkeit illegaler Einkünfte (§ 40 AO) ergibt. Soweit der Staatsanwaltschaft oder dem Gericht in einem Strafverfahren aus den Steuerakten Tatsachen oder Beweismittel bekannt werden, die der Steuerpflichtige der Finanzbehörde vor Einleitung des Strafverfahrens oder in Unkenntnis der Einleitung des Strafverfahrens in Erfüllung steuerrechtlicher Pflichten offenbart hat, dürfen diese Kenntnisse hiernach nicht gegen den Steuerpflichtigen für die Verfolgung einer Tat verwendet werden, die keine Steuerstraftat ist. Treffen Steuer- und Allgemeindelikt in Tateinheit zusammen, so soll nach verbreiteter Ansicht der Zwangsmittelverzicht des Abs. 1 und nicht das Verwertungsverbot des Abs. 2 greifen[1435]. Hier zeigt sich, dass die Instrumente des Gemeinschuldner-Mechanismus austauschbar sind, sich aber auch gegenseitig ausschließen. Greift der Zwangsmittelverzicht, besteht mangels Auskunftszwangs kein Anlass mehr für das Verwertungsverbot.

Umstritten ist die Reichweite des Verwertungsverbots. Anders als bei § 97 Abs. 3 S. 3 InsO dürfte sich der Wortlaut für diese Diskussion nicht fruchtbar machen lassen[1436]. Die Vorschrift stammt aus einer Zeit, zu der „verwerten" und „verwenden" unsystematisch synonym gebraucht wurden[1437]. Eine Fernwirkung wird verbreitet abgelehnt[1438]. Die Widerspruchslösung soll keine Anwendung finden[1439].

Zentrales Problem der Vorschrift ist die Relativierung des Verwertungsverbots. In § 393 Abs. 2 S. 2 AO wird der Schutz des Erklärungspflichtigen dahingehend beschränkt, dass seine Angaben dann zur Verfolgung eines Nicht-Steuerdelikts verwendet werden dürfen, wenn hieran ein zwingendes öffentliches Interesse besteht. Für das Bestehen eines solchen wird auf die Regelbeispiele des § 30 Abs. 4 AO verwiesen. Die Unbestimmtheit und große Reichweite dieser Ausnahmen hebeln das Verwertungsverbot weitgehend aus[1440]. Hinzu kommen gesetzlich vorgesehene Mitteilungspflichten der Finanz- an die Strafverfolgungsbehörden (§§ 31a, 31b AO,

---

1434 S.o. E. III. 1. b. bb.

1435 BVerfG NJW 2005, 352 (353); *Reichling* HRRS 2014, 473 (478) mwN. zum Meinungsstreit.

1436 *Böse*, Wirtschaftsaufsicht, S. 525; a.A. *Rogall* in Kohlmann-FS, S. 465 (479 ff.); *Eidam*, Selbstbelastungsfreiheit, S. 183 f.

1437 *Benz*, Selbstbelastungen, S. 55; *Dencker* in Meyer-Goßner-FS, S. 237 (238); s. auch *Böse*, Wirtschaftsaufsicht, S. 525.

1438 *Hadamitzky/Senge* in Erbs/Kohlhaas, NebenstrafR, § 393 AO, Rn. 9; *Hellmann* in H/H/Sp, AO, § 393 Rn. 178; a.A. *Rogall* in Kohlmann-FS, S. 465 (493); *Franzen/Gast/Joecks*, Steuerstrafrecht, § 393 AO Rn. 66 ff.

1439 *Rogall* in Kohlmann-FS, S. 465 (497); *Hilgers-Klautzsch* in Kohlmann, Steuerstrafrecht, § 393 AO Rn. 226.

1440 *M. Wulf/Ruske* Stbg 2010, 443 (443, 447).

§ 4 Abs. 5 Nr. 10 S. 3 EStG). Diese wird man ebenfalls als Ausnahme von dem Verwertungsverbot zu begreifen haben[1441]. Die praktische Relevanz der Relativierung des Verwertungsverbots ist jedoch gering[1442]: Sollte es, was bereits selten genug der Fall sein dürfte, tatsächlich vorkommen, dass jemand illegale Einkünfte versteuert, werden diese jedenfalls nicht aus Straftaten stammen, die die Voraussetzungen des § 30 Abs. 4 AO erfüllen.

§ 393 Abs. 2 S. 2 AO ist nach verbreiteter Ansicht verfassungswidrig[1443]. Das BVerfG hat die Frage wiederholt offen gelassen[1444]. Teilweise wird darauf verwiesen, bereits dem Gemeinschuldner-Beschluss lasse sich entnehmen, dass das Gericht die Vorschrift als verfassungsgemäß billigt[1445]. Der BGH hat in seiner Funktion als Dienstgericht des Bundes verfassungsrechtliche Bedenken gegen die Vorschrift zurückgewiesen[1446]. Die Entscheidung betrifft die analoge Anwendung des § 393 Abs. 2 AO auf die Verfolgung eines Dienstvergehens. Es bestehen jedoch keine Anzeichen dafür, dass im unmittelbaren Anwendungsbereich der Vorschrift anders entschieden worden wäre. Das Gericht geht davon aus, die Relativierung zugunsten zwingender öffentlicher Interessen bewege sich in dem Rahmen des Spielraums, den das BVerfG im Gemeinschuldner-Entschluss dem Gesetzgeber bei der Ausgestaltung des Verwertungsverbots zugestanden hat[1447].

Den literarischen Bedenken ist zuzustimmen. Der nemo-tenetur-Grundsatz verlangt nach absolutem Schutz und ist einer Relativierung aufgrund gegenläufiger Strafverfolgungsinteressen nicht zugänglich. Eine Abwägung des Geheimhaltungs- mit

---

1441 *M. Wulf* wistra 2006, 89 (91).

1442 *Benz*, Selbstbelastungen, S. 61; *Rogall* in Kohlmann-FS, S. 465 (496); *Rüster* wistra 1988, 49 (51); *Hellmann* in H/H/Sp, AO, § 393 Rn. 180, der jedoch betont, dass entsprechende Fälle durchaus vorkommen.

1443 *Rogall* NStZ 2006, 41 (42); *ders.* in Kohlmann-FS, S. 465 (497); *Joecks* in Kohlmann-FS, S. 451 (455); *Benz*, Selbstbelastungen, S. 62; *Hüttinger*, Schutz, S. 102; *Samson* wistra 1988, 130 (131); *Beulke* in SSW-StPO Einl. Rn. 342; *Hellmann* in H/S/S, AO, § 393 Rn. 182; *Besson*, Steuergeheimnis, S. 168; a.A. *Nothhelfer*, Selbstbezichtigungszwang, S. 106; *Rüster* wistra 1988, 49 (52 f.) die meint, mit dem nemo-tenetur-Grundsatz sei lediglich die Verwertung tatsächlich erzwungener Angaben unvereinbar und dies im Wege einer verfassungskonformen Auslegung sicherstellen will. Die Annahme, die bloße Erzwingbarkeit begründe noch keinen nemo-tenetur-Verstoß, ist jedoch unzutreffend, s. C. V. und F. III. 2. e. bb (i).

1444 BVerfG wistra 1988, 302 (303), s. *Hüttinger*, Schutz, S. 102 Fn. 289, der meint, das Gericht sei „fast erleichtert“ gewesen, die Frage offen lassen zu können. BVerfG wistra 2010, 341 hat einen entsprechenden konkreten Normkontrollantrag als unzulässig zurückgewiesen; krit. hierzu *M. Wulf/Ruske* Stbg 2010, 443 (446 f.).

1445 *K. Schäfer* in LK-StGB[10] § 355 Rn. 53c; *Vormbaum* in LK-StGB § 355 Rn. 54; *Hoyer* in SK-StGB § 355 Rn. 23; a.A. *Reiß*, Besteuerungsverfahren, S. 233; vermittelnd *Benz*, Selbstbelastungen, S. 60: „jedenfalls nicht offensichtlich verfassungswidrig“.

1446 BGH, *Beschl.* v. 10.8.2001 – RiSt (R) 1/00 Rn. 31 , juris; krit. hierzu *Rogall* in Kohlmann-FS, S. 465 (496 f.).

1447 BGH, *Beschl.* v. 10.8.2001 – RiSt (R) 1/00, juris, Rn. 31.

dem Offenbarungsinteresse ist von vornherein nur dort möglich, wo nicht der nemo-tenetur-Grundsatz selbst berührt ist[1448]. Da dieser erst beim Zusammenwirken von außerstrafprozessualem Aussagezwang mit dem Moment strafprozessualer Nutbarmachung betroffen ist, erlaubt ein Verwertungsverbot das Fortbestehen von – im Steuerrecht unzweifelhaftem – außerprozessualem Aussagezwang. Ist das Verwertungsverbot jedoch lediglich relativ, ist auch ein Zusammenspiel von Zwangs- und Verwertungsmoment und damit die Verletzung des nemo-tenetur-Grundsatzes nicht vollumfänglich ausgeschlossen. Aufgrund des absoluten Charakters folgt aus der Schutzbereichsbetroffenheit zugleich die Verletzung des nemo-tenetur-Grundsatzes. Diese Wertung liegt auch dem Gemeinschuldner-Beschluss zugrunde: Das Gericht sieht die abwägungsresistente Menschenwürde-Garantie betroffen, sobald die Möglichkeit der strafprozessualen Verwertung besteht[1449]. Die Annahme, die Relativierung stelle eine zulässige Konkretisierung durch den Gesetzgeber dar, kann daher nicht überzeugen. Der gegenwärtige Rechtszustand im Steuerrecht ist somit verfassungswidrig. Eine Lösung im Wege verfassungskonformer Rechtsfortbildung dürfte angesichts des klaren Wortlauts und der dahinterstehenden Intention des Gesetzgebers[1450] unzulässig sein[1451].

Ist die erforderliche Ausweitung des Verwertungsverbots somit nicht möglich, erscheint es i.S.d. Gemeinschuldner-Mechanismus erforderlich, an der Stellschraube des Aussagezwangs zu drehen, um Konformität mit dem nemo-tenetur-Grundsatz zu erreichen. In diese Richtung geht der BGH, wenn er in Fällen, in denen das Verwertungsverbot aufgrund überwiegender öffentlicher Interessen nicht greift, eine Reduzierung des Erklärungsumfangs annimmt[1452]. Das Gericht hält es für naheliegend, in derartigen Fällen an die Konkretisierung der steuerlichen Erklärungen niedrigere Anforderungen zu stellen als dies sonst nach § 90 AO geboten ist[1453]. Insbesondere soll es möglich sein, die Einkünfte nur ertragsmäßig und nicht unter der Bezeichnung der Einkunftsquelle anzugeben[1454]. Die Lösung mag nicht restlos überzeugend sein, verweigert man sich jedoch, wie der BGH, dem Weg des Vorlageverfahrens gem. Art. 100 GG, muss sie de lege lata alternativlos erscheinen. Insbesondere ist eine Ausweitung des Zwangsmittelverbots des § 393 Abs. 1 S. 2 AO auf Nicht-Steuerstraftaten nach dem klaren Wortlaut der Vorschrift

1448 S.o. E. I. 2.

1449 BVerfGE 56, 37 (49).

1450 Vgl. BT-Drs. 5/1812 S. 32; BR-Drs. 23/71 S. 137; die entsprechenden Bedenken gegen die Vorgängervorschrift waren bei Verabschiedung der AO 1977 bekannt und wurden ignoriert, *Reiß* NJW 1977, 1436 (1436); *Rogall* ZRP 1975, 278 (278, 281).

1451 So auch das LG Göttingen in seiner vom BVerfG zurückgewiesenen Vorlage, s. wistra 2010, 341 (342 Rn. 34); a.A. *T. Schaefer*, Der Nemo-Tenetur-Grundsatz, S. 229 ff.

1452 BGH wistra 2004, 391 (393); BGH NStZ 2006, 210 (214).

1453 BGH wistra 2004, 391 (393).

1454 BGH wistra 2004, 391 (393); BGH NStZ 2006, 210 (214).

ausgeschlossen[1455]. Der verfassungswidrige Zustand, dass Angaben zu Nicht-Steuerstraftaten, an deren Verfolgung ein zwingendes öffentliches Interesse i.S.v. § 30 Abs. 4 Nr. 5 AO besteht, weder durch eine Suspendierung der Auskunftspflicht noch durch ein Verwertungsverbot Schutz genießen, ist vom Gesetzgeber erkennbar so gewollt.

Bezüglich der daneben bestehenden Strafbewehrtheit der Erklärungspflicht wäre an eine Lösung über die Grundsätze der Unzumutbarkeit des normgemäßen Verhaltens zu denken[1456]. Diese würde jedoch die Möglichkeit des Zwangsmitteleinsatzes nicht beseitigen. Auch fügt sich diese Lösung nur schwer in die Konzeption des Gesetzes, das bezüglich Nicht-Steuerstraftaten zu an der Verwertungsmöglichkeit ansetzenden Lösungsmöglichkeiten greift. Ein steuerrechtliches Informationsinteresse wird – in Folge der in § 40 AO getroffenen Grundsatzentscheidung – gerade auch für illegale Einkünfte anerkannt. Letztlich führt somit kein Weg an einem Vorlageverfahren nach Art. 100 GG vorbei.

(iv) § 630c Abs. 2 S. 3 BGB

Jüngeren Datums ist die Vorschrift des § 630c Abs. 2 S. 3 BGB[1457]. Sie untersagt, Informationen bezüglich eines Behandlungsfehlers[1458], die ein Arzt in Erfüllung seiner Aufklärungspflicht eingestanden hat, in einem gegen diesen oder einen Angehörigen geführten Straf- oder Bußgeldverfahren zu Beweiszwecken zu verwenden[1459]. Es besteht die Möglichkeit, der Beweisverwertung zuzustimmen.

Inwieweit den Arzt eine entsprechende Pflicht trifft, eigenes Fehlverhalten zu offenbaren, war lange umstritten[1460]. Gegen das Bestehen einer solchen Pflicht wurde regelmäßig der nemo-tenetur-Grundsatz geltend gemacht[1461]. Entsprechend der dargelegten Systematik des Gemeinschuldner-Beschlusses steht es dem Gesetzgeber

---

1455 So aber *Stürner* NJW 1981, 1757 (1761); wie hier *Sahan*, Steuererklärungspflicht, S. 154; *Besson*, Steuergeheimnis, S. 167 f.

1456 *M. Wulf* wistra 2006, 89 (91); s.o. E. III. 1. b. bb. (iii).

1457 Eingeführt durch das Gesetz zur Verbesserung der Rechte von Patientinnen und Patienten v. 20.02.2013 (BGBl. I Nr. 9 S. 277).

1458 Der Begriff des „Behandlungsfehlers" ist objektiv zu verstehen, weder die therapeutische noch die durch die Rechtsverfolgung motivierte Aufklärungspflicht verpflichten den Arzt, ein Geschehen als pflichtwidrig einzuordnen, *Schelling/Warntjen* MedR 2012, 506 (508, 511). Potentiell inkriminierend und damit Anknüpfungspunkt für den nemo-tenetur-Satz sind aber auch derartige Informationen.

1459 *G. Wagner* VersR 2012, 789 (798) hält das Verwertungsverbot für nicht weitgehend genug und plädiert für einen Strafbarkeitsausschluss für Fahrlässigkeitsdelikte. Eine derartige Regelung schlösse den nemo-tenetur-Verstoß ebenfalls aus, s.u. E. III. 2. d. *G. Wagner* aaO. behandelt die Vorschrift allerdings allein unter dem Aspekt, einen Anreiz für die Pflichterfüllung zu schaffen. Die Dimension des nemo-tenetur-Satzes scheint ihm zu entgehen.

1460 S. *Hermann* ZMGR 2011, 268 (273); *Terbille/Schmitz-Herscheidt* NJW 2000, 1749 (1749 ff.) jeweils mwN.

1461 *Laufs* in Laufs/Kern, HB d. ArztR, § 61, Rn. 15; *Prütting* in Laufs-FS, S. 1008 (1022).

frei, auf den drohenden Verstoß gegen den nemo-tenetur-Grundsatz durch ein Auskunftsverweigerungsrecht oder ein Beweisverwertungsverbot zu reagieren. Die Entscheidung für letzteres entspricht der gesetzlichen Systematik, privaten Informationsinteressen eher den Vorrang einzuräumen. Voraussetzung dafür, dass ein solches Schutzinstrument eingreifen muss, ist aber, dass überhaupt eine Verletzung des Grundsatzes droht. Dies ist bei einem durch einen privatrechtlichen Vertrag begründeten Auskunftsanspruch gegenüber einer Privatperson nicht selbstverständlich. Dass der Gesetzgeber davon ausgeht, auch solche Pflichten können unzulässigen Zwang i.S.d. nemo-tenetur-Grundsatzes begründen[1462], kann als Bestätigung des hier vertretenen Standpunktes aufgefasst werden[1463]. Den Ansatzpunkt muss dabei die Möglichkeit der zivilprozessualen Vollstreckung bilden – mag dieses auch selten wahrgenommen werden[1464]. Dass die Auskunftspflicht nur unter engen Voraussetzungen, die womöglich selten vorliegen werden, eingreift, ändert nichts an ihrem Charakter als solche und damit der Einschlägigkeit des nemo-tenetur-Grundsatzes[1465]. Den engen Voraussetzungen der Auskunftspflicht korrespondiert allerdings ein schmaler Anwendungsbereich für das Verwertungsverbot. Auch hier gilt, dass nur Angaben unverwertbar sind, die *in Erfüllung* der Auskunftspflicht erfolgen[1466].

Wie auch bei den übrigen Vorschriften (mit Ausnahme von § 393 Abs. 2 AO) normiert das Gesetz eine Zustimmungslösung. Durch die Formulierung „zu Beweiszwecken verwenden" bringt der Gesetzgeber zum Ausdruck, dass nur die Beweisverwertung in der Hauptverhandlung unzulässig sein soll, nicht hingegen die Nutzung als Spurenansatz[1467]. Ob dies dem nemo-tenetur-Grundsatz Genüge tut, gilt es zu klären (s.u. cc.).

cc. Reichweite des Verwertungsverbots

Wie bereits bei den gesetzlichen Beispielen erörtert, ist stets die Reichweite des Verwertungsverbots problematisch. Namentlich stellt sich die Frage nach der Fern- und – damit zusammenhängend – nach der Frühwirkung des Verwertungsverbots. Während die aufgeführten immaterialgüterrechtlichen Vorschriften lediglich die „Verwertung" untersagen, sprechen § 393 Abs. 2 AO und § 97 Abs. 1 S. 3 InsO von der verbotenen „Verwendung". § 630c Abs. 2 S. 3 BGB normiert ein Verbot der „Verwendung zu Beweiszwecken".

1462 BT-Drs. 17/10488 S. 22.
1463 S.o. E. II. 3. c. und ausführlich unten F. III. 2. e. bb. (i).
1464 Krit. *Frister/Wostry* in DAV, Aktuelle Entwicklungen, S. 53 (70); s.u. F. III. 2. e. bb. (i).
1465 A.A. *Rogall* in Beulke-FS, S. 973 (976); i.E. wie hier *Thole* MedR 13, 145 (149); *K. Schmidt* in jurisPK-BGB § 630c Rn. 23; *Frister/Wostry* in DAV, aktuelle Entwicklungen, S. 55 f.
1466 S.o. E. III. 2. a. bb. (i) α) αα).
1467 Vgl. BT-Drs. 17/10488 S. 22; *Wastry/Frister* in DAV, aktuelle Entwicklungen, S. 53 (63).

Das BVerfG hat im Gemeinschuldner-Beschluss lediglich das Verbot der Verwertung ausgesprochen und die Einzelheiten, wie insbesondere die Reichweite, ausdrücklich dem Gesetzgeber überlassen[1468]. Im Minderheitsvotum trat RiBVerfG *Heußner* für ein Offenbarungsverbot ein[1469], das in seiner Wirkung noch über ein mit Fernwirkung ausgestattetes Verwertungsverbot hinausgeht. Für § 97 Abs. 1 S. 3 InsO lässt sich die Annahme einer Fernwirkung angesichts der Gesetzgebungsgeschichte kaum bestreiten. Es fragt sich aber, ob eine solche bereits unabhängig von der gesetzlichen Normierung aus dem nemo-tenetur-Grundsatz abzuleiten ist. In dem hier behandelten Zusammenhang kommt dem Verwertungsverbot die Funktion zu, die parallel laufenden Verfahren voneinander „abzuschotten"[1470] und so den Fortbestand des Nebeneinanders trotz des inkompatiblen Pflichtenprogramms zu ermöglichen. Die Beschuldigtenposition soll durch das Nebeneinander der Verfahren nicht geschwächt werden und umgekehrt sollen den Strafverfolgungsorganen keine Erkenntnisquellen eröffnet werden, die ihnen im Strafverfahren gerade durch den nemo-tenetur-Satz verstellt sind[1471]. Gerade aus dieser Funktion ist das Erfordernis einer Fernwirkung abzuleiten[1472]. Ohne Fernwirkung könnte das Verwertungsverbot diese Funktion kaum erfüllen, da die vielfältigen Möglichkeiten, die Angaben zu einem Spurenansatz zu machen, im Ergebnis doch die zu verhindernde Permeabilität zwischen den Verfahrenstypen herbeiführen würde. Die strafprozessuale Position des Betroffenen, würde dann doch dadurch beeinträchtigt, dass er parallel in das andere Verfahren eingebunden ist[1473]. Das Schweigerecht in einem späteren Strafverfahren würde in gleicher Weise „illusorisch"[1474], wenn zwar nicht die erzwungenen Angaben selbst, wohl aber die aufgrund dieser erlangten Erkenntnisse in den Strafprozess eingeführt werden könnten. Das zum Flankenschutz berufene Verwertungsverbot verfehlte seinen Zweck. Die für die Vermeidung des nemo-tenetur-Verstoßes erforderliche Ausschaltung des Moments der strafbaren Nutzbarmachung liegt daher nur vor, wenn auch die mittelbare Nutzung als Spurenansatz untersagt ist. Der nemo-tenetur-Grundsatz erfordert ein Verwertungsverbot mit Fernwirkung[1475].

1468 BVerfGE 67, 37 (51); zust. *Queck*, Geltung, S. 214.

1469 BVerfGE 56, 37 (53 f.).

1470 *Wolff*, Verfahrenstrennung, S. 136; *Eidam* wistra 04, 412 (413); s. auch *Martín/Blumenberg* in Beulke-FS, S. 855 (868): „Chinese walls".

1471 Vgl. *Streck* StV 1981, 362 (364).

1472 Vgl. *Kohlmann* in Tipke-FS, S. 487 (507); *Kasiske* NZWiSt 2014, 262 (267); *Rödiger*, Strafverfolgung, S. 311; *Eidam*, Selbstbelastungsfreiheit, S. 187.

1473 *Franzen/Gast/Joecks*, Steuerstrafrecht, § 393 AO Rn. 68.

1474 BVerfGE 56, 37 (51).

1475 So auch: *Reinecke*, Fernwirkung, S. 127; *Alvermann/Talaska* HRRS 2010, 166 (169); abgeschwächt („in der Regel") *Kleinheisterkamp*, Kreditwesengesetz, S. 317 und *Rogall* in SK-StPO Vor §§ 133 ff. Rn. 164; a.A. Böse, Wirtschaftsaufsicht, S. 524; *Mäder*, Offenbarungspflichten, S. 262; *Ruppert* HRRS 2015, 448 (451); vgl. auch *W. Hahn*, Offenbarungspflichten, S. 164 ff. und *Nobbe/Vögele* NuR 1988, 313 (317), die

Hieraus folgt auch das Erfordernis einer Frühwirkung. Bereits bei § 97 Abs. 1 S. 3 InsO wurde nachgewiesen, dass sich diese Frage nicht von der der Fernwirkung trennen lässt und auch die zum Schutz des nemo-tenetur-Grundsatzes erforderliche Trennung der beiden Verfahren nach einem Verwertungsverbot mit einer entsprechenden Wirkung verlangt[1476]. Das Verwertungsverbot ist somit bereits im Rahmen des Anfangsverdachts zu beachten.

Zuzugeben ist, dass sich dies in praxi schwer kontrollieren lassen wird. Dies allein kann jedoch kein Argument sein. Eine richterliche Kontrolle findet zudem jedenfalls im Moment der Anordnung einer Zwangsmaßnahme statt.

Eine Ausnahme von der Fernwirkung des Verwertungsverbots ist dort zu machen, wo die mittelbaren Erkenntnisse auch ohne Verstoß gegen das primäre Verwertungs- bzw. Verwendungsverbot in die Hände der Strafverfolgungsorgane gelangt wären, sog. *hypothetischer Ersatzeingriff.*

Im Fall der Fernwirkung beruht die Unverwertbarkeit auf dem Gedanken, dass der Makel des Beweismittels sich auf den weiteren Gliedern der durch die erste Beweiserhebung in Gang gesetzten Beweiskette fortsetzt. Wie dargelegt, wird dem Verwertungsverbot zugleich implizit das an die Ermittlungsbehörden gerichtete Verbot der Nutzung als Spurenansatz entnommen. Die Überlegung, dass die späteren Beweismittel auch unabhängig von dem bemakelten Beweismittel in die Hände der Ermittlungsorgane gelangt wäre, ist grundsätzlich geeignet diesen Zurechnungszusammenhang normativ zu zerschlagen[1477]. Auch bei Wegdenken der Erhebung des bemakelten Beweismittels, würde ein solches hypothetisch auf anderem Weg erlangbares Beweismittel existieren. Die mit der Fernwirkung anerkannte Verbotsnorm wurde zwar verletzt, das hierdurch gesetzte Risiko hat sich – in der Terminologie der materiellrechtlichen objektiven Zurechnung – jedoch nicht im Ermittlungserfolg realisiert. Der nemo-tenetur-Grundsatz verbietet daher die Beachtung solcher hypothetischer Erwägungen nicht[1478].

Die Gegenansicht behauptet die generelle Unvereinbarkeit hypothetischer Erwägungen mit ausdrücklich normierten *Verwendungs*verboten. Die Ermittlungsbehörden hätten den in einem solchen enthaltenen Appell, alternative Wege der Beweisgewinnung auszuschöpfen, missachtet und könnten sich daher nicht darauf berufen, sie hätten hypothetisch offen gestanden[1479]. Hervorzuheben ist insoweit der zutreffende Gedanke, dass bei einem gesetzlichen Verbot der Verwendung eines Beweismittels, die Unzulässigkeit als Spurenansatz offener zutage liegt, als dies bei einem einfachen, regelmäßig nicht normierten Verwertungsverbot der Fall ist.

---

ein einfaches Verwertungsverbot nicht für ausreichend halten und daraus sogleich das Erfordernis eines Offenbarungsverbots folgern.

1476 S.o. E. III. 2. a. bb. (i) β) γγ).

1477 *Ransiek* in Beulke-FS, S. 949 (958 ff.); s. auch *Hefendehl* wistra 2003, 1 (8).

1478 *Beulke* ZStW 103 (1991), 657 (670); so auch *Hefendehl* wistra 2003, 1 (8).

1479 *Hefendehl* wistra 2003, 1 (8); *Stephan* in MüKo-InsO § 97 Rn. 17.

Das mit der Fernwirkung implizit anerkannte Spurenansatz-Verbot ist hier ausdrücklich gesetzlich vorgesehen[1480]. Die Argumentation verfängt jedoch dort nicht mehr, wo die Nutzung als Spurenansatz die Folge einer – aufgrund der vielfältigen Unschärfen im Randbereich durchaus zu erwartenden – unabsichtlichen Fehleinschätzung der Reichweite des Verwendungsverbots ist. Die Auswirkungen solcher unbeabsichtigten Verfahrensverstöße angemessen einzugrenzen, ist das legitime Anliegen der Lehre vom hypothetischen Ersatzeingriff. Dass sie hingegen nicht zum Einsatz kommen kann, um vorsätzliche, willkürliche Normverstöße ungeschehen zu machen, ist unumstritten[1481].

Erforderlich ist allerdings, dass derartige hypothetische Alternativverläufe mit hinreichender Sicherheit tatsächlich eingetreten wären. Bloße Möglichkeits-Szenarien und entfernte Wahrscheinlichkeiten können nicht genügen[1482]. Es bedarf vielmehr des auf tatsächliche Umstände gestützten Urteils an höchster Wahrscheinlichkeit, dass das Beweismittel auch ohne die Erhebung des primären Beweismittels in die Hände der Ermittlungsorgane gelangt wäre[1483]. Dies ist von den Ermittlungsorganen nachzuweisen[1484]. Im Zweifel muss es bei der Unverwertbarkeit bleiben[1485].

Im Ergebnis wird man die Figur des hypothetischen Ersatzeingriffs daher zulassen können, solange man an den Grad der Konkretisierung hinreichende Anforderungen stellt.

Eine Auslegung von § 393 Abs. 2 AO[1486] und § 97 Abs. 1 S. 3 InsO[1487] im Sinne eines mit Fernwirkung ausgestatteten Verwertungsverbots ist unproblematisch möglich und kann sich auf zusätzliche Anhaltspunkte in Wortlaut und Historie berufen.

Auch bei den als „Verwertungsverbote" bezeichneten Regelungen des Immaterialgüterrechts erscheint eine entsprechende Interpretation möglich. Insbesondere wird man angesichts des wenig gesicherten Sprachgebrauchs kaum soweit gehen können, in der Normierung eines „Verwertungs-" statt eines „Verwendungsverbots" bereits eine Entscheidung gegen eine Fernwirkung erkennen zu wollen. Die Gesetzesmaterialien enthalten im Gegenteil sogar den Hinweis, neben den Auskünften

---

1480 Vgl. *Doege/Frahm* in Ostendorf-FS, S. 227 (232).

1481 BGH NJW 2007, 2269 (2273); *Meyer-Goßner/Schmitt*, StPO, Einl Rn. 57c mwN.; vgl. auch BVerfG NStZ 2011, 103 (105), das ein Verwertungsverbot bei willkürlichen Verfahrensverstößen für verfassungsrechtlich geboten erachtet. Dies verkennt *Bömelburg*, Selbstbelastungszwang, S. 133, wenn sie die Beachtung hypothetischer Ersatzeingriffe mit der Erwägung ablehnt, diese bergen die Gefahr, dass die Strafverfolgungsbehörden zur einfacheren und schnelleren Erreichung ihrer Ziele das Bestehen von Verwertungsverboten missachten, um sich später auf eine potenziell rechtmäßige Vorgehensweise zu berufen.

1482 *Eisenberg*, Beweisrecht, Rn. 410; *Ransiek* in Beulke-FS, S. 949 (960).

1483 *Eisenberg*, Beweisrecht, Rn. 410.

1484 *Eisenberg*, Beweisrecht, Rn. 410; *Rödiger*, Strafverfolgung, S. 314.

1485 *Eisenberg*, Beweisrecht, Rn. 410; *Rödiger*, Strafverfolgung, S. 314.

1486 S.o. E. III. 2. a. bb. (iii).

1487 S.o. E. III. 2. a. bb. (i).

selbst erfasse das Verwertungsverbot auch solche „Tatsachen und Beweismittel, zu denen aber die Auskunft unmittelbar den Weg gewiesen hat“[1488]. Dem lässt sich ein gesetzgeberischer Wille zur Normierung einer Fernwirkung entnehmen. Etwas unklarer wird dieses Ergebnis, wenn man beachtet, dass nach der Begründung die Vorschrift „im Zusammenhang mit de[m] [Gemeinschuldner-Beschluss]“ in dem oben genannten Sinne zu verstehen ist. Diese Formulierung klingt zunächst so, als wolle der Gesetzgeber lediglich die im Beschluss aufgestellten Anforderungen erfüllen, zu denen eine Fernwirkung ausdrücklich nicht gehört[1489]. Andererseits lässt sich die Formulierung aber auch so verstehen, dass der Gesetzgeber ausdrücklich den ihm bei der Reichweite des Verwertungsverbots eingeräumten Gestaltungsspielraum ausnutzt. Auch die Historie streitet somit für eine Fernwirkung. Die im Immaterialgüterrecht normierten Verwertungsverbote entfalten folglich ebenfalls Fernwirkung[1490].

Problematisch ist aber § 630c Abs. 2 S. 3 BGB. Hier spricht das Gesetz von einem Verbot der „Verwendung zu Beweiszwecken“. Diese Terminologie gebraucht der Gesetzgeber mit zunehmender Systematik, um zum Ausdruck zu bringen, dass zwar die Beweisverwertung in der Hauptverhandlung, nicht aber die Nutzung als Ermittlungsansatz ausgeschlossen sein soll[1491]. Dies wird in den Materialien zu § 630c BGB nicht ausdrücklich aufgegriffen, es findet sich aber die Aussage, der Arzt soll vor „unmittelbaren strafrechtlichen [...] Nachteile[n]“ geschützt werden[1492]. Angesichts des erkennbaren Willen des Gesetzgebers, § 630 Abs. 2 S. 3 BGB nicht mit Fernwirkung auszustatten, erscheint eine entsprechende Auslegung nicht möglich[1493]. Nicht zu überzeugen vermag es, wenn nach der Feststellung des im Wortlaut zum Ausdruck kommenden legislatorischen Willens noch eine Frühwirkung bejaht wird[1494]. Diese Ansicht erkennt zwar zutreffend, dass eine solche erforderlich ist, um die Selbstbelastungsfreiheit ausreichend zu schützen[1495]. Diese Auslegung erscheint aber weder mit dem Wortlaut noch dem gesetzgeberischen Willen vereinbar[1496].

1488 BT-Drs. 11/4792 S. 39 f.

1489 BVerfGE 56, 37 (51).

1490 *Stam* StV 2015, 130 (132).

1491 S.o. E. III. 2. a. bb. (i) β) ββ) u. γγ); dies verkennt *Spickhoff* JZ 2015, 15 (17), der damit argumentiert, der Wortlaut des 630c BGB entspreche dem des § 97 Abs. 1 S. 1 InsO.

1492 BT-Drs. 17/10488 S. 22; *Schelling/Warntjen* MedR 2012, 506 (509) sehen hierin ebenfalls ein Zeichen für eine gesetzgeberische Entscheidung gegen eine Fernwirkung; a.A. *Rehborn/Gescher* in Ermann, BGB, § 630c Rn. 29: „Überinterpretation der keineswegs so präzise formulierten Gesetzesbegründung“ und *Spickhoff* JZ 2015, 15 (17): „unglückliche[] Bemerkung“.

1493 A.A. *Rehborn/Gescher* in Ermann, BGB, § 630c Rn. 29; *Spickhoff* in Spickhoff, MedizinR, § 360c BGB Rn. 24; *ders.* JZ 2015, 15 (17).

1494 So aber *Frister/Wastry* in DAV, Aktuelle Entwicklungen, S. 53 (65).

1495 *Frister/Wastry* in DAV, Aktuelle Entwicklungen, S. 53 (74 f.).

1496 Für eine solche aber *Frister/Wastry* in DAV, Aktuelle Entwicklungen, S. 53 (65).

Will der Gesetzgeber die Möglichkeit der Nutzung als Spurenansatz ausdrücklich zulassen, regelt er hiermit nicht nur, die Frage der Fern-, sondern auch die der Frühwirkung. Wie dargelegt, handelt es sich um dieselbe Fragestellung aus unterschiedlichen Blickwinkeln[1497]. Die Formulierung „zu Beweiszwecken" soll nur die Beweisaufnahme in der Hauptverhandlung betreffen[1498], e contrario also jede andere Verwendung, also auch die zur Begründung eines Verdachtsgrades, zulassen[1499]. Man mag derartige Regelungen für unsachgemäß halten, dass sie vom Gesetzgeber so gewollt sind[1500], lässt sich aber nicht bestreiten. Auch dass das BVerfG ein anderes Verständnis von der Formulierung „zu Beweiszwecken" hat[1501], steht dem nicht entgegen. Nachdem das Gericht die Formulierung in § 100d Abs. 5 a.F. StPO nach seinem Verständnis ausgelegt hat[1502], hat der reformierende Gesetzgeber diesen Zusatz gestrichen. Hier kommt eindeutig ein von dem des Gerichts abweichendes Wortverständnis zum Ausdruck.

Allenfalls ließe sich noch einwenden, dass der Gesetzgeber diese Ausführungen im Zusammenhang mit § 630c Abs. 2 S. 3 BGB nicht wiederholt hat und der gesetzliche Sprachgebrauch von einer einheitlichen Terminologie noch weit entfernt ist. Jedenfalls ein Verbot des Schöpfens eines Anfangsverdachts lässt sich mit dem Wortlaut der Vorschrift aber in keinem Fall in Einklang bringen[1503]. In diesem kommt eine Beschränkung der Reichweite des Verwertungsverbots zum Ausdruck. Bei einer Auslegung, nach der die Vorschrift auch das Schöpfen eines Anfangsverdachts zulässt, wäre der Zusatz „zu Beweiszwecken" komplett funktionslos. Eine vom Schutzzweck gebotene Auslegung im Sinne eines umfassenden Verwendungsverbots ist daher mit Wortlaut und gesetzgeberischem Willen nicht vereinbar.

Angaben, die der Arzt in Erfüllung seiner Pflicht aus § 630c Abs. 2 S. 2 BGB gemacht hat, als Spurenansatz heranzuziehen, ist mithin durch das einfache Recht ausdrücklich zugelassen, verstößt jedoch gegen Verfassungsrecht. Eine Lösung kann nur über ein Verfahren nach Art. 100 GG herbeigeführt werden. Da das BVerfG im Gemeinschuldnerschluss die Frage der Reichweite des Verwertungsverbots für eine des einfachen Rechts erklärt, steht allerdings nicht zu erwarten, dass es sich der hier vertretenen Ansicht anschließt.

1497 S.o. E. III. 2. a. bb. (i) β) γγ).

1498 BT-Drs. 16/5846, S. 64.

1499 A.A. *Weßlau* in SK-StPO § 152 Rn. 25: Zulässigkeit des Schöpfens eines Anfangsverdachts, nicht aber der Begründung von Zwangsmaßnahmen.

1500 *Dencker* in Meyer-Goßner-FS, S. 237 (250 f.); *Weßlau* in SK-StPO § 477 Rn. 27.

1501 S. BVerfGE 44, 353 (384): „Verwendung [...] zu Beweiszwecken im Ermittlungs- und Strafverfahren [...]"; hierauf beruft sich *Jahn* in 67. DJT, C. 96 f.

1502 BVerfG NJW 2004, 999 (1019).

1503 Nach *Jahn* in 67. DJT, C96 soll gerade bei Verwendungsverboten „zu Beweiszwecken" eine Frühwirkung anzunehmen sein, s. hierzu bereits Fn. 1340.

b. Offenbarungsverbote

Eine dem Verwertungsverbot verwandte, aber noch über es hinausgehende Lösung bestünde in einem Weitergabe- oder Offenbarungsverbot[1504]. Durch ein solches wird eine komplette Abschottung zum Strafverfahren erlangt. Eine entsprechende Forderung für das Insolvenzverfahren findet sich bereits in dem Sondervotum von RiBVerfG *Heußner*[1505]. Auch in der Literatur wird vertreten, nur ein solches werde dem nemo-tenetur-Grundsatz gerecht[1506]. Durch entsprechende Regelungen ließe sich sicherlich ein lückenloser Schutz der Selbstbelastungsfreiheit erreichen. Sie gingen jedoch zu weit, indem sie auch nicht in den Schutzbereich des Grundsatzes fallende Informationen dem Zugriff der Strafverfolgungsorgane entziehen. Des Weiteren sähen sich entsprechende Regelungen dem Vorwurf ausgesetzt, zu einer Kompetenzverschiebung zu führen: Zivilgerichte oder Verwaltungsbehörden würden über die Frage der strafprozessualen Verwertbarkeit entscheiden[1507]. De lege lata fehlt es an einem entsprechenden Beispiel. Die Rechtsordnung kennt zwar verschiedentlich derartige Regelungen. Diese dienen jedoch nicht dem Schutz der Selbstbelastungsfreiheit, sondern dem des Rechts auf informationelle Selbstbestimmung in seiner Erscheinungsform als „Geheimnis" des jeweiligen Rechtsgebiets. Entsprechend der Abwägungsfähigkeit dieses Rechts gelten derartige Übermittlungsschranken dann auch nie absolut, sondern treten bei Vorliegen überwiegender Strafverfolgungsbelange zurück. Da, wie dargelegt, die Offenbarung eigenen strafrechtlich relevanten Verhaltens, mag sie auch im Einzelfall nicht durch den nemo-tenetur-Grundsatze geschützt sein, durchaus Grundrechtsschutz genießt, steht dem Gesetzgeber frei, derartige relative Offenbarungsverbote auch in Konstellationen vorzusehen, in denen der nemo-tenetur-Grundsatz keinen Schutzmechanismus fordert[1508]. Umgekehrt verkennt der Gesetzgeber im Fall des § 393 Abs. 2 AO, dass nicht lediglich der Schutz des Steuergeheimnisses in Rede steht, sondern es um den nemo-tenetur-Grundsatz geht, der einen absoluten Schutz erfordert[1509].

Aufgrund von Bedenken gegen die praktische Umsetzbarkeit eines Verwertungsverbots werden im Insolvenzstrafrecht verschiedentlich Rufe nach einem Offenbarungsverbot laut[1510]. Da sich der Gesetzgeber für die Positivierung des im Mehrheitsvotum des Gemeinschuldner-Beschlusses praktizierten Beweisverwertungsverbots und gegen das im Minderheitsvotum geforderte Offenbarungsverbot

1504 *Rogall* in Kohlmann-FS, S. 465 (471, 474 f.).

1505 BVerfGE 56, 37 (53 f.).

1506 *W. Hahn*, Offenbarungspflichten, S. 164 ff; *Nobbe/Vögele* NuR 1988, 313 (317).

1507 *Hefendehl* wistra 2003, 1 (5); *Dannecker/Knierim/Hagemeier*, Insolvenzstrafrecht, Rn. 263; *Benz*, Selbstbelastungen, S. 41; s.o. E. III. 2. a. bb. (i) β) γγ).

1508 S. *Böse* wistra 1999, 451 (454) mit dem Vorschlag eines „Asylgeheimnisses"; vgl. auch *Stürner* NJW 1981, 1757 (1762).

1509 BT-Drs. 5/1812, S. 32; *Rogall* in Kohlmann-FS, S. 465 (476 f.); verfehlt daher auch *Zybon* ZRP 1971, 231 (231 f., 232 f.).

1510 *Hohnel* NZI 2005, 152 (154); hiergegen *Tetzlaff* NZI 2005, 316 (317).

entschieden hat, dürfte dieser Weg jedenfalls de lege lata nicht gangbar sein. De lege ferenda begegnen einer solchen Lösung die dargelegten Einwände. Eine andere Frage ist, ob sich Verwendungsverbote nicht in praxi durch formelle Absicherungen in Form von Kenntlichmachungen und dem Entfernen von Aktenbestandteilen effektivieren lässt[1511].

c. *Beschlagnahmeverbote*

Insbesondere im Fall des Versicherers wird der Schutz der selbstbelastenden Auskünfte durch ein Aussageverweigerungsrecht und ein dieses flankierendes Beschlagnahmeverbot diskutiert[1512].

Wenn auch in dieser Konstellation nicht einschlägig, so scheint es, wie dargelegt, nicht von vornherein ausgeschlossen, dass der nemo-tenetur-Grundsatz auch bei gegenüber Privatpersonen bestehenden Auskunftspflichten Relevanz erlangt. Dennoch bleibt der Grundsatz staatsgerichtet. Für derartige Konstellationen könnte die Betroffenheit des Grundsatzes somit von vornherein ausgeschlossen werden, indem der staatliche Zugriff auf entsprechende Rechtsverhältnisse ausgeschlossen wird. Eine solche sphärenartige Abgrenzung gegenüber dem Staat wäre durch Auskunftsverweigerungsrechte und entsprechende Beschlagnahmeverbote zu erreichen. Diese Institute lassen jedoch stets die Möglichkeit offen, dass der Träger des Aussageverweigerungsrechts auf dieses verzichtet und Informationen freiwillig an die Strafverfolgungsbehörden weitergibt. In diesem Fall erfolgt der staatliche Zugriff auf das private Rechtsverhältnis dann doch, sodass der Konflikt mit der strafprozessualen Selbstbelastungsfreiheit wieder auflebt. Aussageverweigerungsrecht und Beschlagnahmeverbot allein können somit den erforderlichen Schutz nicht gewährleisten. Ihr Vorhandensein erlaubt lediglich regelmäßig, den Konflikt zu umgehen und wird in praxi den Rückgriff auf andere Schutzinstrumente verzichtbar machen. Ersetzen können sie solche jedoch nicht. Hierauf wird in anderem Zusammenhang zurückzukommen sein (F. III. 2. j.).

d. *Strafbarkeitsausschluss*

aa. *Grundlegendes*

Das Moment der Nutzung der erzwungenen Angaben im Strafverfahren ließe sich umfassend ausschließen, indem dem Betroffenen zugestanden wird, mit den selbstbelastenden Angaben zugleich seine Straffreiheit herbeizuführen[1513]. Hier wird also nicht nur der Aspekt der Gefahr einer strafrechtlichen Verurteilung aufgrund der erzwungenen Angaben ausgeschlossen, sondern weitergehend die strafrechtliche

---

1511 *Uhlenbruck* NZI 2002, 401 (405).

1512 S.o. E. II. 1.

1513 *Wolff*, Selbstbelastung, S. 137; *Böse*, Wirtschaftsaufsicht, S. 456; *Rogall* in Kohlmann-FS, S. 456 (471, 474); krit. *Samson* wistra 1988, 130 (136); *Kopf/Szalai* NJ 2010, 363 (365 Fn. 34); *Meyer-Mews* DStR 2013, 161 (166).

Verurteilung als solche. Denkbar erschiene es zunächst, die Strafbarkeit bereits allein aufgrund der Erfüllung der Auskunftspflicht entfallen zu lassen[1514]. Derartige, nicht existierende[1515], Regelungen würden den nemo-tenetur-Verstoß in der Tat zuverlässig ausschließen und wären daher – aus der Warte der Selbstbelastungsfreiheit – verfassungsrechtlich unproblematisch. In diese Richtung gehende, existierende Regelungen zeichnen sich dadurch aus, dass dem Betroffenen ein weiteres Tätigwerden auferlegt wird. Der Aspekt der Nutzung der erzwungenen Angaben für eine strafrechtliche Verurteilung ist nicht von vornherein ausgeschlossen, es wird lediglich dem Betroffenen die Möglichkeit eingeräumt, diesen Ausschluss herbeizuführen. Als Hauptbeispiel hierfür ist die strafbefreiende Selbstanzeige gem. § 371 AO zu nennen[1516]. Da hierin gerade kein zuverlässiger Ausschluss der strafrechtlichen Verurteilung liegt, erscheinen derartige Vorschriften nicht unproblematisch. Als einschränkende Voraussetzung ist daher zu fordern, dass es dem Betroffenen tatsächlich möglich sein muss, die Voraussetzungen der strafbefreienden Norm zu erfüllen[1517]. Derartige Regelungen zeigen einen Ausweg aus dem Konflikt zwischen Selbstbelastungsfreiheit und Erklärungspflicht auf und beseitigen so die Zwangslage, indem sie einen dritten Weg neben Selbstbelastung und Pflichtverletzung eröffnen. Eine solche Wirkung kommt ihnen allerdings nur dort zu, wo der Betroffene es auch tatsächlich in der Hand hat, die Straflosigkeit herbeizuführen. Dies kommt im Kriterium der Erfüllbarkeit zutreffend zum Ausdruck. Ob hingegen im Einzelfall tatsächlich Strafbefreiung eintritt oder der Betroffene an den erfüllbaren Voraussetzungen scheitert, ist unerheblich. Der Konflikt wird bereits durch das Bereitstellen einer entsprechenden Möglichkeit beseitigt.

In eine ähnliche Richtung wie eine Strafbefreiungs-Vorschrift geht der Hinweis des BVerfG auf die Möglichkeit der Verfahrenseinstellung aus Opportunitätsgründen. Die Kammer sah in der Möglichkeit der Einstellung eines Bußgeldverfahrens gem. § 47 OWiG eine Möglichkeit, dem im Steuerrecht angelegten Konflikt zwischen Auskunftspflicht und Selbstbelastungsfreiheit Rechnung zu tragen[1518]. Hier zeigt sich wieder der in der Gemeinschuldner-Entscheidung entwickelte Gedanke,

---

1514 S. den Vorschlag einer Kronzeugenregelung für den parlamentarischen Untersuchungsausschuss von *Kölbel/Morlok* ZRP 2000, 217 (221).

1515 Vgl. aber die Konstellation der Umsatzsteuerjahreserklärung (s.u. E. III. 2. d. bb. (i)) und des § 153 AO vor der Reform (E. III. 1. b. bb. (iii) α) δδ)) sowie § 95 Abs. 5 AufenthG i.V.m. Art. 31 Nr. 1 GFK (s.o. E. II. 2.).

1516 Vgl. BVerfG wistra 1988, 302 (302); *Berthold*, Zwang, S. 65 f.; *Rogall* in Kohlmann-FS, S. 465 (473); *Stahl* in Korn-FS, S. 757 (762 ff.); gegen die Selbstanzeige als Mechanismus zur Vermeidung von nemo-tenetur-Verstößen: *Meyer-Mews* DStR 2013, 161 (166); krit. auch *Samson* wistra 1988, 130 (136); *Kopf/Szalai* NJ 2010, 363 (365 Fn. 34); die faktische Eignung bezweifeln *Röckl*, Das Steuerstrafrecht, S. 101 und *Sahan*, Steuererklärungspflicht, S. 40 ff.

1517 *Wolff*, Selbstbelastung, S. 137; *Böse*, Wirtschaftsaufsicht, S. 456; unter diesem Gesichtspunkt krit. zu § 371: *Berthold*, Zwang, 75 f.

1518 BVerfG wistra 1988, 302 (302).

dass ein Konflikt mit dem abwägungsfesten nemo-tenetur-Grundsatz nur dort besteht, wo tatsächlich eine Verurteilung im Straf- bzw. hier: Ordnungswidrigkeiten-Verfahren droht. Als Lösungsmöglichkeit kann die Opportunitätseinstellung aber nur anerkannt werden, wenn sich das Ermessen der Behörde im Fall einer sonst zu besorgenden nemo-tenetur-Verletzung auf Null reduziert[1519]. Der Grundsatz der Selbstbelastungsfreiheit würde so zum Verfahrenshindernis[1520].

bb. Die strafbefreiende Selbstanzeige im Steuerrecht, § 371 AO

De lege lata wohl das einzige umfassende Instrument[1521] der vorbeschriebenen Art ist die strafbefreiende Selbstanzeige gem. § 371 AO.

(i) Selbstanzeige und nemo-tenetur-Grundsatz

Auf die Frage nach der ratio legis der strafbefreienden Selbstanzeige werden vor allem fiskalische Erwägungen genannt: Es solle ein Anreiz geschaffen werden, bisher verheimlichte Steuerquellen zu offenbaren[1522]. Daneben findet sich der – durch die Rechtsprechungs- und Gesetzesänderung vermehrt in den Vordergrund gerückte[1523] – Gedanke der Erleichterung der Rückkehr in die Steuerehrlichkeit[1524]. Dass dem Institut auch eine Funktion in dem im Nebeneinander von Steuer- und Strafverfahren wurzelnden Konflikt mit dem Grundsatz der Selbstbelastungsfreiheit zukommt, findet nur selten Erwähnung[1525]. Insbesondere in der wieder aufgeflammten rechtspolitischen Diskussion um die Berechtigung dieses Rechtsinstituts wird das Potential der Selbstanzeige zur Vermeidung von nemo-tenetur-Verstößen regelmäßig verkannt[1526].

Man wird nicht so weit gehen können, die Möglichkeit der Selbstanzeige als durch den nemo-tenetur-Grundsatz und damit von Verfassung wegen zwingend vorgegeben anzusehen[1527]. Dem steht schon der dargelegte Ermessenspielraum des

---

1519 *Biesgen/Noel* SAM 2012, 182 (186).

1520 Vgl. auch *Kohlmanns* Konzeption eines Verfolgungsverbots bei *Rogall* in Kohlmann-FS, S. 465 (478).

1521 *Böse*, Wirtschaftsaufsicht, S. 456 nennt daneben die Vorschriften über die tätige Reue. Diese erfassen jedoch keine Konstellationen bestehenden Aussagezwangs.

1522 BGH NJW 2010, 2146 (2147); BGH, NJW 1974, 2293 (2293); *Kohler* in MüKo-StGB § 371 AO Rn. 22 mwN.

1523 S. BGH NJW 2010, 2146 (2147 Rn. 7 ff.) und die Kodifizierung dieser Rechtsprechung durch das Schwarzgeldbekämpfungsgesetz von 2011.

1524 *Kohlmann* in Kohlmann, Steuerstrafrecht, § 371 Rn. 19 mwN.; *Stahl* in Korn-FS, S. 757 (761) erkennt hierin bereits einen Ausdruck des nemo-tenetur-Satzes.

1525 S. aber *Eidam* wistra 2006, 11 (13); *H. Hoffmann*, Ausschlusstatbestände, S. 25; *Stahl* in Korn-FS, S. 757 (761); nachdrücklich gegen einen Zusammenhang von nemo tenetur und Selbstanzeige: *Meyer-Mews* DStR 2013, 161 (166).

1526 S. aber *Burwitz* NZG 2014, 494.

1527 *Kuhlen*, Grundfragen, S. 162; auch *Stahl* in Korn-FS, S. 757 (766) und *H. Hoffmann*, Ausschlusstatbestände, S. 25 nehmen lediglich die Verfassungswidrigkeit einer ersatzlosen Streichung an.

Gesetzgebers bei der Wahl der Instrumente zum Schutz des nemo-tenetur-Grundsatzes entgegen[1528]. Zutreffend ist aber, dass die Selbstanzeige dem verfassungsrechtlich gebotenen Schutz der Selbstbelastungsfreiheit dient[1529]. In der Debatte um seine Abschaffung darf daher nicht ausgeblendet werden, dass das Institut seinen Teil zur Verfassungskonformität des Steuerrechts beiträgt und seine Streichung daher Schutzlücken begründen kann, die unter Rückgriff auf die übrigen Instrumente zu schließen wären[1530]. Diese werden den fiskalischen Interessen regelmäßig weniger zuträglich sein[1531].

Wie dargelegt, ist es grundsätzlich möglich, die nachträgliche Entpönalisierung von einem über die Pflichterfüllung hinausgehenden Verhalten des Betroffenen abhängig zu machen, solange die zusätzlichen Voraussetzungen tatsächlich erfüllbar sind. Je höher die Anforderungen, desto weniger ist ein derartiges Instrument allerdings geeignet, den Verstoß gegen den nemo-tenetur-Grundsatz auszuschließen. Vor diesem Hintergrund wird die Selbstanzeige durch jede Verschärfung problematischer.

Das Recht der Selbstanzeige wurde durch das Schwarzgeldbekämpfungsgesetz von 2011[1532] und das Gesetz zur Änderung der Abgabenordnung von 2015[1533] umfassend reformiert. Der Anwendungsbereich der Selbstanzeige ist hierdurch in vielerlei Hinsicht eingeschränkt worden, sodass die Rolle, die dieses Institut in Zukunft bei der Auflösung des Konflikts zwischen Besteuerungs- und Strafverfahren zu spielen noch in der Lage sein wird, im Ungewissen liegt.

Die durch die Reformgesetze erfolgte Verschärfung äußert sich zunächst in einer Anhebung der an die Nacherklärung zu richtenden Anforderungen. Straffreiheit tritt nunmehr nur ein, wenn zu allen Steuerstraftaten einer Steuerart in vollem Umfang die unrichtigen Angaben berichtigt, die unvollständigen Angaben ergänzt oder die unterlassenen Angaben nachgeholt werden, § 371 Abs. 1 S. 1 AO[1534]. Nach S. 2 müssen die Angaben zu allen Steuerstraftaten einer Steuerart erfolgen, die unverjährt sind oder – unabhängig von der Verfolgungsverjährung – innerhalb der

1528 S.o. E. I. 4.

1529 *Stahl* in Korn-FS, S. 757 (766); *H. Hoffmann*, Ausschlusstatbestände, S. 25; *Kuhlen*, Grundfragen, S. 161; a.A. *Meyer-Mews* DStR 2013, 161 (167); *M. Wulf* wistra 2006, 89 (93).

1530 Vgl. *Stahl* in Korn-FS, S. 757 (766).

1531 Vgl. *Stahl* in Korn-FS, S. 757 (766); *Burwitz* NZG 2014, 494 (495).

1532 Gesetz zur Verbesserung der Bekämpfung von Geldwäsche und Steuerhinterziehung vom 28. 11. 2011 (BGBl. I Nr. 19 S. 676); s. zu den Änderungen *Eich* ErbStB 2013, 221.

1533 Gesetz zur Änderung der Abgabenordnung und des Einführungsgesetzes zur Abgabenordnung vom 22. Dezember 2014 (BGBl. I Nr. 63 S. 2415); s. zu den Änderungen *Rübenstahl* WiJ 2014, 190; *Hunsmann* NJW 2015, 113.

1534 Zum Vergleich: § 370 Abs. 1 a.F. AO.: „Wer in den Fällen des § 370 unrichtige oder unvollständige Angaben bei der Finanzbehörde berichtigt oder ergänzt oder unterlassene Angaben nachholt, wird insoweit straffrei".

letzten zehn Jahre erfolgten. Das Schwarzgeldbekämpfungsgesetz hatte sich zuvor noch mit allen unverjährten Steuerstraftaten begnügt.

Das Gesetz schaffte hiermit insbesondere in Anschluss an die Rechtsprechung des 1. Strafsenats[1535] die Möglichkeit der sog. Teilselbstanzeige ab[1536]. Durch eine solche wurde der Erklärende bei einer unvollständigen Berichtigungserklärung zumindest in der Höhe der nacherklärten Besteuerungsgrundlage straffrei[1537]. Hierdurch eröffnete sich die Möglichkeit, eine unvorsätzlich unvollständige Selbstanzeige durch eine zweite nachzubessern[1538]. Nach neuem Recht liegen nunmehr zwei unwirksame Selbstanzeigen vor[1539]. Dies soll, nach allerdings umstrittener Ansicht, auch dann gelten, wenn die Unvollständigkeit unvorsätzlich erfolgt[1540]. Unvollständigkeiten werden nur akzeptiert, soweit es sich um geringfügige Abweichungen handelt. Nach dem BGH soll die Geringfügigkeitsgrenze bei 5 % des Verkürzungsbetrags verlaufen[1541].

Die vorherige Rechtslage erlaubte es, in einer selbstbelastenden Erklärungspflichterfüllung zugleich eine Selbstanzeige zu sehen oder zumindest beides ohne größeren Aufwand zu verbinden. Aufgrund der erhöhten Anforderungen nach der neuen Rechtslage wird dies in vielen Fällen nicht mehr möglich sein[1542]. Zur Erlangung der Straflosigkeit werden vielmehr deutlich über die Erfüllung der Erklärungspflicht hinausgehende Angaben gefordert.

Für den praktisch wichtigen Fall der (Lohn- oder) Umsatzsteuervoranmeldung ist der Gesetzgeber hier allerdings zurückgerudert[1543]. Der durch das Änderungsgesetz zur AO eingeführte § 371 Abs. 2a n.F., der ausdrücklich das Ziel verfolgt, die Rechtslage vor dem Schwarzgeldbekämpfungsgesetz wiederherzustellen[1544], erlaubt für diesen Teilbereich wieder die Teilselbstanzeige. Es ist daher wieder möglich, die unrichtige Voranmeldung im Rahmen einer weiteren Voranmeldung oder der Jahresanmeldung zu korrigieren[1545]. Die Praxis hatte sich in der Zwischenzeit mit einer extensiven Handhabung der Nr. 132 II AStBV (St) zu helfen gewusst, die die Finanzbehörden anwies, die Umsatzsteuerjahreserklärung als Selbstanzeige zu werten

1535 BGH NJW 2010, 2146.

1536 Im Bereich der Steuerordnungswidrigkeiten ist diese nach § 378 Abs. 3 AO hingegen weiterhin möglich, *Kranenberg* AO-StB 2011, 344 (346).

1537 *Wittig* JURA 2014, 567 (572).

1538 *Wittig* JURA 2014, 567 (572).

1539 *Wittig* JURA 2014, 567 (572).

1540 *M. Jäger* in Klein, AO, § 371 Rn. 24; *Kohler* in Müko-StGB § 371 AO Rn. 80; a.A. *Beyer* AO-StB 2011, 119 (121); *Hunsmann* NJW 2011, 1482 (1484).

1541 BGH NJW 2011, 3249 (3255 Rn. 56); zur problematische Frage der Berechnung: *Wittig* JURA 2014, 567 (572 f.).

1542 Vgl. *Kranenberg* AO-StB 2011, 344 (345 ff.).

1543 Zur Problematik nach dem Schwarzgeldbekämpfungsgesetz s. *Schwartz* PStR 2012, 116; *Heuel/Beyer*, UStB 2011, 287 (292 f.).

1544 BT-Drs. 13/3018 S. 13.

1545 *Rübenstahl* WiJ 2014, 190 (195).

und berichtigte oder verspätete Voranmeldungen nur in begründeten Einzelfällen an die Bußgeld- und Strafsachenstelle weiterzuleiten[1546].

Weiterhin unzulässig ist die vor Inkrafttreten des Schwarzgeldbekämpfungsgesetzes teilweise praktizierte sog. gestufte Selbstanzeige, bei der die Selbstanzeige zunächst dem Grunde nach erfolgt und in einem zweiten Schritt in Absprache mit der Behörde konkretisiert wurde[1547]. Aufgrund des Vollständigkeitsgebots hat man nunmehr nur einen Versuch, die Voraussetzungen zu erfüllen[1548].

Als weitere Verschärfung greift der Ausschluss der Strafanzeige in Fällen eines Hinterziehungsbetrags von über 25 000 € (§ 371 Abs. 2 Nr. 3 AO) und in besonders schweren Fällen der Steuerhinterziehung (Nr. 4). Zur Entpönalisierung gelangt man hier nur über die Vorschrift des § 398a AO, der die Einstellung des Verfahrens erlaubt, diese jedoch von der Entrichtung einer – durch das Änderungsgesetz zur AO noch einmal deutlich angehobenen – Strafzahlung abhängig macht. Diese umständlich anmutende Regelung ist dem Umstand geschuldet, dass der Gesetzgeber des Schwarzgeldbekämpfungsgesetzes die Selbstanzeige bei Steuerhinterziehungen von über 50 000 € nicht mehr ohne weiteres zulassen wollte, gegen eine schlichte Ergänzung des § 371 AO um das Strafzahlungs-Erfordernis im Rahmen der Sachverständigenanhörung jedoch verfassungsrechtliche Bedenken geltend gemacht wurden[1549]. Im Zuge des Änderungsgesetzes wurde der Betrag von 50 000 € auf 25 000 € herabgesetzt und der Mechanismus über die Verfahrenseinstellung auch auf besonders schwere Fälle der Steuerhinterziehung (§ 370 Abs. 3 S. 2 Nrn. 2–5 AO) erstreckt.

Hier ist zunächst die Frage aufgeworfen, ob diese Konstruktion überhaupt als Instrument zum Schutz des nemo-tenetur-Grundsatzes in Frage kommt. Man wird dies zu bejahen haben. Eine zwingende Verfahrenseinstellung stellt grundsätzlich ein taugliches Instrument zur Vermeidung eines nemo-tenetur-Verstoßes dar[1550]. Die Verfahrenseinstellung im Fall des § 398a AO ist zwingender Natur[1551]. Dies ergibt sich bereits aus dem Wortlaut. Dass die Straffreiheit hier durch ein prozessuales Verfolgungshindernis[1552] und nicht durch einen materiellen Strafaufhebungsgrund erfolgt, rechtfertigt keine Differenzierung. Dass die Verfahrenseinstellung anders als das freisprechende Urteil keinen Strafklageverbrauch nach sich zieht (§ 398a Abs. 3 AO), steht dem nicht entgegen. Entscheidend ist, dass ein Weg in die Straffreiheit und damit ein Ausweg aus dem Konflikt zwischen Erklärungspflicht und Selbstbelastungsfreiheit eröffnet wird. Dass im Einzelfall auch tatsächlich Straffreiheit

1546 *Hunsmann* NJW 2015, 113 (116); *Rübenstahl* WiJ 2014, 190 (190 f., 196).

1547 *Wittig* JURA 2014, 567 (572); *Eich* ErbStB 2013, 221 (225).

1548 *Eich* ErbStB 2013, 221 (225).

1549 S. die vom Bundesrat vorgeschlagene Regelung (BR-Drs. 851/10 S. 1 f.) und das Protokoll der Sachverständigen-Anhörung im Finanzausschuss (Protokoll-Nr. 17/42).

1550 S.o. E. III. 2. d. aa.

1551 *Schauf* in Kohlmann, Steuerstrafrecht, § 398a AO Rn. 11.

1552 Lippross/Seibel, Basiskommentar Steuerrecht, § 398a AO, Rn. 21; *M. Jäger* in Klein, AO, § 393 Rn. 35; *Hunsmann* BB 2011, 2519 (2519).

eintritt, ist irrelevant, solange es nur in der Hand des Betroffenen lag, diese herbeizuführen. Steht somit die Verfahrenseinstellung dem freisprechenden Urteil vor dem Hintergrund von nemo tenetur gleich und bestehen grundsätzlich keine Bedenken dagegen, dass der Betroffene die Voraussetzungen eines Strafaufhebungsgrundes selbst herbeiführen muss, kann nichts anderes für die in § 371 Abs. 2 Nr. 3 i.V.m. § 398a AO praktizierte Kombination aus beidem gelten. Man mag die gesetzliche Regelung unter anderen Gesichtspunkten für bedenklich halten, der Verstoß gegen den nemo-tenetur-Grundsatz wird auch durch die so verschärfte Möglichkeit der Selbstanzeige ausgeschlossen.

Mit dem Erfordernis der Strafzahlung ist jedoch ein weiteres Feld eröffnet, in dem der Betroffene die gestellten Anforderungen für die Entpönalisierung nicht erfüllen kann und somit die Selbstanzeige unter diesem Aspekt als Instrument zur Konfliktlösung ausscheiden muss.

Gleiches gilt für die durch die Reformen ebenfalls erfolgte Ausweitung der Sperrgründe, die zu einer erheblichen Einschränkung der Selbstanzeigemöglichkeit führen[1553].

Da die Eignung der Selbstanzeige zur Auflösung des Konflikts mit der tatsächlichen Erfüllbarkeit der Anforderungen steht und fällt, büßt sie aufgrund der Verschärfung der Anforderungen diese Eignung ein Stück weit ein. Problematischer als die Fälle des klaren Ausschlusses der Selbstanzeigemöglichkeit sind hierbei noch die vielen bestehenden Unsicherheiten im Umgang mit dem reformierten Rechtsinstitut. Die Regelung stellt nach allgemeiner Auffassung hohe, schwer zu erfüllende Voraussetzungen an den Selbstanzeige-Erstatter[1554]. Diese erhöhen das Risiko einer fehlgeschlagenen Selbstanzeige ungemein. Zur alten Rechtslage hat die Rechtsprechung vielfach von der Möglichkeit Gebrauch gemacht, zur Auflösung des Konflikts zwischen Erklärungspflicht und Selbstbelastungsfreiheit auf die Selbstanzeige zu verweisen, und so einen Zwang zur Selbstanzeige begründet[1555]. Dies erscheint vor diesem Hintergrund des erhöhten Fehlschlags-Risikos nunmehr ungleich problematischer. Grundsätzlich genügt die Erfüllbarkeit der Voraussetzungen. Misslingt es dem Betroffenen im Einzelfall, die erfüllbaren Voraussetzungen auch zu erfüllen, lassen sich hieraus keine Bedenken ableiten. Allein dass dieser Weg eröffnet wird, beseitigt den Konflikt. Scheitern die Betroffenen jedoch regelmäßig aufgrund der durch die gesetzliche Regelung angesetzten Hürden, werden Zweifel an der Erfüllbarkeit und damit an dem Institut als solchem geweckt. Ist der Steuerschuldner aufgrund der Vorrangigkeit gegenüber Zwangsmittel- und Verwertungsverbot gezwungen, den Weg der Selbstanzeige zu gehen und strauchelt auf diesem aufgrund der weitreichenden und undurchsichtigen Voraussetzungen, lässt sich kaum ein Ausschluss des Selbstbelastungszwanges behaupten. Letztlich würde

1553 S. hierzu *Rübenstahl* WiJ 2014, 190 (197 ff.); *Hunsemann* NJW 2015, 113 (114 ff.).

1554 *Bruschke* StB 2012, 39 (43); *Eich* ErbStB 2013, 221 (226); *Kemper* DStZ 2013, 538; *Wittig* JURA 2014, 567 (570).

1555 BFH NZWiSt 2012, 278; *Lübbersmann* PStR 2012, 135; s.u. (ii) α).

sich in derartigen Konstellationen dann auch die Frage nach der Verwertbarkeit der Angaben stellen[1556]. Hier wird man abzuwarten haben, wie der Praxis die Anpassung an die neuen Anforderungen gelingt.

(ii) Verhältnis der strafbefreienden Selbstanzeige (§ 371 AO) zu den übrigen Schutzmechanismen

Das Zusammenspiel der Selbstanzeige mit den übrigen Mechanismen zum Schutz der Selbstbelastungsfreiheit im Steuerrecht ist stets problematisch.

α) Zwangsmittelverbot, § 393 Abs. 1 S. 2 AO

Das Zwangsmittelverbot greift seinem telos gemäß dort nicht, wo sich die die Erfüllung der Erklärungspflicht zugleich als Selbstanzeige (§ 371 AO) oder als Rücktritt vom Versuch (§ 24 StGB) darstellt[1557]. Beseitigt die Pflichterfüllung zugleich den Strafbarkeitsvorwurf, stellt sich der Konflikt mit dem nemo-tenetur-Grundsatz, dessen Auflösung die Vorschrift dient, nicht. Auch jenseits eines derartigen Automatismus zwischen Pflichterfüllung und Strafbefreiung besteht ein Konflikt mit der Selbstbelastungsfreiheit nicht, wenn es dem Betroffenen nur möglich ist, die Straffreiheit herbeizuführen.

Der BFH[1558] sieht die Möglichkeit der strafbefreienden Selbstanzeige generell als gegenüber dem Zwangsmittelverbot vorrangig zur Lösung des Konflikts mit dem nemo-tenetur-Grundsatz berufen: § 393 Abs. 1 S. 2 AO gelte dort nicht, wo der Steuerpflichtige der Gefahr der Strafverfolgung durch das Erstatten einer Selbstanzeige entgehen könnte.

Dies läuft auf einen Zwang zur Selbstanzeige hinaus[1559]. Die Finanzbehörde könnte die Abgabe einer Selbstanzeige erzwingen, indem sie Zwangsmittel für die Steuererklärungspflicht androht und festsetzt[1560]. Das Zwangsmittelverbot stünde dem nicht entgegen, da es aufgrund der behaupteten Vorrangigkeit der Selbstanzeige nicht zum Zuge kommt. Der Steuerpflichtige wäre gezwungen, zur Abwendung der Vollstreckung der Erklärungspflicht eine Selbstanzeige abzugeben. Da er hiermit zugleich seine Straflosigkeit herbeiführt, ist ein Verstoß gegen den nemo-tenetur-Grundsatz hierin nicht zu erblicken[1561]. Voraussetzung ist jedoch, dass dem Betroffenen die Möglichkeit, über die Selbstanzeige zur Straflosigkeit zu gelangen, auch tatsächlich eröffnet ist. Hieran fehlt es überall, wo ein Sperrgrund eingreift,

1556 *Beckemper* ZIS 2012, 221 (226).

1557 *Hellmann* in H/H/Sp, AO, § 393 Rn. 86; *Franzen/Gast/Joecks*, Steuerstrafrecht, § 393 Rn. 22.

1558 NZWiSt 2012, 278.

1559 *Lübbersmann* PStR 2012, 135.

1560 *Jesse* DB 2013, 1803 (1811).

1561 Zweifelnd *Beckemper* ZIS 2012, 222 (227); *Jesse* DB 2013, 1803 (1811): „Ein zwangsweise durchsetzbares Selbstbezichtigungsgebot ist letztlich ein Verstoß gegen das Rechtsstaatsprinzip".

also insbesondere auch dort, wo der Steuerpflichtige zur Nachentrichtung (§ 371 Abs. 3 AO) nicht in der Lage ist[1562]. Entsprechendes gilt für den Fall der Strafzahlung gem. § 371 Abs. 2 Nr. 3 i.V.m. § 398a AO. Will man nicht bereits aufgrund der Ausgestaltung als Sperrgrund die Selbstanzeige als gesperrt ansehen, sodass das Zwangsmittelverbot griffe[1563], wird man darauf abzustellen haben, ob der Steuerpflichtige die Strafzahlung leisten kann. In all diesen Fällen ist die Frage, ob eine Selbstanzeige möglich ist daher von schwer praktikablen Überlegungen abhängig. Der behauptete Vorrang gegenüber dem Zwangsmittelverbot wird sich auf dieser Grundlage kaum handhaben lassen.

β) Verwertungsverbot, § 393 Abs. 2 AO

Das Verhältnis der Selbstanzeige zum Verwertungsverbot des § 393 Abs. 2 AO gestaltet sich insbesondere im Fall von tateinheitlich mit Steuerdelikten begangenen Allgemeinstraftaten problematisch. Fallen Steuer- und Allgemeindelikt idealkonkurrierend zusammen, so wird die Selbstanzeige häufig auch selbstinkriminierende Anhaltspunkte für das Allgemeindelikt enthalten. Zum Teil hängen beide Delikte derart zusammen, dass mit der Offenbarung der Steuerhinterziehung zugleich zwangsläufig ein Allgemeindelikt aufgedeckt wird[1564].

Der Erstatter muss im Rahmen der Selbstanzeige umfassende tatsächliche Angaben machen. Der Inhalt der Selbstanzeige muss das Finanzamt in die Lage versetzen, sich ohne umfangreiche weitere Ermittlungen vom Besteuerungssachverhalt zu überzeugen und die Steuerfestsetzung vorzunehmen[1565]. Pauschale Hinweise auf Fehler in früheren Steuererklärungen sind nicht ausreichend[1566]. Das Risiko einer unwirksamen Selbstanzeige vor Augen, wird der Erstatter somit um möglichst vollständige Angaben bemüht sein. Gleichzeitig die zur Wirksamkeit der Selbstanzeige erforderlichen Angaben zu machen und selbstbelastende Hinweise auf tateinheitliche Allgemeindelikte zu vermeiden, wird häufig nicht möglich sein[1567].

In einer vom BGH zu entscheidenden Konstellation hatte der Angeklagte seine falschen Angaben gegenüber den Finanzbehörden mit falschen Urkunden belegt[1568]. Mit der Selbstanzeige, in der er sich selbst der Steuerhinterziehung bezichtigte, räumte er zwangsläufig zugleich eine Urkundenfälschung ein. Während für die Steuerhinterziehung § 371 AO der Strafbarkeit entgegenstand, bestätigte der BGH eine Verurteilung wegen Urkundenfälschung.

1562 Zur abweichenden Ansicht des BGH s.u. E. III. 2. d. bb. (ii) γ).
1563 *Jesse* DB 2013, 1803 (1811).
1564 Vgl. *Wessing* SAM 2010, 99 (100 f.).
1565 *Pflaum* in HB Wirtschafts- und Steuerstrafrecht, Kap. 20, Rn. 122.
1566 *Pflaum* in HB Wirtschafts- und Steuerstrafrecht, Kap. 20, Rn. 122.
1567 Vgl. *Wessing* SAM 2010, 99 (100 f.).
1568 BGH StV 2004, 526 (538); von BVerfG NJW 2005, 353 (353) nicht zur Entscheidung angenommen.

Dass die strafbefreiende Wirkung der Selbstanzeige das Allgemeindelikt nicht erfassen kann, liegt bereits angesichts des Wortlauts der Vorschrift auf der Hand[1569]. Aber auch das Beweisverwertungsverbot des § 393 Abs. 2 AO soll nicht eingreifen: Es gäbe keine Pflicht zur Abgabe einer Selbstanzeige[1570], die gemachten Angaben erfolgten daher nicht in „Erfüllung steuerrechtlicher Pflichten"[1571], m.a.W. fehle es am Zwangselement des nemo-tenetur-Verstoßes.

Hier realisiert sich die Problematik, dass das Eingreifen des Schutzmechanismus von einem Verhalten des Betroffenen abhängig ist. Wie dargelegt, ist dies nur unter der einschränkenden Voraussetzung hinzunehmen, dass die Anforderungen erfüllbar sind. An der Erfüllbarkeit lässt sich zweifeln, wenn dem Betroffenen die Offenlegung weiterer Straftaten abverlangt wird, ohne dass diese Informationen ihrerseits den Schutz eines Instruments zur Vermeidung von nemo-tenetur-Verstößen genießen. Die Begründung, die Selbstanzeige schließe den nemo-tenetur-Verstoß aus, griffe nicht, wenn der Beschuldigte, um diese Wirkung herbeizuführen, weitere Straftaten offenbaren müsste, wegen derer er dann auch verfolgt werden kann. Die Selbstanzeige offenbart gerade keinen Weg aus dem Konflikt zwischen Selbstbelastung und Pflichterfüllung, wenn sie ihrerseits mit einer strafrechtlich nutzbaren Selbstbelastung verbunden ist. Die Angaben wegen des Allgemeindelikts bedürfen also ihrerseits des Schutzes durch den nemo-tenetur-Satz. Die Ausdehnung der strafbefreienden Wirkung der Selbstanzeige erscheint weder zulässig noch sachdienlich[1572]. Es ist aber ein Beweisverwertungsverbot für Angaben zu fordern, die der Steuerpflichtige im Rahmen seiner Selbstanzeige gemacht hat, um dem Erfordernis der Vollständigkeit gerecht zu werden. Der einschränkenden Auslegung des § 393 Abs. 2 AO durch den BGH ist insoweit entgegenzutreten[1573]. So richtig es ist, dass das Verwertungsverbot nur dort greifen muss, wo ein Zwang zur Aussage bestand, so wenig erfasst dies die Konstellation der Selbstanzeige. Aufgrund der zur Wirksamkeit erforderlichen Angaben in der Selbstanzeige gilt für Allgemeindelikte gerade keine Freiheit von Aussagezwang. Der Steuerpflichtige ist gezwungen, diese anzugeben, will er die Straffreiheit für das Steuerdelikt herbeiführen. Dies

1569 BGH StV 2004, 526 (527).

1570 Das BVerfG NJW 2005, 352 (353) versteht den BGH dahingehend, er nähme eine Erstreckung des Zwangsmittelverbots auf idealkonkurrierende Allgemeindelikte an. Auch wenn dieses Verständnis zuträfe, beanspruchen die nachfolgenden Ausführungen Geltung.

1571 BGH StV 2004, 526 (528); das weitere Argument des BGH, das Verwertungsverbot könne nach seiner ratio legis nur solche Informationen umfassen, die dem Staat zusätzliche Steuerquellen eröffnen, vermag nicht zu verfangen, da der Normzweck nicht in fiskalischen Interessen, sondern vielmehr im Schutz des nemo-tenetur-Grundsatzes zu erblicken ist, *Eidam* wistra 2004, 412 (413).

1572 *Kopf/Szalai* NJ 2010, 363 (370) plädieren jedoch de lege ferenda für eine gesetzliche Lösung entsprechend § 306e StGB.

1573 So i.E. auch *Eidam* wistra 2004, 412 (414); *Hilgers-Klautzsch* in Kohlmann, Steuerstrafrecht, § 393 AO, Rn. 200.

muss insbesondere vor dem Hintergrund des vom BFH konstruierten Vorrangs der Selbstanzeige vor dem Zwangsmittelverzicht gelten. Dieser macht die Selbstanzeige alternativlos und begründet so einen Zwang zur Abgabe und hiermit zur Selbstbelastung bezüglich der mitanzugebenden Allgemeindelikte. Die Verwertbarkeit der im Rahmen der Selbstanzeige gemachten Angaben zu Allgemeindelikten erscheint auch mit Blick auf den hinter dem Institut der Selbstanzeige stehenden Gedanken des Anreizschaffens kontraproduktiv[1574].

χ) Suspendierung der materiellen Strafbewehrung

Im Verhältnis zur Suspendierung der materiellen Strafbewehrtheit ist von der Vorrangigkeit der Selbstanzeige auszugehen: Solange der Steuerpflichtige sich durch eine Selbstanzeige Straffreiheit verschaffen kann, greift die Suspendierung nicht ein, die Nichtangabe ist strafbar[1575]. Führt die pflichtgemäße Offenbarung als Berichtigung, Ergänzung oder Nachholung zunächst unterlassener oder falscher Angaben zugleich zur Straffreiheit für diese frühere Tat, gibt es keine Straftat mehr, derer sich der Betroffene selbst bezichtigen müsste[1576]. Es besteht somit eine Pflicht zur Selbstanzeige[1577]. Dies gilt nach der – hier für verfehlt erachteten – Rechtsprechung insbesondere in der Konstellation der Berichtigung nach § 153 Abs. 1 Nr. 1 AO[1578]. Erst wenn die Selbstanzeige, insbesondere, weil bereits ein Steuerstrafverfahren eingeleitet wurde, ausgeschlossen ist, greift die Befreiung von der Strafbewehrung[1579]. Die Suspendierung greift daher stets erst ab dem Zeitpunkt, in dem dem Beschuldigten das Ermittlungsverfahren bekannt gegeben ist[1580]. Fraglich ist, wie es sich verhält, wenn die Selbstanzeige aus einem der übrigen Sperrgründe ausgeschlossen ist. Problematisch ist hier insbesondere, dass der Weg der Selbstanzeige nur demjenigen offensteht, der in der Lage ist, die Steuern nachzuentrichten, § 371 Abs. 3 AO[1581]. Nach dem BGH stehe das der Strafbarkeit jedenfalls dann nicht entgegen, wenn der Steuerpflichtige bei pflichtgemäßer und rechtzeitiger Erfüllung seiner steuerlichen Pflichten zur Zahlung noch in der Lage gewesen wäre[1582]. Der nemo-tenetur-Grundsatz könne keine Besserstellung des Steuerstraftäters gegenüber anderen Steuerpflichtigen rechtfertigen[1583]. Dies gelte insbesondere vor dem Hintergrund

1574 *Eidam* wistra 2006, 11 (13); *M. Jäger* in Klein, AO, § 393 Rn. 50; *Reichling* HRRS 2014, 473 (477).
1575 BGH wistra 2001, 341 (345); BGH NJW 2002, 1134 (1134); BGH wistra 2009, 312 (314); *Stahl* in Korn-FS, S. 757 (762).
1576 Ransiek in: Kohlmann, Steuerstrafrecht, § 370 AO, Rn. 307.
1577 *Stahl* in Korn-FS, S. 757 (762); *Beckemper* ZIS 2012, 221 (222).
1578 S.o. E. III. 1. b. bb. (iii) α) δδ).
1579 *Stahl* in Korn-FS, S. 757 (762 f.).
1580 *Hilgers-Klautzsch* in Kohlmann, Steuerstrafrecht, § 393 AO, Rn. 122.
1581 *Beckemper* ZIS 2012, 221 (225).
1582 BGH wistra 2009, 312 (314).
1583 BGH wistra 2009, 312 (314); krit. *Biesgen/Noel* SAM 2012, 182 (186).

des untreueähnlichen Charakters der Hinterziehung der Umsatzsteuer[1584]. Es könne jedoch ein Verwertungs- oder Verwendungsverbot greifen[1585]. Nach anderer Ansicht sei auch hier eine Suspendierung der Strafbewehrtheit anzunehmen[1586]. Dieser Ansicht ist zuzustimmen. Die Vorrangigkeit der Selbstanzeige gegenüber der Suspendierung der materiellen Strafbewehrtheit beruht auf der Prämisse, dass beide Institute den Verstoß gegen den nemo-tenetur-Grundsatz ausschließen. Im Fall der Selbstanzeige ist der Ausschluss der Strafbarkeit und damit des Verstoßes gegen die Selbstbelastungsfreiheit von ergänzenden Voraussetzungen abhängig. Dies kann als Schutz für den nemo-tenetur-Grundsatz nur dort akzeptiert werden, wo diese Voraussetzungen für den Betroffenen erfüllbar sind. Ist dies, wie beim Vorliegen eines Sperrgrundes, nicht der Fall, ist die Selbstanzeige kein taugliches Instrument, um den nemo-tenetur-Verstoß zu vermeiden[1587]. Ein Konkurrenzverhältnis zur Suspendierung der Strafbewehrtheit besteht daher nicht, diese ist vielmehr allein zum Schutz der Selbstbelastungsfreiheit berufen. Ist die Selbstanzeige ausgeschlossen, greift somit die Suspendierung der Strafbewehrtheit. Dies gilt gerade auch für den Fall des § 371 Abs. 3 AO, dass der Steuerpflichtige zur Nachentrichtung nicht in der Lage ist. Die vom BGH erwogene Lösung über ein Verwertungsverbot erscheint hingegen wenig überzeugend[1588].

Die Vorzugswürdigkeit einer materiell-rechtlichen Lösung über die Suspendierung der Strafbewehrung erkennt der BGH auch an, wenn er eine entsprechende Lösung für den Sperrgrund der Bekanntgabe des Ermittlungsverfahrens postuliert. Es erschließt sich nicht, warum der BGH keine einheitliche Lösung für alle Sperrgründe anstrebt. Für die unterschiedliche Behandlung einzelner Sperrgründe besteht keine sachliche Rechtfertigung[1589]. Sie dürfte allein dem Zuständigkeitswechsel der Strafsenate geschuldet sein[1590]. Die materiell-rechtliche Lösung fügt sich auch besser in die gesetzliche Systematik, die bei Steuerstraftaten stets am Moment des Erklärungszwangs und bei Allgemeindelikten an dem der strafprozessualen Verwertung ansetzt. In der Literatur wird zudem die praktische Wirksamkeit des Verwertungsverbots bezweifelt[1591].

1584 BGH wistra 2009, 312 (314).

1585 BGH wistra 2009, 312 (314).

1586 *Hilgers-Klautzsch* in Kohlmann, Steuerstrafrecht, § 393 AO, Rn. 117.

1587 *Böse*, Wirtschaftsaufsicht, S. 487; *Berthold*, Zwang, S. 56 f.; s. auch BVerfG wistra 1988, 302 (303).

1588 *Alvermann/Talaska* HRRS 2010, 166 (169) und *Biesgen/Noel* SAM 2012, 182 (185) kritisieren hingegen nur das Fehlen einer Fernwirkung. Dass von vornherein nur ein derart ausgestaltetes Verwertungsverbot seiner Funktion zum Schutz des nemo-tenetur-Grundsatzes gerecht wird, wurde bereits dargelegt, s.o. E. III. 2. a. cc.

1589 *Höll/Hinghaus* PStR 2010, 45.

1590 *Höll/Hinghaus* PStR 2010, 45.

1591 *Schmitz/M. Wulf* in MüKo-StGB, § 370 AO Rn. 315a; *M. Wulf* PStR 2009, 190.

Bestach der Ansatz, die Strafbewehrtheit solange nicht zu supendieren, wie sich der Betroffene durch eine Selbstanzeige selbst aus dem Konflikt befreien konnte vor dem Schwarzgeldbekämpfungsgesetz noch durch seine Simplizität, gewinnt er durch die zwischenzeitliche Verschärfung der Anforderungen an die Selbstanzeige an Brisanz. Hier besteht nunmehr eine strafbewehrte Pflicht zur Selbstbelastung, bei der die Straffreiheit nicht aufgrund der Pflichterfüllung eintritt, sondern der Betroffene zusätzliche Anforderungen erfüllen muss, um Straffreiheit zu erlangen. Praktisch wird es für den Betroffenen oft schwierig sein, die Erfüllung der strafbewehrten Erklärungspflicht mit der die Straffreiheit herbeiführenden Selbstanzeige zu verbinden[1592]. Die Konstellation ist daher mit Blick auf den nemo-tenetur-Grundsatz ungleich problematischer[1593]. Im Ergebnis bestehen jedoch auch hier keine durchgreifenden Bedenken[1594]. Mit der Möglichkeit der strafbefreienden Selbstanzeige wird dem Betroffenen ein Ausweg aus dem Konflikt zwischen der Offenbarung einer Straftat und der Begehung einer neuen aufgezeigt. Die den nemo-tenetur-Grundsatz kennzeichnende Konfliktsituation wird somit aufgelöst[1595]. Dass die Straffreiheit erst an ein weiteres Verhalten des Betroffenen anknüpft, ist so lange unproblematisch, wie die Voraussetzungen tatsächlich erfüllbar sind.

In diesem Zusammenhang wird auch die Konstellation des Hinterziehungsbetrags von über 25 000 € (§ 371 Abs. 2 Nr. 3 AO) relevant werden. Zur Straffreiheit gelangt man hier nur über die Vorschrift des § 398a AO, der diese von der Entrichtung einer Strafzahlung abhängig macht. Aufgrund der Ausgestaltung als Sperrgrund wäre zunächst daran zu denken, die Konstellation so zu behandeln wie die übrigen Sperrgründe, nach hier vertretener Lösung also die Strafbewehrung zu suspendieren[1596]. Man gelangt so allerdings zu dem widersinnigen Ergebnis, dass gerade bei der Steuerhinterziehung großen Ausmaßes die Suspendierung der Strafbewehrung griffe. Ob dieses Ergebnis de lege lata zwingend ist[1597], lässt sich bezweifeln. Vor dem Hintergrund, dass die Verfahrenseinstellung mit Blick auf den nemo-tenetur-Satz dem Strafausschließungsgrund gleichkommt, erscheint es auch nicht sinnvoll, auf die gesetzliche Ausgestaltung als Sperrgrund zu beharren. Im Rahmen der möglichen Suspendierung der Strafbewehrung kommt es also darauf an, ob der Steuerpflichtige über § 398 AO eine Verfahrenseinstellung herbeiführen kann. Ist dies der Fall, bleibt die Pflicht strafbewehrt.

1592 Vgl. *Seer* in Tipke/H. Kruse, AO/FGO, § 153 AO Rn. 11; *Kranenberg* AO-StB 2011, 344 (345 ff.).

1593 *Ransiek* in Kohlmann, Steuerstrafrecht, § 370 Rn. 228.

1594 *Ransiek* in Kohlmann, Steuerstrafrecht, § 370 Rn. 228, Rn. 307.

1595 Vgl. *Ransiek* in Kohlmann, Steuerstrafrecht, § 370 Rn. 338.

1596 Vgl. *Jesse* DB 2013, 1803 (1811) zur parallelen Situation im Verhältnis zum Zwangsmittelverbot.

1597 So *Jesse* DB 2013, 1803 (1811).

(iii) Abschließende Betrachtung

Die Selbstanzeige schützt den nemo-tenetur-Grundsatz, indem sie einen Ausweg aus dem im Nebeneinander von Strafverfahren und Besteuerungsverfahren angelegten Konflikt zwischen Selbstbelastungsfreiheit und steuerlichen Erklärungspflichten aufzeigt. Der Betroffene muss zwar seiner Erklärungspflicht nachkommen, erlangt aber für die in diesem Zuge selbst bekanntgegebenen Straftaten Straffreiheit. Ihren Charme zieht diese Lösung daraus, dass sie zugleich die vollständige und unproblematische Geltendmachung des Steueranspruchs ermöglicht. Der Verzicht auf den Strafanspruch wird hierfür hingenommen. Der Verzicht auf die Selbstanzeige hätte mit Blick auf den nemo-tenetur-Grundsatz nun keine offensichtlich aufklaffenden Schutzlücken zur Folge. Das Institut erfüllte seine Rolle im Schutzsystem der Abgabenordnung vielmehr dadurch, dass es vorrangig vor den Instrumentarien des Zwangsmittel- und des Verwertungsverbots zur Auflösung des Konflikts berufen war. Dieser, insbesondere von der Rechtsprechung entwickelte, Vorrang erlaubt es in vielen Konstellationen, den Konflikt zu umschiffen und zugleich den staatlichen Steueranspruch durchzusetzen. Kritikern des Instituts muss bewusst sein, dass diese Konstellationen im Fall der gesetzgeberischen Aufgabe der Selbstanzeigemöglichkeit nunmehr über die Instrumentarien des Zwangsmittel- und Strafbewehrungsverzichts sowie der prozessualen Verwertungsverbote zu lösen wären[1598]. Der Durchsetzung des Steuer- und des Strafanspruchs ständen neben den tatsächlichen Hindernissen in Form der Ermittlungsmöglichkeiten somit auch rechtliche Hürden im Weg. Die Durchsetzung des Steueranspruchs dürfte mit der zahnlosen, weder zwangsmittel- noch strafbewehrten Erklärungspflicht ungleich schwerer fallen, der Durchsetzung des Strafanspruchs ständen vielfältige Beweisverwertungsverbote entgegen. Dem Institut der Selbstanzeige wohnt somit ein nicht unerhebliches Potential zur Entschärfung des Konflikts zwischen strafprozessualer Einlassungsfreiheit und besteuerungsrechtlicher Erklärungspflicht inne[1599].

Auf der anderen Seite kann diese Rolle im System des nemo-tenetur-Schutzes nur vor einer faktisch handhabbaren Selbstanzeigemöglichkeit erfüllt werden. Eine Selbstanzeigeregelung, die regelmäßig unerfüllbare Anforderungen an den Steuerpflichtigen stellt, ist in dieser Hinsicht untauglich. Ihr kann daher auch kein Vorrang gegenüber den übrigen Schutzmechanismen zukommen. Ob § 371 AO diese Anforderungen nach den Gesetzesnovellen noch erfüllt, ist zweifelhaft. Bezweckt man mit dem Institut der Selbstanzeige den Schutz der Selbstbelastungsfreiheit, ist ein möglichst weiter Anwendungsbereich und eine möglichst barrierefreie Handhabung geboten. Eine restriktive Selbstanzeigemöglichkeit, wie sie die Rechtsprechung und der Gesetzgeber verfolgen, kann sich zu ihrer Rechtfertigung nicht auf diesen Grundsatz berufen. In seiner jetzigen Form kann das Institut der Selbstanzeige seine Daseinsberechtigung daher kaum aus dem nemo-tenetur-Satz ableiten. Er lässt

1598 *Hellmann* in Beulke-FS, S. 405 (417).
1599 Ähnlich *Kuhlen*, Grundfragen, S. 165.

sich daher auch nur sehr bedingt als Argument gegen eine Abschaffung fruchtbar machen.

Mit der Einschränkung der Selbstanzeigemöglichkeit wird nunmehr wieder das äußerst unzureichende System der Abgabenordnung zur Bewältigung des Konflikts mit dem nemo-tenetur-Grundsatz sichtbar.

IV. Fazit

Auskunftspflichten außerhalb des Strafprozesses drohen den strafprozessualen Schutz des nemo-tenetur-Grundsatzes zu unterlaufen. Werden selbstbelastende Angaben außerhalb des Strafprozesses erzwungen und im Strafverfahren verwendet, ist der Grundsatz verletzt. Der Verstoß kommt hier durch das Zusammenspiel der Momente des Auskunftszwangs und der strafprozessualen Verwendung zustande. Auskunftszwang in diesem Sinne liegt nur bei einer zwangsmittel- oder straf- bzw. bußgeldbewehrten Auskunftspflicht vor. Bloße Obliegenheiten, bei denen dem Adressaten die Möglichkeit der Zuwiderhandlung offen steht, begründen keinen hinreichenden Auskunftszwang. Aus der Schutzzweckbestimmung der prozessualen Autonomie ist vielmehr abzuleiten, dass ein hinreichender Auskunftszwang i.S.d. nemo-tenetur-Satzes nur dort vorliegt, wo jene Autonomie negiert wird, indem der Betroffene auf eine Verhaltensweise festgelegt und so im Interesse der gegen ihn gerichteten Verfahrenszielbestimmung instrumentalisiert wird.

Zur Vermeidung der Verletzung des nemo-tenetur-Grundsatzes erforderliche Schutzmechanismen müssen an einem der beiden den Verstoß konstituierenden Elemente ansetzen: Es muss entweder der außerstrafprozessuale Auskunftszwang oder die strafverfahrensrechtliche Nutzbarmachung ausgeschlossen werden. Der Verzicht auf den Auskunftszwang kann vor allem durch ein fachrechtliches Auskunftsverweigerungsrecht erreicht werden. Ergänzend ist jedoch eine entsprechende Belehrung zu fordern. Erfolgt eine solche nicht, sind die gemachten Angaben unverwertbar, es sei denn der Auskunftspflichtige wusste von seinem Verweigerungsrecht. Dies gilt unabhängig davon, ob das jeweilige Fachrecht eine Belehrungspflicht vorsieht.

Außerstrafprozessuale Pflichten zur nonverbalen Mitwirkung geraten nur dann mit dem nemo-tenetur-Grundsatz in Konflikt, wenn sie dem Adressaten einen postdeliktischen Mitwirkungsakt mit potentiell selbstinkriminierendem Erklärungsgehalt abverlangen. Dass das Fachrecht für derartige Mitwirkungspflichten keine Verweigerungsrechte vorsieht, ist nach dieser Maßgabe unbedenklich. An einem postdeliktischen Selbstbelastungsakt fehlt es insbesondere bei Dokumentationspflichten. Die Pflicht zu Herausgabe von Unterlagen ist mangels potentiell selbstinkriminierenden Erklärungsgehalts des Herausgabeakts zulässig, wenn zur Anfertigung der Unterlagen eine gesetzliche Verpflichtung besteht. Die Pflicht zur Herausgabe von freiwillig angefertigten Unterlagen ist hingegen mit dem nemo-tenetur-Grundsatz unvereinbar. Während regelmäßige Mitteilungspflichten aufgrund ihres prädeliktischen Charakters unbedenklich sind, müssen in Erfüllung von einmalig aktuell werdenden Anzeigepflichten gemachte Angaben strafprozessual unverwertbar sein.

Dasselbe Ergebnis wie mit einem Auskunftsverweigerungsrecht wird mit einem Zwangsmittelverzicht erzielt. Diesen Weg hat der Gesetzgeber in § 393 Abs. 1 AO beschritten. Dieses schützt jedoch nicht vor dem Risiko einer überhöhten Einkommensschätzung nach § 162 AO. Der flankierende Schutz des nemo-tenetur-Satzes verlangt lediglich nach der Möglichkeit der Auskunftsverweigerung. Eine darüberhinausgehende Freistellung von den Strukturen des Parallelverfahrens ist nicht erforderlich.

Wenig zum Schutz des nemo-tenetur-Grundsatzes geeignet erscheint die Lösung der Verfahrensaussetzung. Im Hauptanwendungsfall dieses Lösungsmodells, der Aussetzung des Zivilprozesses gem. § 149 ZPO, ist der nemo-tenetur-Grundsatz bereits nicht berührt. § 138 ZPO begründet keinen hinreichenden Auskunftszwang nach den vorgenannten Grundsätzen.

Das Moment der strafprozessualen Nutzung ist vor allem durch ein strafprozessuales Verwertungsverbot auszuschließen. Ein bloßes Verbot der Verwertung als Beweismittel in der Hauptverhandlung genügt den Anforderungen jedoch nicht. Zu fordern ist vielmehr eine Fern- und Frühwirkung des Verbots, die auch eine Nutzung als Spurenansatz ausschließt. Nur ein solches wird der Funktion des Verwertungsverbots gerecht, die Verfahren voneinander abzuschotten und so ihr Nebeneinander trotz divergierender Pflichtenprogramme zu ermöglichen.

Eine entsprechende Ergänzung vorhandener Auskunftspflichten um ungeschriebene Verwertungsverbote ist solange zulässig, wie kein eindeutiger gesetzgeberischer Wille entgegensteht. Ist dies der Fall, muss eine verfassungskonforme Rechtsfortbildung ausscheiden. Die Vorschriften sind verfassungswidrig. Dies betrifft zunächst § 802c ZPO. Doch auch § 393 Abs. 2 AO, der eine Relativierung des Verwertungsverbots für schwere Delikte enthält, und § 630c Abs. 2 S. 3 BGB, der die Fern- und Frühwirkung des Verwertungsverbots ausschließt, bleiben entsprechend dem ausdrücklichen gesetzgeberischen Willen hinter dem verfassungsrechtlichen Schutzniveau zurück.

Ein über ein Verwendungsverbot hinausgehendes Offenbarungsverbot erscheint hingegen nicht angezeigt. Es schießt über das Ziel hinaus, indem es auch verwertbare Informationen erfasst und überträgt die Entscheidung über die Verwertbarkeit auf nicht mit dem Strafverfahren betraute Institutionen.

Die strafprozessuale Nutzbarmachung wird am umfassendsten dadurch ausgeschaltet, dass der Auskunftspflichtige mit der Pflichterfüllung zugleich einen Ausschluss der Strafbarkeit herbeiführt. In diese Richtung geht das Institut der strafbefreienden Selbstanzeige gem. § 371 AO. Indem die Erlangung der Straffreiheit jedoch an fortlaufend verschärfte Anforderungen geknüpft wird, büßt die Regelung ihre Eignung, zur Auflösung des Konflikts zwischen Erklärungspflicht und Selbstbelastungsfreiheit beizutragen, zunehmend ein.

F. Relevanz des Nemo-tenetur-Grundsatzes in Befragungen durch Privatpersonen

Im Folgenden soll die Frage geklärt werden, welche Bedeutung dem nemo-tenetur-Grundsatz bei Befragungen durch Privatpersonen, namentlich für die Verwertbarkeit der hier erlangten Erkenntnisse, zukommt. Als Befragung durch eine Privatperson kann hier gleichermaßen ein Gespräch, das die Privatperson aus eigenem Antrieb initiiert wie ein solches, bei dem sie in behördlichem Auftrag handelt, in Betracht kommen. Beide Konstellationen bringen im Hinblick auf nemo tenetur unterschiedliche Fragestellungen mit sich. Bevor sich diesen jedoch im Detail gewidmet werden kann, erscheint es ratsam, sich gleichsam als Grundlage die allgemeinen Grundsätze zu vergegenwärtigen, nach denen die Beweiserlangung durch Privatpersonen strafprozessual zu beurteilen ist.

I. Die Grundsätze privater Beweiserlangung

1. Zentrale Weichenstellung: Staatliche Zurechnung

Die Beweiserhebungsverbote der StPO gelten lediglich für Staatsorgane nicht für Privatpersonen[1600]. Die Schranken privater Ermittlungen ergeben sich nicht aus der StPO, sondern in erster Linie aus dem materiellen Strafrecht[1601]. Daneben ist das Privat-[1602] und öffentliche Recht[1603] sowie bei bestimmten Berufsgruppen das Standesrecht[1604] zu beachten.

Mangels Vorgaben der StPO für die private Beweiserhebung scheidet daher die Annahme eines unselbstständigen Beweisverwertungsverbots für durch Privatpersonen erlangte Beweismittel aus[1605]. Nur in Ausnahmefällen kommt ein selbstständiges Beweisverwertungsverbot in Betracht (s.u. 2.). Unterm Strich sind durch Privatpersonen erlangte Beweismittel aber in der Regel verwertbar. Die rechtlichen Einschränkungen sind somit ungleich gelockerter gegenüber der Beweiserhebung durch Staatsorgane. Um die anzuwendenden Vorschriften und Grundsätze zu ermitteln, ist es daher zwingend erforderlich, festzustellen, ob die Beweiserlangung als

---

1600 *Ostendorf*, StrafprozessR, Rn. 388; *Roxin/Schünemann*, StrafverfahrensR, § 25 Rn. 65; *Dencker* StV 1994, 667 (671); *Mende*, Grenzen, S 201.

1601 *Bockemühl* in 23. Strafverteidigertag, S. 161 (165); *Brunhöber* GA 2010, 571 (579).

1602 *Brunhöber* GA 2010, 571 (583); *Sauer* in HB d. Wirtschafts- und SteuerstrafR, Kap. 30 Rn. 68.

1603 Namentlich das Datenschutzrecht, *Brunhöber* GA 2010, 571 (584)

1604 *Bockemühl* in 23. Strafverteidigertag, S. 161 (165); *Brunhöber* GA 2010, 571 (583) Insbesondere bei Rechtsanwälten, ein vergleichbares Standesrecht für Privatdetektive gibt es nicht, *Bockemühl*, Private Ermittlungen, S. 59.

1605 *Dencker* StV 1994, 667 (671).

ein Akt staatlicher oder privater Natur einzuordnen ist. Es liegt auf der Hand, dass hierbei nicht formal bei der Eigenschaft der handelnden Person als Beamter oder Privatperson stehen geblieben werden kann. Eine solche Betrachtungsweise erlaubte den Strafverfolgungsorganen, sich der Bindung an die Regelungen der StPO zu entledigen, indem sie Privatpersonen gezielt zur Beweiserhebung einsetzen. Ebenso wenig wie sonst im öffentlichen Recht kann eine solche „Flucht ins Privatrecht" zugelassen werden[1606]. Es gilt daher Kriterien zu entwickeln, um zu bestimmen, wann tatsächliche eine private Beweiserhebung vorliegt und wann, obwohl eine Privatperson handelt, materiell von einer staatlichen Beweiserhebung auszugehen ist, die den strengen Regeln der StPO unterliegt.

Bei allem Streit um die Grenzen materiell privater Beweisbeschaffung und um die Kriterien der staatlichen Zurechnung besteht über die grundsätzliche Erforderlichkeit dieser Zweiteilung Einigkeit[1607]. Bei dem Handeln einer Privatperson ist vor dem Hintergrund der Beweisverwertbarkeit somit stets in einem ersten Schritt zu ermitteln, ob eine Zurechnung zum Staat und damit die Anwendbarkeit strafprozessualer Regeln anzunehmen ist[1608]. Verneinendenfalls ist in einem zweiten Schritt zu prüfen, ob sich trotz materiell privatem Handelns ein Beweisverbot aus den Grundsätzen der Grenzen privater Beweisbeschaffung ergibt.

2. Selbstständige Beweisverwertungsverbote bei materiell privater Beweiserlangung

Steht fest, dass die Privatperson autark ohne staatliche Initiierung gehandelt hat, muss mangels Anwendbarkeit der StPO und seiner Beweiserhebungsverbote ein unselbstständiges Beweisverwertungsverbot ausscheiden. In Frage kommt allein ein selbstständiges Beweisverwertungsverbot. Die grundsätzliche Möglichkeit eines solchen ist ebenso anerkannt wie seine Beschränkung auf Ausnahmefälle. Unklar ist aber, unter welchen Umständen ein Beweisverwertungsverbot eingreifen soll[1609]. Streit herrscht hier weniger über die gefundenen Ergebnisse als vielmehr über deren dogmatische Begründung.

1606 *Dencker* StV 1994, 667 (671); *Lagodny* StV 1996, 167 (170); *Godenzi*, Private Beweisbeschaffung, S. 175; *Bosch*, Aspekte, S. 215 Fn. 400; der Begriff geht zurück auf *Fleiner*, Institutionen, S. 326.

1607 Vgl. *Beulke* in SSW-StPO Einl Rn. 301; *Rogall* in SK-StPO § 136a Rn. 12.

1608 Zu diesen Konstellation unten F. II.

1609 Die Rechtsprechung beschäftigte sich mit dieser Thematik primär aufgrund von rechtswidrig erstellten privaten Tonbandaufnahmen, s. BGH NJW 1989, 2760; BVerfG NJW 1989, 2760.

a. Das Meinungsspektrum

aa. Fallgruppen der h.M.

Die h.M. nimm ein selbstständiges Beweisverwertungsverbot an, wenn die Privatperson das Beweismittel unter Anwendung extrem menschenrechts- bzw. menschenwürdewidriger Methoden erlangt hat oder der Akt der Beweisverwertung selbst einen nicht gerechtfertigten Grundrechtseingriff darstellt[1610].

Bezüglich der zweiten Fallgruppe ist mit Blick auf die oft missverständlichen Formulierungen zunächst klarzustellen, dass die Beweisverwertung stets einen Grundrechtseingriff darstellt. Die erforderliche Rechtsgrundlage für die Einführung der Beweismittel in die Hauptverhandlung und der Verwertung bei der Urteilsfindung finden sich in §§ 244 Abs. 2 und 261 StPO[1611]. Die bei jedem Grundrechtseingriff vorzunehmende Verhältnismäßigkeitsprüfung wird hier nun nur ausnahmsweise einer Verwertung entgegenstehen. Hierunter fallen insbesondere Fälle, in denen der sog. *Kernbereich privater Lebensgestaltung* betroffen ist[1612].

Die Tatsache, dass das Beweismittel durch eine Privatperson erlangt wurde, ist hier für die Verwertbarkeit irrelevant[1613]. Die Unverwertbarkeit ist nicht etwa Folge der rechtswidrigen privaten Beweiserlangung, sondern beruht allein auf der Unverhältnismäßigkeit des Verwertungsakts[1614]. Sie beruht auf der Eigenart des Beweismittels an sich[1615].

Die erste Modalität hat vor allem Konstellationen im Blick, in der Privatpersonen foltern. Es dürfte nahezu allgemein anerkannt sein, dass ein von einer Privatperson durch Folter erlangtes Geständnis nicht verwertet werden darf[1616]. Uneinigkeit besteht aber über die Begründung dieses Ergebnisses. Wie bereits die Bezeichnung der Fallgruppe nahelegt, ließe sich mit der Verletzung der Menschenwürde bzw.

1610 Vgl. die Auflistung bei *Kölbel* NStZ 2008, 241 (242) und *Ostendorf* ZIS 2010, 301 (306); die dort als dritte Fallgruppe behandelte staatliche Auslösung privat-deliktischer Beweisbeschaffung stellt nach der hier vertreten Zweiteilung keinen Akt *materiell* privater Beweiserlangung dar, vgl. auch *Kölbel* aaO.

1611 BGH NJW 2013, 1827 (1830 Rn. 32); BVerfG NJW 2012, 907 (910 Rn. 120); *Rogall* JZ 2008, 818 (825); *El Ghazi/Merold* HRRS 2013, 412 (414); *Jahn* in 67. DJT, C68 ff. sah § 244 Abs. 2 auch als Rechtsgrundlage für die Verwertung an, anders dann aber *Schlothauer/Jahn* RuP 2012, 222 (224); a.A. *Dallmeyer*, Beweisführung, S. 123 ff.: jeweilige Erhebungsvorschrift.

1612 Vgl. hierzu des Rechtsprechung des BVerfG: BVerfG NJW 1990, 563; BVerfG NJW 2004, 999; BVerfG NJW 2008, 822; BVerfG NJW 2012, 907.

1613 *Godenzi* GA 2008, 504; *Kaspar* GA 2013, 206 (221); *Fezer* JuS 1979, 35 (36); *Beulke*, StrafprozessR, Rn. 480.

1614 *Godenzi* GA 2008, 504; *Kaspar* GA 2013, 206 (221).

1615 *Kölbel* NStZ 2008, 241 (Fn. 11).

1616 A.A. nur *Löffelmann*, Normative Grenzen, S. 223.

elementarer Menschenrechte durch die Privatperson argumentieren[1617]. Man stünde allerdings vor dem Problem, dass eine solche Verletzung voraussetzt, dass diese Rechte überhaupt gegenüber einer Privatperson gelten. Die nach wie vor h.M. lehnt eine unmittelbare Drittwirkung von Grundrecht jedoch aus guten Gründen ab[1618]. Auch eine unmittelbare Drittwirkung der Menschenwürde ist abzulehnen[1619]. Selbst soweit eine solche angenommen wird, ist anerkannt, dass die Schutzbereichsbestimmung für Verletzungen durch Private der Modifikation bedarf und insbesondere die Objekt-Formel hier wenig ertragreich ist[1620].

Auf Grundlage der Annahme einer lediglich mittelbaren Drittwirkung fehlt es an dem erforderlichen Vehikel in Form einer einfachgesetzlichen Vorschrift, um eine Verletzung der Menschenwürde anzunehmen[1621]. Die Begründung der Unverwertbarkeit mit einer „privaten Grundrechtsverletzung“ muss daher ausscheiden.

bb. Analogie zu § 136a StPO

Zu ähnlichen Ergebnissen wie die h.M. gelangt eine Minderansicht, die § 136a StPO analog heranzieht[1622]. Soweit dabei nur ein Teil der Methoden des § 136a StPO in Bezug genommen wird[1623], erscheint diese Ansicht bereits in sich unstimmig[1624]. Auch dogmatisch vermag der Bruch mit der im Übrigen nicht bestrittenen Unanwendbarkeit der StPO-Vorschriften nicht zu überzeugen[1625]. Vor allem scheitert eine Analogie auch bereits an den rechtsmethodischen Voraussetzungen: weder besteht eine planwidrige Regelungslücke[1626], noch ist die Interessenlage vergleichbar[1627]. Der Annahme der Planwidrigkeit der Regelungslücke steht entgegen, dass die StPO bewusst keine

---

1617 So *Benz*, Selbstbelastungen, S. 7; *Eckhardt*, Private Ermittlungsbeiträge, S. 21; *Bockemühl* in 23. Strafverteidigertag, S. 161 (165); *ders.*, Private Ermittlungen, S. 125; *Greve* ZIS 2014, 236 (240).

1618 S. grundlegend BVerfGE 7, 198; krit. *Bund/Huber* in Beulke-FS, S. 655 (669).

1619 *Störmer*, Dogmatische Grundlagen, S. 123; dezidiert *Godenzi*, Private Beweisbeschaffung, S. 208 ff.; a.A. *Eckhardt*, Private Ermittlungsbeiträge, S. 21; *Bockemühl* in 23. Strafverteidigertag, S. 161 (165); *ders.*, Private Ermittlungen, S. 125; *Greve* ZIS 2014, 236 (240).

1620 *Greve* ZIS 2014, 236 (241, 242).

1621 *Godenzi*, Private Beweisbeschaffung, S. 215 f.; *Jäger*, Beweisverwertung, S. 224.

1622 *Joerden* JuS 1993, 927 (928); *Jahn* JuS 2000, 441 (444); *ders.* in 67. DJT, C 102 und in Stöckel-FS, S. 259 (280 f.); *Gaede* StV 2004, 46 (52); ähnlich *Gundlach* in AK-StPO § 136a Rn. 13; *Gössel*, StrafverfahrensR, S. 193 will die Vorschrift wohl sogar direkt anwenden.

1623 *Lesch* GA 2000, 354 (370): soweit zugleich ein Straftatbestand verletzt wird; ebenso *Keller* in Grünwald-FS, S. 267 (280).

1624 *Kaspar* GA 2013, 206 (222, Fn. 119).

1625 *Godenzi* GA 2008, 500 (507).

1626 *Rogall* JZ 2008, 818 (828); *Godenzi*, Private Beweisbeschaffung, S. 189; zweifelnd *Dubois*, Verwertbarkeit, S. 58.

1627 *Dubois*, Verwertbarkeit, S. 64; a.A. *Kottek*, Die Kooperation, S. 176.

Regeln über private Beweismittelerlangung enthält[1628]. Gelegentlich wird behauptet, die Historie stehe einer Analogie nicht nur nicht entgegen, sondern lege sie geradezu nahe[1629]. Es wird darauf verwiesen, dass die Norm als Reaktion auf das NS-Regime Gesetz geworden ist und während jener Zeit gerade nichtstaatliche Organisationen an den Rechtsstaatsverstößen beteiligt gewesen seien[1630]. Dieser Hinweis geht jedoch insofern fehl, als das es sich bei den angesprochenen Organisationen nach heutiger Dogmatik nicht um materiell private Ermittlungstätigkeit handeln dürfte, sondern aufgrund ihrer Einbindung in den staatlichen Machtapparat vielmehr eine Zurechnung zu den Staatsorganen zu erfolgen hätte[1631]. Die Historie ließe sich daher lediglich für Fälle staatlich initiierte Befragungen fruchtbar machen[1632]. Für derartige Konstellationen funktional staatlicher Tätigkeit ist eine Analogie in der Tat zu diskutieren (s.u. F. II. 1. b. cc. (ii))), eine planwidrige Regelunglücke für materiell private Ermittlungen lässt sich so jedoch nicht begründen. Erwägenswert wäre allenfalls die Annahme einer nachträglichen planwidrigen Regelungslücke für private Ermittlungen, die eine Qualität erreichen, die der historische Gesetzgeber nicht vorhergesehen hat[1633].

Jedenfalls ist aber die Interessenlage nicht vergleichbar. Die Beweiserhebungsvorschriften sind Schranken staatlicher Hoheitsbefugnisse[1634]. Bei Privatpersonen, denen gerade keine Zwangsbefugnisse zukommen, kann sich eine derartige Interessenlage nicht stellen. Da es entscheidend auf das Vorhandensein solcher Befugnisse und nicht allein auf das Über-Unterordnungsverhältnis ankommt, trägt der bloße Hinweis darauf, dass auch Privatrechtverhältnisse subordinativen Charakter haben können, die Forderungen nach einer analogen Anwendung nicht[1635]. Eine analoge Anwendung des § 136a auf private Beweiserlangung kommt somit nicht in Betracht. Es ist sicherlich richtig, von Privatpersonen durch Foltermethoden erlangte Beweismittel nicht zu verwerten. Eine Analogie zu § 136a stellt jedoch keinen überzeugenden Weg zur Erlangung dieses Ergebnisses dar. Eine gewisse mittelbare Bedeutung wird man dieser Vorschrift allerdings insoweit zuzuweisen haben, als dass sie Ausdruck eines rechtsstaatlichen Denkens ist[1636]. Auf keinen Fall

---

1628 *Reeb*, Internal Investigations, S. 122; *Godenzi*, Private Beweisbeschaffung, S. 189.

1629 *Mende*, Grenzen, S. 221 f.; *Jahn* in 67. DJT, C103.

1630 *Jahn* in 67.DJT, C102 f; *Mende*, Grenzen, S. 221; krit. zu dieser Argumentation *Rogall* JZ 2008, 818 (828); vgl. *Sendler*, Die Verwertung, S. 64 f., der auf diesen Umstand hinweist, hierauf aber nicht die Forderung einer analogen Anwendung gründet.

1631 *Kaspar* GA 2013, 206 (212).

1632 So dann auch *Mahlstedt*, Die verdeckte Befragung, S. 155.

1633 So *Kottek*, Die Kooperation, S. 175 für „SEC-Untersuchungen", s. dazu unten F. III. 2. b u. c.; unklar *Mende*, Grenzen, S. 220, 225, der die Analogie zunächst „jedenfalls bei zielgerichteter und systematischer Ermittlungstätigkeit" erwägt, dann aber ausdrücklich eine Analogie für „generell jede rechtswidrige Beweiserlangung" befürwortet.

1634 *Bernsmann* in 22. Strafverteidigertag, S. 151 (158); *Reeb*, Internal Investigations, S. 122; *Bieneck*, Private Ermittlungen, S. 178.

1635 *Reeb*, Internal Investigations, S. 122 Fn. 64.

1636 *Gleß* in LR-StPO § 136a Rn. 12.

lässt sich aus der Unanwendbarkeit der Vorschrift i.S.e. Umkehrschlusses folgern, dass die Anwendung solcher Vernehmungsmethoden durch Privatpersonen für die Beweisverwertbarkeit folgenlos ist; die Frage ist vielmehr unter Rückgriff auf die allgemeine Beweisverbotsdogmatik zu bewältigen[1637].

cc. Materielle Strafrechtswidrigkeit als Anknüpfungspunkt, sog. Einheitsthese

Zu grundsätzlich weitergehender Unverwertbarkeit gelangt man, wenn man solche Beweismittel von der Verwertung ausschließt, die die Privatperson in strafrechtswidriger Weise erlangt hat[1638]. „Strafrechtswidrig" in diesem Sinne ist das Vorgehen der Privatperson zunächst, wenn es einen Straftatbestand erfüllt. Bezüglich der Rechtswidrigkeit ist zu differenzieren: Eine strafrechtliche Rechtfertigung soll der Beweiserlangung nur dann den Makel nehmen, wenn sie „bis zur Rechtskraft fortwirken", also nicht nur den Akt der Erlangung, sondern auch der staatlichen Verwertung rechtfertigen[1639]. Hierbei ist zu beachten, dass sich aus dem Ermittlungsinteresse kein genereller Rechtfertigungsgrund ableiten lässt[1640]. Insbesondere Fälle privater Folter, in denen eine Rechtfertigung jedenfalls diskutiert wird[1641], führten nach dieser Ansicht, ebenso wie nach der h.M. stets zur Unverwertbarkeit. Der strafrechtlichen Schuld wird keine Relevanz beigemessen[1642]. Teilweise wird diese Ansicht mit der Einschränkung vertreten, die Strafrechtwidrigkeit solle jedenfalls dort zu Unverwertbarkeit führen, wo gezielte Ermittlungen der Privatpersonen vorliegen[1643].

1637 *Gleß* in LR-StPO § 136a Rn. 12; *Rogall* in SK-StPO § 136a Rn. 12; für die Möglichkeit eines Umkehrschlusses aber *Kottek*, Die Kooperation, S. 118.

1638 *Sydow*, Kritik, S. 100 ff., *Raum* StraFo 2012, 395 (398); *Müssig* GA 1999, 119 (138); *Bernsmann* in 22. Strafverteidigertag, S: 151 (157); so auch der Beschluss der Abteilung Strafrecht des DJT, 67. DJT, Sitzungsberichte, L180; *Lesch* GA 2000, 355 (370): bei Beeinträchtigung der Willensentschließungs- und -betätigungsfreiheit durch Verletzung einer Strafrechtsnorm.

1639 *Frank*, Verwertbarkeit, S. 94 f.

1640 *Dubois*, Verwertbarkeit, S. 162.

1641 Ob die für Folter durch Staatsorgane vertretenen Schranken der strafrechtlichen Rechtfertigung auch für Privatpersonen gelten, ist umstritten; s. einerseits *Jerouschek* JuS 2005, 296 (300); andererseits *Lüderssen* in Rudolphi-FS, S. 691 (699, 705); umfassend *Greve* ZIS 2014, 236. Eine nicht unbeträchtliche Meinung hält auch den Amtsträger für *strafrechtlich* gerechtfertigt, s. etwa *Erb* in MüKo-StGB § 32 Rn. 193 ff. mwN.; *Jerouscheck* aaO.

1642 Vgl. *Frank*, Verwertbarkeit, S. 55 ff.; *Dubois*, Verwertbarkeit, S. 150 ff.

1643 So *Dubois*, Verwertbarkeit, S. 154 („Beweistendenz"); *Amelung*, Informationsbeherrschungsrechte, S. 64; ähnlich auch *Bernsmann* in 22. Strafverteidigertag, S. 151 (157 ff.), der Ausnahmen für Beweise erwägt, die lediglich bei Gelegenheit einer Straftat gewonnen wurden; sowie *Lammer* in 67. DJT, Sitzungsberichte, L127, der gezielte private Ermittlungen stets an staatlichen Grundsätzen messen will, hiergegen *Jahn* in 67. DJT, Sitzungsberichte, L142.

Das Abstellen auf die Strafrechtswidrigkeit wird von der h.M. jedoch zu Recht abgelehnt. Es ist zwischen der Beweiserhebung und der Beweisverwertung zu differenzieren. Dabei ist von einer prozessordnungsgemäßen Beweiserhebung auszugehen[1644]. Die Tatsache, dass die Privatperson bei der Beweiserlangung gegen Strafrecht verstoßen hat, zieht nicht die Prozessordnungswidrigkeit der Beweiserhebung nach sich[1645]. Dies ergibt sich auch nicht aus der „Einheit der Rechtsordnung"[1646]: Die Strafrechtswidrigkeit wird ja gar nicht bestritten, ihr wird lediglich die strafprozessuale Relevanz abgesprochen[1647]. Angesichts der unterschiedlichen Zielsetzungen von Prozessrecht und materiellem Strafrecht begründet dies auch keinen Wertungswiderspruch[1648]. Die Privatperson ist an die Vorschriften der StPO nicht gebunden. Die Normen des StGB stellen nach Systematik und Schutzzweck nicht etwa Beweisvorschriften für private Ermittlungen dar[1649]. Der staatliche Akteur, der das Beweismittel lediglich entgegennimmt, verhält sich prozessrechtlich einwandfrei. Die Behauptung der pflichtwidrigen Übernahme strafrechtswidrig erlangter Beweismittel ist zirkelschlüssig: Den Beweis einer entsprechend Pflicht zur Nichtübernahme gilt es gerade zu führen[1650]. Trotz Strafrechtswidrigkeit des Verhaltens der Privatperson fehlt es somit an einem prozessordnungswidrigen Erhebungsakt als Anknüpfungspunk für ein Beweisverwertungsverbot.

Anders verhält sich dies, wenn das Strafverfolgungsorgan i.S.d § 28 Abs. 1 StGB an dem Delikt der Privatperson teilnimmt. In diesem Fall stehen nicht nur privatdeliktisch erlangte Beweismittel in Rede, sondern es geht um die Frage, ob die Verwertung eines Beweismittels zulässig ist, das ein Staatsorgan durch die Begehung einer Straftat erlangt hat. Auch hier muss zunächst gelten, dass materielle Straftatbestände keine Beweiserhebungsvorschriften sind. Ein solches Vorgehen verstößt aber gegen das rechtsstaatliche Gesetzmäßigkeitsprinzip (Art. 20 Abs. 3 GG)[1651]. Aus dem Rechtsstaatsprinzip ist daher das Verbot abzuleiten, Beweismittel unter Verstoß gegen Strafvorschriften zu erheben. Der Verstoß gegen dieses Verbot – und damit nur mittelbar die Strafvorschrift – begründet die Prozessordnungswidrigkeit und bildet den Anknüpfungspunkt für ein (unselbstständiges) Beweisverwertungsverbot[1652]. Man wird diesem Verbot im Übrigen derartiges Gewicht einzuräumen haben, dass ein

---

1644 *Godenzi* GA 2008, 500 (513).

1645 *Kleinknecht* NJW 1966, 1537 (1542).

1646 Dieses im Zivilprozessrecht geläufige Argument (*Siegert* NJW 1957, 689 (690), wird für den Strafprozess ohnehin ganz überwiegend abgelehnt (s. *Kaspar* GA 2013, 206 (2011 Fn. 41); in diese Richtung aber *Sydow*, Kritik, S. 101: „Doppelmoral".

1647 Vgl. *Rogall* JZ 2008, 818 (828).

1648 *Jäger*, Beweisverwertung, S. 223 f.

1649 *Kaspar* GA 2013, 206 (211); *Rogall* in SK-StPO § 136a Rn. 17; *Kleinknecht* NJW 1966, 1537 (1542); *Eckhardt*, Private Ermittlungsbeiträge, S. 22; *Jäger* GA 2008, 473 (493).

1650 *Godenzi*, Private Beweisbeschaffung, S. 235; *Rödiger*, Strafverfolgung, S. 243.

1651 *Kaspar* GA 2013, 206 (2011).

1652 *Kaspar* GA 2013, 206 (2011): Rechtsstaatsprinzip als „verbindende Klammer", das dem Strafrechtsverstoß prozessuale Relevanz verleiht.

Verstoß, also die Begehung einer Straftat durch ein Staatsorgan, stets zur Unverwertbarkeit der so erlangten Beweismittel führen muss[1653]. An jenem Bindeglied, das den materiell-strafrechtlichen Normen mittelbare prozessrechtliche Relevanz verleiht, fehlt es für die privatdeliktische Beweiserlangung. Ein entsprechendes Rechtsstaatsgebot, das der bloßen Entgegennahme privat-deliktisch erlangter Beweismittel entgegenstünde, existiert nicht[1654]. Der Ansatz, der Staat würde „Hehler des Beweismaterials"[1655] trägt nicht[1656]. Es fehlt gerade an jeglicher Zurechnungsmöglichkeit.

Dass die StPO im Grundsatz die Verwertung strafrechtswidrigen Verhaltens zulässt, zeigt das Beispiel der Berufsgeheimnisträger[1657]. Ein solcher macht sich strafbar, wenn er ihm anvertraute Geheimnisse offenbart, § 203 StGB. Die StPO enthält aber nun keineswegs ein Verbot der Aussage von Berufsgeheimnisträgern, sondern stellt diesem lediglich ein Zeugnisverweigerungsrecht zur Seite. Indem dessen Ausübung ihm anheimgestellt wird, wird somit gerade auch die Möglichkeit einer Aussage anerkannt, zu der der Berufsgeheimnisträger nicht verpflichtet ist und mit der er seiner strafbewehrten Verschwiegenheitspflicht zuwiderhandelt. Die Rechtsprechung lehnt ein Verwertungsverbot für derartige Aussagen daher zu Recht ab[1658]. Auch soweit für ein Beweisverwertungsverbot eingetreten wird, wird der unmittelbare Anknüpfungspunkt nicht in der materiellrechtlichen Strafbarkeit sondern in der Verletzung einer Fürsorgepflicht durch das Gericht erblickt[1659]. Die Annahme einer solchen lässt sich mit der gesetzgeberischen Wertentscheidung, den Konflikt mit einem Zeugnisverweigerungsrecht und nicht mit einem Vernehmungsverbot zu lösen, aber nur schwer vereinbaren. Eine Fürsorgepflicht kann lediglich als Grundlage einer Belehrungspflicht anerkannt werden, wenn der Berufsgeheimnisträger sein Verweigerungsrecht nicht kennt[1660]. Aus ihr kann aber keine Pflicht erwachsen, den bewusst seiner Verschwiegenheitspflicht zuwider Handelnden an der Aussage zu hindern[1661].

1653 *Trüg/Habetha* NStZ 2008, 481 (490); a.A. BVerfG NStZ 2011, 103, das zu Unrecht keine spezifische verfassungsrechtliche Relevanz erkennt, immerhin steht ein Verstoß gegen das Rechtsstaatsprinzip im Raum; s. auch VerfGH Rheinland-Pfalz NJW 2014, 1434 (1437). Ob sich die staatlichen Akteure in der zugrunde liegenden Konstellation durch den Ankauf von Steuer-DVDs tatsächlich strafbar gemacht haben, ist allerdings umstritten, s. *Ostendorf* ZIS 2010, 301 (303 ff); *Trüg/Habetha* NJW 2008, 887 (887 ff.) jeweils mwN.

1654 Vgl. *Rogall* JZ 2008, 818 (828): keine Pflicht zur Zurückweisung.

1655 *Schmidt-Leichner* in 46. DJT, Sitzungsberichte, F139; *Joerden* JuS 1993, 927 (928); *Schroeder/Verrel*, StrafprozessR, Rn. 132; ähnlich *Götting*, Beweisverwertungsverbote, S. 297: „Komplize[] des Rechtsbrechers".

1656 *Jäger* GA 2008, 472 (493); *Rogall* JZ 2008.

1657 *Kleinknecht* NJW 1966, 1537 (1541 f.); *Rogall* JZ 2008, 818 (828).

1658 BGHSt 9, 59; zust. *Finger* JA 2006, 529 (533); a.A. *Fezer* JuS 1978, 472 (472); *Wichmann*, Berufsgeheimnis, S. 269; *Beulke* in SSW-StPO Einl. Rn. 279.

1659 *Fezer* JuS 1978, 472 (473).

1660 BGH, *Urt.* v. 20.05.1980 – 1 StR 177/80, juris, Rn. 5; *Meyer-Goßner*, StPO, § 53 Rn. 44.

1661 a.A. *Fezer* JuS 1978, 472 (473).

Die Tatsache, dass die Privatperson das Beweismittel unter Verstoß gegen Strafrechtsvorschriften erlangt hat, führt somit nicht per se zur Unverwertbarkeit[1662].

Unzweifelhaft unzulässig ist eine Verwertung hingegen dort, wo sie auch im Fall rechtmäßiger Erlangung nicht hätte stattfinden dürfen. So liegt es im Fall des § 355 StGB. Gibt ein Mitarbeiter der Finanzbehörden unter Verstoß gegen das Steuergeheimnis und damit nach § 355 StGB strafbar Informationen an die Strafverfolgungsbehörden weiter, sind diese unverwertbar. Entscheidender Umstand ist hier aber nicht die Strafbarkeit der Informationsweitergabe, sondern der besondere Schutz des Steuergeheimnisses gegenüber strafprozessualen Erkenntnisinteressen[1663].

b. Der eigene Standpunkt

Die Unverwertbarkeit der Ergebnisse privater Folter ist grundsätzlich konsentiert. Der Grund hierfür liegt in der grundlegenden Ablehnung derartiger Methoden. Eben an jenem Ursprung dieser allgemeinen Meinung sollte nun auch das Lösungskonzept ansetzen. Die materielle Strafrechtswidrigkeit, die angesichts der ernsthaft diskutierten Rechtfertigungsmöglichkeit auch nicht ohne weiteres gegeben ist, erscheint demgegenüber zweitrangig. Die verbreitete Bereitschaft, eine Rechtfertigung anzunehmen[1664], dokumentiert vielmehr, dass materiell strafrechtliches Unrecht hier nicht ohne weiteres angenommen werden kann, während die weitgehende Einigkeit über die Unverwertbarkeit zeigt, dass die Verwertung durch Folter erlangter Beweise unzweifelhaft prozessuales Unrecht darstellt. Es zeigt sich so, dass zwischen beidem kein zwingender Zusammenhang besteht. Die materielle Strafrechtswidrigkeit der privaten Beweiserlangung ist somit kein tauglicher Anknüpfungspunkt für ein Beweisverwertungsverbot.

Die dargestellten Ansätze sind allesamt von der Prämisse getragen, die Privatperson und ihr Fehlverhalten für die Strafverfolgungsorgane zu vereinnahmen. Dieser Weg erscheint nicht gangbar, zumal man eine staatliche Zurechnung für diese Konstellation gerade abgelehnt hat. Der Schlüssel dürfte vielmehr darin liegen, auf den Akt der Beweisverwertung abzustellen[1665]. Dieser bildet als staatliche Handlung einen tauglichen Anknüpfungspunkt für die, die Staatsorgane bindenden, Maßstäbe von Verfahrensfairness und Rechtsstaatlichkeit. Durch die Verwertung macht sich der Staat das privat erlangte Beweismittel zu eigen. Die Eigenständigkeit des Verwertungs- gegenüber dem Erhebungsakt zeigt sich in der Möglichkeit selbstständiger Beweisverwertungsverbote wie auch in der

---

1662 *Rogall* JZ 2008, 818 (828); *Ambos*, Beweisverwertungsverbote, S. 107.

1663 *Rogall* in Kohlmann-FS, S. 465 (489).

1664 S. Fn. 1641.

1665 Im Ausgangspunkt ebenso: *Trüg/Habetha* NStZ 2008, 481 (488); *Hassemer/Matussek*, Opfer, S. 76 f.; *Störmer*, Dogmatische Grundlagen, S. 131; *Kalb*, Die funktionale Begründung, S. 176 f; *Ambos*, Beweisverwertungsverbote, S. 110; *Reeb*, Internal Investigations, S. 129 f.; *Jäger*, Beweisverwertung, S. 222; *Bockemühl*, Private Ermittlungen, S. 124 f.

allgemeinen Beweisverbotsdogmatik, die einen Automatismus zwischen Beweiserhebungsverstoß und Verwertungsverbot ablehnt[1666]. An dieser Stelle können also durchaus Wertungen einfließen, die bei der Beweiserhebung unberücksichtigt geblieben sind. In diesem Fall wird man die Parallele zum staatlichen Torturverbot zu ziehen haben. Die evidente Rechtsstaatswidrigkeit der Folter verbietet nicht nur die Verwertung von durch staatliche Foltermethoden erlangten Aussagen, sondern untersagt dem Staat auch, sich durch private Folter erlangte Beweismittel anzueignen. Hier geht es letztlich um das Ansehen und die Integrität des rechtsstaatlichen Strafverfahrens als solches[1667]. Eine Verfahrensordnung, die den Anspruch der Rechtsstaatlichkeit erhebt, muss sich der Verwertung von Folter-Beweisen versagen, unabhängig davon, ob sie durch die eigenen Repräsentanten produziert oder lediglich übernommen wurden[1668]. Dieser Gedanke kommt auch in Art. 15 UN-Antifolterkonvention[1669] zum Ausdruck, der die Verwertung von Folterbeweisen unabhängig von der Erhebung untersagt. Es ist somit als unselbstständiges Verwertungsverbot ausgestaltet. Anders als in den im Übrigen parallel gelagerten Fällen der Folter durch ausländische Behörden lässt sich ein solches unselbstständiges Verwertungsverbot hier aber nicht unmittelbar auf Art. 15 UN-Antifolterkonvention stützen[1670], da Folter i.S.d. Konvention staatliches Handeln voraussetzt, Art. 1 UN-Antifolterkonvention[1671].

1666 *Jäger*, Beweisverwertung, S. 137, der dies als „Trennungs- und Abstraktionsprinzip“ bezeichnet.

1667 *Kleinknecht* NJW 1966, 1537 (1543); *Ambos* Beweisverwertungsverbote, S. 110; *Rogall* JZ 2008, 818 (828); *Ranft* in Spendel-FS, S. 719 (736); vgl. auch *Keller* in Grünwald-FS, S. 267 (273).

1668 Vgl. *Schroth* JuS 1998, 969 (979): „Beweismittel, die eines Rechtsstaats unwürdig sind“.

1669 Übereinkommen gegen Folter und andere grausame, unmenschliche oder erniedrigende Behandlung oder Strafe vom 10. Dezember 1984 (BGBl. 1990 II S. 246).

1670 *Weßlau* in Das Folterverbot, S. 69 (75). Steht die Unverwertbarkeit von von ausländischen Behörden durch Folter erlangter Aussagen somit fest, stellt das wahre Problem der Praxis die Feststellung solcher Methoden dar, vgl. OLG Hamburg NJW 2005, 2326. Angesichts des Legitimitätsverlusts, den bereits der begründete Verdacht der Verwertung von Folterbeweisen auf das Verfahren hat, wird man sich nicht auf die fehlende Anwendbarkeit des Zweifelssatzes – mag sich diese auch in Art. 15 UN-Antifolterkonvention stützen lassen – zurückziehen können, so aber OLG Hamburg aaO. (2330). Auch die neuere Rechtsprechung des EGMR ist hier strenger, EGMR, *Urt.* v. 25.9.2012, El Haski v. Belgien, 649/08, Rn. 90 ff., 96., s. zum Urteil *Heine* NStZ 2013, 680 (680 ff.). Dass die vom OLG Hamburg verwerteten Aussagen unter Folter zustande gekommen sind, steht mittlerweile fest, Committee Study of the Central Intelligence Agency's Detention and Interrogation Program, S. 75 ff., 81 ff.

1671 Der hier verwendete Begriff der „privaten Folter“ stellt somit streng genommen ein Oxymoron dar, aufgrund seiner Griffigkeit und Geläufigkeit soll jedoch an ihm festgehalten werden.

Die Unverwertbarkeit solcher Beweismittel ist das Ergebnis rechtsstaatlicher normativer Erwägungen. Die Tatsache, dass ihnen regelmäßig ein geringer Beweiswert zukommt, ist ein ergänzender, jedoch nicht der ausschlaggebende Gesichtspunkt[1672]. Ein auf Beweisqualitätsaspekte gestütztes Beweisverwertungsverbot gerät stets in eine gewisse Friktion mit dem Grundsatz der freien Beweiswürdigung und sich zudem dem Einwand ausgesetzt, dass der Makel eines geringen Beweiswertes durch ergänzende Beweismittel ausgemerzt werden könnte[1673]. Den hier entscheidenden rechtsstaatlichen Makel verliert das durch Folter erlangte Geständnis aber gerade auch dann nicht, wenn durch ergänzende Beweismittel bewiesen wird, dass es der Wahrheit entspricht.

Aus den obigen Ausführungen ergibt sich bereits, dass es sich bei den zwei Fallgruppen der h.M. nicht um zwei grundlegend verschiedene Konstellationen handelt. Dadurch, dass auch in der Konstellation der menschenwürdewidrigen privaten Beweiserlangung nicht der Erhebungs- sondern erst der Verwertungsakt die Grundlage des Verwertungsverbots bildet, geht es somit in beiden Fällen um die Unzulässigkeit der Beweisverwertung aus übergeordneten verfassungsrechtlichen Gründen. Die Differenzierung hat aber insofern systematisierenden Wert, als dass sich die Beweisverwertung in der ersten Fallgruppe gerade verbietet, *weil* die Privatperson zu entsprechenden Methoden gegriffen hat, und in der zweiten ein Verwertungsverbot auch hiervon unabhängig eingreifen würde. Der Akt der privaten Beweisbeschaffung hat im ersten Fall also mittelbare Bedeutung[1674].

3. Drittwirkung des nemo-tenetur-Satzes?

Neben der Problematik der grundsätzlichen Kriterien der Verwertbarkeit privat erlangter Beweismittel, stellt sich die Frage, welche Rolle dem nemo-tenetur-Grundsatz in diesem Zusammenhang zukommt.

Bereits an anderer Stelle hat sich gezeigt, dass dem Grundsatz in privaten Rechtsverhältnissen nur wenig Bedeutung beigemessen werden kann[1675]. Dies hat weniger mit einer pauschalen Beschränkung auf staatliche Sachverhalte, als damit zu tun, dass Ausweitung des Anwendungsbereichs sich regelmäßig nicht ohne Modifikation seiner Tatbestandsvoraussetzungen begründen lässt. So liegt es auch hier. Auch wenn man – ausgehend von den dargestellten Lösungskonzepten zur privaten Beweiserlangung – die Anwendbarkeit einzelner StPO-Vorschriften auf

1672 a.A. *Jäger* GA 2008, 473 (493); *ders.* Beweisverwertung, S. 222; s. auch *Eisenberg*, Beweisrecht, Rn. 401, nach dem die Verwertung eines auf diese Weise zu Stande gekommenen Geständnisses jedenfalls i.d.R. schon mangels Glaubwürdigkeit auszuscheiden habe.

1673 *Jäger*, Beweisverwertung, S. 222 hält dann konsequent mittelbar erlangte Beweismittel für verwertbar.

1674 *Störmer*, Dogmatische Grundlagen, S. 133; *Godenzi*, Private Beweisbeschaffung, S. 231; *Brunhöber* GA 2010, 571 (586).

1675 E. II. 3. b.

Privatpersonen oder eine unmittelbare Drittwirkung von Grundrechten, insbesondere der Menschenwürde, befürwortet, lässt sich hieraus keine Anwendbarkeit des nemo-tenetur-Grundsatzes auf (materiell) private Befragungen ableiten. Der Grundsatz beinhaltet die Freiheit von *staatlichem* Aussagezwang. Hält man an dieser Schutzbereichsbestimmung fest, kann er also von vornherein tatbestandlich nicht einschlägig sein. Mag man auch seine grundsätzliche Anwendbarkeit über § 136a StPO analog oder Art. 1 GG zu begründen versuchen, so kann sein Schutzgut doch nie betroffen sein, solange die Befragung materiell privater Natur ist. Um einer unmittelbaren Relevanz des nemo-tenetur-Grundsatzes für private Befragungen begründen zu können, müsste man also nicht nur die Anwendbarkeit des Grundsatzes im Privatrechtsverhältnis bejahen, sondern zugleich seine Tatbestandsvoraussetzungen dahingehend modifizieren, dass man privat ausgeübten faktischen Zwang für das Eingreifen des Grundsatzes genügen lässt[1676]. Der Verzicht auf das Erfordernis rechtlichen Zwanges liegt, wie dargelegt, nahe, wenn man die ratio des Grundsatzes allein in Zumutbarkeitserwägungen erblickt[1677]. Nach der hier vertretenen Konzeption kann dem nemo-tenetur-Grundsatz ein solcher Inhalt jedoch nicht zukommen. Wie dargestellt, handelt es sich bei diesem Grundsatz um ein die Verfahrenssubjektivität und die Prozessstruktur gewährleistendes Justizgrundrecht[1678]. Aufgrund dieses Charakters ist er untrennbar verbunden mit dem Erfordernis der Staat-Bürger-Beziehung. Sein Schutzbereich ist stets staatsgerichtet. Die Möglichkeit der Verletzung der Selbstbelastungsfreiheit durch eine Privatperson existiert nicht[1679]. In rein privatrechtlichen Fällen kann ihm daher keine (unmittelbare) Bedeutung zukommen.

Es wurde bereits angedacht, dass der staatlichen Akt der Beweisverwertung einen ausreichenden Anknüpfungspunkt für den staatsgerichteten nemo-tenetur-Grundsatz darstellen könnte[1680].

Dies fügt sich in das hier gefundene Ergebnis, dass der Schlüssel zur Lösung der Problematik privater Beweiserlangung nie in der Erstreckung strafprozessualer Normen auf innerprivate Verhältnisse, sondern in am Akt der Verwertung ansetzender Überlegungen liegt. Auf dieser Grundlage erscheint es auch möglich, dem nemo-tenetur-Grundsatz bei der Frage der Verwertbarkeit Relevanz beizumessen.

1676 So *Pfordte* in DAV-FS, S. 740 (754); in diese Richtung auch *Störmer*, Dogmatische Grundlagen, S. 132.

1677 S.o. B. III. 2. a.

1678 S.o. B. III. 2. c.; B. IV.

1679 *Wewerka*, Internal Investigations, S. 267; *Dubois*, Verwertbarkeit, S. 86, 87; Böse, Wirtschaftsaufsicht, S. 445; Reiß, Besteuerungsverfahren, S. 197; *Benz*, Selbstbelastungen, S. 6; a.A. *Störmer*, Dogmatische Grundlagen, S. 132; *Eisenberg*, Beweisrecht, Rn. 400; *Otto* in Kleinknecht-FS S. 318 (326); *Pfordte* in DAV-FS, S. 740 (755); *Wolter* in SK-StPO Vor § 151 Rn. 139 f.; *Rogall* in SK-StPO § 136a Rn. 15; *ders.* ZStW 91 (1979), 1 (42); s. aber *dens.* in SK-StPO Vor §§ 133 Rn. 161: „nicht unmittelbar verpflichtet“.

1680 E. II. 3. b.

Allerdings lässt sich der nemo-tenetur-Satz keiner der dargestellten Fallgruppen zuordnen. Ein Verwertungsverbot greift hiernach, wenn dem Beweismittel aufgrund der Umstände der Erlangung der Vorwurf grober Rechtsstaatswidrigkeit anhaftet oder das Beweismittel also solches dem geschützten Kernbereich privater Lebensgestaltung entstammt.

Mangels Einschlägigkeit der Selbstbelastungsfreiheit in der privaten Befragungssituation fehlt es an der für die erste Fallgruppe entscheidendem Verhaltensvorwurf an die Privatperson. Auch die zweite Fallgruppe ist nicht einschlägig. Ausschlaggebend ist hier, dass das Beweismittel unabhängig von der Art der Erlangung sakrosankt ist[1681]. Dies trifft auf selbstbelastende Angaben des Beschuldigten nicht zu. Für den nemo-tenetur-Satz wurde bereits wiederholt betont, dass die Art der Erhebung und nicht die Information an sich das den Schutz auslösende Moment darstellt[1682]. Eine Zuordnung des nemo-tenetur-Grundsatzes zu dem Sphärenmodell des Persönlichkeitsrechts ist daher abzulehnen[1683].

Abweichend von den genannten Fallgruppen, sind die hier zu behandelnden Konstellationen vielmehr dadurch gekennzeichnet, dass das Verhalten der Privatpersonen isoliert betrachtet nicht zu beanstanden ist und auch die erlangte Information nicht als per se schutzwürdig erscheint. Bedenken gegen die Verwertbarkeit resultieren vielmehr aus anderen Umständen. So sind es insbesondere die Inkongruenzen zwischen staatlichen und privaten Ermittlungen, die zweifeln lassen, ob eine schrankenlose Verwertbarkeit privater Befragungsergebnisse der richtige Lösungsweg sein kann.

Erforderlich ist also ein Modell, das am Aspekt der staatlichen Verwertung ansetzt und an diesem Punkt prüft, inwieweit die dargestellten Inkongruenzen Auswirkungen auf die Verwertbarkeit haben müssen.

Bisher existieren zwei Ansätze die sich hierfür fruchtbar machen ließen: Die Idee der staatlichen Schutzpflichten[1684] und die Hypothese staatlicher Beweiserhebung[1685].

Im Zusammenhang mit den staatlichen Schutzpflichten wird dann auch eine „mittelbare Drittwirkung" der Selbstbelastungsfreiheit proklamiert[1686]. Diese Ansicht

---

1681 *Kölbel* NStZ 2008, 241 (242 Fn. 11).

1682 S.o. B. III. 2. b.; C. III.; E. III. 1. a. bb. (ii).

1683 *Reiß*, Besteuerungsverfahren, S. 165.

1684 *Rogall* ZStW 91 (1979), 1 (41); *ders.* in SK-StPO § 136a Rn. 13; *ders.* JZ 1996, 944 (949); *Ambos*, Beweisverwertungsverbote, S. 108; *Hassemer/Matussek*, Opfer, S. 77; *Götting*, Beweisverwertungsverbote, S. 299 ff.

1685 *Godenzi*, Private Beweisbeschaffung, S. 239 ff.; *dies* GA 2008, 501 (512 ff.), *Reeb*, Internal Investigations, S. 140 ff.; ähnlich auch *Ambos*, Beweisverwertungsverbote, S. 109; *Götting*, Beweisverwertungsverbot, S. 302; *Kruse*, Compliance und Rechtsstaat, S. 206 f. *Zerbes* ZStW 2013, 551 (564) hält diesen Ansatz bezogen auf Sachbeweise für „durchaus überzeugend", für Aussagen aber ungeeignet.

1686 *Rogall*, der Beschuldigte, S. 153; *ders.* in SK-StPO Vor §§ 133 ff. Rn. 161; *ders.* NStZ 1989, 288; zust. *Kottek*, Die Kooperation, S. 128 f.; hiergegen *Geppert* DAR 301 (305 f.).

sieht sich allerdings zwei gewichtigen Einwänden ausgesetzt. Zum einen bleibt sie die Erklärung schuldig, warum der Staat seine Schutzpflicht nicht bereits erfüllt, indem er das Verhalten unter Strafe stellt, und zum anderen vermag sie nicht zu begründen, warum sich der anerkanntermaßen weite Entscheidungsspielraum bei der Schutzpflichterfüllung hier gerade auf ein Beweisverwertungsverbot reduzieren soll[1687]. Weiter lässt sich einwenden, dass grundrechtliche Schutzpflichten als Grundlage einer Beweisverbotsdogmatik zudem wenig geeignet sind, da sie sich primär an den Gesetzgeber richten und ihre Konkretisierung nicht richterlichen Einzelfallentscheidungen überlassen bleiben kann[1688].

Neben diesen grundsätzlichen Einwänden gegen die Lehre vermag auch die Konstruktion der mittelbaren Drittwirkung nicht zu überzeugen. Das Eingreifen einer Schutzplicht setzt die tatbestandliche Einschlägigkeit in der privaten Befragungssituation voraus. Erforderlich ist daher das Bestehen einer Selbstbelastungspflicht[1689]. Weist der Ansatz der Schutzpflicht jedenfalls eine gewisse Plausibilität zur Begründung von Verwertungsverboten in den Fällen privater Folter auf, fehlt ihm diese in nemo-tenetur-Konstellationen. Eine staatliche Schutzpflicht bezüglich der körperlichen Unversehrtheit und der Menschenwürde besteht unbestreitbar. Den Nachweis einer, nicht selbstverständlichen, Schutzpflicht bezüglich der Selbstbelastungsfreiheit, bleibt die Ansicht schuldig. Mit dem Hinweis auf das Bestehen einer entsprechenden Pflicht zugunsten des allgemeinen Persönlichkeitsrechts, in dem der nemo-tenetur-Grundsatz fundiert sein soll[1690], ist dieser nicht erbracht. Auch bei einer solchen verfassungsrechtlichen Lozierung schützt der Grundsatz zunächst nur vor hoheitlich erzwungener Selbstbelastung. Zwar ist mit der persönlichkeitsrechtlichen Ableitung ein Schritt in die Richtung der Aufgabe des Kriteriums des staatlichen Zwangs getan, dessen Berechtigung wäre jedoch immer noch nachzuweisen und wird von den Vertretern des Schutzpflichts-Ansatzes auch nicht vollzogen[1691]. Solange man am Kriterium des staatlichen Zwanges festhält, kann mangels Möglichkeit einer Verletzung des Schutzguts durch eine Privatperson auch keine staatliche Schutzpflicht eingreifen. Eine staatliche Pflicht zum Schutz vor staatlichem Zwang zur Selbstbelastung gibt es daher nicht. Eine „mittelbare Drittwirkung" der Selbstbelastungsfreiheit könnte nur um den Preis einer abzulehnenden Schutzbereichsmodifikation erlangt werden.

Als Anwendungsfall der mittelbaren Drittwirkung des nemo-tenetur-Satzes wird dann auch ausschließlich die Unverwertbarkeit der Ergebnisse privater Folter

1687 *Godenzi* GA 2008, 500 (511); *Störmer*, Dogmatische Grundlagen, S. 128; *Kalb*, Die funktionale Begründung, S. 176; *Jahn* in 67. DJT, C101; *Bung/Huber* in Beulke-FS, S. 655 (668).
1688 *Dubios*, Verwertbarkeit, S. 80; *Störmer*, Dogmatische Grundlagen, S. 126.
1689 So auch *Rogall* in SK-StPO Vor § 133 ff. Rn. 140.
1690 *Rogall* in SK-StPO Vor §§ 133 ff. Rn. 140.
1691 S. *Rogall* in SK-StPO Vor §§ 133 ff. Rn. 140.

genannt[1692]. Es ist nicht ersichtlich warum hier anstelle des anderenorts für nötig gehaltenen Aspekts staatlichen, rechtlichen Zwanges bloß faktischer Zwang genügen soll. Die Begründung der Unverwertbarkeit privater Folterbeweise gelingt auch ohne Rekurs auf die Selbstbelastungsfreiheit[1693]. Dieser Weg erscheint zudem auch unter dem Aspekt vorzugswürdig, dass der nemo-tenetur-Grundsatz nicht den Kern des Folterverbots darstellt[1694].

Der Hypothese staatlicher Beweiserhebung stellt darauf ab, ob das Beweismittel durch staatliche Akteure hätte rechtmäßig erhoben werden können[1695]. Ist dies nicht der Fall, ist es auch bei privater Beweiserlangung unverwertbar[1696]. Diese Überlegung gewinne ihre Rechtfertigung daraus, dass die den Normen der StPO der gesetzlichen Rahmen zu entnehmen sei, der bei der Wahrheitsermittlung nicht überschritten werden dürfe[1697]. Der Gesetzgeber habe eine „Kontingent“ an Beweismitteln festgelegt, dass den staatlichen Organen bei der Wahrheitsfindung zustehe[1698].

Dieser Ansicht werden im Zusammenhang mit Befragungen bereits praktische Schwierigkeiten entgegengehalten. Oft ließe sich das Aussageverhalten des Betroffenen in einer staatlichen Vernehmung nicht hinreichend sicher prognostizieren[1699]. Ein Ausweg bestünde darin, davon auszugehen, der Betroffene werde stets sein Schweigerecht ausüben[1700]. Die Konsequenz der generellen Unverwertbarkeit privater Befragungsergebnisse wird allerdings – zu Recht – niemand ziehen wollen. Jedenfalls in Konstellationen, in denen mit privaten Aussagezwängen und -pflichten gearbeitet wird, erscheint der Hinweis, es könnte sein, der Betroffene hätte die Angaben auch in einer amtlichen Vernehmung gemacht, allerdings vorgeschoben. Für die hier interessierenden Konstellationen wird sich die Ansicht daher nur schwer fruchtbar machen lassen.

Unabhängig hiervon vermag der Ansatz der Hypothese staatlicher Beweiserhebung allerdings auch in der Sache nicht zu überzeugen[1701]. Die Ansicht unterliegt einem Zirkelschluss[1702]. Die sich eigentlich stellende Frage, ob die von der StPO vorgegebenen Beweisnormen auch dann Geltung beanspruchten, wenn die Vorschriften mangels staatlichem Handeln nicht einschlägig sind, wird durch die

---

1692 *Rogall*, der Beschuldigte, S. 211; *ders.* ZStW 91 (1979), 1 (41); s. aber auch *dens.* in SK-StPO § 136a Rn. 15, wo Folter und Verletzung der Selbstbelastungsfreiheit neben einander als eigenständige Fallgruppen genannt werden.

1693 S.o. F.I.2.b.

1694 S.o. B. III. 1. b.

1695 *Godenzi* GA 2008, 501 (512); *dies.*, Private Beweisbeschaffung, S. 257.

1696 *Godenzi* GA 2008, 501 (512).

1697 *Godenzi*, Private Beweisbeschaffung, S. 287 f.

1698 *Godenzi* GA 2008, 501 (514).

1699 *Zerbes* ZStW 125 (2013), 551 (564).

1700 *Reeb*, Internal Investigations, S. 151.

1701 Krit. auch *Rogall* in SK-StPO § 136a Rn. 17.

1702 *Kaspar* GA 2013, 206 (224); *Bung/Huber* in Beulke-FS, S. 655 (667).

These des „Kontingents“ zulässiger Beweismittel schlicht vorausgesetzt[1703]. Die so erreichte mittelbare Geltung der StPO-Standards erscheint zudem widersprüchlich zu der selbst ausdrücklich anerkannten[1704], Unanwendbarkeit der StPO-Vorschriften auf Privatpersonen[1705].

Weder der Gedanke der staatlichen Schutzpflicht noch die Hypothese staatliche Beweiserlangung erscheinen somit als taugliches Vehikel, um dem nemo-tenetur-Grundsatzes Relevanz für die Frage der Verwertbarkeit privat erlangter Beweismittel beizumessen. Es gilt somit weiterhin ein Kriterium zu finden, das geeignet ist, im Rahmen einer am Moment der Beweisverwertung anknüpfenden normativen Betrachtung, die sich aus der Inkongruenz staatlicher und privater Beweiserlangung ergebenden Bedenken gegen die schrankenlose Verwertung private Befragungsergebnisse abzubilden. Hier bietet sich an, den im Zusammenhang mit dem Gemeinschuldner-Beschluss herausgearbeiteten Gedanken der Ausstrahlungswirkung heranzuziehen[1706].

Es wurde dargestellt, dass ein Verstoß gegen die Selbstbelastungsfreiheit durch das Zusammenwirken von Aussagezwang und strafprozessualer Verwertung zustande kommt. Am Moment der Beweisverwertung ansetzend ist daher zu fragen, ob die Beweisverwertung den nemo-tenetur-Verstoß vollenden würde[1707]. Es kommt somit darauf an, ob die Umstände seiner Erlangung die an das Zwangselement zu stellenden Anforderungen erfüllen. Die grundsätzliche Möglichkeit, dass sich die Komponente des Aussagezwangs auch aus Privatrechtsverhältnissen ergeben kann, wurde bereits erörtert[1708]. Die Privatheit als solche steht der Möglichkeit eines nemo-tenetur-Verstoßes somit nicht entgegen, sie führt jedoch zu einer deutlichen Reduzierung möglicher Anwendungsfälle. Insbesondere darf es nicht dazu kommen, dass die Tatbestandsvoraussetzungen des Grundsatzes modifiziert werden. Namentlich ist an dem Merkmal des rechtlichen Zwangs festzuhalten. Rein privat ausgeübter Zwang kann nicht genügen. Der Grundsatz kann daher von vornherein nur dort Relevanz erlangen, wo eine rechtliche Auskunftspflicht gegenüber einer Privatperson besteht. Die meisten sonst im Zusammenhang mit einer möglichen Geltung gegenüber Privatpersonen diskutierten Fallkonstellationen sind so vom Anwendungsbereich ausgeschlossen. Nur in Sonderkonstellationen, in denen das Auftreten von Privatpersonen nicht zugleich den Verzicht auf das Kriterium rechtlichen Aussagezwangs bedeutet, kommt eine Einschlägigkeit des nemo-tenetur-Grundsatzes in Betracht. Solange man beachtet, dass die Einbeziehung privater Konstellationen nicht zugleich die Aufgabe des Zwangs-Kriteriums bedeuten darf,

---

1703 *Kaspar* GA 2013, 206 (224); *Bung/Huber* in Beulke-FS, S. 655 (667).

1704 *Godenzi* GA 2008, 501 (507).

1705 *Kaspar* GA 2013, 206 (224); *Bung/Huber* in Beulke-FS, S. 655 (667).

1706 S.o. E. I. 3.

1707 In diese Richtung *Rogall*, Der Beschuldigte, S. 206, der im Fall privater Beweiserlangung dann aber auf die staatliche Schutzpflicht abstellt, aaO. S. 207 f.; gegen diesen Ansatz *Dubois*, Verwertbarkeit, S. 86 f.

1708 E. II. 3. b.

lässt sich einer derartigen Konzeption weder entgegenhalten, sie mache ein neutrales privates Verhalten zum Anknüpfungspunkt, noch werden so die Regelungen des Strafprozessrechts auf private Beweiserlangung übertragen[1709].

Mit Hilfe der dargelegten Kriterien wird die Inkongruenz zwischen privaten und staatlichen Ermittlungen gerade in dem Ausmaß aufgefangen, indem sie tatsächlich problematisch ist, nämlich dort, wo die Verwertung privat erlangter Erkenntnis zur Umgehung strafprozessualer Grundsätze führt. Zugleich bleibt die staatsgerichtete Natur des nemo-tenetur-Grundsatzes erhalten. Er knüpft erst auf der staatlichen Ebene der Beweisverwertung an und beschränkt somit nur die staatlichen Auskunftsinteressen. Im Privatverhältnis gilt er hingegen nicht, sodass die private Ebene der Informationserlangung unberührt bleibt. I.S.d. Gemeinschuldner-Mechanismus erfolgt der Schutz hier durch ein Verwertungsverbot und damit anknüpfend an dem Moment der strafprozessualen Nutzbarmachung. Das zu einem Auskunftsverweigerungsrecht zu greifen ist und somit die Privatperson doch in ihrer Informationsgewinnung beschränkt wird, kann allenfalls in Ausnahmesituationen in Betracht kommen.

Eine gewisse Nähe zur Hypothese staatlicher Beweiserhebung entsteht dadurch, dass das Ergebnis eines solchen Ansatzes eine mittelbare, faktische Implementierung strafprozessualer Grundsätze in den Bereich privater Ermittlungen sein kann[1710]. Zwar sind die privaten Ermittler nicht unmittelbar an diese gebunden, da aber die Verwertbarkeit der privat erlangten Beweismittel von deren Einhaltung abhängig ist und die Privatpersonen entsprechend ihrer Zielsetzung gerade darauf bedacht sein werden, gerichtsverwertbare Beweismittel zu produzieren, kann erwartet werden, dass die privaten Ermittlungen aus der eigenen Motivation heraus an den entsprechenden Grundsätzen ausgerichtet werden. Diese Motivation, verwertbare Beweismittel zu produzieren, wird so allerdings zur conditio sine qua non dieser mittelbar-faktischen Geltung strafprozessualer Grundsätze. Es handelt sich um eine Selbstbeschränkung der privaten Ermittler[1711].

Neben dem Gedanken der Vollendung der nemo-tenetur-Verletzung bedarf es dem Abstellen auf eine staatliche Schutzpflichtverletzung nicht[1712]. Wie dargelegt, resultieren Bedenken gegen diese Konstellation insbesondere daraus, dass sie tatbestandlich an eine Verletzung der Selbstbelastungsfreiheit durch eine Privatperson anknüpft. Selbst wenn man diese Konstellation entsprechend dem hier vertretenen Ansatz noch auf Fälle rechtlicher Auskunftspflichten beschränkt wissen wollte, vermag der Schutzpflicht-Gedanke das Verwertungsverbot nicht überzeugend zu erklären. Das Verwertungsverbot stellt sich nicht als Reaktion auf eine private

1709 So aber *Dubois*, Verwertbarkeit, S. 86 f.

1710 Vgl. *Wewerka*, Internal Investigations, S. 222; *Kölbel*, Selbstbelastungsfreiheiten, S. 84.

1711 S.u. F. III. 2. d. bb.; F. III. 2. f.

1712 So aber *Rogall*, der Beschuldigte, S. 206f.

Verletzung des Grundsatzes dar, sondern vielmehr als ein staatliches Unterlassen[1713], um eine Verletzung zu vermeiden. Das Verwertungsverbot ist somit Ausdruck der abwehrrechtlichen Funktion der Selbstbelastungsfreiheit[1714].

Zusammenfassend ist eine Auswirkung des nemo-tenetur-Grundsatzes auf materielle private Befragung nur in Konstellationen denkbar, in denen zwischen den Privatpersonen eine Auskunftspflicht besteht. Hier kommt eine Lösung anhand der zur Gemeinschuldner-Entscheidung entwickelten Grundsätze in Betracht[1715].

II. Staatlich initiierte Befragung

Es wurde dargetan, dass die Frage der staatlichen Zurechnung entscheidende Bedeutung für die auf private Befragungen anzuwendenden Regeln und Grundsätze zukommt.

Der folgende Abschnitt beschäftigt sich nun mit Konstellationen, in denen zwar Privatpersonen auftreten, aufgrund der Einwirkung der Ermittlungsorgane bei funktionaler Betrachtung aber von einem staatlichen Handeln auszugehen ist. Pointiert geht es um die Befragung des Beschuldigten durch Privatpersonen im Auftrag der Ermittlungsbehörden.

Nachdem im ersten Schritt gefragt wird, ob bereits dieses Vorgehen als solches gegen den nemo-tenetur-Grundsatz und sonstiges Prozessrecht verstößt, sollen in einem zweiten Schritt besondere Konstellationen der verdeckten Befragung auf ihre Prozessordnungswidrigkeit untersucht werden.

1. Verdeckte Befragung

a. Die sog. Hörfalle

aa. Hintergrund

Mit dem Schlagwort der Hörfalle wird folgende Konstellation gekennzeichnet: Eine Privatperson wird von den Strafverfolgungsbehörden beauftragt, den Beschuldigten anzurufen und in ein Gespräch über den Tatvorwurf zu verwickeln. Dieses Gespräch wird über einen Zweithörer von den Strafverfolgungsorganen mitgehört. Den Telefonanruf beiseite lassend[1716], wirft diese Fallgestaltung Fragestellungen auf, wie sie sich bei jedem Einsatz von V-Personen oder Verdeckten Ermittlern stellen[1717]. Diese werden sich kaum auf bloßes Beobachten und die Entgegennahme von

---

1713 Auf den Unterlassenscharakter eines Verwertungsverbots weist auch *Störmer*, Dogmatische Grundlagen, S. 125 hin.

1714 Ähnlich *Störmer*, Dogmatische Grundlagen, S. 132 Fn. 108, der allerdings auf das Kriterium des rechtlichen Zwanges verzichtet.

1715 Ausführlich unten F. III. 2. e. u. f.

1716 Dieses Vorgehen ruft mit Blick auf Art. 10 GG weitere verfassungsrechtliche Bedenken hervor, die hier allerdings außen vor bleiben sollen.

1717 *Weßlau* ZStW 110 (1998), 1 (3).

Informationen beschränken, sondern stets versuchen, dem Beschuldigten unter Ausnutzung ihrer Tarnung Tatwissen zu entlocken[1718]. Alles andere ist lebensfremd[1719].

Mit einer solchen Konstellation hat sich der 2. Senat in BGH NStZ 1994, 292 zu befassen. Den nemo-tenetur-Grundsatz erachtete das Gericht für „nicht berührt" und rückte die Frage in den Vordergrund, ob ein Verwertungsverbot aufgrund eines Verstoßes gegen den Richtervorbehalt des § 100b Abs. 1 StPO greife, was mangels Eingriffs in das Fernmeldegeheimnis verneint wurde. Einer Verletzung des nemo-tenetur-Satzes stehe entgegen, dass der Beschuldigte an der Freiwilligkeit und strafprozessualen Verwertbarkeit seiner Äußerungen gegenüber einer Privatperson keinen Zweifel haben könnte. Die Grenze strafprozessual und rechtsstaatlich zulässigen Handelns sei erst dort erreicht, wo zu der Heimlichkeit „unlautere, von der Rechtsordnung missbilligte Mittel" hinzukämen. Eine Täuschung i.S.d. § 136a liege ebenfalls nicht vor: Es werde lediglich die unabhängig vom Handeln der Privatperson bestehende Fehlvorstellung über die Möglichkeit eines polizeilichen Mithörens ausgenutzt.

Wiederaufgegriffen wurde die Frage dann vom 5. Senat, der in dem Vorgehen einen Verstoß gegen § 136 StPO erblickte[1720] – Eine Argumentation, die erst aufkommen konnte, nachdem zwischenzeitlich ein Verwertungsverbot für den Verstoß gegen die Belehrungspflichten in der formellen Vernehmung anerkannt wurde[1721]. Der Senat legte die Frage dem Großen Senat vor.

bb. Die Entscheidung des Großen Senats (BGH GS NStZ 1996, 502)

Der Große Senat lehnte ein Verwertungsverbot jedenfalls für Konstellationen ab, in denen die Aufklärung einer eheblichen Straftat in Rede stehe und andere Aufklärungsmethoden erheblich weniger erfolgversprechend erschienen. Begründet wurde dieses Ergebnis wie folgt. Zunächst lege weder eine Verletzung noch eine Umgehung der Belehrungsvorschrift des § 136 StPO vor. Eine direkte Anwendung scheitere am Vorliegen einer „Vernehmung", da eine solche das offen amtliche Auftreten der Vernehmungsperson beinhalte. Eine analoge Anwendung bzw. eine Umgehung scheide aus, da der Schutzzweck der Belehrungspflicht darin bestehe, der irrtümlichen Annahme einer Auskunftspflicht zu begegnen und folglich nur in Vernehmungen im vorgenannten Sinne greife. Das Vorgehen stellt auch keine Täuschung i.S.d. § 136a StPO dar. Die Täuschungsmodalität sei restriktiv auszulegen, wobei der Bezug zur Willensentschließungs- und -betätigungsfreiheit zu beachten sowie der Vergleich mit den übrigen verbotenen Methoden zu ziehen sei. Es gebe

---

1718 *Weßlau* ZStW 110 (1998), 1 (3); *Verrel*, Selbstbelastungsfreiheit, S. 162; *Reiche*, Täuschungsverbot, S. 135.

1719 *H. Schneider* NStZ 2004, 359 (359 Fn. 1); *Mahlstedt*, Die verdeckte Befragung, S. 222; *Schlüchter/J. Radbruch* NStZ 1995, 354 (355).

1720 BGH NStZ 1995, 410 (Anfragebeschluss); BGH NStZ 1996, 200 (Vorlagebeschluss); ausführlich zum Standpunkt des 5. Senats unten F. II. 1. b. bb. (ii).

1721 *Weßlau* ZStW 110 (1998), 1 (4 f.); *Roxin* NStZ 1995, 465 (466).

auch kein Verbot der verdeckten Befragung. Die bloße Heimlichkeit einer Maßnahme begründe nicht ihre Unzulässigkeit. Auch der nemo-tenetur-Grundsatz sei nicht verletzt. Dieser beschränke sich auf das Verbot von Selbstbelastungszwang und erfasse nicht etwa auch die Freiheit von Irrtum. Ein anderes Verständnis gäbe dem Grundsatz einen Inhalt, der ihm nach der Normierung in Art. 14 Abs. 3 lit. g IPBPR und der Rechtstradition nicht zukomme und führe zudem dazu, dass der Grundsatz einen weiterreichenden Schutz gewährleiste als das Täuschungsverbot des § 136a StPO[1722]. Die hiernach bestehende Zulässigkeit korrigiert der Große Senat dann, indem er auf „rechtsstaatliche Grenzen" abstellt, die dem Einsatz von Privatpersonen gesetzt seien. Solche habe die Rechtsprechung bereits in den Fällen des „Zellspitzels" und bei der verbotswidrigen Fixierung des gesprochenen Wortes anerkannt[1723]. Als weiter potentielle Beispiele werden die sog. „Romeo"-Fälle und die vorherige ausdrückliche Ausübung des Schweigerechts genannt. Der Große Senat halte zwar an der in der Rechtsprechung anerkannten Zulässigkeit des – rechtsgrundlagenlosen – V-Mann-Einsatzes fest, „Bedenken" bestünden jedoch, wenn dieser mit dem Ziel erfolge, selbstbelastende Angaben des Beschuldigten zu erlangen. Das Risiko, dass der Gegenüber ein Gespräch mit diesem Ziel führe, müsse dem Täter aus übergeordneten rechtsstaatlichen Gründen nicht abgenommen werden. Hinzu komme aber das Moment der Veranlassung durch die Ermittlungsorgane – wobei die Vielzahl denkbarer Abstufungen einer solchen Veranlassung betont wird. Bei „wertender Betrachtung" könne das Vorgehen daher „einem Verstoß gegen den nemo-tenetur-Grundsatz nahekommen". Zwar sei der Grundsatz nicht verletzt, was die Unzulässigkeit der Maßnahme zur Folge hätte, aber „aus der Nähe zu dem genannten Grundsatz – damit aus der Ausstrahlungswirkung des allgemeinen Persönlichkeitsrechts – sowie aus dem Rechtsstaatsprinzip und aus dem aus ihm hervorgehenden Grundsatz des fairen Verfahrens ergeben sich Bedenken [...]. Ob diese Bedenken durchgreifen, hängt aber von einer Abwägung mit der ebenfalls im Verfassungsrang stehenden, mit dem notwendigen Schutz des Gemeinwesens und seiner Bürger begründeten Pflicht des Rechtsstaats zur effektiven Strafverfolgung ab [...]". So gelangt der Große Senat zu der vermittelnden Lösung, dass die Maßnahme allein bei der Verfolgung einer Straftat von erheblicher Bedeutung zulässig ist, wenn deren Aufklärung mit anderen Methoden erheblich weniger erfolgversprechend oder wesentlich erschwert wäre. Zur Konkretisierung der Straftat „von erheblicher Bedeutung" böten die Kataloge der §§ 98a, 100a, 110a StPO Hinweise, ohne dass die Aufzählung als abschließend anzusehen sei.

1722 Die im Folgenden geprüft und verneinten Art. 10 GG und das Recht auf informationelle Selbstbestimmung sollen hier nicht weiter interessieren.

1723 Zu diesen Fällen s.u. F. II. 2. b. aa. (iii); F. II. 2. b. cc. (iii).

b. Lösungsansätze

Aufbauend auf der Entscheidung des Großen Senats zur Hörfalle sollen im Folgenden die unterschiedlichen Ansatzpunkte diskutiert werden, die erlauben sollen, den Fallgestaltungen Herr zu werden, in denen eine Privatperson im Auftrag der Staatsorgane den Beschuldigten zur Tatbegehung befragt.

aa. Unvereinbarkeit mit § 136 StPO

Nach verbreiteter Auffassung sollen Hörfallen und verdeckte Vernehmungen insgesamt mit der Vorschrift des § 136 StPO unvereinbar sein. Dabei werden unterschiedliche argumentative Wege beschritten. Letztlich – das sei vorweggenommen – wird sich die Frage nach der Reichweite der Vorschrift nur unter Rekurs auf das dahinterstehende nemo-tenetur-Prinzip beantworten lassen (s.u. bb.)[1724]. Die vorherige Beschäftigung mit den einfachgesetzlichen Vorschriften entspricht jedoch nicht nur dem Lösungsweg des BGH und erlaubt eine umfassende Darstellung der Diskussion, auch methodisch steht die Auslegung des einfachen Rechts vorrangig vor dem Rückgriff auf ein übergesetzliches Prinzip.

(i) Lösung über den Vernehmungsbegriff

Der simpelste Lösungsweg bestünde darin, die staatliche initiierte Befragung als „Vernehmung" i.S.d. §§ 133 ff. StPO anzusehen. Die Unverwertbarkeit der erlangten Aussage ergäbe sich dann aus dem Verstoß gegen die Belehrungspflicht des § 136 Abs. 1 S. 2 StPO[1725]. Das ein Verstoß gegen die Belehrungspflicht ein Beweisverwertungsverbot nach sich zieht, entspricht seit BGHSt 38, 214 der allgemeinen Auffassung. Zu einem solchen Ergebnis gelangt man auf Grundlage des materiellen oder funktionalen[1726] Vernehmungsbegriffs. Hiernach ist eine Vernehmung i.S.d. §§ 133 ff. StPO jede amtliche Herbeiführung von Aussagen[1727].

Die Vertreter eines solchen Vernehmungsbegriffs[1728] konnten sich allerdings zu Recht nicht durchsetzen. Der herrschende formelle Vernehmungsbegriff verlangt darüberhinausgehend, dass die Vernehmungsperson dem Beschuldigten offen in amtlicher Eigenschaft gegenübertritt[1729]. Den §§ 133 ff. liegt ersichtlich ein derartiges

---

1724 *Weßlau* ZStW 110 (1998), 1 (13); *Verrel*, Selbstbelastungsfreiheit, S. 160.

1725 *Dencker* StV 1994, 667 (675).

1726 Krit. zur Bezeichnung als „funktional" *Bosch* JURA 1998, 236 (237), da Funktionalität und Form keinen Gegensatz bildeten.

1727 *Seebode* JR 1988, 427 (428).

1728 *Seebode* JR 1988, 427 (428); *Dencker* StV 1994, 667 (674); *Hilger* in Hanack-FS, S. 207 (215); *Gleß* in L/R-StPO § 136 Rn. 12; *Eidam*, Selbstbelastungsfreiheit, S. 94; *Jahn* in HB zum Strafverfahren, Kap. 2, Rn. 70; *Artzt*, Vorfeldermittlungen, S. 246 ff.; *Ransiek*, Polizeivernehmung, S. 61 f.; eingeschränkt *Bosch* JURA 1998, 236 (237 f.).

1729 BGH GS NStZ 1996, 502 (502); *Meyer-Goßner/Schmitt*, StPO, § 136a Rn. 4; *Monka* in BeckOK-StPO § 136a Rn. 3; *Rogall* in SK-StPO § 136 Rn. 13; *Schuhr* in MüKo StPO

Verständnis zugrunde[1730]. Bereits der Wortlaut spricht gegen eine derartige Auslegung. Der Begriff der Vernehmung enthält die Elemente des Offiziellen und des Zwangs[1731]. Ihm wohnt das Moment eines autoritativen Auskunftsverlangens inne, wie es ein zwangloses Privatgespräch nicht enthält[1732]. Auch die Systematik streitet mit dem Verweis auf die richterliche Vernehmung für ein formelles Verständnis des Begriffs der Vernehmung[1733]. Hinzu kommt, dass der Begriff der Vernehmung auch anderenorts in der StPO verwendet wird und eine einheitliche Handhabung, wie sie nur durch den formellen Vernehmungsbegriff gewährleistet ist, daher unerlässlich ist[1734]. Schließlich dürfte auch dem historischen Gesetzgeber das Bild einer offenen Vernehmung vorgeschwebt haben[1735].

Der materielle Vernehmungsbegriff ist mit dem Gesetz unvereinbar und daher abzulehnen.

(ii) Umgehung der Belehrungspflicht des § 136 Abs. 1 S. 2 StPO

Von anderer Seite wird dann auch – mangels Vernehmung – kein direkter Verstoß gegen die Belehrungspflicht behauptet, sondern argumentiert, die Unzulässigkeit der Hörfalle ergebe sich daraus, dass die Pflicht zur Belehrung des Beschuldigten über sein Schweigerecht gem. § 136 Abs. 1 S. 2 StPO umgangen würde[1736]. Durch die Vermeidung der formellen Vernehmungssituation weichen die Strafverfolgungsbehörden auch ihrer Pflicht zur Belehrung aus. Ob in diesem Ausweichen jedoch auch eine Umgehung im rechtlich relevanten Sinne liegt, hängt entscheidend davon ab, ob hierdurch der Schutzzweck der Vorschrift verletzt wird[1737].

Der verdeckt befragte Beschuldigte befindet sich nicht in Unkenntnis seiner Rechte[1738]. Dass er gegenüber einer Privatperson berechtigt ist zu schweigen, wird im bewusst sein[1739]. Seine Unkenntnis geht vielmehr dahin, dass er nicht erkennt, dass es sinnvoll sein kann, von dieser Befugnis jetzt Gebrauch zu machen[1740]. Ob dieses andersgeartete Wissensdefizit vom Schutzzweck der Belehrungsvorschrift umfasst wird, ist umstritten.

Vor §§ 133 ff. Rn. 36; *Roxin* NStZ 1995, 465 (465); *Ellbogen*, Ermittlungstätigkeit, S. 87; *Derksen* JR 1997, 167 (168); *Renzikowski* JZ 1997, 719 (712 f.).

1730 *Roxin* NStZ 1995, 465 (465).

1731 *Weßlau* ZStW 110 (1998), 1 (7); *Götting*, Beweisverwertungsverbote, S. 177.

1732 *Kramer*, Grundbegriffe, Rn. 28a.

1733 *V. Stetten*, Beweisverwertung, S. 111.

1734 *V. Stetten*, Beweisverwertung, S. 111; *Rogall* in SK-StPO § 136a Rn. 22; *Stenberg-Lieben* JURA 1995, 299 (306).

1735 *V. Stetten*, Beweisverwertung, S. 111; *Weßlau* ZStW 110 (1998), 1 (7 f.).

1736 *Roxin* NStZ-Sonderheft 2009, 41 (44); *Rothfuß* StraFo 1998, 289 (293).

1737 *Weßlau* ZStW 110 (1998), 1 (11); *Kudlich* JuS 1997, 696 (700).

1738 Vgl. aber *Hilger* in Hanack-FS, S. 207 (215).

1739 BGH NStZ 1996, 502 (503).

1740 Vgl. *Hilger* in Hanack-FS, S. 207 (215).

Der BGH[1741] hat diese Argumentation mit der Begründung verworfen, der Zweck der Belehrungsvorschriften erschöpfe sich darin, den Beschuldigten vor der irrtümlichen Annahme einer Aussagepflicht zu bewahren. Diese Gefahr bestehe nur, wenn dem Beschuldigten der amtliche Charakter der Befragung bekannt ist. In der verdeckten Befragung werde der Schutzzweck der Belehrungspflicht also nicht berührt, sodass auch keine Umgehung vorläge.

Nach der Gegenauffassung liegt der Schutzzweck der Belehrungsvorschriften in einer Art Warnfunktion[1742]. Dem Beschuldigten soll seine Mitwirkungsfreiheit überhaupt erst zu Bewusstsein gebracht werden[1743]. Ihm soll deutlich gemacht werden, dass sein Wissen gezielt für die Sachverhaltsaufklärung und Strafverfolgung in Anspruch genommen wird und daher die Gefahr einer Selbstbelastung besteht[1744].

So verstanden greift der telos auch in der verdeckten Befragung. Dem Beschuldigten wird zwar unterbewusst klar sein, dass er die rechtliche Möglichkeit hat, zu schweigen[1745], da ihm der strafprozessuale Charakter des Gesprächs unbekannt ist, verkennt er jedoch die Reichweite seines Verzichts auf diese Möglichkeit. Ergänzend wird geltend gemacht, der Hinweis auf das Recht zur Verteidigerkonstellation gem. § 136 Abs. 1 S. 2 StPO sei nur zu erklären, wenn die Vorschrift auch den Zweck der Vermeidung irrtumsbedingter Selbstbelastungen verfolge[1746]. Der irrtümlichen Annahme eines Aussagezwangs sei bereits durch die entsprechende Belehrung entgegengewirkt[1747].

Die Annahme eines solchen Schutzwecks erscheint jedoch zweifelhaft. Die Überlegung ist ersichtlich von dem Bestreben getragen, der Belehrungspflicht einen Sinngehalt zuzuweisen, der auch außerhalb der Vernehmungssituation betroffen ist. Im Ergebnis führt dies aber dazu, dass der vermeintliche Schutzzweck den Hauptanwendungsbereich nicht mehr trägt[1748]. Dass der Beschuldigte, dem soeben von einem Polizeibeamten, Staatsanwalt oder Richter der Tatvorwurf eröffnet wurde, sich tatsächlich darüber im Unklaren sein soll, dass seine Aussage zum Zweck der Strafverfolgung verwendet werden wird, erscheint kaum vorstellbar. Würde man hierin tatsächlich den Sinn der Belehrungsvorschriften sehen, wären sie dort, wo das

1741 BGH NStZ 1996, 502 (502); zust. *Popp* JA 1998, 900 (904 f.); *Jäger*, Beweisverwertung, S. 165; *Diemer* in KK-StPO § 136 Rn. 11; *Meyer-Goßner/Schmitt* § 136 Rn. 7; *Rogall* in SK-StPO § 136 Rn. 41; *Hellmann*, StrafprozessR, Rn. 444.

1742 *A. Schumann* JZ 2012, 265 (267); vgl. auch *Weßlau* ZStW 110 (1998), 1 (11).

1743 Vgl. *Roxin* NStZ 1995, 465 (466); *ders.* NStZ 1997, 18 (18).

1744 *Wastl/Litzka/Pusch* NStZ 2009, 68 (70); *Hilger* in Hanack-FS, S. 207 (214); *Bosch* JURA 1998, 236 (237).

1745 *Götting*, Beweisverwertungsverbote, S. 177: „sachgedankliches Mitbewusstsein".

1746 *Roxin* NStZ 1997, 18 (18); *v. Stetten*, Beweisverwertung, S. 129; hiergegen *Jäger* in HK-GS § 136 Rn. 35.

1747 *Roxin* NStZ 1997, 18 (18).

1748 Vgl. BGH NStZ 1996,502 (502).

Gesetz sie gerade ausdrücklich vorsieht, nahezu entbehrlich. Ein Verwertungsverbot hätte man jedenfalls regelmäßig mangels Schutzzweckverletzung abzulehnen[1749].

Abschließend lässt sich die Frage nach der Reichweite der Belehrungspflichten jedoch nicht unabhängig von dem Verständnis des dahinterstehenden nemo-tenetur-Prinzips beantworten[1750] (s.u. bb.)

(iii) Grundsatz der Offenheit der staatlichen Befragung

Es zeigt sich, dass die Regelung des § 136 StPO auf die verdeckte Befragung nicht passt.

§ 136 StPO enthält Regelungen, die der besonderen Kommunikationsstruktur der amtlichen Vernehmung angepasst sind. Aufgrund der mit einem staatlichen Auskunftsverlangen zwangsläufig verbundenen Autorität und dem Ausnahmecharakter der Atmosphäre, gepaart mit einem natürlichen Rechtfertigungsbedürfnis des Befragten, wohnt dieser Situation eine nicht unerhebliche Selbstbelastungstendenz inne[1751]. Dieser entgegen zu wirken ist Aufgabe der Belehrungsvorschriften[1752]. Ihr Schutzzweck ist somit an das Vorliegen einer amtlichen Vernehmung gekoppelt.

Die verdeckte Befragung unterwirft sich hingegen den Gesetzen der Alltagskommunikation[1753]. Auf (vermeintlich) private Auskunftsverlangen kann und muss der Beschuldigte auch mit Mitteln der Alltagskommunikation reagieren[1754]. Es handelt sich somit um eine prinzipiell anders gelagerte kommunikative Situation, für die sich aus der auf Vernehmungen zugeschnittenen Regelung des § 136 keine Aussage gewinnen lässt[1755].

Trifft § 136 somit keine auf die verdeckte Befragung zu übertragende positiven Aussage, bleibt als möglicher Aussagegehalt eine Negativ-Regelung in dem Sinn, dass die in der Vorschrift geregelte offene amtliche Vernehmung die einzige zulässig Form der Befragung des Beschuldigten sei. M.A.W. ist zu fragen, ob es einen Grundsatz der Offenheit der staatlichen Befragung gibt. Während ein Teil der Lehre dies

1749 Vgl. BGH NStZ 1996, 502 (502); vgl. auch bereits BGHSt 38, 214 (224), nach dem ein Verwertungsverbot ausscheidet, wenn der Beschuldigte sein Schweigerecht kennt, er also keinem Irrtum über das Bestehen einer Aussagepflicht unterliegt, dessen Vermeidung nach Ansicht des BGH die Belehrungspflicht dient.

1750 *Weßlau* ZStW 110 (1998), 1 (13); *Verrel*, Selbstbelastungsfreiheit, S. 160.

1751 *Verrel*, Selbstbelastungsfreiheit, S. 188; H. Schneider GA 1997, 371 (379) *Sowada* in Geppert-FS, S. 689 (707); *Ransiek* StV 1994, 343 (344); *H.-L. Günther* GA 1978, 194 (202).

1752 BGH NStZ 1996, 502 (503); *Müssig* GA 2004, 87 (98).

1753 Vgl. *Quentin* JuS 1999, 134 (139); *Sowada* in Geppert-FS, S. 689 (707).

1754 *Ellbogen* Kriminalistik 2006, 544 (547); *Engländer* ZIS 2013, 163 (166); *Pawlik* GA 1998, 378 (386).

1755 *Fezer* NStZ 1996, 289 (289); *Seitz*, NStZ 1995,519 (520); *Rogall* NStZ 2008, 110 (112); *Renzikowski* JZ 1997, 719 (7139; a.A. *Bosch* JURA 1998, 236 (242).

bejaht[1756], hat der BGH die Existenz eines solchen verneint[1757]. Den Strafverfolgungsbehörden sei durch die offene Ausgestaltung der Vernehmung nicht jede andere Kommunikation mit dem Beschuldigten untersagt[1758]. Jenseits von rechtsgrundlagenbedürftigen Grundrechtseingriffen gelte der Grundsatz der freien Gestaltung des Ermittlungsverfahrens[1759]. Die bloße Heimlichkeit sei kein Umstand der per se die Unzulässigkeit einer Maßnahme zur Folge habe[1760]. Es gebe keinen Grundsatz der Offenheit staatlichen Handelns im Ermittlungsverfahren[1761].

Der BGH unterschlägt hier die besondere Qualität der Maßnahme. Weder geht es um ein Verbot der bloßen Heimlichkeit, noch um einen Grundsatz der Offenheit des Ermittlungsverfahrens als solchem. Ein solcher Grundsatz, verstanden nicht als bloße Vorrangregel, sondern i.S.e. absoluten Gebots lässt sich für ein Prozessrecht, das die Telekommunikationsüberwachung und den großen Lauschangriff kennt, in der Tat nicht postulieren[1762]. Da die StPO bereits seit ihrer Entstehung mit der Postbeschlagnahme eine nicht offene Ermittlungsmaßnahme kennt, hat es ein solches Verbot der Heimlichkeit auch nie gegeben[1763]. Es besteht aber ein qualitativer Unterschied zwischen dem bloßen „Abschöpfen" von Informationen durch die Telefonüberwachung und dem gezielten Hinwirken auf eine selbstbelastende Aussage durch einen staatlichen Spitzel[1764]. Dieser lässt sich auch nicht dadurch beseitigen, dass man behauptet auch beim bloßen Belauschen oder Beobachten läge eine staatlich veranlasste Selbstbelastung i.S.e. weiten Nemo-tenetur-Verständnisses vor, da erst die staatliche Wahrnehmung der Äußerung den belastenden Charakter verleihe[1765]. Hier wird das Kriterium der Veranlassung absichtlich missverstanden. Durch solch gekünstelte Wortklauberei lässt sich der nicht zu leugnende faktische Unterschied nicht beseitigen.

1756 *Roxin* NStZ 1997, 18 (20); *ders.* NStZ-Sonderheft 2009, 41 (44); *Derksen* JR 1997, 167 (169); *Dencker* StV 1994, 667 (674); *Fezer* NStZ 1996, 289 (289); *Weiler* GA 1996, 101 (112); *Renzikowski* JZ 1997, 710 (715); vermittelnd *Neuhaus* Kriminalistik 1995, 787 (791); *Artzt*, Vorfeldermittlungen, S. 255.

1757 BGH GS NStZ 1996, 502 (503).

1758 Ebd.

1759 Ebd.

1760 Ebd.

1761 Ebd.

1762 *Weßlau*, Vorfeldermittlungen, S. 211; *Menges* in L/R-StPO Vor § 94 Rn. 1; nach *Bosch* JURA 1998, 236 (238) ergibt sich dies auch unabhängig von den genannten Ermittlungsmethoden; zum Vorrang offener Ermittlungshandlungen s.u. F. II. 1. b. cc. (iv) α).

1763 *Dencker* StV 1994, 667 (680).

1764 *Meuer* in Roxin-FS, S. 1281 (1289); *Bosch* JURA 1998, 236 (236 u. 238); *Eschelbach* StV 2000, 390 (394); *Neuhaus* Kriminalistik 1995, 787 (790); vgl. auch *Kahlo* in Wolff-FS, S. 153 (156); *Kühne* in Wolter-FS, S. 1009 (1015); *Fezer* NStZ 1996, 289 (290).

1765 So aber *Popp* JA 1998, 900 (904); *ders.* NStZ 1998, 95 (95); *Lesch* GA 2000, 355 (362).

Allein aus der gesetzlichen Systematik oder Historie lässt sich ein Verbot der verdeckten Befragung nicht ableiten[1766]. Dieses ergibt sich vielmehr erst bei einem entsprechenden Verständnis des nemo-tenetur-Satzes. Die Beantwortung der Frage nach einem Grundsatz der Offenheit der Vernehmung hängt somit letztlich davon ab, welchem Verständnis dieses Grundsatzes man anhängt (bb.).

bb. Verstoß gegen den nemo-tenetur-Grundsatz

Letztlich entscheidend ist das Verständnis von der Reichweite des nemo-tenetur-Grundsatzes. Die Frage nach dem Vernehmungsbegriff, dem Schutzzweck der Belehrungspflicht und der Offenheit der Befragung sind schlussendlich durch dieses determiniert[1767].

(i) Enges versus weites nemo-tenetur-Verständnis

Der BGH hat sich in dem Hörfallen-Beschluss ausdrücklich zu einem engen nemo-tenetur-Verständnis bekannt, das den Grundsatz ausschließlich als Verbot von Aussage*zwang* begreift[1768]. An dieser Auffassung hat er auch später jedenfalls grundsätzlich festgehalten[1769].

Dem steht eine Literatur-Ansicht gegenüber, die dem nemo-tenetur-Grundsatz einen weiteren Schutzbereich zuweist, nach dem er auch Schutz vor irrtumsbedingter Selbstbelastung gewährt[1770].

Die Rechtsprechung und auch die Literaturstimmen, die ein enges nemo-tenetur-Verständnis befürworten, berufen sich in erster Linie auf die Historie bzw. die Tradition des Rechtssatzes[1771]. Doch auch wenn es zutrifft, dass der nemo-tenetur-Grundsatz als Verbot von Selbstbelastungs*zwang* entstanden ist, so ist hiermit nicht gesagt, dass der Grundsatz auch weiterhin auf diesen Inhalt festgeschrieben bleiben muss. Dass die Historie zu der Möglichkeit eines Täuschungsschutzes über den nemo-tenetur-Satz schweigt, ist dem Umstand geschuldet, dass sich dieses Problem

---

1766 *Weßlau* ZStW 110 (1998), 1 (7 f.).

1767 *Weßlau* ZStW 110 (1998), 1 (13); *Verrel*, Selbstbelastungsfreiheit, S. 160.

1768 BGH GS NStZ 1996, 502 (504); ebenso *Rogall* in SK-StPO Vor §§ 133 ff. Rn. 141; Jäger, Beweisverwertung, S. 162; *Verrel*, Selbstbelastungsfreiheit, S. 278; *Popp* NStZ 1998, 95 (95 f.); *Lesch* GA 2000, 355 (362); *V. Krey* in Kohlmann-FS, S. 627 (643); *Kühne*, StrafprozessR, Rn. 103.2; *Lorenz* JZ 1997, 1000 (1006); *Reiche*, Täuschungsverbot, S. 64.

1769 S.u. F. II. 2. a.

1770 *Roxin* NStZ 1995, 465 (466 ff.) *ders.* NStZ 1997, 18 (18 ff.); *ders.* NStZ-Sonderheft 2009, 41 (44 f.); *Kretschmer* HRRS 2010, 343 (346 f.); *Eidam*, Selbstbelastungsfreiheit, S. 110 ff.; *Bernsmann* StV 1996, 116 (118); *Ostendorf* in Roxin II-FS, S, 1329 (1339).; *Prasch*, List, S. 92.

1771 BGH GS NStZ 1996, 502 (504); *Rogall* NStZ 2008, 110 (112); *Reiche*, Täuschungsverbot, S. 64.

nicht stellte[1772]. Zu der Entstehungszeit des Grundsatzes war das Strafverfahren geprägt von offenem obrigkeitlich-imperativem Auftreten. Die Selbstbelastungsfreiheit entwickelte sich als Beschuldigtenschutzinstitut entsprechend dieser Gefährdungslage[1773]. Heimliche Strafverfolgungsmaßnahmen sind demgegenüber ein neuartiges Phänomen. Verschließt man sich so von vornherein einer dynamischen, an die veränderte Verfahrenswirklichkeit angepassten Interpretation des nemo-tenetur-Satzes, läuft man Gefahr, den Grundsatz als solchen preiszugeben. So wird vielfach in dem zunehmend heimlichen Vorgehen der Ermittlungsorgane eine Gefährdung des Grundsatzes der Selbstbelastungsfreiheit insgesamt erblickt[1774]. Es kann daher nicht bei der Erkenntnis stehen geblieben werden, der Grundsatz sei traditionell für verdeckte Befragungen nicht einschlägig. Ebenso wenig wird man aber umgekehrt den möglich Bedeutungsverlust zum Anlass nehmen können, dem Grundsatz unreflektiert einen neuartigen Schutzbereich zuzuweisen, um ihn gegen die Zulässigkeit moderner Ermittlungsmethoden ins Feld führen zu können[1775]. Es ist vielmehr zu fragen, ob die hinter dem Grundsatz stehende ratio eine veränderte Interpretation erfordert, um ihr auch in einer veränderten Verfahrenswirklichkeit zur Wirksamkeit zu verhelfen[1776].

Bei einem zwangsbezogenen Verständnis kann der Grundsatz bei heimlichen Ermittlungsmaßnahmen keine Rolle spielen. Für die aktuellen Probleme des Strafprozesses, die sich überwiegend im Zusammenhang mit dem auch als „Vergeheimdienstlichung" bezeichneten Phänomen des zunehmend verdeckten Vorgehens der Ermittlungsorgane stellen, hielte ein so verstandener nemo-tenetur-Grundsatz daher keine Antwort parat. Teilweise wird daher befürchtet, der nemo-tenetur-Grundsatz sei angesichts der Rechtsentwicklung in seiner Bedeutung überholt[1777]. Zuflucht wäre dann in anderen Rechtsinstituten zu suchen[1778].

Andersherum würde ein weit verstandener nemo-tenetur-Satz sich nicht als Beschränkung, sondern als weitgehendes Verbot verdeckter Ermittlungsmaßnahmen auswirken. Man muss sich darüber im Klaren sein, dass mit einem nemo-tenetur-Verständnis, das Schutz vor jeglicher irrtumsbedingter Selbstbelastung gewährt, ein

1772 *Meurer* in Roxin-FS, S. 1281 (1288).

1773 *Kölbel*, Selbstbelastungsfreiheiten, S. 259; *Hauck*, Heimliche Strafverfolgung, S. 228; *Fezer* NStZ 1996, 289 (290).

1774 *Weichert*, Informationelle Selbstbestimmung, S. 125 f.; *J.Kühl* in 10. Strafverteidigertag, S. 145 (148); *Kirsch* in Vom unmöglichen Zustand des Strafrechts, S. 229 (243); *Eidam*, Selbstbelastungsfreiheit, S. 119.

1775 *Reiche*, Täuschungsverbot, S. 57.

1776 Vgl. *Weßlau* ZStW 110 (1998), 1 (14); *Bosch* JURA 1998, 236 (241); *Meurer* in Roxin-FS, S. 1281 (1288 f.); s. auch *Verrel* in Puppe-FS, S. 1629 (1631, 1637), der den Täuschungsschutz durch nemo tenetur als „Weiterentwicklung" versteht, nach deren „innere[r] Berechtigung" zu fragen ist.

1777 So ausdrücklich *J.Kühl* in 10. Strafverteidigertag, S. 145 (148): „Grundsatz [wird] nicht verletzt[...], er ist eben irrelevant geworden, ein altes Eisen".

1778 *Reiche*, Täuschungsverbot, S. 58.

verfassungsrechtliches Gebot der Offenheit der Vernehmung etabliert wird. Jegliche Befragungen, bei denen der Ermittlungsauftrag nicht offen gelegt wird, müssten daher als verfassungswidrig und ihr Ergebnis als unverwertbar angesehen werden. Dies hätte weitgehende Folgen, insbesondere für den Einsatz Verdeckter Ermittler[1779]. Eine Ausnahme vom Täuschungsverbot lässt sich nur solange begründen, wie dieses lediglich einfachgesetzlich aus § 136a StPO abgeleitet wird. Sobald man das Täuschungsverbot aus dem mit Verfassungsrang ausgestatteten nemo-tenetur-Grundsatz ableitet, kann es nicht mehr zur Disposition des einfachen Gesetzgebers stehen. Da der Nemo-tenetur-Grundsatz als abwägungsfest angesehen wird, bleibt auch kein methodischer Raum, die kriminalpolitische oder gar rechtsstaatliche Notwendigkeit des Einsatzes Verdeckter Ermittler zu berücksichtigen[1780]. Raum für seine Zulässigkeit bliebe nur dort, wo er nicht gerade zu dem Zweck eingesetzt wird, selbstbelastende Angaben des Beschuldigten zu erlangen. Der verdeckte Ermittler wäre auf eigene unmittelbar tatbezogene Wahrnehmung beschränkt und dürfte lediglich zuhören, nicht aber nachfragen[1781]. Eine mit dieser Einschränkung versehene Figur des Verdeckten Ermittlers erscheint nicht mehr sinnvoll[1782]. Die Vorstellung, der Verdeckte Ermittler werde, nachdem er sich erfolgreich das Vertrauen einer Organisation o.ä. erschlichen hat, darauf warten, dass ihm Informationen zugetragen werden, sich aber der naheliegenden Möglichkeit, diese durch Nachfragen zu Tage zu fördern, verschließen, erscheint lebensfremd und nicht praktikabel[1783]. Ein entsprechendes Verhalten muss geradezu widernatürlich erscheinen und könnte daher In letzter Konsequenz sogar geeignet sein, die Tarnung des Ermittlers zu gefährden. Hinzu kommt noch die praktische Erwägung, dass sich die Details des Einsatzes des Verdeckten Ermittlers, die so über die Verwertbarkeit entscheiden, in der Hauptverhandlung, in der der Beamte regelmäßig gesperrt wird[1784], kaum sicher aufklären lassen. Es stünde so regelmäßig ein nicht mit letzter Sicherheit auszuschließender Verstoß gegen den nemo-tenetur-Grundsatz im Raum. Unabhängig von der von der h.M. propagierten Unanwendbarkeit des in-dubio-Satzes auf Verfahrensfehler[1785], kann es nicht zulässig sein, die hiernach unschädlichen Zweifel gerade zur Basis der Zulässigkeit zu machen. Die schwierige Beweislage verlangt

1779 *Verrel*, Selbstbelastungsfreiheit, S. 163; *Weßlau* ZStW 110 (1998), 1 (9).

1780 *Verrel*, Selbstbelastungsfreiheit, S. 163 f.; *Weßlau* ZStW 110 (1998), 1 (13 Fn. 36).

1781 *Hilger* in Hanack-FS, S. 207 (215); ähnlich *Bosch* JURA 1998, 236 (240); *Ranft*, StrafprozessR, Rn. 373.

1782 *Weßlau* in Grundrechte-Report 1998, S. 211 (215 f.); *Verrel*, Selbstbelastungsfreiheit, S. 162; so aber *Fezer* NStZ 1996, 289 (290); *Eidam*, Selbstbelastungsfreiheit, S. 107 ff.; *Roxin* NStZ 1995, 465 (468) sieht Raum für die Zulässigkeit vor allem im präventiven Bereich, will aber auch die repressive Verwertung hierbei erlangter Erkenntnisse zulassen, hiergegen *Verrel*, Selbstbelastungsfreiheit, S. 165 ff.

1783 *H. Schneider* NStZ 2004, 359 (359 Fn. 1).

1784 Vgl. BGH NStZ 2005, 43.

1785 BGH NJW 1961, 1979 (1980); *Ott* in KK-StPO § 261 Rn. 63; *Eisenberg*, Beweisrecht, Rn. 131 mwN.

vielmehr nach deutlichen Zulässigkeitsgrenzen. Die Frage nach der Zulässigkeit der verdeckten Befragung lässt sich somit nicht sinnvoll von der des Verdeckten Ermittlers trennen[1786].

Die Vertreter eines weiten nemo-tenetur-Begriffs weigern sich dann auch überwiegend, die Konsequenz der Verfassungswidrigkeit des Verdeckten Ermittlers zuziehen[1787]. Die Begründungen für die Ungleichbehandlung von Verdeckten Ermittlern und staatlich instrumentalisierten Privatpersonen vermögen aus den oben genannten Gründen aber nicht zu überzeugen. Begreift man den nemo-tenetur-Grundsatz als Schutz vor irrtumsbedingter Selbstbelastung und damit als Verbürgung der Offenheit der Vernehmung, lässt sich die Zulässigkeit einer Befragung durch einen Verdeckten Ermittler nicht mehr begründen[1788].

Der Lösungsweg, sich aus diesem Dilemma zu befreien, indem man das Postulat des absoluten Schutzbereichs aufgibt, wurde bereits zurückgewiesen[1789]. Er demonstriert gerade die Gefahr, den Grundsatz durch Schutzbereichsausweitungen zu erodieren.

(ii) Vermittelnde Ansätze

Die weitreichenden Folgen der extremen Standpunkte führen naturgemäß zur Herausbildung vermittelnder Ansätze.

So hat insbesondere der im Hörfallen-Fall vorlegende 5. BGH-Senat[1790], die Gefahr, mit einem erweiterten nemo-tenetur-Verständnis jeglichen verdeckten Ermittlungen durch Polizeibeamte oder Privatpersonen den Garaus zu machen, erkannt und durch folgende Konstruktion zu bannen versucht: Das aus der Verletzung des Schweigerechts abzuleitende Verwertungsverbot beschränke sich auf die gegenüber dem V-Mann gemachten Angaben und entfalte keine Fernwirkung. Die Angaben dürften daher zwar nicht zu Beweiszwecken, wohl aber als Ermittlungsansatz genutzt werden. Dies schließe auch die Begründung von Zwangsmaßnahmen ein[1791]. Der Senat konzipiert hiermit das Verwertungsverbot als selbstständiges und nicht als unselbstständiges Verwertungsverbot, um das Vorgehen als solches vor dem Vorwurf der Unzulässigkeit zu bewahren.

Die vom 5. Senat vorgeschlagene Konstruktion erscheint jedoch nicht haltbar[1792]. Die Ausschaltung der Fernwirkung fordert nicht nur das in dieser Debatte stets

---

1786 *Verrel*, Selbstbelastungsfreiheit, S. 162 ff.; *Weßlau* in Grundrechte-Report 1998, S. 211 (215 f.).

1787 Anders nur *Köhler* ZStW 107 (1995); weitgehend auch *Fezer* NStZ 1996, 289 (290).

1788 *Verrel* in Puppe-FS, S. 1629 (1631); *ders.*, Selbstbelastungsfreiheit, S. 166; *Weßlau* ZStW 110 (1998), 1 (9).

1789 So *Mahlstedt*, Verdeckte Befragung, S. 112 ff, S. 221 ff. s. hierzu oben C.I.

1790 NStZ 1996, 200.

1791 Insofern noch unentschlossen im Anfragebeschluss NStZ 1995, 410 (411).

1792 So auch *Weßlau* ZStW 110 (1998), 1 (17 ff.); *Verrel*, Selbstbelastungsfreiheit, S. 168 ff.; *Seitz* NStZ 1995, 519 (519); *Meurer* in Roxin-FS, S. 1281 (1285); *Mahlstedt*,

bemühte Argument heraus, hier werde zur Umgehung geradezu angehalten[1793]. Dieser Vorschlag geht sogar noch darüber hinaus. Die Inkaufnahme eines unverwertbaren Zwischenschritts, um letztendlich ein verwertbares Beweismittel zu erhalten, ist hier nicht nur ein naheliegender Missbrauch i.S.e. Umgehungstaktik, es soll nach Vorstellung des Senats vielmehr die gewöhnliche Vorgehensweise sein. Dass es nicht angehen kann, die Ermittlungsorgane planmäßig zu unzulässigem Vorgehen anzuhalten, um ein Schlupfloch in der Beweisverbotsdogmatik auszunutzen, liegt auf der Hand[1794]. Um diesem Vorwurf zu entgehen, versucht der Senat dann auch der Vorgehensweise das Verdikt als prozessordnungswidrig zu ersparen, indem er behauptet, es handele sich nicht um ein unselbstständiges, an eine rechtswidrige Beweiserhebung anknüpfendes Verwertungsverbot, sondern um ein selbstständiges[1795]. Dies vermag jedoch nicht zu überzeugen. Unselbstständige Verwertungsverbote beruhen auf Umständen, die dem Beweismittel als solchem anhaften und unabhängig von der Art seiner Erhebung sind[1796]. Der das Verwertungsverbot auslösende Umstand liegt hier nach der Argumentation des Senats aber darin, dass die Aussage durch einen V-Mann erlangt wurde, mithin in der Beweiserhebung. Es handelt sich somit um ein unselbstständiges Verwertungsverbot[1797]. Als solches enthält es begriffslogisch das Verdikt der Unzulässigkeit der Beweiserhebung. Selbst wenn man der Einordnung als unselbstständiges Beweismittel folgen wollte, stellte sich die Frage, ob sich nicht im Wege der Vorauswirkung des Verwertungsverbots auch bereits ein Erhebungsverbot ergeben würde[1798]. Die Verhältnismäßigkeit der Maßnahme mit der Erlangung lediglich der mittelbaren Beweismittel zu begründen, erscheint wenig überzeugend.

Im Übrigen überzeugt auch bereits die generelle Ablehnung einer Fernwirkung nicht. Selbst wenn man sich auf das Lahmlegungs-Dogma des BGH einlassen will[1799], ist dieses doch ersichtlich von der Erwägung getragen, dass die individuellen Fehltritte einzelner Strafverfolgungsbeamter keine zu weit reichenden Folgen auf die Durchsetzung des Strafanspruchs haben dürfen. Systematisch angelegte vorsätzliche Rechtsbrüche, wie sie die Ansicht des 5. Senats zur Folge hätte, erscheinen von diesem Gedanken jedoch nicht mehr gedeckt.

Verdeckte Befragung, S. 133; für eine Lösung über die eingeschränkte Fernwirkung hingegen auch *Bosch* JURA 1998, 236 (240); *Ranft*, StrafprozessR, Rn. 373.

1793 *Roxin* NStZ 1995, 465 (469); *Fezer* NStZ 1996, 289 (290); *Kudlich* JuS 1997, 969 (699); *Meurer* in Roxin-FS, S. 1281 (1285).

1794 Vgl. *Seitz* NStZ 1995, 519 (519).

1795 Ähnlich versteht auch *Weßlau* ZStW 110 (1998), 1 (17) den Senat, meint aber, die Lösung lasse „sich mit den bekannten dogmatischen Kategorien der Lehre von den Verwertungsverboten nicht erfassen [...]".

1796 *Ostendorf*, StrafprozessR, Rn. 373.

1797 Vgl. *Weßlau* ZStW 110 (1998), 1 (20).

1798 *Meurer* in Roxin-FS, S. 1281 (1284) spricht von „Vorwirkung", zur hier sog. Vorauswirkung s. bereits oben E. III. 2. a. bb. (i) β) αα) u. γγ).

1799 S.o. D. III.

Schlussendlich ist dieser Lösungsweg auch mit dem nemo-tenetur-Grundsatz unvereinbar. Wie dargelegt, folgt aus dem Umstand, dass der Verwendungsakt Teil der Verletzung ist, dass auch die bloß mittelbare Beweisverwertung untersagt ist. Der Grundsatz erfordert ein Beweisverwertungsverbot mit Früh- und Fernwirkung[1800]. Hierdurch ist nicht nur das Schöpfen eines für Zwangsmaßnahmen erforderlichen Verdachtsgrads erfasst, sondern auch die rein tatsächliche Nutzung als Spurenansatz[1801]. Bejaht man somit eine Schutzbereichsberührung durch den Erhebungsakt, verbietet sich die Ablehnung einer Fernwirkung.

Neben dieser vermittelnden Lösung des 5. Senats finden sich zwei Modelle, die sich um einer Erweiterung des Schutzbereichs von nemo tenetur bemühen, ohne zugleich ein Verbot jeglicher verdeckter Befragung zu statuieren. Das erste dieser Modelle bemüht sich um eine erweiterte Auslegung des Zwangskriteriums, um so auch bestimmte Täuschungskonstellationen mitzuerfassen, ohne zugleich jegliche irrtumsbedingte Selbstbelastung als Verstoß gegen diesen Grundsatz anzusehen[1802]. So wird etwa vorgeschlagen, nur Täuschungen zu erfassen, die eine dem Zwang vergleichbare Wirkung aufwiesen, die „zwangsgleich" seien[1803]. Insbesondere in der neueren Rechtsprechung finden sich Ansätze in diese Richtung. Diese Entwicklung soll noch eingehend analysiert werden (s.u. F. II. 2. a.).

Den zweiten Lösungsweg stellt eine Art Sphärenmodell dar[1804]. Es wird zwar ein grundsätzlicher Schutz vor irrtumsbedingter Selbstbelastung anerkannt, dieser aber nicht dem abwägungsfesten Kern des nemo-tenetur-Grundsatzes zugerechnet, sondern seinem Randbereich, der einer Abwägung mit widerstreitenden Interessen zugänglich sei.

Gegen ein solches Sphärenmodell spricht die hiermit einher gehende Unsicherheit. Es birgt die Gefahr einer schleichenden Aufweichung der sakrosankten Maxime der Selbstbelastungsfreiheit[1805]. Soll es vom Einzelfall abhängen, ob der absolute Kern oder die abwägungsfähige Peripherie betroffen ist[1806], wird das Postulat des absoluten Schutzes damit faktisch aufgegeben. Wie bereits dargelegte, bedarf der nemo-tenetur-Grundsatz seines absoluten Charakters, um die ihm zugedacht

---

1800 S.o. E. II. cc.

1801 Im Anfragebeschluss hatte der 5. Senat seine Lösung zunächst auf die tatsächliche Nutzung beschränkt und die Frage der Begründung von Zwangsmaßnahmen offen gelassen, BGH NStZ 1995, 410 (411).

1802 Vgl. *Engländer* JZ 2009, 1179 (1179 f.).

1803 *Kasiske* StV 2014, 423 (429); *Lammer*, Verdeckte Ermittlungen, S. 168 f.; *Schlauri*, Selbstbelastungszwang, S. 299.

1804 Ansätze eines solchen Modells finden sich bei *Renzikowski* JZ 1997, 710 (714); *Eschelbach* StV 2000, 390 (396); *Makrutzki*, Verdeckte Ermittlungen, S. 93; *Meurer* in Roxin-FS, S. 1281 (1286 Fn. 40; 1294 Fn. 102); *Sowada* in Geppert-FS, S. 689 (703); *Lagodny*, StV 1996, 167 (171).

1805 *R. Müller* EuGRZ 2001, 546 (554); *Verrel*, Selbstbelastungsfreiheit, S. 164.

1806 *Makrutzki*, Verdeckte Ermittlungen, S. 93.

Aufgabe zu erfüllen[1807]. Verschließt man sich der Relativierung des Grundsatzes insgesamt, muss man auch Abstand von einem derartigen Sphärenmodell nehmen.

Von einem ähnlichen Grundgedanken getragen, erscheint der Ansatz, den Schutz vor irrtumsbedingter Selbstbelastung gar nicht aus dem (abwägungsfesten) nemo-tenetur-Grundsatz, sondern aus dem (abwägungsfähigem) fair-trial-Prinzip abzuleiten[1808]. Der Sache nach lässt sich hier auch die Lösung des Großen Senats einordnen, der ein relatives Verwertungsverbot für verdeckte Befragungen daraus ableitet, dass sie einem nemo-tenetur-Verstoß „nahe komm[en]"[1809]. Soweit hier keine klaren Kriterien herausgearbeitet werden, wann der nemo-tenetur-Grundsatz und wann die fair-trial-Maxime betroffen ist, handelt es sich um ein Sphärenmodell im vorgenannten Sinne, das sich identischen Einwänden ausgesetzt sieht[1810]. Dies muss sich insbesondere die neue Rechtsprechung entgegenhalten lassen, die auf eine Verletzung des „Recht auf ein faires Verfahren unter besonderer Berücksichtigung des Grundsatzes der Selbstbelastung"[1811] abstellt, wobei vollends unklar bleibt, ob der Grundsatz der Selbstbelastungsfreiheit nun betroffen ist.

Hiermit ist jedoch nicht gesagt, dass die fair-trial-Maxime als Lösungsmaßstab ausscheiden muss. Eine Verletzung erscheint vielmehr auch dann möglich, wenn man eine Erweiterung des Schutzbereichs der Selbstbelastungsfreiheit ablehnt. Mit der Verneinung des nemo-tenetur-Verstoßes wird der Maßnahme nicht bescheinigt, in jeder Hinsicht frei von Bedenken zu sein.

Da die fair-trial-Maxime primär an den Gesetzgeber gerichtet ist und davon auszugehen ist, dass die Normen des deutschen Prozessrechts diesen Anforderungen grundsätzlich gerecht werden[1812], ist hier vorrangig an einfachgesetzliche Ausformungen dieses Grundsatzes zu denken. Hier kommt insbesondere das Täuschungsverbot des § 136a StPO in Betracht[1813].

(iii) Stellungnahme

Das weiteste Verständnis des nemo-tenetur-Satzes geht dahin, dass der Grundsatz nicht nur vor erzwungener sondern auch vor irrtumsbedingter Selbstbelastung schütze[1814]. Jede staatlich veranlasste Täuschung stellte so eine Verletzung des Grundsatzes dar. Die Täuschung der Privatperson über den Ermittlungszweck

1807 S.o. C. I.

1808 So *Sowada* in Geppert-FS, S. 689 (703); ähnlich *Lorenz* JZ 1992, 1000 (1006).

1809 BGH GS NStZ 1996, 502 (505).

1810 Vgl. den Ansatz von *Sowada* in Geppert-FS, S. 689 (703).

1811 BGH NJW 2010, 3670 (3671 Rn. 21); näher zur Entwicklung der Rechtsprechung unten F. II. 2. a.

1812 BVerfG StV 2011, 261 (261); BVerfG NStZ-RR 2004, 83 (84) mwN.; *Meyer-Goßner/Schmitt*, StPO, Art. 6 MRK Rn. 5; *Rothfuß* StraFo 1998, 289 (290); *Sowada* in Geppert-FS, S. 689 (700); *M. Zöller* StraFo 2008, 15 (17).

1813 Hierzu sogleich F. II. 1. b. cc.

1814 *Roxin* NStZ 1995, 465 (466 ff.) *ders.* NStZ 1997, 18 (18 ff.); *ders.* NStZ-Sonderheft 2009, 41 (44 f.); *Groth*, Unbewusste Äußerungen, S. 77 ff.; *Kretschmer* HRRS 2010,

des Gesprächs verletzte die so verstandene Selbstbelastungsfreiheit und führte zur Unverwertbarkeit der gemachten Angaben. Diese Ansicht läuft auf einen durch den nemo-tenetur-Satz verbrieften Grundsatz der Offenheit der Befragung hinaus und müsste konsequenterweise in der Verfassungswidrigkeit der Regelungen über den Verdeckten Ermittler münden[1815].

Die Grundthese lautet, der nemo-tenetur-Satz würde die ihm zugedachte Aufgabe zum Schutz des Beschuldigten nur unvollständig erfüllen, würde man ihm nicht neben dem Zwangsverbot zugleich einen Schutz vor irrtümlichen Selbstbelastungen entnehmen[1816].

Weitgehend sinnfrei dürfte an dieser Stelle die Argumentation mit dem Wortlaut der nemo-tenetur-Formel sein[1817]. Dieser kann bei der Interpretation eines ungeschriebenen Grundsatzes naturgemäß kaum hilfreich sein. Darüber hinaus herrscht weitgehende Einigkeit darüber, dass dem Grundsatz traditionell kein Täuschungsverbot zu entnehmen ist, es sich bei dem weiten Schutzbereichsverständnis also um eine telosgetragene Neuausrichtung handelt[1818]. Aus demselben Grund ist daher auch der Hinweis auf die Historie[1819] nicht zielführend. Es bedarf also des Nachweises der Rechtfertigung dieser Schutzbereichserweiterung[1820]. Diese wird auf den Gedanken der Umgehung gestützt: den Strafverfolgungsorganen könnte nicht gestattet werden, das Zwangsverbot durch Täuschung zu umgehen[1821]. Dieser Umgehungsgedanke lässt sich allerdings nicht daraus begründen, dass durch die Täuschung eine selbstbelastende Aussage und damit dasselbe Ziel erreicht wird wie durch Zwang. Der nemo-tenetur-Grundsatz ist kein Informationsbeherrschungsrecht[1822]. Wäre dem so, enthielte der Grundsatz das Verbot, den Beschuldigten als Wissensträger heranzuziehen[1823], und die Erstreckung auf täuschungsbedingte Selbstbelastungen

---

343 (346 f.); *Eidam*, Selbstbelastungsfreiheit, S. 110 ff.; *Bernsmann* StV 1996, 116 (118); *Prasch*, List, S. 92.

1815 S.o. F.II.1.b.bb(i).

1816 *Eidam*, Selbstbelastungsfreiheit, S. 71 f.; *Wolter* in 50 Jahre BGH, S.963 (973 f.); *v. Stetten*, Beweisverwertung, S. 126; *Derksen* JR 1997, 167 (170).

1817 Vgl. aber *Roxin* NStZ 1995, 465 (466) einerseits und *Kudlich* JuS 1997, 696 (699); *Verrel*, Selbstbelastungsfreiheit, S. 162; *V. Krey* in Neujustierung des Strafrecht, S. 25 (27 f.)andererseits. Wie hier: *Bosch*, Aspekte, S. 353 Fn. 9; *Nack* in 20. Strafverteidigertag, S. 239 (245).

1818 Vgl. *Weßlau* ZStW 110 (1998), 1 (14); *Bosch* JURA 1998, 236 (241); *Meurer* in Roxin-FS, S. 1281 (1288 f.); *Verrel* in Puppe-FS, S. 1629 (1631, 1637); a.A. *Eidam*, Selbstbelastungsfreiheit, S. 110 Fn. 528.

1819 BGH NStZ 1996, 502 (404); *Rogall* NStZ 2008, 110 (112); *Reiche*, Täuschungsverbot, S. 64.

1820 *Verrel* in Puppe-FS, S. 1629 (1631, 1637).

1821 So der Vorlagebeschluss BGH NStZ 1995, 410 (411); *Roxin* NStZ 1997, 18 (19).

1822 S.o. B. III. 2. b.

1823 *Reiß*, Besteuerungsverfahren, S. 178; *Mahlstedt*, Verdeckte Befragung, S. 102; *Weßlau* ZStW 110 (1998), 1 (32); ganz ähnlich auch *Groth*, Unbewusste Äußerung, S. 79, die zur Begründung eines Täuschungsschutzes durch nemo tenetur auf das

ließe sich unschwer begründen. Schutzbereichsrelevantes Moment ist aber nicht die Information, sondern die Art ihrer Erlangung[1824]. Die Tatsache, dass durch Täuschung die Information erlangt wurde, die durch Zwang zu erlangen der Grundsatz untersagt, ist somit noch kein hinreichender Nachweis der Einschlägigkeit des Grundsatzes. Aus demselben Grund ist es irrelevant, dass durch täuschendes Vorgehen sogar noch eher eine selbstbelastende Aussage zu erwarten ist, als dies unter dem Eindruck von Zwang der Fall wäre[1825]. Der nemo-tenetur-Grundsatz enthält nicht einfach ein Verbot der Verwertung selbstbelastender Angaben[1826]. Entscheidend ist nicht das Ziel, sondern der Weg der Informationsgewinnung. Das Ziel auf einem anderen Weg zu erreichen zu suchen, mag man nach alltäglichem Sprachgebrauch als „Umgehung" beschreiben, es ist aber nicht per se illegitim[1827]. Eine Umgehung im juristisch relevanten Sinne liegt nur dort vor, wo der Schutzzweck des Rechtssatzes vereitelt wird[1828]. Prima facie erscheint vielmehr der Umkehrschluss, aus dem Verbot des Zwangs gerade die Zulässigkeit der Täuschung zu folgern, ebenso gerechtfertigt wie ein Analogieschluss[1829]. Vertreter eines weiten, irrtumsbedingte Selbstbelastungen umfassenden, nemo-tenetur-Verständnisses müssen daher den Beweis antreten, dass durch Täuschung das Schutzgut des Grundsatzes in gleicher Weise betroffen ist wie durch Zwang, die ratio des Grundsatzes daher ein erweitertes Verständnis erfordert[1830]. Bestünde die ratio des Grundsatzes in dem Gedanken der Unzumutbarkeit, wäre dieser Beweis nicht zu führen. So verstanden, setzt der Grundsatz seinem telos nach voraus, dass der Beschuldigte sich das ihm stellende Dilemma tatsächlich durchlebt[1831]. Die unbewusste Selbstbelastung kann daher nicht erfasst sein. Vom Boden der Unzumutbarkeitsratio aus stellt sich die Beschränkung auf die Unzulässigkeit von Aussagezwang als logische Konsequenz dar. Ebenso stellt es sich in der Parallel-Konstellation des zeugnisverweigerungsberechtigten Zeugen dar. Hier beruht das Verweigerungsrecht des Zeugen unstreitig

---

Volkszählungs-Urteil rekurriert; vgl. auch *Puppe* GA 1978, 289 (303): Recht, ein Schuldbekenntnis vorzuenthalten.

1824 *Lorenz-Czarnetzki*, Täuschungsverbot, S. 138.

1825 S. aber *Roxin* NStZ 1995, 465 (466); *ders.* NStZ-Sonderheft 2009, 41 (44); *Bernsmann* StV 1997, 116 (118).

1826 *Lorenz-Czarnetzki*, Täuschungsverbot, S. 138.

1827 *Verrel* in Puppe-FS, S. 1626 (1629), vgl. *Weßlau* ZStW 110 (1998), 1 (11).

1828 Vgl. *Weßlau* ZStW 110 (1998), 1 (11); *Kudlich* JuS 1997, 696 (700).

1829 Vgl. *Puppe* GA 1978, 289 (299); *Jäger*, Beweisverwertung, S. 165; *Roxin* NStZ 1995, 465 (466); Zur logischen Gleichberechtigung beider Figuren s. *Larenz*/Canaris, Methodenlehre, S. 210; krit. *Kelsen*, Reine Rechtslehre, S. 350.

1830 *Weßlau* ZStW 110 (1998), 1 (24).

1831 *Puppe* GA 1978, 289 (299); *C. Schneider*, Beweisverbote, S. 34.

auf der Erwägung, ihm den Gewissenskonflikt zu ersparen[1832]. Durch eine verdeckte Befragung wird der Schutzzweck daher nicht berührt[1833].

Nach hier vertretener Ansicht schützt der nemo-tenetur-Grundsatz die prozessuale Autonomie des Beschuldigten[1834]. Entscheidend für eine Verletzung des Grundsatzes ist daher eine Berührung dieses Schutzguts. Ansätze, die die verfahrensrechtliche Funktion des Grundsatzes erkennen, sind tendenziell offener gegenüber einer Ausweitung des Schutzbereichs[1835]. Dass die Prozesssubjektivität allein durch Zwang und nicht auch durch andersgeartete Wissens- oder Willensdefizite aufgehoben wird, steht jedenfalls nicht von vornherein fest. Es besteht zumindest ein Ansatzpunkt, den Schutzbereich in Richtung von Irrtümern zu öffnen.

Zum Nachweis der Gleichwertigkeit von Täuschung und Zwang wird zunächst darauf verwiesen, dass es sich bei dem Verstoß gegen die Belehrungspflicht des § 136 Abs. 1 S. 2 StPO der Sache nach nicht um einen Fall des Zwangs sondern des Irrtums handelt[1836]. In der Tat ist einzuräumen, dass der Verstoß gegen die Belehrungspflicht keinen Aussagezwang, sondern lediglich die Fehlvorstellung des Beschuldigten von einem solchen begründet. Zu beachten ist allerdings, dass diese zur Folge hat, dass der Beschuldigte sich einem Aussagezwang ausgesetzt fühlt. Die Wirkung auf den Beschuldigten entspricht also dem tatsächlichen Bestehen einer Aussagepflicht. Es handelt sich um einen kleinen Überschneidungsbereich zwischen Zwang und Täuschung[1837].

Jenseits dieser Schnittmenge wirken Irrtum und Zwang generell unterschiedlich[1838]. Dass auch Irrtümer die Entscheidungsfreiheit des Beschuldigten berühren, liegt auf der Hand. Es wurde aber bereits dargelegt, dass bloße Einschränkungen der Entscheidungsfreiheit für eine Verletzung des nemo-tenetur-Satzes nicht ausreichen[1839]. Hier stellt sich nun die weiterführende Frage, inwieweit das Schutzgut

1832 BGHSt 2, 351 (354); BGHSt 11, 213 (217); BGHSt 22, 35 (36 f.); *Meyer-Goßner/Schmitt*, StPO, § 52 Rn. 1; *Senge* in KK-StPO § 52 Rn. 1; weitergehend *Rengier*, Zeugnisverweigerungsrechte, S. 8: „Familie im ganzen"; a.A. *Rogall* in SK-StPO § 52 Rn. 8, der das Zeugnisverweigerungsrecht als Ausprägung des nemo-tenetur-Grundsatzes ansieht. Da *Rogall* aber den nemo-tenetur-Grundsatz seinerseits vom Gedanken der Unzumutbarkeit her begreift, ergeben sich hieraus keine Abweichungen, s. *Rogall*, Der Beschuldigte, S. 146.

1833 BGH NJW 1994, 2904; zust. *Sternberg-Lieben* JZ 1995, 844 (844 ff.); *Schlüchter/J. Radbruch* NStZ 1995, 354 (355); a.A. *Weiler* GA 1996, 101 (111); s. hierzu unten F. II. 2. b. cc. (iv).

1834 S.o. B. IV.

1835 *Renzikowski* JR 2008, 160 (167); *Sowada* in Geppert-FS, S. 689 (703 Fn. 40); *Rackow/Birr* Die Polizei 2012, 325 (327).

1836 *Roxin* NStZ 1997, 18 (19).

1837 *Verrel* in Puppe-FS, S. 1629 (1638); *Ellbogen* Kriminalistik 2006, 544 (547); vgl. auch *Wolter* in SK-StPO[3] Vor § 151 Rn. 122.

1838 *Jäger* in HK-GS § 136a StPO Rn. 23; *Bernsmann* StV 1997, 117 (118); *Rogall* NStZ 2008, 110 (113).

1839 S.o. E.II.3.a.

der prozessualen Autonomie auch die Freiheit von Wissensmängeln verbrieft. Zentraler Aspekt dieses Schutzguts ist die fehlende Unterwerfung unter die staatliche Verfahrenszielbestimmung und damit ein Verbot der Instrumentalisierung des Beschuldigten[1840]. Ein gewisses Moment der Instrumentalisierung wohnt auch der Täuschung inne. Ihr wird nachgesagt, sie sei im gleichen Maß wie der Zwang geeignet, jemanden zum Werkzeug fremder Interessen zu machen[1841]. Dies zeige sich am materiellrechtlichen Institut der mittelbaren Täterschaft[1842]. Von anderer Seite wird zwar angenommen, Täuschung und Zwang seien zwar kategorial verschieden, in ihrer Wirkung auf die Autonomie des Beschuldigten jedoch vergleichbar[1843]. Eben jene kategorial unterschiedliche Wirkungsweise – die auch durch den Verweis auf § 25 Abs. 1 S. 1 Alt. 2 StGB nicht bestritten wird – könnte aber der Ansatzpunkt sein, Irrtümern den Schutz durch den nemo-tenetur-Grundsatz zu versagen[1844]. Der Täuschung fehlt das dem Zwang inhärente Moment der obrigkeitlichen Unterwerfung. Das für die Verletzung des nemo-tenetur-Grundsatzes konstitutive Moment der Autonomienegierung wurde in anderem Zusammenhang in der Festlegung auf eine bestimmte Verhaltensweise erkannt[1845]. Das Vorhandensein von Handlungsalternativen steht der Annahme von relevantem Aussagezwang und damit einer Verletzung des Grundsatzes entgegen. Dieses Moment fehlt der Täuschung. Der Adressat der Täuschung ist in seinem Verhalten durchaus frei. Er ist nicht daran gehindert, dass Gespräch abzubrechen, und das ist ihm auch bewusst. Er irrt einzig über den privaten Charakter der Unterhaltung. Aus dieser Fehlvorstellung folgt auch subjektiv keine Beschränkung seiner Wahlmöglichkeiten. Für ihn bestehen keinerlei Zweifel, dass er – wie in jeder privaten Konversation – die rechtliche Möglichkeit hat zu schweigen. Dass er redet, liegt nicht daran, dass ihm diese Möglichkeit versperrt wird, sondern dass er sich aufgrund unzureichender oder unzutreffender Informationen falsch entscheidet. Ihm kommt aber überhaupt die Möglichkeit zu, sich zu entscheiden. Das Schutzgut der prozessualen Autonomie erscheint daher nicht berührt. Dieses Provozieren von Fehlentscheidungen weckt

1840 S.o. B. IV.; C. V.

1841 *Roxin* NStZ 1997, 18 (18); *Bernsmann* StV 1997, 116 (117); *Kretschmer* HRRS 2010, 343 (346); *v. Stetten*, Beweisverwertung, S. 126; *Weßlau* ZStW 110 (1998), 1 (23).

1842 *Roxin* NStZ 1997, 18 (18); *Bernsmann* StV 1997, 116 (117); *Kretschmer* HRRS 2010, 343 (346); *v. Stetten*, Beweisverwertung, S. 126.

1843 *Jäger* in HK-GS § 136a StPO Rn. 23; *Bernsmann* StV 1997, 117 (118); ähnlich *Kasiske* StV 2014, 423 (428); s. auch *Derksen* JR 1997, 167 (170): „axiologisch gleichwertig".

1844 *Rogall* NStZ 2008, 110 (113): „Zwang und Irrtum sind nicht dasselbe und daher auch unterschiedlich zu bewerten. Der Schutz vor Irrtum kann weniger weit als der Schutz vor Zwang reichen"; s. auch *Kasiske* StV 2014, 423 (428), der Täuschung und Zwang zwar bezüglich der Autonomie gleichwertig erachtet, aber „im Hinblick auf den Gesichtspunkt des fairen Verfahrens erhebliche qualitative Unterschiede" erkennt.

1845 S.o. E. II. 3. a.

durchaus rechtsstaatliche Bedenken, diese sind bei nemo tenetur jedoch nicht unter dem richtigen Titel behandelt.

Die tendenzielle Offenheit verfahrensbezogener nemo-tenetur-Konzeptionen rührt aus dem Umstand her, dass man gewisse Wissensdefizite für mit dem Status des Prozesssubjekts unvereinbar ansieht. Mit Vokabeln, wie „Eigenverantwortlichkeit“[1846] oder „Freiwilligkeit“[1847] wird zum Ausdruck gebracht, dass eine Entscheidung frei von gewissen Willensmängeln zu gewährleisten sei. Mangels begrifflicher Bestimmtheit ist hiermit die Forderung, das Prozesssubjekt vor gewissen Wissensdefiziten zu bewahren, jedoch nicht konkretisiert. Dies zeigt sich, wenn dieselbe Begrifflichkeit für ganz unterschiedlich weitreichende Schutzbereichskonzepte verwendet wird[1848]. Allein aus dem Postulat der Subjektstellung lässt sich ein entsprechendes Täuschungsverbot indes nicht ableiten. Diese setzt nicht voraus, dass der Beschuldigte sämtliche für seine Entscheidung relevanten Umstände kennt[1849]. Aus der Achtung als Rechtspersönlichkeit folgt vielmehr auch, dass dem Beschuldigten eine gewisse Selbstverantwortlichkeit bei der Organisation seiner Kommunikationsstrukturen zugemutet werden kann[1850]. Die Verantwortlichkeit für eigenes Handels ist Bestandteil der Rechtssubjektivität[1851]. Mit der Einräumung von Entscheidungsfreiheit ist stets die Möglichkeit der Fehlentscheidungen verbunden[1852]. Der Beschuldigte verfügt daher über eine eigene Risikosphäre[1853]. Trägt er durch in diese Sphäre fallende Verhaltensweisen zu seiner eigenen Überführung bei, wird sein Subjektscharakter nicht berührt. Ein entsprechendes Risiko muss ihm daher von staatlicher Seite nicht abgenommen werden[1854].

1846 *Ransiek*, Polizeivernehmung, S. 47 ff. *Beckemper*, Verteidigerkonsultationsrecht, S. 78; *Lammer*, Verdeckte Ermittlungen, S. 158 f.; *Ellbogen* Kriminalistik 2006, 546 (546 ff.).

1847 *Makrutzki*, Verdeckte Ermittlungen im Strafprozess, S. 104 ff.

1848 Vgl. etwa „Eigenverantwortlichkeit“ bei *Ransiek*, Polizeivernehmung, S. 47 ff. einerseits und bei *Beckemper*, Verteidigerkonsultationsrecht, S. 78; *Lammer*, Verdeckte Ermittlungen, S. 158 f. andererseits; sowie schließlich bei *Ellbogen* Kriminalistik 2006, 546 (546 ff.).

1849 *Beckemper*, Konsultationsrecht, S. 78; *Lammer*, Verdeckte Ermittlungen, S. 158; *Sternberg-Lieben* JURA 1995, 299 (308 Fn. 150); a.A. *Popp* NStZ 1998, 95 (96).

1850 *Beckemper*, Konsultationsrecht, S. 51, 78; *Pawlik* GA 1998, 378 (385 f.); *Sternberg-Lieben* JURA 1995, 299 (308).

1851 Vgl. *Beckemper*, Konsultationsrecht, S. 51: *Lesch* ZStW 111 (1999), 624 (637); *Schmidt-Aßmann* in Maunz/Dürig, GG, Art. 19 Abs. 4 Rn. 8.

1852 *Verrel*, Selbstbelastungsfreiheit, S. 148.

1853 Vgl. *Verrel* in Puppe-FS, S. 1629 (1641); *H. Schneider* NStZ 2001, 8 (12); *Reiche*, Täuschung, S. 60; krit. *Eidam*, Selbstbelastungsfreiheit, S. 92 f.; vgl. auch EGMR NJW 1992, 3088 (3089) (Lüdi v. Schweiz).

1854 *Bottke* JURA 1987, 356 (361); *H. Schneider* JURA 1997, 131 (137); *Rauschenberger* Kriminalistik 2010, 726 (728); *Sternberg-Lieben* JURA 1995, 299 (309); vgl. auch *Meyer-Goßner/Schmitt*, StPO, Einl Rn. 157; BGH NStZ 1996, 502 (504 f.).

Es ist daher allgemein anerkannt, dass die Angaben des Gesprächspartners verwertbar sind, wenn dieser aus eigenem Antrieb den Strafverfolgungsbehörden den Gesprächsinhalt mitteilt[1855]. Dies gilt unabhängig davon, ob er diesen Entschluss erst nach oder bereits vor dem Gespräch fasst[1856].

Aber auch Im Fall der verdeckten Befragung weiß der Beschuldigte, dass er seine Äußerung in den von ihm nicht mehr zu beherrschenden Außenbereich entlässt[1857]. Die Vertrauenswürdigkeit des Gesprächspartners fällt in seinen Risikobereich[1858]. Ob es sich hierbei um das allgemeine Lebensrisiko, an einen einfachen Verräter oder das staatlich manipulierte Risiko, an einen „Spitzel" zu gelangen, handelt, macht mit Blick auf die Entscheidungsfindung keinen Unterschied[1859]. In beiden Fällen weiß der Beschuldigte um die Unbeherrschbarkeit der Information und in beiden Fällen geht er dieses Risiko bewusst ein. Der Hinwies, außerhalb von Polizeistaaten gehöre es nicht zum allgemeinen Lebensrisiko, an einen Polizeispitzel zu geraten[1860], steht dem nicht entgegen. Diese Kritik trifft den in der Tat irritierende Bezeichnung als allgemeines Lebensrisiko, nicht aber den damit angesprochenen Gedanken der Risikoverteilung[1861]. Maßgeblich ist nicht, dass das Risiko alltäglich ist, sondern dass es sich um ein vom Beschuldigten zu tragendes Risiko handelt. Dass das Bild des Bürgers, der ständig auf der Hut vor dem allgegenwärtig überwachenden Staat sein muss, nicht dem eines Rechtsstaates entspricht, dürfte ebenso selbstverständlich sein, wie das mit dem hier vertretenen Ansatz solchen Verhältnissen kein Vorschub geleistet werden soll. Auch der Rechtsstaat kennt aber den punktuellen Einsatz reglementierter verdeckter Ermittlungsmaßnahmen, deren Zulässigkeitsgrenzen es

1855 BGH NStZ 1989, 32 (33); *Renzikowski* JZ 1997, 710 (714).

1856 BGH NStZ 1989, 32 (33).

1857 *Beckemper*, Konsultationsrecht, S. 78; *Lammer*, Verdeckte Ermittlungen, S. 159; *Ellbogen* Kriminalistik 2006, 544 (547); *Engländer* ZIS 2008,163 (166); a.A. *Bosch*, Aspekte, S. 127, mit der unzutreffenden Erwägung, mit dieser Begründung könne auch auf die Belehrung verzichtet werden. Zutreffend ist zwar, dass auch der unbelehrt Vernommene den selbstbelastenden Charakter seiner Äußerung erkennt, dieser nimmt jedoch fehlerhaft eine Auskunftspflicht an. Hierin unterscheidet er sich grundlegend von dem verdeckt Befragten, dem seine Wahlmöglichkeit durchaus bewusst ist und der sie unter Inkaufnahme eines Risikos ausübt. Der Irrtum über die bei der Risikoprognose einzubeziehenden Tatsachen beseitigt aus Sicht des Beschuldigten die Wahlmöglichkeit hingegen nicht.

1858 *Beckemper*, Konsultationsrecht, S. 78; *Petry*, Beweisverbote, S. 171; *Sowada* in Geppert-FS, S. 689 (708); *Engländer* ZIS 2013, 163 (166); *Seitz* NStZ 1995, 519 (519); *Fezer* NStZ 1996, 289 (290).

1859 *Beckemper*, Konsultationsrecht, S. 78; *Lammer*, Verdeckte Ermittlungen, S. 159; *Pawlik* GA 1998, 378 (384); *Reiche*, Täuschungsverbot, S. 60; vgl. BGH NStZ 1996, 502 (505).

1860 *Fezer* NStZ 1996, 289 (290); *Ostendorf* in Roxin II-FS, S. 1329 (1338); *Roxin* NStZ-Sonderheft 2009, 41 (44); *Mahlstedt*, Verdeckte Befragung, S. 183.

1861 *H. Schneider* NStZ 2001, 8 (11).

hier auszutarieren gilt, und die zudem keinesfalls allein entlang des nemo-tenetur-Grundsatzes verlaufen[1862].

Der Umstand, aus dem sich die fehlende Vertrauenswürdigkeit des Gegenüber ergibt, ist irrelevant, entscheidend ist, dass es sich bei der Vertrauenswürdigkeit des Gesprächspartners um ein in die Risikosphäre des Beschuldigten fallenden Umstand handelt. Ein an die Strafverfolgungsbehörden gerichtetes Verbot, aus Unvorsichtigkeiten des Beschuldigten Profit zu schlagen, besteht nicht[1863]. Das antagonistische Verhältnis zwischen Beschuldigten und Strafverfolgungsorganen ist vielmehr charakteristisch für das Strafverfahren[1864]. Steht fest, dass eine Fehlvorstellung die Subjektstellung nicht berührt, kann es nicht mehr darauf ankommen, ob sie durch die Strafverfolgungsorgane aktiv herbeigeführt oder lediglich ausgenutzt wurde[1865].

Täuschungen berühren somit das Schutzgut der prozessualen Autonomie nicht. Die These von der Gleichartigkeit von Zwang und Täuschung ist damit widerlegt. Ein weites Verständnis des nemo-tenetur-Satzes i.S.e. Schutzes vor irrtümlichen Selbstbelastungen lässt sich somit nicht begründen.

cc. Lösung über das Täuschungsverbot des § 136a StPO

Mit der Vereinbarkeit mit dem nemo-tenetur-Grundsatz steht jedoch nicht fest, dass ein entsprechendes Vorgehen in jeder Hinsicht frei von Bedenken ist. Aufgrund des irrführenden Charakters der verdeckten Befragung, liegt ein Verstoß gegen das Täuschungsverbot des § 136a StPO zunächst nahe. Während einige Literaturstimmen in diesem auch den maßgeblichen Maßstab zur Beurteilung verdeckter Befragungen erblicken[1866], macht die Gegenauffassung vielfältige und gestufte Einwände geltend. An diesen orientiert muss eine Lösung über das Täuschungsverbot nicht nur die Anwendbarkeit des § 136a StPO (s.u. (ii)) sondern auch das Vorliegen einer Täuschung i.S.d. Vorschrift begründen ((iii)). Zunächst gilt es allerdings zu klären, ob nicht auch dieser Lösungsansatz bereits durch die bisherigen Ergebnisse determiniert ist, weil § 136a StPO lediglich einen einfachgesetzlichen Ausdruck des nemo-tenetur-Grundsatzes darstellt ((i)).

1862 S.u. F. II. 1. b. cc.

1863 *Kühne*, StrafprozessR, Rn. 103.3; *H. Schneider* NStZ 2001, 8 (14); *Beckemper*, Konsultationsrecht, S. 243; *Ackemann*, Rechtmäßigkeit, S. 105.

1864 *H. Schneider* JURA 1997, 131 (131).

1865 Vgl. Kühne, StrafprozessR, Rn. 103. 3; a.A. *Ellbogen* Kriminalistik 2006, 544 (548); *Popp* NStZ 1998, 95 (96).

1866 *Jäger*, Beweisverwertung, S. 169 ff.; *ders.* in Wolters-FS, S.947 (954); *Verrel* in Puppe-FS, S. 1629 (1638 f.); *ders.*, Selbstbelastungsfreiheit, S. 279 ff.; *Popp* NStZ 1998, 95 (95); *Ambos*, Beweisverwertungsverbote, S. 33; *Meyer-Mews* NJW 2007, 3142 (3142); zugeneigt auch *Meurer* in Roxin-FS, S. 1281 (1294 f.); s. auch *Rogall* in SK-StPO Vor §§ 133 ff. Rn. 141: § 136a i.V.m. dem Recht auf ein faires Verfahren.

(i) Verhältnis zur Selbstbelastungsfreiheit

Auf die Frage nach der ratio legis des § 136a StPO wird regelmäßig mit einem ganzen Kanon verfassungsrechtlicher Rechtssätze geantwortet. So finden sich die Menschenwürde, das Grundrecht auf körperliche Unversehrtheit, das allgemeine Persönlichkeitsrecht, das Folterverbot, der fair-trial-Grundsatz und eben auch das nemo-tenetur-Prinzip[1867]. Neben individualschützenden Aspekten wird insbesondere auch der überindividuelle Aspekt der rechtsstaatlichen Strafrechtspflege und des Ansehens als solcher betont[1868]. Die Wahrheitsfindung, die historisch ein maßgeblicher Aspekt bei der Entwicklung des Folterverbotes war, wird nur noch teilweise in den Kreis der von § 136a StPO geschützten Güter einbezogen[1869]. Überwiegend wird von einem bloß faktischen, reflexartigen Schutz ausgegangen[1870]. Dem steht die Ansicht gegenüber, die Wahrheitsfindung sei der alleinige telos der Vorschrift[1871]. Überwiegend wird die Vorschrift nicht als Förderung, sondern umgekehrt als Beschränkung der Wahrheitsfindung aufgefasst. In ihr komme der strafprozessuale Programmsatz zum Ausdruck, dass das Prozessrecht keine „Wahrheitsfindung um jeden Preis" kenne[1872].

Monokausale Erklärungsansätze werden überwiegend abgelehnt. Die Diskussion ist daher sehr facettenreich. Sie lässt sich sicherlich nicht darauf reduzieren, die Vorschrift diene entweder der Selbstbelastungsfreiheit oder der Wahrheitsfindung[1873].

Dass sich die Vorschrift nicht allein vor dem Hintergrund der Selbstbelastungsfreiheit begreifen lässt, ergibt sich bereits aus der Geltung auch für Zeugen und Sachverständige, die zur wahrheitsgemäßen Aussage verpflichtet sind, §§ 69 Abs. 3, 72 StPO[1874]. Hier zeigt sich, dass der Grund für das Verbot der Vernehmungsmethoden nicht in der erzwungenen Aussage, sondern in der Methode als solcher liegt.

Des Weiteren spricht Abs. 2 S. 3, der das Verbot der Disposition des Beschuldigten entzieht, dagegen, die ratio legis der Vorschrift allein in der Selbstbelastungsfreiheit

---

1867 So allein die Aufzählung bei *Eisenberg*, Beweisrecht, Rn. 625.

1868 *Rogall* in SK-StPO § 136a Rn. 4; *K. Peters*, Strafprozess, S. 334; *v. Stetten*, Beweisverwertung, S. 132; *Sternberg-Lieben* JURA 1995, 299 (307).

1869 *Krack* NStZ 2002, 120 (122); *Gundlach* in AK-StPO § 136a Rn. 3; *Matula*, Private Ermittlungen, S. 41; *Osmer*, Umfang, S. 12 f.; *Müncheberg*, Täuschung, S. 18; *K. Peters*, Strafprozess, S. 335; *Petry*, Beweisverbote, S. 173; *Ambos*, Beweisverwertungsverbote, S. 26.

1870 *Eisenberg*, Beweisrecht, Rn. 625; *Eschelbach* in S/S/W-StPO § 136a Rn. 7; wohl auch gegen einen solchen *Rogall* in SK-StPO § 136a Rn. 5.

1871 *Lesch* in FA Strafrecht, S. 1210, Rn. 50; *ders.* GA 2000, 355 (357); *ders.*, StrafprozessR, Kap. 3, Rn. 85.

1872 *Osmer*, Umfang, S. 12; vgl. BGHSt 14, 358 (365).

1873 So aber *Mahlstedt*, Die verdeckte Befragung, S. 142.

1874 *Reiß*, Besteuerungsverfahren, S. 144; *Rogall* in SK-StPO Vor §§ 133 ff. Rn. 137; *Peres*, Beweisverbote, S. 120.

zu sehen[1875]. Hier zeigt sich eindeutig ein überindividueller Schutzzweck[1876]. In dem Dispositionsverbot allein eine Maßnahme zur Vermeidung einer längerfristigen Erosion der Aussagefreiheit zu erblicken[1877], greift demgegenüber zu kurz.

Die h.M. erblickt die ratio legis des § 136a StPO aber jedenfalls auch im Schutz der Einlassungsfreiheit[1878]. Die Norm wird gar als „Kernvorschrift zum Schutz der Aussagefreiheit" bezeichnet[1879].

Dieser h.M. steht die Ansicht gegenüber, das Verhältnis von § 136a StPO zum nemo-tenetur-Grundsatz müsse dahingehend beschrieben werden, dass § 136a StPO Vernehmungsmethoden brandmarke, die aufgrund der Einlassungsfreiheit ohnehin unzulässig sind[1880]. Die Vorschrift sei daher jedenfalls in der Anwendung auf den Beschuldigten funktionslos[1881]. Allenfalls in der Normierung des unverzichtbaren Verwertungsverbots in Abs. 3 S. 2[1882] oder der fehlenden Einwilligungsfähigkeit gem. Abs. 3 S. 1[1883] könnte eine eigenständige Funktion erblickt werden. Die von der h.M. aus dem Nebeneinander von § 136a StPO und der Einlassungsfreiheit abgeleiteten Schlussfolgerungen[1884] müssen aus dieser Warte als Verkürzung des Schutzbereichs der Einlassungsfreiheit erscheinen und machen den Schluss nachvollziehbar, die Einführung des § 136a StPO sei kontraproduktiv gewesen[1885].

Die verbotenen Vernehmungsmethoden der Misshandlung, der Ermüdung, des körperlichen Eingriffs, der Verabreichung von Mitteln, der Quälerei und des prozessordnungswidrigen Zwanges sind klassische Foltermethoden. Ihre Unzulässigkeit

---

1875 *Krack* NStZ 2002, 120 (121).

1876 *Krack* NStZ 2002, 120 (121).

1877 *Mahlstedt*, Befragung, S. 144.

1878 *Eschelbach* in S/S/W-StPO § 136a Rn. 4.

1879 *Rogall*, Der Beschuldigte, S. 50; *ders.* in SK-StPO § 136a Rn. 4.

1880 *Fezer* StV 1996, 77 (78); *Kölbel*, Selbstbelastungsfreiheiten, S. 30; *Derksen* JR 1997, 167 (169); *Groth*, unbewusste Äußerungen, S. 91; *Weigend* in Selbstbestimmung, S. 149 (158); *Dencker* StV 1994, 667 (676); *Bosch* JURA 1998, 236 (240); *Degener* GA 1992, 443 (455, 463).

1881 *Fezer* StV 1996, 77 (78); *Groth*, unbewusste Äußerungen, S. 91; *Weigend* in Selbstbestimmung, S. 149 (158).

1882 *Bosch* JURA 1998, 236 (240).

1883 *Grünwald*, Beweisrecht, S. 68 f.

1884 Vgl. BGHSt 40, 66 (72), der eine Verletzung der Selbstbelastungsfreiheit mit dem Hinweis ablehnt, ein Verstoß gegen das Täuschungsverbot des § 136a liege nicht vor und BGH NStZ 1996, 502 (504), der die Nichterfassung irrtumsbedingter Selbstbelastung damit begründet, anderenfalls reiche der Schutz des nemo-tenetur-Prinzips weiter als der des § 136a StPO; ebenso bereits BGH NStZ 1994, 295 (296); krit. hierzu *Kölbel*, Selbstbelastungsfreiheiten, S. 31; s. auch die Literarturansicht, nach der das Täuschungsverbot des § 136a dagegen spreche, aus dem nemo-tenetur-Grundsatz ein allgemeines Täuschungsverbot abzuleiten, s.u. Fn. 1892.

1885 *Lesch* in FA Strafrecht, S. 1184 Rn. 17; *Degener* GA 1992, 443 (454); in diese Richtung auch *Grünwald*, Beweisrecht, S. 69 f.; *Fezer* StV 1996, 77 (78); *Weigend* in Selbstbestimmung, S. 149 (158).

folgt bereits aus dem Torturverbot, das in der Rechtsordnung existent und unabhängig vom nemo-tenetur-Grundsatz ist[1886]. Die Anwendung entsprechender Methoden verstößt gegen Menschenwürde und Rechtsstaatsprinzip. Die ausdrückliche Normierung in § 136a StPO war sicherlich nicht notwendig, ist, aufgrund der klarstellenden Wirkung, aber auch nicht zu beanstanden.

Wie dargelegt, sind derartige Maßnahmen, die selbst bei Bestehen einer Auskunftspflicht unzulässig sind, erst recht in einer Rechtsordnung unzulässig, die sich zur Einlassungsfreiheit des Beschuldigten bekennt. Entsprechende Methoden verletzten somit zugleich den nemo-tenetur-Satz[1887].

Insoweit trifft die Einschätzung zu, dass die Vorschrift lediglich besonders verwerfliche Methoden brandmarke, die aufgrund der Einlassungsfreiheit ohnehin unzulässig sind. Bezüglich der übrigen Vernehmungsmethoden, insbesondere der hier interessierenden Täuschung, gestaltet sich das Verhältnis komplizierter.

Zum Teil wird der nemo-tenetur-Grundsatz als Grundlage aller Methodenverbote des § 136a StPO, mithin auch der Täuschung, verstanden[1888]. Hiermit wird zugleich ein weites auch die irrtümliche Selbstbelastung umfassendes Verständnis des nemo-tenetur-Grundsatzes einfachgesetzlich abgesichert. Soweit nur bestimmte Täuschungen mit zwangsgleicher Wirkung als Verletzung des nemo-tenetur-Grundsatzes angesehen werden, wird dann auch eine entsprechende Auslegung der Täuschungsmodalität gefordert[1889]. Es finden sich aber auch Autoren, die zwar dem nemo-tenetur-Grundsatz ein Täuschungsverbot entnehmen wollen, dieses aber gerade nicht in § 136a verbrieft sehen[1890].

Die Gegenansicht erachtet die Täuschung nicht bereits aufgrund der Selbstbelastungsfreiheit für unzulässig, sodass § 136a insofern ein eigener Schutzgehalt zukommt[1891]. Hierbei wird teilweise gerade die Existenz des Täuschungsverbots

---

1886 S.o. B. III. 1. b.

1887 S.o. C. V.

1888 *Eidam* StV 2005, 201 (202); *Mahlstedt*, Die verdeckte Befragung, S. 147; *Schlauri*, Selbstbelastungszwang, S. 300; *Groth*, Unbewusste Äußerungen, S. 92; so wohl auch *Popp* NStZ 1998, 95 (96), der meint, Irrtumserregung sei immer zugleich Zwangsausübung, neben dem – von ihm weit verstandenen – Täuschungsverbot, verbliebe aber kein über das einfache Recht hinausgehende Anwendungsbereich für nemo tenetur; ähnlich auch *Kasiske* StV 2014, 423 (427 Fn. 44).

1889 *Schlauri*, Selbstbelastungszwang, S. 297 ff.; widersprüchlich *Eckhardt*, Private Ermittlungsbeiträge, S. 143, 160, 162, der zwar für einen umfassenden Täuschungsschutz durch nemo tenetur eintritt, der in § 136a StPO lediglich seine positivrechtliche Ausformung für die Vernehmung fände, zugleich aber für eine Beschränkung des § 136a StPO auf zwangsähnliche Täuschungen eintritt.

1890 *Roxin* NStZ 1997, 18 (19 f.); *Eidam*, Selbstbelastungsfreiheit, S.111 f.; s. auch *Reiche*, Täuschungsverbot, S.29 ff.; nach *Hauck*, Heimliche Strafverfolgung, S. 230 ist das Täuschungsverbot nur ein kleiner Ausschnitt des aus dem nemo-tenetur-Satzes abzuleitenden Täuschungsschutzes; ebenso *Eckhardt*, Private Ermittlungsbeiträge, S. 162.

1891 *Rogall* in SK-StPO Vor. §§ 133 ff. Rn. 141.

in § 136a StPO dagegen eingewandt, dem nemo-tenetur-Grundsatz ein solches zu entnehmen[1892].

Dieser Auffassung ist zuzustimmen. Der nemo-tenetur-Grundsatz enthält kein Verbot von irrtumsbedingter Selbstbelastung (s.o. F. II. 1. b. bb.), der Vorschrift der § 136a StPO kommt insoweit ein eigenständiger Anwendungsbereich zu. Verfehlt erscheint es allerdings, dieses Ergebnis gerade aus der Existenz des Täuschungsverbots abzuleiten[1893]. Aus der einfachgesetzlichen Regelung Rückschlüsse auf den Schutzbereich des verfassungsrechtlichen Grundsatzes abzuleiten, erscheint nicht nur systematisch und methodisch schwierig[1894], auch die Historie – Einführung der Vorschrift deutlich nach Anerkennung des Grundsatzes[1895] – spricht dagegen[1896].

Es verbleibt somit die Frage nach dem Schutzzweck des Täuschungsverbots. Es entspricht allgemeiner Ansicht, dass dieser nicht in der Menschenwürde liegt, das Täuschungsverbot also restriktiver Auslegung und gesetzlicher Einschränkung zugänglich ist[1897].

Eine Förderung der Wahrheitsfindung, wie sie die h.M. ohnehin nur als Reflex anerkennen würde, wird für das Täuschungsverbot weithin bestritten. Täuschungen seien in der Regel geeignete Instrumente der Wahrheitsfindung[1898]. Ihr Verbot bringe gerade zum Ausdruck, dass hier von der Wahrheitsfindung aus übergeordneten Gründen abgesehen werde[1899].

Es verbleibt somit das Rechtsstaatsprinzip respektive der fair-trial-Grundsatz. Zu Recht wird geltend gemacht, Täuschungen seien eines Rechtsstaates unwürdig[1900]. Lügt der Staat, begibt er sich seiner sittlichen Überlegenheit und gefährdet so letztlich seine Legitimation zu strafen[1901].

1892 *Queck*, Geltung, S. 209; *Deutsch*, Erhebung, S. 240; *Verrel*, Selbstbelastungsfreiheit, S. 112 ff.; *Jäger*, Beweisverwertung, S. 165.

1893 So aber *Queck*, Geltung, S. 209; *Deutsch*, Erhebung, S. 240; *Verrel*, Selbstbelastungsfreiheit, S. 112 ff.; *Jäger*, Beweisverwertung, S. 165.

1894 *Reiche*, Täuschungsverbot, S. 64. Im Zusammenhang mit dem nemo-tenetur-Grundsatz ist ein solches Vorgehen jedoch nicht immer vermeidbar, s.o. B. III.

1895 § 136a StPO wurde erst 1950 im Zuge des Rechtsvereinheitlichungsgesetzes eingeführt (Gesetz zur Wiederherstellung der Rechtseinheit auf dem Gebiet der Gerichtsverfassung, der bürgerlichen Rechtspflege, des Strafverfahrens und des Kostenrechtes vom 12 September 1950, BGBl. I. Nr. 40 S. 455).

1896 *Degener* GA 1992, 443 (455); *Bosch*, Aspekte, S. 169 f.

1897 *Weßlau* ZStW 110 (1998), 1 (22); *Deutsch*, Erhebung, S. 241.

1898 *Lindner*, Täuschungen, S. 56 ff.; *Müncheberg*, Täuschung, S. 19; a.A. *Prasch*, List, S. 132 ff.

1899 *Osmer*, Umfang, S. 12.

1900 *Meyer-Goßner/Schmitt*, § 136a, Rn. 12; *Kretschmer* in Radtke/Hohmann, StPO, § 136a Rn. 19; *Weigend* ZStW 113 (2001), 271 (294).

1901 Vgl. *F.C. Schroeder* in Kultur der Lüge, S. 151 (165); *Saliger* in Recht und Lüge, S. 92 (115 f.); *Reiche*, Täuschungsverbot, S. 100 ff.; *Müssig* GA 2004, 87 (96), *Lammer* in 67. DJT, Sitzungsberichte, L126; gegen den Gedanken der sittlichen Überlegenheit

(ii) Anwendbarkeit

Seiner systematischen Stellung nach ist auch § 136a StPO in seinem direkten Anwendungsbereich auf Vernehmungen beschränkt[1902]. Da eine solche mangels amtlichem Auftreten einer Vernehmungsperson hier nicht vorliegt, kommt lediglich eine analoge Anwendung der Vorschrift in Betracht[1903]. Anders als bei § 136 StPO besteht für § 136a StPO aber eine auch in der Rechtsprechung verbreitete Bereitschaft, die Vorschrift analog auf sog. „vernehmungsähnliche Situationen“ anzuwenden[1904].

Bei im Einzelnen unklaren Voraussetzungen steht jedenfalls fest, dass mittels dieser Konstruktion der Anwendungsbereich der Vorschrift nicht über den Bereich staatlichen Handels hinaus ausgeweitet werden kann[1905]. Im Fall des Handelns einer Privatperson ist notwendige Voraussetzung der Annahme einer vernehmungsähnlichen Situation also, dass bei funktionaler Betrachtung von einem staatlichen Handeln auszugehen ist. Eine analoge Anwendung des § 136a StPO kommt somit nur dort in Betracht, wo das Handeln der Privatperson den Staatsorganen zuzurechnen ist (s.u. αα)). Ob die staatliche Zurechnung auch hinreichende Voraussetzung zur Bejahung der Analogievoraussetzung ist, ist umstritten (ββ)).

α) Planwidrige Regelungslücke

Grundvoraussetzung der Anwendung des § 136a StPO auf Nicht-Vernehmungen ist zunächst, dass diese Beschränkung des Anwendungsbereichs nicht gerade der Ausdruck einer gesetzgeberischen Wertentscheidung ist. Es muss eine planwidrige Regelungslücke bestehen[1906].

Die Beschränkung des unmittelbaren Anwendungsbereichs ergibt sich nicht schon aus dem Wortlaut, sondern erst aus der Systematik[1907]. Hierin lässt sich eventuell bereits ein Fingerzeig in Richtung einer erweiterten Anwendung erblicken[1908].

Es lässt sich kein gesetzgeberischer Wille feststellen, der einer Ausweitung des Methodenverbots über den Bereich einer Vernehmung hinaus entgegenstünde.

Lindner, Täuschungen, S. 70, der jedoch den Zusammenhang mit der Legitimationswirkung verkennt.

1902 *Popp* JA 1998, 900 (901); *Grundlach* in AK-StPO § 136a Rn. 5.

1903 Für eine direkte Anwendung auf Grundlage eines funktionellen Vernehmungsbegriffs hingegen *Seebode* JR 1988, 427 (428); *Grunwald* StV 1987, 479 (471); *Ransiek,* Polizeivernehmung, S. 61 f.; zum Vernehmungsbegriff bereits oben F. II. b. aa. (i).

1904 BGH JR 1988, 426 (427); BGH NStZ 1999, 147 (149); BGH NStZ 1996, 502 (503), der jedoch ausdrücklich offen lässt, ob in casu eine solche vorliegt.

1905 Zur Unanwendbarkeit der Vorschrift auf private Beweiserlangung s.o. F. I. 2. a. bb.

1906 Vgl. *T. Walter,* Rhetorikschule, S. 233; *Larenz/Canaris,* Methodenlehre, S. 191 ff.; s.o. E. 3. 1.b. bb. (iii) β).

1907 Die nicht-amtliche Überschrift ist nicht zu berücksichtigen, *Kramer* JURA 1988, 520 (521). Einziger Ansatzpunkt im Wortlaut könnte die Verwendung des Begriffs „Aussage“ in Abs. 3 S. 2 sein, wenn man unter einer Aussage eine in einer Vernehmung abgegebene Äußerung versteht, *Sternberg-Lieben* JURA 1995, 299 (306).

1908 *Schuhr* in MüKo-StPO § 136a Rn. 75.

Die Regelung nur für die Vernehmung erklärt sich vielmehr daraus, dass sie die wichtigste Kontaktsituation zwischen Beschuldigtem und Ermittlungsorganen und damit besonders anfällig für staatliche Übergriffe ist[1909]. Dies gilt umso mehr, als das Phänomen verdeckter Ermittlungen erst in jüngerer Vergangenheit an Bedeutung gewonnen hat[1910].

Durchaus bekannt war dem historischen Gesetzgeber hingegen das Phänomen der Anwendung menschenrechtswidriger Vernehmungsmethoden durch staatlich beauftragte Privatpersonen. Die Foltermethoden des NS-Regimes, die den Hintergrund der Einführung des § 136a StPO bildeten, wurden zu nicht unbeachtlichem Teil durch nicht-staatliche Organisationen angewendet[1911]. Die Historie streitet daher für eine Anwendung auf staatlich beauftragte Privatpersonen[1912].

Anders als § 136 StPO ist § 136a StPO seinem telos nach nicht auf die Vernehmungssituation beschränkt[1913]. Die hinter der Vorschrift stehenden Grundrechte und rechtsstaatlichen Grundsätze fordern ein Verbot entsprechender Methoden auch dort, wo der Staat dem Beschuldigten ohne autoritär vorgetragenes Auskunftsverlangen gegenübertritt[1914]. Bereits die vielfältig gesetzlich angeordnete entsprechende Anwendbarkeit, die die Geltung von Verfahrensabschnitt und -rolle unabhängig stellt, zeigt den weitreichenden Schutzzweck der Vorschrift[1915]. Dies zeigt, dass es sich um Grundregeln für die strafprozessuale Staat-Bürger-Interaktion handelt, die unabhängig vom Kontext Geltung beanspruchen[1916].

β) Vergleichbare Interessenlage

Neben der planwidrigen Regelungslücke hängt die Zulässigkeit einer Analogie von dem Bestehen einer vergleichbaren Interessenlage ab[1917]. Teilweise wird diese unter Hinweis auf die Unterschiede zwischen heimlichen und offenen Ermittlungsmaßnahmen rundheraus verneint[1918]. In der Tat erscheint eine umfassende an die Verfahrenswirklichkeit angepasste gesetzliche Neukonzeption wünschenswert[1919]. Solange diese ausbleibt, erscheint es jedoch vorzugswürdig, das vorhandene geschriebene

1909 *Schuhr* in MüKo-StPO § 136a Rn. 75.
1910 *Schuhr* in MüKo-StPO § 136a Rn. 75.
1911 *Sendler*, Die Verwertung, S. 64 f.; *Jahn* in 67.DJT, C102 f.
1912 *Mahlstedt*, Verdeckte Befragung, S. 155.
1913 *Verrel* in Puppe-FS, S. 1629 (1639); Aufgrund der unterschiedlichen rationes besteht auch kein Grund für einen kongruenten Anwendungsbereich beider Vorschriften, so aber *Kühne* in Wolter-FS, S. 1008 (1013); wie hier *Mahlstedt*, Verdeckte Befragung, S. 155 f.
1914 *Weßlau*, Vorfeldermittlungen, S. 214 f.; Lammer, Verdeckte Ermittlungen, S. 162 ff.
1915 *Verrel* in Puppe-FS, S. 1629 (1639); vgl. auch *Eb. Schmidt*, Lehrkommentar, Teil I, Rn. 100.
1916 *Conen* StraFo 2013, 140 (141).
1917 *Larenz/Canaris*, Methodenlehre, S. 202.
1918 *Hauck*, Heimliche Strafverfolgung, S. 231.
1919 *Hauck*, Heimliche Strafverfolgung, S. 231.

Prozessrecht fruchtbar zu machen, statt sogleich in den Weiten übergesetzlicher Grundsätze nach handhabbaren Maßstäben zu suchen[1920]. Mit Blick auf den Schutzzweck der Vorschrift des § 136a StPO, der gerade nicht auf die Vernehmung im formellen Sinne beschränkt ist, erscheint dies durchaus möglich. Da die Vorschrift gerade Ausdruck der Fairnessmaxime ist, mag sich die Lösung oft mehr in der Herleitung denn im Inhalt unterscheiden[1921]. Der hier vertretene Ansatz kann jedoch die Überzeugungskraft einer am Gesetz orientierten Lösung für sich verbuchen[1922].

Im Fall einer Befragung durch Privatleute erscheint als notwendige Voraussetzung einer vergleichbaren Interessenlage, dass es sich um ein staatliches Handeln im funktionellen Sinne handelt, das Verhalten der Privatperson dem Staat also zurechenbar ist. Ob die Zurechnung auch hinreichende Bedingung ist oder darüber hinaus die Befragung „vernehmungsähnlichen" Charakter haben muss, ist umstritten.

αα) Zurechnung

(1) Ausgangspunkt

Die Vorschriften des Strafverfahrensrechts sind Schranken staatlicher Machtausübung[1923]. Dementsprechend müssen sie dort – aber eben auch nur dort – zum Einsatz kommen, wo sich der Bürger staatlicher Machtausübung ausgesetzt sieht. Sie gelten daher für staatliche Ermittlungen, nicht jedoch für das Handeln von Privatpersonen[1924]. Man wird den Strafverfolgungsorganen jedoch nicht gestatten können, sich dieser Rechtsbindung zu entziehen, indem sie Privatpersonen mit der Wahrnehmung ihrer Aufgaben betrauen[1925]. Der telos der strafprozessualen Vorschriften fordert daher ihr Eingreifen auch dort, wo sich die staatlichen Ermittlungsbeamten Privatpersonen zur Vornahme von Ermittlungshandlungen bedienen. Wie auch sonst, kann sich der Staat seiner Grundrechtsbindung nicht dadurch entledigen, dass er Private für sich handeln lässt[1926]. So richtig es ist, StPO-Normen bei privaten Ermittlungstätigkeiten nicht anzuwenden, so wenig kann es zutreffen, die Abgrenzung zwischen privater und staatlicher Ermittlung allein anhand des Auftretens von Privatpersonen vorzunehmen[1927]. Eine derartige formale Sichtweise stellt eine Verkürzung des Schutzzwecks der strafprozessualen Vorschriften dar. Mit

---

1920 *Verrel*, Selbstbelastungsfreiheit, S. 279; *Jäger* in Wolter-FS, S. 947 (954 f.).

1921 *Sowada* in Geppert-FS, S. 689 (716).

1922 Vgl. *A. Schumann* JZ 2012, 265 (265 f.); *Beulke* StV 1990, 180 (184); *Duttge* JZ 2008, 261 (264); *Kühne* in Wolter-FS, S.1009 (1011).

1923 *Bernsmann* in 22. Strafverteidigertag, S. 151 (158); *Reeb*, Internal Investigations, S. 122; *Bieneck*, Private Ermittlungen, S. 178.

1924 *Ostendorf*, StrafprozessR, Rn. 388; *Roxin/Schünemann*, StrafverfahrensR, § 25 Rn. 65; *Dencker* StV 1994, 667 (671); *Mende*, Grenzen, S 201.

1925 *Jäger* in HK-GS § 136a StPO Rn. 21; *Gleß* in L/R-StPO § 136a Rn. 15; *Kramer* JURA 1988, 520 (522).

1926 *Dencker* StV 1994, 667 (671).

1927 S.o. F. I.

dieser Zielbestimmung der Zurechnung wird bereits klar, dass die Einflussnahme der staatlichen Organe ein gewisses Gewicht nicht unterschreiten darf. Davon zu sprechen, dass die Privatperson „für" oder „anstelle" des staatlichen Organs handelt, setzt einen gewissen Grad an Steuerung voraus[1928].

Die Privatperson muss also von den Strafverfolgungsbehörden zur Beweiserlangung eingesetzt, also insbesondere mit der Befragung des Beschuldigten beauftragt, werden. Stets zu bejahen ist eine staatliche Zurechnung bei V-Leuten[1929]. Hierunter sind Privatpersonen zu verstehen, die regelmäßig oder gelegentlich, ohne einer Strafverfolgungsbehörde anzugehören, mit oder ohne finanzielle Gegenleistung, die Strafverfolgungsbehörden vertraulich bei der Aufklärung von Straftaten unterstützen und deren Identität grundsätzlich geheim gehalten wird, Anlage D 2.2. RiStBV. Diesen haftet das Moment des staatlichen Einsatzes also bereits wesensnotwendig an. Darüber hinaus werden V-Leute nach dem Verpflichtungsgesetz (Art. 42 EGStGB) verpflichtet und so den Weisungen der Ermittlungsorgane unterworfen[1930].

Handelt es sich nicht um V-Leute, sondern lediglich um im Einzelfall kooperationswillige Privatpersonen, sog. Augenblickshelfer[1931], lässt sich die Zurechnung nicht generell bejahen. Das Zurechnungserfordernis bedarf der Konkretisierung. Bildhaft wird verlangt, die Privatperson müsse als „verlängerter Arm" der Strafverfolgungsorgane erscheinen[1932]. Konkreter wird eine steuernde oder zumindest stimulierende Einwirkung durch die Strafverfolgungsorgane vorausgesetzt[1933]. Im Folgenden soll versucht werden, diese recht weiten Formeln näher zu konkretisieren.

(2) Konkretisierung durch materiell-strafrechtliche Anleihen

Verschiedentlich wird versucht, das materiell-strafrechtliche Kriterium der Tatherrschaft für die Konkretisierung des Zurechnungserfordernisses fruchtbar zu machen[1934].

Problematisch ist aber bereits, wie dieses zum Einsatz kommen soll. Begründet es die Zurechnung bereits, dass der Staat Teilnehmer ist?[1935] Oder zumindest

1928 *Eckhardt*, Private Ermittlungsbeiträge, S. 122 f.
1929 *Kaspar* GA 2013, 206 (219); *Kasiske* StV 2014, 423 (424).
1930 S. BGH NJW 1980, 846.
1931 Oder auch operative Zeugen, *R. Günther* in MüKo-StPO § 110a Rn. 26.
1932 VerfGH Rheinland-Pfalz NJW 2014, 1434 (1439).
1933 *H. Schneider* NStZ 2001, 8 (11).
1934 *Reeb*, Internal Investigations, S. 11 ff.; *Bernsmann* StV 1997, 116 (117); *Bockemühl*, Private Ermittlungen, S. 19; *Wolter* ZIS 2012, 238 (242); *Eckhardt*, Private Ermittlungsbeiträge, S. 120.
1935 In diese Richtung *Demko* HRRS 2004, 382 (386).

Anstifter[1936]? Soll er unmittelbarer Täter sein? Mittelbarer[1937]? Täter hinter dem Täter[1938]? Bedarf es einer Mittäterschaft mit der Privatperson[1939]?

Unmittelbare Täterschaft muss sicherlich ausscheiden, da die Konstellationen gerade dadurch gekennzeichnet sind, dass der unmittelbar handelnde Privatperson ist.

Das Kriterium der mittelbaren Täterschaft ist insofern problematisch, da es grundsätzlich ein Willens- oder Wissensdefizit beim Tatmittler voraussetzt[1940]. In Übertragung dieser Anforderungen, dürfte eine Zurechnung nicht mal für die klassischen Beauftragungs-Fälle gelingen, in denen eine solche unstreitig ist[1941].

Verzichtet man auf das Defizit des Vordermannes, verlässt man bereits den Bereich der im materiellen Strafrecht unstreitigen Fallgruppen. Zu denken ist an den Täter hinter dem Täter kraft organisatorischen Machtapparats[1942]. Dessen – für den Rechtsstaat ohnehin entsprechend zu modifizierenden – Voraussetzungen werden sich selbst in den Fällen unstreitiger Beauftragung kaum bejahen lassen. Bei allem Misstrauen wird man annehmen können, dass die Strafverfolgungsorgane nicht über einen Apparat beliebig austauschbarer V-Leute verfügen.

Es bleibt die Fallgruppe normativer Tatherrschaft[1943]. Diese Konstellation ist bereits im materiellen Recht scharfer Kritik ausgesetzt, da sie das Erfordernis faktischer Tatherrschaft aufgibt[1944]. Sich an dieser Konstellation zu orientieren, hätte mit einer Übertragung des Tatherrschaftskriteriums daher wenig zu tun. Anknüpfungspunkt wäre dann, dass die Privatperson nicht dem Regime der StPO unterworfen ist[1945]. Der Erkenntnisgewinn dieser Konstruktion ist gering[1946]. Maßgeblich wäre am Ende wieder, ob die Staatsorgane die Privatperson lenkend beeinflussen[1947]. Der Umweg über das StGB erscheint dann verzichtbar.

1936 *Wolter* ZIS 2012, 238 (242); *Renzikowski* JR 2008, 164 (165).

1937 *Bernsmann* StV 1997, 116 (117).

1938 *Prasch*, List, S. 90; *Bockemühl*, Privat Ermittlungen, S. 19.

1939 *Eckhardt*, Private Ermittlungsbeiträge, S. 120; *Kottek*, Die Kooperation, S. 148, 161 f.; *Mende*, Grenzen, S. 68 f.

1940 *Kudlich* in BeckOK-StGB § 25 Rn. 20.

1941 *Reeb*, Internal Investigations, S. 14 meint, „die Voraussetzungen der mittelbaren Täterschaft [...] dürften nicht eins zu eins auf die vorliegende Konstellation übertragen werden“ und stellt stattdessen allein auf die Instrumentalisierung als „Werkzeug“ ab.

1942 *Bockemühl*, Private Ermittlungen, S. 19 Fn. 13; ablehnend *Kasper* GA 2013, 206 (217 Fn. 97).

1943 *Bernsmann* StV 1997, 116 (117); *Matula*, Private Ermittlungen, S. 182; *Bockemühl*, Private Ermittlungen, S. 19 Fn. 13; krit. *Kasper* GA 2013, 206 (217); *Bosch*, Aspekte, S. 216.

1944 *Roxin*, Täterschaft, S. 341; *Hoyer* in SK-StGB § 25 Rn. 46 f.; *Beckemper* in BeckOK-StGB § 288 Rn. 15.

1945 *Kasper* GA 2013, 206 (217).

1946 *Kasper* GA 2013, 206 (217).

1947 So i.E. auch *Reeb*, Internal Investigations, S. 14.

Die fehlende Eignung des Täterschaftskriteriums zeigt sich dann auch, wenn seine Vertreter selbst einräumen müssen, dass ihre Konstruktion nur bei Modifikation der Voraussetzungen aufrechterhalten werden kann[1948]. Hiermit wird jedoch der Anspruch, die Zurechnung durch den Rekurs auf bekannte Kriterien zu bestimmen, der Sache nach aufgegeben.

Als umfassendes Lösungsmodell erscheint der Rückgriff auf die Kriterien der Täterschaft somit untauglich. Der Vergleich mit der materiellrechtlichen Tatherrschaft kann allenfalls eine im Einzelfall fruchtbare Hilfserwägung darstellen.

(3) Konkretisierung durch öffentlich-rechtliche Anleihen

Die Problematik, dass Staatsorgane aus ihrer Rechts- und insbesondere Grundrechtsbindung „flüchten", indem sie sich privater Handlungsformen und privater Personen bedienen, ist ein im gesamten Öffentlichen Recht bekanntes Phänomen[1949]. Es liegt daher nahe, hier nach Ansatzpunkten für die Bewältigung der strafprozessualen Zurechnungsfrage zu suchen.

Es wird dann auch vorgeschlagen, von der verfassungsrechtlichen Eingriffsdogmatik auszugehen[1950]. Entscheidend sei hier das Merkmal der Finalität[1951]. Diese führe dazu, dass eine Zurechnung nur bei bewusster Beauftragung oder Förderung des Privaten durch die Strafverfolgungsorgane angenommen werden könne[1952]. Insbesondere ein nachträgliches Zunutzemachen genüge nicht[1953]. Anders soll dies sein, wenn die Nutzbarmachung bereits ex ante von den Staatsorganen angestrebt wird[1954]. Dann läge eine ausreichende „Eingliederung in die staatliche Sphäre" vor[1955].

Dieser Ansicht ist zuzugeben, dass es hier ebenso wie bei der Eingriffsdogmatik entscheidend darauf ankommt, ob das Handeln der Privatperson privaten oder staatlichen Charakter hat. Mit dieser Feststellung wird das Problem allerdings weniger gelöst denn verlagert. Zur Beantwortung der Zurechnungs-Frage werden dann auch kaum Kriterien der erforderlichen Trennschärfe geliefert. Die „Eingliederung in die Staatsphäre" stellt letztlich wieder nur eine Umschreibung dafür dar, dass sich das private Handeln normativ als ein solches des Staates darstellen muss. Das selbst vorgeschlagene Kriterium der Finalität wird der Sache nach aufgegeben, wenn die bloße passive Billigung des Vorgehens der Privatleute genügen soll[1956]. Es wurde zudem bereits dargelegt, dass die bloße Entgegennahme von Beweismitteln keinen tauglichen Ansatzpunkt dafür bietet, den Strafverfolgungsorganen bei der privaten

1948 S. *Reeb*, Internal Investigations, S. 14; *Eckhardt*, Private Ermittlungsbeiträge, S. 121.
1949 Vgl. nur *Sodan* in NK-VwGO § 40 Rn. 315 mwN.
1950 *Kaspar* GA 2013, 206 (217); *Anders* wistra 2014, 329 (333).
1951 *Kaspar* GA 2013, 206 (217).
1952 *Kaspar* GA 2013, 206 (217).
1953 *Kaspar* GA 2013, 206 (217).
1954 *Kaspar* GA 2013, 206 (219).
1955 *Kaspar* GA 2013, 206 (219).
1956 *Kaspar* GA 2013, 206 (219).

Beweiserlangung verwirklichtes Unrecht anzulasten. Eignet sich dieser Ansatz nicht zur Legitimierung unselbstständiger Beweisverbote[1957], kann er erst recht keine staatliche Zurechnung begründen[1958]. Diesem Gesichtspunkt ist daher in jedem Fall zu widersprechen. Er lässt sich auch nicht auf die Eingriffsdogmatik stützen[1959]. Wie noch zu zeigen sein wird, stellt auch das Finalitätskriterium als solches kein taugliches Zurechnungskriterium dar, da es nicht in der Lage ist anerkannte Ergebnisse zu begründen (s.u. (5)).

Von anderer Seite wird vorgeschlagen, die Grenzziehung zwischen autonomem Handeln der Privatperson und staatlicher Beauftragung analog der verwaltungsrechtlichen Zurechnungslehre vorzunehmen[1960]. Entsprechend dieser Grundsätze ist eine Zurechnung dann gegeben, wenn sich die Privatperson als „Verwaltungshelfer" bzw. hier „Vernehmungshelfers" darstellt[1961]. Hierfür sei keine werkzeugartige Unterordnung, wohl aber ein weisungsgebundenes Tätigwerden erforderlich[1962]. Da es hier wie dort darum geht, ob sich staatliche Organe ihrer Rechtsbindung durch den Einsatz von Privatpersonen entledigen können, ist diese Analogien-Bildung[1963] sicher zutreffend[1964]. Gewonnen ist hiermit jedoch wenig. Auch die Dogmatik des Verwaltungshelfers kommt über eine wertende Einzelfallbetrachtung kaum hinaus[1965]. Verbreitete Kriterien wie die Zuordnung zur Eingriffsverwaltung[1966] oder die Kontrollüberlegung, ob beim Handeln von Beamten der öffentlich-rechtliche Charakter zu bejahen wäre[1967], lassen sich nicht sinnvoll auf die hier vorliegende Konstellation übertragen. Mit dem Hinweis, es sei nicht die zur Figur des Verwaltungshelfers ergangene Rechtsprechung, sondern eine Literaturmeinung zugrunde zu legen[1968], büßt der Vorschlag, sich an vorhandenen Kategorien zu orientieren,

---

1957 S.o. F. I. 2. a. cc.

1958 *Bockemühl*, Private Ermittlungen, S. 30 f.

1959 Vgl. *Peine* in Merten/Papier, HGR III, § 57 Rn. 36 f.; *Sachs* in Sachs, GG, Vor Art. 1 Rn. 89 f.

1960 *Bosch* JURA 1998, 236 (239); *ders.*, Aspekte, S. 214 ff.; *Mahlstedt*, Befragung, S. 90 ff.; *Eidam*, Selbstbelastungsfreiheit, S. 89; s. auch *Dencker* StV 1994, 667 (671); *Bernsmann* StV 1997, 116 (117 Fn. 17).

1961 *Bosch* JURA 1998, 236 (239).

1962 *Bosch* JURA 1998, 236 (239).

1963 *Eidam*, Selbstbelastungsfreiheit, S. 88 Fn. 426 mein es handele sich nicht um eine Analogie sondern einen Erst-Recht-Schluss, verkennt dabei aber, dass das Strafprozessrecht dem Recht der öffentlichen Eingriffsverwaltung näher steht als dem materiellen Strafrecht. Ein Stufenverhältnis zum sonstigen Öffentlichen Recht besteht daher nicht. *Bosch* JURA 1998, 236 (239) spricht hingegen ebenfalls von einer Analogie.

1964 A.A. *Matula*, Private Ermittlungen, S. 174.

1965 Vgl. BGH NJW 1993, 1258 (1259); *H. Haas*, V-Leute, S. 23; *Sodan* in NK-VwGO § 40 Rn. 366 f.

1966 BGH NJW 1993, 1258 (1259); *Sodan* in NK-VwGO § 40 Rn. 366.

1967 BGH NJW 1993, 1258 (1259); *Sodan* in NK-VwGO § 40 Rn 365.

1968 *Bosch*, Aspekte, S. 216 Fn. 405.

seinen Charme ein. Die Diskussion um den Verwaltungshelfer hat zudem insofern eine andere Zielrichtung, als es auch um die Abgrenzung zu der eine Rechtsgrundlage erfordernden Beleihung geht[1969], während hier allein die Abgrenzung zum materiell privaten Handeln entscheidend ist. Der vergleichende Blick hilft also über eine wertende Einzelfallbetrachtung nicht hinaus[1970].

(4) „Agent of the state" – die Rechtsprechung des EGMR

Der EGMR nimmt eine Verletzung des nemo-tenetur-Grundsatzes bei der Befragung durch eine Privatperson an, wenn es sich bei der Privatperson um einen „Agent des Staates" handelt und dieser dem Beschuldigten die Angaben „entlockt" habe[1971]. Es handelt sich hierbei um zwei kumulative Voraussetzungen. Eine Verletzung der Selbstbelastungsfreiheit ist somit nicht bei jeder Befragung durch eine staatlich instrumentalisierte Privatperson anzunehmen.

Mit dem Kriterium des „agent of the state" ist das Erfordernis einer staatlichen Zurechnung angesprochen. Die Konvention bindet nur die Vertragsstaaten[1972]. Das Verhalten von Privatpersonen ist konventionsneutral[1973]. Inhaltlich konkretisiert der Gerichtshof das „agent of the state"-Kriterium dahingehend, dass die Zurechnung davon abhängt, ob das Gespräch auch ohne staatliche Einwirkung in gleicher Art und Weise erfolgt wäre[1974]. Es bedarf somit einer beeinflussenden Beteiligung[1975].

Dieser Maßstab reicht sehr weit[1976]. Nach der Rechtsprechung des Gerichtshofs wäre eine Zurechnung aber wohl zu verneinen, wenn die Privatperson die bereits vorher geplante Befragung unverändert durchführt, nachdem sie die Behörden kontaktiert hat[1977].

Zu einer weiteren Einschränkung gelangt der Gerichtshof dann über das zusätzliche Kriterium, dass die Informationen von dem Agent „entlockt" werden müssen (s.u. F. II. 2. a. cc. (ii) α))[1978]. Erfüllt eine verdeckte Befragung beide Kriterien, liegt ein Verstoß gegen Art. 6 EMRK in Form der Selbstbelastungsfreiheit vor.

Die Hörfalle misst der EGMR hingegen vorrangig an Art. 8 EMRK[1979]. Die Zurechnungsfrage stellt sich dann Rahmen des Eingriffs in das Recht auf die Achtung des

---

1969 Vgl. etwa *Sellmann* NVwZ 2008, 817 (817 ff.).

1970 *Matula*, Private Ermittlungen, S. 143.

1971 EGMR JR 2004, 127 (130) (Allan v. UK).

1972 *Demko* HRRS 2004, 382 (382).

1973 *R. Esser*, Auf dem Weg zu einem europäischen Strafverfahrensrecht, S. 178.

1974 EGMR JR 2004, 127 (130) (Allan v. UK).

1975 *Demko* HRRS 2004, 382 (386).

1976 *Gaede* StV 2003, 260 (261).

1977 *Geade* StV 2003, 260 (261).

1978 Gegen eine weitere Einschränkung nach Bejahung des „agent of the state"-Kriteriums *Spielmann* Sondervotum in Bykov v. Russland Rn. 30 ff.

1979 EGMR StV 2004, 1 (M.M. v. Niederlande); EGMR, *Urt.* v. 23.11.1993, A. v. Frankreich, 14838/89, Rn. 34 ff. Art. 6 EMRK wird nur unter dem Gesichtspunkt angesprochen, ob die Verletzung von Art. 8 ein Verwertungsverbot nach sich zieht.

Privatlebens. Ein die Zurechnung begründender maßgeblicher Beitrag der Ermittlungsbehörden wird darin erblickt, dass diese das überführende Gespräch anregen oder die Privatperson mit den technischen Mitteln ausstatten[1980]. Dass allein die Privatperson das Geschehen kontrolliert, stehe der Zurechnung hingegen nicht entgegen[1981]. Mit der Zurechnung ist allein die Frage des Eingriffs bejaht. Über die weitergehende Frage einer Verletzung von Art. 8 EMRK und erst recht über die Beweisverwertbarkeit ist hiermit noch keine Aussage getroffen. Es erscheint daher möglich, dass die Zurechnung hier weiter geht als das „Agent of the State"-Kriterium. Dessen Voraussetzung, dass das Gespräch ohne staatliche Mitwirkung nicht in derselben Weise stattgefunden hätte, ist ohne weiteres dort erfüllt, wo die Behörden anregen, das Gespräch zu führen oder es auf belastende Umstände zu lenken. Bei dem bloßen Ausstatten mit technischen Mitteln erscheint dies jedoch zweifelhaft. In den zugrundeliegenden Fällen ging es den Privatpersonen gerade darum, Beweismittel für ein Strafverfahren zu produzieren. Ihr Entschluss war somit durch die Zusicherung der staatlichen Mitwirkung bedingt. Ohne diese hätten sie das Gespräch nicht geführt.

In anderen Fällen ist insbesondere beim bloßen Ausstatten mit technischen Instrumenten nicht gesagt, dass das Gespräch so nicht auch ohne staatliche Beteiligung stattgefunden hätte (s.u. F. II. 1. b. bb. B) ββ) (5)).

(5) Kasuistische Präzisierung

Es hat sich gezeigt, dass keine Ansicht darüber hinauskommt, das Zurechnungserfordernis dahingehend zu umschreiben, dass bei normativer Betrachtung die Privatperson durch die Staatsorgane lenkend beeinflusst werden muss[1982].

Eine Instrumentalisierung i.S.e. Fremdbestimmung wird man hingegen nicht verlangen können. Dies zeigt schon der Ausgangspunkt der Beauftragung, der als Vergleichsmaßstab heranzuziehen ist. Die Privatperson muss nicht fremdbestimmtes Werkzeug der Strafverfolgungsorgane sein. Die Eigenverantwortlichkeit der Privatperson schließt die Zurechnung nicht aus[1983]. Erforderlich ist aber, dass die Strafverfolgungsorgane die Möglichkeit der Einflussnahme haben.

Es soll versucht werden, diesen Maßstab durch Betrachtung problematischer Einzelfallkonstellationen näher zu konkretisieren.

Unstreitig ist, dass Zurechnung mehr voraussetzt als bloße Kausalität[1984]. So wird in der BGHSt 33, 217 zugrundeliegenden Konstellation eine Verwertbarkeit nahezu

---

Vor dem Hintergrund von nemo tenetur scheint der Gerichtshof die Maßnahme für unbedenklich zu halten.

1980 EGMR StV 2004, 1 (2) (M.M. v. Niederlande); EGMR, *Urt.* v. 23.11.1993, A. v. Frankreich, 14838/89, Rn. 36.

1981 EGMR StV 2004, 1 (2) (M.M. v. Niederlande).

1982 Ähnlich das Fazit von *Matula*, Private Ermittlungen, S. 187.

1983 EGMR StV 2004, 1 (1) (M.M. v. Niederlande).

1984 *Jahn/Kirsch* in Rotsch, Criminal Compliance, § 33 Rn. 75.

allgemein anerkannt[1985]. Bei bestehender rechtmäßiger Telefonüberwachung berichtete der Polizeibeamte dem Ehegatten des Beschuldigten von der bevorstehenden Verhaftung des Beschuldigten. Wie von dem Beamten erhofft, kontaktierte der Ehegatte daraufhin den Beschuldigten und ermöglich so die Aufzeichnung belastender Angaben.

Der Beamte hat den Entschluss der Privatperson kausal hervorgerufen. Weitergehend ist auch das Merkmal der Adäquanz erfüllt[1986]. Sein Handeln war auch final auf die Herbeiführung des Gesprächs gerichtet[1987]. Er hat auch ein Risiko geschaffen, dass sich in den inkriminierenden Angaben des Beschuldigten verwirklicht hat[1988]. Keines dieser Kriterien kann also maßgeblich für die Zurechnung sein. Der Unterschied zu den Beauftragungs-Fällen liegt darin, dass es an einem bewussten Zusammenwirken von Privatperson und Strafverfolgungsorgan fehlt. Die Privatperson wird hier gerade unbewusst zum Werkzeug der Strafverfolgungsorgane. Anhänger des Tatherrschaftskriteriums könnten hier tatsächlich einmal einen Fall mittelbarer Täterschaft annehmen.

Entscheidend ist, dass die Befragung als mittelbar staatlich geführt erscheint. Hierfür brauchen die Ermittlungsbehörden die Möglichkeit, auf das Verhalten der Privatperson einzuwirken. Dies wird nur bei einvernehmlicher Zusammenarbeit möglich sein[1989]. Ist die Privatperson lediglich irrtumsbedingt das Instrument der Behörden, ist es diesen nicht möglich, ihr Vorgaben zu machen.

Bejaht wird eine Zurechnung hingegen in der Konstellation, dass der Polizeibeamte dem Angehörigen des Opfers von der aussichtlosen Beweislage berichtet und durchblicken lässt, ein von einer Privatperson gewaltsam herbeigeführtes Geständnis könne den Ausweg darstellen[1990]. Hier lege eine der materiell-strafrechtlichen mittelbaren Täterschaft vergleichbare Fallgestaltung vor[1991]. Die Strafverfolgungsbehörden umgingen gezielt die Tatsache, dass ein entsprechendes durch sie gewonnenes Geständnis unverwertbar sei[1992]. Hierdurch würden sie „Täter hinter dem Täter“[1993]. Die Privatperson würde durch die Strafverfolgungsbehörden final gesteuert und somit zu deren „Werkzeug“[1994].

Diese Ansicht vermag nur im Ergebnis, nicht aber in der Begründung zu überzeugen. Zunächst ergibt sich die Unverwertbarkeit eines derartigen Geständnisses

---

1985 *Wolter* in SK-StPO Vor § 151 Rn. 124; *Bosch* JURA 1998, 236 (238); *Roxin* NStZ-Sonderheft 2009, 41 (45); a.A. allein *K. Kühl* StV 1986, 187 (191).

1986 S. *Greco/Caracas* NStZ 2015, 7 (13).

1987 s. *Kaspar* GA 2013, 206 (217).

1988 S. *Gaede* StV 2004, 46 (51); *Matula*, Private Ermittlungen, S. 180, die in der objektiven Zurechnung lediglich die Mindestvoraussetzung sieht.

1989 *Eckhardt*, Private Ermittlungsbeiträge, S. 119.

1990 *Mende*, Grenzen, S. 68 f.

1991 *Mende*, Grenzen, S. 69.

1992 *Mende*, Grenzen, S. 69.

1993 *Mende*, Grenzen, S. 69.

1994 *Mende*, Grenzen, S. 69.

auch unabhängig von einer möglichen staatlichen Zurechnung aus den für private Beweiserlangung geltenden Grundsätzen[1995]. Doch auch die Zurechnung wird man hier zu bejahen haben, wenn auch nicht mit der dargestellten Argumentation.

Eine mittelbare Täterschaft lässt sich allenfalls unter Rekurs auf das – bereits als untauglich befundene – Kriterium der normativen Tatherrschaft annehmen[1996]. So verstanden deckt sich dieser Gesichtspunkt, dann mit dem folgenden Argument, die Strafverfolgungsbehörden könnten selbst ein entsprechendes Beweismittel nicht verwertbar erheben. Unabhängig davon, dass dieser Gedankengang hier aufgrund der Unverwertbarkeit des auch privat gewaltsam herbeigeführten Geständnisses ohnehin nicht verfängt, erscheint er auch grundsätzlich problematisch. Die Suche nach Zurechnungskriterien ist gerade motiviert durch die Erkenntnis, das privat erlangte Beweismittel in weiterem Umfang verwertbar sind als staatlich erhobene. Nun die Inkongruenz mit einer hypothetischen staatlichen Beweiserhebung zum Zurechnungskriterium zu erklären, hieße das im ersten Schritt gefunden Ergebnis zu konterkarieren und im Ergebnis doch einen Gleichlauf zwischen staatlicher und privater Beweiserlangung anzustreben.

Ob eine „gezielte Umgehung“ vorliegt, ist seinerseits eine Frage der Zurechnung. Eine rechtlich relevante Umgehung lässt sich nur dort feststellen, wo gerade die Frage der Zurechnung bejaht wird. Ein bloßer Umgehungsvorsatz des handelnden Beamten ist unerheblich, solange objektiv keine Umgehung im rechtlich relevanten Sinn vorliegt[1997]. Anderenfalls ließe man bloße Kausalität genügen, was allgemein abgelehnt wird.

Den Schlüssel zur Beurteilung der Konstellation bildet die Veranlassung durch den Polizeibeamten. Oberflächlich beschränkt sich die Tätigkeit der Polizei darauf, der Privatperson einen Anlass zu liefern. Weder auf das „Ob“ noch auf das „Wie“ des tatsächlichen Tätigwerdens nimmt er ausdrücklich Einfluss. Auch scheint jede Unterordnung unter den Willen der Strafverfolgungsbehörden zu fehlen[1998]. Ob eine solche Sichtwiese der Situation wirklich gerecht wird, ist allerdings fraglich. Realitätsnäher erscheint, dass hier ein Einverständnis über ein entsprechendes Vorgehen der Privatperson erzielt wird, ohne dass dies deutlich ausgesprochen wird[1999]. Es kommt also darauf an, welcher konkludente Erklärungsgehalt dem Verhalten des Polizisten im konkreten Einzelfall zukommt.

Es zeigt sich, dass, über bloße Kausalität hinausgehend, eine Möglichkeit der Beeinflussung gegeben sein muss.

Diese besteht immer dann, wenn die Behörden mit dem Vorschlag eines entsprechenden Vorgehens an die Privatperson herantreten. Die Privatperson, die sich zu

---

1995 S.o. F. I. 2. b.

1996 *Mende*, Grenzen, S. 69 Fn. 194 stellt hingegen auf Organisationsherrschaft ab. Hierfür dürfte es jedoch an der erforderlichen Eingliederung fehlen.

1997 Vgl. *Weßlau* ZStW 110 (1998), 1 (11).

1998 Vgl. *Eckhardt*, Private Ermittlungsbeiträge, S. 124.

1999 Vgl. *Matula*, Private Ermittlungen, S. 189 f.

dem Vorgehen überreden lässt, wird sich zugleich auch an die konkreten Vorgaben der Ermittlungsbehörden halten. Geht die Initiative von den Strafverfolgungsbehörden aus, ist die Zurechnung daher zu bejahen.

Dass umgekehrt die Initiative von der Privatperson ausgeht, steht der Zurechnung nicht per se entgegen[2000]. Die staatliche Initiative stellt somit eine hinreichende nicht aber eine notwendige Bedingung für die Zurechnung dar.

Entscheidend ist vielmehr, ob die Strafverfolgungsbehörden Einfluss auf die konkrete Ausführung haben[2001]. Hier wird man mit dem EGMR darauf abzustellen haben, ob die Privatperson ihr Vorhaben auch ohne die Mitwirkung der Staatsorgane weiterverfolgt hätte[2002]. Dies ist dann regelmäßig nicht der Fall, wenn die Privatperson gerade dadurch motiviert ist, Beweismittel für ein Strafverfahren zu produzieren. Zwar ist die Zustimmung der Ermittlungsbehörden keine Voraussetzung für die spätere Beweisverwertung, zu der diese vielmehr durch den Aufklärungsgrundsatz und das Legalitätsprinzip gezwungen sind. Der Privatperson wird jedoch regelmäßig daran gelegen sein, ihr Vorhaben im Verbund mit den Behörden zu verfolgen – auch um eigene Strafbarkeitsrisiken zu minimieren[2003]. Dass die Privatperson, die von den Behörden keine Zustimmung signalisiert bekommt, „auf eigene Faust" weitermacht, erscheint schwer vorstellbar.

Hängt die Durchführung des von der Privatperson gefassten Plans somit von der Zustimmung der Ermittlungsbehörden ab, ist hiermit eine faktische Weisungsmacht der Behörden begründet. Sie können ihre Zustimmung gerade auch von Bedingungen abhängig machen und somit auf das Vorgehen der Privatperson Einfluss nehmen. Die Privatperson ordnet sich dem Willen der Behörden unter[2004].

In dem BGH StV 2012, 129 zugrundeliegenden Sachverhalt hatte sich eine Zeugin von sich aus der Polizei angeboten und war von dieser mit einem technischen Aufnahmegerät ausgestattet worden. Eine Anordnung nach § 100f StPO lag vor. Der BGH ging von einer staatlichen Zurechnung aus, würdigte die fehlende Steuerung durch die Strafverfolgungsorgane als mildernden Faktor im Rahmen der zur Feststellung eines fair-trial-Verstoßes vorgenommenen Gesamtabwägung[2005]. Dieses Vorgehen erscheint kritikwürdig[2006]. Die Zurechnung zu einem Gesamtbetrachtungs-Posten zu machen, verleiht dem Kriterium einen graduellen Charakter, was aufgrund seiner weichenstellenden Funktion für den an das

2000 *Kasiske* StV 2014, 423 (425); *Wolter* ZIS 2012, 238 (242).
2001 *Eckhardt*, Private Ermittlungsbeiträge, S. 122 f.
2002 EGMR JR 2004, 127 (139) (Allan v. UK); *Gaede* StV 2003, 260 (261); *Kasiske* StV 2014, 423 (425).
2003 Vgl. *Matula*, Private Ermittlungen, S. 190 die als subjektives Element fordert, die Privatperson müsse sich in ihrer Handlung „bestärkt" fühlen.
2004 Vgl. *Eckhardt*, Private Ermittlungsbeiträge, S. 124.
2005 BGH StV 2012, 129 (130 f.); s. auch bereits BGH GS 1996, 502 (505), wo auf die „mannigfachen Abstufungen" hingewiesen wird, die es bei der Beteiligung der Behörden geben kann.
2006 Ähnlich aber *Rothfuß* StraFo 1998, 289 (294).

Verhalten der Privatpersonen anzulegenden Maßstab nicht hingenommen werden kann. Im Ergebnis wären „weniger" dem Staat zurechenbaren Privatpersonen eher Verhaltensweisen zuzugestehen, die „mehr zurechenbaren" Personen eher verwehrt wären. Das kann nicht überzeugen. Die Zurechnung ist mit allen ihren Konsequenzen zu bejahen oder sie ist eben zu verneinen. Die Frage, ob ein funktional staatliches Handeln vorliegt, bedarf einer eindeutigen Entscheidung. Liegt der Hintergrund des Zurechnungskriteriums darin, den Staatsorganen zu verwehren, sich ihrer Gesetzes- und Grundrechtsbindung zu entledigen, so kann ihnen auch nicht zugestanden werden, diese zu lockern.

Weder der BGH noch die zu dem Urteil ergangenen Literatur-Stimmen erwägen ernsthaft von einer materiell privaten Befragungssituation auszugehen[2007]. Ganz abwegig wäre eine derartige Beurteilung angesichts der vergleichsweise geringen Beeinflussung durch die Polizei nicht. Vertreter des Tatherrschaftskriteriums müssten dem Verhalten der Staatsorgane lediglich Beihilfequalität zusprechen und konsequent die Zurechnung verneinen[2008].

In der Literatur wird ein vom BGH wenig beachteter Faktor hervorgehoben: Die Motivation der Zeugin bestand darin, ihrem Ehemann die Vorteile des § 31 BtMG zu sichern[2009]. Dieser Aspekt begründet die Zurechnung maßgeblich. Er geht noch über die oben geschilderte Konstellation hinaus, dass die Privatperson durch die Produktion eines Beweismittels motiviert ist und ihr Entschluss daher von der Zustimmung der Ermittlungsbehörden abhängt. Hier wird eine Einflussnahme- und Steuerungsmöglichkeit der Ermittlungsorgane begründet. Ist das staatliche Versprechen maßgebliches Handlungsmotiv der Privatperson und kann die Polizei ihre Inaussichtstellung an Bedingungen knüpfen, ist die Privatperson damit im Ergebnis weisungsgebunden[2010]. Erforderlich ist aber, dass die Strafverfolgungsbehörden die Anwendung der Vorschrift im konkreten Einzelfall in Aussicht gestellt haben. Die bloße einseitige Hoffnung oder Kalkulation, die Behörden könnten entsprechend vorgehen, vermag eine Zurechnung nicht zu begründen.

Signalisieren die Behörden hingegen Kooperationsbereitschaft, unterstreicht dies auch den bereits genannten Aspekt, dass es für die Zurechnung entscheidend ist, ob die Privatperson ihr Vorhaben auch unabhängig von der Mitwirkung der Staatsorgane weiterverfolgt hätte[2011].

2007 *Roxin* StV 2012, 131 (131); *Eisenberg* JR 2011, 409 (410); *Wolter* ZIS 2012, 238 (245).

2008 vgl. *Eckhardt*, Private Ermittlungsbeiträge, S. 121, der anknüpfend an die Kriterien der Mittäterschaft die Zurechnung bei „wenn sich die Ermittlungsbehörde lediglich mit unterstützenden Handlungen an einer konkreten privaten Ermittlungsmaßnahme beteiligt". *Wolter* ZIS 2012, 238 (245) nimmt in casu eine „qualifizierte Beihilfe wie Anstiftung" an, die für die Zurechnung genügen soll.

2009 *Jäger* JA 2011, 712 (714); *Wolter* ZIS 2012, 238 (242).

2010 *Eckhardt*, Private Ermittlungsbeiträge, S. 124; vgl. *Jäger* JA 2011, 712 (714), der hierin ein Zwangsmoment erblickt.

2011 EGMR JR 2004, 127 (130) (Allan v. UK); *Gaede* StV 2003, 260 (261); *Kasiske* StV 2014, 423 (425).

Die Handhabung der Regelung des § 31 BtMG begründet somit die staatliche Zurechnung.

Stellt man isoliert auf das Ausstatten mit dem Abhörgerät ab, erscheint die Begründung der Zurechnung schwieriger.

Die Unzulässigkeit des Vorgehens ergibt sich nicht bereits im Umkehrschluss aus Art. 13 Abs. 5 GG, § 161 Abs. 3 GG. Es wird vertreten, diesen Vorschriften lasse sich entnehmen, es sei grundsätzlich nur zulässig, einen Verdeckten Ermittler zu Eigensicherung zu „verkabeln“ und eine strafprozessuale Verwertung der Aufzeichnung nur unter den Voraussetzungen des Art. 13 Abs. 5 S. 2, § 161 Abs. 3 StPO zulässig[2012]. Zu Beweiszwecken sei eine auditive Überwachung der Gespräche eines Verdeckten Ermittlers und a fortiori einer Privatperson unzulässig[2013]. Hier wird jedoch übersehen, dass die Einschränkung des Art. 13 Abs. 5 GG nur greift, soweit der Verdeckte Ermittler in Wohnungen auftritt. Die Betroffenheit des Wohnungsgrundrechts ist Grund für diese Einschränkung. Außerhalb von Wohnungen ist es unter den ergänzenden Voraussetzungen des § 100f StPO zulässig, die Gespräche des Verdeckten Ermittlers zu strafprozessualen Zwecken aufzuzeichnen[2014]. Für die Gespräche von Augenblickshelfern außerhalb von Wohnungen lässt sich hieraus keine Beschränkung ableiten. Innerhalb von Wohnungen wird man eine auditive Überwachung nur zur Sicherung der Person zulassen können. Dies lässt sich auch mit dem Wortlaut vereinbaren, der lediglich von „bei einem Einsatz in Wohnung tätigen Personen“ spricht.

Auch der EGMR bejaht die Zurechnung in Konstellationen, in der die Privatperson lediglich technisch ausgestattet wird[2015]. Hiermit begründet der Gerichtshof allerdings lediglich einen Eingriff in Art. 8 EMRK. Parallel steht ein Eingriff in das allgemeine Persönlichkeitsrecht gem. Art. 2 i.V.m. Art. 1 Abs. 1 GG außer Frage. Isoliert vermag die Ausstattung wohl die vom EGMR in Fällen verdeckter Befragung für maßgeblich erachtete Eigenschaft als „agent of the state“ nicht zu begründen[2016]. Dieses ergibt sich vielmehr daraus, dass die staatliche Mitwirkung Bedingung für den Entschluss der Privatperson war. Wäre diese nicht erfolgt, hätte sie das Gespräch mit dem Beschuldigten nicht geführt. So wird es in den allermeisten Fällen liegen. Die Frage, ob allein die Ausstattung mit dem Gerät die Zurechnung begründet, stellt sich somit nur in den sehr hypothetischen Fällen, dass die Privatperson unabhängig von der behördlichen Mitwirkung zur Führung des Gesprächs entschlossen ist. In derartigen Konstellationen ist zu beachten, dass eine private Aufzeichnung gem. § 201 StGB strafbar ist. Weist der Polizeibeamte auf die Möglichkeit einer Aufzeichnung hin oder stellt er gar ein Gerät zur Verfügung, macht er sich als Gehilfe oder

---

2012 *Kühne* in Wolter-FS, S. 1009 (1016).

2013 *Kühne* in Wolter-FS, S. 1009 (1016).

2014 *Meyer-Goßner/Schmitt*, StPO, § 110c Rn. 3.

2015 EGMR, *Urt.* v. 23.11.1993, A. v. Frankreich, 14838/89, Rn. 34 ff.; EGMR StV 2004, 1 (M.M. v.Niederlande).

2016 S.o. F. II. 1. cc. (ii) β) αα) (4).

Anstifter strafbar und die Aufzeichnung ist aufgrund staatlicher Straftatbeteiligung unverwertbar[2017]. Die Strafverfolgungsbehörden würden daher auch in derartigen Fällen – wie in BGH StV 2012, 129 geschehen – eine richterliche Anordnung gem. § 100f StPO erwirken. Es fragt sich dann, ob allein dieser Umstand zugleich die Zurechnung begründet[2018]. Hier dürfte es sich jedoch um eine rein hypothetische Konstellation handeln. Tatsächlich entbehrt die Vorstellung, der Zeugin sei lediglich das Aufnahmegerät überreicht worden, ohne dass sie in irgendeiner Form instruiert worden wäre, einer gewissen Glaubhaftigkeit[2019].

Stets problematisch ist die Annahme einer Zurechnung, wenn es an einem aktiven Verhalten der Strafverfolgungsorgane fehlt. Möglicher Anknüpfungspunkt für eine Zurechnung ist dann nur ein Unterlassen.

Problematisch erscheint die Zurechnung hier, weil keinerlei Steuerung i.S.e. tatsächlichen Einflussnahme vorliegt. Ob sich in dem bloßen Geschehenlassen eine hinreichende Möglichkeit der Einflussnahme offenbart, erscheint fraglich. Entsprechend allgemeiner Grundsätze kann ein Unterlassen dem aktiven Tun jedenfalls nur dann gleichgesetzt werden, wenn es pflichtwidrig ist. Grundvoraussetzung für die Annahme einer Zurechnung ist somit das Vorliegen einer Pflicht zum Einschreiten. Es gibt keine grundsätzliche Pflicht der Strafverfolgungsorgane gegen private Bemühungen zur Aufklärung von Straftaten vorzugehen. Allein die Tatsache, dass die Ermittlungsorgane von derartigen Vorgängen Kenntnis haben, begründet daher kein pflichtwidriges Unterlassen und mithin keine Zurechnung[2020]. Teilweise wird angenommen, eine Pflicht zum Einschreiten gegenüber privaten Ermittlungen ergebe sich aus der Untätigkeit des Gesetzgebers[2021]. Indem dieser den Bereich privater Ermittlungen nicht regele, verstoße er gegen seine grundrechtlichen Schutzpflichten[2022]. Dies begründe als pflichtwidriges Vorverhalten eine Handlungspflicht der Ermittlungsorgane aus Ingerenz[2023]. Bereits die Annahme eines legislativen Pflichtverstoßes überzeugt jedoch nicht[2024]. Warum die Schutzpflicht nicht durch die Kriminalisierung des Verhaltens erfüllt sein soll, erschließt sich nicht. Der Hinweis auf die Vielzahl von Fällen privater Tonbandaufzeichnungen[2025] trägt nicht. Allein die Tatsachen, dass ein Verhalten weiterhin vorkommt, dürfte materiellen Strafrechtsnormen kaum ihre Tauglichkeit zum Rechtsgüterschutz nehmen. Auch der Hinweis, die h.M. erkenne das Erfordernis eines doppelten Schutzes durch Straf- und Strafprozessrecht im Fall grober Menschenrechtsverletzung an, vermag nicht zu überzeugen. Hier wird der Hintergrund des Verwertungsverbots für derartig privat

---

2017 S.o. F. I. 2. a. cc.
2018 In diese Richtung *Kühne* in Wolter-FS, S. 1009 (1014).
2019 *Eisenberg* JR 2011, 407 (410, 411).
2020 A.A. *Mahlstedt*, Verdeckte Befragung, S. 158 f.
2021 *Mende*, Grenzen, S. 207.
2022 *Mende*, Grenzen, S. 207.
2023 *Mende*, Grenzen, S. 207.
2024 Ablehnend auch *Godenzi*, Private Beweisbeschaffung, S. 184 f.
2025 *Mende*, Grenzen, S. 207.

erlangte Beweismittel verkannt. Dieser besteht nicht in einer irgendwie gearteten Sanktion oder gar Prävention des privaten Verhaltens, sondern darin, dass dem Beweismittel ein rechtsstaatlicher Makel anhaftet, aufgrund dessen sich die staatliche Nutzbarmachung verbietet[2026].

Es besteht somit keine pauschale Pflicht, gegen private Ermittlungen einzuschreiten, die eine Zurechnung begründen könne. Die Behauptung einer Zurechnung aufgrund eines Unterlassens bedarf somit stets des Nachweises einer besonderen Pflicht, einzuschreiten. Als solche sind im jeweiligen Zusammenhang das besondere Pflichtenverhältnis in der Untersuchungshaft[2027] und die aus dem Legalitätsprinzip folgende Pflicht, ein Ermittlungsverfahren einzuleiten[2028], zu diskutieren.

(6) Exzess

Ist eine Zurechnung im Einzelfall dem Grunde nach zu bejahen, fragt sich, ob diese auch Verhaltensweisen, namentlich Befragungsmethoden, umfasst, die von den Vorgaben der Strafverfolgungsorgane nicht mehr gedeckt sind oder diesen sogar zuwiderlaufen. Unerheblich ist die Frage der Zurechnung dort, wo die Privatperson Methoden anwendet, die auch nach den Grundsätzen privater Beweiserlangung die Unverwertbarkeit nach sich ziehen. Überschreitet das Vorgehen, wie insbesondere im Fall von Täuschungen, diese Schwelle nicht, ist zu klären, ob ein Beweisverwertungsverbot analog § 136a StPO anzunehmen ist oder das Verhalten aufgrund der Überschreitung des Auftrags den Strafverfolgungsorganen nicht mehr zurechenbar ist. Entgegen der überwiegenden Auffassung[2029], wird man einen solchen die Zurechnung durchbrechenden Exzess nicht zulassen können. Mit dem Einsatz der Privatperson setzten die Ermittlungsbehörden vielmehr ein Risiko, dass sich in einem Fehlverhalten dieser realisiert. Die Beherrschung des Risikos fällt in ihre Verantwortungssphäre. Die Zurechnung ergibt sich aus dem Gedanken der Ingerenz[2030]. Eine einmal staatlich initiierte Befragung behält daher diesen Charakter. Dies ist auch für die Parallel-Konstellation des agent provocateur anerkannt[2031].

2026 S.o. F. I. 2. b.

2027 F. II. 2. b. aa. (iii).

2028 F. III. 2. c.

2029 *Rogall* in SK-StPO § 136a Rn. 7; *Matula*, Private Ermittlungen, S. 192; unklar *Götting*, Beweisverwertungsverbote, S. 172 einerseits und S. 174 andererseits.

2030 Vgl. *Keller* in Grünwald-FS, S. 267 (277).

2031 Vgl. BGH NJW 2000, 1123 (1125), wo die Möglichkeit eines Exzesses zwar erwähnt, für die Zurechnung aber genügen gelassen wird, dass der V-Mann-Führer, das – dem ursprünglichen Auftrag widersprechende – Verhalten der V-Person hätte unterbinden können, i.E. ebenso *I. Roxin*, Rechtsfolgen, S. 177; s. aber auch *Menges* in L/R-StPO Vor § 94 Rn. 4.

(7) Fazit

Zentrales Kriterium der Zurechnung ist somit die staatliche Einflussnahme. Die Strafverfolgungsorgane müssen der Privatperson Vorgaben machen und so mittelbar auf den Gesprächsinhalt Einfluss nehmen können. Als Kontrollüberlegung dient dabei die auch vom EGMR herangezogene Fragestellung, ob das Gespräch in dieser Art und Weise auch ohne die staatliche Mitwirkung stattgefunden hätte. Geht die Initiative von den Strafverfolgungsorganen aus, ist eine Zurechnung grundsätzlich zu bejahen. Auch bei privater Initiative liegt eine solche vor, wenn dennoch eine Unterordnung unter den Willen der Strafverfolgungsbehörden vorliegt. Eine einmal gegebene Zurechnung wird nicht dadurch durchbrochen, dass sich die Privatperson durch die Art der Befragung über die Grenzen des Auftrags hinwegsetzt.

ββ) „Vernehmungsähnliche Situation"

Nach verbreiteter Ansicht soll § 136a StPO in seinem analogen Anwendungsbereich auf sog. „vernehmungsähnliche Befragungen" beschränkt sein[2032].

Nimmt man den Begriff der „Vernehmungsähnlichkeit" ernst, wird sich hieraus die Anwendbarkeit für verdeckte Befragung jedoch kaum herleiten lassen[2033]. Die Vernehmung zeichnet sich maßgeblich durch das Element des autoritativen Auskunftverlangens aus[2034]. Die Atmosphäre ist geprägt von einer antagonistischen und subordinativen Rollenverteilung. Für die verdeckte Befragung gilt das genaue Gegenteil. Die Atmosphäre von Gesprächen zwischen Zellengenossen, Liebenden in den sog. „Romeo"-Fällen oder Angehörigen derselben kriminellen Vereinigungen hat keine autoritäre Note, sondern ist vielmehr durch Vertraulichkeit geprägt. Die verdeckte Befragung ist auch gerade deshalb so effektiv. Ein autoritäres Auftreten würde die Auskunftsbereitschaft vermutlich gerade mindern. Gerade in dem wesensbestimmenden Merkmal der Vernehmung unterscheiden sich derartige Befragungen also diametral von dieser. Wäre dem anders, ließe sich auch kaum begründen, warum nicht auch die Vorschrift des § 136 StPO analoge Anwendung finden soll. Will man die Analogie auf Fälle beschränkt wissen, die der Vernehmungssituation tatsächlich ähnlich sind, wird man die Voraussetzung im Fall der verdeckten Befragung zu verneinen haben[2035].

Überwiegend wird das Merkmal der Vernehmungsähnlichkeit dann aber weniger wörtlich verstanden. Es wird dahingehend konkretisiert, dass in dem Gespräch

---

2032 *Rogall* in SK-StPO § 136a Rn. 25; *Eisenberg*, Beweisrecht, Rn. 637; *Kudlich* JuS 1997, 696 (698).

2033 *H. Schneider* NStZ 2001, 8 (9); *Sowada* in Geppert-FS, S. 689 (716); *Weßlau* ZStW 110 (1998), 1 (18 Fn. 45).

2034 *Kramer*, Grundbegriffe, Rn. 28a.

2035 So dann auch *H. Schneider* NStZ 2001, 8 (9).

andere staatlich zu verantwortende Zwänge herrschen müssen[2036]. Der Beschuldigte dürfe sich der Situation nicht ohne weiteres entziehen können[2037].

Aber auch so verstanden überzeugt das Kriterium nicht. Ein Grund, die analoge Anwendung des § 136a StPO auf vernehmungsähnliche Situationen zu beschränken, besteht nicht.

Für die Parallel-Konstellation des Verdeckten Ermittlers werden entsprechende Einschränkungen ganz überwiegend nicht gemacht[2038]. Hier wird eine Anwendung des § 136a StPO mit der Einschränkung der zulässigen sog. legendenbedingter Täuschungen nahezu einhellig befürwortet[2039]. Da mit der Bejahung der staatlichen Zurechnung der staatliche Charakter des Vorgehens feststeht, kann es keinen Grund geben, die Konstellationen unterschiedlich zu behandeln. Ist der Verdeckte Ermittler dem Methodenverbot des § 136a StPO weiterhin unterworfen, kann sich der Staat diesem auch nicht entziehen, indem er anstatt des Ermittlers eine Privatperson einsetzt[2040]. Im Ergebnis dürfte auch niemand Zweifel an der Unverwertbarkeit von Angaben haben, die ein Verdeckter Ermittler oder eine beauftragte Privatperson durch Misshandlung und Quälerei erlangt hat[2041]. Die Zurückhaltung der h.M. bezüglich klarer Aussage zur Anwendbarkeit der § 136a StPO bei verdeckten Ermittlungen resultiert vielmehr aus Scheu vor der Tragweite des Täuschungsverbots[2042]. Es wird sich stattdessen in übergesetzliche Grundsätze und die allgemeine Beweisverbotsdogmatik „geflüchtet"[2043]. Ein sachlicher Grund hierfür besteht jedoch nicht. Als einfachgesetzlicher Anknüpfungspunkt muss § 136a StPO Vorrang genießen vor den abstrakten Prinzipien nemo tenetur und fair trial[2044].

Vom Schutzzweck der Methodenverbote aus besteht auch keine Veranlassung sie auf vernehmungsähnliche Situationen zu beschränken. Anders als die Belehrungspflicht des § 136 StPO, deren telos darin besteht, das Gegengewicht zu einem situativen Zwang zu bilden, sind die Methoden des § 136a StPO um ihrer selbst willen und von der Rahmensituation unabhängig verboten[2045]. Die fehlende Ähnlichkeit mit der Vernehmung zwingt daher nicht dazu, die Vergleichbarkeit der Interessenlage

2036 *Kühne* in Wolter-FS, S. 1009 (1010).

2037 *Sternberg-Lieben* JURA 1995, 299 (306); *Rogall* in SK-StPO § 136a Rn. 25.

2038 S. aber *Rogall* in SK-StPO § 136a Rn. 24 ff.

2039 *Meyer-Goßner/Schmitt*, StPO, § 110c Rn. 3; *Ostendorf*, StrafprozessR, Rn. 141; *Güntge* in Alsberg, Der Beweisantrag, Rn. 920; *V. Krey*, Rechtsprobleme, Rn. 223 f.; *Bruns* in KK-StPO § 110c Rn. 22; *Bockemühl* in KMR-StPO § 110a Rn. 8; *Kühne* in Wolter-FS, S. 1009 (10159; a.A. *Pauckstadt-Maihold* in KMR-StPO § 136a Rn. 6.

2040 *Gleß* in L/R-StPO § 136a Rn. 15; *Kramer* JURA 1988, 521 (522).

2041 *Verrel* in Puppe-FS, S. 1629 (1639); *Rogall* in SK-StPO § 136a Fn. 151.

2042 Vgl. *Kramer* JURA 1988, 520 (523); *Beulke* StV 1990, 180 (183); *Duttge* JZ 2008, 261 (262).

2043 *Beulke* StV 1990, 180 (183).

2044 *Jäger* in Wolter-FS, S. 947 (955 ff.).

2045 S.o. F. II. 1. b. cc. (ii) α).

zu verneinen[2046]. Die Vergleichbarkeit ist vielmehr gerade vor dem Hintergrund des Normzwecks zu bestimmen[2047].

Das Kriterium der vernehmungsähnlichen Befragung erscheint bei den Analogievoraussetzungen dogmatisch falsch aufgehoben. Die Unstimmigkeiten beruhen hier auf einer Vermengung der Frage der Anwendbarkeit der Vorschrift und der Erfüllung ihres Tatbestandes, dem Vorliegen einer verboten Vernehmungsmethode[2048].

Seinen Platz hat das Kriterium in Lösungsansätzen, die, da sie die Anwendbarkeit von § 136a StPO leugnen, gezwungen sind, im Wege der freien Rechtsschöpfung Grenzen verdeckter Befragungen aus dem nemo-tenetur-Satz oder dem fair-trial-Prinzip abzuleiten. Dann folgt aber bereits aus dem Vorliegen einer solchen Situation ein Verwertungsverbot[2049]. Hier geht es jedoch bislang nur um die Anwendbarkeit der Vorschrift, deren Tatbestandvoraussetzungen in einem zweiten Schritt zu prüfen sind[2050]. Eine Aussage über die Zulässigkeit des Vorgehens ist hiermit noch nicht verbunden. Es wird lediglich die Situation dem Regelungsregime der StPO unterworfen und dem betriebenen „Hinausdefinieren“[2051] entgegengetreten.

Auf Grundlage eines an § 136a StPO anknüpfenden Lösungsmodells, bedarf es dieses Kriteriums daher nicht, es erscheint im Gegenteil sogar widersinnig. Liegt ohnehin eine Konstellation von Zwangswirkung vor, erscheint es als unnötige Doppelung zusätzlich eine Situation zu fordern, der sich der Beschuldigte nicht ohne weiteres entziehen kann[2052]. Hat man hingegen erkannt, dass die rechtsstaatliche Bedenklichkeit des Vorgehens hier gerade aus dem täuschenden Charakter resultiert, setzt man sich in Widerspruch zu der eigenen Erkenntnis.

Die Anwendbarkeit des § 136a StPO auf Befragungen durch staatlich gesteuerte Privatpersonen auf Konstellationen zu beschränken, in denen sich der Beschuldigte der Befragung nicht ohne weiteres entziehen kann, vermag somit nicht zu überzeugen.

Zutreffend erscheint es vielmehr, die Analogievoraussetzungen bereits bei Vorliegen einer faktischen Aussagesituation zu bejahen[2053]. Hiermit sind lebensweltliche Konstellationen erfasst, die den Strafverfolgungsbehörden ermöglichen, auf den Beschuldigten einzuwirken und diesen zu befragen[2054]. Es ist daher jedes Verhalten erfasst, das geeignet ist, eine Aussage des Beschuldigten zu erlangen, die im späteren

---

2046 So aber *H. Schneider* JR 1996, 401 (406); *Kramer* JURA 1988, 521 (523).
2047 *Larenz/Canaris*, Methodenlehre, S. 202 f.
2048 *Duttge* JZ 2008, 261 (263).
2049 S.u. F. 2. a. cc. (ii).
2050 Vgl. *Duttge* JZ 2008, 261 (263);
2051 *Lagodny* StV 1996, 167 (168).
2052 Vgl. *Rogall* NStZ 2008, 110 (113).
2053 *Duttge* JZ 2008, 261 (263); *Mahlstedt*, Befragung, S. 155; wohl enger *Sternberg-Lieben* JURA 1995, 299 (307); für eine uneingeschränkte Anwendung des § 136a StPO hingegen auch *Beulke*, StrafprozessR, Rn. 481e.
2054 *Duttge* JZ 2008, 261 (263).

Verfahren verwendet werden soll[2055]. Einzige Voraussetzung für eine analoge Anwendung ist daher, dass die Privatperson eine gewisse Kontrolle über den Verlauf des Gesprächs ausübt. Kontrolle ist nicht in dem Sinne zu verstehen, dass er den Beschuldigten durch ruppiges Auftreten oder Beharrlichkeit bedrängt. Dies ginge wiederum in die Richtung eines zwang-getragenen Verständnisses. Entscheidend ist, dass sie die Möglichkeit hat, das Gespräch in eine bestimmte Richtung zu lenken[2056]. Ausgeschlossen sind hiermit lediglich Spontanäußerungen, bei denen der Beschuldigten den Agenten ungefragt von sich aus ins Vertrauen zieht. Hier nimmt die Privatperson Informationen lediglich passiv entgegen. Er unterscheidet sich nicht wesentlich von den technischen Vorrichtungen bei verdeckten Überwachungsmaßnahmen. Die Informationen werden lediglich „abgeschöpft".

Das verdeckte Vorgehen ist hingegen keine Voraussetzung der analogen Anwendung[2057]. Es erscheint daher möglich auch gerade dieses als verbotene Vernehmungsmethode einzuordnen. Die Täuschung ist nicht etwa „verbraucht"[2058].

Im Rahmen der Analogievoraussetzungen kommt dem Kriterium der vernehmungsähnlichen Befragung mithin keine Bedeutung zu. Seinen Platz hat dieses Kriterium vielmehr in Lösungsansätzen, die sich der Anwendung des § 136a StPO gerade verweigern (s.u. F. II. 2. a. cc. (ii)).

χχ) Fazit

§ 136a StPO findet analoge Anwendung auf verdeckte Befragungen. Als solche sind Gespräche zwischen einer Privatperson und dem Beschuldigten anzusehen, wenn (1) das Verhalten der Privatperson den Staatsorganen zurechenbar ist, und (2) die Privatperson auf den Gesprächsverlauf lenkenden Einfluss nehmen kann.

(iii) Täuschungsqualität

Sind die Voraussetzungen der analogen Anwendung des § 136a StPO zu bejahen, fragt sich im nächsten Schritt, ob ein Verstoß gegen die Norm, namentlich das Täuschungsverbot, vorliegt.

Es wird bestritten, dass das Verheimlichen des Ermittlungsauftrags eine Täuschung i.S.d. Vorschrift darstellt. Nach weit verbreiteter Ansicht sei die Täuschungsmodalität des § 136a einschränkend auszulegen[2059]. Dies ergebe sich aus

---

2055 *Salger*, Schweigerecht, S. 32.

2056 Vgl. *Hauck* NStZ 2010, 17 (22 Fn. 82); *Blozik*, Subsidiaritätsklauseln, S. 101; *Rackow/Birr* Die Polizei 2012, 325 (332).

2057 So aber *Sternberg-Lieben* JZ 841 (848); *ders.* JURA 1996, 299 (307); vgl. auch *Kleszewski* StV 2010, 462 (464).

2058 So aber *Kühne* in Wolter-FS S. 1009 (1012).

2059 S. nur *Rogall* in SK-StPO § 136a Rn. 56 mwN.; *Roxin/Schünemann* § 25 Rn. 24; a.A. *Dencker* StV 1994, 667 (675 f.); krit. auch *Bernsmann* StV 1997, 116 (117).

dem Vergleich mit den übrigen Vernehmungsmethoden[2060], dem Schutzzweck der Menschenwürde[2061], dem Vergleich mit § 343 StGB[2062] und der Gefahr einer zu starken Beschränkung einer effektiven Strafverfolgung[2063]. Nicht jede Irreführung des Beschuldigten sei verboten, die nach § 136a untersagte Täuschung müsse vielmehr von der zulässigen „kriminalistischen List" abgegrenzt werden[2064].

Der Begriff der kriminalistischen List ist in insoweit akzeptabel als er als Kurzformel für das Auslegungsergebnis dient, eine bestimmte Verhaltensweise verstieße nicht gegen das Täuschungsverbot. Ein begriffsjuristisches Verständnis, nach dem die Einordnung als List die Einordnung als Täuschung ausschließt, ist hingegen abzulehnen.

α) Bloßes Ausnutzen eines Irrtums?

Zur Restriktion der Täuschungsmodalität werden allerlei Wege beschritten. Insbesondere soll nur die vorsätzliche Irreführung eine Täuschung i.S.d. Vorschrift darstellen[2065]. Auch brauche der Vernehmende nicht alles zu unterlassen, was bei dem Beschuldigten eine unrichtige Vorstellung herbeiführen kann[2066]. Insbesondere psychologische Vernehmungstricks wie das Vorspielen einer wohlwollenden Gesinnung seien zulässig[2067].

Wo genau die Zulässigkeitsgrenze verläuft ist im Einzelnen unklar. Neben einer mittlerweile überwiegend abgelehnten Differenzierung nach der Intensität[2068] entspricht es nahezu allgemeiner Ansicht, dass es an einer Täuschung insbesondere dort fehlt, wo ein bestehender Irrtum lediglich ausgenutzt wird[2069]. Das bloße

---

2060 *Sternberg-Lieben* JURA 1995, 299 (307); *Erfurth*, Verdeckte Ermittlungen, S. 60; krit. hierzu *Popp* JA 1998, 900 (903).

2061 *Meyer-Goßner/Schmitt*, StPO, § 136a Rn. 12; *Renzikowski* JR 2008, 164 (166).

2062 *Puppe* GA 1978, 289 (289); a.A. *Wolter* in SK-StPO³ Vor § 151 Rn. 122; *Rüping* JR 1974, 135 (137) nimmt dies umgekehrt zum Anlass, eine Erweiterung des § 343 StGB zu fordern.

2063 *Beulke* StV 1990, 180 (182).

2064 BGH NStZ 1997, 251; *Jäger* in HK-GS § 136a StPO Rn. 16 mwN.; *Ostendorf*, StrafprozessR, Rn. 136; krit. zu dieser Differenzierung *Rogall* in SK-StPO § 136a Rn. 56; *Joerden* JuS 1993, 927 (929); *Erb* in Otto-FS, S. 863 (876); *Gleß* in L/R-StPO § 136a Rn. 39; ablehnend *Degener* GA 1992, 443 (464).

2065 BGH NJW 1983, 2205 (2205); *Meyer-Goßner/Schmitt*, StPO, § 136a Rn. 13 mwN.; *Schuhr* in MüKo-StPO 3 136a Rn. 23 lässt Fahrlässigkeit genügen.

2066 *Walther* in AnwK-StPO § 136a Rn. 32.

2067 *Walther* in AnwK-StPO § 136a Rn. 32; a.A. *Groth*, Unbewusste Äußerungen, S. 79 f.; *Ransiek*, Polizeivernehmung, S. 68; krit. zur Zulässigkeit polizeilicher Vernehmungstaktiken *Degener* GA 1992, 443 (450).

2068 Hiergegen *Beulke* StV 1990, 180 (182).

2069 BGH NStZ 1997, 251 (251 f.); *Beulke* StV 1990, 180 (182); *Ellbogen* Kriminalistik 2007, 397 (399); *Erb* in Otto-FS, S. 863 (876).

Verschweigen von Tatsachen sei keine Täuschung[2070]. Etwas anderes gelte nur bei einer bestehenden Aufklärungspflicht[2071]. Die Bedeutung dieser Zweiteilung von Tun und Unterlassen wird intensiviert, indem kaum Fälle konkludenter Täuschungen anerkannt werden.

Die einzig wirklich anerkannte Fallgruppe einer unzulässigen Täuschung ist das Vorspiegeln einer nicht vorhandenen Beweislage. Die unwahre Behauptung ein Mitbeschuldigter habe gestanden oder am Tatort seien Spuren gefunden worden, ist untersagt und führt zur Unverwertbarkeit eines daraufhin abgegebenen Geständnisses[2072]. Dies gilt auch, wenn keine inhaltlichen Angaben gemacht werden, sondern schlicht allgemein die Beweislage als erdrückend dargestellt wird[2073]. Aber auch hier verlässt man den Boden gesicherter Erkenntnisse jedoch bereits wieder, wenn die entsprechende Beweissituation nicht ausdrücklich behauptet wird, sondern lediglich Umstände geschaffen werden, aus denen der Beschuldigte auf eine solche schließen soll[2074].

Auch in dem Verschweigen des Ermittlungsauftrages sei nun ein solches bloßes Verschweigen von Tatsachen gegeben, dass keine Täuschung i.S.d. § 136a StPO darstelle[2075]. Von anderer Seite wird hingegen das Vorliegen einer konkludenten Täuschung behauptet[2076]. Die Frage des konkludenten Erklärungswerts wird sich kaum pauschal ohne Rückgriff auf Einzelfallumstände beantworten lassen[2077]. Es wird aber auch insgesamt die restriktive Handhabung der konkludenten Täuschung kritisiert. Mit dieser Differenzierung zwischen aktiver und pflichtwidriger passiver Täuschung wird sich an den materiell-strafrechtlichen Täuschungsbegriff des Betruges angelehnt[2078]. Die zwischen diesen beiden liegende Kategorie der konkludenten Täuschung, die im materiellen Recht einen Großteil der Fälle ausmachen dürfte, werde – so der Vorwurf – im Prozessrecht regelmäßig unterschlagen und entsprechende Fälle würden als passive und damit aufgrund regelmäßig fehlender

2070 *Meyer-Goßner/Schmitt*, StPO, § 136a Rn. 16; *Jäger* JA 2013, 155 (156).

2071 *H. Schneider* JR 1996, 401 (406); *Lindner*, Täuschungen, S. 143.

2072 *Puppe* GA 1978, 289 (290); *Walther* in AnwK-StPO § 136a Rn. 30.

2073 BGH NJW 1989, 842.

2074 Wenn etwa der Vernehmende eine mit der Tatwaffe identische Pistole vor sich auf den Tisch legt (Gegen die Zulässigkeit: *Lindner*, Täuschungen, S. 107; *Gleß* in LR-StPO § 136a Rn. 41) oder den Eindruck erweckt, der mitgeführte Hund habe ihn zu dem Beschuldigten geführt, während in Wahrheit er den Hund geführt hat (Für Zulässigkeit: *K. Peters*, Strafprozess, S. 336 f.; *Rogall* in SK-StPO § 136a Rn. 66; gegen Zulässigkeit: *Puppe* GA 1978, 289 (290)).

2075 *Wolter* GA 1988, 48 (89); *V. Krey* in Neujustierung des Strafrechts, S. 25 (29); *Schneider* JR 1996, 401 (406); *Matula*, Private Ermittlungen, S. 125; *H. Schneider* JR 1996, 401 (406).

2076 *Gleß* in L/R-StPO § 136a Rn. 44; *Deutsch*, Erhebung, S. 242; *Dencker* StV 1994, 667 (673); *Weiler* GA 1996, 101 (114); *Roxin* NStZ 1995, 465 (465); differenzierend *Popp* JA 1998, 900 (902f.); *Jahn* in HB zum Strafverfahren, Kap. 2, Rn. 301 f.

2077 Vgl. *Popp* JA 1998, 900 (902f.) mit unterschiedlichen Konstellationen.

2078 *Dencker* StV 1994, 667 (672); *Monka* in BeckOK-StPO § 136a Rn. 15.

Aufklärungspflicht zulässige Täuschung angesehen[2079]. Diese unterschiedliche Handhabung erscheint jedoch gerechtfertigt. Es ist nicht so, dass von den aus dem materiellen Recht bekannten Maßstäben abgewichen würde, diese führen im prozessualen Kontext lediglich zu anderen Ergebnissen. Im Ausgangspunkt erfasst der Begriff der Konkludenz Umstände, die, obwohl nicht ausdrücklich ausgesprochen, aufgrund des Gesamtverhaltens als „stillschweigend miterklärt" angesehen werden können[2080]. Den Maßstab bildet hierbei die Verkehrsauffassung[2081]. Dass ein Umstand nicht mitgeteilt wird, rechtfertigt generell nicht die Annahme, dass er nicht existiert[2082]. Etwas anderes gilt nur dann, wenn der Adressatenkreis darauf vertrauen darf, dass der Umstand im Fall seiner Existenz auch erklärt worden wäre. Zu der tatsächlichen Betrachtung des Erklärungsverhaltens kommt somit ein normatives Element[2083]. Das Verhältnis zwischen dem faktischen und dem normativen Element ist im materiellen Recht Gegenstand lebhaften Streits[2084]. Getragen von dem Bestreben, berechtigten, schützenswerten Erwartungen des Rechtsverkehrs Rechnung zu tragen, erscheint eine Betonung der normativen Komponente grundsätzlich folgerichtig. In Einzelfällen droht hier jedoch jegliche Rückkoppelung an die tatsächliche Betrachtung verloren zu gehen[2085].

An einem Pendant zu derartigen Erwartungen fehlt es im Prozessrecht. Ob bei tatsächlicher Betrachtung Milieuangehörige, Zellengenossen oder sonstige Personen stets konkludent miterklären würden, sie seien keine Spitzel oder Verdeckte Ermittler, erscheint bereits fraglich[2086]. Anders als im materiellen Recht fehlt es nun an einem berechtigten schützenswerten Interesse des Beschuldigten, das rechtfertigen könnte, über die Grenzen der rein tatsächlichen Betrachtung hinauszugehen. Selbst wenn – was angesichts gegenteiliger Vorkommnisse zweifelhaft ist – gewisse Verkehrskreise Vertrauen in die „Integrität" ihrer Angehörigen setzen, erscheint dieses jedenfalls nicht schutzwürdig[2087]. Der Schutz vor Selbstbelastungen ist primär Sache des Beschuldigten[2088]. Die Vertraulichkeit seiner Gesprächspartner fällt

2079 *Dencker* StV 1994, 667 (672); *Kraft*, Das nemo-tenetur-Prinzip, S. 342.
2080 NJW 2001, 2187 (2188); *Duttge* in HK-GS § 263 StGB Rn. 10; *Perron* in S/S-StGB § 263 Rn. 14/15.
2081 BGH NStZ 2007, 151 (153); *Perron* in S/S-StGB § 263 Rn. 14/15.
2082 *Mahlstedt*, Verdeckte Befragung, S. 176.
2083 BGH NStZ 2007, 151 (153); *Duttge* in HK-GS § 263 StGB Rn. 10.
2084 Vgl. *Hoyer* in SK-StGB § 263 Rn. 29 ff; *Tiedemann* in LK-StGB § 263 Rn. 28 ff. jeweils mwN.
2085 S. etwa BGH NStZ 2007, 151 und die an diesem Urteil geübte Kritik, vgl. *Saliger/Rönnau/Kirch-Heim* NStZ 2007, 361 (361 ff.) mwN.
2086 *H. Schneider* JR 1996, 401 (406).
2087 *Sowada* in Geppert-FS, S. 689 (708).
2088 *H. Schneider* NStZ 2001, 8 (11); *Rauschenberger* Kriminalistik 2010, 726 (728); *Beckemper*, Konsultationsrecht, S. 243.

in seine Risikosphäre[2089]. Vorbehaltlich besonderer Einzelfallumstände lässt sich im Verheimlichen des Ermittlungsauftrags somit nicht per se eine konkludente Täuschung erblicken.

Erfordert die Annahme eines konkludenten Erklärungsgehalts ein normativ schutzwürdiges Vertrauen, hängt diese auch und gerade von dem Vorhandensein gesetzlicher Regelungen ab[2090]. Ist es gesetzlich zugelassen, einen Umstand zu verheimlichen, kann kein schutzwürdiges Vertrauen darauf bestehen, dass er nicht existiert. Es geht jedoch zu weit, hieraus zu folgern, dass jenseits gesetzlicher Geheimhaltungsermächtigungen stets eine konkludente Täuschung zu bejahen sei[2091]. Hiermit würde die Grenze zur Aufklärungspflicht und zur Täuschung durch Unterlassen verwischt. In diesem Bereich zwischen Geheimhaltungsermächtigungen und Aufklärungspflichten kommt es weiterhin auf tatsächliche Anhaltspunkte im Erklärungsverhalten an. Eine normative Sichtweise kann diese nicht verzichtbar machen.

Auch in der formellen Vernehmung gibt es jenseits der Aufklärungspflichten kein normativ schutzwürdiges Vertrauen in die Offenheit des Vernehmungsbeamten[2092]. Es entspricht vielmehr der Inquisitionsfunktion der Vernehmung und der Verfahrensrolle des Strafverfolgungsorgans, dass versucht wird, den Beschuldigten zu überführen[2093]. Zu den hierbei zulässigen vernehmungspsychologischen Taktiken gehört auch, Wissensdefizite und Fehlschlüsse des Beschuldigten auszunutzen[2094]. Der Beschuldigte muss daher bei der Wahrung seiner Interessen auf der Hut sein[2095]. Er ist ausreichend dadurch geschützt, dass er schweigen kann[2096]. Er kann sich also der Befragung insgesamt verweigern. In Anbetracht dieser Tatsache besteht kein Anlass, ihn auch dann zu schützen, wenn er auf dieses Recht verzichtet. Lässt er die Befragung zu, nimmt er bewusst das Risiko in Kauf, durch geschickte Befragung überführt zu werden[2097]. Jenseits der gesetzlichen Belehrungspflichten besteht kein Anspruch auf umfassende Informiertheit. Er muss nicht über den vollen Erkenntnisstand der Ermittlungsbehörden informiert werden[2098] oder ihm

2089 *Beckemper*, Konsultationsrecht, S. 78; *Petry*, Beweisverbote, S. 171; *Sowada* in Geppert-FS, S. 689 (708); *Engländer* ZIS 2013, 163 (166); s. bereits oben F. II. 1. b. bb. (iii).

2090 *Mahlstedt*, Verdeckte Befragung, S. 176 f.; *Götting*, Beweisverwertungsverbote, S. 191; *Dencker* StV 1994, 667 (672).

2091 So aber *Mahlstedt*, Verdeckte Befragung, S. 177.

2092 Vgl. *Jahn* in HB zum Strafverfahren, Kap. 2, Rn. 289.

2093 *Jahn* in HB zum Strafverfahren, Kap. 2., Rn. 289.

2094 *H.-L. Günther* StV 1988, 421 (424); *Jahn* in HB zum Strafverfahren, Kap. 2., Rn. 289.

2095 *Ostendorf* in Roxin-FS II, S. 1329 (1338).

2096 *Beulke* StV 1990, 180 (182); *Dencker* StV 1994, 667 (676).

2097 *Beulke* StV 1990, 180 (182); *H.-L. Günther* StV 1988, 421 (424).

2098 BGH NJW 1990, 2633 (2634); *Gundlach* in AK-StPO § 136a Rn. 39; *Bosch*, Aspekte, S. 85; *Lesch*, StrafprozessR, Kap. 3 Rn. 93; *H. Schneider* GA 1997, 371 (379); *Meyer-Goßner/Schmitt*, StPO, § 136a Rn. 16.

das gesamte Beweismaterial offen gelegt werden[2099]. Eine Grenze ergibt sich hier schon aus § 147 Abs. 2 StPO[2100]. Er hat auch keinen Anspruch auf eine umfassende allgemeine Belehrung über die Rechtslage[2101]. Insbesondere muss ihm auch nicht offen gelegt werden, welche Schlüsse aus den Aussagen des Beschuldigten gezogen werden[2102].

Eine an den Kriterien der berechtigten Erwartungen des Beschuldigten und damit an der Risikoverteilung ausgerichtete Handhabung der Konkludenz erlaubt, dem allerseits reklamierten Bedürfnis nach kriminalistischer List Rechnung zu tragen[2103].

Die Zulässigkeit verdeckter Befragungen lässt sich hieraus allein jedoch nicht begründen. Diese Überlegungen erlauben lediglich eine restriktive Handhabung konkludenter Täuschungen, begründen jedoch keine Erlaubnis, Täuschungen vorzunehmen. Weder ausdrückliche Täuschungen noch im Einzelfall weiterhin denkbare konkludente Täuschungen sind hiermit legitimiert. Es erscheint denkbar, das Kriterium der Risikoverteilung heranzuziehen, um gesetzliche Ausnahmen vom Täuschungsverbot zu rechtfertigen[2104]. Alle hierbei zu beachtenden Gesichtspunkte bereits in die Auslegung des Täuschungsbegriffs einzubeziehen, erscheint jedoch schon allein aus Gründen der Rechtssicherheit unmöglich[2105]. De lege lata markiert das Verbot aktiver Täuschungen die Grenze der Zulässigkeit von Verschleierungshandlungen.

Komplett ohne aktive Täuschungshandlungen werden verdeckt ermittelnde Personen jedoch kaum je auskommen[2106]. Es wäre erforderlich, in jedem Einzelfall das Verhalten der Privatperson darauf zu untersuchen, welcher Erklärungsgehalt ihm zukommt. Gerade auch angesichts der ohnehin problematischen Einführung der Aussage von V-Leuten in die Hauptverhandlung[2107] eine nicht zu bewältigende Aufgabe.

Die Problematik stellt sich gleichermaßen im Fall des Verdeckten Ermittlers. Es ist anerkannt, dass dieser nicht generell vom Methodenverbot des § 136a StPO freigestellt sein kann[2108]. Lediglich sog. legendenbedingte Täuschungen, die zur Etablierung seiner Tarnidentität erforderlich sind, könnten aufgrund der gesetz-

2099 *Dencker* StV 1994, 667 (677); *Verrel*, Selbstbelastungsfreiheit, S. 116; *Ransiek*, Polizeivernehmung, S. 69.
2100 *H.-L. Günther* StV 1988, 421 (423 f.); *Verrel*, Selbstbelastungsfreiheit, S. 116.
2101 *Rogall* in Geppert-FS, S. 519 (521).
2102 *Dencker* StV 1994, 667 (675).
2103 Vgl. auch *Jahn* in HB d. Strafverfahren, Kap. 2, Rn. 289.
2104 S. hierzu unten F. II. 1. b. cc. (iv) β).
2105 So aber *Verrel*, Selbstbelastungsfreiheit, S. 281, der entsprechende Bedenken selbst einräumt, sowie *Sternberg-Lieben* JURA 1995, 299 (307).
2106 *Wolter* in SK-StPO[3] Vor § 151 Rn. 122; *Lorenz-Czarnetzki*, Täuschungsverbot, S. 446 f.; s. auch die Fallkonstellationen unten F. II. 2. a. aa.
2107 Vgl. BGH GS NJW 1984, 247; BVerfG NStZ 1995, 600; *Ostendorf*, StrafprozessR, Rn. 343 ff.; *Wesemann* in MAH-Strafverteidigung, § 46 Rn. 179 ff.
2108 *Bruns* in KK-StPO § 110c Rn. 22; *Meyer-Goßner/Schmitt* § 110c Rn. 3; *Ostendorf*, StrafprozessR, Rn. 141.

lichen Gestattung durch § 110a StPO nicht strafprozessual unzulässig sein[2109]. Umstritten ist, ob es sich bei dieser gesetzlichen Gestattung um eine konstitutive Ausnahme vom Täuschungsverbot des § 136a StPO handelt[2110] oder ob dieses ohnehin tatbestandliche nicht einschlägig ist, die Regelung insoweit also lediglich deklaratorischen Charakter hat[2111]. Die Möglichkeit der Zulässigkeit einer gesetzlichen Ausnahme vom Täuschungsverbot steht in der Konsequenz der Annahme der ganz h.M., das Täuschungsverbot wurzele nicht in der Menschenwürde des Beschuldigten[2112].

Es ist dann aber ebenfalls weitgehend anerkannt, dass der Verdeckte Ermittler auch aktiv über seinen Ermittlungsauftrag täuschen darf[2113]. Dies erscheint auch sachgerecht. Die Vorstellung, dass der Gesprächspartner die an sich für zulässig gehaltene Verwertbarkeit dadurch ausschließen könnte, dass er das Gespräch mit der Frage „Bist Du Polizist?“ eröffnet, erscheint kaum erträglich. Darauf, ob die Frage ernst gemeint oder lediglich rhetorischer Natur ist, kann es nicht ankommen[2114]. Will man den Einsatz Verdeckter Ermittler zulassen, muss dieser seine Eigenschaft als Polizeibeamter nicht nur verschwiegen oder verschleiern, sondern diesbezüglich auch dreist lügen dürfen. Eine Lösung, die sich an den Feinheiten des Einzelfalls orientiert, erscheint nicht nur aufgrund der so produzierten Abgrenzungs- und Beweisschwierigkeiten faktisch kaum handhabbar, sondern auch normativ verfehlt. In der gesetzlichen Zulassung eines heimlichen Vorgehens ist vielmehr die Wertentscheidung für die Irrelevanz eines Wissensdefizits des Beschuldigten zu erkennen[2115]. Ob dieses dann lediglich ausgenutzt oder aktiv hervorgerufen wird, spielt keine Rolle[2116]. Ohne die Figur einer konstitutiven Ausnahme vom Täuschungsverbot kommt der Verdeckte Ermittler damit aber nicht aus. Mithin bedürfen auch verdeckt befragende Privatpersonen einer ausdrücklichen Täuschungsermächtigung. Selbst wenn man die Generalklausel der §§ 161, 163 StPO grundsätzlich als ausreichende

2109 *Rogall* JZ 1987, 847 (851); *Gleß* in L/R-StPO § 136a Rn. 44.

2110 *Jäger* in HK-GS § § 136a StPO Rn. 20; *v. Stetten*, Beweisverwertung, S. 140; *Lagodny* StV 1996, 167 (172); *Jahn* HB zum Strafverfahren, Kap. 2, Rn. 299.

2111 *Rogall* in SK-StPO § 136a Rn. 68; *V. Krey*, Rechtsprobleme, Rn. 166.

2112 *Deutsch*, Erhebungen, S. 241; *V. Krey*, Rechtsprobleme, S. 162.

2113 *Nack* in 20. Strafverteidigertag, S. 239 (243); *Bruns* in KK-StPO § 110c Rn. 22.

2114 So aber *H. Haas*, V-Leute, S. 97.

2115 So auch *Mahlstedt*, Verdeckte Befragung, S. 176 f., der hieraus aber lediglich die Zulässigkeit konkludenter Täuschungen folgert; vgl. auch *Jahn* in HB zum Strafverfahren, Kap. 2, Rn. 301.

2116 Vgl. *Sowada* in Geppert-FS, S. 689 (717): „gewisse Unehrlichkeiten[...] als ‚Annex-Kompetenz‘ von der heimlichen Vorgehensweisen mit umfasst [...]“; a.A. *Welp*, Strafprozessuale Überwachung, S. 58 Fn. 65, der es als Verstoß gegen das Täuschungsverbot des § 136a StPO einordnet, wenn über das Bestehen einer Überwachungsmaßnahme getäuscht wird, s. auch unten F. II. 2. b. cc. (ii).

Grundlage für den V-Mann-Einsatz erachtet, wird sich so aus normsystematischen Gründen jedoch keine Ausnahme vom Täuschungsverbot rechtfertigen lassen[2117].

β) Beeinträchtigung der Willensentschließungsfreiheit

Ein Verstoß gegen das Täuschungsverbot des § 136a StPO kann auch nicht unter dem Hinweis abgelehnt werden, dem Verschleiern des Ermittlungsauftrags fehle die Eignung, die Willensentschließungs- und Willensbetätigungsfreiheit zu beeinträchtigen[2118]. Dieses einschränkende Tatbestandsmerkmal begründet eine Erheblichkeitsschwelle[2119]. Während teilweise aus systematischen Gründen gefordert wird, die Täuschung müsse zwangsgleiche Wirkung entfalten[2120], verlangen andere jedenfalls eine nachhaltige Reduktion von Verhaltensspielräumen[2121]. Dies sei erst erreicht, wenn derart starke Verhaltensanreize gesetzt würden, dass eine andere Entscheidung sinnlos erschiene[2122]. Hieran fehle es beim Verschweigen des Ermittlungsauftrages, da sich der Betroffene der Befragung jederzeit entziehen könnte und somit normativ betrachtet frei bleibe[2123]. Die Gegenauffassung bejaht eine Beeinträchtigung der Willensentschließungsfreiheit bei jeder Unkenntnis einer entscheidungserheblichen Tatsache[2124]. Eine einschränkende Funktion käme dem Merkmal nach Feststellung einer Täuschung dann regelmäßig nicht mehr zu[2125].

Die erstgenannte Auffassung beruht auf der systematischen Erwägung, die Täuschung müsse eine quantitativ den übrigen Methoden vergleichbare Einflussnahme auf die Willensentschließungsfreiheit entfalten. Dieser Ansatz verkennt jedoch die kategorial andersgeartete Wirkungsweise von Zwang und Täuschung[2126]. Die

---

2117 *Neuhaus* Kriminalistik 1995, 787 (790); *Lagodny* StV 1996, 167 (171); *Jäger*, Beweisverwertung, S. 184; a.A. *Rogall* in SK-StPO § 136a Rn. 69; *Beulke*, StrafprozessR, Rn. 138.

2118 So aber *Roxin* NStZ 1995, 465 (465) *ders.* NStZ 1999, 149 (150); anders dann aber *ders.* GA 2012, 108 (109); *Rogall* in SK-StPO § 136a Rn. 68; Sternberg-Lieben JURA 1995, 299 (308); *Kudlich* JuS 696 (698); *Salger*, Schweigerecht, S. 32; *Götting*, Beweisverwertungsverbote, S. 192; *Bockemühl*, Private Ermittlungen, S. 79.

2119 *Gleß* in L/R-StPO § 136a Rn. 18.

2120 *Gleß* in L/R-StPO § 136a Rn. 18; *Wolter* ZIS 2012, 238 (241); *Sternberg-Lieben* JURA 1995, 299 (307); *Hilland*, Beweisgewinnungsverbot, S. 108; *Eckhardt*, Private Ermittlungsbeiträge, S. 141 ff.

2121 *Rogall* in SK-StPO § 136a Rn. 65; *Roxin* NStZ 1995, 465 (466); *Wolter* in SK-StPO[3] Vor § 151 Rn. 123a; *Renzikowski* JZ 1997, 710 (712).

2122 *Rogall* in SK-StPO § 136a Rn. 65; *Roxin* NStZ 1995, 465 (466); *Renzikowski* JZ 1997, 710 (712).

2123 *Rogall* in SK-StPO § 136a Rn. 68.

2124 *Popp* NStZ 1998, 95 (95).

2125 *Jäger*, Beweisverwertung, S. 171; *Eisenberg*, Beweisrecht, Rn. 674a.

2126 *Jäger* in HK-GS § 136a StPO Rn. 21; *Bernsmann* StV 1997, 116 (118); vgl. *Meurer* in Roxin-FS, S. 1281 (12); *Mahlstedt*, Verdeckte Befragung, S. 200; *H.-L. Günther* StV 1988, 421 (423).

Täuschung beeinflusst die Willensfreiheit qualitativ anders als die übrigen Vernehmungsmethoden, denen ein Zwangselement innewohnt[2127]. Die Täuschung greift die Willensentschließungsfreiheit lediglich mittelbar an[2128]. Unmittelbar richtet sie sich gegen das Wissen des Beschuldigten[2129]. Auf die Freiheit des Willens schlägt dies nur insoweit durch, als dass dieser auf unzutreffender Grundlage gebildet wird[2130]. Es wird keine Willens- sondern ein Wissensdefizit geschaffen. Eine Einschränkung des Entscheidungsspielraums ist mit einer Täuschung typischerweise nicht verbunden. Ihrem Wesen entspricht es vielmehr, dass der Adressat sich zwischen den ihm weiterhin zukommenden Verhaltensalternativen – gemessen an seinen Interessen – „falsch", nämlich in der vom Täuschenden intendierten Weise, entscheidet[2131]. Hält man lediglich zwangsgleich oder zumindest -ähnlich wirkende Täuschungen für tatbestandsmäßig, erfasste man lediglich atypische Fälle und nicht solche, die das Wesen der Täuschung ausmachen[2132]. Im Übrigen verlöre, da sich entsprechende Fälle häufig auch als Zwang deklarieren ließen, die Täuschungsmodalität weitgehend ihren eigenen Anwendungsbereich, was der Systematik der Norm widerspräche[2133]. Der quantitative Vergleich mit den übrigen Methoden wird dem Wesen der Methode und damit ihrem prozessualen Unwertgehalt nicht gerecht.

Auch ergibt die Beschränkung auf zwangsgleiche oder zumindest nachhaltig die Verhaltensspielräume reduzierende Täuschungen vor dem Hintergrund der ratio des Täuschungsverbots keinen rechten Sinn. Sie würde einleuchten, wenn man diese in dem Schutz des nemo-tenetur-Grundsatzes erblickte und daher nur solche Fälle als vom telos erfasst ansieht, die sich bei erweitertem Zwangsverständnis unter dieses subsumieren ließen[2134]. Auch würde der Schutzzweck der Wahrheitsfindung eine solche Beschränkung nahelegen, da nur durch die Reduktion von Entscheidungsspielräumen der Vernehmende auf den Aussageinhalt Einfluss nimmt[2135].

Der Schutzzweck besteht aber im Rechtsstaatsprinzip und fair-trial-Grundsatz[2136]. Das Prädikat der Rechtsstaatsunwürdigkeit und Unfairness kommt nun nicht nur solchen Täuschungen zu, die den Beschuldigten durch zwangsähnliche Wirkung

---

2127 In seiner Wirkungsweise vergleichbar erscheint hingegen das Versprechen gesetzlich nicht vorgesehener Vorteile.
2128 OLG Köln GA 1973, 119 (121); *Jäger* in HK-GS § 136a Rn. 21; *Meyer-Goßner/Schmitt*, StPO, § 136a Rn. 12. Bezeichnenderweise meint *Meyer-Goßner/Schmitt*, StPO, § 136a Rn. 12, Täuschungen verletzten die Willensentschließungsfreiheit nie, während *Jäger* in Wolter-FS, S. 947 (955) diese für „per se" beeinträchtigt hält.
2129 OLG Köln GA 1973, 119 (121); *Jäger* in HK-GS § 136a Rn. 21.
2130 OLG Köln GA 1973, 119 (121); *Jäger* in HK-GS § 136a Rn. 21.
2131 Vgl. *Groth*, Unbewusste Äußerungen, S. 78; *Wolflast* NStZ 1987, 103 (105).
2132 Vgl. *Bernsmann* StV 1997, 116 (118).
2133 *H.-L. Günther*, StV 1988, 421 (423); *Hauck*, Heimliche Strafverfolgung, S. 229.
2134 So *Schlauri*, Selbstbelastungszwang, S. 293 ff.; in diese Richtung auch *Kasiske* StV 2014, 423 (427 Fn. 44).
2135 Vgl. *Lesch* GA 2000, 355 (357, 359).
2136 S.o. F. II. 1. b. cc. (i).

auf eine Verhaltensalternative festlegen, sondern auch und gerade solchen, die auf subtilere und perfidere Art seine Entscheidungsfreiheit unterwandern.

Auch der BGH verlangt keine Einschränkung des Entscheidungsspielraums[2137]. Eine der wenigen Entscheidungen, in denen ein Verstoß gegen das Täuschungsverbot anerkannt wurde, behandelt die Konstellation, dass dem Beschuldigten eröffnet wurde, es handele sich um eine Vermisstensache, statt wie tatsächlich zutreffend um Ermittlungen bezüglich eines Tötungsdelikts[2138]. Der BGH sah den Vernehmungsbeamte nicht als verpflichtet an, den Beschuldigten über sein gesamtes Wissen zur Tat zu unterrichten[2139]. Es gehe aber über das zulässige Verschweigen von Tatsachen, um den Beschuldigten im Unklaren zu lassen, hinaus, wenn dieser bewusst über den Sinn der Vernehmung in die Irre geführt wird[2140].

Hier zeigt sich ganz deutlich, dass der prozessuale Unwertgehalt der Täuschung und damit die ratio legis des Täuschungsverbots darin liegt, dass es dem Rechtsstaat versagt sein muss, aus gewissen Wissensdefiziten des Beschuldigten Kapital zu schlagen. Maßgeblich ist daher nicht eine irgendwie geartete Zwangsartigkeit der Täuschung, sondern eine Gesamtwürdigung der Umstände, die die Besonderheiten der Einflussnahme durch Täuschung, nämlich ihre Perfidität, in Rechnung stellt[2141].

Damit zeigt sich zugleich, dass das Täuschungsverbot der richtige Ansatzpunkt zur Bewältigung der verdeckten Befragung ist. Bei wertender Betrachtung liegt auch hier der Schwerpunkt auf der Irreführung des Beschuldigten und nicht auf einer irgendwie konstruierten Zwangswirkung[2142]. Auf die Frage, inwieweit Fehlvorstellungen für die Strafverfolgung instrumentalisiert werden dürfen, hält gerade § 136a StPO die Antwort parat[2143].

So verstanden wirkt das Täuschungsverbot als Komplementärstück zum nemotenetur-Grundsatz, indem beide Institute die unterschiedlichen Arten der Einflussnahme auf den Beschuldigten erfassen[2144].

Die zentrale Frage zur Ermittlung der Reichweite des Täuschungsverbots ist also, inwieweit das hinter diesem stehende Rechtsstaatsprinzip es verbiete, Wissensdefizite des Beschuldigten zu provozieren oder auch nur auszunutzen. Hier ist bereits eine Zweiteilung angedeutet, die sich aus dem Gesetz ergibt. Auf der ersten Stufe gibt es Wissensdefizite, deren Existenz bereits die Rechtsstaatlichkeit des Verfahrens in Zweifel ziehen, den Strafverfolgungsorganen ist daher nicht nur versagt, sie auszunutzen, sie sind im Gegenteil berufen, sie auszuräumen. Dieser Gedanke steht hinter den gesetzlichen Belehrungsvorschriften. Verstöße gegen diese ließe sich auch als Täuschungen durch pflichtwidriges Unterlassen gem. § 136a StPO

2137 *Jäger* in HK-GS § 136a StPO Rn. 23.
2138 BGH NJW 1990, 2633.
2139 BGH NJW 1990, 2633 (2634).
2140 BGH NJW 1990, 2633 (2634).
2141 *Verrel*, Selbstbelastungsfreiheit, S. 280.
2142 *Verrel* in Puppe-FS, S. 1629 (1639).
2143 *Verrel*, Selbstbelastungsfreiheit, S. 280.
2144 Vgl. *Weigend* ZStW 113 (2001), 271 (293 f.).

konstruieren[2145], nach h.M. sollen sich die Rechtsfolgen jedoch aus der jeweiligen Vorschrift selbst ergeben[2146].

Auf der zweiten Stufe stehen Täuschungskonstellationen, bei denen sich die Rechtsstaatswidrigkeit nicht aus dem Vorhandensein des Wissensdefizits als solches folgt, sondern aus der Tatsache ergibt, dass es von den Strafverfolgungsbehörden hervorgerufen wurde. Hier ist zuvorderst das Beispiel der Täuschung über die Beweislage zu nennen. Die Vernehmungsperson ist zwar nicht gehalten, den Beschuldigten über dieses aufzuklären, ihr ist aber untersagt, den Beschuldigten diesbezüglich irrezuführen. Diese Staffelung lässt sich wieder als Ausdruck der Risikoverteilung begreifen. Auf der ersten Stufe wird aufgrund der zentralen Bedeutung für die Rechtsstaatlichkeit des Verfahrens dem Beschuldigten die Alleinverantwortlichkeit für seine Verteidigungsposition abgenommen.

Auf Grundlage der angesprochenen Fälle kristallisiert sich als maßgeblicher Parameter die Bedeutung für die Verteidigungsposition des Beschuldigten heraus[2147]. Wissensdefizite sind dann relevant und damit tauglicher Gegenstand einer Täuschung, wenn sie geeignet sind, dass Verteidigungsverhalten des Beschuldigten zu beeinflussen. Bei für die Verteidigung elementaren Kenntnissen ist über den Täuschungsschutz hinaus eine Aufklärungspflicht vorgesehen.

Unter diesem Gesichtspunkt wird man auch die Unkenntnis, dass das Gespräch überhaupt strafprozessualen Charakter hat, als relevantes Wissensdefizit einzuordnen haben[2148].

(iv) Folgerung für die verdeckte Befragung durch Privatpersonen

α) De lege lata

Die Fehlvorstellung des Beschuldigten über den strafprozessualen Charakter des Gesprächs kann grundsätzlich mit Blick auf das Täuschungsverbot relevant werden. Eine tatbestandsmäßige Täuschung liegt jedoch nur dann vor, wenn diese aktiv hervorgerufen wurde[2149]. Das bloße Verschweigen des Ermittlungsauftrags stellt grundsätzlich lediglich das passive Ausnutzen eines bestehenden Irrtums dar, der

---

2145 OLG Bremen NJW 1967, 2022 (2023); *Grundlach* in AK-StPO § 136a Rn. 39; *Jahn* in HB zum Strafverfahren, Kap. 2, Rn, 298.

2146 *Diemer* in KK-StPO § 136a Rn. 21; *Pauckstadt-Maihold* in KMR-StPO § 136a Rn. 13; vgl. die BGH NJW 1990, 2633 („Vermisstensache") nicht unähnliche Konstellation in BGH StV 2013, 485 (487), in der der BGH nicht auf das Täuschungsverbot rekurriert sondern die – letztlich offen gelassene Frage – aufwirft, ob der Verstoß gegen § 163a Abs. 4 S. 1 zu einem Verwertungsverbot führt; *Neuhaus* StV 2013, 488 (490) spricht sich in diesem Kontext gerade gegen eine Verbindung mit dem Täuschungsverbot aus.

2147 Vgl. *Kasiske* StV 2014, 423 (429).

2148 *Jäger* in Wolter-FS, S. 947 (955); *Derksen* JR 1997, 167 (169); vgl. auch *Eidam*, Selbstbelastungsfreiheit, S. 85; *Bosch*, Aspekte, S. 127.

2149 S.o. F. II. 1. b. cc. (iii) α).

mangels Aufklärungspflicht nicht unter das Täuschungsverbot fällt. Bei der Annahme einer konkludenten Täuschung erscheint Zurückhaltung angebracht. Dem Führen eines vermeintlich privaten Gesprächs kommt nicht stets der konkludente Erklärungsgehalt zu, nicht staatlich beauftragt zu sein. Hier entscheiden jedoch Einzelfallumstände über das Vorliegen einer tatbestandsmäßigen Täuschung und der tatbestandslosen Irrtumsausnutzung. Aufgrund der ohnehin problematischen beweisrechtlichen Situation wird sich diese Frage jedoch kaum jemals verlässlich klären lassen. Die Vereinbarkeit des Einsatzes von Privatpersonen mit dem Täuschungsverbot allein darauf zu stützen, dass sie im Einzelfall hypothetisch[2150] ohne Vorliegen einer Täuschung i.S.d. § 136a StPO auskommen, erscheint daher nicht haltbar. Ein entsprechendes Vorgehen kann daher nur dann als zulässig angesehen werden, wenn zugleich auch aktive Täuschungen zulässig sind, m.a.W. eine gesetzliche Ausnahme vom Täuschungsverbot vorliegt.

Der Einsatz von V-Personen wird auf die Generalklausel der §§ 161, 163 StPO gestützt. Die Adäquanz dieser Vorschriften als Rechtsgrundlage erscheint jedoch zweifelhaft.

Nach dem Grundsatz des Vorbehalts des Gesetzes bedarf jeder Grundrechtseingriff einer Rechtsgrundlage[2151]. Bis zur Umgestaltung der §§ 161, 163 StPO durch Strafverfahrensänderungsgesetz von 1999[2152] stellten die Vorschriften bloße Aufgabenzuweisungsnormen dar. Misst man dem V-Mann-Einsatz Eingriffscharakter, konnten sie somit als Rechtsgrundlage nicht genügen[2153]. Seit der Umgestaltung der Vorschriften hat sich die Diskussion verlagert. Die Befürworter der Zulässigkeit de lege lata bestreiten nun nicht mehr die Eingriffsqualität als solche, sondern nehmen an, §§ 161, 163 StPO stellten jedenfalls eine ausreichende Rechtsgrundlage dar[2154]. Dem ist jedoch zu widersprechen[2155].

Als Generalklausel können die Vorschriften lediglich niedrigschwellige Grundrechtseingriffe, insbesondere solche in das Recht auf informationelle Selbstbestimmung, rechtfertigen[2156]. Sie bedarf der restriktiven Handhabung, um das Prinzip der

---

2150 *Wolter* in SK-StPO³ Vor § 151 Rn. 122; *Lorenz-Czarnetzki*, Täuschungsverbot, S. 446 f.

2151 *Grzeszick* in Maunz/Dürig, GG, Art. 20 Rn. 92.

2152 Gesetz zur Änderung und Ergänzung des Strafverfahrensrechts – Strafverfahrensänderungsgesetz 1999 (StVÄG 1999) vom 2. August 2000 (BGBl. I S. 1253).

2153 *Kühne*, StrafprozessR, Rn. 369; s. auch BVerfG NStZ 2000, 489. Der Beschluss erging vor dem Erlass des StVÄG, *V. Krey* in Kohlmann-FS, S. 627 (649 Fn. 83) meint daher, die Entscheidung sei überholt.

2154 *V. Krey* in Kohlmann-FS, S. 627 (649); *Lesch* JA 2000, 725 (727).

2155 So auch: *Bockemühl* in KMR-StPO § 110a Rn. 9; *Kühl*, StrafprozessR, Rn. 369; *Hefendehl* StV 2001, 700 (704); Wolter ZIS 2012, 238 (244); *A. Schumann* JZ 2012, 265 (268).

2156 *V. Krey* in Kohlmann-FS, S. 627 (649); *Bockemühl* in KMR-StPO § 110a Rn. 9.

Einzelermächtigung nicht zu unterlaufen[2157]. Mit der Grundrechtsintensität steigt das Bedürfnis nach einer speziellen Ermächtigung[2158].

In §§ 161, 163 StPO wird man nur dann eine taugliche Rechtsgrundlage für den V-Mann-Einsatz erblicken können, wenn man lediglich das Recht auf informationelle Selbstbestimmung für berührt hält[2159]. Dass es sich beim V-Mann-Einsatz jedoch nicht um niedrigschwellige Eingriffe handelt, deren Grundrechtsrelevanz sich allein aus einer möglicherweise überzogenen Handhabung des Rechts auf informationelle Selbstbestimmung ergibt[2160], zeigt sich allerdings bereits daran, dass niemand für eine unbeschränkte Zulässigkeit eintritt, sondern es stets um eine Ausnahmegenehmigung für die Bereiche schwerer und insbesondere organisierter Kriminalität geht[2161]. Die „Bespitzelung" bedeutet nicht nur einen schwerwiegenden Eingriff in die Persönlichkeitsrechte des Einzelnen, sondern auch in das System des Strafverfahrens. Es ist eine Abkehr von dem rechtsstaatlich gebotenen Vorrang offener staatlicher Ermittlungstätigkeit[2162]. Gibt es auch keinen Grundsatz der Offenheit des Ermittlungsverfahrens i.S.e. Verbots heimlicher Ermittlungsmaßnahmen[2163], so gebieten das Rechtsstaatsprinzip und der aus ihm folgende Grundsatz der Verhältnismäßigkeit doch, dass offenes Vorgehen die Regel und verdeckte Maßnahmen die rechtfertigungsbedürftige Ausnahme darstellen[2164]. Die Heimlichkeit verleiht nicht nur dem Grundrechtseingriff im Einzelfall eine andere Qualität, sondern bringt weitergehend eine Verunsicherung der Gesellschaft mit sich[2165]. Die Abwägung kurzfristiger Strafverfolgungserfolge mit den Spätfolgen der Zulässigkeit entsprechender Maßnahmen für das rechtsstaatlich-demokratische Gemeinwesen kann im Rahmen polizeilicher Einsatzleitung und ministerialer Verwaltungsvorschriften nicht geleistet werden[2166]. Die gilt nicht zuletzt auch vor dem Hintergrund deutscher Geschichte[2167]. Die Frage, inwieweit sich der strafverfolgende Staat privater Spitzel bedienen darf, bedarf der parlamentarischen Klärung[2168].

2157 *V. Krey* in Kohlmann-FS, S. 627 (648 f.).
2158 *Herzog* in Maunz-Dürig, GG, Art. 20 Rn. 111.
2159 *Lesch* JA 2000, 725 (727); *Rogall* NStZ 2000, 490 (492 f.); *V. Krey* in Kohlmann-FS, S. 627 (648).
2160 *Lesch* JA 2000, 725 (727 f.).
2161 Vgl. nur BGH GS NJW 1984, 247.
2162 *Ostendorf* Kriminalistik 1985, 409 (410); *Artzt*, Vorfeldermittlungen, S. 255; *Bosch*, Aspekte, S. 84 ff.; *Wolter* GA 1988, 49 (87); *Lammer*, Verdeckte Ermittlungen, S. 154; *Weßlau*, Vorfeldermittlungen, S. 205 ff.
2163 S.o. F. II. 1. b. aa. (iii).
2164 *Hefendehl* StV 2001, 700 (703);*Schlüchter/J. Radbruch* NStZ 1995, 354 (355); *Wolter* GA 1988, 49 (88); *Mahlstedt*, Verdeckte Befragung, S. 61.
2165 *Dencker* StV 1994, 667 (683).
2166 *Ostendorf/Meyer-Seitz* StV 1985, 73 (80).
2167 *A. Schumann* JZ 2012, 265 (267).
2168 *Cohen* StraFo 2013, 140 (147); *Ostendorf/Meyer-Seitz* StV 1985, 73 (80); s. auch den BMJV, Bericht der Expertenkommission, S. 80 ff.

Zusätzlich zu diesen allgemeinen Bedenken können §§ 161, 163 StPO aus gesetzessystematischen Gründen keine Ausnahme vom Täuschungsverbot begründen[2169]. Als Generalklausel können §§ 161, 163 StPO nur solche ungeschriebenen Maßnahmen zulassen, die nicht im Widerspruch zu den gesetzlichen Vorschriften stehen. Dass § 136a StPO keine direkte Anwendung findet, steht dem nicht entgegen[2170]. Wie dargelegt, handelt es sich um eine gesetzgeberische Grundentscheidung, die über den unmittelbaren Anwendungsbereich hinaus zu beachten ist[2171].

De lege lata[2172] stellt die verdeckte Befragung durch Privatpersonen somit einen Verstoß gegen das Täuschungsverbot analog § 136a StPO dar. Hieraus gewonnene Erkenntnisse sind unverwertbar.

Verdeckte Befragungen durch Verdeckte Ermittler – nicht hingegen durch sog. Nicht offen ermittelnde Polizeibeamte (NOEP)[2173] – sind bereits de lege lata zulässig[2174]. De lege ferenda wäre jedoch eine ausdrückliche Klarstellung wünschenswert.

β) De lege ferenda

Ist die verdeckte Befragung durch staatlich gesteuerte Privatpersonen somit de lege lata unzulässig, fragt sich, ob sie durch eine gesetzliche Regelung legalisiert werden könnte. Ein Vorbild existiert mit der Vorschrift des § 110a StPO, die den Einsatz des Verdeckten Ermittlers regelt und so eine gesetzliche Ausnahme vom Täuschungsverbot statuiert. Die Verfassungsmäßigkeit dieser Vorschrift wie die Zulässigkeit einer entsprechenden Regelung für Privatpersonen hängt jedoch davon ab, dass kein verfassungsrechtliches Verbot entsprechender Täuschung besteht. Das Täuschungsverbot ist insoweit verfassungsrechtlich fundiert als es Ausdruck des Rechtsstaatsprinzip und der fair-trial-Maxime ist. Aus dem Rechtsstaatsgebot lässt sich kein absolutes Verbot jeglicher Täuschung herleiten. Nicht jede Täuschung ist eines Rechtsstaats unwürdig[2175]. Die im Rechtsstaatsprinzip angelegte Kollision mit dem Interesse an einer effektiven Strafverfolgung zwingt vielmehr dazu, die Grenzen des rechtsstaatlich Zulässigen durch Herstellung praktischer Konkordanz

---

2169 *Neuhaus* Kriminalistik 1995, 787 (790); *Lagodny* StV 1996, 167 (171); *Jäger*, Beweisverwertung, S. 184; a.A. *Rogall* in SK-StPO § 136a Rn. 69; *Beulke*, StrafprozessR, Rn. 138.

2170 *Neuhaus* Kriminalistik 1995, 787 (790); vgl. auch *Jahn* in HB zum Strafverfahren, Kap. 2, Rn. 299.

2171 S.o. F. II. 1. b. cc. (ii) α).

2172 Die fehlende Rechtsgrundlage wird verschiedentlich als zentraler Missstand der verdeckten Befragung ausgemacht, s. *Meurer* in Roxin-FS, S. 1281 (1283); *Jäger* in Wolter-FS, S. 947 (950); *Bernsmann* StV 1997, 116 (117); *Popp* NStZ 1998, 95 (96); *Derksen* JR 1997, 167 (170).

2173 Zweifelnd auch BGH NJW 2010, 3670 (3671 Rn. 18).

2174 *Rogall* in SK-StPO § 136a Rn. 68; *V. Krey*, Rechtsprobleme, Rn. 166; *Jäger* in HK-GS § 136a Rn; a.A. *Weiler* GA 1996, 101 (106 f.); *Derksen* JR 1997, 167 (169).

2175 *Verrel*, Selbstbelastungsfreiheit, S. 113.

zu gewinnen[2176]. Diese Ableitung lässt daher Raum, die widerstreitenden Interessen angemessen zu berücksichtigen. Dass unter dem Gesichtspunkt effektiver Strafverfolgung ein Bedürfnis für entsprechende Maßnahmen besteht, wird glaubhaft reklamiert[2177]. Dies setzt sich bei dem aus dem Rechtstaatsprinzip abzuleitenden Prinzip des fairen Verfahrens fort. Zwar scheidet hier eine Anerkennung widerstreitender Interessen insofern bereits begriffslogisch aus, als es ein anerkennenswertes Interesse an einem „unfairen Verfahren" nicht geben kann[2178]. Allerdings wird man das Prädikat der Fairness seinerseits als das Ergebnis eines Abwägungsprozesses zu begreifen haben, bei dem dem Fairnessprinzip immanente Beschränkungen zu beachten sind[2179]. Dass der Aspekt der Verfahrensfairness kein Verbot der Verschleierung des Ermittlungsauftrags fordert, ergibt sich hierbei auf der Grundlage der folgenden Überlegungen.

Einen zentralen Aspekt des Prinzips des fairen Verfahrens bildet der Gedanke der Waffengleichheit[2180]. Der Grundsatz der Waffengleichheit hat seinen Anwendungsbereich vor allem im Bereich der Hauptverhandlung und fordert primär den Einsatz prozessualer Teilnahmerechte und kontradiktorischer Strukturen[2181]. Eine tatsächliche Anwendbarkeit des Prinzips auf heimliche Ermittlungsmethoden erscheint somit eher zweifelhaft[2182]. Es lässt sich aber jedenfalls sein Grundgedanke fruchtbar machen, der den Fairnessbegriff konkretisiert, indem er zum Ausdruck bringt, dass es um eine Austarierung von Einflussmöglichkeiten und eine Vermeidung von Übergriffen geht[2183]. Fairness und Waffengleichheit geben somit das Idealziel einer Verfahrensbalance aus[2184]. Aufgrund des vorgefundenen Übergewichts zugunsten

2176 BVerfG NJW 2014, 532 (534); BVerfG NJW 1981, 1719, (1723).

2177 BGHSt 32, 115 (120 f.); *Neuhaus* Kriminalistik 1995, 787 (791); *V. Krey* in Neujustierung des Strafrechts, S. 25 (25); *Wolter* GA 1988, 49 (86).

2178 *Kühne* in L/R-StPO Einl. Abschn. H Rn. 110; *W. Schmidt*, Prozessuale Fürsorgepflicht, S. 127; nach *Greco/Caracas* NStZ 2015, 7 (10) ist die Funktionstüchtigkeit der Strafrechtspflege der „geborene Gegner" der Verfahrensfairness.

2179 BVerfG NJW 1981, 1719 (1723); BVerfG NJW 2009, 1469 (1474); *Kühne* in L/R-StPO Einl. Abschn. H Rn. 110; *Rogall* in SK-StPO Vor §§ 133 ff. Rn. 101.; krit. *Hauck*, heimliche Strafverfolgung, S. 222 ff.; *Renzikowski* in Lampe-FS, S. 791 (791 ff.).

2180 Für eine Konturierung des Täuschungsverbot über das Prinzip der Waffengleichheit auch *Hauck*, Heimliche Strafverfolgung, S. 234 ff.; nahestehend auch *Kasiske* StV 2014, 423 (426), der einen nemo-tenetur-Verstoß durch Täuschung dann annimmt, wenn sich „dieser Eingriff [...] darüber hinaus auch gerade in Bezug auf die Verfahrensbalance als unfair darstellt". Dabei misst er dem Kriterium der Risikoerhöhung maßgebliche Bedeutung bei.

2181 Vgl. umfassend *Gaede*, Fairness, S. 641 ff.; *R. Esser* in L/R-StPO Art. 6 EMRK Rn. 202 ff.

2182 S. aber *Hauck*, Heimliche Strafverfolgung, S. 234 ff.

2183 Vgl. BVerfG NJW 1975, 103 (103); *Rogall* in SK-StPO Vor §§ 133 ff. Rn. 103.

2184 *Roxin*/Schünemann, StrafverfahrensR, § 11 Rn. 7; *Gleß* StV 2013,317 (317); *Rogall* in SK-StPO § 136a Rn. 107.

der Staatsorgane fungieren die Prinzipien von Fairness und Waffengleichheit primär als Quelle für Verteidigungsrechte, um diese Dysbalance auszugleichen[2185]. Gleichzeitig wird hiermit jedoch das antagonistische Verhältnis zwischen Beschuldigtem und Strafverfolgungsorganen anerkannt. Dies kommt gerade in dem Gedanken der Waffengleichheit zum Ausdruck, der bereits begrifflich das Vorhandensein von Gegnern voraussetzt.

Hiermit soll nicht versucht werden, die Prinzipien von Fairness und Waffengleichheit gerade gegen den Beschuldigten in Stellung zu bringen. Aus dem Grundsatz der Verfahrensfairness Beschränkungen von Verteidigungsverhalten[2186] und Ansprüche der Anklage abzuleiten, wie dies im anglo-amerikanischen Strafverfahren der Fall ist[2187], scheitert schon allein daran, dass Beschuldigter und Verteidiger keine Adressaten von Art. 6 EMRK sind[2188]. Die Vorstellung einer Waffengleichheit aufgrund des Rechts des Beschuldigten zu lügen ist abstrus[2189] und schon gar nicht geht es um „Waffengleichheit" des strafverfolgenden Staats mit der organisierten Kriminalität[2190]. Es soll lediglich aufgezeigt werden, dass das angestrebte Ziel der Verfahrensbalance zugleich die Grenze der aus dem Fairnessprinzip abzuleitenden staatlichen Beschränkungen aufzeigt. Das Fairnessprinzip fordert keine einseitig beschuldigtenfreundliche Rechtsfortbildung[2191]. Gleichermaßen als Grund und Grenze fungiert hierbei die Subjektstellung des Beschuldigten[2192]. Verlangen Fairness und Waffengleichheit auch, dass der Beschuldigte dem Staat als gleichrangiger Gegner, nämlich als mit eigenen Rechten ausgestattetes Prozesssubjekt gegenüber tritt[2193], so folgt aus der Prozesssubjektivität doch auch stets der Aspekt der Verantwortlichkeit und mithin der Gedanke der Risikoverteilung[2194]. Auch das Prinzip der Verfahrensfairness verlangt nicht, dem Beschuldigten sämtliche Risiken abzunehmen[2195]. Aus Unachtsamkeiten des Beschuldigten Profit zu schlagen, entspricht vielmehr dem durch das Fairnessprinzip implizit anerkannten antagonistischen

2185 *Safferling* NStZ 2004, 181 (186); *Roxin/Schünemann*, StrafverfahrensR, § 11 Rn. 7.

2186 Nach *Beulke* StV 1990, 180 (184) müssen sich auch Verteidiger am Maßstab der Fairness messen lassen.

2187 Vgl. die sog. *discovery* eine Art „Akteneinsichtsrecht" des Anklägers gem. § 16 *Federal Rules of Criminal Procedure; Roxin/Schünemann*, StrafverfahrensR, § 11 Rn. 7.

2188 *Kühne* in L/R-StPO Einl. Abschn. H Rn. 113.

2189 *Eschelbach* StV 2000, 390 (390).

2190 Dieser in der Diskussion gebräuchliche Topos geht, soweit ersichtlich, zurück auf die Gemeinsame Arbeitsgruppe des Innen- und Justizministeriums Baden-Württemberg (1978), CILIP 1978, 63 (64); s. auch *Gössner* in Mythos, S. 65 (65).

2191 *H. Schneider* JURA 1997, 131 (137).

2192 *H. Schneider* JURA 1997, 131 (137).

2193 *Di Fabio* in Maunz/Dürig, GG, Art. 2 Rn. 74; *Hauck*, Heimliche Strafverfolgung, S. 216; vgl. auch BVerfG NJW 1975, 103 (103).

2194 S.o. F. II. 1. b. bb. (iii).

2195 *H. Schneider* JURA 1997, 131 (137); *Bottke* JURA 1987, 356 (361).

Verhältnis der Strafverfolgungsorgane zum Beschuldigten[2196]. Das Ausnutzen von Unachtsamkeiten des Beschuldigten ist nicht unfair[2197]. Unter dem Gesichtspunkt der Waffengleichheit erscheint es daher unzutreffend, aus jedem Tatsachenirrtum eine unzulässige Täuschung zu folgern[2198].

Wissen die Strafverfolgungsbehörden somit lediglich einen in die Risikosphäre des Beschuldigten fallenden Umstand für sich nutzbar zu machen, verdient dieses Vorgehen unter Fairness-Gesichtspunkten nicht das Verdikt der absoluten Unzulässigkeit. Ein Fairnessverstoß liegt vielmehr erst dann vor, wenn der Bereich der eigenen Risikosphäre des Beschuldigten verlassen wird[2199]. Die Vertraulichkeit des Gesprächspartners fällt grundsätzlich in die Risikosphäre des Beschuldigten[2200]. Die Täuschung über den Ermittlungsauftrag stellt daher keinen Verstoß gegen höherrangiges Recht dar. Eine gesetzliche Regelung erscheint zulässig.

Nicht möglich erscheint es hingegen, dieses Ergebnis bereits de lege lata zu erzielen[2201]. Es ist unstreitig, dass man verdeckte Befragung nicht generell, sondern nur zur Aufklärung hinreichend schwerer Straftaten zulassen kann. Die durch das Rechtsstaatsprinzip gebotene Abwägung zwischen Justizförmigkeit und Effektivität der Strafverfolgung verlangt nach einer differenzierten Lösung. Es gilt ein Primat offener Ermittlungshandlungen[2202]. Diesen Abwägungsmechanismus in die Auslegung der Täuschungsmodalität einzubeziehen, erscheint nicht möglich[2203]. Es bedarf somit einer gesetzlichen Regelung, die, wie § 110a StPO, eine partielle Ausnahme vom Täuschungsverbot begründet.

Da das Täuschungsverbot verfassungsrechtlich fundiert ist, ist es gesetzlichen Einschränkungen nicht unbegrenzt zugänglich. In seinem Kern enthält das Täuschungsverbot vielmehr ein Verbot von besonders qualifizierten Täuschungen[2204], die zugleich gegen das Rechtsstaatsprinzip und den fair-trial-Grundsatz verstoßen.

Der Möglichkeit einer solchen gesetzlichen Regelung stehen auch organisationsrechtliche Gesichtspunkte nicht entgegen. Die insoweit geltend gemachten Bedenken verfangen nicht.

2196 Vgl. *H. Schneider* JURA 1997, 131 (131).

2197 *H. Schneider* NStZ 2014, 8 (14); *Rogall* HRRS 2010, 289 (292); *V. Krey* in Kohlmann-FS, S. 627 (642).

2198 *Hauck,* Heimliche Strafverfolgung, S. 236.

2199 Ähnlich *Hauck*, Heimliche Strafverfolgung, S. 235 f. („Eigenverantwortlichkeit"); *Kasiske* StV 2014, 423 (426).

2200 S.o. F. II. 1. b. bb. (iii); F. II. 1. b. cc. (iii) α).

2201 So aber *Verrel*, Selbstbelastungsfreiheit, S. 281.

2202 *Ostendorf* Kriminalistik 1985, 409 (409); *Schlüchter/J. Radbruch* NStZ 1995, 354 (355); *Neuhaus* Kriminalistik 1995, 787 (791); *Wolter* GA 1988, 49 (86); *Bockemühl*, Private Ermittlungen, S. 76.

2203 Vgl. auch die Bedenken bei *Verrel*, Selbstbelastungsfreiheit, S. 281 selbst.

2204 Vgl. *Sowada* in Geppert-FS, S. 689 (717); *Verrel*, Selbstbelastungsfreiheit, S. 280 f.; *Jäger*, Beweisverwertung, S. 184; *Beulke*, StrafprozessR, Rn. 138; krit. *Roxin* NStZ 1997, 18 (20);

Es wird eingewandt, eine entsprechende Regelung verstieße gegen den organisationsrechtlichen Funktionsvorbehalt des Art. 33 Abs. 4 GG[2205]. Bei dieser Vorschrift ist bereits umstritten, ob sich aus ihr Privatisierungsschranken ableiten lassen und sie nicht lediglich eine Institutsgarantie für das Berufsbeamtentum normiert[2206]. Der Vorschrift lässt sich keine Privatisierungsschranke in dem Sinne entnehmen, dass sie einen unantastbaren Bereich staatlicher Aufgaben vorschreibe[2207]. Sie setzt vielmehr voraus, dass eine Aufgabe überhaupt hoheitlich wahrgenommen wird[2208]. Ist dies der Fall, statuiert sie einen Vorrang des Berufsbeamtentums. Dieser Vorrang besteht primär vor Angestellten des Öffentlichen Dienstes, mittelbar ergibt sich hieraus jedoch eine Beschränkung der Möglichkeit, Hoheitsbefugnisse durch Beleihung auf Privatpersonen zu übertragen[2209].

Relevanz für den Einsatz von V-Leuten und Augenblickshelfern kann die Vorschrift nur dann gewinnen, wenn man die Tätigkeit von V-Leuten und Augenblickshelfern als „Ausübung hoheitsrechtlicher Befugnisse" i.S.d. Vorschrift begreift[2210]. Dies erscheint jedoch unzutreffend. V-Leute und Augenblickshelfer nehmen keine hoheitlichen Befugnisse wahr, sondern erbringen lediglich untergeordnete, weisungsgebundene Hilfstätigkeiten. Sie sind Verwaltungshelfer[2211]. Dem Einsatz von Verwaltungshelfern steht Art. 33 Abs. 4 GG nicht entgegen[2212]. Es ergibt sich auch nichts anderes daraus, dass der V-Mann-Einsatz Eingriffscharakter hat[2213]. Die Trennlinie zwischen Verwaltungshelfer und Beliehenem verläuft nicht entlang des Kriteriums eines Grundrechtseingriffs. Verwaltungshelfer sind nicht auf grundrechtsneutrales Verhalten beschränkt. Es ist vielmehr möglich, dass sein Verhalten faktisch grundrechtsbeeinträchtigende Wirkung entfaltet[2214]. Insbesondere in den Bereichen informellen Verwaltungshandelns, in denen es an einem Eingriff im klassischen Sinne fehlt, kommt ein Eingriff im modernen Sinne durch das Handeln einer Privatperson zustande[2215]. Dieser stellt sich dann aber nicht als

---

2205 *Mahlstedt*, Verdeckte Befragung, S. 239 ff.

2206 *Di Fabio* JZ 1999, 585 (590) mwN. zum Streitstand.

2207 *Di Fabio* JZ 1999, 585 (590);

2208 *Scholz* NJW 1997, 14 (15).

2209 *Burgi* in 67. DJT D59; *Schimpfhauser*, Gewaltmonopol, S. 193.

2210 So *Mahlstedt*, Verdeckte Befragung, S. 240; *Jäger*, Beweisverwertung, S. 181.

2211 *Burgi*, Funktionale Privatisierung, S. 121; 332; *Bosch*, Aspekte, S. 216 f.; a.A. *H. Haas*, V-Leute, S. 23, der meint, dem stehe die fehlende Unselbstständigkeit entgegen. Dies trifft jedenfalls dann nicht zu, wenn wie im hier interessierenden Zusammenhang verdeckter Befragungen die V-Person mit der Vornahme einzelner Handlungen beauftragt wird; *Bosch* aaO. S. 217 weist zu Recht darauf hin, dass die in der Praxis zu beobachtende mangelnde Kontrolle nicht mit der rechtlich gebotenen Überwachung verwechselt werden darf. Gegen eine Übertragung von Hoheitsgewalt auch *Sternberg-Lieben* JZ 1995, 844 (846).

2212 *Stober* NJW 2008, 2301 (2306).

2213 S.o. F. II. 1. b. cc. (iv) α).

2214 *Burgi*, Funktionale Privatisierung, S.343.

2215 *Burgi*, Funktionale Privatisierung, S. 343 f.

eigener Grundrechtseingriff des Verwaltungshelfers, sondern als dem Staat zuzurechnender Eingriff dar[2216]. Der Auslöser für die Regelungsbedürftigkeit ist dann der Eingriffscharakter, nicht der Organisationsvorbehalt[2217]. Eine Übertragung von Hoheitsbefugnissen liegt erst dort vor, wo der Private mit hoheitlicher Gewalt oder hoheitlicher Handlungs- und Letztentscheidungskompetenz ausgestattet wird[2218]. Dies ist vor allem dort der Fall, wo Pflichten des Bürgers obrigkeitlich begründet und durchgesetzt werden[2219]. Ausübung hoheitlicher Befugnisse heißt Einsatz des staatlichen Gewaltmonopols[2220]. Regelmäßig ist von dem Ausüben hoheitlicher Befugnisse auszugehen, wenn sich der Handlungsformen des Öffentlichen Rechts bedient wird[2221]. All das trifft auf den Einsatz von V-Leuten und Augenblickshelfern nicht zu. Hier fehlt eine solche hoheitliche, obrigkeitliche Qualität. Die verdeckte Befragung ist im Gegenteil gerade durch den Verzicht auf hoheitliches Auftreten gekennzeichnet. Dies kann man unter diversen Gesichtspunkten für problematisch halten, man kann es aber nicht zum Anknüpfungspunkt für den hoheitlichen Charakter machen.

Auch die Zuordnung zum Bereich der Strafrechtspflege begründet nicht per se die Annahme der Ausübung hoheitsrechtlicher Befugnisse[2222]. Hierbei handelt es sich lediglich um eine typischerweise von Art. 33 Abs. 4 GG umfasste Verwaltungstätigkeit, bei der der Einsatz von Hoheitsbefugnissen nicht nur singulär vorkommt, sondern sie gerade prägt[2223]. Auch in einem hoheitlichen Kernbereich wie der Justiz ist eine Aufgabenprivatisierung möglich, so lange sie ohne den kennzeichnenden Einsatz von Hoheitsbefugnissen auskommt[2224]. Dies zeigt, dass mit der Zuordnung zu einem solchen Kernbereich noch nicht gesagt ist, dass ausnahmslose jede Handlung in diesem Kontext eine Ausübung hoheitsrechtlicher Befugnisse darstellt. Sonst dürfte es im Übrigen im Bereich der Justiz auch keine Angestellten im Öffentlichen Dienst geben. Der Einsatz von Verwaltungshelfern erscheint somit nicht von vornherein ausgeschlossen. V-Leute und Augenblickshelfer üben somit keine hoheitsrechtlichen Befugnisse aus. Eine entsprechende Regelung stellt somit keinen Verstoß gegen Art. 33 Abs. 4 GG dar.

Selbst wenn man die Ausübung hoheitsrechtlicher Befugnisse bejaht, folgt hieraus noch nicht die Unzulässigkeit. Art. 33 Abs. 4 GG statuiert den Funktionsvorbehalt nur für die Übertragung „als ständige Aufgabe" und nur „in der Regel" und lässt daher Ausnahmen zu. Von anderer Seite wird dann auch lediglich das Erfordernis einer gesetzlichen Grundlage abgeleitet, die nicht in § 163 StPO gesehen werden

2216 Vgl. *Burgi*, Funktionale Privatisierung, S. 343 ff.
2217 *Burgi*, Funktionale Privatisierung, S. 353.
2218 *Sellmann* NVwZ 2008, 817 (819).
2219 *Sellmann* NVwZ 2008, 817 (819); *Di Fabio* JZ 1999, 585 (592).
2220 *Di Fabio* JZ 1999, 586 (592).
2221 *Burgi* in 67. DJT D59 Fn. 236.
2222 So aber *Mahlstedt*, Verdeckte Befragung, S. 240.
2223 *Pieper* in Schmidt-Bleibtreu/Hofmann/Henneke, GG, Art. 33 Rn. 109.
2224 *Di Fabio* JZ 1999, 586 (591); *Bonk* JZ 2000, 435 (440).

könnte[2225]. Auch de lege ferenda unzulässig seien jedoch Konstellationen, in denen Privatpersonen Befragungen führen, die zugleich durch Hoheitsträger zur Kenntnis genommen werden[2226]. Dies ergebe sich aus dem aus § 136 StPO abzuleitenden Gebot staatlicher Vernehmung[2227]. Dies erscheint inkonsequent. Läge tatsächliche eine Übertragung von Hoheitsbefugnissen vor, spräche mehr dafür, in einer solchen Beleihung dann auch einen Verstoß gegen Art. 33 Abs. 4 GG zu sehen. Warum die Befragung durch die Privatperson erst dann mit § 136 StPO in Konflikt geraten soll, wenn sie zeitgleich abgehört wird, erschließt sich nicht. Anerkennt man ein Gebot der staatlichen Vernehmung, wird man hieraus die generelle Unzulässigkeit der verdeckten Befragung abzuleiten haben. Führt der V-Mann keine Vernehmung[2228], dann ändert sich hieran auch nichts dadurch, dass die Unterhaltung staatlich mitgehört wird. Indem hier ein dem Einflussbereich der Privatperson entzogenes Beweismittel geschaffen wird, erscheint dieses Vorgehen unter organisationsrechtlichen Gesichtspunkten eher weniger bedenklich.

Durchgreifende organisationsrechtliche Bedenken gegen eine Regelung der verdeckten Befragung durch Privatpersonen bestehen somit nicht.

Es erscheint somit möglich, die verdeckte Befragung durch Privatpersonen qua gesetzliche Ausnahme vom Täuschungsverbot zu legalisieren.

2. Besondere Modalitäten der verdeckten Befragung

Wie dargelegt, ist sedes materiae zur Lösung der Problematik verdeckter Befragung nicht der nemo-tenetur-Grundsatz, sondern das Täuschungsverbot des § 136a StPO. Dieses ist zwar in seinem Randbereich der einschränkenden Auslegung und auch der gesetzlichen Einschränkung zugänglich[2229]. In seinem Kernbereich enthält es jedoch ein rechtsstaatlich fundiertes und damit der gesetzgeberischen Disposition entzogenes Verbot. Die bloße Verdeckung des Ermittlungsauftrags fällt nicht in diesen Kernbereich. Die verdeckte Befragung als solche ist somit de lege ferenda zulässig. Unzulässig wird das Vorgehen erst, wenn zu dem bloßen Verschleiern des Ermittlungsauftrags weitere Umstände hinzutreten. Dieser Gedanke findet sich auch in der Rechtsprechung. In der frühen Hörfalle-Entscheidung BGH NStZ 1994, 292, führt das Gericht aus, die Grenze rechtsstaatlich und strafprozessualen zulässigen Handelns sei erst dort erreicht, wo zu der Heimlichkeit „unlautere, von der Rechtsordnung missbilligte Mittel" hinzukämen[2230]. In vergleichbarer Weise sah das Gericht später die aus dem Rechtsstaatsprinzip und dem Grundsatz des fairen Verfahrens abzuleitenden Grenzen verletzt, „wenn zu der Heimlichkeit der

2225 *Jäger*, Beweisverwertung, S. 181 ff.; *ders.* in HK-GS § 136a Rn. 21.
2226 *Jäger*, Beweisverwertung, S. 185.; *ders.* in HK-GS § 136a Rn. 23.
2227 *Jäger*, Beweisverwertung, S. 184; *ders.* in HK-GS § 136a Rn. 23.
2228 *Jäger*, Beweisverwertung, S. 185; *ders.* in HK-GS § 136a Rn. 23.
2229 Hierzu und zum Folgenden s.o. F. II. 1. b. cc. (iv) β).
2230 So auch *H. Schneider* JR 1996, 401 (407).

Ausforschung weitere Umstände hinzutreten, die die Freiheit des Beschuldigten, sich über seine Tat zu äußern, zusätzlich beeinträchtigen"[2231].

Rechtfertigt sich die Zulässigkeit der Verschleierung des Ermittlungsauftrags aber aus dem Gedanken der Risikoverteilung[2232], ist hiermit zugleich die Grenze der Zulässigkeit der verdeckten Befragung aufgezeigt. Zulässig erscheint es lediglich, dass dem Beschuldigten zugewiesene Selbstbelastungsrisiko auszunutzen, wird hingegen ein eigenständiges Risiko staatlich geschaffen, verstößt das Vorgehen gegen die Grundsätze der Rechtsstaatlichkeit und der Verfahrensfairness.

Im Folgenden soll aufgezeigt werden, dass dieser Gedanke der Risikoverteilung unausgesprochen auch der neueren Rechtsprechung des BGH und des EGMR zugrunde liegt und eine angemessene Lösung der einschlägigen Fallgestaltungen ermöglicht.

a. Entwicklung der Rechtsprechung

Nach der Entscheidung des Großen Senats hatte sich der BGH wiederholt mit den Grenzen verdeckter Befragungen auseinanderzusetzen. Überwiegend ging es dabei um Verdeckte Ermittler. Wie bereits dargelegt, müssen im Fall der Bejahung der staatlichen Zurechnung für Privatpersonen aber dieselben Maßstäbe gelten[2233]. Auch der BGH lässt erkennen, dass er dies so sieht[2234]. Während sich die Frage nach den Grenzen der verdeckten Befragung nach hier vertretenem Standpunkt für Privatpersonen nur de lege ferenda stellt, stellt sie sich für Verdeckte Ermittler bereits de lege lata.

aa. Übersicht

(i) BGH (3. Senat) NJW 2007, 3138

In BGH NJW 2007, 3138 wurde ein Verdeckter Ermittler gegen den Beschuldigten eingesetzt, der sich wegen einer anderen Sache in Strafhaft befand. In der Vernehmung hatte der Beschuldigte von seinem Schweigerecht Gebrauch gemacht. Der Verdeckte Ermittler besuchte ihn wiederholt und verbrachte mit ihm Ausgänge und Hafturlaube, die auf Initiative der Strafverfolgungsbehörden bewilligt worden waren. Der Beschuldigte zog den Ermittler bezüglich des gegen ihn laufenden Ermittlungsverfahrens ins Vertrauen. Während eines Hafturlaubs, den er in der Wohnung des Ermittlers verbrachte, räumte er diesem gegenüber die Tat ein, nachdem dieser ihn in einem teilweise erregt geführten Gespräch unter Hinweis auf das bestehende Vertrauensverhältnis gedrängt hatte, wahrheitsgemäße Angaben zu machen.

2231 BGH NStZ 1999, 147 (148).
2232 S.o. F. II. 1. b. cc. (iv) β).
2233 F. II. 1. b. cc. (ii) β); so auch *Kasiske* StV 2014, 423 (429 Fn. 64).
2234 BGH NJW 2007, 3138 (3140 f.), so auch die Einschätzung von *Meyer-Mews* NJW 2007, 3142 (3143).

Der BGH nahm ein Verwertungsverbot wegen Verstoßes gegen den nemo-tenetur-Grundsatz an. Er formulierte die Grenzen, die er aus diesem Grundsatz für verdeckte Befragungen ableitet. Der Ermittler habe sich darauf zu beschränken, dass zwischen ihm und dem Angeklagten geschaffene Vertrauen auszunutzen, um Informationen aufzunehmen, die der Beschuldigte von sich aus macht. Gegen die Verwertung solcher Erkenntnisse bestünden regelmäßig auch dann keine Bedenken, wenn sich der Beschuldigte zuvor auf sein Schweigerecht berufen habe. Die Grenzen der Zulässigkeit überschreitet der Verdeckte Ermittler hingegen, wenn er einen Beschuldigten, der sich auf sein Schweigerecht berufen hat, unter Ausnutzung eines geschaffenen Vertrauensverhältnisses beharrlich zu einer Aussage drängt und ihm in einer vernehmungsähnlichen Befragung Äußerungen zum Tatgeschehen entlockt.

Der BGH erkannte den Konflikt zwischen dem restriktiven nemo-tenetur-Verständnis des Großen Senats und einer zwischenzeitlich ergangenen Entscheidung des EGMR. In *Allan*[2235] nahm der Gerichtshof eine Verletzung der Selbstbelastungsfreiheit dadurch an, dass der sich in Untersuchungshaft befindliche Beschuldigte durch einen polizeilichen Informanten befragt wurde. Die Entscheidung forderte nach verbreiteter Auffassung eine Erweiterung des Schutzbereichs des nationalen nemo-tenetur-Grundsatzes auf irrtumsbedingte Selbstbelastungen[2236]. Der BGH meinte jedoch eine Entscheidung könne dahinstehen, da sich auch nach den Parametern des Großen Senats ein Verwertungsverbot aus den Grundsätzen eines fairen, rechtsstaatlichen Verfahrens ergebe. Zentraler Aspekt hierbei sei die Tatsache, dass sich der Beschuldigte zuvor auf sein Schweigerecht berufen hatte. Dieses Kriterium finde sich sowohl in der Entscheidung des Großen Senats als auch in der *Allan*-Entscheidung des EGMR[2237].

Neben diesen als maßgeblich angesehenen Umstand tritt das Vorliegen einer „vernehmungsähnlichen Befragung“ bzw. „eines funktionalen Äquivalents einer staatlichen Vernehmung“ als konstitutive Voraussetzung für das Verwertungsverbot. Das Vorliegen einer solchen Situation folgert der Senat aus den beharrlichen Fragen des Ermittlers unter Berufung auf das vorgetäuschte Vertrauensverhältnis. Erschwerend käme hinzu, dass die Behörden gezielt die Zwangssituation der Haft ausgenutzt hätten. Zwar befand sich der Beschuldigte zum Zeitpunkt der Befragung in Freiheit, eine der Zwangssituation des Untersuchungshäftlings nahe kommende Einschränkung der Entscheidungsfreiheit ergebe sich jedoch daraus, dass er für weitere Vollzugslockerungen auf die Mitwirkung des Verdeckten Ermittlers angewiesen gewesen sei.

2235 JR 2004, 127.

2236 *Ambos*, Beweisverwertung, S. 65, 67; *T. Walter* in Europäisierung des Rechts, S. 291 (304 f.); *Eidam*, Selbstbelastungsfreiheit, S. 68 f.; *Roxin* NStZ-Sonderheft 2009, 41 (43); *Renzikowski* JR 2008, 164 (166); a.A. *Rogall* NStZ 2008, 110 (112).

2237 Der Stellenwert dieses Kriteriums im Rahmen der *Allan*-Entscheidung ist umstritten, s. *Blozik*, Subsidiaritätsklauseln, 102 mwN.

(ii) BGH (4. Senat) NStZ 2009, 343

Noch weiter in Richtung eines rein täuschungsbasierten Verwertungsverbots geht die Entscheidung BGH NStZ 2009, 343. Auf die Beschuldigte wurde ein Verdeckter Ermittler zur Aufklärung eines Mordvorwurfs angesetzt. Während des 1 ½-jährigen Einsatzes baute dieser ein Vertrauensverhältnis zu der Beschuldigten auf. Nachdem er sich anfangs hierauf beschränkt hatte, begann er in Absprache mit seinem Führungsbeamten, auf die Beschuldigte mit dem Ziel einzuwirken, sie zu selbstbelastenden Angaben zu veranlassen. Mit der wahrheitswidrigen Behauptung, er selbst habe im Alter von 20 Jahren seine Schwester getötet, brachte der Verdeckte Ermittler die Beschuldigte dazu, sich überhaupt zu der Tat zu äußern und zunächst ihren Ehemann zu beschuldigen. Im Folgenden wurde die Beschuldigte noch einmal offiziell vernommen, was dem Verdeckten Ermittler Gelegenheit gab, das laufende Verfahren und die Tatumstände zur Sprache zu bringen. Er schlug ihr vor, ihren Ehemann auch gegenüber den Ermittlungsbehörden zu belasten. Aufgrund der von ihr empfundenen „Seelenverwandtschaft" räumte die Beschuldigte dem Verdeckten Ermittler gegenüber die Tatbegehung ein. Das Gespräch wurde heimlich aufgezeichnet.

Der BGH nahm ein Beweisverwertungsverbot wegen Verstoßes gegen den nemo-tenetur-Grundsatz an. Dieser ergebe sich aus den „näheren Umständen des Einzelfalls (Dauer des Einsatzes; Aufbau eines Vertrauensverhältnisses; gezieltes Entlocken selbstbelastender Angaben u. a. durch wahrheitswidrige Bekundungen)". Der BGH trat zunächst der Einschätzung der Tatsacheninstanz entgegen, der Verdeckte Ermittler habe das bestehende Vertrauensverhältnis lediglich ausgenutzt, um Informationen aufzunehmen, die ihm die Beschuldigte von sich aus gegeben hat. Ein solches Vorgehen sei durchaus zulässig. Ein Verdeckter Ermittler dürfe aber nicht, wie in casu geschehen, einen Beschuldigten, der sich auf sein Schweigerecht berufen hat, unter Ausnutzung eines geschaffenen Vertrauensverhältnisses beharrlich zur Aussage drängen und ihm in einer vernehmungsähnlichen Befragung Äußerungen zum Tatgeschehen entlocken. Das Gespräch, in dem die Beschuldigte die Tatbegehung einräumte, stelle sich wegen der vorausgegangenen Einwirkung auf die Entscheidungsfreiheit der Angeklagten als funktionales Äquivalent einer staatlichen Vernehmung i.S.d. *Allan*-Rechtsprechung des EGMR dar. Die diesbezüglich deutlich restriktivere *Bykov*-Entscheidung[2238] war dem BGH offenbar noch nicht bekannt.

(iii) BGH (5. Senat) NJW 2010, 3670

Einen recht evidenten Fall eines Verfahrensverstoßes behandelt BGH NJW 2010, 3670.

Der Beschuldigte befand sich wegen versuchter Anstiftung zum Mord in Strafhaft. Dort traf er auf den späteren Zeugen, den er beauftragt, seine Frau zu töten, weil er aufgrund vorgespiegelter falscher Tatsachen davon ausging, dieser verfüge

2238 EGMR JR 2009, 514 (Bykov v. Russland).

über entsprechende Kontakte. Der Zeuge erklärte sich im Anschluss zur Zusammenarbeit mit den Ermittlungsbehörden bereit und wurde mit einem Aufnahmegerät ausgestattet, um selbstbelastende Angaben vom Beschuldigten zu erlangen. Dieser lehnte jedoch eine weitere Unterhaltung über den aus seiner Sicht feststehenden Auftrag ab. Daraufhin wurde ein Besuch durch einen nicht offen ermittelnden Polizisten (NOEP) arrangiert, der vorgab, von dem Zeugen mit der Durchführung der Tötung der Ehefrau beauftragt worden zu sein. Es gäbe Schwierigkeiten bei der Identifizierung der Ehefrau. Der misstrauische Beschuldigte weigerte sich zunächst auch hier, sich in einer Weise zu äußern, die Rückschlüsse auf seine Beteiligung zugelassen hätte. Er räumte erst ein, den Auftrag erteilt zu haben, nachdem der NOEP ankündigt hatte, „notfalls" könnten auch „beide Frauen weggemacht werden".

Der BGH nahm ein Verwertungsverbot an. Das Vorgehen verstoße gegen „das Recht des Angeklagten auf ein faires Verfahren (Art. 2 I i.V. mit Art. 20 III GG, Art. 6 I EMRK) unter besonderer Berücksichtigung des Grundsatzes, dass niemand verpflichtet ist, zu seiner eigenen Überführung beizutragen, insbesondere sich selbst zu belasten (nemo tenetur se ipsum accusare)". Die Besonderheiten des Einsatzes eines NOEP spielten keine Rolle, da ein entsprechendes Vorgehen auch einem Verdeckten Ermittler verboten sei. Der BGH wiederholte die aus den Vorentscheidungen bekannte Abgrenzung, die verdeckt befragende Person dürfe unter Nutzung ihrer Legende selbstbelastende Angaben entgegennehmen, sie dürfte den Beschuldigten jedoch nicht zu derartigen Äußerungen „drängen". Hier habe das Vorgehen des NOEP Nötigungscharakter i.S.d. § 240 StGB[2239]. Hinzu käme noch die Ausnutzung der besonderen Situation der Inhaftierung.

Der BGH sieht hierin einen „Aussagezwang", durch den „in den Kernbereich der grundrechtlich und konventionsrechtlich geschützten Selbstbelastungsfreiheit eines Beschuldigten ohne Rechtsgrundlage eingegriffen" werde.

(iv) BGH (3. Senat) StV 2012, 129

Der Beschuldigte wurde in der Hauptverhandlung erstmalig von einem wegen derselben Tat bereits rechtskräftig verurteilten Zeugen beschuldigt. Daraufhin bot die Ehefrau des Zeugen der Polizei ihre Mithilfe bei der Überführung des Beschuldigten an, um ihrem Mann die Vergünstigung des § 31 BtMG zu sichern. Sie wurde von der Polizei mit einem Aufnahmegerät ausgestattet. Die richterliche Anordnung nach § 100f StPO lag vor. Die Zeugin befragte den Beschuldigten, wobei sie nachdrücklich auf die Tat zu sprechen kam und ihm wahrheitswidrig zum einen die Vertraulichkeit der Tat zusicherte und zum anderen angab, ihr Ehemann habe ihr Gegenüber die Tatbegehung eingeräumt.

2239 Krit. zur materiell-strafrechtlichen Einschätzung *Kretschmer* HRRS 2010, 343 (344). Warum ein empfindliches Übel i.S.d. Nötigungstatbestandes nur dann vorliegen soll, wenn der Beschuldigte für den Tot einer dritten Person im strafrechtlichen Sinne verantwortlich wäre, erschließt sich jedoch nicht.

Als Prüfungsmaßstab dient dem Senat der nemo-tenetur-Grundsatz. Zur Konkretisierung des Schutzbereichs werden die *Allan*- und *Bykov*-Entscheidungen des EGMR sowie das eigene Urteil NJW 2007, 3138 herangezogen. Der vorliegende Fall sei *Bykov* vergleichbar. Die Angaben des Beschuldigten seien „weder durch Zwang noch durch eine psychologischen Druck gleichkommende Täuschung, die eine Verletzung des Rechts des Angekl[agten] begründen könnte, zu Stande gekommen.

Der Beschuldigte habe sein Schweigerecht noch nicht ausgeübt, es fehle daher an Anhaltspunkten dafür, dass das Schweigerecht gezielt unterlaufen worden sei. Hinzu komme, dass der Beschuldigte sich in Freiheit befand. Selbst unter Berücksichtigung der wahrheitswidrigen Angaben der Zeugin sei daher nicht ersichtlich, dass der Beschuldigte sich den drängenden Fragen der Zeugin, zu der ihn keine nähere Beziehung verband, nicht habe entziehen können. Es bestünde daher keine einem psychologischen Druck gleichkommende Situation. Ergänzend gegen einen Verfahrensverstoß sprächen, dass sich die Zeugin von sich aus den Ermittlungsbehörden zur Verfügung gestellt hätte und von denen lediglich ausgerüstet, nicht aber instruiert oder angeleitet worden sei[2240]. Zudem habe der Angeklagte die Möglichkeit gehabt, in der Hauptverhandlung der Beweisverwertung zu widersprechen, und es handele sich zwar um das maßgebliche, nicht aber um das einzige Beweismittel.

bb. Entwicklungstendenzen

Die hier nachgezeichnete Rechtsprechung ist durch drei miteinander verbundene Entwicklungslinien gekennzeichnet. Zunächst ist gegenüber der Entscheidung des Großen Senats eine Erweiterung des Schutzbereichs des nemo-tenetur-Grundsatzes zu verzeichnen. Die dargelegten Entscheidungen lassen sich mit einem rein zwangsbezogenen Verständnis des nemo-tenetur-Satzes nicht mehr begründen. Bislang scheuen die BGH-Senate allerdings den offenen Widerspruch zu der Aussage des Großen Senats. Es wird sich daher bemüht, Rahmenumstände, Gesprächsführung und Beziehung zu dem Agenten[2241] i.S.e. „psychologischen"[2242] – besser: „emotionalen"[2243] – Zwangs zu deuten. Mit dem ursprünglichen Verständnis von Aussagezwang i.S.d. nemo-tenetur-Satzes hat dies wenig zu tun. Auch erscheinen diese Gesichtspunkte normativ lediglich sekundär. Den primär wertungsbedürftigen

2240 Hierzu bereits oben F. II. 1. b. cc. (ii) β) αα).

2241 In Anlehnung an die Rechtsprechung des EGMR wird der Begriff des Agenten hier als Oberbegriff für Verdeckte Ermittler und im staatlichen Auftrag handelnde Privatpersonen genutzt.

2242 So ausdrücklich BGH StV 2012, 129 (130); ebenso der EGMR JR 2004, 127 (130) (Allan v. UK); krit. zur „pseudopsychologischen Alltagssprache" *A. Schumann* JZ 2012, 265 (266).

2243 *R. Esser* in L/R-StPO Art. 6 EMRK Rn. 935; s. auch *Mushoff* FoR 2008, 60 (62): „sozialen Druck".

Gesichtspunkt stellt die Täuschung dar[2244]. Durch diese werden die Äußerungen maßgeblich hervorgerufen[2245].

Des Weiteren dürfte eine derartige Verwässerung des Zwangskriteriums die gefürchtete Erosion des nemo-tenetur-Satzes noch mehr vorantreiben als eine ausdrückliche Erweiterung des Schutzbereichs auf Täuschungen[2246].

Der Versuch des BGH zeigt die Ungeeignetheit des nemo-tenetur-Grundsatzes, als Grundlage für – zu Recht für erforderlich gehaltene – vermittelnde Lösungen im Bereich verdeckter Ermittlungen zu dienen[2247]. Während die irrtümliche Selbstbelastungen erfassende Schutzbereichskonzeption, so sie denn konsequent in die Unzulässigkeit oder zumindest weitgehende Unbrauchbarmachung des Verdeckten Ermittlers fortgeführt wird, jedenfalls noch über eine innere logische Konsequenz verfügen, sind derartige vermittelnde Lösungen von vornherein zum Scheitern verurteilt.

Die Erweiterung des Schutzbereichs geht einher mit der Tendenz, den Schutzbereich des Grundsatzes nicht klar von dem umfassenderen Prinzip der Verfahrensfairness abzuheben.

Diese Entwicklung beginnt bereits mit dem „Beinahe-Verstoß" in der Entscheidung des Großen Senats, findet seine Fortsetzung in BGH NJW 2007, 3138, wo offengelassen wird, ob der nemo-tenetur-Grundsatz oder das Fairnessprinzip verletzt ist, und gipfelt in der Formulierung des „Grundsatzes des fairen Verfahrens unter besonderer Beachtung der Selbstbelastungsfreiheit"[2248].

Da die Verfahrensfairness vielfältigen Abwägungserwägungen zugänglich ist, besteht hier Gefahr, den einst scharf konturierten nemo-tenetur-Grundsatz im Fairnessbegriff aufgehen zu lassen[2249].

Diese Entwicklung ist sicher auch zurückzuführen auf die Rechtsprechung des EGMR. Wie dargelegt, unterscheidet sich der europäische nemo-tenetur-Grundsatz mit erheblich ausfüllungsbedürftigen Merkmalen auf Tatbestands- und Rechtsfolgenseite erheblich von der nationalen Vorstellung von diesem Rechtssatz[2250]. Dies erklärt sich schon allein daraus, dass die EMRK den Grundsatz nicht vorsieht, sondern er durch die Rechtsprechung aus dem allgemeinen fair-trial-Prinzip des Art. 6 Abs. 1 EMRK herausgebildet wurde. Während man es dem EGMR also anrechnen muss, er habe „den nemo-tenetur-Grundsatz aus dem Dunstkreis des auf den ersten Blick konturlosen Fairnessgebots [heraustreten]" lassen[2251], droht die nationale Rechtsprechung hier gerade den entgegengesetzten Weg einzuschlagen.

2244 *Verrel* in Puppe-FS, S. 1629 (1638 f.).

2245 *Verrel* in Puppe-FS, S. 1629 (1639); *Roxin* NStZ-Sonderheft 2009, 41 (46).

2246 Krit. zur Unbestimmtheit auch *A. Schumann* JZ 2012, 265 (266).

2247 Vgl. *Verrel*, Selbstbelastungsfreiheit, S. 170 f.

2248 BGH NJW 2010, 3670 (3671 Rn. 21).

2249 Vgl. auch *Renzikowski* in Lampe-FS, S. 791 (792) zu Parallelentwicklungen.

2250 S.o. B. III. 1. d. bb.

2251 *R. Esser* JR 2004, 98 (102).

Diese Entwicklung muss umso mehr Anlass zu Bedenken geben, als im Zuge der fair-trial-Dogmatik zunehmend darauf verzichtet wird, konkrete Maßstäbe herauszuarbeiten und stattdessen auf umfassende Gesamtbetrachtungen des Einzelfalls abgestellt wird.

Dieser Praxis gilt es entgegenzutreten. Für die Beantwortung der Frage nach der Zulässigkeit derartigen Vorgehens bedarf es grundsätzlicher Antworten und klarer Kriterien. Nicht zuletzt, um den Ermittlungsbehörden klare Maßstäbe an die Hand zu geben, müssen gerichtliche Entscheidungen prognostizierbar sein[2252]. Alles andere bedeutet ein unerträgliches Maß an Rechtsunsicherheit. Auch methodisch vermag nicht zu überzeugen, dass die „Beinahe-Verletzungen" mehrerer rechtsstaatlicher Garantien in der Summe zu einem Beweisverwertungsverbot führen soll[2253]. Der fair-trial-Grundsatz richtet sich primär an den Gesetzgeber und es ist generell davon auszugehen, dass die StPO ihm gerecht wird[2254]. Der Rechtsanwender hat den Grundsatz vorrangig bei der Auslegung und Anwendung des einfachen Rechts zu beachten[2255]. Spezielle rechtsstaatliche Grundsätze sind ihrerseits Ausformungen des Fairnessprinzips und daher vorrangig zu behandeln[2256]. Sind sie verletzt, liegt damit zugleich eine Verletzung des Fairnessprinzips vor, ohne dass ausdrücklich auf dieses rekurriert werden müsste. Sind sie nicht verletzt, liegt auch eine Verletzung des Fairnessprinzips erst einmal fern. Die Frage ihrer Verletzung bedarf daher der ausdrücklichen Klärung. Dass eine Vorgehensweise einem Verstoß „nahekommt"[2257] oder „bedenklich"[2258] erscheint, reicht nicht aus. Diese Fragen sind aufzuklären und wenn kein Verstoß vorliegt – und ein „Beinahe"-Verstoß ist kein Verstoß[2259] – , dann lässt sich hierauf auch kein Verwertungsverbot stützen. Sich damit zufrieden zu geben, dass quasi nach summarischer Prüfung eine Verletzung mehrerer rechtsstaatlicher Grundsätze möglich ist und sich daraus insgesamt ein fair-trial-Verstoß ergebe, ist nicht nur ein rechtsmethodisches Unding, es wird auch dem an Revisionsurteile zu stellenden Anspruch an die Schaffung von Rechtssicherheit nicht gerecht[2260]. Weder erlangen die Einzelgrundsätze durch diese Rechtsprechung an Kontur, noch liefert

---

2252 *Roxin* NStZ 1997, 18 (20).

2253 BGH JZ 2009, 1175 (1177 Rn. 39); BGH NStZ 1996, 502 (504); krit. auch *T. Walter* in Europäisierung des Rechts, S. 291 (306 f.).

2254 BVerfG StV 2011, 261 (261); BVerfG NStZ-RR 2004, 83 (84) mwN.; *Meyer-Goßner/Schmitt*, StPO, Art. 6 MRK Rn. 5; *Rothfuß* StraFo 1998, 289 (290); *Sowada* in Geppert-FS, S. 689 (700); *M. Zöller* StraFo 2008, 15 (17).

2255 BVerfG StV 2011, 261 (261); *Sowada* in Geppert-FS, S. 689 (700); *M. Zöller* StraFo 2008, 15 (17).

2256 *Zuck* JR 2010, 17 (19); *Rothfuß* StraFo 1998, 289 (290); *Gaede* JR 2009, 493 (495); *Rieß* in L/R-StPO[25] Einl. H Rn. 105.

2257 BGH NStZ 1996, 502 (505).

2258 BGH JZ 2009, 1175 (1178).

2259 *Lesch* in FA Strafrecht, S. 1205 Rn. 37; *Bernsmann* StV 1997, 116 (119); *Eidam*, Selbstbelastungsfreiheit, S. 102.

2260 *Verrel* in Puppe FS, S. 1629 (1636).

sie verlässliche praktisch handhabbare Kriterien für die Abgrenzung zwischen zulässigen und unzulässigen Ermittlungsmaßnahmen[2261].

Dem lässt sich auch nicht entgegenhalten, dass der EGMR eine entsprechende Gesamtbetrachtung vornimmt. Zum einen unterscheidet sich die Prüfung des EGMR von der des BGH und zum anderen ist diese Prüfungsform eine Besonderheit, die den Eigenarten des EGMR entspringt und deren Übernahme sich für die nationale Rechtsprechung nicht empfiehlt.

Der EGMR fragt danach, ob das Verfahren insgesamt den Grundsätzen eines fairen Verfahrens entspricht[2262]. Bezugspunkt ist das Verfahren in seiner Gesamtheit, also inklusive der Beweisverwertung. Bei der Frage nach einem Beweisverwertungsverbot wird daher stets in die Betrachtung einbezogen, ob dem Beschuldigten die Möglichkeit eingeräumt wurde, die Beweisverwertung zu rügen, welcher Beweiswert dem Beweismittels zukam und ob es weitere belastende Beweismittel gab[2263]. Aus der nationalen Perspektive, die ein Beweisverwertungsverbot als Rechtsfolge eines Verfahrensverstoßes begreift, mutet die Relevanz dieser Umstände zunächst merkwürdig an[2264]. Umstände, unter denen nach der EGMR-Rechtsprechung ein Verfahrensverstoß, von den Umständen des Einzelfalls losgelöst, ein Verwertungsverbot zur Folge hat, lassen sich daher kaum benennen[2265].

Der BGH hat diesen Bezugspunkt der Gesamtbetrachtung auch (noch) nicht übernommen. Er fragt vielmehr, ob eine einzelne Beweiserhebung den Grundsätzen eines fairen Verfahrens widerspricht. Während der EGMR das Beweisverwertungsverbot als Teil der Frage nach der Verfahrensfairness behandelt, ist es beim BGH die Rechtsfolge eines Verstoßes gegen den fair-trial-Grundsatz[2266]. So stellt sich die Gesamtbetrachtung des BGH jedenfalls formal dar. Inhaltlich sind allerdings Schritte in Richtung der EGRM-Lösung zu verzeichnen[2267].

In BGH JZ 2009, 1175 (1179)[2268] bleibt der BGH seiner Abwägungslösung für die Beweisverbotsfrage nur oberflächlich treu, nach der nach Feststellung eines Verfahrensverstoßes in einer umfassenden Interessenabwägung zu klären ist, ob dieser zu einem Verwertungsverbot führt. Der Sache nach besteht dann aber ein Automatismus zwischen dem seinerseits durch eine umfassende Einzelfallabwägung begründeten fair-trial-Verstoßes und dem Beweisverwertungsverbot[2269]. Auch

---

2261 *Verrel* in Puppe-FS, S. 1629 (1636).

2262 *Jäger* GA 2008, 472 (480).

2263 EGMR JR 2009, 514 (516 f.) (Bykov v. Russland); EGMR ÖJZ 2002, 911 (915) (P.G. und J.H. v. UK).

2264 Vgl. aber *F. C. Schroeder* GA 2003, 293 (296), der die Parallele zum revisionsrechtlichen Beruhens-Erfordernis zieht.

2265 *Jäger* in Wolter-FS, S. 947 (952).

2266 S. BGH JZ 2009, 1175 (1177).

2267 Krit. *Jäger* in Wolter-FS, S. 947 (954 ff.).

2268 Ausführlich zu dieser Entscheidung unten F. II. 2. b. cc. (ii).

2269 Vgl. BGH JZ 2009, 1175 (1179);. krit. *Rogall* HRRS 2010, 289 (289); s. auch *Paul* NStZ 2013, 489 (495).

die Formulierung, das Verwertungsverbot solle die Verletzung des Rechts auf ein faires Verfahren „kompensieren“[2270], spricht für eine Annäherung an den Maßstab des EGMR[2271].

In BGH StV 2012, 129 werden dann ausdrücklich die Kriterien der Möglichkeit der Anfechtung der Beweisverwertung und der übrigen Beweislage in die Abwägung eingestellt[2272], obwohl dies nach der Lösung des BGH keine Rolle spielen dürfte. Dies könnte nur bei einer auf das gesamte Verfahren bezogenen Fairness-Prüfung relevant werden, wäre aber nicht geeignet den Vorwurf der Unfairness bezüglich einer einzelnen Beweiserhebung zu entkräften. Nach nationalem Recht kann die sonstige Beweislage nur im Rahmen der Beruhens-Prüfung im Rahmen des § 337 StPO eine Rolle spielen. Dass sich hieraus letztendlich dasselbe Ergebnis ergeben kann wie bei der Gesamtbetrachtung des EGMR ist zutreffend[2273], ändert jedoch nichts daran, dass es sich hierbei um einen zweiten, von der Frage der Beweisverwertbarkeit zu trennenden, Schritt handelt.

Die Gesamtbetrachtung des EGMR ist der spezifischen Situation des Gerichtshofs geschuldet. Als völkerrechtliches Gericht ist er kein Revisions- oder Tatgericht[2274]. Nicht unähnlich dem BVerfG sieht sich der Gerichtshof nicht als Rechtsmittel-Instanz gegenüber den nationalen Gerichten, sog. *fourth-instance-Grundsatz*[2275]. Seine Aufgabe besteht nicht darin, Fehler hinsichtlich der Tatsachenwürdigung oder der Rechtsanwendung zu prüfen[2276]. Es ist vielmehr auf spezifische Verletzungen der Konvention beschränkt[2277]. Aus dieser Stellung leitet es ein Gebot an Zurückhaltung insbesondere in Fragen der Beweisverwertung ab[2278]. Eben weil sich der Gesamtbetrachtung des EGMR keine abstrahierbaren Vorgaben für eine Beweisverbotsdogmatik entnehmen lassen, eignet sie sich nicht für die nationale Rechtsprechung. Zurückhaltung in der Entwicklung einer Dogmatik und kaum abstrahierbare Einzelfallentscheidungen passen nicht zu einem nationalen Revisionsgericht, das mit der Fortbildung des Rechts und der Schaffung von Rechtssicherheit beauftragt ist[2279]. Der EGMR hält sich nicht für befugt, Regeln für die Beweisverwertung aufzustellen,

---

2270 BGH JZ 2009, 1175 (1176).

2271 *T. Walter* in Europäisierung des Rechts, S. 291 (303), der auch berichtet, in der mündlichen Urteilsbegründung habe sich das Gericht noch auf Art. 6 EMRK gestützt und nicht auf die grundgesetzliche Ableitung aus Art. 20 Abs. 3 GG i.V.m. Art. 2 Abs. 1 GG.

2272 BGH StV 2012, 129 (131); krit. zur Anlehnung an den EGMR *Jäger* in HK-GS Vor §§ 133 ff. StPO Rn. 54.

2273 *F. C. Schroeder* GA 2003, 293 (297).

2274 *Gaede* JR 2009, 493 (494).

2275 *v. Arnim* in Blumenwitz-FS, S. 265 (269); *Costa* Sondervotum Bykov v. Russland Rn. 10.

2276 EGMR JR 2009, 514 (516 Rn. 88) (Bykov v. Russland).

2277 EGMR NJW 1989, 654 (655) (Schenk v. Schweiz).

2278 EGMR ÖJZ 2002, 911 (915 f.) (P.G. und J.H. v. UK).

2279 Vgl. *Jachmann* in Maunz/Dürig, GG, Art. 95 Rn. 13, 16.

der BGH ist hierzu gerade berufen. Schließlich scheint eine vorschnelle Übernahme der EGMR-Rechtsprechung auch insoweit bedenklich, als die EMRK Mindeststandards formuliert, denen gegenüber GG und StPO durchaus strenger sein können[2280].

Der BGH sollte von einer Übernahme der vom EGMR praktizierten Gesamtbetrachtung Abstand nehmen. Für ihn ist eine Betrachtung einzelner Verfahrensverstöße unumgänglich. Hierbei ist er berufen, die Schutzbereiche einzelner Rechtsgrundsätze zu konturieren, anstatt sie in der übergeordneten Fairnessmaxime aufgehen zu lassen und sich im Einzelfall damit zufrieden zu geben, zu konstatieren, jedenfalls diese sei verletzt. In diesem Zusammenhang ist eine klare Stellungnahme zur Reichweite des Schutzbereichs des nemo-tenetur-Grundsatzes zu erwarten. Die Umdeutung von Täuschungen in Zwang liegt neben der Sache[2281]. Der BGH hat vielmehr klarzustellen, ob und wie die Strafprozessordnungen Schutz vor den mit der verdeckten Befragungen einhergehenden Täuschungen gewährt[2282]. Nach hier vertretenem Standpunkt sollte dabei von einer Erweiterung des Schutzbereichs von nemo tenetur Abstand genommen und sich stattdessen mit dem Täuschungsverbot des § 136a StPO auf einen existierenden gesetzlichen Anknüpfungspunkt für einen Täuschungsschutz besonnen werden.

cc. Kriterien

Die Entscheidungen sind zum Großteil zu staatlichen Ermittlern ergangen. Wie der BGH aber selbst andeutet[2283], kann kein Unterschied zu Konstellationen, in denen staatlich gesteuerte Privatpersonen handeln, bestehen. In derartigen Fällen kommt lediglich ergänzend die Fragestellung der staatlichen Zurechnung hinzu. Der BGH betont zudem stets, dass er trotz des gegenüber dem Hörfallen-Beschluss erweiterten Verständnisses des nemo-tenetur-Satzes an der Zulässigkeit des Einsatzes von Verdeckten Ermittlern und V-Leuten festhält[2284].

Der das Verwertungsverbot auslösende Verfahrensverstoß konstituiert sich nach der neueren Rechtsprechung durch zwei Umstände. Zum einen durch die Tatsache, dass der Beschuldigte sich bereits auf sein Schweigerecht berufen hat und zum anderen durch die Art und Weise des Gesprächs. Dem Verdeckten Ermittler sei nicht versagt, in Ausnutzung des vorgetäuschten Vertrauensverhältnisses selbstbelastenden Angaben des Beschuldigten entgegenzunehmen[2285]. Die Unzulässigkeit beginne erst dort, wo die selbstbelastenden Auskünfte dem Beschuldigten entlockt

---

2280 *A. Schumann* JZ 2012, 265 (267).

2281 *Verrel* in Puppe-FS, S. 1629 (1643); *Roxin* StV 2012, 131 (133).

2282 *Verrel* in Puppe-FS, S. 1629 (1643).

2283 BGH NJW 2007, 3138 (3140 f.), so auch die Einschätzung von *Meyer-Mews* NJW 2007, 3142 (3143).

2284 BGH NJW 2007, 3138 (3139); BGH NStZ 2009, 343 (344 Rn. 7); BGH StV 2012, 129 (130).

2285 BGH NJW 2007, 3138 (3141); BGH NJW 2010, 3670 (3672 Rn. 23).

bzw. er zu solchen gedrängt wird[2286]. Dies sei der Fall bei Vorliegen einer vernehmungsähnlichen Befragung respektive eines Äquivalenz zu einer Vernehmung[2287].

Nicht ganz klar ist, ob beide Kriterien kumulativ vorliegen müssen. Hierfür spricht BGH NJW 2007, 3138, wo ausgeführt wird, Angaben, die der Beschuldigte dem Verdeckten Ermittler gegenüber macht, ohne dass es sich bei dem Gespräch um eine vernehmungsähnliche Befragung handelt, könnten regelmäßig auch dann verwertet werden, wenn der Beschuldigte sein Schweigerecht zuvor ausdrücklich ausgeübt hätte. In BGH StV 2012, 129 gibt sich derselbe Senat hingegen nicht damit zufrieden, festzustellen, das Schweigerecht sei noch nicht ausgeübt worden, sondern stellt ergänzend fest, dass auch keine vernehmungsähnliche Befragung vorliegt. In BGH NJW 2010, 3670 fehlt es an einem vorherigen Berufen auf das Schweigerecht und dennoch wird ein Verwertungsverbot bejaht. Dieses Kriterium scheint somit keine hinreichende aber wohl auch keine notwendige Bedingung für einen Verfahrensverstoß zu sein.

(i) Ausübung des Schweigerechts

Die Rechtsprechung hat wiederholt darauf abgestellt, dass der Beschuldigte, der verdeckt befragt wurde, im Vorfeld bereits ausdrücklich von seinem Schweigerecht Gebrauch gemacht hatte. Bereits bei der verdeckten Befragung eines zeugnisverweigerungsberechtigten Angehörigen hat der 1. Senat angedeutet, dass er diesem Umstand Bedeutung beimisst[2288]. Der Große Senat hat eine solche Konstellation als potentielle Ausnahme von der grundsätzlichen Zulässigkeit der Hörfalle erwogen[2289]. Auch der EGMR hat diesem Umstand Bedeutung beigemessen[2290], was dem 5. Senat erlaubt, sich bei einem entsprechenden Fall auf einer Linie sowohl mit der Rechtsprechung des Großen Senats als auch mit der des EGMR zu sehen[2291].

In BGH StV 2012, 129 deutet sich an, dass der BGH den Gesichtspunkt ähnlich dem EGMR[2292] nicht als eigenständiges Kriterium, sondern als Indiz für ein gezieltes Unterlaufen des Schweigerechts ansieht. Anhaltspunkte, dass sich ein solches auch aus anderen Gesichtspunkten ergeben kann, existieren bislang jedoch nicht.

Diese Argumentation ist auf mehreren Ebenen unzutreffend[2293].

2286 BGH NJW 2007, 3138 (3141); BGH NStZ 2009, 343 (344 Rn. 7).

2287 BGH NJW 2007, 3138 (3141).

2288 BGH NJW 1994, 2904 (2904); s. hierzu unten F. II. 2. b. cc. (iv); nach *V. Krey* in Kohlmann-FS, S. 627 (645) soll dem Kriterium bei der verdeckten Zeugenbefragung eher Bedeutung zukommen als bei der des Beschuldigten.

2289 BGH NStZ 1996, 502 (504).

2290 EGMR JR 2004, 127 (130) (Allan v. UK).

2291 BGH NJW 2007, 3138.

2292 EGMR JR 2004, 127 (130) (Allan v. UK); Der Stellenwert dieses Kriteriums im Rahmen der *Allan*-Entscheidung ist umstritten, s. *Blozik*, Subsidiaritätsklauseln, 102 mwN.

2293 Die fehlende Maßgeblichkeit ist meinungsübergreifend ganz h.M.: *Renzikowski* JR 2008, 164 (165); *Roxin* NStZ-Sonderheft 2009, 41 (43); *Wolter* in 50 Jahre BGH, S. 963

Zunächst stellt, wie dargelegt, die verdeckte Befragung keine Umgehung des Schweigerechts im juristisch relevanten Sinne dar[2294]. Hieran ändert sich nichts dadurch, dass dieses ausdrücklich ausgeübt wird. Auf Grundlage eines zwangsbezogenen nemo-tenetur-Verständnisses, wie es die Rechtsprechung nie ausdrücklich aufgegeben hat, kann diesem Umstand keine Bedeutung zukommen[2295]. Er kann vielmehr überhaupt nur dann relevant werden, wenn man die verdeckte Befragung als Umgehung des Schweigerechts ansieht und mithin einen durch nemo tenetur vermittelten Schutz vor irrtumsbedingter Selbstbelastung anerkennt.

Doch selbst wenn man der Umgehungsthese anhängt, dürfte man der Ausübung des Schweigerechts keine maßgebliche Bedeutung beimessen. Man wird dann vielmehr per se von einer Umgehung auszugehen haben. Diese kann nicht durch die Ausübung des Schweigerechts konstituiert werden.

Solange der Beschuldigte sich nicht dazu geäußert hat, ob er aussagen oder schweigen will, ist davon auszugehen, dass er von seinem Schweigerecht Gebrauch macht. Der schweigende Beschuldigte stellt den prozessystematischen Normallfall dar, der sich einlassende Beschuldigte *verzichtet* auf sein Schweigerecht[2296]. Diese Verhältnisse würden in ihr Gegenteil verkehrt, nähme man an, die Geltendmachung sei Voraussetzung für das Bestehen des Schweigerechts oder führe zu einer irgendwie gearteten „Verdichtung"[2297]. Die „noch-nicht-Ausübung" des Schweigerechts kann nicht die Zulässigkeit ansonsten gesperrter Ermittlungsmethoden begründen. Umgekehrt besteht aufgrund ausdrücklicher Subsidiaritätsklauseln oder jedenfalls Verhältnismäßigkeitserwägungen ein Vorrang der offenen Vernehmung gegenüber verdeckten Ermittlungsmaßnahmen[2298].

Schließlich ergibt sich die Untauglichkeit des Kriteriums schon aus der pragmatischen Erwägung, dass, gibt man diesen Rechtsstandpunkt den Ermittlungsbehörden an die Hand, sie regelmäßig auf eine offene Vernehmung verzichten werden, um sich nicht selbst die Möglichkeit einer verdeckten Befragung zu verstellen[2299].

(971, 976); *Verrel* in Puppe-FS, S. 1629 (1641); *R. Esser* JR 2004, 98 (106); *Jäger* JA 2011, 712 (714); *Engländer* ZIS 2008, 163 (166); *Rogall* NStZ 2008, 110 (112); *Bosch* JA 2007, 903 (905); *Kretschmer* HRRS 2010, 343 (347); *Hauck*, Heimliche Strafverfolgung, S. 238; a.A.: *Ostendorf* in Roxin-FS II, S. 1329 (1337); *de Vries* Kriminalistik 2011, 83 (84); *Walther* in AnwKomm § 136a Rn. 12; wohl auch *Rackow/Birr* Die Polizei, 325 (331 f.); vermittelnd *Kasiske* StV 2014, 423 (427): nicht konstitutiv für Verstoß aber Indizcharakter.

2294 F. II. 1. b. bb. (iii).

2295 *Engländer* ZIS 2008, 163 (165 Fn. 17).

2296 S. zur Bedeutung des nemo-tenetur-Grundsatzes für die Prozessstruktur s.o. B. II. 6.

2297 So BGH NJW 2007, 3138 (3140 Rn. 27); wie hier *Blozik*, Subsidiaritätsklauseln, S. 102; *Hauck*, Heimliche Strafverfolgung, S. 238.

2298 *Meyer-Mews* NJW 2007, 3142 (3142); *Kasiske* StV 2014, 432 (427); *Sowada* in Geppert-FS, S. 689 (714).

2299 *Renzikowski* JZ 1992, 710 (717); *Wolter* in 50 Jahre BGH, S. 963 (971, 976); *Nack* in 20. Strafverteidigertag, S. 239 (246); *Jäger* JA 2011, 712 (714); *Kretschmer* in Radtke/Hohmann § 136a Rn. 36; *Spielmann* Sondervotum Bykov v. Russland Rn. 32.

Der Frage, ob der Beschuldigte sich bereits auf sein Schweigerecht berufen hat, kann somit keine Bedeutung für die Zulässigkeit der verdeckten Befragung und die Verwertbarkeit der so erlangten Informationen beigemessen werden.

(ii) Vernehmungsähnliche Befragungen

Die Quintessenz der jüngeren Rechtsprechung lautet, dass verdeckte Befragungen grundsätzlich zulässig sind, es dem Agenten jedoch untersagt ist, dem Beschuldigten in vernehmungsähnlichen Befragungen selbstbelastende Aussagen zu entlocken.

Es fragt sich somit einerseits, wodurch sich eine solche vernehmungsähnliche Befragung auszeichnet und andererseits, woraus sich die zulässigkeitsbeschränkende Wirkung dieses Kriteriums rechtfertigt.

α) Anforderungen an das Vorliegen einer vernehmungsähnlichen Befragung

Der Begriff soll einen besonderen Typus der verdeckten Befragung beschreiben, der sich dadurch kennzeichnet, dass dem Gespräch ein gewisses Moment des Drucks innewohnt. Dass nicht jedes Gespräch unter Verdeckung des Ermittlungsauftrags eine vernehmungsähnliche Befragung darstellt, wird deutlich, wenn der BGH es weiterhin für zulässig erachtet, Angaben, die der Beschuldigte unter dem Eindruck des vorgetäuschten Vertrauensverhältnisses macht, entgegenzunehmen. Es wird auch kaum darauf ankommen können, ob der Verdeckte Ermittler lediglich zuhört oder auch nachfragt[2300]. Nach BGH StV 2012, 129 – der den Begriff der vernehmungsähnlichen Befragung allerdings nicht ausdrücklich nennt – genügt nicht einmal „drängende[s] Fragen“ um eine entsprechende Situation zu begründen. Dass allein durch die Art der Befragung ein gewisser Druck aufgebaut wird, ist somit lediglich notwendige nicht aber hinreichende Bedingung zur Annahme einer vernehmungsähnlichen Befragung[2301]. Weitergehend wird ein Zwangsmoment gefordert, dass es dem Beschuldigten unmöglich macht, sich der Befragung ohne weiteres zu entziehen[2302]. Dieses scheint sich aus den Rahmenumständen oder der Beziehung zwischen Verdecktem Ermittler und Beschuldigtem ergeben zu können[2303]. Hauptbeispiel für ersteres ist die Situation in der Untersuchungshaft[2304].

In den neueren Entscheidungen befindet sich allein der Beschuldigte in BGH NJW 2010, 3670 in Haft – allerdings nicht in Untersuchungs-, sondern in Strafhaft[2305].

2300 Vgl. aber *Hilger* in Hanack-FS, S. 207 (215); ähnlich *Bosch* JURA 1998, 236 (240); *Ranft*, StrafprozessR, Rn. 373.

2301 So aber *Engländer* ZIS 2008, 163 (166).

2302 BGH StV 2012, 129 (130); s. auch EGMR JR 2009, 514 (518 Rn. 102) (Bykov v. Russland).

2303 *Sowada* in Geppert-FS, S. 689 (710); vgl. BGH StV 2012, 129 (130).

2304 BGH NJW 2010, 3670 (3672 Rn 22); BGH NJW 2007, 3138 (3141 f.);BGH GS NStZ 1996, 502 (504); BGH JR 1988, 426; BGH NStZ 1999, 147; s.u. F. II. 2. b. aa. (iii).

2305 Zum Unterschcid s.u. F. II. 2. b. aa. (iii).

Der BGH nennt – ohne auf den Unterschied einzugehen – zwar die besondere Situation der „Inhaftierung", tatsächlich maßgeblich dürfte dieser Umstand hier aber nicht sein. Der NOEP drohte dem Beschuldigten, jemanden umzubringen, sollte er sich nicht zur Tat bekennen. Die Rechtswidrigkeit des Vorgehens liegt auf der Hand. Dass eine Parallel-Konstellation außerhalb der Haft anders entschieden worden wäre, lässt sich kaum annehmen.

In BGH NJW 2007, 3138 versucht der BGH zwar zunächst, das Haft-Kriterium fruchtbar zu machen, stellt letztendlich aber doch auf die persönliche Beziehung ab. Der Beschuldigte befindet sich ebenfalls nicht in Untersuchungs- sondern in Strafhaft und zudem zum Zeitpunkt der Befragung im Hafturlaub. Der mit der Untersuchungshaft einhergehende Geständnisdruck[2306] bestand hier somit in keiner Form[2307]. Der BGH gibt diese mehr als schiefe Parallele dann auch der Sache nach auf und folgert die erforderliche Reduktion der Entscheidungsfreiheit aus dem Umstand, dass der mit Kontaktabbruch drohende Verdeckte Ermittler der einzige Kontakt des Beschuldigten außerhalb der Justizvollzugsanstalt und damit Voraussetzung für weitere Hafterleichterungen war. Der Beschuldigte befand sich somit in einer Situation sozialer Abhängigkeit.

Von vornherein nur aus dem Verhältnis zwischen Beschuldigtem und Verdecktem Ermittler kann sich ein Aussagedruck in BGH NStZ 2009, 343 ergeben. Die vermeintliche Seelenverwandtschaft ist hier der einzig denkbare Anknüpfungspunkt[2308].

In BGH StV 2012, 129 bestand hingegen keine Beziehung zwischen der Zeugin und dem Beschuldigten. Das Vorliegen einer vernehmungsähnlichen Befragung wurde daher konsequent verneint.

Auch der EGMR verlangt über die staatliche Zurechnung („agent of the state"[2309]) hinaus, dass die Privatperson der Beschuldigten die Aussage „entlockt". Dieses Kriterium vereint zwei Aussagen. Zum einen dient es dem Ausschluss der bloßen passiven Entgegennahme von Informationen. Erforderlich ist vielmehr, dass der Agent steuernden Einfluss auf das Gespräch hat[2310]. Zum anderen soll ein Entlocken nur dort zu bejahen sein, wo das Gespräch ein funktionales Äquivalent zu einer Vernehmung darstellt[2311]. Ein solches Vernehmungsäquivalent scheint wiederum dort anzunehmen zu sein, wo Bedingungen geschaffen werden, die zu einer erhöhten Offenbarungswahrscheinlichkeit führen[2312]. In *Allan* begründet der Gerichtshof das Vorliegen eines solchen Vernehmungsäquivalents mit den Rahmenumständen der Untersuchungshaft, bringt aber zugleich zum Ausdruck, dass es sich auch aus dem besonderen Verhältnis zwischen Beschuldigtem und Agent ergeben kann[2313]. Das

2306 S. hierzu ausführlich noch unten F. II. 2. b. aa. (iii).
2307 A.A. *V. Krey* in Neujustierung des Strafrechts, S. 25 (31).
2308 *Sowada* in Geppert-FS, S. 689 (720).
2309 S.o. F. II. 1. b. cc. (ii) β) αα) (4).
2310 *Sowada* in Geppert-FS, S. 689 (706); *Blozik*, Subsidiaritätsklauseln, S. 101.
2311 EGMR JR 2004, 127 (130) (Allan v. UK).
2312 *Gaede* StV 2003, 260 (261).
2313 EGMR JR 2004, 127 (130) (Allan v. UK).

tatsächliche Beschränkungspotential dieses Kriteriums wurde erst in der Folgeentscheidung *Bykov v. Russland* erkennbar, als der EGMR ein Verwertungsverbot bezüglich der durch eine großangelegte Täuschung erlangten Angaben ablehnte, weil es an einer entsprechenden Situation fehlte[2314]. Der Beschwerdeführer empfing den hierarchisch unter ihm rangierenden Agenten in seinem Anwesen, umgeben von seinem Wachpersonal[2315]. Nach dem EGMR fehle der Situation daher das Moment des Zwangs oder Drucks, das in *Allan* die Verletzung des Schweigerechts begründet hätte[2316]. Anders als im Anschluss an *Allan* vermutet[2317], verzichtet der EGMR bei Bestimmung des Schutzbereichs der Selbstbelastungsfreiheit also doch nicht auf das Element des Zwangs. Tatsächlich ist der *Bykov* zugrundeliegende Sachverhalt ein Beispiel dafür, dass auch Täuschungen, denen keinerlei Zwangsähnlichkeit zukommt, die Verfahrensfairness empfindlich stören können[2318]. In einem Sondervotum wird das Vorgehen der Ermittlungsbehörden als „grob rechtswidrige List" bezeichnet[2319]. Nach verbreiteter Ansicht verstieße ein entsprechendes Vorgehen deutscher Behörden gegen § 136a StPO[2320].

Das Vorliegen einer vernehmungsähnlichen Befragung setzt somit nach der Rechtsprechung von BGH und EGMR neben einem drängenden Fragestil eine Situation voraus, der sich der Beschuldigte aufgrund psychologisch wirkenden Drucks nicht ohne weiteres entziehen kann. Dies kann sich aus den Rahmenumständen oder aus der zu dem Agenten bestehenden sozialen Beziehung ergeben[2321].

β) Rechtfertigung des Kriteriums aus dem Gedanken der Risikoverteilung

Der BGH hält also die verdeckte Befragung nicht für per se sondern nur bei Hinzutreten besonderer Umstände für unzulässig. Wenn er dann mit der Art der Gesprächsführung, den bezwängenden Rahmenumständen der Untersuchungshaft und dem besonderen Vertrauensverhältnis auf Umstände abstellt, die eine Selbstbelastung gegenüber dem Verdeckten Ermittler wahrscheinlicher machen, wird klar, dass das Kriterium der vernehmungsähnlichen Befragung seine Berechtigung aus dem Gedanken der Risikoverteilung gewinnt[2322].

2314 EGMR JR 2009, 514 (518 Rn. 102) (Bykov v. Russland).

2315 EGMR JR 2009, 514 (518 Rn. 102) (Bykov v. Russland).

2316 EGMR JR 2009, 514 (518 Rn. 102) (Bykov v. Russland).

2317 *Ambos*, Beweisverwertung, S. 65, 67; *T. Walter* in Europäisierung des Rechts, S. 291 (304 f.); *Eidam*, Selbstbelastungsfreiheit, S. 68 f.; *Roxin* NStZ-Sonderheft 2009, 41 (43); *Renzikowski* JR 2008, 164 (166); a.A. *Rogall* NStZ 2008, 110 (112).

2318 Vgl. *H. Jung* GA 2009, 651 (655).

2319 *Spielmann* Sondervotum in Bykov v. Russland Rn. 30: „grossly unlawful ruse".

2320 *R. Esser/Gaede/Tsambikakis* NStZ 2011, 140 (144); *Gaede* JR 2009, 493 (497); *Mahlstedt*, Verdeckte Befragung, S. 217; zur eigenen Einschätzung s.u. F. II. 2. b. cc. (ii).

2321 *Sowada* in Geppert-FS, S. 689 (710).

2322 Vgl. *Rackow/Birr* Die Polizei 2012, 325 (323); Ansätze in diese Richtung auch bei *Kretschmer* in Radtke/Hohmann, StPO, § 136a Rn. 37.

Es entspricht nach allgemeiner Ansicht dem vom Beschuldigten zu tragenden allgemeinen Lebensrisiko, dass sich sein Gesprächspartner den Strafverfolgungsbehörden gegenüber offenbart[2323]. Die Vertrauenswürdigkeit des Gesprächspartners fällt in seine Risikosphäre[2324]. Es besteht kein Anlass, ihm diese Selbstbelastungsgefahr von staatlicher Seite abzunehmen[2325].

Hierfür ist es unerheblich, ob der Gesprächspartner von vornherein vorhatte, sein Wissen mit den Strafverfolgungsorganen zu teilen oder diesen Entschluss erst im Nachhinein gefasst hat[2326]. Nach umstrittener aber zutreffender Ansicht gilt auch dann nichts anderes, wenn der Gesprächspartner von den Strafverfolgungsbehörden instruiert handelt[2327]. Die Risikoeinschätzung durch den Beschuldigten mag unterschiedlich ausfallen, an dem bewussten Eingehen eines selbst zu verantwortenden Risikos besteht jedoch kein Zweifel. Das Vertrauen wird in derselben Weise enttäuscht. Warum sich an der fehlenden normativen Schutzwürdigkeit etwas ändern soll, erschließt sich daher nicht.

Dieser Erkenntnis entsprechend wird dann das bloße Ausnutzen dieses Risikos allgemein fur zulässig erachtet. Selbst Gegner von verdeckten Befragungen halten es für unbedenklich, dass der Agent selbstbelastende Angaben lediglich entgegennimmt[2328]. Dass der Beschuldigte die Äußerungen niemals getätigt hätte, wenn er um die Eigenschaft als Verdeckter Ermittler oder V-Person gewusst hätte, es sich mithin um eine irrtumsbedingte Selbstbelastung handelt, wird nicht zum Anlass genommen, sich gegen die Zulässigkeit auszusprechen[2329]. Spontanäußerungen sind auch dann unstreitig verwertbar, wenn sie aufgrund irrtumsbedingten Vertrauens

---

2323 BGH NStZ 1989, 32 (33); *Renzikowski* JZ 1997, 719 (713).

2324 *Beckemper*, Konsultationsrecht, S. 78; *Petry*, Beweisverbote, S. 171; *Sowada* in Geppert-FS, S. 689 (708); *Engländer* ZIS 2013, 163 (166); s.o. F. II. 1. b. cc. (iv) β).

2325 BGH GS NStZ 1996, 502 (505); *Gaede* StV 2003, 260 (261).

2326 BGH NStZ 1989, 32 (33).

2327 S.o. F. II. 1. b. bb. (iii).

2328 *Hilger* in Hanack-FS, S. 207 (215).

2329 *Mahlstedt*, Verdeckte Befragung, S. 236 sieht auf der Grundlage seiner relativen nemo-tenetur-Konzeption hierin einen gerechtfertigten Eingriff in den Grundsatz; vgl. aber auch die Forderung von *Klesczewski* StV 2010, 462 (464), den nemo-tenetur-Grundsatz „aus seiner bisherigen Fixierung auf die Vernehmung [...] zu lösen" und „jedwede Selbsteinlassung des Beschuldigten zur vorgeworfenen Tat schlechthin nicht anzutasten"; ähnlich bereits *Weßlau* ZStW 110 (1998), 1 (29 Fn. 79). Derartige Ansätze geben die bisher weitgehend konsentierte Abgrenzung zwischen der in verdeckten Befragungen betriebenen Provokation und dem bloßen „Abfischen" von Informationen auf. Der nemo-tenetur-Grundsatz würde so zu einer allgemeinen Schranke von nicht offenen Ermittlungsmaßnahmen – dies kann nur um den Preis der Aufgabe des Absolutheits-Postulats geschehen. Der verbleibende Rest hätte mit dem nemo-tenetur-Satz nach bisherigem Verständnis wenig zu tun und bildete einen bloßen Unterfall des Rechts auf informationelle Selbstbestimmung.

erfolgen[2330]. Bei wertender Betrachtung besteht hier kein Unterschied zu einer technischen Abhörvorrichtung. Zulässigkeitsbedenken werden erst dort wach, wo der Agent über die bloße Entgegennahme von Informationen hinausgeht und aktiv auf sie hinwirkt. Bereits der Große Senat hat ausgeführt, dass das Strafprozessrecht dem Beschuldigten das Risiko, sich gegenüber einer Privatperson selbst zu belasten, nicht abnehmen müsse, in casu aber der Umstand hinzukäme, dass die Selbstbelastung in einem Gespräch erfolgte, das auf Veranlassung der Ermittlungsorgane zustande gekommen war[2331]. Die Funktion, hier die Grenze der Zulässigkeit zu beschreiben, soll nun dem Kriterium der vernehmungsähnlichen Befragung zukommen. Dies kommt in der Rechtsprechung des BGH zum Ausdruck, wenn er annimmt, der Verdeckte Ermittler habe sich darauf zu beschränken, dass Vertrauen dafür zu nutzen, Informationen aufzunehmen, die der Beschuldigte von sich aus preisgibt, ihm sei es jedoch verboten, den Beschuldigten unter Ausnutzung eines geschaffenen Vertrauensverhältnisses beharrlich zu einer Aussage zu drängen und ihm in einer vernehmungsähnlichen Befragung, Äußerungen zum Tatgeschehen zu entlocken[2332].

Ist das Kriterium der vernehmungsähnlichen Befragung somit Ausdruck einer an der Risikoverteilung ausgerichteten Abgrenzung, ist der Lösungsansatz des BGH nicht weit von dem hier auf Grundlage des Täuschungsverbots des § 136a StPO entwickelten Konzept entfernt. Die Zulässigkeit der Verschleierung des Ermittlungsauftrags rechtfertigt sich aus dem Gedanken der Risikoverteilung. Folglich sind aus diesem Gedanken auch die Grenzen der Zulässigkeit der verdeckten Befragung abzuleiten[2333].

b. Konkretisierung des Kriteriums der Risikoverteilung

Den Schlüssel zu der Bewältigung der Problematik der verdeckten Befragungen bildet somit die Fragestellung, ob die Selbstbelastung gegenüber dem Agenten noch als Verwirklichung eines vom Beschuldigten zu tragenden Risikos anzusehen ist. Parallelen zur materiell-strafrechtlichen Kategorie der objektiven Zurechnung werden hier nicht zu Unrecht gezogen[2334]. Das Vorgehen erscheint als unzulässig, sobald Umstände hinzutreten, die dazu führen, dass sich die selbstbelastenden Äußerungen nicht mehr als Realisierung des allgemeinen Risikos, der Gesprächspartner könne sich der Polizei offenbaren, sondern als Verwirklichung der staatlichen Ermittlungsmaßnahme darstellen[2335]. Die entscheidende Frage ist somit dahingehend zu formulieren, wann ein solcher Wechsel in der Risikozuordnung anzunehmen ist.

2330 *Renzikowski* JR 2008, 164 (165).
2331 BGH GS NStZ 1996, 502 (505).
2332 BGH NJW 2007, 3138 (3141).
2333 *Verrel* in Puppe-FS, S. 1629 (1640 f.).
2334 *Wolter* ZIS 2012, 238 (240 ff.); *Kasiske* StV 2014, 423 (424); *Gaede* JR 2009, 493 (498); *Weiler* GA 1996, 101 (106).
2335 *Gaede* StV 2003, 260 (261); *Ambos*, Beweisverwertungsverbote, S. 66; vgl. auch *Renzikowski* JR 2008, 164 (165): „Anstiftung".

Aus dem bisher gesagt ergibt sich bereits, dass die Verwirklichung eines eigenständigen staatlich gesetzten Risikos nicht bereits dort angenommen werden kann, wo der Agent durch eigenes Nachfragen auf eine Selbstbelastung hinwirkt.

Wenn der BGH es für zulässig hält, Informationen aufzunehmen, die der Beschuldigte von sich aus zum Tatgesehen macht[2336], dürfte dies nicht so zu verstehen sein, dass der Verdeckte Ermittler auf bloßes Zuhören beschränkt ist und nicht nachfragen darf. Als bloße Informationsaufnahme in diesem Sinne wird man vielmehr alle Gespräche aufzufassen haben, die sich im Rahmen einer üblichen Alltagskonversation bewegen. Dass der Agent nachfragt, mag in faktischer Hinsicht die Wahrscheinlichkeit einer Selbstbelastung erhöhen, solange dessen Informationsbegehren aber mit Mitteln der Alltagskommunikation abzuwehren ist, verwirklicht sich hier lediglich, dass in die Sphäre des Beschuldigten fallende Risiko, sich gegenüber einer nicht vertrauenswürdigen Person zu offenbaren[2337].

Umgekehrt wird vielmehr unterhalb dieser Schwelle ein Verwertungsverbot von vornherein ausscheiden müssen. Dass der Agent einen lenkenden Einfluss auf das Gespräch hat, ist Eingangsvoraussetzung, damit eine relevante Risikoerhöhung überhaupt in Betracht kommt[2338]. Dies kommt in der Rechtsprechung im Begriff des „Entlockens" ebenso zum Ausdruck wie in der geforderten Vernehmungsähnlichkeit. Nach der hier vertretenen Konzeption fehlt es anderenfalls an der vergleichbaren Interessenlage als Voraussetzung für die analoge Anwendung des § 136a StPO[2339]. Spontanäußerungen des Beschuldigten sind daher auch dann verwertbar, wenn er sich zu diesen aufgrund der vorgetäuschten Vertrauensbeziehung hinreißen lässt[2340].

Steht somit fest, dass allein das Hinwirken auf eine Selbstbelastung nicht ausreicht, um einen Wechsel in der Risikozuordnung anzunehmen, wird damit zugleich klar, dass nicht jede faktische Erhöhung der Selbstbelastungswahrscheinlichkeit auch als relevant für die Risikozuordnung angesehen werden kann. Die Frage, ob noch lediglich in die Risikosphäre des Beschuldigten fallende Umstände ausgenutzt werden oder sich in der Selbstbelastung ein staatlich geschaffenes Risiko verwirklicht, bedarf vielmehr einer normativen Betrachtung[2341].

Soweit hingegen allein auf die faktisch erhöhte Wahrscheinlichkeit einer Selbstbelastung abgestellt wird[2342], wird weiterhin versucht, die Lösung auf dem Gedanken der Umgehung aufzubauen. Der nemo-tenetur-Grundsatz ist kein Informationsbeherrschungsrecht. Allein dadurch, dass eine Selbstbelastung erlangt wird, steht

---

2336 BGH NJW 2007, 3138 (3142); BGH NStZ 2009, 343 (344 Rn. 7 ff.); BGH NJW 2010, 3670 (3672 Rn. 23).

2337 Vgl. BGH NJW 2007, 3138 (3139); *Kasiske* StV 2014, 423 (429); a.A. *Renzikowski* JZ 1997, 710 (717).

2338 Vgl. *H. Schneider* NStZ 2001, 8 (11).

2339 S.o. F. II. 1. b. cc. (ii) β) ββ) u. γγ).

2340 BGH NJW 2007, 3138 (3141); *Renzikowski* JR 2008, 164 (165).

2341 *Sowada* in Geppert-FS, S. 689 (708).

2342 So aber *Wolter* ZIS 2012, 238 (242 ff.).

somit weder seine Verletzung noch seine Umgehung fest[2343]. Die bloße Tatsache, dass die Strafverfolgungsorgane besonders erfolgreich dabei sind, sich das Vertrauen des Beschuldigten zu erschleichen, ändert nichts daran, dass das Vertrauen normativ nicht schutzwürdig ist und sich lediglich ein der Sphäre des Beschuldigten zuzuordnendes Risiko verwirklicht. Tatsächlich dürften List und Täuschung in vielen Fällen von vornherein gegenüber dem Zwang das effektivere Mittel zur Erlangung selbstbelastender Angaben sein[2344]. Allein die Effektivität kann daher nicht maßgeblich sein. Um beide Einwirkungsformen mit Blick auf die Rechtsfolge normativ gleichzustellen, bedarf es vielmehr weiterer Umstände[2345]. Wie im Rahmen der objektiven Zurechnung muss die Risikoerhöhung rechtlich relevant sein[2346].

Nicht hilfreich ist an dieser Stelle das Kriterium der Finalität[2347]. Hierbei handelt es sich lediglich um das Umgehungs-Argument in neuem Gewand. Die verdeckte Befragung ist objektiv keine Umgehung und damit auch keine „rechtsmissbräuchliche Ersetzung"[2348] der Vernehmung. Auf ein subjektives Element i.S.e. Umgehungsvorsatzes kann es daher nicht ankommen[2349]. Bereits im Zusammenhang mit der Ausübung des Schweigerechts wurde darauf hingewiesen, dass es verfehlt ist anzunehmen, die verdeckte Befragung könne im Einzelfall eine Umgehung der Vernehmung darstellen[2350]. Sie tut dies entweder per se oder sie tut es nie. Einen „Umgehungsvorsatz" der handelnden Beamten wäre im Übrigen stets zu bejahen, da sie andernfalls gegen die Subsidiaritätsklausel verstießen.

Der BGH und der EGMR stellen – neben dem Kriterium der Untersuchungshaft – in diesem Zusammenhang auf zwei Umstände ab. Zum einen die Art der Gesprächsführung und zum anderen dem Bestehen einer besonderen Beziehung zwischen dem Beschuldigten und dem Agenten. Beide Kriterien scheinen nur kumulativ eine vernehmungsähnliche Befragung begründen zu können. Dass allein drängende Fragen nicht ausreichen, stellt BGH StV 2012, 129 (130) klar. Man wird dem Umstand, dass nachdrücklich oder gar harsch nachgefragt wird, in der Tat keine maßgebliche Bedeutung beimessen können[2351]. Das Schaffen von Äußerungsmotiven ist grundsätzlich zulässig[2352]. Die Art der Gesprächsführung ändert nichts

2343 S.o. F. II. 1. b. bb. (iii).

2344 *Bernsmann* StV 1997, 116 (118); *Roxin* NStZ-Sonderheft 2009, 41 (44).

2345 Vgl. den Ansatz von *Kasiske* StV 2014, 423 (428), nachdem Zwang per se fairnesswidrig ist, bei der Täuschung jedoch weitere Umstände hinzukommen müssen.

2346 Vgl. *Sowada* in Geppert-FS, S. 689 (708); zum materiellen Recht s. nur *Wessels/Beulke/Satzger*, StrafR AT, Rn. 183 f.

2347 *Eidam*, Selbstbelastungsfreiheit, S. 115 f.

2348 *Eisenberg*, Beweisrecht, Rn. 637; *Rogall* in SK-StPO § 136a Rn. 25.

2349 A.A. *Rothfuß* StraFo 1998, 289 (294); *Kasiske* StV 2014, 423 (427).

2350 S.o. F. II. 2. a. cc. (i).

2351 *Mushoff* FoR 2008, 60 (62); *Wolter* ZIS 2012, 238 (244); a.A. *Engländer* ZIS 2008, 163 (166).

2352 *Rogall* NStZ 2008, 110 (113); *Sowada* in Geppert-FS, S. 689 (708).

daran, dass der Irrtum über die Vertrauenswürdigkeit des Gesprächspartners in die Risikosphäre des Beschuldigten fällt.

Auch das Ausnutzen der erschlichenen Vertrauensbeziehung begründet nicht allein das Vorliegen einer vernehmungsähnlichen Befragung. Ein solches Vorgehen wird vielmehr für zulässig erachtet, solange es lediglich dazu führt, dass der Beschuldigte von sich aus Angaben macht, die Gespräche, in denen er sie tätigt sich also im Rahmen alltäglicher Konversation bewegen[2353]. Jedenfalls als allein maßgebliches Kriterium erscheint dieser Gesichtspunkt unbrauchbar[2354]. Ein gewisser Vertrauensbruch ist der verdeckten Befragung immanent[2355]. Das Bestehen der Vertrauensbeziehung ist regelmäßig die bloße Folge des Verschleierns des Ermittlungsauftrages. Allein in dem Umstand, dass der Beschuldigten dem Agenten gegenüber die Begehung von Straftaten offenbart, manifestiert sich das Bestehen eines gewissen Vertrauens. Diese wäre ohne die Verschleierung des Ermittlungsauftrags nicht zustande gekommen. Hält man dieses für zulässig, kann man nicht sogleich die Vertrauensbeziehung zum Anknüpfungspunkt für die Unzulässigkeit machen. Das Bestehen einer Vertrauensbeziehung führt jedenfalls nicht per se zu einer Risikoverlagerung[2356].

Auf der Suche nach Kriterien für die normative Relevanz einer Risikoerhöhung bietet sich das Gesetz an. Nach hier vertretenem Standpunkt muss § 136a StPO auf verdeckte Befragungen analoge Anwendung finden. Mit der Erlaubnis verdeckter Befragungen geht eine Suspendierung von § 136a StPO lediglich insofern einher, als dass die Verschleierung des Ermittlungscharakters des Gesprächs keinen Verstoß gegen das Täuschungsverbot darstellt[2357]. Die übrigen Methodenverbote sind auch im Rahmen verdeckter Befragungen zu beachten[2358].

Eine normativ relevante Risikoerhöhung liegt per se vor, wenn sich der Agent statt der Täuschung anderer durch § 136a untersagte Methoden bedient. Hier realisiert sich nicht mehr das Irrtumsrisiko des Beschuldigten, sondern das von den Strafverfolgungsorganen geschaffene Selbstbelastungsrisiko. Unterhalb der Grenze des § 136a StPO ist durch die Art der Gesprächsführung aufgebauter Druck irrelevant. Merkmale wie „beharrlich zur Aussage drängen" sind nicht nur praktisch nicht handhabbar[2359], ihnen fehlt auch die normative Berechtigung, eine gegenüber der einfachen verdeckten Befragung abweichenden Beurteilung der Situation zu

---

2353 BGH NJW 2007, 3138 (3142); BGH NStZ 2009, 343 (344).

2354 Für eine Lösung über das Kriterium des Vertrauensbruchs aber *Roxin* in Geppert-FS, S. 549 (558 ff.), *ders.* StV 2012, 131 (132); hiergegen *Kasiske* StV 2014, 423 (428).

2355 *Kasiske* StV 2014, 423 (428).

2356 Zu Sonderfällen s.u. F. II. 2. b. aa. (i) und F. II. 2. b. bb.

2357 *Meyer-Goßner/Schmitt*, StPO, § 110c Rn. 3; *V. Krey*, Rechtsprobleme, Rn. 223 f.; *Bruns* in KK-StPO § 110c Rn. 22; *Bockemühl* in KMR-StPO § 110a Rn. 8; *Kühne* in Wolter-FS, S. 1009 (1015).

2358 *Rogall* NStZ 2008, 110 (111); *Ostendorf*, StrafprozessR, Rn. 141; *Güntge* in Alsberg, Der Beweisantrag, Rn. 920.

2359 *Mitsch* NJW 2008, 2295 (2300).

veranlassen. Bohrendes Nachfragen begründet keine Aussagezwang i.S.d. nemo-tenetur-Grundsatzes. Nicht nur Neugier[2360], sondern auch Beharrlichkeit und Aufdringlichkeit sind keine sozialinadäquaten Vorkommnisse. Diese abzuwehren kann dem Beschuldigten zugemutet werden[2361]. Die schlichte Anwendung des § 136a StPO entbindet zudem von der kaum zu bewältigenden Aufgabe, in den Weiten der übergesetzlichen Prinzipien nach sinnvollen Abgrenzungskriterien zu suchen[2362]. Sie entfaltet vielmehr im Gegenteil die Überzeugungskraft einer auf das Gesetz gestützten Lösung[2363]. § 136a StPO beschreibt die Grenze, ab der die im Strafprozess von vornherein nicht zu vermeidenden Beeinflussungen der Entscheidungsfreiheit als normativ relevant zu werten sind[2364]. Äußerungsmotive unterhalb dieser Schwelle sind irrelevant[2365]. Diese Lösung entspricht auch dem früheren Standpunkt des BGH, der einerseits die rechtsstaatlichen Grenzen der verdeckten Befragung dort erreicht sah, wo zu der Heimlichkeit Umstände hinzukommen, die ihrerseits die Missbilligung der Rechtsordnung verdienen, und zum anderen in § 136a die Grenzziehung zwischen zulässigen und unzulässigen Mitteln erblickte[2366].

Im Fall von Täuschungen kommt es entscheidend darauf an, ob es sich lediglich um die Verschleierung des Ermittlungsauftrags oder eine darüberhinausgehende qualifizierte Täuschung handelt[2367]. Zur Abgrenzung ist wiederum auf das Kriterium der Risikoverteilung zu rekurrieren[2368]. Vor diesem Hintergrund macht es zunächst keinen Unterscheid, ob der Agent seinen Ermittlungsauftrag lediglich verschweigt oder ausdrücklich bestreitet[2369]. Auch Aussagen, die in ihrem Erklärungsgehalt nicht über das Verschleiern des Überführungswillens hinausgehen, wie ausdrückliche Vertraulichkeitszusagen, sind hiervon noch gedeckt[2370]. Problematisch wird es bei falschen Angaben, die zum Aufbau oder zur Aufrechterhaltung der Tarnung nicht unbedingt erforderlich sind, aber dazu dienen, die Tarnidentität mit einem Hintergrund zu versehen und eine Beziehung zu dem Beschuldigten aufzubauen. Jede

2360 *Engländer* ZIS 2008, 163 (166) *Ellbogen* Kriminalistik 2006, 544 (547); *Sowada* in Geppert-FS, S. 689 (707).

2361 Ähnlich *H. Schneider* NStZ 2001, 8 (11); *Soiné* NStZ 2010, 596 (599), der auf die Nötigungsähnlichkeit als Grenze abstellt.

2362 Vgl. *Sowada* in Geppert-FS, S. 689 (719), der eine Orientierung an den Beurteilungsmaßstäben des § 136a StPO vorschlägt.

2363 Vgl. *A. Schumann* JZ 2012, 265 (265 f.); *Duttge* JZ 2008, 261 (264); *Kühne* in Wolter-FS, S.1009 (1011); *Beulke* StV 1990, 180 (184).

2364 *Verrel*, Selbstbelastungsfreiheit, S. 148; vgl. auch *Sowada* in Geppert-FS, S. 689 (719), der eine Orientierung an den Beurteilungsmaßstäben des § 136a StPO vorschlägt.

2365 *Rogall* NStZ 2008, 110 (113); *Sowada* in Geppert-FS, S. 689 (707).

2366 BGH NStZ 1994, 292 (294).

2367 Vgl. *Sowada* in Geppert-FS, S. 689 (717); *Verrel*, Selbstbelastungsfreiheit, S. 280 f.; *Jäger*, Beweisverwertung, S. 184; *Beulke*, StrafprozessR, Rn. 138; krit. *Roxin* NStZ 1997, 18 (20);

2368 *Verrel* in Puppe-FS, S. 1629 (1640 f.).

2369 A.A. *Ellbogen* Kriminalistik 2006, 544 (548); *Rothfuß*, StraFo 1998, 289 (294).

2370 *Sowada* in Geppert-FS, S. 689 (717).

Täuschung, die nicht im engeren Sinne legendenbedingt[2371] ist, als Verstoß gegen § 136a StPO anzusehen, erscheint sehr weitgehend[2372]. Man wird solche „vertrauensfördernden Begleitlügen" vielmehr in engen Grenzen für zulässig halten können, solange sie sich noch im Rahmen des eigenverantwortlich zu tragenden Risikos bewegen[2373]. Dass der Agent etwa vorgibt ähnliche Interessen wie der Beschuldigte zu haben, fällt bei normativer Betrachtung gegenüber der Identitätstäuschung nicht ins Gewicht. Eine normative, am Kriterium der Risikoverteilung ausgerichtete Betrachtung erlaubt hier den erforderlichen Ausgleich zwischen der generellen Zulässigkeit verdeckter Befragungen und dem gleichzeitigen Bedürfnis nach ihrer Beschränkung[2374]. Sie bietet zugleich hinreichend Spielraum für die Beachtung von Einzelfallumständen[2375].

aa. Anerkannte Fallgruppen

Im Folgenden soll aufgezeigt werden, dass das Kriterium der qualifizierten Täuschung i.V.m. dem Gedanken der Risikozuordnung bereits anerkannte Ergebnisse im Bereich der Verwertungsverbote bei verdeckten Befragungen nicht nur zu erzielen, sondern auf eine neue und überzeugende Begründung zu stellen vermag, während gleichzeitig dem Kriterium selbst weitere Kontur verliehen wird.

(i) Der „Romeo"-Fall

Als hypothetisches[2376] Beispiel für eine unzulässige Beweiserhebung werden stets die sog. „Romeo"-Fälle angeführt[2377]. Auch in der Literatur besteht weitgehende Einigkeit über die Unzulässigkeit derartigen Vorgehens und das Bestehen eines Verwertungsverbots[2378]. Dieses Ergebnis kann für sich in Anspruch nehmen, intuitiv richtig zu erscheinen. Schwieriger gestaltet sich bereits die Frage nach der Quelle

---

2371 *V. Krey*, Rechtsprobleme, Rn. 221 ff. unterscheidet bei den zulässigen Täuschungen zwischen legendenbedingten und „sonstigen einsatzbedingten" Täuschungen. Ein Gewinn dieser Differenzierung kann nicht erkannt werden. Die, als Beispiel genannte Täuschung über die Kaufbereitschaft, zur Anbahnung von „Geschäftskontakten" lässt sich auch als „legendenbedingt" bezeichnen. Die weiter angeführte Täuschung über eine vermeintliche Anordnung des Bandenchefs, um so die Festnahme der Bandenmitglieder zu ermöglichen, ist nicht auf eine Aussage gerichtet und daher gar keine Täuschung i.S.d. § 136a StPO.

2372 In diese Richtung *Duttge* JZ 2008, 261 (264).

2373 *Sowada* in Geppert-FS, S. 689 (721, 717), die dort genannten Beispiele gehen jedoch noch nicht über das Verschleiern des Überführungswillen hinaus.

2374 Vgl. *Sowada* in Geppert-FS, S. 689 (709).

2375 Vgl. *Sowada* in Geppert-FS, S. 689 (709).

2376 Zu einem tatsächlichen Fall s. AG Heidelheim NJW 1981, 1628. Hier geht es allerdings nicht um die Erlangung einer Aussage, sondern eine agent provocateur-Konstellation.

2377 BGH GS 1996, 502 (504).

2378 A.A. aber *V. Krey* in Kohlmann-FS, S. 627 (645).

dieser Intuition. Nicht von der Hand zu weisen, ist der Verdacht, dass der Hintergrund darin besteht, dass dem Vorgehen eine gewisse sittliche Anrüchigkeit attestiert wird[2379]. Der Ursprung des Verwertungsverbots wird daher teilweise in einer Verletzung des Kernbereichs privater Lebensgestaltung erblickt[2380]. Es handelt sich nicht um einen Fall, in dem die Täuschung zwangsartige Wirkung entfaltet[2381]. Eine solche ließe sich allenfalls dann annehmen, wenn die Beziehung als Nötigungsmittel instrumentalisiert, etwa mit ihrem Abbruch gedroht wird[2382]. In ihrer Wirkung auf den Beschuldigten unterscheidet sich die Täuschung jedoch nicht von dem bloßen Verschleiern des Ermittlungsauftrags und geht somit nicht über die Grundkonstellation hinaus[2383]. Der besondere Unwertgehalt liegt hier darin, dass es sich um eine ganz besonders perfide und damit widerwärtige Täuschung handelt[2384]. Allein mit einem zwangsfixierten Verständnis lässt sich dieser besondere Unwertgehalt jedoch nicht abbilden. Hier zeigt sich wieder die unterschiedliche Wirkungsweise von Zwang und Täuschung.

Die Erhöhung des Selbstbelastungsrisikos gegenüber dem bloßen Verschleiern des Ermittlungsauftrags folgt aus den besonderen Kommunikationsstrukturen innerhalb von Liebesbeziehungen. Diese sind typischerweise von Offenheit und Ehrlichkeit und einer entsprechenden Erwartungshaltung an den Partner geprägt. Kommunikative Instrumente, die gegenüber anderen Personen dazu dienen, Auskunftsbegehren zurückzuweisen, versagen hier regelmäßig. Sowohl der BGH als auch der EGMR beachten die soziale Beziehung zwischen Beschuldigtem und Agenten bei der Frage, ob ein Vernehmungsäquivalent vorliegt[2385].

In diesem emotionalen Druck einen Aussagezwang i.S.v. nemo tenetur sehen zu wollen, würde das Zwangskriterium jeglicher Trennschärfe berauben und geht daher zu weit[2386]. Es ist vielmehr eine unzulässige qualifizierte Täuschung anzunehmen. Das Ausnutzen derartiger der Intimsphäre zuzuordnenden Kommunikationsstrukturen geht weit über das bloße Verschleiern des Ermittlungsauftrags hinaus und verleiht dem Vorgehen eine ganz eigene Qualität[2387]. Dieser Umstand führt dazu, dass sich die Selbstbelastung bei wertender Betrachtung nicht mehr als Realisierung

---

2379 Vgl. *V. Krey* in Kohlmann-FS, S. 627 (645) der die Annahme der Unzulässigkeit für „lebensfremd blauäugig und recht prüde" hält.

2380 *Kasiske* StV 2014, 423 (428); *Mahlstedt*, Verdeckte Befragung, S. 213; *Popp* NStZ 1998, 95 (96).

2381 *Kasiske* StV 2014, 423 (428); *Verrel* in Puppe-FS, S. 1629 (1633); a.A. *Sowada* in Geppert-FS, S. 689 (710).

2382 *Kasiske* StV 2014, 423 (428 Fn. 53); *Ellbogen* Kriminalistik 2006, 544 (548).

2383 *Roxin* NStZ 1997, 18 (20); *Kraft*, Das nemo-tenetur-Prinzip, S. 351; *Bernsmann* StV 1996, 116 (119).

2384 *Verrel* in Puppe-FS, S. 1629 (1641).

2385 S.o. F. II. 2. a. cc. (ii) α).

2386 S. aber *Mushoff* FoR 2008, 60 (62).

2387 Vgl. *Popp* NStZ 1998, 95 (96).

des dem Beschuldigten zugewiesenen Selbstbelastungsrisikos, sondern des durch die staatliche Maßnahme gesetzten darstellt.

(ii) Der „Priester"-Fall

Dem „Romeo"-Fall ganz ähnlich ist eine Konstellation, die sich in der DDR zugetragen haben soll, in der Bundesrepublik aber nur die Wissenschaft beschäftig[2388]: Ein Staatsanwalt verkleidet sich als Priester und nimmt dem Beschuldigten die Beichte ab. Wie im „Romeo"-Fall spielt der Gedanke der Intimsphäre eine Rolle. Hinzu kommt der strafprozessuale Schutz des Verhältnisses zum Geistlichen, vgl. § 53 Abs. 1 Nr. 1, § 160a Abs. 1 S. 1 StPO. Dieses ist die einzige Möglichkeit, die die StPO dem Beschuldigten eröffnet, seinem Gewissen Luft zu machen[2389]. Man wird jedoch nicht auf den Gewissensdruck als mögliche Form eines Aussagezwanges abstellen können, ohne dieses Kriterium endgültig ad absurdum zu führen[2390]. Die Rechtsstaatswidrigkeit des Vorgehens resultiert vielmehr daraus, dass gerade die dem Beschuldigten zugestandene Möglichkeit, sich dem staatlichen Zugriff entzogen zu offenbaren, zu seiner Überführung genutzt wird. Die gesetzlich zugesicherte Vertraulichkeit des Geistlichen-Gesprächs nimmt dem Beschuldigten gerade ausnahmsweise das Risiko ab, sich durch Äußerungen gegenüber Dritten selbst zu belasten[2391]. Es verwirklicht sich somit nicht das dem Beschuldigten zugewiesene Selbstbelastungsrisiko, sondern ein eigens staatlich geschaffenes[2392].

Insgesamt handelt es sich um eine Konstellation, der das sonst recht schwierig zu handhabende Prädikat der Rechtsstaatswidrigkeit ohne weiteres zukommt. Das für einen Verstoß gegen die Verfahrensfairness zu fordernde Evidenz-Erlebnis[2393] stellt sich ohne weiteres ein.

2388 *Petry*, Beweisverbot, S. 170; *Sowada* in Geppert-FS, S. 689 (711); *Lindner*, Täuschungen, S. 90 f.

2389 Vgl. *V. Krey* in Miyazawa-FS, S. 595 (600).

2390 S. *Sowada* in Geppert-FS, S. 689 (711), der dies selbst einräumt; *Lindner*, Täuschungen, S. 90 f. stellt auf den seelischen Zwang ab, gegenüber eine Priester die Wahrheit zu sagen. Dieser Gedanke verfängt jedoch nicht, da das Beichtgespräch vom Beschuldigten initiiert wird.

2391 Vgl. *V. Krey* in Neujustierung des Strafrecht, S. 25 (28); *Petry*, Beweisverbote, S. 170.

2392 *Mahlstedt*, Verdeckte Befragung, S. 221 meint hingegen die Konstellation unterscheide sich nicht von einfachen verdeckten Befragungen.

2393 *H. Schneider* JURA 1997, 131 (137).

(iii) Untersuchungshaft-Fälle

Sowohl der BGH[2394] als auch der EGMR[2395] stellten für die Annahme eines Beweisverwertungsverbots darauf ab, dass der Beschuldigte sich in Untersuchungshaft befand.

BGH JR 1988, 426 nahm ein Verwertungsverbot für die Konstellation an, dass dem Beschuldigten ein Zellengenosse zugewiesen wurde, der diesem im Auftrag der Strafverfolgungsbehörden Täterwissen entlocken sollte. Der BGH erblickte in der Ausnutzung der aus der Untersuchungshaft resultierenden Drucksituation einen unzulässigen Zwang i.S.d. § 136a StPO Abs. 1 S. 2 StPO. Während die Annahme eines Verwertungsverbots allgemein begrüßt wird,[2396] trifft die Begründung mit der Zwangswirkung auf breite Ablehnung[2397]. In der Literatur wird hingegen überwiegend der täuschende Charakter des Vorgehens betont[2398]. Auch die Vorinstanz hatte einen Verstoß gegen die Täuschungsmodalität des § 136a Abs. 1 S. 1 StPO angenommen[2399]. Dem BGH wird vorgeworfen, die Konsequenzen seiner Rechtsprechung durch die Argumentation mit dem Zwangskriterium bewusst auf in der Untersuchungshaft spielende Fälle zu beschränken[2400].

Es mag richtig sein, dass in faktischer Hinsicht das Verschleiern des Ermittlungsauftrags[2401] stärker maßgeblich war für den Entschluss zu selbstbelastenden Angaben als die mit der U-Haft einhergehende aussagepsychologische Zwangssituation. Hiermit ist jedoch nicht gesagt, dass dies auch in normativer Hinsicht den prozessualen Unwertgehalt des Vorgehens zutreffend kennzeichnet. Es ist unzutreffend anzunehmen, die Konstellation unterscheide sich nicht von einer verdeckten

---

2394 BGH NJW 2010, 3670 (3672 Rn 22); BGH NJW 2007, 3138 (3141 f.);BGH GS NStZ 1996, 502 (504); BGH JR 1988, 426; BGH NStZ 1999, 147.

2395 EGMR JR 2004, 127 (130) (Allan v. UK); EGRM JR 2009, 514 (518 Rn.102) (Bykov v. Russland).

2396 A.A. *Lesch* GA 2000, 355 (365); *Petry*, Beweisverbote, S. 172.

2397 Zust. aber *V. Krey* in Miyazawa-FS, S. 595 (600); *ders.* in Neujustierung des Strafrechts, S. 25 (30), der dann aber ausdrücklich nicht mehr auf § 136a StPO sondern auf das nemo-tenetur-Prinzip rekurriert (Fn. 30); *H. Schneider* JR 1996, 401 (408), der allerdings einen Verstoß gegen das fair-trial-Prinzip annimmt; zugeneigt auch *Rogall* StV 2008, 219 (221).

2398 *Seebode* JR 1988, 427 (430); *Fezer* JZ 1987, 937 (937); *Grünwald* StV 1987, 470 (471); *Renzikowski* JZ 1997, 710 (711); *Roxin* NStZ-Sonderheft 2009, 41 (45); *Duttge* JZ 2008, 261 (264); *R. Esser* JR 2004, 98 (100); *Kretschmer* HRRS 2010, 343 (345); *Beulke* StrafprozessR, Rn. 136; *Verrel* in Puppe-FS, S. 1629 (1639); *v. Stetten*, Beweisverwertung, S. 127; *Wolter* in SK-StPO Vor § 151 Rn. 124b; *Kramer* JURA 1988, 520 (523); *Eidam*, Selbstbelastungsfreiheit, S. 80.

2399 LG Hannover StV 1986, 521 (521).

2400 *Fezer* JZ 1987, 937 (937); *Seebode* JR 1988, 427 (430), *Jahn* JuS 2000, 441 (443 f.); *Strate* DuR 1989, 245 (247); *Degener* GA 1992, 443 (449).

2401 In casu ging das Täuschungsverhalten des Spitzels über ein bloßes Verschweigen oder Verschleiern des Ermittlungsauftrags hinaus. Um ein abstrahierbares Ergebnis zu ermöglichen, sollen die weiteren Täuschungshandlungen hier außer Betracht bleiben.

Befragung in Freiheit[2402]. Man wird den Umstand der Untersuchungshaft nicht außer Acht lassen dürfen. Die Rechtsstaatswidrigkeit des Vorgehens ergibt sich erst aus dem Zusammenspiel von Zwang und Täuschung, während beide Elemente isoliert betrachtet, die Unverwertbarkeit nicht zu begründen vermögen.

Der mit der Untersuchungshaft einhergehende Geständnisdruck ist allgemein bekannt[2403]. Der Einwand, dass die Untersuchungshaft niemanden zu selbstbelastenden Äußerungen zwinge[2404], geht daher an der Realität vorbei. Auch greift es zu kurz, hier einzuwenden, dieser Druck könne sich in der Befragung durch eine Privatperson nicht entladen, da ein Geständnis dieser gegenüber nicht zur Beendigung der Untersuchungshaft führen kann[2405]. Es ist zwar zutreffend, dass keine Situation eines Aussagezwangs i.S.d. nemo-tenetur-Satzes besteht, da dem Beschuldigten die Möglichkeit bleibt, den auf ihm lastenden faktischen Druck auszuhalten, hieraus kann jedoch nicht gefolgert werden, dass die Haftsituation für die Bewertung der Konstellation gänzlich unbeachtlich ist[2406]. Neben der rationalen Erwägung, die Untersuchungshaft durch ein Geständnis beenden zu können, beeinflusst die Untersuchungshaft die aussagepsychologische Verfassung des Häftlings noch auf subtilere Art[2407]. Untersuchungshaft stellt eine psychische Ausnahmesituation dar[2408]. Der Untersuchungshäftling unterliegt einem gesteigerten Mitteilungsbedürfnis, während gleichzeitig seine Möglichkeiten zur Gestaltung der Kommunikation stark eingeschränkt sind[2409]. Er befindet sich somit in einer Situation psychologischen Aussagezwangs[2410]. Hiermit muss nicht einmal ein Bedürfnis, die Tat einzugestehen, um dem eigenen Gewissen Luft zu machen, gemeint sein. Vielmehr hat der Untersuchungshäftling das natürliche Bedürfnis sich zu den Umständen, die zu seiner Inhaftierung geführt haben, und damit jedenfalls mittelbar zum Tatvorwurf zu äußern. Dies trifft auch auf den faktisch Unschuldigen zu. Es besteht somit eine faktische Zwangs-Kulisse. Diese besteht auch nicht nur zufällig, sondern ist gerade ihrerseits staatlich verursacht. Nicht nur durch die Intensität, sondern insbesondere durch dieses Element der staatlichen Verursachung unterscheidet sie sich von dem

---

2402 So aber *Eidam*, Selbstbelastungsfreiheit, S. 81; *Roxin* NStZ 1997, 18 (19); *Hauck* NStZ 2010, 17 (22).

2403 vgl. *Paeffgen* NStZ 1997, 115 (119): „[Es ist] eine Binsenweisheit, dass U-Haft Geständnisse bewirken kann [...]"; s. auch *Eidam* HRRS 2008, 241 (243).

2404 *Mahlstedt*, Verdeckte Befragung, S. 214; *Roxin* NStZ 1997, 18 (19); *Lesch* GA 2000, 355 (356); ähnlich *Kretschmer* in Radtke/Hohmann, StPO, § 136a Rn. 30.

2405 So *Lesch* GA 2000, 355 (358); *Eidam*, Selbstbelastungsfreiheit, S. 79.

2406 So aber *Hauck*, Heimliche Strafverfolgung, S. 239.

2407 Vgl. *Seebode* JR 1988, 427 (430); *Eidam* StV 2005, 201 (201), der zwischen einer faktischen und einer rechtlichen Pressionswirkung unterscheidet.

2408 *Schlothaur/Weider*, Untersuchungshaft, S. 665; *Seebode* JR 1988, 427 (430); vgl. auch *Amelung* ZStW 95 (1983), 1 (7 ff.); *Klesczewski* StV 2010, 462 (464).

2409 *H. Schneider* JR 1996, 401 (407); *Bosch*, Aspekte, S. 232; *Sowada* in Geppert-FS, S. 689 (711).

2410 *H. Schneider* NStZ 2001, 8 (8).

Mitteilungsdruck, den auch ein in Freiheit befindlicher Beschuldigter empfinden mag. Jene Zwangslage wurzelt allein in der Person des Beschuldigten. Den aus der Tatbegehung herrührenden Gewissenskonflikt muss ihm der Staat nicht abnehmen. Zudem sind ihm mit Angehörigen und Berufsgeheimnisträgern, insbesondere Geistlichen dem staatlichen Zugriff entzogene Gesprächsmöglichkeiten eröffnet[2411].

Gewissermaßen zwischen dem U-Häftling und dem sich auf freiem Fuß befindlichen Beschuldigten bewegt sich der Strafgefangene[2412]. Dieser befindet sich in einer anderen psychologischen Situation als der U-Häftling[2413]. Er ist in seiner Freiheit insbesondere zur Gestaltung der Kommunikationsstrukturen erheblich geringer eingeschränkt[2414]. Hier wird man einen relevanten Geständnisdruck wohl nicht annehmen können[2415]. Erst Recht gilt dies während des Hafturlaubs[2416].

Aus der Untersuchungshaft resultiert somit eine faktische Beeinträchtigung der Freiheit des Beschuldigten, über sein Aussageverhalten zu entscheiden. Mit dem nemo-tenetur-Grundsatz ist die Untersuchungshaft dennoch vereinbar, weil ihre geständnissteigernde Wirkung nur faktische Nebenwirkung und nicht der Zweck dieses Rechtsinstituts ist[2417]. Eine Haft zur Erlangung eines Geständnisses wäre Beugehaft und unvereinbar mit der im nemo-tenetur-Grundsatz verkörperten Entscheidung gegen einen Geständniszwang[2418]. Auch die Untersuchungshaft ist mit dem nemo-tenetur-Grundsatz unvereinbar, wenn sie zweckentfremdend zur Erlangung eines Geständnisses eingesetzt wird[2419]. Die Zwangswirkung der Untersuchungshaft ist das Ergebnis einer normativen Betrachtung, eines tatsächlichen Nachweises einer psychologischen Zwangswirkung oder einer Erhöhung des Mitteilungsbedürfnisses im Einzelfall bedarf es nicht[2420].

Allein das passive Profitieren aus den Umständen ist den Strafverfolgungsorganen jedoch nicht versagt. Anderenfalls müssten amtliche Vernehmungen während der Untersuchungshaft unzulässig sein[2421]. Hier wird dem Beschuldigten aber durch die Belehrung vor Augen geführt wird, dass er dem psychologischen Aussagedruck nur um die Kosten einer strafrechtlichen Selbstbelastung entgehen kann. Das Moment der zweckentfremdenden Nutzbarmachung der Situation psychologischen Aussagezwangs fehlt der Vernehmung während der U-Haft somit.

2411 *V. Krey* in Miyazawa-FS, S. 595 (600).
2412 Vgl. *H. Schneider* JR 1996, 401 (407).
2413 *Seebode*, Der Vollzug, S. 38.
2414 *H. Schneider* JR 1996, 401 (407 Fn. 46); *Seebode*, Der Vollzug, S. 39.
2415 *H. Schneider* JR 1996, 401 (407).
2416 A.A. BGH NJW 2007, 3138 (3141); vgl. *Roxin* in Geppert-FS, S. 549 (562).
2417 S.o. C. V.
2418 *Jahn* JuS 2009, 861 (861).
2419 BGH NJW 1995, 2933 (2936); *Bosch*, Aspekte, S. 227.
2420 A.A. *Hilland*, Beweisgewinnungsverbot, S. 170; *Kramer* JURA 1988, 520 (523); vgl. aber auch *H. Schneider* JR 1996, 401 (407 Fn. 46).
2421 *Roxin* NStZ 1997, 18 (19).

Auch BGH NStZ 1989, 32 zeigt, dass das Kriterium der von der Untersuchungshaft ausgehenden Zwangswirkung nicht allein maßgeblich sein kann[2422]. In dem zugrundeliegenden Sachverhalt hatte ein U-Häftling seinen Zellennachbarn zu den Tatvorwürfen ausgefragt, ohne dass dieses Gespräch von Seiten der Strafverfolgungsorgane initiiert worden wäre. Erst im Anschluss bot er sich diesen als Zeuge an. Der BGH lehnte ein Verwertungsverbot zu Recht ab. Die Vertrauenswürdigkeit des Gesprächspartners ist Teil des allgemeinen Lebensrisikos. Das Verhalten des Zellengenossen ist den Strafverfolgungsorganen nicht zurechenbar[2423]. Wie in der Situation der Vernehmung und anders als im 1. „Zellspitzel"-Fall profitieren die Strafverfolgungsorgane lediglich von den Gegebenheiten und nutzen sie nicht aktiv aus. Im 1. „Zellspitzel"-Fall geht es hingegen gerade um die planvolle Nutzbarmachung der bestehenden Zwangssituation[2424]. Hier wird das Geständnis aktiv herbeigeführt, indem dem Beschuldigten vorgespielt wird, er könne sich dem Mitteilungsdruck entledigen, ohne sich zugleich strafprozessual zur den Vorwürfen zu äußern. Hierin liegt die Zweckentfremdung der Zwangswirkung der Untersuchungshaft. Der bestehende staatlich aufgebaute Geständniszwang wird gerade zu dem Zweck eingesetzt, zu dem ihn aufzubauen den Staatsorganen untersagt wäre. Dieser normativ maßgebliche Aspekt der Zweckentfremdung kommt gerade erst durch das Zusammenspiel von Zwang und Täuschung zustande.

Isoliert betrachtet besteht die Täuschung des Spitzels hingegen nur in dem Verschleiern des Ermittlungsauftrags. Insoweit läge also lediglich das Ausnutzen des dem Beschuldigten obliegenden Risikos vor. Besonders qualifiziert i.S.e. eigenständigen Risikosetzung erscheint die Täuschung jedoch durch die Rahmenumstände der Untersuchungshaft. Aus der dargelegten Situation psychologischen Zwangs ergibt sich eine faktische Erhöhung des Selbstbelastungsrisikos. Dieses erscheint aufgrund des aus dem nemo-tenetur-Satz fließenden Verbots einer Beugehaft gegen den Beschuldigten auch normativ relevant[2425]. Muss, wie dargelegt, auch dem Untersuchungshäftling nicht jegliches Selbstbelastungsrisiko abgenommen werden, so verbietet es sich doch, die durch die Untersuchungshaft staatlich geschaffene Anfälligkeit[2426] gezielt auszunutzen. Es realisiert sich somit nicht das vom Beschuldigten zu tragende Selbstbelastungsrisiko, sondernd das staatlich durch die Untersuchungshaft geschaffene[2427].

Diese Zweckentfremdung des aus der Untersuchungshaft resultierenden Zwangs kennzeichnet somit bei normativer Betrachtung den prozessualen Unwertgehalt des Vorgehens der Strafverfolgungsorgane. Die Rolle der Täuschung liegt hierbei

2422 *Beulke* StV 1999, 180 (183).
2423 A.A. *Mahlstedt*, Verdeckte Befragung, S. 158.
2424 *H. Schneider* JR 1996, 401 (407); *Lesch* GA 2000, 355 (366).
2425 Vgl. *Jahn* JuS 2009, 861 (861).
2426 Vgl. EGMR JR 2004, 127 (130) (Allan v. UK); *H. Schneider* NStZ 2001, 8 (10); *Klesczewski* StV 2010, 462 (464); *Kretschmer* in Raftke/Hohmann, StPO, § 136a Rn. 31.
2427 Ähnlich *H. Schneider* JR 1996, 401 (407).

gerade in der Herbeiführung der Zweckentfremdung[2428]. Die Unzulässigkeit ergibt sich daher erst aus dem Zusammenspiel des Zwangs- und des Täuschungsmoments, während jedes für sich unbedenklich wäre[2429]. Die verdeckte Befragung eines Untersuchungshäftlings ist somit stets unzulässig und so gewonnene Erkenntnisse unverwertbar[2430].

Aus der Zusammenschau der beiden „Zellspitzel"-Fälle konnten somit die dem Staat zurechenbare Täuschung und der von der Untersuchungshaft ausgehende Aussagedruck als Kriterien für die Annahme einer ein Verwertungsverbot auslösenden qualifizierten Täuschung destilliert werden.

Gewissermaßen zwischen den beiden Fällen bewegt sich BGH NStZ 1999, 147, der sog. „Wahrsagerin"-Fall. Die Beschuldigte befand sich in Untersuchungshaft. In der Justizvollzugsanstalt traf sie auf die spätere Zeugin, eine Strafgefangene[2431], die ihr (und anderen Insassen) anbot, durch übersinnliche Kräfte ein mildes oder freisprechendes Urteil zu erwirken. Voraussetzung sei allerdings, dass sich die Beschuldigte ihr rückhaltlos offenbare. Im Weigerungsfall würde nicht nur der Erfolg ausbleiben, die Wahrsagerin drohte zudem mit übersinnlichen Mächten. Zudem wurde während der Sitzungen Haschisch und Marihuana konsumiert. Die Wahrsagerin beabsichtigte dabei von Anfang an, ihr in den Sitzungen erlangtes Wissen mit den Strafverfolgungsbehörden zu teilen, weil sie sich hiervon Vorteile versprach. Eine Kooperation mit den Behörden, in dem Sinne, dass sie von diesen beauftragt

2428 Vgl. *H. Schneider* NStZ 2001, 8 (10 Fn. 21); *Seebode* JR 1988, 427 (430).

2429 So auch *H. Schneider* NStZ 2001, 8 (10), der hierin allerdings einen Verstoß gegen den fair-trial-Grundsatz erblickt; ähnlich auch *Lammer*, Verdeckte Ermittlungen, *V. Krey*, Rechtsprobleme, Rn. 165; S. 169; *Salger*, Schweigerecht, S. 37 f.; *Bosch*, Aspekte, S. 233 hält nicht nur beides für sich, sondern wohl auch das Zusammenspiel für unbedenklich und stellt statt dessen darauf ab, dass der Spitzel weitere vertrauensbildende Maßnahmen ergreift.

2430 Ein Verbot von derartige Maßnahmen sieht Nr. 9 Abs. 2 UVollzO vor. Obwohl diese Bestimmung während der „Zellspitzel"-Fälle in Kraft war, wurde sie in den Urteilen nie problematisiert. Der Grund dürfte darin liegen, das sie mangels Rechtsqualität ohnehin keinen tauglichen Anknüpfungspunkt für ein Beweisverwertungsverbot bildet (vgl. aber *Kramer* JURA 1988, 520 (524). Mittlerweile ist die UVollzO durch Landes-Untersuchungshaftvollzugsgesetze abgelöst. Diese enthalten keine entsprechende Vorschrift. Hieraus e contratio die Zulässigkeit zu folgern, ginge jedoch zu weit. Die Länder haben sich maßgeblich nicht an der UVollzO, sondern an den Strafvollzugsgesetzen orientiert, so dass dem gesetzlichen Schweigen schon kein entsprechender Erklärungsgehalt zukommt. Im Übrigen wäre dies auch kompetenzrechtlich kaum möglich.

2431 Warum die Strafgefangene ungehindert Kontakt mit einem Untersuchungshäftling aufnehmen konnte bleibt unklar, *Mitsch* NJW 2008, 2295 (2299) vermutet zu Recht einen Verstoß gegen das Trennungsverbot, betont jedoch ebenfalls zutreffend, dass dieser mangels Schutzzweckzusammenhang keine Folgen für die Beweisverwertbarkeit hat.

worden wäre, wurde nicht festgestellt. Die Behörden hatten jedoch Kenntnis vom Vorgehen der Wahrsagerin.

Der BGH nahm ein Verwertungsverbot analog § 136a StPO an.

Der Fall unterscheidet sich dadurch von der „Zellspitzel"-Konstellation, dass sich die Wahrsagerin neben der Täuschung weiterer von § 136a StPO erfassten Methoden bedient[2432]. Soweit ihr Verhalten den Ermittlungsorganen zuzurechnen wäre, ließe sich ein Verwertungsverbot daher ohne weiteres begründen[2433]. Der BGH meinte, offen lassen zu können, ob sich das Verwertungsverbot bereits aus der staatlichen zurechenbaren Anwendung von § 136a-Methoden ergibt oder dieses erst durch das Hinzutreten der Zwangswirkung der Untersuchungshaft ausgelöst wird[2434]. Es verhält sich aber gerade umgekehrt: Bereits aus dem Zusammenspiel der Untersuchungshaft und der staatlichen zurechenbaren Täuschung über den Ermittlungszweck des Gesprächs begründet sich analog der „Zellspitzel"-Entscheidung ein Verwertungsverbot, auf die angewandten Methoden käme es somit gar nicht mehr an. Die staatlich zurechenbare Anwendung solcher Methoden ist vielmehr eigenständig und daher – und gerade diese Stellungnahme versucht der Senat wohl zu vermeiden – auch bei dem in Freiheit befindlichen Beschuldigten geeignet, ein Verwertungsverbot zu begründen. Mit der Bejahung der staatlichen Zurechnung steht fest, dass § 136a StPO analoge Anwendung findet. Niemand käme auf die Idee, eine Aussage zu verwerten, die ein Strafverfolgungsbeamter durch Anwendung entsprechender Methoden erlangt hat[2435].

Dies hängt aber alles von der in casu äußerst problematischen Frage der Zurechnung ab. Wäre sie zu verneinen, kann sich ein Verwertungsverbot nur aus den Grundsätzen privater Beweiserlangung ergeben. Hiernach wird sich ein solches jedoch kaum begründen lassen[2436]. Weder der – ohnehin eigenverantwortliche – Cannabis-Konsum[2437] noch die Drohung mit überirdischen Mächten erscheint als Methode, die derart mit den Grundsätzen rechtsstaatlicher Beweiserhebung in Widerspruch steht, dass dieser Makel einer staatlichen Übernahme entgegensteht[2438].

Der BGH konstruiert unter Rekurs auf das „besondere Gewaltverhältnis", in dem der Untersuchungsgefangene stehe, eine Verantwortung des Staates[2439] für den Beschuldigten, aus dem sich Zurechnung privater Befragungen ergeben soll. Eine solche Verantwortung lässt sich ohne weiteres bezüglich der physischen und

---

2432 *Roxin* NStZ 1999, 149 (150); *Hanack* JR 1999, 348 (349).

2433 *Roxin* NStZ 1999, 149 (150).

2434 BGH NStZ 1999, 147 (149).

2435 S.o. F. II. 1. b. cc. (ii) β) ββ).

2436 *H. Schneider* NStZ 2001 (8), 12.

2437 *H. Schneider* NStZ 2001 (8), 12; im Rahmen von § 136a StPO spielt es hingegen keine Rolle, dass der Beschuldigte die Drogen selbst einnimmt, vgl. *Meyer-Goßner/ Schmitt*, § 136a, Rn. 10.

2438 S.o. F. I. 2. b.

2439 Dass der BGH hier nicht zwischen der Justizvollzugsanstalt und den Ermittlungsbehörden differenziert, kritisiert *Lesch* GA 2000, 355 (368).

psychischen Integrität des Häftlings annehmen, sie soll sich nach den Ausführungen des Gerichts aber auch auf die Freiheit selbstbestimmten Verhaltens und damit auf die Aussagefreiheit erstrecken[2440]. Eine solche staatliche Garantenstellung für die Aussagefreiheit lässt sich aber aus dem Sonderstatusverhältnis nicht ableiten[2441]. Eine derartige Garantenstellung widerspricht dem Gedanken der Risikozuordnung[2442]. Der Beschuldigte ist für die Organisation seiner Kommunikationsstrukturen selbst verantwortlich[2443]. Hierbei ist ihm eine gewisse Eigenverantwortlichkeit zuzumuten[2444]. Das Vertrauen in die Integrität des Gesprächspartners ist normativ nicht schutzwürdig[2445]. Dass sich dieser der Polizei offenbart, gehört zum allgemeinen Lebensrisiko[2446]. Auch die besonderen Umstände der U-Haft rechtfertigen nicht, hier eine Umverteilung des Risikos vorzunehmen[2447]. Auch gegenüber dem inhaftierten Beschuldigten besteht keine staatliche Fürsorgepflicht zum Schutz vor Selbstbelastungen[2448]. Auch diesem ist vielmehr ein Mindestmaß an Selbstverantwortung zumutbar[2449]. Die aus dem besonderen Gewaltverhältnis der Untersuchungshaft fließende Garantenpflicht beschränkt sich somit auf physische und psychische Integrität, erstreckt sich hingegen nicht auf die Aussagefreiheit. Diese erfährt lediglich reflexartigen Schutz[2450]. Der Senat verfolgt diese Ansicht dann auch nicht konsequent, wenn er eine Einschreitungspflicht nur bei „massiven Eingriffen" statuiert und die Ermittlungsbehörden ansonsten nicht gehalten sieht, entsprechende Kontakte mit Mitgefangenen zu unterbinden[2451]. Wollte man eine Garantenpflicht für die Aussagefreiheit des U-Häftlings anerkennen, so müsste diese bei jeglichem ausforschenden Verhalten von Mitgefangenen eingreifen[2452]. Der Sache nach will also auch der BGH die Garantenpflicht darauf beschränkt wissen, zum Schutz von körperlicher oder seelischer Integrität des Beschuldigten einzuschreiten. Dass der Senat nicht so weit gehen will, eine Garantenpflicht für die Aussagefreiheit zu statuieren, zeigt sich auch in der Auseinandersetzung mit dem 2. „Zellspitzel"-Urteil[2453].

2440 BGH NStZ 1999, 147 (149); zust. *Eschelbach* StV 2000, 390 (392); *Hanack* JR 1999, 348 (350); *Eckhardt*, Private Ermittlungsbeiträge, S. 127 f.; a.A. *Kaspar* GA 2013, 206 (216).

2441 *H. Schneider* NStZ 2001, 8 (13).

2442 *H. Schneider* NStZ 2001, 8 (11).

2443 *H. Schneider* JR 1996, 401 (407).

2444 *Mitsch* JURA 2008, 211 (214 f.).

2445 *H. Schneider* NStZ 2001, 8 (10).

2446 BGH NStZ 1989, 32 (33).

2447 *H. Schneider* NStZ 2001, 8 (11); *Rauschenberger* Kriminalistik 2010, 726 (728); *Hauck*, NStZ 2010, 17 (22).

2448 *H. Schneider* NStZ 2001, 8 (11).

2449 *H. Schneider* NStZ 2001, 8 (11); *Rauschenberger* Kriminalistik 2010, 726 (728).

2450 *H. Schneider* NStZ 2001, 8 (11).

2451 BGH NStZ 1999, 147 (149).

2452 So dann auch *Hanack* JR 1999, 348 (350).

2453 NStZ 1989, 32.

Dort wurde eine von der Revision geforderte Pflicht zur Unterbindung des Kontakts mit einem – zuvor als V-Mann tätigem – Mithäftling abgelehnt. Diese Entscheidung erhält der Senat ausdrücklich aufrecht und beruft sich zur Abgrenzung auf das Vorgehen der „Wahrsagerin", die den Beschuldigten bedrohte und unter Drogen setzte.

Wenn das Schutzgut der Fürsorgepflicht aber nur die Unversehrtheit des Häftlings und nicht seine Aussagefreiheit ist, kann die Pflichtverletzung auch keine Folge für die Beweisverwertbarkeit haben. Dies ergibt sich aus dem Erfordernis eines Schutzzweckzusammenhangs[2454]. Ein Kriterium, das einerseits aus der objektiven Zurechnung im materiellen Recht bekannt ist, andererseits aber auch im Rahmen der Beweisverbotsdogmatik ihren Platz hat[2455]. Auch wenn die h.M. das Ansinnen der sog. Schutzzwecklehren ablehnt, dieses Kriterium zum allein maßgeblichen Gesichtspunkt zu machen, so spielt es doch auch im Rahmen der herrschenden Abwägungsdogmatik eine Rolle[2456]. Der BGH lehnt Verwertungsverbote bei Verstößen gegen Vorschriften ab, die einem *außerprozessualen* Zweck dienen[2457]. Ebenso liegt es hier: die verletzte Pflicht dient dem Schutz der körperlichen und seelischen Integrität des Gefangenen und nicht etwa seiner prozessualen Aussagefreiheit. Sie verfolgt somit einen außerprozessualen Schutzzweck und kann für die Beweisverwertbarkeit somit keine Folgen haben.

Es besteht mithin keine Pflicht der Ermittlungsorgane, gegen eigeninitiative private Ausforschungstätigkeit einzuschreiten. Ihre Untätigkeit kann daher kein tauglicher Anknüpfungspunkt für eine Zurechnung sein. Dass das Vorgehen der Privatperson bekannt war und gebilligt wird, ändert hieran nichts[2458].

Da das Unterlassen nicht pflichtwidrig ist, lässt sich eine Zurechnung auch nicht über den Gedanken der Ingerenz begründen[2459]. Etwas anderes ergibt sich auch nicht aus der – sicher naheliegenden – Parallele zu den Fällen staatlichen Lockspitzeleinsatzes[2460]. Auch hier wird eine staatliche Zurechnung aufgrund unterlassenen Einschreitens nur in Fällen bejaht, bei den es sich um staatlich geführte V-Leute handelt[2461]. Hier liegt mit der Aktivierung des V-Manns ein tauglicher Anknüpfungspunkt für die Zurechnung vor[2462]. Bei nicht vorgesehenen Handlungen der V-Person liegt es in der Tat nahe, den Gedanken der Ingerenz zu bemühen und

---

2454 *H. Schneider* NStZ 2001, 8 (12).
2455 *H. Schneider* NStZ 2001, 8 (12).
2456 S.o. D. I.
2457 S. BGH NJW 2013, 1827 (1828); BGH NJW 1971, 1097 (1098).
2458 A.A. *Hanack* JR 1999, 348 (350).
2459 So aber *Mahlstedt*, Verdeckte Befragung, S. 158.
2460 So aber *Mahlstedt*, Verdeckte Befragung, S. 160.
2461 S. BGH NJW 2000, 1123 (1125); BGH NJW 2001, 2981 (29819; OLG Düsseldorf NStZ-RR 1999, 281.
2462 Die V-Personen-Eigenschaft als solche genügt zur Bejahung der Zurechnung, s. F. II. 1. b. cc. (ii) β) αα) (1).

einen enthaftenden Exzess nicht zuzulassen[2463]. In casu fehlt es aber gerade an der ursprünglichen Beauftragung.

Die Zurechnung ergibt sich jedoch aus dem Umstand, dass die Zeugin der Polizei über einen längeren Zeitraum in identischer Art zugearbeitet hat[2464]. Die Zurechnung setzt voraus, dass die staatlichen Organe steuernden Einfluss auf den Kommunikationsprozess zwischen den Privatpersonen haben[2465]. Hierfür muss wiederum auf die kooperationswillige Privatperson steuernd oder zumindest stimulierend eingewirkt werden[2466]. Das bloße anschließende Entgegennehmen der Beweismittel kann nun naturgemäß nicht als Stimulus bezüglich der Beschaffung wirken. Eine Einflussnahme lässt sich daher nicht verzeichnen. Das Verhalten der Ermittlungsbehörden ist neutral, die Beweiserlangung erfolgt durch die Privatperson autark[2467]. Diese Charakterisierung wird aber bei längerfristigem, wiederkehrendem, und identischem Zuarbeiten unzutreffend. Durch die wiederholte Entgegennahme bringen die Behörden ihre Billigung zum Ausdruck und bestärken die Privatperson in ihrem Tun. Umgekehrt lernt der Informant, sich auf die Erwartungen der Polizei einzustellen. Jede Kooperation beeinflusst so die folgende. Die Parteien spielen sich aufeinander ein. Es stellt sich eine Routine ein, die eine ausdrückliche Beauftragung überflüssig macht[2468]. Es erscheint damit auch gerechtfertigt, beide Fälle normativ gleichzustellen. Wann ein solcher routinierter Zustand vorhanden, ist lässt sich nicht abstrakt – schon gar nicht zahlenmäßig[2469] – festlegen, sondern ist anhand der Einzelfallumstände zu entscheiden. Es ist somit eine staatliche Zurechnung und damit ein Verwertungsverbot zu bejahen.

bb. Lösung der Fälle der Rechtsprechung

Schwieriger als diese Extremkonstellationen scheinen die Fälle in der jüngeren Rechtsprechung zu beurteilen. Hier kann sich die Unverwertbarkeit nur aus dem konkreten Vorgehen des Agenten ergeben. Wie dargelegt, ist hier vorrangig auf § 136a StPO abzustellen. Eines unmittelbaren Rekurses auf das Kriterium der Risikozuordnung bedarf es nur dort, wo es gilt, die Grenzen des durch die Zulässigkeit der Verschleierung des Ermittlungsauftrags erlaubten Täuschungsverhaltens zu ermitteln.

2463 S.o. F. II. 1. b. cc. (ii) β) αα) (6).

2464 *Roxin* NStZ 1999, 149 (150); *Beulke* JURA 2008, 653 (662); a.A. *H. Schneider* NStZ 2001, 8 (11).

2465 *H. Schneider* NStZ 2001, 8 (11); s.o. F. II. 1. b. cc. (ii) β) αα).

2466 *H. Schneider* NStZ 2001, 8 (11).

2467 *H. Schneider* NStZ 2001, 8 (11).

2468 Ähnlich *Beulke* JURA 2008, 653 (662), der darin, dass die Behörden das Vorgehen nicht unterbinden, kein Unterlassen, sondern eine stillschweigende Aufforderung erblickt.

2469 Krit. *H. Schneider* NStZ 2001, 8 (11).

Zur Erprobung des dargestellten Lösungsmodels soll im Folgenden geprüft werden, ob den Fällen des BGH durch Analogie zu § 136a StPO beizukommen ist.

Klar zu bejahen ist dies im Fall BGH NJW 2010, 3670[2470]. Die Analogie zu § 136a StPO dürfte hier sogar den einfacheren Weg gegenüber der vom BGH gewählten Argumentation darstellen[2471]. Dass es auch verdeckt ermittelnden Polizeibeamten nicht gestattet sein kann, dem Beschuldigten den Tod eines Dritten in Aussicht zu stellen, liegt auf der Hand. Über § 136a StPO lässt sich dieses Ergebnis ohne weiteres begründen. Da es sich weder um eine Privatperson noch um die Täuschungsmodalität handelt, dürfte die sonst zu verzeichnende Zurückhaltung bei der Bejahung der Analogievoraussetzungen hier nicht greifen. Die vom BGH als Nötigung im materiell-strafrechtlichen Sinne gekennzeichnete Vorgehensweise stellt ohne weiteres einen Verstoß gegen § 136a StPO in Form der Drohung dar[2472].

Auf Grundlage des Kriteriums der vernehmungsähnlichen Situation erscheint das Ergebnis hingegen schwerer zu begründen. Zwar stellt der BGH zunächst auf die mit der Untersuchungshaft einhergehende Zwangswirkung ab. Die Situation unterscheidet sich jedoch erheblich von der des „Zellspitzels". Nicht nur, dass sich Untersuchungs- und Strafhaft nicht ohne weiteres gleichstellen lassen[2473]. Dass sich der durch die Haft aufgebaute Geständnisdruck gegenüber einem Fremden im Besuchsraum entlädt, scheint deutlich weniger naheliegend. Auch liegt bei einem Besuch, der jederzeit auf Wunsch des Häftlings abgebrochen werden kann, keine Situation vor, der er sich nicht entziehen könnte. Auch eine persönliche Beziehung zu dem ihm völlig fremden NOEP bestand nicht. Die üblicherweise zur Begründung einer vernehmungsähnlichen Situation herangezogenen Kriterien greifen somit allesamt nicht. Muss man also auf die Drohung rekurrieren, liegt der Weg zur Analogie zu § 136a StPO näher als zu nemo tenetur und fair trial.

In BGH NJW 2007, 3138 kommt als Anknüpfungspunkt für eine Lösung über § 136a StPO die Drohung des Verdeckten Ermittlers, den Kontakt zu dem Beschuldigten abzubrechen, in Betracht[2474]. Im Ergebnis wird man auch hier auch hier auf das Drohungsverbot des § 136a StPO zu rekurrieren haben, auch wenn dieser Weg weniger offen zu Tage liegt, als in der zuvor besprochenen Konstellation.

2470 De lege lata ergäbe sich die Unzulässigkeit bereits aus dem Fehlen einer Rechtsgrundlage für die verdeckte Befragung durch einen NOEP, s.o. F. II. 1. cc. (iv) α).

2471 *Jahn* StraFo 2011, 117 (120).

2472 *Jahn* StraFo 2011, 117 (120) geht hingegen von einem Verstoß gegen das Zwangsverbot aus. Tatsächlich könnte sogar beides vorliegen, vgl. *Lesch* GA 2000, 355 (357), der meint unterhalb von vis absoluta ließe sich zwischen Zwang und Drohung nicht sinnvoll differenzieren. Jedenfalls mit Blick auf den nicht abschließenden Charakters des Katalogs (s. *Schuhr* in MüKo-StPO § 136a Rn. 27) kann eine Zuordnung letztlich dahinstehen.

2473 *H. Schneider* JR 1996, 401 (407), s.o. F. II. 2. b. aa. (iii).

2474 Vgl. *Engländer* ZIS 2008, 163 (164), *Rogall* NStZ 2008, 110 (111); *Verrel* in Puppe-FS, S. 1629 (1634); *Ostendorf* in Roxin II-FS, S. 1329 (1339).

Die Drohung ist hier mit der Täuschung verwoben[2475]. Das in Aussicht gestellte Übel, das Abbrechen der Beziehung, ist wirkungslos ohne die Täuschung, dass überhaupt eine solche Beziehung besteht. Die Täuschung über das Bestehen einer Beziehung deckt sich nun aber mit dem Verschleiern des Ermittlungsauftrags. Sie lässt sich daher nicht ohne weiteres als qualifizierte Täuschung einordnen[2476]. Es scheint sich vielmehr lediglich das vom Beschuldigten zu tragenden Risiko der Vertrauenswürdigkeit zu realisieren[2477].

Dementsprechend wird dann das Inaussichtstellen des Beziehungsabbruchs nicht als Drohung, sondern als „drohungsverstärkte Täuschung" eingeordnet[2478]. Die nötigende Wirkung erschöpfe sich darin, die vorangegangene Täuschung zu effektivieren[2479]. Soweit dies vertreten wird, wird auch auf Grundlage einer Täuschung die Unzulässigkeit angenommen, so dass sich die Frage nicht mit derselben Dringlichkeit stellt wie nach dem hier befürworteten Ansatz. Tatsächlich erscheint diese der materiell-strafrechtliche Abgrenzung von Betrug und Erpressung entliehene Einordnung jedoch zweifelhaft. So ist bereits im materiellen Recht umstritten, ob es sich tatsächlich um ein Exklusivitätsverhältnis und nicht vielmehr nur um ein konkurrenzrechtliches Problem handelt[2480]. Folgt man letzterem ist auch „drohungsverstärkte Täuschung" eine Drohung. Auch wenn man das anders sieht, werden „drohungsverstärkte Täuschungen" allein in Konstellationen angenommen, in denen der Adressat durch die Drohung für die Täuschung besonders empfänglich gemacht wird[2481]. Hier liegt aber gerade eine umgekehrte Situation vor: Die Drohung knüpft an die durch die Täuschung geschaffenen Umstände an. Auf den Drohungscharakter hat dies nur insofern Einfluss, als das in Aussicht gestellte Übel nicht tatsächlich umgesetzt werden kann. Dass dies dem Drohungscharakter nicht entgegensteht, ist allgemeine Meinung[2482]. Im Ergebnis liegt somit eine Drohung i.S.v. § 136a StPO vor. Nicht das Ausnutzen des Vertrauensverhältnisses als solche, sondern die Methoden der Ausnutzung begründet somit die Unzulässigkeit.

Denkt man die Drohung hinweg, erscheint die Beurteilung ungleich schwieriger. Anhaltspunkte für einzelne konkrete Täuschungen des Verdeckten Ermittlers, die über die Verdeckung des Ermittlungsauftrags hinausgehen, gibt es nicht.

Als möglicher Ansatzpunkt für eine Risikoerhöhung kommt die besondere Beziehung zwischen Beschuldigtem und Verdecktem Ermittler in Betracht. Der Verdeckte Ermittler war die einzige Kontaktperson außerhalb der JVA und damit unentbehrlich für Vollzugslockerungen und wesentlicher Bestandteil der Perspektive des Beschuldigten nach der Haftentlassung. Der Beschuldigte befand sich in

2475 Vgl. *Verrel* in Puppe-FS, S. 1629 (1534); *Duttge* JZ 2008, 261 (263).
2476 So aber *Verrel* in Puppe-FS, S. 1629 (1641); *Duttge* JZ 2008, 261 (264).
2477 *Mitsch* JURA 2008, 211 (214 f.).
2478 *Duttge* JZ 2008, 261 (263).
2479 *Duttge* JZ 2008, 261 (263).
2480 *Eser/Bosch* in S/S-StGB § 253 Rn. 33 mwN.
2481 *H.-L. Günther* ZStW 88 (1976), 960 (967).
2482 S. nur *Sinn* in MüKo-StGB § 240 Rn. 69 mwN.

einem Abhängigkeitsverhältnis zu dem Verdeckten Ermittler. Enge Freundschaften können den in den „Romeo"-Fällen angesprochenen Liebesbeziehungen vergleichbare Vertrauensstrukturen aufweisen[2483]. Gegenüber engen Vertrauten geht das Zurückweisen von Auskunftsbegehren regelmäßig mit einer Störung des Vertrauensverhältnisses einher. Die Möglichkeiten sich solcher zu erwehren, erscheinen für den Beschuldigten daher eingeschränkt. Eine faktische Erhöhung des Selbstbelastungsrisikos ist daher sicher gegeben. Allerdings wird man das bloße Bestehen einer Vertrauensbeziehung als Anknüpfungspunkt nicht genügen lassen können. Hier verwirklicht sich kein anderes als das dem Beschuldigten zugewiesene Risiko[2484]. Dass das Ausnutzen eines Vertrauensverhältnisses nicht per se die Unzulässigkeit nach sich zieht, kommt auch in der Rechtsprechung des BGH zum Ausdruck, der es für unzulässig hält, „den Beschuldigten unter Ausnutzung eines geschaffenen Vertrauensverhältnisses beharrlich zu einer Aussage zu drängen und ihm in einer vernehmungsähnlichen Befragung Äußerungen zum Tatgeschehen [zu] entlocken"[2485]. Die Zulässigkeitsgrenze jedoch nicht für überschritten ansieht, wenn der Verdeckte Ermittler „das zwischen ihm und dem Angekl[agten] geschaffene Vertrauen dafür [...] nutz[t], Informationen aufzunehmen"[2486]. Das in beiden Zitaten auftauchende Ausnutzen des Vertrauensverhältnisses begründet somit noch keine relevante Risikoverschiebung. Das als einheitliches Kriterium zur Bestimmung fairnesswidriger und damit unzulässiger Vorgehensweisen vorgeschlagene Kriterium des Vertrauensmissbrauchs[2487] erscheint daher wenig tauglich[2488]. Verdeckte Ermittlungen und insbesondere Befragungen sind von vornherein auf Vertrauensmissbrauch angelegt[2489]. Die entscheidende Frage ist nicht die nach dem Vorhandensein eines Vertrauensbruchs, sondern nach der Schutzwürdigkeit des Vertrauens[2490]. Entscheidend ist vielmehr, inwieweit der Vertrauensbruch über das mit der verdeckten Befragung ohnehin verbundene Maß hinausgeht. Der BGH stellt

2483 *Roxin* NStZ-Sonderheft 2009, 41 (46).
2484 *Mitsch* JURA 2008, 211 (214 f.).
2485 BGH NJW 2007, 3138 (3138).
2486 BGH NJW 2007, 3138 (3141).
2487 *Roxin* in Geppert-FS, S. 549 (558 ff.); *ders.* StV 2012, 131 (132).
2488 *Kasiske* StV 2014, 423 (428).
2489 *Kasiske* StV 2014, 423 (428); *Conen* StraFo 2013, 140 (141).
2490 Diese Kritik trifft in gleichem Maße den nahestehenden Standpunkt, dem fair-trial-Prinzip sei ein Verbot des venire contra factum proprium zu entnehmen (*Engländer* JZ 2009, 1179 (1180). Dieser Standpunkt setzt sich zusätzlich dem Einwand aus, die Übertragung eines vertragsrechtlichen Gedankens in das Strafprozessrecht zu rechtfertigen (vgl. *Roxin* in Geppert-FS S. 549 (564). Allein der Hinweis auf die Geltung im Zusammenhang mit der Verständigung i.S.v. § 257c StPO (*Engländer* aaO.) trägt nicht. Diese Regelung lässt sich im weitesten Sinne als Vertragsrecht bezeichnen, sodass die Anwendung des Grundsatzes sicherlich Sinn ergibt. Im übrigen Strafprozessrecht ist der Vertragsgedanke jedoch ein Fremdkörper, sodass sich ein Anwendungsbereich für vertragsrechtliche Grundsätze nicht ohne weiteres annehmen lässt.

hier maßgeblich auf die Art ab, wie das Vertrauen nutzbar gemacht wird. Allein die Maßgeblichkeit von drängenden Fragen vermag jedoch nicht zu überzeugen. Eine relevante Risikoerhöhung liegt aber dann vor, wenn wie in casu die Beziehung im Sinne einer Nötigung instrumentalisiert wird[2491]. Dann liegt ein Verstoß gegen die Drohungs- oder Zwangsmodalität des § 136a StPO vor. Hierbei ist zu beachten, dass entsprechende Drohungen auch konkludent ausgesprochen werden und insbesondere auch latent im Raum stehen können[2492].

Ergänzend wird man jedoch auch in dem bloßen Ausnutzen des Vertrauensverhältnisses dann eine eigenständige Risikoverwirklichung zu sehen haben, wenn das Vertrauensverhältnis nicht lediglich als Folge der Verschleierung des Ermittlungsauftrags entsteht, sondern durch darüberhinausgehende Täuschungen des Agenten gezielt geschaffen wird[2493]. Ein extremes Beispiel hierfür bilden die „Romeo"-Fälle[2494]. Es wird eingewandt, Freundschaften und auch Komplizenschaften seien durch ähnliches Vertrauen gekennzeichnet, die Sonderbehandlung von Liebesbeziehungen erscheine daher willkürlich[2495]. Anders als solche Beziehungen sind Liebesbeziehungen jedoch dem dem staatlichen Zugriff verschlossenen Kernbereich privater Lebensgestaltungen zuzuordnen[2496]. Aus solchen Beziehungen mag daher eine vergleichbare faktische Erhöhung des Selbstbelastungsrisikos herrühren, es fehlt jedoch das normative Moment, das zu einer Durchbrechung des Risikozusammenhangs führt. In casu die Beziehung bereits dem Kernbereich privater Lebensgestaltung zuzurechnen, geht zu weit[2497]. Insbesondere scheint es nicht überzeugend, auf die Kernbereichsbetroffenheit gerade aus dem Umstand schließen zu wollen, der Beschuldigte habe sich ja dem Verdeckten Ermittler gegenüber offenbart[2498].

Zusammenfassend begründet das Ausnutzen eines Vertrauensverhältnisses allein noch keinen qualifizierten Verstoß gegen das Täuschungsverbot. Es kommt vielmehr darauf an, ob das Vertrauensverhältnis durch eine qualifizierte, d. h. über die Verschleierung des Ermittlungsauftrags hinausgehende Täuschung geschaffen wurde oder einer seinerseits gegen § 136a StPO verstoßenden Weise, namentlich durch Drohung oder Zwang, nutzbar gemacht wird.

Die Frage, wo die Grenze zwischen der Verschleierung des Ermittlungsauftrags und einer darüberhinausgehenden Täuschung verläuft, stellt sich in BGH NStZ 2009, 343 und BGH StV 2012, 129.

In beiden Fällen begnügen sich die Agenten nicht mit dem Verschleiern des Ermittlungsauftrags, sondern tätigen darüberhinausgehende Falschangaben, die darauf abzielen, die Hemmschwelle des Beschuldigten zur Preisgabe selbstbelastender

2491 *Kasiske* StV 2014, 423 (426).
2492 Vgl. OLG Zweibrücken NStZ 2011, 113 (115 Rn. 20).
2493 Vgl. *Lammer*, Verdeckte Ermittlungen, S. 168.
2494 S.o. F. II. 2. B. aa. (i).
2495 *Roxin* NStZ-Sonderheft 2009, 41 (46).
2496 S.o. F. II. 2. b. aa. (i).
2497 *Rogall* NStZ 2008, 110 (111); so aber *Meyer-Mews* NJW 2007, 3142 (3142).
2498 *Meyer-Mews* NJW 2007, 3142 (3142).

Informationen zu überwinden[2499]. Es fragt sich daher, inwieweit „Begleitlügen", die dazu dienen, über die bloße Identitätstäuschung hinausgehend ein Vertrauensverhältnis aufzubauen, zulässig sind[2500]. Jede Täuschung, die nicht im engeren Sinne legendenbedingt ist, für unzulässig zu halten[2501], erscheint zu weitgehend. Man wird derartige Täuschungen in eng begrenztem Umfang zulassen können[2502]. Dass der Agent etwa vorgibt, ähnliche Interessen wie der Beschuldigt zu haben, um so sein Vertrauen zu erlangen, fällt bei normativer Betrachtung nicht ins Gewicht[2503]. Maßgeblich bestimmt wird die Grenze der Zulässigkeit dadurch, ob lediglich das vom Beschuldigten zu tragende Risiko ausgenutzt oder die Risikoverteilung bereits in fairnesswidrigerweise manipuliert wird[2504].

In BGH StV 2012, 129 hat die Agentin dem Beschuldigten zum einen Vertraulichkeit zugesichert und zum anderen behauptet, ihr Ehemann hätte ihr gegenüber die Tat eingeräumt. Erstes stellt lediglich das der verdeckten Befragung immanente Verschleiern des Ermittlungsauftrags dar. Ist die verdeckte Befragung zulässig, kann diese Täuschung nicht prozessordnungswidrig sein. Dass sie ausdrücklich und nicht bloß konkludent erfolgt, kann keinen Unterschied machen[2505]. Es verbleibt somit das behauptete Geständnis des Ehemannes. Die Behauptung, von ihrem Ehemann ins Vertrauen gezogene Mitwisserin zu sein, ist geeignet, dem Beschuldigten selbstbelastende Äußerungen zu entlocken. Man wird jedoch nicht jede Täuschung, die über das zur Verschleierung der Ermittlungsabsicht erforderliche hinaus geht und darauf abzielt, die Hemmschwelle des Beschuldigten zur Preisgabe selbstbelastender Informationen zu überwinden, für unzulässig halten können[2506]. Maßgeblich ist vielmehr eine normative, am Gedanken der Risikoverteilung orientierte Betrachtung. Bei normativer Betrachtung wird durch die Behauptung, vom Ehemann ins Vertrauen gezogen worden zu sein, kein eigenständiges Risiko gesetzt. Die Agentin versucht mit der Falschangabe lediglich ihre Vertrauenswürdigkeit zu begründen. Daran, dass die Vertrauenswürdigkeit des Gesprächspartners in die Risikosphäre des Beschuldigten fällt, ändert sich hierdurch nichts. Es wird hierdurch auch kein besonderes Vertrauensverhältnis vorgetäuscht, in dem besondere Kommunikationsstrukturen

---

2499 Vgl. *Ambos*, Beweisverwertung, S. 70; *Duttge* JZ 2008, 261 (264).
2500 *Sowada* in Geppert-FS, S. 689 (721).
2501 In diese Richtung *Duttge* JZ 2008, 261 (264); *Ambos*, Beweisverwertung, S. 70.
2502 *Sowada* in Geppert-FS, S. 689 (717).
2503 Vgl. auch die Beispiele bei *Sowada* in Geppert-FS, S 689 (717), die allerdings lediglich die aktive Kehrseite des Verschweigens des Ermittlungsauftrags darstellen und daher auch im engen Sinne „legendenbedingt" sind.
2504 Vgl. *Verrel* in Puppe-FS, S. 1629, (1640 f.); *Sowada* in Geppert-FS, S. 689 (717).
2505 A.A. *A. Schumann* JZ 2012, 265 (268).
2506 So aber *Ambos*, Beweisverwertung, S. 70; *Duttge* JZ 2008, 261 (264); wie hier *Sowada* in Geppert-FS, S. 689 (717).

herrschten[2507]. Der Beschuldigte ist in der Möglichkeit, das Auskunftsbegehren mit allgemeinen kommunikatorischen Mitteln abzuwehren, nicht beschränkt.

Unzutreffend erscheint es, die erforderliche relevante Risikoerhöhung allein darin zu erblicken, dass aufgrund der Aufzeichnung des Gesprächs ein Beweismittel höherer Qualität geschaffen wird[2508]. Hierin liegt überhaupt keine Erhöhung des Selbstbelastungsrisikos[2509]. Der Umstand kann daher kein tauglicher Anknüpfungspunkt für einen relevanten Wechsel in der Risikozuordnung sein. Den sich gegenüber der bloßen verdeckten Befragung ergebenden Abweichungen wird ausreichend dadurch Rechnung getragen, dass zusätzlich die Voraussetzungen des § 100f StPO vorliegen müssen.

Es handelt sich somit nicht um eine qualifizierte Täuschung. De lege ferenda erscheint ein entsprechendes Vorgehen daher möglich. De lege lata liegt mangels gesetzlicher Regelung ein Verstoß gegen das Täuschungsverbot analog § 136a StPO vor[2510].

Schwieriger noch gestaltet sich die Beurteilung von BGH NStZ 2009, 343. Als Anknüpfungspunkt kommt hier die wahrheitswidrige Angabe des Verdeckten Ermittlers, selbst seine Schwester umgebracht zu haben, in Betracht. Die Täuschung ist weder zum Aufbau noch zur Aufrechterhaltung der falschen Identität unbedingt erforderlich. Es fragt sich daher wieder, ob auch solche Täuschungen von der Erlaubnis mitumfasst sind, die für die Legende nicht zwingend notwendig sind, aber dazu dienen die dargestellte Rolle mit einem Hintergrund zu versehen und so helfen, das Vertrauen des Beschuldigten zu erlangen. Man wird Verdeckten Ermittlern grundsätzlich zuzugestehen haben, ihre Tarnidentität mit einer eigenen kriminellen Vergangenheit zu versehen[2511]. Bei normativer Betrachtung liegt der Schwerpunkt auf der Täuschung darüber, kein Polizist zu sein. Die Falschbehauptung bezüglich einer eigenen kriminellen Vergangenheit fällt demgegenüber nicht ins Gewicht. Dies gilt primär dort, wo der Verdeckte Ermittler in ein kriminelles Milieu eingeschleust werden soll. Hier ist das Behaupten einer kriminelle Vergangenheit unabdingbar für den Erfolg des Einsatzes. Die Behauptung wird so zum Bestandteil der Tarnidentität, sodass sie sich von der Legende i.e.S. kaum sinnvoll trennen lässt.

An einer solchen Konstellation fehlt es aber in dem hier vorliegenden Fall. Es spricht einiges dafür, diese anders zu behandeln.

Die Angabe, selbst seine Schwester getötet zu haben, geht darüber hinaus, die Tarnidentität „auszuschmücken" und verleiht der Beziehung zwischen der Beschuldigten und dem Verdeckten Ermittler eine ganz neue Qualität. Diese besondere Beziehung beschränkt die Beschuldigte in ihrer Möglichkeit, Ausforschungsversuche

2507 BGH StV 2012, 129 (130); vgl. aber *Roxin* NStZ-Sonderheft 2009, 41 (46), der das besondere Vertrauen unter Komplizen den „Romeo"-Fällen gleichstellt.

2508 So aber *Kasiske* StV 2014, 423 (425).

2509 So auch *Kasiske* StV 2014, 423 (425) selbst.

2510 So auch *Jäger* in Wolter-FS, S. 947 (958).

2511 OLG Zweibrücken NStZ 2011, 113 (114 Rn. 3).

abzuwehren und erhöht somit das Risiko der Selbstbelastung. Die Risikoerhöhung beruht dabei auch gerade auf einer über die Verdeckung des Ermittlungsauftrags hinausgehenden Täuschung. Hier wird mithin ein eigenständiges Risiko geschaffen, dass sich in der Selbstbelastung verwirklicht. Im Ergebnis wird man daher der Annahme eines Verwertungsverbots beizupflichten haben.

In diesen Kontext gehört auch die sog. „*cold-case-Technik*" mit der sich das OLG Zweibrücken auseinanderzusetzen hatte[2512]. Hierbei werden gleich mehrere Verdeckte Ermittler auf den Beschuldigten angesetzt, um ihm vorzuspiegeln, er sei in eine verbrecherische Organisation einbezogen, und ihn zur Begehung strafbarer Handlungen gegen Entgelt veranlassen[2513]. Vor dem Hintergrund des Täuschungsverbots[2514] fragt sich, ob ein entsprechendes Vorgehen noch von der in § 110a Abs. 2 StPO enthaltenen Täuschungserlaubnis gedeckt ist. Das OLG hält das Vorgehen grundsätzlich für zulässig und beanstandet lediglich einzelne von den Ermittlern geführte Befragungen, die es als vernehmungsähnliche Situationen i.S.d. Rechtsprechung von EGMR und BGH ansieht. Hiervon betroffen sind insbesondere – und das zeigt noch einmal die Widersinnigkeit dieses Kriteriums – solche Unterhaltungen, die stattfanden, nachdem der Beschuldigte ungefragt erklärte, von seinem Schweigerecht Gebrauch zu machen[2515].

Man wird im Gegensatz zum OLG bereits das Vorgehen als solches als unzulässig anzusehen haben. Die innerhalb der Bandenstrukturen herrschenden kommunikativen Gesetzmäßigkeiten, namentlich die erwartete Offenheit gegenüber hierarchisch Höherstehenden[2516], führt zu einer Erhöhung des Selbstbelastungsrisikos des Beschuldigten. Wie dargelegt, begründet eine Vertrauensbeziehung jedoch nicht per se einen mit Blick auf die Risikoverteilung relevanten Umstand. Es kommt vielmehr darauf an, ob die Art, wie das Verhältnis hergestellt oder nutzbar gemacht wird einen Verstoß gegen § 136a StPO darstellt. Beruht das Vertrauensverhältnis auf einer Täuschung kommt es darauf an, ob diese durch die in § 110a Abs. 2 StPO enthaltene Täuschungserlaubnis gedeckt ist. Die Grenze der durch § 110a Abs. 2 StPO vom Täuschungsverbot ausgenommenen Vorgehensweisen verläuft entlang des Kriteriums der Risikoverteilung. Zulässig sind Täuschungen, die sich lediglich das vom Beschuldigten zu tragende Selbstbelastungsrisiko, das aus der Vertrauenswürdigkeit seiner Gesprächspartner resultiert, zunutze machen. Hiervon sind all solche Täuschungen erfasst, die dem Aufbau und der Aufrechterhaltung der Tarnidentität dienen. Neben dem hierbei unabdingbaren Verschleiern der Polizisten-Eigenschaft, wird man dem

---

2512 NStZ 2011, 113. Um eine abstrakte Betrachtung der Ermittlungsmaßnahme zu ermöglichen soll hier die psychische Konstitution des Beschuldigten außer Betracht bleiben (aaO. (114 Rn. 2) Hierzu sei auf die Ausführungen unten cc. (i) verwiesen, vgl. auch *Leipold/Beukelmann* NJW-Spezial 2010, 442.

2513 OLG Zweibrücken NStZ 2011, 113 (113).

2514 Die Veranlassung zu Straftaten wirft im Hinblick auf die agent-provocateur-Problematik eigenständige Probleme auf, die hier außer Betracht bleiben sollen.

2515 OLG Zweibrücken NStZ 2011, 113 (114 Rn. 10).

2516 Vgl. OLG Zweibrücken NStZ 2011, 113 (115 Rn. 24).

Verdeckten Ermittler normativ nicht ins Gewicht fallende Irreführungen zum Aufbau eines Vertrauensverhältnisses zuzugestehen haben. So muss es dem Ermittler, der in einen gewissen Kreis eingeschleust werden soll, möglich sein, sich einer eigenen kriminellen Vergangenheit zu rühmen[2517]. Offenbart sich der Beschuldigte, weil er dem Ermittler aufgrund dieses Umstands Vertrauen schenkt, verwirklicht sich regelmäßig lediglich das von ihm zu tragende Risiko in die Vertrauenswürdigkeit seiner Gesprächspartner. Gegenüber der Identitätstäuschung fallen derartige Behauptungen regelmäßig nicht ins Gewicht. Dies kann im Einzelfall anders sein, wie der oben besprochene Fall zeigt, indem die eigene Straftat Anknüpfungspunkt für eine „Seelenverwandtschaft" war.

Die *cold-case-Technik* geht jedoch darüber hinaus, dem Beschuldigten vorzuspiegeln, selbst Straftaten begangen zu haben[2518]. Diese Maßnahme entfaltet gegenüber dem bloßen Verschleiern des Ermittlungsauftrags eine ganz eigenständige Qualität. Dem Beschuldigten wird nicht nur vorgetäuscht, er führe ein vertrauliches Gespräch oder er habe einen vertrauenswürdigen Freund, es wird vielmehr sein komplettes Lebensumfeld zu einer staatlich konstruierten Bühnenlandschaft. Er wird sozial isoliert und in ein Netzwerk eingespannt, das allein seiner Überführung dient. Mit der bloßen Verschleierung eines Ermittlungsauftrags hat dies nur noch wenig zu tun. Es erscheint daher als normativ relevante Erhöhung des Risikos, die es nicht mehr erlaubt, die Täuschung als legendenbedingt und mithin von § 110a Abs. 2 StPO gedeckt anzusehen.

Dieses Ergebnis überzeugt auch kriminalpolitisch. Der Verdeckte Ermittler zieht seine Daseinsberechtigung aus dem Versagen herkömmlicher Ermittlungsmethoden bei der Aufklärung von Straftaten, die aus organisierten, konspirativen Kreisen heraus begangen werden[2519]. Es wird daher als zulässig angesehen, Verdeckte Ermittler in derartige Strukturen einzuschleusen, um die sich aus den kommunikativen Gesetzmäßigkeiten solcher Organisation ergebenen Behinderungen von Aufklärungsbestrebungen („Mauer des Schweigens") zu überwinden[2520]. Werden nur nun derartige Strukturen gerade erst um den Beschuldigten herum aufgebaut, um ihre kommunikativen Gesetzmäßigkeiten zur Überführung des Einzeltäter einer Brandstiftung zu nutzen, werden die Verhältnisse in ihr Gegenteil verkehrt. Die *cold-case-Taktik* erscheint nicht von § 110a Abs. 2 StPO gedeckt und verstößt mithin gegen das Täuschungsverbot analog § 136a StPO. Auch de lege ferenda ist sie nicht legitimierbar. Auf die Frage, ob die Ermittlungstaktik aufgrund ihrer Auswirkungen auf die Psyche des Beschuldigten gegen § 136a StPO verstößt, kommt es nicht mehr an[2521].

2517 OLG Zweibrücken NStZ 2011, 113 (114 Rn. 3).
2518 A.A. OLG Zweibrücken NStZ 2011, 113 (114 Rn. 3).
2519 BT-Drs. 12/898 S. 41.
2520 BGH GS NJW 1984, 247 (247); BT-Drs. 12/989 S. 59.
2521 *Leipold/Beukelmann* NJW-Spezial 2010, 442.

cc. *Verbleibende Fälle*

Zur weiteren Austestung und Abrundung der hier entwickelten Konzeption der qualifizierten Täuschung und dem Gedanken der Risikoverteilung sollen im Folgenden noch verbleibende Fälle angesprochen werden, die Rechtsprechung und Literatur bereits beschäftigten.

(i) Körperlich-seelische Defizite des Beschuldigten

Die besondere Qualifikation der Täuschung kann sich daraus ergeben, dass der Beschuldigte unter körperlich-seelischen Defiziten leidet[2522]. Die Vereinbarkeit des Verschleierns des Ermittlungsauftrags mit dem Fairness-Prinzip beruht auf dem Gedanken der Risikoverteilung. Gerade aus der Anerkennung als Prozesssubjekt folgt ein Bereich eigenen Risikos, den der Beschuldigte eigenverantwortlich zu organisieren hat. Diese Risikoverteilung bedarf nun dort der Korrektur wo der Beschuldigte nachteilig von dem Idealbild des eigenverantwortlichen Beschuldigten abweicht. Zur Konkretisierung kann auf § 140 Abs. 2 S. 1 a.E. StPO verwiesen werden[2523]. Hiernach ist ein Verteidiger zu bestellen, wenn ersichtlich ist, dass der Beschuldigte sich nicht selbst verteidigen kann. Dies erfasst vor allem in der Person des Beschuldigten liegende Umstände, wie die geistigen Fähigkeiten oder den Gesundheitszustand[2524]. Diese Vorschrift bringt zum Ausdruck, dass die grundsätzliche Verteilung zwischen Eigenverantwortlichkeit und staatlicher Fürsorge bei derartigen Beschuldigten der Korrektur bedarf. Ist es nicht fairnesswidrig, aus Unachtsamkeiten des Beschuldigten Profit zu schlagen, weil ihm eine gewisse Eigenverantwortung bei der Organisation seiner Kommunikationsstrukturen zugemutet werden kann[2525], so wird es das dort, wo ihm Fähigkeit zu dieser Achtsamkeit fehlt.

(ii) Täuschungen außerhalb von Befragungen

Voraussetzung für eine analoge Anwendung des §136a StPO ist, dass der staatliche Agent den Beschuldigten befragt. Mit ihm also ein Gespräch führt, auf dessen Inhalt er steuernd einwirken kann[2526]. Es fragt sich nun, wie mit Täuschungen umzugehen ist, die außerhalb derartiger Situationen erfolgen. Man wird nicht umhin kommen, derartige Sachverhalte unmittelbar am Fairnessprinzip zu messen[2527]. Für eine Analogie zu § 136a StPO fehlt die vergleichbare Interessenlage[2528].

2522 *Sowada* in Geppert-FS, S. 689 (712) allerdings betreffend nemo tenetur; s. auch *H. Schneider* NStZ 2001, 8 (11); der von einem erwachsenen gesunden Beschuldigten ausgeht; ebenso *Rauschenberger* Kriminalistik 2010, 726 (728); vgl. auch die bei *Ostendorf* in Roxin II-FS, S. 1329 (1330 ff.) geschilderte Konstellation.

2523 *Sowada* in Geppert-FS, S. 689 (712).

2524 *Wessing* in BeckOK-StPO § 140 Rn. 19.

2525 S.o. F. II. 1. b. cc. (ii) β); F. II. 2. a. cc. (ii) β).

2526 S.o. F. II. 1. b. cc. (ii) β) ββ) u. γγ).

2527 Vgl. *Rogall* HRRS 2010, 289 (292 Fn. 44); *Jahn* JuS 2009, 861 (862).

2528 Ähnlich *Rogall* in SK-StPO § 136a Rn. 31a; a.A. *Verrel* in Puppe-FS, S. 1629 (1641).

Mit einer entsprechenden Fallgestaltung hatte sich BGH (1. Senat) JZ 2009, 1175 auseinanderzusetzen. Der Beschuldigte befand sich in Untersuchungshaft. Ihm wurde ermöglicht, ein unbeaufsichtigtes Gespräch mit seiner Ehefrau in einem separaten Raum in seiner Muttersprache zu führen. Entgegen dem so erweckten Eindruck einer unüberwachten Gesprächssituation wurde die Unterhaltung technisch aufgezeichnet und in einen Nebenraum übertragen. Die erforderliche richterliche Anordnung nach § 100 f Abs. 4 i.V.m. § 100b Abs. 1 StPO lag vor. Eine irgendwie geartete Kooperation der Ehefrau mit den Strafverfolgungsbehörden fand nicht statt. In dem Gespräch belastete sich der Beschuldigte selbst.

Der BGH nahm ein Verwertungsverbot bezüglich des Gesprächs an. Dieses sei die Folge eines Verstoßes gegen das Recht auf ein faires Verfahren, der sich „aus einer Gesamtschau der Umstände bei der Durchführung der akustischen Gesprächsüberwachung und des Vorgehens der Ermittlungsbehörden vor dem Hintergrund der besonderen Situation des Angeklagten in der Untersuchungshaft" ergebe. Es werden „mehrere unverzichtbare rechtsstaatliche Grundsätze tangiert [...] und das nicht nur am Rande", wobei jedoch „die einzelnen Grundsätze – jeweils für sich isoliert betrachtet – noch nicht in einem Ausmaß verletzt [sind], dass allein aus dem jeweiligen Grundsatz ein Verwertungsverbot abzuleiten wäre". Von den „nicht nur am Rand tangierten" Grundsätzen wird ausdrücklich der nemo-tenetur-Grundsatz genannt. Es werden jedoch lediglich Bedenken angemeldet, ohne tatsächlich eine Verletzung festzustellen. Auch eine Täuschung oder ein unzulässiger Zwang i.S.d. § 136a wird ausdrücklich aber begründungslos verneint. Im Übrigen bleiben die Grundsätze und die Modalitäten ihrer Betroffenheit unklar[2529]. Es wurde bereits dargelegt, dass der vom BGH praktizierte Begründungsansatz der Gesamtschau methodisch verfehlt erscheint[2530]. Weiter fragt sich jedoch, wie die Konstellation in der Sache zu entscheiden ist. Nachdem oben maßgeblich auf das Zusammenspiel von Täuschungs- und Zwangsmoment abgestellt wurde, könnte es nahe liegen, auch hier ein Verwertungsverbot zu befürworten. Das U-Haft-Kriterium hat auch in der Gesamtbetrachtung des BGH seinen Platz. Die Fallkonstellation weicht jedoch von der des „Zellspitzels" dadurch ab, dass die Ehefrau des Beschuldigten nicht mit den Strafverfolgungsbehörden kooperierte und daher ein rein privates Gespräch vorlag. Neben der Zwangswirkung der Untersuchungshaft liegen mit der Überwachung des Gesprächs und der Irreführung des Beschuldigten aber andere Ansatzpunkte vor, die isoliert oder im Zusammenspiel einen Verfahrensverstoß begründen könnten.

Aus der Untersuchungshaft rührt ein erhöhtes Mitteilungsbedürfnis bei gleichzeitiger Einschränkung der Möglichkeit zur eigenen Organisation der Kommunikationsstrukturen her[2531]. Sie begründet somit einen psychologischen Geständnisdruck. Dieser kann sich nicht nur gegenüber den Strafverfolgungsorganen, sondern auch

---

2529 Krit. *Klesczewski* StV 2010, 462 (464); *Engländer* JZ 2009, 1179 (1179); *Maluga*, jurisPR-StrafR 14/2010 Anm. 1.

2530 S.o. F. II. 2. a. bb.

2531 S.o. F. II. 2. b. aa. (iii).

gegenüber sonstigen Gesprächspartnern entladen. Mit dem nemo-tenetur-Grundsatz ist das Institut mangels Finalzusammenhang zwischen Zwangsausübung und Aussageerlangung vereinbar. Die erhöhte Erklärungsbereitschaft ist lediglich Beiprodukt des zur Verfahrenssicherung entfalteten Zwangs.

Das bloße Kapitalschlagen aus diesen Gegebenheiten ist den Strafverfolgungsbehörden jedoch nicht untersagt. Anderenfalls müsste man auch Vernehmungen während der Untersuchungshaft für unzulässig halten[2532]. Daher begründet auch das bloße Zusammenspiel von Untersuchungshaft und der Maßnahme nach § 100f StPO keinen Verfahrensverstoß. Dass diese Maßnahme auch in der Untersuchungshaft zulässig ist, ergibt sich aus dem Gesetz und hieran will auch das BGH-Urteil nichts ändern[2533].

Hinzutreten muss vielmehr ein Erwirken der Aussage durch die Strafverfolgungsorgane in dem Sinne, dass die durch den Zwang bestehende Gesprächsbereitschaft in eine bestimmte Richtung gelenkt wird[2534]. Eine bloße Kausalitätsbeziehung zwischen Untersuchungshaft und selbstbelastenden Angaben reicht nicht aus, der Zusammenhang muss vielmehr finaler Natur sein[2535]. Es bedarf daher eines Herbeiführungsakts durch die Strafverfolgungsbehörden, in dem sich die Zweckentfremdung der Zwangswirkung und damit die nachträgliche Herstellung des Finalzusammenhangs manifestiert.

Im „Zellspitzel"-Fall liegt dieser in der Befragung durch den polizeilich instruierten „Zellspitzel". Durch diesen nutzen die Ermittlungsorgane den durch die Untersuchungshaft aufgebauten psychologischen Aussagedruck gezielt aus. An die Stelle des Spitzel-Einsatzes könnte hier die Irreführung über die Überwachung sein. Denkt man die Untersuchungshaft weg, wäre dieses Vorgehen sicher nicht prozessordnungswidrig. Als heimliche Ermittlungsmaßnahme ist es dem Abhören gerade wesensimmanent, dass der Betroffene über ihr Vorhandensein irrt[2536]. Dass der Betroffene weiß oder wissen kann, dass er das Ziel einer solchen Maßnahme ist[2537], kann man kaum ernstlich zur Zulässigkeitsvoraussetzung erklären[2538]. Ob die Fehlvorstellung durch die Strafverfolgungsbehörden hervorgerufen wurde, ist irrelevant. Derartige Maßnahmen schöpfen ihre Zulässigkeit nicht aus der Tatsache, dass ein Irrtum lediglich ausgenutzt und nicht erregt wurde[2539]. Man wird vielmehr davon auszugehen, dass, wenn das Gesetz eine verdeckte Maßnahme zulässt, auch das aktive Verschleiern und Abstreiten des Vorhandenseins durch die Strafverfolgungsbehörden keine prozess-

2532 *Roxin* NStZ 1997, 18 (19).
2533 BGH JZ 2009, 1175 (1179); für ein Abstellen auf die Zwangswirkung der Untersuchungshaft und eine Lösung über den nemo-tenetur-Grundsatz aber *Maluga*, jurisPR-StrafR 14/2010 Anm. 1.
2534 Vgl. BGH NStZ 1990, 195.
2535 Vgl. *Lesch* GA 2000, 355 (366).
2536 BGHSt 33, 217 (223); *Rogall* HRRS 2010, 289 (292).
2537 BGH JZ 2009, 1175 (1179) für die Konstellation der Untersuchungshaft.
2538 *Rogall* HRRS 2010, 1175 (1179).
2539 Vgl. aber *Verrel* in Puppe-FS, S. 1629 (1642).

ordnungswidrige Täuschung darstellt[2540]. Ein etwaiges Vertrauen des Betroffenen auf die Angaben der Behörden ist – soweit tastsächlich überhaupt vorhanden – normativ nicht schutzwürdig[2541]. Fehlt es – wie in casu – an einer ausdrücklichen Erklärung, lässt sich mangels schutzwürdigem Vertrauen bereits bezweifeln, ob überhaupt eine konkludente Täuschung vorliegt[2542], diese kann aber jedenfalls nicht prozessordnungswidrig sein[2543]. Die fehlende Schutzwürdigkeit entzieht auch der ohnehin zweifelhaften Konstruktion eines im fair-trial-Grundsatzes wurzelnden Verbot des venire contra factum proprium den Boden[2544].

Dass die Täuschung außerhalb der Untersuchungshaft zulässig wäre, bedeutet aber nicht, dass dies auch in der Untersuchungshaft gilt[2545]. Auch im „Zellspitzel"-Fall ist eine isoliert betrachtet zulässige Irreführung lediglich ein Bestandteil der Zweckentfremdung der Zwangswirkung der Untersuchungshaft. Die Konstellation ähnelt insoweit der des „Zellspitzels". Hier wie dort, wird dem Beschuldigten ein vermeintliches Ventil für den durch die Untersuchungshaft aufgebauten Geständnisdruck vorgespiegelt[2546]. Als Unterschied bleibt, dass die Ehefrau des Beschuldigten nicht mit den Strafverfolgungsbehörden kooperiert, diese also keine Möglichkeit hatten, den Gesprächsverlauf zu beeinflussen. Auf ihrer Seite bestand lediglich die berechtigte Hoffnung, das Gespräch werde angesichts der Rahmenumstände von selbst auf den Tatvorwurf kommen.

Man wird auf die Möglichkeit der mittelbaren Einflussnahme auf das Gespräch durch die Strafverfolgungsbehörden jedoch nicht verzichten können[2547]. Ohne dass der Beschuldigte in Richtung einer Selbstbelastung gelenkt wird, fehlt es an der

---

2540 Vgl. *Sowada* in Geppert-FS, S. 689 (717); a.A. *Welp*, Strafprozessuale Überwachung, S. 58 Fn. 65, der es als Verstoß gegen das Täuschungsverbot des § 136a StPO einordnet, wenn über das Bestehen einer Überwachungsmaßnahme getäuscht wird; s. auch die Konstellation des Verdeckten Ermittlers, dem neben dem Verschweigen auch das aktive Täuschen über seinen Auftrag zugestanden wird, *Nack* in 20. Strafverteidigertag, S. 239 (243); a.A. *Ellbogen*, Ermittlungstätigkeit, S. 95, der hier die Grenze zwischen einem zulässigen und einem unzulässigen Verhalten einer V-Person erblickt; *Rothfuß* StraFo 1998, 289 (294), will diesem Umstand zumindest im Rahmen einer Abwägung Bedeutung beimessen.

2541 *Rogall* in HRRS 2010, 289 (293); *H. Schneider* NStZ 2001, 8 (14); *Rauschenberger* Kriminalistik 2010, 726 (728).

2542 *H. Schneider* NStZ 2001, 8 (14); so aber *T. Walter* in Europäisierung des Recht, S. 291 (301); *Verrel* in Puppe-FS, S. 1629 (1643).

2543 *Rogall* HRRS 2010, 289 (292).

2544 So *Engländer* JZ 2009, 1179 (1180); ähnlich auch *Roxin* in Geppert-FS, S. 549 (559): Vertrauensmissbrauch; zu diesem Ansatz s. bereits oben F. II. 2. b. bb.

2545 A.A. *Hauck* NStZ 2010, 17 (22).

2546 Vgl. *Klesczewski* StV 2010, 462 (464).

2547 So auch *Hauck* NStZ 2010, 17 (22); *Rauschenberger* Kriminalistik 2010, 726 (728); *H. Schneider* NStZ 2001, 8 (14); vgl. auch *Sowada* in Geppert-FS, S. 689 (695 Fn. 11); *Engländer* JZ 2009, 1179 (1180), die aus diesem Grund eine Verletzung des nemo-tenetur-Grundsatzes verneinen.

Zweckentfremdung des Zwanges. Dass die Ermittlungsbehörden lediglich günstige Rahmenumstände schaffen und auf einen Fehler des Beschuldigten hoffen, lässt sich dem nicht gleichstellen. Der Beschuldigte wird nicht in gleichem Maße beeinflusst. Die Konstellation ähnelt vielmehr der des Spitzels, dem gegenüber der Beschuldigte sich ungefragt selbst belastet. Hier nehmen nicht einmal Vertreter des weitesten nemo-tenetur-Verständnisses einen Verstoß an[2548]. Die Täuschung über das Vorhandensein einer verdeckten Ermittlungsmaßnahme stellt keinen tauglichen Anknüpfungspunkt für einen Fairness-Verstoß dar. Anders als in den „Zellspitzel"-Fällen fehlt es auch an einer Zweckentfremdung der Zwangswirkung der Untersuchungshaft. Der BGH hat somit zu Unrecht ein Verwertungsverbot angenommen[2549].

Eine besondere Konstellation lag dem *Bykov*-Urteil des EGMR zugrunde[2550].

Der Beschwerdeführer beauftragte seinen Mitarbeiter, einen früheren Geschäftspartner zu töten. Der Mitarbeiter offenbarte sich der Polizei. Diese initiierte daraufhin medienwirksam den vermeintlichen Fund der Leiche des Geschäftspartners. Dem nachfolgend besuchte der Mitarbeiter im Auftrag der Behörden den Beschwerdeführer, erzählte er habe das Attentat ausgeführt, und verwickelte den Beschwerdeführer in ein selbstbelastendes Gespräch, das aufgezeichnet wurde.

Der EGMR lehnte einen Verstoß gegen Art. 6 EMRK mit der Begründung ab, es fehle an einem aus den Rahmenumständen oder der Beziehung der Beteiligten fließenden Aussagedrucks.

Betrachtet man isoliert das Gespräch zwischen dem Mitarbeiter und dem Beschwerdeführer, lässt sich eine fairnesswidrige Täuschung nicht ohne weiteres begründen. Die Behauptung, er habe den Auftrag ausgeführt geht bei wertender Betrachtung nicht darüber hinaus, dass der Mitarbeiter verschleiert, nunmehr mit der Polizei zu kooperieren. Er wahrt lediglich den Schein, die bisherigen Umstände würden fortgelten. Es handelt sich somit um eine bloße Täuschung über den Ermittlungsauftrag. In der Selbstbelastung des Beschwerdeführers verwirklicht sich lediglich das von diesem selbst zu tragende Risiko, wem er sein Vertrauen schenkt. Nach hier vertretenem Standpunkt wäre ein entsprechendes Vorgehen jedenfalls de lege ferenda zulässig. Die Parallelen zu dem BGH StV 2012, 129 zugrundeliegenden Sachverhalt – keine Vertrauensbeziehung, ähnlich geartete Täuschung[2551] – lassen vermuten, dass auch der BGH ein entsprechendes Vorgehen unbeanstandet lassen würde.

Stutzig macht weniger die verdeckte Befragung, sondern die Inszenierung darum herum[2552]. Die groß angelegte, unter Beteiligung der Medien ausgeführte Täuschung außerhalb des eigentlichen Gesprächs begründet größeres rechtsstaatliches

2548 Vgl. *Hilger* in Hanack-FS, 207 (215).

2549 So auch *Rogall* HRRS 289 (291 f.); *Rauschenberger* Kriminalistik 2010, 726 (729);a.A. *Jahn* JuS 2009, 861 (863 f.); *Verrel* in Puppe-FS, S. 1629 (1642).

2550 EGMR JR 2009, 514 (Bykov v. Russland).

2551 s.o. F. II. 2 a. aa. (iv).

2552 Vgl. *Costa* Sondervotum Bykov v. Russland Rn. 10.

Unbehagen. Im Ergebnis wird sich der Fairness-Verstoß hier jedenfalls aus dem Zusammenwirken beider Aspekte ergeben[2553]. Die Fallgestaltung gibt aber Anlass sich mit entsprechenden Täuschungen auseinanderzusetzen. So wäre daran zu denken, dass der Beschuldigte aufgrund der Fernsehmeldung ein selbstbelastendes Gespräch über ein abgehörtes Telefon führt. Ebenso ließe sich BGHSt 33, 217[2554] dahingehend abwandeln, dass der Beamte wahrheitswidrig die bevorstehende Verhaftung des Beschuldigten behauptet. Es erscheinen vielfältige Fallgestaltungen denkbar, in denen, die Ermittlungsbehörden Fehlinformationen lancieren, um den Beschuldigten „aus der Deckung zu locken“ [2555].

Ist das bloße Verschleiern des Ermittlungsauftrags nicht per se fairnesswidrig, kann für derartiges Vorgehen nichts anderes gelten. Zur Konkretisierung des Fairness-Maßstabs kann wieder auf das Kriterium der Risikoverteilung rekurriert werden. Die entscheidende Fragestellung lautet dann, inwieweit dem Beschuldigten zuzumuten ist, bei der Wahrung seiner Interessen selbst auf der Hut zu sein, und ab wann sein Vertrauen schützenswert ist, sodass sich der Staat, wenn er dieses enttäuscht, seiner sittlichen Überlegenheit begibt und sich seiner unwürdiger Vorgehensweisen bedient.

Auf Grundlage dieses Maßstabs wäre in der dargestellten Abwandlung von BGHSt 33, 217 ein Fairness-Verstoß zu bejahen. Ein Polizeibeamter, der gegenüber der Ehefrau eines Beschuldigten das Vorliegen eines Haftbefehls behauptet, reklamiert eine Vertrauenswürdigkeit, die nicht enttäuscht werden kann, ohne dass zugleich der rechtsstaatliche Anspruch desavouiert wird.

In *Bykov* fehlt es an dem unmittelbaren Auftreten eines Repräsentanten des Staates. Aufgrund des Ausmaßes der inszenierten Irreführung ist jedoch auch hier ein Fairnessverstoß zu bejahen.

(iii) Stimmfalle

Neben den „Romeo“- und U-Haft-Fällen nennt der Große Senat die verbotswidrige Fixierung des gesprochenen Wortes als Fall einer unzulässigen verdeckten Befragung[2556].

Hiermit ist Bezug genommen auf die in BGH JR 1987, 212 behandelte Konstellation, bei der ein mit dem Beschuldigten geführtes Gespräch aufgezeichnet wurde, um ein phonetisches Gutachten vorzubereiten. Der BGH führte in der Entscheidung, in der er die Unverwertbarkeit primär auf das damalige Fehlen einer Rechtsgrundlage

---

2553 Für einen Fairness-Verstoß in Bykov auch *R. Esser/Gaede/Tsambikakis* NStZ 2011, 140 (144); *Gaede* JR 2009, 493 (497); *Mahlstedt*, Verdeckte Befragung, S. 217; *Wolter* ZIS 2012, 238 (245 Fn. 70).

2554 S.o. F. II. 1. b. cc. (ii) β) αα).

2555 Dass die Behörden den Beschuldigten durch zulässige Ermittlungshandlungen „aufscheuchen“, ist hingegen grundsätzlich bedenkenfrei, *Bruns* in KK-StPO § 100a Rn. 36.

2556 BGH GS NStZ 1996, 502 (504).

für die heimliche Aufzeichnung gestützt wurde, obiter aus, das Zwangsverbot des nemo-tenetur-Satzes würde wirkungslos, könne es durch Täuschung umgangen werden.

Dieser Aspekt wurde in BGH NStZ 1994, 295 wieder aufgegriffen. Das Urteil behandelt die Parallelkonstellation, dass einem Zeugen das Mithören der Beschuldigtenvernehmung zum Zweck der Wiedererkennung der Stimme ermöglicht wird. Die beiden Konstellationen unterscheiden sich lediglich in dem geringen Beweiswert der auditiven Gegenüberstellung[2557] und dem Bedürfnis einer Rechtsgrundlage für die technische Fixierung[2558]. Für den hier interessierenden Zusammenhang ergeben sich daraus keine Konsequenzen.

Während in beiden Urteilen von Umgehung des Zwangsverbots durch Täuschung die Rede ist, legt BGH NStZ 1994, 295 hier einen deutlich engeren Maßstab an[2559]. In BGH JR 1987, 212 wird die Täuschung allein darin erblickt, dass ein Gespräch des Beschuldigten mit dem Leiter der JVA ohne sein Wissen abgehört wurde. Der Sache nach wird somit bloße Heimlichkeit genügen gelassen[2560]. Nach BGH NStZ 1994, 295 verbiete der nemo-tenetur-Satz hingegen „nicht jede heimliche ‚Stimmengegenüberstellung'", sondern nur eine solche, die mittels Täuschung herbeigeführt wurde. Mit dem Täuschungskriterium wird dann hier ernst gemacht und nicht genügen gelassen, dass der Beschuldigte nicht darüber aufgeklärt wurde, dass ein Zeuge mithörte. Als Bespiel für Täuschungen werden Konstellationen genannt, in denen der Beschuldigte die Teilnahme an einem Stimmvergleich bereits abgelehnt hat oder das Gespräch entgegen dem mitgeteilten Zweck allein in der Absicht geführt wird, die Stimmprobe zu ermöglichen.

Die Stimmfalle stellt keinen Verstoß gegen den nemo-tenetur-Grundsatz dar. Bereits zweifelhaft, aber noch zu bejahen ist, die Frage, ob überhaupt ein tauglicher Schutzgegenstand des nemo-tenetur-Satzes vorliegt[2561]. Von dem Beschuldigten wird keine Aussage i.S.e. Einlassung zum Tatvorwurf verlangt. Es genügt vielmehr, dass er irgendetwas Zusammenhang- und sogar Sinnloses sagt. Über eine Aussagefreiheit i.e.S. geht der nemo-tenetur-Grundsatz nach der hier vertretenen Konzeption

---

2557 Selbst bei Einhaltung der an die optische Gegenüberstellung angelehnten und praktisch kaum zu erfüllenden Standards (BGH NStZ 1994, 295 (296); *Verrel*, Selbstbelastungsfreiheit, S. 185) ist die Aussagekraft der vermeintlichen Wiedererkennung der Stimme verschwindend gering (H. Schneider GA 1997, 370 (376).

2558 *Verrel*, Selbstbelastungsfreiheit, S. 185.

2559 *Verrel*, Selbstbelastungsfreiheit, S. 184; *Kühne*, StrafprozessR, Rn. 887.1.

2560 *Verrel*, Selbstbelastungsfreiheit, S. 185.

2561 Vgl. *Verrel*, Selbstbelastungsfreiheit, S. 196: „eine Sonderform des ‚se ipsum accusare [...], die zwischen der verbalen Selbstbelastungsfreiheit, dem auf Inhalte bezogenen Schweigerecht und den vielfältigen Formen nonverbaler Aktivität des Beschuldigten steht"; *Popp* JA 1998, 900 (906). Der EGMR sieht Stimmproben als unabhängig vom Willen des Beschuldigten vorhandene und damit außerhalb des Schutzbereichs von nemo tenetur liegende Beweismittel an, ÖJZ 2002, 911 (916) (P.G. u. J.H. v. UK); s. hierzu oben B. III. 1. d. bb; *Kühne*, StrafprozessR, Rn. 887.1.

jedoch zumindest insoweit hinaus, als es um die Produktion vorher nicht existenter Sachbeweismittel geht[2562]. Dass der Beschuldigte die Abgabe einer Stimmprobe verweigern kann, ergibt sich daher aus dem nemo-tenetur-Grundsatz.

Liegt somit ein taugliches „se ipsum accusare" vor, scheitert die Betroffenheit des Grundsatz doch an dem Fehlen einen hinreichenden „tenetur"-Elements[2563]. Nach hier vertretenem Standpunkt ist dem nemo-tenetur-Grundsatz kein Schutz vor Täuschungen zu entnehmen. Der Umgehungsgedanke verfängt nicht[2564].

Es ist stattdessen an eine Lösung analog § 136a StPO zu denken[2565]. Entgegen der sonst herrschenden Skepsis, Sachbeweismittelgewinnung und Augenscheinnahme an § 136a StPO zu messen[2566], wird hier ganz überwiegend von der Anwendbarkeit der Vorschrift ausgegangen[2567]. Dies mag mit der fehlenden Trennbarkeit von Stimme und Wort zusammenhängen[2568]. Maßgebliche Bedeutung kommt hierbei wiederum dem Kriterium der Risikoverteilung zu[2569]. Ganz in diesem Sinne lässt sich auch die in der Rechtsprechung des BGH erfolgte Einengung des Täuschungsmerkmals interpretieren[2570]. Der Schritt von einem Verbot der Heimlichkeit zu einem Verbot der Täuschung ist Ausdruck einer an der Risikoverteilung orientierten Sichtweise. Die Grenze zwischen konkludenter Täuschung und Nichtaufklärung eines bestehenden Irrtums verläuft entlang der Risikosphäre des Beschuldigten[2571]. In NStZ 1994, 295 (296) wird der Gedanke der Risikoverteilung ausdrücklich angesprochen, wenn ausgeführt wird, das Risiko, an seiner Stimme wiedererkannt zu werden, müsse das Strafprozessrecht dem Täter nicht generell abnehmen. Dies gelte nicht nur, wenn Täter und Opfer zufällig oder vom Opfer eigeninitiativ herbeigeführt zusammentreffen, sondern auch wenn das Zusammentreffen durch Hinweise der Polizei erfolgt.

Das Erstellen einer heimlichen Aufzeichnung erscheint heute durch § 100f StPO gedeckt[2572]. Anders als in der verdeckten Befragung, in der das Gespräch durch den Agenten gelenkt wird, wird die Selbstbelastung nicht staatlicherseits provoziert.

2562 S.o. C. III.

2563 Vgl. *Verrel*, Selbstbelastungsfreiheit, S. 182.

2564 S.o. F. II. 1. b. bb. (iii); ebenso *Verrel*, Selbstbelastungsfreiheit, S. 193; *Rogall* in SK-StPO³ § 58 Rn. 51.

2565 Jäger, Beweisverwertung, S. 190; *Beulke*, StrafprozessR, Rn. 138; *Eisenberg*, Beweisrecht, Rn. 677; *Ackemann*, Rechtmäßigkeit, S. 108; *Verrel*, Selbstbelastungsfreiheit, S. 196; a.A. *Kühne* StrafprozessR, Rn. 887.1; *Gundlach* in AK-StPO § 136a Rn. 42.

2566 BGH NJW 1971, 1097 (1097); *Güntge* in Alsberg, Der Beweisantrag, Rn. 920; *Kramer* JURA 1988, 520 (522).

2567 *Jäger*, Beweisverwertung, S. 190; *Beulke*, StrafprozessR, Rn. 138; *Eisenberg*, Beweisrecht, Rn. 677; *Ackemann*, Rechtmäßigkeit, S. 108; *Verrel*, Selbstbelastungsfreiheit, S. 196; a.A. *Gundlach* in AK-StPO § 136a Rn. 42.

2568 *Jäger*, Beweisverwertung, S. 190 f.

2569 *Verrel*, Selbstbelastungsfreiheit, S. 194 f.; *Rogall* in SK-StPO³ § 58 Rn. 53.

2570 *Verrel*, Selbstbelastungsfreiheit, S. 194.

2571 S.o. F. II. 1. b. cc. (iii) α).

2572 *Roxin* in Geppert-FS, S. 549 (550).

Es handelt sich somit um ein bloßes „Abfischen“ von vom Beschuldigten dargebotener Information[2573]. Anders als die verdeckte Befragung kommt dem Vorgehen keine über die bloße Heimlichkeit hinausgehende Qualität zu[2574]. Einzig denkbarer Anknüpfungspunkt für die Irrtumsbedingtheit ist der Irrtum über das Vorhandensein einer entsprechenden Wahrnehmungsmöglichkeit. Dieses Vertrauen ist nicht schutzwürdig. Es fehlt daher regelmäßig bereits an einer konkludenten Täuschung. Sollte eine Täuschung aufgrund besondere Einzelfallumstände ausnahmsweise zu bejahen sein, ist diese jedenfalls nicht prozessordnungswidrig.

Einige Literaturstimmen reklamieren die Unzulässigkeit der Stimmfalle wegen der Verletzung der Menschenwürde in Konstellationen, in denen sich der Beschuldigte einer solchen nur durch dauerhaftes Schweigen entziehen könnte, namentlich in Straf- und Untersuchungshaft[2575]. Auch diese Einschränkung lässt sich mit dem Gedanken der Risikoverteilung in Einklang bringen. Der hiermit verbundene Aspekt, dem Beschuldigten den Schutz vor Selbstbelastungsrisiken grundsätzlich zuzumuten, versagt, wenn das einzig denkbare Selbstschutz-Verhalten menschenwürdewidrig ist.

Dem Bemühen, die durch die Risikoverteilung festgelegten Grenzen zu bestimmen, entspringen dann auch die vom BGH genannten Kriterien der vorherigen Ausübung des Verweigerungsrechts und der Irreführung über den gesamten Gesprächszweck[2576]. Das Kriterium der vorherigen Ausübung des Verweigerungsrechts ist bereits bekannt und sieht sich hier identischen Einwänden ausgesetzt[2577]. Das Kriterium der Täuschung über den gesamten Gesprächszweck erklärt sich aus der Konkludenz. Nur die Aussage, das Gespräch diene *vollständig* dem Zweck „XY“, ist unvereinbar mit der Aussage, es diene *auch* der Gewinnung einer Stimmprobe und enthält daher eine dahingehende konkludente Täuschung[2578]. Diese Abgrenzung erscheint allerdings weder sonderlich überzeugend noch tatsächlich praktizierbar[2579].

2573 Vgl. *Verrel*, Selbstbelastungsfreiheit, S. 195 f.

2574 *Verrel*, Selbstbelastungsfreiheit, S. 183 f.; vgl. BGH NStZ 1994, 295 (296); a.A. A.A. *Roxin/Schünemann*, StrafverfahrensR, § 25 Rn. 19: Täuschung; *Ackemann*, Rechtmäßigkeit, S. 82, der dem Vorgehen „täuschungsähnlichen Charakter“ zuweist, der für einen Verstoß gegen das Täuschungsverbot genüge; krit. zur Tauglichkeit des Täuschungskriteriums *Kühne*, StrafprozessR, Rn. 887.1.

2575 *Wolter* in SK-StPO[3] Vor § 151 Rn. 126; *ders.* in 40 Jahre BGH, S. 963 (974), *K. Meyer* JR 1987, 215 (217); *H. Schneider* GA 1997, 371 (375); *Wolflast* NStZ 1987, 103 (106); *Küpper* JZ 1990, 416 8421).

2576 Krit. *Verrel*, Selbstbelastungsfreiheit, S. 194.

2577 S.o. F. II. 2. a. cc. (i).

2578 *Eisenberg* NStZ 1994, 598 (599) nimmt eine Täuschung hingegen schon an, wenn nur ein Nebenzweck verschwiegen wird.

2579 *Odenthal* NStZ 1995, 579 (580); *Jäger*, Beweisverwertung, S. 176.

Für das verdeckte[2580] Mithören oder Aufzeichnen einer Vernehmung kommt es entscheidend darauf an, welchen Stellenwert man dem Aspekt der Heimlichkeit im Kontrast zu der ansonsten mit der Vernehmungssituation einhergehenden Offenheit beimisst. Es wird geltend gemacht, das Unterschlagen der selbstbelastungsrelevanten Risikodimension setze sich in Widerspruch zu dem mit der Vernehmungssituation erhobenen Anspruch der Offenheit[2581]. Tatsächlich wird man aus der § 168a Abs. 2 S. 1 StPO ein Verbot der verdeckten Aufzeichnung der Vernehmung folgern können[2582]. Aus der Offenheit der Vernehmung aber ein Verbot des Mithörens zu postulieren erscheint zu weitgehend[2583]. Es trifft nicht zu, dass der Beschuldigte in der Vernehmung in die Lage versetzt werden müsste, das Selbstbelastungsrisiko seines weiteren Tuns unter jedem denkbaren Aspekt einschätzen zu können. Dann müsste er auch über den Kenntnisstand der Ermittlungsbehörden und über die aus seinen Aussagen zu ziehenden Schlüsse informiert werden, was anerkanntermaßen nicht der Fall ist[2584]. Auch die Belehrungsvorschriften streben keinen derartigen Zustand an. Sie begnügen sich vielmehr mit einem grundsätzlichen Hinweis auf die Selbstbelastungsfreiheit und fordern nicht, den Beschuldigten über alle theoretisch denkbaren Verwertungsmodalitäten aufzuklären[2585].

Zudem wird sich der Beschuldigte der Möglichkeit eines Mithörers auch regelmäßig bewusst sein, er insofern also gar keinem Irrtum unterliegen. Ein Verstoß gegen das Täuschungsverbot liegt im Verschweigen des Mithörens somit nicht[2586].

Es zeigt sich somit, dass auch der Konstellation der Stimmfalle durch eine am Maßstab der Risikoverteilung ausgerichteten Anwendung des Täuschungsverbots analog § 136a StPO beizukommen ist.

2580 Die Zulässigkeit der Verwendung einer nach § 168a Abs. 2 S. 1 erfolgten offenen Aufzeichnung für einen Stimmvergleich hängt davon ab, ob sich Sinn und Zweck der Aufzeichnungsmöglichkeit – wofür der systematische Standort der Vorschrift spricht – in der Protokollfunktion erschöpfen. Die Verwendung zu Beweiszwecken stellte dann eine regelungsbedürftige Zweckentfremdung dar, vgl. Vgl. *Baumann/Brenner*, Beweisverwertungsverbote, S. 165; a.A. *H. Schneider* GA 1997, 371 (385 f.). Unter Fairnessgesichtspunkten ist nicht erforderlich, ihm die Verteidigung durch Reden zu ermöglichen und gleichzeitig die Möglichkeit der Selbstbelastung durch die Stimme auszuschließen – zumal ihm die Möglichkeit verbleibt, sich schriftlich oder über seinen Verteidiger zu äußern, *H. Schneider* GA 1997, 371 (386); a.A. *Baumann/Brenner*, Beweisverwertungsverbote, S. 165, die in dem Verheimlichen einer solchen Nutzungsmöglichkeit eine Täuschung i.S.d. § 136a erblicken.

2581 *H. Schneider* GA 1997, 370 (379 f.).

2582 *Rogall* in SK-StPO § 136a Rn. 69.

2583 *Rogall* in SK-StPO[3] § 58 Rn. 52.

2584 *Dencker* StV 1994, 667 (675); s.o. F. II. 1. b. cc. (iii) α).

2585 *Bottke* JURA 1987, 356 (361).

2586 *Rogall* in SK-StPO[3] § 58 Rn. 52; *Gleß* in L/R-StPO § 136a Rn. 45;*Odenthal*, 579 (580); a.A. *H. Schneider* GA 1997, 371 (381); *Beulke* StV 1990, 180 (183 f.).

(iv) Verdeckte Befragung zeugnisverweigerungsberechtigter Zeugen

Parallel zu der verdeckten Befragung des Beschuldigten gestalten sich Konstellationen, in denen zeugnisverweigerungsberechtigte Zeugen durch V-Leute verdeckt befragt werden. Maßgebliche Bekanntheit hat diese Fallgestaltung durch den sog. *Sedlmayr*-Fall erlangt[2587].

Nachdem die Zeugin in der Hauptverhandlung von ihrem Zeugnisverweigerungsrecht Gebrauch gemacht hatte, erwog der BGH ein Verwertungsverbot für die gegenüber dem V-Mann gemachten Angaben analog § 252 StPO. Dass diese Vorschrift über den Wortlaut hinaus nicht nur ein Verlesungs- sondern ein Verwertungsverbot enthält, entspricht allgemeiner Auffassung[2588]. Voraussetzung für dessen Eingreifen sei aber, dass die Angaben im Rahmen einer Vernehmung gemacht wurden. Eine solche liege nur vor, wenn der Vernehmende dem Zeugen in amtlicher Funktion gegenübertritt. Hieran fehlte es in casu. Auch eine analoge Anwendung auf die V-Mann-Befragung sei nicht geboten, da der telos der §§ 52, 252 StPO nicht berührt sei. Dieser bestehe darin, den Zeugen vor dem Konflikt zwischen der prozessualen Wahrheitspflicht und den sozialen Pflichten gegenüber Familienangehörigen zu bewahren. Diese Konfliktsituation könne sich nur dann stellen, wenn der Zeuge offen vernommen wird[2589]. Auch aus allgemeinen rechtsstaatlichen Grundsätzen ergebe sich kein Beweisverwertungsverbot, insbesondere sei der V-Mann-Einsatz zur Aufklärung eines Mordes zulässig.

Die im *Sedlmayr-Fall* eingelegte Verfassungsbeschwerde wurde als unzulässig zurückgewiesen. Obiter führt die Kammer jedoch aus, dass sie das Vorgehen der V-Leute jedenfalls ohne spezielle Ermächtigungsgrundlage als unzulässig und den Grundsatz eines fairen Verfahrens als verletzt ansieht[2590].

Die vom BGH vorgenommene Schutzzweckbestimmung für die Zeugnisverweigerungsrechte entspricht nahezu einhelliger Auffassung[2591]. Anders als beim nemo-tenetur-Satz spielt hier also der Aspekt der Unzumutbarkeit die maßgebliche

---

2587 BGH NJW 1994, 2904.

2588 BGH NJW 1952, 356; *Gantner* in BeckOK-StPO § 252 Rn. 24; *Meyer-Goßner/Schmitt*, StPO, § 252 Rn. 13.

2589 BGH NJW 1994, 2904 (2904); zust. *Sternberg-Lieben* JZ 1995, 844 (844 ff.); *Schlüchter/J. Radbruch* NStZ 1995, 354 (355); für eine analoge Anwendung des § 252 StPO aber *Weiler* GA 1996, 101 (111).

2590 BVerfG NStZ 2000, 489 (490), krit. zu diesem Vorgehen der Kammer *Rogall* NStZ 2000, 490.

2591 *Meyer-Goßner/Schmitt*, StPO, § 52 Rn. 1; *Senge* in KK-StPO § 52 Rn. 1; *Trüg* in HK-GS § 52 StPO, Rn. 1; weitergehend *Rengier*, Zeugnisverweigerungsrechte, S. 8: „Familie im ganzen"; a.A. *Rogall* in SK-StPO § 52 Rn. 8, der das Zeugnisverweigerungsrecht als Ausprägung des nemo-tenetur-Grundsatzes ansieht. Da *Rogall* aber den nemo-tenetur-Grundsatz seinerseits vom Gedanken der Unzumutbarkeit her begreift, ergeben sich hieraus keine Abweichungen, s. *Rogall*, Der Beschuldigte, S. 146.

Rolle, sodass eine an den Gedanken der Umgehung anknüpfende Argumentation von vorherein ausscheiden muss.

Auch verdeckte Zeugenbefragungen wird man am Täuschungsverbot des § 136a StPO zu messen haben, das gem. § 69 Abs. 3 StPO auch für die Vernehmung des Zeugen gilt. Hieraus ergibt sich jedenfalls das Erfordernis einer gesetzlichen Grundlage. Die Generalklausel der §§ 161, 163 StPO genügt hierfür nicht[2592]. Unklar ist, an welche Grenzen die verdeckte Zeugenbefragung de lege ferenda stößt[2593]. Die an den Gedanken der Risikoverteilung anknüpfenden Überlegungen lassen sich auf die gänzlich andersgeartete Verfahrensrolle des Zeugen nicht übertragen. Es handelt sich hier um einen Teilkomplex der Fragestellung des Schutzes des Angehörigenverhältnisses bei verdeckten Ermittlungsmaßnahmen[2594]. Das bisherige Regelungskonzept in diesem Bereich erscheint unausgegoren[2595]. Der Gesetzgeber ist hier aufgefordert, klassische strafprozessuale Wertentscheidungen in eine veränderte Verfahrenswirklichkeit zu transportieren. Der Schutz des Angehörigenverhältnisses gehört in seinem Kernbestand zu den rechtsstaatlich unverzichtbaren Erfordernissen eines fairen Verfahrens[2596].

3. Zusammenfassung

Sedes materiae für die Bewältigung der Problematik verdeckter Befragungen ist nicht der nemo-tenetur-Grundsatz, sondern die Vorschrift des § 136a StPO insbesondere in Form des Täuschungsverbots. Eine Erstreckung des nemo-tenetur-Grundsatzes auf irrtumsbedingte Selbstbelastungen erscheint nicht möglich. Die bloße Tatsache, dass Täuschungen ebenso geeignet sind, selbstbelastende Äußerungen hervorzurufen, könnte nur dann eine Berührung des nemo-tenetur-Satzes begründen, wenn man diesen als Informationsbeherrschungsrecht begriffe. Nach hier zugrunde gelegtem Verständnis ist die Zugriffsform entscheidend für die Verletzung des Schutzbereichs. Zwang und Täuschung sind wesensverschieden und nicht ohne weiteres austauschbar. Der Täuschung fehlt das die Verletzung des nemo-tenetur-Satzes konstituierende Moment der Autonomienegierung. Das insbesondere in der Rechtsprechung betriebene Umdeuten von Täuschungen in Zwang vermag ebenfalls nicht zu überzeugen. Mit der Verneinung einer nemo-tenetur-Verletzung ist jedoch nicht die Zulässigkeit der verdeckten Befragung begründet. Täuschendes Vorgehen der Ermittlungsbehörde ist nicht unbegrenzt vereinbar mit dem Rechtsstaatsprinzip und dem Grundsatz eines fairen Verfahrens. Dies findet

---

2592 S.o. F. II. 1. b. cc. (iv) α).

2593 Vgl. auch BVerfG StV 2012, 261 (262), wo obiter ausgeführt wird, Fairnessgesichtspunkte sprächen dafür, den Strafverfolgungsorgane „das bewusste Umgehen des Zeugnisverweigerungsrechts durch eine gezielte Ausforschung“ zu verwehren.

2594 Vgl. auch den Normierungsvorschlag von *Hauck*, Heimliche Strafverfolgung, S. 711.

2595 *Zöller* ZStW 2012, 411 (440).

2596 BVerfG NStZ 2000, 489 (490); BVerfG StV 2011, 261 (262)

seinen einfachgesetzlichen Ausdruck in der Vorschrift des § 136a StPO. Anders als der absolute nemo-tenetur-Grundsatz ist das Täuschungsverbot jedoch in seinen Randbereichen der Einschränkung zugänglich. Die Grenze, die das Fairnessprinzip Täuschungen setzt, wird maßgeblich bestimmt durch den Gedanken der Risikoverteilung. Diesem Kriterium kommt zentrale Bedeutung für den Umgang des Prozessrechts mit Wissensdefiziten des Beschuldigten zu. Bereits de lege lata ist es entscheidend im Rahmen der Feststellung konkludenter Täuschungen zu beachten. De lege ferenda bestimmt es die Grenzen, in denen das Täuschungsverbot legislatorischen Einschränkungen zugänglich ist. Nicht fairnesswidrig sind Täuschungen, die sich lediglich in die Risikosphäre des Beschuldigten fallende Umstände zunutze machen. Es ist allgemein anerkannt, dass der Beschuldigte zur Wahrung seiner Selbstbelastungsinteressen primär selbst berufen und das Risiko, dass sich ein Gesprächspartner den Ermittlungsbehörden offenbart, von ihm zu tragen ist. Der Gedanke einer eigenverantwortlich zu organisierenden Risikosphäre steht auch nicht im Gegensatz zum Subjektscharakter des Beschuldigten, sondern wird im Gegenteil gerade durch diesen begründet.

In der einfachen verdeckten Befragung, in der der Agent lediglich den Ermittlungszweck verschleiert, realisiert sich in der Selbstbelastung lediglich das vom Beschuldigten zu tragende Risiko, das mit der Auswahl seiner Gesprächspartner verbunden ist. Eine sich lediglich dieses Risiko zunutze machende Täuschung ist daher nicht fairnesswidrig und der gesetzlichen Erlaubnis zugänglich. Eine solche gesetzliche Regelung kann sich aufgrund der Vergleichbarkeit des Eingriffes an der Regelung für den Einsatz Verdeckter Ermittler orientieren. Gerade die besprochenen Fälle zeigen aber, wie weit sich der Verdeckte Ermittler von den ursprünglich seine Zulässigkeit rechtfertigenden Fällen organisierter Kriminalität entfernt hat. Diese Entwicklung gipfelt in der sog. *cold-case-Taktik,* bei der die Verhältnisse geradezu in ihr Gegenteil verkehrt werden.

Unzulässig wird die verdeckte Befragung, sobald zu der Täuschung über den Ermittlungsauftrag Umstände hinzutreten, die dazu führen, dass nicht lediglich das vom Beschuldigten zu tragende Selbstbelastungsrisiko ausgenutzt wird, sondern sich in der Selbstbelastung ein eigenständiges staatlich gesetztes Risiko verwirklicht. Es bedarf hierfür einer normativ relevanten Risikoerhöhung. Diese liegt in den „Zellspitzel"-Fällen in der Nähe zu einer durch den nemo-tenetur-Satz verbotenen Beugehaft und in den „Romeo"-Fällen in der Berührung des absoluten geschützten Kernbereichs persönlicher Lebensgestaltung. Bei außerhalb dieser Extrem-Konstellation liegenden Fällen ist wiederum der Gedanke der Risikoverteilung als Maßstab heranzuziehen. Eine Verwirklichung eines staatlich gesetzten Risikos ist stets dort anzunehmen, wo sich der Agent seinerseits durch § 136a verbotener Methoden bedient. Unterhalb dieser Schwelle ist allein durch die Art der Gesprächsführung aufgebauter Druck irrelevant. Bei Fällen der Täuschung ist entscheidend, ob lediglich das selbst zu tragende Selbstbelastungsrisiko des Beschuldigten ausgenutzt wird oder eine ein normativ relevantes eigenes Risiko setzende, qualifizierte Täuschung vorliegt. Neben legendenbedingten Täuschungen i.e.S. wird man verdeckt Befragenden einen schmalen Spielraum an zulässigen vertrauensfördernden

„Begleitlügen" zugestehen können, die kein normativ relevantes Selbstbelastungsrisiko setzen.

III. Eigeninitiativ ermittelnde Privatpersonen

Die Bedeutung, die strafprozessualen Normen und Grundsätzen im Allgemeinen und dem nemo-tenetur-Prinzip im Besonderen bei Befragungen durch Privatpersonen zukommt, hängt entscheidend davon ab, ob das Verhalten der Privatperson den staatlichen Ermittlungsorganen zugerechnet werden kann. Nachdem vorstehenden derartige funktionell staatliche Befragungen umfassend beleuchtet wurden, soll sich der folgende Abschnitt Befragungen widmen, bei denen eine solche Zurechnung zu verneinen ist, da die Privatpersonen nicht im staatlichen Auftrag, sondern aus eigener Initiative handeln. Hierbei soll sowohl auf herkömmliche Erscheinungsformen privater Ermittlungen (1.), als auch auf das neuartige Phänomen sog. *internal investigations* (2.) eingegangen werden.

1. Bisherige Erscheinungsformen

Eigeninitiativ ermittelnde Privatpersonen spielten im Strafverfahrensrecht lange Zeit keine große praktische Rolle[2597]. Zu denken ist hier zunächst an Ermittlungen zum Zweck der Verteidigung, die durch den Beschuldigten selbst, seinen Verteidiger oder beauftragte Dritte (Detekteien o.ä.) erfolgen[2598]. Gewissermaßen entgegengesetzt hierzu verlaufen Ermittlungen des durch die Straftat Verletzten, der hierbei durch den Zeugenbeistand und eventuell beauftragte Privatpersonen unterstützt wird[2599]. Daneben kommen gelegentlich Ermittlungen durch oder im Auftrag von Journalisten und eigeninitiative Ermittlungen von Privatdetekteien mit dem Ziel, erzielte Erkenntnisse später zum Kauf anzubieten, vor[2600].

Das Recht des Beschuldigten zu eigenen Nachforschungen ist unbestritten. Es wird als Ausfluss seiner Subjektstellung und damit der Menschenwürde angesehen[2601]. Die StPO geht zudem implizit von der Möglichkeit eigener Ermittlungen des Beschuldigten aus, indem sie ihm im Rahmen des Beweisantragsrechts den Vortrag von Beweistatsachen und -ziel und bei der Wiederaufnahme den von nova (§ 359 Nr. 5 StPO) auferlegt[2602]. Schließlich wäre ein Verbot eigener Ermittlungen des Beschuldigten mit der aus dem fair-trial-Gebot abzuleitenden Idee der Waffengleichheit

2597 *Bernsmann* in 22. Strafverteidigertag, S. 151 (152); *Bockemühl* in Beuke-FS, S. 647 (648); *Burhoff*, HB d. Ermittlungsverfahren, Rn. 619 u.H.a. Untersuchungen nach denen 15 % der Verteidiger nie und 64% nur in geringem Umfang ermittelten.

2598 *Brunhöber* GA 2010, 571 (572 ff.).

2599 *Brunhöber* GA 2010, 571 (574 ff.); *V. Krey*, Ermittlungen, S. 26 ff.; *Hassemer*, Das Opfer, S. 16 ff.

2600 *Bernsmann* in 22. Strafverteidigertag, S. 151 (152).

2601 *Brunhöber* GA 2010, 571 (572); krit. *Kaspar* GA 2013, 206 (208).

2602 *Brunhöber* GA 2010, 571 (572).

kaum in Einklang zu bringen[2603]. Die Möglichkeiten des Beschuldigten zu eigenen Ermittlungen sind aber in faktische Hinsicht sehr begrenzt. Neben dem offensichtlichen Fall, dass sich der Beschuldigte in Untersuchungshaft befindet, laufen eigene Ermittlungen schnell Gefahr, den Haftgrund der Verdunkelungsgefahr begründet erscheinen zu lassen[2604]. Die eigene Befragung von Belastungszeugen oder gar dem Geschädigten erscheint zudem kaum denkbar[2605].

Aufgrund dieser faktischen Beschränkungen gewinnt die Möglichkeit von Ermittlungen durch den Verteidiger an Bedeutung. Das Ermittlungsrecht des Strafverteidigers ist mittlerweile zu Recht allgemein anerkannt[2606] – so jedenfalls in der Theorie. In der Praxis scheinen eigene Ermittlungen nach wie vor selten zu sein[2607] und bei Vorkommen von Seiten der Justiz skeptisch beäugt zu werden[2608]. Auch für die Zulässigkeit von Ermittlungen des Verteidigers lassen sich Anhaltspunkte in der StPO, namentlich in § 246 Abs. 2 StPO und 364b Abs. 1 Nr. 1 StPO, finden [2609]. Der Verteidiger hat insbesondere das Recht, Zeugen und Mitbeschuldigte zu befragen[2610]. Amtliche Befugnisse kommen ihm hierbei nicht zu[2611]. Das der Vorschrift des § 252 StPO zu entnehmende Verwertungsverbot soll allerdings auch gegenüber dem Verteidiger gemachte Angaben erfassen[2612].

Für Ermittlungen des Verletzten lässt sich parallel auf die Institute des Adhäsionsverfahren und der Nebenklage verweisen[2613]. Ermittlungen des Verletzten werden jedoch ungleich kritischer betrachtet[2614].

a. Die grundsätzliche Zulässigkeit privater Ermittlungen

Wie gezeigt lassen sich für die Zulässigkeit privater Ermittlungen allerlei gesetzliche Anhaltspunkte finden. Es stellt jedoch einen grundlegenden Fehler der Diskussion

2603 *Brunhöber* GA 2010, 571 (572).

2604 *Stern* StraFo 1992, 58 (62).

2605 *Stern* StraFo 1992, 58 (62).

2606 BGH NJW 2000, 1277 (1278).

2607 *De Vries* Kriminalistik 2011, 83 (84); *Stern* StraFo 1992, 58 (58) König StraFo 1996, 98 (103).

2608 S. *Bockemühl* in Beulke-FS, S. 647 (649); *Wehnert* StraFo 2012, 253 (253), BRAK, Reform, S. 91 *König* StraFo 1996, 98 (98); *Dahs*, Handbuch, Rn. 313; *De Vries* Kriminalistik 2011, 83 (84); *Witttstamm* StV 1999, 573, mit einem Beispiel aus der Praxis, in dem gegen den Verteidiger ein Ermittlungsverfahren wegen Amtsmissbrauch eingeleitet wurde.

2609 BGH NJW 2000, 1277 (1278); *Ostendorf*, StrafprozessR, Rn. 449 mwN.

2610 BGH NJW 2000, 1277 (1278); *Ostendorf*, StrafprozessR, Rn. 449.

2611 BGH NJW 2000, 1277 (1278).

2612 BGH NJW 2000, 1277 (1278).

2613 *Salvenmoser/Schreier* in HB Wirtschaftsstrafrecht, 15. Teil, Rn. 30 f.; *Brunhöber* GA 2010, 571 (575).

2614 *Hassemer/Matussek*, Das Opfer, 25 ff.; *Brunhöber* GA 2010, 571 (574 f.).

dar, sich auf eine derartige Rechtfertigung angewiesen zu fühlen[2615]. Private Ermittlungen stellen eine Grundrechtsausübung dar[2616]. Nicht ihre Zulässigkeit, sondern vielmehr ihre Unzulässigkeit bedürfte daher der Begründung[2617].

Bedenken gegen die Zulässigkeit privater Ermittlungen könnten sich zunächst aus dem staatlichen Gewaltmonopol ableiten lassen[2618]. Aus dem Offizial- und/oder dem Legalitätsprinzip wird zudem ein „Ermittlungsmonopol der Staatsanwaltschaft" abgeleitet[2619]. Keinen unmittelbar die Zulässigkeit privater Ermittlungen begrenzender Aspekt kann der beamtenrechtliche Funktionsvorbehalt des Art. 33 Abs. 4 GG darstellen[2620]. Diese Vorschrift begründet keinen originären Bereich staatlicher Zuständigkeit sondern setzt ihn gerade voraus[2621].

Anknüpfungspunkt muss daher das Gewaltmonopol sein. Die Strafverfolgung stellt eine originäre Staatsaufgabe dar, die dem Kernbereich des staatlichen Gewaltmonopols zuzurechnen ist[2622]. Das Gewaltmonopol verbietet daher die Übertragung des Ermittlungsverfahrens auf Private i.S.e. Aufgabenprivatisierung[2623].

Dem bloßen Tätigwerden neben den Staatsorganen steht es hingegen nicht entgegen. Private Ermittlungen stellen keine Gewaltausübung dar[2624]. Die Erhebung und Verarbeitung personenbezogener Informationen ist keine Ausübung von Gewalt, mag „Wissen" auch „Macht" sein[2625]. Private Ermittlungen dienen gerade der Vorbereitung einer Konfliktlösung durch staatliche Instrumente und Institutionen, indem einem Strafverfahren zugearbeitet wird. Die staatliche Zuständigkeit für die Strafverfolgung wird nicht in Frage gestellt[2626]. Es geht gerade nicht um „private Strafverfolgung" in dem Sinne, dass sich die Privatpersonen anmaßten, Justizorganen vorbehaltende Funktionen, wie insbesondere das Aussprechen einer Sanktion, zu übernehmen[2627]. Private Ermittler maßen sich auch keine Zwangsbefugnisse an[2628]. Sie beanspruchen auch sonst keine Freiheit von staatlicher Machtausübung, sie sind vielmehr rechtlichen Grenzen, insbesondere denen des materiellen

---

2615 *Kaspar* GA 2013, 206 (208).

2616 *Salvenmoser/Schreier* in HB Wirtschaftsstrafrecht, 15. Teil, Rn. 25; *Kaspar* GA 2013, 206 (208); *Dubois*, Verwertbarkeit, S. 16.

2617 *Kaspar* GA 2013, 206 (208).

2618 *Mende*, Grenzen, S. 77.

2619 *Jahn* StV 1999, 41 (43); *Wehnert* in Ökonomie vs. Recht, S. 137 (137 f.); *Brunhöber* GA 2010, 571 (575); einschränkend *Reeb*, Internal Investigations, S. 36 f.

2620 *Reeb*, Internal Investigations, S. 32 f.; so aber *Mende*, Grenzen, S. 97 ff.; *Knauer/Buhlmann* AnwBl 2010, 387 (391); *Momsen* ZIS 2011, 508 (514).

2621 S.o. F. II. 1. b. cc. (iv) β).

2622 *Dubois*, Verwertbarkeit, S. 13; *Bernsmann* in 22. Strafverteidigertag, S. 151 (151).

2623 *Dubois*, Verwertbarkeit, S. 13.

2624 *Zapfe*, Compliance, S. 106.

2625 So aber *Mende*, Grenzen, S. 83; zust. *Bung/Huber* in Beulke-FS, S. 655 (668); hiergegen *Zapfe*, Compliance, S. 106.

2626 *Zapfe*, Compliance, S. 117.

2627 *Wewerka*, Internal Investigations, S. 113.

2628 *Wewerka*, Internal Investigations, S. 113.

Strafrechts unterworfen. Aus dem Gewaltmonopol folgt nicht die generelle Unzulässigkeit nichtstaatlicher Machtstrukturen[2629]. Entscheidend ist vielmehr, dass sich derartige Strukturen in den staatlich vorgegebenen Bahnen bewegen.

Ein weitergehendes „Ermittlungsmonopol“ besteht nicht[2630]. Das Offizialprinzip begründet lediglich positiv die staatliche Zuständigkeit, ihm lässt sich kein negativer Ausschluss privater Ermittlungen entnehmen[2631]. Als Grundlage eines Monopols erscheint es ohnehin wenig tauglich, da es aufgrund von Privatklage- und Antragsdelikten bereits rechtlich nicht absolut gilt[2632].

Auf rein faktische Gegebenheiten hat dieses Verbot der Privatisierung erst dann Einfluss, wenn sie drohen, einer solchen Privatisierung gleich zu kommen. Mithin müssten sie ein Ausmaß erreichen, das die Staatlichkeit des Ermittlungsverfahrens, nicht bezogen auf einzelne Ermittlungshandlungen oder auch nur einzelne Verfahren, sondern in seiner Gesamtheit in Frage zu stellen[2633]. Unter dem „Monopol“ der Staatsanwaltschaft ist somit eher eine Vorherrschaft als ein Alleingeltungsanspruch zu verstehen. Auch wenn private Ermittlungen zunehmend strukturiert und organisiert erfolgen, kann eine Gefährdung dieser Vormachtstellung nicht festgestellt werden[2634]. Mit Bedenken sind aber die in anderem Zusammenhang zunehmend zu beobachtenden Tendenzen zur Kenntnis zu nehmen, staatsanwaltschaftliche Aufgaben an Privatpersonen „out zu sourcen“[2635].

Aus den genannten Prinzipien folgt weniger das Verbot der privaten Tätigkeit, sondern das an die Staatsorgane gerichtete Verbot, sich aus diesem Bereich zurückzuziehen. Während das Tätigwerden von privaten Ermittlern also solches noch generell unbedenklich ist, liegt der Ursprung der Bedenken gegen private Ermittlungen in der Befürchtung, die staatlichen Organe könnten sich im Gegenzug aus dem Ermittlungsverfahren zurückziehen und sich auf die Übernahme der privaten Erkenntnisse beschränken[2636].

Nicht zu verkennen ist, dass von Privatpersonen geführte Untersuchungen gewisse strukturelle Unterschiede zu staatlichen Ermittlungen aufweisen. Dies betrifft insbesondere die fehlende Bindung an strafprozessuale Grundsätze und Grundrechte

2629 *Zapfe*, Compliance, S. 106 f.

2630 *V. Krey*, Ermittlungen, S. 31; *Bockemühl*, Private Ermittlungen, S. 34 f.; *Zapfe*, Compliance, S. 117; *Bittmann* in Rotsch, Criminal Compliance, § 34 B. Rn. 122; *ders./Molkebur* wistra 2009, 373 (374); *Minoggio* in StRR Wirtschaftsstrafrecht, Kap. 15 Rn. 72; *Wewerka*, Internal Investigations, S. 114; *Dubios*, Verwertbarkeit, S. 24.

2631 *Godenzi*, Beweisbeschaffung, S.79; ähnlich *Zapfe*, Compliance, S.115.

2632 *V. Krey* Ermittlungen, S. 30 f., S. 26 f.; *Bockemühl*, Private Ermittlungen S. 33 f.

2633 *Jahn* StV 1999, 41 (43), *Rotsch* in HB Wirtschaftsstrafrecht, 1. Teil, Kap. 4, Rn. 52.

2634 *Jahn* StV 1999, 41 (43).

2635 S. LG Kiel mit Anm. *Wehnert* JR 2007, 81 (Hinzuziehung von Mitarbeitern der Gesellschaft zur Verfolgung von Urheberrechtsverletzungen); *Dann* ZMGR 2010, 286 (Mitarbeiter der Kassenärztlichen Vereinigung u.ä.); *Kühne* GA 2013, 553 (rechtliche Beurteilung durch Rechtsanwälte).

2636 Vgl. *Greeve* StraFo 2013, 89 (89).

sowie die mangelnde Objektivität (vgl. § 160 Abs. 2 StPO)[2637]. Hieraus abgeleiteten Bedenken ist jedoch nicht durch die generelle Unzulässigkeit privater Ermittlungen, sondern auf der Ebene der Beweisverwertung und -würdigung zu begegnen. Bei der Übernahme privat erhobenen Beweismittel ist der fehlenden Objektivität durch eine vorsichtige Beweiswürdigung Rechnung zu tragen[2638]. Kommt es durch das Nebeneinander von privaten und staatlichen Ermittlungen zur Aushebelung strafprozessualer Garantien, ist an ein Beweisverwertungsverbot zu denken.

Die bloße Übernahme privater Erkenntnisse erscheint somit nicht nur aus der Warte der genannten Strukturprinzipien problematisch, sondern auf Grund der diesen anhaftenden rechtlichen und tatsächlichen Mängeln auch vielfach nicht möglich[2639]. Derart durchgreifende Bedenken, dass sie in einem generellen Verbot privater Ermittlungen münden müssten, sind jedoch nicht auszumachen.

b. Die Grenzen der Zulässigkeit privater Ermittlungen

Die Grenzen privater Ermittlungen ergeben sich primär aus dem materiellen Strafrecht[2640]. Im Fall des Verteidigers sind zudem standesrechtliche Vorschriften zu beachten[2641]. Zusätzlich können Vorschriften des privaten und des öffentlichen Rechts, namentlich des zunehmend an Bedeutung gewinnenden Datenschutzrechts, Relevanz erlangen[2642]. Nur vereinzelt ergeben sich die Grenzen privater Ermittlungen aus der StPO. Hier ist an den Haftgrund der Verdunkelungsgefahr und das in § 164 StPO verbriefte amtliche Selbsthilferecht gegen die Störung staatlicher Ermittlungsmaßnahmen zu denken[2643].

Die Vorschriften über die Beweiserhebung gelten für private Ermittler jedoch weder direkt noch analog. Dies ergibt sich aus ihrem Charakter als Schranken der staatlichen Zwangsbefugnisse, die Privatpersonen gerade nicht zukommen[2644].

2637 Vgl. *Kottek*, Die Kooperation, S. 100 f.; *Greeve* StraFo 2013, 89 (89); *Knierim* StV 2009, 324 (325).

2638 *Kaspar* GA 2013, 206 (209); *Rödiger*, Strafverfolgung, S. 256; *Raum* StraFo 2012, 395 (399).

2639 *Bittmann* in Rotsch, Criminal Compliance, § 34 B. Rn. 128; *Raum* StraFo 2012, 395 (399).

2640 *Zerbes* ZStW 125 (2013), 551 (556).

2641 *Bockemühl*, Private Ermittlungen, S. 55 ff.; S. 81 f.

2642 *Zerbes* ZStW 125 (2013), 551 (556).

2643 *Reeb*, Internal Investigations, S. 37; *Zapfe*, Compliance, S. 119; *Salvenmoser/Schreier* in HB WirtschaftsstrafR, Kap. 15 Rn. 46; *de Vries* Kriminalistik 2011, 83 (85).

2644 S.o. F. I.

c. *Die Rolle von Befragungen und ihre grundsätzliche Irrelevanz unter dem Aspekt der Selbstbezichtigungsfreiheit*

Befragungen werden häufig ein zentrales Mittel privater Ermittler darstellen[2645]. Das ergibt sich schlicht aus der Tatsache, dass viele Methoden, die staatlichen Behörden zur Verfügung stehen, ihnen tatsächlich oder rechtlich verwehrt sind. Es stellt sich daher die Frage, ob in derartigen Befragungen der nemo-tenetur-Grundsatz Bedeutung erlangen kann.

Von privater Seite auf selbstbelastende Äußerungen hinzuwirken wird, auch wenn hierbei Druck ausgeübt wird, nicht vom Schutzbereich des nemo-tenetur-Grundsatzes umfasst[2646]. Das Zwangselement der Selbstbelastungsfreiheit setzt vielmehr das Bestehen eines rechtlichen Aussagezwangs voraus, sodass, wie dargestellt, der nemo-tenetur-Grundsatz in Privatverhältnissen allenfalls bei Bestehen von rechtlichen Auskunftspflichten Relevanz gewinnen kann[2647]. Eine solche wird in den Fällen privater Ermittlungen in aller Regel nicht bestehen. Der nemo-tenetur-Grundsatz gewinnt daher in derartigen Fällen keine Relevanz. So führte etwa das BVerfG zur Befragung durch einen Kaufhausdetektiv aus: „Gegen die Verwertbarkeit der freiwilligen Äußerung des Beschwerdeführers gegenüber einer für ihn erkennbar nicht mit staatlicher Hoheitsgewalt ausgestatteten Person in einem durch staatliche Stellen weder direkt noch indirekt beeinflussten Gespräch bestehen keine verfassungsrechtlichen Bedenken."[2648]

Aus dem nemo-tenetur-Grundsatz lässt sich somit keine Begrenzung privater Ermittlungstätigkeit ableiten.

Bei Anwendung von körperlichem oder seelischem Zwang ergibt sich die Unverwertbarkeit aus den oben dargelegten Grundsätzen zur privaten Folter. Der Behauptung einer Verletzung der Selbstbelastungsfreiheit bedarf es zu diesem Ergebnis nicht[2649].

2. Internal investigations

Die vormals geringe Praxisrelevanz privater Ermittlungen hat sich durch neuere Entwicklungen, die im Zusammenhang mit dem Komplex der sog. *Compliance* stehen, deutlich gesteigert[2650]. Unter dem Stichwort „unternehmensinterner Ermittlungen" oder „internal investigations" wird das Phänomen privater Ermittlungen in Wirtschaftsunternehmen diskutiert. Das zentrale Aufklärungsinstrument solcher

---

2645 *Rückel* in Peters-FG, S. 265 (276); *Bockemühl* in Beulke-FS, S. 647 (652).

2646 *Kölbel*, Selbstbelastungsfreiheiten, S. 83.

2647 S.o. F. I. 3.

2648 BVerfG, *Beschl.* v. 04.2.1997 – 2 BvR 122/97.

2649 So aber *Störmer*, Dogmatische Grundlagen, S. 132; *Eisenberg*, Beweisrecht, Rn. 400; *Otto* in Kleinknecht-FS S. 318 (326); *Pfordte* in DAV-FS, S. 740 (755); *Wolter* in SK-StPO Vor § 151 Rn. 139 f.; s.o. F. I. 2. b.; F. I. 3.

2650 *Knauer/Buhlmann* AnwBl 2010, 387 (387).

Ermittlungen bildet die Befragung der Angestellten des Unternehmens unter Geltendmachung arbeitsvertraglicher Auskunftsansprüche. Die Möglichkeit eines Konflikts mit dem nemo-tenetur-Grundsatz liegt auf der Hand.

a. Das Phänomen

Der Begriff der Compliance umschreibt die Gesamtheit derjenigen organisatorischen Maßnahmen, die ein Unternehmen zur Verhinderung von Normverstößen durch seine Mitarbeiter ergreift[2651]. Diskutiert werden insbesondere präventive Compliance-Maßnahmen, wie Unternehmensrichtlinien, die Einrichtung von Whistleblower-Hotlines und regelmäßige Schulungen der Mitarbeiter[2652]. Eine vollständige Compliance-Struktur muss aber neben solchen Präventivmaßnahmen auch Elemente der Aufklärung und der Ahndung von Normverstößen enthalten[2653]. Eben jene repressive Facette der Compliance bildet das Phänomen der unternehmensinternen Ermittlungen[2654].

Ist die Rede von „internal investigations“ bzw. „internen Ermittlungen“, hat man einen bestimmten Typ der Sachverhaltsaufklärung im Unternehmen vor Augen, der sich regelmäßig durch drei Aspekte kennzeichnet: Die Untersuchungen erfolgen (1) anlässlich des Verdachts eines Gesetzesverstoßes, werden (2) durch externe Privatpersonen, i.d.R. Rechtsanwälte, durchgeführt und stehen (3) im Zusammenhang mit einem drohenden staatlichen Verfahren wegen des Gesetzesverstoßes[2655]. Es handelt sich hierbei jedoch mehr um eine phänotypische Beschreibung denn um

2651 *Rieble* R.L.R. 2009, 191 (191); *J. Wagner* CCZ 2009, 8 (10); *Reichert* ZIS 2011, 113 (114); *Neuhaus* in Die Finanzkrise S. 348 (349); *Bock* ZIS 2009, 68 (68); *ders.*, Criminal Compliance, S. 19 ff. auch zu anderen möglichen Begriffsverständnissen; s. auch Nr. 4.1.3 Deutscher Corporate Governance Kodex.

2652 *Reichert* ZIS 2011, 113 (116); *Dann* AnwBl 2009, 84 (84); *Raum* StraFo 2012, 395 (396); *Momsen* ZIS 2011, 508 (509).

2653 *Krause* StraFo 2011, 437 (442); *J. Wagner* CCZ 2009, 8 (10 f.); *Reichert* ZIS 2011, 113 (117); *Dann* AnwBl 2009, 84 (84); *Moosmayer* in Rotsch, Criminal Compliance, § 34 B. Rn. 68; *Wessing* in DAV-FS, S. 907 (910); *v. Hehn/Hartung* in HB Compliance-Management, 1.7. Rn. 28; *Moosmayer* NJW 2012, 3013 (3014); *Wastl* NWB 2012, 2221 (2222).

2654 *Momsen* ZIS 2011, 508 (511); *Theile* StV 2011, 381 (381); bei einem rein präventiven Verständnis des compliance-Begriffs stellten sie sein repressives Gegenstück dar, s. *Nolde* in LaaS, S. 1001 (1005); man könnte dann das präventive und das repressive Element unter dem Oberbegriff der „Corporate Governance“ zusammenfassen, so *Bockemühl* ÖAnwBl 2014, 229 (229); *Nestler* in Internal Investigations, Kap. 1 Rn. 35. Der Streit ist aber rein begrifflicher Natur. Dass ein zwingendender Zusammenhang zwischen präventiven und repressiven Instrumenten besteht, ist anerkannt, s. *Nestler* in Internal Investigations, Kap. 1 Rn. 2.

2655 *Behrens* RIW 2009, 22 (22); *Momsen* ZIS 2011, 508 (511); *Nestler* in Internal Investigations, Kap. 1 Rn. 19 ff.; *Wewerka*, Internal Investigations, S. 6; *Rust/Abel* ZWeR 522 (523).

einen juristischen Tatbestand, aus dem sich Rechtsfolgen ableiten ließen. Kennzeichnend und sie von anderen in Unternehmen vorkommenden Untersuchungen, wie den regelmäßig durchgeführten *compliance audits*[2656], abhebend sind vor allem die Anlassbezogenheit und die repressive Zielrichtung[2657]. Die Beauftragung von Externen wird häufig, aber nicht immer vorliegen[2658]. Sie wird oft nicht als zwingendes Merkmal angesehen[2659]. Es erscheint denkbar, bei ihrem Fehlen nur von internen Ermittlungen i.w.S. zu sprechen[2660]. Vor dem Hintergrund der der zu untersuchenden Fragestellung kann ein Gewinn einer hier differenzierenden Begriffsbildung allerdings nicht ausgemacht werden[2661].

Handelt es sich bei der unternehmensinternen Aufklärung strafrechtlich relevanter Vorwürfe auch um kein grundsätzlich neues Phänomen[2662], so hat sie doch im Kontext von Compliance eine neue Qualität erreicht[2663]. Wo Unternehmen früher die staatsanwaltschaftlichen Ermittlungen geschehen ließen und sich auf das Entwerfen einer Verteidigungsstrategie beschränkten, entwickeln sie mittlerweile ein Eigeninteresse an einer vollumfänglichen Sachverhaltsaufklärung[2664]. Wo es früher um den Schutz des Unternehmens vor Straftaten durch die Mitarbeiter ging, geht es heute auch um die Verhinderung von Straftaten aus dem Unternehmen heraus, die wirtschaftlich betrachtet dem Unternehmen zugutekämen[2665]. Zudem treten an die

---

2656 *Grützner/Jakob*, Compliance von A-Z, „Compliance Audit".

2657 *Wewerka*, Internal Investigations, S. 6; *Rotsch* in HB Wirtschaftsstrafrecht, 1 Teil, Kap. 4 Rn. 49.

2658 *Nestler* in Criminal Compliance, Kap. 1 Rn. 25; *Reeb*, Internal Investigations, S, 4.

2659 S. *Behrens* RIW 2009, 22 (22); *Momsen* ZIS 2011, 508 (511); *Rust/Abel* ZWeR 522 (523).

2660 So *Knauer* ZWH 2012, 41 (42); *Nestler* in Internal Investigations, Kap. 1 Rn. 25; ähnlich *Wastl* NWB 2012, 2221 (2222).

2661 Ebenso kann offen bleiben, ob auch die Untersuchung zur Aufklärung von Compliance-Verstößen, die nicht zugleich (Straf-)Gesetze verletzen, unter den Begriff fallen, s. *Nestler* in Internal Investigations, Kap. 1 Rn. 22.

2662 *Behrens* RIW 2009, 22 (22); *Mansdörfer* jM 2014, 167 (167); *Nestler* in Internal Investigations, Kap. 1 Rn.4; *J. Wagner* CCZ 2009, 8 (8); *Raum* StraFo 2012, 395 (396); *v. Hehn/Hartung* in HB Compliance-Management, 1.7. Rn. 1; *Behrends/Müller-Trönnier/Zeidler* ZfgK 2013, 776 (776); *Salvenmoser/Schreier* in HB WirtschaftsstrafR, Kap. 15 Rn. 5 ff.; *Taschke* in Criminal Compliance vor den Aufgaben der Zukunft, S. 65 (65).

2663 *v. Hehn/Hartung* in HB Compliance-Management, 1.7. Rn. 1; *Mansdörfer* jM 2014, 167 (167); *J. Wagner* CCZ 2009, 8 (8); *Theile* StV 2011, 381 (381); *v. Hehn/Hartung* in HB Compliance-Management, 1.7. Rn. 1; *Rotsch* in HB Wirtschaftsstrafrecht, 1. Teil, Kap. 4, Rn. 48.

2664 *Ballo* NZWiSt 2013, 46 (46); *J. Wagner* CCZ 2009, 8 (8); krit. *B. Groß* in Feigen-FG, S. 67 (77).

2665 *Raum* StraFo 2012, 395 (396).

Stelle punktueller Aufklärungsmaßnahmen groß angelegte und strukturierte Untersuchungen, die Assoziationen mit staatlichen Ermittlungsverfahren wecken[2666].

Unternehmensinterne Ermittlungen dienen dem Ziel, den Sachverhalt aufzuklären und damit die Grundlage zu schaffen, auf der darüber entschieden werden kann, ob Schadensersatzansprüche oder arbeitsrechtliche Instrumente zum Abstellen der Missstände geltend gemacht oder eine Strafanzeige erstattet werden soll[2667]. Daneben können sie aber auch der Verteidigung des Unternehmens gegen Bußgelder oder Einziehung und Verfall dienen[2668]. Eigene Aufklärungsbemühungen bilden die Basis für eine kooperative Haltung gegenüber den Behörden. Das Unternehmen wird häufig aber auch ein Interesse daran haben, bereits vor der Einleitung von staatlichen Ermittlungen über den Umfang der Regelverstöße Bescheid zu wissen[2669]. Wie insgesamt im Bereich der Compliance spielt zudem die öffentliche Wahrnehmung eine große Rolle[2670].

Der Begriff der „internen" Ermittlung ist insofern in zweifacher Weise irreführend, als dass es oft weder um eine Untersuchung durch Unternehmensinterne geht, noch darum, dass Unternehmensinterna nicht an die Öffentlichkeit gelangen. Häufig geht es im Gegenteil um eine öffentlichkeitswirksam inszenierte Ermittlung durch Dritte. „Intern" dient hier allein der Abgrenzung von staatlichen Ermittlungen[2671].

Die Entwicklung von internal investigations ist vor dem Hintergrund dreier Entwicklungslinien zu verstehen. Zunächst handelt es sich bei dem Phänomen jedenfalls in gewissem Rahmen um ein „Importprodukt" aus den USA. Die hiervon mittlerweile unabhängige deutsche Entwicklung erklärt sich zum einen aus der Verankerung interner Ermittlungen in dem Institut der Compliance und zum anderen vor dem Hintergrund der zunehmenden Beteiligung von Unternehmen an Straf- und Ordnungswidrigkeitenverfahren.

Seinen Ursprung nahm das Phänomen der internal investigations in den USA. In den 1960er Jahren sah sich die Börsenaufsichtsbehörde *Securities and Exchange Commission (SEC)* mit den ihr obliegenden Ermittlungen mengenmäßig derart überfordert, dass sie begann, die betroffenen Unternehmen qua informeller und

---

2666 *J. Wagner* CCZ 2009, 8 (8); *B. Kruse*, Compliance und Rechtsstaat, S. 173; *Ambos*, Beweisverwertung, S. 127.

2667 *Rütters/A. Schneider* GA 2014, 160 (169); *De Lind van Wijngaarden/Egler* NJW 2013, 3549 (3549); *Fritz/Nolden* CCZ 2010, 170 (174); *M. Weiß* CCZ 2014, 136 (136); *Wehnert* StraFo 2012, 253 (254); *Salvenmoser/Schreier* in HB Wirtschaftsstrafrecht, 15. Teil, Rn. 15; *Wewerka*, Internal Investigations, S. 6 f.

2668 *De Lind van Wijngaarden/Egler* NJW 2013, 3549 (3549); *Rütters/A. Schneider* GA 2014, 160 (169); *Behrens* RIW 2009, 22 (329); *Wehnert* StraFo 2012, 253 (254).

2669 *Cleblad/Johnsen* Deutscher AnwaltSpiegel 09/2011, 8 (9); *Wessing* in Mehle-FS, S. 665 (666 f.).

2670 *Rust/Abel* ZWeR 2012, 521 (523); *Schuster* NZWiSt 2012, 28 (29); *Taschke* NZWiSt 2012, 89 (92); *Leipold* in Schiller-FS, S. 418 (427); *Nestler* in Internal Investigations, Kap. 1 Rn. 29; *Knauer/Buhlmann* AnwBl 2010, 387 (388); *Gerst* CCZ 2012, 1 (2).

2671 *Nestler* in Internal Investigations, Kap. 1 Rn. 25.

recht unspezifischer Anfrage zu eigenen Aufklärungen aufzufordern und ihnen im Gegenzug Sanktionenmilderung und -verzicht in Aussicht zu stellen[2672]. Für die betroffenen Unternehmen ergab sich die Attraktivität dieses Vorgehens nicht zuletzt aus der immensen Höhe, die ungemilderte Sanktionen erreichen konnten[2673]. In der Folgezeit wurde dieses Vorgehen standardisiert[2674]. Betroffene Unternehmen sind daher teilweise dazu übergegangen, eine entsprechende Aufforderung der SEC gar nicht erst abzuwarten, sondern mit Blick auf ein mögliches Verfahren bereits bei eigener Kenntniserlangung internal investigations einzuleiten[2675].

Neben dem Verfahren durch die SEC, die auf die Verhängung verwaltungsrechtlicher und zivilrechtlicher Sanktionen beschränkt ist, droht den betroffenen Unternehmen auch ein durch das *Department of Justice (DOJ)* betriebenes Strafverfahren[2676]. Anders als das deutsche kennt das US-amerikanische Recht eine strafrechtliche Verantwortlichkeit von Unternehmen[2677]. Die am Ende eines Strafverfahrens stehenden Sanktionen können selbst für multinationale Konzerne existenzvernichtende Auswirkungen haben[2678]. Bereits die Anklageerhebung (*indictment*) kann den Ruf eines Unternehmens derart schädigen, dass es sich von den wirtschaftlichen Folgen nicht mehr erholt, ohne dass es eine Rolle spielte, ob es letztendlich verurteilt oder freigesprochen wird[2679].

Die Einleitung eines Strafverfahrens erfolgt regelmäßig auf Empfehlung der SEC, die dem DOJ die Ergebnisse ihrer Untersuchung zur Verfügung stellt[2680]. Die betroffenen Unternehmen haben daher regelmäßig ein Interesse daran, mit der SEC zu kooperieren, um zu vermeiden, dass das DOJ überhaupt ins Spiel kommt[2681].

Dem US-amerikanischen Recht ist das Legalitätsprinzip unbekannt[2682]. Die Strafverfolgungsbehörden entscheiden über die Anklageerhebung nach einem weiten Ermessen[2683]. Konkretisiert wird dieses durch verschiedene Richtlinien, denen im

---

2672 *Nolde* in LaaS, S. 1001 (1004); *Behrens* RIW 2009, 22 (24); *Theile* StV 2011, 381 (381).

2673 *Taschke* NZWiSt 2012, 89 (91); *Knauer* ZWH 2012, 41 (43); *Böhm* WM 2009, 1923 (1923 Fn. 3).

2674 *Behrens* RIW 2009, 22 (24); *Nestler* in Internal Investigations, Kap. 1 Rn. 6; s. auch die entsprechende Verlautbarung aus dem Jahr 2001 in dem SEC-Release No. 44969, einzusehen unter http://www.sec.gov/litigation/investreport/34-44969.htm (14.01.2016).

2675 *Reeb*, Internal Investigations, S. 22; *Behrens* RIW 2009, 22 (24 f.).

2676 *Kottek*, DAJV-Newsletter 2013, 101 (101).

2677 *Behrens* RIW 2009, 22 (25); *Wewerka*, Internal Investigations, S. 51; *Momsen/Tween* in Rotsch, Criminal Compliance, § 30 Rn. 5.

2678 *Kottek* DAJV-Newsletter 2013, 101 (101); s. auch *Bock*, Criminal Compliance, S. 261: „unverhältnismäßig im verfassungsrechtlichen Sinne".

2679 U.S. v. STEIN, 440 F. Supp.2d 315 (S.D.N.Y. 2006).

2680 *Kottek* DAJV-Newsletter 2013, 101 (101); *Wewerka*, Internal Investigations, S. 51.

2681 Vgl. *Wewerka*, Internal Investigations, S. 161.

2682 *Westphal* in 67. DJT, Sitzungsbericht, L129; *Wewerka*, Internal Investigations, S. 161.

2683 *J. Wagner* CCZ 2009, 8 (9).

Rahmen der Wirtschaftskriminalität quasi-gesetzlicher Status zukommt[2684]. So erlaubt die *United States Attorney's Manual* die eigene Tataufklärung des Unternehmens derart zu berücksichtigen, dass sie zu einem Absehen von der Anklage führt[2685]. Kommt es dennoch zur Anklage, stellt die eigene Tataufklärung einen gesetzlich in den *sentencing guidelines* fixierten Milderungsgrund dar[2686]. Die *sentencing guidelines* sehen eine Art der Sanktionsfestlegung vor, die man als mathematische Berechnung bezeichnen muss[2687]. Das betroffene Unternehmen kann daher sehr genau antizipieren, wie seine Kooperation berücksichtigt wird[2688]. Auch wenn die *sentencing guidelines* seit einem Urteil des Supreme Courts[2689] nicht mehr als zwingende Vorgaben gelten, ist ihr Einfluss auf die Praxis der Strafzumessung doch ungebrochen[2690].

Eine explizite gesetzliche Pflicht zur Durchführung von internal investigations kennt auch das US-Recht nicht[2691]. Ihre Ausbildung ist vielmehr die Folge eines Anreizsystems[2692]. Die Grundlage dieses Systems bildet das hohe abstrakte Strafmaß in Verbindung mit dem weiten Anklage-Ermessen der Behörden[2693].

Als Entstehungsvoraussetzungen von internal investigations in den USA können somit die auf einem weiten Ermessen der Behörden fußende ausgeprägte amerikanische Bereitschaft zur einvernehmlichen Verfahrenserledigung und ein Sanktionenrecht ausgemacht werden, das den Betroffenen zur Mitwirkung anhält, indem

2684 *Kent/Thomas* in Corporate Internal Investigations, § 13 Rn. 3.

2685 U.S. Attorneys' Manual § 9–28.300 Nr. 4, § 9–28.700.

2686 *Nestler* in Internal Investigations, Kap. 1 Rn. 9.

2687 S. *United States Sentencing Commission Guidelines Manuel* § 8 2.6.: Demonstriert das Unternehmen, dass es seine Verantwortung für das Fehlverhalten anerkennt, ist ein Punkt vom *„culpability score"* zu subtrahieren, der standardmäßig bei fünf liegt und beispielsweise durch die Involvierung von Führungspersonal oder Behinderungen der staatlichen Ermittlungen erhöht wird. Hat es sich zusätzlich kooperativ verhalten, werden sogar zwei und wenn es das Fehlverhalten auch noch eigeninitiativ und zeitnah nach Kenntniserlangung das Fehlverhalten den zuständigen Stellen angezeigt hat sogar fünf Punkte abgezogen. Der *culpability score* wird sodann mit dem Grad der Straftat (*„offense Level"*) multipliziert, um das Strafmaß zu erlangen. Die *offense levels* sind ihrerseits für jedes Delikt genau festgelegt, s. aaO. § 2.

2688 *Kentz/Thomas* in Corporate internal investigations, § 13 Rn. 4; *Behrens* RIW 2009, 22 (31).

2689 United States vs. Booker 543 U.S. 220 (2005).

2690 *Wewerka*, Internal Investigations, S. 69.

2691 *Behrens* RIW 2009, 22 (23); *v. Hehn/Hartung* in HB Compliance-Management, 1.7. Rn. 23; *Wewerka*, Internal Investigations, S. 43.

2692 *Nestler* in Internal Investigations, Kap. 1 Rn. 10; *Behrens* RIW 2009, 22 (23).

2693 *Nestler* in Internal Investigations, Kap. 1 Rn. 10; *Spehl/Momsen/Grützner* CCZ 2013, 260 (264).

es Kooperation pauschal und schematisch mit der Milderung von sonst sehr hohen Sanktionen belohnt[2694].

Diese Charakteristika finden in der deutschen Rechtsordnung nicht ohne weiteres ihr Pendant[2695]. Es kann somit nicht überraschen, dass das Phänomen unternehmensinterner Entwicklungen sich in Deutschland nicht genuin entwickelt, sondern vielmehr aus den USA importiert wurde.

In Deutschland wurde das Phänomen der internal investigations nach amerikanischem Vorbild vor allem durch den Fall *Siemens* bekannt. Als an der amerikanischen Börse gelistetes Unternehmen unterfiel[2696] *Siemens* dem US-amerikanischen *Foreign Corrupt Practices Act* (FCPA)[2697]. Als 2006 der Verdacht der Korruption durch *Siemens*-Mitarbeiter aufkam, gingen die US-Behörden nach dem beschriebenen Muster vor. *Siemens* beugte sich dem Druck zur Kooperation und mandatierte eine Kanzlei, die das Vertrauen der SEC genießt, mit der Vornahme umfassender internal investigations auf deutschem Boden[2698].

Mittlerweile existieren interne Ermittlungen in Deutschland aber auch völlig unabhängig von der SEC oder sonstigem US-rechtlichen Bezug und sind jedenfalls bei Wirtschaftsstrafverfahren einer gewissen Größenordnung keine außergewöhnliche Erscheinung mehr[2699]. Sie gehören zum Standardrepertoire von Groß- und zunehmend auch Mittelstandsunternehmen[2700].

Diese rein nationalen internen Ermittlungen weichen in einer Vielzahl von rechtlich relevanten Punkten von den von der SEC initiierten Ermittlungen ab, sodass

---

2694 *Behrens* RIW 2009, 22 (23); *Wewerka*, Internal Investigations, S. 35; *Nestler* in Internal Investigations, Kap. 1 Rn. 10.

2695 Vgl. *Behrens* RIW 2009, 22 (31).

2696 Mittlerweile hat sich Siemens von der New Yorker Börse (NYSE) zurückgezogen. Die strengen Aufsichtsregularien und das Vorgehen der SEC veranlassen zunehmend deutsche Unternehmen zu diesem Schritt. Mittlerweile sind nur noch drei DAX-Unternehmen am NYSE notiert, nur noch 4 deutsche Unternehmen unterstehen der Aufsicht der SEC; http://www.sec.gov/divisions/corpfin/internatl/foreigngeographic2012.pdf (Stand: 2012, daher wird Siemens noch mit aufgeführt); Handelsblatt v. 28.01.2014 (http://www.handelsblatt.com/finanzen/maerkte/boerse-inside/delisting-siemens-fluechtet-von-der-wall-street/9395648.html (14.01.2016); *Minoggio*, Firmenverteidigung, Rn. 113.

2697 *Dann/Schmidt* NJW 2009, 1851 (1851); s. zum FCPA *Schulte/Görts* RIW 2006, 561 (562 ff.).

2698 Die Einzelfallumstände der Causa „Siemens" aufzuarbeiten ist nicht Gegenstand dieser Arbeit. S. hierzu etwa *Arzt* in Stöckel-FS, S. 15 (15 ff.); *Wewerka*, Internal Investigations, S. 43 ff.; *Rödiger*, Strafverfolgung, S. 223 ff. jeweils mwN. Zur materiellrechtlichen Seite: BGH NStZ 2009, 95.

2699 *Leipold* in Schiller-FS, S. 418 (418 f.); *Nester* in Internal Investigations, Kap. 1 Rn. 12; *Bockemühl* ÖAnwBl 2014, 229 (230); *Knauer/Buhlmann* AnwBl 2010, 387 (388).

2700 *Wehnert* StraFo 2012, 253 (253); *Wastl* NWB 2010, 2221 (2221).

sich eine Gleichsetzung verbietet[2701]. Um diese Unterscheidung auch begrifflich deutlich zu machen, sollen von der SEC initiierte Ermittlungen als *cross border investigations* bezeichnet werden[2702].

Diese eigenständige deutsche Entwicklung mag insofern zunächst überraschen, als die ursprüngliche Raison d'Être des Phänomens der internal investigations bei rein nationalen Sachverhalten nicht vorliegt. Die SEC sucht im deutschen Recht ebenso vergebens ihr Pendant wie die Möglichkeit strafrechtlicher Verfolgung von Unternehmen und der schematischen Anerkennung von eigener Aufklärung durch den Beschuldigten[2703].

Dieses Eigenleben, das das Phänomen interner Ermittlungen im deutschen Rechtskreis entfaltet, hat zwei Ursachen. Zum einen handelt es sich bei unternehmensinternen Ermittlungen um einen Bestandteil des Komplexes der Compliance, der längst fester Bestandteil auch der deutschen Rechts- und Unternehmenskultur ist und zum anderen sind Unternehmen auch ohne Verbandsstrafrecht zunehmend in Straf- und Bußgeldverfahren involviert.

Interne Ermittlungen bilden, wie dargelegt, die notwendige repressive Facette eines Compliance-Systems. Compliance entwickelte sich als Reaktion auf die Zunahme der rechtlichen Reglementierung der wirtschaftlichen Betätigung[2704]. Der Gesetzgeber arbeitet hier bevorzugt mit abstrakten Gefährdungsdelikten, Vorfeldstrafbarkeiten, Unterlassungs- und Fahrlässigkeitsdelikten sowie Zurechnungsnormen, die eine Haftung für ein Drittverschulden begründen[2705]. Er reagiert hiermit auf die fehlende Überschaubarkeit komplexer wirtschaftlicher Vorgänge in vernetzten Unternehmen, in denen sich Verantwortlichkeit zunehmend verflüchtigt und Individualisierung von Fehlverhalten kaum möglich ist[2706]. Für den Wirtschaftstätigen bedeutet die Vielzahl derartiger straf- und ordnungswidrigkeitenrechtlicher Normen, die zudem oft weit gefasst und vage formuliert sind, allerdings, dass das Risiko einer Normverletzung bereits aufgrund der wirtschaftlichen Betätigung besteht und sich im Unternehmensalltag nicht hinreichend sicher ausschließen lässt[2707]. Normtreue ist im intensiv regulierten Wirtschaftsleben daher ungleich weniger selbstverständlich als im Privatleben und ohne organisatorische Vorkehrungen kaum zu realisieren[2708].

2701 *MInoggio* in StRR Wirtschaftsstrafrecht, Kap. 5 Rn. 10 f.; *Knauer* ZWH 2012, 41 (44); *Nestler* in Internal Investigation, Kap. 1 Rn. 28; *Wehnert* StraFo 2012, 253 (253).

2702 *Wybitul* BB 2009, 606 (606); *Wewerka,* Internal Investigations, 36.

2703 *Wewerka*, Internal Investigations, S. 34 f.

2704 *Wessing* in DAV-FS, S. 907 (908).

2705 *Bock* ZIS 2009, 68 (68); *Greeve* StraFo 2013, 89 (90).

2706 *Wessing* in Volk-FS, S. 867 (869).

2707 *Wessing* in DAV-FS, S. 907 (908); *Neuhaus* in Die Finanzkrise, S. 348 (348 f.); *Bock* ZIS 2009, 68 (68).

2708 *Bock*, Criminal Compliance, S. 19 f.

Das Bedürfnis zur Minimierung dieses Risikos von (Straf-)Rechtsverstößen führt zur Ausprägung von Compliance als Strategie des rechtlichen Risikomanagements[2709]. Neben der Vermeidung unmittelbarer Haftungsrisiken spielt vor allem auch die Reputation eine maßgebliche Rolle für die Motivation zum Aufbau eines Compliance-Systems[2710]. Der Ruf des Unternehmens hat einen wirtschaftlichen Wert[2711]. Der Schaden den dieser durch das Bekanntwerden von Normverstößen im Unternehmen nimmt, kann die Haftungsschäden bei weitem übersteigen[2712]. Neben der Vermeidung von Reputationsschäden erweisen sich erfolgreiche Compliance-Strukturen vermehrt auch positiv als „Aushängeschild"[2713]. Typische Instrumente einer Compliance-Struktur sind Unternehmensrichtlinien, die Einrichtung von Whistleblower-Hotlines und regelmäßige Schulungen der Mitarbeiter[2714]. Jedenfalls ab einer gewissen Größenordnung liegt die Einrichtung einer eigenen Compliance-Abteilung nahe[2715]. Als elementar für den Erfolg solcher Strukturen wird es angesehen, dass Compliance im Unternehmensalltag gerade auch von der Führungsebene „gelebt" wird[2716].

Die dargelegten Haftungsrisiken machen Compliance-Systeme zu einer faktischen Notwendigkeit der unternehmerischen Realität[2717]. Inwieweit die Einführung eines Compliance-Systems weitergehend nicht nur Ausdruck pragmatischer Risikovermeidung, sondern auch Umsetzung gesetzlicher Pflichten ist, ist umstritten. Die h.M. bejaht eine gesellschaftsrechtlich fundierte Pflicht zur Einrichtung einer Compliance-Struktur für den Vorstand einer Aktiengesellschaft[2718]. Auch die Regierungskommission *Deutscher Corporate Governance Kodex* geht davon aus, dass es sich bei der Nr. 4.1.3 des Kodex' formulierte Pflicht zur Implementierung von Compliance-Strukturen nicht um eine eigenständige Empfehlung, sondern um eine Wiederholung geltenden Rechts handelt[2719]. Bei der Begründung dieser Pflicht wird vor allem auf § 91 Abs. 2 AktG und/oder § 130 OWiG abgestellt[2720]. Hinzu kommen bereichsspezifische Bestimmungen,

---

2709 *Wessing* in DAV-FS, S. 907 (909); *Wewerka*, Internal Investigations, S. 10.

2710 *Vogt* NJOZ 2009, 4206 (4206); *Gerst* CCZ 2012, 1 (2); *v. Hehn/Hartung* in HB Compliance, 1.7 Rn. 33; *Bock*, Criminal Compliance, S. 270.

2711 *Bock* ZIS 2009, 68 (69); *Krause* StraFo 2011, 437 (439).

2712 *Bock*, Criminal Compliance, S. 270.

2713 *PricewaterhouseCoopers*, Wirtschaftskriminalität 2011, S. 48; *Bock* ZIS 2009, 68 (69); *Vogt* NJOZ 2009, 4206 (4206); *Wessing* in Volk-FS, S. 867 (876).

2714 *Reichert* ZIS 2011, 113 (116); *Dann* AnwBl 2009, 84 (84); *Raum* StraFo 2012, 395 (396); *Momsen* ZIS 2011, 508 (509).

2715 *Reichert* ZIS 2011, 113 (116).

2716 *Reichert* ZIS 2011, 113 (116); *Wessing* in DAV-FS, S. 907 (909).

2717 *Wessing* in Volk-FS, S. 867 (875).

2718 *Reichert* ZIS 2011, 113 (114) mwN.

2719 *Ringleb* in Ringleb u. a., DCGK, Rn. 582; *Reichert* ZIS 2011, 113 (114).

2720 *Raum* StraFo 2012, 395 (396); *v. Hehn/Hartung* in HB Compliance-Management, 1.7 Rn. 21; *Wewerka*, Internal Investigations, S. 13; *Reeb*, Internal Investigations, S. 25; *Bock* ZIS 2009, 68 (70 ff.); *Moosmayer* NJW 2012, 3013 (3013 f.).

wie 25a Abs. 1 KWG für Kreditinstitute[2721], § 33 Abs. 1 WpHG für Wertpapierdienstleistungsunternehmen[2722] oder § 64 Abs. 1 VAG für Versicherungsunternehmen[2723]. Für international agierende Unternehmen kann sich eine ausdrückliche Verpflichtung zur Implementierung von Compliance-Strukturen aus ausländischen Rechtsvorschriften, wie den US-amerikanischen *Foreign Corrupt Practices Act* (FCPA)[2724] und *Sarbanes-Oxley Act* (SOA) oder dem britischen *Bribery Act*[2725] ergeben.

Compliance-Strukturen werden aber vor allem im wohlverstandenen Eigeninteresse des Unternehmens eingerichtet[2726]. Auch ohne primäre Compliance-Norm machen es zahlreiche sekundäre Normen unmöglich, ihre Einhaltung ohne entsprechende strukturelle Vorkehrungen zu gewährleisten[2727]. Für die Praxis ist die Frage einer Rechtspflicht daher zweitrangig[2728].

Eine rechtliche Compliance-Pflicht erfasst ohnehin nur das „Ob" einer Compliance-Struktur während das „Wie", also die inhaltliche Ausgestaltung, von den individuellen Gegebenheiten des jeweiligen Unternehmens abhängt und weitgehend im Ermessen der Unternehmensführung steht[2729]. Die im Einzelnen notwendigen Maßnahmen unterscheiden sich nach Größe, Branche, Börsennotierung und ähnlichen Faktoren und sind zu unterschiedlich, um sie in einem standardisierten Pflichtenkanon vorgeben zu können[2730].

Auch bei fehlenden Vorgaben bezüglich einzelner Maßnahmen folgt aus der Pflicht zur Einrichtung einer Compliance-Struktur doch zugleich eine Pflicht, auftretenden Verdachtsmomenten nachzugehen. Eine allein präventiv ausgerichtete Compliance-Struktur wäre unvollständig[2731]. Eine Compliance-Struktur kann sich nicht auf präventive Instrumente beschränken, sondern muss – nie vollständig zu vermeidende – Verstöße auch ahnden, um das System als solches aufrecht zu halten

---

2721 *U. Schneider* NZG 2010, 1201 (1202); *Reeb*, Internal Investigations, S. 25; *Wewerka*, Internal Investigations, S. 12.

2722 *Kirsch* in Unternehmensstrafrecht, S. 361 (362); *Reeb*, Internal Investigations, S. 26; *U. Schneider* NZG 2010, 1201 (1202) ; *Wewerka*, Internal Investigations, S. 12; *Greeve* StraFo 2013, 89 (91).

2723 *Reeb*, Internal Investigations, S. 26; *U. Schneider* NZG 2010, 1201 (1202).

2724 *Taschke* NZWiSt 2012, 89 (91); *v. Hehn/Hartung* in HB Compliance-Management, 1.7. Rn. 15; *Wewerka*, Internal Investigations, S. 12.

2725 *Knauer* ZWH 2012, 41 (43); *v. Hehn/Hartung* in HB Compliance-Management, 1.7. Rn. 22; *Wehnert* StraFo 2012, 253 (256); *Greeve* StraFo 2013, 89 (91).

2726 *Maschmann* AuA 2009, 72 (72); *Wessing* in Volk-FS, S. 862 (876).

2727 *Greve* ZIS 2013, 89 (93).

2728 *Bock* ZIS 2009, 68 (70); *Moosmayer* NJW 2012, 3013 (3013).

2729 *Reichert* ZIS 2011, 113 (116); *Greeve* StraFo 2013, 89 (91).

2730 *Krause* StraFo 2011, 437 (438); *Greeve* in DAV-FS, S. 512 (517).

2731 *J. Wagner* CCZ 2009, 8 (10 f.); *Reichert* ZIS 2011, 113 (117); *Dann* AnwBl 2009, 84 (84); *Moosmayer* in Rotsch, Criminal Compliance, § 34 B. Rn. 68; *Wessing* in DAV-FS, S. 907 (910); *v. Hehn/Hartung* in HB Compliance-Management, 1.7. Rn. 28: „Bestandteile eines ‚State of the Art'-Compliance-Systems"; *Moosmayer* NJW 2012, 3013 (3014): „Schön-Wetter-Compliance".

und zukünftige Verstöße zu vermeiden[2732]. Eine solche Sanktionierung kommt aber ohne vorherige Ermittlung des Sachverhalts nicht aus[2733]. Es ist geradezu selbstverständlich, dass derjenige, der für die Regeleinhaltung zu sorgen hat, auch möglichem Fehlverhalten nachgehen muss[2734]. Eine Einschreitpflicht des Aufsichtspflichtigen enthält als notwendige Vorstufe das Erfordernis, Verdachtsmomenten nachzugehen[2735]. Aufsicht und Ermittlungen sind zwei Seiten derselben Medaille[2736]. Darüber hinaus kennt das deutsche Recht weitere Regelungen, die Anlass bieten können, Regelverstößen im Unternehmen nachzugehen, wie etwa § 153 AO[2737] oder das vergaberechtliche Institut der Selbstreinigung[2738]. Auch hier besteht nur eine grundsätzliche Nachforschungspflicht in dem Sinne, dass das Unterlassen jeglicher Nachforschung pflichtwidrig wäre[2739]. Vorgaben für die inhaltliche Ausgestaltung, etwa die Nachforschungen durch externe Dritte durchführen zu lassen, machen sie nicht[2740].

Der Import unternehmensinterner Ermittlungen war somit bereits durch die Übernahme des Compliance-Gedankens, seinerseits ein „legal transplant" aus den USA[2741], vollzogen[2742]. Nachdem dieser nicht mehr abhängig von unmittelbaren[2743] US-rechtlichen Einflüssen ist, erscheint eine eigenständige Entwicklung interner Entwicklungen nur logisch.

Zusätzlich zu diesem Fundament in der Compliance haben unternehmensinterne Ermittlungen aber auch eine mittelbar strafrechtliche Motivation. Zwar haben sie

---

2732 *Knauer* ZWH 2012, 41 (46); *Wessing* in DAV-FS, S. 907 (910); *Brückner* BB Beilage 2010, Nr. 004, 21 (22); *Moosmayer* NJW 2012, 3013 (3014).

2733 *Reichert* ZIS 2011, 113 (117).

2734 *Behrends/Müller-Tronnier/Zeidler* ZfgK 2013, 776 (776); *Wessing* in DAV-FS, S. 907 (910).

2735 *Knauer* ZWH 2012, 41 (47); *Moosmayer*, Compliance, S. 95 f.; *J. Wagner* CCZ 2009, 8 (13).

2736 Vgl. *Wewerka*, Internal Investigation, S. 16; *Neuhaus* in Die Finanzkrise, S. 348 (356); *Dann* AnwBl 2009, 84 (84).

2737 *Taschke*, NZWiSt 2012, 89 (90); *Knauer* ZWH 2012, 41 (47); *Jahn/Kirsch* in Rotsch, Criminal Compliance, § 33 Rn. 96; *I. Roxin* StV 2012, 116 (117); *Ballo* NZWiSt 2013, 46 (47); a.A. *B. Groß* in Feigen-FG, S. 67 (75).

2738 *V. Hehn/Hartung* in HB Compliance-Management, 1.7 Rn. 46; *Wessing/Ahlbrecht/Dann* DAJV-Newsletter 2013, 113 (118); *Momsen* ZIS 2011, 508 (511); *Wewerka*, Internal Investigations, S. 20 ff.; *Knauer/Buhlmann* AnwBl 2010, 387 (388); *Zapfe*, Compliance, S. 158.

2739 *Knierim* in HB d. Wirtschafts- und SteuerstrafR, Kap. 5 Rn. 115; *Wastl* NWB 2012, 2221 (2229 f.) krit. zu dieser Debatte *B. Groß* in Feigen-FG, S. 67 (84).

2740 *Knauer* ZWH 2012, 41 (47); *Nolde* in LaaS, S. 1001 (1005); *Reeb*, Internal Investigations, S. 25; *Behrens* RIW 2009, 22 (29); *Knierim* in Wissenschaftliche und praktische Aspekte, S. 77 (80); *I. Roxin* StV 2012, 116 (121); *Rust/Abel* ZWeR 2012, 521 (527).

2741 *Bürkle* BB 2005, 565 (565).

2742 *J. Wagner* CCZ 2009, 8 (10).

2743 Zu den mittelbaren Einflüssen s. *Bock*, Criminal Compliance, S. 433, 261.

eine geringere unmittelbar strafprozessuale Funktion und Bedeutung als in den USA, ein Zusammenhang besteht aber auch hierzulande[2744].

Auch ohne Unternehmensstrafrecht werden juristische Personen bereits derart in Straf- oder Ordnungswidrigkeitenverfahren involviert, dass sie ein Interesse an der eigenen Sachverhaltsaufklärung entwickeln. Auch die deutschen Strafverfolger haben dies erkannt und wissen, es für sich nutzbar zu machen[2745].

Die im Rahmen der Untersuchungen aufzuklärenden Compliance-Verstöße stellen regelmäßig Straftaten oder zumindest Ordnungswidrigkeiten dar. Diese stehen im Zusammenhang mit der Tätigkeit des Beschuldigten für das Unternehmen. Dass das Unternehmen also rein faktisch in irgendeiner Form in das Verfahren involviert wird, wird sich oft gar nicht vermeiden lassen. Bereits dies bildet einen Anreiz für interne Ermittlungen.

In der gesellschaftlichen Wahrnehmung werden aus dem Unternehmen heraus begangene Straftaten insbesondere dann, wenn sie dem Unternehmen zugutekommen, regelmäßig dem Unternehmen als solchem zugeschrieben[2746]. Hinzu kommt, dass auch die staatlichen Strafverfolger bei aus dem Unternehmen heraus begangenen Straftaten im Rahmen hochkomplexer wirtschaftlicher Vorgänge zunächst Probleme haben, die zu inkulpierende natürliche Person auszumachen[2747]. Die Zuweisung der Beschuldigtenrolle erfordert daher bereits staatliche Ermittlungen im Unternehmen[2748]. Ohne selbst Beteiligter des Verfahrens zu sein, sieht sich das Unternehmen also der negativen Öffentlichkeitswirkung und den Störungen des Betriebsablaufs ausgesetzt, die mit den staatlichen Ermittlungen einhergehen[2749]. Mit den Behörden zu kooperieren, indem man eigene Erkenntnisse offenlegt, kann ein Mittel sein, diese Folgewirkungen zu minimieren[2750]. Das Unternehmen hat zudem ein Interesse daran, sich betont von dem Rechtsbrecher zu distanzieren und durch eigene „schonungslose Aufklärung" den Eintritt in einen „Selbstreinigungsprozess" zu demonstrieren, um Reputationsschäden von sich selbst abzuwenden[2751]. Der öffentlich propagierte eigene Aufklärungswille stellt ein Instrument zur Zerschlagung dieses Zurechnungszusammenhangs in der öffentlichen Wahrnehmung dar[2752]. Er

2744 *Nestler* in Internal Investigations, Kap. 1 Rn. 29.

2745 *Mansdörfer* jM 2014, 167 (168); *Nestler* in Internal Investigations, Kap. 1 Rn. 16 f.; *U. Schneider* NZG 2010, 1201 (1202); *Leipold* in Schiller-FS, S. 418 (425); *Wessing* in DAV-FS, S. 907 (907).

2746 *Nestler* in Internal Investigations, Kap. 1 Rn. 48.

2747 *Moldenhauer* in Momsen/Grützner, Wirtschaftsstrafrecht, Kap. 3 B., Rn. 1, 8; vgl. auch *Zerbes* ZStW 125 (2013), 551 (553).

2748 Vgl. *Moldenhauer* in Momsen/Grützner, Wirtschaftsstrafrecht, Kap. 3 B., Rn. 1 ff.; *Zerbes* ZStW 125 (2013), 551 (553).

2749 Vgl. *Bock* ZIS 2009, 68 (70), *B. Groß* in Feigen-FG, S. 67 (67, 79 f.).

2750 *Sahan/Berndt* BB 2010, 647 (651); *Leipold* in Schiller-FS, S. 418 (427 f.).

2751 *Taschke* 2012, 89 (92); *Knauer* ZWH 2012, 41 (47); *Behrends/Müller-Tronnier/Zeidler* ZfgK 2013, 776 (778).

2752 *Theile* StV 2011, 381 (382); *Nestler* in Internal Investigations, Kap. 1 Rn. 48.

dient dazu, die Verantwortung vom Unternehmen auf den einzelnen Mitarbeiter zu transferieren[2753].

Über diese faktische Verwicklung in die Verfahren gegen einzelne natürliche Personen besteht auch die Möglichkeit, dass das Unternehmen Verfahrensbeteiligter i.t.S. wird.

De lege ferenda wird seit langem über die Einführung eines Unternehmensstrafrechts diskutiert[2754]. Bezeichnenderweise sieht der jüngste Vorstoß in diese Richtung, ein Gesetzesantrag, den Nordrhein-Westfalen in den Bundesrat eingebracht hat[2755], die Möglichkeit vor, von Strafe abzusehen, wenn „der Verband durch freiwilliges Offenbaren wesentlich dazu beigetragen [hat], dass eine Verbandsstraftat aufgedeckt werden konnte und den Ermittlungsbehörden Beweismittel zur Verfügung gestellt [hat], die geeignet sind, die Tat nachzuweisen [und] der Verband ausreichende organisatorische und personelle Maßnahmen getroffen hat, vergleichbare Verbandsstraftaten in Zukunft zu vermeiden", m.a.W., wenn das Unternehmen internal investigations durchgeführt hat und über eine Compliance-Struktur verfügt.

Das Fehlen eines Kriminalstrafrechts für Unternehmen bedeutet aber nicht, dass dem Unternehmen keine Nachteile aus dem rechtswidrigen Verhalten seiner Mitarbeiter erwachsen können[2756]. Bereits de lege lata besteht die Möglichkeit der Festsetzung einer Geldbuße gegen eine juristische Person gem. §§ 30, 130 OWiG. Diese erfüllt die einer Kriminalsanktion zugedachte Funktion bereits weitgehend[2757]. Die Behörden machen von dieser Möglichkeit zunehmend Gebrauch[2758]. In der Praxis verselbstständigt sich die Haftung nach § 30 OWiG zunehmend[2759]. Die beschuldigten Personen haben nur noch die Funktion eines „tatbestandlichen Hebels"[2760]. Neben der Bereitschaft zur Anwendung der Vorschrift steigt auch die Höhe der verhängten Bußgelder[2761]. Die letzte Gesetzesnovelle hat die Maximalsanktion verzehnfacht[2762].

2753 *Theile* StV 2011, 381 (382).

2754 Zusammenfassend *Zieschang* GA 2014, 91 (92 ff.).

2755 Gesetzesentwurf unter https://www.justiz.nrw.de/JM/justizpolitik/jumiko/beschluesse/2013/herbstkonferenz13/zw3/TOP_II_5_Gesetzentwurf.pdf (14.01.2016); s. hierzu die Beiträge von *Jahn/Pietsch, Krems, Smitt-Leonardy, Mansdörfer, Fischer* und *Willems* in ZIS 2015, 1 ff.

2756 *Grützner* in Momsen/Grützner, Wirtschaftsstrafrecht, S. 316.

2757 *Kirsch* in Unternehmensstrafrecht, S. 361 (369); *Jahn* ZWH 2013, 1 (3); *Leitner* StraFo 2010, 323 (328); *Wastl* NWB 2012, 2221 (2228).

2758 *Wewerka*, Internal Investigations, S. 25; *Momsen* in Criminal Compliance vor den Aufgaben der Zukunft, S. 47 (49).

2759 *Kirsch* in Unternehmensstrafrecht, S. 361 (369).

2760 *Leitner* StraFo 2010, 323 (328).

2761 *Jahn* ZWH 2013, 1 (3); *Leitner* StraFo 2010, 323 (328); *Dierlamm* in Feigen-FG, S. 25 (32); Im „Siemens"-Komplex verhängte die Staatsanwaltschaft München ein Bußgeld von 395 Millionen Euro, Bußgeldbescheid einzusehen unter http://www.siemens.com/press/pool/de/events/2008-12-PK/MucStaats.pdf (14.01.2016).

2762 Achtes Gesetz zur Veränderung des Gesetzes gegen Wettbewerbsbeschränkungen v. 26. Juni 2013, BGBl. I S. 1738 (1748).

Neben der Möglichkeit einer ordnungswidrigkeitenrechtlichen Sanktionierung geraten Unternehmen zudem als potentieller Adressat von Abschöpfungsmaßnahmen nach den §§ 73 ff. StGB in den Fokus der Staatsanwaltschaften[2763]. Gegen Unternehmen gerichtete Abschöpfungsmaßnahmen sind in Wirtschaftsstrafverfahren an der Tagesordnung[2764]. Gem. § 73 Abs. 3 StGB kann sich der Verfall auch gegen eine andere Person als den Täter oder Teilnehmer richten, wenn dieser für sie gehandelt hat. Person in diesem Sinne kann auch eine juristische Person oder eine Personenvereinigung sein[2765]. Dies erfasst alle Konstellationen, in denen Straftaten gerade zum vermeintlichen Wohle des Unternehmens begangen werden[2766]. Unabhängig davon, ob der Täter der Führungsebene des Unternehmens angehört oder diese von seinem Handeln auch nur Kenntnis hat[2767]. Der Verfall geht über die reine Gewinnabschöpfung mittlerweile derart weit hinaus, dass diskutiert wird, ob er nicht als Sanktion mit Strafcharakter anzusehen ist[2768]. Die uneingeschränkte Anwendung des Brutto-Prinzips ist hier gerade auch Ausdruck der Erwartung an das Unternehmen, eigene Kontrollmechanismen zur Verhinderung von Straftaten zu schaffen[2769]. Es wird somit eine Verantwortungszurechnung geschaffen, die die Verfolgung des Unternehmens ermöglicht[2770].

Das Unternehmen hat auch hier zunächst ein Interesse daran, Störungen des Betriebsablaufs und die negative Öffentlichkeitswirkung, die mit Ermittlungsmaßnahmen und großen Verfahren einhergehen, zu minimieren[2771]. Daneben lässt sich ein zusätzlicher Anreiz durch die Honorierung im Rahmen der Sanktionsbemessung setzen. Ein maßgeblicher Entstehungsgrund für US-amerikanische internal investigations war die pauschale und schematische Anerkennung eigener Aufklärungsbemühungen als Milderungsgrund. Auch ohne gesetzliche Regelung verzeichnet die Praxis in Deutschland eine grundsätzliche Bereitschaft der Behörden, eigene

2763 *Theile* ZIS 2013, 378 (379); *Kirsch* in Unternehmensstrafrecht, S. 361 (369); *Wessing* in Mehle-FS, S. 665 (668), *ders./Ahlbrecht/Dann* DAJV-Newsletter 2013, 113 (117); berichten, dass zudem monetäre Auflagen im Rahmen des § 153a StPO häufig so bemessen würden, dass sie auf die Leistungsfähigkeit des Unternehmens und nicht des individuellen Beschuldigten abzielten.

2764 *Wessing* in Mehle-FS, S. 665 (670).

2765 BGH NJW 2002, 3339 (3340); *T. Fischer*, StGB, § 73 Rn. 29; *Hennecke* WiJ 2015, 9 (10).

2766 *Wessing* in Volk-FS, S. 867 (875).

2767 *Wessing* in Mehle-FS, S. 665 (674).

2768 So *Kirsch* in Unternehmensstrafrecht, S. 361 (369); *Hoyer* GA 1993, 406 (414 ff.; 421); *Wessing* in Mehle-FS, S. 665 (674): „gerade wenn er sich gegen Unternehmen richtet“; a.A. jedoch die h.M. BGH NJW 2002, 1339; BVerfG NJW 2004, 2073; *Heuchemer* in BeckOK-StGB § 73 Rn. 1 f.

2769 *Taschke* in Volk-FS, S. 801 (805); vgl. BGH NStZ-RR 2004, 214 (215); BGH NJW 2002, 3339 (3340 f.).

2770 Hierzu und zu parallelen Entwicklungen vgl. *Taschke* in Volk-FS, S. 801 (803 ff.).

2771 *Sahan/Berndt* BB 2010, 647 (651); *Leipold* in Schiller-FS, S. 418 (427 f.).

Aufklärungsbemühungen als Milderungsgrund anzuerkennen[2772]. Die deutschen Behörden haben die Bereitschaft der Unternehmen, an der Aufklärung mitzuwirken, erkannt und wissen sie für sich nutzbar zu machen[2773]. Bei der Verhängung von Unternehmensgeldbußen ist eine breitangelegte Absprachenpraxis zu beobachten[2774]. Deren Grundlage bildet das im Ordnungswidrigkeitenrecht geltende Opportunitätsprinzip[2775]. Die Möglichkeit, eigene Aufklärungsbemühungen des Betroffenen zu berücksichtigen, besteht sowohl bei der Sanktionsbemessung (§ 17 Abs. 3 OWiG) als auch im Rahmen des Entschließungsermessens (§ 47 OWiG), ob überhaupt eine Sanktion verhängt werden soll[2776]. Diese zurzeit noch überwiegend pragmatische Verfahrensführung erfährt zunehmend eine Formalisierung. Eine explizite Regelung zur Anerkennung eigener Aufklärung enthält bereits § 22 Abs. 2 AWG. Ganz ähnlich der SEC haben das Bundeskartellamt[2777] und die Europäische Kommission[2778] in Bekanntmachungen erklärt, eigene Aufklärungsbemühungen grundsätzlich mit Sanktionsnachlassen zu honorieren. Der *Bundesverband von Unternehmensjuristen* schlägt eine allgemeine Regelung im OWiG vor[2779].

Der straf- und ordnungswidrigkeitenrechtliche Kontext begründet zwar keine Pflicht zur Vornahme interner Ermittlungen, stellt aber einen dahingehenden Anreiz dar[2780].

Der Unterschied zu den US-amerikanischen Gegebenheiten, die zur Ausbildung des Phänomens der internal investigations geführt haben, ist also nicht derart groß, wie man auf den ersten Blick vermuten mag.

Zusammenfassend sind unter internen Ermittlungen anlassbezogene, repressive Untersuchungen im Unternehmen zu verstehen. Sie bilden die notwendige repressive Facette einer Compliance-Struktur. Es besteht zwar keine explizite

---

2772 *Reeb*, Internal Investigations, S. 26; *Sahan/Berndt* BB 2010, 647 (650); *Cleblad/Johnsen* Deutscher AnwaltSpiegel 09/2011, 8 (8); *Wehnert* StraFo 2012, 253 (255).

2773 *Mansdörfer* jM 2014, 167 (168); *Nestler* in Internal Investigations, Kap. 1 Rn. 16 f.; *U. Schneider* NZG 2010, 1201 (1202); *Wehnert* StraFo 2012, 253 (255); *B. Groß* in Feigen-FG, S. 67 (88) berichtet hingegen von Skepsis der Staatsanwaltschaften gegenüber internen Ermittlungen.

2774 *Kirsch* in Unternehmensstrafrecht, S. 361 (369); *Leipold* in Schiller-FS, S. 418 (425), *Mansdörfer* jM 2014, 167 (168).

2775 *Behrens* RIW 2009, 22 (31).

2776 *BUJ*, Gesetzgebungsvorschlag, S. 12; vgl. auch S. 10 des Bußgeldbescheids gegen Siemens, einzusehen unter: http://www.siemens.com/press/pool/de/events/2008-12-PK/MucStaats.pdf (14.01.2016).

2777 S. Bundeskartellamt, Bekanntmachung Nr. 9/2006 über den Erlass und die Reduktion von Geldbußen in Kartellsachen – Bonusregelung – vom 7. März 2006.

2778 Mitteilung der Europäischen Kommission über den Erlass und Ermäßigung von Geldbußen in Kartellsachen (ABl. 2006 C 298/17).

2779 *BUJ*, Gesetzgebungsvorschlag, S. 8.

2780 *Bockemühl* ÖAnwBl 2014, 229 (230).

umfassende gesetzliche Pflicht zur Vornahme entsprechender Ermittlungen, wie auch sonst für Compliance-Maßnahmen legt die Rechtsordnung ein entsprechendes Vorgehen aber nahe. Neben dieser Verankerung in der Compliance schaffen Straf- und Ordnungswidrigkeitenverfahren Anreize zur Vornahme interner Ermittlungen. Nicht nur sind Unternehmen faktisch in die Strafverfahren gegen ihre Mitarbeiter verwickelt, sie sind auch selbst Adressat von Abschöpfungsmaßnahmen und insbesondere von ordnungswidrigkeitenrechtlichen Geldbußen. Die deutschen Behörden haben die Bereitschaft von Unternehmen zur eigenen Sachverhaltsaufklärung erkannt und wissen sie für sich nutzbar zu machen. Nicht pauschal gleichzustellen sind solche deutschen internal investigations mit dem Urtyp interner Ermittlungen, der hier als *cross border investigations* bezeichnet werden soll. Diese spielen weiterhin dort eine Rolle, wo deutsche Unternehmen in den Anwendungsbereich amerikanischer Gesetze und mithin unter die Zuständigkeit der SEC fallen.

b. Die Zulässigkeit

Die grundsätzliche Zulässigkeit interner Ermittlungen entspricht nahezu allgemeiner Meinung[2781]. Wie dargelegt, bestehen keine durchgreifenden Bedenken gegen private Ermittlungen[2782]. Im Fall von internen Ermittlungen muss dies umso mehr gelten, als die Rechtsordnung verschiedentlich, wenn auch nicht ausdrücklich nach derartigen Maßnahmen verlangt, so doch zumindest entsprechende Anreize schafft[2783]. Dass auch der Gesetzgeber von der Zulässigkeit privater Aufklärungsbemühungen am Arbeitsplatz ausgeht, lässt sich der Regelung des § 32 Abs. 1 BDSG entnehmen[2784]. Die Vorschrift regelt die Verwendung personenbezogener Daten „zur Aufklärung von Straftaten“ und richtet sich zugleich ersichtlich nur an Privatpersonen[2785].

Nicht zu verkennen ist, dass regelmäßig vorkommende, umfassende, straff organisierte unternehmensinterne Ermittlungen gegenüber vereinzelten vorgekommenen Ermittlungen durch einzelne Verteidiger oder Detektive eine ganz neue Dimension darstellen. Die hiermit einhergehenden rechtlichen Fragen sind daher umfangreicher und stellen sich mit größerem Nachdruck.

2781 *Minoggio*, Firmenverteidigung, Rn. 1268; *Knauer/Gaul* NStZ 2013, 192 (192); *Rotsch* in HB Wirtschaftsstrafrecht, 1. Teil, Kap. 4, Rn. 51; *Wimmer* in I. Roxin-FS, S. 537 (539).

2782 S.o. F. III. 1. a.

2783 *Wewerka*, Internal Investigations, S. 116; *Rödiger*, Strafverfolgung, S. 247.

2784 *Salvenmoser/Schreier* in HB Wirtschaftsstrafrecht, 15. Teil, Rn. 38; *Reeb*, Internal Investigations, S. 39 f.

2785 *Salvenmoser/Schreier* in HB Wirtschaftsstrafrecht, 15. Teil, Rn. 38.

c. *Einordnung in die Systematik privater Beweiserlangung: Staatliche Zurechnung*

Nach der oben[2786] dargelegten Systematik liegt die entscheidende Weichenstellung darin, festzustellen, ob es sich tatsächlich auch bei materieller Betrachtung um private Ermittlungen handelt oder die Handlungen der Privatpersonen den staatlichen Strafverfolgungsbehörden zuzurechnen sind.

Allein der Nachweis einer Plicht zur Einrichtung einer Compliance-Struktur genügt selbst dann nicht, um die internen Ermittlungen als staatlich gesteuert anzusehen, wenn man hieraus eine gesetzliche Pflicht zu Ermittlungen ableitet[2787]. Wie dargestellt, ist hierfür Qualität und Umfang der Kooperation zwischen Privatperson und Strafverfolgungsbehörden maßgeblich. Die Staatsorgane müssen auf die private Befragung Einfluss nehmen. Die Privatperson muss sich ihren Vorgaben unterwerfen[2788]. Dass ein staatliches Verhalten den Auslöser für die internen Ermittlungen liefert, reicht zur Begründung der Zurechnung nicht aus. Bloße Kausalität genügt für die Zurechnung ebenso wenig wie Finalität, objektive Zurechnung oder Adäquanz[2789]. Entscheidend ist, dass die Staatsorgane quasi durch die Privatperson hindurch Einfluss auf das Gespräch nehmen können.

Interne Ermittlungen finden teilweise vor, teilweise parallel zu staatlichen Ermittlungen statt[2790]. Die Einleitung staatlicher Ermittlungen können gerade den Auslöser für eigene Aufklärungsbemühungen des Unternehmens bilden, die Ergebnisse der internen Ermittlungen können aber auch den Anfangsverdacht der Staatsanwaltschaft begründen[2791].

Wie eng die internen Ermittler in praxi mit den Staatsanwaltschaften zusammenarbeiten, lässt sich auf Grundlage der spärlichen und zum Teil widersprüchlichen Angaben aus der Praxis nur schwer beurteilen. Hier scheint vieles vom Einzelfall abzuhängen. In den bekannt gewordenen Fällen scheint es überwiegend informelle Absprachen gegeben zu haben, in denen jedenfalls eine Abstimmung der privaten und staatlichen Ermittlungen stattgefunden hat[2792] und teilweise wohl

2786 F. I. 1.

2787 *Momsen* in Rotsch, Criminal Compliance, S. 35; a.A. wohl *Zapfe*, Compliance, S. 157, der aber eine solche Pflicht verneint.

2788 S.o. F. II. 1. b. cc. (ii) β) αα) (7).

2789 S.o. F. II. 1. b. cc. (ii) β) αα).

2790 *Greeve/Tsambikakis* in Internal Investigations, Kap. 17 Rn. 9; *Rotsch* in HB Wirtschaftsstrafrecht, 1. Teil, Kap. 4, Rn. 49.

2791 *Greeve/Tsambikakis* in Internal Investigations, Kap. 17 Rn. 9.

2792 Überwiegend scheint hierbei der Vorrang der staatlichen Ermittlung im Fokus zu stehen, s. Siemens-Pressemitteilung v. 15.12.2008, S. 8; *Schürrle/Olbers* CCZ 2010, 178 (182); *Rödiger*, Strafverfolgung, S. 234; *Cleblad/Johnsen*, Deutscher AnwaltSpiegel 09/2011, 8 (8) berichten von der Möglichkeit einer Absprache, „dass staatliche Ermittlungen zugunsten einer internen Aufklärung zunächst unterbleiben; nach *Minoggio* in StRR Wirtschaftsstrafrecht, Kap. 15, Rn. 72 schließen rechtsstaatliche

auch die Informationsübergabe zugesichert wurde[2793]. Äußerungen aus den Kreisen der Compliance-Anwälte sowie allein die Existenz einschlägiger Beschlagnahmebeschlüsse[2794] legen aber die Vermutung nahe, dass die privaten Ermittler häufig nicht an einer bedingungslosen Kooperation mit den staatlichen Strafverfolgern interessiert sind und eine Informationsweitergabe jedenfalls nur nach den von ihnen diktierten Regeln erfolgen soll[2795]. Sie fürchten naturgemäß eine Reduktion der Auskunftsbereitschaft der Arbeitnehmer, wenn diese mit einer Informationsweitergabe an die staatlichen Ermittlungsbehörden rechnen müssen[2796]. Da die als „Interviews" bezeichneten Mitarbeiterbefragungen das zentrale Aufklärungsmittel interner Ermittlungen sind[2797], wäre mit ihnen das gesamte Instrument der internal investigations entwertet[2798].

Bei aller Unsicherheit über die tatsächlichen Gegebenheiten, die auch von Fall zu Fall unterschiedlich sein können, dürfte sich aber jedenfalls mit Sicherheit sagen lassen, dass kein Fall klassischer Beauftragung durch die Strafverfolgungsbehörden

Bedenken entsprechende informelle Absprachen in der Praxis erfahrungsgemäß nicht aus.

2793 Nach *Wastl/Litzka/Pusch* NStZ 2009, 68 (69), soll hierbei die Initiative von den privaten Ermittlern ausgegangen sein; nach *Knauer/Buhlmann* AnwBl 2010, 387 (388) soll es im Fall „Siemens" nicht zu einem solchen Informationsaustausch gekommen sein; *Wewerka*, Internal Investigation, S. 122 f. spricht von einem „ständig[n] gegenseitige[n] Austausch über den Fortschritt der Ermittlungen. S. auch *Leipold* in Schiller-FS, S. 418 (426).

2794 S. LG Hamburg NZWiSt 2012, 26; LG Mannheim wistra 2012, 400, das zudem berichtet, die Unternehmen würden „zuweilen nur sehr sukzessive bzw. mit offenbar wohl durchdachter Strategie die ihnen zur Verfügung stehenden Beweismittel [...] vorlegen";

2795 *Anders* wistra 2014, 329 (333); vgl. *Dann* CCZ 2010, 239 (240) der zu der Zusicherung rät, „den Gesprächsinhalt weder schriftlich noch mündlich an die Staatsanwaltschaft weiterzuleiten und gegen Zugriff von außen zu schützen"; *Cleblad/Johnsen*, Deutscher AnwaltSpiegel 09/2011, 8 (9), die von Verunsicherung des Compliance-Sektors und Möglichem Bedeutungsschwund interner Untersuchungen aufgrund des Urteils des LG Hamburgs (NZWiSt 2012, 26) zur Beschlagnahmefähigkeit berichten; DAI, Praxisleitfaden, S. 67 rät hingegen zu einem „enge[n] und offene[n] Kontakt zu den Ermittlungsbehörden".

2796 *Jahn/Kirsch* NZWiSt 2013, 28 (31); *Haefcke* CCZ 2014, 39 (39); *Fritz* CCZ 2011, 155 (157).

2797 *Wessing* in DAV-FS, S. 906 (921); *Spehl/Momsen/Grützner* CCZ 2014, 170 (170 f.); *v. Hehn/Hartung* DB 2006, 1909 (1914); *Behrens* RIW 22 (28); *Moosmayer*, Compliance, S.99; *Greco/Caracas* NStZ 2015, 7 (7); *Wewerka*, Internal Investigations, S. 6; *Wisskirchen/Julia Glaser* DB 2011, 1447 (1447); *Haefcke* CCZ 2014, 39 (39); zweifelnd *Dann/Schmidt* NJW 2009, 1851 (1853), a.A. *I. Roxin* StV 2012, 116 (121), die das Interview für verzichtbar hält; hiergegen: *Knauer* ZWH 2012, 81 (84); *Kasiske* NZWiSt 2014, 262 (265); *B. Kruse*, Compliance und Rechtsstaat, S. 164.

2798 *Schuster* NZWiSt 2012, 28 (29).

vorliegt[2799]. Die Interviews unterscheiden sich von den Konstellationen verdeckter Befragungen ganz wesentlich dadurch, dass die Privatermittler ein eigenständiges Ziel verfolgen und nicht lediglich den Strafverfolgungsorganen zuarbeiten wollen. Es geht primär um die interne Aufklärung[2800]. Die Weiterleitung von Beweismaterial stellt einen möglichen, aber keinen zwingenden weiteren Schritt dar[2801]. Eine Pflicht zur Kooperation mit den Behörden besteht nicht[2802]. Über die Weitergabe wird das Unternehmen regelmäßig erst entscheiden wollen, wenn es die Ergebnisse der Untersuchung kennt[2803].

An dem erforderlichen Moment der Unterordnung wird es daher regelmäßig fehlen[2804]. Die bloße terminliche Abstimmung wird man für eine Zurechnung kaum genügen lassen können[2805]. Erforderlich ist vielmehr die Einflussnahme der Strafverfolgungsbehörden auf die Gestaltung der privaten Ermittlungen[2806]. Eine solche wäre zu bejahen, wenn die Strafverfolgungsorgane Vorgaben machen, welche Personen zu befragen oder welche Fragen zu stellen sind[2807]. Soweit von Absprachen berichtet wird, in denen die Staatsanwaltschaft auf eigene Vernehmungen komplett verzichtet und sich allein auf die Befragungen der privaten Ermittler verlässt[2808], wird dies mit entsprechenden Vorgaben einhergehen, die eine Zurechnung begründen.

Derartige Absprachen scheinen jedoch bis jetzt nicht praktisch geworden zu sein. Die Abstimmung scheint vielmehr überwiegend von dem Bemühen geprägt, das Primat der staatlichen Ermittlungen nicht zu gefährden[2809]. Nach herkömmlichen Zurechnungskriterien haben die Ermittlungen somit keinen staatlichen Charakter.

2799 So die gängige Meinung, s. *Rödiger*, Strafverfolgung, S. 242; *Ambos*, Beweisverwertungsverbote, S. 127; *Zerbes* ZStW 125 (2013), 551 (566); *Anders* wistra 2014, 239 (333); *Wehnert* in Ökonomie versus Recht, S. 137 (140) berichtet allerdings von Fällen, in denen „Staatsanwälte [...] Unternehmensermittler [...] wie Beliehene einsetzten“; nach *Wimmer* in I. Roxin-FS, S. 537 (551) komme ein solches „Outsourcing“ nicht vor.

2800 *Jahn* ZWH 2013, 1 (5); *Momsen* ZIS 2011, 508 (513).

2801 *Dann* AnwBl 2009, 84 (88).

2802 *Momsen* in Criminal Compliance vor den Aufgaben der Zukunft, S. 47 (61); *Grützner* in Momsen/Grützner, Wirtschaftsstrafrecht, Kap. 4 Rn. 73.

2803 *V. Hehn/Hartung* in HB Compliance-Management, 1.7. Rn. 69.

2804 S.o. F. II. 1. b. cc. (ii) β) αα) (5).

2805 *Jahn* StV 2009, 41 (45); a.A. *Kasper* GA 2013, 206 (219).

2806 s.o. F. II. 1. b. cc. (ii) β) αα) (5) u. (7); *Wewerka*, Internal Investigations, S. 248; *Eckhardt*, Private Ermittlungsbeiträge, S. 118, 126.

2807 *Kasiske* NZWiSt 202014, 262 (262); *Zapfe*, Compliance, S. 156; *Kaspar* GA 2013, 206 (219).

2808 *Wehnert* in Ökonomie vs. Recht, S. 137

2809 s. Siemens-Pressemitteilung v. 15.12.2008, S. 8; *Schürrle/Olbers* CCZ 2010, 178 (182); *Rödiger*, Strafverfolgung, S. 234; anders *Cleblad/Johnsen*, Deutscher AnwaltSpiegel 09/2011, 8 (8): Zurückstellen der staatlichen Ermittlungen; s. auch *Minoggio* in StRR Wirtschaftsstrafrecht, Kap. 15, Rn. 72.

Aufgrund der neuen Qualität der internen Untersuchungen gegenüber früher bekannter Beteiligung von Privatpersonen und dem „diffusen Unbehagen“[2810], dass sie auslösen, werden hier vielfach neue, großzügigere Zurechnungskriterien vorgeschlagen[2811].

So soll es genügen, dass die Ergebnisse von vornherein zur Weiterleitung an die Strafverfolgungsbehörden bestimmt sind[2812]. Diesem Ansatz lässt sich bereits die zeitliche Abfolge entgegenhalten[2813]. Zudem verzichtet dieser Ansatz auf jeglichen Anknüpfungspunkt in der Verhaltensweise der Strafverfolgungsbehörden. Allein die einseitige Zwecksetzung durch die Unternehmensanwälte soll die staatliche Zurechnung begründen. Dies ist ersichtlich zu weitgehend. Ebenso wenig kann die ex ante angestrebte Nutzbarmachung der Beweismittel genügen[2814].

Ebenso wird vorgeschlagen, eine staatliche Zurechnung aufgrund des Umstandes anzunehmen, dass die Strafverfolgungsorgane ihre eigenen Ermittlungen in Erwartung der privaten Ergebnisse reduzieren oder unterlassen[2815]. Es entstehe eine „ermittlungstechnische Mittäterschaft“ zwischen den privaten und staatlichen Ermittlern, wobei sich die erforderliche Tatherrschaft der Staatsorgane aus dem amtspflichtwidrigen Unterlassen eigener Ermittlungen ergebe[2816]. Diese Ansätze gehen über die oben genannten Ansichten hinaus, indem sie jedenfalls an ein Verhalten der Strafverfolgungsbehörden anknüpfen. Anders als in den üblichen Konstellationen soll dieses nicht in einem Tun, sondern in einem Unterlassen bestehen[2817]. Es wird richtig erkannt, dass ein solches als Zurechnungsgrundlage nur in Betracht kommt, wenn es sich als pflichtwidrig darstellt. Allein das bloße Zulassen privater Ermittlungen kann die Zurechnung nicht begründen[2818]. Ein an sich zulässiges Verhalten kann nicht durch bloße staatliche Untätigkeit unzulässig werden[2819]. Es bedarf also des Nachweises, dass das Gewährenlassen durch die Strafverfolgungsorgane pflichtwidrig war und diese hätten einschreiten müssen. Eine solche Pflicht

---

2810 *Jahn* StV 2009, 41 (43).

2811 S. *Zerbes* ZStW 2013, 551 (568 ff.); *Kottek*, Die Kooperation, S. 143 ff.; 160 ff.; vgl. auch *Wewerka*, Internal Investigations, S. 269.

2812 *Roxin/Schünemann*, StrafverfahrensR, § 25 Rn. 14.

2813 *Rödiger*, Strafverfolgung, S. 243.

2814 So *Kaspar* GA 2013, 206 (219); zu dieser Ansicht bereits F. II. 1. b. cc. (ii) β) αα) (3); gegen *Kasper* auch *Kasiske* NZWiSt 2014, 262 (262 Fn. 7).

2815 *Pfordte* in DAV-FS, S. 740 (755); *Kottek* DAJV-Newsletter 2013, 101 (104); *ders.*, Kooperation, S. 134 f.; 148; *Greco/Caracas* NStZ 2015, 7 (14); *Zapfe*, Compliance, S. 156; in diese Richtung auch *Ambos*, Beweisverwertungsverbote, S. 127 Fn. 781.

2816 *Kottek*, Die Kooperation, S. 148, 161 f.; krit. zur materiell-strafrechtlichen Analogienbildung *Greco/Caracas* NStZ 2015, 7 (13); zur begrenzten Tauglichkeit der Täterschaftskriterien bereits oben F. II. 1. b. cc. (ii) β) αα) (2).

2817 Zu einem Unterlassen als Anknüpfungspunkt für die Zurechnung bereits oben F. II. 1. b. cc. (ii) β) αα) (5).

2818 *Keller* in Grünwald-FS, S. 267 (278).

2819 *Keller* in Grünwald-FS, S. 267 (278).

soll sich aus dem Zusammenspiel von Offizial- und Legalitätsprinzip ergeben[2820]. Bereits ein entsprechender Pflichtverstoß wird sich kaum je begründen lassen[2821]. Die Staatsanwaltschaft verfügt bei Einleitung und Gestaltung der Ermittlungen um eine weite Einschätzungsprärogative[2822]. Diese steht der Annahme eines Verstoßes gegen die aus dem Legalitätsprinzip fließende Plicht zur Vornahme eigener Ermittlungen entgegen[2823].

Doch selbst, wenn man eine solche Pflichtwidrigkeit unterstellt, erscheint fraglich, ob sie einen tauglichen Anknüpfungspunkt für die Zurechnung darstellt. Wie im „Wahrsagerin"-Fall dargelegt, kann ein pflichtwidriges staatliches Unterlassen nur dann Auswirkungen auf die Beweisverwertbarkeit haben, wenn ein entsprechender Schutzzweckzusammenhang besteht[2824]. Man müsste also behaupten, die Einleitung des Ermittlungsverfahrens hätte auch eine den Beschuldigten schützende Funktion. Um dies zu begründen, wird auf die Begründung der Beschuldigteneigenschaft abgestellt, die unzweifelhaft schützende Funktion hat[2825]. Diese Parallele erscheint jedoch zweifelhaft. Aus der Beschuldigteneigenschaft ergibt sich keine Einschreitpflicht gegen die privaten Ermittlungen. Mit der Einleitung der staatlichen Ermittlungen wird die private Untersuchung nicht unzulässig[2826]. Eine Pflicht zur Ermittlungskontrolle kommt der Staatsanwaltschaft gegenüber der Polizei zu[2827], nicht aber gegenüber den privaten Ermittlern[2828]. Eine Einschreitbefugnis nach § 164 StPO besteht nur, soweit konkrete Ermittlungshandlungen gestört werden[2829].

Selbst wenn die Staatsanwaltschaft die unterlassene Handlung vorgenommen hätte, wäre die arbeitsrechtliche Befragung nicht unterblieben. Es fehlt somit nicht erst am Schutzzweckzusammenhang, sondern bereits an der hypothetischen Kausalität des Unterlassens[2830]. Insofern ist die Konstellation mit der zur Begründung herangezogenen pflichtwidrigen Vorenthaltung des Beschuldigtenstatus gerade nicht vergleichbar. Dort würde bei Hinzudenken des pflichtwidrig unterlassenen Inkulpationsakts die Belehrungspflicht greifen.

2820 *Kottek*, Kooperation, S. 134 f.; *ders.* DAJV-Newsletter 2013, 101 (105).

2821 A.A. *Greco/Caracas* NStZ 2015, 7 (14), nach den ein solcher Verstoß regelmäßig vorliegen soll.

2822 *Jahn* StV 2009, 41 (45).

2823 *Wewerka*, Internal Investigations, S. 249.

2824 S.o. F. II. 2. b. aa. (iii).

2825 *Kottek*, Kooperation, S. 134, ; s. BGH NStZ 1990, 446.

2826 S.o. F. III. 1. a.; F. III. 2. b.; vgl. aber *Reeb*, Internal Investigations, S. 37, der ab der Einleitung staatlicher Ermittlungen eine besondere Rechtfertigung für parallele private Nachforschungen fordert.

2827 *Hegmann*, Fürsorgepflicht, S. 122, 125.

2828 So aber *Kottek*, Kooperation, S. 138; *Pfordte* in DAV-FS, S. 740 (756).

2829 Vgl. *Reeb*, Internal Investigations, S. 37; *Zapfe*, Compliance, S. 119.

2830 Vgl. zu dieser oft auch als „Quasi-Kausalität" bezeichneten Figur im materiellen Strafrecht etwa *Freud* in Müko-StGB § 13 Rn. 210 ff. mwN.

Dass das Legalitätsprinzip eine Pflicht begründet, sicherzustellen, dass die Mitarbeiter in den privaten Befragungen über ihr Schweigerecht belehrt werden[2831], lässt sich nicht annehmen. Eine solche Pflicht und vorgelagert überhaupt die Geltung des Schweigerechts setzten vielmehr bereits voraus, was es hier erst zu beweisen gilt: den staatlichen Charakter der Befragung.

Hier zeigt sich, dass die komplette Konstruktion Ursache und Wirkung verkehrt. Die Anwendung strafprozessualer Regeln auf dem Staat zurechenbare Beweiserhebung durch Privatpersonen trägt dem Umstand Rechnung, dass die staatliche Beteiligung es unmöglich macht, bei normativer Betrachtung von einem Akt privater Behebung auszugehen. Die die Zurechnung begründenden Umstände lösen somit die Anwendung des Strafprozessrechts aus. Hier wird nun gerade umgekehrt ein vermeintliches Bedürfnis nach der Geltung strafprozessualer Grundsätze in der privaten Befragung zur Grundlage der Zurechnung gemacht. Die aus dieser Motivation erwachsende Zurechnungskonstruktion kann in keiner Hinsicht überzeugen: Ein Unterlassen scheint mangels tatsächlicher Einflussnahme bereits als Anknüpfungspunkt für eine Zurechnung zweifelhaft, der Nachweis der Pflichtwidrigkeit des Unterlassens muss misslingen und die unterlassenen Amtshandlung würde ohnehin nicht dazu führen, dass der Akt privater Beweiserlangung unterbliebe.

Das Unbehagen besteht nicht gegenüber den privaten Ermittlungen als solche, sondern gegen die strafprozessuale Verwertung der Erkenntnisse. Blendet man dieses Moment aus, bestehen keine Bedenken gegen die interne Aufklärung von Compliance-Verstößen. Im Gegenteil wird ein solches Vorgehen von der Rechtsordnung vielfältig begrüßt, wenn nicht sogar gefordert. Rechte und Pflichten richten sich nach Arbeits-, Datenschutz- und Strafrecht. Auf Rechtsverstöße ist mit den Instrumenten des jeweiligen Rechtsgebiets zu reagieren[2832]. Das vermeintliche Bedürfnis, strafprozessuale Regeln zu implementieren, entsteht erst auf Grund der späteren Verwendung. Die Inkongruenz der Rechte und Pflichten in den parallelen Verfahren löst grundsätzlich zu Recht ein rechtsstaatliches Unbehagen aus. Um diesem zu begegnen, stellt die Behauptung eines Zurechnungszusammenhangs aber keinen gangbaren Weg dar. Eine Lösung hat vielmehr dort anzusetzen, wo das Problem entsteht: Am Moment der Übernahme der privat erhobenen Beweismittel durch die Behörden[2833].

Zusammenfassend sind unternehmensinterne Ermittlungen somit grundsätzlich als Fälle autarker privater Beweiserlangung zu behandeln[2834]. Die Vorschriften der StPO finden daher keine Anwendung. Erst wenn es im Einzelfall zu einem – in der Praxis bisher wohl nicht erreichten[2835] – Ausmaß an Abstimmung mit den

2831 So aber *Kottek* DAJV-Newsletter 2013, 101 (105).
2832 Vgl. *Zerbes* ZStW 125 (2013); 551 (564).
2833 S.u. F. III. 2. f.
2834 *Knauer/Buhlmann* AnwBl 2010, 387 (392); *B. Kruse*, Compliance und Rechtsstaat, S. 180 f.; *Knierim* in HB d. Wirtschafts- und SteuerstrafR, Kap. 5 Rn. 4.
2835 *Jahn/Kirsch* in Rotsch, Criminal Compliance, § 33 Rn. 70.

Strafverfolgungsbehörden kommt, das eine normative Zurechnung zu den Staatsorganen erlaubt, sind die Konstellationen als Fälle materiell staatlicher Befragungen zu behandeln. Maßgebliches Kriterium, anhand dessen eine Zurechnung im Einzelfall zu prüfen ist, ist die staatliche Einflussnahme[2836]. Die privaten Ermittler müssten sich den Weisungen der Staatsanwaltschaft derart unterordnen, dass es dieser möglich ist, auf die Gestaltung des Interviews Einfluss zu nehmen. Dass dieser Grad in der Praxis bislang nicht erreicht wird, dürfte daran liegen, dass interne Ermittlungen primär einer an dem Unternehmensinteresse orientierten Zielsetzung dienen und sich die Unterordnung unter ein Fremdinteresse hiermit nicht verträgt. Auch wenn letztendlich eine Informationsweitergabe geplant ist, geht hiermit regelmäßig kein Wille zur bedingungslosen Kooperation einher. Das Unternehmen kann vielfältige Gründe haben, die Hoheit über die generierten Informationen zu behaupten[2837]. Die Privatermittler scheinen regelmäßig allein ihrer eigenen Agenda verschrieben zu sein und haben kein Interesse daran, sich Weisungen der Behörden zu unterwerfen.

Es erscheint allerdings nicht undenkbar, dass die Schwelle der Zurechnung im Einzelfall überschritten wird. Dies gilt insbesondere dort, wo von vornherein eine Weitergabe der Ergebnisse an die Ermittlungsbehörden geplant ist oder die internen Ermittlungen gar erst durch die Staatsanwaltschaft angestoßen wurden[2838]. Leitet das Unternehmen interne Ermittlungen ein, weil ihm für diesen Fall sanktionsrechtliche Vorteile versprochen wurden, eröffnet sich den Strafverfolgern die faktische Möglichkeit, den Privatermittlern auch inhaltliche Vorgaben zu machen. Die Zurechnung hängt dann von der Frage ab, inwieweit sie hiervon Gebrauch machen. Es ist zu beachten, dass es anders als bei den oben behandelten Konstellationen[2839] nicht um ein konkretes Gespräch mit dem Beschuldigten geht. Allein die Tatsache, dass das staatliche Verfahren den Anlass für die internen Ermittlungen geliefert und ihre grobe Richtung vorgegeben haben, muss nicht dazu führen, jedes der unzähligen[2840] Interviews als staatliche Befragung anzusehen. Es ist vielmehr im Einzelfall zu klären, ob sich die Weisungsmöglichkeit der Strafverfolgungsbehörden ausgewirkt hat.

Allein die einseitige Hoffnung des Unternehmens, eigene Aufklärungsbemühungen würden sich schon sanktionsmildernd auswirken, genügt nicht, um eine Zurechnung zu begründen[2841]. Beruht die Erwartungshaltung des Unternehmens nicht auf einer Zusicherung der Staatsorgane, sondern allein auf der Gesetzeslage oder der Behördenpraxis, können hiermit auch keine die Zurechnung begründenden Anweisungen einhergehen.

2836 S.o. F. II. 1. b. cc. (ii) β) αα) (7).

2837 *V. Hehn/Hartung* in HB Compliance-Mangement, 1.7 Rn. 60.

2838 Entgegen *Greco/Caracas* NStZ 2015, 7 (13) kann dies allein die Zurechnung allerdings nicht begründen; s.o. F. II. 1. b. cc. (ii) β) αα) (5).

2839 F. II. 1. b. cc. (ii) β) αα).

2840 Im „Siemens"-Komplex wurden 1.750 Interviews geführt, Siemens-Pressemitteilung v. 15.12.2008, S. 4.

2841 S. hierzu bereits oben F. II. 1. b. cc. (ii) β) αα) (5).

Zwar sind Interviews auch bei staatlicher Zurechnung keine Vernehmungen i.S.v. § 136 StPO[2842], sie sind jedoch dem Geltungsbereich des nemo-tenetur-Grundsatzes unterworfen. Zudem findet nach hier vertretener Ansicht § 136a StPO analoge Anwendung[2843]. Die Geltendmachung des arbeitsrechtlichen Auskunftsanspruchs ist somit untersagt[2844]. Jegliche Ausübung von Zwang ist unzulässig. Die Privatermittler sind zudem zur Belehrung über das Schweigerecht verpflichtet[2845]. Dies ergibt sich unmittelbar aus dem nemo-tenetur-Grundsatz.

Eine andere Betrachtung der Zurechnungsfrage kann dort geboten sein, wo die internen Ermittlungen auf Verlangen der SEC geführt werden (s. hierzu unten F. III. 2. i.)

d. Die sog. „Interviews"

aa. Ablauf in der Praxis

internal investigations erfolgen durch Durchsicht und *Screening*[2846] von Dokumenten in Papier- und elektronischer Form, durch die Kontrolle des Post-, E-Mail und Telefon-Verkehrs und durch die audio-visuelle Überwachung des Arbeitsplatzes[2847].

Die zentrale Ermittlungsmaßnahme bildet aber die Befragung von Mitarbeitern, das sog. *„Interview"*[2848]. Es handelt sich hierbei um Personalgespräche, für die sich die Pflicht zur Teilnahme des Arbeitnehmers aus dem Weisungsrecht des Arbeitgebers aus § 106 S. 1 GewO ergibt[2849]. Diese Pflicht besteht auch nach Beendigung des Arbeitsverhältnisses fort[2850].

Wie die Befragungen in der Praxis ablaufen, lässt sich kaum allgemein beurteilen. Die Erfahrungsberichte reichen von gemütlichen Teestunden[2851] über streng

---

2842 Für eine Anwendung des § 136 StPO aber *Kasiske* NZWiSt 2014, 262 (265); zum Begriff der Vernehmung s.o. F. II. 1. b. aa. (i).

2843 S.o. F. II. 1. b. cc.

2844 *Kasiske* NZWiSt 2014, 262 (265 f.).

2845 *Kasiske* NZWiSt 2014, 262 (265 f.).

2846 Dieser Begriff bezeichnet das Analysieren nach einem bestimmten Prüfschema, *v. Hehn/Hartung* in HB Compliance, 1.7 Rn. 91.

2847 *Leitner* in Leipold-FS, S. 431 (433); *Ruhmannseder* in I. Roxin-FS, S. 501 (510 ff.); *Dann* AnwBl 2009, 84 (87); *Vogt* NJOZ 2009, 4206 (4210 ff.); *v. Hehn/Hartung* in HB Compliance-Management, 1.7 Rn. 76 ff.

2848 *Haefke* CCZ 2014, 39 (39); *Ruhmannseder* in I. Roxin-FS, S. 501 (506); *Spehl/Momsen/Grützner* CCZ 2014, 170 (170); *v. Hehn/Hartung* in HB Compliance-Management, 1.7 Rn. 92; krit. zur Bezeichnung: *Wastl/Litzka/Pusch* NStZ 2009, 68 (68).

2849 *Rudkowski* NZA 2011, 612 (612); *Rübenstahl* WiJ 2012, 17 (20); *Ruhmannseder* in I. Roxin-FS, S. 501 (506); zu den Grenzen der Teilnahmepflicht s. *Lützeler/Müller-Sartori* CCZ 2011, 19 (22); *Tscherwinka* in I. Roxin-FS, S. 521 (528).

2850 *Klasen/S. Schaefer*, BB 2012, 641 (644).

2851 *I. Roxin* StV 2012, 116 (116).

formalisierte Vernehmungen[2852] hin zu inquisitorischen Schreckensszenarien[2853]. Ersteres dürfte allerdings die absolute Ausnahme bilden[2854]. Das typische Interview ist unbestritten von erheblichem Druck auf den Arbeitnehmer geprägt[2855]. Die Atmosphäre lässt sich wohl als einer strafprozessualen Vernehmung ähnlich qualifizieren[2856]. Ein gewisses Einschüchterungspotential erlangen die Befragungen allein schon dadurch, dass sie teilweise – regelmäßig bei *cross border investigations* – in englischer Sprache geführt werden[2857]. Eine Belehrung über ein mögliches Schweigerecht erfolgt nicht[2858]. Im Gegenteil: Der Befragte wird darüber aufgeklärt, dass er zur wahrheitsgemäßen Beantwortung der Fragen verpflichtet ist und die Verweigerung der Mitwirkung arbeitsvertragliche Konsequenzen nach sich ziehen wird[2859]. Im Gegenzug werden für die bedingungslose Kooperation „Amnestien" angeboten. Diese beinhalten den Verzicht auf die Kündigung und etwaige Schadensersatzansprüche[2860]. Jedenfalls teilweise wird auch das Unterlassen der Strafverfolgung zumindest impliziert[2861]. Bei den regelmäßig im Raum stehenden Offizialdelikten entzieht sich diese jedoch der Disposition des Unternehmens[2862]. Soweit ausdrücklich

---

2852 *Huber* in 67. DJT, Sitzungsberichte, L135.

2853 *Westphal* in 67. DJT, Tagungsberichte, L128 f.; s. auch *Werres* manager magazin 7/2008, S. 40 (44): „Guantanamo des deutschen Arbeitsrechts".

2854 Vgl. *I. Roxin* StV 2012, 116 (116).

2855 *Theile* StV 2011, 381 (383) spricht im Anschluss an *Wastl/Litzka/Pusch* NStZ 2009, 68 (70) sogar von einer „strukturellen Selbstbelastungstendenz".

2856 *Fritz/Nolden* CCZ 2010, 170 (175); *Rudkowski* NZA 2011, 612 (612); *v. Rosen* BB 2009, 230 (230).

2857 S. *Sieg* in Buchner-FS, S. 859 (862); im Fall „Siemens" bestand offenbar die Möglichkeit, einen Dolmetscher hinzuzuziehen, *Rödiger*, Strafverfolgung, S. 232.

2858 *V. Rosen* BB 2009, 230 (230); anders *Spehl/Momsen/Grützner* CCZ 2014, 170 (171), nach denen es sich „mittlerweile zur Praxis entwickelt haben [dürfte], dass die zu befragenden Mitarbeiter [...] darüber belehrt werden, dass sie sich durch ihre Antworten auf Fragen nicht selbst belasten müssen". Für eine entsprechende Pflicht: *Maschmann* in Corporate Compliance, S. 149 (175); *Leipold* NJW-Spezial 2011, 56 (56); nach *Wisskirchen* DB 2011, 1447 (1447) sei eine entsprechende Belehrung „irreführend und daher abzulehnen".

2859 *Kottek*, Die Kooperation, S. 83; *Wessing* in DAV-FS, S. 907 (922); *v. Rosen* BB 2011, 230 (230); *Theile* ZIS 2013, 378 (381).

2860 *Schürrle/Olbers* CCZ 2010, 178 (182); *Knauer/Buhlmann* AnwBl 2010, 387 (389); *Wehnert* StraFo 2012, 253 (254); krit. zur Zulässigkeit *Minoggio* in StRR Wirtschaftsstrafrecht, Kap. 15, Rn. 128.

2861 *Knauer/Buhlmann* AnwBl 2010, 389 (393); *Schürrle/Olbers* CCZ 2010, 178 (182) verlangen einen ausdrücklichen Hinweis, dass dies nicht der Fall ist, ebenso: *Haefke* CCZ 2014, 39 (40); BRAK-Stellungnahme Nr. 35/2010, These 3 Nr. 4; *Rust/Abel* ZWeR 2012, 521 (533); DAI, Praxisleitfaden, S. 90; *Knauer* ZWH 2012, 81 (84).

2862 Nach *Minoggio*, Firmenverteidigung, Rn. 137 neigten Staatsanwaltschaften zuweilen dazu, Verfehlungen besonders hartnäckig zu verfolgen, wenn auf zivilrechtliche Ansprüche verzichtet würde.

lediglich der Verzicht auf Strafanzeige oder -antrag zugesichert wird[2863], besteht die Gefahr, dass dem juristisch nicht versierten Arbeitnehmer die beschränkte Bedeutung dieser Zusicherung nicht bewusst ist[2864]. Rechtsbeistände des Arbeitnehmers werden wohl geduldet, ein ausdrückliches Recht auf Hinzuziehung eines solchen steht dem Befragten aber nach h.M. nicht zu[2865]. In der so geschaffenen „talk or walk"-Atmosphäre[2866] sieht der Befragte häufig keine andere Wahl, als zur Rettung seiner beruflichen Existenz auch strafrechtliches Fehlverhalten einzuräumen. Ob ihm dabei stets klar ist, dass solche Informationen mit großer Wahrscheinlichkeit den Weg zu den Strafverfolgungsbehörden finden, kann bezweifelt werden. Es wird zwar regelmäßig empfohlen, den Beschuldigten darüber zu belehren, dass sein Gegenüber allein im Unternehmensinteresse handelt und daher oft schon nicht gewillt oder zumindest nicht fähig sein wird, die Befragungsergebnisse vor den Behörden zu verheimlichen[2867]. Ob diese Empfehlung jedoch stets eingehalten wird, ist unklar[2868]. Es sind vielmehr Fälle bekannt, in denen es zur Zusicherung umfassender

2863 *Haefke* CCZ 2014, 39 (440); *Maschmann* in Corporate Compliance, S. 149 (179).

2864 *Knauer/Buhlmann* AnwBl 2010, 389 (393); *Minoggio* in StRR Wirtschaftsstrafrecht, Kap. 15, Rn. 129.

2865 *Schürrle/Olbers* CCZ 2010, 178 (179); *Kottek*, Die Kooperation, S. 83; DAI, Praxisleitfaden, S. 101; a.A. *Tscherwinka* in I. Roxin-FS, S. 521 (533); *Mansdörfer* jM 2014, 167 (171); vermittelnd wird ein Konsultationsrecht dann befürwortet, wenn eine strafrechtliche Selbstbelastung droht (*Göpfert/Merten/C. Siegrist* NJW 2008, 1703 (1708); *Ruhmannseder* in I. Roxin-FS, S. 501 (509); *Minoggio* in StRR Wirtschaftsstrafrecht, Kap. 15, Rn. 119; *Rübenstahl* WiJ 2012, 17 (24)) oder der Arbeitnehmer selbst einen Anwalt hinzuzieht (*Renzikowski* NZA 2011, 612 (615); *Wisskirchen* DB 2011, 1447 (1449); *Knauer* ZWH 2012, 81 (85)) bzw. die Befragung von vornherein durch externe Anwälte durchführen lässt (*Spehl/Momsen/Grützner* CCZ 2014, 170 (172); *Knauer* ZWH 2012, 81 (85) und *Mengel*, Compliance, Kap. 4 Rn. 25 raten zur Gestattung aus „strategischen" bzw. „taktischen" Gründen.
In der Causa „Siemens" bestellte und bezahlte das Unternehmen Anwälte für die Befragten, die Möglichkeit, einen eigenen, selbst zu bezahlenden Anwalt mitzubringen, wurde eingeräumt, dies jedoch „nicht geschätzt", *Rödiger*, Strafverfolgung, S. 231 f.

2866 *Wewerka*, Internal Investigations, S. 100; Nach *Minoggio* in StRR Wirtschaftsstrafrecht, Kap. 15, Rn. 115, sei diese Umschreibung noch verharmlosend.

2867 *Haefke* CCZ 2014, 39 (40); *Ruhmannseder* in I. Roxin-FS, S. 501 (509); BRAK-Stellungnahme Nr. 35/2010, These 3, 4. So auch die sog. *„Upjohn"-Warnings*, die bei von der SEC initiierten Ermittlungen vorgenommen werden, *Dann/Schmidt* NJW 2009, 1851 (1852); der Name geht zurück auf die Entscheidung des US-Supreme Courts Upjohn Co. Vs. United States 449 U.S. 383 (1981).

2868 *Wessing* in DAV-FS, S. 907 (925); im Fall „Siemens" enthielt das Amnestieangebot einen entsprechenden Passus, *Rödiger*, Strafverfolgung, S. 229.

Vertraulichkeit kam[2869]. Protokolliert werden die Befragungen nur teilweise[2870]. Ein Gegenlesen durch den Befragten wird regelmäßig verweigert[2871]. Gegenstand einer intensiven Kontroverse ist die Beteiligung des Betriebsrats[2872].

bb. Die Thesen der Bundesrechtsanwaltskammer

In der Literatur wird diese Praxis der Interviews überwiegend kritisch betrachtet[2873]. Auch von der Bundesrechtsanwaltskammer (BRAK) kommen Anstöße für eine veränderte Befragungspraxis. Im November 2010 veröffentliche die BRAK ein Papier mit dem Titel „Thesen der Bundesrechtsanwaltskammer zum Unternehmensanwalt im Strafrecht"[2874], das sich mit der Gestaltung unternehmensinterner Ermittlungen[2875] beschäftigt. Den Anlass für diese Stellungnahme der BRAK bildeten Anfragen

---

2869 So im HSH-Nordbank-Komplex, LG Hamburg NZWiSt 2012, 26 (26); DAI, Praxisleitfaden, S. 90 berichtet von Hinweisen auf Beschlagnahmeverbote.

2870 *Rödiger*, Strafverfolgung, S. 233; *Minoggio* in StRR Wirtschaftsstrafrecht, Kap. 15, Rn. 124 rät zu einem vom Arbeitnehmer zu unterzeichnenden Protokoll; ebenso *Rust/Abel* ZWeR 2012, 521 (533).

2871 *Jahn* StV 2009, 41 (42); *U. Schneider* NZG 2010, 1201 (1201); nach *Momsen/Grützner* DB 2011, 1792 (1797) lässt sich ein Einsichtsrecht dogmatisch nicht begründen; ebenso *Rübenstahl* WiJ 2012, 17 (25); *Spehl/Momsen/Grützner* CCZ 2014, 170 (172); nach *Wisskirchen* DB 2011, 1474 (1449) bestehe kein Einsichtsrecht, das Unterzeichnen durch den Interviewten sei „nicht von Nutzen" und die Durchsicht des Protokolls „zeitraubend[]"; a.A. *Sieg* in Buchner-FS, S. 858 (864): Einsichtsrecht aus § 83 Abs. 1 S. 1 BetrVG.

2872 S. *Rübenstahl* WiJ 2012, 17 (23): Kein genereller Anspruch auf Hinzuziehung, Ausnahme bei vorheriger Beschwerde; *Rudkowski* NZA 2011, 612 (615) lediglich ein Informationsrecht nach § 80 Abs. 2 BetrVG; *Göpfert/Merten/C. Siegrist* NJW 2008, 1703 (1708): Befragung mittels Fragebögen kann ein Mitbestimmungsrecht nach § 94 Abs. 1 BetrVG auslösen; *Spehl/Momsen/Grützner* CCZ 2014, 170 (171): Vor und nach jeder Befragung muss der Betriebsrat zu Gegenstand, Umfang und Reichweite der Befragung informiert und angehört werden, Mitbestimmungsrecht bei Fragebögen; *Mengel/Ullrich* NZA 2006, 240 (244 f.); umfassend *Böhm*, Non-Compliance, S. 98 ff.
Die Missachtung der Mitwirkungsrechte des Betriebsrats hat jedoch keine Folgen für die Beweisverwertbarkeit, *Dann/Schmidt* NJW 2009, 1851 (1854); a.A. bei Betroffenheit bedeutsamer Grundrechtspositionen *Lützeler/Müller-Sartori* CCZ 2011, 19 (24).

2873 S. die Anmerkungen in den Fn. im vorherigen Abschnitt.

2874 BRAK-Stellungnahme 35/2010, einzusehen unter: http://www.brak.de/zur-rechtspolitik/stellungnahmen-pdf/stellungnahmen-deutschland/2010/november/stellungnahme-der-brak-2010-35.pdf (14.01.2016); abgedruckt auch bei *Ignor* CCZ 2011, 143 (144 ff.).

2875 Statt von „Ermittlungen" spricht das Thesenpapier ausdrücklich von „Erhebungen", um dem Anschein staatlicher Tätigkeit vorzubeugen, BRAK-Stellungnahmen 35/2010 These 3 Nr. 2.

einer offenbar verunsicherten Praxis, die insbesondere in dem Widerstreit zwischen arbeitsrechtlicher Auskunftspflicht und strafprozessualer Selbstbelastungsfreiheit auf der Suche nach Orientierungspunkten war[2876].

Bezüglich der Interviews betont These 3 (2), dass der Unternehmensanwalt dort in besonderem Maße die sich „aus rechtsstaatlichen Grundsätzen ergebenen Standards“ zu beachten habe. Diese Grundsätze werden ausdrücklich als eigenständiger beschränkender Faktor neben den „allgemeinen Gesetzen“ genannt. Es wird also offenbar davon ausgegangen, dass rechtsstaatliche Grundsätze unabhängig von einer Positivierung Bindungswirkung gegenüber privat ermittelnden Rechtsanwälten entfalten. Der Ursprung dieser Wirkung wird nicht begründet.

Trotz Unanwendbarkeit der StPO habe der Unternehmensanwalt dieselben Mindeststandards zu beachten, die der Ausschuss auch schon für eigene Zeugenbefragungen des Strafverteidigers befürwortete, These 3 Nr. 4. Nur so könnte ein Unterlaufen des nemo-tenetur-Satzes verhindert werden, These 3 Nr. 3. Hierzu zählten insbesondere ein Konsultationsrecht mit entsprechender Belehrung und der Verzicht auf unlautere Vernehmungsmethoden. Als unlauter in diesem Sinne sei dabei insbesondere auch das Drohen mit arbeitsrechtlichen Konsequenzen anzusehen[2877]. Auch dürfe die Auskunftsperson nicht gedrängt werden, sich selbst zu belasten, These 3 Nr. 4.

Darüber hinaus sollen viele der oben dargestellten Missstände abgestellt werden. So ist der Befragte über die Möglichkeit der Weiterleitung von Protokollen an Strafverfolgungsbehörden ebenso zu belehren wie darüber, dass eine möglich Amnestie sich nicht auf strafrechtliche Sanktionen erstrecken könne. Auch sei das Interview schriftlich zu dokumentieren und dem Befragten die Möglichkeit der Einsicht in das Protokoll zu gewähren. Komme der Unternehmensanwalt diesen Standards nicht nach, müsse der Befragte folgenlos die Mitwirkung im Interview verweigern können, These 3 Nr. 5. Zudem komme bei Nichteinhaltung gesetzlicher oder rechtsstaatlicher Mindeststandards die prozessuale Unverwertbarkeit in Betracht, These 3 Nr. 5. All dies gelte „unbeschadet etwaiger arbeitsrechtlicher Auskunftsansprüche“, These 3 Nr. 4. Der hier zum Ausdruck kommende Widerspruch bildet den zentralen Problempunkt der Thesen: Die Fortgeltung arbeitsvertraglicher Auskunftsansprüche bei gleichzeitiger Beachtung von nemo tenetur. Diese zentrale Problematik interner Ermittlungen wird in den Thesen durch die schlichte Behauptung einer Bindung an rechtsstaatliche Grundsätze überspielt[2878].

Unklar ist der Charakter und damit die Bindungswirkung dieser Thesen[2879]. Ob sie geltendem Recht entsprechen, erscheint sehr zweifelhaft[2880]. Teilweise lassen

---

2876 *Sidhu/v. Saucken/Ruhmannseder* NJW 2011, 881 (881).

2877 Krit. *Grimm/Freh* KSzW 2012, 88 (91); *Momsen/Grützner* DB 2011, 1792 (1793); *Zapfe*, Compliance, S. 147 f; ebenso aber *Schürrle/Olbers* CCZ 2010, 178 (179).

2878 Vgl. *Zapfe*, Compliance, S. 147; *Sidhu/v. Saucken/Ruhmannseder* NJW 2011, 881 (882 f.).

2879 Vgl. *Zapfe*, Compliance, S. 146 Fn. 623: „Denkanstoß".

2880 *Rübenstahl* WiJ 2012, 17 (19); so aber *Taschke* NZWiSt 2012, 89 (93).

sich entsprechende Standards aus der arbeitsrechtlichen Fürsorgepflicht ableiten[2881]. Dies gilt sicherlich für die Pflicht, den Arbeitnehmer offen und transparent über die Folgen seiner Aussage oder Aussageverweigerung aufzuklären[2882]. Auch als Grundlage für ein Recht auf anwaltlichen Beistand erscheint die Fürsorgepflicht denkbar[2883]. Problematisch erscheint aber, dem Unternehmensanwalt unter Hinweis auf rechtsstaatliche Grundsätze zu versagen, zivilrechtlich zulässige Instrumente einzusetzen[2884].

Eine Bindung des Unternehmensanwalts an strafprozessuale Grundsätze wird sich de lege lata kaum begründen lassen[2885]. Als derartige Grundsätze hat das Thesenpapier vor allem Beschuldigtenschutzinstitute im Blick. Diese sind im System der StPO jedoch als Beschränkungen der den Strafverfolgungsorganen verliehenen Zwangsbefugnisse ausgestaltet. Es handelt es sich um ein System praktischer Konkordanz[2886]. Die Übertragung allein der Beschränkungen auf interne Ermittlungen stellte nun eine einseitige Beschneidung der Rechtsposition des Arbeitnehmers dar[2887].

Der Unternehmensanwalt ist nach den Thesen selbst allein dem Unternehmensinteresse verpflichtet. Zu dieser Interessenbindung können die in den BRAK-Thesen aufgestellten Forderungen in Widerspruch geraten[2888]. Das Unternehmen wird an der Einhaltung von StPO-Standards jedenfalls per se kein Interesse haben[2889].

Die BRAK-Thesen ließen sich als Selbstbindung i.S.e. „soft law“ verstehen[2890].

2881 *Sidhu/v. Saucken/Ruhmannseder* NJW 2011, 881 (883).

2882 *Sidhu/v. Saucken/Ruhmannseder* NJW 2011, 881 (883); s. auch *B. Kruse*, Compliance und Rechtsstaat, S. 162 f.

2883 *Sidhu/v. Saucken/Ruhmannseder* NJW 2011, 881 (883); *Rübenstahl* WiJ 2012, 17 (24); *Wewerka*, Internal Investigations, S. 152 f.; *Dann/Schmidt* NJW 2009, 1851 (1852).

2884 In diese Richtung aber *Mansdörfer* jM 2014, 167 (171 f.); vgl. auch *Kirsch* in Unternehmensstrafrecht, S. 361 (364), der darauf hinweist, dass die Argumentation mit der arbeitsrechtlichen Fürsorgepflicht dort versagen muss, wo die Auskunftsperson nicht Arbeitnehmer sondern Organmitglied ist.

2885 *Rübenstahl* WiJ 2012, 17 (18 ff.); *Szesny* BB 2011, VI (VII); *Momsen/Grützner* DB 2011, 1792 (1792 ff.); jedenfalls teilweise a.A. *Knauer/Gaul* NStZ 2013, 192 (193), nach denen das Strafverfahrensrecht eine normative Gesamtordnung darstellte, deren Prinzipien auch beim Handeln Privater Anwendung finden müssten.

2886 *Momsen/Grützner* DB 2011, 1792 (1793); *Szesny* BB 2011, VI (VII).

2887 *Momsen/Grützner* DB 2011, 1792 (1793); *Montiel* in Compliance und Strafrecht, S. 185 (193).

2888 *Rübenstahl* WiJ 2012, 17 (32); *Anders* wistra 2014, 329 (330).

2889 *Knauer* ZWH 2012, 81 (87); *Rübenstahl* WiJ 2012, 17 (20); *Momsen* ZIS 2011, 508 (514).

2890 *Zerbes* ZStW 125 (2013), 551 (560); *Theile* ZIS 2013, 378 (380); gegen einen soft-law-Charakter der Regelung *Momsen* in Rotsch, Criminal Compliance, § 34 B. Rn. 3; *ders./Grützner* DB 2011, 1792 (1795) sprechen sich aber für eine Regelung qua soft law aus; ebenso *Mansdörfer* jM 2014, 167 (169).

Eine derartige Selbstbeschränkung setzt allerdings voraus, dass der Arbeitgeber ein eigenes Interesse an der Einhaltung dieser Standards hat, das es für ihn attraktiv macht, hinter seinen arbeitsrechtlich zulässigen Maßnahmen zurückzubleiben[2891]. Ohne gesetzgeberische Initiative können Standards ihren Wirkungsanspruch nur aus der Akzeptanz aller Beteiligten ziehen[2892]. Allein der Hinweis darauf, dass es sich auch bei als Compliance-Maßnahme erlassenen Unternehmensrichtlinien um Selbstbindung handelt, hilft hier nicht weiter[2893]. Hinter derartigen Compliance-Instrumenten stehen ja genuin eigene Interessen des Unternehmens. Das Anstreben von Regelkonformität ist kein Selbstzweck oder entspringt der Unterordnung unter als höherrangig anerkannte Fremdinteressen, es ist der schlichten Einsicht geschuldet, dass Regelverstöße für das Unternehmen Haftungsrisiken und Reputationsschäden bedeuten[2894]. Unternehmensrichtlinien setzen daher auch dem Gewinnstreben keine Grenzen[2895], sondern sind ihrerseits Ausdruck betriebswirtschaftlicher Kalkulation[2896]. Ein solches Eigeninteresse des Arbeitgebers gilt es hier gerade nachzuweisen. Ein Eigeninteresse des Unternehmens besteht sicherlich an der Objektivität und Belastbarkeit der Untersuchungsergebnisse. Neben dem genuinen Interesse an der Aufklärung der wahren Umstände bieten an den Grundsätzen der Objektivität ausgerichtete Untersuchungen eine bessere Basis für Verhandlungen mit den Behörden und die Möglichkeit, gegenüber der Öffentlichkeit den Willen zur Aufklärung zu propagieren[2897].

Hieraus lässt sich jedoch kein Interesse daran ableiten, gegenüber dem Arbeitnehmer auf privatrechtlich zulässige Maßnahmen, namentlich das Einfordern von Auskünften, zu verzichten. Dies wäre nur dann der Fall, wenn dies zugleich die Zuverlässigkeit der Tatsachenermittlung sicherte[2898]. Diese Vorstellung erscheint jedoch verfehlt. Es erscheint wenig realistisch, dass das Geltendmachen von Auskunftsansprüchen und das Inaussichtstellen arbeitsvertraglicher Instrumente bzw. umgekehrt einer Amnestie nicht geeignet sein sollen, den Arbeitnehmer zu einer wahrheitsgemäßen Aussage anzuhalten. Dass im Einzelfall eine kooperative Vorgehensweise erfolgversprechender sein kann, als eine konfrontative[2899], ist lediglich eine Frage der Strategie.

Ein solches Interesse an der Selbstbeschränkung kann sich aus der Sorge um das eigene Image ergeben. Ruchlose Aufklärungsbemühungen können unter Umständen dem Bild des Unternehmens in der Öffentlichkeit mehr schaden, als es

---

2891 *Momsen* ZIS 2011, 508 (514).

2892 *Sidhu/v. Saucken/Ruhmannseder* NJW 2011, 881 (884).

2893 S. aber *Theile* ZIS 2013, 378 (380).

2894 *Raum* StraFo 2012, 395 (396).

2895 So aber *Theile* ZIS 2013, 378 (380).

2896 Vgl. *Brückner* BB Beilage 2010, Nr. 004, 21 (22); *Bock* ZIS 2009, 68 (70).

2897 Vgl. *Knauer* ZWH 2012, 81 (83); *Zerbes* ZStW 125 (2013), 551 (552); *Nestler* in Internal Investigations, Kap. 1 Rn. 47.

2898 So *Mansdörfer* jM 2014, 167 (170 f.).

2899 *Theile* ZIS 2013, 378 (382).

die aufzuklärenden Rechtsverstöße getan hätten und so den Sinn interner Ermittlungen konterkarieren. Dies gilt insbesondere bei datenschutzrechtlich sensiblen Maßnahmen, wie einige deutsche Unternehmen schmerzlich erfahren mussten[2900]. Auch die Verhörmethoden der amerikanischen Anwälte im „Siemens"-Komplex haben negative Publicity ausgelöst[2901]. Der Arbeitgeber ist also gut beraten, auf eine einschüchternde Atmosphäre in den Interviews zu verzichten[2902]. Um auf die Geltendmachung des Auskunftsanspruchs insgesamt zu verzichten, dürfte der Arbeitnehmer jedoch eine zu wichtige Erkenntnisquelle darstellen[2903].

Zusammenfassend lassen sich einige der Thesen als Ausdruck der arbeitsrechtlichen Fürsorgepflicht begreifen, andere können Geltung i.S.e. soft laws daraus ziehen, dass ihre Einhaltung dem Unternehmensinteresse entspricht. In dem zentralen und hier primär interessierenden Aspekt des Konflikts mit dem nemo-tenetur-Grundsatz halten die Thesen jedoch keine Antwort parat. Der Arbeitgeber und mit ihm der seinem Interesse verpflichtete Unternehmensanwalt hat ein nicht zu bestreitendes Interesse daran, seinen – hier noch zu unterstellenden[2904] – vertraglichen Auskunftsanspruch im Interesse der Sachverhaltsaufklärung einzusetzen, was beinhaltet, die für den Fall der Pflichtverletzung zur Verfügung stehenden arbeitsrechtlichen Instrumentarien in Aussicht zu stellen. Dass die Praxis sich an diese BRAK-These nicht gebunden fühlt, kann daher nicht überraschen[2905]. Ein überwiegendes Interesse des Arbeitgebers, das ihn veranlassen könnte, i.S.e. Selbstbeschränkung hiervon Abstand zu nehmen, erscheint zunächst nicht ersichtlich. Wie bereits angesprochen, kann eine Selbstbeschränkung privater Ermittler aber gerade aus der Motivation entstehen, verwertbare Beweismittel zu produzieren[2906]. Hierauf wird zurückzukommen sein[2907].

e. Nemo-tenetur-relevante Zwangssituation in den Interviews

Wie dargetan, kommt dem nemo-tenetur-Grundsatz in privaten Konstellationen regelmäßig keine Bedeutung zu, weil es an dem Moment staatlichen Auskunftszwanges fehlt. Etwas anderes ist nur denkbar, wenn zwischen den Privatpersonen eine

2900 *Moosmayer*, Compliance, S. 99 u.H.a. die Fälle „Telekom", „Lidl", „Deutsche Bahn" u. a., s. hierzu auch *Bockemühl* ÖAnwBl 2014, 229 (231).

2901 *Werres* manager magazin 7/2008, S. 40 (44); *Wildhagen*, Wirtschaftswoche v. 07.08.2008 (http://www.wiwo.de/unternehmen/siemens-manager-anwalt-im-interview-szenisch-effektvoll-und-ueberraschend/v_detail_tab_print/5456268.html (14.01.2016)).

2902 *Wybitul* BB 2009, 606 (610).

2903 Vgl. *Kasiske* NZWiSt 2014, 262 (265); *B. Kruse*, Compliance und Rechtsstaat, S. 164; s. auch *Moosmayer*, Compliance, S. 99, nach dem das Interview zu den unbedenklichen „klassischen Maßnahmen" gehört.

2904 S. hierzu unten F. III. 2. e. aa.

2905 *Theile* ZIS 2013, 378 (379).

2906 S.o. F. I. 3.

2907 S.u. F. III. 2. f.

Auskunftspflicht besteht. So liegt es hier: Der Auskunftszwang i.S.d. Grundsatzes könnte sich aus dem vielerseits angenommenen arbeitsvertraglichen Auskunftsanspruch ergeben. Es gilt daher zu untersuchen, ob ein solcher tatsächlich besteht (aa.) und ob er einen hinreichenden Auskunftszwang darstellt (bb.). Daneben soll erneut auf die Bedeutung einer faktisch-ökonomischen Zwangswirkung eingegangen werden (cc.).

aa. Auskunftspflicht

(i) Bestehen einer arbeitsvertraglichen Auskunftspflicht

Es ist grundsätzlich anerkannt, dass sich aus dem Arbeitsvertrag Auskunftspflichten des Arbeitnehmers ergeben können. Die hier entscheidende Frage ist, ob eine solche auch in dem Fall besteht, dass sich der Arbeitnehmer durch die Erfüllung der Pflicht selbst strafrechtlich bezichtigen müsste. Im Fall von leitenden Mitarbeitern oder Organen von Kapitalgesellschaften sind nicht die arbeitsvertraglichen, sondern die dienstvertraglichen oder gesellschaftsrechtlichen Regelungen maßgeblich, die allerdings nicht wesentlich andere, sondern allenfalls weiterreichende Auskunftspflichten vorsehen[2908].

In den seltensten Fällen wird eine Pflicht zur Auskunftserteilung ausdrücklich vertraglich vereinbart worden sein. In Ausnahmefällen gehört die Auskunftserteilung zu den üblichen Aufgaben und ist damit Teil der Arbeitsleistung, so insbesondere beim Compliance-Officer[2909]. Der Arbeitgeber kann dann schon im Rahmen seines Direktionsrechts (§ 106 GewO) Auskunft verlangen[2910].

Doch auch in darüber hinausgehenden Fällen ergeben sich aus dem Arbeitsvertrag Auskunftspflichten. Für deren Umfang ist danach zu differenzieren, ob der unmittelbare Arbeitsbereich des Arbeitnehmers, betroffen ist.

Besteht nicht einmal ein mittelbarer Zusammenhang zur Arbeitsleistung, sondern ist ausschließlich der Privatbereich des Arbeitnehmers betroffen, lässt sich eine Auskunftspflicht, will man sie nicht per se ablehnen[2911], allenfalls bei überragenden Interessen des Arbeitgebers anerkennen[2912]. Ein solches kann von vornherein nicht an einem möglichen strafbaren aber mit der Berufsausübung in keinerlei Zusammenhang stehenden Verhalten des Arbeitnehmers bestehen. Dies soll nach der Rechtsprechung des BAG sogar in sog. Tendenzbetrieben gelten[2913]. Eine Pflicht

2908 *Rübenstahl* WiJ 2012, 17 (18); *Leitner* in Schiller-FS, S. 430 (436 f.); *Bittmann/Molkebur* wistra 2009, 373 (374).

2909 *Böhm* WM 2009, 1923 (1924); DAI , Praxisleitfaden, S. 95.

2910 *Grimm/Freh* KSzW 2012, 88 (88).

2911 *Minoggio* in StRR Wirtschaftsstrafrecht, Kap. 15, Rn. 133.

2912 *Böhm,* Non-Compliance, S. 153; *Spehl/Grützner* in Corporate internal investigations, § 6 Rn. 8; *Grützner* in Momsen/Grützner, Wirtschaftsstrafrecht, Kap. 4 Rn. 355.

2913 BAG NJW 2009, 1897.

zur Selbstbelastung wird daher nahezu allgemein abgelehnt[2914]. Für interne Ermittlungen, bei denen es ja gerade um die Aufklärung von Straftaten im Umfeld des Unternehmens geht, dürfte diese Konstellation nicht relevant werden.

α) Unmittelbarer Arbeitsbereich

Der Arbeitnehmer ist gem. §§ 666, 675 BGB[2915] verpflichtet, über Umstände Auskunft zu geben, die seinen unmittelbaren Arbeitsbereich betreffen, d.h. mit seiner vertraglich geschuldeten Leistung in unmittelbarem Zusammenhang stehen[2916]. Der Auskunftsanspruch findet seine Grundlage in dem Tätigwerden im fremden Rechtskreis und reicht daher auch nur so weit wie die übertragene Aufgabe[2917]. Die Auskunftspflicht entspricht einer allgemeinen Berichtspflicht über die eigene Leistungserbringung[2918]. Erfasst werden insbesondere die eigene Aktivität am Arbeitsplatz und die daraus resultierenden Arbeitsergebnisse sowie im Zusammenhang mit der Arbeitsleistung stehende Wahrnehmungen[2919]. Bei Kassen- oder Bereichsverantwortung ergeben sich insbesondere Rechenschaftspflichten über anvertraute Gelder und Materialien[2920]. Die Auskunftspflicht reicht so weit wie der Verantwortungsbereich des Arbeitnehmers[2921]. Der persönliche Arbeitsbereich deckt sich mit dem Geltungsbereich des Weisungsrechts nach § 106 GewO, sodass sich als Kontrollüberlegung die Frage anbietet, ob der Arbeitgeber eine entsprechende Handlung hätte anordnen können. Ist dies zu bejahen, besteht auch eine Auskunftspflicht[2922]. Nicht mehr erfasst sind Wahrnehmungen, die lediglich bei Gelegenheit der Arbeitsleistung erfolgen[2923]. Durch die Koppelung der Auskunftspflicht an den persönlichen Aufgabenbereich des Arbeitnehmers ergeben sich dabei für leitende

---

2914 *Böhm*, Non-Compliance, S. 153; *Spehl/Grützner* in Corporate internal investigations, § 6 Rn. 118; *Grützner* in Momsen/Grützner, Wirtschaftsstrafrecht, Kap. 4 Rn. 356; anders aber *Spehl/Momsen/Grützner* CCZ 2014, 170 (171).

2915 Nach *Reichold* in MünchArbR § 49 Rn. 5 gilt § 666 BGB analog für das Arbeitsverhältnis, dem Rückgriff auf § 675 BGB bedürfe es nicht. Teilweise wird auch hier auf § 106 GewO abgestellt, *Lützeler/Müller-Sartori* CCZ 2011, 19 (19), *Klasen/S. Schaefer* BB 2012, 641 (645), das Direktionsrecht bildet jedoch nicht die Anspruchsgrundlage, sondern setzt das Bestehen eines Anspruchs voraus.

2916 *Reeb*, Internal Investigations, S. 95 mwN.; *Spehl/Momsen/Grützner* CCZ 2014, 2 (5); *Böhm*, Non-Compliance, S. 148.

2917 *Reichold* in MünchArbR § 49 Rn. 5.

2918 *Klasen/S. Schaefer* BB 2012, 641 (645); *Reichold* in MünchArbR § 49 Rn. 5.

2919 Diller DB 2004, 313 (313); *Rödiger*, Strafverfolgung, S. 294; *Klasen/S. Schaefer* BB 2012, 641 (645); *Schürrle/Olbers* CCZ 2010, 178 (178); *Lützeler/Müller-Sartori* CCZ 2011, 19 (19); *Göpfert/Merten/C. Siegrist* NJW 2008, 1703 (1705).

2920 *Klasen/S. Schaefer* BB 2012, 641 (645).

2921 *Böhm*, Non-Compliance, S. 148.

2922 *Klasen/S. Schaefer* BB 2012, 641 (645).

2923 *Diller* DB 2004, 313 (315).

Angestellte, die mit der Überwachung der Mitarbeiter betraut sind, besonders weitreichende Auskunftspflichten[2924].

Die Auskunftspflicht ist grundsätzlich starr und besteht ohne Rücksicht auf entgegenstehende Interessen des Arbeitnehmers[2925]. Die Zumutbarkeitsschranke des § 275 Abs. 3 BGB findet keine Anwendung[2926]. Allenfalls in Extremfällen sind Einschränkungen nach den Grundsätzen von Treu und Glauben (§§ 226, 242 BGB) denkbar[2927]. Eine weitergehende Relativierung, insbesondere auch mit Blick auf den nemo-tenetur-Grundsatz ist mit Natur und Funktion des Anspruchs unvereinbar[2928]. Der Auskunftsanspruch findet seine Grundlage gerade in der Übertragung von Aufgaben bzw. in dem Tätigwerden im fremden Rechtskreis[2929]. Allein dieser Umstand begründet den Auskunftsanspruch, ohne dass es der Feststellung eines besonderen Informationsinteresses bedürfte[2930]. Ein derartiges besteht per se, da die Funktion des Anspruchs darin besteht, den Arbeitgeber in die Lage zu versetzen über den übertragenden Aufgabenbereich zu wachen. Die Informationspflicht ist damit notwendiges Gegenstück der Aufgabenübertragung und so Teil der vertraglich geschuldeten Leistung[2931]. Mit dieser Zielsetzung ist eine Relativierung der Auskunftspflicht unvereinbar, da sich der Arbeitnehmer diese für ihn elementaren Informationen nicht anders beschaffen kann[2932]. Die Auskunftspflicht wird gerade dort besonders wichtig, wo sich der Auskunftspflichtige pflichtwidrig verhalten hat[2933]. Beschränkte man sie gerade für diesen Fall, nähme man ihr die Eignung, die ihr zugewiesene Aufgabe zu erfüllen[2934]. Die Rechtsprechung[2935] lehnt daher unter weitgehender Zustimmung der Literatur[2936] ein Recht zur Auskunftsverweigerung

2924 *Böhm* WM 2009, 1923 (1924); *Minoggio* in StRR Wirtschaftsstrafrecht, Kap. 15, Rn. 134; *Wessing/Ahlbrecht/Dann* DAVJ-Newsletter 2013, 113 (119); *Rödiger*, Strafverfolgung, S. 295.

2925 *Klasen/S. Schaefer* BB 2012, 641 (646); *Fritz* CCZ 2011, 155 (157); *Böhm* WM 2009, 1923 (1927).

2926 *Rödiger*, Strafverfolgung, S. 296 f.

2927 *Böhm* WM 2009, 1923 (1924); *Rödiger*, Strafverfolgung, S. 295; *Wewerka*, Internal Investigations, S. 233.

2928 *Fritz/Nolden* CCZ 2010, 170 (175).

2929 *Reichold* in MünchArbR § 49 Rn. 5.

2930 *Fritz/Nolden* CCZ 2010, 170 (171); *Rödiger*, Strafverfolgung, S. 295.

2931 *Fitz/Nolden* CCZ 2010, 170 (171).

2932 *Kottek*, Die Kooperation, S. 90; *Jahn* StV 2009, 41 (43).

2933 BGH NJW 1964, 1469 (1479).

2934 BGH NJW 1964, 1469 (1479); *Fritz/Nolden* CCZ 2010, 170 (175).

2935 BGH NJW 1964, 1469 (1479).

2936 *Vogt* NJOZ 2009, 4206 (4212), *Fritz/Nolden* CCZ 2010, 170 (172); *Böhm* WM 2009, 1923 (1924); *Lützeler/Müller-Sartori* CCZ 2011, 19 (20); *Diller* DB 2004, 313 (314); *Reichold* in MünchArbR § 49 Rn. 7; a.A. *Neuhaus* in Die Finanzkrise, S. 348 (358 f.); *Tscherwinka* in I. Roxin-FS, S. 521 (522, 528); *I. Roxin* StV 2012, 116 (121); *Dann/Schmidt* NJW 2009, 1851 (1853); *Maschmann* in Corporate Compliance, S. 149 (175); *ders.* AuA 2009, 72 (76) für Ermittlungen mit repressiver Zielsetzung, während

aufgrund drohender Selbstbelastung ab. Die Auskunftspflicht soll allerdings nur bei entsprechenden Fragen des Arbeitnehmers bestehen. Eine Pflicht zur eigeninitiativen Selbstbelastung bestehe ebenso wenig wie bei lediglich abstrakt-generellen Fragen etwa nach „Unregelmäßigkeiten“[2937]. Von Nachfragen unabhängige Hinweispflichten bestehen ohnehin nur im Rahmen der aus der arbeitsvertraglichen Treuepflicht abgeleiteten Pflicht zur Schadensabwehr. Diese begründet keine Pflicht zur Selbstbezichtigung[2938].

Die Auskunftspflicht aus §§ 666, 675 BGB gilt nach Beendigung des Arbeitsverhältnisses fort[2939].

β) Allgemeiner Auskunftsanspruch, §§ 242, 241 Abs. 2 BGB

Ist der unmittelbare Arbeitsbereich nicht betroffen, besteht aber jedenfalls ein mittelbarer Zusammenhang zu der vertraglich geschuldeten Tätigkeit ergibt sich eine Auskunftspflicht als vertragliche Nebenpflicht gem. §§ 241 Abs. 2, 242 BGB[2940]. Ein derartiger Zusammenhang besteht, wenn sich die Auskunft zwar nicht auf die Leistung des Arbeitnehmers selbst, wohl aber auf den Betrieb bezieht[2941]. Bereits in der Rechtsprechung des Reichsgerichts war anerkannt, dass sich aus dem Grundsatz von Treu und Glauben ein Auskunftsanspruch ergibt, wenn (1) zwischen den Parteien ein Rechtsverhältnis besteht, (2) der Berechtigte in entschuldbarer Weise über Bestehen oder Umfang seiner Rechtsposition im Unklaren ist und (3) der Verpflichtete die Auskunft unschwer erbringen kann[2942]. Dieser Anspruch besteht auch – und aufgrund der wechselseitigen Treuepflichten in besonderem Maße – im Arbeitsverhältnis[2943], insbesondere auch dort wo ein unmittelbarer Leistungsbezug nicht gegeben ist[2944]. Das BAG weißt ihm mittlerweile gewohnheitsrechtlichen Charakter zu[2945]. Die Reichweite des Anspruchs lässt sich nur unter Abwägung der widerstreitenden Interessen bestimmen. Es muss zum einen ein berechtigtes, billigenswertes und schützenswertes Interesse des Arbeitgebers an der Beantwortung

---

bei präventiven Untersuchungen ein Verwertungsverbot analog § 97 Abs. 1 S. 3 InsO greifen soll – Diese Differenzierung wird sich gerade angesichts der Vielschichtigkeit der Zielsetzungen interner Ermittlungen allerdings kaum sinnvoll durchführen lassen, *Fritz/Nolden* CCZ 2010, 170 (176); *Rödiger*, Strafverfolgung, S. 298; *Wisskirchen/Julia Glaser* DB 2011, 1447 (1448).

2937 *Rübenstahl* WiJ 2012, 17 (21).

2938 BGH NJW-RR 1989, 614 (615); *Diller* DB 2004, 313 (314); *Mengel*, Compliance, Kap. 4 Rn. 19; *dies./Ulrich* NZA 2006, 240 (243); a.A. *Fritz/Nolden* CCZ 2010, 170 (173) bei Bestehen eines Hinweisgebersystems.

2939 *Diller* DB 2004, 313 (313).

2940 *Fritz/Nolden* CCZ 2010, 170 (171 f.); *Böhm* WM 2009, 1923 (1924).

2941 *Zapfe*, Compliance, S. 123.

2942 RGZ 158, 377 (379 f.).

2943 BAG NZA 1996, 637 (638).

2944 *Diller* DB 2004, 313 (314).

2945 BAG NZA 1996, 637 (638).

der Fragen bestehen, während diese andererseits keine übermäßige Belastung für den Arbeitnehmer darstellen[2946].

Auch hier gilt, dass Führungskräfte umfassendere Auskunftspflichten treffen als einfache Angestellte[2947]. Ein Überwiegen der Belange des Arbeitnehmers liegt jedenfalls dann nahe, wenn sich der Arbeitsgeber die Informationen auch anderweitig beschaffen kann[2948].

Diese Interessenabwägung könnte das Einfalltor für die Selbstbelastungsfreiheit darstellen. In der Tat wird verbreitet für die Berücksichtigungsfähigkeit der Selbstbelastungsfreiheit im Rahmen dieser Abwägung eingetreten Zur Begründung wird auf die unmittelbare Geltung des nemo-tenetur-Grundsatzes[2949], die mittelbare Drittwirkung des allgemeinen Persönlichkeitsrechts[2950] oder auch den Rechtsgedanken des § 348 ZPO[2951] rekurriert. Uneinigkeit herrscht aber über das Gewicht, das dem Grundsatz im Rahmen der Abwägung zukommt. Während sich ein Teil der Stimmen für ein schematisches Überwiegen der Arbeitnehmerinteressen ausspricht, sobald die Gefahr der Selbstbezichtigung einer Straftat droht[2952], und andere dann jedenfalls von einem regelmäßigen Ausgang der Abwägung zu seinen Gunsten ausgehen[2953], beharrt eine dritte Ansicht auf dem grundsätzlichen Vorrang der Auskunftspflicht[2954].

Der Transfer strafprozessualer Ansätze ist hier jedoch entbehrlich, da der Auskunftspflicht bereits genuin arbeitsrechtliche Erwägungen entgegenstehen. Das

---

2946 BAG NZA 1996, 637 (638).

2947 *Bittmann/Molkenbur* wistra 2009, 373 (375); *Lützleler/Müller-Sartori* CCZ 2011, 19 (19).

2948 BAG NZA 1996, 637 (638); *Wisskirchen* DB 2011, 1447 (1448); *Böhm* WM 2009, 1923 (1925).

2949 *Neuhaus* in Die Finanzkrise, S. 348 (358 f.); *Rieble* R.L.R. 2009, 191 (203): „schlägt durch".

2950 *Göpfert/Merten/C. Siegrist* NJW 2008, 1703 (1705); *Raum* StraFo 2012, 395 (397); *Theile* StV 2011, 381 (383).

2951 *Rudkowski* NZA 2011, 612 (614); *Kottek*, Die Kooperation, S. 91; *Jahn* StV 2009, 41 (44); hiergegen *Tscherwinka* in I. Roxin-FS, S. 521 (526).

2952 *Hiebl/Becker* in MAH-Strafverteidigung, § 30 Rn. 97; *Neuhaus* in Die Finanzkrise, S. 348 (358 f.); *Rieble* R.L.R. 2009, 191 (203); *Knauer/Buhlmann* AnwBl 2010, 387 (390); *Haefke* CCZ 2014, 39 (39); *Rudkowski* NZA 2011, 612 (613); *Godenzi*, Private Beweisbeschaffung, S. 65; *Wessing/Ahlbrecht/Dann* DAJV-Newsletter 2013, 113 (119).

2953 *Kottek*, Die Kooperation, S. 92 ff; *Jahn* StV 2009, 41 (44); *Grimm/Freh* KSzW 2012, 88 (89); differenzierend *Göpfert/Merten/C. Siegrist* NJW 2008, 1703 (1705 f.) regelmäßiges Überwiegen bei einfachen Mitarbeitern, nur ausnahmsweise bei Führungspersonal; ebenso *Reichold* in MünchArbR § 49 Rn. 7; *Leitner* in Schiller-FS, S. 430 (436).

2954 *Schürrle/Olbers* CCZ 2010, 178 (178); *Minoggio* in StRR Wirtschaftsstrafrecht, Kap. 15, Rn. 136 ff.; in diese Richtung auch *Theile* StV 2011, 381 (384); *Böhm* WM 2009, 1923 (1925).

BAG betont, dass die Reichweite der Auskunftspflicht nur unter Beachtung prozessualer Darlegungs- und Beweislasten zu bestimmen sei, da anderenfalls deren Umgehung durch materielle Auskunftsansprüche drohe[2955]. Da der Arbeitnehmer gem. § 1 Abs. 2 S. 4 KSchG beweispflichtig für den Kündigungsgrund ist, könne der Arbeitnehmer daher nicht verpflichtet sein, kündigungsrelevante Tatsachen zu offenbaren[2956]. Diese Beschränkung des allgemeinen Auskunftsanspruchs findet in der Literatur breite Zustimmung[2957]. Das BAG betont, dass dies vorbehaltlich besonderer rechtlicher Grundlagen gelte[2958]. Eine Übertragung auf den Auskunftsanspruch aus § 666 kommt daher nicht in Betracht[2959]. Mit der besonderen Interessenkonstellation bei Übertragung einer Aufgabe wäre eine Beschränkung des Auskunftsanspruchs unvereinbar[2960].

Im Einzelfall kann auch für ein Auskunftsbegehren außerhalb des unmittelbaren Arbeitsbereichs eine „besondere rechtliche Grundlage" i.S.d. BAG-Rechtsprechungen vorliegen[2961]. Dies soll insbesondere für die Treuepflicht zur Schadensabwendung der Fall sein[2962]. In derartigen Fällen sei das Informationsinteresse nicht mit dem Beweisführungsinteresse im Kündigungsschutzprozess identisch[2963]. Dies kann in der Konstellation interner Ermittlungen unter dem Aspekt relevant werden, dass die Ermittlung gerade der Abwendung einer Geldbuße dient[2964]. Auch dann kann eine Auskunftspflicht jedoch allenfalls in Betracht kommen, wenn die Auskunft mit großer Wahrscheinlichkeit erheblich zur Sachverhaltsaufklärung beitragen wird[2965].

2955 BAG NZA 1996, 637 (638).

2956 BAG NZA 1996, 637 (638); *Spehl/Momsen/Grützner* CCZ 2014, 171 (172) verkehren dies in sein Gegenteil, wenn sie gerade auf den möglichen Kündigungsgrund zur Begründung der Auskunftspflicht abstellen. Der Verweis auf BAG NJW 2009, 1897 trägt allenfalls insoweit, als dass das Gericht anerkennt, dass auch Umstände aus der Privatsphäre einen Kündigungsgrund darstellen können (aaO. (1900)), eine entsprechende Auskunftspflicht aber verneint das Gericht in casu gerade (aaO. (1898 f.)).

2957 *Klasen/S. Schaefer* BB 2012, 641 (645); *Böhm* WM 2009, 1923 (1925).

2958 BAG NZA 1996, 637 (638).

2959 *Rödiger*, Strafverfolgung, S. 297; *Kasiske* NZWiSt 2014, 262 (264 f.); *Böhm*, Non-Compliance, S. 150; *Kottek*, Die Kooperation, S. 88 Fn. 365; *B. Kruse*, Compliance und Rechtsstaat, S. 147; *Anders* wistra 2014, 329 (330); a.A. *Maschmann* in Corporate Compliance, S. 149 (173 f.); *Zapfe*, Compliance, S. 126 f.

2960 *Böhm*, Non-Compliance, S. 150.

2961 Umstritten, aber für die hier zu betrachtenden Konstellationen wenig relevant, ist die Frage, ob sich eine besondere rechtliche Grundlage für eine Auskunftspflicht in § 16 ArbSchG erblicken lässt, der eine Anzeigepflicht aus Gründen der Arbeitssicherheit statuiert, S. *Böhm*, Non-Compliance, S. 152 einerseits und *Hiebl-Becker* in MAH-Strafverteidigung, § 30 Rn. 97 andererseits.

2962 *Böhm*, Non-Compliance, S. 152; *Kottek*, Die Kooperation, S. 92.

2963 *Böhm*, Non-Compliance, S. 152.

2964 *Böhm*, Non-Compliance, S. 152.

2965 *Böhm*, Non-Compliance, S. 152.

Außerhalb derartiger Sonderkonstellationen besteht im Rahmen des allgemeinen Auskunftsanspruchs im Ergebnis aber ein Recht des Arbeitnehmers, kündigungsrelevante Angaben zu verweigern.

Dieses arbeitsrechtliche Schweigerecht weist eine erstaunliche Parallele zum nemo-tenetur-Grundsatz auf[2966]. Diese erstreckt sich auf den – für die Selbstbelastungsfreiheit oft geleugnete – Zusammenhang mit der Beweislastverteilung[2967].

Da eine begangene Straftat in der Regel auch einen Kündigungsgrund darstellen wird, ergibt sich hieraus für die Konstellation interner Ermittlungen regelmäßig ein Auskunftsverweigerungsrecht des Arbeitnehmers.

Da dieses Auskunftsverweigerungsrecht an die Gefahr einer Kündigung anschließt, besteht es dann nicht, wenn eine solche ausgeschlossen ist.

So liegt es zunächst, wenn das Arbeitsverhältnis ohnehin bereits beendet ist[2968]. In dieser Konstellation fragt sich allerdings, ob sich überhaupt ein Auskunftsanspruch begründen lässt. Dass arbeitsvertragliche Treuepflichten auch nach Beendigung des Arbeitsverhältnisses fortbestehen können, ist ebenso anerkannt, wie dass sie dann in ihrem Umfang deutlich reduziert sind[2969]. Man wird die erforderliche Abwägung daher zu Gunsten des ehemaligen Arbeitnehmers zu modifizieren haben und einen solchen nachvertraglichen Auskunftsanspruch nur bei ganz erheblich überwiegendem Auskunftsinteresse des Arbeitgebers bejahen können[2970].

Die relevantere Konstellation der ausgeschlossenen Gefahr einer Kündigung stellt sich, wenn der Arbeitgeber auf sein Kündigungsrecht verzichtet. Ein solcher Verzicht ist regelmäßig in den erwähnten Amnestien enthalten. Der Arbeitgeber hat es somit in der Hand, das Auskunftsverweigerungsrecht des Arbeitnehmers zu beseitigen[2971]. Die Frage, ob und inwieweit der strafprozessuale nemo-tenetur-Grundsatz bereits bei der Bestimmung der Reichweite der arbeitsvertraglichen Auskunftspflicht zu beachten ist, wird dann wieder aktuell. Sie lässt sich allerdings erst beantworten, nachdem feststeht, dass der Schutzbereich des nemo-tenetur-Grundsatzes überhaupt betroffen ist und kein vorzugswürdiges Instrument zu seinem Schutz existiert (s.u. bb.).

2966 Vgl. *Greco/Caracas* NStZ 2015, 7 (15).

2967 S.o. B. III. 2. c.

2968 Vgl. *Rödiger*, Strafverfolgung, S. 284.

2969 BAG, *Urt.* v. 27.02.1958 – 2 AZR 349/55 , juris; BAG, *Urt.* v. 19.02.1959 – 2 AZR 341/56 , juris; BAG, *Urt.* v. 11.12.1967 – 3 AZR 22/67 , juris; BGH *Urt.* v. 10.07.1959 – VI ZR 149/58 , juris.

2970 Vgl. *Böhm*, Non-Compliance, S. 154; *Rieble* ZIP 2003, 1273 (1277); *Diller* DB 2004, 313 (318).

2971 Vgl. *Rödiger*, Strafverfolgung, S. 285; *Kasiske* NZWiSt 2014, 262 (264); *Süße/Eckstein* Newsdienst Compliance 9/2014, 71009.

χ) Ergebnis

Der Arbeitnehmer ist uneingeschränkt auskunftspflichtig, soweit sein persönlicher Arbeitsbereich betroffen ist. Dies wird in den überwiegenden Fällen unternehmensinterner Ermittlungen der Fall sein[2972]. Ein Auskunftsverweigerungsrecht des Arbeitnehmers kommt dann nicht in Betracht. Anders verhält es sich, wenn der persönliche Arbeitsbereich nicht betroffen ist. Der Auskunftsanspruch ergibt sich dann allein aus Treu und Glauben bzw. der arbeitsvertraglichen Treuepflicht und ist dementsprechend stärkeren Einschränkungen zugänglich. Ein Auskunftsverweigerungsrecht des Arbeitnehmers wird sich in der Konstellation interner Ermittlungen regelmäßig schon daraus ergeben, dass der Arbeitnehmer nicht verpflichtet ist, kündigungsrelevante Tatsachen zu offenbaren. Um ein solches Aussageverweigerungsrecht zu vermeiden, steht es dem Arbeitgeber frei, auf die Möglichkeit der Kündigung zu verzichten und so dem Auskunftsverweigerungsrecht die Grundlage zu entziehen. Von dieser Möglichkeit wird im Rahmen der sog. Amnestien regelmäßig Gebrauch gemacht.

Dass mit der Anknüpfung an die Anspruchsgrundlage eine praktisch nicht immer leicht zu handhabende Abgrenzung erforderlich wird, mag misslich sein[2973], lässt sich jedoch aufgrund der dogmatisch zwingenden Gründe nicht vermeiden.

(ii) Auskunftspflicht gegenüber den Ermittlern

Da die Interviews im Regelfall nicht durch den Arbeitgeber selbst geführt werden, fragt sich, ob der Auskunftsanspruch auch gegenüber von diesem eingesetzten Dritten besteht.

Das Geltendmachen des Auskunftsanspruchs stellt eine Weisung des Arbeitgebers i.S.d. § 106 GewO dar. Der Arbeitgeber kann seinen Auskunftsanspruch grundsätzlich durch die Personen geltend machen, derer er sich in der Regel zur Ausübung seiner Arbeitgeberbefugnisse bedient[2974].

Die Befragung erfolgt häufig nicht durch den Arbeitgeber oder Betriebsangehörige (interner Revisor, Compliance Officer, Syndikus) selbst, sondern durch externe Dritte, in der Regel beauftragte Rechtsanwälte. Für das Unternehmen hat dies nicht nur den Vorteil, durch die Professionalisierung die Sicherheit und Zuverlässigkeit der Ergebnisse zu steigern[2975], es kann so auch gegenüber der Öffentlichkeit noch in erhöhtem Maße der Wille der bedingungslosen Aufklärung propagiert werden[2976]. Auch für die Kooperation mit den Ermittlungsbehörden bilden die

---

2972 *Fritz/Nolden* CCZ 2010, 170 (172); *Rust/Abel* ZWeR 2012, 521 (527); *Kasiske* NZWiSt 2014, 262 (264).

2973 DAI, Praxisleitfaden, S. 96 f.; *Kottek*, Die Kooperation, S. 89.

2974 *Böhm*, Non-Compliance, S. 191.

2975 *Knauer* ZWH 2012, 41 (42); *Knierim* in Wissenschaftliche und praktische Aspekte, S. 77 (79).

2976 *Momsen* ZIS 2011, 508 (511); *Behrens* RIW 2009, 22 (32); *Nestler* in Internal Investigations, Kap. 1 Rn. 24 f.

Untersuchungsergebnisse unabhängiger Dritter eine tragfähigere Grundlage[2977]. Soweit es sich bei den Beauftragten um Rechtsanwälte handelt, kann zudem das höhere Schutzniveau entsprechender Unterlagen ein Anreiz sein[2978]. Bei Ermittlungen, die auf Drängen der SEC vorgenommen werden, gehört es zum Pflichtprogramm, die internal investigations durch externe Anwaltskanzleien, die entsprechend spezialisiert sind und von der SEC „empfohlen" werden, durchführen zu lassen[2979]. Es stellt sich daher die Frage, inwieweit die Auskunftspflicht des Arbeitnehmers auch gegenüber solchen Dritten besteht. Die Zulässigkeit eines derartigen Vorgehens wird weithin pauschal angenommen[2980]. Konstruktiv erscheinen hier verschiedene Wege gangbar. Die Praxis umgeht das Problem offenbar teilweise, indem der Arbeitgeber bei dem Interview anwesend ist[2981].

Eine zunächst zu erwägende Abtretung des Auskunftsanspruchs scheitert an dessen fehlender Abtretbarkeit[2982]. Gem. § 399 Alt. 1 BGB sind Ansprüche nicht abtretbar, bei denen die Abtretung zu einer Änderung des Inhalts führte. Dies ist zunächst bei unselbstständigen Hilfsansprüchen der Fall[2983]. Diese sind nur gemeinsam mit der Hauptforderung abtretbar[2984]. Des Weiteren sind Ansprüche höchstpersönlicher Natur unabtretbar[2985]. Die fehlende selbstständige Abtretbarkeit des Anspruchs aus § 666 BGB ist allgemein anerkannt[2986]. Etwas anderes gilt nur dort, wo der Anspruchsinhaber einem Dritten gegenüber auskunftspflichtig ist und dieser Pflicht nur durch die Auskunft des Beauftragten nachkommen kann[2987]. Eine solche Situation sei nun in Sachverhalten gegeben, in denen die Aufklärung auf Verlangen US-amerikanischer Behörden erfolge[2988]. Hiergegen spricht schon, dass gegenüber den Behörden keine Aufklärungspflicht besteht. Mag aufgrund der Höhe der ungeminderten Sanktion der faktische Zwang, dem Ersuchen der SEC nachzukommen, auch groß sein, so besteht doch keine rechtliche Pflicht[2989]. Selbst wenn man dieser

2977 *Knauer* ZWH 2012, 81 (83); *Zerbes* ZStW 125 (2013), 551 (552).
2978 *Minoggio* in StRR Wirtschaftsstrafrecht, Kap. 15 Rn. 26 f.; s. hierzu unten F. III. 2. j.
2979 *Westphal* in 67. DJT, Sitzungsberichte, L128; *Gerst* CCZ 2012, 1 (2); *Behrens* RIW 2009, 22 (27).
2980 *Leitner* in Schiller-FS, S. 430 (434); *v. Hehn/Hartung* in HB-Compliance, 1.7 Rn. 96; *Greeve/Tsambikakis* in Internal Investigation, Kap. 7 Rn. 21; *Rotsch* in HB Wirtschaftsstrafrecht, 1. Teil, Kap. 4, Rn. 52; *Gercke* in Wolter-FS, S. 933 (935); *Bittmann/Molkenbur* wistra 2009, 373 (377); a.A. *Jahn* StV 2009, 41 (45); zweifelnd *Beulke* in SSW-StPO Einl. Rn. 309.
2981 DAI, Praxisleitfaden, S. 90.
2982 *Jahn* StV 2009, 41 (45); *Rödiger*, Strafverfolgung, S. 261.
2983 *G. Roth* in MüKo-BGB § 399 Rn. 18.
2984 *G. Roth* in MüKo-BGB § 399 Rn. 18.
2985 *Rosch* in jurisPK-BGB § 399 Rn. 15.
2986 *D. Fischer* in BeckOK-BGB § 666 Rn. 8.
2987 BGH NJW 1989, 1601 (1602).
2988 *B. Kruse*, Compliance und Rechtsstaat, S. 148.
2989 Vgl. *Behrens* RIW 2009, 22 (23); *v. Hehn/Hartung* in HB Compliance-Management, 1.7. Rn. 23; *Wewerka*, Internal Investigations, S. 43.

Analogiebildung noch zustimmen wollte, bestünde die Aufklärungs-„pflicht“ doch gegenüber der SEC und nicht etwa gegenüber den allein vom Unternehmen beauftragten Anwälten.

Auch der allgemeine Auskunftsanspruch aus § 242 BGB ist nicht isoliert abtretbar[2990]. Da der Anspruch hier – anders als in den Regelfällen des allgemeinen Anspruchs aus § 242 BGB – nicht der unmittelbaren Vorbereitung der Rechtsdurchsetzung dient, ließe sich zwar erwägen, den akzessorischen Charakter zu verneinen. Jedenfalls aber hat der Anspruch höchstpersönliche Natur[2991]. Insbesondere die Nebenpflichten wurzeln regelmäßig in dem zwischen den Arbeitsvertragsparteien bestehendem Treueverhältnis. Dass diese Treue nicht von einem Dritten eingefordert werden kann, liegt auf der Hand[2992].

Eine Abtretung nicht des Auskunftsanspruchs selbst, sondern des Direktionsrechts dürfte, da sie zur Wirksamkeit die Zustimmung des Arbeitnehmers gem. § 613 S. 2 voraussetzt[2993], regelmäßig keinen praktikablen Weg darstellen.

Ebenso wenig dürfte in der Praxis der Weg beschritten werden, einen als arbeitsvertragliche Nebenabrede zu qualifizierenden Vertrag zugunsten Dritter zu schließen[2994].

Es steht somit fest, dass der Auskunftsanspruch nicht auf die Ermittler übergeht, diese somit kein eigenes Auskunftsrecht innehaben, sondern das des Arbeitgebers ausüben.

Der simpelste Weg bestünde darin, anzunehmen, der Arbeitgeber könne seine Arbeitnehmer im Rahmen seines Direktionsrechts (§ 106 GewO) anweisen, den ihm gegenüber bestehenden Auskunftsanspruch gegenüber den externen Ermittlern zu erfüllen[2995]. Die Bestimmung des Auskunftsadressaten stellt eine Konkretisierung der Nebenpflicht dar[2996]. Der Ermittler hat dann weder ein eigenes noch ein abgeleitetes Auskunftsrecht, sondern ist rein passiver Informationsempfänger[2997]. Eine derartige Abhängigkeit der Ermittler gegenüber dem Arbeitgeber ist jedoch regelmäßig nicht interessengerecht[2998]. Wie dargestellt, geht die Beauftragung Externer regelmäßig mit der Erwartung einer gewissen Unabhängigkeit einher. Eine

---

2990 *Rieble* ZIP 2003, 1273 (1278).

2991 *Rieble* ZIP 2003, 1273 (1278).

2992 Vgl. *Rieble* ZIP 2003, 1273 (1278).

2993 *Böhm*, Non-Compliance, S. 195 mwN. auch zu den Zweifeln bezüglich der Zulässigkeit.

2994 Vgl. *Böhm*, Non-Compliance, S. 199 ff.; nach *Jahn* StV 2009, 41 (44) soll der Zulässigkeit eines solchen entgegenstehen, dass der Auskunftsanspruch nicht selbstständig einklagbar sei. Dies überzeugt jedoch nicht. Gegen die selbstständige Einklagbarkeit des arbeitsvertraglichen Auskunftsanspruchs bestehen keine Bedenken, s. *Böhm*, Non-Compliance, S. 156, 157.

2995 So wohl *Bittmann/Molkebur* wistra 2009, 373 (376).

2996 *Böhm*, Non-Compliance, S. 192.

2997 *Böhm* Non-Compliance, S. 192; *Rödiger*, Strafverfolgung, S. 261 f.

2998 *Böhm* Non-Compliance, S. 192.

schlichte allgemeine Weisung an die gesamte Belegschaft, die Fragen der Ermittler zu beantworten, dürfte nicht hinreichend konkret sein, um den Arbeitnehmer zu binden[2999].

Sodann wäre zu erwägen, dass der mit den Ermittlungen betraute Dritte den Auskunftsanspruch des Arbeitgebers in dessen Namen geltend macht, sodass es sich um einen Fall der Stellvertretung (§§ 164 ff. BGB) handelt[3000]. Der Vertreter übt dann das Weisungsrecht (§ 106 GewO) des Arbeitgebers in dessen Namen aus[3001].

Der Arbeitgeber ist grundsätzlich berechtigt, sich im Personalgespräch vertreten zu lassen, ohne dass er bei der Wahl des Vertreters auf Unternehmensangehörige beschränkt wäre[3002]. Auch der Anwendbarkeit der §§ 164 ff. auf das Weisungsrecht steht nichts entgegen[3003]. Diese Konstruktion stellt also grundsätzlich einen gangbaren Weg da[3004].

Teilweise wird jedoch bezweifelt, ob die Voraussetzungen der Stellvertretung in der Praxis erfüllt werden[3005]. Die Stellvertretung setzt voraus, dass der Stellvertreter offenkundig als solcher auftritt, § 164 Abs. 1 BGB. Eine ausdrückliche Erklärung dürfte selten sein. Ob sich das Stellvertretungsverhältnis stets aus den Umständen ergibt (vgl. § 164 Abs. 1 S. 2 BGB), erscheint zweifelhaft[3006]. Dies ist insbesondere dort der Fall, wo die Ermittler ihre Unabhängigkeit gegenüber dem Unternehmen propagieren[3007]. Also besonders bei durch die SEC initiierten Ermittlungen[3008].

Die Offenkundigkeitsproblematik soll durch das Konstrukt einer Ermächtigung analog § 185 BGB zur Ausübung des Direktionsrechts vermieden werden[3009]. Die Zulässigkeit einer solchen Ermächtigung ergibt sich a maiore ad minus aus der Zulässigkeit der Abtretung[3010]. Bedenken bezüglich einer etwaigen Umgehung

---

2999 *Böhm*, Non-Compliance, S. 192.

3000 *Grimm/Freh* KSzW 2012, 88 (89); *Theile* StV 2011, 381 (384); *Wewerka*, Internal Investigations, S. 237; *Göpfert/Merten/C. Siegrist* NJW 2008, 1703 (1706).

3001 *Rödiger*, Strafverfolgung, S. 262; *Böhm*, Non-Compliance, S. 193.

3002 *Lützeler/Müller-Sartori* CCZ 2011, 19 (22).

3003 Teilweise wird mangels Willenserklärungscharakters einzelner Weisungen eine Analogie für erforderlich gehalten, s. *Böhm*, Non-Compliance, S. 193 mwN.

3004 *Rödiger*, Strafverfolgung, S. 263.

3005 *Böhm*, Non-Compliance, S. 193; hiergegen *Rödiger*, Strafverfolgung, S. 263, die darauf hinweist, dass jedenfalls im Fall „Siemens" die Anforderungen erfüllt wurden.

3006 Nach *Rödiger*, Strafverfolgung, S. 262 genüge der Hinweis, im Auftrag des Aufsichtsrats tätig zu sein, für die Offenlegung eines Stellvertretungsverhältnisses gegenüber der AG.

3007 *Böhm*, Non-Compliance, S. 193 f.; *Jahn* StV 2009, 41 (44).

3008 Nach *Rödiger*, Strafverfolgung, S. 263, seien im Fall „Siemens" die Anforderungen erfüllt worden und die Offenlegung eines Vertretungsverhältnisses noch keine Verletzung der von der SEC geforderten Unabhängigkeit.

3009 *Böhm*, Non-Compliance, S. 196.

3010 *Böhm*, Non-Compliance, S. 196; *Reinsch*, Das Rechtsverhältnis, S. 55; *Windbichler*, Arbeitsrecht im Konzern, S. 84 f.; *Rödiger*, Strafverfolgung, S. 263. von der Zulässigkeit geht auch BAG, *Urt.* v. 8.8.1958 – 4 AZR 173/55 , juris, Rn. 38 aus.

des Stellvertretungsrechts bestehen nicht. Die Ermächtigung ist der Vollmacht systematisch und funktionell verwandt[3011]. Der Unterschied liegt in der Verpflichtung zur Offenlegung der Stellvertretung, § 164 Abs. 1 BGB. Dieses Offenkundigkeitsprinzip schützt vor allem das Interesse des Vertragspartners, Kenntnis von der Person des Schuldners zu haben[3012]. Dieser Schutzzweck ist jedoch nur dort berührt, wo der Vertreter eine Verpflichtungserklärung abgibt[3013]. Ist dies – wie hier – nicht der Fall, droht keine Umgehung des Offenkundigkeitsprinzips[3014]. Es bestehen daher keine Bedenken, im Wege der Ermächtigung statt in dem der Stellvertretung vorzugehen[3015]. Die Ermächtigung ist ohne Zustimmung des Arbeitnehmers möglich, da dieser hierdurch nicht belastet wird: ihm werden keine zusätzlichen Pflichten auferlegt, sondern es erweitert sich lediglich der Kreis der ausübungsberechtigten Personen[3016]. Es kann jedoch zweckmäßig sein, den Arbeitnehmer über die Ermächtigung und ihren Umfang aufzuklären[3017]. Der Arbeitnehmer kann dies auch analog 182 Abs. 3, 111 BGB erzwingen[3018]. Soweit entsprechend vorgegangen wird und damit auch die Geltendmachung „im eigenen Namen" nicht ohne Offenlegung der vom Arbeitgeber abgeleiteten Legitimation auskommt, dürfte regelmäßig zugleich das Offenkundigkeitsprinzip gewahrt sein. Die geltend gemachte größere Distanz der Ermittler gegenüber dem Arbeitgeber lässt sich zwar darauf stützen, dass die Ermächtigung anders als die Stellvertretung im Interesse des Ermächtigten erteilt wird[3019], in praxi dürften die Auswirkungen jedoch derart marginal sein, dass es regelmäßig nicht darauf ankommt, welches Rechtsinstitut bemüht wird. Im Ergebnis ist eine Ausübung des Weisungsrechts durch Externe jedenfalls möglich.

bb. Hinreichender Zwangscharakter

Besteht somit eine arbeitsvertragliche Auskunftspflicht, fragt sich, ob hiermit ein hinreichender Auskunftszwang i.S.d. nemo-tenetur-Grundsatzes begründet ist.

3011 BGH NJW 1998, 896 (897).

3012 Nach h.M. daneben auch Schutz des Rechtsverkehrs im Allgemeinen, *Valentin* in BeckOK-BGB § 164 Rn. 17 mwN.

3013 Eine „Verpflichtungsermächtigung" ist daher nach allgemeiner Ansicht unzulässig, *Trautwein* in JurisPK-BGB § 185 Rn. 49.

3014 *Böhm*, Non-Compliance, S. 196; *Krebber*, Arbeitsabläufe, S. 164.

3015 *Böhm*, Non-Compliance, S. 196; *Rödiger*, Strafverfolgung, S. 262 f.; *Krebber*, Arbeitsabläufe, S. 163 f.; vgl. BGH NJW 1998, 896 (897).

3016 *Böhm*, Non-Compliance, S. 197; *Rödiger*, Strafverfolgung, S. 263; *Krebber*, Arbeitsabläufe, S. 162.

3017 *Böhm*, Non-Compliance, S. 196.

3018 *Böhm*, Non-Compliance, S. 196.

3019 *Birk*, Leitungsmacht, S. 187.

(i) Privatvertragliche Auskunftspflicht

Von den im Zusammenhang mit dem Gemeinschuldner-Beschluss regelmäßig diskutierten Auskunftspflichten unterscheidet sich der arbeitsvertragliche Auskunftsanspruch durch die Form seiner Begründung. Seine Rechtsgrundlage ist der Arbeitsvertrag[3020]. Die gesetzliche Normierung in § 666 BGB macht ihn nicht etwa zu einer gesetzlichen Auskunftspflicht[3021].

Das erforderliche Moment staatlicher Zwangsausübung ließe sich allerdings begründen, indem man darauf abstellt, dass der Anspruch im Zwangsvollstreckungsverfahren vollstreckt werden könnte. Dies könnte den Einwand, die Selbstbelastungsfreiheit sei auf rein private Zwangskonstellationen unanwendbar, weitgehend entkräften. Die Auskunftspflicht wäre dann mit *staatlichem* Zwang durchsetzbar[3022].

Hiermit wird freilich vorausgesetzt, dass der arbeitsvertragliche Auskunftsanspruch vollstreckbar ist. Ein Teil der Lehre macht geltend, dem stehe § 888 Abs. 3 ZPO entgegen, wonach Dienste aus einem Dienstvertrag nicht vollstreckbar sind[3023]. Dem wird jedoch zu Recht entgegengehalten, § 888 Abs. 3 ZPO erfasse nur die Hauptleistungspflicht, als Nebenpflicht bleibe die Auskunftspflicht daher vollstreckbar[3024]. Für eine derartige Auslegung spricht bereits der Wortlaut der Vorschrift: Die Formulierung „Leistung von Diensten aus dem Dienstvertrag" macht klar, dass nicht alle Pflichten aus dem Dienstvertrag umfasst sind, und legt eine Beschränkung auf die Hauptleistungspflicht nahe, da allein diese in dem „Leisten von Diensten" besteht[3025]. Auch die ratio legis der Vorschrift, die in dem höchstpersönlichen Charakter der Leistung liegt[3026], greift bei Auskunftspflichten nicht.

Einige Literaturstimmen leiten die Unzulässigkeit der Zwangsvollstreckung auch unmittelbar aus dem nemo-tenetur-Satz ab[3027]. Die Möglichkeit eines Zwangsmittelverzichts zur Vermeidung des nemo-tenetur-Verstoßes wurde bereits im

3020 *Knauer/Buhlmann* AnwBl 2010, 387 (38); *B. Kruse*, Compliance und Rechtsstaat, S. 203.

3021 *Knauer/Buhlmann* AnwBl 2010, 387 (38); *Zapfe*, Compliance, S. 157.

3022 So auch *Rödiger*, Strafverfolgung, S. 277; vgl. *Zapfe*, Compliance, S. 154, 156, der aufgrund der Erzwingbarkeit einen hinreichenden Aussagezwang bejaht, dann aber zusätzlich eine staatliche Zurechnung fordert (aaO. 156 ff., 188) und somit Auswirkungen des nemo-tenetur-Grundsatzes – zu Unrecht – nur in funktional staatlichen Befragungen anerkennt.

3023 *Wewerka*, Internal Investigations, S. 240; *Rieble* ZIP 2003, 1273 (1279); *Anders* wistra 2014, 329 (331).

3024 *Böhm* WM 2009, 1923 (1924); *Bittmann/Molkenbur* wistra 2009, 373 (375 Fn. 27); *Bittmann* in Rotsch, Criminal Compliance, § 34 B. Rn. 142 Fn. 49; *Rödiger*, Strafverfolgung, S. 276; *B. Kruse*, Compliance und Rechtsstaat, S. 150.

3025 *Böhm*, Non-Compliance, S. 156 f.

3026 *M. Stürner* in BeckOK-ZPO § 888 Rn. 8.

3027 *Gerst* CCZ 2012, 1 (3); *Raum* StraFo 2012, 395 (397).

Zusammenhang mit § 393 Abs. 1 S. 2 AO erörtert[3028]. Ebenso wie ein Auskunftsverweigerungsrecht würde ein solches jedoch eine Lösung zulasten des privaten Vertragspartners bedeuten, die sich mangels Drittwirkung des nemo-tenetur-Satzes nur schwer rechtfertigen lassen wird. In solchen Konstellationen ist stets das Verwertungsverbot die näherliegende Lösung[3029]. Die Auskunftspflicht ist vollsteckbar.

Trotz Möglichkeit der zwangsvollstreckungsrechtlichen Durchsetzung wird die notwendige staatliche Qualität des Aussagezwangs verneint. Dass der Staat ein Instrumentarium an Zwangsmitteln zur Verfügung stelle, ändere nichts am privatrechtlichen Charakter des Konflikts[3030]. Dies mag richtig sein, begründet allerdings nicht die Unvergleichbarkeit mit der Konstellation des Gemeinschuldners. Auch die Auskunftspflicht des Gemeinschuldners ist ursprünglich im privaten Interesse begründet[3031]. Auch bei Vorschriften des Immaterialgüterrechts, die in Anlehnung an den Gemeinschuldner-Beschluss mit einem Verwertungsverbot versehen wurden[3032], handelt es sich um private Auskunftsinteressen, die lediglich in einem öffentlich-rechtlichen Verfahren durchgesetzt werden.

Dass der Staat, der ein Verfahren zur Verfügung stellt, zugleich in die Pflicht genommen wird, gewisse Gerechtigkeitsstandards zu wahren, liegt in der Natur der Sache und kann nicht als Argument gegen den materiell privaten Charakter des Auskunftsinteresse angeführt werden[3033]. Es soll gar nicht bestritten werden, dass das Verfahren auch öffentliche Interessen berührt. Anderenfalls würde kaum ein staatliches Verfahren zur Verfügung gestellt werden. Dies ändert allerdings nichts an der privaten Natur der im Konflikt stehenden Interessen.

Dass der Staat Zwangsmittel zur Lösung eines privaten Konflikts bereitstellt, reicht also durchaus, um die Einschlägigkeit des nemo-tenetur-Grundsatzes zu begründen. Gerade für das – dem Insolvenzverfahren verwandte – Zwangsvollstreckungsrecht wurden daher frühzeitig und widerspruchslos die Wertungen des Gemeinschuldner-Beschlusses auf § 807 a.F. ZPO übertragen[3034]. Entsprechendes

3028 E. II. 2. b.

3029 Hierzu bereits E. III. 2. a. aa. und ausführlich F. III. 2. f.

3030 *Momsen/Grützner* DB 2011, 1792 (1795); *Momsen* ZIS 2011, 508 (513); *Grützner* in Momsen/Grützner, Wirtschaftsstrafrecht, Kap. 4, Rn. 358; so wohl auch *Rogall* in SK-StPO Vor §§ 133 Rn. 140, ähnlich *Wimmer* in I. Roxin-FS, S. 537 (549): lediglich die Folge des freiwilligen Vertragsschlusses; ebenso *Zapfe*, Compliance, S. 184; *Fritz/Nolden* CCZ 2010, 170 (175), die darauf abstellen, dass der Arbeitgeber anders als das Insolvenzgericht keine Möglichkeit zur Ausübung von Zwang habe, sondern seinen Auskunftsanspruch lediglich im Zivilprozess durchsetzen könne; a.A. *Anders* wistra 2014, 329 (331).

3031 *Bittmann* in Rotsch, Criminal Compliance, § 34 B. Rn. 148.

3032 § 101 Abs. 8 UrhG, § 140b Abs. 8 PatG, § 24b Abs. 8 GebrMG, § 19 Abs. 8 MarkenG, § 46 Abs. 8 DesignG, § 37 Abs. 8 SortSchG, § 9 Abs. 2 HalblSchG; S.o. E. III. 2. a. aa.

3033 So aber *Anders* wistra 2014, 329 (331).

3034 BGH NStZ 1991, 338 (339); s. hierzu oben E. III. 2. a. bb. (ii).

muss auch für Zwangsvollstreckungsmaßnahmen nach § 888 Abs. 1 ZPO gelten. Dass der Hilfsanspruch gesetzlich normiert ist, während der Hauptanspruch ursprünglich privatvertraglich begründet wurde, kann bei wertender Betrachtung keinen Unterschied machen. Eine Kammer des BVerfG hat in einem Nichtannahmebeschluss das Erfordernis eines Verwertungsverbots unter Berufung auf die Gemeinschuldner-Entscheidung angedeutet, mangels Entscheidungserheblichkeit aber offen gelassen[3035].

Eine entsprechende Situation besteht für den materiell privatrechtlichen Auskunftsanspruch also jedenfalls dann, wenn er gerichtlich festgestellt wurde und im Wege der Zwangsvollstreckung vollstreckt wird[3036].

Nun wird die Unternehmungsleitung im Rahmen von internen Untersuchungen aber regelmäßig nicht den Weg beschreiten, die Auskunftspflicht des Arbeitnehmers gerichtlich durchzusetzen[3037]. Es wird vielmehr so vorgegangen, dass dem Arbeitnehmer das Bestehen der Auskunftspflicht vor Augen geführt und für den Fall der Pflichtverletzung arbeitsrechtliche Konsequenzen, wie Lohnkürzung, Schadensersatz und Kündigung in Aussicht gestellt werden. Will man nicht dieses Inaussichtstellen arbeitsvertraglicher Instrumente genügen lassen, um die erforderliche Zwangswirkung zu begründen (dazu unten F. II. 2. e. cc.), fragt sich, ob die bloße Vollstreckbarkeit des Anspruchs ausreicht, ohne dass der Weg der gerichtlichen Durchsetzung beschritten werden muss[3038].

Diese Frage stellt sich regelmäßig schon im Zusammenhang mit außerstrafprozessualen Auskunftspflichten gegenüber staatlichen Institutionen. Zu Recht geht man hier überwiegend davon aus, dass die grundsätzliche Zwangsmittelbewehrtheit der Pflicht ausreicht und es nicht darauf ankommen kann, ob diese Zwangsmittel auch im konkreten Fall zum Einsatz gekommen sind[3039]. Es besteht kein Anlass, den Adressaten, der in Kenntnis des möglichen Zwangsmitteleinsatzes der Pflicht nachkommt, anders zu behandeln, als den der erst unter dem Eindruck des

---

3035 BVerfG *Beschl.*v. 9.5.2004 – 2 BvR 480/04.

3036 *Kölbel*, Selbstbelastungspflichten, S. 70.

3037 DAI, Praxisleitfaden, S. 98; *Göpfert/Merten/C. Siegrist* NJW 2008, 1703 (1709); *Dann* CCZ 2010, 239 (240); *Grützner* in Momsen/Grützner, Wirtschaftsstrafrecht, Kap. 4 Rn. 379; *Minoggio* in StRR Wirtschaftsstrafrecht, Kap. 15 Rn. 107: „Anfängerfehler".

3038 So *Minoggio* in StRR Wirtschaftsstrafrecht, Kap. 15 Fn. 229; *Kottek*, Die Kooperation, S. 118; vgl. auch *Bittmann* in Rotsch, Criminal Compliance, § 34 B. Rn. 143, nach dem der Umstand, dass in der Praxis der Rechtsweg nicht beschritten wird, keine normative Bedeutung zukomme.

3039 *Minoggio*, Firmenverteidigung, Rn. 1271; *Besson*, Steuergeheimnis, S. 88 f.; *B. Kruse*, Compliance und Rechtsstaat, S. 204; a.A. *Rüster* wistra 1988, 49 (52); nach BVerfG wistra 2010, 341 (344) soll dem Unterschied zwischen bloßer Erzwingbarkeit und tatsächlicher Erzwingung allerdings Relevanz für die Schwere des Grundrechteingriffs und damit für die Frage der Fernwirkung zukommen. Dem ist zu widersprechen. Dies privilegiert in gleicher Weise den widerständigen Pflichtigen; s.o. C. V.

Zwangsmitteleinsatzes nachgibt[3040]. Im Gegenteil, die Gegenansicht führte zu dem widersinnigen Ergebnis, dem Auskunftspflichtigen dazu zu raten, den Einsatz von Zwangsmitteln abzuwarten, um das strafprozessuale Verwertungsverbot herbeizuführen. In derartigen Konstellationen kann es also stets nur darauf ankommen, ob die Auskunft erzwingbar ist, nicht ob sie auch erzwungen wurde. Die Vollstreckbarkeit genügt hier, um den nemo-tenetur-Verstoß zu begründen. Dieses Ergebnis lässt sich aber jedenfalls nicht unbesehen auf die Konstellation interner Untersuchungen übertragen. Die Vergleichbarkeit mit Auskunftspflichten gegenüber staatlichen Institutionen wurde mit der Begründung bejaht, der private Anspruchsinhaber könne sich eines bereitgestellten staatlichen Verfahrens bedienen, um seinen Auskunftsanspruch durchzusetzen. Nachdem diese Erwägung erforderlich war, um den vom nemo-tenetur-Satz vorausgesetzten staatlichen Charakter der Zwangswirkung bejahen zu können, fragt sich nun, inwieweit die bloß abstrakte Möglichkeit, sich des staatlichen Verfahrens zu bedienen, ausreicht, wenn die faktische Durchsetzung stattdessen mit Mitteln erfolgt, die in dem privaten Rechtsverhältnis wurzeln.

Teilweise wird einschränkend auf die Rechtshängigkeit abgestellt[3041]. Materiell-zivilrechtliche Auskunftspflichten stellten erst dann einen nemo-tenetur-relevanten Zwang dar, wenn eine entsprechende Klage rechtshängig sei[3042]. Nachdem es in internal-investigations-Fällen in der Regel nicht zu einer entsprechenden Klage kommt, ließe sich hiernach auch kein Nemo-tenetur-Verstoß bejahen. Dem wird entgegen gehalten, diese Lösung habe zwar den Charme einer klaren Abgrenzung, es ließe sich jedoch nicht begründen, warum dem Betroffenen zuzumuten sei, zwar nicht die Verurteilung, wohl aber die Klageerhebung abzuwarten, um in den Genuss eines Verwertungsverbots zu gelangen[3043]. Dieses Zuwarten sei für den Betroffenen mit erheblichen Kosten und Risiken verbunden[3044]. Dieser Kritik ist zuzustimmen. Die offenbar zugrunde gelegte Vorstellung, der Auskunftsanspruch wandele sich von einem privatrechtlichen zu einem staatlichen, ist unzutreffend[3045]. Es gibt keinen Grund, die Situation vor und nach Klageerhebung unterschiedlich zu behandeln. Vielmehr werden hier, wie in den angesprochenen Konstellationen öffentlich-rechtlicher Auskunftspflichten, widersinnige Ergebnisse provoziert. Den Betroffenen, der einer bestehenden Pflicht nachkommt, ohne es auf die Erzwingung ankommen zu lassen, schlechter zu stellen, lässt sich nicht sinnvoll begründen. Man wird daher für den mit Blick auf den nemo-tenetur-Grundsatz erforderlichen Moment des

3040 *Lüke* in RWS-Kommentar-InsO § 97 Rn. 4a; *Schork* NJW 2007, 2057 (2058).

3041 *Benz*, Selbstbelastungen, S. 109 f.; ähnlich *Böse*, Wirtschaftsaufsicht, S. 446, der auf die Möglichkeit, die Pflicht außerhalb eines staatlichen Verfahrens zu erfüllen, abstellt.

3042 *Benz*, Selbstbelastungen, S. 109 f.; s. auch *Rübenstahl* WiJ 2012, 17 (30), der die Vergleichbarkeit mit der Konstellation des Gemeinschuldner aufgrund der nicht gesicherten zeitnahen Durchsetzbarkeit bezweifelt.

3043 *Rödiger*, Strafverfolgung, S. 280.

3044 *Zapfe*, Compliance, S. 163 Fn. 710.

3045 Vgl. *Anders* wistra 2014, 329 (331).

hoheitlichen Zwangs genügen zu lassen haben, dass die Auskunftspflicht grundsätzlich im Wege der Zwangsvollstreckung durchgesetzt werden kann[3046]. Ob im konkreten Fall bereits ein derartiges Verfahren eingeleitet oder auch nur Schritte in diese Richtung unternommen wurden, ist unerheblich[3047].

(ii) Freiverantwortliche Übernahme einer Selbstbelastungspflicht

Befürworter einer vollen Verwertbarkeit halten der Annahme eines Verwertungsverbots entgegen, der nemo-tenetur-Grundsatz könne dort nicht greifen, wo der Betroffene die Selbstbelastungspflicht freiverantwortlich übernommen habe[3048]. Auch das BVerfG hat in seinem Gemeinschuldner-Beschluss die Besonderheiten von Auskunftspflichten betont, die „zu einem Pflichtenkreis gehören, den die Auskunftsperson durch eigenen Willensentschluss übernommen hat"[3049]. Dennoch lassen sich die vorgetragenen Argumente nicht auf die BVerfG-Rechtsprechung stützen. Zum einen nennt das BVerfG als Beispiel für derartige, aus einem freiwillig übernommenen Pflichtenkreis entstammende, Auskunftspflichten gleichermaßen solche gesetzlicher wie rechtsgeschäftlicher Natur[3050]. Es unterscheidet also ganz offensichtlich nicht danach, ob die Auskunftspflicht durch Vertrag oder Gesetz begründet wurde[3051]. Des Weiteren dient der Aspekt der Übernahme eines besonderen Pflichtenkreises dem Gericht dazu, zu begründen, warum die Auskunftspflicht uneingeschränkt fortbesteht und nicht etwa aufgrund der Selbstbelastungsgefahr eingeschränkt wird. Bei den sich anschließenden Ausführungen zum Beweisverwertungsverbot bleibt dieser Gedanke dann auch unerwähnt, obwohl das BVerfG den Entstehungsgrund der Aussagepflicht des Gemeinschuldners in dem „besonderen Pflichtenverhältnis" sieht[3052]. Wie dargestellt, geht das Gericht von einem abwägungsfesten Schutz vor Selbstbelastung nur aus, wenn die Verwertung der Angaben im Strafverfahren zu besorgen ist[3053]. Ist diese ausgeschaltet, ist eine Abwägung mit dem widerstreitenden Auskunftsinteresse zulässig. Im Rahmen dieser Abwägung kann es nun in der

---

3046 *Rödiger*, Strafverfolgung, S. 277; *Minoggio* in StRR Wirtschaftsstrafrecht, Kap. 15 Fn. 229; *Kottek*, Die Kooperation, S. 118; wohl auch *Kölbel*, Selbstbelastungsfreiheiten, S. 70 Fn. 219.

3047 Im Ergebnis ebenso *Dann/Schmidt* NJW 2009, 1851 (1855), die dieses Ergebnis allerdings mit der Drittwirkung der Grundrechte begründen.

3048 LG Hamburg NZWiSt 2012, 26 (28); *Wimmer* in I. Roxin-FS, S. 537 (549); für eine uneingeschränkte Verwertbarkeit in internal investigations-Fällen auch: *Moldenhauer* in Momsen/Grützner, Wirtschaftsstrafrecht, Kapitel 3, B., Rn. 35; *Wessing* in DAV-FS, S. 907 (923); *Gädigk* in Internal Investigations, Kap. 18 Rn. 29; *Schuster* NZWiSt 2012, 28 (30).

3049 BVerfG 56, 37 (45 f.).

3050 S. BVerfGE 56, 37 (45 f.).

3051 *Rübenstahl* WiJ 2012, 17 (29); *Kasiske* NZWiSt 2014, 262 (266); v. *Galen* NJW 2011, 945

3052 BVerfG 56, 37 (48).

3053 S.o. E. I. 2.

Tat eine entscheidende Rolle spielen, ob die Auskunftspflicht aus einer besonderen Pflichtenstellung erwächst[3054]. Auch scheint es naheliegend, diese Pflicht dort weiter gehen zu lassen, wo der Pflichtige sie freiwillig übernommen hat. Die Zulässigkeit der Abwägung setzt aber gerade voraus, dass die Gefahr der strafrechtlichen Verwertung – qua Verwertungsverbot – ausgeschaltet ist. Ist dies nicht der Fall, bewegt man sich im sakrosankten Bereich des nemo-tenetur-Grundsatzes. Dieser wird allein durch die Elemente des Aussagezwangs und der strafprozessualen Verwertung konstituiert. Auf den Entstehungsgrund der Auskunftspflicht kommt es hier nicht an. Dieser kann allein im Rahmen einer hier nicht zulässigen Abwägung eine Rolle spielen. Der Aspekt der freiwilligen Übernahme einer Pflichtenstellung kann daher der Annahme eines Zeugnisverweigerungsrechts entgegenstehen, nicht aber der eines Beweisverwertungsverbots.

Die Argumentation mit der Pflichtenübernahme passt auch nur bezüglich der Auskunftspflicht. Es ist selbstverständlich, dass mit der Eingehung einer besonderen Pflichten- und Treuebeziehung erhöhte gegenseitige Auskunftspflichten einhergehen und Geheimhaltungsinteressen nicht im gleichen Maße schutzwürdig sind wie im Verhältnis zu einem Dritten. Fernliegend ist es hingegen, in der Eingehung einer solchen Beziehung bereits den Verzicht auf strafprozessuale Rechtspositionen sehen zu wollen[3055]. Dies gilt für den für die Lebensführung essentiellen Abschluss eines Arbeitsvertrages ganz besonders[3056].

cc. Faktisch-wirtschaftliche Zwangslage

Will man der hier vertretenen Annahme eines hoheitlichen Aussagezwangs nicht folgen, muss man sich fragen, ob der nemo-tenetur-Grundsatz unter dem Aspekt einer faktischen, wirtschaftlichen Zwangslage betroffen ist. Wie dargestellt, werden dem befragten Arbeitgeber regelmäßig arbeitsrechtliche Konsequenzen wegen des Verstoßes gegen die Auskunftspflicht in Aussicht gestellt. Ungeachtet der teilweise zweifelhaften Zulässigkeit derartiger Maßnahmen[3057], dürfte dies den wesentlichen Teil der „Drohkulisse" der Interviews ausmachen. Der Arbeitnehmer wird sich in seinem Aussageverhalten maßgeblich durch die Angst um seinen Arbeitsplatz

---

3054 Vgl. *Böhm* WM 2009, 1923 (1927); krit. zu dieser Figur *Gallandi* wistra 1987, 127 (128); Man wird jedoch die Pflichtenstellung nicht ihrerseits über das Vorhandensein einer Auskunftspflicht begründen können, ohne sich dem Vorwurf des Zirkelschlusses auszusetzen, s. aber *C. Schröder/Hansen* ZBB 113 (121).

3055 *I. Roxin* StV 2012, 116 (119); *Sidhu/v. Saucken/Ruhmannseder* NJW 2011, 881 (883); *Momsen/Grützner* DB 2011, 1792 (Fn. 30); *B. Kruse*, Compliance und Rechtsstaat, S. 153; *Greco/Caracas* NStZ 2015, 7 (11); *Tscherwinka* in I. Roxin-FS, S. 521 (525).

3056 *I. Roxin* StV 2012, 116 (119); *Kasiske* NZWiSt 2014, 262 (267); *Wehnert* StraFo 2012, 253 (257); s. auch *Fritz* CCZ 2011, 155 (159).

3057 *Rieble* ZIP 2003, 1273 (1279 f.) legt überzeugend dar, dass die rechtsirrige, aber vertretbare Annahme eines Auskunftsverweigerungsrechts der Annahme einer schuldhaften Pflichtverletzung und damit der Zulässigkeit der meisten Maßnahmen entgegensteht.

motivieren lassen. Die Möglichkeit, dass die Auskunftspflicht zivilprozessual eingeklagt und vollstreckt wird, dürfte demgegenüber eine untergeordnete Rolle spielen. Es stellt sich somit die Frage, ob die Androhung arbeitsrechtlicher Instrumente staatlichen Beugemitteln mit Blick auf die für den nemo-tenetur-Grundsatz erforderliche Zwangswirkung gleichgesetzt werden können[3058]. Hiermit ist die bereits in anderem Zusammenhang erörterte Frage aufgeworfen, ob der nemo-tenetur-Grundsatz auch vor faktischem, insbesondere wirtschaftlichem Zwang schützt. Die Erfüllung des einschränkenden Merkmals der Existenzgefährdung liegt bei dem Verlust des Arbeitsplatzes auf der Hand. Wie bereits dargestellt, ist eine solche Gleichstellung nicht möglich[3059]. Privat ausgeübter faktischer Zwang genügt gleich in zweifacher Hinsicht nicht, um die Einschlägigkeit des nemo-tenetur-Grundsatzes auszulösen. Zunächst ist der Grundsatz strikt staatsgebunden und kann daher durch private Verhaltensweisen nicht berührt werden. Des Weiteren stellt faktischer Druck keinen hinreichenden Aussagezwang i.S.d. Grundsatzes dar. Zwischen rechtlicher Zwangswirkung und faktischem Druck besteht nicht nur ein gradueller, sondern ein prinzipieller Unterschied[3060]. Die Einschlägigkeit des nemo-tenetur-Grundsatzes kann eine solche Drucksituation nicht auslösen. Es fehlt an dem schutzbereichsrelevanten Moment der Autonomienegierung. Dieses verlangt nach der Beseitigung von Entscheidungsspielraum. Dort wo der Betroffene sich der Situation entziehen kann, wird er gerade nicht im Sinne der gegen ihn gerichteten Verfahrenszielbestimmung instrumentalisiert. Bloße Obliegenheiten, die erzwingbar sind, sondern deren Nichterfüllung lediglich Nachteile nach sich zieht, stellen daher keine hinreichende Zwangswirkung dar. Allein die arbeitsrechtlichen Repressalien genügen somit nicht, um der vertraglichen Auskunftspflicht den Charakter eines Aussagezwangs i.S.d. nemo-tenetur-Grundsatzes zu verleihen.

Mit Blick auf den nemo-tenetur-Grundsatz ist das entscheidende Moment vielmehr die rechtliche Erzwingbarkeit der Pflicht, mag diese auch in der Praxis in den Hintergrund treten[3061].

3058 In diese Richtung *Reeb*, Internal Investigations, S. 103; *Kasiske* NZWiSt 2014, 262 (266); *Böhm* WM 2009, 1923 (1928); *Kottek* DAJV-NEWSLETTER 2013, 101 (103); a.A. *Spehl/Grützner* in Corporate internal investigations, § 6 Rn. 119; *Jahn* StV 2009, 41 (44); *Zapfe*, Compliance, S. 155; *Schuster* NZWiSt 2012, 28 (30).

3059 S. zum Folgenden bereits oben E II. 3. a.

3060 S.o. E. II. 3.; dies verkennen *Greco/Caracas* NStZ 2015, 7 (11) wenn sie den Verlust des Arbeitsplatzes mit den Zwangsmitteln nach § 70 StPO vergleichen.

3061 A.A. *Greco/Caracas* NStZ 2015, 7 (9 ff.), die allein auf den faktischen Zwang abstellen und die rechtliche Auskunftspflicht nicht für geeignet ansehen, den Schutz des Grundsatzes auszulösen.

f. Übertragung der Gemeinschuldner-Grundsätze: Beweisverwertungsverbot oder Auskunftsverweigerungsrecht?

Steht somit die Einschlägigkeit des nemo-tenetur-Grundsatzes fest, liegt es nahe, die Konstellationen entsprechend den Fallgestaltungen außerstrafprozessualer Auskunftspflichten zu lösen (s.o. E.).

In der Literatur finden sich zahlreiche Stimmen, die ein Verwertungsverbot in Übertragung der Grundsätze der Gemeinschuldner-Rechtsprechung bzw. analog § 97 InsO befürworten[3062]. Auch das LAG Hamm geht von einem strafprozessualen Verwertungsverbot aus[3063]. Von anderer Seite wird dafür eingetreten, gerade aufgrund der Betroffenheit des Grundsatzes bereits eine Auskunftspflicht zu verneinen[3064]. Ebenso treten die BRAK-Thesen für ein Modell zur Lösung des Konflikts mit strafprozessualen Grundsätzen ein, das bereits auf der Ebene der Auskunftserlangung ansetzt.

Dieser Streit entspricht der als Gemeinschuldner-Mechanismus bezeichneten Wirkungsweise des nemo-tenetur-Grundsatzes: Seine Verletzung kommt durch Zusammenwirken von Auskunftszwang und strafprozessualer Nutzung zustande. Um einen Verstoß gegen den Grundsatz zu vermeiden, ist es daher notwendig, aber auch ausreichend, eines der beiden Elemente auszuschalten[3065].

Die Lösung über ein Auskunftsverweigerungsrecht steht allerdings vor dem Problem, dass ein solches eine Beschneidung der Rechte des Arbeitgebers bedeutet[3066]. Dies erscheint schwer zu rechtfertigen.

Wie beim Gemeinschuldner ist eine getrennte Betrachtung der Verfahren vorzunehmen. Isoliert betrachtet, handelt es sich bei der durch das Unternehmensinteresse motivierten Untersuchung unternehmensinterner Vorgänge um einen

---

3062 *MInoggio* in StRR Wirtschaftsstrafrecht, Kap. 15 Rn. 144; *Neuhaus* in Die Finanzkrise, S. 348 (359 f.); *Rödiger*, Strafverfolgung, S. 304; *Dann* CCZ 2010, 239 (240); *Kottek*, die Kooperation, S. 121 ff.; *I. Roxin* StV 2012, 116 (119); *Theile* StV 2011, 381 (385); *de Vries* in Arbeitsstrafrecht, § 4 Rn. 61 ff.; *Rust/Abel* ZWeR 2012, 521 (530); *Kasiske* NZWiSt 204, 262 (267); *Bittmann* in Rotsch, Criminal Compliance, § 34 B. Rn. 146 ff.; *Böhm* WM 2009, 1923 (1026); *Kirsch* in Unternehmensstrafrecht, S. 361 (367); *Wehnert* StraFo 2012, 253 (257); *Bock/Gerhold* in Internal Investigations, Kap. 5 Rn. 41; *Fritz* CCZ 2011, 155 (159); *v. Galen* NJW 2011, 945; *Sarhan* wistra 2015, 449 (451 f.); *Maschmann* AuA 2009, 72 (76) für präventive Untersuchungen, s. hierzu bereits Fn. 2936.

3063 LAG Hamm CCZ 2010, 237 (239); vgl. auch bereits ArbG Saarlous ZIP 1984, 364 (365); die Bedeutung der Entscheidung des LAG Hamm für interne Ermittlungen ist allerdings umstritten, s. *Dann* CCZ 2010, 239 (239 f.) einerseits und *Kottek*, die Kooperation, S. 123 andererseits. Das OLG Karlsruhe NStZ 1989, 287 hatte bereits das Bestehen einer Auskunftspflicht verneint und sich daher konsequent gegen ein Beweisverwertungsverbot ausgesprochen,

3064 S.o. *U. Schneider* NZG 2010, 1201 (1204); *Dann/Schmidt* NJW 2009, 1851 (1853); *I. Roxin* StV 2012, 116 (121); *W. Bauer* StV 2012,488 (488 ff.).

3065 S.o. E. I. 4.

3066 *Bock/Gerhold* in Internal Investigations, Kap. 5 Rn. 41.

rein privatrechtlichen Sachverhalt[3067]. Von einem sich eventuell anschließenden Strafverfahren ist dieser strikt zu trennen[3068].

Das Verhältnis zwischen Arbeitgeber und Arbeitnehmer hat sich nach Arbeitsrecht zu richten[3069]. Wie die breite Ablehnung eines Auskunftsverweigerungsrechts für potentiell selbstinkriminierende Angaben[3070] zeigt, sind bei isolierter Betrachtung die Interessen des Arbeitgebers vorrangig. Insbesondere im Bereich des Auskunftsanspruchs aus § 666 BGB lässt sich eine Relativierung des Anspruchs für potentiell inkriminierende Angaben nicht begründen. Der Anspruch würde seiner Funktion beraubt[3071]. Doch auch im Bereich des allgemeinen Auskunftsanspruchs aus § 242 BGB vermag die Annahme eines Auskunftsverweigerungsrechts nicht zu überzeugen. Zwar ist mit der den Anspruch konstituierenden Interessenabwägung der dogmatische Weg zur Beachtung der Selbstbelastungsfreiheit frei, es ist jedoch zu beachten, dass der Arbeitgeber als Privatperson gerade nicht Adressat des nemo-tenetur-Grundsatzes ist. Der Grundsatz gilt im Arbeitsrecht nicht unmittelbar, sondern nur in Form des Flankenschutzes mit Blick auf das Strafverfahren. Ihn dennoch in die Interessenabwägung einzustellen und damit per se oder jedenfalls im Einzelfall ein Überwiegen der Arbeitnehmerinteressen zu begründen, hieße den Arbeitgeber für einen strafprozessualen Grundsatz in die Pflicht zu nehmen. Letztlich führte der Grundsatz, obwohl er im Arbeitsverhältnis gerade keine Geltung beanspruchen kann, so doch zu einer Schwächung der Rechtsposition des Arbeitgebers. Dies lässt sich jedenfalls solange nicht rechtfertigen, wie mit einem Verwertungsverbot ein Lösungsmodell bereit steht, das ohne Beeinträchtigung der Rechtsposition des Arbeitgebers auskommt[3072].

Die strafprozessualen Interessen kommen erst mit der Weiterleitung an die Strafverfolgungsbehörden ins Spiel. Es erscheint daher auch überzeugender an dieser Stelle anzusetzen und die Verletzung des nemo-tenetur-Grundsatzes durch ein Verwertungsverbot zu vermeiden[3073]. Da die Strafverfolgungsorgane Adressaten strafprozessualer Grundsätze sind, erscheint es auch normativ richtig, dass sie „Leidtragende“ der Einschlägigkeit des nemo-tenetur-Grundsatzes sind. Den Arbeitnehmer, gegenüber dem der Grundsatz nicht gilt, für dessen Schutz in die Pflicht zu nehmen, indem sein Auskunftsanspruch gekürzt wird, überzeugt hingegen nicht. Die Annahme eines Verwertungsverbots entspricht auch der gesetzgeberischen Vorgehensweise, im Fall privater Auskunftsinteressen diese regelmäßig

---

3067 *Momsen* ZIS 2011, 508 (513); *Montiel* in Compliance und Strafrecht, S. 185 (193).

3068 *Knauer* ZWH 2012, 41 (47): „zwei Paar Stiefel“; *Rödiger*, Strafverfolgung, S. 249.

3069 *Rödiger*, Strafverfolgung, S. 249; *Zimmermann* in Kapitalmarktstrafrecht, 12. Teil, Rn. 34.

3070 Zum arbeitsrechtlichen Meinungsstand s.o. F. III. 2. e. aa. (i) β).

3071 S.o. F. III. 2. e. aa. (i) α).

3072 Vgl. *Bock/Gerhold* in Internal Investigations, Kap. 5 Rn. 41.

3073 Vgl. *Rübenstahl* WiJ 2012, 17 (22 f.); *Wewerka*, Internal Investigations, S. 245.

als vorrangig anzusehen und daher statt zu einem Verweigerungsrecht zu einem Verwertungsverbot zu greifen[3074].

Gegen eine solche Sichtweise wird eingewandt, die Gemeinschuldner-Grundsätze passten aufgrund der andersgearteten Motivations- und Interessenlagen nicht[3075]. Die Gemeinschuldner-Lösung beruhe darauf, dass die insolvenzrechtliche Auskunftspflicht allein im zivilrechtlichen Interesse bestehe, das strafprozessuale Verwertungsinteresse trete erst später hinzu[3076]. Nur aus diesem Grund sei es möglich, die Zulässigkeit dieser Auskunftspflicht von der Frage der strafprozessualen Verwertbarkeit zu trennen[3077]. Dies sei bei internen Ermittlungen anders. Hier sei bereits der Akt der Informationsgewinnung mittelbar strafprozessual motiviert[3078]. Es gehe regelmäßig darum, eine Art Aufklärungshilfe für Strafverfolgungsbehörden zu leisten, rein arbeitsrechtlich motiviert seien interne Ermittlungen nur in Ausnahmefällen[3079]. Der für den Gemeinschuldner eingeschlagene Lösungsweg einer Zweiteilung zwischen Zulässigkeit der Auskunftspflicht und Verwertbarkeit ließe sich nicht auf interne Ermittlungen übertragen, da hier strafprozessuale Interessen bereits auf der ersten Ebene eine Rolle spielten[3080]. Eine Lösung des Interessenkonflikts müsste daher bereits auf der Ebene der Informationsgewinnung ansetzen[3081]. Strafprozessuale Grundsätze müsste bereits auf diese Ebene durchschlagen[3082].

Diese Auffassung erscheint zunächst zu pauschalisierend. Interne Ermittlungen können einer Vielzahl von Motivationen folgen[3083]. Sie sind keineswegs darauf beschränkt, der Strafverfolgung zu dienen[3084]. Sie erfolgen vielmehr zunächst allein im Eigeninteresse des Unternehmens[3085]. Allein diesem sind die Unternehmensanwälte verpflichtet[3086]. Ob und in welchem Umfang es dem Unternehmensinteresse entspricht, mit den Strafverfolgungsbehörden zu kooperieren, ist eine Frage des

3074 S.o. E. III. 2. a. aa.
3075 *Ignor* CCZ 2011, 143 (143); *Zerbes* ZStW 125 (2013), 551 (559).
3076 *Ignor* CCZ 2011, 143 (143); *Zerbes* ZStW 125 (2013), 551 (559).
3077 *Ignor* CCZ 2011, 143 (143); *Zerbes* ZStW 125 (2013), 551 (559).
3078 *Ignor* CCZ 2011, 143 (143); *Zerbes* ZStW 125 (2013), 551 (559).
3079 *Ignor* CCZ 2011, 143 (143).
3080 *Ignor* CCZ 2011, 143 (143 f.); *Zerbes* ZStW 125 (2013), 551 (559).
3081 *Ignor* CCZ 2011, 143 (144).
3082 *Ignor* CCZ 2011, 143 (144); *Zerbes* ZStW 125 (2013), 551 (559).
3083 *Zimmermann* in Kapitalmarktstrafrecht, 12. Teil, Rn. 32; *Böckemühl* ÖAnwBl 2014, 229 (230): s.o.F. III. 2. a.
3084 *Rübenstahl* WiJ 2012, 17 (19); *Gädigk* in Internal Investigations, Kap. 18 Rn. 24; *Momsen* ZIS 2011, 508 (513).
3085 *Gädigk* in Internal Investigations, Kap. 18 Rn. 24; *Brückner* BB 2010, Nr. 004, 21 (22).
3086 BRAK-These 1; *Leipold* in Schiller-FS, S. 418 (422).

Einzelfalls[3087]. Eine Anzeige- oder Kooperationspflicht gegenüber den Behörden besteht gerade nicht[3088]. Verdachtsmomente zu verheimlichen, ist rechtlich zulässig[3089].

Ein Wille zur bedingungslosen Informationsweitergabe, wie er aufgrund des US-Rechts gegenüber der SEC besteht, dürfte bei nach nationalem Recht zu beurteilenden Sachverhalten jedenfalls nicht den Regelfall bilden. Dies lässt sich schon daraus schließen, dass in der Praxis häufig Beschlagnahmen erforderlich sind[3090]. Die Unternehmensführung wird sich zudem hüten, das Ausmaß der Informationsweitergabe verbindlich festzulegen, solange sie die Ergebnisse der Untersuchung nicht selbst kennt[3091].

Ebenso wenig gerieren sich die privaten Ermittler im Regelfall als Aufklärungsgehilfen der Staatsanwaltschaft. Ist dies ausnahmsweise doch der Fall, erscheint es in der Tat geboten, strafprozessuale Grundsätze bereits auf die Interviews anzuwenden. Dies ergibt sich dann aber aus dem Gedanken der staatlichen Zurechnung. Wie dargelegt, begründet die bloße Intention der späteren Weiterleitung eine solche Zurechnung gerade nicht und ändert so auch nichts an dem privatrechtlichen Charakter des Interviews[3092].

Im Übrigen ist selbst dann, wenn von vornherein eine Weiterleitung der Ermittlungsergebnisse intendiert ist, hiermit nicht belegt, warum ein Verwertungsverbot keinen ausreichenden Schutzmechanismus darstellt. Dieser Lösungsweg trägt dem nemo-tenetur-Grundsatz ebenso Rechnung wie ein Auskunftsverweigerungsrecht. Bedenken gegen die Inkongruenz privater und staatlicher Ermittlungen ergeben sich erst dann, wenn die privaten Ergebnisse staatlich verwertet werden. Schaltet man dieses Moment der staatlichen Verwertung aus, ist kein Grund ersichtlich, die privaten Ermittlungen nicht auch allein nach Privatrecht zu beurteilen. Eine Überforderung der Dichotomie zwischen privatem und hoheitlichem Handeln[3093] steht dann nicht zu befürchten. Ein Verwertungsverbot stellt ein hinreichendes Instrument zur Lösung des Interessenkonflikts dar.

Die dargestellte Ansicht offenbart jedoch die Möglichkeit einer recht pragmatischen Auflösung des Interessenkonflikts. Ein gewisses Potential zur Etablierung einer mittelbar-faktischen Geltung strafprozessualer Prinzipien liegt in der Disziplinierung durch Verwertungsverbote[3094]. Hiermit ist nicht die kontrovers

3087 BRAK-These 1 Nr. 4; *Knauer* ZWH 2012, 41 (48); *Wettner/Mann* DStR 2014, 655 (655).

3088 *Grützner* in Momsen/Grützner, Wirtschaftsstrafrecht, Kap. 4 Rn. 73; *Momsen* in Criminal Compliance vor den Aufgaben der Zukunft, S. 47 (61); *Wettner/Mann* DStR 2014, 655 (655); *Potineck/Block* in Internal Investigations, Kap. 2 Rn. 184.

3089 *Momsen* in Criminal Compliance vor den Aufgaben der Zukunft, S. 47 (61).

3090 *Anders* wistra 2014, 329 (333); s. LG Hamburg NZWiSt 2012, 26; LG Mannheim wistra 2012, 400.

3091 *V. Hehn/Hartung* in HB Compliance-Management, 1.7 Rn. 69.

3092 S.o. F. III. 2. c.

3093 *Greco/Caracas* NStZ2015, 7 (8); *Zerbes* ZStW 2013, 551 (554).

3094 *Mende*, Grenzen, S. 190 f.; Keller in Grünwald-FS, S. 267 (281).

diskutierte Frage gemeint, inwieweit sich Beweisverwertungsverbote aus dem Gesichtspunkt rechtfertigen lassen, dass sie Strafverfolgungsorgane zu prozessordnungsgemäßem Verhalten anhalten, sondern die simple Erkenntnis, dass private Ermittler sich bei der Beweismittelbeschaffung von Beweisverwertungsverboten leiten lassen werden[3095].

Wie richtig erkannt wird, kann das Unternehmen seine mittelbar strafprozessual motivierten Ziele mit unverwertbaren Beweismitteln nicht erreichen[3096]. Wenn es also so ist, dass das Unternehmen die internen Untersuchungen zum Zweck der Unterstützung der Strafverfolgung führt, so hat es damit auch ein eigeständiges Interesse an der Verwertbarkeit. Der Arbeitnehmer hat es in der Hand, auf die Geltendmachung des Auskunftsanspruchs zu verzichten und so den Konflikt mit dem nemo-tenetur-Satz und das Verwertungsverbot zu vermeiden.

Eine breite richterrechtliche Anerkennung von Beweisverwertungsverboten für Interview-Ergebnisse hätte somit zwangsläufig Rückwirkungen auf die Praxis derartiger Befragungen.

Dieses Modell entkräftet zugleich den Vorwurf fehlender Vergleichbarkeit mit der Gemeinschuldner-Konstellation[3097]. Liegt es so, dass die interne Ermittlung mit dem Ziel der Informationsweitergabe erfolgt, haben die privaten Ermittler ein eigenes Interesse an der Verwertbarkeit der produzierten Beweismittel. Verwertungsverbote für bestimmte Interviewpraktiken würden somit im Wege einer faktischen Vorwirkung in das Privatrechtsverhältnis dazu führen, dass Abstand von zivil- und arbeitsrechtlich zulässigen Vorgehensweisen genommen würde[3098]. Sind die internen Untersuchungen hingegen nicht mittelbar strafprozessual motiviert, greift auch der Vorwurf der Unvergleichbarkeit mit dem Gemeinschuldner-Beschluss nicht. Es kann vielmehr wie dort zwischen der Zulässigkeit der arbeitsrechtlichen Auskunftspflicht und der strafprozessualen Verwertbarkeit differenziert werden. In Fällen, in denen das tragende Motiv eben nicht die Kooperation mit den Strafverfolgungsbehörden, sondern die innerbetriebliche Aufklärung ist, wären die Untersuchungsergebnisse somit in der Regel unverwertbar. Da die privaten Ermittler kein zwingendes Interesse haben, verwertbare Beweismittel zu produzieren, besteht für sie kein Anlass, den späteren Konflikt mit dem nemo-tenetur-Satz zu vermeiden. Eine Inpflichtnahme des Arbeitgebers zum Schutz strafprozessualer Interessen lässt sich gerade nicht begründen. Auch der Unternehmensanwalt ist allein dem Unternehmensinteresse verpflichtet[3099] und kann daher außerhalb von Fällen, in denen die prozessuale Verwertbarkeit gerade dem Unternehmensinteresse entspricht, auch nicht für das staatliche Verwertungsinteresse in die Pflicht genommen werden[3100].

3095 vgl. *Wewerka*, Internal Investigations, S. 222; *Kölbel*, Selbstbelastungsfreiheiten, S. 84; *Momsen* in Rotsch, Criminal Compliance, § 34 B. Rn. 41; F. I. 3.

3096 *Ignor* CCZ 2011, 143 (144).

3097 *Ignor* CCZ 2011, 143 (143); *Zerbes* ZStW 125 (2013), 551 (559).

3098 Vgl. *Rübenstahl* WiJ 2012, 17 (20).

3099 BRAK-These 1.

3100 Vgl. *Rübenstahl* WiJ 2012, 17 (20).

Sind die internen Untersuchungen etwa primär durch Schadensabwehr motiviert, ist kein Grund ersichtlich, warum hierzu nicht das zivilrechtlich zulässige Arsenal ausgeschöpft werden dürfte[3101].

Diese Sichtweise bekräftigt zugleich den Charakter der BRAK-Thesen als Selbstbindung[3102]. Dort wo interne Ermittlungen darauf gerichtet sind, einen Beitrag zum Strafverfahren zu leisten, ist das für die Selbstbindung erforderliche Eigeninteresse gegeben[3103]. Die in These 3 (1) behauptete Orientierung an der Verwertbarkeit der Beweismittel, kann nur dann Geltung beanspruchen, wenn sie gerade der gem. These 1 geltenden Verpflichtung gegenüber dem Unternehmensinteresse entspricht[3104].

Die Nicht-Geltung strafprozessualer Standards für rein arbeitsrechtlich motivierte interne Ermittlungen bedeute auch weder einen Freibrief für die Ermittler noch die Schutzlosigkeit des Interviewpartners. Zulässigkeitsschranken ergeben sich hier aus dem materiellen Strafrecht[3105] und aus dem bei internen Ermittlungen stets zu beachtenden Datenschutzrecht[3106]. Einzelne Interview-Praktiken können durchaus in den Bereich einer strafbaren Nötigung (§ 240 StGB) gelangen. Beim bloßen Inaussichtstellen arbeitsrechtlicher Maßnahmen liegt eine solche zwar nicht ohne weiteres vor, beim bewussten Androhen unzulässiger Maßnahmen[3107] ist die Strafbarkeit jedoch ebenso zu bejahen wie bei Inkonnexität der Maßnahme[3108].

Schlussendlich bedeutet ein solches Verwertungsverbot auch keine unangebrachte Beschneidung der strafprozessualen Wahrheitsfindung. Die Auskunftspflicht fußt in dem besonderen Verhältnis zwischen Arbeitgeber und Arbeitnehmer. Gegenüber den Strafverfolgungsbehörden besteht ein derartiges Verhältnis nicht, zu diesen steht der Arbeitnehmer in demselben, gerade durch das Nichtbestehen einer Auskunftspflicht geprägten Beziehung, wie jeder Beschuldigte[3109]. Wie in allen dem Gemeinschuldner vergleichbaren Konstellation geht es darum, zu vermeiden, dass durch das Nebeneinander zweier an unterschiedlichen Interessen ausgerichteter

---

3101 Vgl. *Rübenstahl* WiJ 2012, 17 (20); *B. Kruse*, Compliance und Rechtsstaat, S. 92, 164.

3102 S.o. F. III. 2. d. bb.

3103 Vgl. *Zimmermann* in Kapitalmarktstrafrecht, 12. Teil, Rn. 36, der die Einhaltung der BRAK-Thesen gerade auch zur Sicherstellung der Verwertbarkeit dringend anrät.

3104 Vgl. *Sidhu/v. Saucken/Ruhmannseder* NJW 2011, 881 (882).

3105 Umfassend zu den Strafbarkeitsrisiken *M. Weiß* CCZ 2014, 136 (136 ff.).

3106 *Zerbes* ZStW 125 (2013), 551 (556); *Mansdörfer* jM 2014, 167 (169); zur Bedeutung des Datenschutzrechts vgl. auch *Moosmayer*, Compliance, S. 98.

3107 Das Inaussichtstellen einer zulässigen Maßnahme ist sicherlich nicht verwerflich i.S.d. § 240 Abs. 2 StGB. Da die Annahme eines Aussageverweigerungsrechts rechtlich vertretbar ist, fehlt es aber an einer schuldhaften Pflichtverletzung des Arbeitnehmers und damit an der Zulässigkeit insbesondere einer Kündigung, *Rieble* ZIP 2003, 1273 (1279 f.). Verkennt der Täter dies jedoch, handelt er in einem Erlaubnistatbestandsirrtum (vgl. *Sinn* in MüKo-StGB § 240 Rn. 108).

3108 *Rübenstahl* WiJ 2012, 17 (29).

3109 Vgl. *Rödiger*, Strafverfolgung, S. 278.

Verfahren strafprozessuale Prinzipien umgangen werden. Die Möglichkeit einer Auskunftspflicht im Arbeitsverhältnis beruht gerade auf der Austarierung der spezifisch arbeitsrechtlichen Interessen. Nachdem es in einem dem nemo-tenetur-Grundsatz verschriebenen Strafprozess eine entsprechende Auskunftspflicht gerade nicht geben kann, muss es den Strafverfolgungsbehörden auch verwehrt sein, in Erfüllung derartiger Pflichten gemachte Angaben aus parallelen Verfahren zu importieren. Aufgrund des Charakters des nemo-tenetur-Satzes verbietet sich daher eine Abwägung mit widerstreitenden Aufklärungsinteressen.

Mit Blick auf den teilweise zweifelhaften Beweiswert[3110] darf der Verlust für die Wahrheitsfindung aber auch ohnehin nicht überschätzt werden. Zudem wird aus der Praxis berichtet, dass Fälle, in denen die erzwungenen Angaben das einzige Beweismittel sind, äußerst selten vorkommen[3111].

Eine mögliche Entwertung des Instruments der internen Ermittlungen[3112] kann von vornherein kein Argument dagegen sein, strafprozessual zwingende Schlussfolgerungen zu ziehen.

Es besteht somit ein Beweisverwertungsverbot für potentiell selbstbelastende Angaben, die der Arbeitnehmer in Erfüllung seiner vertraglichen Auskunftspflicht macht. Diese ergibt sich unmittelbar aus dem nemo-tenetur-Grundsatz. Des Rekurses auf das unbestimmtere[3113] Fairnessprinzip[3114], insbesondere unter Berücksichtigung der Einzelfallumstände[3115], bedarf es somit nicht.

g. Einzelheiten des Verwertungsverbots

aa. Fernwirkung

Entgegen der sonst h.M. sprechen sich die Stellungnahmen zum internal investigations-Komplex überwiegend für eine Fernwirkung aus[3116]. Zu Recht werden

---

3110 *Knierim* StV 2009, 324 (325 f., 331); *Raum* StraFo 2012, 395 (399); *Theile* StV 2011, 381 (384); s. auch *Trüg* bei *Schulz* StV 2009, 332 (335).

3111 *Taschke* in Criminal Compliance vor den Aufgaben der Zukunft, S. 65 (73),

3112 S. *Schuster* NZWiSt 2012, 28 (29).

3113 Vgl. aber *Knauer/Gaul* NStZ 2013, 192 (193) die die Elastizität des Fairnessprinzips gerade als Vorteil ihrer Lösung ansehen, krit. hierzu zu Recht *Greco/Caracas* NStZ 2015, 7 (9 f.); s. auch *Bittmann* in Rotsch, Criminal Compliance, § 34 B. Rn. 147.

3114 *Wewerka*, Internal Investigations, S. 270 ff.; *Momsen* ZIS 2011, 508 (513 f.); *Knauer* ZWH 2012, 81 (86); *ders./Gaul* NStZ 2013, 192 (193); *Spehl/Grützner* in Corporate internal investigations, § 6 Rn. 119.

3115 Für einen Fairness-Verstoß nur anhand der Einzelfallumstände: *Spehl/Grützner* in Corporate internal investigations, § 6 Rn. 119, *Momsen* ZIS 2011, 508 (514); *Taschke* NZWiSt 2012, 89 (93); *Knauer* ZWH 2012, 81 (86).

3116 *Thiele* StV 2011, 381 (385); *Gerst* CCZ 2012, 1 (3); *Wastl/Litzka/Pusch* NStZ 2009, 68 (74); *Greco/Caracas* NStZ 2015, 7 (15); *Rotsch* in HB Wirtschaftsstrafrecht, 1. Teil, Kap. 4, Rn. 52; a.A. *Bittman/Molkenbur,* wistra 2009, 373 (378); *Bittmann* in Rotsch, Criminal Compliance, § 34 B. Rn. 152; *Sarhan* wistra 2015, 449 (455);

allerdings Bedenken geäußert, ob die zu dieser Frage sehr zurückhaltende Rechtsprechung sich dieser Sichtweise anschließen würde[3117]. Wie bereits dargelegt, ist in Gemeinschuldner-Konstellationen eine Fernwirkung des Beweisverwertungsverbotes zu fordern[3118]. Nur so wird das Verwertungsverbot seiner Aufgabe gerecht, die parallelen Verfahren voneinander abzuschotten und so einen Fortbestand des Nebeneinanders trotz der entgegengesetzten Pflichtenprogramme zu ermöglichen. Diese Erwägungen greifen auch im Fall interner Ermittlungen[3119]. Das strafprozessuale Schweigerecht wird in gleicher Weise umgangen, wenn zwar nicht die im Rahmen des Interviews pflichtgemäß gemachten Angaben verwertet würden, wohl aber die aufgrund dieser Angaben erlangten Erkenntnisse. Dem Verwertungsverbot kommt Fernwirkung zu. Dies schließt eine Frühwirkung dergestalt ein, dass es den Ermittlungsbehörden untersagt ist, aus den erzwungenen Angaben einen Anfangsverdacht zu schöpfen[3120].

bb. Verwertbarkeit der übrigen Ermittlungsergebnisse

Am Ende einer internal investigation steht typsicherweise ein Abschlussbericht[3121]. Dieser vermengt regelmäßig die Ergebnisse der Interviews mit Resultaten anderer Ermittlungsmaßnahmen, die teilweise unabhängig von den Interviews, teilweise aber auch gerade aufgrund der in diesen gewonnenen Erkenntnissen angestrengt wurden.

Es fragt sich nun, ob und inwieweit die Unverwertbarkeit der erzwungenen Angaben auf die sonstigen Ermittlungsergebnisse durchschlägt[3122]. Dies entspricht der Problematik der Verwertbarkeit von Erkenntnissen des Insolvenzverwalters,

---

differenzierend *Momsen* in Rotsch, Criminal Compliance, § 34 B. Rn. 41 sowie *Wewerka*, Internal Investigations, S. 300; s. auch *Zapfe*, Compliance, S. 173, der unter Berufung auf den Gemeinschuldner-Beschluss jedenfalls eine Frühwirkung verneint.

3117 *Gerst* CCZ 2012, 1 (3).

3118 S. E. III. 1. c.

3119 *Kasiske* NZWiSt 2014, 262 (267); *Rödiger*, Strafverfolgung, S. 311; *Kirsch* in Unternehmensstrafrecht, S. 361 (368).

3120 *Kasiske* NZWiSt 2014, 262 (267); *Wehnert* in Ökonomie vs. Recht, S.137 (143); *Zapfe*, Compliance, S. 173; wohl auch *Theile* StV 2011, 381 (386).a.A. *Momsen* in Rotsch, Criminal Compliance, § 34 B. Rn. 41; *Wewerka*, Internal Investigations, S. 300.

3121 *Dann* AnwBl 2009, 84 (88); *Ballo* NZWiSt 2013, 46 (47); s. aber auch *v. Hehn/Hartung* in Handbuch Compliance-Management, 1.7 Rn. 125, die darauf hinweisen, dass ein schriftlicher Bericht auch entbehrlich oder sogar gefährlich sein könne, weil er auch bei Personenkreisen, für die er ursprünglich nicht bestimmt war, die Begehrlichkeit wecke, ihn zu lesen.

3122 Für ein generelle Verwertungsverbot der Ergebnisse interner Ermittlungen: *Jahn/Kirsch* in Rotsch, Criminal Compliance, § 33 Rn. 96 f.; *Kirsch* in Unternehmensstrafrecht, S. 361 (370).

die jedenfalls teilweise auf den Angaben des Insolvenzschuldners beruhen und ist daher entsprechend zu lösen[3123].

Erkenntnisse, die die Ermittler aus dem Zusammenspiel unterschiedlicher Quellen gewonnen haben, sind insofern verwertbar, wie sie sich ausschließlich aus von der Auskunft unabhängigen Quellen erschließen[3124]. Weist die Auskunft dem Ermittler den Weg zu einer Erkenntnisquelle, ist zwar die wegweisende Auskunft, nicht aber die neu erschlossene Quelle unverwertbar[3125]. Ein an die privaten Ermittler gerichtetes Verbot, die Angaben als Spurenansatz zu nutzen, gibt es nicht[3126]. Berichtet der Arbeitnehmer von Unterlagen[3127], die die Ermittler daraufhin sichten, ist dieser Bericht des Arbeitnehmers und damit die Erkenntnis, dass er um die Existenz der Unterlagen und ihren Aufenthaltsort weiß, unverwertbar, nicht aber die Unterlagen selbst[3128]. Etwas anderes gilt, wenn die Unterlagen erst durch die Erklärungen des Arbeitnehmers lesbar gemacht werden[3129]. Die in den Unterlagen enthaltenen Informationen unterfallen nicht dem Schutz des nemo-tenetur-Satzes. Die Behauptung, dem Beschuldigten dürfte aus der Erfüllung seiner arbeitsrechtlichen Auskunftspflicht strafprozessual kein Nachteil erwachsen[3130], ist in dieser Allgemeinheit nicht richtig. Angestrebt ist vielmehr, dass durch das Nebeneinander seine strafprozessuale Position nicht entwertet wird. Das Verwertungsverbot muss daher insoweit greifen, wie das außerstrafprozessuale Pflichtenprogramm mit dem nemo-tenetur-Satz kollidiert. Der flankierende Umgehungsschutz, den der Grundsatz im parallelen Verfahren erfährt, kann aber nicht über den strafprozessualen

---

3123 S.o. E. III. 2. a. bb. (i) β) αα).

3124 Vgl. *Bittmann* in Bittmann, Insolvenzstrafrecht, § 1, Rn. 19; *ders./Rudolph* wistra 2001, 81 (82); *H. Richter* in Müller-Gugenberg/Bieneck, WirtschaftsstrafR, § 76, Rn. 32; in diese Richtung auch LG Stuttgart wistra 2000, 439 (440).

3125 vgl. *Bittmann/Rudolph* wistra 2001, 81 (82).

3126 S.o.

3127 Der im Kontext von § 97 Abs. 1 S. 3 InsO relevanten Unterscheidung zwischen freiwillig angelegten Unterlagen und solche, zu deren Führung eine gesetzliche Pflicht besteht, dürfte hier keine Bedeutung zukommen, s.o. E. III. 2. a. bb. (i) α) δδ).
Die im Rahmen der Tätigkeit für das Unternehmen angefertigten Aufzeichnungen genießen keinen Schutz gegenüber dem Zugriff durch das Unternehmen; datenschutz- oder persönlichkeitsrechtliche Erwägungen sind nicht einschlägig, ArbG Marburg DB 1969, 2041; *U. Schneider* NZG 2010, 1201 (1205); *v. Hehn/Hartung* in HB Compliance-Management, 1.7 Rn. 78. Bei rein privaten Unterlagen kann der Arbeitnehmer auch gegenüber dem Arbeitgeber die Herausgabe verweigern, ohne dass dies eine Ausprägung des nemo-tenetur-Satzes wäre, *Pfordte* in DAV-FS, S. 740 (746); *Göpfert/Merten/C. Siegrist* NJW 2008, 1703 (1705).

3128 A.A. *Rödiger*, Strafverteidigung, S. 35 f.

3129 *Rödiger*, Strafverteidigung, S. 315; vgl. *Hefendehl* wistra 2003, 1 (9); *Stephan* in MüKo-InsO § 97 Rn. 18a; s. auch *Greeve* in Feigen-FG, S. 51 (51) nach der die Unterlagen ohne Erläuterungen regelmäßig wertlos seien.

3130 *Rödiger*, Strafverfolgung, S. 316.

Schutzgehalt hinausgehen[3131]. Vom Willen des Beschuldigten unabhängige Sachbeweismittel sind auch im Strafverfahren nicht geschützt. Schutzbereichsrelevantes Moment ist nur der dem Herausgabeakt zukommende Erklärungsgehalt. Anlass für ein Verwertungsverbot bezüglich der Unterlagen besteht daher nur insofern, als hierdurch mittelbar auch die erzwungenen Angaben verwendet würden. Für die Verwertbarkeit des Abschlussberichts interner Ermittlungen kommt es also entscheidend darauf an, inwieweit er sich auf erzwungene Angaben des Arbeitnehmers stützt. Er ist lediglich insoweit verwertbar, wie er von diesen unabhängige Informationsquellen auswertet. Dass diese Trennung im Einzelfall schwierig ist, kann kein Argument für ihre Unzulässigkeit sein. Um einer Umgehung des Verwertungsverbots entgegenzutreten, ist jedoch im Zweifel von der Unverwertbarkeit auszugehen[3132].

Zu beachten ist auch, dass die Interviews den zentralen Bestandteil einer internen Ermittlung darstellen[3133]. Ein der hier gewonnenen Erkenntnisse beraubter Abschlussbericht wird daher regelmäßig von nur geringem Wert für die Ermittlungsbehörden sein. Auch scheint die Praxis eher so vorzugehen, dass die Durchsicht der Dokumente die Basis für das Interview bildet und nicht umgekehrt[3134]. Zudem zeigt gerade die Existenz von Beschlagnahmeanordnungen[3135], dass sich die Ermittlungsbehörden mit einem Abschlussbericht auch nicht zufrieden geben, sondern ein Interesse gerade an den Interview-Protokollen haben. Nicht zu bewältigende Abgrenzungsprobleme sind daher nicht zu befürchten.

cc. *Keine Geltung gegenüber Dritten*

Das Verwertungsverbot greift nur gegenüber dem Auskunftspflichtigen. Gegen einen Dritten sind selbstbelastende Angaben, die in Erfüllung der Auskunftspflicht gemacht wurden, verwertbar[3136]. Dies folgt aus der Funktion des Verwertungsverbots, die Vollendung der nemo-tenetur-Verletzung zu vermeiden[3137]. Eine solche

---

3131 *Queck*, Geltung, S. 286; *Wolff*, Selbstbelastung, S. 130.

3132 S.o. E. III. 2. a. bb. (i) β) αα); *Rödiger*, Strafverfolgung, S. 308.

3133 *Wessing* in DAV-FS, S. 906 (921); *Spehl/Momsen/Grützner* CCZ 2014, 170 (170 f.); *v. Hehn/Hartung* DB 2006, 1909 (1914); *Behrens* RIW 22 (28); *Moosmayer*, Compliance, S.99; *Greco/Caracas* NStZ 2015, 7 (7); *Wewerka*, Internal Investigations, S. 6; *Wisskirchen/Julia Glaser* DB 2011, 1447 (1447); *Haefcke* CCZ 2014, 39 (39); *Greeve* in Feigen-FG, S. 51 (51).

3134 *V. Hehn/Hartung* in HB Compliance-Management, 1.7. Rn. 92; *G. Eidam* in Unternehmen und Strafe, Kap. 14 Rn. 109; *Tsambikakis* in Internal Investigations, Kap. 7 Rn. 29; vgl. auch *Greeve* in Feigen-FG, S. 51 (51), nach der die Sichtung der Dokumente ohne erläuternde Angaben wertlos seien.

3135 LG Hamburg NZWiSt 2012, 26; LG Mannheim wistra 2012, 28; s. hierzu unten F. III. 2. j.

3136 *Bitmann/Molkebur* wistra 2009, 373 (379); a.A. *Kirsch* in Unternehmensstrafrecht, S. 361 (368).

3137 Ähnlich *Bitmann/Molkebur* wistra 2009, 373 (379).

droht bei einer Verwertung zu Lasten des Auskunftspflichtigen. Auch § 97 Abs. 1 S. 3 InsO und vergleichbare Vorschriften sehen nur ein Verwertungsverbot in Verfahren gegen den Auskunftspflichtigen vor. Hiermit ist die Verwertung zu Lasten des Auskunftspflichtigen untersagt und nicht etwa auch die zu Lasten eines Mitbeschuldigten in dem Verfahren, das sich (auch) gegen den Auskunftspflichtigen richtet, mag der Wortlaut insofern auch einen gewissen Spielraum lassen[3138]. Das daneben vorgesehene Verwertungsverbot in Verfahren gegen Angehörige ist keine Ausprägung des nemo-tenetur-Grundsatzes[3139].

dd. Widerspruchslösung

Es wurde bereits dargelegt, dass die Widerspruchslösung schon für den Bereich von Belehrungsmängeln verfehlt erscheint, allerdings von der Rechtspraxis wohl als Faktum zu akzeptieren ist[3140]. Es stellt sich daher die Frage, ob sich vom Boden der Rechtsprechung aus, eine Ausweitung auf Fälle von Befragungen in unternehmensinternen Untersuchungen anbietet. Bemerkenswert ist allerdings, dass der Gesetzgeber bei den in Umsetzung des Gemeinschuldner-Beschlusses normierten Verwertungsverboten bereits zu der ohnehin vorzugswürdigen Zustimmungslösung gegriffen hat. Dies tritt neben die der Widerspruchslösung und ihrer weiteren Ausbreitung grundsätzlich entgegenzuhaltenden Argumente und spricht jedenfalls in dieser Konstellation für eine Anwendung der Zustimmungslösung.

ee. Qualifizierte Belehrung

Des Weiteren wäre zu erwägen, das Erfordernis der qualifizierten Belehrung auf die Konstellation unternehmensinterner Ermittlungen zu übertragen[3141]. Es erscheint möglich, dass der beschuldigte Arbeitnehmer annimmt, die Strafverfolgungsbehörden hätten Zugang zu den von ihm im Rahmen seines Interviews gemachten Angaben und daher davon ausgeht, es sei sinnlos, sich auf sein Schweigerecht zu berufen. Durch diese Fehlvorstellung fühlt er sich in seinem Aussageverhalten faktisch festgelegt. Um dem entgegenzuwirken, könnte wie im Fall der unbelehrt abgegebenen Aussage erforderlich sein, dass der Beschuldigte zu Beginn seiner staatlichen Vernehmung nicht nur gem. § 136 Abs. 1 zu belehren, sondern zusätzlich darauf hinzuweisen ist, dass seine im Rahmen des Interviews gemachten Angaben nicht verwertet werden können.

Eine Pflicht zur qualifizierten Belehrung lässt sich hier jedoch nicht begründen. Die qualifizierte Belehrung ist ein Instrument zur Zerschlagung der Fortwirkung

---

3138 So aber *Schwaben*, Reichweite, S. 84.

3139 S.o. B. III. 1. c.

3140 S.o. D. IV.

3141 *Rödiger*, Strafverfolgung, S. 308; *Kottek*, Die Kooperation, S. 178; *Mende*, Grenzen, S. 234; vgl. auch *Frister/Wastry* in DAV, Neue Entwicklungen, S. 77, die eine qualifizierte Belehrung im Fall des § 630c Abs. 2 S. 3 BGB fordern.

von Verfahrensfehlern und keine allgemeine Rechtsbelehrung[3142]. Als solche knüpft sie zwingend an ein prozessordnungswidriges Verhalten der Strafverfolgungsorgane bei der Erlangung einer Aussage an. Sie greift nicht bei der Unverwertbarkeit von Sachbeweismitteln und erst Recht nicht bei selbstständigen Beweisverwertungsverboten. Die Pflicht zur qualifizierten Belehrung lässt sich daher nicht auf die vorliegende Konstellation übertragen. Die – auch konkludente – Behauptung der Verwertbarkeit der im Interview gemachten Angaben stellt jedoch eine Täuschung i.S.v. § 136a StPO dar.

h. Verwertbarkeit bei nicht bestehender Aussagepflicht

Angaben, die der Befragte freiwillig macht, sind frei verwertbar[3143]. Freiwillig sind Aussagen, die nicht in Erfüllung einer Aussagepflicht erfolgen. In Erfüllung der Auskunftspflicht erfolgen Angaben, die objektiv von der Pflicht gedeckt sind und subjektiv in Erfüllungsbewusstsein vorgenommen werden[3144]. Hieran fehlt es, zunächst wenn eine Aussagepflicht nicht besteht, weitergehend aber auch dann, wenn der Arbeitgeber auf die Geltendmachung einer bestehenden Aussagepflicht verzichtet. Vorausgesetzt ist zudem stets, dass ein entsprechendes Auskunftsverlangen des Arbeitgebers vorausgegangen ist[3145]. Die Pflicht aus § 666 BGB wird erst durch das Auskunftsverlangen aktualisiert und konkretisiert[3146]. Eigeninitiative Angaben erfolgen daher stets freiwillig und sind verwertbar. Nicht freiwillig aber auch nicht durch nemo tenetur geschützt sind weiter solche Angaben, die in der Erfüllung von Auskunftspflichten erfolgen, die keinen postdeliktischen Charakter haben. Vor der Tatbegehung eingeholte Einzelauskünfte sind ebenso verwertbar, wie Angaben, die im Rahmen eines wiederkehrenden Pflichtenprogramms gemacht werden[3147].

Der Nachweis der Freiwilligkeit kann im Einzelfall schwierig sein. Unsicherheiten dürfen nicht zum Nachteil des Betroffenen gehen. Hat der Ermittler auf das Bestehen einer Auskunftspflicht hingewiesen, ist zu vermuten, dass die Angaben auch nur in Erfüllung dieser Pflicht erfolgt sind[3148]. Ist das Unternehmen daran interessiert, verwertbare Beweismittel zu produzieren, ist es an ihm, die Freiwilligkeit entsprechend zu protokollieren. Man kann dem Betroffenen raten, ausdrücklich auf die Unfreiwilligkeit seiner Angaben hinzuweisen[3149], vom durchschnittlichen

3142 S.o. D. V.; *Rogall* in Geppert-FS, S. 519 (521).

3143 *Rödiger*, Strafverfolgung, S. 307; *Böhm* WM 2009, 1923 (1929); gleiches gilt auch hier für unwahre Angaben, die per se nicht in Erfüllung der Auskunftspflicht erfolgen, *Bittmann* in Rotsch, Criminal Compliance, § 34 B. Rn. 152; s.o. E. III. 2. a. bb. (i) α).

3144 S.o. E. III. 2. a. bb. (i) α) αα).

3145 S.o. E. III. 2. a. bb. (i) α) αα).

3146 S.o. F. III. 2. e. (1) α).

3147 S.o. E. III. 1. bb.

3148 Vgl. *Wittkowski/Kruth* in Nerlich/Römermann, InsO, § 97 Rn. 8.

3149 *Böhm* WM 2009, 1923 (1929); *Rödiger*, Strafverfolgung, S. 307.

Betroffenen wird man eine derartige Weitsicht in der konkreten Situation aber kaum erwarten können. Vielmehr sollte umgekehrt der an der Verwertbarkeit interessierte Ermittler den Hinweis auf das Bestehen einer Auskunftspflicht unterlassen und stattdessen auf die Freiwilligkeit selbstbelastender Angaben hinweisen. Dass dieses Erfordernis der Auskunftsbereitschaft der Arbeitnehmer kaum förderlich sein wird und damit zu einer Entwertung interner Ermittlungen führen kann, ist hinzunehmen. Wie dargestellt, lässt sich eine Überführung arbeitsrechtlich erzwungener Angaben in das Strafverfahren nicht ohne Verstoß gegen den nemo-tenetur-Grundsatz bewerkstelligen. Das Verwertungsverbot ist somit die zwingende Folge der Anerkennung dieses zentralen rechtsstaatlichen Grundsatzes.

Besteht bereits keine Aussagepflicht, erfolgen die Angaben grundsätzlich freiwillig und sind daher verwertbar. Problematisch ist es aber, wenn der Befragte zu Unrecht vom Bestehen einer Auskunftspflicht ausgeht. Wurde diese Fehlvorstellung – womöglich vorsätzlich – durch den privaten Ermittler hervorgerufen, mag man zunächst an eine analoge Anwendung des § 136a StPO denken[3150]. Eine analoge Anwendung von StPO-Vorschriften kommt allerdings nur in Fällen staatlicher Zurechnung in Betracht und muss daher hier ausscheiden[3151]. Die Unverwertbarkeit[3152] derartiger Angaben ergibt sich allerdings aus folgender Überlegung: Läge die vom Ermittler behauptete Auskunftspflicht tatsächlich vor, wären die gemachten Angaben unverwertbar. Die Tatsache, dass die Pflicht, auf die er hinweist, objektiv nicht besteht, kann nun nicht deren Verwertbarkeit begründen[3153]. Das Irrtumsrisiko über die Reichweite der Auskunftspflicht darf zudem nicht dem Befragten auferlegt werden[3154]. Ob der falsche Hinweis irrtümlich oder vorsätzlich erfolgte, ist irrelevant[3155].

Eine andere Frage ist, wie die Konstellation zu beurteilen ist, wenn der Befragte irrtümlich von dem Bestehen einer Auskunftspflicht ausgeht, ohne dass diese Fehlvorstellung durch den Ermittler hervorgerufen wurde[3156]. In dieser Konstellation die Unverwertbarkeit zu bejahen, hieße, dem Ermittler, der an der Verwertbarkeit der Auskünfte interessiert ist, die Pflicht aufzuerlegen, den Befragten, vergleichbar § 55 StPO, darüber zu belehren, dass er nicht verpflichtet ist, auf gewisse Fragen zu antworten.

3150 So *Jahn* StV 2009, 4 (45); *Beulke*, StrafprozessR, Rn. 481; *Kottek* DAJV-NEWSLETTER 2013, 101 (103).

3151 S.o. F. I. 2. a. bb.; F. II. 1. b. cc. (ii).

3152 Für die Unverwertbarkeit auch *Rödiger*, Strafverfolgung, S. 306; *Sarhan* wistra 2015, 449 (455); a.A. *Kasiske* NZWiSt 2014, 262 (267).

3153 Vgl. *Süße/Eckstein* Newsdienst Compliance 9/2014, 71009.

3154 *Rödiger*, Strafverfolgung, S. 306.

3155 Wie hier *Rödiger*, Strafverfolgung, S. 306; für ein Verwertungsverbot nur bei einer bewussten Täuschung hingegen: *Jahn* StV 2009, 41 (45), *Beulke*, StrafprozessR, Rn. 481; *Dann/Schmidt* NJW 2009, 1851 (1855); wohl auch *Süße/Eckstein* Newsdienst Compliance 9/2014, 71009.

3156 Für ein Verwertungsverbot *Rödiger*, Strafverfolgung, S. 306; a.A. *Jahn* StV 2009, 41 (45); *Dann/Schmidt* NJW 2009, 1851 (1855).

Der Fall einer nicht bestehenden Auskunftspflicht dürfte vor allem in der Konstellation vorliegen, dass der Arbeitnehmer durch Auskünfte, die nicht seinen unmittelbaren Arbeitsbereich betreffen, kündigungsrelevante Tatsachen liefert. Das Nichtbestehen einer Auskunftspflicht in derartigen Konstellationen ist kein Ausdruck des nemo-tenetur-Satzes[3157]. Dieser lässt in der Konstellation der Interviews vielmehr das Moment des Aussagezwangs unberührt und greift erst bei dem Element der strafprozessualen Nutzbarmachung. Anders als bei den behandelten Auskunftsverweigerungsrechten bei außerstrafprozessualen Auskunftspflichten lässt sich somit nicht darauf abstellen, dass der erforderliche Schutz des Grundsatzes nur bei flankierender Belehrungspflicht gewährleistet wäre[3158]. Es bedarf somit eines anderen Begründungswegs für eine Belehrungspflicht. Die Belehrungspflichten in staatlichen Befragungen tragen dem Umstand Rechnung, dass die irrtümliche Annahme einer Auskunftspflicht bei einem mit staatlicher Autorität ausgestatteten Auskunftsverlangen generell naheliegt. Einem solchen kommt der konkludente Erklärungsgehalt der Behauptung einer solchen Plicht zu. Ob in einer privaten Befragung eine vergleichbare Situation besteht, erscheint fraglich. Grundsätzlich kommt einem privaten Auskunftsverlangen keine vergleichbare Autorität und mithin auch kein derartiger Erklärungsgehalt zu. Anders dürfte es jedoch im Rahmen eines Arbeitsverhältnisses liegen. Das zwischen Arbeitnehmer- und Arbeitgeber bestehende Subordinationsverhältnis wird verschiedentlich als dem Staat-Bürger-Verhältnis vergleichbar angesehen[3159]. Des Weiteren erscheint aufgrund des bestehenden Pflichtenverhältnisses die Annahme einer Auskunftsverpflichtung nicht derart fernliegend, wie das in anderen Privatverhältnissen der Fall ist. Vielmehr liegt, wie dargelegt, in vielen Fällen eine solche gerade vor. In einem Interview im Rahmen einer internen Untersuchung erscheint die irrige Annahme einer Auskunftspflicht damit ähnlich naheliegend wie in einer staatlichen Befragung. Hiermit allein lässt sich eine Belehrungspflicht jedoch nicht begründen. Erforderlich ist vielmehr ein Verantwortungstransfer. Es bedarf eines Grundes, warum die eine Partei der anderen das Risiko eines naheliegenden Irrtums abzunehmen hat. Im Strafprozess lässt sich hier auf die Fürsorgeplicht abstellen[3160]. Daneben ist der Fairnessgedanke zu nennen[3161]. Diesem widerspricht es, aus der Rechtsunkundigkeit des Beschuldigten Profit zu schlagen[3162].

Einen entsprechenden Zurechnungsgrund findet man im Arbeitsverhältnis in Form der allgemeinen Fürsorgepflicht des Arbeitgebers[3163]. Dass sich aus dieser

---

3157 S.o. F. III. 2. e. aa. (i) β).

3158 S.o. E. III. 1. a. aa.

3159 *Reeb*, Internal Investigations, S. 122 Fn. 64; *Kottek*, Die Kooperation, S. 176; *Richardi* in MüArbR § 12 Rn. 35; *Bung/Huber* in Beulke-FS, S. 655 (662).

3160 *Rogall*, Der Beschuldigte, S. 187; *Geppert* NStZ 2014, 481 (485).

3161 *Rogall*, Der Beschuldigte, S. 187; *Geppert* NStZ 2014, 481 (485).

3162 S.o. F. II. 1. b. cc. (iii) β).

3163 Vgl. *U. Koch* in Schaub, HB ArbeitsR, § 106 Rn. 1 ff., 36 ff.; *Müller-Glöge* in MüKo-BGB § 611 Rn. 981 ff.

Hinweis- und Auskunftspflichten ergeben können, ist anerkannt[3164]. Zwar ist es grundsätzlich Sache des Arbeitnehmers sich über für seine Rechtsposition bedeutende Umstände selbst Klarheit zu verschaffen, bei besonderer Schwierigkeit der Kenntnisverschaffung oder besonderer Bedeutung der Information kann aber eine Pflichtenstellung des Arbeitgebers entstehen[3165]. Dies gilt gerade auch dort, wo der Arbeitgeber eine außergewöhnliche Gefahrenquelle schafft[3166]. Entscheidend ist eine Abwägung der widerstreitenden Interessen[3167]. Man könnte nun einwenden, der Arbeitgeber habe gerade ein Interesse an der Sachverhaltsaufklärung und mithin daran, dass der Arbeitnehmer auch solche Auskünfte gibt, zu denen er nicht verpflichtet ist. Ein solches Interesse erscheint jedoch nicht schutzwürdig. In dem von gegenseitigen Rücksichtnahme- und Treuepflichten geprägten Arbeitsverhältnis ist für eine solche Übervorteilung des Vertragspartners im Interesse der Optimierung der eigenen Position kein Raum. Der jeder Partei zuzubilligende Eigennutz findet seine Grenze vielmehr an den schutzwürdigen Interessen des Vertragspartners[3168]. Dieser besondere Charakter des Arbeitsverhältnisses macht vielmehr erforderlich, das Gegenüber über die Reichweite des vertraglichen Pflichtenprogramms zu informieren. Das Erlangen einer Information, auf die er gerade keinen Anspruch hat, indem er aus der fehlenden Rechtskenntnis des Arbeitnehmers Profit schlägt, verträgt sich daher nicht mit der Fürsorgepflicht des Arbeitgebers.

Die Fürsorgeplicht begründet somit eine Verantwortung des Arbeitgebers für den Irrtum des Arbeitsnehmers. Die Nicht-Belehrung steht somit dem Hervorrufen eines Irrtums gleich. Diese Konstellationen sind daher identisch zu behandeln. Wie in der Konstellation des aktiven Vortäuschens einer Belehrungspflicht ist somit von der Unverwertbarkeit auszugehen, wenn der Arbeitnehmer nicht über das Nicht-Bestehen einer Auskunftspflicht aufklärt. Mittelbar lässt sich somit eine Belehrungspflicht begründen.

i. *Abweichende Lösung bei* cross border investigations

Abweichend von den dargelegten Grundsätzen ist dem nemo-tenetur-Grundsatz bei *cross border investigations* nicht erst durch ein Beweisverwertungsverbot, sondern bereits durch ein Auskunftsverweigerungsrecht Rechnung zu tragen. Dies ergibt sich aus zwei Gesichtspunkten, die bereits jeder für sich geeignet wären, dieses Ergebnis zu begründen: Zum einen aus dem materiell staatlichen Charakter solcher

3164 *U. Koch* in Schaub, HB ArbeitsR, § 106 Rn. 39; Thüsing in Arbeitsrecht Kommentar, § 611 BGB Rn. 244 ff.

3165 *U. Koch* in Schaub, HB ArbeitsR, § 106 Rn. 39.

3166 BAG NZA 2002, 1150 (1152); *Thüsing* in Arbeitsrecht Kommentar, § 611 BGB Rn. 244.

3167 BAG NZA 2002, 1150 (1152) mwN. aus der Rechtsprechung; *U. Koch* in Schaub, HB ArbeitsR, § 106 Rn. 39.

3168 BAG, *Urt.* v. 13.11.1984 – 3 AZR 255/84 , juris, Rn. 17; *Müller-Glöge* in MüKo-BGB § 611 Rn. 996.

Untersuchungen und zum anderen aus dem unzureichenden Schutz, den ein Verwertungsverbot hier gewährt.

Es ist davon auszugehen, dass das Handeln der Rechtsanwälte regelmäßig den amerikanischen Staatsorganen zuzurechnen ist[3169], [3170].

Die Art und Weise, in denen die privaten Ermittler mit der SEC kooperieren, erreicht ein anderes Niveau als dies gegenüber deutschen Behörden der Fall ist. Insbesondere nimmt die SEC in stärkerem Maße Einfluss auf den Verlauf der Ermittlungen[3171]. Das Sanktionenrecht gewährt den Behörden die Möglichkeit, nicht nur die Ermittlung als solche anzustoßen, sondern auch inhaltlich Vorgaben bezüglich ihrer Ausgestaltung zu machen[3172]. Der informelle Charakter der Anfragen der SEC darf nicht darüber hinwegtäuschen, dass sie mit einer recht konkreten Erwartungshaltung der Behörde einhergehen und von den Unternehmen auch entsprechend verstanden werden[3173]. Die Unternehmen sind häufig bereit, alles zu tun, um es der SEC recht zu machen[3174]. Die private Kanzlei fungiert daher oft nur als „verlängerter Arm“ der SEC[3175]. Anders als bei nationalen Sachverhalten geben die Unternehmen daher hier eigenes Interesse weitgehend auf und unterwerfen sich den Erwartungen der SEC bedingungslos[3176].

Auch wenn die Zurechnung zu ausländischen Staatsorganen nur schwerlich die unmittelbare Anwendung der StPO begründen kann[3177], genügt sie doch um den staatlichen Charakter und mithin die Einschlägigkeit des nemo-tenetur-Grundsatzes

---

3169 *Rödiger*, Strafverfolgung, S. 241; *Kottek*, Die Kooperation, S. 160; *Kasiske* NZWiSt 2014, 262 (263 Fn. 8); *Wastl/Litka/Pusch* NStZ 2009, 68 (70 f.); *Zerbes* ZStW 125 (2013) 551 (566); wohl auch *Minoggio* in StRR Wirtschaftsstrafrecht, Kap. 15 Rn. 11: „Outsourcing“; vgl. *Behrens* RIW 2009, 22 (28), der auf die Einzelfallumstände verweist; a.A. *Wewerka*, Internal Investigations, S. 252 f., 182 ff.; *Ambos,* Beweisverwertungsverbote, S. 127; s. auch U.S. v. STEIN, 440 F. Supp.2d 315 (S.D.N.Y. 2006) nach amerikanischem Recht.

3170 Hiermit steht zugleich die Frage nach einem völkerrechtlichen Verstoß gegen das Territorialprinzip im Raum, s. hierzu *Wewerka*, Internal Investigations, S. 173 ff.; *Dann/Schmidt* NJW 2009, 1851 (1852); *Wastl/Litzka/Pusch* NStZ 2009, 68 (71 ff.). Ohne diese Frage hier vertiefen zu wollen, erscheint es nicht zwingend, in beiden Fragen den gleichen Maßstab anzulegen, so aber *Wewerka* aaO. S. 182 ff.; 252 f.; zu den Folgen eines Souveränitätsverstoßes für die Beweisverwertbarkeit s. *Tiedemann* in Bockelmann-FS, S. 819 (825 ff.).

3171 *Kasiske* NZWiSt 2014, 262 (263 Fn. 8); *Behrens* RIW 2009, 22 (26); *Rödiger*, Strafverfolgung, S. 238.

3172 *Behrens* RIW 2009, 22 (26); *Wewerka*, Internal Investigations, S. 182.

3173 Vgl. *Behrens* RIW 2009, 22 (24); *Kottek* DAJV-Newsletter 2103, 101 (101).

3174 *Bock*, Criminal Compliance, S. 261.

3175 *Behrens* RIW 2009, 22 (26); *Gerst* CCZ 2012, 1 (1).

3176 *Minoggio* in StRR Wirtschaftsstrafrecht, Kap. 15 Rn. 11; vgl. *Wybitul* BB 2009, 606 (607), der von der unkritischen Erfüllung aller Vorgaben abrät.

3177 *Kottek*, Die Kooperation, S. 160.

auszulösen[3178]. Der Grundsatz greift unabhängig von der Nationalität der Staatsorgane. Dies ergibt sich nicht zuletzt daraus, dass es sich nicht etwa um eine Besonderheit des deutschen Rechts, sondern um eine international – gerade auch in den USA[3179] – anerkannte Maxime handelt[3180]. Nemo tenetur gehört zum *ordre public* rechtsstaatlicher Grundsätze, mithin zu den Rechtsregeln, deren Einhaltung auch von ausländischen Rechtsordnungen zu erwarten ist[3181].

Hinzu kommt, dass bei derartigen grenzüberschreitenden Sachverhalten den betroffenen Arbeitnehmern auch eine Strafverfolgung in den USA droht[3182]. Die Verwertung von im Rahmen von internal investigations gemachte selbstbelastenden Angaben ist dort gängige Praxis[3183]. Ein Verwertungsverbot wird nur unter äußerst restriktiven Voraussetzungen erwogen[3184].

Auch die Gefahr ausländischer Strafverfolgung begründet die Einschlägigkeit des nemo-tenetur-Satzes. Dies ist im Rahmen von § 55 StPO anerkannt[3185].

Das oben[3186] dargestellte Modell, durch ein Verwertungsverbot den Schutz vor strafrechtlicher Selbstbelastung bei gleichzeitiger Wahrung des Auskunftsinteresses des Arbeitgebers zu gewährleisten, scheitert hier somit. Die dort noch vermiedene Lösung zu Lasten des Arbeitgebers ist hier alternativlos. Das deutsche Arbeitsrecht, das hier als Vehikel fungiert, um die nach US-Recht bestehenden Pflichten des Unternehmens auf den Arbeitnehmer zu transformieren[3187], ist der einzig mögliche Ansatzpunkt für den nach hiesigem Verständnis erforderlichen Schutz des nemo-tenetur-Satzes. Unter dem Regime des Grundgesetzes und damit des

3178 Vgl. *Wastl/Litzka/Pusch* NStZ 2009, 68 (71).

3179 S. den 5th Amendment der US-Bundesverfassung.

3180 *Wastl/Litzka/Pusch* NStZ 2009, 68 (71 Fn. 37b).

3181 Vgl. *Wastl/Litzka/Pusch* NStZ 2009, 68 (71); *Zerbes* ZStW 125 (2013), 551 (567). Zur Bedeutung dieses Prinzips bei grenzüberschreitender Beweisverwertung s. *Böse* ZStW 114 (2002), 148 (153 f., 169 ff.).

3182 *Schulte/Görts* RIW 2006, 561 (567); *Wehnert* in Müller-FS, S. 729 (735).

3183 *Rödiger*, Strafverfolgung, S. 302 Fn. 1885; *Spehl/Momsen/Grützner* CCZ 2014, 170 (173); *Kent/Thomas* in Corporate Internal Investigations, § 13 Rn. 83.

3184 S. U.S. v. STEIN, 440 F. Supp.2d 315 (S.D.N.Y. 2006), wo zum einen ein staatlicher Aussagezwang verlangt und zum anderen der Begriff des Zwanges sehr eng gezogen wird.

3185 LG Freiburg NJW 1986, 3036, *Odenthal* NStZ 1985, 117 (117 f.); *Meyer-Goßner* § 55 Rn. 7; *Ahlbrecht/Börgers* ZIS 2008, 218 (218); *Rogall* in SK-StPO § 55 Rn. 39; *Otte* in Radtke/Hohmann, StPO, § 55 Rn. 4; *Trüg* in HK-GS § 55 Rn. 3; *Eschelbach* in SSW-StPO § 55 Rn. 6. Hiervon zu unterscheiden und umstritten ist die Konstellation, in der erst die Aussage einen ausländischen Straftatbestand erfüllt, s. LG Freiburg aaO. einerseits und LG Stuttgart NStZ 1992, 454 andererseits. Mangels postdeliktischer Auskunftspflicht ist der nemo-tenetur-Satz hier nicht einschlägig; a.A. *Odenthal* NStZ 1993, 52 (52); bedenkenswert erscheint der Ansatz von *Rogall* aaO. Rn. 29, der hier von der Unzumutbarkeit ausgeht.

3186 F. III. 2. f.

3187 *Kottek*, Die Kooperation, S. 156.

nemo-tenetur-Grundsatzes stehend, muss es sich dieser Rolle verwehren. Abweichend vom Lösungskonzept bei nationalen Sachverhalten steht dem Arbeitnehmer hier somit ein Auskunftsverweigerungsrecht zu[3188].

Das Auskunftsinteresse des Arbeitgebers kann gegen den abwägungsresistenten nemo-tenetur-Grundsatz nicht in Position gebracht werden. Abwägungsfähig ist das Interesse an dem Schutz vor Selbstbelastungen nur dort, wo das Moment der strafprozessualen Verwertung ausgeschlossen ist[3189].

Der Nachteil für das Unternehmen hält sich auch insoweit in Grenzen, als die fehlende Kooperation einzelner Mitarbeiter kein Grund ist, dem Unternehmen ihm den nach den *sentencing guidelines* zustehenden Strafrabatt für kooperatives Verhalten zu versagen[3190]. Fühlt sich das Unternehmen dennoch auf eine Aussage des Arbeitnehmers angewiesen, bleibt nur, eine Kenntnisnahme der selbstbelastenden Angaben durch die US-Behörden auszuschließen. So könnten etwa die Auskünfte nur in anonymisierter Form weitergegeben werden[3191]. Die Möglichkeit, Vertraulichkeit zuzusichern, ergibt sich aus dem Anwaltsgeheimnis (*attorney-client-privilege*)[3192]. Die zwischenzeitlich von der SEC praktizierte Vorgehensweise, die Unternehmen zum Verzicht auf dieses zu drängen, indem sie die Gewährung des Strafrabatts hiervon abhängig machte, sehen auch US-Gerichte als unzulässig an[3193]. Daneben kann auch die in der amerikanischen Strafprozesskultur nicht unübliche Zusicherung von Immunität im Gegenzug gegen eine Aussage einen gangbaren Weg darstellen[3194].

j. Beschlagnahmefähigkeit der Interview-Protokolle

Sind interne Untersuchungen auch oft auf Kooperation mit den staatlichen Organen gerichtet, so wird doch ein Bedürfnis reklamiert, den Informationsfluss steuern zu können. Die Möglichkeit, dem befragten Arbeitnehmer Vertraulichkeit zusichern zu können, sei elementar[3195]. Entsprechend besorgt nahmen Compliance-Anwälte Gerichtsbeschlüsse auf, die den Beschlagnahmeschutz für Interview-Protokolle verweigerten[3196]. Auch wenn interne Ermittlungen vertraulich erfolgen, lässt sich kaum

---

3188 *Rödiger*, Strafverfolgung, S. 301 ff.; *Minoggio*, Firmenverteidigung, Rn. 1276; *Wastl/Litzka/Pusch* NStZ 2009, 68 (73); in diese Richtung auch *Göpfert/Merten/C. Siegrist* NJW 2008, 1703 (1706); *Mengel*, Compliance, Kap. 4 Rn. 23.

3189 S.o. E. I. 2.

3190 *United States Sentencing Commission Guidelines Manuel* § 8 C.2.5 Nr. 13; *Dann/Schnmidt* NJW 2009, 1851 (1853 Fn. 29).

3191 *Rödiger*, Strafverfolgung, S. 303.

3192 Zum vergleichbaren Schutz nach deutschem Recht sogleich F. III. 2. j.

3193 U.S. v. STEIN, 440 F. Supp.2d 315 (S.D.N.Y. 2006); s. hierzu *Wehnert* NJW 2009, 1190 (1191 f.).

3194 *Wewerka*, Internal Investigations, S. 163, 166.

3195 *Haefcke* CCZ 2014, 39 (39); *Fritz* CCZ 2011, 155 (157).

3196 *Zimmer* BB 2011, 1075 (1075); *Schuster* NZWiSt 2012, 28 (28).

je sicher ausschließen, dass die Staatsanwaltschaft von ihnen Kenntnis erlangt[3197]. Auf der Hand liegt die Möglichkeit der Kenntnisnahme, wenn die Ermittlungen öffentlichkeitswirksam als Teil eines Selbstreinigungsprozesses initiiert werden.

Es stellt sich somit die Frage, ob die Ergebnisse gegen den staatlichen Zugriff geschützt sind. Dies erscheint zumindest dort möglich, wo die Ermittlungen durch Rechtsanwälte geführt werden.

Ein solcher Beschlagnahmeschutz hätte auch Auswirkungen auf den im Raum stehenden Verstoß gegen den nemo-tenetur-Grundsatz. Wie bereits erwogen, könnte bei gegenüber Privatpersonen bestehenden Auskunftspflichten die i.S.d. Gemeinschuldnerrechtsprechung erforderliche Abschottung gegenüber dem Strafverfahren durch ein Beschlagnahmeverbot erlangt werden[3198]. Gesetzt den Fall, der Rechtsanwalt übergibt die Interview-Protokolle nicht freiwillig, wäre das Moment der strafprozessualen Nutzung bereits auf diese Art ausgeschlossen. Zu einem nemotenetur-Verstoß kommt es nicht. Die Frage nach einem gesonderten Verwertungsverbot stellt sich nur noch in Konstellationen, in denen die Ermittlungsergebnisse freiwillig übergeben werden.

Ein Beschlagnahmeverbot könnte sich aus § 97 StPO und / oder § 160a StPO ergeben. Beide Vorschriften ergänzen den Schutz der nach § 53 StPO zeugnisverweigerungsberechtigten Berufsgeheimnisträger. § 97 StPO enthält zu diesem Zweck spezielle Beschlagnahmeverbote. § 160a StPO normiert die generelle Unzulässigkeit von gegen diese Personen gerichteten Ermittlungsmaßnahmen, soweit vom Zeugnisverweigerungsrecht umfasste Erkenntnisse zu erwarten sind, und die Unverwertbarkeit entsprechender Beweise. Das systematische Zusammenspiel der Vorschriften ist unklar.

aa. § 97 StPO

§ 97 StPO normiert an die Eigenschaft als Berufsgeheimnisträger anknüpfende Beschlagnahmeverbote. Der Verstoß gegen ein Beschlagnahmeverbot zieht ein Beweisverwertungsverbot nach sich[3199].

§ 97 Abs. 1 Nrn. 1 und 2 StPO normieren ausdrücklich, dass die Unterlagen dem Verhältnis zwischen dem Zeugnisverwerweigerungsberechtigten und dem Beschuldigten zu entstammen haben. Damit das Beschlagnahmeverbot greift, muss der Mandant des Rechtsanwalts also Beschuldigter sein. So wird es in Konstellationen interner Ermittlungen regelmäßig nicht liegen (s.u.). In Frage kommt daher lediglich ein Beschlagnahmeverbot nach § 97 Abs. 1 Nr. 3 StPO. Der Wortlaut des Abs. 1 Nr. 3 knüpft lediglich an den Zeugnisverweigerungsberechtigten, nicht aber

---

3197 *Momsen* ZIS 2011, 508 (515).

3198 S.o. E. III. 2. c.; ähnlich auch *Kirsch* in Unternehmensstrafrecht, S. 361 (364) vgl. auch *Erb* in Kühne-FS, S. 171 (183).

3199 Hierfür wird regelmäßig § 160a Abs. 1 S. 2 StPO bemüht (s. etwa *Meyer-Goßner/ Schmitt*, StPO, § 97 Rn. 50), die Unverwertbarkeit ergibt sich aber auch aus allgemeiner Beweisverwertungsverbots-Dogmatik.

auch an den Beschuldigten an. Eine Auslegung, die auch das Verhältnis zwischen dem Nicht-Beschuldigten und seinem Rechtsanwalt erfasst, ist daher möglich, wird aber überwiegend abgelehnt[3200]. Nr. 3 habe den Charakter eines Auffangtatbestandes gegenüber den Nrn. 1 und 2 und soll nicht etwa über diese hinausgehen[3201]. Eine derartige Auslegung würde die Nrn. 1 und 2 überflüssig machen[3202].

§ 97 Abs. 2 StPO normiert als einschränkende Voraussetzung, dass sich der Gegenstand im Gewahrsam der zeugnisverweigerungsberechtigten Person befinden muss.

Das Gewahrsamserfordernis gilt jedoch nicht für sog. *Verteidigungsunterlagen*[3203]. Das Recht auf effektive Verteidigung (Art. 1, 20 Abs. 3 GG, Art. 6 Abs. 3 EMRK) fordert hier eine Reduktion des § 97 Abs. 2 S. 1 StPO[3204]. Der sich aus diesem Recht ergebene Anspruch auf einen dem staatlichen Zugriff entzogenen Schriftwechsel hat seinen einfachgesetzlichen Ausdruck in § 148 StPO gefunden[3205]. Verteidigungsunterlagen sind daher unabhängig davon geschützt, wo sie sich befinden[3206]. Dies erfasst Unterlagen, die der Verteidigung des Beschuldigten dienen, unabhängig davon, ob sie von ihm selbst oder dem Verteidiger erstellt worden sind[3207]. Erforderlich ist ein hinreichender Bezug zu der Verteidigung des Beschuldigten[3208]. Nicht vorausgesetzt ist, dass die Unterlagen ausschließlich diesem Zweck dienen[3209]. Der Verteidigungsbezug bestimmt sich nach dem Inhalt der Unterlagen[3210]. Es muss für einen Außenstehenden erkennbar sein, dass die Unterlagen zum Zweck der Verteidigung angefertigt wurden[3211]. Die schlichte Kennzeichnung als Verteidigungsunterlagen steht der Beschlagnahme nicht entgegen[3212]. Stellen sich bereits beschlagnahmte

3200 *Meyer-Goßner/Schmitt*, StPO, § 97 Rn. 10a; *Ritzert* in BeckOK § 97 Rn. 17; *Hadamitzky* in KMR-StPO § 97 Rn. 3; gebilligt von BVerfG NStZ-RR 2004, 83.

3201 LG Hamburg NZWiSt 2012, 26 (27).

3202 *W. Bauer* StV 2012, 277 (278); einschränkend *Goeckenjan* in Samson-FS, S. 641 (654); a.A. *Bock/Gerhold* in Internal Investigations, Kap. 5 Rn. 38; *Jahn/Kirsch* StV 2011, 151 (153 f.).

3203 BGH NJW 1998, 1963 (1964); *Meyer-Goßner/Schmitt* § 97 Rn. 37 mwN.

3204 Vgl. BVerfG NStZ 2002, 377 (377); BGH NJW 1998, 1963 (1964).

3205 *Bock/Gerhold* in Internal Investigations, Kap. 5 Rn. 42.

3206 Neben dem Gewahrsam des Beschuldigten oder des Strafverteidigers, sind Unterlagen auch auf dem Postweg geschützt und richtigerweise auch dann, wenn sie sich im Gewahrsam eines Dritten befinden, vgl. *Rütters/A. Schneider* GA 2014, 160 (162) mwN.

3207 *Montag* in Canenbley-FS, S. 325 (335); *Mehle/Mehle* NJW 2011, 1639 (1639).

3208 *Thum* HRRS 2012, 535 (536); *Mehle/Mehle* NJW 2011, 1639 (1639).

3209 *Mehle/Mehle* NJW 2011, 1639 (1639).

3210 *Rütter/A. Schneider* GA 2014, 160 (161);

3211 BVerfG NStZ 2002, 377 (377); BGH NJW 1998, 1963 (1964).

3212 BGH NJW 1998, 1963 (1964).

Unterlagen nachträglich als Verteidigungsunterlagen heraus, sind sie unverzüglich herauszugeben[3213]. Sie unterliegen einem Verwertungsverbot[3214].

bb. § 160a Abs. 1 StPO

§ 160a Abs. 1 S. 1 StPO sieht die Unzulässigkeit von Ermittlungen vor, die sich gegen gem. § 53 Abs. 1 Nrn. 1, 2 und 4 StPO zeugnisverweigerungsberechtigte Personen (Geistliche, Strafverteidiger, Parlamentarier) richten und voraussichtlich vom Zeugnisverweigerungsrecht umfasste Informationen erbringen würden. Dieses Beweiserhebungsverbot wird in S. 2 durch ein Verwertungsverbot komplettiert. Dieses gilt unabhängig von einem Verstoß gegen das Erhebungsverbot, also insbesondere auch dort, wo sich die Prognose ex post als unzutreffend erweist[3215]. Für die in § 53 Abs. 1 Nrn. 3–3b und 5 StPO erfasste Berufsgruppen sieht § 160a Abs. 2 StPO lediglich ein relatives Beweiserhebungsverbot vor. Die Betroffenheit eines solchen Berufsgeheimnisträgers ist im Rahmen der Verhältnismäßigkeitsprüfung gesondert in Ansatz zu bringen. Jedenfalls bei Straftaten von erheblicher Bedeutung bliebe die Maßnahme aber regelmäßig zulässig, § 160a Abs. 2 S. 1 Hs. 2 StPO e contrario. Auch ein Verwertungsverbot greift nur nach Maßgabe einer Einzelfallabwägung, § 160a Abs. 2 S. 3 StPO. Da hier dieselben Kriterien gelten, wird die Abwägung bei Erhebungs- und Verwertungsverbot regelmäßig zum selben Ergebnis kommen[3216]. Auseinanderfallen können die Ergebnisse allerdings insbesondere dort, wo sich die Beurteilung einer Straftat als „erheblich" im Nachhinein ändert[3217]. Bis zur Gesetzesnovelle 2011 unterfielen Rechtsanwälte als gem. § 53 Abs. 1 Nr. 3 StPO zeugnisverweigerungsberechtigt dem Anwendungsbereich des Abs. 2. Aus diesem hat sie der Reformgesetzgeber nun ausdrücklich herausgenommen (Abs. 2 S. 4) und dem Anwendungsbereich des Abs. 1 zugeführt. Für Rechtsanwälte (sowie nach § 206 BRAO in eine Rechtsanwaltskammer aufgenommene Personen und Kammerrechtsbeistände) gilt nunmehr das absolute Beweiserhebungs- und -verwertungsverbot des § 160a Abs. 1 StPO. Eingeschränkt wird dieses lediglich durch die Verstrickungsklausel des Abs. 4.

Vor der Gesetzesreform war § 160a StPO nach h.M. unanwendbar auf die Beschlagnahme, da insoweit § 97 StPO vorgehe[3218]. Dieser bot nun, wiederum nach Lesart der h.M., gar keinen Schutz für Anwaltsunterlagen (s.o. aa.). Vor der Reform unterlagen Anwaltsunterlagen also nicht einmal dem relativen Schutz des § 160a Abs. 2 StPO, sondern waren unbeschränkt beschlagnahmefähig. Inwieweit

---

3213 BVerfG NStZ 2002, 377 (377).

3214 BGH NJW 1998, 1963 (1964).

3215 *Bock/Gerhold* in Internal Investigations, Kap. 5 Rn. 58; *Bertheau* StV 2012, 303 (305).

3216 *Platzak* in BeckOK-StPO § 160a Rn. 12.

3217 *Bock/Gerhold* in Internal Investigations, Kap. 5 Rn. 65.

3218 *Griesbaum* in KK-StPO[6] § 160a Rn. 21; *Meyer-Goßner*, StPO[55], § 160a Rn. 17, § 97 Rn. 10.

die Gesetzesnovelle einen erweiterten Beschlagnahmeschutz für Rechtsanwälte begründet, ist umstritten.

cc. LG Hamburg

Noch zur alten Rechtslage hatte sich das LG Hamburg[3219] mit der Rechtmäßigkeit einer entsprechenden Beschlagnahmeanordnung zu beschäftigen.

Das LG Hamburg verneint ein Beschlagnahmeverbot aus § 97 Abs. 1 Nr. 3 StPO. Es ging mit der h.M. davon aus, § 97 Abs. 1 Nr. 3 StPO schütze nur das Vertrauensverhältnis zum Beschuldigten. Ein Mandatsverhältnis bestehe nur zu dem Unternehmen, das nicht Beschuldigter sei, nicht etwa zu den späteren Beschuldigten, die im Rahmen der Interviews befragt worden waren. Aufgrund der gegenläufigen Interessenverhältnisse bestehe auch kein „mandatsähnliches Vertrauensverhältnis", das eine Einbeziehung rechtfertigen könne. Den Gedanken, die durch die arbeitsrechtliche Auskunftspflicht ausgelöste Konfliktklage könnte ein aus dem nemo-tenetur-Grundsatz abzuleitendes Verwertungs- und entsprechendes Beschlagnahmeverbot begründen, hielt das Gericht für „eher fernliegend". Der Grundsatz entstamme dem Staat-Bürger-Verhältnis und sei vom Vorliegen sanktionsbewehrter Pflichten abhängig. Auf vertragliche übernommene Pflichten sei er daher „ersichtlich nicht anwendbar". Als zentralen Aspekt sieht das Gericht die vertragliche Vereinbarung der Auskunftspflicht an. Es handele sich um eine „vom Betroffenen freiwillig eingegangene vertragliche Verpflichtung zur Selbstbelastung"[3220]. Die möglicherweise existenzbedrohenden Konsequenzen einer Zuwiderhandlung seien demgegenüber nicht maßgeblich.

Die Unzulässigkeit der Beschlagnahme ergebe sich auch nicht aus § 160a Abs. 2 StPO. Mit Blick auf das systematische Verhältnis zu § 97 StPO sei ohnehin zweifelhaft, ob sich aus der Vorschrift einschränkende Voraussetzungen ergäben[3221], doch selbst wenn man die nach § 160a Abs. 2 StPO erforderliche Verhältnismäßigkeitsprüfung vornähme, überwiege das Strafverfolgungsinteresse.

In der Literatur findet sich verbreitet die Ansicht, die Entscheidung des LG Hamburg sei mit der Novellierung des § 160a StPO obsolet geworden[3222].

3219 NZWiSt 2012, 26.

3220 Krit. *Momsen/Grützner* DB 2011, 1792 (Fn. 30); s. zu diesem Standpunkt oben F. III. 2. e. bb. (ii).

3221 Für die Anwendbarkeit: *Knierim* FD-StrafR 2011, 314177; *Montag* in Canenbley-FS, S. 325 (336).

3222 *Schuster* NZWiSt 2012, 28 (29); *v. Galen* NJW 2011, 945; *Fritz* CCZ 2011, 155 (157); *Knauer* ZWH 2012, 81 (88); *Raum* StraFo 2012, 395 (399) gegen eine Änderung der Rechtslage: *Jahn/Kirsch* StV 2011, 151 (154); *W. Bauer* StV 2012, 277 (277).

dd. LG Mannheim

Die bisher einzige Entscheidung zur neuen Rechtslage ist ein Beschluss des LG Mannheims[3223]. Im Ergebnis hielt das Gericht die Beschlagnahme dann für unzulässig, wenn sich die Unterlagen im Gewahrsam des Anwalts befinden. Ist dies nicht der Fall, sind sie beschlagnahmefähig. Das Gericht ging zudem von einem Vorrang des § 97 StPO aus und tritt insgesamt für eine restriktive Handhabung des Beschlagnahmeschutzes ein.

Das LG Mannheim befürchtete eine zu starke Beschränkung der Wahrheitsfindung. Der vom Anwendungsbereich der Vorschrift erfasste Personenkreis würde vervielfacht. Es drohe eine „völlige Verschiebung [...] der Kräfteverhältnisse im strafprozessualen Verfahren [...]“.[3224] Der Zeuge hätte es in der Hand, seinem vielfältig motivierten Interesse, bestimmte Unterlagen dem Zugriff der Strafverfolgungsbehörden zu entziehen, dadurch nachzukommen, dass er die Unterlagen einem Rechtsanwalt übergibt. Eine solche Beweismittel-Verlagerung sei besonders von finanzstarken Betroffenen, insbesondere größeren Unternehmen, zu befürchten. Dass Zeugen mit begrenzten finanziellen Mitteln hier nicht die gleichen Möglichkeiten hätten, führe zu einer „‚Zwei-Klassen-Gesellschaft‘ unter Zeugen“. Das Gericht zieht eine Parallele zur Sperrung von Zeugen[3225]. Wie dort die Exekutive nähme hier das private Unternehmen durch Steuerung von Beweismitteln Einfluss auf den Verfahrensverlauf. Wie dort seien daher Maßnahmen zu ergreifen, um den fairen, rechtsstaatlichen Verfahrensablauf sicherzustellen. Das LG kann sich auf das BVerfG berufen, das ebenfalls die einschneidende Wirkung für die Wahrheitsfindung betonte und (letztlich nicht durchschlagende) Bedenken hinsichtlich Art. 3 Abs. 1 GG äußerte[3226]. Nach Ansicht des LG genügt § 160a StPO daher dem gebotenen Schutz des Berufsgeheimnisträgers, wenn er nicht „gar die gebotenen Mindestanforderungen deutlich bzw. erheblich übersteigt“. Ein über den Wortlaut hinausgehender auch auf das Schutzniveau des § 97 StPO einflusshabender Bedeutungsgehalt könne der Vorschrift daher in keinem Fall zugewiesen werden. Im Gegenteil: Das Gericht sah sich berufen, obiter die Möglichkeit einer verfassungskonformen teleologischen Reduktion der Vorschrift zur Vermeidung von Missbrauch zu postulieren[3227].

3223 Wistra 2012, 400.

3224 Krit. hierzu *Jahn/Kirsch* NStZ 2012, 718 (720).

3225 Krit. hierzu *Schuster* NZWiSt 2012, 431 (433).

3226 BVerfG NJW 2012, 833 (842).

3227 Krit. hierzu: *de Lind van Wijngaarden/Egler* NJW 2013, 3549 (3551); *Jahn/Kirsch* NStZ 2012, 718 (718); *Beukelmann* NJW-Spezial 2012, 504; *Ballo* NZWiSt 2013, 46 (52); *Schuster* NZWiSt 2012, 431 (432 f.); *Michalke* ZWH 2012, 432; *Greeve*, StraFo 2013, 89 (95).

Bei Unterlagen im Gewahrsamsbereich des Berufsgeheimnisträgers sah das LG eine Beschlagnahme als unzulässig an, unabhängig davon, ob man § 97 Abs. 1 S. 1 Nr. 3 StPO oder § 160a StPO für einschlägig halte[3228]. Die daneben bestehende dritte Variante, § 97 Abs. 1 StPO, wie nach altem Recht, gleichzeitig als vorrangig und nicht einschlägig zu behandeln und so zur Beschlagnahmefähigkeit auch bei Gewahrsam des Rechtsanwalts zu gelangen[3229], erwog das Gericht nicht. Dies überrascht, nach dem es sich zuvor derart für eine restriktive Handhabung stark gemacht hat. Der Mandatsbezogenheit der Interview-Protokolle stehe nicht entgegen, dass kein Mandatsverhältnis zum antwortenden Arbeitnehmer besteht. Dessen Antworten stünden in einem untrennbaren Zusammenhang zu den gestellten Fragen, die Mandatsbezug aufwiesen.

Das LG Mannheim sah § 97 StPO als im Verhältnis zu § 160a StPO speziellere Vorschrift an. Dies ergebe sich zunächst aus dem Wortlaut. Zudem habe der Gesetzgeber keine Änderung der Rechtslage für sog. Verteidigungsunterlagen angestrebt. Ihm könne somit erst recht nicht daran gelegen gewesen sein, dem bloßen Zeugen oder Drittbeteiligten einen noch darüber hinausgehenden Schutz zukommen zu lassen. Auch führe die Erweiterung des personellen Anwendungsbereichs zahlenmäßig zu einer Vervielfältigung der Anwendungsfälle und somit zu einer Beschränkung der Wahrheitsfindung, die vom Gesetzgeber nicht intendiert sei. Die angestrebte Beseitigung der „Zwei-Klassen-Gesellschaft“ von Rechtsanwälten werde auch bei der vorgenommenen Auslegung erreicht. Im Bereich der Beschlagnahme bliebe für § 160a Abs. 1 StPO also nur insofern ein Anwendungsbereich, als er von § 97 StPO nicht erfasste Fragestellungen, wie insbesondere die des Verwertungsverbots, regelt.

Als Konsequenz des Anwendungsvorrangs gilt das Gewahrsamserfordernis des Abs. 2. Unterlagen, die sich nicht im Gewahrsam des Rechtsanwalts befänden, seien daher unbeschränkt beschlagnahmefähig.

ee. Lösung

Zur Lösung erscheint es zunächst zweckmäßig, danach zu differenzieren, ob das Unternehmen Nebenbeteiligter bzw. Beschuldigter in einem Bußgeldverfahren ist[3230]. Ist dies nicht der Fall, kommt dem Umstand Bedeutung zu, ob sich die Unterlagen im Gewahrsam des Rechtsanwalts oder des Unternehmens befinden.

(i) Verteidigungsunterlagen

Kommt das Unternehmen als Nebenbeteiligter in Betracht, gelten die Unterlagen als Verteidigungsunterlagen und unterliegen absolutem Beschlagnahmeschutz analog

3228 Wistra 2012, 400 (407).

3229 So *Meyer-Goßner/Schmitt*, StPO, § 97 Rn. 10a f.; *U. Siegrist* wistra 2010, 427 (430); *Wimmer* in I. Roxin-FS, S. 537 (545).

3230 So auch *Gercke* in Wolter-FS, S. 933 (937).

§ 97 Abs. 1 StPO[3231]. Abs. 2 findet keine Anwendung[3232]. Die Unterlagen sind mithin auch im Gewahrsam des Unternehmens geschützt[3233]. Dasselbe gilt, wenn das Unternehmen selbst Beschuldigter in einem Ordnungswidrigkeitenverfahren ist[3234].

Zum Nebenbeteiligten wird das Unternehmen als Adressat von Einziehung, Verfall oder eines Bußgelds nach § 30 OWiG[3235]. Die Rechtsstellung des Nebenbeteiligten ist in den §§ 433 ff. StPO für den Verfallsbeteiligten näher ausgestaltet. §§ 442 Abs. 1, 444 Abs. 2 S. 2 StPO ordnen die entsprechende Geltung dieser Vorschrift für den Einziehungsbeteiligten und den Bußgeldadressaten an. § 433 Abs. 1 S. 1 StPO bestimmt, dass dem Nebenbeteiligten grundsätzlich dieselben Rechte wie dem Angeklagten zustehen. Gem. § 434 Abs. 1 S. 1 StPO kann er sich durch einen Rechtsanwalt vertreten lassen. Gem. § 434 Abs. 1 S. 2 StPO ist das Verhältnis des Nebenbeteiligten zu seinem Rechtsbeistand dem des Beschuldigten zu seinem Verteidiger weitgehend gleichgestellt. Die erwähnten Vorschriften ordnen zwar die Geltung des § 97 StPO nicht ausdrücklich an, man wird jedoch dennoch von einem Beschlagnahmeverbot auszugehen haben. Das gesetzliche Konzept der Gleichstellung wäre anderenfalls unvollständig[3236]. Der in Bezug genommene § 148 StPO, der den freien Verkehr mit dem Verteidiger gewährleistet, würde ohne ein Beschlagnahmeverbot entwertet[3237].

Ist das Unternehmen Nebenbeteiligter, sind die Interview-Protokolle somit als Verteidigungsunterlagen einzuordnen[3238].

Problematisch und essentiell ist allerdings der Zeitpunkt, ab dem sich der Nebenbeteiligte auf seine Rechtsstellung berufen kann. Gem. § 431 Abs. 1, 444 Abs. 1 S. 1 StPO begründet eine gerichtliche Anordnung die Stellung als Nebenbeteiligter, die erst nach Anklageerhebung erfolgen kann[3239]. Anerkannt ist, dass der Nebenbeteiligte die aus dieser Stellung fließenden Rechte bereits im Ermittlungsverfahren

---

3231 *Taschke* in Hamm-FS, S. 751 (762); *Rütter/A. Schneider* GA 2014, 160 (170); *Schuster* NZWiSt 2012, 431 (432); *B. Kruse*, Compliance und Rechtsstaat, S. 111; a.A. *Bauer* StraFo 2012, 488 (488); *ders.* StV 2012, 277 (279 f.), der diesen Schutz auf Fälle beschränken will, in denen die internen Untersuchungen dem Zweck dienen, sowohl das Unternehmen als auch den Arbeitnehmer zu verteidigen. Dies beruht letztlich darauf, dass *Bauer* interne Ermittlungen als per se nicht schutzwürdig ansieht. Ein Standpunkt, der in dieser Absolutheit nicht geteilt werden kann.

3232 *Taschke* in Hamm-FS, S. 751 (762).

3233 *Wettner/Mann* DStR 2014, 655 (659).

3234 *Montag* in Canenbley-FS, S. 325 (339 f.).

3235 Nach *Wessing* in Mehle-FS, S. 665 (671) ist der Adressat eines drohenden Bußgeldes nach § 30 OWiG nicht von dem Begriff des Nebenbeteiligten umfasst; wie hier *Inhofer* in BeckOK-StPO § 444 Rn. 2; *Henneck* WiJ 2015, 9 (9).

3236 *Rütters/A. Schneider* GA 2014, 160 (171).

3237 *Rütters/A. Schneider* GA 2014, 160 (171); *Wessing* in Mehle-FS, S. 665 (679 f.); vgl. auch *Jahn/Kirsch* NZWiSt 2013, 28 (29), die das Beschlagnahmeverbot unmittelbar aus § 148 StPO ableiten.

3238 *Rütters/A. Schneider* GA 2014, 160 (163 ff.; 169 f.); *De Lind van Wijngaarden/Egler* NJW 2013, 3549 (3553); *Zimmer* BB 2011, 1075 (1075).

3239 *Wessing* in Mehle-FS, S. 665 (671).

geltend machen können muss[3240]. Hierfür streitet bereits der Wortlaut des § 434 Abs. 1 StPO, der dem Nebenbeteiligten das Recht sich anwaltlich vertreten zu lassen „in jeder Lage des Verfahrens" zugesteht[3241]. Unklar ist die Situation jedoch, wenn noch keine förmliche Einleitung eines Ermittlungsverfahrens erfolgt ist.

Die parallele Problematik stellt sich beim Individualverteidiger vor Beginn der Beschuldigteneigenschaft[3242] und gerade auch bei gegen Unternehmen gerichteten Bußgeldverfahren.

In letzterer Konstellation sollen nach LG Bonn, *Beschl.* v. 21.6.2012 – 27 Qs 2/12 Verteidigungsunterlagen erst ab Einleitung eines Bußgeldverfahrens beschlagnahmefrei sein. Eine solch formelle Sichtweise erscheint verfehlt[3243]. Beratungsbedarf besteht bereits bei der Möglichkeit einer Verfahrenseinleitung[3244]. Das Recht auf effektive Verteidigung ist nur dann gewahrt, wenn frühzeitig gefahrlos anwaltliche Hilfe gesucht werden kann[3245]. Gerade im Bereich der Unternehmensverteidigung ist das Tätigwerden im Vorfeld des Ermittlungsverfahrens eher typisch als außergewöhnlich[3246]. Die Tatsache, dass formell noch kein Ermittlungsverfahren eingeleitet wurde, steht der Qualifizierung als Verteidigungsunterlagen somit nicht entgegen[3247]. Entscheidend ist vielmehr auch hier, dass die Unterlagen Verteidigungsbezug aufweisen. Dieser kann unter Umständen weniger nahe liegen als bei Unterlagen, die nach Verfahrenseinleitung erstellt werden.

Man wird dies auf die Eigenschaft als Nebenbeteiligter zu übertragen[3248] und daher davon auszugehen haben, dass auch Unterlagen, die vor der formellen Einleitung des Ermittlungsverfahrens erstellt wurden, als geschützte Verteidigungsunterlagen anzusehen sind, wenn sie bereits zum Zwecke der Verteidigung gegen Geldbußen und Abschöpfungsmaßnahmen erstellt wurden.

3240 *Rütters/A. Schneider* GA 2014, 160 (164); *Wessing* in Mehle-FS, S. 665 (672); *Gercke* in Wolter-FS, S. 933 (937).

3241 *Wessing* in Mehle-FS, S. 665 (671 f.).

3242 S. hierzu *Meyer-Goßner/Schmitt,* StPO, § 148 Rn. 3; *Wessing* in BeckOK § 148 Rn. 10; *Thum* HRRS 2012, 535 (537 ff.) jeweils mwN.

3243 So aber auch *Thum* HRRS 2012, 535 (538); *Meyer-Goßner/Schmitt,* StPO, § 97 Rn. 10c.

3244 *Montag* in Canenbley-FS, S. 325 (339); *Mehle/Mehle* NJW 2011, 1639 (1640); *Wessing* in Mehle-FS, S. 665 (672).

3245 LG Gießen, *Beschl.* v. 25.6.2012 – 7 Qs 100/12 , juris; *Montag* in Canenbley-FS, S. 325 (339).

3246 *Jahn/Kirsch* NZWiSt 2013, 28 (30); *Wessing* in Mehle-FS, S. 665 (666); s. auch BRAK-These 1.

3247 So jetzt auch LG Braunschweig, *Beschl.* v. 21.07.2015 – 6 Qs 116/15, juris, Rn. 10.

3248 S. *Wessing* in Mehle-FS, S. 665 (673).

Interne Ermittlungen dienen häufig zumindest auch dem Zweck, Geldbußen oder Einziehung und Verfall abzuwehren[3249]. In derartigen Fällen ergibt sich der Beschlagnahmeschutz aus den hier dargelegten Grundsätzen.

(ii) Kein Nebenbeteiligter

Erst wenn das Unternehmen kein Nebenbeteiligter ist, wird der Streit um das Verhältnis von § 97 StPO und § 160a StPO aktuell. Hier ist danach zu differenzieren, ob Unterlagen beschlagnahmt werden sollen, die sich im Gewahrsam des Anwalts, oder solche, die sich in den Räumen des Unternehmens befinden.

α) Gewahrsam des Rechtsanwalts

Befinden sich die Unterlagen im Gewahrsam eines externen Rechtsanwalts, kommt zunächst ein Beschlagnahmeverbot nach § 97 Abs. 1 Nr. 3 StPO in Betracht.

Vor der Gesetzesänderung entsprach es der herrschenden Auffassung, das Beschlagnahmeverbot aus § 97 i.V.m. § 53 StPO restriktiv dahingehend auszulegen, dass lediglich das Vertrauensverhältnis zwischen dem in einem Strafverfahren Beschuldigten und seinem Strafverteidiger geschützt sei[3250]. Dokumente, die aus dem Verhältnis zwischen einem Nicht-Beschuldigten und seinem Rechtsanwalt stammten, blieben daher beschlagnahmefähig. Um über eine so ausgelegte Nr. 3 geschützt zu sein, müsste ein Mandats- oder jedenfalls ein mandatsähnliches Vertrauensverhältnis zu den die Interviews durchführenden Anwälten bestehen. Ein solches hat insbesondere das LG Hamburg[3251] abgelehnt. Ein Mandatsverhältnis bestehe allein zu dem Unternehmen. Dessen Interessen seien den des Befragten gegenläufig, sodass in diesem Verhältnis keine Vertrauensbeziehung entstehen könnte. Gleichzeitig ein Mandatsverhältnis zum Unternehmen und zumindest ein mandatsähnliches Verhältnis zum Befragten zu unterhalten, sei dem Rechtsanwalt gar nicht möglich, ohne seine gegenüber dem Unternehmen bestehenden Pflichten – in womöglich strafbarer Weise (§ 356 StGB) – zu verletzen. Allein die Zusicherung der Vertraulichkeit genüge nicht, um ein entsprechendes Vertrauensverhältnis zu begründen.

Hält man an dieser Auslegung fest, ergibt sich somit aus § 97 Abs. 1 Nr. 3 StPO kein Beschlagnahmeschutz für die Interview-Protokolle.

3249 *Jahn/Kirsch* NStZ 2012, 718 (720); *Bock/Gerhold* in Internal Investigations, Kap. 5 Rn. 38 verweisen darauf, dass interne Ermittlungen regelmäßig mehrere Ziele verfolgen, sodass sich eine solche Zielrichtung häufig nicht ausschließen lassen wird; ebenso *Schuster* NZWiSt 2012, 431 (434); *Beukelmann* NJW-Spezial 2012, 504 erwartet eine entsprechende Ausgestaltung der Mandatsverhältnisse;

3250 LG Hamburg NZWiSt 2012, 26 (27); *Meyer-Goßner/Schmitt*, StPO, § 97 Rn. 10a; *Ritzert* in BeckOK § 97 Rn. 17; *Hadamitzky* in KMR-StPO § 97 Rn. 3; gebilligt von BVerfG NStZ-RR 2004, 83.

3251 NZWiSt 2012, 26; krit. *Momsen/Grützner* DB 2011, 1792 (1794) und *Fritz* CCZ 2011, 155 (158).

Nach verbreiteter Ansicht soll sich ein solcher Beschlagnahmeschutz allerdings aus § 160a Abs. 1 S. 1 StPO ergeben[3252]. Nach Novellierung der Vorschrift gelte ein solcher Beschlagnahmeschutz nunmehr absolut.

Die Gegenauffassung, die auch nach der Gesetzesänderung an der Beschlagnahmefähigkeit festhält, beruft sich auf den Vorrang des § 97 StPO gegenüber § 160a StPO[3253].

Das Ergebnis, dass § 97 StPO zum einen selbst keinen Schutz für Rechtsanwaltsunterlagen gewährt und zum anderen den Rückgriff auf § 160a StPO sperren soll, erscheint nicht als sinnvolle Auflösung der unklaren Gesetzessystematik[3254]. Dass die Spezialregelung für die Beschlagnahme im Ergebnis zu einem niedrigeren Schutzniveau führt als die allgemeine, für alle Ermittlungsmaßnahmen geltende Vorschrift, kann kaum der Intention des Gesetzgebers entsprechen[3255]. Auch führt diese Ansicht zu normativ nicht überzeugenden Ergebnissen. So wäre es unzulässig, ein Telefonat abzuhören, aber zulässig, währenddessen erstellte Notizen zu beschlagnahmen[3256]. Zudem würden Wertungswidersprüche zwischen Durchsuchung und Beschlagnahme provoziert[3257]. Erstere wäre nach § 160a unzulässig, während letztere gem. eines so verstandenen § 97 StPO zulässig sei. Da eine Beschlagnahme in praxi regelmäßig das Ergebnis einer Durchsuchung ist, erscheint dieses Auseinanderfallen der Rechtsmäßigkeitsvoraussetzungen kaum sinnvoll. Eine gem. § 160a StPO unzulässige Durchsuchung hätte wohl die Unverwertbarkeit der – ohne Verstoß gegen § 97 StPO – beschlagnahmten Gegenstände zur Folge. Ein Anwendungsbereich verbliebe zwar mit der Möglichkeit eines Vorgehens nach § 95 StPO[3258], gewollt kann auch dies jedoch nicht sein.

Die Gegenansicht macht geltend, gem. Abs. 5 der Vorschrift lasse § 160a StPO lediglich die Vorschrift des § 97 StPO unberührt, nicht die §§ 94 ff. StPO insgesamt[3259]. Ein Anwendungsvorrang werde allein zugunsten der Beschlagnahmeverbote konstituiert, nicht aber bezüglich der übrigen Zulässigkeitsvoraussetzungen

---

3252 *Knauer* ZWH 2012, 81 (88); *Bertheau* StV 2012, 303 (306); *Ballo* NZWiSt 2013, 46 (50); *Sahan* in Criminal Compliance vor den Aufgaben der Zukunft, S. 133 (143); *ders./Urban* in Rotsch, Criminal Compliance, S. 29.

3253 *U. Siegrist* wistra 2010, 427 (430); *Wimmer* in I. Roxin-FS, S. 537 (545); *Meyer-Goßner/Schmitt*, StPO, § 160a Rn. 17.

3254 *V. Galen* NJW 2011, 945.

3255 Vgl. *Schuster* NZWiSt 2012, 431 (432); *Jahn/Kirsch* NStZ 2012, 718 (718).

3256 *V. Galen* NJW 2011, 945.

3257 *Bertheau* StV 2012, 303 (306); *U. Siegrist* wistra 2010, 427 (430); *Schuster* NZWiSt 2012, 431 (432); *Montag* in Canenbley-FS, S. 325 (336); s. aber auch *Erb* in Kühne-FS, S. 171 (177).

3258 *U. Siegrist* wistra 2010, 427 (430) mit Bedenken bezüglich der Praktikabilität.

3259 *Bertheau* StV 2012, 303 (306); *Bock/Gerhold* in Internal Investigation, Kap. 5 Rn. 68; *Ballo* NZWiSt 2013, 46 (50); *Sahan* in Criminal Compliance vor den Aufgaben der Zukunft, S. 133 (143).

der Beschlagnahme[3260]. Ein Aussagegehalt dahingehend, dass sich die Zulässigkeit der Beschlagnahme allein nach der Vorschrift des § 97 StPO richtet, lasse sich § 160a Abs. 5 StPO gerade nicht entnehmen[3261]. § 97 StPO setzt gerade voraus, dass die Maßnahme im Übrigen zulässig ist[3262]. § 160a Abs. 5 StPO lasse sich keine Sperrwirkung entnehmen, sondern lediglich der Hinweis auf den nicht abschließenden Charakter der Vorschrift[3263]. § 97 StPO solle den Schutz des § 160a StPO nicht beschränken, sondern ergänzen[3264].

Kann es, wie dargestellt, vom Gesetzgeber nicht gewollt sein, dass gegenüber der Beschlagnahme ein geringeres Schutzniveau besteht als gegenüber sonstigen Maßnahmen, so erscheint es ebenso zweifelhaft, ob es umgekehrt gesetzgeberisch gewollt sein kann, nach Ablehnung des § 97 StPO, über § 160a StPO zu demselben Ergebnis zu gelangen[3265]. Eine solche Auslegung macht § 97 StPO schlicht überflüssig[3266].

Der überzeugendste Lösungsweg dürfte daher darin liegen, bereits § 97 StPO so auszulegen, dass er sich mit dem Schutzniveau des § 160a StPO deckt, somit kein Bedarf für einen etwaigen Rückgriff besteht[3267]. Es bedarf hierzu auch keiner erweiterten Auslegung des § 97 StPO, die problematischen Konstellationen entstehen vielmehr erst durch die von der h.M. vorgenommene restriktive Auslegung des § 97 Abs. 1 Nr. 3 StPO. Die bereits vor der Reform des § 160a StPO geltend gemachten verfassungsrechtlichen Bedenken gegen den unzureichenden Schutz[3268] können sich nunmehr zusätzlich auf die in § 160a StPO n.F. zum Ausdruck kommende gesetzgeberische Wertentscheidung berufen. Diese muss auch bei der Auslegung des § 97 StPO Beachtung finden[3269]. Konnte sich die Ansicht zuvor noch mit gewisser Berechtigung auf die Gesetzessystematik – den Vergleich zu § 97 Abs. 1 Nrn. 1, 2 StPO – berufen, streitet nun auch diese gegen sie: Die Ansicht ist die Quelle

3260 *Bertheau* StV 2012, 303 (306); *Bock/Gerhold* in Internal Investigation, Kap. 5 Rn. 68; *Ballo* NZWiSt 2013, 46 (50).

3261 *Bertheau* StV 2012, 303 (306); *Bock/Gerhold* in Internal Investigation, Kap. 5 Rn. 68; *Ballo* NZWiSt 2013, 46 (50).

3262 *Bertheau* StV 2012, 303 (306); *Bock/Gerhold* in Internal Investigation, Kap. 5 Rn. 68; *Ballo* NZWiSt 2013, 46 (50).

3263 *Bertheau* StV 2012, 303 (306); *Ballo* NZWiSt 2013, 46 (49).

3264 *Von Galen* NJW 2011, 945; *Bock/Gerhold* in Internal Investigations, Kap. 5 Rn. 68.

3265 *Haefke* CCZ 2014, 39 (41); *Jahn/Kirsch* NStZ 2012, 718 (719).

3266 *Jahn/Kirsch* NStZ 2012, 718 (719).

3267 *Jahn/Kirsch* NStZ 2012, 718 (719); *Fritz* CCZ 2011, 155 (158); *Zerbes* ZStW 125 (2013), 551 (562 f.); *Gercke* in Wolter-FS, S. 933 (945); *Sahan* in Criminal Compliance vor den Aufgaben der Zukunft, S. 133 (138); *B. Kruse*, Compliance und Rechtsstaat, S. 102 f.; eingeschränkt *Erb* in Kühne-FS, S. 171 (178 ff.); vgl. auch *Wolter* in SK-StPO § 160a Rn. 48, der bereits zur alten Rechtslage eine Auslegung anmahnte, die den Abs. 5 obsolet machte.

3268 *Jahn* ZIS 2011, 453 (455 ff.); *ders./Kirsch* StV 2011, 151 (154).

3269 *Thum* HRRS 2012, 535 (536); *Gercke* in Wolter-FS, S. 933 (941); *Sahan* in Criminal Compliance vor den Aufgaben der Zukunft, S. 133 (138).

der gesetzessystematischen Unstimmigkeiten im Verhältnis zu § 160a StPO. Der Schutzzweck der Vorschrift, zu vermeiden, dass der in § 53 StPO gewährleistete Schutz des Berufsgeheimnisses unterlaufen wird, hat schon immer ein erweitertes Verständnis indiziert[3270].

Die Unterlagen sind somit gem. § 97 Abs. 1 Nr. 3 StPO vor der Beschlagnahme geschützt.

β) Gewahrsam des Unternehmens

Befinden sich die Unterlagen im Gewahrsam des Unternehmens, scheidet ein Schutz aus § 97 StPO gem. Abs. 2 der Vorschrift aus.

Auch § 160a Abs. 1 S. 1 setzt voraus, dass sich die Maßnahme an den Berufsgeheimnisträger richtet[3271]. Adressat ist nur der Gewahrsamsträger[3272]. Eine sonstige Betroffenheit genügt nicht[3273]. Ein Schutz durch § 160a Abs. 1 S. 1 StPO scheint daher nur in Betracht zu kommen, wenn der Rechtsanwalt Gewahrsam über die Unterlagen hat. Viele der Vertreter der Anwendung des § 160a StPO gehen auch davon aus, die Vorschrift sei hier nicht einschlägig[3274]. Ein Teil der Lehre nimmt allerdings an, nach der Reform müssten Rechtsanwaltsunterlagen unabhängig von ihrem Aufenthaltsort vollen Beschlagnahmeschutz genießen[3275]. Dies ergebe sich aus dem erklärten Ziel der Gesetzesreform, die Ungleichbehandlung von Strafverteidigern und sonstigen Rechtsanwälten zu beseitigen[3276]. Diese Sichtweise verkennt jedoch, dass es sich bei dem Schutz der Verteidigungsunterlagen weniger um den Schutz des Berufsgeheimnisträgers als vielmehr um ein genuines Recht des Beschuldigten handelt. Die Beschlagnahmefreiheit gilt ja auch und gerade für Unterlagen, die der nichtverteidigte Beschuldigte nur für sich gefertigt hat[3277]. Das Recht auf effektive Verteidigung findet beim rechtsanwaltlich beratenen Nicht-Beschuldigtem kein Pendant. Auch lässt sich ein gesetzgeberischer Wille zur Aufgabe des Gewahrsamserfordernisses nicht nachweisen[3278]. § 160a Abs. 1 S. 1 StPO schützt vielmehr ausdrücklich lediglich den Adressaten der Maßnahmen, ohne dass Anhaltspunkte ersichtlich wären, warum dies für Rechtsanwälte nicht gelten sollte.

Etwas anderes ergibt sich auch nicht aus § 160a Abs. 1 S. 5 i.V.m. S. 2 StPO[3279]. Die Vorschrift normiert ein Verwertungsverbot für den Fall, dass durch eine

---

3270 *Jahn* ZIS 2011, 453 (456); *Erb* in Kühne-FS, S. 171 (179); *Gercke* in Wolter-FS, S. 933 (945); *B. Kruse*, Compliance und Rechtsstaat, S. 102.

3271 *Griesbaum* in KK-StPO § 160a Rn. 4.

3272 *Rütters/A. Schröder* GA 2014, 160 (172).

3273 *Rütters/A. Schröder* GA 2014, 160 (172).

3274 LG Mannheim wistra 2010, 401 (409); *Rütters/A. Schneider* GA 2014, 160 (171 ff.).

3275 *De Lind van Wijngaarden/Egler* NJW 2013, 3549 (3550); *Ballo* NZWiSt 2013, 46 (51).

3276 *De Lind van Wijngaarden/Egler* NJW 2013, 3549 (3550).

3277 BGH NJW 1998, 1963 (1964).

3278 LG Mannheim wistra 2010, 401 (408); *Jahn/Kirsch* NStZ 2012, 718 (720).

3279 So aber *Sahan* in Criminal Compliance vor den Aufgaben der Zukunft, S. 133 (142); *ders./Urban* in Rotsch, Criminal Compliance, S. 29.

Ermittlungsmaßnahme, die sich nicht gegen einen Zeugnisverweigerungsberechtigten richtet, Erkenntnisse erlangt werden, über die er das Zeugnis verweigern dürfte[3280].

§ 160a Abs. 1 S. 5 i.V.m. S. 2 StPO enthält kein ausdrückliches Beschlagnahmeverbot, ein solches ergibt sich aber im Wege der Vorauswirkung aus dem normierten Verwertungsverbot[3281]. Ermittlungsmaßnahmen, die lediglich unverwertbare Beweismittel hervorbringen, sind unzulässig. Dies ergibt sich aus der schlichten Anwendung des Verhältnismäßigkeitsgrundsatzes mit seinem Kriterium der Geeignetheit. Würde man die Vorschrift jedoch so auslegen, gelänge man zu einem umfassenden Beschlagnahmeverbot für Anwaltsunterlagen. Hätte der Gesetzgeber ein solches gewollt, hätte er es ausdrücklich und nicht auf solch verschlungene Weise normiert[3282]. Man wird den Anwendungsbereich der Vorschrift lediglich dort zu erblicken haben, wo die geschützten Inhalte nicht Ziel der Ermittlungsmaßnahme sind, sondern lediglich bei deren Gelegenheit anfallen[3283]. Dies betrifft vor allem Fälle, in denen die Kommunikation mit dem Zeugnisverweigerungsberechtigten durch eine gegen den Beschuldigten gerichtete Maßnahme erfasst wird[3284]. Für den Fall der Beschlagnahme von Interview-Protokollen ist die Vorschrift daher nicht einschlägig[3285].

Unterlagen im Gewahrsam des Unternehmens sind somit beschlagnahmefähig[3286]. Dies gilt auch dann, wenn sich die Unterlagen in der Rechtsabteilung befinden. Der Syndikus (§ 46 BRAO) wird regelmäßig nicht als Rechtsanwalt i.S.d. § 53 Abs. 1 Nr. 3 StPO angesehen und genießt daher keinen Schutz durch Aussageverweigerungsrecht und Beschlagnahmeverbot[3287]. Die Frage, wann der Syndikus nach § 53 Abs. 1 Nr. 3 StPO zeugnisverweigerungsberechtigt ist, ist nicht abschließend geklärt. Rechtsprechung und Literatur sind über eine Einzelfallbetrachtung bislang nicht hinausgekommen[3288]. Entscheidendes Kriterium ist die Weisungsgebundenheit im Einzelfall[3289].

(iii) Ergebnis

Die Interview-Protokolle unterliegen einem Beschlagnahmeverbot, wenn sie zumindest auch zum Zweck der Verteidigung gegen Geldbuße oder Abschöpfungsmaßnahmen erstellt wurden. Dies gilt auch vor der förmlichen Begründung der

---

3280 Zur Auslegung der sprachlich missverständlichen Vorschrift s. *Rütters/A. Schneider* GA 2014, 160 (173); *Ballo* NZWiSt 2013, 46 (48).

3281 *Gössel* NStZ 1998, 126 (127); *Hengstenberg*, Frühwirkung, S. 14, *Trüg/Habetha* NStZ 2008, 481 (482) („Vorwirkung").

3282 *Rütters/A. Schneider* GA 2014, 160 (175).

3283 *Rütters/A. Schneider* GA 2014, 160 (175); *Sackreuther* in BeckOK-StPO § 160a Rn. 9.

3284 Vgl. BT-Drs. 16/5846 S. 35.

3285 *Rütters/A. Schneider* GA 2014, 160 (175); *B. Kruse*, Compliance und Rechtsstaat, S. 112.

3286 *Erb* in Kühne-FS, S. 171 (180).

3287 *Meyer-Goßner/Schmitt*, StPO, § 97 Rn. 10c; s. auch EUGH NJW 2010, 3557.

3288 So *Bock/Gerhold* in Internal Investigations, Kap. 5 Rn. 9 f.

3289 *Bock/Gerhold* in Internal Investigations, Kap. 5 Rn. 10.

Beschuldigten- oder Nebenbeteiligteneigenschaft und bereits vor Einleitung des Ermittlungsverfahrens. Hiervon wird bereits ein nicht unerheblicher Anteil der praktischen Fälle erfasst sein. Fehlt es an einer entsprechenden Zielsetzung verbietet § 97 Abs. 1 Nr. 3 StPO dennoch die Beschlagnahme, wenn sich die Protokolle im Gewahrsam des Anwalts befinden. Fehlt es auch hieran, sind die Protokolle beschlagnahmefähig.

ff. Zusammenfassung

Die Inkongruenz privater und staatlicher Ermittlungen ruft zu Recht Bedenken bezüglich der Vereinbarkeit der im Rahmen interner Ermittlungen geführten Interviews mit dem nemo-tenetur-Grundsatz auf den Plan. Diesen Bedenken ist aber weder durch die Konstruktion einer staatlichen Zurechnung noch durch die Implementierung strafprozessualer Grundsätze in privatrechtliche Beziehungen zu begegnen. Die Lösung hat vielmehr an der Wurzel des Problems anzusetzen: Dem Moment der staatlichen Verwertung privat erlangter Beweismittel. Allein dieses löst die genannten Bedenken aus. Schaltet man es aus, besteht kein Bedürfnis, interne Ermittlungen an strafprozessualen Standards zu messen.

Bei unternehmensinternen Ermittlungen handelt es sich – im Regelfall – um materiell private Beweiserlangung. Es liegt kein Fall staatlicher Veranlassung vor, die Vorschriften der StPO finden daher auch keine analoge Anwendung. Auch sonst lässt sich eine Bindung der privaten Akteure an strafprozessuale Grundsätze nicht begründen. Insbesondere der nemo-tenetur-Grundsatz entfaltet aufgrund seines staatsgerichteten Schutzbereichs keine (mittelbare) Drittwirkung im Privatrechtsverhältnis. Ein Verstoß gegen diesen Grundsatz läge allerdings in der strafprozessualen Verwertung von Angaben, zu denen der Betroffene arbeitsvertraglich verpflichtet war. Der privatrechtliche Charakter der Verpflichtung steht dem nicht entgegen, die Möglichkeit der zwangsvollstreckungsrechtlichen Durchsetzung begründet einen hinreichenden staatlichen Charakter des Auskunftszwangs. Derartige Angaben unterliegen daher einem Beweisverwertungsverbot. Eine solche Auskunftspflicht besteht gem. §§ 666, 675 BGB für den – im Fall interner Ermittlungen regelmäßig betroffenen – unmittelbaren Arbeitsbereich. Ist dieser nicht betroffen, besteht lediglich der allgemeine Auskunftsanspruch aus § 242 BGB. Hier kann der Auskunftspflichtige insbesondere Angaben verweigern, die ihn selbst dem Risiko einer Kündigung aussetzen. Da eine Straftat in der Regel einen Kündigungsgrund darstellt, wird dies in Fällen interner Ermittlungen regelmäßig der Fall sein. Ist die Gefahr einer Kündigung – insbesondere aufgrund einer arbeitsrechtlichen Amnestie – ausgeschlossen, ist der Arbeitnehmer auskunftspflichtig. Eine Beachtung des nemo-tenetur-Grundsatzes kommt mangels Drittwirkung nicht in Betracht. In Erfüllung der Pflicht gemachte Angaben sind wiederum unverwertbar. Unverwertbar sind auch Angaben, die der Arbeitnehmer macht, weil von Arbeitgeberseite zu Unrecht eine entsprechend Auskunftspflicht behauptet wird. Verwertbar sind damit die in einem Interview gemachten Angaben eines späteren Beschuldigten somit nur dann, wenn sie freiwillig erfolgen, eine entsprechende Auskunftspflicht also nicht besteht oder darauf verzichtet wird, sie geltend zu machen. Da die Verwertbarkeit somit vom Verhalten des Arbeitsgebers bzw. der von ihm beauftragten Ermittler abhängt, steht zu erwarten, dass dort, wo der Arbeitnehmer ein Interesse an der strafprozessualen Verwertbarkeit der Ergebnisse der Mitarbeiterbefragungen hat, die Interviews derart gestaltet werden, dass die Betroffenen lediglich freiwillig Angaben machen. Faktisch wirkt sich der erst auf der Verwertungsebene zu beachtende nemo-tenetur-Grundsatz dann bereits im privatrechtlichen Verhältnis aus, wobei er durch die Motivation der privaten Ermittler und dem daraus resultierenden Interesse an der Verwertbarkeit transportiert wird. Es kommt somit zu einer faktischen Vorwirkung in das Privatrechtsverhältnis.

Dem Verwertungsverbot kommt Fern- und Frühwirkung zu. Es erstreckt sich jedoch nicht auf von den Angaben unabhängige Untersuchungsergebnisse. Die Widerspruchslösung findet keine Anwendung.

Abweichend von diesem Lösungskonzept kommt dem Arbeitnehmer ein Auskunftsverweigerungsrecht zu, wenn es sich um eine sog. *cross border investigation* handelt. Die Gefahr einer Strafverfolgung durch die US-Justiz lässt sich anders nicht ausschließen.

Eines Beweisverwertungsverbots bedarf es nur dort, wo das Unternehmen die Interview-Protokolle freiwillig an die Strafverfolgungsorgane herausgibt. Vor dem staatlichen Zugriff im Wege der Beschlagnahme sind die Protokolle weitgehend gem. § 97 StPO geschützt. Einzig wenn das Unternehmen kein Nebenbeteiligter ist und sich die Unterlagen in seinem Gewahrsam befinden, ist eine Beschlagnahme zulässig.

G. Abschließende Schutzbereichsbestimmung

Am Beginn der Arbeit stand das Vorhaben, nicht nur die sich aus dem Titel der Bearbeitung ergebenden Einzelprobleme einer Lösung zuzuführen, sondern dies vielmehr unter Berufung auf eine gleichzeitig zu entwickelnde geschlossene Konzeption des nemo-tenetur-Grundsatzes zu tun. Dieses Vorhaben soll im Folgenden zum Abschluss gebracht werden, indem die bereits erzielten Ergebnisse in einer abschließenden Beschreibung des Schutzbereichs zusammengefasst werden.

Der nemo-tenetur-Grundsatz schützt vor dem Zwang, sich selbst belasten zu müssen. Sein Schutzbereich enthält somit zwei Elemente, das des Zwangs und das der Selbstbelastung, die final verknüpft sind. Dieses Finalitätskriterium ist Ausdruck des hinter dem nemo-tenetur-Grundsatz stehenden Gedanken der prozessualen Autonomie. Der Beschuldigte soll bei der Gestaltung seines prozessualen Verteidigungsverhaltens selbstbestimmt handeln und darf nicht im Interesse der gegen ihn gerichteten Verfahrenszielbestimmung der Sachverhaltsaufklärung instrumentalisiert werden[3290].

Fehlt es an einer solchen finalen Verknüpfung, ist der nemo-tenetur-Grundsatz bereits nicht unmittelbar betroffen. Es kann sich nur noch die Frage stellen, ob es flankierender Schutzmechanismen bedarf, um die Umgehung des Grundsatzes zu vermeiden. Dies ist dort der Fall, wo der Betroffene sich außerhalb des Strafverfahrens einem Aussagezwang i.S.d. nemo-tenetur-Grundsatzes ausgesetzt sieht und die erzwungenen Angaben für das Strafverfahren nutzbar gemacht werden[3291]. Dieses Zusammenwirken des außerstrafprozessualen Auskunftszwangs und der strafprozessualen Nutzbarmachung gilt es zu verhindern, um der drohenden Umgehung des nemo-tenetur-Satzes zu entgehen. Entsprechende Schutzmechanismen können dabei alternativ am Moment des Auskunftszwangs oder an dem der strafprozessualen Nutzbarmachung ansetzen[3292].

Auch die Definition des Zwanges i.S.d. nemo-tenetur-Grundsatzes ergibt sich aus dem Rekurs auf die ratio der prozessualen Autonomie. Es bedarf einer Einwirkung, die eben jene Autonomie des Beschuldigten negiert, indem sie ihn in seinem Verhalten fremdbestimmt festlegt und ihn im Interesse der staatlichen Verfahrenszielbestimmung instrumentalisiert. Unzulässiger Zwang i.S.v. nemo tenetur ist daher *Rechts*zwang. Faktische Zwänge lösen den Schutz des Grundsatzes nicht aus. Die konkrete Drucksituation, in der sich der einzelne in der jeweiligen Situation befinden mag, ist unerheblich. Entscheidend ist, ob die Rechtsordnung dem Individuum die durch nemo tenetur verbürgte Autonomie zukommen lässt[3293].

3290 B. IV.
3291 E. I. 3.
3292 E. I. 4.
3293 E. II. 3.

Für den Strafprozess wird das danach erforderliche Schutzniveau durch die lex lata bereits weitgehend gesichert. Die vorgesehenen Belehrungspflichten sind dabei unmittelbarer Ausdruck des nemo-tenetur-Prinzips. Die Rechtsordnung vollzieht den Verzicht auf Aussagezwang unvollständig, wenn sie den Betroffenen hierüber im Unklaren lässt. Die irrtümliche Annahme von Auskunftszwang fällt daher in den Schutzbereich von nemo tenetur. Aus der Wertentscheidung gegen eine Auskunftspflicht folgt weiter, dass all solche Vorgehensweisen wegen Verstoßes gegen den nemo-tenetur-Grundsatz unzulässig sind, die sich nur bei Bestehen einer Auskunftspflicht rechtfertigen ließen. A fortiori verstoßen Maßnahmen – wie namentlich körperliche Gewalt – gegen den Grundsatz, die selbst bei Bestehen einer Auskunftspflicht unzulässig wären[3294].

Das Vorliegen von Zwang im vorgenannten Sinne ist notwendige Voraussetzung für die Betroffenheit des nemo-tenetur-Grundsatzes. Das Element des Zwangs kann nicht etwa durch das der Täuschung substituiert werden[3295]. Die Täuschung mag ebenso gut, wenn nicht besser geeignet sein, eine Selbstbelastung zu provozieren, sie nimmt dem Adressaten aber seine Autonomie nicht, sodass der nemo-tenetur-Grundsatz nicht berührt ist. Staatliche Täuschungen sind nicht unbegrenzt mit den Grundsätzen eines rechtsstaatlichen Strafverfahrens vereinbar, sedes materiae ist hier aber nicht nemo tenetur, sondern das Prinzip des fairen Verfahrens und dessen einfachgesetzlicher Ausdruck in § 136a StPO[3296].

Als selbstbelastendes Verhalten, zu dem zu zwingen der Grundsatz untersagt, steht zuvorderst die Aussage. Daneben unterfallen aber auch aktive nonverbale Verhaltensweisen dem Schutzbereich von nemo tenetur, wenn ihnen ein eigener potentiell selbstinkriminierender Erklärungsgehalt zukommt. Die Pflicht zur Vornahme von Handlungen ohne Erklärungsgehalt ist mit dem nemo-tenetur-Grundsatz ohne weiteres vereinbar. Dasselbe gilt, wenn der Erklärungsgehalt nicht potentiell selbstinkriminierend ist, wobei hier zu beachten ist, dass dieses Merkmal nur sehr abstrakt verstanden und bei vereinzelten, klar abzugrenzenden Sonderkonstellationen verneint werden darf, um den Schutz nicht auszuhöhlen[3297].

Auf Rechtsfolgenseite gewährt der Grundsatz absoluten Schutz. Mit jedem Eingriff in den Schutzbereich steht zugleich seine Verletzung fest. Diese vormals gesicherte Erkenntnis gilt es, gegen neue Vorstöße zu verteidigen. Der Grundsatz gehört zu den die Rechtsstaatlichkeit eines Strafverfahrens konstituierenden Werten. Seine Aufgabe als Gegengewicht zum staatlichen Strafanspruch kann er nur Erfüllen, wenn er einer Abwägung mit Strafverfolgungsinteressen entzogen ist[3298].

3294 C. V.

3295 F. II. 1. b.

3296 F. II.

3297 C. III.; E. III. 1. a. bb.

3298 C. I.

H. Resümee

1. Der nemo-tenetur-Grundsatz ist ein Justizgrundrecht. Seine zentrale Funktion liegt in der Gewährung der Rollenverteilung zwischen den Prozessbeteiligten und damit in der Bewahrung der Prozessstruktur insgesamt. Sein Schutzzweck kann mit dem Begriff der prozessualen Autonomie des Beschuldigten umschrieben werden. Er verbrieft die fehlende Unterwerfung unter die staatliche Verfahrenszielbestimmung. Dementsprechend bedingt sein Schutzgehalt die Unzulässigkeit von Maßnahmen, mit denen der Beschuldigte im Sinne der gegen ihn gerichteten Zielbestimmung instrumentalisiert wird[3299].
2. Allein diese Deutung als aus der Menschenwürde und dem Rechtsstaatsprinzip gespeistes Prozessgrundrecht wird dem Grundsatz gerecht. Eine an dem Gedanken der Unzumutbarkeit orientierte persönlichkeitsrechtliche Ableitung beruht auf der schlicht behaupteten rechtlichen Schutzwürdigkeit natürlicher Selbstschutztendenzen und vermag den Grundsatz weder in seiner grundsätzlichen Geltung noch seiner konkreten Reichweite stimmig zu erklären. Als Informationsbeherrschungsrecht lässt sich der Grundsatz nur begreifen, wenn man mit der Dogmatik des Informationsbeherrschungsrechts bricht, um anerkannte Ergebnisse zu erzielen, oder den Grundsatz aus der Warte des Informationsschutzes grundlegend neu interpretiert. Beide Wege erscheinen nicht gangbar[3300].
3. Der durch den nemo-tenetur-Grundsatz vermittelte Schutz ist absolut. Mit der Berührung des Schutzbereichs steht zugleich seine Verletzung fest. Der Grundsatz beschränkt den staatlichen Strafanspruch und prägt damit die Struktur des Strafprozesses. Ihn einer Abwägung zugänglich zu machen, hieße ihn dort zu opfern, wo es seiner besonders bedarf[3301].
4. Aus der Bestimmung des telos des nemo-tenetur-Grundsatzes ergibt sich generelle Richtigkeit der herrschenden Unterscheidung zwischen aktiven und passiven Mitwirkungshandlungen. Im Bereich nonverbaler Mitwirkungshandlungen steht der Grundsatz nur solchen Handlungen entgegen, denen ein eigener potentiell inkriminierender Aussagehalt zukommt[3302].
5. Aus der ratio der prozessualen Autonomie ergibt sich ohne weiteres das Verbot, dem Schweigen des Beschuldigten einen Beweiswert beizumessen. Ließe man dies zu, würde dem Schweigen ein Erklärungswert beigemessen. Die Möglichkeit der Passivität, die gerade Ausdruck der fehlenden Instrumentalisierung des Beschuldigten im Sinne der staatlichen Verfahrenszielbestimmung ist, würde ihm genommen[3303].

3299 B.
3300 B. III. 2.
3301 C. I.
3302 C. II. u. III.
3303 C. IV.

6. Entsprechend der Zweckbestimmung schützt der nemo-tenetur-Grundsatz vor Maßnahmen, die den Beschuldigten in seiner Subjektstellung negierenden Weise im Sinne der staatlichen Verfahrenszielbestimmung instrumentalisieren. Hieraus ergibt sich primär die Unzulässigkeit einer durchsetzbaren Aussagepflicht. Im Strafprozess, wo dieser Status bereits durch die lex lata gesichert ist, äußert sich seine Wirkung vor allem in der Unzulässigkeit von Maßnahmen, die eine Aussagepflicht vorgeben[3304].
7. Der nemo-tenetur-Grundsatz nimmt in der Beweisverbotsdogmatik insofern eine Sonderstellung ein, als ein abwägungsfestes Verwertungsverbot und auch eine Fernwirkung grundsätzlich befürwortet werden. Dies resultiert aus dem Umstand, dass entsprechend dem Schutz vor Instrumentalisierung der Akt der Beweisverwertung gerade Teil der Verletzung des Grundsatzes ist. Die sog. Widerspruchslösung, die eine erhebliche Einschränkung des Beweisverwertungsverbots bei Belehrungsfehlern mit sich bringt, ist zurückzuweisen. Sie führt zu einer mit der Prozessstruktur unvereinbaren Verlagerung der Verantwortung für Verfahrensfehlern vom Gericht auf den Verteidiger und überschreitet die Grenzen richterlicher Rechtsfortbildung. Das legitime Anliegen der Wahrung der Dispositionshoheit der Verteidigung lässt sich durch eine Zustimmungslösung ebenso erreichen. Wird der Beschuldigte, nachdem er mangels Belehrung unverwertbare Angaben gemacht erneut, vernommen, wirkt der Verfahrensstoß grundsätzlich dergestalt fort, dass auch das Ergebnis der zweiten Vernehmung unverwertbar ist, weil und wenn er sich an die gemachten Angaben gebunden glaubt. Um diesen Zusammenhang zu zerschlagen bedarf es einer qualifizierten Belehrung. Wird diese unterlassen, sind die neuen Angaben unverwertbar, ohne dass es auf eine Abwägung mit widerstreitenden Strafverfolgungsbelange ankäme[3305].
8. Außerstrafprozessuale Auskunftspflichten verletzen den nemo-tenetur-Grundsatz, wenn neben das Moment des Aussagezwangs das der strafprozessualen Verwendung tritt[3306].
9. Aussagezwang in diesem Sinne besteht nur bei zwangsmittel- oder strafbewehrten Auskunftspflichten, nicht bei bloßen Obliegenheiten[3307].
10. Der Erkenntnis folgend, dass die Verletzung des nemo-tenetur-Grundsatzes erst durch das Zusammenspiel von Auskunftszwang und strafprozessualer Verwendung zustande kommt, haben die Mechanismen zum erforderlichen Schutz des nemo-tenetur-Grundsatzes entweder am Moment des Aussagezwangs oder an dem der strafprozessualen Verwendung anzusetzen[3308].

3304 C. V.
3305 D.
3306 E.
3307 E. II.
3308 E. I.

11. Der Auskunftszwang kann durch ein Auskunftsverweigerungsrecht oder einen Zwangsmittelverzicht ausgeschlossen werden. Erforderlich ist jedoch eine flankierende Belehrungspflicht[3309].
12. Bei nonverbalen Mitwirkungspflichten, insbesondere Herausgabepflichten, hängt eine Verletzung des nemo-tenetur-Grundsatzes davon ab, ob dem Pflichtigen ein postdeliktischer Mitwirkungsakt mit potentiell selbstinkriminierendem Erklärungsgehalt abverlangt wird. Unproblematisch sind hiernach Mitwirkungspflichten, die bereits vor der Deliktsbegehung eingreifen und solche, die den Adressaten zu einem Verhalten zwingen, dem kein Erklärungsgehalt zukommt, der ihn selbst belasten kann. So liegt es namentlich bei der Pflicht zur Herausgabe von Unterlagen, zu deren Führung eine gesetzliche Pflicht besteht[3310].
13. Die umfassendste Möglichkeit, das Element der strafprozessualen Nutzbarmachung auszuschalten, besteht in einem Strafbarkeitsausschluss. Eine entsprechende Regelung existiert mit der steuerstrafrechtlichen Selbstanzeige, wobei jedoch legislative Einschränkungen dieses Instrument zunehmend seiner Eignung berauben, zur Lösung des Konflikts mit dem nemo-tenetur-Satz beizutragen[3311].
14. Das Moment der strafprozessualen Nutzbarmachung wird ebenfalls durch ein Verwertungsverbot ausgeschlossen. Erforderlich ist jedoch ein umfassendes, mit Früh- und Fernwirkung ausgestattetes und damit auch die Möglichkeit der Nutzung als Spurenansatz ausschließendes Verwertungsverbot. Unabhängig von einer Normierung lassen sich solche Verbote im Wege der verfassungskonformen Rechtsfortbildung annehmen, solange kein entgegenstehender Wille des Gesetzgebers erkennbar ist. Eine Beschränkung auf nachkonstitutionelle Gesetze ist insoweit nicht angezeigt. Besteht jedoch ein gesetzgeberischer Wille, nach dem die erzwungenen Angaben voll (§ 802c ZPO), jedenfalls zur Aufklärung bestimmter Delikte (§ 393 Abs. 2 AO) oder zumindest als Spurenansatz (§ 630c Abs. 2 S. 3 BGB) verwertbar sein sollen, ist die Annahme eines Verwertungsverbots unzulässig. Die Vorschriften sind verfassungswidrig[3312].
15. Bei von Privatpersonen erlangten Beweismitteln entläuft die entscheidende Weichenstellung für die anzulegenden Kriterien entlang der Fragestellung, ob die Privatpersonen hierbei eigeninitiativ oder im Auftrag der Strafverfolgungsbehörden handeln[3313].
16. Von autonom handelnden Privatpersonen erlangte Beweismittel sind dann unverwertbar, wenn sie auf grob menschenrechtswidrige Weise gewonnen wurden oder dem Kernbereich privater Lebensgestaltung entstammen. Beide

3309 E. III. 1.
3310 E. III. 1. bb.
3311 E. III. 2. d.
3312 E. III. 2. a.
3313 F. I. 1.

Fallgruppen beruhen darauf, dass der Akt der Beweisverwertung als staatliche Maßnahme rechtsstaatlich-normativen Erwägungen zugänglich ist[3314].

17. Keine dieser Fallgruppen begründet die Einschlägigkeit des nemo-tenetur-Grundsatzes. Den einzigen Ansatzpunkt, um dem nemo-tenetur-Grundsatz Geltung in privatrechtlichen Verhältnissen zu verschaffen, stellt vielmehr der Gedanke des Umgehungsschutzes dar, auf den bei außerstrafprozessualen Auskunftspflichten abgestellt wurde. Die Idee einer Drittwirkung darf nicht dazu führen, die Tatbestandsvoraussetzungen, namentlich das Erfordernis eines Aussagezwangs, zu modifizieren. Dem Grundsatz kann nur in Konstellationen Bedeutung zukommen, in denen zwischen Privatpersonen erzwingbare Auskunftspflichten bestehen[3315].
18. Auf die Problematik der verdeckten Befragung durch staatlich gesteuerte Privatpersonen hält der nemo-tenetur-Grundsatz keine Antwort parat. Ausgehend vom telos der prozessualen Autonomie kann eine Erweiterung des Schutzbereichs auf täuschungsbedingte Selbstbelastungen nicht befürwortet werden. Das die Verletzung des Grundsatzes konstituierende Kriterium der Negierung der Subjektstellung fordert vielmehr ein Festhalten am Erfordernis des Zwanges. Durch Täuschungen wird der Grundsatz weder verletzt noch umgangen[3316].
19. Sedes materiae zur Lösung der Fälle verdeckter Befragungen stellt das Täuschungsverbot des § 136a StPO und das dahinter stehende Prinzip des fairen Verfahrens dar[3317].
20. Die analoge Anwendung des § 136a StPO setzt voraus, dass die Privatperson staatlich gesteuert ist und die Möglichkeit hat, auf das Gespräch mit dem Beschuldigten Einfluss zu nehmen. Spontanäußerungen sind nicht erfasst. Maßgebliches Kriterium zur Ermittlungen einer staatlichen Steuerung im vorgenannten Sinn, ist die Einflussnahme durch die Staatsorgane. Als Kontrollüberlegung dient die vom EGMR entwickelte Fragestellung, ob das Gespräch auch ohne staatliche Mitwirkung in dieser Form stattgefunden hätte[3318].
21. De lege lata sind verdeckte Befragungen durch Privatpersonen unzulässig und die Ergebnisse analog § 136a StPO unverwertbar. De lege ferenda erscheint eine gesetzliche Ausnahme vom Täuschungsverbot, wie sie für den verdeckten Ermittler in § 110a StPO zu erblicken ist, zulässig[3319].
22. Die Grenze auch der Zulässigkeit de lege ferenda markiert der aus dem Fairnessprinzip abzuleitende Gedanke der Risikoverteilung. Anhaltspunkte für einen impliziten Rekurs auf das Kriterium der Risikoverteilung lassen sich sowohl in der Rechtsprechung des BGH als auch des EGMR finden[3320].

3314 F. I. 2.
3315 F. I. 3.
3316 F. II. 1.
3317 F. II. 1.
3318 F. II. 1. b. cc. (ii).
3319 F. II. 1. b. cc. (iv).
3320 F. II. 2.

23. Die bloße Verschleierung des Ermittlungsauftrags ist hiernach nicht fairnesswidrig, da die Vertrauenswürdigkeit des Gesprächspartners in die Risikosphäre des Beschuldigten fällt. Ein fair-trial-Verstoß liegt erst dann vor, wenn die Wahrscheinlichkeit einer Selbstbelastung in einer Weise erhöht wird, die es erlaubt bei normativer Betrachtung von der Setzung eines eigenständigen Risikos auszugehen. Das ist namentlich der Fall, wenn sich der Beschuldigte in Untersuchungshaft befindet. Die aus der Haft folgende psychische Zwangslage wird hier staatlich zur Gewinnung einer Aussage fruchtbar gemacht, obwohl eine entsprechende Zielsetzung der Untersuchungshaft gerade durch den nemo-tenetur-Grundsatz untersagt ist. Ebenso ist eine solche eigeständige Risikosetzung in den „Romeo"-Fällen und in dem Lehrbuchfall des als Priester verkleideten Staatsanwalts zu bejahen. Die Grenzen der zulässigen Befragungsmethoden markiert die Analogie zu § 136a StPO, ohne das es eines unmittelbaren Rückgriffs auf das Kriterium der Risikoverteilung bedürfte. Unterhalb dieser Schwelle bleibende kommunikative Instrumente setzen kein relevantes eigenständiges Risiko. Des ausdrücklichen Rekurses auf das Kriterium der Risikoverteilung bedarf es lediglich im Fall der über die Verschleierung des Ermittlungsauftrags hinausgehenden Täuschungen. In engen Grenzen erscheinen hier vertrauensfördernde „Begleitlügen", die neben dem Irrtum über den Ermittlungsauftrag kein eigenständiges Selbstbelastungsrisiko setzen, zulässig[3321].
24. Ermittlungen durch Privatpersonen sind grundsätzlich zulässig. Aus dem staatlichen Gewaltmonopol lässt sich kein „Ermittlungsmonopol" des Inhalts ableiten, die Befugnis zur Aufklärung strafrechtlich relevanter Sachverhalte stünde allein staatlichen Organen zu. Die Schranken privater Ermittlungen ergeben sich aus dem materiellen Strafrecht sowie dem Zivil- und öffentlichen Recht, insbesondere dem Datenschutzrecht. Die Vorschriften der StPO finden keine (analoge) Anwendung[3322].
25. Einen besonderen Typus privater Ermittlungen bilden die sog. *internal investigations.* Hierbei handelt es sich um unternehmensinterne Ermittlungen zur Aufklärung strafrechtlicher Sachverhalte, die regelmäßig durch betriebsexterne Dritte durchgeführt werden und im Zusammenhang mit einem staatlichen Verfahren stehen. Das aus den Vereinigten Staaten importierte Phänomen der internen Ermittlungen bildet die repressive Facette einer Compliance-Struktur. Seine Entstehung ist daher aus diesem Kontext heraus zu erklären. Darüber hinaus wird ihre Entwicklung durch eine zunehmende Beteiligung – faktisch und im technischen Sinne – von Unternehmen am Strafverfahren vorangetrieben. Von den auch in rein nationalen Sachverhalten vorkommenden internen Ermittlungen sind sog. *transborder investigations* zu unterscheiden, die die US-Börsenaufsichtsbehörde von in den USA gelisteten Unternehmen einfordert[3323].

3321 F. II. 2.
3322 F. III. 1.
3323 F. 2. a.

26. Interne Ermittlungen sind grundsätzlich privater Natur. Die staatliche Einflussnahme erreicht in der Praxis ein Ausmaß, das es rechtfertigen würde, eine staatliche Zurechnung anzunehmen bislang nicht. Es erscheint aber durchaus denkbar, dass die Schwelle überschritten wird. Die Vorschriften der StPO müssen dann analoge Anwendung finden[3324].
27. Die Relevanz des nemo-tenetur-Grundsatzes für interne Ermittlungen ergibt sich daraus, dass in dem Hauptaufklärungsmittel, den sog. Interviews, von den Arbeitnehmern die Erfüllung ihrer vertraglichen Auskunftspflicht auch dann gefordert wird, wenn sie sich hierdurch strafrechtlich selbst belasten[3325].
28. Hierin liegt ein Aussagezwang i.S.d. nemo-tenetur-Grundsatzes. Der Arbeitnehmer ist gem. §§ 676, 666 BGB auskunftspflichtig bezüglich Umständen, die in seinen unmittelbaren Arbeitsbereich fallen. Dies ist in der Konstellation interner Ermittlungen regelmäßig der Fall. Ist der unmittelbare Arbeitsbereich nicht betroffen, besteht aber jedenfalls ein mittelbarer Zusammenhang zu der vertraglich geschuldeten Tätigkeit ergibt sich eine Auskunftspflicht als vertragliche Nebenpflicht gem. §§ 241 Abs. 2, 242 BGB. Dieser Anspruch ist insofern beschränkt, als er die Beweislastverteilung im Kündigungsschutzprozess nicht unterminieren darf. Der Arbeitnehmer muss daher keine Kündigungsgründe offenbaren. Da der Arbeitgeber allerdings die Möglichkeit hat, auf die Kündigung zu verzichten, kann er auch die Auskunftspflicht wieder aufleben lassen[3326].
29. Der bestehende Aussagezwang erfordert ein Verwertungsverbot für in Erfüllung der Auskunftspflicht gemachte selbstbelastende Angaben. Eine Lösung durch Zubilligung eines Auskunftsverweigerungsrechts erscheint nicht möglich, da der hiermit verbundene Eingriff in die Interessen des Arbeitgebers nicht zu rechtfertigen ist[3327].
30. Das Beweisverwertungsverbot wird jedoch nur erforderlich, wenn das Unternehmen freiwillig mit den Strafverfolgungsbehörden kooperiert. Dem staatlichen Zugriff stehen bereits Beschlagnahmeverbote entgegen. Ein solches besteht für Verteidigungsunterlagen unabhängig vom Aufenthaltsort und hinsichtlich sonstiger Rechtsanwaltsunterlagen jedenfalls, wenn sie sich im Gewahrsam des Anwalts befinden.

3324 F. 2. c.
3325 F. III. 2. d.
3326 F. III. 2. e.
3327 F. III. 2. e.

Literatur

Achenbach, Hans / *Ransiek*, Andreas / *Rönnau*, Thomas (Hrsg.): Handbuch Wirtschaftsstrafrecht, 4. Aufl., Heidelberg 2015 (zit. *Bearbeiter* in HB Wirtschaftsstrafrecht).

Ackermann, Rolf: Vernehmung – Verständigung –Geständnis, Kriminalistik 2011, 563–569.

Adler, Jens: Erklärungspflicht trotz Strafverfahrens? PStR 2002, 202.

Ahlbrecht, Heiko / *Börgers*, Niclas: Rechtsschutz gegen die Gewährung eines Auskunftsverweigerungsrechtes (§ 55 StPO) für den gemäß § 59 IRG vernommenen Entlastungszeugen, ZIS 2008, 218–226.

Albrecht, Peter-Alexis: Schriftliche Äußerung zur Anhörung des Rechtsausschusses des Deutschen, Bundestages zum Gesetzentwurf der Bundesregierung für ein Gesetz zur Änderung des Strafgesetzbuches – Strafzumessung bei Aufklärungs- und Präventionshilfe (Drucksache 16/6268), abrufbar unter: http://webarchiv.bundestag.de/archive/2009/0626/ausschuesse/a06/anhoerungen/48_Kronzeugenregelung/04_Stellungnahmen/Stellungnahme_Albrecht.pdf.

Alexy, Robert: Theorie der Grundrechte, Frankfurt a.M., 1986.

Alsberg, Max (Begr.): Der Beweisantrag im Strafprozess, 6. Aufl., Köln 2013 (zit. *Bearbeiter* in Alsberg, Der Beweisantrag).

Alschuler, Albert: A peculiar privilege in historical perspective: the right to remain silent, Mich. L. Rev. 94 (1996), 2625–2672, Mit geringfügigen Änderungen neu veröffentlicht als: A peculiar privilege in historical perspective, in: Helmholz, R. H. u.a. (Hrsg.), The Privilege against Self-Incrimination – Its Origins and Development, 1997, S. 181–204.

Alvarez Ligabue, Ricardo M.: Der Grundsatz „nemo tenetur seipsum accusare" und die Vertraulichkeit der Korrespondenz zwischen Anwalt und Mandant im Bußgeldrecht des europäischen Kartellverfahrens, Diss. jur. Bonn 2000.

Alvermann, Jörg / *Talaska*, Peter: Anzeige- und Berichtigungspflicht bei zuvor bedingt vorsätzlich abgegebener unrichtiger Steuererklärung – Anmerkung zum Beschluss des BGH 1 StR 479/08 vom 17.3.2009 HRRS 2010, 166–169.

Ambos, Kai: Zum heutigen Verständnis von Akkusationsprinzip und –verfahren aus historischer Sicht, JURA 2008, 586–593.

Ambos, Kai: Beweisverwertungsverbote – Grundlagen und Kasuistik – internationale Bezüge – ausgewählte Probleme, Berlin 2010.

Amelung, Knut: Die Einwilligung des Unfreien – Das Problem der Freiwilligkeit bei der Einwilligung eingesperrter Personen, ZStW 95 (1983), 1–31.

Amelung, Knut: Informationsbeherrschungsrechte im Strafprozess – dogmatische Grundlagen individualrechtlicher Beweisverbote, Berlin 1990.

Amelung, Knut: Die Verwertbarkeit rechtswidrig gewonnener Beweismittel zugunsten des Angeklagten und deren Grenzen, StraFo 1999, 181–187.

Amelung, Knut: Beweislastumkehr bei Haussuchungen ohne richterliche Anordnung gemäß § 105 StPO, NStZ 2005, 614–617.

Amelung, Knut: Die Darstellung der Lehre von den Informationsbeherrschungsrechten im strafprozessualen Gutachten für den 67. Deutschen Juristentag in Erfurt, JR 2008, 327–328.

Anders, Ralf Peter: Internal Investigations – Arbeitsvertragliche Auskunftspflicht und der nemo-tenetur-Satz, wistra 2014, 329–334.

Aquin, Thomas von: Summa Theologica, Deutsche Thomas Ausgabe, Bd. 18: Recht und Gerechtigkeit, Heidelberg u.a. 1953.

Arndt, Adolf: Umwelt und Recht, NJW 1966, 869–872.

Arnim, Dorothee von: Die Verwertbarkeit widerrechtlich erlangter Beweismittel in Fällen der Verletzung der Selbstbelastungsfreiheit („nemo tenetur se ipsum accusare") nach deutschen Recht und nach der Europäischen Menschenrechtskonvention, in: Gornig, G.H. u.a., Iustitia et Pax – Gedächtnisschrift für Dieter Blumenwitz, 2008, S. 265–291.

Artkämpfer, Heiko / *Schilling*, Karsten: Vernehmung – Taktik, Psychologie, Recht, Hilden 2012.

Artzt, Matthias: Die verfahrensrechtliche Bedeutung polizeilicher Vorfeldermittlungen – Zugleich eine Studie zur Rechtsstellung des von Vorfeldermittlungen betroffenen Personenkreises, Frankfurt a.M. 2000.

Aselmann, Maike: Die Selbstbelastungsfreiheit im Steuerrecht im Lichte der aktuellen Rechtsprechung des Bundesgerichtshof, NStZ 2003, 71–75.

Aselmann, Maike: Die Selbstbelastungs- und Verteidigungsfreiheit, Frankfurt a.M. 2004.

Assmann, Heinz-Dieter / *Schneider*, Uwe H.: Wertpapierhandelsgesetz, Köln 2012 (zit.: *Bearbeiter* in Assmann/U. H. Schneider, WpHG).

Augustin, Christian Georg: Das Recht des Beschuldigten auf effektive Verteidigung – Eine Analyse des Status quo sowie Vorschläge zur Qualitätssicherung, Baden-Baden 2013.

Aurnhammer, Katharina: Spezielles Ausländerstrafrecht – Die Straftatbestände des Ausländergesetzes und des Asylverfahrensgesetzes. Eine vergleichende Untersuchung, Baden-Baden 1996.

Bader, Markus: Das Verwendungsverbot des § 97 I 3 InsO, NZI 2009, 416–420.

Bährle, Volker: Die Aussagefreiheit des Angeklagten und die Verwertung von Vorverfahrensaussagen in der Hauptverhandlung, Diss. Jur. Heidelberg 1993.

Ballo, Emanuel H. F.: Beschlagnahmeschutz im Rahmen von Internal Investigations – Zur Reichweite und Grenzen des § 160a StPO, NZWist 2013, 46–52.

Bamberger, Heinz Georg / *Roth*, Herbert (Hrsg.): Beck'scher Online Kommentar BGB, Stand 1.8.2015 (zit.: *Bearbeiter* in BeckOK-BGB).

Bärlein, Michael / *Pananis*, Panis / *Rehmsmeier*, Jörg: Spannungsverhältnis zwischen der Aussagefreiheit im Strafverfahren und der Mitwirkungspflicht im Verwaltungsverfahren NJW 2002, 1825–1830.

Bartholomäi, Carina: Die Begrenzung von Anzeigepflichten durch berechtigte Interessen des Versicherungsnehmers – unter besonderer Berücksichtigung des nemo-tenetur-Grundsatzes, Karlsruhe 2014.

Basdorf, Clemens: Formelle und informelle Präklusion im Strafverfahren – Mitwirkungspflichten und gesteigerte Verantwortung des Verteidigers, StV 1997, 488–493.

Basdorf, Clemens: Der Verteidiger als Garant der Einhaltung von strafprozessualen Verfahrensregeln?, StV 2010, 414–417.

Bauer, Gerhard: Die Aussage des über das Schweigerecht nicht belehrten Beschuldigten, Diss. jur. Göttingen 1972.

Bauer, Wolfram: Die „Angriffsrichtung“ des Widerspruchs, StV 2011, 635–637.

Bauer, Wolfram: Anm. zu LG Hamburg, *Beschluss* v. 15.10.2010 – 608 Qs 18/10, StV 2012, 277–280.

Bauer, Wolfram: Keine Beschlagnahmefreiheit für Unterlagen eines mit internen Ermittlungen beauftragten Rechtsanwalts, StraFo 2012, 488–490.

Baumann, Raimund / *Brenner*, Harald (Begr.): Die strafprozessualen Beweisverwertungsverbote – Systematische Darstellung für die Praxis anhand von höchstrichterlicher Rechtsprechung, 2. Aufl., Stuttgart u.a. 2004.

Beckemper, Katharina: Durchsetzbarkeit des Verteidigerkonsultationsrechts und die Eigenverantwortlichkeit des Beschuldigten, Berlin 2002.

Beckemper, Katharina: Nemo tenetur- Grundsatz im Steuerstrafrecht – Verwertbarkeit einer gescheiterten Selbstanzeige?, ZIS 2012, 221–227.

Behrends, Okko H. / *Müller-Tronnier*, Dirk / *Zeidler*, Finn H.O.: Aufsichtsrechtliche Anforderungen an unternehmensinterne Untersuchungen ZgfK 2013, 776–778.

Behrens, Alexander: Internal Investigations: Hintergründe und Perspektiven „anwaltlicher Ermittlungen“ in deutschen Unternehmen, RIW 2009, 22–33.

Benda, Ernst / *Maihofer*, Werner / *Vogel*, Hans-Jochen (Hrsg.): Handbuch des Verfassungsrechts der Bundesrepublik Deutschland, Teil 1, Berlin (u.a.) 1984 (zit.: *Bearbeiter* in HB Verfassungsrecht).

Bender, Rolf / *Nack*, Armin / *Treuer*, Wolf-Dieter: Tatsachenfeststellung vor Gericht – Glaubwürdigkeits- und Beweislehre, Vernehmungslehre, 3. Aufl., München 2007.

Bentham, Jeremy: Rationale of judicial evidence – specially applied to English practice, Bd. 5, London 1827.

Benz, Markus: Selbstbelastungen in außerstrafrechtlichen Zwangslagen, Aachen 2005.

Berger, Charlotte: Prinzipien des römischen Strafprozesses – Vorbilder für Inquisitions- und Hexenprozesse, in: Becker, C./Riedl, G./Voss, V. P. (Hrsg.), Hexentribunal – Beiträge zu einem historischen Phänomen zwischen Recht und Religion, 2001, S. 31–44.

Berger, Mark: Taking the Fifth – the Supreme Court and the privilege against self incrimination, Lexington 1980.

Bernsmann, Klaus: Anm. zu BGH, *Beschluss* v. 13. 5. 1996 - GSSt. 1/96, StV 1997, 116–119.

Bernsmann, Klaus: Privatisierung der Justiz? – Ein Fallbeispiel, in: Strafverteidigervereinigungen, Organisationsbüro der Strafverteidigervereinigungen (Hrsg.), 22. Strafverteidigertag – vom 20. bis 22. März 1998 in Erfurt, 1999, S. 151–160.

Berthau, Camilla: § 160a StPO neuer Fassung – doch offene Fragen bleiben, StV 2012, 303–306.

Berthold, Volker: Der Zwang zur Selbstbezichtigung aus § 370 Abs. 1 AO und der Grundsatz des nemo tenetur, Frankfurt a.M. u.a. 1993.

Besson, Philipp A.: Das Steuergeheimnis und das Nemo-tenetur-Prinzip im (steuer-) strafrechtlichen Ermittlungsverfahren, Frankfurt a.M. 1997.

Beukelmann, Stephan: Beschlagnahme von Mitteilungen zwischen Anwälten und Mandanten, NJW-Spezial 2012, 504.

Beulke, Werner: Die Vernehmung des Beschuldigten - Einige Anmerkungen aus der Sicht der Prozessrechtswissenschaft, StV 1990, 180–184.

Beulke, Werner: Gesamtreform der StPO-Vorschriften über „Verteidigung" – notwendig und wünschenswert?, StV 2010, 442–452.

Beulke, Werner: Strafprozessrecht, 12. Auflage, Heidelberg u.a. 2012.

Beyer, Dirk: Neuregelung der Selbstanzeige – Die neue Rechtslage durch das Schwarzgeldbekämpfungsgesetz, AO-StB 2011, 119–126.

Biener, Friedrich August: Beiträge zur Geschichte des Inquisitionsprozesses und der Geschworenengerichte, Aalen 1965 (Neudruck der Ausgabe Leipzig 1827).

Bienert, Anja: Private Ermittlungen und ihre Bedeutung auf dem Gebiet der Beweisverwertungsverbote, Aachen 1997.

Biesgen, Rainer / *Noel*, Paul: Die Berichtigungsplicht nach § 153 AO und der Nemotenetur-Grundsatz, SAM 2012, 182–187.

Binding, Karl: Die Wahrheitspflicht im Prozess, DJZ 1909, 161–167.

Birk, Rolf: Die Arbeitsrechtliche Leitungsmacht, Köln u.a. 1973.

Bittmann, Folker: Insolvenzstrafrecht – Handbuch für die Praxis, Berlin 2004 (zit.: *Bearbeiter* in: Bittmann, Insolvenzstrafecht).

Bittmann, Folker / *Molkenbur*, Josef: Private Ermittlungen, arbeitsrechtliche Aussagepflicht und strafprozessuales Schweigerecht, wistra 2009, 373–379.

Bittmann, Folker / *Rudolph*, Carolin: Das Verwendungsverbot gemäß § 97 Abs. 1 Satz 3 InsO, wistra 2001, 81–85.

Blozik, Michael: Subsidiaritätsklauseln im Strafverfahren, Göttingen 2012.

Bock, Dennis: Strafrechtliche Aspekte der Compliance-Diskussion – § 130 OWiG als zentrale Norm der Criminal Compliance, ZIS 2009, 68–81.

Bock, Dennis: Criminal Compliance, Baden-Baden 2011.

Bockemühl, Jan: Privater Ermittlungen im Strafprozess – Ein Beitrag zur Lehre von den Beweisverboten, Baden-Baden 1996.

Bockemühl, Jan: Meistbegünstigung bei „kontaminierten" Beweismitteln, in: Organisationsbüro der Strafverteidigervereinigung Bremen (Hrsg.), 50 Jahre Grundgesetz – kritische Würdigung, europäische Bezüge in der Strafgerichtsbarkeit – 23. Strafverteidigertag vom 12.-14 März 1999 in Bremen, 2000, S. 161–172.

Bockemühl, Jan: Internal Investigations – Eine Hydra aus der Sicht eines Individualverteidigers, ÖAnwBl 2014, 229–234.

Bockemühl, Jan: Eigene Erhebungen des Strafverteidigers – Ein praktischer Leitfaden, in: Fahl, C. u.a. (Hrsg.), ein menschengerechtes Strafrecht als Lebensaufgabe – Festschrift für Werner Beulke zum 70. Geburtstag, 2015, S. 647–654.

Bockemühl, Jan (Hrsg.): Handbuch des Fachanwalts Strafrecht, 5. Aufl., Köln 2012 (zit.: *Bearbeiter* in FA Strafrecht).

Bohlander, Michael: Anm. zu BGH, *Beschluss* v. 27.2.1992 – 5 StR 190/91 (AG Gifthorn, OLG Celle), NStZ 1992, 504–506.

Bohlander, Michael: Die sogenannte „Widerspruchslösung" des BGH und die Verantwortung des Strafverteidigers – Ansatz zu einem Revisionsgrund der „*ineffective assistence of counsel*" im deutschen Strafprozess, StV 1999, 562–567.

Böhm, Wolf-Tassilo: Strafrechtliche Verwertbarkeit der Auskünfte von Arbeitnehmern bei unternehmensinternen Untersuchungen – Ein Beitrag zur aktuellen Compliance-Debatte, WM 2009, 1923–1929.

Böhm, Wolf-Tassilo: Non-Compliance und Arbeitsrecht – Interne Ermittlungen, Sanktionen und Regressansprüche nach Rechts- und Regelverstößen von Arbeitnehmern, Baden-Baden 2011.

Bömelburg, Regina: Der Selbstbelastungszwang im Insolvenzverfahren – Eine Untersuchung zur Reichweite des Verwendungsverbotes, gemäß § 97 Absatz 1 Satz 3 Insolvenzordnung, Diss. jur. Köln 2004.

Börner, René: Legitimation durch Strafverfahren – die normative Kraft des Misstrauens, Berlin 2014.

Bosch, Nikolaus: Aspekte des nemo-tenetur-Prinzips aus verfassungsrechtlicher und strafprozessualer Sicht – Ein Beitrag zur funktionsorientierten Auslegung des Grundsatzes „nemo tenetur seipsum accusare“, Berlin 1998.

Bosch, Nikolaus: Die verdeckte Befragung des Beschuldigten – Strafrechtspflege ohne Grenzen? – BGH – Beschluss v. 13.5.1996 – GSSt 1/96 (LG Hamburg) = NJW 1996, 2940 ff, Jura 1998, 236–243.

Bosch, Nikolaus: Reichweite des nemo-tenetur-Grundsatzes bei verdeckten Ermittlungen – BGH, *Beschluss* v. vom 26.7.2007 – 3 StR 104/07 (LG Wuppertal), JA 2007, 903–905.

Bosch, Nikolaus: Die strafprozessuale Regelung von Zeugnis- und Auskunftsverweigerungsrecht, JURA 2012, 33–41.

Bosch, Nikolaus: Rezension zu Nadine Queck, Geltung des nemo-tenetur-Grundsatzes zugunsten von Unternehmen, wistra 2007, 294–296.

Böse, Martin: Der Nemo-tenetur-Grundsatz als Gebot zur Aussetzung des Zivilprozesses nach § 149 ZPO, wistra 1999, 451–456.

Böse, Martin: Die verfassungsrechtlichen Grundalgen des Satzes „Nemo tenetur se ipsum accusare“, GA 2002, 98–128.

Böse, Martin: Die Verwertung im Ausland gewonnener Beweismittel im deutschen Strafverfahren, ZStW 114 (2002), 148–182.

Böse, Martin: Die Strafbarkeit wegen Steuerhinterziehung und der Nemo-tenetur-Grundsatz, wistra 2003, 47–51.

Böse, Martin: Wirtschaftsaufsicht und Strafverfolgung – Die verfahrensübergreifende Verwendung von Informationen und die Grund- und Verfahrensrechte des Einzelnen, Tübingen 2005.

Böse, Martin: Aufsichtsrechtliche Vorermittlungen in der Grauzone zwischen Strafverfolgung und Gefahrenabwehr, ZStW 119 (2007), 848–886.

Böttger, Marcus (Hrsg.): Wirtschaftsstrafrecht in der Praxis, Münster 2011 (zit.: *Bearbeiter* in: StRR Wirtschaftsstrafrecht).

Bottke, Willfried: Anfertigung und Verwertung heimlicher Wort- und Stimmaufzeichnungen auf Tonträger außerhalb des Fernmeldeverkehrs – BGH v 9–4–86 - 3 StR 551/85, JURA 1987, 356–367.

Brückner, Andreas: Die Aufarbeitung von Compliance-Verstößen – Praktische Erfahrungen und Fallstricke, BB Beilage, Nr. 004, 21–27.

Brunhöber, Beatrice: Privatisierung des Ermittlungsverfahrens im Strafprozess, GA 2010, 571–588.

Bruns, Hans-Jürgen: Ungeklärte verfahrensrechtliche Fragen des Contergan-Prozesses, in: Schröder, F.-C./Zipf, H. (Hrsg.), Festschrift für Reinhart Maurach zum 70. Geburtstag, 1972, S. 453–486.

Bruns, Hans-Jürgen: Der „Verdächtige" als schweigeberechtigte Auskunftsperson und selbstständiger Prozessbeteiligter neben dem Beschuldigten und Zeugen? in: Hamm, R. / Matzke, W., Festschrift für Schmidt-Leichner zum 65. Geburtstag, 1977, S. 1–15.

Bruns, Silvin: Zur Geschichte des Inquisitionsprozesses: Der Beschuldigte im Verhör nach Abschaffung der Folter, Diss. jur. Bonn 1994.

Bundesministerium der Justiz und für Verbraucherschutz (BMJV) (Hrsg.): Bericht der Expertenkommission, zur effektiveren und praxistauglicheren Ausgestaltung des allgemeinen Strafverfahrens und des jugendgerichtlichen Verfahrens.

Bundesverband von Unternehmensjuristen: Gesetzgebungsvorschlag für eine Änderung der, §§ 30, 130 des Ordnungswidrigkeitengesetzes (OWiG).

Bung, Jochen / *Huber*, Verena: Zur Drittwirkung von Grund- und Menschenrechten im Strafverfahren, in: Fahl, C. u.a. (Hrsg.), ein menschengerechtes Strafrecht als Lebensaufgabe – Festschrift für Werner Beulke zum 70. Geburtstag, 2015, S. 655–669.

Burgi, Martin: Funktionale Privatisierung und Verwaltungshilfe – Staatsaufgabendogmatik, Phänomenologie, Verfassungsrecht, Konstanz 1998.

Burgi, Martin: Privatisierung öffentlicher Aufgaben – Gestaltungsmöglichkeiten, Grenzen, Regelungsbedarf, in: Ständige Deputation des Deutschen Juristentages (Hrsg.), Verhandlungen des siebenundsechzigsten Deutschen Juristentages, Erfurt 2008, Bd. 1: Gutachten, Teil D.

Burhoff, Detlef: Verteidigerfehler in Tatsachen- und Revisionsinstanz, StV 1997, 432–439.

Burhoff, Detlef: Handbuch für das strafrechtliche Ermittlungsverfahren, 5. Aufl., Münster 2010.

Bürkle, Jürgen: Corporate Compliance – Pflicht oder Kür für den Vorstand der AG, BB 2005, 565–570.

Burwitz, Gero: Neue Entwicklungen im Steuerrecht – Plädoyer für die Selbstanzeige, NZG 2014, 494–495.

Buschmann, Arno: Inquisition und Prozess – Inquisitionsgerichtsbarkeit und Inquisitionsverfahren bei der Ketzerverfolgung im Hoch- und Spätmittelalter, in: Dorn, F./Schröder, J., Festschrift für Gerd Kleinheyer zum 70. Geburtstag, 2001, S. 67–94.

Canaris, Claus-Wilhelm: Die Feststellung von Lücken im Gesetz – eine methodologische Studie über Voraussetzungen und Grenzen der richterlichen Rechtsfortbildung praeter legem, Berlin 1964.

Caplan, Gerald M.: Questioning *Miranda*, Vanderbilt L. Rev., 38 (1986), 1417–1476.

Castringius, Arnold: Schweigen und Leugnen des Beschuldigten im Strafprozess, Diss. jur. Hamburg 1965.

Chiesa, Luis E.: Beyond torture: the *nemo tenetur* principle in borderline cases, Boston College Third World Law Journal 30 (2010), 35–66.

Clebald, Oliver / *Johnsen*, Meike: Wie intern ist „internal"? – Internal Investigations im Spannungsfeld zwischen Unternehmens- und Strafverfolgungssinteressen, Deutscher AnwaltSpiegel 09/2011, 8–9.

Cohn, Haim H.: The privilege against self-incrimination under foreign law: Israel, J. Crim. L. Criminology & Police Sc. 51 (1960), 175–178.

Conen, Stefan: Neues von verdeckt ermittelnden Personen – Eine Ende des staatliche gesteuerten V-Mannes in Sicht, StraFo 2013, 140–147.

Cordes, Albrecht / *Lück*, Heiner / *Werkmüller*, *Bertelsmeier-Kierst*, Christa (Hrsg.): Handwörterbuch zur deutschen Rechtsgeschichte, 2. Aufl., Berlin 2012 (zit.: *Bearbeiter* in HRG, Bd., Stichwort, Spalte).

Corwin, Edward S.: The Supreme Courts's construction of the self-incrimination clause, Mich. L. Rev. 19 (1930), 1–27.

Cramer, Steffen / *Bürgle*, Michaela: Die strafprozessualen Beweisverwertungsverbote – Systematische Darstellung für die Praxis anhand von höchstrichterlicher Rechtsprechung, 2. Aufl., Stuttgart u.a. 2004.

Dahs, Hans: Die Ausweitung des Widerspruchserfordernisses, StraFo 1998, 253 (258).

Dahs, Hans: Handbuch des Strafverteidigers, 8. Aufl., Köln 2015.

Dallmeyer, Jens: Verletzt der zwangsweise Brechmitteleinsatz gegen Beschuldigte deren Persönlichkeitsrechte?, StV 1997, 606–610.

Dallmeyer, Jens: Die Integrität des Beschuldigten im reformierten Strafprozess – Zur zwangsweisen Verabreichung von Brechmitteln bei mutmaßlichen Drogendealern, KritV 2000, 252–266.

Dallmeyer, Jens: Beweisführung im Strengbeweisverfahren – Die Beweisbefugnis als Voraussetzung der Wahrheitserforschung im Strafprozess, 2. Aufl., 2008 Norderstedt.

Damaška, Mirjan R.: The faces of justice and state authority – a comparative approach to the legal process, New Haven u.a. 1986.

Danckert, Peter: Aussagezwang im parlamentarischen Untersuchungsausschuss - Zur Ausgestaltung der Aussagepflicht im künftigen Untersuchungsausschussrecht des Bundes, ZRP 2000, 476–480.

Dann, Matthias: Compliance-Untersuchungen im Unternehmen: Herausforderung für den Syndikus – Zum Zusammenspiel von Rechtsabteilung und externen Anwälten bei internen Ermittlungen, AnwBl 2009, 84–89.

Dann, Matthias: Anm. zu LAG Hamm, *Urteil* v. 3.3.2009 – 14 Sa 1689/08, CCZ 2010, 239–240.

Dann, Matthias: Private Ermittlungshelfer in Arztstrafverfahren - zur Delegation staatlicher Ermittlungskompetenzen auf potentiell Geschädigte, ZMGR 2010, 286–291.

Dann, Matthias / *Schmidt*, Kerstin: Im Würgegriff der SEC? – Mitarbeiterbefragungen und Selbstbelastungsfreiheit, NJW 2009, 1851–1855.

Dannecker, Gerhard / *Knierim*, Thomas / *Hagemeier*, Andrea: Insolvenzstrafrecht, Heidelberg 2009.

Dauster, Manfred: Die zivilprozessuale Erklärungslast zur Wahrhaftigkeit und Vollständigkeit nach § 138 Abs. 1, 2 ZPO im Spannungsfeld mit dem Recht des Beschuldigten nach §§ 136 Abs. 1 S. 2; 243 Abs. 4 S. 1 StPO, StraFo 2000, 154–157.

De Lind van Wijngaarden, Martina / *Egler*, Philipp: Der Beschlagnahmeschutz von Dokumenten aus unternehmensinternen Untersuchungen, NJW 2013, 3549–3555.

De Vries, Hinrich: Arbeitnehmer als Mittäter und Mitwisser im klassischen Wirtschaftsstrafrecht, in: Arbeitsstrafrecht im Umbruch – 5. Ludwigsburger Rechtsgespräch, 2009, § 4, S. 75–95.

De Vries, Hinrich: Privatisierung der Ermittlungen – Ermittlungen durch Private – Verliert der Staat das Aufklärungsmonopol?, Kriminalistik, 2011, 83–90.

Degener, Wilhelm: § 136a und die Aussagefreiheit des Beschuldigten, GA 1992, 443–469.

Deiters, Mark: Anm. zu BGH, *Urteil* v. 18.12.2008 – 4 StR 455/08, ZJS 2009, 198–203.

Demko, Daniela: Zur Rechtsprechung des EGMR in Sachen „Hörfalle“, HRRS 2004, 382–387.

Dencker, Friedrich: Verwertungsverbote im Strafprozess – Ein Beitrag zur Lehre von den Beweisverwertungsverboten, Köln u.a. 1977.

Dencker, Friedrich: Besprechung von Aufsätzen und Anmerkungen zum Straf- und Strafprozessrecht – Auswahl wichtiger Beiträge aus dem 2. Halbjahr 1981, NStZ 1982, 459–462.

Dencker, Friedrich: Über Heimlichkeit, Offenheit und Täuschung bei der Beweisgewinnung im Strafverfahren – Anmerkung aus Anlass zweier Entscheidungen, StV 1994, 667–683.

Dencker, Friedrich: Verwertungsverbote und Verwendungsverbote im Strafprozess, in: Eser, A. / Goydke, J. (Hrsg.), Strafverfahrensrecht in Theorie und Praxis – Festschrift für Lutz Meyer-Goßner zum 65. Geburtstag, 2001, S. 237–255.

Denninger, Erhard: Lauschangriff – Anmerkung eines Verfassungsrechtlers, StV 1998, 401–406.

Dennis, Ian: Instrumental protection, human right or functional necessity? Reassessing the privilege against self-incrimination, C.L.J. 54 (1992), 342–376.

Deppenkember, Günther: Beweiswürdigung als Mittel prozessualer Wahrheitserkenntnis – Eine dogmengeschichtliche Studie zu Freiheit, Grenzen und revisionsgerichtlicher Kontrolle tatrichterlicher Überzeugungsbildung (§ 261 StPO, § 286 ZPO), Göttingen 2004.

Derksen, Roland: Anm. zu BGH, *Beschluss* v. 13. 5. 1996 - GSSt. 1/96, JR 1997, 167–170.

Deutsch, Markus: Die heimliche Erhebung von Informationen und deren Aufbewahrung durch die Polizei, Heidelberg 1992.

Deutsches Akteninstitut (DAI) (Hrsg.): Internal Investigations bei Compliance-Verstößen – Praxisleitfaden für die Unternehmensleitung.

Di Fabio, Udo: Privatisierung und Staatsvorbehalt – Zum dogmatischen Schlüsselbegriff der öffentlichen Aufgabe, JZ 1999, 585–592.

Di Fabio, Udo: Grenzen der Rechtsfortbildung in Europa – Referate im Rahmen der Vortragsreihe „Rechtsfragen der Europäischen Integration" Bonn, den 06. Februar 2012, Bonn 2012.

Dierlamm, Alfred: Unternehmensstrafrecht – eine unendliche Geschichte, in: Livonius, B. u.a. (hrsg.), Strafverteidigung im Wirtschaftsleben – Festgabe für Hans W. Feigen, 2014, S. 25–35.

Dietrich, Bernhard: Die Bindung des Bußgeldverfahrens an das Strafverfahrensrecht – Eine Studie zu Notwendigkeit und Grenzen des § 46 Abs. 1 OWiG – zugleich ein Beitrag zum Schweigerecht des Betroffenen, Baden-Baden 2003.

Diller, Martin: Der Arbeitnehmer als Informant, Handlanger und Zeuge im Prozess des Arbeitgebers gegen Dritte, DB 2004, 313–319.

Dingeldey, Thomas: Das Prinzip der Aussagefreiheit im Strafprozessrecht, JA 1984, 407–414.

Dingeldey, Thomas: Der Schutz der strafprozessualen Aussagefreiheit durch Verwertungsverbote bei außerstrafrechtlichen Aussage- und Mitwirkungspflichten NStZ 1984, 529–534.

Diversy, Judith: Eigenen Angaben des Insolvenzschuldners gegenüber dem Insolvenzgericht als Erkenntnisquelle der Staatsanwaltschaft?, ZInsO 2005, 180–184.

Doege, Felix / *Frahm*, Lorenz Nicolai: Die Verwertbarkeit sog. „Beinahetreffer" bei DNA-Reihenuntersuchungen – de lege lata und de lege ferenda, in: Rotsch, T. / Brüning, J. / Schady. J., Strafrecht/Jugendstrafrecht/Kriminalprävention in Wissenschaft und Praxis – Festschrift für Heribert Ostendorf zum 70. Geburtstag am 7. Dezember 2015, 2015, S. 227–241.

Dolinko, David: Is there a rationale for the privilege against self-incrimination, UCLA L. Rev. 33 (1985), 1063–1148.

Dölling, Dieter / *Duttge*, Gunnar / *Rössner*, Dieter (Hrsg.): Gesamtes Strafrechte – StGB, StPO, Nebengesetz – Handkommentar, 3. Aufl., Baden-Baden 2013 (zit. *Bearbeiter* in HK-GS).

Drope, Kathrin: Strafprozessuale Probleme bei der Einführung einer Verbandsstrafe, Berlin 2002.

Dubois, Marcel: Zur Frage der strafprozessualen Verwertbarkeit von Beweismitteln die Private rechtswidrig erlangt haben, Diss. jur., Bonn 2012.

Dudel, Bernd: Das Widerspruchserfordernis bei Beweisverwertungsverboten – Eine Untersuchung der BGH entwickelten Widerspruchslösung und ihrer dogmatischen Rechtfertigung, Baden-Baden 1999.

Duttge, Gunnar: Strafprozessualer Einsatz von V-Personen und Vorbehalt des Gesetzes, JZ 1996, 556–565.

Eckhardt, Sebastian: Private Ermittlungsbeiträge im Rahmen der staatlichen Strafverfolgung, Frankfurt a.M. 2009.

Eich, Hans Dieter: Strafbarkeitsrisiken bei der Selbstanzeige – Verborgene Fallstricke durch die neue Rechtslage ErbStB 2013, 221–226.

Eidam, Gerd (Hrsg.): Unternehmen und Strafe – Vorsorge und Krisenmanagement, 4. Aufl., Köln 2014 (zit. *Bearbeiter* in Unternehmen und Strafe).

Eidam, Lutz: Einschränkende Auslegung des Verwendungsverbotes aus § 393 II 1 AO im Fall einer Selbstanzeige gem. § 371 AO? – Eine Anmerkung zu BGH wistra 2004, 309, wistra 2004, 412–414.

Eidam, Lutz: Anm. zu BGH, *Urteil* v. 16.9.2004 – 4 StR 84/04, StV 2005, 201–203.

Eidam, Lutz: Neuere Entwicklungen um den Grundsatz der Selbstbelastungsfreiheit und das Rechtsinstitut der Selbstanzeige im Steuerstrafverfahren – Eine Anmerkung zu BGH wistra 2005, 381 wistra 2006, 11–13.

Eidam, Lutz: Die strafprozessuale Selbstbelastungsfreiheit am Beginn des 21. Jahrhunderts, 2007.

Eidam, Lutz: Zur Selbstverständlichkeit von Rechtsbrüchen beim Vollzug von Untersuchungshaft, HRRS 2008, 241–246.

Eisele, Jörg: Die Berücksichtigung der Beschuldigtenrechte der EMRK im deutschen Strafprozess aus dem Blickwinkel des Revisionsrechts, JR 2004, 12–20.

Eisenberg, Ulrich: Anm. zu BGH, *Beschluss* v. 12.4.1994 – 4 StR 142/94, NStZ 1994, 598–599.

Eisenberg, Ulrich: Beweisrecht der StPO – Spezialkommentar, 9. Aufl., München 2015.

Eisenhardt, Urte: Das nemo tenetur-Prinzip: Grenze körperlicher Untersuchungen beim Beschuldigten – Am Beispiel des § 81a StPO, Frankfurt a.M. 2007.

El Ghazi, Mohamad / *Merold*, Andreas: Der Widerspruch zur rechten Zeit, HRRS 2013, 412–420.

El-Ghazi, Mohamad / *Fischer-Lescano*, Andreas: Rechtfertigung bei Einreisedelikten – zugleich Besprechung von OLG Bamberg, Urt. v. 24.09.2014 – 3 Ss 59/13, StV 2015, 386–392.

Ellbogen, Klaus: Die Erfüllung zivilrechtlicher Auskunftspflichten und die Selbstbelastungsfreiheit, Kriminalistik 2007, 397–99.

Ellbogen, Klaus: Die Erfüllung zivilrechtlicher Auskunftspflichten und die Selbstbelastungsfreiheit, Kriminalistik 2007, 379–399.

Engländer, Armin: Das nemo-tenetur-Prinzip als Schranke verdeckter Ermittlungen – Eine Besprechung von BGH 3 StR 104/07, ZIS 2008, 163–167.

Engländer, Armin: Anm. zu BGH, *Urteil* v. 29.4.2009 – 1 StR 701/08, JR 2009, 1179–1180.

Erb, Volker: Verbotene Vernehmungsmethoden als staatlich veranlasste Beeinträchtigung der Willensfreiheit, in: Dannecker, G. u.a., Festschrift für Harro Otto zum 70. Geburtstag am 1. April 2007, 2007, S. 863–877.

Erb, Volker: Die Beschlagnahme von Unterlagen bei Rechtsanwälten außerhalb einer Vertrauensbeziehung zum Beschuldigten, in: Esser, R. u.a. (Hrsg.), Festschrift für Hans-Heiner Kühne zum 70. Geburtstag am 21. August 2013, 2013, S. 171–185.

Erbs, Georg / *Kohlhaas*, Max (Begr.): Strafrechtliche Nebenbestimmungen, Stand September 2015 (zit.: *Bearbeiter* in Erbs/Kohlhaas, NebenstrafR).

Erfurth, Christina: Verdeckte Ermittlungen – Problemlösung durch das OrgKG?, Frankfurt a.M. 1997.

Erman, Walter (Begr.): BGB, 14. Aufl., Köln 2014 (zit. *Bearbeiter* in Erman, BGB).

Eschelbach, Ralf: Rechtsfragen zum Einsatz von V-Leuten, StV 2000, 390–398.

Eschelbach, Ralf: Regina Probationum, in: Bernsmann, K. / Fischer, T. (Hrsg.), Festschrift für Ruth Rissing-van Saan zum 65. Geburtstag am 25. Januar 2011, 2011, S. 115–142.

Eser, Albin: Aussagefreiheit und Beistand des Verteidigers im Ermittlungsverfahren – Rechtsvergleichende Beobachtungen zur Rechtsstellung des Beschuldigten, ZStW 79 (1967), 565–623.

Eser, Albin: Der Schutz vor Selbstbezichtigung im deutschen Strafprozessrecht ZStW Beiheft 1974, 136–171.

Eser, Albin: Die Rechtsstellung des Beschuldigten im Strafprozess der Bundesrepublik Deutschland, in: Eser, A. / Kaiser, G. (Hrsg.), Deutsch-ungarisches Kolloquium über Strafrecht und Kriminologie, 1995, S. 147–167.

Eser, Albin: Adversatorische und inquisitorische Verfahrensmodelle – Ein kritischer Vergleich mit Strukturalternativen, In: Schroeder, F.-C./ Kudtratov, M. (Hrsg.), Die strafprozessuale Hauptverhandlung zwischen inquisitorischem und adversatorischem Modell: eine rechtsvergleichende Analyse am, Beispiel des deutschen und des zentralasiatischen Strafprozessrechts, 2014, S. 11–29.

Esmein, Adhémar: A history of continental criminal procedure – with special reference to France, Übersetzt von John Simpson, Boston 1913.

Esser, Josef: Vorverständnis und Methodenwahl in der Rechtsfindung – Rationalitätsgarantien der richterlichen Entscheidungspraxis, Frankfurt a.M. 1970.

Esser, Robert: Auf dem Weg zu einem europäischen Strafverfahrensrecht – Die Grundlagen im Spiegel der Rechtsprechung der Europäischen Gerichtshof für Menschenrechte (EGMR) in Straßburg, Berlin 2002.

Esser, Robert: Grenzen für verdeckte Ermittlungen gegen inhaftierte Beschuldigte aus dem europäischen nemo-tenetur-Grundsatz, JR 2004, 98–107.

Esser, Robert / *Gaede*, Karsten / *Tsambikakis*, Michael: Übersicht zur Rechtsprechung des EGMR in den Jahren 2008 bis Mitte 2010 – Teil II, NStZ 2011, 140–148.

Exner, Thomas: Kompendium der strafrechtlichen Irrtumslehre, ZJS 2009, 516–527.

Feigen, Hanns W.: Neue Risiken für die Rechte des Beschuldigten, in: Wolter, J. (Hrsg.), Theorie und Systematik des Strafprozessrechts – Symposium zu Ehren von Hans-Joachim Rudolphi, 1995, S. 161–171.

Fezer, Gerhard: Grundfälle zum Verlesungs- und Verwertungsverbot im Strafprozess – 3. Teil. Verwertungsverbote, JuS 1978, 472–475, JuS 1979, 35–37.

Fezer, Gerhard: Anm. zu BGH, *Urteil* v. 28.4.1987 – 5 StR 666/86, JZ 1987, 937–939.

Fezer, Gerhard: Anm. zu BGH, *Urt.* v. 27.2.1992 – 5 StR 190/91, JR 1992, 385–387.

Fezer, Gerhard: Hat der Beschuldigte ein „Recht zur Lüge"?, in: Küper, W./Dencker, F. (Hrsg.), Beiträge zur Rechtswissenschaft – Festschrift für Walther Stree und Johannes Wessel zum 70. Geburtstag, 1993, S. 663–684.

Fezer, Gerhard: Grundfragen der Beweisverwertungsverbote, Heidelberg 1995.

Fezer, Gerhard: Anm. zu BGH, *Urteil* v. 21.6.1995 – 2 StR 758/94 (LG Bad Kreuznach), StV 1996, 77–79.

Fezer, Gerhard: Anm. zu BGH, *Vorlagebeschluss* v. 20.12.1995 – 5 StR 680/94, NStZ 1996, 289–290.

Fezer, Gerhard: Anm. zu BGH, *Beschluss* v. 20.12.1995 – 5 StR 445/95 (LG Frankfurt/Oder), StV 1997, 57–59.

Fezer, Gerhard: Anm. zu BGH, *Beschluss* v. 9.11.2005 – 1 StR 447/05 (LG Baden-Baden), JZ 2006, 474–476.

Fezer, Gerhard: Anm. zu BGH, *Beschluss* v. 9.11.2005 – 1 StR 447/05 (LG Baden-Baden), JZ 2009, 474–476.

Finger, Thorsten: Prozessuale Beweisverbote – Eine Darstellung ausgewählter Fallgruppen, JA 2006, 529–539.

Fischer, Bianca: Divergierende Selbstbelastungspflichten nach geltendem Recht – Versuch einer Harmonisierung, Berlin 1979.

Fischer, Thomas: Strafgesetzbuch mit Nebengesetzen, 62. Aul. München 2016.

Fleiner, Fritz: Institutionen des deutschen Verwaltungsrechts, 8. Aufl., Tübingen 1928.

Fraenkel, Ernst: Der Doppelstaat, Frankfurt a.M. 1974.

Frahm, Lorenz Nicolai: Die allgemeine Kronzeugenregelung – Dogmatische Probleme und Rechtspraxis des § 46b StGB, Berlin 2014.

Frank, Peter H.: Die Verwertbarkeit rechtswidriger Tonbandaufnahmen Privater: Überlegungen zu einem einheitlichen Schutz des Rechts am gesprochenen Wort im Straf- und Strafverfahrensrecht, Baden-Baden 1996.

Franzheim, Horst: Beweisverbote bei Erkenntnissen der Eigenüberwachung, NJW 1990, 2049.

Freier, Friedrich von: Selbstbelastungsfreiheit für Verbandspersonen, ZStW 122 (2010), 117–156.

Frister, Helmut / *Wostry*, Thomas: Das Patientenrechtsgesetz und der nemo-tenetur-Grundsatz, in: Arbeitsgemeinschaft Medizinrecht im Deutschen Anwaltverein (Hrsg.), Neue Entwicklungen im Medizinstrafrecht – 4. Düsseldorfer Medizinstrafrechtstag, 2014, S. 53–89.

Fritz, Hans-Joachim: Anm. zu LG Hamburg, *Beschluss* v. 15.10.2010 – 608 Qs 18/10, CCZ 155–160.

Fritz, Hans-Joachim / *Nolden*, Dagmar: Unterrichtungspflichten und Einsichtsrechte des Arbeitnehmers im Rahmen von unternehmensinternen Untersuchungen, CCZ 2010, 170–177.

Gaede, Karsten: Anm. zu EGMR, *Urteil* v. 5.11.2002, Allan v. UK, 4839/99, StV 2003, 260–263.

Gaede, Karsten: Das Verbot der Umgehung der EMRK durch den Einsatz von Privatpersonen bei der Strafverfolgung, StV 2004, 46–53.

Gaede, Karsten: Schlechtverteidigung – Tabus und Präklusion um Schutz vor dem Recht auf wirksame Verteidigung – Zugleich Besprechung zu BGH 1 StR 341/07, Beschluss vom 15. August 2007 (HRRS 2007 Nr. 967 – Rügen unwirksamer Verteidigung) und BGH 1 StR 273/07, Beschluss vom 11. September 2007 (HRRS 2007 Nr. 900 – verschärfte Widerspruchslösung bei unterlassener Belehrung über das Recht auf konsularischen Beistand), HRRS 2007, 402–414.

Gaede, Karsten: Fairness als Teilhabe – Das Recht auf konkrete und wirksame Teilhabe durch, Verteidigung gemäß Art. 6 EMRK – Ein Beitrag zur Dogmatik des fairen Verfahrens in europäischen Strafverfahren und zur wirksamkeitsverpflichteten Konventionsauslegung unter besonderer, Berücksichtigung des Rechts auf Verteidigerbeistand, Berlin 2007.

Gaede, Karsten: Beweisverbote zur Wahrung des fairen Strafverfahrens in der Rechtsprechung des EGMR insbesondere bei verdeckten Ermittlungen – Meinungsstand und Perspektiven nach dem neuen *leading case Bykov vs. Russland* unter Berücksichtigung des § 136a StPO, JR 2009, 493–502.

Gaede, Karsten: Vorbeugende Rügepräklusion gegen vermuteten Revisionsmissbrauch – Ein kritischer Überblick über die zunehmende Neutralisierung „missbräuchlicher Verteidigung“ durch präkludierende Rechtsschöpfung der Revisionsgerichte, wistra 2010, 210–216.

Galen, Margarete Gräfin von: Anm. zu LG Hamburg, *Beschluss* v. 15.10.2010 – 608 Qs 18/10, NJW 2011, 945.

Gallandi, Volker: Das Auskunftsverweigerungsrecht nach § 44 Abs. 4 KWG – Strafprozessuale Rechte und Pflichten nach dem Kreditwesengesetz, wistra 1987, 127–129.

Gatzweiler, Norbert: Zur Frage der Wirksamkeit und Durchsetzbarkeit strafprozessualer Beweisverwertungsverbote – dargestellt an Beispielen aus dem Insolvenz- und Steuerrecht, in: Arbeitsgemeinschaft Strafrecht des Deutschen Anwaltvereins (Hrsg.), Strafverteidigung im Rechtsstaat – 25 Jahre Arbeitsgemeinschaft Strafrecht des Deutschen Anwaltvereins, 2009, S. 480–489.

Geerds, Friedrich: Strafrechtspflege und prozessuale Gerechtigkeit SchlHA 1964, 57–66.

Geerds, Friedrich: Auskunftsverweigerungsrecht oder Schweigebefugnis? – Zur Problematik der §§ 55, 56 StPO, in: Spendel, G. (Hrsg.), Studien zur Strafrechtswissenschaft – Festschrift für Ulrich Stock zum 70. Geburtstag am 8. Mai 1966, S. 171–196.

Geipel, Andreas: Handbuch der Beweiswürdigung, 2. Aufl., Münster 2013.

Gemeinsame Arbeitsgruppe des Innen- und Justizministeriums Baden-Württemberg (1978): Rechtsprobleme der Polizei bei verdeckten Ermittlungen, CILIP 1982 63–71.

Geppert, Klaus: Beschlagnahme von Schadensakten privater (Kraftfahrzeug-)Haftpflichtversicherer im (Verkehrs-)Strafprozess, DAR 1981, 301–307.

Geppert, Klaus: Unfallflucht (§ 142 StGB) in strafrechtlicher Sicht und vor dem Hintergrund des „nemo-tenetur-Satzes, BA 1991, 31–45.

Geppert, Klaus: Verdachtsfreie Atemalkoholkontrolle? Bemerkungen zu den Entschließungen de 30. Deutschen Verkehrsgerichtstages (29. Bis 31. Januar 1992 in Goslar), BA 1992, 289–301.

Gercke, Björn: Zum Beschlagnahmeschutz anwaltlicher Unterlagen bei unternehmensinterne Entwicklungen, in: Zöller, M.A. u.a., Gesamte Strafrechtswissenschaft in internationaler Dimension – Festschrift für Jürgen Wolter zum 70. Geburtstag am 7. September 2013, 2013, S. 933–946.

Gerland, Heinrich: Der deutsche Strafprozess – Eine systematische Darstellung, Mannheim (u.a.) 1927.

Glahn, Michael von: Der Schutz der Aussagefreiheit durch außerstrafrechtliche Normen und das Verbot der Beweisverwertung im Strafverfahren, StraFo 2000, 186–190.

Glaser, Julius: Beiträge zur Lehre vom Beweis im Strafprozess, Leipzig 1883.

Glaser, Julius: Handbuch des Strafprozesses, Bd. 1, Leipzig 1883.

Gleß, Sabine: OHN(E)MACHT – Abschied von der Fiktion einer Waffengleichheit gegenüber europäischer Strafverfolgung, StV 2013, 317–324.

Gleß, Sabine: OHN(E)MACHT - Abschied von der Fiktion einer Waffengleichheit gegenüber europäischer Strafverfolgung?, StV 2013, 317–324.

Gleß, Sabine: *Nemo tenetur se ipsum accusare* und verwaltungsrechtliche Auskunftspflichten – Konflikt und Lösungsansätze am Beispiel der Schweizer Finanzmarktaufsicht, in: Fahl, C. u.a. (Hrsg.), ein menschengerechtes Strafrecht als Lebensaufgabe – Festschrift für Werner Beulke zum 70. Geburtstag, 2015, S. 723–737.

Gneist, Rudolf: Vier Fragen zur deutschen Strafprozessordnung mit einem Schlusswort über die Schöffengerichte, Berlin 1874.

Godenzi, Gunhild: Private Beweisbeschaffung im Strafprozess – Eine Studie zu strafprozessualen Beweisverboten im schweizerischen und deutschen Recht, Zürich 2008.

Godenzi, Gunhild: Das strafprozessuale Verbot staatlicher Beweismittelhehlerei - Königsweg oder Luftschloss?, GA 2008, 500–515.

Goeckenjan, Ingke: Neues aus dem Irrgarten von Zeugnisverweigerungsrecht und Beschlagnahmefreiheit, in: Joecks, W. u.a. (Hrsg.), Recht – Wirtschaft – Strafe – Festschrift für Erich Samson zum 70. Geburtstag, S. 641–660.

Göpfert, Burkhard / *Merten*, Frank / *Siegrist*, Carolin: Mitarbeiter als „Wissensträger“ – Ein Beitrag zur aktuellen Compliance-Diskussion, NJW 2008, 1703–1709.

Gössel, Karl Heinz: Strafverfahrensrecht, Stuttgart u.a. 1977.

Gössel, Karl Heinz: Über das Verhältnis von Beweisermittlungsverbot und Beweisverwertungsverbot unter besonderer Berücksichtigung der Amtsaufklärungsmaxime der §§ 160, 244 II StPO – Zugleich eine Besprechung der Beschlüsse des Ermittlungsrichters und des BGH - 1 BGs 65/97 und 1 BGs 88/97, NStZ 1998, 126–130.

Gössner, Ralf: Waffengleichheit mit dem „Organisierten Verbrechen“? – Kritik der Gesetze zur Bekämpfung der „Organisierten Kriminalität“, in: Gössner, R. (Hrsg.), Mythos Sicherheit – Der hilflose Schrei nach dem starken Staat, 1995, S. 65–78.

Götting, Susanne: Beweisverwertungsverbote in Fällen gesetzlich nicht geregelter Ermittlungstätigkeit – Durch V-Leute, Scheinankäufer und Privatleute, Frankfurt a.M. 2001.

Graf, Jürgen Peter (Hrsg.): Beck'scher Online Kommentar: Strafprozessordnung, Stand 1.7.2013 (zit.: *Bearbeiter* in BeckOK-StPO).

Graf-Schlicker, Marie Luise: InsO – Kommentar zur Insolvenzordnung, 3. Aufl., Köln 2012 (zit. *Bearbeiter* in RWS-Kommentar-InsO).

Granfield, Patrick: The right to silence: magisterial development, Theological Studies, 27 (1966), 401–420.

Greco, Luís / *Caracas*, Christian: Internal Investigations und Selbstbelastungsfreiheit, NStZ 2015, 7–16.

Greeve, Gina: Strafrechtliche Beratung und Compliance – Rechtsstaatlich bedenkliche Prävention und Kriminalitätsbekämpfung durch Private – exemplarisch dargestellt anhand arbeits-strafrechtlicher Haftungsrisiken, in: Arbeitsgemeinschaft Strafrecht des Deutschen Anwaltvereins (Hrsg.), Strafverteidigung im Rechtsstaat – 25 Jahre Arbeitsgemeinschaft Strafrecht des Deutschen Anwaltvereins, 2009, S. 512–529.

Greeve, Gina: Privatisierung behördlicher Ermittlungen, StraFo 2013, 89–96.

Greeve, Gina: Beschlagnahmeverbot in Zusammenhang mit unternehmens-„internen" Interviews – Ist das „Interview" eine geschützte interne Erhebung, in: Livonius, B. u.a. (hrsg.), Strafverteidigung im Wirtschaftsleben – Festgabe für Hans W. Feigen, 2014, S. 51–66.

Greeve, Gina (Hrsg.): Handbuch des Baustrafrechts, München 2004 (zit. *Bearbeiter* in HB d. BaustrafR).

Greve, Holger: Rechtfertigung privater „Folter" zwischen Nothilfe und Menschenwürde ZIS 2014, 236–245.

Grimm, Detlef / *Freh*, Stefan: Mitarbeiterbefragung und Mitwirkung des Betriebsrats, KSzW 2012, 88–96.

Groß, Bernd: Der Unternehmensanwalt in der Praxis, in: Livonius, B. u.a. (hrsg.), Strafverteidigung im Wirtschaftsleben – Festgabe für Hans W. Feigen, 2014, 67–94.

Groß, Carl: Die Beweistheorie im canonischen Proceß mit besonderer Rücksicht auf die Fortentwicklung derselben im gemeinen deutschen Civilproceß, Bd. 1, Wien 1867.

Groth, Kristina: Unbewusste Äußerungen und das Verbot des Selbstbelastungszwangs, Frankfurt a.M. (u.a.) 2003.

Grünwald, Gerald: Beweisverbote und Verwertungsverbote im, Strafverfahren, JZ 1966, 489–501.

Grünwald, Gerald: Anm. zu BGH, *Beschluss* v. 30.4.1968 – 1 StR 625/67 (OLG Karlsruhe), JZ 1968, 750–754.

Grünwald, Gerald: Probleme der Gegenüberstellung zum Zwecke der Wiedererkennung, JZ 1981, 423–429.

Grünwald, Gerald: Anm. zu BGH, *Urteil* v. 28.4.1987 – 5 StR 666/86, StV 1987, 470–473.

Grünwald, Gerald: Das Beweisrecht der Strafprozessordnung, Baden-Baden 1993.

Grützner, Thomas / *Jakob*, Alexander: Compliance von A-Z, München 2015.

Günther, Hans-Ludwig: Zur Kombination von Täuschung und Drohung bei Betrug und Erpressung, ZStW 88 (1976), 960–977.

Günther, Hans-Ludwig: Strafrichterliche und Beweiswürdigung und schweigender Angeklagte, JR 1978, 89–94.

Günther, Hans-Ludwig: Die Schweigebefugnis im Straf- und Bußgeldverfahren aus verfassungsrechtlicher Sicht, GA 1978, 193–206.

Günther, Hans-Ludwig: Anm. zu BGH, *Urteil* v. 21.4.1986 – 2 StR 661/85, StV 1988, 421–424.

Günther, Jörg-Michael: Wasserrechtliche Meldepflichten und ihre Bedeutung im Straf- und Ordnungswidrigkeitenverfahren, ZfW 1996, 290–295.

Guradze, Heinz: Die Europäische Menschenrechtskonvention – Konvention zum Schutz der Menschenrechte und Grundfreiheiten nebst Zusatzprotokollen, Berlin und Frankfurt a.M. 1968.

Guradze, Heinz: Schweigerecht und Unschuldsvermutung im englisch-amerikanischen und bundesdeutschen Strafprozess, in: Commager, H. S. (Hrsg.), Festschrift für Karl Löwenstein aus Anlass seines achtzigsten Geburtstags, 1971, S. 151–165.

Gutman, Daniel: Anm. zu LAG Hamm, *Beschluss* v. 10.5.2013 – 7 Ta 155/13, FD-StrafR 2013, 347738.

Haas, Günter: Der Beschuldigte als Augenscheinsobjekt, GA 1997, 368–370.

Haas, Heinrich: V-Leute im Ermittlungs- und Hauptverfahren – neue prozessuale Aspekte, Pfaffenweiler 1986.

Haas, Volker: Strafbegriff, Staatsverständnis und Prozessstruktur, Tübingen 2008.

Hackhausen, Jörg: Siemens flüchtet von der Wallstreet, Handelsblatt v. 28.01.2014, abrufbar unter: http://www.handelsblatt.com/finanzen/maerkte/boerse-inside/delisting-siemens-fluechtet-von-der-wall-street/9395648.html.

Haefke, Maren: Beschlagnahmefähigkeit der Interviewprotokolle einer Internal Investigation, CCZ 2014, 39–43.

Haeusermann, Axel: Der Verband als Straftäter und Strafprozesssubjekt, Freiburg i.B. 2003.

Hahn, G. (Hrsg.): Die gesammelten Materialien zur Strafprozessordnung und dem Einführungsgesetz zu derselben vom 1. Februar 1877, 1. Abteilung, 2. Auflage, Berlin 1885.

Hahn, Werner: Offenbarungspflichten im Umweltschutzrecht, Köln u.a. 1984.

Hamm, Rainer: Staatliche Hilfe bei der Suche nach Verteidigern – Verteidigerhilfe zur Begründung von Verwertungsverboten, NJW 1996, 2185.

Hamm, Rainer: Verwertung rechtswidriger Ermittlungen – nur zugunsten des Beschuldigten?, StraFo 1998, 361–366.

Hamm, Rainer: Der Verteidiger als Garant der Einhaltung von strafprozessualen Verfahrensregeln?, StV 2010, 418–422.

Hamm, Rainer: Die Revision in Strafsachen, 7. Aufl., Berlin/New York 2010.

Hammerstein, Dominik: Das Geständnis und sein Wert – Lippenbekenntnisse in der Strafzumessung, StV 2007, 48–52.

Hanack, Ernst-Walther: Anm. zu BGH, *Urteil* v. 21.7.1998 – 5 StR 302/97 (BGHSt 44, 129), JR 1999, 348–350.

Händel, Konrad: Anm. zu BGH, *Urteil* vom 21. 2. 1964 - 4 StR 519/63 (LG Hagen), NJW 1964, 1144.

Hannich, Rolf: Karlsruher Kommentar zur Strafprozessordnung – mit GVG, EGGVG und EMRK, 7. Aufl., München 2013 (zit.: *Bearbeiter* in KK-StPO).

Hart-Hönig, Kai: Verteidigung von Unternehmen und Compliance im globalisierten Strafrecht – Rechtsstaatlich problematische Verschärfung von Haftungsrisiken – exemplarisch skizziert anhand der Verfolgung von Korruption und Kartellrechtsverstößen unter europäischem und US-amerikanischem Einfluss, in: Arbeitsgemeinschaft Strafrecht des Deutschen Anwaltvereins (Hrsg.), Strafverteidigung im Rechtsstaat – 25 Jahre Arbeitsgemeinschaft Strafrecht des Deutschen Anwaltvereins, 2009, S. 530–553.

Hartwig, Sven: Strafprozessuale Folgen des verspäteten Widerspruchs gegen eine unzulässige Beweisverwertung, JR 1998, 359–364.

Hassemer, Winfried: Unverfügbares im Strafprozess, in: Kaufmann, A. / Mestmäcker, E.-J. (Hrsg.), Rechtsstaat und Menschenwürde – Festschrift für Werner Maihofer zum 70. Geburtstag, 1988, S. 183–204.

Hassemer, Winfried / *Matussek*, Karin: Das Opfer als Verfolger – Ermittlungen des Verletzten im Strafverfahren, Frankfurt a.M. 1996.

Hassold, Gerhard: Wille des Gesetzgebers oder objektiver Sinn des Gesetzes – subjektive oder objektive Theorie der Gesetzesauslegung, ZZP 94 (1981), 192–210.

Hauck, Pierre: Lauschangriff in der U-Haft – Anmerkungen zu BGH, Urt. v. 29.4.2009 (1 StR 701/08) und Versuch einer dogmatischen Klärung, NStZ 2010, 17–22.

Hauck, Pierre: Heimliche Strafverfolgung und Schutz der Privatheit – Eine vergleichende und interdisziplinäre Analyse des deutschen und englischen Rechts unter Berücksichtigung der Strafverfolgung in der Europäischen Union und im Völkerstrafrecht, 2014 Tübingen.

Hefendehl, Roland: Beweisermittlungs- und Beweisverwertungsverbote bei Auskunfts- und Mitwirkungspflichten – das sog. Verwendungsverbot nach § 97 Abs. 1 S. 3 InsO, wistra 2003, 1–9.

Hefendehl, Roland: Die neue Ermittlungsgeneralklauseln der §§ 161, 163 StPO: Segen oder Fluch, StV 2001, 700–706.

Heghmanns, Michael / *Scheffler*, Uwe (Hrsg.): Handbuch zum Strafverfahren, München 2008 (zit.: *Bearbeiter* in HB zum Strafverfahren).

Hegmann, Jürgen: Fürsorgepflicht gegenüber dem Beschuldigten im Ermittlungsverfahren, Bochum 1981.

Hehn, Paul A. von / *Hartung*, Wilhelm: Unabhängige interne Untersuchungen in Unternehmen als Instrument guter Corporate Governance – auch in Europa?, DB 2006, 1909–1914.

Heine, Sonja: Zur Verwertbarkeit von Aussagen im Ausland möglicherweise gefolterter Zeugen – Besprechung der El Haski-Entscheidung des EGMR - Urteil vom 25.9.2012 - 649/08 (El Haski v. Belgien), NStZ 2013, 680–683.

Heinicke, Günther: Der Beschuldigte und sein Verteidiger in der Bundesrepublik Deutschland – Die Geschichte ihrer Beziehung und die Rechtsstellung des Verteidigers heute, München 1984.

Heintschel-Heinegg, Bernd von (Hrsg.): Beck'scher Online Kommentar StGB, Stand: 10.9.2015 (zit. *Bearbeiter* in BeckOK-StGB).

Helgerth, Roland: Der „Verdächtige" als schweigeberechtigte Auskunftsperson und selbstständiger Prozessbeteiligter neben dem Beschuldigten und dem Zeugen, Diss. jur. Erlangen-Nürnberg 1976.

Hellmann, Uwe: Anm. zu BGH, *Beschluss* v. 10.1.2002 – 5 StR 452/01 und BGH, *Beschluss* v. 23. 1. 2002 - 5 StR 540/01, JZ 2002, 617–620.

Hellmann, Uwe: Strafprozessrecht, 2. Aufl., Berlin u.a. 2006.

Hellmann, Uwe: Die steuerstrafrechtliche Selbstanzeige im Geflecht der strafbefreienden und –modifizierenden „Nachtatverhalten", in: Fahl, C. u.a. (Hrsg.), ein menschengerechtes Strafrecht als Lebensaufgabe – Festschrift für Werner Beulke zum 70. Geburtstag, 2015, S. 405–418.

Helmholz, R. H.: The Privilege and the *Ius Commune*: The Middle Ages to the seventeenth Century, in: Helmholz, R. H. u.a. (Hrsg.), The Privilege against Self-Incrimination – Its Origins and Development, 1997, S. 17–46.

Hengstenberg, Achim: Die Frühwirkung von Verwertungsverboten – Eine Untersuchung der Bedeutung der Beweisverwertungsverbote für die strafprozessuale Verdachtsbeurteilung, Hamburg 2007.

Henkel, Heinrich: Strafverfahrensrecht, 2. Aufl., Stuttgart (u.a.) 1968.

Hennecke, Richard: Die förmliche Beteiligung von Unternehmen im Strafprozess nach geltendem Recht, Individual- und Unternehmenssanktionen, WiJ 2015, 9–21.

Herberger, Maximilian / *Martinek*, Michael / *Rüßmann*, Helmut / *Weth*, Stefan: juris Praxiskommentar BGB, 7. Aufl., Saarbrücken 2014 (zit.: *Bearbeiter* in JurisPK-BGB).

Hermann, David: Selbstbelastungsfreiheit im Strafverfahren und die Verpflichtung des Arztes zu wahrheitsgemäßen Angaben gegenüber der Haftpflichtversicherung, ZMGR 2011, 268–276.

Hermanutz, Max / *Litzcke*, Sven Max / *Kroll*, Ottmar: Polizeiliche Vernehmung und Glaubhaftigkeit – Ein Trainingsleitfaden, Stuttgart u.a. 2005.

Heuel, Ingo / *Beyer*, Dirk: Selbstanzeige und Umsatzsteuer – ein Ritt auf der Rasierklinge? – Problemfeld der sog. Teilselbstanzeige im Bereich der Umsatzsteuer anhand von Praxisfällen UStB 2011, 287–294.

Hilger, Hans: Verdeckte Ermittler, V-Leute, in: Ebert, U. Festschrift für Ernst-Walther Hanack zum 70. Geburtstag am 30. August 1999, 1999 S. 207–220.

Hilland, Bernhard: Das Beweisgewinnungsverbot des § 136a StPO – Eine Betrachtung zum 25-jährigen Bestehen der Vorschrift unter besonderer Berücksichtigung aktueller Probleme im Hinblick auf Fragen des rechtfertigenden Notstands, Diss. Jur. Tübingen 1981.

Hillgruber, Christian: Richterliche Rechtsfortbildung als Verfassungsproblem, JZ 1996, 118–125.

Himmelreich, Klaus: Auflage eines Fahrtenbuches unter besonderer Berücksichtigung der Aussage- und Zeugnisverweigerungsrechte, NJW 1975, 1199–1201.

Hirschberg, Max: Das Fehlurteil im Strafprozess – Zur Pathologie der Rechtsprechung, Stuttgart 1960.

Hirte, Markus: Papst Innozenz III., das IV. Laternum und die Strafverfahren gegen Kleriker – Eine registergestützte Untersuchung zur Entwicklung der Verfahrensarten zwischen 1198 und 1216, Diss. jur. Jena 2004.

Hofener, Christine: Zur Frage der Rechtmäßigkeit von Weisungen nach dem Jugendgerichtsgesetz, sich des Umganges mit Betäubungsmitteln zu enthalten und zum Nachweis der Drogenfreiheit für eine bestimmte Zeit Urinproben abzugeben, NStZ 1997, 172–174.

Hoffmann, Dieter: Die Selbstbegünstigung, Diss.jur. Kiel 1965.

Hoffmann, Heiko: Die Ausschlusstatbestände der Selbstanzeige bei Steuerhinterziehung – Zur Sperrwirkung des § 371 Abs. 2 AO, Berlin 1998.

Hoffmann, Rainer M. / *Hoffmann*, Holger (Hrsg.): Ausländerrecht – AufenthG - Freizüg/EU - AsylVfG - StAG – Handkommentar, Baden-Baden 2008 (zit.: *Bearbeiter* in HK-AuslR).

Hohnel, Andreas: Selbstbelastungsfreiheit in der Insolvenz, NZI 2005, 152–154.

Hohnel, Andreas (Hrsg.): Kapitalmarktstrafrecht – Kommentar, München 2013 (zit.: *Bearbeiter* in: Kapitalmarktstrafrecht).

Höll, Christian / *Hinghaus*, Matthias: Berichtigungspflicht nach § 153 AO bei vorsätzlicher Steuerhinterziehung, PStR 2010, 45.

Höra, Knut: Wahrheitspflicht und Schweigebefugnis des Beschuldigten – Eine Analyse der Rechtsstellung des Beschuldigten im Strafprozess, Diss. jur. Frankfurt am Main 1970.

Hoyer, Andreas: Die Rechtsnatur des Verfalls angesichts des neuen Verfallsrechts, GA 1993, 406–422.

Hsu, Tze-Tien: Die Bewertung des Geständnisses in der Strafzumessung und in der Beweisaufnahme als Sonderproblem der Urteilsabsprache, Diss. jur. Tübingen 2007.

Hübschmann, Walter / *Hepp*, Ernst / *Spitaler*, Armin: Abgabenordnung, Finanzgerichtsordnung – Kommentar, Bd. 10: §§ 369–415 AO, Lfg. 228 (2014) (zit.: *Bearbeiter* in H/H/Sp, AO).

Hunsmann, Daniel: Das Absehen von der Strafverfolgung nach § 398a AO in der Verfahrenspraxis, BB 2011, 2519–2527.

Hunsmann, Daniel: Die Novellierung der Selbstanzeige durch das Schwarzgeldbekämpfungsgesetz, NJW 2011, 1482–1488.

Hunsmann, Daniel: Neuregelung der Selbstanzeige im Steuerstrafrecht – Neue Herausforderungen für Beratung und Verteidigung, NJW 2015, 113–118.

Hüttinger, Stefan: Schutz des Steuerpflichtigen durch Beweisverbote im Steuer- und Strafverfahren, Diss. jur. Tübingen 1997.

Ignor, Alexander: Geschichte des Strafprozesses in Deutschland 1532–1846 – Von der Carolina Karls V. bis zu den Reformen des Vormärz, Paderborn (u.a.) 2002.

Ignor, Alexander: Plädoyer für die Widerspruchslösung, in: Hanack, E.-W./Mehle, V./Hilger, H./Widmaier, G. (Hrsg.), Festschrift für Peter Rieß zum 70. Geburtstag am 4. Juni 2002, 2002, S. 185–196.

Ignor, Alexander: Rechtsstaatliche Standards für interne Erhebungen im Unternehmen – Die „Thesen zum Unternehmensanwalt im Strafrecht“ des Strafrechtsausschusses der Bundesrechtsanwaltskammer, CCZ 2011, 143–146.

Inger, Göran: Das Geständnis in der schwedischen Prozessrechtsgeschichte – I. Bis zur Gründung des Svea Hofgerichts 1614, Stockholm 1976.

Ipsen, Jörn: Richterrecht und Verfassung, Berlin 1975.

Jacobi, Erwin: Der Prozess im Decretum Gratiani und bei den ältesten Dekretisten, ZRG KA 3 (1913), 223–337.

Jäger, Christian: Beweisverwertung und Beweisverwertungsverbote im Strafprozess, München 2003.

Jäger, Christian: Beweiserhebungs- und Beweisverwertungsverbote als prozessuale Regelungsinstrumente im strafverfolgenden Rechtsstaat – Zugleich ein Beitrag zum 67. Deutschen Juristentag, GA 2008, 473–499.

Jäger, Christian: Neue Entwicklungen zu den Beweiserhebungs- und Beweisverwertungsverboten, JA 2012, 712–714.

Jäger, Christian: Tot oder nicht tot, das ist hier die Frage – BGH, *Beschluss* v. 6.3.2010 – 1 StR 623/11 (LG Traunstein), JA 2013, 155–157.

Jäger, Christian: Prozessuale Gesamtbetrachtungs- und Kausalüberlegungen als Erosionserscheinungen in einem justizförmigen Strafverfahren, in: Zöller, M.A. u.a., Gesamte Strafrechtswissenschaft in internationaler Dimension – Festschrift für Jürgen Wolter zum 70. Geburtstag am 7. September 2013, 2013, S. 947–962.

Jahn, Matthias: Anm. zu BGH, *Urteil* v. 5.11.1997 – 5 StR 504/97 (LG Berlin), StV 1998, 653–656.

Jahn, Matthias: Ausforschung einer Beschuldigten durch Wahrsagerin in der Untersuchungshaft – BGHSt 44, 129, JuS 2000, 441–445.

Jahn, Matthias: Beweiserhebungs- und Beweisverwertungsverbote im Spannungsfeld zwischen den Garantien des Rechtsstaats und der effektiven Bekämpfung von Kriminalität und Terrorismus, in: Ständige Deputation des Deutschen Juristentages (Hrsg.), Verhandlungen des siebenundsechzigsten Deutschen Juristentages, Erfurt 2008, Bd. 1: Gutachten, Teil C.

Jahn, Matthias: Anm. zu BGH, *Urteil* v. 29. 4. 2009 – 1 StR 701/08, Jus 2009, 861–863.

Jahn, Matthias: Grundfragen und aktuelle Probleme der Beweisverwertung im Straf- und Steuerstrafverfahren – Zugleich ein Beitrag des Beweisbefugnislehre nach dem Fall Liechtenstein, in: Jahn, M./Kudlich, H./Streng, F. (Hrsg.), Strafrechtspraxis und Reform – Festschrift für Heinz Stöckel zum 70. Geburtstag, 2010, S. 259–286.

Jahn, Matthias: Strafverfolgung um jeden Preis? – Die Verwertbarkeit rechtswidrig erlangter Beweismittel, StraFo 2011, 117–128.

Jahn, Matthias: Die Grenzen der Editionspflicht des § 95 – Ein Beitrag zur Systematik der strafprozessualen Vorschriften über die Beschlagnahme, in: Heinrich, M. u.a., Strafrecht als Scientia Universalis – Festschrift für Claus Roxin zum 80. Geburtstag am 15. Mai 2011, Bd. 2, 2011, S. 1357–1367.

Jahn, Matthias: Der Unternehmensanwalt als „neuer Strafverteidigertyp“ und die Compliance-Diskussion im deutschen Wirtschaftsstrafrecht (Teil II), ZWH 2013, 1–6.

Jahn, Matthias / *Geck*, Elena: Tagebuchfall revisited – Der Bundesgerichtshof, die Gedankenfreiheit und ein Selbstgespräch im Auto, JZ 2012, 561–567.

Jahn, Matthias / *Kirsch*, Stefan: Anm. zu LG Mannheim, *Beschluss* v. 3.7.2012 – 24 Qs 1, 2/12, NStZ 2012, 719–720.

Jahn, Matthias / *Kirsch*, Stefan: Anm. zu LG Bonn, *Beschluss* v. 21.6.2012 – 27 Qs 2/12 (AG Bonn), NZWiSt 2013, 28–31.

Jahn, Matthias /*Kirsch*, Stefan: Anm. zu LG Hamburg, *Beschluss* v. 15.10.2010 – 608 Qs 18/10, StV 2010, 151–155.

Jähnke, Burkhard: Verwertungsverbote bei Zeugnis- und Auskunftsverweigerungsrechten, in: Arbeitsgemeinschaft Strafrecht des DAV (Hrsg.), Wahrheitsfindung und ihre Schranken – II. Strafverteidigerfrühjahrssymposium 1988, 1989, S. 69–79.

Jerouschek, Günter: Die Herausbildung des peinlichen Inquisitionsprozesses im Spätmittelalter und in der frühen Neuzeit, ZStW 104 (1992), 329–360.

Jerouschek, Günter: „Ne crimina remaneant impunita“ – Auf dass Verbrechen nicht ungestraft bleiben: Überlegungen zur Begründung öffentlicher Strafverfolgung im Mittelalter, ZRG KA 89 (2003), 323–337.

Jerouschek, Günter: Gefahrenabwendungsfolter – Rechtsstaatliches Tabu oder polizeirechtlich legitimierter Zwangseinsatz, JuS 2005, 296–302.

Jesse, Lenhard: Das Nebeneinander von Besteuerungs- und Steuerstrafverfahren, DB 2013, 1803–1814.

Joecks, Wolfgang: Der nemo-tenetur-Grundsatz und das Steuerstrafrecht, in: Hirsch, H.-J. /Wolter, J./Brauns, U. (Hrsg.), Festschrift für Günther Kohlmann zum 70. Geburtstag, 2003, S. 451–464.

Joecks, Wolfgang / *Miebach*, Klaus (Hrsg.): Münchener Kommentar zum StGB, Bd. 1: §§ 1–37, 2. Aufl., 2011, Bd. 4: §§ 185–262, 2. Aufl., 2012, Bd. 6/1: Nebenstrafrecht II, 2. Aufl., 2010, Bd. 6/2: Nebenstrafrecht III, Völkerstrafgesetzbuch, 2. Aufl., 2013 (zit. *Bearbeiter* in MüKo-StGB).

Joerden, Jan C.: Verbotene Vernehmungsmethoden – Grundfragen des § 136a StPO, JuS 1993, 927–931.

Jung, Han-Wei: Rechtserkenntnis und Rechtsfortbildung im Völkergewohnheitsrecht – das Verhältnis zwischen Methodik und Rechtsquellenlehre, Göttingen 2012.

Jung, Heike: Faires Verfahren und menschenrechtswidrige Beweiserhebung – Zugleich Besprechung von EGMR, Urteil vom 21-1-2009, GA 2009, 651–656.

Kadelbach, Stefan: Anm. zu OLG Düsseldorf, *Beschluss* v. 15.11.1991 – VI 14/89 (n.r.), StV 1992, 506–509.

Kalb, Sebastian: Die funktionale Begründung strafprozessualer Beweisverbote – Eine rechtsvergleichende Untersuchung zu den Grundlagen der Beweisverbote, Hamburg 2006.

Kallmann, A.: Leugnende Angeklagte, GA 54 (1907), 230–234.

Kant, Immanuel: Grundlegung zur Metaphysik der Sitten, hrsg. v. Karl Vorländer unveränderter Nachdruck der 3. Aufl., Hamburg 1962.

Karpenstein, Ulrich / *Mayer*, Franz C. (Hrsg.): EMRK – Konvention zum Schutz der Menschenrechte und Grundfreiheiten, München 2012.

Kasiske, Peter: Anm. zu BGH, *Urteil* v. 18.12.2008 – 4 StR 455/08, ZIS 2009, 319–323.

Kasiske, Peter: Widersprüchlichkeit der Widerspruchslösung, NJW-Spezial 2011, 376–377.

Kasiske, Peter: Tatbegriff und Zwangsmittelverbot bei wiederholter Steuerhinterziehung – Anmerkung zu BGH 1 StR 26/12, HRRS 2013, 225–228.

Kasiske, Peter: Die Selbstbelastungsfreiheit im Strafprozess, JuS 2014, 15–20.

Kasiske, Peter: Die Selbstbelastungsfreiheit bei verdeckten Befragungen des Beschuldigten, StV 2014, 423–430.

Kasiske, Peter: Mitarbeiterbefragungen im Rahmen interner Ermittlungen – Auskunftspflichten und Verwertbarkeit im Strafverfahren, NZWiSt 2014, 262–268.

Kaspar, Johannes: Strafprozessuale Verwertbarkeit nach rechtswidriger Beweisbeschaffung – Zugleich ein Beitrag zur Systematisierung der Beweisverbotslehre, GA 2013, 206–225.

Katzenmeier, Christian: Der Behandlungsvertrag – Neuer Vertragstyp im BGB, NJW 2013, 817–823.

Kaufmann, Michael: Anm. zu BGH, *Urteil* v. 20.6.1997 – 2 StR 130/97 (LG Mainz), NStZ 1998, 474–475.

Keller, Rainer: Rechtliche Grenzen der Provokation von Straftaten, Berlin 1989.

Keller, Rainer: Privatisierung von Polizeifunktionen und strafprozessuale Beweisverbote, in: Samson, E. u.a. (Hrsg.), Festschrift für Erich Grünwald zum 70. Geburtstag, 1999, S.267–283.

Kelly, Henry Ansgar: Inquisitions and other trial procedures in the Medieval West, Aldershot (u.a.) 2001.

Kelnhofer, Evelyn: Hypothetische Ermittlungsverläufe im System der Beweisverbote, Berlin 1994.

Kelsen, Hans: Reine Rechtslehre, 2. Aufl., Wien 1992.

Kemper, Martin: Wohin mit der Selbstanzeige nach § 371 AO? – Die Rechtfertigung eines umstrittenen Strafaufhebungsgrundes, DStZ 2013, 538–544.

Kemper, Martin: Wieder ein neuer § 371 AO? Mögliche Einschränkung der Regelung zur Abgabe einer strafbefreienden Selbstanzeige und deren Folgen, DStR 2014, 928–934.

Kemperdick, Christian: Zum Verwendungsverbot des § 97 Abs. 1 Satz 3 InsO – Zugleich eines Anmerkung zu OLG Celle, Beschl. v. 19.12.2012 – 32 Ss 164/12, ZInsO 2013, 731, 732 und OLG Jena, Beschl. v.18.12.2010 – 1 Ss 45/10, ZInsO 2011, 732, ZInsO 2013, 1116–1119.

Kéry, Lotte: Inquisitio – denunciatio – exceptio: Möglichkeiten der Verfahrenseinleitung im Dekretralenrecht, ZRG KA 87 (2001), 226–268.

Kindhäuser, Urs: Strafprozessrecht, 2. Aufl., Baden-Baden 2010.

Kirchhof, Hans-Peter / *Eidenmüller*, Horst / *Stürner*, Rolf: Münchener Kommentar zur Insolvenzordnung, Herausgegeben, Bd. 2: §§ 80–216, 3. Aufl., 2013 (zit.: *Bearbeiter* in MüKo-InsO).

Kirsch, Stefan: Freiheit von Selbstbezichtigungszwang?, in: Institut für Kriminalwissenschaften Frankfurt a.M. (Hrsg.), Vom unmöglichen Zustand des Strafrechts, 1995, S. 229–243.

Kirsch, Stefan: Probleme des Zugriffs auf Beweismaterial bei Rollenkonflikten von Verbandsmitgliedern, in: Kempf, E./Lüderssen, K./Volk, K. (Hrsg.), Unternehmensstrafrecht, S. 361–372.

Klasen, Evelyn / *Schaefer*, Sandra: Whistleblower, Zeuge und „Beschuldigter" – Informationsweitergabe im Spannungsfeld grundrechtlicher Positionen, BB 2012, 641–647.

Klass, Nadine: Die Menschenwürde im Spannungsfeld zwischen Paternalismus und Selbstbestimmung, in: Gornig, G.H. u.a., Iustitia et Pax – Gedächtnisschrift für Dieter Blumenwitz, S. 25–38.

Klein, Franz (Begr.): Abgabenordnung – einschließlich Steuerstrafrecht, 11. Aufl., München 2012 (zit. *Bearbeiter* in Klein, AO).

Klein, Oliver: Die Aussageerzwingung bei rechtskräftig verurteilten Straftätern – Strafrechtspflege im Spannungsfeld von Verfolgungsgebot und Rechtsstaatlichkeit, StV 2006, 338–340.

Kleinheisterkamp, Daniela: Kreditwesengesetz und Strafverfahren – Zur Bedeutung des „nemo-tentur"-Prinzips für das bankenaufsichtliche Verfahren, 2010 Tübingen.

Kleinheyer, Gerd: Zur Rolle des Geständnisses im Strafverfahren des späten Mittelalters und der frühen Neuzeit, in: Kleinheyer,G./Mikat, P., Beiträge zur Rechtsgeschichte – Gedächtnisschrift für Hermann Conrad, 1979, S. 367–384.

Kleinknecht, Theodor: Die Beweisverbote im Strafprozess – Gedanken zu einem Thema des 46. Deutschen Juristentages, NJW 1966, 1537–1545.

Klesczewski, Diethelm: Anm. zu BGH, *Urteil* v. 29.4.2009 – 1 StR 701/08, StV 2010, 462–465.

Knauer, Christoph: Interne Ermittlungen, ZWH 2012, 41–48; 81–88.

Knauer, Christoph / *Gaul*, Michael: Internal Investigations und fair trial – Überlegung zur Anwendung des Fairnessgedankens, NStZ 2013, 192–194.

Knauer, Christoph /*Buhlmann*, Erik: Unternehmensinterne (Vor-)Ermittlungen – was bleibt von nemo-tenetur und fair trial? – Grenzen der strafprozessualen Verwertbarkeit unternehmensinterner Ermittlungen, AnwBl 2010, 389–393.

Knierim, Thomas C.: Das Verhältnis von strafrechtlichen und internen Ermittlungen, StV 2009, 324–331.

Knierim, Thomas C.: Anm. zu LG Hamburg, *Beschluss* v. 15.10.2010 – 608 Qs 18/10, FD-StrafR 2011, 314177.

Knierim, Thomas C. / *Rübenstahl*, Markus / *Tsambikakis*, Michael (Hrsg.): Internal Investigations – Ermittlungen im Unternehmen, Hamburg 2013 (zit. *Bearbeiter* in Internal Investigations).

Koch, Arnd: Denunciatio – Zur Geschichte eines strafprozessualen Rechtsinstituts, Frankfurt a.M. 2006.

Koch, Arnd: Die gescheiterte Reform des reformierten Strafprozesses – Liberale Prozessrechtslehre zwischen Paulskirche und Reichsgründung, ZIS 2009, 542–548.

Kohlmann, Günter: Strafprozessuale Verwertungsverbote als Schranken für steuerliche und steuerstrafrechtliche Ermittlungen der Fahndungsbehörden, in: Lang, J. (Hrsg.), Die Steuerrechtsordnung in der Diskussion – Festschrift für Klaus Tipke zum 70. Geburtstag, 1995, S. 487–508.

Kohlmann, Günther (Begr.): Steuerstrafrecht – Ordnungswidrigkeitenrecht und Verfahrensrecht - Kommentar zu den §§ 369–412 AO, Stand: November 2015 (zit. *Bearbeiter* in Kohlmann, Steuerstrafrecht).

Kölbel, Ralf: Selbstbelastungsfreiheiten – Der nemo-tenetur-Satz im materiellen Strafrecht, Berlin 2006.

Kölbel, Ralf: Zur Verwertbarkeit privat-deliktisch beschaffter Bankdaten – Ein Kommentar zur causa „Kieber", NStZ 2008, 241–244.

Kölbel, Ralf / *Morlok*, Martin: Geständniszwang in parlamentarischen Untersuchungen? – Grenzen des Aussageverweigerungsrecht in parlamentarischen Untersuchungsausschüssen, ZRP 2000, 217–222.

König, Stefan: Wege und Grenzen eigener Ermittlungstätigkeit des Strafverteidigers, StraFo 1996, 98–103.

König, Stefan: Das Geständnis im postmodernen, konsensualen Strafprozess, NJW 2012, 1915–1919.

Kopf, Verena Angela: Selbstbelastungsfreiheit und Genomanalyse im Strafverfahren – Untersuchungen zu Inhalt und Reichweite des Grundsatzes nemo tenetur se ipsum accusare unter besonderer Berücksichtigung von Genomanalysen, Aachen 1999.

Kotsoglou, Kyriakos N.: Über die Bedeutungslosigkeit des Satzes „in dubio pro reo" – Eine grammatisch-logische Rekonstruktion der Freispruchsdogmatik, ZIS 2014, 31–46.

Kottek, Petr: Die Kooperation von deutschen Unternehmen mit der US-amerikanischen Börsenaufsicht SEC – Grenzen der strafprozessualen Verwertbarkeit unternehmensinterner Ermittlungen, Frankfurt a.M. 2012.

Kottek, Petr: Die Kooperation von deutschen Unternehmen mit der US-amerikanischen Börsenaufsicht SEC – Grenzen der strafprozessualen Börsenaufsicht SEC, DAJV-Newsletter 2013, 101–105.

Krack, Ralf: Die Rehabilitierung des Beschuldigten im Strafverfahren, Tübingen 2002.

Krack, Ralf: Der Normzweck des § 136a StPO, NStZ 2002, 120–124.

Kraft, Oliver Kai-Eric: Das nemo tenetur-Prinzip und die sich daraus ergebenden Rechte des Beschuldigten in der polizeilichen Vernehmung – Eine rechtsvergleichende Untersuchung des amerikanischen und deutschen Strafprozessrechts, Hamburg 2002.

Kramer, Bernhard: Unerlaubte Vernehmungsmethoden in der Untersuchungshaft – BGH vom 28–4-1987 - 5 StR 666/86, JURA 1988, 520–525.

Kramer, Bernhard: Grundbegriffe des Strafverfahrensrechts – Ermittlungen und Verfahren, 7. Aufl., Stuttgart 2009.

Kranenberg, Sonja: Die Abgrenzung der berichtigenden Erklärung gem. § 153 AO von der Selbstanzeige gem. § 371 AO nach dem Schwarzgeldbekämpfungsgesetz – in dubio pro reo, AO-StB 2011, 344–347.

Krause, Daniel M.: Was bewirkt Compliance?, StraFo 2011, 437–446.

Krebber, Sebastian: Unternehmensübergreifende Arbeitsabläufe im Arbeitsrecht, München 2005.

Krekeler, Wilhelm / *Löffelmann*, Markus / *Sommer*, Ulrich: AnwaltKommentar – StPO, 2. Aufl., Bonn 2010 (zit. *Bearbeiter* in AnwK-StPO).

Kretschmer, Joachim: Schutz vor staatlich veranlasstem Zwang und inszenierter Täuschung – Anmerkung zu BGH v. 18.5.2010 – 5 StR 51/10 = HRRS 2010 Nr. 573, HRRS 2010, 343–347.

Krey, Volker: Zur Problematik richterlicher Rechtfortbildung contra legem, JZ 1978, 361–368.

Krey, Volker: Zur Problematik privater Ermittlungen des durch die Straftat Verletzten – Zulässigkeit und Schranken privater Sachaufklärung durch den Verletzten, seinen Rechtsanwalt und durch Detektive zum Zweck der Strafverfolgung, Berlin 1994.

Krey, Volker: Zur Problematik strafprozessualer verdeckter Ermittlungen ohne Einsatz technischer Mittel im Kampf gegen die Organisierte Kriminalität, in: *Kühne*, H.-H. (Hrsg.), Festschrift für Koichi Miyazawa – Dem Wegbereiter des japanisch-deutschen Strafrechtsdiskurses, 1995, S. 595–610.

Krey, Volker: Kriminalitätsbekämpfung um jeden Preis? – Zur kontinuierlichen Ausweitung des Bereichs verdeckter Ermittlungen, in: Hirsch, H.J./Wolter, J./Bruns, U. (Hrsg.), Festschrift für Günter Kohlmann zum 70. Geburtstag, 2003, S. 627–652.

Krey, Volker: Verdeckte Ermittlungen und das Prinzip *nemo tenetur se ipsum accusare*, in: A. Sinn/M.A. Zöller (Hrsg.), Neujustierung des Strafrechts durch Terrorismus und Organisierte Kriminalität – 2. Deutsch-Taiwanesisches Strafrechtsforum Trier/Osnabrück 2012, 2013, S. 25–37.

Krey, Volker / *Haubrich*, Edgar: Zeugenschutz, Rasterfahndung, Lauschangriff, Verdeckte Ermittler – Kritische Stellungnahme zu den strafprozessualen Reformvorschlägen im Gesetzesentwurf des Bundesrates, zur Bekämpfung des illegalen Rauschgifthandels und anderer Erscheinungsformen der Organisierten Kriminalität (OrgKG), JR 1992, 309–315.

Kries, August von: Der Beweis im Strafprozess des Mittelalters, Weimar 1878.

Kröpil, Karl: Gerechtigkeit im Strafverfahren – Zusammenspiel von materiellem und formellem Strafrecht, JR 2013, 553–558.

Kröpil, Karl: Verfahrensziel und materielles Strafrecht, JuS 2015, 509–513.

Kruse, Björn: Compliance und Rechtsstaat – Zur Freiheit der Selbstbelastung bei Internal Investigations, Frankfurt a.M. 2014.

Kudlich, Hans: Wie weit reicht die Widerspruchslösung – Zugleich Gedanken zur Entscheidung OLG Frankfurt 2 Ss 285/10 vom 8.11.2010, HRRS 2011, 114–119.

Kühl, Jörn: Zur „Rasterfahndung“ und „Vorbeugenden Verbrechensbekämpfung“, in: Vereinigung Berliner Strafverteidiger e.V. (u.a.) (Hrsg.), 10. Strafverteidigertag vom 25.-27. April 1986 Bremen, 1987.

Kühl, Kristian: Freie Beweiswürdigung des Schweigens des Angeklagten und der Untersuchungsverweigerung eines angehörigen Zeugen – BGHSt 32, 140, JuS 1986, 115–122.

Kühl, Kristian: Anm. zu BGH, *Urteil* v. 9.5.1985 – 1 StR 63/85, StV 1986, 187–191.

Kuhlen, Lothar: Grundfragen der strafbaren Steuerhinterziehung, Heidelberg 2012.

Kuhn, Bernd: Die Widerspruchslösung, JA 2010, 891–893.

Kühne, Hans Heiner: Anm. zu AG Saalfeld, *Beschluss* v. 11.8.2004 – 651 Js 18343/04 2 Ds, StV 2005, 321–322.

Kühne, Hans Heiner: Beschuldigtenangaben in vernehmungsähnlichen Situationen, in: Zöller, M.A. u.a., Gesamte Strafrechtswissenschaft in internationaler Dimension – Festschrift für Jürgen Wolter zum 70. Geburtstag am 7. September 2013, 2013, S. 1009–1017.

Kühne, Hans-Heiner: Das „outsourcing“ von Leistungen der Staatsanwaltschaft, GA 2013, 553–560.

Kühne, Hans-Heiner: Strafprozessrecht – Eine systematische Darstellung des deutschen und europäischen Strafverfahrensrechts, 9. Aufl., Heidelberg 2015.

Kunkel, Wolfgang: Kleine Schriften zum römischen Strafverfahren und zur römischen Verfassungsgeschichte, Weimar 1974.

Küpper, Georg: Tagebücher, Tonbänder, Telefonate – Zur Lehre von den selbstständigen Beweisverwertungsverboten im Strafverfahren, JZ 1990, 416–424.

Küpper, Georg: Tagebücher, Tonbänder und Telefonate – Zur Lehre von den selbstständigen Beweisverwertungsverboten im Strafverfahren, JZ 1990, 416–424.

Kuster, Thomas (Hrsg.): Unternehmensinterne Untersuchungen – Handbuch für Internal Investigations, Wien 2010.

Lagodny, Otto: Verdeckte Ermittler und V-Leute im Spiegel von § 136a StPO als „angewandtes Verfassungsrecht“ – zugleich eine Analyse neuerer BGH-Entscheidungen, StV 1996, 167–172.

Lammer, Dirk: Verdeckte Ermittlungen im Strafprozess – Zugleich eine Studie zum Menschenwürdegehalt der Grundrechte, Berlin 1992.

Langbein, John H.: Torture and the Law of Proof – Europe and England in the Ancient Régime, Chicago (u.a.) 1977.

Langbein, John H.: The historical origins of the privilege against self-incrimination at Common Law, Mich. L. Rev. 92 (1994), 1047–1085, Mit geringfügigen Veränderungen neu veröffentlich als: The Privilege and Common Law Criminal Procedure: The Sixteenth to the Eighteenths Centuries, in: Helmholz, R. H. u.a.

(Hrsg.), The Privilege against Self-Incrimination – Its Origins and Development, 1997, S. 82–108.

Lange, Nicole: Vorermittlungen – Die Behandlung des staatsanwaltschaftlichen Vorermittlungsverfahrens unter besonderer Berücksichtigung von Abgeordneten, Politikern und Prominenten, Frankfurt a.M. u.a. 1999.

Larenz, Karl / *Canaris* Claus-Wilhelm: Methodenlehre der Rechtswissenschaft, 3. Aufl., Berlin u.a. 1995.

Laufhütte, Heinrich Wilhelm / *Rissing-van Saan*, Ruth / *Tiedemann*, Klaus (Hrsg.): Strafgesetzbuch – Leipziger Kommentar – Großkommentar, Bd. 9, TeilBd. 1: 263–283d, 12. Aufl., 2011, Bd. 13: §§ 331–358, 12. Aufl., 2009 (zit.: *Bearbeiter* in LK-StGB).

Laufs, Adolf / *Kern*, Bernd-Rüdiger: Handbuch des Arztrechts, 4. Aufl., München 2010 (zit. *Bearbeiter* in HB d. ArztR).

Leipold, Klaus: Der Strafverteidiger als Unternehmensanwalt, NJW-Spezial 2011, 56–57.

Leipold, Klaus: Internal Investigations – Fluch und Segen zugleich?, in: Lüderssen, K./Volk, K./Wehle, E., Festschrift für Wolf Schiller – zum 65. Geburtstag am 12. Januar 2014, 2014, S. 418–429.

Leipold, Klaus / *Beukelmann*, Klaus: Anm. zu OLG Zweibrücken, *Beschluss* v. 26. 5. 2010 - 1 Ws 241/09, NJW-Spezial 2010, 442.

Leitmaier, Charlotte: Die Kirche und die Gottesurteile – Eine rechtshistorische Studie, Wien 1953.

Leitmeier, Lorenz: „Nemo tenetur" – ein nachteiliges Verfassungsrecht?, JR 2014, 372–377.

Leitner, Werner: Unternehmensinterne Ermittlungen im Konzern, ?, in: Lüderssen, K./Volk, K./Wehle, E., Festschrift für Wolf Schiller – zum 65. Geburtstag am 12. Januar 2014, 2014, S. 430–447.

Leitner, Werner: Unternehmensstrafrecht in der Praxis, StraFo 2010, 323–328.

Leiwesmeyer, Heinrich: Der schweigende Angeklagte, Diss. jur. Kiel 1994.

Leppich, Mark: Rechtliche Aspekte des Unfalldatenspeichers de lege lata und de lege ferenda, Diss. jur. Nürnberg-Erlangen 2003.

Lepsius, Susanne: Von Zweifeln zur Überzeugung – Der Zeugenbeweis im gelehrten Recht ausgehend von der Abhandlung des Bartolus von Sassoferrato, Frankfurt a.M. 2003.

Lesch, Heiko: „Hörfalle" und keine Ende – Zur Verwertbarkeit von selbstbelastenden Angaben des Beschuldigten in der Untersuchungshaft, GA 2000, 355–371.

Lesch, Heiko: Strafprozessrecht, Neuwied und Kriftel 2001.

Lesch, Heiko: Anm. zu BGH, *Beschluss* v. 12.1.2005 – 5 StR 191/04, JR 2005, 302–304.

Lesch, Heiko H.: Der Beschuldigte im Strafverfahren – über den Begriff und die Konsequenz der unterlassenen Belehrung, JA 1995, 157–166.

Levy, Leonard W.: Origins of the Fifth Amendment – the right against self-incrimination, New York 1968.

Levy, Leonard W.: The Right Against Self-incrimination: History and Judicial History, PSQ 84 (1969), 1–29.

Levy, Leonard W.: *Origins of the fifth amendment* and its critics, Cardozo L. Rev. 19 (1997), 821–860.

Lindner, Bernd: Täuschung in der Vernehmung des Beschuldigten – Ein Beitrag zur Auslegung des § 136a StPO, Diss. jur. Tübingen 1988.

Lippross, Otto-Gerd / *Seibel,* Wolfgang: Basiskommentar Steuerrecht, Stand: November 2015.

Löffelmann, Markus: Die normativen Grenzen der Wahrheitsforschung im Strafverfahren – Ideen zu einer Kritik der Funktionsfähigkeit der Strafrechtspflege, 2008 Berlin.

Löffelmann, Markus: Das Gesetz zur Umsetzung des Urteils des Bundesverfassungsgerichts vom 3. März 2004 (akustische Wohnraumüberwachung) ZIS 2006, 87–98.

Lohberger, Ingram: Mittelbare Verwertung sog. Zufallserkenntnisse bei rechtmäßiger Telefonüberwachung nach §§ 100a, b StPO, in: Ebert, U. u.a. (hrsg.), Festschrift für Ernst-Walther Hanack zum 70. Geburtstag am 30. August 1999, S. 252–276.

Lohsing, Ernst: Das Geständnis in Strafsachen, Halle a.S. 1905.

Looschelders, Dirk / *Roth,* Wolfgang: Juristische Methodik im Prozess der Rechtsanwendung – zugleich ein Beitrag zu den verfassungsrechtlichen Grundlagen von Gesetzesauslegung und Rechtsfortbildung, Berlin 1996.

Löwe, Ewald / *Rosenberg,* Werner (Begr.): Die Strafprozessordnung und das Gerichtsverfassungsgesetz – Großkommentar, Bd. 1: Einleitung, §§ 1–47, 26. Aufl., 2006, Bd. 2: §§ 48–93, 26. Aufl., 2008, Bd. 3: §§ 94–111p, 26. Aufl., 2014, Bd. 4: 33 112–150, 26. Aufl., 2007, Bd. 5: §§ 151–212b, 26. Aufl., 2008, Bd. 11: EMRK/IPBPR, 26. Aufl., 2012 (zit.: *Bearbeiter* in LR-StPO).

Lübbersmann, Sascha: BFH statuiert Zwang zur Selbstanzeige, PStR 2012, 135.

Lüdemann, Jörn: Die verfassungskonforme Auslegung von Gesetzen, JuS 2004, 27–30.

Lüderssen, Klaus: Die Folter bleibt tabu – Kein Paradigmenwechsel ist geboten, in: Rogall, K./Puppe, I./Stein, U./Wolter, J., Festschrift für Hans-Joachim Rudolphi zum 70. Geburtstag, 2004, S. 691–712.

Luhmann, Niklas: Legitimation durch Verfahren, 3. Aufl., Darmstadt u.a. 1978.

Lützeler, Martin / *Müller-Sartori*, Patrick: Die Befragung des Arbeitnehmers – Auskunftspflicht oder Zeugnisverweigerungsrecht, CCZ 2011, 19–25.

Maatz, Rüdiger: Mitwirkungspflicht des Verteidigers in der Hauptverhandlung und Rügeverlust, NStZ 1992, 513–518.

Macnair, M.R.T.: The Early Development of the Privilege against Self-Incrimination, OJLS 10 (1990), 66–84.

Mäder, Detlef: Betriebliche Offenbarungspflichten und Schutz vor Selbstbelastung – Zum Spannungsfeld von Umweltrecht und nemo tenetur-Grundsatz, Freiburg i.Br. 1997.

Magold, Malte: Die Kostentragungspflicht des Verurteilten, Berlin 2009.

Maguire, Mary H.: Attack of the common lawyers on the oath *ex officio* as administered in the ecclesiastical courts in Englang, in: Essays in history and political theory – In honor of Charles Howard McIlwain, 1967, S. 199–229 (zit.: *Maguire* in: Essays).

Mahlstedt, Tobias: Die verdeckte Befragung des Beschuldigten im Auftrag der Polizei – Informelle Informationserhebung und Selbstbelastungsfreiheit, Berlin 2011.

Maiberg, Karin: Zur Widerspruchsabhängigkeit vom strafprozessualen Verwertungsverboten, Berlin 2003.

Makrutzki, Patric: Verdeckte Ermittlungen im Strafprozess – Rechtswissenschaftliche Analyse, rechtsvergleichende Analyse mit dem U.S.-amerikanischen Prozessrecht, Berlin 2000.

Maluga, Gabriele: Heimliche Überwachung von Ehegattengesprächen in der Untersuchungshaft, jurisPR-StrafR 14/2010 Anm. 1.

Mandelbaum, Simcha: The privilege against self-incrimination in Anglo-American and Jewish law, Am. J. Comp. L 5 (1956), 115–119.

Mannkopf, Adolph Julius: Preussisches Criminalrecht – in einer Zusammenstellung der Criminalordnung und des zwanzigsten Titels zweiten Theils des Allgemeinen Landrechts mit den ergänzenden, abändernden und erläuternden Verordnungen, Zweiter Theil: Strafrecht, Berlin 1843.

Mansdörfer, Marco: Die Aussagepflicht der Mitarbeiter bei wertebasierten unternehmensinternen Ermittlungen, jM 2014, 167–173.

Martín, Adàn Martín / Blumenberg, Axel-Dirk: Das Prinzip *nemo tenetur se ipsum accusare* und der europäische Strafprozess, in: Fahl, C. u.a. (Hrsg.), ein menschengerechtes Strafrecht als Lebensaufgabe – Festschrift für Werner Beulke zum 70. Geburtstag, 2015, S. 855–870.

Marx, Reinhard: AsylVfG – Kommentar zum Asylverfahrensgesetz, 7. Aufl., Köln 2009.

Maschmann, Frank: Mitarbeiterkontrolle und private Ermittlungen, in: Maschmann, F., Corporate Compliance und Arbeitsrecht – Mannheimer Arbeitsrechtstag 2009, 2009, S. 149–183.

Maschmann, Frank: Corporate Compliance – Neue Herausforderungen für das Arbeitsrecht, AuA 2009, 72–76.

Matula, Martina: Private Ermittlungen – die eigen und staatlich initiierte Ermittlungstätigkeit von Privatpersonen im Kontext des strafprozessualen Täuschungsverbots, Hamburg 2012.

Maunz, Theodor / *Dürig*, Günther (Begr.): Grundgesetz – Kommentar, 67. Lieferung, München 2012.

Mehle, Bastian / *Mehle*, Volkmar: Beschlagnahmefreiheit von Verteidigungsunterlagen – insbesondere in Kartellbußgeldverfahren, NJW 2011, 1639–1643.

Meile, Joseph: Die Beweislehre des kanonischen Prozesses – In ihren Grundzügen unter Berücksichtigung der modernen Prozessrechtswissenschaft, Paderborn 1925.

Mende, Boris: Grenzen privater Ermittlungen durch den Verletzen einer Straftat, Berlin 2001.

Mengel, Anja: Compliance und Arbeitsrecht – Implementierung - Durchsetzung - Organisation, München 2009.

Mengel, Anja /*Ullrich*, Thilo: Arbeitsrechtliche Aspekte unternehmensinterner Investigations, NZA 2006, 240–246.

Merten, Detlef /*Papier*, Hans-Jürgen: Handbuch der Grundrechte – in Deutschland und Europa, Bd. III: Allgemeine Lehren II, Heidelberg u.a. 2009 (zit.: *Bearbeiter* in Merten/Papier, HGR III).

Metz, Jochen: Aufklärungspflichten des Versicherungsnehmers über unentdeckte Straftaten – versicherungs- und strafrechtliche Aspekte, VersR 1265–1271.

Meurer, Dieter: Informelle Ausforschung, in: *Schünemann*, B. u.a. (Hrsg.), Festschrift für Claus Roxin zum 70. Geburtstag am 15. Mai 2001, 2001, S. 1281–1297.

Meyer, Dieter: Zeugnisverweigerungsrecht analog §§ 53, 53a StPO auch für private Haftpflichtversicherer?, MDR 1973, 812–814.

Meyer, Dieter: Noch einmal: Zur Frage einer Ausdehnung des Zeugnisverweigerungsrechts der §§ 53, 53a auf private Haftpflichtversicherer, MDR 1975, 896–899.

Meyer, Karlheinz: Anm. zu OLG Hamburg 17.7.1985 – 1 Ss 96/85, JR 1986, 170–172.

Meyer, Michael: Auskunftsverweigerungsrecht gemäß § 55 StPO, SchAZtg 2000, 49–52.

Meyer-Goßner, Lutz / *Appl*, Ekkehard: Die Ausweitung des Widerspruchserfordernisses, StraFo 1998, 258–264.

Meyer-Goßner, Lutz / *Schmitt*, Bertram: Strafprozessordnung – Gerichtsverfassungsgesetz, Nebengesetze und ergänzende Bestimmungen, 56. Aufl., München 2015.

Meyer-Mews, Hans: Beweisverwertungsverbote im Strafverfahren, JuS 2004, 208–211.

Meyer-Mews, Hans: Die Ratio der Widerspruchslösung, StraFo 2009, 141–144.

Meyer-Mews, Hans: Reden ist Silber – Schweigen strafbar?, DStR 2013, 161–167.

Michael, Lothar: Verfassungsrechtliche Grenzen richtlinienkonformer Rechtsfortbildung, Der Staat 54 (2015), 349–373.

Michalke, Regina: Die Verwertbarkeit von Erkenntnissen der Eigenüberwachung zu Beweiszwecken im Straf- und Ordnungswidrigkeitenverfahren, NJW 1990, 417–421.

Michalke, Regina: Anm. zu Anm. zu LG Mannheim, *Beschluss* v. 3.7.2012 – 24 Qs 1, 2/12, ZWH 2012, 432.

Minoggio, Ingo: Firmenverteidigung, 2. Aufl., Münster 2010.

Mitsch, Wolfgang: Strafprozessuale Beweisverbote im Spannungsfeld zwischen Jurisprudenz und realer Gefahr, NJW 2008, 2295–2301.

Mitsch, Wolfgang: Tod auf Mallorca –Verwertungsverbot wegen unzulässiger verdeckter Ermittlungsmethoden, JURA 2008, 211–215.

Mittermaier, C. J. A.: Die Lehre vom Beweise im deutschen Strafprozesse nach der Fortbildung durch Gerichtsgebrauch und deutsche Gesetzbücher in Vergleich mit den Ansichten des englischen und französischen Strafverfahrens, Darmstadt 1834.

Möller, Hauke: Verfassungsrechtliche Überlegungen zum „nemo-tenetur"-Grundsatz und zur strafmildernden Berücksichtigung von Geständnissen, JR 2005, 314–319.

Mommsen, Carsten / *Grützner*, Thomas: Wirtschaftsstrafrecht – Handbuch für die Unternehmens- und Anwaltspraxis, München 2013 (zit.: *Bearbeiter* in: Wirtschafsstrafrecht).

Momsen, Carsten: Internal Investigations zwischen arbeitsrechtlicher Mitwirkungspflicht und strafprozessualer Selbstbelastungsfreiheit, ZIS 2011, 508–516.

Momsen, Carsten: Criminal Compliance und Internal Investigations – Haftungsrisiken aus materieller und prozessualer Sicht, in: Rotsch, T. (Hrsg.), Criminal Compliance vor den Aufgaben der Zukunft, 2013, S. 47–64.

Momsen, Carsten / *Grützner*, Thomas: Verfahrensregeln für interne Ermittlungen – Kritische Würdigung der Thesen der BRAK zum Unternehmensanwalt für Strafrecht, DB 2011, 1792–1798.

Momsen, Carsten / *Grützner*, Thomas (Hrsg.): Wirtschaftsstrafrecht – Handbuch für die Unternehmens- und Anwaltpraxis, München 2013 (zit. *Bearbeiter* in Momsen/ Grützner, Wirtschaftsstrafrecht).

Montag, Frank: Der Schutz des Mandatsverhältnisses und anwaltlicher Arbeitsergebnisse vor dem Zugriff Dritter, in: Studienvereinigung Kartellrecht e.V. (Hrsg.), Kartellrecht in Theorie und Praxis – Festschrift für Cornelis Canenbley zum 70. Geburtstag, 2012, S. 325–340.

Moos, Ruth: Das Geständnis im Strafverfahren und in der Strafzumessung – Eine rechtssystematische Untersuchung unter besonderer Berücksichtigung des Alternativ-Entwurfs, Novelle zur Strafprozessordnung, Strafverfahren mit nichtöffentlicher Hauptverhandlung, herausgegeben vom Arbeitskreis deutscher und schweizerischer Strafrechtslehrer, Tübingen 1980, Diss. jur. Göttigen 1983.

Moosmayer, Klaus: Modethema oder Pflichtprogramm guter Unternehmensführung? - –Zehn Thesen zu Compliance NJW 2012, 3013–3017.

Morgan, E. M.: The privilege against self-incrimination, Minn. L. Rev. 34 (1949), 1- 45.

Mosbacher, Andreas: Rügepräklusion mangels Rechtsschutzbedürfnis – Zur Unzulässigkeit von Verfahrensrügen beim Unterlassen von Zwischenrechtsbehelfen, in: Schöch, H. u.a. (Hrsg.), Strafverteidigung, Revision und die gesamte Strafrechtswissenschaft – Festschrift für Gunter Widmaier zum 70. Geburtstag, 2008, S. 339–355.

Mosbacher, Andreas: Zur aktuellen Debatte um die Rügepräklusion – Zugleich ein Beitrag zur Zukunft der Widerspruchslösung, NStZ 2011, 606–611.

Mosbacher, Andreas: Zur Zukunft der Widerspruchslösung – Der Widerspruch als Zwischenrechtsbehelf, in: Bernsmann, K. / Fischer, T. (Hrsg.), Festschrift für Ruth Rissing-van Saan zum 65. Geburtstag am 25. Januar 2011, 2011, S. 357–378.

Mosbacher, Andreas: Verwertungsverbot bei Durchsuchungsanordnung des Staatsanwalts, NJW 2007, 3686–3688.

Müller, Arnold: Kein Zwang zur Selbstbelastung im Steuerstrafverfahren – Reaktionsmöglichkeiten auf Behördenhandeln, AO-StB 2008, 285–291.

Müller, Kai: Insiderrechtliche Mitwirkungspflichten der Kreditinstitute im Licht des nemo-tenetur-Grundsatzes, wistra 2001, 167–171.

Müller, Rudolf: Neue Ermittlungsmethoden und das Verbot des Zwanges der Selbstbelastung, EuGRZ 2001, 546–559.

Müller-Boysen, Ulrike: Die Rechtsstellung des Betroffenen vor dem parlamentarischen Untersuchungsausschuss – Ein Beitrag zu den Mitwirkungsrechten und zum Schweigerecht des Betroffenen, München 1980.

Müller-Dietz, Heinz: Die Stellung des Beschuldigten im Strafprozess, ZStW 93 (1981), 1177–1270.

Müller-Gugenberger, Christian / *Bieneck*, Klaus (Hrsg.): Wirtschaftsstrafrecht – Handbuch des Wirtschaftsstraf- und Ordnungswidrigkeitenrecht, 6. Aufl., Köln 2015 (zit.: *Bearbeiter* in: Müller-Gugenberger/Bieneck, WirtschaftsstrafR).

Müncheberg, Eckhart: Unzulässige Täuschung durch Organe der Strafverfolgungsbehörden – Ein Beitrag zur Auslegung des § 136a StPO, Münster 1966.

Mushoff, Tobias: Heimlich & Co. – Beweisrechtliche Grenzen des Einsatzes Verdeckter Ermitter, FoR 2008, 60–62.

Musielak, Hans-Joachim / *Voit*, Wolfgang (Hrsg.): Zivilprozessordnung mit Gerichtsverfassungsgesetz ; München 2015 (zit. *Bearbeiter* in Musielak/Voit, ZPO).

Müssig, Bernd: Beweisverbote im Legitimationszusammenhang von Strafrechtstheorie und Strafverfahren, GA 1999, 110–142.

Müssig, Bernd: Grenzen der Beweisverwertung beim Einsatz „verdeckter Ermittler“ gegen den Verdächtigen, GA 2004, 87–103.

Nack, Armin: Das verdeckte Verhör, in: Strafverteidigervereinigungen, Organisationsbüro der Strafverteidigervereinigungen (Hrsg.), Aktuelles Verfassungsrecht und Strafverteidigung – 20. Strafverteidigertag vom 22.-24. März 1996 in Essen, 1996, S.239–248.

Nack, Armin: Verwertung rechtswidriger Ermittlungen nur zugunsten des Beschuldigten?, StraFo 1998, 366–374.

Nack, Armin: Akkustische Wohnraumüberwachung und Verwertungsverbot, in: Griesbaum, R. / Hannich, R. / Scharr, K.H. (Hrsg.), Strafrecht und Justizgewährung – Festschrift für Kay Nehm zum 65. Geburtstag, 2006, S. 310–326.

Nagel, Michael: Die Ohnmacht der Verteidigung vor der Macht der Richter – Ein Beitrag zur Diskussion um Verteidigerpflichten und Rügepräklusion, StraFo 2013, 221–230.

Nerlich, Jörg / Römermann, Volker: Insolvenzordnung (InsO) – Kommentar, Stand März 2009, München (zit. *Bearbeiter* in Nerlich/Römermann, InsO).

Neuhaus, Ralf: Anm. zu LG Dortmund, *Beschluss* v. 4.6.1992 – 12 O 74/92, StV 1994, 36–38.

Neuhaus, Ralf: Wider den rein formalen Vernehmungsbegriff – Zugleich Anmerkung zu BGHSt 39, 335 und BGHSt 40, 211, Kriminalistik 1995, 787–792.

Neuhaus, Ralf: Ungeschriebene Belehrungspflichten im Rahmen des § 136 Abs. 1 S. 2 StPO und die Folgen ihrer Verletzung, StV 2010, 45–52.

Neuhaus, Ralf: Compliance-Systeme und Vorfeldermittlungen, in: Kempf, E./Lüderssen, K./Volk, K. (Hrsg.) Die Finanzkrise, das Wirtschaftsstrafrecht und die Moral, 2010, S. 348–360.

Neuhaus, Ralf: Anm. zu BGH, *Beschluss* v. 6.3.2012 – 1 StR 623/11, StV 2013, 485–491.

Neumann, Ulfrid: Materiale und prozedurale Gerechtigkeit im Strafverfahren, ZStW 101 (1989), 52–74.

Neumann, Ulfrid: Mitwirkungs- und Duldungspflichten des Beschuldigten bei körperlichen Eingriffen im Strafverfahren, in: Zaczyk , R./Köhler, M./Kahlo, M.(Hrsg.), Festschrift für E.A. Wolff zum 70. Geburtstag am 1.10.1998, 1998, S. 373–393.

Neuner, Jörg: Die Rechtsfindung contra legem, 2. Aufl., München 2006.

Nickl, Rolf: Das Schweigen des Beschuldigten und seine Bedeutung für die Beweiswürdigung, Diss. jur. München 1978.

Niehaus, Michael: Das Verhör – Geschichte - Theorie - Fiktion, München 2003.

Niese, Werner: Narkoanalyse als doppelfunktionale Prozesshandlung, ZStW 63 (1951), 199–228.

Nobbe, U. / *Vögele*, P.: Offenbarungspflichten und Auskunftsverweigerungsrechte – Dargestellt an zwei Beispielen aus dem Wasser- und Arzneimittelrecht, NuR 1988, 313–318.

Nolde, Malaika: Interne Ermittlungen – Criminal (Law as a) Service? Wie aus Anti-Korruption nicht anti-Datenschutz wird, in: Taeger, J. (Hrsg.), Law as a Service (LaaS) – Recht im Internet- und Cloud-Zeitalter, Bd. 2, 2013, S. 1001–10017.

Nothhelfer, Martin: Die Freiheit von Selbstbezichtigungszwang – Verfassungsrechtliche Grundlagen und einfachgesetzliche Ausformungen, Heidelberg 1989.

Odenthal, Hans-Jörg: Zulässigkeit und Beweiswert einer heimlichen Stimmidentifizierung, NStZ 1995, 579–580.

Oehler, Dietrich: Zur Entstehung des strafrechtlichen Inquisitionsprozesses in: Hirsch, H.J. (Hrsg.), Gedächtnisschrift für Hilde Kaufmann, 1986, S. 847–861.

Oestmann, Peter: Gerechtigkeit im Hexenprozess, in: Jüttemann, V. (Hrsg.), Mehr recht als schlecht – eine interdisziplinäre Auseinandersetzung mit der Gerechtigkeit, S. 197–214.

Ogiermann, Eva-Maria / *Weber*, Johannes: Insolvenzstrafrecht in Deutschland – status quo und Perspektiven, wistra 2011, 206–213.

Osmer, Jan-Dierk: Der Umfang des Beweisverwertungsverbotes nach § 136a StPO, Diss. Jur. Hamburg 1966.

Ostendorf, Heribert: „Verdeckte" Polizeiarbeit – Kriminalpolitische Thesen zu V-Mann und UCA, Kriminalistik 1985, 409–410.

Ostendorf, Heribert: Die strafrechtlichen Grenzen des polizeilichen Lockspitzel-Einsatzes, StV 1985, 73–80.

Ostendorf, Heribert: Das Verbot einer strafrechtlichen und disziplinarrechtlichen Ahndung der Gefangenenselbstbefreiung, NStZ 2007, 313–317.

Ostendorf, Heribert: Gekaufte Strafverfolgung – Die Strafbarkeit des Erwerbs von „geklauten" Steuerdaten und ihre Beweisverwertung, ZIS 2010, 301–308.

Ostendorf, Heribert: Strafprozessrecht – Rechtssystem und Rechtsanwendung, Baden-Baden 2012.

Ott, Dominique: Der Grundsatz "nemo tenetur se ipsum accusare" – unter besonderer Berücksichtigung straßenverkehrsrechtlichen Pflichten, Zürich (u.a.) 2012.

Paeffgen, Hans-Ulrich: Vorüberlegungen zu einer Dogmatik des Untersuchungshafts-Rechts, Köln (u.a.) 1986.

Paeffgen, Hans-Ulrich: Rechtsprechungsübersicht in U-Haft-Sachen – 1995/96 – 2. Teil, NStZ 1997, 115–119.

Paul, Tobias: Unselbstständige Beweisverwertungsverbote in der Rechtsprechung, NStZ 2013, 489–497.

Pawlik, Michael: Verdeckte Ermittlungen und das Schweigerecht des Beschuldigten – Zu den Anwendungsgrenzen der §§ 136 Abs 1 Satz 2 und 136a StPO, GA 1998, 378–389.

Peglau, Jens: Die neue „Kronzeugenregelung" (§ 46b StGB), wistra 2009, 409–414.

Pelz, Christian: Strafrecht in Krise und Insolvenz, 2. Aufl., München 2011.

Peres, Holger: Strafprozessuale Beweisverbote und Beweisverwertungsverbote – und ihre Grundlagen in Gesetz, Verfassung und Rechtsfortbildung, München 1991.

Peters, Karl: Rezension zu Klaus Rogall, Der Beschuldigte als Beweismittel gegen sich selbst. Ein Beitrag zur Geltung des Satzes „Nemo tenetur seipsum prodere" im Strafprozess, ZStW 91 (1979), 121–123.

Peters, Karl: Strafprozess, 4. Aufl., Heidelberg 1985.

Peters, Peter A.: Das deutsche Insiderstrafrecht unter Berücksichtigung strafrechtlicher Konsequenzen für Kreditinstitute und prozessualer Durchsetzungen, Frankfurt a.M. 1997.

Petry, Horst: Beweisverbote im Strafprozess, Diss. jur. Saarbrücken 1970.

Pfordte, Thilo: „Outsourcing of Investigations?" Anwaltskanzleien als Ermittlungsgehilfen der Staatsanwaltschaft, in: Arbeitsgemeinschaft Strafrecht des Deutschen Anwaltvereins (Hrsg.), Strafverteidigung im Rechtsstaat – 25 Jahre Arbeitsgemeinschaft Strafrecht des Deutschen Anwaltvereins, 2009, S. 740–757.

Plöger, Rainer: Die Mitwirkungspflichten des Beschuldigten im deutschen Strafverfahren von den Anfängen im germanischen Rechtsgang bis zum Ende des gemeinen Inquisitionsprozess, Bochum 1982.

Popp, Martin: Hörfalle, Romeo und Knastbruder – oder wie viel List ist der Polizei erlaubt, JA 1998, 900–908.

Popp, Martin: Anm. zu BGH, *Beschluss* v. 13.5.1996 – GSSt 1/96, NStZ 1998, 95–96.

PriceWaterhouseCoopers: Wirtschaftskriminalität 2011.

Prittwitz, Cornelius: Richtervorbehalt, Beweisverwertungsverbot und Widerspruchslösung bei Blutentnahmen gem. § 81 a Abs. 2 StPO, StV 2008, 486–494.

Prütting, Hanns: Gibt es eine ärztliche Pflicht zur Fehleroffenbarung, in: Kern, B.-R. u.a. (Hrsg.), Humaniora – Medizin - Recht - Geschichte – Festschrift für Adolf Laufs zum 70. Geburtstag, 2006, S. 1007–1023.

Prütting, Hanns: ZPO, 7. Aufl., Köln 2015 (zit. *Bearbeiter* in Prütting, ZPO).

Puppe, Ingeborg: List im Verhör des Beschuldigten, GA 1978, 289–306.

Puppe, Ingeborg: Kleine Schule des juristischen Denkens, 3. Aufl., Göttingen u.a. 2014.

Püschel, Christof: Das Verwendungsverbot des § 97 Abs. 1 S. 3 InsO und seine Folgen für die Verteidigung in Insolvenzstrafverfahren, in: Arbeitsgemeinschaft Strafrecht des Deutschen Anwaltvereins (Hrsg.), Strafverteidigung im Rechtsstaat – 25 Jahre Arbeitsgemeinschaft Strafrecht des Deutschen Anwaltvereins, 2009, S. 759–772.

Queck, Nadine: Die Geltung des nemo-tenetur-Grundsatzes zugunsten von Unternehmen, Berlin 2005.

Quentin, Andreas: Der Verdeckte Ermittler i. S. der §§ 110a ff. StP, JuS 1999, 134–140.

Quentmeier, Kirsten: Geständnis, Schweigerecht und Schweigen des Beschuldigten, JA 1996, 215–221.

Rackow, Peter / *Birr*, Cornelius: Neues zur Selbstbelastungsfreiheit? – Rechtliche Rahmenbedingungen verdeckter personaler Ermittlungen, die Polizei, 325–333.

Radbruch, Gustav: Grenzen der Kriminalpolizei, in: Festschrift für Wilhelm Sauer zu seinem 70. Geburtstag am 24. Juni 1949, S. 121–127.

Radtke, Henning: Aktive Mitwirkungsplichten und die „freiwillige" aktive Mitwirkung des Betroffenen bei dem Zugriff auf elektronische gespeicherte Daten im Strafprozess – Überlegungen am Beispiel sog. Bankendurchsuchungen, in: Eser, A. / Goydke, J. (Hrsg.), Strafverfahrensrecht in Theorie und Praxis – Festschrift für Lutz Meyer-Goßner zum 65. Geburtstag, 2001, S. 321–346.

Radtke, Henning / *Hohmann*, Olaf (Hrsg.): Strafprozessordnung – Kommentar, München 2011 (zit.: *Bearbeiter* in Radtke/Hohmann).

Ranft, Otfried: Strafprozessrecht – Systematische Lehrdarstellung für Studium und Praxis, 3. Aufl., Stuttgart (u.a.) 2005.

Ransiek, Andreas: Die Rechte des Beschuldigten in der Polizeivernehmung, Heidelberg 1990.

Ransiek, Andreas: Rechtswidrige Ermittlungen und die Fernwirkung von Beweisverwertungsverboten, in: Fahl, C. u.a. (Hrsg.), ein menschengerechtes Strafrecht als Lebensaufgabe – Festschrift für Werner Beulke zum 70. Geburtstag, 2015, S. 949–961.

Rau, Philipp: Schweigen als Indiz der Schuld – Ein Vergleich des deutschen und englischen Rechts zur Würdigung des Schweigens des Beschuldigten, Frankfurt a.M. 2004.

Raum, Rolf: Die Verwertung unternehmensinterner Ermittlungen, StraFo 2012, 395–399.

Rauschenberger, Frederike: Die heimliche Überwachung im Besuchsraum – Selbstbelastungsfreiheit und Grenzen erlaubter List, Kriminalistik 2010, 726–729.

Rauscher, Thomas / *Wax*, Peter / *Wenzel*, Joachum (Hrsg.): Münchener Kommentar zur Zivilprozessordnung mit Gerichtsverfassungsgesetz und Nebengesetzen, München 2004 (zit.: *Bearbeiter* in MüKo-ZPO).

Redmaye, Mike: rethinking the privilege against self-incrimination, OJLS 27 (2007), 209–232.

Reeb, Philipp: Internal Investigations – Neue Tendenzen privater Ermittlungen, Berlin 2011.

Reiche, Felix: Das Täuschungsverbot des § 136a – ein objektiv-überindividueller Bestandteil des Beweisrechts, Diss. jur. Kiel 1999.

Reichert, Jochen: Reaktionspflichten und Reaktionsmöglichkeiten der Organe auf (möglicherweise) strafrechtsrelevantes Verhalten innerhalb des Unternehmens, ZIS 2011, 113–122.

Reinecke, Jan: Die Fernwirkung von Beweisverwertungsverboten, München 1990.

Reinsch, Julia: Das Rechtsverhältnis zwischen Entleiher und Leiharbeitnehmer, Baden-Baden 2009.

Reiß, Wolfram: Zwang zur Selbstbelastung nach der neuen Abgabenordnung, NJW 1977, 1436–1437.

Reiß, Wolfram: Gesetzliche Auskunftsverweigerungsrechte bei der Gefahr der Strafverfolgung in öffentlichrechtlichen Verfahren, NJW 1982, 2540–2541.

Reiß, Wolfram: Besteuerungsverfahren und Strafverfahren – Zugleich ein Beitrag zur Bedeutung des Grundsatzes von nemo tenetur se ipsum prodere im Besteuerungsverfahren, Köln 1987.

Reiter, Christian Harald Maximilian: »Nemo tenetur se ipsum prodere« und Steuererklärungspflicht – Zur Strafbarkeit der wiederholenden Hinterziehung periodischer Veranlagungs- und Fälligkeitssteuern im anhängigen, Steuerstrafverfahren, München 2007.

Rengier, Rudolf: Die Zeugnisverweigerungsrechte im geltenden und künftigen Strafverfahrensrecht – Grundlagen, Reformfragen und Stellung im System der Beweisverbote und im Revisionsrecht 1979.

Rengier, Rudolf: Anm. zu OLG Celle, *Beschluss* v. 16.2.1982 – 1 Ss 605/81, JR 1982, 477–479.

Rengier, Rudolf: Aushöhlung der Schweigebefugnis des auch steuerlich belangten Beschuldigten durch „nachteilige" Schätzung der Besteuerungsgrundlagen?, BB 1985, 720–723.

Renzikowski, Joachim: Die förmliche Vernehmung des Beschuldigten und ihre Umgehung, JZ 1997, 710–717.

Renzikowski, Joachim: „Fair trial" im Strafprozess, in: Dölling, D. (Hrsg.), Jus humanum – Grundlagen des Rechts und Strafrecht – Festschrift für Ernst-Joachim Lampe zum 70. Geburtstag, 2003, S. 791–804.

Renzikowski, Joachim: Anm. zu BGH, *Urteil* v. 26.7.2007 – 3 StR 104/07, JR 2008, 164–167.

Renzikowski, Joachim: Körperliche Zwangseingriffe und Selbstbelastungsfreiheit in: Böse, M./Sternberg-Lieben, D., Grundlagen des Straf- und Strafverfahrensrechts – Festschrift für Knut Amelung zum 70. Geburtstag, 2009, S. 669–686.

Richardi, Reinhard / *Wißmann*, Hellmut / *Wlotzke*, Otfried / *Oetker*, Hartmut (Hrsg.): Münchener Handbuch zum Arbeitsrecht, 3. Aufl., München 2009 (zit.: *Bearbeiter* in MünchArbR).

Richter, Christian: Präklusionsrechte des Richters im Strafprozess, AnwBl 1995, 407–409.

Richter, Hans: Auskunfts- und Mitteilungspflichten nach §§ 20, 79 Abs. 1 ff. InsO, wistra 2000, 1–5.

Rieble, Volker: Schuldrechtliche Zeugenpflichten von Mitarbeitern, ZIP 2003, 1273–1283.

Rieble, Volker: Regeldurchsetzung im Unternehmen (Compliance) als Systemfrage an der Schnittstelle zwischen Zivil- und Arbeitsrecht, R.L.R. 2009, 191–208.

Rieß, Peter: Der Beschuldigte als Subjekt des Strafverfahrens in Entwicklung und Reform der Strafprozessordnung, in: Bundesministerium der Justiz (Hrsg.), Vom Reichsjustizamt zum Bundesministerium der Justiz – Festschrift zum 100jährigenGründungstag des Reichsjustizamtes am 1. Januar 1877, S. 373–440.

Rieß, Peter: Die Vernehmung des Beschuldigten im Strafprozess, JA 1980, 293–301.

Rieß, Peter: Über die Aufgaben des Strafverfahrens, JR 2006, 269–277.

Ringleb, Henrik-Michael / *Kremer*, Thomas / *Lutter*, Marcus / *v. Werder*, Axel: Deutscher Corporate Governance Kodex – Kommentar, 5. Auflage, München 2013 (zit.: *Bearbeiter* in Ringleb u.a., DCGK).

Röckl, Edgar: Das Steuerstrafrecht im Spannungsfeld des Verfassungs- und Europarechts – eine kritische Untersuchung unter besonderer Berücksichtigung der Wertungsdivergenzen zwischen Steuer- und Steuerstrafrecht als Verfassungsproblem, der Hinterziehung verfassungswidriger Steuern sowie der verfassungs- und europarechtlichen Grenzen der Steuerfahndung bei Banken, Berlin 2002.

Rode, Christian: Soll sich der Beschuldigte außerhalb der Hauptverhandlung äußern und gegebenenfalls wie?, StraFo 2003, 42–47.

Rödiger, Katja: Strafverfolgung von Unternehmen, Internal Investigations und strafrechtliche Verwertbarkeit von „Mitarbeitergeständnissen" – Untersuchung am Beispiel der Siemens-Korruptionsaffäre, Frankfurt a.M. 2012.

Rogall, Klaus: Die Missachtung des Verbots der Selbstbelastung im geltenden und kommenden Abgabenrecht, ZRP 1975, 278–281.

Rogall, Klaus: Der Beschuldigte als Beweismittel gegen sich selbst – Ein Beitrag zur Geltung des Satzes „Nemo tenetur seipsum prodere" im Strafprozess, Berlin 1977.

Rogall, Klaus: Anm. zu OLG Karlsruhe, *Beschluss* v. 6.9.1988 – 1 Ss 68/88, NStZ 1989, 288.

Rogall, Klaus: Beweisverbote im System des deutschen und des amerikanischen Strafverfahrensrechts, in: Wolter, J. (Hrsg.), Theorie und Systematik des Strafprozessrechts – Symposium zu Ehren von Hans-Joachim Rudolphi, 1995, S. 113–161.

Rogall, Klaus: Rezension zu Hartmut Schneider, Grund und Grenzen des strafrechtlichen Selbstbegünstigungsprinzips auf der Basis eines generalpräventiven Schuldmodells, StV 1996, 63–68.

Rogall, Klaus: Die Vergabe von Vomitivmitteln als strafprozessuale Zwangsmaßnahme, NStZ 1998, 66–68.

Rogall, Klaus: Anm. zu BVerfG (3. Kammer des 2. Senats), *Beschluss* v. 1.3.2000 – 2 BvR 2017 u. 2039/94, NStZ 2000, 490–493.

Rogall, Klaus: Das Verwendungsverbot des § 393 II AO, in: Hirsch, H.J./Wolter, J./ Bruns, U. (Hrsg.), Festschrift für Günter Kohlmann zum 70. Geburtstag, 2003, S. 465–498.

Rogall, Klaus: Anm. zu BGH, *Beschluss* v. 12.1.2005 – 5 StR 191/04 (LG Kaiserslautern), NStZ 2006, 41–44.

Rogall, Klaus: Anm. zu BGH, *Urteil* v. 26.7.2007 – 3 StR 104/07 (LG Wuppertal), NStZ 2008, 110–113.

Rogall, Klaus: Beweiserhebungs- und Beweisverwertungsverbote im Spannungsfeld zwischen den Garantien des Rechtsstaats und der effektiven Bekämpfung von Kriminalität und Terrorismus, JZ 2008, 818–830.

Rogall, Klaus: Rezension zu Lutz Eidam, Die strafprozessuale Selbstbelastungsfreiheit am Beginn des 21. Jahrhunderts, StV 2008, 219–222.

Rogall, Klaus: Zur Zulässigkeit einer heimlichen akkustischen Überwachung von Ehegattengesprächen in der Untersuchungshaft – Zugleich Besprechung von BGHSt 53, 294, HRRS 2010, 289–295.

Rogall, Klaus: Grund und Grenzen der „qualifizierten Belehrung im Strafprozess, in: Geisler, C. u.a., Festschrift für Klaus Geppert zum 70. Geburtstag am 10. März 2011, 2011, S. 519–547.

Rogall, Klaus: Die Selbstbelastungsfreiheit vor neuen Herausforderungen, in: Fahl, C. u.a. (Hrsg.), ein menschengerechtes Strafrecht als Lebensaufgabe – Festschrift für Werner Beulke zum 70. Geburtstag, 2015, S. 973–986.

Röhl, Klaus Friedrich / *Röhl,* Hans Christian: Allgemeine Rechtslehre – Ein Lehrbuch, 3. Aufl., München 2008.

Rolletschke, Stefan: Strafverfahren und Besteuerungsverfahren, StV 2005, 355–359.

Rolletschke, Stefan: Steuerstrafrecht, 4. Aufl., Köln 2012.

Roschmann, Christian: Das Schweigerecht des Beschuldigten im Strafprozess – seine rechtlichen und faktischen Grenzen, Diss. jur. Bremen 1983.

Rosen, Rüdiger von: Rechtskollision durch grenzüberschreitende Sonderermittlungen BB 2009, 230–232.

Rosenberg, Irene Merker / *Rosenberg* Yale L.: At the beginning: the Talmudic rule against self-incrimination, N.Y.U. L. Rev. 63 (1988), 955–1050.

Rosenthal, Michael: Meistbegünstigung bei kontaminierten Beweismitteln, in: Organisationsbüro der Strafverteidigervereinigung Bremen (Hrsg.), 50 Jahre Grundgesetz – kritische Würdigung, europäische Bezüge in der Strafgerichtsbarkeit – 23. Strafverteidigertag vom 12.-14 März 1999 in Bremen, 2000, S. 149–161.

Roth, Peter: Die Wahrheitspflicht der Parteien im Zivilprozess, Diss. jur. Erlangen-Nürnberg 1991.

Roth, Simon: Das Verhältnis zwischen verwaltungsrechtlichen Mitwirkungspflichten und dem Grundsatz *nemo tenetur se ipsum accusare* – Zusammenfassung und

Würdigung der Rechtsprechung des europäischen Gerichtshofs für Menschenrechte, ZStR 2011, 296–321.

Rothfuß, Holger: Heimliche Beweisgewinnung unter Einbeziehung des Beschuldigten, StraFo 1998, 289–294.

Rotsch, Thomas (Hrsg.): Criminal Compliance – Handbuch, Baden-Baden 2015 (zit. *Bearbeiter* in Rotsch, Criminal Compliance).

Roxin, Claus: Die Rechtsprechung des BGH zum Strafverfahrensrecht – Ein Rückblick über 40 Jahre, in: Jauernig, O. / Roxin, C. (Hrsg.), 40 Jahre Bundesgerichtshof – Festveranstaltung am 1. Oktober 1990 mit Ansprache des Präsidenten des Bundesgerichtshofes, 1991, S. 66–99.

Roxin, Claus: Gegenwart und Zukunft der Verteidigung im rechtsstaatlichen Strafverfahren in: Ebert, U. u.a. (hrsg.), Festschrift für Ernst-Walther Hanack zum 70. Geburtstag am 30. August 1999, 1999, S. 1–16.

Roxin, Claus: Anm. zu BGH, *Urteil* v. 21.7.1998 – 5 StR 302–97, NStZ 1999, 149–151.

Roxin, Claus: Täterschaft und Tatherrschaft, 8. Aufl., Berlin 2006.

Roxin, Claus: Zum Beweisverwertungsverbot bei bewusster Missachtung des Richtervorbehalts nach § 105 I 1 StPO, NStZ 2007, 616–618.

Roxin, Claus: Beschuldigtenstatus und qualifizierte Belehrung – zugleich eine Besprechung von BGH 1 StR 3/07, JR 2008, 16–19.

Roxin, Claus: Zur verdeckten Befragung des Beschuldigten NStZ-Sonderheft 2009, 41–46.

Roxin, Claus: Für ein Beweisverwertungsverbot bei unterlassener qualifizierter Belehrung – Anmerkung zu BGH 4 StR 455/08 – Urteil vom 18. Dezember 2008 (HRRS 2009 Nr. 260), HRRS 2009, 186–188.

Roxin, Claus: Anm. zu BGH, *Beschluss* v. 5.8.2008 – 3 StR 45/08 (LG Lüneburg), StV 2009, 113–115.

Roxin, Claus: Aushorchung in der Untersuchungshaft als Überführungsmittel, in: , in: Geisler, C. u.a., Festschrift für Klaus Geppert zum 70. Geburtstag am 10. März 2011, 2011, S. 549–567.

Roxin, Claus: Rezension zu Tobias Mahlstedt, Die verdeckte Befragung des Beschuldigten im Auftrag der Polizei. Informelle Informationserhebung und Selbstbelastungsfreiheit, GA 2012, 108–110.

Roxin, Claus / *Schäfer*, Gerhard / *Widmaier*, Gunter: Mühlenteichtheorie – Überlegungen zur Ambivalenz von Verwertungsverboten, StV 2006, 655–661.

Roxin, Claus / *Schünemann*, Bernd: Strafverfahrensrecht – Ein Studienbuch, 28. Aufl., München 2014.

Roxin, Imme: Probleme und Strategien der Compliance-Begleitung in Unternehmen, StV 2012, 116–121.

Rübenstahl, Markus: Internal Investigations (Unternehmensinterne Ermittlungen) – status quo, WiJ 2012, 17–33.

Rübenstahl, Markus: Selbstanzeige 3.0? - Der Entwurf des BMF eines Gesetzes zur Änderung der Abgabenordnung vom 27.8.2014, WiJ 2014, 190–214.

Rückel, Christoph: Die Notwendigkeit eigener Ermittlungen des Strafverteidigers, in: Wasserburg, K. (Hrsg.), Wahrheit und Gerechtigkeit im Straverfahren – Festgabe für Karl Peters aus Anlass zu seinem 80. Geburtstag, 1984, S. 265–284.

Rudkowski, Lena: Die Aufklärung von Compliance-Verstößen durch „Interviews", NZA 2011, 612–615.

Ruhmannseder, Felix: Unternehmensinterne Ermittlungen – rechtliche Fallstricke in Deutschland und Österreich, in: Schulz, L./Reinhart, M./Salan, O. (Hrsg.), Festschrift für Imme Roxin zum 75. Geburtstag am 15. Mai 2012, 2012, S. 501–520.

Rummel, Walter / *Voltmer*, Rita: Hexen und Hexenverfolgung in der Frühen Neuzeit, 2. Aufl., Darmstadt 2012.

Rüping, Hinrich: Zur Mitwirkungspflicht des Beschuldigten und Angeklagten, JR 1974, 135–140.

Rüping, Hinrich: Der Grundsatz des rechtlichen Gehörs und seine Bedeutung im Strafverfahren, Berlin 1976.

Rüping, Hinrich / Jerouschek, Günter: Grundriss der Strafrechtsgeschichte, 6. Aufl., München 2011.

Rüping, Hinrich / *Kopp*, Thomas: Steuerrechtliche Mitwirkungspflichten und strafrechtlicher Schutz vor Selbstbelastung, NStZ 1997, 530–534.

Ruppert, Felix: Das Beweisverwertungsverbot in § 630c Abs. 2 Satz 3 BGB – Anwendungsbereich und Reichweite, HRRS 2015, 448–454.

Rust, Ulrich / *Abel*, Malte: Unternehmensinterne Untersuchungen im Spannungsverhältnis zwischen Unternehmens-, Arbeits- und Straf(prozess)recht – Zugleich Besprechung von LG Hamburg, Beschl. 15.10.2010 – 608 Qs 18/10 – HSH Nordbank, ZWeR 2013, 521–534.

Rüster, Susanne: Rechtsstaatliche Probleme im Grenzbereich zwischen Besteuerungsverfahren und Strafverfahren, wistra 1988, 49–56.

Rüthers, Bernd / *Fischer*, Christian / *Birk*, Axel: Rechtstheorie mit juristischer Methodenlehre, 8. Aufl., 2015.

Rzepka, Dorothea: Zur Fairness im deutschen Strafverfahren, Frankfurt a.M. 2000.

Sachs, Michael (Hrsg.): Grundgesetz – ein Kommentar, 7. Aufl., München 2014 (zit.: *Bearbeiter* in Sachs, GG).

Säcker, Franz Jürgen /*Rixecker*, Roland (Hrsg.): Münchener Kommentar zum Bürgerlichen Gesetzbuch, 6. Aufl., München 2012 (zit. *Bearbeiter* in MüKo-BGB).

Saenger, Ingo (Hrsg.): Zivilprozessordnung – Familienverfahren / Gerichtsverfassung / europäisches Verfahrensrecht – Handkommentar, 6. Aufl., Baden-Baden 2015 (zit. *Bearbeiter* in HK-ZPO).

Safferling , Christoph / *Hartwig*, Alena: Das Recht zu schweigen und seine Konsequenzen – Entwicklung in nationalen und internationalen Strafverfahren, ZIS 2009, 784–794.

Safferling, Christoph: Audiatur et altera pars - die prozessuale Waffengleichheit als Prozessprinzip? – Qui statuit aliquid parte inaudita altera, Aequum liquet statuerit haud aequs fuit, NStZ 2004, 181–188.

Sahan, Oliver: Die Beschlagnahmefreiheit von Rechtsanwaltskorrespondenz, in: Rotsch, T. (Hrsg.), Criminal Compliance vor den Aufgaben der Zukunft, 2013, S. 133–146.

Sahan, Oliver / *Berndt*, Thomas: Neue Kronzeugenregelung – aktive Beendigung von Korruptionssytemen durch effiziente Compliance-Strukturen alternativlos, BB 2010, 647–652.

Salditt, Franz: 25 Jahre Miranda – Rückblick auf ein höchstrichterliches Experiment, GA 1992, 51–57.

Salditt, Franz: Menschenwürde und Steuerpflicht – Was soll erklärt, muss befürchtet, darf geraten werden?, StuW 2005, 367–372.

Salditt, Franz: Anm. zu BGH, *Beschluss* v. 26.4.2001 – 5 StR 587/00, NStZ 2001, 544.

Salecker, Theresia: Das Äußerungsrecht des Angeklagten und seines Verteidigers gemäß § 257 StPO, Frankfurt a.M. 2009.

Salger, Carsten A.: Das Schweigerecht des Beschuldigten – Vergleich zwischen deutschem und US-amerikanischem Strafverfahrensrecht, Köln (u.a.) 1998.

Saliger, Frank: Kann und soll das Recht die Lüge verbieten? In: Deppenheuer, O. (Hrsg.), Recht und Lüge, 2015, S. 93–116.

Saliger, Frank / *Rönnau*, Thomas /*Kirch-Heim*, Claudio: Täuschung und Vermögensschaden beim Sportwettenbetrug durch Spielteilnehmer - Fall Hoyzer, NStZ 2007, 361–368.

Samson, Erich: Steuerhinterziehung, nemo tenetur und Selbstanzeige – Eine Dokumentation, wistra 1988, 130–136.

Sarhan, Amr: Unternehmensinterne Privatermittlungen im Spannungsfeld zur strafprozessualen Aussagefreiheit, wistra 2015, 449–455.

Satzger, Helmut / *Schluckebier*, Wilhelm / *Widmaier*, Gunter (Hrsg.): Strafprozessordnung – Kommentar, Köln 2014 (zit.: *Bearbeiter* in SSW-StPO).

Sautter, Bruno: Die Pflicht zur Duldung von Körperuntersuchungen nach § 372a ZPO – Zugleich ein Beitrag zur Verfassungsmäßigkeit nach § 81a StPO, AcP 161 (1962), 215–269.

Schaefer, Torsten: Der Nemo-Tenetur-Grundsatz im Steuerstrafverfahren, Marburg 2007.

Schaefer, Torsten: Selbstbelastungsschutz außerhalb des Strafverfahrens, NJW-Spezial 2010, 120–121.

Schäfer, Gerhard / *Sander*, Günther / *van Gemmeren*, Gerhard: Praxis der Strafzumessung, 5. Aufl., München 2012.

Schäfer, Karl: Einige Bemerkungen zu dem Satz „nemo tenetur se ipsum accusare“, in: Hanack, E.-W., Festschrift für Hanns Dünnebier zum 75. Geburtstag am 12. Juni 1982, 1982, S. 11–51.

Schall, Hero: Die Ambivalenz von Eigenüberwachung und Selbstaufzeichnung im Umweltstrafrecht, in: Joecks, W. u.a. (Hrssg.), Recht – Wirtschaft – Strafe – Festschrift für Erich Samson zum 70. Geburtstag, S. 483–493.

Schaub, Günther (Begr.) / *Koch*, Ulrich: Arbeitsrecht von A-Z, 19. Aufl., 2014.

Schelling, Philip / *Warntjen*, Maximilian: Die Pflicht des Arztes zur Offenbarung von Behandlungsfehlern – Zugleich Überlegungen zum Entwurf eines Patientenrechtsgesetzes, MedR 2012, 506–512.

Schenke, Wolf-Rüdiger: Polizei- und Ordnungsrecht, 8. Aufl., Heidelberg u.a. 2013.

Schimpfhauser, Eva Maria: Das Gewaltmonopol des Staates als Grenze der Privatisierung von Staatsaufgaben – dargestellt am Beispiel des Strafvollzuges, Frankfurt a.M. 2009.

Schlauri, Regula: Das Verbot des Selbstbelastungszwangs im Strafverfahren – Konkretisierung eines Grundrechts durch Rechtsvergleichung, Genf 2003.

Schlosser, Peter: Die lange deutsche Reise in die prozessuale Moderne – Zugleich eine Besprechung des Urteils des BGH vom 11.6.1990, JZ 1991, 599–608.

Schlothauer, Reinhold: Strafprozessuale Verwertung selbstbelastender Angaben im Verwaltungsverfahren, in: Weßlau, E./Wohlers, W., Festschrift für Gerhard Fezer zum 70. Geburtstag am 29. Oktober 2008, 2008, S. 267–287.

Schlothauer, Reinhold: Zur Bedeutung der Beweisverwertungsverbote im Ermittlungs- und Zwischenverfahren, in: Prittwitz, C. u.a. (Hrsg.), Festschrift für Klaus Lüderssen zum 70. Geburtstag am 2. Mai 2002, 2002, S. 761–772.

Schlothauer, Reinhold: Anm. zu BGH, *Beschluss* v. 9.11.2005 – 1 StR 447/05 (LG Baden-Baden), StV 2006, 397–398.

Schlothauer, Reinhold / *Jahn*, Matthias: Zustimmung statt Widerspruch bei Beweisverwertungsverboten im Strafverfahren, RuP 2012, 222–228.

Schlothauer, Reinhold / *Weider*, Hans-Joachim: Untersuchungshaft – mit Erläuterungen zu den UVollzG der Länder, 4. Aufl., München 2010.

Schlüchter, Ellen / *Radbruch*, Jochen: Anm. zu BGH, *Urteil* v. 21.7.1994 – 1 StR 83/94 (LG München 1), NStZ 1993, 354–355.

Schlüter, Jan: Die Strafbarkeit von Unternehmen in einer prozessualen Betrachtung – nach dem geltenden Prozessrecht, Frankfurt a.M. 2000.

Schmidhäuser, Eberhard: Zur Frage nach dem Ziel des Strafprozesses, in: Bockelmann, P. / Gallas, W. (Hrsg.), Festschrift für Eberhard Schmidt zum 70. Geburtstag, 1961, S. 511–524.

Schmidt, Eberhard: Inquisitionsprozess und Rezeption – Studien zur Geschichte des Strafverfahrens in Deutschland vom 13. Bis 16. Jahrhundert, Leipzig 1940.

Schmidt, Eberhard: Zur Frage der Eunarkon-Versuche in der gerichtlichen Praxis, SJZ 1949, 449 – 457.

Schmidt, Eberhard: Lehrkommentar zur Strafprozessordnung und zum Gerichtsverfassungsgesetz, Göttingen 1957.

Schmidt, Eberhard: Deutsches Strafprozessrecht – Ein Kolleg, Göttingen 1967.

Schmidt, Eberhard: Strafprozess und Rechtsstaat – Strafprozessrechtliche Aufsätze und Vorträge (1952 bis 1969), Göttingen 1970.

Schmidt, Eberhard: Einführung in die Geschichte der deutschen Strafrechtspflege, Nachdruck der 3. Aufl., Göttingen 1983.

Schmidt, Eberhardt: Sinn und Tragweite des Hinweises auf die Aussagefreiheit des Beschuldigten, NJW 1968, 1209–1219.

Schmidt, Wolfgang: Prozessuale Fürsorgepflicht und fair trial – Identität und Unterschiede, Hamburg 2010.

Schmidt-Bleibtreu, Bruno */Hofmann,* Hans */Henneke, GG,* Hans-Günter: GG – Kommentar zum Grundgesetz, 13. Aufl., Köln 2014 (zit. *Bearbeiter* in Schmidt-Bleibtreu/Hofmann/Henneke, GG).

Schmitt, Bertram: Die richterliche Beweiswürdigung im Strafprozess – eine Studie zu Wesen und Funktion des strafprozessualen Grundsatzes der „freien Beweiswürdigung" sowie zu den Möglichkeiten und Grenzen einer Revision in Strafsachen ; zugleich ein Beitrag zum Verhältnis von Kriminalistik und staatlicher Strafrechtspflege, Lübeck 1992.

Schneider, Christian: Beweisverbote aus dem Fair-Trial-Prinzip des Art. 6 EMRK – Der Nemo-tenetur-Grundsatz im Lichte der EMRK, Hamburg 2013.

Schneider, Hartmut: Die strafprozessuale Beweiswürdigung des Schweigens von Beschuldigten und angehörigen Zeugen, JURA 1990, 572–582.

Schneider, Hartmut: Grund und Grenzen des strafrechtlichen Selbstbegünstigungsprinzip – auf der Basis eines generalpräventiv-funktionalen Schuldmodells, Berlin 1991.

Schneider, Hartmut: Zur Strafbarkeit des Vernichtens von Schaublättern eines Fahrtenschreibers, NStZ 1993, 16–23.

Schneider, Hartmut: Überlegungen zur Zulässigkeit des Aushorchens von Inhaftierten durch V-Leute unter Einsatz technischer Hilfsmittel, JR 1996, 401–408.

Schneider, Hartmut: Überlegungen zur strafprozessualen Zulässigkeit heimlich durchgeführter Stimmenvergleiche, GA 1997, 371–387.

Schneider, Hartmut: Strafprozessuale Anforderungen an Polizeibeamte zur Ermöglichung der Verteidigerkonsultation durch den festgenommenen Beschuldigten – BGH, Urt. v. 12.1.1996 – 5 StR 756/95, JURA 1997, 131–139.

Schneider, Hartmut: Verdeckte Ermittlungen in Haftanstalten, NStZ 2001, 8–15.

Schneider, Hartmut: Ausgewählte Rechtsprobleme des Einsatzes verdeckter Ermittler – Eine Zwischenbilanz, NStZ 2004, 359–367.

Schneider, Hartmut / *Knauer*, Christoph / *Kudlich*, Hans (Hrsg.): Münchener Kommentar zur Strafprozessordnung, Bd. 1: §§ 1–150, 2014 (zit. *Bearbeiter* in MüKo-StPO).

Schneider, Uwe: Investigative Maßnahmen und Informationsweitergabe im konzernfreien Unternehmen und im Konzern, NZG 2010, 1201–1207.

Scholz, Rupert: Verkehrsüberwachung durch Private?, NJW 1997, 14–18.

Schönke, Adolf / *Schröder*, Horst (Hrsg.): Strafgesetzbuch – Kommentar, 29. Aufl., München 2014 (zit.: *Bearbeiter* in S/S-StGB).

Schork, Stefanie: Anm. zu G Ulm, *Beschluss* v. 15. 1. 2007 – dd 2 Qs 2002/07 Wik, NJW 2007, 2057–2058.

Schramm, Hans-Holger: Die Verpflichtung des Abwassereinleiters zur Weitergabe von Eigenmeßwerten und der nemo-tenetur-Satz, Kiel 1988.

Schröder, Christian: Handbuch des Kapitalmarkstrafrechts, Köln u.a. 2007.

Schröder, Christian / *Hansen*, Hauke: Die Ermittlungsbefugnisse der BAFin nach § 44c KWG und ihr Verhältnis zum Strafprozessrecht, ZBB 2003, 113–121.

Schröder, Svenja: Beweisverwertungsverbote und die Hypothese rechtmäßiger Beweiserlangung im Strafprozess, Berlin 1992.

Schroeder, Friedrich-Christian: Gesamtprüfung der Verfahrensfairness durch den EGMR, GA 2003, 293–298.

Schroeder, Friedrich-Christian: Der Staat als Lügner – List und Täuschung im Dienst der Verbrechensbekämpfung, in: Mayer, M. (Hrsg.), Kulturen der Lüge, 2003, S. 151–166.

Schroeder, Friedrich-Christian / *Verrel*, Torsten: Strafprozessrecht, 5. Aufl., München 2011.

Schroth, Ulrich: Beweisverwertungsverbote im Strafverfahren – Überblick, Strukturen und Thesen zu einem umstrittenen Thema, JuS 1998, 969–980.

Schubarth, Martin: Zur Tragweite des Grundsatzes der Unschuldsvermutung, Basel und Stuttgart 1978.

Schulte, Martin / *Görts*, Cornelius: Die SEC-Untersuchung nach dem Foreign Corrupt Practices Act, RIW 2006, 561–568.

Schulz, Lorenz: Normiertes Misstrauen – der Verdacht im Strafverfahren, Frankfurt a.M. 2001.

Schulz, Lorenz: Globalisierungstendenzen im deutschen Wirtschaftsstrafrecht – Nachlese und Diskussionsbericht, StV 2009, 332–336.

Schumann, Antje: Anm. zu BGH. *Beschluss* v. 31.3.2011 – 3 StR 400/10, JZ 2012, 265–268.

Schumann, Kay H.: „Brechmitteleinsatz ist Folter"? – Die Rechtsprechung des EGMR zum Brechmitteleinsatz im Strafverfahren – Bespr. d. Urt. EGMR v. 11.7.2006 – 54810/00, StV 2006, 661–669.

Schünemann, Bernd: Die Belehrungspflichten der §§ 243 IV, 136 n.F. StPO und der BGH, MDR 1969, 101–103.

Schünemann, Bernd: Risse im Fundament, Flammen im Gebälk: Die Strafprozessordnung nach 130 Jahren, ZIS 2009, 484–494.

Schürrle, Thomas / *Olbers*, Lucie Anne Mary: Praktische Hinweise zu Rechtsfragen bei eigenen Untersuchungen im Unternehmen, CCZ 2010, 178–183.

Schuster, Frank Peter: Anm. zu LG Hamburg, *Beschluss* v. 15.10.2010 – 608 Qs 18/10, NZWist 2012, 28–30.

Schuster, Frank Peter: Anm. zu Anm. zu LG Mannheim, *Beschluss* v. 3.7.2012 – 24 Qs 1, 2/12, NZWiSt 2012, 431–434.

Schwaben, Sylvia: Die personelle Reichweite von Beweisverwertungsverboten, Göttingen 2005.

Schwartz, Tobias: Korrektur von Umsatzsteuervoranmeldungen, PStR 2012, 116.

Schwarz, Bernhard: Abgabenordnung – Kommentar, Bd. 4: §§ 322–415 AO, Lfg. 160 (2014) (zit. *Bearbeiter* in Schwarz, AO).

Schwarz, Eberhard / *Zimmer*, Daniel: Kapitalmarktrechts-Kommentar, München 2010 (zit. *Bearbeiter* in KMRK).

Seebode, Manfred: Der Vollzug der Untersuchungshaft 1985.

Seebode, Manfred: Anm. zu BGH, *Urteil* v. 28.4.1987 – 5 StR 666/86, JR 1988, 427–432.

Seitz, Helmut: Anm. zu BGH, *Beschluss* v. 220.03.1995 – 5 StR 680/94, NStZ 1995, 519–520.

Sellert, Wolfgang: Die Bedeutung und Bewertung des Inquisitionsprinzips aus rechtshistorischer Sicht, in: Recht und Staat im sozialen Wandel – Festschrift für Hans Ulrich Scupin zum 80. Geburtstag, 1983, S. 161–181.

Sellert, Wolfgang / *Rüping*, Heinrich: Studien- und Quellenbuch zur Geschichte der deutschen Strafrechtspflege, Bd. 1: Von den Anfängen bis zur Aufklärung, Aalen 1989.

Sellmann, Christian: Privatisierung mit oder ohne gesetzliche Ermächtigung, NVwZ 2008, 817–823.

Senate Select Committee on Intelligence: Committee Study of the Central Intelligence Agency's Detention and Interrogation Program abrufbar unter: http://fas.org/irp/congress/2014_rpt/ssci-rdi.pdf (14.01.2016).

Sendler, Horst: Die Verwertung rechtswidriger erlangter Beweismittel im Strafprozess mit Berücksichtigung des anglo-amerikanischen und des französischen Rechts, Berlin 1956.

Sickor, Jens-Andreas: Das Geständnis, Tübingen 2014.

Sieg, Rainer: Arbeitnehmer im Banne von Compliance-Programmen – Zwischen Zivilcourage und Denunziantentum, in: Bauer, J.-H./Kort, M./Möllers, T./Sandmann, B., Festschrift für Herbert Buchner zum 70. Geburtstag, 2009, S. 859–874.

Siegert, Karl: Die außergerichtlichen Tonbandaufnahmen und ihre Verwertung im Zivilprozess, NJW 1957, 689–691.

Siegrist, Uwe: Ermittlungen in Steuer- und Wirtschaftsstrafsachen – Quo Vadis?, wistra 2010, 427–432.

Siemens AG: Erklärung der Siemens AG: Zusammenfassung der Erkenntnisse anlässlich des heutigen, Abschlusses der Verfahren in München und in den USA – Pressemitteilung vom 15.12.2008 abrufbar unter: http://www.siemens.com/press/pool/de/events/2008-12-PK/summary-d.pdf (14.01.2016).

Smith, Henry E.: The Modern Privilege: Its Nineteenth-Century Origins, in: Helmholtz, R.H. u.a. (Hrsg.), The Privilege against Self-Incrimination – Its Origins and Development, 1997, S. 145–180.

Sodan, Helge / *Ziekow*, Jan: Nomos Kommentar Verwaltungsgerichtsordnung, 4. Aufl., Baden-Baden 2014 (zit. *Bearbeiter* in NK-VwGO).

Soden, Henning Freiherr von: *Confessio* zwischen Beichte und Geständnis – Eine dogmengeschichtliche Betrachtung über die Entwicklung des Schuldbekenntnisses vom römischen Recht bis zum IV. Lateranum, Diss. jur. Bonn 2010.

Soiné, Michael: Kriminalistische List im Ermittlungsverfahren, NStZ 2010, 596–602.

Sommer, Ulrich: Auskunftsverweigerungsrecht des gefährdeten Zeugen – Erweiterte Fassung des Vortrags anlässlich des Strafverteidiger-Kolloquiums 1997 in Düsseldorf, StraFo 1998, 8–15.

Sowada, Christoph: Beweisverwertungsverbote im Spannungsfeld zwischen nemotenetur-Grundsatz und fair-trial-Prinzip, Grund und Grenzen der „qualifizierten Belehrung im Strafprozess, in: Geisler, C. u.a., Festschrift für Klaus Geppert zum 70. Geburtstag am 10. März 2011, 2011, S. 689–722.

Spehl, Stephan / *Grützner*, Thomas: Corporate internal investigations – A Systematic Overview of 13 Jurisdictions, Oxford 2013.

Spehl, Stephan /*Momsen*, Carsten /*Grützner*, Thomas: Unternehmensinterne Ermittlungen – Ein internationaler Überblick, CCZ 2014, 2–9; 170–174.

Spickhoff, Andreas: Patientenrechte und Gesetzgebung – Rechtspolitische Anmerkungen zum geplanten Patientenrechtegesetz, ZRP 2012, 65–69.

Spickhoff, Andreas: Medizinrecht, 2. Aufl., München 2014 (zit.: *Bearbeiter* in Spickhoff, Medizinrecht).

Spickhoff, Andreas: Behandlungsfehler und Offenbarungspflichten, JZ 2015, 15–27.

Stahl, Rudolf: Zum Verfassungsrang der Selbstanzeige, in: Carlé, D./Stahl, R./Strahl, M. (Hrsg.), Gestaltung und Abwehr im Steuerrecht – Festschrift für Klaus Korn zum 65. Geburtstag am 28. Januar 2005, 2005, S. 757–777.

Stalinsky, Dirk: Aussagefreiheit und Geständnisbonus, Diss.jur. Düsseldorf 2000.

Stam, Fabian: Die strafprozessuale Unverwendbarkeit der zwangsvollstreckungsrechtlichen Vermögensauskunft, StV 2015, 130–133.

Stamp, Frauke: Die Wahrheit im Strafverfahren – Eine Untersuchung zur prozessualen Wahrheit unter besonderer Berücksichtigung der Perspektive des erkennenden Gerichts in der Hauptverhandlung, Baden Baden 1998.

Ständige Deputation des Deutschen Juristentages (Hrsg.): Verhandlungen des siebenundsechzigsten Deutschen Juristentages, Erfurt 2008, Bd. II/2: Sitzungsberichte (Diskussion und Beschlussfassung), München 2008 (zit.: *Diskussionsteilnehmer* in 67. DJT, Sitzungsberichte).

Ständige Deputation des Deutschen Juristentages (Hrsg.): Verhandlungen des sechsundvierzigsten Deutschen Juristentages, Essen 1966, Bd. 2: Sitzungsberichte, Teil F, München 1967 (zit.: *Diskussionsteilnehmer* in 46. DJT, Sitzungsberichte).

Stein, Martin / *Jonas*, Friedrich (Hrsg.): Kommentar zur Zivilprozessordnung, Bd. 3: §§ 128–252, Tübingen 2005.

Stern, Steffen: Der Geständniswiderruf als forensisches Erkenntnisproblem, StV 1990, 563–569.

Stern, Steffen: Die Beschaffung von Beweismaterial durch den Verteidiger, StraFo 1992, 58–65.

Sternberg-Lieben, Detlev: Die „Hörfalle" – Eine Falle für die rechtsstaatliche Strafverfolgung? – Gedanken zu: BGH – Urt. v. 8.10.1993 – 2 StR 400/93 = BGHSt 39, 335, JURA 1995, 299–310.

Sternberg-Lieben, Detlev: Anm. zu BGH, *Urteil* v. 21.7.1994 – 1 StR 83/94, JZ 1995, 844–848.

Stetten, Annette von: Strafprozessuale Verwertung von beschlagnahmten Akten privater KFZ-Haftpflichtversicherer, JA 1996, 55–60.

Stetten, Annette von: Beweisverwertung beim Einsatz Verdeckter Ermittler, Frankfurt a.M. 1999.

Stetter, Sabine: Die Lösung der Fälle mittelbarer Selbstbelastung wegen einer Steuerstraftat durch Erfüllung steuerrechtlicher Erklärungspflichten – Zugleich ein problembezogener Vergleich des deutschen und amerikanischen Rechts, Berlin 2007.

Stober, Rolf: Privatisierung öffentlicher Aufgaben - Phantomdiskussion oder Gestaltungsoption in einer verantwortungsgeteilten, offenen Wirtschafts-, Sozial- und Sicherheitsverfassung?, NJW 2008, 2301–2308.

Störmer, Rainer: Dogmatische Grundlagen der Verwertungsverbote – Eine Untersuchung über die Strukturen strafprozessualer Verwertungsverbote unter dem Einfluss der Verfassung und der Grundsätze des öffentlichen Rechts, Marburg 1992.

Strachan-Davidson, James Leigh: Problems of the roman criminal law, Amsterdam 1969.

Strafrechtsausschuss der Bundesrechtsanwaltskammer: Reform der Verteidigung im Ermittlungsverfahren – Thesen mit Begründung.

Strate, Gerhard: Strafverteidigung und Strafverfahrensänderungsgesetz, DuR 1989, 245–251.

Streck, Michael: Der Beschluss des Bundesverfassungsgerichts zum strafrechtlichen Verwertungsverbot bei Aussagen des Gemeinschuldners und seine Auswirkungen im Steuerstrafrecht, StV 1981, 362–364.

Stübinger, Stephan: Anm. zu BGH, *Beschluss* v. 6. 11. 2007 – 1 StR 370/07 (LG Stuttgart), JZ 2008, 798–800.

Stümpfler, Hermann: Das Schweigen im Strafverfahren oder Bußgeldverfahren, DAR 1973, 1–10.

Stürner, Rolf: Die Aufklärungspflicht der Parteien des Zivilprozesses, Tübingen 1976.

Stürner, Rolf: Strafrechtliche Selbstbelastung und verfahrensförmige Wahrheitsermittlung, NJW 1981, 1757–1763.

Sundelin: Die Berechtigung und Bedeutung des Verhörs im gegenwärtigen Preußischen Strafverfahren, GA 6 (1858), 624–635.

Süße, Sascha / *Eckstein*, Ken: Aktuelle Entwicklungen im Bereich „Interne Untersuchung“, Newsdienst Compliance 9/2014, 71009.

Sydow, Fritz: Kritik der Lehre von den „Beweisverboten“, Diss. Jur. Würzburg 1976.

Szesny, André-M.: Finanzmarktaufsicht und Strafprozess – Die Ermittlungskompetenzen der BaFin und der Börsenaufsichtsbehörden nach Kreditwesengesetz, Wertpapierhandelsgesetz und Börsengesetz und ihr Bezug zum Strafprozessrecht, Hamburg 2008.

Szesny, André-M.: Im Blickpunkt: Internal Investigations – Zulässigkeit und Grenzen unternehmensinterner Ermittlungen, BB 2011, VI-VII.

Taschke, Jürgen: Zum Beschlagnahmeschutz der Handakten des Unternehmensanwalts, in: Michalke, R. (Hrsg.), Festschrfit für Rainer Hamm zum 65. Geburtstag am 24. Februar 2008, 2008, S. 751–766.

Taschke, Jürgen: Die Verteidigung von Unternehmen – Ein neuer Typus von Strafverteidigung, in: Hassemer, W./Kempf, W./Moccia, S. (Hrsg.) in dubio pro libertate – Festschrift für Klaus Volk zum 65. Geburtstag, 2009, S. 801–812.

Taschke, Jürgen: Zur Entwicklung des Verfolgung von Wirtschaftsstrafsachen in der Bundesrepublik Deutschland – Teil 3: Auf dem Weg zur Privatisierung der Strafverfolgung, NZWiSt 2012, 89–94.

Taschke, Jürgen: „Interne Untersuchungen" in internationalen Konzernen – rechtliche und tatsächliche Probleme, , in: Rotsch, T. (Hrsg.), Criminal Compliance vor den Aufgaben der Zukunft, 2013, S. 65–76.

Teske, Doris: Das Verhältnis von Besteuerungs- und Steuerstrafverfahren unter besonderer Berücksichtigung des Zwangsmittelverbots (§ 393 Abs. 1 S. 2 und S. 3 AO), wistra 1988, 207–216.

Tetzlaff, Christian: Unzugänglichmachung des Insolvenzeröffnungsgutachtens für die Staatsanwaltschaft? – Erwiderung auf Hohnel NZI 2005, 152, NZI 2005, 316–317.

Theile, Hans: „Internal Investigations" und Selbstbelastung – Zum Verantwortungstransfer bei Akkumulation privater und staatlicher Ermittlungen, StV 2011, 381–386.

Theile, Hans: Die Herausbildung normativer Orientierungsmuster für Internal Investigations. Am Beispiel selbstbelastender Aussagen, ZIS 2013, 378–384, (= in: Esser, R. u.a. (Hrsg.), Festschrift für Hans-Heiner Kühne zum 70. Geburtstag am 21. August 2013, 2013, S. 489–500.

Thiel, Markus: Auskunftverlangen und Nachschau als Instrument der Informationsbeschaffung im Rahmen der Gewerbeaufsicht, GewA 2001, 403–409.

Thole, Larissa: Das Patientenrechtegesetz – Ziele der PolitikMedR 2013, 145–149.

Thomas, Heinz / *Putzo*, Hans: Zivilprozessordnung – FamFG, Verfahren in Familiensachen, GVG, Einführungsgesetze, EU-Zivilverfahrensrecht, 36. Aufl., München 2015 (zit. *Bearbeiter* in Thomas/Putzo, ZPO).

Thum, Kai: Beschlagnahmefreiheit von Verteidigungsunterlagen, HRRS 2012, 535–540.

Thurn, Peter: Das Patientenrechtegesetz – Sicht der Rechtsprechung, MedR 2013, 153–157.

Tiedemann, Klaus: Privatdienstliche Ermittlungen im Ausland – strafprozessuales Verwertungsverbot?, in: Kaufmann, A. u.a. (Hrsg.), Festschrift für Paul Bockelmann zum 70. Geburtstag am 7. Dezember 1978, 818–830.

Tipke, Klaus / *Kruse*, Heinrich Wilhelm: Abgabenordnung – Finanzgerichtsordnung, Stand: November 2015 (zit.: *Bearbeiter* in Tipke/H. Kruse, AO/FGO).

Tolksdorf, Klaus: Verwertungsverbot wegen unterlassener Beschuldigtenbelehrung nur bei Widerspruch, in: Pfeiffer, G./Burgermeister, U./Roth, G., Der verfasste Rechtsstaat – Festgabe für Karin Graßhof, 1998, S. 255–269.

Torka, Ronald: Nachtatverhalten und Nemo tenetur – Eine Untersuchung über die Grenzen „zulässiger Verteidigung" und die Relevanz des Nemo-tenetur-Prinzips bei der Strafzumessung selbstbegünstigenden Nachtatverhaltens gem. § 46 Abs. 2 StGB, Berlin 2000.

Tormöhlen, Helmut: Der nemo-tenetur-Grundsatz im Steuerstrafverfahren und die Mitwirkungspflichten für nicht strafbefangene Veranlagungszeiträume, in: Carlé, D./Stahl, R./Strahl, M. (Hrsg.), Gestaltung und Abwehr im Steuerrecht – Festschrift für Klaus Korn zum 65. Geburtstag am 28. Januar 2005, 2005, S. 779–797.

Trück, Thomas: Die revisionsrechtliche Einordnung der Rüge rechtsfehlerhafter Anwendung des Richtervorbehalts bei Durchsuchung und Blutprobenentnahme, NStZ 2011, 202–208.

Trüg, Gerson: Lösungskonvergenzen trotz Systemdivergenzen im deutschen und US-amerikanischen Strafverfahren – Ein strukturanalytischer Vergleich am Beispiel der Wahrheitserforschung, Tübingen 2003.

Trüg, Gerson: Quo curris, Strafverfahren? Zum Verhältnis der objektiven Dimension der Beschleunigungsmaxime zur Wahrheitsfindung, StV 2010, 528–538.

Trüg, Gerson / *Habetha*, Jörg: Beweisverwertung trotz rechtswidriger Beweisgewinnung – insbesondere mit Blick auf die „Liechtensteiner Steueraffäre", NStZ 2008, 481–492.

Trusen, Winfried: Strafprozess und Rezeption – Zu den Entwicklungen im Spätmittelalter und den Grundlagen der Carolina in: Landau, P./Schröder, F.-C. (Hrsg.), Strafrecht, Strafprozess und Rezeption – Grundlagen, Entwicklung und Wirkung der Constitutio Criminalis Carolina, 1984, S. 29–118.

Trusen, Winfried: Der Inquisitionsprozess – seine historischen Grundlagen und frühen Formen, ZRG KA 74 (1988), 168–230.

Trusen, Winfried: Vom Inquisitionsverfahren zum Ketzer- und Hexenprozess – Fragen der Abgrenzung und Beeinflussung, in: Schwab, D./Giesen, D./Listl, J./Strätz, H.-W., Staat, Kirche, Wissenschaft in einer pluralistischen Gesellschaft – Festschrift zum 65. Geburtstag von Paul Mikat, 1989.

Trusen, Winfried: Von den Anfängen des Inquisitionsprozesses zum Verfahren bei der *inquisitio haereticae pravitatis*, in: Segl, P. (Hrsg.), die Anfänge der Inquisition im Mittelalter – Mit einem Ausblick auf das 20. Jahrhundert und einem Beitrag über religiöse Intoleranz im nichtchristlichen Bereich, 1993, S. 39–76.

Trusen, Winfried: Das Verbot der Gottesurteile und der Inquisitionsprozess – Zum Wandel des Strafverfahrens unter dem Einfluss des gelehrten Rechts im Spätmittelalter, in: Mietke, J./Schreiner, K., Sozialer Wandel im Mittelalter – Wahrnehmungsformen, Erklärungsmuster, Regelungsmechanismen, 1994, S. 235–245.

Tschacksch, Diethard: Die strafprozessuale Editionspflicht, Gelsenkirchen 1988.

Tscherwinka, Ralf: Interne Ermittlungen zwischen Selbstbelastung des Arbeitnehmers und Fürsorgepflicht des Arbeitgebers, in: Schulz, L./Reinhart, M./Salan, O. (Hrsg.), Festschrift für Imme Roxin zum 75. Geburtstag am 15. Mai 2012, 2012, 521–536.

Ufer, Florian: Der Verwertungswiderspruch in Theorie und Praxis – prozessuale Obliegenheiten des Verteidigers und ihre Bedeutung für die Rechtsposition des Beschuldigten, Frankfurt a.M. 2002.

Uhlenbruck, Wilhelm: Auskunfts- und Mitwirkungspflicht des Schuldners und seiner organschaftlichen Vertreter nach der Konkursordnung, Vergleichsordnung, Gesamtvollstreckungsordnung sowie Insolvenzordnung, KTS 1997, 371–391.

Uhlenbruck, Wilhelm: Auskunfts- und Mitwirkungspflichten des Schuldners und seiner organschaftlicher Vertreter im Insolvenzverfahren, NZI 2002, 401–406.

Uhlenbruck, Wilhelm: Die Auskunfts- und Mitwirkungspflicht des GmbH-Geschäftsführers im Insolvenzverfahren, GmbHR, 2002, 941–945.

Ulsenheimer, Klaus: Zum Schutz vertraulicher Mitteilungen des Arztes an seine Berufshaftpflichtversicherung vor dem Zugriff der Strafverfolgungsbehörden, in: Eser, A./Goydke, J. (Hrsg.), Strafverfahrensrecht in Theorie und Praxis – Festschrift für Lutz Meyer-Goßner zum 65. Geburtstag, 2001, S. 347–364.

Velten, Petra: Anm. zu BGH, *Beschluss* v. 11.9.2007 – 1 StR 273/07 (LG Regensburg), ZJS 2008, 76–83.

Ventzke, Klaus Ulrich: Verteidigung am revisionsgerichtlichen Pranger?, in: Weßlau, E./Wohlers, W., Festschrift für Gerhard Fezer zum 70. Geburtstag am 29. Oktober 2008, 2008, S. 477–494.

Verrel, Torsten: Nemo tenetur – Rekonstruktion eines Verfahrensgrundsatzes, NStZ 1997, 361–365; 415–420.

Verrel, Torsten: Die Selbstbelastungsfreiheit im Strafverfahren – Ein Beitrag zu Konturierung eines überdehnten Verfahrensgrundsatzes, München 2001.

Verrel, Torsten: Selbstbelastungsfreiheit und Täuschungsverbot bei verdeckten Ermittlungen, in: Paeffgen, H.-U., u.a. (Hrsg.), Strafrechtswissenschaft als Analyse und Konstruktion, Festschrift für Ingeborg Puppe zum 70., Geburtstag, 2011, S. 1629–1643.

Vogler, Richard: A world view of criminal justice, Aldershot (u.a.) 2006.

Vogt, Volker: Compliance und Investigations – Zehn Fragen aus der Sicht arbeitsrechtlicher Praxis, NJOZ 2009, 4206–4220.

Volk, Klaus: Abschied von nemo tenetur? Verteidigung gegen Unterlassen, in: Arbeitsgemeinschaft Strafrecht des Deutschen Anwaltvereins (Hrsg.), Strafverteidigung im Rechtsstaat – 25 Jahre Arbeitsgemeinschaft Strafrecht des Deutschen Anwaltvereins, 2009, S. 885–890.

Volk, Klaus: Strafrecht und Wirtschaftskriminalität – Kriminalpolitische Probleme und dogmatische Schwierigkeiten, JZ 1982, 85–92.

Volk, Klaus (Begr.) / *Engländer*, Armin: Grundkurs StPO, 8. Aufl., 2013.

Volk, Klaus (Hrsg.): Münchener Anwaltshandbuch Verteidigung in Wirtschafts- und Steuerstrafsachen, 2. Aufl., München 2014 (zit. *Bearbeiter* in MAH-Wirtschafts- und Steuerstrafsachen).

Vorwerk, Volker / *Wolf*, Christian (Hrsg.): Beck'scher Online Kommentar: Zivilprozessordnung, Stand: 15.3.2014 (zit. *Bearbeiter* in BeckOK-ZPO).

Voßkuhle, Andreas: Theorie und Praxis der verfassungskonformen Auslegung von Gesetzen durch Fachgerichte – kritische Bestandsaufnahme und Versuch einer Neubestimmung, AöR 125 (2000), 177–201.

Wabnitz, Heinz-Bernd / Janowsky, Thomas (Hrsg.): Handbuch des Wirtschafts- und Steuerstrafrechts, 4. Aufl., München 2014 (zit. *Bearbeiter* in HB d. Wirtschafts- und SteuerstrafR).

Wagner, Gerhard: Kodifikation des Arzthaftungsrechts? – Zum Entwurf eines Patientenrechtsgesetzes, VersR 2012, 789–802.

Wagner, Jens: „Internal Investigations" und ihre Verantwortung im recht der AG, CCZ 2009, 8–17.

Walder, Hans: Die Vernehmung des Beschuldigten – Dargestellt am Bespiel des zürcherischen und deutschen Strafprozessrechtes, Hamburg 1965.

Walter, Gerhard: Freie Beweiswürdigung – Eine Untersuchung zu Bedeutung, Bedingung und Grenzen der freien richterlichen Überzeugung, 1979 Tübingen.

Walter, Gerhard: Freie Beweiswürdigung – eine Untersuchung zu Bedeutung, Bedingungen und Grenzen der freien richterlichen Überzeugung, Tübingen 1979.

Walter, Tonio: Fair trial statt nemo tenetur? Der Durchgriff auf Art. 6 Absatz 1 EMRK bei listigen Ermittlungen, in: Roth, H. (Hrsg.), Europäisierung des Rechts – Ringvorlesung der Juristischen Fakultät der Universität Regensburg 2009/2010, 2010, S. 291–308.

Walter, Tonio: Kleine Rhetorikschule für Juristen, München 2009.

Wassermann, Rudolf (Hrsg.): Reihe Alternativkommentare – Kommentar zur Strafprozessordnung in drei Bänden, Neuwied u.a. 1992 (zit.: *Bearbeiter* in AK-StPO).

Wastl, Ulrich: Unternehmensinterne Privatermittlungen im mittelständischen Unternehmen, NWB 2012, 2221–2231.

Wastl, Ulrich / *Litzka*, Philippe / *Pusch*, Martin: SEC-Ermittlungen in Deutschland – eine Umgehung rechtsstaatlicher Mindesstandards, NStZ 2009, 68–74.

Weber, Klaus: Betäubungsmittelgesetz – Arzneimittelgesetz, 4. Aufl., München 2013.

Wehnert, Anne: Die Gefahr der Privatisierung des Ermittlungsverfahrens, JR 2007, 82–84.

Wehnert, Anne: SEC: Kapitulation vor der (un)heimlichen Übermacht?, in: Jung, H. u.a. (Hrsg.), Festschrift für Egon Müller, 2008, S. 729–738.

Wehnert, Anne: Interne Ermittlungen und Legalitätsprinzip – Relativierung des staatlichen Ermittlungsmonopols?, in: Kempf, E./Lüderssen, K./Volk, K. (Hrsg.), Ökonomie versus Recht im Finanzmarkt?, 2011, S. 137–143.

Wehnert, Anne: Die Verwertung unternehmensinterner Ermittlungen, StraFo 2012, 253–258.

Weichert, Thilo: Informationelle Selbstbestimmung und strafrechtliche Ermittlung – zum verfassungskonformen Technikeinsatz im Strafverfahren, Pfaffenweiler 1990.

Weidemann, Jürgen: Zur Anzeige und Berichtigungspflicht nach § 153 AO – zugleich eine Anmerkung zu FG München vom 6.9.2005 – 1 K 55/06 – und zu BGH vom 17.3.2009 – 1 StR 479/08, wistra 2010, 5–8.

Weigend, Thomas: Deliktsopfer und Strafverfahren, Berlin 1989.

Weigend, Thomas: Der Schutz der Selbstbestimmung des Beschuldigten bei seiner Vernehmung im Strafverfahren, in: Leipold, D. (Hrsg.), Selbstbestimmung in der modernen Gesellschaft aus deutscher und japanischer Sicht – Symposium der rechtswissenschaftlichen Fakultäten der Albert-Ludwigs-Universität Freiburg und der Städtischen Universität Osaka, 1997, S. 149–163.

Weigend, Thomas: Empfehlen sich gesetzliche Änderungen, um Zeugen und andere nicht beschuldigte Personen im Strafprozess besser vor Nachteilen zu bewahren?, in: Ständige Deputation des Deutschen Juristentages (Hrsg.), Verhandlungen des zweiundsechzigsten Deutschen Juristentages, Bremen 1998, Bd. 1: Gutachten, Teil C.

Weigend, Thomas: Unverzichtbares im Strafverfahrensrecht, ZStW 113 (2001), 271–304.

Weigend, Thomas: Rechtsvergleichende Bemerkungen zur Wahrheitssuche im Strafverfahren, in: Bernsmann, K. / Fischer, T. (Hrsg.), Festschrift für Ruth Rissing-van Saan zum 65. Geburtstag am 25. Januar 2011, 2011, S. 749–766.

Weiler, Edgar: Befragung von Beschuldigten oder aussageverweigerungsberechtigten Zeugen im Ermittlungsverfahren durch V-Leute, GA 1996 101–116.

Weiß , Matthias M.: Compliance der Compliance – Strafbarkeitsrisiken bei Internal Investigations, CCZ 2014, 136–139.

Weiß, Udo: Selbstbezichtigungsfreiheit und vollstreckungsrechtliche Vermögensauskunft, NJW 2014, 503–509.

Welp, Jürgen: Die Strafprozessuale Überwachung des Post- und Fernmeldeverkehrs, Heidelberg 1974.

Werres, Thomas: Leistungsabfall: Die Korruptionsaffäre nimmt kein Ende, die Konjunktur dreht nach unten - nun wird es für den Technikkonzern auch geschäftlich eng, manager magazin 7/2008, S. 40–49.

Wessels, Johannes: Schweigen und Leugnen im Strafverfahren, JuS 1966, 169–176.

Wessels, Johannes /*Beulke*, Werner /*Satzger*, Helmut: Strafrecht Allgemeiner Teil – Die Straftat und ihr Aufbau.

Wessing, Jürgen: Der Einfluss von Compliance, Revision und firmeninternen Ermittlungen auf die Strafverteidigung, in: Arbeitsgemeinschaft Strafrecht des Deutschen Anwaltvereins (Hrsg.), Strafverteidigung im Rechtsstaat – 25 Jahre Arbeitsgemeinschaft Strafrecht des Deutschen Anwaltvereins, 2009, S. 907–929.

Wessing, Jürgen: Compliance – oder wie sich der Staat aus der Kriminalprävention stiehlt, in: Hassemer, W./Kempf, W./Moccia, S. (Hrsg.) in dubio pro libertate – Festschrift für Klaus Volk zum 65. Geburtstag, 2009, S. 867–883.

Wessing, Jürgen: Der Unternehmensverteidiger, in: Hiebl, S./Kassebohn, N./Lilie, H., Festschrift für Volkmar Mehle zum 65. Geburtstag am 11.11.2009, 2009, S. 665–686.

Wessing, Jürgen: Nebenfolgen der Selbstanzeige, SAM 2010, 199–108.

Wessing, Jürgen / *Ahlbrecht*, Heiko / *Dann*, Matthias: Amerikanische Korruptionsverfahren in Deutschland, DAJV-Newsletter 2013, 113–123.

Weßlau, Edda: Vorfeldermittlungen – Probleme der Legalisierung „vorbeugender Verbrechensbekämpfung" aus strafprozessualer Sicht, Berlin 1989.

Weßlau, Edda: Anm. zu OLG Frankfurt a.M., *Urteil* v. 11.11.1196 – 1 Ss 28/96, StV 1997, 341–344.

Weßlau, Edda: Die polizeiliche Hörfalle – Über die Mitwirkungsfreiheit des Beschuldigten und ihre Grenzen, in: Grundrechte-Report 1998, S. 211–216.

Weßlau, Edda: Zwang, Täuschung und Heimlichkeit im Strafverfahren – über die Mitwirkungsfreiheit des Beschuldigten und deren Grenzen, ZStW 110 (1998), 1–37.

Weßlau, Edda: Die Nutzung der Früchte von Folter im Strafprozess? In: Das Folterverbot und der „Kampf gegen den Terror" – Rechtlos im Rechtsstaat, 2007, S. 69–79.

Weßlau, Edda: Gespaltene Tatsachenfeststellung, Überkreuzverwertung und advokatorische Dilemmeta – Beweisverwertung zum Nachteil von Mitbeschuldigten – Zugleich Besprechung von BGH, Beschl. V. 17.02.2009 – 1 StR 691/08, StV 2010, 41–45.

Weßlau, Edda: Wahrheit und Legenden: die Debatte über den adversatorischen Strafprozess, ZIS 2014, 558–564.

Weßlau, Edda: Absprachen in Strafverfahren, ZStW 116 (2004), 150–171.

Westhoff, Ursula: Über die Grundlagen des Strafprozesses mit besonderer Berücksichtigung des Beweisrechts, Berlin 1955.

Wettner, Florian / *Mann*, Marius: Informationsrechte und Informationspflichten bei Internen Untersuchungen, DStR 2014, 655–661.

Wewerka, Frederike: Internal Investigations – private Ermittlungen im Spannungsfeld von strafprozessualen Grundsätzen und Anforderungen eines globalisierten Wirtschaftsstrafverfahrens, Frankfurt a.M. (u.a.) 2012.

Weyand, Raimund: Zur „Verwendung" von Angaben des Schuldners für strafrechtliche Zwecke – Anm. zu LG Stuttgart, Beschl. v. 21.7.2000 – 11 Qs 46/2000 (s. S. 135 ff.) aus der Sicht der Strafverfolgungspraxis, ZInsO 108–110.

White, Welsh S.: Defending *Miranda*: a reply to Professor Caplan, Vanderbilt L. Rev. 39 (1986), 1–22.

Wichmann, Hermann: Das Berufsgeheimnis als Grenze des Zeugenbeweises, Frankfurt a.M. 2000.

Widmaier, Gunter: Mitwirkungspflicht des Verteidigers in der Hauptverhandlung und Rügeverlust(?), NStZ 1992, 519–523.

Widmaier, Gunter (Begr.) / *Müller*, Eckhart / *Schlothauer*, Reinhold (Hrsg.): Münchener Anwalts-Handbuch Strafverteidigung, München 2006 (zit. *Bearbeiter* in MAH-Strafverteidigung).

Wieczorek, Bernhard (Begr.) / *Schütze*, Rolf A. (Hrsg.): Zivilprozessordnung und Nebengesetze, Bd. 3: §§ 128–252, 4. Aufl., Berlin 2013.

Wieland Josef / *Steinmeyer*, Roland / *Grüninger* Stephan: Handbuch Compliance-Management – Konzeptionelle Grundlagen, praktische Erfolgsfaktoren, globale Herausforderungen, Berlin 2010.

Wigmore, John Henry: A treatise on the Anglo-American system of evidence in trials at common law – including the statutes and judicial decisions of all jurisdictions of the United States and Canada, Bd. 8, 3. Aufl.

Wildhagen, Andreas: „Szenisch effektvoll und überraschend" – Siemens-Manager-Anwalt im Interview, Wirtschaftswoche v. 07.08.2008 abrufbar unter: http://www.wiwo.de/unternehmen/siemens-manager-anwalt-im-interview-szenisch-effektvoll-und-ueberraschend/v_detail_tab_print/5456268.html.

Wimmer, Klaus: Frankfurter Kommentar zur Insolvenzordnung, 8. Aufl., Köln 2015 (zit. *Bearbeiter* in FK-InsO).

Wimmer, Renate: Die Verwertung unternehmensinterner Untersuchungen – Aufgabe oder Durchsetzung des Legalitätsprinzips?, in: Schulz, L./Reinhart, M./Salan, O. (Hrsg.), Festschrift für Imme Roxin zum 75. Geburtstag am 15. Mai 2012, 2012, S. 501–520.

Windbichler, Christine: Arbeitsrecht im Konzern, München 1989.

Winkler von Mohrenfels, Peter: Abgeleitete Informationspflichten im deutschen Zivilrecht, Berlin 1986.

Wintrich, Josef: Über die Eigenart und Methode verfassungsgerichtlicher Rechtsprechung, in: Verfassung und Verwaltung in Theorie und Wirklichkeit –Festschrift für Wilhelm Laforet anlässlich seines 75. Geburtstages, 2008, 1932, S. 227–249.

Wisskirchen, Gerlind / *Glaser*, Julia: Unternehmensinterne Untersuchungen, DB 2011, 1447–1452.

Wittig, Petra: Die Selbstanzeige bei Steuerstraftaten, JURA 2014, 567–579.

Wittstamm, Katja: Wahrnehmung von Verteidigerrechten = Amtsanmaßung?, StV 1999,573.

Wohlers, Wolfgang: Nemo tenetur se ipsum accusare – „ an obstruction of the administration of justice“, in: Hettinger, M. (Hrsg,), Festschrift für Wilfried Küper zum 70. Geburtstag, 2007, S. 691–705.

Wohlers, Wolfgang: Anm. zu BGH, *Urteil* v. 22.12.2011 – 2 StR 509/10, JR 2012, 389–391.

Wolff, Heinrich Amadeus: Selbstbelastung und Verfahrenstrennung – Das Verbot zur aktiven Mitwirkung am eigenen Strafverfahren und seine Ausstrahlungswirkung auf die gesetzlichen Mitwirkungspflichten des Verwaltungsrechts, Berlin 1997.

Wolflast, Gabriele: Beweisführung durch heimliche Tonbandaufzeichnung – Besprechung des BGH-Urteils vom 9.4.1986 – 3 StR 551/95 (NStZ 1987, 133), NStZ 103–106.

Wolter, Jürgen: Heimliche und automatisierte Informationseingriffe wider Datengrundrechtsschutz – Gesamtanpassung vor Gesamtreform von Strafprozess- und Polizeirecht, GA 1988, 49–90.

Wolter, Jürgen: Aspekte einer Strafprozessreform bis 2007, München 1991.

Wolter, Jürgen: Beweisverbote und Umgehungsverbote zwischen Wahrheitsforschung und Ausforschung, in: Canaris, C.-W./Heldrich, A./Hopt, K.J./Roxin, C./Schmidt, K./Widmaier, G.(Hrsg.), 50 Jahre Bundesgerichtshof –Festgabe aus der Wissenschaft, Bd. IV: Strafrecht, Strafprozessrecht, hrsg. v. C. Roxin und G. Widmaier, 2000, S. 963–1010.

Wolter, Jürgen: Staatliche gesteuerte Selbstbelastungsprovokation mit Umgehung des Schweigerecht – Zur objektiven Zurechnung im Strafprozessrecht, ZIS 2012, 238–245.

Wolter, Jürgen (Hrsg.): Systematischer Kommentar zum Strafgesetzbuch, Bd. 1: §§ 1–79b, Bd. 4: §§ 212–266b, Bd. 6: §§ 324–358 (zit. *Bearbeiter* in SK-StGB).

Wolter, Jürgen (Hrsg.): Systematischer Kommentar zur Strafprozessordnung und zum Gerichtsverfassungsgesetz, Bd. 1: §§ 1–93, 4. Aufl., 2014, Bd. 2: §§ 94–136a, 4. Aufl., 2010, Bd. 3: §§ 137–197, 4. Aufl., 2011, Bd. 10: Art. 1–8 EMRK, 4. Aufl., 2012 (zit.: *Bearbeiter* in SK-StPO).

Wulf, Martin: Steuererklärungsplficht und „nemo tenetur“ – Zur Strafbarkeit wegen Steuerhinterziehung bei Einkünften aus illegalem Verhalten, wistra 2006, 89–96.

Wulf, Martin: § 153 AO: Die strafbewehrte Berichtigungspflicht – Eine Kritik an der neuen BGH-Rechtsprechung, PStR 2009, 190.

Wulf, Martin / *Ruske*, Alexander: Steine statt Brot – die Feststellung der Verfassungswidrigkeit von § 393 Abs. 2 Satz 2 AO ist aufgeschoben, Stbg 2010, 433–447.

Wulf, Peter: Strafprozessuale und kriminalpraktische Fragen der polizeilichen Beschuldigtenvernehmung auf der Grundlage der empirischen Untersuchung, Heidelberg 1984.

Wybitul, Tim: Interne Ermittlungen auf Aufforderung von US-Behörden – ein Erfahrungsbericht, BB 2009, 606–611.

Yaron, Reuven: Rezension zu R.H. Helmholz u.a., The Privilege against Self-Incrimination, ZRG RA 2000, 688–694.

Zachariä, Heinrich Albert: Handbuch des deutschen Strafprozesses – Systematische Darstellung des auf den Quellen des gemeinen Rechts und der neuern deutschen Gesetzgebung beruhenden Criminal-Verfahrens in wissenschaftlicher Begründung und Verbindung.

Bd. 1: Welcher die Einleitung, die rationellen und historischen Grundlagen des deutschen Strafprozesses und die Lehre von der Strafgerichtsverfassung enthält, Göttingen 1861.

Bd. 2: Welcher die das Strafverfahren selbst betreffenden Lehren enthält, Göttingen 1868.

Zachariä, Heinrich Albert: Die Gebrechen und Reform des deutschen Strafverfahrens – vorgestellt auf der Basis einer konsequenten Entwicklung des inquisitorischen und des akkusatorischen Prinzips, Göttingen 1846.

Zapfe, Henrik: Compliance und Strafverfahren – Das Spannungsverhältnis zwischen Unternehmensinteressen und Beschuldigtenrechten, Frankfurt a.M. 2013.

Zerbes, Ingeborg: Unternehmensinterne Untersuchungen, ZStW 125 (2013), 551–572.

Zieschang, Frank: Das Verbandsstrafgesetzbuch – Kritische Anmerkungen zu dem Entwurf eines Gesetzes zur Einführung der strafrechtlichen Verantwortlichkeit von Unternehmen und sonstigen Verbänden, Kurzreferat, GA 2014, 91–106.

Zietsch, Udo A. / Weigand, Tina: Auskunftsanspruch der BaFin und Akteneinsichtsrecht gegenüber der BaFin- ein rechtsfreier Raum?, WM 2013, 1785–1791.

Zilkens, Hubertus: Entwicklung und Verfahren der Inquisition, die neue Ordnung, 6/1999 (ohne Seite).

Zimmer, Mark: Die Woche im Arbeitsrecht, BB 2011, 1075–1076.

Zöller, Mark: Heimlichkeit als System, StraFo 2008, 15–25.

Zöller, Richard: Zivilprozessordnung, 31. Aufl., Köln 2016 (zit. *Bearbeiter* in Zöller, ZPO).

Zuck, Rüdiger: Faires Verfahren und der Nemo-tenetur-Grundsatz bei der Besuchsüberwachung in der Untersuchungshaft – Zugleich Anmerkung zu BGH, Urt. v. 29.4.2009 – 1 StR 701/08.

Zybon, Adolf: Kritik am Steuergeheimnis, ZRP 1971, 231–233.

SCHRIFTEN ZUM STRAFRECHT UND STRAFPROZESSRECHT

Herausgegeben von Manfred Maiwald und Carsten Momsen

Band 1 Christian-Peter Frees: Die steuerrechtliche Selbstanzeige. Zur kriminalpolitischen Zweckmäßigkeit des § 371 AO. 1991.

Band 2 Norbert Joachim: Der Hörensagenbeweis im Strafverfahren. 1991.

Band 3 Alfred A. Göbel: Die Einwilligung im Strafrecht als Ausprägung des Selbstbestimmungsrechts. 1991.

Band 4 Karl-Heinz Vehling: Die Abgrenzung von Vorbereitung und Versuch. 1991.

Band 5 Heiko Hartmut Lesch: Das Problem der sukzessiven Beihilfe. 1992.

Band 6 Dirk Schwerdtfeger: Besondere persönliche Unrechtsmerkmale. 1992.

Band 7 Stefan Göhring: Polizeiliche Kontrollstellen und Datenverarbeitung. § 163 d StPO und novellierte Polizeigesetze der Länder zwischen Strafverfolgung, Gefahrenabwehr und vorbeugender Straftatenbekämpfung. 1992.

Band 8 Werner Kemper: Horizontale Teilrechtskraft des Schuldspruchs und Bindungswirkung im tatrichterlichen Verfahren nach der Zurückverweisung. §§ 353, 354 Abs. 2 StPO. 1993.

Band 9 Ovvadias Namias: Die Zurechnung von Folgeschäden im Strafrecht. 1993.

Band 10 Jan Zopfs: Unfallflucht bei eindeutiger Haftungslage? Unverzüglichkeitsgebot und Wahlmöglichkeit in § 142 Abs. 2 und 3 StGB. 1993.

Band 11 Stefan Hiebl: Ausgewählte Probleme des Akteneinsichtsrechts nach § 147 StPO. 1994.

Band 12 Ralf Krack: List als Straftatbestandsmerkmal. Zugleich ein Beitrag zu Täuschung und Irrtum beim Betrug. 1994.

Band 13 Henning Radtke: Zur Systematik des Strafklageverbrauchs verfahrenserledigender Entscheidungen im Strafprozeß. 1994.

Band 14 Bernd J. A. Müssig: Schutz abstrakter Rechtsgüter und abstrakter Rechtsgüterschutz. Zu den materiellen Konstitutionskriterien sog. Universalrechtsgüter und deren normentheoretischem Fundament – am Beispiel der Rechtsgutsbestimmung für die §§ 129, 129a und 324 StGB. 1994.

Band 15 Heinz Koriath: Über Beweisverbote im Strafprozeß. 1994.

Band 16 Burkhard Niepoth: Der untaugliche Versuch beim unechten Unterlassungsdelikt. 1994.

Band 17 Karsten Altenhain: Die Strafbarkeit des Teilnehmers beim Exzeß. 1994.

Band 18 Ina Walbaum: Schuldspruch in der Revisionsinstanz nach freisprechendem Urteil des Tatgerichts. 1996.

Band 19 Birgit Dalbkermeyer: Der Schutz des Beschuldigten vor identifizierenden und tendenziösen Pressemitteilungen der Ermittlungsbehörden. 1994.

Band 20 Thomas Hackner: Der befangene Staatsanwalt im deutschen Strafverfahrensrecht. 1995.

Band 21 Hartmut Loritz: Kritische Betrachtungen zum Wert des strafprozessualen Zwischenverfahrens. 1996.

Band 22 Heinz-Hermann Berghof: Therapie und Strafe im Betäubungsmittelrecht. Recht und Wirklichkeit der Behandlung Drogenabhängiger unter besonderer Berücksichtigung der §§ 35 ff BtMG. 1995.

Band 23 Oliver Mertens: Strafprozessuale Grundrechtseingriffe und Bindung an den Wortsinn der ermächtigenden Norm. 1996.

Band 24 Sönke Bahnsen: Das Akteneinsichtsrecht der Verteidigung im Strafverfahren. Dogmatische Grundlagen und Einzelprobleme im Lichte einer rechtsstaatlichen Verfahrensgestaltung. 1996.

Band 25 Dirk Schwieger: Der Vorteilsbegriff in den Bestechungsdelikten des StGB. 1996.

Band 26 Stephanie Meinecke: Die Auswirkungen von Verfahrensfehlern auf die Strafbarkeit nach den Aussagedelikten. 1996.

Band 27 Ute Lambrecht: Strafrecht und Disziplinarrecht. Abhängigkeiten und Überschneidungen. 1997.

Band 28 Carsten Momsen: Verfahrensfehler und Rügeberechtigung im Strafprozeß. Die Strukturen der Revisionsberechtigung unter besonderer Berücksichtigung des Begriffs "Rechtsnormen, die lediglich zugunsten des Angeklagten gegeben sind" in § 339 StPO. 1997.

Band 29 Ursula Epp: Die Abgeordnetenbestechung – § 108 e StGB. 1997.

Band 30 Bernd Scheiff: Wann beginnt der Strafrechtsschutz gegen kriminelle Vereinigungen (§ 129 StGB)? 1997.

Band 31 Ulrike Fontaine: Max Grünhut (1893-1964). Leben und wissenschaftliches Wirken eines deutschen Strafrechtlers jüdischer Herkunft. 1998.

Band 32 Claudia Keiser: Das Kindeswohl im Strafverfahren. Zur Notwendigkeit eines am Kindeswohl orientierten Umgangs mit minderjährigen Opfern und Zeugen, den Möglichkeiten de lege lata und den Erfordernissen de lege ferenda. 1998.

Band 33 Wiebke Schürer-Mohr: Erlaubte Risiken. Grundfragen des "erlaubten Risikos" im Bereich der Fahrlässigkeitsdogmatik. 1998.

Band 34 Stephan Voigtel: Zum Freibeweis bei Entscheidungen der Strafvollstreckungskammer. Eine Untersuchung zu ausgewählten Fragen des Beweisrechts im gerichtlichen Verfahren in Strafvollstreckungs- und Strafvollzugssachen. 1998.

Band 35 Volkmar Wißgott: Das Beweisantragsrecht im Strafverfahren als Kompensation der richterlichen Inquisitionsmaxime. Die Judikatur des Reichsgerichts zum strafprozessualen Beweisrecht. 1998.

Band 36 Susanne Merz: Strafrechtlicher Ehrenschutz und Meinungsfreiheit. 1998.

Band 37 Uwe Schlömer: Der elektronisch überwachte Hausarrest. Eine Untersuchung der ausländischen Erfahrungen und der Anwendbarkeit in der Bundesrepublik Deutschland. 1998.

Band 38 Michael Liedke: Die Vermögensstrafe gemäß § 43a StGB in ihrer kriminalpolitischen Bedeutung. 1999.

Band 39 Danja Domeier: Gesundheitsschutz und Lebensmittelstrafrecht. Zur Konkretisierung der Verkehrspflichten und ihrer Strafbewehrung, insbesondere mit Blick auf §§ 8 ff. LMBG. 1999.

Band 40 Ritva Westendorf: Die Pflicht zur Verhinderung geplanter Straftaten durch Anzeige. Eine kritische Betrachtung der §§ 138, 139 StGB im Kontext der Unterlassungsdelikte. 1999.

Band 41 Hans Theile: Tatkonkretisierung und Gehilfenvorsatz. 1999.

Band 42 Nicole Lange: Vorermittlungen. Die Behandlung des staatsanwaltschaftlichen Vorermittlungsverfahrens unter besonderer Berücksichtigung von Abgeordneten, Politikern und Prominenten. 1999.

Band 43 Tanja Gunder: Der Umgang mit Kindern im Strafverfahren. Eine empirische Untersuchung zur Strafverfolgung bei Sexualdelinquenz. 1999.

Band 44 Sven-Markus Thiel: Die Konkurrenz von Rechtfertigungsgründen. 2000.

Band 45 Jan Schlüter: Die Strafbarkeit von Unternehmen in einer prozessualen Betrachtung nach dem geltenden Strafprozeßrecht. 2000.

Band 46 Detlef Heise: Der Insiderhandel an der Börse und dessen strafrechtliche Bedeutung. Eine Untersuchung des neuen deutschen Insiderrechts speziell unter Bezugnahme auf die strafrechtstheoretischen und strafrechtsdogmatischen Grundlagen. 2000.

Band 47 Hermann Wichmann: Das Berufsgeheimnis als Grenze des Zeugenbeweises. Ein Beitrag zur Lehre von den Beweisverboten. 2000.

Band 48 Rainer T. Cherkeh: Betrug (§ 263 StGB), verübt durch Doping im Sport. 2000.

Band 49 Kristian Hohn: Die Zulässigkeit materieller Beweiserleichterungen im Strafrecht. Eine Untersuchung über Erscheinungsformen und Grenzen der Lösung beweisrechtlicher Probleme im materiellen Strafrecht. 2000.

Band 50 Malte Rabe von Kühlewein: Der Richtervorbehalt im Polizei- und Strafprozeßrecht. 2001.

Band 51 Donata Meinecke: Die Gesetzgebungssystematik der Versuchsstrafbarkeit von Verbrechen und Vergehen im StGB. 2001.

Band 52 Joachim Bock: Begriff, Inhalt und Zulässigkeit der Beweislastumkehr im materiellen Strafrecht. 2001.

Band 53 Gabriele Rose: Grenzen der journalistischen Recherche im Strafrecht und Strafverfahrensrecht. 2001.

Band 54 Wiebke Reitemeier: Täuschungen vor Abschluß von Arbeitsverträgen. Zum Verhältnis zwischen dem Straftatbestand des Betrugs und dem Anfechtungsrecht wegen arglistiger Täuschung (§§ 263 Abs. 1 StGB, 123 Abs. 1 Alt. 1 BGB). 2001.

Band 55 Peter Rackow: Das DNA-Identitätsfeststellungsgesetz und seine Probleme. 2001.

Band 56 Frank Zschieschack: Geiselnahme und erpresserischer Menschenraub (§§ 239a, 239b StGB) im Zwei-Personen-Verhältnis. 2001.

Band 57 Natascha Sëyfi: Das Sicherungsverfahren (§§ 413 - 416 StPO). 2002.

Band 58 Dirk Seiler: Die *Sperrwirkung* im Strafrecht. 2002.

Band 59 Dorothee Sydow: Die actio libera in causa nach dem Rechtsprechungswandel des Bundesgerichtshofs. 2002.

Band 60 Inga Metrikat: Die Unterbringung in einer Entziehungsanstalt nach § 64 StGB – Eine Maßregel im Wandel? Eine vergleichende, empirische Untersuchung zur Entscheidung des Bundesverfassungsgerichts vom 16.03.1994, BVerfGE 91, 1 ff. 2002.

Band 61 Sabine Caroline Bechtoldt: Die Erledigungserklärung im Maßregelvollzug des § 63 StGB. Eine empirische Untersuchung der Erledigungserklärung und zugleich rechtsdogmatische Erörterung ihrer Rechtskraftproblematik. 2002.

Band 62 Sandra Schulte-Nover: Strafrichter in Deutschland und England. Ein systematischer Rechtsvergleich im Hinblick auf die richterlichen Kompetenzen im Strafverfahren. 2003.

Band 63 Tim Schurig: Belehrung und Beratung des Beschuldigten über sein Aussageverhalten. Eine gemeinsame Aufgabe von Gericht und Verteidigung? 2003.

Band 64 Markus Laski: Die strafrechtlichen Bezüge des Bundes-Bodenschutzgesetzes. 2003.

Band 65 Gunnar Lüer: Die Versäumung im Berufungsverfahren. Das strafprozessuale Anwesenheitsprinzip im Spannungsfeld von autonomer Subjektstellung und öffentlichen Interessen am Beispiel des § 329 Abs. 1,2 StPO. 2003.

Band 66 Thomas Grützner: Die Sanktionierung von Submissionsabsprachen. Eine Untersuchung der bestehenden Möglichkeiten einer Bekämpfung von Submissionsabsprachen unter besonderer Berücksichtigung des § 298 StGB. 2003.

Band 67 Bettina Noltenius: Kriterien der Abgrenzung von Anstiftung und mittelbarer Täterschaft. Ein Beitrag auf der Grundlage einer personalen Handlungslehre. 2003.

Band 68 Bettina Kraft: Tendenzen in der Entwicklung des Jugendstrafrechts seit der Jugendgerichtsbewegung. 2004.

Band 69 Jessica Däbritz: Die Bestimmung strafbaren fahrlässigen Verhaltens in der Forschung am Beispiel ärztlicher Humanerprobungen. Ein Beitrag zur methodischen Ermittlung und inhaltlichen Bestimmung von Sorgfaltspflichten in der Humanforschung. 2004.

Band 70 Maike Steenbock: Über die Unfallflucht als Straftat. Eine kritische Untersuchung zum Zusammenhang der Strafbarkeit der Unfallflucht mit den Besonderheiten des Straßenverkehrs. 2004.

Band 71 Holger Mann: Beschleunigungspotential im Jugendstrafverfahren. 2004.

Band 72 Dorothee Krutisch: Strafbarkeit des unberechtigten Zugangs zu Computerdaten und -systemen. 2004.

Band 73 Heinz-Helmut Fuhrmann: Das Begehen der Straftat gem. § 25 Abs. 1 StGB. Unter besonderer Berücksichtigung der sogenannten "eigenhändigen" Delikte. 2004.

Band 74 Gerwin M. Moldenhauer: Eine Verfahrensordnung für Absprachen im Strafverfahren durch den Bundesgerichtshof? 2004.

Band 75 Dirk Busch: Konzernuntreue. Eine Untersuchung spezifischer Untreuestrafbarkeit innerhalb von Konzernverbindungen mit Aktiengesellschaften und Gesellschaften mit beschränkter Haftung. 2004.

Band 76 Mitsuru Iijima: Die Entwicklung des strafrechtlichen Unrechtsbegriffs in Japan. Eine kritische Betrachtung aus strafrechtsdogmatischer und rechtsphilosophischer Perspektive. 2004.

Band 77 Lena Barbara Kötter: Private Elemente in der Strafvollstreckung. Zur Privatisierung von Bewährungshilfe, Gerichtshilfe und gemeinnütziger Arbeit. 2004.

Band 78 Martin Maria Laufen: Der Wucher (§ 291 Abs. 1 Satz 1 StGB). Systematische Einordnung und dogmatische Struktur. 2004.

Band 79 Maike Aselmann: Die Selbstbelastungs- und Verteidigungsfreiheit. Ein Beitrag zu den Garantiewirkungen von Verfahrensrechten im Hinblick auf die Beweiswürdigung, Strafzumessung und Strafbarkeit des Beschuldigten im Strafprozess. 2004.

Band 80 Ingmar Wolf: Graffiti als kriminologisches und strafrechtsdogmatisches Problem. 2004.

Band 81 Misuk Son: Straftatfolgen im deutschen und koreanischen Strafrecht. Ein prinzipieller Vergleich. 2004.

Band 82 Matthias Saal: Die Beteiligung an einer Schlägerei (§ 231 StGB). Ein Plädoyer für die Streichung der schweren Folge. 2004.

Band 83 Michael Stüber: Die Entwicklung des Prinzips der Unmittelbarkeit im deutschen Strafverfahren. 2005.

Band 84 Patrick Gerberding: Das Rechtsmittelsystem im US-amerikanischen Strafverfahren. Eine rechtsvergleichende Betrachtung. 2005.

Band 85 Rouven Seeberg: Aufgedrängte Nothilfe, Notwehr und Notwehrexzess. 2005.

Band 86 Andre Knoerchen: Schadenswiedergutmachung über anwaltliche Schlichtungsstellen. Rechtsökonomische Analyse eines Modellprojekts. 2005.

Band 87 Andreas Quante: Sanktionsmöglichkeiten gegen juristische Personen und Personenvereinigungen. 2005.

Band 88 Gundula Momsen-Pflanz: Die sportethische und strafrechtliche Bedeutung des Dopings. Störung des wirtschaftlichen Wettbewerbs und Vermögensrelevanz. 2005.

Band 89 Klaus Kleinbauer: Rechtsmittelverzicht und Rechtsmittelzurücknahme des Beschuldigten im Strafprozeß. 2006.

Band 90 Manuel Fumagalli: Rechtsprobleme vorgeburtlicher Diagnoseverfahren. Die personenrechtliche Begründung von Pränataldiagnostik und Präimplantationsdiagnostik. 2006.

Band 91 Matthias Dann: Staatliche Tatprovokation im deutschen, englischen und schottischen Recht. Rechtsvergleichende Untersuchung unter besonderer Berücksichtigung europäischer und internationaler Entwicklungslinien. 2006.

Band 92 Shahryar Ebrahim-Nesbat: Die Herausbildung der strafrechtlichen Teilnahmeformen im 19. Jahrhundert. 2006.

Band 93 Christoph Paglotke: Notstand und Notwehr bei Bedrohungen innerhalb von Prozesssituationen. 2006.

Band 94 Sebastian Olk: Die Abgabe von Sacherklärungen des Angeklagten durch den Verteidiger. 2006.

Band 95 Bernadette Pape: Legalverhalten nach Sexualdelinquenz. Eine empirische Analyse der Delinquenzkarrieren nach Sexualstraftaten an Kindern. 2007.

Band 96 Uttam Das: Möglichkeiten der Angleichung materiellen Strafrechts zwischen England und Deutschland im Rahmen des Art. K 31 EUV. 2007.

Band 97 Dennis Miller: Die Beteiligung am Verbrechen nach italienischem Strafrecht. Ein Beitrag zur Geschichte und Gegenwart von Einheits- und Differenzierungsmodellen der strafbaren Beteiligung mehrerer Personen. 2007.

Band 98 Michael Nehring: Kriminelle und terroristische Vereinigungen im Ausland. Auslegung und Analyse des im Zuge der Terrorismusbekämpfung nach dem 11. September 2001 geschaffenen § 129b Strafgesetzbuch. 2007.

Band 99 Bernadette Berger: Das Gesinnungsmoment im Strafrecht. 2008.

Band 100 Peter Rackow: Neutrale Handlungen als Problem des Strafrechts. 2007.

Band 101 Simone Mölders: Bestechung und Bestechlichkeit im internationalen geschäftlichen Verkehr. Zur Anwendbarkeit des § 299 StGB auf Sachverhalte mit Auslandsbezug. 2009.

Band 102 Anke David: Die Entwicklung des Mordtatbestandes im 19. Jahrhundert. 2009.

Band 103 Arne Habenicht: Die Beteiligung an sexuellen Gewalttaten. 2009.

Band 104 Marwan Hamdan: Drittmittelforschung in der Medizin. Eine Gratwanderung zwischen strafbarer Vorteilsannahme und verfassungsgarantierter Forschungsfreiheit. 2009.

Band 105 Carl-Friedrich von Scherenberg: Die sozialethischen Einschränkungen der Notwehr. 2009.

Band 106 Andreas Poppe: Die Akzessorietät der Teilnahme. Eine kritische Analyse der dogmatischen Grundlagen. 2011.

Band 107 Jonathan Burmeister: Die schuldangemessene Bewertung von Ehrenmorden im deutschen Strafrecht. Differenzierte Schuldmerkmale auf Tatbestandsebene bei sonstigen niedrigen Beweggründen. 2011.

Band 108 Philipp Reinhold: Amtsträgerbestechung. Unrechtsgehalt und Grenzen der §§ 331 ff. StGB. 2011.

Band 109 Simone Reiß: Verbotsirrtum und Subventionsbetrug. Unter Berücksichtigung der Besonderheiten bei der betrügerischen Erlangung von EU-Subventionen. 2012.

Band 110 Johannes Altenburg: Die Unlauterkeit in § 299 StGB. Ein Beitrag zur Harmonisierung von Strafrecht und Wettbewerbsrecht. 2012.

Band 111 Christoph Skoupil: Handeltreiben mit Betäubungsmitteln. Strafbarkeitsvorverlagerungen vor und nach der Entscheidung des Großen Senats für Strafsachen vom 26.10.2005. 2012.

Band 112 Frederike Wewerka: Internal Investigations. Private Ermittlungen im Spannungsfeld von strafprozessualen Grundsätzen und Anforderungen eines globalisierten Wirtschaftsstrafverfahrens. Eine Problemanalyse unter besonderer Berücksichtigung des Falles Siemens. 2012.

Band 113 Lena Witzmann: Die gemeinsame Verhandlung. Eine Untersuchung des Öffentlichkeitsgrundsatzes, des Opportunitätsprinzips, des Anwesenheitsrechts und des Fairnessgrundsatzes im verbundenen Verfahren. 2012.

Band 114 Lea Boller: Der unbefugte Gebrauch von Kraftfahrzeugen und Fahrrädern – § 248b StGB. 2013.

Band 115 Nina Wadle: Privatisierung im deutschen Strafvollzug. 2013.

Band 116 Annik Lamshöft: Das Modell des vereinfachten Ablehnungsverfahrens. Ein Gegenentwurf zur strafprozessualen Fristenlösung des Bundesgerichtshofs. 2013.

Band 117 Christine Marie Shavers: Criminal Law Dealing with Hate Crimes. Functional Comparative Law. 2014.

Band 118 Philipp Christoph Kleinherne: Garantenstellung und Notwehrrecht. Zugleich ein Beitrag zum Entstehen und Erlöschen von Garantenstellungen. 2014.

Band 119 Kerstin Petermann: Strafverteidigung in Wirtschaftsstrafverfahren zwischen Rechtsmissbrauch, Konflikt und Konsens. 2015.

Band 120 Michaela Gorius: Die Strafbarkeit des Prinzipals im Lichte des § 299 StGB. Eine Untersuchung de lege lata et ferenda unter besonderer Berücksichtigung des Rechtsguts der Norm und der Strafbarkeit von Organen der Kapital- und Personengesellschaften. 2015.

Band 121 Frédéric Schneider: Die Organ- und Vertreterhaftung im deutschen Strafrecht. Eine Untersuchung zur Konzeption der Rechtsfigur und deren Folgen in der praktischen Rechtsanwendung. 2015.

Band 122 Neele Marleen Schlenker: § 237 StGB – Das Verbot der Zwangsheirat. 2016.

Band 123 Julia Hugendubel: Tätertypologien in der Wirtschaftskriminologie. Instrument sozialer Kontrolle. 2016.

Band 124 Marcelle Janina Gatter: Die Ausgestaltung von Mitarbeiterbefragungen bei unternehmensinternen Ermittlungen und die Selbstbelastungsfreiheit. Eine rechtstheoretische und rechtsdogmatische Untersuchung unter besonderer Berücksichtigung der Belehrungen. 2016.

Band 125 Felix Doege: Die Bedeutung des nemo-tenetur-Grundsatzes in nicht von Strafverfolgungsorganen geführten Befragungen. 2016.

www.peterlang.com

www.ingramcontent.com/pod-product-compliance
Ingram Content Group UK Ltd.
Pitfield, Milton Keynes, MK11 3LW, UK
UKHW021826290926
8980IPUK00004B/278

9 783631 693520